Walter Elliger · Thomas Müntzer

ELSE ELLIGER

WALTER ELLIGER

Thomas Müntzer

Leben und Werk

Dritte Auflage

VANDENHOECK & RUPRECHT
IN GÖTTINGEN

CIP-Kurztitelaufnahme der Deutschen Bibliothek

Elliger, Walter
Thomas Müntzer

ISBN 3-525-55318-8

3. Auflage 1976
Schutzumschlag: Jan Buchholz und Reni Hinsch. – © Vandenhoeck & Ru-
precht, Göttingen 1975. – Printed in Germany. Alle Rechte vorbehalten.
Ohne ausdrückliche Genehmigung des Verlages ist es nicht gestattet, das
Buch oder Teile daraus auf foto- oder akustomechanischem Wege zu ver-
vielfältigen. Druck: Gulde-Druck, Tübingen. – Bindearbeit: Hubert & Co,
Göttingen

Vorwort

Die vorliegende Arbeit ist das Ergebnis einer über mehr als zwei Jahrzehnte sich erstreckenden Beschäftigung mit Thomas Müntzer, die freilich manche Unterbrechung und Behinderung erfuhr, so daß sich der Abschluß über Erwarten lange hinausgezögert hat. Doch hat der langjährige intensive Umgang mit diesem eigene Wege gehenden Vertreter der Wittenberger Bewegung Kenntnis und Verständnis seines unruhigen, Unruhe schaffenden Lebensganges wie seines reformatorischen Sturmes und Dranges vertieft, so daß ich eine ihn wesentlich erfassende, sine ira et studio zeichnende Darstellung zu bieten hoffe, die den Anforderungen einer historisch-kritischen Biographie gerecht wird. Die schon in meiner 1960 erschienenen Studie vertretene Grundkonzeption habe ich ohne sonderliche Veränderungen aufrecht erhalten und in Auseinandersetzung nun auch mit der seither veröffentlichten Müntzer-Literatur ausführlich dargelegt und begründet. Manche der neueren Arbeiten machten allerdings ein näheres Eingehen auf die darin vorgetragenen Thesen und Theorien wegen ihrer Fragwürdigkeit, ja Abwegigkeit nach Inhalt und Methode für mich um so mehr unumgänglich, als nur größere Detailkenntnis ein sachliches Urteil ermöglicht.

Eben um der Klärung des Sachverhaltes willen hielt ich es für notwendig, nicht nur schwer zugängliche Quellen, sondern Müntzer selber auch in längeren Zitaten zu Worte kommen zu lassen, um gängigen Pauschalurteilen, speziellen und zumal tendenziösen Auslegungen müntzerischer Äußerungen gegenüber eine Orientierungsmöglichkeit zu bieten; denn oft genug noch werden seine Aussagen „sinngemäß" ohne Textbelege wiedergegeben, werden Begriffe, Wendungen und Satzteile aus den verschiedenen Stadien seiner Entwicklung aneinandergereiht, ohne eine mögliche Sinnveränderung zu bedenken, wird sogar deren genuiner Sinngehalt absichtsvoll verkehrt. Seine eigenwillige Sprache und Redeweise bedarf sorgfältigen Hinhörens und bedachtsamen Verstehens, letztlich auch eines Gespürs für die Inbrunst des geisterfüllten Predigers, dessen rhetorisches Pathos über alle verständige Verständlichkeit hinaus die Hörer und Leser für die „Kraft des geistgewirkten Wortes empfindlich" machen will. Ich habe insbesondere auch deswegen jede Form einer Modernisierung seiner Sprache unterlassen und grundsätzlich bei der Wiedergabe der zitierten Texte an der Textgestalt der jeweils angegebenen Vorlagen festgehalten (einzige Ausnahme, daß ͤ über a, o, u als Umlaut geschrieben wurde). Das erschwert gewiß die Lektüre, nötigt aber zu einer intensiveren Auf-

V

nahme seiner Aussagen, die andererseits durch die kommentierenden Sätze erleichtert werden soll.

Ein wachsendes Interesse an Müntzer hat neben den unvermeidlichen ephemeren Produkten eine Reihe weiterführender Beiträge zu Grundsatzfragen wie Einzelproblemen der Müntzerforschung hervorgebracht, von denen ich bis zum Abschluß des Manuskriptes nichts Wichtiges übersehen und alles wohlbedacht zu haben glaube. Doch habe ich auf eine Bibliographie auch nur der Neuerscheinungen hier verzichtet und das Literaturverzeichnis auf die von mir im Text oder in den Anmerkungen angeführten Arbeiten beschränkt. Das „Jubiläumsjahr" 1975 wird ohnehin Anlaß zu ausführlichen bibliographischen Berichten geben.

Für die von mir in hohem Maße in Anspruch genommene und bereitwillig gewährte Unterstützung in- und ausländischer Bibliotheken, Archive und Sammlungen wie für die mancherlei Hilfen und Anregungen sachkundiger Kollegen und Freunde darf ich mich hier aufrichtig bedanken. Zu besonderem Danke bin ich der Deutschen Forschungsgemeinschaft verpflichtet, die mir den Abschluß meiner Arbeit und den Druck des Buches in großzügiger Weise ermöglicht hat. Namentlich, im Doppelsinne des Wortes, sei Herr Reinhard Owerdieck genannt, der als wissenschaftlicher Mitarbeiter die Umsetzung des Manu-scriptes in eine druckreife Vorlage unter erschwerten Bedingungen überwacht, die Korrekturen mitgelesen und das Literaturverzeichnis wie die Register hergestellt hat. Das leicht übersehene Problem des Verhältnisses von Text und Musik in Müntzers Messen und Kirchenämtern hat dankenswerter Weise Herr Dr. Henning Frederichs als Musikwissenschaftler in einem besonderen Beitrag behandelt.

Inhalt

Vorwort V

Einleitung 1

  I. Herkunft und Jugendjahre 9

 II. Abschluß des Studiums und erstes Wirken im geistlichen Amt —
     von Leipzig bis Zwickau 26

    A) Collaborator und wieder Student 26
    B) Propst in Frose 39
    C) Als Martinianer in Jüterbog 49
    D) In Orlamünde und als Confessor in Beuditz 66

 III. Zwickau 74

    A) Die Anfänge und die Auseinandersetzung mit den Franziska-
       nern (Tiburtius) 74
    B) Spannungen und Konflikte 97
    C) Storch und Egran 121
    D) Die *propositiones* Egrans 132
    E) Der Ausgang des Streites mit Egran und Müntzers Flucht . . 166

 IV. Prag 181

 V. Von Prag nach Allstedt 214

 VI. Allstedt 250

    A) Die liturgischen Reformen 252
      1. Die Verdeutschung der biblischen Texte 252
      2. Die Hymnen 281
      3. Die Intention des Deutschen Kirchenamtes 293
      4. Entstehung und Drucklegung der liturgischen Schriften . . 303
      5. Die deutsche evangelische Messe 310
    Exkurs: Zur Wort-Ton-Beziehung in Thomas Müntzers Deutschen
    Messen und Kirchenämtern 339

B) Die ersten Auseinandersetzungen 361
   1. Ruhe und Befriedung 361
   2. Die Auseinandersetzung mit Ernst von Mansfeld 382
   3. Der offene Protest gegen den „gedichteten Glauben" . . . 394

C) Vom Ausbruch der Unruhen bis zur Flucht aus Allstedt . . . 417
   1. Die Affäre Mallerbach 417
   2. Die „Fürstenpredigt" 443
   3. Der Aufruhr der Flüchtlinge 463
   4. Das Verhör in Weimar und der Abschluß der Allstedter
     Wirksamkeit 494

VII. Die Zeit der großen Schriften 536

A) Die „Ausgedrückte Entblößung" 536
B) In Mühlhausen und Nürnberg 568
C) Die „Hochverursachte Schutzrede" 594

VIII. Im Übergang zum Aufruhr 627

A) In Südwestdeutschland 627
B) Zweiter Aufenthalt in Mühlhausen 675

IX. Im Aufstand 698

A) Die ersten Aktionen 698
   1. Der Zug nach Langensalza 698
   2. Auf dem Eichsfeld 709
   3. Rückkehr nach Mühlhausen 718
B) Frankenhausen 733
   1. Der Frankenhäuser Haufen 733
   2. Die Schlacht bei Frankenhausen 767

X. Verhör und Hinrichtung 787

Abkürzungen 823

Quellen- und Literaturverzeichnis 824

Personen- und Ortsregister 837

Sachregister 841

Einleitung

Die erste „kritische Gesamtausgabe" der Schriften und Briefe Thomas Müntzers wurde 1968 von G. Franz herausgegeben; ihr folgte drei Jahre später das noch nicht abgeschlossene Werk von M. Steinmetz über „Das Müntzerbild" (bisher für die Zeit „von Martin Luther bis Friedrich Engels" vorgelegt), in seiner unverhohlenen Tendenz auch als ein Beitrag zu einer marxistisch orientierten Müntzer-Biographie gedacht. Müntzers Leben und Wirken hat jedoch bisher noch keine eingehende, die Quellen historisch-kritisch auswertende Darstellung erfahren, obwohl gerade sie — nicht zuletzt um ideologischen Verzeichnungen dieses „Außenseiters der Reformation" zu begegnen — als eine vordringliche Aufgabe angesehen werden muß. Sein äußerer Werdegang ist in den letzten fünf Jahrzehnten trotz einigen empfindlichen Lücken weitgehend aufgehellt worden; über die sein Denken bewegenden Ideen wie die sein Handeln bestimmenden Motive herrscht dagegen nicht nur ein tiefgreifender Dissensus zwischen marxistischer und nichtmarxistischer Anschauung, sondern es bestehen auf nichtmarxistischer Seite auch Differenzen im Verständnis seiner inneren Entwicklung, die in jüngster Zeit vor allem durch die Frage nach dem Verhältnis von Theologie und Revolution in der müntzerischen Motivation ausgelöst worden sind.

Für die marxistischen Historiker ist durch die Jahrhunderte hindurch „der Kern des Müntzerschen Erbes stets seine revolutionäre Lehre von der Weiterführung der Reformation durch das Volk, vom Widerstandsrecht des Volkes gegen die gottlose und tyrannische Obrigkeit, von der ... Übernahme der Macht durch das Volk gewesen" (Steinmetz S. 9 f). Die schon zu seinen Lebzeiten von reformatorischer wie altgläubiger Seite ausgesprochene Ächtung des ketzerischen Aufrührers wurde zum rühmenden Lobpreis des kühnen Revolutionärs, der „keimhaft unreif und für die damalige Zeit undurchführbar, in genialer Weise den Kampf der Arbeiterklasse um menschliche Freiheit, Gleichheit und gerechte Gesellschaftsordnung" antizipierte (Steinmetz S. 10). Friedrich Engels hat mit seiner Interpretation des „plebejischen Revolutionärs" im Rahmen seiner paradigmatischen Auswertung des Bauernkrieges für die sozialistische Bewegung der marxistisch-kommunistischen Historiographie den entscheidenden Anstoß zur zielstrebigen Gestaltung eines so genormten Müntzerbildes gegeben, um die man sich besonders nach dem ersten und erneut mit großer Intensität nach dem zweiten Weltkrieg bemüht hat. Man nimmt dabei den Begriff „Reformator" zwar in das Vokabular mit auf,

1

spricht bis in die Allstedter Zeit hinein und gelegentlich auch darüber hinaus wohl von einem religiösen Anliegen des eifernden Predigers, geht jedoch auf die Entwicklung seines eigenständigen theologischen Denkens nicht näher ein und greift nur schlagwortartig einzelne Elemente daraus auf, die als Merkmale bewußter Distanzierung ihn vor allem schon in den Anfängen als den revolutionären Gegenspieler Luthers kennzeichnen sollen. Um so mehr ist man darauf bedacht, ein besonderes soziales Engagement bereits bei dem jungen Geistlichen zu entdecken, das nahtlos in das politische Bestreben einer „notwendigen Translation des Reiches an das Volk" (Steinmetz S. 10) übergeht, wobei gerade dieses Zitat verdeutlichen kann, wie die müntzerische Begrifflichkeit verfremdet bzw. mißverständlich verwandt wird. Die von Engels proklamierte rational verflachende Interpretation der „theologisch-philosophischen Doktrin" Müntzers überläßt man allerdings zu unverhüllter Aufnahme und Weitergabe zumeist der „volkstümlichen" Literatur; faktisch bleibt aber auch im wissenschaftlichen Schrifttum, von wenigen Ausnahmen abgesehen, die müntzerische Theologie nichts wesentlich anderes als ein verbal in zeitgebundener Diktion gehaltener Aufruf an das „klassenbewußte" Volk zur sozialistischen Gestaltung der gesellschaftlichen Verhältnisse. Die ideologische Verfälschung des Müntzerbildes ist als Requisit sozialistischer Propaganda des 19. Jahrhunderts unverkennbar. Der „Aufrüher" der zeitgenössischen Polemik wird zum „Revolutionär" umfunktioniert.

Unabhängig von der marxistischen Theorie, unbeeinflußt auch durch die Erörterung des heute als dringlich angesehenen Problems „Theologie und Revolution" ist es eine sachlich begründete wesentliche Aufgabe der Müntzer-Biographie, historisch-kritisch zu klären, wie der Reformator zum „Aufrührer" geworden ist. Denn noch gilt „die Frage nach dem Verhältnis von Theologie und Revolution, die Frage nach der Einheit seines Wirkens, ja nach der Einheit seiner Person ... (als) strittig" (Nipperdey S. 146). So formuliert wird sie meines Erachtens jedoch zu einer Vexierfrage, da der Begriff „Revolution" hier fehl am Platze ist. Er bedeutet in dem heutigen Verständnis vergleichbarer „umwälzender" Geschehnisse die gewaltsame Erhebung einer Gruppe von Menschen, die durch ihre Machtübernahme eine Veränderung der bestehenden politisch-sozialen Gesellschaftsstruktur gemäß den von ihnen zugunsten menschlicher Interessen aufgestellten Leitbildern herbeiführen wollen.

Darum ist es Müntzer jedoch gerade nicht gegangen, vielmehr um die rechte geistgewirkte Erkenntnis des wahren Wesens der durch Gottes Vorherbestimmung gegründeten Kirche Jesu von Nazareth; sodann um die Erfüllung seines göttlichen Auftrages, die vom rechten Glauben erfüllten Erwählten zur tätigen Erneuerung dieser „apostolischen Kirche" aufzurufen, bevor Gott selbst in allernächster Zeit strafend seinem Willen den Widerspenstigen und Säumigen gegenüber Geltung verschaffen will.

Der Aufruhr wird ihm also nicht zum theologischen Problem, so daß man heute bemüht sein müßte, aus speziellen Elementen der müntzerischen Theologie, etwa der Geistlehre, den Übergang zum Aufruhr deutlich zu machen, sondern es geht um Gott als den Initiator des Geschehens, auf dessen Anweisung hin Müntzer als sein Knecht in Wort und Tat aktiv wird. Das gottgewiesene Ziel ist die endliche Aufrichtung der „apostolischen Kirche" durch eine christusförmig gewordene Christenheit, die nicht ein menschlich-kreatürliches Wollen durchsetzen will, sondern im Gehorsam gegen Gottes Willen handelt. Gerade an den relativ seltenen sozialkritischen Bemerkungen wird es deutlich, daß die sozialen Notstände nicht als solche der eigentliche Gegenstand seiner Kritik sind, sondern weil sie die Glaubenswilligen daran hindern, sich ernstlich um ein rechtes Verhältnis zu Gott, um die Erkenntnis eben dieses göttlichen Willens zu kümmern. Die Auserwählten sind als geschöpfliche Menschen die Instrumente Gottes, sind in ihrer Einsatzbereitschaft für Gott als ihren Herrn von ihm dazu gerüstet und seiner Hilfe gewiß — bis in den Aufruhr gegen die gottlosen Tyrannen hinein; denn Gottes Geduld ist erschöpft (vgl. G. Maron).

Die Müntzerforschung hat es bisher versäumt, der fortschreitenden Entwicklung seiner Meinung darüber genauer nachzugehen, wie angesichts der Kürze der noch verbleibenden Zeit die renovatio ecclesiae apostolicae ernsthaft ins Werk zu setzen sei. Es zeigt sich nämlich, daß er sich nur schrittweise durch Widerstand und Zustimmung zu seiner Verkündigung hat weiterdrängen lassen, bis er schließlich zur führenden Gestalt der gewaltsamen Erhebung im thüringisch-sächsischen Raume wurde. Nicht als habe sich sein Ziel geändert oder sei ihm sein Weg dorthin problematisch geworden; aber die Reaktion der von ihm angesprochenen Gruppen modifizierte jeweils seine Stellungnahme und sein Verhalten gegenüber den Feinden wie den Freunden Gottes, der ihm dann selber anzeigte, daß Seine Stunde gekommen sei, und das hieß auch die Stunde der gewaltsamen Erhebung der Erwählten. Die Grundelemente seines reformatorischen Denkens und Handelns blieben in jeder Phase seines Einsatzes die gleichen: 1. die Erkenntnis von der geistgewirkten Kraft des unüberwindlichen Christenglaubens, der so, wie er einst der apostolischen Gemeinde eigen gewesen ist, heute wieder in der Christenheit lebendig werden, sie gotthörig und christusförmig machen muß; 2. das ihm offenbarte Wissen, daß Gottes Gericht unmittelbar bevorsteht, trotz der Verwendung apokalyptischer Terminologie nicht als ein apokalyptisches Drama in den Formen der spätmittelalterlichen Endzeiterwartung, sondern als eine radikale Beseitigung der tyrannischen Herrschaft der Gottlosen und als Übergabe aller Gewalt an die Gottes Willen „Geständigen", die im Erweis der ihnen geschenkten neuen Seinsmächtigkeit das Leben der Menschen hier auf Erden in dieser geschichtlichen Zeit nach den Nor-

3

men der göttlichen Gerechtigkeit ordnen werden; 3. sein prophetisches Sendungsbewußtsein, das ihn sich in seinem ganzen Tun und Lassen als den „Botenläufer Gottes", als seinen „Knecht" verstehen läßt, der in dieser „gefährlichen Zeit" berufen und beauftragt ist, der christlichen Kirche ihr gottwidriges Treiben vorzuhalten und sie zur Rückkehr unter die Botmäßigkeit seines Herrn zu mahnen, ehe es zu spät ist.

Die erste Manifestation solcher zielstrebigen Ausrichtung seiner reformatorischen Arbeit war der leidenschaftliche Appell an die Böhmen, im Gedenken an Johann Huß die renovata ecclesia apostolica in ihrem Lande anheben zu lassen. Es war ein die Glaubenswilligen beschwörender Ruf zur religiös-kirchlichen Erneuerung der Christenheit. Nichts anderes trieb den Eiferer um Gottes Willen auch, als er, nach Deutschland zurückgekehrt, die Wittenberger zu tieferer theologischer Einsicht, zu entschiedener Haltung und konsequentem, ungesäumtem Handeln bei der Durchführung der Reformation zu bewegen suchte, wie er es selber dann in seinem Allstedter Pfarramt über die Grenzen der Ortsgemeinde hinaus sich angelegen sein ließ.

Auf die Gegenmaßnahmen der altgläubigen Obrigkeit zur Unterdrückung der von Allstedt ausgehenden Bewegung reagierte Müntzer zunächst mit der Aufforderung an seine Anhänger, in unnachgiebigem Willen zur gottgewollten Erneuerung der Kirche durch den passiven Widerstand der geschlossenen Front des gläubigen Volkes und der reformatorisch gesinnten ernestinischen Fürsten, jeder der Partner mit den ihnen jeweils zu Gebote stehenden Mitteln, die Gottlosen in die Schranken zu weisen, sie so ihre Ohnmacht gegenüber der unaufhaltsam wachsenden Ausbreitung der evangelischen Wahrheit erkennen zu lassen und sie endlich zu entmachten, wobei er den Regenten kraft ihres Amtes eine führende Rolle zuwies. Als diese sich jedoch der ihnen zugedachten Aufgabe versagten, Luther ihn überdies offen als Aufrührer brandmarkte, wurde ihm deutlich, daß die Fürsten keineswegs, wie Luther meinte, eine von Gott gewollte Ordnungsinstanz darstellen, vielmehr von ihm in seinem Zorne dem Volke zugelassen und nur als Zuchtrute gedacht waren, als es sich von ihm als seinem alleinigen Herrn abwandte und neben ihm auch weltliche Könige über sich zu haben begehrte. Jetzt, im Aufbruch des Evangeliums, sieht das Volk seinen verhängnisvollen Irrtum ein und ist, im Unterschiede zu den selbstherrlich auf ihre Macht bedachten Regenten, willig, Gott wieder als seinen alleinigen Herren anzuerkennen und seinem Willen zu folgen.

Es entging Müntzer freilich schon in den letzten Allstedter Wochen nicht, wie sehr bei allen guten Vorsätzen doch das Gefühl ohnmächtigen Ausgeliefertseins an die herrschenden Gewalten die „noch Ungemusterten" bedrängte. Er wies darum in Ergänzung zu seinen Ausführungen über die Genesis der „christlichen Obrigkeit" die Glaubenswilligen und

4

doch Verzagenden mit Nachdruck darauf hin, daß „bei Gott kein Ding unmöglich" sei, daß Er die Gewaltigen vom Stuhle stoßen und die Niedrigen erhöhen könne und werde. Aber obwohl schon in Allstedt zuletzt die schwer zu bestimmende Grenze zur gewaltsamen Aktion gelegentlich überschritten sein mochte, hielt er noch bei seinem ersten Aufenthalte in Mühlhausen seine Forderung unentwegten passiven Widerstandes gegen eine die Erneuerung der Kirche behindernde Obrigkeit aufrecht, um dann wenige Wochen später in der in Nürnberg konzipierten „Schutzrede" gegen Luthers Vorwurf des Aufruhrs ausdrücklich das Recht der Gläubigen zu „füglicher Empörung" gegen die Obstruktion der Gottlosen zu behaupten.

Auch das ging im Grunde über eine entschlossene Abwehr tyrannischer Unterdrückungsversuche kaum hinaus. Dennoch will es scheinen, als ob der Gedanke an die Notwendigkeit aggressiven Vorgehens gegen die Gottesfeinde ihn stärker zu beschäftigen begann, bis er sich bei seinem Aufenthalt im Schwarzwald in der zuversichtlichen Erwartung eines erfolgreichen Gelingens der dortigen Aufstandsbewegung gefordert sah, selber „etliche Artikel, wie man herrschen soll, aus dem Evangelium anzugeben". Unter Berücksichtigung der regionalen Verhältnisse enthielten sie die Grundzüge seiner Vorstellung vom gerechten Regiment der Erwählten, durch das nach der Entmachtung der Gottlosen und ihrer Absonderung von den Gotthörigen die äußeren Voraussetzungen für eine Erneuerung der apostolischen Kirche geschaffen werden sollten. Nicht der politische oder soziale Notstand der unteren Schichten forderte oder rechtfertigte primär eine gründliche Änderung der Herrschaftsstruktur; vielmehr sah Müntzer bei ihnen eine ernsthafte Bereitschaft, Gott als den alleinigen Herren über sich wieder anzuerkennen, während die verstockte Obrigkeit das angedrohte Gericht mißachtend ihr perverses Zusammenspiel mit der gottentfremdeten Priester- und Theologenschaft in einer neuen Variante weiterhin zu treiben gedachte. Der Knecht Gottes handelte ganz und gar im Sinne des ihm von seinem Herrn gegebenen Auftrages, wenn er auf Grund der nunmehr offen zu Tage getretenen Verhaltensweisen der beiden Gruppen dem sich wieder als gotthörig bekennenden Volke das Recht zur Machtübernahme zusprach, damit es ungehindert auf die Erneuerung der Kirche hinarbeiten konnte, solange es noch Zeit war. Müntzer hielt diesen Akt füglicher Empörung um so mehr für berechtigt, als die Fürsten, wie oben ausgeführt, von Gott ja nur in seinem Grimm über die Abkehr des Volkes von ihm zugelassen waren, mit dessen Umkehr zu ihm deren „Herrschaftsfunktion" aber gegenstandslos, ja erst recht ein Ärgernis geworden war, da sie in ihrer frevelhaften Selbstherrlichkeit sogar die endliche Hinwendung des abtrünnigen Volkes zu ihrem Gott zu hindern suchten. Im Schwarzwälder Aufstand bekundete sich ihm so einerseits die ernste Bereitschaft des Volkes zur

5

Umkehr, andererseits Gottes offenbarer Wille, jetzt dem Übermut der Gottlosen ein Ende zu machen.

Diese Erkenntnis trieb ihn nach Mühlhausen, um auch im thüringisch-sächsischen Raume die Auserwählten zur offenen Erhebung für die Sache Gottes aufzurufen: „... streytet den streyth des Herren! Es ist hoch zeyth, haltet eure bruder alle darzu, das sie gottlichs gezeugnus nicht vorspotten, sunst mussen sie alle vorterben. Das ganze deutsche, franzosisch und welsch land ist wag, der meyster will spiel machen, die bößwichter mussen dran." „Es ist nit mugelich, weyl sie leben, das ir der menschlichen forcht soltet lehr werden. Mann kan euch von Gotte nit sagen, dieweyl sie uber euch regiren ...". „... es ist nit euer, sondern des herrn streyt. Ir seyt nit dye da streiten". Kein gewaltloser, wohl aber ein — trotz den blutrünstigen Worten — unblutiger Aufstand soll jetzt die Entmachtung der gottlosen Tyrannen erzwingen, damit die Christenheit sich in Glauben und Leben dem Worte Gottes gemäß erneuern und frei entfalten kann. Noch unmittelbar vor dem Beginn der Schlacht von Frankenhausen bot Müntzer den Fürsten die Einstellung aller Feindseligkeiten an, wenn sie der Forderung nach „göttlicher Gerechtigkeit" nachgeben würden. Sie wußten wohl, was er von ihnen erwartete; aber sie blieben verstockt, lieferten sich damit also selbst der Vollstreckung des göttlichen Gerichtes durch die Erwählten aus. Es war die einzig mögliche Konsequenz der Theo-logie des Gottesknechtes, der in absolutem Gehorsam den Willen seines Herrn gegen dessen Widersacher mit Hilfe der Gotthörigen, der Gottzugehörigen ins Werk setzte, das ja immer Gottes eigenstes Werk blieb. „Theologie" somit nicht verstanden als ein selbstgefertigtes System fremden und eigenen Redens von Gott zum Zwecke der Propagierung und Rechtfertigung vorgefaßter Umsetzung in revolutionäre Aktionen kreatürlicher Provenienz, sondern als unmittelbar vernommene, im biblischen Zeugnis des heiligen Geistes als Bekundung göttlichen Willens sich bestätigende Gottesrede. In dem gleichen Sinne war dann Gottes Werk auch die Katastrophe, die ihn lehrte, daß das Volk ihn „nicht recht vorstanden, alleyne angesehen eygen nutz, der zum undergang gottlicher warheyt gelanget".

Dieses Urteil dürfte mutatis mutandis auch auf die Müntzerinterpreten zutreffen, die in dem Allstedter vornehmlich den sozial-politischen Revolutionär sehen möchten. Nicht daß Müntzer der Gedanke an einen grundlegenden Wandel der gesellschaftlichen Verhältnisse in der erneuerten apostolischen Kirche völlig fern gelegen hätte; aber das war für ihn ein sich von selbst ergebender Effekt der unbedingten Anerkennung Gottes und seines Willens, notwendiges Zeugnis der effektiven Rechtfertigung der Gottesfreude. Grund und Folge, Ursache und Wirkung sind nicht vertauschbar.

Je deutlicher das Müntzerbild unter dem Gespinst moderner Legendenbildung den Theologen wieder zu erkennen gibt, desto bedeutsamer wird die Frage nach seiner theologischen Herkunft, wobei es insbesondere zu klären gilt, welchen Einfluß Luther auf seine frühe reformatorische Entwicklung gehabt hat. Daß er schon in den ersten Jahren der Reformation den persönlichen Umgang mit den Wittenbergern suchte und fand, diese ihn ihrerseits zu den Anhängern ihres Meisters rechneten, ist nicht zu leugnen. Aber wieweit ist er je ein „Lutheraner" geworden und wie lange es gewesen? Schöpft er nicht vielmehr gerade in der Frühzeit der neuen Bewegung verwandt Klingendes aus ganz anderen Quellen, das sich in eigenständiger Aufnahme und Umbildung von Luthers Gedanken doch unterschied, bald abgrenzte und schließlich gegen sie wandte? Man hat in jüngster Zeit eine stärkere Abhängigkeit Müntzers von Luther verneint (B. Lohse); darüber hinaus hat H.-J. Goertz versucht, den Ansatz der müntzerischen Theologie in der dominikanischen Mystik nachzuweisen, nicht zuletzt unter dem Gesichtspunkt der Frage „nach der theologischen Begründung der Revolution in der Theologie Müntzers" (S. VII). Müntzer war gewiß mit der deutschen Nomenklatur und mit Gedanken mystischen Schrifttums vertraut; dennoch sehe ich in ihm weniger einen Adepten der Mystik als einen „Schüler" Luthers, der freilich mit der Voreingenommenheit einer eigenen, persönlichen Fragestellung schon nach Wittenberg kam und dementsprechend „die neue Lehre" des „jungen Luther" hörte und in sich aufnahm. Th. Nipperdey hat sehr instruktiv, wenngleich meines Erachtens unter dem Zwange seiner Problemstellung etwas zu konstruktiv, Müntzers Nähe und Distanz zu Luther herausgestellt. Die biographische Darstellung wird stärker als es bei Nipperdey sichtbar wird, den Prozeß der zunehmenden unbewußten wie bewußten Distanzierung verfolgen müssen und nicht darüber hinweggehen können, wie bitter der ehedem so leidenschaftliche Parteigänger die abweisende Zurückhaltung des sincerissimi inter ceteros patris gegenüber seinem Werben um die Erneuerung der „alten Liebe" empfunden haben muß. Den radikalen Bruch vollzog Luther, nicht Müntzer, obschon dieser es war, der sich bereits von ihm getrennt hatte.

Luther — Müntzer: ein klassisches Beispiel einer im Christentum angelegten Spannung zwischen einer konservativ orientierten Ordnungsgestaltung und einer Zukünftiges herbeizwingen wollenden Systemveränderung, beide in Motivation und Tendenz primär nicht bestimmt durch eine kreatürliche Anteilnahme an dem Zustand der gesellschaftlichen Verhältnisse, sondern allein durch den Gehorsam gegen Gottes Willen?

I. Herkunft und Jugendjahre

Die biographische Forschung sucht mit guten Gründen Einblick schon in vorgegebene Daten eines individuellen Lebens zu gewinnen, sofern sie als charakteristische Eigenheiten, besondere Lebensformen oder einschneidende Schicksale in den unmittelbar voraufgehenden Generationen der Sippe erkennbar werden und möglicherweise zu einem Verständnis der Eigenart der von ihr eingehender gewürdigten Persönlichkeiten beitragen können, zumal wenn diese sich in ihrem Wesen und Wirken den üblichen Maßstäben entziehen. Die Problematik einer solchen, über eine bloß genealogische Bestandsaufnahme hinausgehenden Auswertung der „Familiengeschichte" ist offenkundig genug, um das Bemühen der „Deutung" als ein Wagnis zu kennzeichnen, das ein Höchstmaß an bedachtsamer Zurückhaltung in der Urteilsbildung fordert. Es geht nicht nur um die selbstverständlich kritische Distanz gegenüber aller legendären Überlieferung, die schon früh das Ungewöhnliche einer seine Zeitgenossen erregenden Persönlichkeit auf ihre Weise zu motivieren trachtet; es bedarf zumindest einer hinreichend klaren Einsicht in die Geschlechterfolge und die in ihr hervortretenden Besonderheiten, will man deren Auswirkungen auf das Leben eines Nachgeborenen eine spezifische Bedeutsamkeit beimessen. Dazu reicht im Falle Thomas Müntzer das durch die Sippenforschung bisher zur Verfügung gestellte Quellenmaterial jedoch nicht aus. Man wird sich vorerst darauf beschränken müssen, allen Versuchen zu wehren, dem noch bestehenden Mangel durch Rückgriff auf Legenden oder durch ein fragwürdiges Kombinieren bekannter Daten abhelfen zu wollen.

Thomas Müntzer gibt selber an, daß er aus Stolberg stamme[1], so daß man also das kleine Harz-Städtchen mit einiger Sicherheit als seinen Geburtsort annehmen darf. Der Nachweis, daß „die Müntzers" hier ansässig waren, ist längst erbracht[2]. Neuerdings hat H. Goebke die älteren

---

[1] So im Inskriptionsvermerk der Frankfurter Matrikel vom 16. 10. 1512: „Thomas Müntczer Stolbergensis" (Friedländer, S. 34); Prager Anschlag: „Ich, Thomas Muntzer, bortig von Stolbergk ..." (Franz, MG, S. 495,1).

[2] Zeitfuchs erwähnt auf S. 404 bei seiner Aufzählung der Stolberger Weinmeister des 15. Jahrhunderts einen Barthol Müntzer; Jacobs berichtet auf S. 189 Anm. 1: eine „Ratsrechnung v. Jahre 1419 nennt den Berld Monczer, der 1 Mark als Bewohner der eigentl. Stadt schoßt; denselben 1422 das Stolb. Ratshandelsbuch v. 1419 ff. Bl. 2a; ebendas. 3b—4a Merthe (Martha) Monczers als Frau des Bürgers Hans Stockfisch im Jahre 1424".

Erhebungen durch seine Nachforschungen wesentlich ergänzt, zumal zur Geschichte der Sippe im letzten Drittel des 15. Jahrhunderts mancherlei Material zusammengetragen wurde, das neben Stolberg auch Quedlinburg, Aschersleben und Halberstadt mit einbezieht[3]. Seine Belege über den Stolberger Zweig der Familie sind nicht zuletzt dem „Strafregister" entnommen[4], und die gewalttätigen Verfehlungen von Messerstecherei, tätlichem Widerstand gegen die Polizeigewalt bis hin zum Totschlag sind doch wohl als ein beredter Ausdruck heißblütigen Temperaments zur Kenntnis zu nehmen. Die Quedlinburger Verwandtschaft scheint weniger hitzig gewesen zu sein und kann nach den Angaben Goebkes zwei Priester namens Munthe nachweisen[5]. Trotz allem fleißigen Bemühen bleibt jedoch die Frage nach den Eltern von Thomas Müntzer noch immer völlig offen. Goebke wähnt den Vater freilich in dem Seiler Karle Münte(r) aus der dritten von ihm aufgeführten Stolberger Generation ermittelt zu haben, dem er „etwa 1466" die Tochter Anna des Ascherslebener Seilermeisters Jakob Banß zur Frau gibt, die ihm „1467 oder 1468" einen Sohn Thomas geboren habe[6]. Mag der Spürsinn des Sippenforschers in der Rekonstruktion des Lebensganges von Karle Münte(r) vielleicht manches Richtige getroffen haben, auch der 1484 „vmb vngeberde vffm tantzhuse geübet"[7] mit 15 Groschen Strafe belegte Th. Montzer soll dessen Sohn gewesen sein, die Identität dieses Thomas mit dem radikalen Reformator vermag Goebke in keiner Weise glaubhaft zu machen.

Es sind überhaupt, ohne damit die Verdienstlichkeit seiner archivalischen Entdeckungen zu schmälern, gegen die von ihm vorgetragenen Ergebnisse seiner die neuen Funde auswertenden Studien die stärksten Bedenken zu erheben. Der Mangel an präziser Methodik und wissenschaftlicher Exaktheit lassen ihn der Versuchung erliegen, willkürliche Zusammenhänge zu konstruieren und Fakten zu behaupten, die die Aussagekraft der Quellen überfordern. So gewiß die historische Forschung nicht ohne Hypothesen auskommen kann, mit leichtfertigen Konstruktionen und kurzschlüssigen Folgerungen ist ihr nicht gedient. Bereits bekannte Daten dürfen nicht unbedacht bleiben oder gedanklich überspielt werden, und die Entdeckerfreude soll der Phantasie nicht die Zügel schießen lassen. Goebkes Beitrag hat unsere Kenntnisse der eigentlichen Vita Th. Müntzers nicht wesentlich gefördert. Sein geradezu kombinationslüsterner Versuch, die Eltern ausfindig zu machen, ist mißglückt. Das Geburtsjahr ist zweifellos von ihm zu früh angesetzt. Seine in vieler Hinsicht für ihn grundlegende „Annahme einer Zugehörigkeit des Thomas Müntzer

---

[3] Goebke, Neue Forsch. und Goebke, Th. Müntzer.
[4] Goebke, Neue Forsch., S. 3, 8, 10.
[5] Ebd. S. 7.   [6] Ebd. S. 8; S. 11 ff. u. a.
[7] Ebd. S. 3 und Abb. 1.

zum Quedlinburger Augustinerkonvent oder zum Orden der Augustiner-Eremiten als solchem ist nicht haltbar"[8].

Die bisher bekannten Daten könnten es nahelegen, als den Vater eher Matthias Montzer in Betracht zu ziehen, der von 1484—1501 in Stolberg bezeugt ist, 1491 hier als Ratsherr, 1497/98 als Münzmeister genannt wird[9]. Goebke schließt aus der Feststellung, daß „1502 ... mit demselben Schoß an seiner Stelle Hans Goltschmedt" erscheint, Matthias Montzer sei „nach 1501 gestorben" und meint damit offenbar, daß er 1502 nicht mehr am Leben sei[10]. Es wäre aber ebenso denkbar, daß er Stolberg damals verlassen hat und nach Quedlinburg übergesiedelt ist. Dazu würde passen: einmal, daß sich sein Sohn (?) Thomas am 16. 10. 1506 in die Matrikel der Leipziger Universität als „Thomas Munczer de Quedilburck"[11] eintragen ließ, „also bei dieser Gelegenheit, genau wie Luther, nicht seinen Geburtsort, sondern den derzeitigen Wohnort seiner Eltern als patria"[12] angibt; zum anderen, daß der Sohn später bei der Erbauseinandersetzung mit dem Vater diesem vorhält, „das myr vil leuthe zu Stolberk und Quedellingeburgk bezeugen", seine Mutter habe „genunck" mit in die Ehe gebracht[13]. Diese Erklärung macht in Verbindung mit dem Leipziger Immatrikulationsvermerk einen Wohnungswechsel der Familie von Stolberg nach Quedlinburg mehr als wahrscheinlich, wie sie uns umgekehrt erlaubt, die Leipziger Eintragung nunmehr „mit Sicherheit auf u n s e r e n Thomas Müntzer"[14] zu beziehen. Ob freilich jener Matthias Montzer wirklich sein Vater gewesen ist oder nicht doch noch ein anderes Glied der Sippe, muß dahingestellt bleiben.

Einen weiteren Umzug der Eltern oder des verwitweten Vaters von Quedlinburg nach Halberstadt anzunehmen, besteht allein wegen des Mitte Juni 1521 verfaßten Briefes von Hans Pelt kein zwingender Grund[15], da Pelt bei dem regen Verkehr zwischen den beiden benachbarten Städten unschwer auch mit dem noch in Quedlinburg ansässigen alten Montzer darüber einig werden konnte, wen man für das kleine, von dem Halberstädter Rat dem Thomas gewährte Lehen im Falle seines Verzichtes vorschlagen solle. Die Vergabe des Lehens setzt nicht unbedingt den Wohnsitz der Eltern in der Stadt voraus. Noch 1518 schreibt

---

[8] Zumkeller, S. 385. Dazu der ganze Bericht S. 380—385. Vgl. ferner zum Ganzen der Abhandlung Goebkes das Nachwort von Max Steinmetz im Sammelband Frühbürgerl. Rev., S. 301 f.; ferner Iserloh, S. 248—253. Eine eingehende Kritik bietet Bensing, Müntzers Frühzeit, S. 423—430.

[9] Goebke, Neue Forsch., S. 9.   [10] Ebd. S. 10.
[11] Matrikel Leipzig I, S. 477.   [12] Böhmer, Progr., S. 12.
[13] Franz, MG, S. 361,17—18.   [14] Böhmer, Progr., S. 12.
[15] Franz, MG, S. 373 ff. Vgl. dagegen die Auffassung Goebkes (Neue Forsch., S. 13), der in dem Brief Pelts den Beweis dafür sieht, daß Müntzers Vater nach Halberstadt übergesiedelt ist.

der Rektor der Martinsschule in Braunschweig dem „venerabili domino artiumque magistro domino Thome M. pronunc apud Hans Pelt hospitato, viro perdocto"[16], vermutet den Adressaten demnach als Gast im Hause Pelts und scheint von einer Anwesenheit der Eltern Müntzers in Halberstadt nichts zu wissen.

Die Herkunft der Mutter bleibt bislang völlig im Dunkeln, selbst wenn sie die Gattin des erwähnten Matthias Montzer gewesen sein sollte. Goebkes Bemerkung zu Matthias Montzer in seiner Sippentafel „verh. wahrscheinlich mit Tochter des Henning von Bertigkau"[17] ist ohne Beleg und ohne jede Begründung. Der Sohn spricht Mitte Juni 1521 von der Mutter als „iam defuncte in domino"[18]. Danach ist sie gegen Ende des Jahres 1520 oder Anfang 1521 gestorben. Von ihm erfahren wir auch gelegentlich seiner bereits oben erwähnten Auseinandersetzung mit dem Vater über das ihm zustehende mütterliche Erbe, daß sie nicht aus ärmlichen Verhältnissen kam und daß sie als Hausfrau ihre Pflichten vollauf erfüllt hat, so daß „sye ... oehr broeth wol dreyfechtig vordyneth" hat. Leider bricht das Konzept mit den sich anschließenden Worten „Ir habet ir ..."[19] ab, so daß uns weitere Mitteilungen vorenthalten werden. Außer diesen kärglichen Notizen hören wir nichts über sie. Böhmer glaubte zwar, aus zwei Stellen des müntzerischen Briefwechsels auf eine nähere verwandtschaftliche Beziehung zu dem Geistlichen Moritz Reynhart in Elsterberg schließen zu können[20]; aber die von Reynhart in seinem Schreiben gebrauchte Anschrift „Venerabili domino magistro Thome Muntzer, theologie acuto magistro, preceptori parenti et patri meo amando unico meo observando"[21] bezeichnet den Adressaten lediglich als „väterlichen Lehrer"[22], und der Thomas Müntzer aus dem Nachlaß Reynharts zugefallene Hausrat[23] war wohl nur zur Deckung der Schulden gedacht, die der Geistliche zu seinen Lebzeiten nicht hatte begleichen können: „Patientiam habe in me et omnia reddam tibi."[24]

Weniger als über das äußere Geschick der Familie geben die Quellen über die internen Verhältnisse des Elternhauses Auskunft. Böhmer hat insbesondere den Zettel, auf dem sich Thomas Müntzer über das Verhalten seines Vaters in der Erbangelegenheit beklagt[25], auszuwerten ver-

---

[16] Franz, MG, S. 347,11—12. Zur Datierung des Briefes vgl. unten S. 47.
[17] Goebke, Neue Forsch., Sippentafel im Anhang.
[18] Franz, MG, S. 370,4 f.   [19] Ebd. S. 361,18 f.
[20] Böhmer, Progr., S. 14.   [21] Franz, MG, S. 363,22 f.
[22] Ebd. S. 364 Anm. 1.   [23] Ebd. S. 370,2 f.
[24] Ebd. S. 364,9 f., in Anspielung auf Mt. 18, 29.
[25] Ebd. S. 361, Nr. 14: „Das heyl Cristi zu voren, meyn lyber vater. Ich hette mich solcher untreu nicht vorsehen in euch zu erfynden, welche yr an myr also unbillich beweyseth, das yr mich wollet abweisen von meynem naturlichen rechte gleichwie ich eyn hurenkint wehr, ja gleichwye ich eyn heyde werh. Vorwunderth mich über dye

sucht, um einige Züge im Charakterbild des alternden Mannes erkennbar zu machen[26]. Man wird dabei nicht unbeachtet lassen dürfen, daß in den wenigen Sätzen der Unwille des Sohnes über eine ungerechte Behandlung vernehmlich mitspricht. Immerhin klingt es wahrscheinlich, daß der verwitwete Mann in eine bedrängte wirtschaftliche Lage zu geraten fürchtete, die durch den Anspruch des Sohnes auf seinen Anteil an der Hinterlassenschaft der Mutter heraufbeschworen werden konnte. Bei den sehr differenzierten Rechtsverhältnissen der Zeit mochte er sich aus seiner Sicht der Rechtslage für berechtigt halten, dem Sohn einen Anteil am mütterlichen Erbe zu verweigern. Aber — tat er es zugleich unter Berufung darauf, daß die Mutter kaum etwas in die Ehe mitgebracht habe und spätere Anschaffungen nicht ihr zum Verdienst angerechnet werden konnten? Der Text des Zettels legt eine solche Interpretation nicht nahe, die, wenn sie zuträfe, allerdings einen bedenklichen Mangel an Takt des alten Herrn seiner verstorbenen Frau gegenüber offenbaren würde. Ebensowenig läßt sich meines Erachtens aus den Sätzen Müntzers der Vorwurf herauslesen, der Vater habe sich an dem Ruf seiner Gattin so weit vergriffen, daß er „den Sohn ein Hurenkind"[27] genannt habe. Die von Böhmer so ausgelegte Bemerkung greift nicht eine Äußerung des alten Mnützer auf, sondern besagt doch nur, daß der Sohn sich bei einer Regelung der Erbschaftsfrage in der vom Vater vorgesehenen Weise wie ein vom normalen Erbrecht ausgeschlossenes, uneheliches Kind oder wie ein Heide behandelt sehen müsse. Die Tatsache seiner ehelichen Geburt wird keineswegs auch nur andeutungsweise in Frage gestellt, und der Begriff „Hurenkind" dient allein zur Kennzeichnung der irrigen Rechts⸱ auffassung des Vaters. Die Ausführungen des Sohnes erhalten umgekehrt erst dadurch ihren rechten Sinn, daß er dem Vater ein Argument entgegenhält, das zu bestreiten diesem gar nicht in den Sinn kommen kann: die Tatsache der ehelichen Geburt, aus der sich nach der Meinung des Sohnes eben ganz andere, väterlicherseits einfach nicht zu ignorierende, erbrechtliche Konsequenzen ergeben. Die unerquickliche Auseinandersetzung zwischen Vater und Sohn läßt keinen Rückschluß auf das Verhältnis der Eltern untereinander zu. Sie werden sich in ihrem ehelichen Zusammenleben weder nach der positiven noch nach der negativen Seite von ihrer Umgebung sonderlich abgehoben haben, erfüllten im gleichmäßigen Ablauf eines Arbeitstages ihre gesellschaftlichen und kirchlich-religiösen Verpflichtungen wie andere auch und führten ebenso wirtschaftlich ein

maße, das ich eurs unglaubens, den yr langhe zu got ghab, das yr kunt euch nith erneren, muß entgelten. Meyne muter hat genuck zu euch bracht, das myr vil leuthe zu Stolberk und Quedellingeburgk bezeugen. Sye hat oehr broeth wol dreyfechtigk vordyneth. Ir habet ir …" Zu den erbrechtlichen Verhältnissen vgl. Boehmer, Progr., S. 11 ff.

[26] Vgl. Böhmer, Progr., S. 13 f.

[27] Ebd. S. 11.

13

hinreichend gesichertes Dasein. Denn Thomas erbt immerhin nach seinem eigenen Zeugnis „multa suppellectilia ex morte matris"[28]. Sein Satz über das eingebrachte und ererbte Gut der Mutter ist nicht nur eine Begründung seines Anspruches auf das mütterliche Erbe, sondern in dem Zusammenhang, in dem er steht, weit mehr noch die betonte Erklärung, daß die Existenzsorgen des Vaters völlig gegenstandslos sind. Von einer wirtschaftlichen Notlage kann bei ihm keine Rede sein, selbst wenn er dem Sohne den ihm zustehenden Anteil am Nachlaß herausgeben würde. Die ungerechtfertigte Angst um den Lebensunterhalt, die ihn im übrigen ja nicht erst jetzt überfällt, ist kurz und bündig gesagt in Müntzers Augen nichts anderes als ein Zeichen mangelnden Gottvertrauens. Es befremdet zunächst, daß in seinen Worten der Vorwurf des Unglaubens so eng mit dem eigenen Vorteil gekoppelt wird: „Vorwunderth mich uber dye maße, das ich eurs unglaubens, den yr langhe zu got ghab, das yr kunt euch nith erneren, muß entgelten."[29] Das ist gleichweit entfernt von seelsorgerlichem Takt wie von den Gefühlen kindlicher Pietät. Aber es ist schließlich nicht ganz unverständlich, sondern die spontane Reaktion eines impulsiven jungen Menschen, der, wie er es sieht, auf die ihm zustehenden Vermögensrechte verzichten soll, bloß weil der Vater — drastisch gesprochen — von der Wahnvorstellung des Verhungernmüssens befallen ist. Da mag in der Erregung das Wort vom mangelnden Glauben als ernste Zurechtweisung schon einmal so dicht neben die Weigerung geraten, für solch ein seltsames Gebaren unter dem Schein des Rechtes auch noch entgelten zu sollen. Weder Vater noch Sohn spielen in dieser Angelegenheit eine rühmliche Rolle; aber mir scheint, daß man den Konflikt zwischen beiden nicht so zu dramatisieren braucht, wie Böhmer es getan hat, und daß auch dessen Folgerungen für Charakter und Wesensart des Vaters hinfällig werden: „... daß er in seinem durchaus verständlichen Zorn über das für den Witwer so überaus nachteilige ostfälische Erbrecht sich bei dieser Gelegenheit in so unverständlicher Weise auch an dem guten Ruf der verstorbenen Gattin vergriff, zeigt recht deutlich, daß schon er an der übergroßen Erregbarkeit und dem auffallenden Mangel an Logik und Rechtsgefühl litt, die dem Sohn schließlich das Leben verdorben haben, und daß beide nicht zuletzt darum so hart aneinandergerieten, weil sie einander so ähnlich waren."[30]

So wenig man aus den anerkennenden Worten für die Mutter ein innigeres Verhältnis des Sohnes zu ihr entnehmen kann, so wenig darf man aus der empörten Reaktion auf das Ansinnen des Vaters auf ein ernsthaftes Zerwürfnis mit ihm schließen. Offensichtlich ist es trotz der anfänglichen Differenzen bald zu einem Einvernehmen gekommen, das im wesentlichen den Wünschen des Sohnes Rechnung trug, ohne daß der Vater sich grollend von ihm zurückgezogen hätte. Denn in derselben

[28] Franz, MG, S. 370,4.   [29] Ebd. S. 361,14—16.   [30] Böhmer, Progr., S. 13.

Zeit, und zwar noch binnen weniger Monate, in der Thomas über die strittigen „suppellectilia ex morte matris" verfügt, wahrt der Vater auch die Interessen seines Sohnes an dem Halberstädter Lehen. Nach dessen Heirat im April 1523 scheint er sogar ganz zu ihm nach Allstedt gezogen zu sein, als die nunmehr notwendige Auslieferung des bis dahin ihm noch überlassenen mütterlichen Erbteils an den Sohn dem überdies nicht mehr allzu rüstigen alten Herrn die Führung eines eigenen Hausstandes erschwerte. Es mag sein, daß die jungen Eheleute seine ständige Hausgenossenschaft als eine mehr oder minder große Belastung empfunden haben[31]; wir haben davon jedoch nicht die mindeste Kenntnis. Aber warum sollte man den Dingen nicht ein freundlicheres Gesicht geben können als es Böhmer tut? Die in der Erbsache aufgetretenen Meinungsverschiedenheiten waren geklärt; die vorübergehend entstandene Spannung hatte sich gelöst; der Vater hatte das Recht seines Sohnes anerkannt; der Sohn war seiner Kindespflicht nachgekommen und hatte den alternden Vater bei sich aufgenommen. Auch als er selbst mit seiner Familie von Allstedt ins Ungewisse ziehen mußte, hat er den Vater nicht einfach seinem Schicksal überlassen: „Brenge den vater mit dyr und das swenleyn und schaff es mit der fhur nach rathe disses furmannes"[32], beauftragt er von Mühlhausen aus seinen Famulus Ambrosius. Man kann doch diesem Satz nicht im Ernst entnehmen wollen: „Um das Schwein ist er mehr besorgt als um den Vater."[33] Eine derartige Karikatur ist ebenso unzulässig wie die Zeichnung eines glücklichen Familienidylls. Vater und Sohn mögen ohne eine engere innere Bindung jeder sein eigenes Leben nun in einem verträglichen Nebeneinander gelebt haben; aber auch das ist eine nicht zu verifizierende Annahme. Das Bild des Vaters bleibt bis zur Unerkennbarkeit blaß. Wir können nicht einmal sagen, wie er sich zu dem Unternehmen seines Sohnes gestellt hat. Daß er zu ihm nach Allstedt und mit ihm weiter nach Mühlhausen zog, legt es allenfalls nahe, daß er sich nicht bewußt von dessen neuen Ideen distanziert hat.

Ein Unbekannter bleibt er für uns bis zu seinem Tode, über den nur die Legende Näheres zu wissen vorgibt. Sie setzt bereits im Zusammenhang der tendenziösen Berichterstattung über Thomas Müntzer um die

---

[31] Ebd. S. 14.
[32] Franz, MG, S. 437,4 f. Es ist vorerst nicht einzusehen, warum nicht der Vater Thomas Müntzers gemeint sein soll (gegen Franz, S. 436, Anm. 9 zu Nr. 68). Goebkes Hinweis (Neue Forsch., S. 14) auf den „Vater des Ambrosius Emmen" ist eine Verlegenheitslösung im Rahmen seiner These. Nach Bensing (Müntzers Frühzeit, S. 424 Anm. 16) „handelt es sich wohl um den Alten, der Müntzer stets begleitete, dann auch tatsächlich in Mühlhausen wirkte und Ende Mai 1525 als ‚alter Mann aus Allstedt' auf dem Mühlhäuser Obermarkt hingerichtet worden ist". Was nötigt dazu, den Begriff „Vater" hier nicht in seinem eigentlichen Sinn zu verstehen, solange keine stichhaltigen Argumente vorgebracht werden können?
[33] Böhmer, Progr., S. 22 Anm. 41.

Mitte des 16. Jahrhunderts ein und hat an dem Geschick des Vaters selbst kein eigenständiges Interesse. So berichtet Wigand Lauze, Philipp von Hessens Sekretär, Graf Ernst von Mansfeld habe ihn „falscher Muntze halber verbrennen" lassen und sieht darin den Grund dafür, „das Muntzer diesem Grauen so spitzig vnd ernstlich schreib"[34]. A. J. Manlius erzählt dagegen, die Stolberger Grafen hätten ihn hängen lassen, und das habe Thomas bewogen, in ihrer Grafschaft den Aufstand zu erregen[35]. Beide Versionen stimmen lediglich darin überein, daß sie erstens einen schmachvollen Tod des Vaters behaupten und zweitens Müntzers Verhalten im Bauernkrieg als eine persönliche Vergeltungsaktion, „ob ignominiosam patris necem" kennzeichnen. Man kann wohl hinter der Entstehung solcher Gerüchte das apologetische Bemühen wirksam sehen, die evangelische Sache von der ihr durch die katholischen Gegner zugeschobenen Verantwortung zu entlasten und dem Revolutionär rein persönliche Motive fernab von allen religiösen Beweggründen für seine Beteiligung am Bauernaufstand zu unterstellen[36]. Obschon mit wechselnder Begründung werden diese absurden Geschichten bis in die Gegenwart noch kolportiert[37], oder werden auch sonst neue nicht belegbare Entdeckungen über den Vater gemacht[38].

In dem, was wir den Quellen über das Leben der Eltern entnommen haben, erschöpft sich im Grunde auch das, was wir über die Kindheit und frühe Jugend Thomas Müntzers wissen. Damit ist bereits das Urteil über E. Blochs phantasievolle Darstellung gefällt: „Es war trübe um ihn von vorn an. Fast verlassen wuchs der junge düstere Mensch auf. Müntzer wurde als einziger Sohn kleiner Leute um 1490 in Stolberg geboren. Seinen Vater hat er frühe verloren, seine Mutter wurde übel behandelt, man suchte sie als angeblich mittellos aus der Stadt zu weisen. Der Vater soll, ein Opfer gräflicher Willkür, am Galgen geendet haben. So erfuhr schon der Knabe alle Bitternisse der Schande und des Unrechts."[39] Das erste, zeitlich sicher fixierbare Datum aus seinem Leben ist die Immatrikulation an der Leipziger Universität am 16. Oktober 1506[40]. Geht man mit Böhmer[41] von der Überlegung aus, daß die Söhne nicht übermäßig gut

---

[34] Lauze, S. 97. Die Abfassungszeit des hier interessierenden Textes liegt zwischen 1546 u. 1561.

[35] Manlius II, S. 135: „Monetarius movit seditionem in qua admodum miserabiliter perit. Cum enim comites Stolbergenses suspendissent eius patrem, ipse ob ignominiosam patris necem odio incensus, inuasit illorum comitatum, uolens eum ui ad se transferre."

[36] Böhmer, Progr., S. 14, dazu S. 22 Anm. 44.

[37] Bloch, S. 16. — „Zur Entstehung der Müntzer-Legende" sei vor allem auf den unter diesem Titel erschienenen Aufsatz von Max Steinmetz und dessen Arbeit „Das Müntzerbild von Martin Luther bis Friedrich Engels" verwiesen.

[38] So erzählt etwa Kleinschmidt (S. 18), daß Müntzer von ihm „eine bedeutende Bibliothek erbte".

[39] Bloch, S. 16.   [40] Vgl. oben Anm. 11.   [41] Böhmer, Progr., S. 12.

situierter Eltern das Universitätsstudium damals im allgemeinen kaum vor dem 17. Lebensjahre begannen, d. h. vor dem für das Baccalaureat erforderlichen Mindestalter[42], so kommt man von dem Immatrikulationstermin aus unter dem Vorbehalt einer leichten Variationsbreite etwa auf das Jahr 1488 oder 1489 als sein mutmaßliches Geburtsjahr. Da er auch dem kirchlichen Brauche gemäß gleich nach der Geburt getauft worden sein dürfte, und zwar auf den Namen des Tagesheiligen bzw. des hohen Patrons, dessen Kalendertag in unmittelbarer Nähe des Tauftages lag, so wird man seinen Geburtstag am ehesten um den 21. Dezember zu suchen haben. Als Geburtsort steht Stolberg am Harz einwandfrei fest[43]. Zeitfuchs berichtet aus der Lokaltradition: „Er soll gebohren seyn in Hr. Henning Oppermanns Hause/welches darum merckwürdig/daß ehemahls Calvinisch und Catholisch darin geprediget/und von Papisten die Messe gelesen worden.“[44] Es ist höchst zweifelhaft, dennoch nicht ganz unmöglich, daß sich in der Angabe des Geburtshauses noch eine richtige Erinnerung bewahrt hat.

Hier in dem regsamen Harzstädtchen, das im Jahre 1525 insgesamt 352 Schoß-zahlende Familien, Bürger und Hintersiedler zählte[45], hat Thomas Müntzer seine Kindheit verbracht, und nichts deutet darauf hin, daß sie ernster und bedrückender gewesen sei als die seiner Gespielen. Die Stadt stand auf der Grundlage der im Jahre 1451 vereinbarten Einung in einem relativ guten Einvernehmen mit den Stolberger Grafen und bot im allgemeinen das Bild eines gesunden Gemeinwesens, dessen Lebenswille auch durch die furchtbare Katastrophe des Pestjahres 1481 nicht gebrochen wurde[46]. Arbeitsames Streben prägte wohl auch den Geist des Elternhauses, in dem der Knabe in geordneten Verhältnissen aufwuchs, ohne viel von der Erregung zu begreifen, die gelegentlich die Bürgerschaft erfaßte, wie beispielsweise 1493, als in Verbindung mit der Prozession am Tage der Elftausend Jungfrauen eine „merklich große ketzerische Unruhe“[47] entstand. Eher blieb dem kindlichen Gemüt das verheerende Unwetter im August 1495 eindrücklich: „Fritages am abende sancti Laurencij Ciriaci (7. August) ergouss sich eyn gros wasser zcu Stalberg, werthe bis auff suntag darnach; was so gros, das man kein grosser wasser nye gesehin; zcubrach alle wege im taylle und furte eyn wagen mit getreyde enweg.“[48] Wenn Müntzer später mit Vorliebe das Bild von den ungebändigten, sich stürzenden Wasserfluten wählt, um das

---

[42] So das Leipziger Statut von 1499: „Nullus admittatur ad examen pro gradu baccalariatus in artibus, nisi attigerit annum decimum septimum“ (Zarncke, Statutenbücher, S. 469).

[43] Vgl. oben S. 11 f.

[44] Zeitfuchs, S. 256.   [45] Jacobs, S. 203.

[46] Goebke, Th. Müntzer, S. 94 f.: „Es war das Pestjahr, in dem 780 Menschen in der kaum 3000 Seelen zählenden Stadt der Seuche erlagen.“

[47] Zeitfuchs, S. 237.   [48] Jacobs, S. 158.

17

unwiderstehliche Hingerissenwerden in die hoffnungslose Angst und Not der Seele zu veranschaulichen, könnte man darin wohl eine Nachwirkung der Furcht und des Entsetzens vermuten, die ihn damals befallen haben.

Das Erlebnis fällt ungefähr in die Zeit, in der wir den ersten Schulbesuch des Jungen annehmen dürfen. Denn der Unterricht begann in der Regel mit dem 7. Lebensjahr, das nach der herrschenden Anschauung den Beginn der geistigen, moralischen und religiösen Selbständigkeit des Menschen bedeutete. Die Schulverhältnisse in der kleinen Stadt waren verhältnismäßig gut, da der Rat wie die Grafen von Stolberg die Sorge für das geistig-geistliche Wohl der Bürger nicht außer acht ließen. Mußte doch der Stolberger Pfarrer gemäß einer gräflichen Stiftung seit 1473/74 „ein auf der Erfurter Hochschule graduierter Mann sein"[49], und die freilich erst fast zwei Jahrzehnte nach Müntzers Fortgang erfolgte Berufung eines Johann Spangenberg als Rektor der Lateinschule[50] bezeugt den ernsthaften Willen der Stadtväter zur Verwirklichung ihrer guten Absichten. Auf jeden Fall konnte Thomas in seiner Heimatstadt nicht minder gut als anderswo alles das lernen, was eine rechtschaffen geleitete, spätmittelalterliche Trivialschule einem geistig regsamen Knaben an Schulweisheit zu bieten hatte. Der kleine „Fibulist"[51] wurde nach den üblichen Methoden der zeitgenössischen Pädagogik und im Rahmen des allenthalben ziemlich gleichmäßig sich aufbauenden Unterrichtsplanes in die Anfangsgründe des Wissens eingeführt, lernte zunächst vor allem Lesen, mußte lateinische Vokabeln und Sentenzen pauken u. s. f. Die regelmäßige Beteiligung der Schüler am Kirchen- und Chordienst, die ja auch unterrichtlich ausgewertet wurde, gehörte zu diesem Schulbetrieb ebenso unerläßlich hinzu wie manche weltliche Veranstaltung. Wir haben jedoch nicht den geringsten Anhalt dafür, Müntzer in irgendeiner Weise als Außenseiter zu betrachten, weder in der Schule noch zu Hause, selbst wenn er als „einziges Kind" und guter Schüler schon jetzt die ersten Ansätze eigenwilligen Geltungsanspruches entwickelt haben sollte. Spätestens mit der Übersiedlung der Eltern nach Quedlinburg hat Müntzer wahrscheinlich auch die Schule gewechselt und vielleicht als „Donatist" oder gar schon „Alexandrist" die dortige Lateinschule besucht[52]. Es ist jedoch nicht ausgeschlossen, daß er wie viele seinesgleichen zur damaligen Zeit noch ein- oder zweimal die Anstalt gewechselt hat, als fahrender Scholar nach Halberstadt oder Braunschweig gezogen ist, ohne in das üble Vagabundentum abzusinken, gegen das Schule und Polizeiordnung immer wieder anzukämpfen hatten. Er trieb sich nicht unnötig lange auf den Schulen umher, sondern suchte möglichst bald seine Ausbildung auf

---

[49] Ebd. S. 154 f.   [50] Vgl. Tschackert, S. 43—46.

[51] So hießen die Jüngsten nach ihrem Lesebuch, der Fibel.

[52] Donatist nach dem Lehrbuch, der alten Grammatik des Donatus; Alexandrist nach dem Lehrbuch der lateinischen Syntax von Alexander de Ville Dieu.

einer Universität fortzusetzen. Denn zweifellos gehörte er nach Begabung und Leistung zu den jungen Leuten, von denen „wen se XVI jar olt synt", die Braunschweiger Schulordnung von 1528 sagt: „De overs bevunden werden, wo wol de weynigesten, dat se geschicket konnen werden andere to leren unde mechtich öre kunst to brucken, de offere me Gade, dat se ander lüden denen imme geystliken unde werliken regimente."[53] Der Wunsch der Eltern und der Zuspruch der Lehrer mögen sich mit dem eigenen Verlangen verbunden haben, sich auf einer „Hohen Schule" ein gründliches, umfassendes Wissen zu erwerben und einen akademischen Grad zu erlangen. An sich stand ihm schon jetzt der Weg zu einem „qualifizierten" geistlichen wie weltlichen Beruf auch ohne Universitätsstudium offen, das damals keineswegs etwa als Berechtigungsnachweis vom Arzt, Pfarrer u. s. f. prinzipiell gefordert wurde. Die Universität sah es gar nicht als ihre Aufgabe an, das konkrete Ziel einer speziellen akademischen Berufsausbildung der Studierenden zu verfolgen. Der ganze Unterrichtsbetrieb war sehr „akademisch" eingestellt und wesentlich „auf die Erlangung der Meisterschaft im Lehren zugeschnitten"[54]. Aber natürlich kam die Aneignung eines mehr oder minder großen Wissensstoffes, die Bildung eines wissenschaftlichen Urteilsvermögens und die Erziehung zur gewandten Ausnutzung des erworbenen geistigen Besitzes in Rede und Gegenrede der praktischen Berufsausübung mittelbar wie unmittelbar zugute. Darüber hinaus bot ein erfolgreich absolviertes Universitätsstudium eo ipso größere Erfolgsaussichten vor anderen Bewerbern, zumal man, wie das Beispiel Stolberg schon zeigte, bereits dazu überging, im Kirchen- und Schuldienst die Berufung vom Besitz eines akademischen Grades abhängig zu machen und wohldotierte Pfründen einem Magister und Doktor eher erreichbar waren, wenn nicht Geburt und verwandtschaftliche Beziehungen dazu verhalfen. Solche Erwägungen mögen auch den Entschluß Müntzers mit beeinflußt haben, zumal ihm im Sturm und Drange der Jugend nicht weniger Geltungswille eigen gewesen sein dürfte als in den späteren Jahren und auch die äußeren Würden ihm damals noch mehr bedeutet haben mochten. Nur wird man ihm daneben echten Wissensdurst, ein ehrliches Streben nach Erweiterung seines geistigen Horizontes und nach Vertiefung seiner Erkenntnis nicht absprechen können. Die späterhin erkennbare Leidenschaft für Bücher hat gewiß ihre tieferen Gründe, die man in ihrer allgemeinen Grundtendenz wohl auch bei seiner Entscheidung für den Hochschulbesuch ernsthaft mit in Rechnung stellen muß. Das heißt nicht, daß er schon zu diesem Zeitpunkt irgendwie von dem neuen humanistisch-wissenschaftlichen Geiste besonders intensiv berührt gewesen wäre, der gerade seinen Siegeslauf an den deutschen Bildungsstätten begann, unter der jüngeren studentischen Generation begeisterte Anhänger fand und

---

[53] Braunschweigische Schulordnungen, S. 35.   [54] Horn, S. 272.

nun wahrscheinlich auch den jungen Leipziger Studenten in seinen Bann zog.

Ob Müntzer das Universitätsstudium schon mit einem klaren Berufsziel aufgenommen hat, muß eine offene Frage bleiben. Da der Weg zu den drei höheren Fakultäten Theologie, Jurisprudenz[55] und Medizin normalerweise durch die artistische Fakultät führte, war mit der Inskription bei den Artisten noch keinerlei Entscheidung vorweggenommen. Wenn nicht alles trügt, war er jedoch von vornherein gewillt, Geistlicher zu werden, und es wäre gerade dann für unser Verständnis seiner frühen Entwicklung von einiger Bedeutung zu erfahren, ob er die Bemerkung im sogenannten „Prager Anschlag" auch schon auf den Beginn seines Studiums bezogen wissen will: „... das ich myt Christo unde allen auszerwelethen, dye mich von iugent auf gkant habe, bzeugen magk, das ich meynen allerhöcsten fleysz vorgwant habe, vor allen andern menschen, dye ich gkant habe, auff das ich möchte eyne höher unterricht ghabt adder erlangt haben des heyligen unuberwintlichen christenglaubens."[56] Der Begriff „von iugent auf", in der lateinischen Fassung „a puero"[57], legt es bei allem Vorbehalt meines Erachtens nahe, daß er schon von mancherlei Fragen im Sinne dieser Äußerung umgetrieben wurde, zumindest ein lebhaftes, ernstes religiöses Interesse hatte, als er nach Leipzig zog. Wenig wahrscheinlich ist dagegen, daß für die Wahl des Studienortes tiefere Erwägungen, etwa im Hinblick auf die dort vertretene philosophisch-theologische Richtung bestimmend gewesen sind, Müntzer also aus diesen oder jenen besonderen Gründen dem in Leipzig herrschenden Thomismus den Vorzug vor dem Occamismus der Erfurter gegeben hätte, während die eben erst 1506 in Frankfurt a. d. Oder und die kurz zuvor 1502 in Wittenberg gegründeten Universitäten noch zu wenig geistiges Profil gezeigt hätten. Persönliche, familiäre, wirtschaftliche Umstände und ganz unberechenbare Zufälligkeiten spielten damals wie heute ihre Rolle bei der Wahl der Hochschule. Warum nicht auch für Thomas Müntzer, der sich vielleicht nur seinem Quedlinburger Studiengenossen Andreas Appenrad anschloß. Die beiden stehen als letzte der elf im Wintersemester 1506 bei der „Sächsischen Nation" Inskribierten[58], waren demnach dem chronologischen Schema der Leipziger Matrikel entsprechend[59] auch als letzte ihrer „Nation" zur Eidesleistung vor dem Rektor erschienen. Denn ohne diese Eidesleistung und Zahlung der Immatrikulationsgebühren sollte nach den Leipziger Universitätssatzungen die Eintragung in die Matrikel, von besonderen Fällen abgesehen, nicht erfolgen dürfen. Die Gebühr hat Müntzer allerdings nicht in voller Höhe

---

[55] Die Juristen nahmen allerdings in Leipzig eine gewisse Sonderstellung ein.
[56] Franz, MG, S. 491,2—7.   [57] Ebd. S. 505,5.
[58] Matrikel Leipzig I, S. 477.   [59] Ebd. S. XXXIII.

entrichtet; aber das haben von den 118 Neueingeschriebenen seines Semesters sofort überhaupt nur zwei getan, und mit Hilfe von Nachzahlungen kaum mehr als 30 Prozent. Er hat wie die überwiegende Mehrheit statt der offiziell festgesetzten zehn Groschen nur sechs bezahlt, gehörte somit nicht zu den *pauperes* oder den mit den *pauperes* insgesamt etwa zehn Prozent ausmachenden Studenten, die weniger als sechs Groschen zu zahlen brauchten[60].

Mit der Inskription war ihm grundsätzlich der Zugang zu den Instituten und Veranstaltungen der Universität geöffnet, allerdings in dem festen Rahmen eines bis ins einzelne geregelten Studienganges und nicht ohne zunächst noch so mancherlei Erfordernissen Rechnung tragen zu müssen, die der *beanus,* der Neuling, zu erfüllen hatte, bis hin zur Deposition, dem schon damals in sehr burleske Formen ausgearteten Aufnahmeritus in die studentische Gemeinschaft, die den Eintritt in das Studentenleben symbolisch zum Ausdruck bringen sollte[61]. Müntzer kam gerade zu einer Zeit nach Leipzig, als Herzog Georg von Sachsen sich durch die kursächsische Universitätsgründung veranlaßt sah, einer allzu starken Abwanderung der Studentenschaft nach Wittenberg durch energische Reformen vorzubeugen. Denn die Zustände an seiner Universität ließen, nach den von ihm angeforderten Gutachten aus den Kreisen der Universitätslehrer zu urteilen, sehr zu wünschen übrig und zeigten im Lehrbetrieb wie im Bereiche des studentischen Lebens deutlich die Symptome der Auflösung einer alten Ordnung, die zum Teil in blutloser Leere erstarrt und verknöchert war, so daß die junge Generation sich ihr weithin entzog und zunächst oft ungebärdig nach neuen Formen drängte[62]. Eine Besserung der Verhältnisse, vornehmlich auch im Blick auf die studentische und akademische Disziplin, erwarteten die Gutachter als Vertreter der alten Richtung und mit ihnen der Herzog jedoch nur von einer strengen Handhabung des alten Systems, das eine sehr genaue, den ganzen Tagesablauf umfassende Regelung und Kontrolle in der Lebens- und der Studienordnung aller Immatrikulierten als ein charakteristisches Merkmal aufwies. Man braucht nun die von mancherlei Ressentiments getrübte und nicht zuletzt aus finanziellen Gründen erwachsende Kritik der eigenwilligen Verfechter des Alten nicht immer so wörtlich und übertrieben ernst zu nehmen; man kann auch nicht von einem durchgreifenden Erfolg der wirklich praktizierten Reformmaßnahmen des Landesfürsten sprechen. Aber die Situation, die der Neuankommende im Herbst 1506

---

[60] Ebd. S. 475 ff.; Tab. II, S. LXXXI ff.

[61] Die Deposition gehört in den Bereich des Bursenlebens. Vgl. dazu Bruchmüller, S. 20 ff. „Die Grundidee, die der Depositionshandlung von Anfang an die Richtung gab, war die, daß der Bean als „pecus campi" angesehen wurde, „cui, ut recte ad publicas lectiones praeparetur, cornua deponenda essent" (S. 22). Dazu auch Luthers Wertung der Deposition bei Scheel, Luther I, S. 147 ff.

[62] Vgl. Zarncke, Statutenbücher, S. 432 ff.; Bruchmüller, S. 31 ff.

vorfand, war doch so geartet, daß die teilweise recht stürmischen Ansätze zu einer größeren Freizügigkeit der Studenten zu einem guten Teile wieder eingedämmt waren, daß das Verlangen danach zwar in den Köpfen mancher jungen und alten Semester noch lebendig sein mochte, hier und da auch mit bescheidenem Erfolg nach Verwirklichung drängte, daß aber der gesamte Universitätsbetrieb zur Hauptsache noch das alte Gepräge trug, auf keinen Fall bedeutsame Elemente einer Strukturveränderung zeigte[63]. Das bedeutet, daß auch Müntzer höchstwahrscheinlich in einer der obligaten Bursen seinen Aufenthalt nahm, wo er unter der verantwortlichen Leitung eines Magisters lebte, also wohnte, arbeitete und verpflegt wurde, immer und überall in dem gleichmäßigen Rhythmus der von der Universität überwachten Statuten seiner Burse eingespannt, die der freien Beweglichkeit des einzelnen ihre Grenzen setzte[64]. Gewiß schlugen die Bursianer immer wieder über die Stränge, mißachteten die Statuten oft genug in gröblicher Weise und suchten sich der fast klösterlichen Zucht auf alle mögliche Weise zu entziehen. Das wurde gegen Ausgang des 15. Jahrhunderts offensichtlich ärger als bisher, und auch im neuen Jahrhundert wollte man darüber hinaus, statt in einer Burse, frei in der Stadt wohnen können; man legte die offizielle, halb mönchische Studententracht mehr und mehr ab, durchbrach an den verschiedensten Stellen die alt hergebrachte Sitte und Zucht, die bis zur Pflicht des Lateinsprechens reichte und geriet dabei nicht selten, jedenfalls leichter als bisher auf die Bahnen eines unsittlichen Lebens, als dessen korrumpierende Merkmale Völlerei, Unzucht, Händelsucht u. s. f. bezeichnet werden. Auch die Zusammenstöße der Studenten mit den Bürgern und Handwerksgesellen mehrten sich bedenklich[65]. So kennzeichnend diese Erscheinungen sind, man darf sie nicht als schlechthin allgemeingültig ansehen. Man muß sich hüten, die zumal von den alten und jungen Kritikastern so grell beleuchteten Züge als die wesentlichen oder auch nur vorherrschenden im Gesamtbild des damaligen Leipziger Universitätswesens anzuerkennen, ohne sie damit natürlich übersehen oder bagatellisieren zu wollen. Eine wachsende Unruhe war da; eine gespannte Atmosphäre erfüllte den Bereich des akademischen Lebens in seiner Weise ebenso wie alle übrigen Zweige des gesellschaftlichen Daseins und war vielleicht an der Leipziger Universität infolge der hilflosen Repristinationsversuche nur um einige Grade spürbarer geworden als an anderen Hochschulorten.

Wie mag sich der junge Student Thomas Müntzer darin zurechtgefunden haben? Steckte in ihm schon von den letzten Schuljahren her etwas von der Unruhe der Zeit? Kannte er vielleicht zufällig den Baccalaureus

---

[63] Vgl. Zarncke, Statutenbücher, S. 432—514.
[64] Vgl. die eingehende Schilderung des spätmittelalterlichen Studentenlebens bei Scheel, Luther I, S. 132 ff.
[65] Bruchmüller, S. 35 ff.

Benedict Zimmermann aus Quedlinburg, den man ein Semester zuvor „propter multiiugos excessus" auf vier Jahre von der Leipziger Universität relegiert hatte[66]? Oder bewegte ihn das alles vorerst gar nicht so sonderlich, und nahm er nur allmählich mit größerer Bewußtheit dazu Stellung?

Müntzers Selbstzeugnis im „Prager Manifest" und das, was wir von seinem Entwicklungsgang bis Zwickau wissen, rechtfertigt die Annahme, daß ihm bei seinen ernsthaft betriebenen Studien die schulmäßige Enge des akademischen Lehrbetriebes zunächst gar nicht so anstößig gewesen ist und er auf die strenge Ordnung des bursalen Lebens nicht mit moderner Empfindlichkeit reagiert hat, zumal auch damals schon Statuten rigoroser aussahen als das tatsächliche Leben, das sie regulieren sollten. Gewiß — bedenkt man, daß im ersten Jahrzehnt des 16. Jahrhunderts in Leipzig bei einer jährlichen Frequenz von rund 850 Studenten[67] jedes Jahr durchschnittlich neun bis zehn von der Universität relegiert oder exkludiert, also mit den schärfsten akademischen Disziplinarstrafen belegt wurden[68], wird man nicht gerade von einer laxen Handhabung der akademischen Disziplin reden können. Und wer zum Baccalaureat oder Magisterexamen zugelassen werden wollte, mußte einen sehr genauen Nachweis über die eingehaltene Studiendisziplin, insbesondere über seine regelmäßige Teilnahme an den im einzelnen vorgeschriebenen Lektionen und Übungen, Disputationen und Resumtionen erbringen[69]. Trotzdem ist es nicht angebracht, im Zuschnitt des allgemein noch stark gebundenen Lebensstils zu dieser Zeit von einer übermäßigen Beeinträchtigung selbständigen Entfaltungswillens, besonders bei der akademischen Jugend zu sprechen, die subjektiv wie objektiv freier lebte, als sich ein entarteter Individualismus der Neuzeit vorstellen kann. Auch der vielleicht sich selber und andern nicht immer ganz bequeme Müntzer hat in der für alle geltenden Ordnung ohne lauten Widerspruch gelebt, zumal er wißbegierig, strebsam und ehrgeizig genug gewesen sein mag, um seine Studienzeit zu nutzen, ohne daß er sich als trübseliger Einzelgänger dem gesellig frohen Treiben ferngehalten hätte, das auch im Studentendasein jener Tage seinen Platz hatte.

Freilich, wenn er wirklich schon mit ernsten, religiösen Fragen nach Leipzig gekommen war, konnte das ordnungsgemäße Studium dem Anfänger nichts bieten, was ihm wirklich weiter geholfen hätte. Denn er wurde in der artistischen Fakultät zunächst grundlegend in das umfassende Wissenschaftssystem der *septem artes liberales* eingeführt, die mit den „Künsten" des Triviums den ersten Studienabschnitt bis zum Bacca-

---

[66] Matrikel Leipzig I, S. 470; 747.
[67] Vgl. Festschr. Univ. Leipzig, S. 6.
[68] Matrikel Leipzig I, S. 744 ff.
[69] Vgl. zum „Studienplan" Leipzigs bei Zarncke, Statutenbücher, S. 464 ff.

laureat vornehmlich füllten. Es galt hier nicht nur, ein wohl abgewogenes Pensum sachlichen Wissens aus Grammatik, Logik und Rhetorik sich zu eigen zu machen, sondern unter der geistigen Leitung des großen Meisters Aristoteles zugleich auch seine wissenschaftlichen Fähigkeiten zu entwikkeln und zu üben. Bald schon mit dem Schwerpunkt auf der Logik wurde der Student weiter und tiefer geführt, in den *lectiones* und *exercitia* intensiv mit der Materie vertraut gemacht, in den *resumptiones,* vor allem aber in den *disputationes* zur völligen Beherrschung und sinnvollen Anwendung des Gelernten angeleitet. Der Baccalaureus hörte bis zum Magisterexamen spezielle Themen des naturphilosophischen Wissens und die vier Künste des alten Quadriviums, um schließlich das artistische Studium mit der planmäßigen Durcharbeitung der moralphilosophischen und metaphysischen Schriften des Aristoteles zum krönenden Abschluß zu bringen. Von der sprachlichen und grammatikalischen Grundlegung stieg der Student also durch eine intensive logische Schulung hindurch, über die Erkenntnis der „Natur" hinaus bis zu den Fragen auf, die sich der „übernatürlichen", übersinnlichen Welt zuwandten und damit an die letzten Erkenntnisse und Gewißheiten rührten[70].

Erst in diesem letzten Stadium der wissenschaftlichen Ausbildung innerhalb der artistischen Fakultät sah sich Müntzer demnach durch den Studienbetrieb selbst unmittelbar vor die Probleme gestellt, die ihn vielleicht von Anfang an in irgendwelcher Weise beschäftigten, die möglicherweise aber auch erst jetzt vor ihm auftauchten, als er sich genötigt sah, sie mit aller Energie schulmäßig zu bewältigen. In einem gewissen Umfange mochte ihm unter Umständen die obligatorische Disputation auch eine willkommene Gelegenheit geben, seine Bedenken, Zweifel oder Widersprüche gegen die herrschende Schulmeinung vorzubringen, um sich im Widereinander der Meinungen selbst zu größerer Klarheit zu verhelfen, zumindest die Problemstellung schärfer zu erfassen. Man könnte sich, wieder im Blick auf sein Selbstzeugnis im „Prager Manifest", sehr wohl vorstellen, daß der den wissenschaftlichen Geist in Leipzig prägende Thomismus mit seiner Harmonisierung von Glauben und Wissen, die faktisch auf eine Intellektualisierung des Glaubens hinauszulaufen begann, Müntzers Kritik herausgefordert hat, seine Opposition gegen solche intellektualistische Überlagerung des Glaubens weckte oder verstärkte, der ihm in seiner eigentlichen Funktion und seinem Wesen, in seiner sachlich-inhaltlichen wie formalen Eigenheit völlig verkannt und verstellt erschien. Dann wäre es für Müntzers innerliche Entwicklung doch nicht ohne Bedeutung gewesen, daß er sein Studium in Leipzig begann und, anders als Luther in Erfurt durch den Occamismus hindurch, auf der *via antiqua* thomistischer Observanz in die Theologie eingeführt bzw. an sie herangeführt wurde?

---

[70] Ebd. S. 461 ff.

Es ließe sich etwas sicherer darauf antworten, wenn wir wüßten, wie lange Müntzer an der Leipziger Universität zugebracht hat. Die verhältnismäßig zuverlässige und für die fragliche Zeit allem Anschein nach vollständige Promotionsliste der artistischen Fakultät enthält den Namen Thomas Müntzer nicht, so daß man mit ziemlicher Wahrscheinlichkeit behaupten kann, daß er hier keinen akademischen Grad, selbst nicht den untersten des Baccalaureus artium erworben, sich auch nicht darum beworben hat, wenn man nicht die gänzlich unbegründete Vermutung wagen will, daß er der „unus reiectus" im Herbst 1508 gewesen sei[71]. Das schließt freilich ein längeres Studium nicht eo ipso aus, in dem er sich alles das tatsächlich aneignete, was von einem Baccalaureus und einem Magister verlangt wurde, nur daß ihm eben das abschließende Examen und damit der offizielle Leistungs- und Befähigungsnachweis samt dem davon abhängigen Titel fehlte. Aber warum sollte er eigentlich, wenn er schon an der Universität blieb, sich nicht auch prüfen und promovieren lassen, da weder mangelnde Begabung noch wirtschaftliche Schwierigkeiten als ernsthaftes Hindernis in Betracht kommen, zumal er als Graduierter mancherlei Vergünstigungen in seinem Studium hätte haben können. An guten Beispielen, seinen Ehrgeiz zu wecken, fehlte es ebenfalls nicht, da ein Drittel der mit ihm zugleich Inskribierten sich Titel und Würde errangen, und zwar die meisten, darunter auch sein Quedlinburger Studiengenosse Andreas Appenrad, bis zum Herbst 1509. Von den elf mit ihm im Wintersemester 1506 in der „Sächsischen Nation" Neuimmatrikulierten waren es sogar sieben[72]. Es muß bei solchem Sachverhalt doch wohl als das Nächstliegende erscheinen, daß er sein Studium unterbrochen hat, ohne ihm einen qualifizierten Abschluß gegeben zu haben.

---

[71] Matrikel Leipzig II, S. 439.
[72] Die Namensliste der Examenskandidaten von 1507—1511 vgl. ebd. S. 433 ff.

II. Abschluß des Studiums und erstes Wirken im geistlichen Amt — von Leipzig bis Zwickau

A) Collaborator und wieder Student

Wann und warum Müntzer sein Studium abgebrochen hat, läßt sich nur mit völlig unverbindlichen Hinweisen auf diese oder jene Möglichkeit beantworten. Die einzigen Angaben, die uns für die nächste Zeit über ihn zur Verfügung stehen, sind einmal der Passus aus seinem „Bekenntnis" vom 16. Mai 1525: „Zu Aschersleben und Halla do habe er in der jugent, als er collabrator gewest, auch eyn verbuntnus gemacht. Dar inne seyn Peter Blinde zu Aschersleben, Peter Engel eyn kirchner zu Halla, Hans Buttener und Cuntz Sander doselbest am Steyn thore. Ist widder bischoven Ernsten hochloblicher gedechtnus gewest"[1]; zum anderen der Inskriptionsvermerk der Frankfurter Matrikel vom 16. Oktober 1512: „Thomas Müntczer Stolbergensis."[2] Fest steht somit, daß Müntzer nach einer Zeit praktischer Betätigung noch einmal zur Universität, dieses Mal Frankfurt a. d. Oder zurückgekehrt ist. Daß er zwischendurch noch eine andere Hochschule aufgesucht hätte, ist nicht nachweisbar und kaum anzunehmen. Er hat, wie die überwiegende Mehrheit der Studenten, die Universität Leipzig, ohne eine akademische Würde anzustreben, nach einigen Semestern verlassen, um ein Amt im Kirchen- und Schuldienst zu übernehmen. Die eben als theoretische Möglichkeit angedeuteten Aspirationen nach Rang und Würden haben ihn offenbar nicht zum Studium getrieben, das für ihn eher den Zweck einer sinnvollen Ausnutzung der Zeit zur geistigen Weiterbildung gehabt zu haben scheint, bis er altersmäßig den Anforderungen des Aufstiegs zum geistlichen Amt entsprach. Es ist darum auch nicht angebracht, den Abbruch des Studiums mit einer Enttäuschung über den formalistischen, intellektualistischen Wissenschaftsbetrieb motivieren zu wollen, die den jungen Studenten aus dem drängenden Suchen einer gärenden, geistig-religiösen Entwicklung heraus erfaßt hätte bzw. ihm ein empörtes Widerstreben gegen den „unfruchtbar geistlosen" Ablauf des akademischen Unterrichtes zu unterstellen. Ebensowenig kann man annehmen, daß er sich durch eine berufliche Tätigkeit erst die finanzielle Möglichkeit zur Fortsetzung des Studiums habe schaffen müssen. Die Leipziger Studienzeit war, so will es mir scheinen, für ihn nicht eine unerläßliche Vorbedingung zur Erreichung seines

---

[1] Franz, MG, S. 548,28 — S. 549,3.   [2] Friedländer, S. 34.

Berufszieles. Es braucht damit jedoch nicht a limine abgelehnt zu werden, daß schon der Heranwachsende mancherlei Fragen hatte, die ihn gerade im Blick auf den erwählten Beruf innerlich beschäftigten und die sich in Leipzig vielleicht noch verstärkten. Immerhin sollte man nicht übersehen, daß das „von jugent auf" des „Prager Manifestes", in dem „in der jugent als … colabrator gewest" wiederkehrt, so daß es also im Bereiche des Möglichen liegt, daß Müntzer selbst das bewußte Streben nach einem „höheren Unterricht des heiligen unüberwindlichen Christenglaubens"[3] erst in dieser etwas späteren Zeit, d. h. in den Anfängen seines praktischen Dienstes, anheben läßt.

Der ungefähr Zwanzigjährige sah die Welt in einer neuen Perspektive. Durch seine Tätigkeit trat er in einer ihm bis dahin so nicht widerfahrenen Weise in eine nähere Beziehung zu der ihn umgebenden Gesellschaft. Seiner persönlichen Unabhängigkeit waren in seinem Gehilfendasein natürlich noch immer recht enge Schranken gesetzt. Was stellte sein kleines Amt auf einer der untersten Stufen in der streng beobachteten Ordnung des gesellschaftlichen Gefüges seiner Zeit schon dar? Dennoch gewann er, gemessen an seinen bisherigen Erfahrungen, ein ganz anderes Beziehungsverhältnis zu den Menschen in ihrem täglichen Dasein, begegnete er mit immer offeneren Augen und wacherem Blick der weltlichen wie kirchlich-religiösen Alltagswelt, wuchs seine kritische Einsicht in die Reformbedürftigkeit der herrschenden Zustände und erwachte in ihm der Drang, wirksame Abhilfe zu schaffen. Es läßt sich der Bezeichnung „colabrator" nicht entnehmen, ob er als Hilfskraft im Schul- oder Kirchendienst oder auch in beiden zugleich Verwendung fand. Es wäre insofern wissenswert, als sich daraus ein Hinweis ergeben könnte, wie weit Müntzer das Ziel, Geistlicher zu werden, nach seinem Abgang von der Universität alsbald praktisch verfolgt hat. Daß zu seinem „verbuntnus" in Halle der Kirchner Peter Engel gehörte, könnte man bei vorsichtiger Zurückhaltung für die Annahme einer kirchlichen Beschäftigung geltend machen; aber es ergibt sich daraus nicht, wie weit er damals in Halle auf der Stufenleiter der kirchlichen Laufbahn schon emporgestiegen war, ob er etwa als Subdiakon schon die erste der höheren Weihen empfangen hatte. Die offenbar in Müntzers Briefsack gefundene, vom 6. Mai 1514 datierte Urkunde, in der der Rat der Altstadt Braunschweig ihn für eine Altarpfründe in der St. Michaeliskirche zu Braunschweig präsentiert, nennt ihn „venerabilem virum dominum Thomam Munther Halber-(stadensis) dyocesis presbiterum"[4]. Aus der Bezeichnung dominus-presbyter darf man schließen, daß er zu dieser Zeit bereits Priester war. Vielleicht war er am Quatembersamstag vor Weih-

---

[3] Franz, MG, S. 491,6—7.   [4] Ebd. S. 553,8—9.

nachten 1513 (17. Dezember) oder am Karsamstag 1514 (15. April) ordiniert worden[5]. Das wären unter der Voraussetzung, daß 1489 sein Geburtsjahr war, die frühest möglichen Termine gewesen, da die kanonischen Bestimmungen die Vollendung des 24. Lebensjahres bei der Priesterweihe fordern und Müntzer, nicht wie Luther als Mitglied eines Bettelordens, die Privilegien Papst Innozenz VIII. in Anspruch nehmen konnte und auch sonst kaum ein Grund für eine allenfalls mögliche Ausnahmeregelung gegeben war[6]. Dementsprechend wäre die Subdiakonatsweihe nicht vor dem Jahre 1510 anzusetzen; zwar spielt die Beachtung der Interstitien zwischen Subdiakonats-, Diakonats- und Priesterweihe hierfür keine maßgebliche Rolle und unterlag die Altersgrenze bei der Aufnahme in den Subdiakonat in der spätmittelalterlichen Praxis allem Anschein nach einigen Schwankungen, aber im allgemeinen wurde doch schon damals die auch heute noch geltende Ordnung eingehalten, daß niemand vor dem vollendeten 21. Lebensjahre zum Subdiakon und vor dem vollendeten 22. zum Diakon geweiht werden sollte[7]. Da schließlich die Zulassung zu den ordines maiores eine längere Bewährung in den niederen Graden voraussetzte, könnte man mit der gebotenen Vorsicht etwa folgende Datenreihe zu konstruieren wagen: nach zwei- bis zweieinhalbjährigem Studium hat Müntzer im September 1508 oder im März 1509 die Universität Leipzig verlassen, sich dann mindestens ein reichliches Jahr in den niederen Diensten des Klerus betätigt, wurde wohl nicht vor dem Ende des Jahres 1510 Subdiakon und vielleicht noch, bevor er im Oktober 1512 auf die Universität Frankfurt a. d. Oder ging, auch Diakon. Das ist, wohlgemerkt, eine reine Konstruktion auf der Basis des normalen Werdeganges eines Weltklerikers, der die Stufenleiter zum Priesteramt innerhalb kanonischer Termine möglichst schnell emporzusteigen suchte.

Daß Müntzer in den drei bis vier Jahren zwischen Leipzig und Frankfurt eine längere Zeit nur als Schulgehilfe tätig war, ist recht unwahrscheinlich[8]; er wird schon aus wirtschaftlichen Gründen Kirchen- und Schuldienst miteinander verbunden haben. Aber wenn er gewillt war, Geistlicher zu werden, wird für ihn die Zurüstung zu diesem Dienste je länger desto mehr vordringlich gewesen sein. Ihm ging es dabei gewiß nicht nur um die Aneignung der notwendigen praktisch-technischen Fertigkeiten im weitesten Sinne, man wird ihm auch zutrauen dürfen, daß er tiefer als die meisten anderen in die eigentliche Aufgabe dieses Amtes

---

[5] Die Quatembersamstage waren der (übliche?) Ordinationstermin.
[6] Vgl. Eisenhofer II, S. 355 ff.   [7] Ebd. S. 359.
[8] Dagegen Delius, S. 10: „Er war von Aschersleben als Lehrer an die Parochialschulen von St. Gertrauden und St. Marien gekommen." Die Belege für diese genauen Angaben fehlen.

einzudringen suchte und eben dabei sich sein Blick für die notvolle Situation der Christenheit zu schärfen begann.

Er spürte damals vermutlich etwas von der Fragwürdigkeit des religiösen Betriebes, von der mangelnden Tiefe und Echtheit christlichen Glaubens in allen Schichten und Ständen, von der Blindheit der Verantwortlichen für diese von den meisten gar nicht empfundene Not, von dem Unvermögen, ihr abzuhelfen. Jetzt stieg, vielleicht noch unklar, eine Ahnung in ihm auf, daß dieser Christenheit in ihrer Substanz etwas fehle, daß ihre Christlichkeit in ihrem Wesen verfälscht sei. Zunächst begann er wohl schärfer die Schäden des herrschenden Kirchentums zu sehen, angefangen bei dem Frömmigkeitsmechanismus des frommen wie des unfrommen Volkes, gesteigert in der gleichgültigen Sorglosigkeit der doch zu Seelenhirten bestellten Priester, zuhöchst in dem weltlichen Treiben machtlüsterner Hierarchen. Im täglichen Umgang mit den tätigen Menschen wurde er möglicherweise zugleich hellhöriger für die Kritik von unten an dem, was Ärgernis erregte. Es war zu allen Zeiten das Vorrecht der Jugend, sich in eine kritische Opposition gegen das Überkommene zu steigern, mit der Überzeugung von der Reformbedürftigkeit des Bestehenden auch den tatbereiten Willen zur Besserung zu verbinden. Oft genug erschöpft sich freilich das Aufbegehren in der bloßen Negation, fehlt es noch an einer fundierten Konzeption des Neuen, und ein illusionäres Wollen richtet sich vordergründig auf die Beseitigung der ärgerlichsten Symptome des alten Systems. Derart mögen sich auch in dem temperamentvollen jungen Müntzer die eigene Unruhe und ein unzufriedenes Ressentiment mit den Einwirkungen des hier und dort im Volke laut werdenden Unwillens über Mißstände in der Kirche verbunden und schließlich zu dem Vorsatz eigenwilliger Abhilfe verdichtet haben, der das „verbuntnus" mit Peter Blinde zu Aschersleben, mit Peter Engel, Hans Buttener und Cuntz Sander zu Halle dienen sollte. Aus dem Wortlaut des „Bekenntnisses" geht hervor, daß Müntzer der Initiator gewesen ist, und der Bund sich gegen den Erzbischof von Magdeburg, Ernst von Sachsen, gerichtet habe[9]. Was das Vorhaben im einzelnen bezweckte und wie weit es über allererste Anfänge hinaus gedieh, erfahren wir nicht. Man hatte bei dem Verhör an dieser Aussage offenbar kein sonderliches Interesse, vielleicht weil der Vorfall zeitlich so weit zurück lag und in keinem unmittelbaren Zusammenhang mit den Bauernunruhen stand, auf die es den Inquisitoren bei der Vernehmung ja in erster Linie ankam[10]. Jedoch, wenn die sonst so argwöhnischen Herren darauf kein allzu großes Gewicht gelegt zu haben scheinen und auch „nach den Hallenser Akten des Magdeburger Staatsarchivs keiner der von ihm [Müntzer] Genannten verhört worden [ist], obwohl sein Ge-

[9] Franz, MG, S. 548,28—549,3.
[10] Vgl. unten S. 797 f.

ständnis durch den Druck verbreitet wurde"[11], könnte es auch sehr gut sein, daß man von der Arglosigkeit dieses Unternehmens überzeugt war und ihm wegen seiner effektiven Bedeutungslosigkeit weiter keine Beachtung schenkte. Das „verbuntnus" wäre demnach zu wichtig genommen, wollte man in ihm schon den Ausdruck agitatorisch-revolutionärer Umtriebe sehen. Selbst das Wort „Verschwörung"[12] ist vermutlich noch zu volltönend für das, was Müntzer hier im Überschwange jugendlichen sich Ereiferns im Sinne hatte; und „Anschlag gegen den Erzbischof"[13] ist eine zumindest mißverständliche Umschreibung der Formulierung des Protokolls „ist widder bischoven Ernsten ... gewest", was doch nicht mehr besagt als das Einvernehmen der Bundgenossen, dem anstößigen Treiben des Erzbischofs Einhalt zu gebieten, der ihnen in seinem ganzen Gebaren als ein Repräsentant des verweltlichten, hierarchisch-kirchlichen Systems gelten mochte. Der besondere Unmut der Hallenser über die demonstrative Bekundung des Verlustes ihrer städtischen Freiheit an den Erzbischof durch den Bau der Moritzburg mag in Halle Müntzer und seine Freunde in ihrer oppositionellen Stimmung bestärkt haben; aber die Zugehörigkeit eines Mannes aus Aschersleben zum „Führerkreis" sollte davor warnen[14], das Unternehmen nur in einer hallischen Lokalperspektive zu sehen.

Die Wiederholung der Reihenfolge Aschersleben — Halle in der Angabe der Orte und in der Angabe der Bundesgenossen könnte auf die zeitliche Folge von Müntzers Aufenthalt in den beiden Städten hinweisen. Das würde einmal bedeuten, daß Müntzer von Leipzig zunächst in die unmittelbare Nähe seiner Heimat nach Aschersleben ging, um dort seine praktische Tätigkeit zu beginnen; sodann, daß die Anfänge des „verbuntnus" bis in diese Zeit zurückreichen und ihm dann doch wohl allgemeinere Anlässe, andere Überlegungen noch zu Grunde gelegen haben dürften als allein der Unwille über die Person und Amtsführung des Magdeburger Kirchenfürsten[15]. Wenn der Protokollant des „Bekenntnisses" einzig das „widder bischoven Ernsten" als Intention des Bundes nennt, hob er in der gedrängten Kürze seiner Niederschrift mutmaßlich nur den in seinen Augen besonders gravierenden, alles andere gleichsam mit einschließenden Punkt aus den Aussagen des Gefolterten[16] heraus. Immerhin hat Müntzer diese Episode seines Vorlebens gegen Ende des peinlichen Verhörs, das ihn ostentativ als Empörer entlarven sollte,

---

[11] Schiff, S. 293.   [12] Delius, S. 10.   [13] Ebd. S. 10.

[14] Goebke, Neue Forsch. (S. 11) erklärt recht kühn: „Der im ‚Protokoll' angegebene Peter Blinde hat nie in Aschersleben existiert."

[15] Zwingend ist diese Reihenfolge freilich nicht, so daß Müntzer ebenso von Leipzig zunächst nach dem nahegelegenen Halle und später nach Aschersleben gegangen sein könnte.

[16] Es ist nicht zu übersehen, daß diese Aussagen unter der Rubrik „Peynlich bekant" stehen.

schließlich selber unter diesem Stichwort preisgegeben und damit als den Anfang seiner „aufrührerischen Machenschaften" qualifiziert bzw. qualifizieren lassen, ohne daß damit allerdings gesagt sein müßte, daß er selbst sie auch zuvor schon so verstanden hat. Doch wie immer er sie sonst gewertet haben mag, es scheint im Rückblick in gewisser Weise berechtigt, sie als frühesten, uns bekannten Beleg seiner späterhin so ausgeprägten Neigung anzusehen, für seine kritische Beurteilung der anstößigen Zustände in Kirche und Gesellschaft nicht nur Gesinnungsgenossen zu werben, sondern sie durch einen festen Zusammenschluß um sich zu sammeln mit der gegenseitigen Verpflichtung, sich für die Behebung der Mißstände entschlossen einzusetzen. Insofern ist dieser Punkt seines Geständnisses für unsere Kenntnis der Mentalität des jungen Müntzer aufschlußreich[17]. Nur sollte man das Vorhaben als solches in seiner faktischen Bedeutsamkeit als revolutionäres Unternehmen nicht überschätzen und es eher als einen impulsiven Akt jugendlichen Sturmes und Dranges begreifen, dessen oppositioneller Geist sich innerhalb einer engen, verschworenen Gemeinschaft mehr oder minder illusionistischen Plänen hingab. Wie weit derartige Pläne je Gestalt gewonnen haben, wissen wir nicht. Ernsthafte Versuche zu ihrer Verwirklichung sind offensichtlich nicht unternommen worden, da sich keine kirchliche oder weltliche Instanz zum Einschreiten veranlaßt gesehen hat. Daß Müntzer ein gutes Jahrzehnt später wieder in aller Öffentlichkeit in Halle als Geistlicher tätig sein konnte[18], macht es nicht gerade wahrscheinlich, daß er hier von früher her geheimer Umtriebe verdächtig gewesen wäre. Es deutet auch nichts darauf hin, daß er bei seinem zweiten Aufenthalt in der Stadt die ehedem gesponnenen Fäden wieder aufgenommen hätte. Daß das „verbuntnus" durch den 1513 erfolgten Tod des Erzbischofs Ernst von Sachsen inzwischen gegenstandslos geworden wäre, setzt die höchst fragwürdige Beschränkung auf eine Aktion allein gegen die Person dieses Kirchenfürsten voraus. Näher dürfte es liegen, daß sich das geplante Unternehmen, noch in statu nascendi, durch den Fortgang Müntzers von Halle von selbst wieder aufgelöst hat und der Initiator 1522/23 als Anhänger der Reformation ganz andere Gedanken über die Erneuerung der Kirche vertrat. Ob er sich zwischen den Universitätsbesuchen in Leipzig und Frankfurt a. d. Oder außer in Aschersleben und Halle noch anderwärts betätigt hat, ist nicht zu ermitteln. Man könnte dann an Halberstadt[19],

---

[17] Goebke, Neue Forsch. (S. 15) interpretiert „unter der Jugend" abwegig.

[18] Vgl. unten S. 243 ff.

[19] Goebkes Hinweis (Neue Forsch., S. 17) auf die Präsentationsurkunde des Rates der Altstadt Braunschweig ist allerdings nicht stichhaltig, denn darin ist lediglich von Müntzer als Priester der Diözese Halberstadt die Rede. Goebke gibt selber zu, daß es sich „schwer nachweisen" läßt, „ob Thomas Müntzer in Halberstadt am Gymnasium Kollaborator gewesen ist".

unter Umständen auch an Braunschweig[20] denken; aber mehr als die Frage zu stellen, ist bei dem gegenwärtigen Stand unserer Quellenkenntnis nicht angebracht, zumal an sich keinerlei Nötigung vorliegt, eine weitere Ortsveränderung anzunehmen.

Müntzers Immatrikulation an der Universität Frankfurt im Wintersemester 1512 ist für uns wieder ein festes Datum: „Thomas Müntczer, Stolbergensis."[21] Vermutlich ist der Entschluß, das Studium wieder aufzunehmen[22], erst in der Zwischenzeit in ihm gereift, vielleicht mit ausgelöst durch das Gefühl, für die in dem erwählten Berufe auf ihn zukommenden Aufgaben nicht so gerüstet zu sein, wie er es inzwischen für erforderlich hielt, vielleicht nunmehr nachdenklicher geworden, ernstlich von dem Drange beseelt, „eyne höher unterricht ... des heyligen unuberwintlichen christenglaubens" zu erlangen. Was ihn veranlaßt hat, sich für das relativ entlegene Frankfurt zu entscheiden, ist nicht auszumachen. Hatte er besondere Gründe, die Leipziger Hochschule zu meiden, und wollte er doch irgendwie noch in der Leipziger Tradition bleiben? Die neue Brandenburgische Landesuniversität war ja in ihrer ganzen Struktur nach dem Vorbild der Leipziger eingerichtet, die zugleich mit dem ersten Rektor Wimpina auch noch eine ganze Reihe von Dozenten gestellt hatte; der akademische Betrieb wie der wissenschaftliche Geist der neuen Gründung waren infolgedessen ebenfalls sehr stark an dem Muster Leipzigs ausgerichtet. Zumindest läßt Müntzers Wahl nicht darauf schließen, daß er ein stärkeres Verlangen nach Befruchtung durch eine andere wissenschaftliche Methode oder einen anderen wissenschaftlichen Geist gehabt hätte. Denn es dürfte ihm nicht unbekannt geblieben sein, daß man ungeachtet aller prinzipiellen Gleichförmigkeit des spätmittelalterlichen Hochschulbetriebes in Erfurt und in Wittenberg doch etwas anderes hörte als in Leipzig und Frankfurt.

Müntzer war in der Lage, die volle Immatrikulationsgebühr zu entrichten. Daß er ohne akademischen Titel in die Matrikel eingetragen[22a]

---

[20] Die Präsentation Müntzers für eine Altarpfründe an St. Michael würde am ehesten noch auf diese Spur weisen, die ernsthaft zu verfolgen jedoch bei den damaligen Formen des Präsentationswesens schwerlich zum Ziele führt. Daß er gar von Braunschweig aus als seiner letzten Station nach Frankfurt gegangen ist, ist ziemlich ausgeschlossen, wenn man berücksichtigt, daß die Frankfurter Matrikel seit 1509 keinen Zugang von Studenten aus Braunschweig aufweist, während sich in Wittenberg allein im Sommersemester 1512 unter den 102 Neuimmatrikulierten nicht weniger als 10 Braunschweiger fanden. Zu Frankfurt vgl. Friedländer, S. 34. Allerdings ist die in der Frankfurter Matrikel angeführte „Herkunfts"-Bezeichnung kein so sicherer Maßstab, da bald der Geburtsort, bald die „Heimatanschrift" angegeben ist. Zu Wittenberg vgl. Kawerau, Agricola, S. 12.

[21] Friedländer, S. 34. — Man kann überlegen, ob die Angabe des Geburtsortes anstelle der „Heimatanschrift" für Müntzer mehr war als eine bedeutungslose Modalität.

[22] Über den Abbruch des Studiums vgl. oben S. 26 f.

32

wurde, bekräftigt die Annahme, daß er bisher noch kein Examen abgelegt hatte. Wenn er aber die zwei- bis zweieinhalb Studienjahre in Leipzig in der vorgeschriebenen Ordnung genutzt hatte, war es ihm nach dem Universitätsstatut ohne weiteres möglich, nach ungefähr einem halben Jahre in Frankfurt sein Baccalaureatsexamen zu machen. Er hätte dann als baccalaureus artium das Sommersemester 1513 beginnen können. Er gehörte damit gleichsam als wissenschaftlicher Nachwuchs zum Lehrkörper der artistischen Fakultät und konnte in deren Auftrag, zugleich natürlich auch unter deren Aufsicht, Vorlesungen und Übungen über Grammatik, Rhetorik und kleine logische Schriften halten. In der Hauptsache blieb er freilich ein Lernender; denn Sinn und Ziel des Baccalaureats war für den Weiterstudierenden die Erlangung der Magisterwürde. Das bedeutete abermals ein intensives, zweijähriges Studium, in dem der Baccalaureus unter dem gleichen Studienzwange und in einer gleich gearteten, geregelten Lebensordnung stand wie der Scholar. Die Umstellung wird dem Dreiundzwanzigjährigen nicht immer leicht gefallen sein; wie mag er, zu größerer Selbständigkeit heranreifend, nun auf die ihm dargebotene Wissenschaft reagiert haben?

Namentlich im zweiten Baccalaureatsjahre tauchten mit den Vorlesungen über die Moralphilosophie und Metaphysik vor dem Studierenden Fragen auf, die gewiß im akademischen Unterricht Frankfurts weniger nach ihrer problematischen Seite hin erörtert als im Sinne der vorgegebenen schulmäßigen Lösung mehr oder minder formalistisch exerziert worden sein mögen. Auch Müntzer hat sich selbstverständlich in den vorgeschriebenen Bahnen bewegt und sich die imponierende Fülle systematischen Wissens in der wohldurchdachten Methodik der thomistisch geprägten, wissenschaftlichen Schulung zu eigen gemacht. Die gewaltige Konzeption der natürlich-sittlichen Lebensordnung, mit der Thomas von Aquin in weitestgehender Verwendung aristotelischer Anschauungen die Mündigkeit des Menschen in bezug auf sich selbst wie auf die Gesellschaft unter dem richtungsweisenden Gesichtspunkt der Bewegung der vernünftigen Kreatur auf Gott hin erfaßt hatte, konnte auch in der modifizierenden Nachgestaltung der Späteren ihren Eindruck schwerlich verfehlen. Das Verständnis des Menschen als *animal sociale et politicum,* das seine schöpferische Tatkraft in sittlicher Betätigung zur Verwirklichung einer wirtschaftlichen, kulturell und moralisch hoch qualifizierten Gesellschaftsgestaltung entbinden will, soll und kann, war doch ein sinnhaftes Leitmotiv für alle Einführung in Theorie und Praxis der Ordnungen und Aufgaben des öffentlichen Lebens. Und wenn des Aristoteles rein weltimmanente Zweckbestimmung aller menschlichen Gesellschaftsordnung überwunden wurde und jegliche politische und soziale Gemeinschaft letztlich nur der Realisierung einer höheren Zweckordnung dienen

33

sollte, die in der Erlangung des ewigen Gottesbesitzes gipfelte, so mochte auch das dem jungen Geistlichen wohl einleuchten bis hin zu dem Gedanken, daß hier der Kirche eine besondere, ihr allein vorbehaltene und vom „Staate" nicht wahrnehmbare Funktion zufiel. Der Bereich des natürlichen Lebens mit den ihm zuerkannten eigenen sittlichen Kräften, Werten und Zwecken erscheint vordergründig im Lichte einer hohen, positiven Würdigung, in der das Nein zu „dieser Welt" als Macht- und Wirkungsbereich des Bösen nur gedämpft hindurchscheint; das dualistische Moment der kirchlich-katholischen Anschauung, das in seiner prinzipiellen Schärfe, konsequent durchgeführt, bis zur grundsätzlichen Verneinung der Gaben und Aufgaben der „Welt" in bewußte Weltflucht drängte, wird vielmehr geradezu kompensiert, ja überdeckt durch ein moralistisch tendierendes Stufensystem in einem, fast möchte man sagen gleitenden Übergang von der Natur zur Übernatur, die immer wieder harmonisch aufeinander abgestimmt werden. Entsprechendes begegnete dem Baccalaureus auch in dem abschließenden Studium seiner artistisch-wissenschaftlichen Ausbildung, als er sich den Fragen letzter Erkenntnis zuwenden und über Artung, Möglichkeit und Grenzen des Erkennens überhaupt Klarheit gewinnen sollte. Letzten Endes ging es ja darum, Offenbarung und Vernunft, Glauben und Wissen in ihrem rechten Verhältnis zueinander zu begreifen. Zur Lösung dieses Problems bekam Müntzer in Frankfurt vollends etwas anderes zu hören als Luther in Erfurt. Denn wiederum kam es seinen thomistischen Lehrern darauf an, nicht in der Linie der „Modernen" eine prinzipielle Unvereinbarkeit von beiden zu behaupten, sondern bei aller Einsicht in die wesentliche Unterschiedlichkeit das faktische Zueinander darzulegen. Ganz im Sinne des Meisters bemühte man sich, zunächst Glauben und Wissen nach ihrem Wesen, ihrer Entstehung, der Art und dem Grad ihrer Gewißheit und nicht zuletzt auch nach ihren Gegenständen klar zu unterscheiden, um dann die Harmonie zwischen beiden aufzuweisen und endlich darzutun, daß einerseits das Glauben das Wissen ergänzt, andererseits das Wissen dem Glauben dient, beide also in einer positiven, wechselseitigen Beziehung zueinander stehen. Es besteht also in dieser Beziehung aufeinander eine echte Verbindung miteinander, die zwar die strukturelle Andersartigkeit von natürlicher Vernunft und übernatürlicher Offenbarung nicht übersehen, aber unter Ausschaltung der augustinischen Illuminationstheorie auf der Grundlage des „gratia perficit naturam" Wissen und Glauben positiv einander zugeordnet sein läßt. Der an sich schon im mittelalterlichen Glaubensbegriff angelegte spekulativ-intellektive Zug erfährt dadurch eine erhebliche Steigerung, die in der Linie der thomistischen Grundanschauung vom Primat des Verstandes vor dem Willen die starke Tendenz zu einer Intellektualisierung des Glaubens in sich barg. Natürlich war für die Wirkung auf den Hörer im einzelnen wie im ganzen die Art und Weise der Einführung in das thomistische System nicht unwichtig; doch hatten die Nuancierungen und Akzentverschiebungen für den Gesamteindruck kein so schweres Gewicht, daß man etwa irgendwelchen Besonderheiten der Frankfurter Universitätslehrer nachzugehen hätte.

Müntzer hat den Anforderungen des Magisterexamens entsprochen, und das heißt doch wohl, sein thomistisch geprägtes Wissen anstandslos ausgewiesen. Hat er jedoch die Weisheit der hohen Schule noch unbefangen hingenommen, sie sich gar innerlich zu eigen gemacht, oder hat er womöglich in den pflichtmäßigen Disputationen schon seine Bedenken mehr oder minder γυμναστικῶς vorgebracht? Spätestens in der Frankfurter Zeit müßte ihn die Frage nach dem unüberwindlichen Christenglauben lebhafter beschäftigt haben. Das würde bedeuten, daß er sich allen Ernstes bemüht hat, auf den ihm hier gewiesenen Wegen das Wesen des Glaubens zu erfassen, daß er jedoch trotz allem den rechten Zugang nicht fand bzw. ihm das, was ihm da als Glauben vorgestellt wurde, nicht zureichend erschien, um seiner Sache sicher und gewiß zu sein. Mögen sich ältere Zweifel nur verstärkt haben, mag die Problematik ihm erst jetzt stärker bewußt geworden sein, der Magister Thomas trug einen Stachel in sich, der bei dem Versuch, ihn zu entfernen, nur immer tiefer drang. Was für ihn in dem neuen Studienabschnitt besonders wichtig war oder wurde, kam in dem Schematismus doktrinärer Formeln gar nicht ernstlich zur Sprache: wie man denn im Glauben unmittelbar des Wortes Gottes inne werden, wie die untrügliche Gewißheit gewinnen könne, 'es wirklich mit Gott als seinem Gegenüber zu tun zu haben? Wenn er hörte, „credere est cum assensione cogitare", so wurde ihm eben das „cum assensione cogitare" zum Problem, und die Differenzierung zwischen *opinio* und *fides,* zwischen schwankender und fester Zustimmung konnte sein Bedenken nur verstärken, daß man Glauben als einen Erkenntnisvorgang zu verstehen suche, bei dem dem rationalen Vermögen des Glaubenswilligen eine bedeutsame Funktion zufalle. Das Theologumenon vom „habitus fidei divinitus infusus" mochte bei ihm den Eindruck des Konstruktiven menschlicher Reflexion über Werden und Wesen des christlichen Glaubens nur bestätigen, da es eine unkontrollierbare, nicht verifizierbare These blieb, die dem nach persönlicher Glaubenserfahrung Verlangenden keinerlei tatsächliche Hilfe bot. Erst recht erschien ihm dann unverständlich, daß die Übernahme und Aneignung fremder Glaubenserfahrung, selbst auf die Autorität der Kirche hin, irgendwie ein Äquivalent wahren Christenglaubens sein könne, der doch gerade nicht über-„mittelt" werden kann, wenn anders er „unüberwindlich" sein soll.

Diese Sätze, mit denen wir anzudeuten versuchten, welche kritischen Fragen etwa den sich mit der üblichen Anschauung nicht zufriedengebenden Baccalaureus beschäftigt haben mögen, sind freilich nicht durch

Äußerungen Müntzers sicher zu belegen. Er hat sich niemals näher darüber ausgelassen, was die „Glaubenskrise" in ihm ausgelöst hat, oder vorsichtiger gesagt, wie und wann er dazu kam, das kirchlich sanktionierte Glaubensverständnis als unsachgemäß zu empfinden. Wie weit das Frankfurter Studium seine Bedenken beeinflußt hat, ob er beim Verlassen der Universität bereits der Überzeugung war, daß das von der Theologie gelehrte und in der Kirche praktizierte Verständnis des christlichen Glaubens von Grund auf zu erneuern sei, ohne noch in seinen Überlegungen weiter gekommen zu sein als bis zu einer kaum profilierten Vorstellung, in welcher Richtung man zu suchen habe, wissen wir nicht; so viel dürfte seinen Worten im „Prager Manifest" jedenfalls zu entnehmen sein, daß ihn die Frage nach dem „wahren Glauben" schon umgetrieben hat, als er sein erstes Priesteramt übernahm, und ebenso, daß sie für ihn keine „akademische Frage" war, der man ausweichen konnte, wie und wann man wollte. Sie bereitete ihm nicht die innere Not, die Luther fast zur gleichen Zeit bedrängte, führte ihn auch nicht in die abgründige Tiefe einer Auseinandersetzung mit Gott, nicht in die Qual zermürbender Seelenkämpfe, doch ließ sie ihn offenbar auch nicht zur Ruhe kommen; er suchte irgendwie damit fertig zu werden, daß das, was bei anderen so selbstverständlich war, ihm problematisch erschien. Das war aber von vornherein keine private Angelegenheit, die er lediglich mit sich selbst auszumachen hatte, über die er um seinetwillen und für sich persönlich ins reine kommen mußte. Denn wenn er an der offiziellen, kirchlich-legitimierten Gläubigkeit der Christen Anstoß nahm, bedeutete das von seinem Standpunkt aus schon die Feststellung eines Mißstandes in der Kirche; wenn er dann bei seinem Streben nach einem „höheren Unterricht" noch zu der Erkenntnis kam, daß die berufenen Vertreter der Kirche, die Lehrer und Hirten der Gläubigen, kein helfendes, zum rechten Glauben hinführendes Wort zu sagen wußten, wuchs sich für ihn der Mißstand zu einem Notstand aus. Man muß also seine Bedenken in einem inneren Zusammenhange mit einer sich bewußter entfaltenden kirchenkritischen Haltung sehen, die sich freilich vorerst noch nicht in demonstrativer Weise äußerte.

In Frankfurt lag der Termin für das *examen magistrandorum* vermutlich ähnlich wie in Leipzig, *circa festum innocentium* (28. Dezember)[23], so daß sich Müntzer kurz nach seinem Geburtstag 1515 der Prüfung unterzogen haben dürfte, nachdem zuvor durch eidliche Versicherungen des Kandidaten selbst wie durch die sorgfältige *inquisitio* des Dekans und der Examenskommission sichergestellt war, daß gegen eine Zulassung keine moralischen oder wissenschaftlichen Bedenken bestanden. Nach dem erfolgreichen Examen wurde dem Kandidaten nach erneuten

---

[23] Matrikel Leipzig II, S. 434.

36

eidlichen Verpflichtungen in einem feierlichen, offiziellen Akt die Lizenz erteilt und wurden die Insignien der neuen Würde überreicht; auch für Müntzer sicher ein Augenblick, der ihn mit stolzer Genugtuung erfüllte. Für ihn bedeutete die Promotion zum Magister artium zugleich den endgültigen Abschied von der Universität.

Er bezeichnet sich zwar in dem Entwurf einer Grußformel aus der Zwickauer Zeit einmal als „Tomas Munczer de Stolbergk, artium magister et sancte scripture baccalaureus, predicator urbis Cignee"[24], und ebenso redet ihn Hans Pelt in seinem Brief vom 25. 6. 1521 als „backalarien der hylgen geschryft predyger zu Swyckaw"[25] an; aber wo soll die zum Erwerb dieses theologischen Grades erforderliche Studienzeit in seinem Lebenslauf untergebracht werden? Denn, um Baccalaureus in der theologischen Fakultät zu werden, mußte er als Magister artium noch ein mehrjähriges Studium der Theologie nachweisen, das selbst unter der schwerlich zutreffenden Voraussetzung eines weitgehenden Dispenses von dem an sich geforderten, ständigen Aufenthalt am Universitätsort während der Vorlesungszeit kaum von ihm absolviert worden sein kann. Da die Fakultätsstatuten im Normalfall weitgehend ein fünfjähriges Studium der Theologie für die Graduierung zum Baccalaureus biblicus zur Bedingung machten[26], fällt die Niederschrift der Grußformel rein terminmäßig etwa in die Zeit, in der bei einer ordnungsgemäßen Fortsetzung des Studiums die *receptio et admissio* Müntzers zum Baccalaureus hätte erfolgen können. Das legt den Verdacht nahe, es nur mit einem spielerischen Einfall Müntzers zu tun zu haben, daß er jetzt „baccalaureus sancte scripture" sein könnte, wenn ... Ein Wunschtraum, dessen Erfüllung ihm versagt geblieben war? Oder Hochstapelei, um sich als akademisch qualifizierter Theologe auszuweisen, wenn „es sich hier [wirklich] um Formeln für eine projektierte Eingabe an den Rat von Prag"[27] handeln sollte? Die Wiederholung der fragwürdigen Titulatur in dem Briefe Pelts ließe sich dann durch die Annahme einigermaßen verständlich machen, daß Müntzer eine ähnliche Formel auch in seinem Schreiben an Pelt gebraucht hatte[28], dessen Abfassung in die gleiche Zeit fallen muß wie der Entwurf der Grußformel. Spielerischer Einfall oder

---

[24] Franz, MG, S. 537,13 ff.   [25] Franz, MG, S. 373,12.
[26] Scheel, Luther II, 2. Aufl. S. 62.
[27] Böhmer, Progr., S. 21. Anm. 13. Danach auch bei Bensing/Trillitzsch (S. 118 f. Anm. 31). Müntzer hätte sich dann allerdings zudem noch fälschlicherweise als „Prediger zu Zwickau" ausgegeben, da er seit dem 16. April ja „beurlaubt", d. h. entlassen war. — NB. In Böhmers Text (Programm, S. 21) ist zu verbessern: „... et prestantibus (korr. aus prestantissimis) ..."; vgl. Lichtdrucke, Taf. 53.
[28] Vgl. Franz, MG, S. 373,19 f. Oder hatte Müntzer einen schriftlichen Verzicht auf das Lehen mit ähnlicher Grußformel an den Rat von Halberstadt dem Briefe an Pelt beigelegt? Pelt wurde offenbar nicht ganz schlau aus Müntzers Angaben und wollte eine genauere Auskunft haben.

Hochstapelei — es gibt zu denken, daß die beiden zitierten Stellen die einzigen Belege dafür sind, daß Müntzer einen theologischen Grad erworben hat und daß sie zeitlich so dicht beieinander liegen, zudem die eine von ihnen in dem Entwurf eines Briefkopfes, der möglicherweise bloßer Entwurf geblieben ist, die andere in der Beantwortung eines Schreibens von Müntzer durch einen nahestehenden Freund, der, in welchem Sinne auch immer, auf eine Selbstbezeichnung seines Adressaten eingegangen zu sein scheint.

Man muß bei solchem Sachverhalt sogar weiter fragen, ob Müntzer überhaupt je an der Universität „Theologie studiert" hat. Es mag sein, daß er sich gelegentlich, auch nach dem Magisterexamen noch, einen Einblick in den Lehrbetrieb der theologischen Fakultät in Frankfurt verschafft hat. Aber dem waren im allgemeinen nach den geltenden Studienordnungen relativ enge Grenzen gezogen, so daß ein zusammenhängender Besuch von Vorlesungen über die Bibel oder die Sentenzen des Lombarden und von weiteren Lehrveranstaltungen, die am Anfang des Theologiestudiums zu absolvieren waren, Müntzer kaum möglich gewesen sein dürfte. Es scheint mir für die weitere Entwicklung Müntzers nicht bedeutungslos, daß ihm die methodische Schulung in der wissenschaftlichen Theologie, zumal eine Einführung in die exegetische Arbeit an der Bibel versagt geblieben ist. Denn darin dürfte nicht zuletzt sein mangelndes Verständnis für Fragen der Exegese schlechthin mit begründet sein, wie vielleicht auch ein gewisses Minderwertigkeitsgefühl in den Auseinandersetzungen über Prinzipien der Schriftauslegung, das bis in seine ausfällige Polemik gegen die „buchstäblerische" Weise der „Schriftgelehrten" hin unterschwellig spürbar wird. Die abgeschlossene Ausbildung in der artistischen Fakultät gab ihm zweifellos ein gutes, allgemein-wissenschaftliches Rüstzeug an die Hand, das er bei seiner Arbeit in theologicis wohl sinnvoll zu handhaben verstand und das ihm bei seiner ausgedehnten theologischen Lektüre wertvolle Dienste leisten konnte. Er wird auch in der Frankfurter Zeit schon diese und jene theologische Literatur gelesen haben. Nur darf man nicht völlig übersehen, so wenig man es andererseits überbewerten darf, daß er keine eigentlich „theologische Fachausbildung" an der Universität erfuhr und, da er ja kein Ordensmann war, auch nicht durch das theologische Generalstudium eines Ordens hindurchgegangen ist oder ähnliche Bildungsmöglichkeiten hatte. Er sah sich also in besonderer Weise auf ein „Selbststudium" angewiesen, und man wird auch unter diesem Gesichtspunkt seinen Bücherhunger mit zu werten haben, der ihn zumindest bis in die Zwickauer Zeit hinein gar manchen Gulden für eine recht teure Leidenschaft kostete.

Spätestens wohl mit dem Ende des Semesters im März 1516 hat der junge Magister Frankfurt verlassen. Mit welchem Ziel? Wie wir der Präsentationsurkunde des Braunschweiger Rates entnahmen, war er am Quatembersamstag vor Weihnachten (17. Dezember) 1513 oder am Karsamstag (15. April) 1514 zum Priester geweiht worden[29]. Was seither an Fragen und Bedenken, an Zweifel und Kritik in ihm erwacht war, hatte ihm das priesterliche Handeln der Kirche keineswegs so suspekt gemacht, noch ihn selbst an seiner Qualifikation zum priesterlichen Berufe derart irre werden lassen, daß er Scheu gehabt hätte, die Verpflichtungen eines geistlichen Amtes auf sich zu nehmen. Dennoch scheint es, als habe er zunächst Ämter und Dienste bevorzugt, die ihm die Möglichkeit boten, nicht nur sich theologisch allgemein weiterzubilden, sondern auch den ihm vordringlichen Fragen durch das Studium einschlägiger Literatur intensiver nachzugehen. Er gehörte nach dem Wortlaut der Braunschweiger Urkunde zum Klerus der Diözese Halberstadt, hatte also vom Halberstädter Bischof bzw. dessen ständigem Vertreter die Priesterweihe empfangen, und zwar vermutlich *ratione originis*, d. h., weil seine Eltern zur Zeit seiner Geburt ihren Wohnsitz in der Halberstädter Diözese hatten. Er bekundete damit zugleich, obschon nicht in absolut bindender Form, seinen Willen zur Dienstleistung in seiner Heimatdiözese, und tatsächlich hat er sich nach seiner Graduierung hier auch um eine Anstellung bemüht. Der Brief von Matthaeus Volmar an ihn weist aus, daß er am 30. August 1516 am Kanonissenstift zu Frose tätig war[30].

Zuvor hatte er sich offenbar noch einige Wochen oder Monate in dem nahen Aschersleben oder in Halberstadt aufgehalten[31]. In einer Zeit des Übergangs muß sich nämlich die Tragikomödie abgespielt haben, die Ludolf Witthovet veranlaßte, ihm einen vorwurfsvollen Brief nach Frose zu schreiben[32]. Müntzer habe ihn, so hält er ihm vor, bei seinen Freunden leichtsinnig in Verruf gebracht, weil er den verleumderischen Reden seiner doppelzüngigen Köchin um ihrer schönen Augen willen gar zu bereitwillig Glauben geschenkt habe[33]. Die Vorwürfe waren deutlich genug: „... sunder das ir wylt frauwen leven, des solt ir besser wetten, und gy hir over my myne frunde tho unwillen machen, daß ich nummer mer in

---

[29] Vgl. S. 27 f.

[30] Franz, MG, S. 347, Nr. 1.

[31] Aschersleben dürfte freilich eher in Frage kommen. Vgl. Franz, MG, S. 347 Anm. 1 und S. 350 Anm. 1.

[32] Franz, MG, S. 350, Nr. 4.

[33] Demnach hatte Müntzer damals eine eigene Köchin, schwerlich doch nur für ein paar Tage. Diese intrigante Person steckte sich offenbar hinter Müntzer, um ein (von Witthovet bewohntes?) heizbares Zimmer für sich zu erhalten; ein Hinweis vielleicht auf die Jahreszeit.

iuck ghesocht."[34] Selbst wenn sich der Verärgerte bei seinem Nachgrübeln in fixe Vorstellungen verrannt haben sollte, war seine Meinung über den jungen Priester nicht so ganz abwegig: er war den Frauen gegenüber keineswegs spröde[35], und er ließ sich, wie sich schon jetzt zeigte, leicht zu einem vorschnellen Urteil verleiten, wobei es in diesem Falle irrelevant ist, ob er seiner Köchin bloß gefällig sein wollte oder der Ansicht war, sich einer unrecht behandelten Frau annehmen zu müssen. Dennoch bezeugt schließlich auch der Verleumdete noch durch seine nachträgliche Enttäuschung, daß Müntzer sich im Umgang mit den Menschen rasch manche Sympathien zu erwerben vermochte. Alte Verbindungen zu Freunden aus seiner Kollaboratorenzeit werden ihm dabei geholfen, ein hilfsbereites Wesen, auf das ihn auch Volmar anspricht[36], nicht zuletzt ein spürbares religiöses Engagement dazu beigetragen haben, daß er Anklang und Anhang fand.

Die Äbtissin von Gernrode, Elisabeth von Weida[37], durfte zufrieden sein, für Frose einen *praepositus* gewonnen zu haben, der als Magister qualifiziert war und erwarten ließ, daß er seinen geistlichen Pflichten nachkam. Ob der in zwei Briefen ihm beigelegte Titel *praepositus*-Probst als die offizielle Bezeichnung seines Amtes angesehen werden darf, ist fraglich, da er für Gernrode wie für Frose sonst nicht üblich gewesen zu sein scheint[38]. Der Sache nach kam in der Titulatur wohl zutreffend zum Ausdruck, daß Müntzers Vorgänger eine höhere Dignität und eine gewisse Weisungsbefugnis innerhalb der Stiftsgeistlichkeit besessen hatten, doch ist nicht durchsichtig, was das bei Müntzers Amtsantritt faktisch noch bedeutete. Daß die beiden letzten Kanonissen bereits im Jahre 1511 Frose verlassen hätten und in Gernrode untergekommen wären, trifft allerdings nicht zu[39], denn das hätte sich sonst in der Tat zwangsläufig

---

[34] Franz, MG, S. 350,16—17.

[35] Vgl. auch unten S. 72 f.

[36] Es dürfte übertrieben sein, aus dessen Brief auf besondere „medizinische" Kenntnisse Müntzers schließen zu wollen. Es handelt sich offenbar nur um ein probates Hausmittel gegen eine Halskrankheit, das Müntzer kannte und mit Erfolg empfohlen hatte.

[37] Vgl. Franke, S. 313—335. — Bensing (Th. Müntzer, S. 25) führt Müntzers Berufung darauf zurück, „daß die Äbtissin zu reformatorischen Gedanken neigte und sich 1521 offiziell der Reformation anschloß". Anfang 1516 dürfte weder bei der Äbtissin noch bei Müntzer von einer Neigung zu „reformatorischen Gedanken" gesprochen werden können. Denkbar wäre wohl, daß Elisabeth von Weida von dem ernsten Eifer des jungen Geistlichen um eine rechte Christlichkeit gehört hat und ihn darum nach Frose berief.

[38] Schulze/Vorbrodt, S. 41; vgl. allgemein zur Titulatur Schäfer, Kanonissenstifter; Schäfer, Pfarrkirche.

[39] So hat man wohl aus den Annales Gernrodenses (S. 67) geschlossen. Dagegen spricht aber die auf S. 81 angeschlossene briefliche Notiz Popperods: „Anno 1531. Decana in Frose cum duabus Monialibus contulit se in Gernrode ad Annam Plaviam. Hoc modo Abbatia duo Monasteria in Waldalen atque Frose decoxit. Habes initium ac finem horum Monasteriorum."

auf den Funktionsbereich des Probstes auswirken müssen. Die Tatsache, daß die Stelle wieder besetzt wurde, zeigt, daß sie nicht entbehrlich war, wobei die Hauptaufgabe ihres Inhabers die geistliche Betreuung der Stiftsdamen und der Stiftsgemeinde im Gottesdienst und in der Seelsorge gewesen sein dürfte.

Müntzer ist, daran zu zweifeln haben wir keinen Anlaß, seinen priesterlichen Verpflichtungen in würdiger Weise nachgekommen, und es entsprach seiner Art, sich einer Sache ganz hinzugeben. Was aber ist ihm selbst widerfahren, wenn er nun in solchem Dienste auf dem von der Kirche gewiesenen Wege den Gläubigen helfen wollte, ihr Leben in der Verantwortung vor Gott und im Vertrauen auf Gott zu führen? Spürte er in der Begegnung mit den ihm anvertrauten Menschen noch etwas von dem frommen Geist, mit dem die Äbtissin Scholastika um die Jahrhundertwende die beiden Stifte Gernrode und Frose zu beleben suchte[40]? Empfand er die besondere Atmosphäre geistlichen Wesens, die dieser Stätte eignete, wo man sich nicht von der Welt hermetisch abgeschlossen, wohl aber bewußt distanziert hatte, um nach Gottseligkeit zu streben? Erfuhr er etwas von der suggestiven Wirkung, wie in der Vielfalt des gottesdienstlichen Handelns die akzentuierte Verehrung des Stiftsheiligen Cyriacus ein Kontinuum bildete, das im liturgischen Vollzug je und je den persönlichen Kontakt des Andächtigen mit dem Heiligen immer enger werden ließ? Daß er schon jetzt „intercessione sanctissimi martyris" Gott nahe kommen durfte? Man kann nicht von vornherein unterstellen, daß Müntzer mit skeptischer Befangenheit und zwiespältigem Herzen tat, was ihm die kirchliche Ordnung vorschrieb. Seine Bedenken stellten ja nicht die Wirklichkeit Gottes in Frage und ihm war auch nicht die Kirche in Bausch und Bogen suspekt. Er lebte, wie viele andere, ungeachtet mancher kritischen Einwände in und mit dieser Kirche, in williger Bereitschaft, ihren gottgegebenen Auftrag auszurichten. Das ungestillte Verlangen freilich, in unmittelbarer Begegnung mit Gott zur gewissen Erkenntnis seiner Wahrheit zu kommen, blieb und spornte ihn möglicherweise zu größerem Eifer in der Erfüllung seines Dienstes an, in der geheimen Hoffnung, daß sich ihm in der Hingabe an sein geistliches Amt eine ihm bisher verborgene Möglichkeit auftun möchte, den unüberwindlichen Christenglauben zu erfahren.

Die einzigen Dokumente seiner Froser Amtstätigkeit aus seiner Feder sind die Blätter, auf denen er die fast vollständigen Texte zweier Cyriacus-Officien und einen Alleluja-Versus als Anfang eines Messeformulars niedergeschrieben hat[41]. F. Wiechert hat in seinen Untersuchungen festgestellt, daß „die Texte Müntzers ... alle in der liturgischen Tradition"

---

[40] Vgl. Schulze/Vorbrodt, S. 62 ff.
[41] Franz, MG, S. 485—490. Vgl. Lichtdrucke, Tafel 63. Vgl. dazu die Bemerkung bei Franz, MG, S. 10 f.

nachgewiesen sind. Er bemerkt weiter dazu: „Die ... von Thomas Müntzer festgehaltenen Texte sind eine nach dem Gedächtnis hergestellte Niederschrift der ihm bekannten und auf weitere Ergänzung berechneten
Texte für die Feier des Cyriacustages, wie er sie ... in dem Nonnenkloster[42] Frose ... kennengelernt hatte. ... Thomas Müntzer hat in den
zwei Jahren seiner Anwesenheit in Frose ... reichlich Gelegenheit gehabt, die liturgischen Texte der Cyriacusformulare in Missale und Brevier zu beten und zu sammeln."[43]

Hat er es mit gleichbleibender Hingabe getan, oder hat er schon in diesem Zeitraum seinen kultischen Dienst wohl sorgsam verrichtet, aber allmählich den religiösen Gehalt der ihm beigelegten Sinnhaftigkeit als un-
befriedigend empfunden? Das brauchte noch keine bewußt sich vollziehende Abkehr von den Grundsätzen und der Praxis herrschender Kirchlichkeit zu bedeuten, keine Hinwendung zu introvertierter Eigenbrötelei.
Müntzer hatte nichts von einem Skrupulanten an sich; nur konnte er die
Fragen, die sich ihm in der seelsorgerlichen Praxis wahrscheinlich noch
verstärkten, auch nicht einfach unterdrücken. A. Lohmann hat die Vermutung ausgesprochen, daß die drei Worte „ne errore decipia", die er
seiner Niederschrift der beiden Cyriacus-Officien voransetzte, etwas von
einer „gewisse(n) innere(n) Unruhe" ahnen lassen könnten[44]. Wenn F.
Wiechert diese Worte formell als ein im Mittelalter weithin übliches
„stoßgebettlin" rubriziert, wird man dem zustimmen können. Jedoch,
reicht seine inhaltliche Erklärung, „Müntzer bittet in dieser ‚Überschrift'
Gott, ihm bei der folgenden Nachschrift mit seiner Hilfe beizustehen
und ihn vor Fehlern zu bewahren" aus[45]? Ging es lediglich um die kor-
rekte Formulierung der liturgischen Texte — das wäre nicht eo ipso von
der Hand zu weisen — oder war es der echte Stoßseufzer eines jungen
Geistlichen, dem an dieser Weise christlicher Gottesdienstübung Zweifel
gekommen waren und der sie so vor Gott und sich selbst bekannte? Setzt
man das Scriptum nicht gleich an den Anfang seiner Froser Tätigkeit,
erscheint es meines Erachtens sehr wohl möglich, daß der durch die Verpflichtungen des Amtes in ihm neu entfachte Eifer um einen „höheren
Unterricht" ihm neue Enttäuschungen brachte, ja, daß ihm über den
mancherlei Verrichtungen seines geistlichen Amtes fraglich wurde, ob
nicht all die frommen Andachtsübungen in einem unzureichenden Glaubensverständnis befangen blieben, durch das das redliche Verlangen nach
persönlicher Erfahrung Gottes auf ein Kontaktsuchen mit vermittelnden
Instanzen abgelenkt wurde, die den Gläubigen allzu leicht zufrieden
stellten. In der Verbindung seines beunruhigten Fragens nach dem wahren Glauben mit der Verantwortung seines priesterlichen Dienstes an den

---

[42] Die Bezeichnung „Nonnenkloster" ist irreführend. Frose war wie Gernorde ein
Kanonissenstift.
[43] Franz, MG, S. 481.   [44] Lohmann, S. 5.   [45] Franz, MG, S. 484.

ihm anvertrauten Seelen konnte ihm die Selbstsicherheit des kirchlichen Frömmigkeitsbetriebes Anlaß zur nachdenklichen Besorgnis geben, nicht zuletzt zu der selbstkritischen Anklage, inmitten einer irregeleiteten Christenheit ein blinder Blindenleiter zu sein. Dann wäre das „decipia" der „Überschrift" unter Umständen ebenso sachgemäß zu „decipiam" wie zu „decipiar" zu ergänzen möglich? Träfe es zu, daß Müntzer von derartigen Gedanken bewegt die liturgischen Texte niederschrieb, hätten wir ein Zeugnis dafür, wie die von ihm selbst noch praktizierte Kirchlichkeit ihm in ihrer religiösen Substanz fragwürdig wurde. Es wäre eine Bestätigung, daß die schärfere Einsicht in die mangelnde Wesensmächtigkeit des christlichen Glaubens als notwendige Folge des Verlustes eines unmittelbaren Beziehungsverhältnisses zu Gott Müntzer zu einer kirchenkritischen Haltung weitertrieb, die ihren oppositionellen Charakter je länger desto weniger verbergen konnte[46]. Auch zwei andere Dokumente der Froser Zeit lassen diesen Entwicklungsprozeß in gewisser Weise mutmaßen und einen tiefer greifenden Wandel seiner Einstellung zu der offiziellen Kirchengläubigkeit als sehr wahrscheinlich ansehen.

Am 25. 7. 1517 übermittelte Claus, der Diener Hans Pelts, dem „... domino mogistro(!) Thome Monetarii / ac preposito in Frosa suo videlissimo amico ..." aus Halberstadt einige Briefschaften und Gelder, die von Halberstädter Bürgern ihm und ihren offensichtlich von ihm unterrichteten Söhnen zugedacht waren[47]. Ob Müntzer den Unterricht in Fortsetzung eines ursprünglich vom Stifte eingerichteten Schulbetriebs übernommen oder im privaten Einvernehmen mit den Eltern als eine zusätzliche Nebenbeschäftigung betrieben hat, ist nicht auszumachen. Größeres

---

[46] Ich bin mir des Wagnisses voll bewußt, die „religiöse Entwicklung" Müntzers skizzenhaft rekonstruieren zu wollen, ohne eindeutige Quellenunterlagen dafür zu haben. Immerhin kann man das klare Selbstzeugnis im Prager Manifest nicht achtlos beiseite schieben, wie es weithin geschieht. Man muß versuchen, etwas von der inneren Spannung zu erfassen, die diesen Mann, der sich dem Beruf des Geistlichen verschrieb, erfüllte, der im Dienste der Kirche und um der rechten Christlichkeit der Christenheit willen zu einem Kritiker der Kirche wurde. Wenn diesem Wandlungsprozeß auch jedes Moment dramatischer Bewegtheit zu fehlen scheint, so war er für den Betroffenen doch keine leicht genommene Selbstverständlichkeit. Nicht, daß Müntzer tagein, tagaus darüber problematisiert hätte, aber er wurde damit auch nicht so mühelos fertig wie seine „modernen" Biographen, die den ab ovo zum sozialen Revolutionär Qualifizierten ohne innere Konflikte sich entwickeln lassen möchten. Auch Bensing (Th. Müntzer, S. 23) geht darüber zu leicht hinweg, wenn er erklärt: „Müntzer sagte von sich, daß er die Kanzel aus eigenem Entschluß betreten habe. Wahrscheinlich lagen nicht wie bei Luther Gewissensqualen zugrunde, sondern der Wunsch, über Predigt und Seelsorge stärkeren Einfluß auf das Denken der Menschen zu erlangen. Zog sich Luther in die Abgeschiedenheit klösterlichen Lebens zurück, so bemühte sich Müntzer, einer solchen zu entfliehen. Dabei beschäftigten beide ähnliche Gedanken, gelangten sie unabhängig voneinander zu der Überzeugung, daß die alte Kirche völlig verderbt sei und von Grund auf reformiert werden müsse."

[47] Vgl. Franz, MG, S. 349, Anm. 9.

Interesse beanspruchen für uns in dem „myt hast" geschriebenen Begleit-
brief zwei besondere Wendungen: erstens die Anrede „Hochgelarde und
vorfolger der unrechtverdicheyt, werdiger, leyber her"[48] und zweitens
gegen Ende der Fürbitte: „Godde dem almechtigen gesint unde solich
bevell in der hitzigen leve der reynicheyt."[49] Den Tenor des Briefes bestimmt bei aller geschäftlichen Sachlichkeit eine Distanz wahrende Vertraulichkeit, die nicht nur das Ergebnis häufiger Begegnungen bei Boten-
gängen gewesen zu sein scheint, sondern in einer respektvollen Zuneigung
gründete, die sich zu dem gelehrten Priester durch seinen rechtschaffenen
Sinn christlicher Brüderlichkeit hingezogen fühlte. Wenn Claus ihn, ohne
daß es der Zusammenhang irgendwie nahegelegt hätte, als „vorfolger
der unrechtverdicheyt" anspricht, so ist ihm das an diesem Manne neben
seiner Gelehrsamkeit augenscheinlich besonders eindrucksvoll gewesen,
mag auch seine eigene Meinungsbildung nicht zuletzt auf das Urteil seines Herrn Hans Pelt und der Männer in Halberstadt, Aschersleben und
anderswo eingewirkt haben, mit denen Müntzer in einem engeren Kontakt stand[50]. Unter ihnen mögen einige gewesen sein, die dem einstigen
Verbündnis nahe gestanden oder angehört hatten, ohne daß sie im vollen
Umfange ermessen konnten, daß Müntzer nunmehr „Unrechtverdicheyt"
in einem weiteren und tieferen Verständnis zu erfassen begann als es
ehedem geschehen war. Immerhin kann die von Claus gebrauchte Formel
wohl darauf hinweisen, daß die schon früher von dem Kollaborator im
jugendlichen Eifer verfochtenen Ideen einer notwendigen innerkirch-
lichen Reform für den gereiften Pfarrer und Magister im Zusammenhange seiner fortschreitenden Erkenntnis eine neue Aktualität gewonnen
hatten. Man übersehe dabei nicht, daß Müntzers Freunde damals, wenn
nicht alles täuscht, vornehmlich der Schicht relativ gut situierten Bürger-
tums angehörten, das sich gleichwohl im Gefühl einer bedrohten Exi-
stenzsicherheit fortschrittlichen Gedanken nicht verschloß und sich zumal
gegen die Auswirkungen des kirchlichen Ausbeutungssystems zu schützen
suchte[51]. Es scheint, als habe Hans Pelt in diesem Kreise, zumindest im
Verkehr mit Müntzer, eine gewichtige Rolle gespielt. Er war schon in die
„merkliche große ketzerische Unruhe"[52] verwickelt, die 1493 in Stolberg

[48] Ebd. S. 349,3—4.   [49] Ebd. S. 349,17—18.
[50] Dieser Kreis ist zwar auch durch Goebkes Nachforschungen für uns nicht greif-
barer geworden; aber es kann nicht bezweifelt werden, daß Müntzer im Raum Aschersleben—Halberstadt manche Freunde und Bekannte hatte, mit denen ihn eine Art Ge-
sinnungsverwandtschaft enger verband. Ein kritisch-fortschrittlicher, oppositioneller
Geist mag in dieser Gemeinschaft keine unerhebliche Rolle gespielt haben. Nur erscheint es mir tendenziös übertrieben, sie als einen revolutionären Geheimbund und
Verschwörerklub zu kennzeichnen und Müntzer auf Grund seiner Aussage im peinlichen Verhör zum notorischen Haupt solch einer Gruppe zu machen: dafür ist man
bisher jeden Beweis schuldig geblieben.
[51] Vgl. auch Bensing, Th. Müntzer, S. 23 f.
[52] Goebke, Neue Forsch., S. 17.

bei einer Prozession am Tage der elftausend Jungfrauen ausgebrochen war, hatte 1498 Urfehde schwören müssen; er verließ Stolberg, um nach Halberstadt überzusiedeln[53]. Wenn Müntzers Vater damals aus dem gleichen Grunde Stolberg verlassen haben sollte[54], wäre es nicht undenkbar, daß der Sohn in diesem Milieu Anregung und Förderung fand und seinerseits wieder — auch von Frose aus durch brieflichen Verkehr wie in gelegentlichen persönlichen Begegnungen — befruchtend und weiterführend darauf einwirkte. Dann fand bei empfänglichen Geistern wie etwa Pelt auch das tiefere Anliegen des jungen Geistlichen Widerhall, weckte oder stärkte wohl auch in ihnen das Verlangen nach wahrhaft christlicher Sinnesart[55]. Darf man die Worte inniger Fürbitte „in der hitzigen leve der reynicheyt" als Ausdruck solcher Mentalität ansprechen? Sie sind freilich nicht prägnant genug, um sie eindeutig einer spezifischen Frömmigkeitsrichtung zuzuweisen, geschweige denn, sie als ein Zeugnis müntzerischer Seelenführung anzusehen. Wir haben keinerlei Kenntnis von Müntzers Lektüre in Frose, noch wissen wir, was ihm etwa die Stiftsbibliothek zu bieten hatte[56]. Möglich bleibt jedenfalls, daß sich in dem locker gefügten Kreise ein aus verschiedenen Quellen gespeistes Streben nach einer inneren Erneuerung des gewohnheitsmäßigen Christentums begegnete und wechselseitig befruchtete, wobei Müntzer dank seiner Stellung und immer bewußteren Haltung entscheidenden Einfluß gewann. Wer näher mit ihm in Berührung kam, mochte es unmittelbar empfinden, daß dieser Mann es um seiner selbst und seines Amtes willen mit seinen Fragen, seinem Zweifel und seiner Kritik ernst nahm, nicht bloß ein mehr oder minder routinierter kirchlicher Funktionär war. Wenn er mit fortschreitender Einsicht in die Schwächen kirchlichen Gebarens Mißstände aufzudecken nicht mehr unterlassen konnte, geschah es nicht, um eine sektiererische Opposition hochzuspielen, sondern um den Glaubenswilligen in der Kirche zu einer rechten Christlichkeit zu verhelfen. Es hat einige Zeit gebraucht, bis er seine Bedenken in aller Öffentlichkeit vorbrachte. Noch der an ihn gerichtete Brief des Rektors der Martinsschule zu Braunschweig bedeutet meines Erachtens nicht, daß man durch sein offenes Auftreten in einem weiteren Bereich auf ihn aufmerksam geworden wäre[57].

---

[53] Ebd. S. 13 Anm. 39.

[54] Ebd. S. 18. Goebke hält diese Hypothese für „wohl sicher".

[55] Eben eine Gestalt wie Hans Pelt könnte bei dem engeren Kontakt mit Müntzer und seiner vermutlichen Position im Kreise der „Müntzerianer" zur Korrektur des üblichen Bildes von der „Anhängerschaft" Müntzers einiges beitragen.

[56] Das von Gröpler (S. 772—776) aufgeführte Bücherverzeichnis läßt keine Rückschlüsse zu auf das, was Müntzer in Gernrode oder gar in Frose zur Verfügung stand, obschon „wahrscheinlich Klöster (Frose?) ihren Beitrag zu der Bernburger Bücherei gestellt" haben (S. 772).

[57] So auch Böhmer, Müntzer und Dtschl., der sich (S. 200) vorsichtiger ausdrückt, als Lohmann (S. 4) interpretiert.

An dem undatierten Schreiben[58] fällt auf, daß der Verfasser seinen Namen nicht nennt und den seines Adressaten weder in der Anschrift noch im Text voll ausschreibt: „Thome M."! Zudem adressiert er: „Venerabili domino artiumque magistro domino Thome M. pronunc apud Hans Pelt hospitato . . .", ohne eine Ortsangabe. Nichts läßt in dem Brief auf eine vorherige Bekanntschaft schließen oder auf die Gründe, die ihn veranlaßten, sich gerade an Müntzer mit seiner Bitte um Aufklärung zu wenden. Der Verdacht legt sich nahe, daß der Absender bewußt eine Deckadresse benutzte bzw. Pelt als Zwischenträger in Anspruch nahm. Das aber könnte heißen, daß Hans Pelt selber oder eher noch ein Gesinnungsverwandter Pelts (aus Halberstadt?) der Mittelsmann war, der mit dem Rektor der Martinsschule in Berührung gekommen war und diesen mit seinem Anliegen an den vir perdoctus als einen vertrauenswürdigen Ratgeber verwiesen hatte, der für solche Fragen ein offenes Ohr habe und sich einer gewissenhaften Antwort nicht entziehen werde. Auf Grund der so gewonnenen Kenntnis der kritischen Einstellung Müntzers, durch seinen Gewährsmann vielleicht dazu ermuntert, wandte sich der Rektor über Pelt an den gelehrten Magister mit der Bitte, „dominus Thomas velit super dubia in hac scedula querenda determinationes clariores et sententialiter, quid ipsi placeat, communicare eumque horum participem facere misericorditer"[59]. Er war allem Anscheine nach kein sehr wagemutiger Mann; denn, obschon kaum zweifelhaft sein kann, welche Antworten er auf sein „utrum-nec ne" erwartete, spielte er doch konsequent die Rolle des „magistri discipulus quidam", der sich als „indoctum docere rudemque informare" lassen möchte.

Er bedient sich auf seine Weise der gängigen Formen humanistischer Konversation. Selbst der eindringlich wirkende Schlußsatz: „recordare, quod non sunt curiosa, sed que saluti consulunt, quesita"[60], vermag den Eindruck nicht zu verwischen, daß hier weniger ein religiös beunruhigter Christ eine helfende Antwort auf einige ihn bedrängende Fragen sucht, als daß ein humanistisch-reformerisch angehauchter Geist interessant gewordene theologisch-kirchliche Probleme mit einem dafür aufgeschlossenen gelehrten Mann erörtern wollte. Doch er war vorsichtig genug, sein „ketzerisches" Denken als Wißbegierde zu tarnen und sich als „ingenium (licet rude et tenebre valde, informatione tamen saniori erudiendum et illuminabile)"[61] auszugeben. Entsprechend versichert er seinem Briefpartner, daß er keinerlei hinterhältige Gedanken bei seiner Anfrage hege: „Petit animo de nulla malivolentia suspecto, sed summe benigno, dominus Thomas velit literis explicare quam brevius poterit, quid ipse teneat de indulgentiis, quas nuper . . ."[62] Kurz, er ist ängstlich bemüht, jedes

---

[58] Franz, MG, S. 347 f. Man vgl. dazu Lichtdrucke, Tafel 2.
[59] Ebd. S. 347,17—19. [60] Ebd. S. 348,24 f.
[61] Ebd. S. 347,15 f. [62] Ebd. 348,17—19.

Risiko zu vermeiden, das der angestrebte Meinungsaustausch in sich schließen könnte. Zwar wurden die von ihm fixierten acht Punkte zum Problem der Verfügungsgewalt über die Reichweite und die Geltung des Ablasses schon laufend diskutiert, aber es schien ihm sichtlich nicht ratsam, sich als Braunschweiger Schulmeister hier irgendwelchem Verdacht unerwünschter Parteinahme auszusetzen. Sein akutes Interesse war offenbar erst durch die Diskussion „de indulgentiis, quas nuper fratres ordinis predicatorum nobis publicabant prelatis satis acriter repugnantibus, ut notum est"[63] erregt worden, insbesondere durch die Opposition der Benediktinerabtei Königslutter[64]. Die Benediktiner wollten ihr großes Ablaßprivileg auch nicht nur vorübergehend durch den neuen Ablaß außer Kraft gesetzt wissen, für den Tetzel auf Grund seiner Instruktion alle Konkurrenzangebote untersagt hatte. Hat nun die von dem Briefschreiber in Punkt acht formulierte Frage „de indulgentiis in Regali Lutter iam ante multos annos predicatis, an sint revocate, ut quidam presumunt dicere, nec ne"[65] nicht lediglich theoretischen Charakter, sondern die durch den Einspruch der Benediktiner noch offene, konkrete Situation in Königslutter im Blick, dann ist ihm Tetzels positives Eingehen auf die gegen eine zeitweilige Suspension des Privilegs der Abtei erhobenen Vorstellungen, d. h. dessen Brief vom 22. 6. 1517, noch unbekannt gewesen[66]. Dann dürfte der Brief des Rektors um den 20. 6. 1517 geschrieben worden sein[67].

Ob und was Müntzer geantwortet hat, wissen wir nicht. Es ist jedoch nicht einzusehen, warum er nicht darauf eingegangen sein sollte. Aus welchen Erwägungen heraus auch immer der Schulmann seine Fragen gestellt haben mochte, sie waren wohl überlegt, richteten sich in ihrer Tendenz nicht gegen den Ablaß als solchen, machten aber auf bedenkliche Erscheinungen in der Entwicklung des Ablaßwesens aufmerksam.

„Primo et ante omnia", was soll in „literis apostolicis", also in päpstlichen bzw. bischöflichen Verlautbarungen eigentlich „indulgentie a pena et culpa" heißen, „ex quo creditur culpam remitti in absolutione sacramentali?"[68] Wie reimt es sich zusammen: „Homo non potest dimittere peccatum contra Deum perpetratum, cum prelati sint homines et tamen eis plenaria vis commissa sit, ut nobis dicitur?"[69] Wie steht es überhaupt mit dem Anspruch der prelati auf Glaubensgehorsam für ihre „apostolischen Verlautbarungen" („credere inquam tanquam evangelio"!)[70] „Als man kürzlich in unserer Gegend neue und unerhörte Lehren über die

---

[63] Ebd. S. 348,19 f. [64] Vgl. dazu ebd. S. 348 Anm. 4.
[65] Ebd. S. 348,21 f. [66] Kappen, Nachlese III, S. 232 f.
[67] Anders, aber nicht überzeugend argumentiert Bensing/Trillitzsch, S. 120 f. Auch die „Verleihung des Ehrenkranzes" läßt keinesfalls „eine vorausgehende Tätigkeit Thomas Müntzers am Martineum zur Gewißheit werden" (ebd. S. 121).
[68] Franz, MG, S. 347,21 — S. 348,2.
[69] Ebd. S. 348,4 f. [70] Ebd. S. 348,12 f. passim.

päpstlichen Ablässe zu vernehmen begann, so daß allenthalben viele Gelehrte wie Laien in Verwunderung und Aufregung gerieten, wurde ich von zahlreichen Bekannten, ja von gänzlich Unbekannten in Briefen und Gesprächen befragt, was ich über derartige überraschende, um nicht zu sagen ungebührliche Äußerungen dächte", schreibt Luther am 22. 5. 1518 an seinen Bischof Hieronymus Schulz von Brandenburg[71]. In dem Braunschweiger Brief wird Müntzer in ähnlicher Weise angegangen; und wenn er nicht schon selbst an dem neuen Ablaßhandel Anstoß genommen hatte, so sah er sich spätestens jetzt zu einer persönlichen Stellungnahme genötigt und in seiner kritischen Beurteilung des kirchlichen Systems, zumal des religiösen Ernstes und der theologischen Kompetenz der für die Leitung der Kirche und für die Christlichkeit der Gläubigen verantwortlichen Instanzen bestätigt und bestärkt. Das hintergründige Motiv der an ihn gerichteten Fragen war unverkennbar der Unwille über die Anmaßung des Papstes und die Willkür der Hierarchie, von ihnen selbst erdachte Garantien zum Erwerb des Seelenheils bieten zu können. Hinter dem „utrum-nec ne" steht die Ablehnung eines theologisch unhaltbaren und religiös verwerflichen Anspruches der obersten kirchlichen Instanzen, kraft einer „eis plenaria vis commissa" besondere Möglichkeiten der Einwirkung auf das ewige Geschick des Menschen zu haben. Hat Müntzer vornehmlich dieses anti im Sinne des Fragestellers gehört und bejaht, oder hat er ihn auch auf die verhängnisvollen Auswirkungen des neuen Ablaßvertriebs auf die religiös-sittliche Mentalität des Kirchenvolkes hingewiesen und seine eigene Gemeinde davor gewarnt oder — haben ihn erst Monate später Luthers 95 Thesen und der durch sie erregte Aufruhr die theologische Relevanz und praktisch-seelsorgerliche Bedeutung des Ablaßproblems in aller Schärfe erkennen lassen? Unabhängig von der Antwort auf diese Fragen kann es als sicher gelten, daß erst der durch die 95 Thesen in breiter Öffentlichkeit entfachte Streit Luther in Müntzers Blickfeld geraten ließ und der Probst von Frose sich seitdem zu dem ebenso verketzerten wie hoch gepriesenen Mönch in Wittenberg hingezogen fühlte[72]. Die Disputation selbst wird er in einem der Nachdrucke um die Jahreswende, also ein halbes Jahr nach dem Briefe des Braunschweiger Rektors, in der Hand gehabt haben und ein Vierteljahr später auch den „Sermon von Ablaß und Gnade"[73], eine gemeinverständliche Zusammenfassung der in den Thesen vertretenen Grundgedanken. Man wird jedenfalls annehmen müssen, daß ihm sehr an einer genaueren

---

[71] Übersetzung nach Borcherdt/Merz, LW I, S. 37 f.; WA Briefe I, S. 138,4—8.

[72] Luther war zu Beginn des Jahres 1517 wohl schon ein in Wittenberg viel gehörter und einflußreicher Universitätslehrer, der auch die Studenten von auswärts in die Elbestadt zog; aber noch war sein Name nicht allzu weit ins Land gedrungen.

[73] Die Schrift ist schon in der zweiten Hälfte des März 1518 herausgegangen. Vgl. zur Verbreitung dieser Schrift Clemen, LW I, S. 10,15 ff.

Kenntnis dieser kleinen Druckschriften lag, um die man sich bei ihrem Erscheinen förmlich riß.

Das besagt nicht ohne weiteres, daß ihn das Ablaßthema als solches in bevorzugter Weise beschäftigt haben müßte. Doch in der Intensität und Weite, in der es zumal seit dem Thesenanschlag zur Sprache kam, durch die kirchlichen Gegner Luthers selber noch hochgespielt, wurde ihm die Fragwürdigkeit des herrschenden Systems, die Lehre und die Praktiken der tonangebenden Theologen und der Kirchenmänner offenkundig. Seine eigene Sicht der Dinge vertiefte und erweiterte sich, die trotz aller kritischen Reflektion bisher doch nur ansatzweise vollzogene Lösung aus der Befangenheit in den Normen und Formen der traditionellen Kirchlichkeit wurde ihm wesentlich erleichtert, er wurde freier und sicherer in der Wahrnehmung seines Rechts freier Gewissensentscheidung. Es konnte den Menschen, denen er als Priester diente, je länger desto weniger verborgen bleiben, daß er ihrem frommen Leben einen anderen Gehalt, eine andere Richtung zu geben suchte als jene, die sie bis jetzt, zumal in der Erinnerung an das groß aufgezogene Ablaßjubiläum des Gernroder Stiftes im Jahre 1489, als zureichend und verdienstlich hatten ansehen müssen. Es mochte auch der Äbtissin Elisabeth von Weida nicht unbekannt geblieben sein, daß der Froser Probst dem Wittenberger zuneigte, so daß Müntzer vielleicht mit dazu beigetragen hat, wenn sie sich später der Reformation öffnete[74]. Nur kommen wir in alledem über Hypothesen nicht hinaus. Wir wissen nicht einmal sicher, wann Müntzer Frose verlassen hat.

C) Als Martinianer in Jüterbog

Am 4. Mai 1519 gibt der Franziskaner Bernhard Dappen dem bischöflichen Vikar Gropper einen eingehenden schriftlichen Bericht[75] über die kurz zuvor erfolgten Zusammenstöße mit den lutherischen Predigern in Jüterbog, zunächst über die Umtriebe Franz Günthers, der vom Bischof in Brandenburg wegen Beleidigung der Äbtissin des Marienklosters zurechtgewiesen wurde. Dann fährt er fort: „Post reditum a predicatione ad tempus abstinuit. In quo quidem tempore, nescio a quo vocatus, alius magister eiusdem secte nomine Thomas advenit, non longo tempore elapso expulsus e civitate Brunsvickensi, quem fecit predicare loco sui,

---

[74] Vgl. oben S. 40 Anm. 37.

[75] Dappen/Wallenborn, S. 152—159; Bensing/Trillitzsch, S. 133—147. Auszug aus dem 1. Brief Dappens bei Franz, MG, S. 561—563. Es sei hier generell auf die historische Einleitung Bensings verwiesen (Bensing/Trillitzsch, S. 113—130). Vgl. bes. S. 114, Anm. 2. Dazu sei ergänzend gesagt: Ein weiteres Exemplar der articuli befindet sich in der Bibliothek der Evang. Kirche der Union in Berlin, zwei Exemplare in Wien (Nationalbibliothek) mit den Signaturen: $\frac{(5) \text{ Bl.}}{40.\,0.\,79}$ und 45. J. 80.

auctoritate cuius nescio."[76] In dem am folgenden Tage an den Bischof selbst gerichteten Schreiben des Konvents beklagt er sich ebenso über die *predicatores* „de secta eiusdem doctoris (scil. D. Martini), quorum unus est magister Franciscus Guntherus, concionator ecclesie S. Nicolai in Iuterbock, qui quoque sibi nuper alium predicatorem eiusdem secte magistrum Thomam nomine de Wittenberg assumpserit . . ."[77]. Ein Vierteljahr noch vor der Jüterboger Affäre teilt der Wittenberger Goldschmied Christian Döring am 11. 1. 1519 Müntzer nach Leipzig mit, daß er „myt magister Bartolomeus[78] geret habe eucherent halben. So spricht er, so ir seyn Kappelann wellet werden, so sollet ir auff dy osteren zu im kommen. So ir das seyns syt, so solt ir im schriben, aff ir kommen welt aber nicht, daß her sich wes dar nach zu richten"[79].

Es gibt meines Erachtens keinen stichhaltigen Grund, Dappens Angabe, Müntzer sei „non longo tempore elapso" aus Braunschweig vertrieben worden, in Zweifel zu ziehen, und man wird von daher mit ziemlicher Sicherheit auf eine Wirksamkeit Müntzers in dieser Stadt im Jahre 1518 schließen dürfen. Weniger die Präsentation des jungen Priesters für eine Altarpfründe in der dortigen Michaelskirche[80] als das Schreiben des Rektors der Martinsschule[81] lassen das auch durchaus als möglich erscheinen. Als die allenthalben im Lande wachsende Erregung der Geister auch den Froser Probst dazu drängte, sich unmittelbarer und aktiver an der Auseinandersetzung zu beteiligen als das in seinem etwas abgelegenen Stift geschehen konnte, mochte er selbst auf Grund der angeknüpften Beziehungen Braunschweig als eine geeignete Wirkungsstätte ins Auge gefaßt haben, wenn er nicht gar einer direkten Einladung Folge geleistet hat. Das könnte im Laufe der ersten 3—4 Monate des Jahres 1518 geschehen sein, so daß er ein gutes halbes Jahr und länger noch in Braunschweig zugebracht haben würde, bevor er sich genötigt sah, die Stadt wieder zu verlassen. Was er dort getrieben hat, ob er etwa an der Martinsschule als Lehrkraft beschäftigt war, bleibt dunkel. Sein vornehmstes Anliegen dürfte gewesen sein, im Umgang mit den kritisch-reformerisch eingestellten Kreisen die problematisch gewordenen kirchlich-religiösen Fragen zu erörtern und größere Klarheit über den rechten Christenglauben zu gewinnen. Spielten in diesem Kreise die Gedanken Luthers zunächst vielleicht auch gar nicht die beherrschende Rolle, so mußten sie doch, je länger desto mehr, in die Debatte einbezogen werden, zumal eine ganze Anzahl junger Menschen von Braunschweigs Schulen zum Studium an die Wittenberger Universität gingen und vermutlich auch auf diesem Wege gewisse Kontakte zustande gekommen sein mö-

---

[76] Dappen/Wallenborn, S. 154.   [77] Ebd. S. 157.
[78] Zu Bartholomäus Bernhard vgl. Feustking.
[79] Franz, MG, S. 351,4—7.   [80] Ebd. S. 533.
[81] Ebd. S. 347 f.

gen[82]. Es wäre denkbar, daß dann das Erscheinen der „Resolutiones disputationum de indulgentiarum virtute" Ende August 1518 Müntzer so lebhaft und exponiert Partei ergreifen ließ, daß es zu Konflikten und schließlich zur Vertreibung kam. Möglicherweise waren die Braunschweiger Franziskaner, „die zum Martineum in nahen Beziehungen gestanden zu haben scheinen"[83], daran nicht unbeteiligt oder hat wenigstens Dappen durch sie seine Informationen erhalten.

Unter der Voraussetzung, daß den Resolutiones wirklich die Bedeutung zukommt, die wir mutmaßten, ist Müntzers Fortgang von Braunschweig kaum vor der ersten Hälfte des Oktobers anzusetzen. Die Quellen lassen jedoch offen, ob ihn sein weiterer Weg direkt nach Wittenberg führte, von wo aus er zu Beginn des neuen Jahres „einen Abstecher" nach Leipzig machte, oder ob er sich zunächst nach Leipzig wandte, um erst von dort aus nach Mitte Januar nach Wittenberg zu gehen. Jedenfalls hatte er aber nach dem Fiasko in Braunschweig das Verlangen, dem Mann zu begegnen, der den Theologen und Kirchenmännern so offen ihre Verkehrung des christlichen Glaubens vorhielt, der die Christenheit so vollmächtig zur Einkehr und Umkehr rief und dem er selbst manche Einsichten verdankte. Es ist daher sehr wahrscheinlich, daß er mit kurzen Stationen bei den Freunden in Halberstadt und Aschersleben unmittelbar nach Wittenberg gezogen ist, wo er im Laufe des Novembers eingetroffen sein mag. Vielleicht hat er hier — eine reine Hypothese — dank irgendwelcher Empfehlungen bei dem Goldschmied Döring alsbald eine Beschäftigung und damit eine gewisse Sicherung seiner wirtschaftlichen Existenz gefunden; denn Döring war ja auch „Mitbesitzer einer Buchdruckerei und Verlags- und Sortimentsbuchhändler"[84]. Müntzer hätte sich dann unter Umständen in seinem Auftrag aus geschäftlichen Gründen einige Tage „bey Kristainus Buchfirer in der herbergen zu Leipsig"[85] aufgehalten. Döring war überdies „im ersten Drittel des 16. Jahrhunderts einer der bekanntesten Bürger der Stadt", saß 1518/19 und öfter im regierenden Rat[86], so daß sich Müntzer bei dem Bemühen um ein geistliches Amt in der Nähe Wittenbergs seiner Vermittlung bei dem kürzlich erst zum Probst von Kemberg berufenen Bartholomäus Bernhard wohl bedienen mochte; mit Erfolg, wie Döring ihm in knappen Worten nach Leipzig mitteilte.

Dieser immerhin denkbaren Konstruktion gegenüber ist es so gut wie unmöglich, für eine etwaige Reiseroute Braunschweig—Leipzig—Wittenberg einen sinnvollen Grund zu finden. Sie ist nach den uns zur Verfügung stehenden Unterlagen einzig durch das Schreiben Dörings an den in Leipzig weilenden Müntzer in den Bereich der Diskussion gerückt.

---

[82] Vgl. Kawerau, Agricola, S. 12. [83] Ebd. S. 10.
[84] Müller, Wittenberg, S. 127 Anm. 4. [85] Franz, MG, S. 351,1 f.
[86] Müller, Wittenberg, S. 127 Anm. 4.

4*

Gewiß kann die Mitteilung auf eine ganz andere Weise zustande gekommen sein, als wir es zu erklären versuchten. Der von Döring weitergegebene Wunsch Bernhards nach einer schriftlichen Zusage läßt die Möglichkeit eines längeren Aufenthaltes Müntzers in Leipzig ebenso zu, wie der Termin für den Amtsantritt „auff dy osteren" es nicht ausschließt, daß der Petent schon einige Wochen zuvor nach Wittenberg kam, so daß die Angabe Dappens, Günther habe sich einen „magistrum Thomam nomine de Wittenberg" als Vertreter geholt, damit sehr wohl in Einklang zu bringen wäre[87]. Dennoch bleibt es ein fragwürdiges Unterfangen, Leipzig überhaupt als eine Station auf dem Wege Müntzers nach Wittenberg zu betrachten und damit gar seine Ankunft hier vor Ende Januar 1519 als nahezu unmöglich auszugeben. Nicht zuletzt spricht auch seine eigene Angabe aus dem Jahre 1524: „pin ich doch in sechs oder syben jaren nit bey dir [Luther] gewesen"[88] dafür, daß eine Begegnung bereits 1518 stattgefunden haben dürfte[88a].

Müntzer hätte somit vier bis fünf Monate Gelegenheit gehabt, sich mit der geistig-religiösen Atmosphäre in der Stadt und an der Universität vertraut zu machen: Luther selber zu hören, mit dessen Schülern und Anhängern Fühlung zu gewinnen, ihre Kritik an Theologie und Kirche ebenso wie ihre von Luther beeinflußten Gedanken kennenzulernen und sich von ihrer kampfesfrohen Hochstimmung beeindrucken zu lassen. Man kann sich unschwer vorstellen, wie diese Anfänge des reformatorischen Sturmes und Dranges in der jungen akademischen Generation nach der so viel engeren, traditionalistischen Gebundenheit in Frankfurt, nach der relativen Abgeschlossenheit in Frose, nach den enttäuschenden Erfahrungen in Braunschweig auf Müntzer wirken mußten, zumal er sich frei von kirchendienstlichen Verpflichtungen dem Neuen hingeben konnte. Wie es scheint, hat er tatsächlich bald den Anschluß an den „Wittenberger Kreis" gefunden und rechnete man ihn bereits um die Wende des Jahres zu denen, die mit Luther sympathisierten. Dafür spricht, daß Döring sich Anfang Januar bei Bernhard für ihn verwandte, ebenso daß Franz Günther ihn zu seiner Vertretung nach Jüterbog holte, wohin dieser selbst etwa im Februar oder März 1519 von der Stadtobrigkeit als

---

[87] Müntzers Aufenthalt in Leipzig läßt sich dagegen schwerlich in einen engeren Zusammenhang damit bringen, daß „sich zur gleichen Zeit auch Martin Luther und Philipp Melanchthon in Leipzig aufgehalten haben". So vermutet anscheinend Bensing/Trillitzsch, S. 119.

[88] Hochverursachte Schutzrede, Franz, MG, S. 341,10 f.

[88a] Bensing/Trillitzsch verweist (S. 118) auf die Bemerkung im Briefe des Zwickauer Pfarrers Nikolaus Hausmann vom 13. August 1521 an den sächsischen Kurfürsten, Thomas Müntzer sei ihm „... erstlich (do der edele her doctor Martinus Luther begund an tag zu kommen, welchs geruch und lere mich gegen Wittenbergk vor vier jaren gezogen hat), bekant worden und mein tag nie von im wan ein predig zu Wittenburg gehort habe".

Prediger berufen worden war[89]. Mit ihm wie mit Agricola, Melanchthon und anderen wird er im Laufe dieser Zeit in nähere Berührung gekommen sein. Freilich lassen sich nicht mehr als solche allgemeinen Aussagen machen, die zum Teil auf Rückschlüssen aus späteren Daten beruhen. Über die persönlichen Eindrücke, die er damals von Luther empfing, erfahren wir in diesen Monaten von ihm nichts. Es könnte wohl sein, daß er das neue Veständnis christlichen Glaubens als eine Befreiung erlebte, die ihn endlich aus den falschen Bindungen tradierter Theologumena gänzlich löste, daß er aus diesem für ihn entscheidenden Erleben heraus den länger schon angezweifelten, absoluten Autoritätsanspruch der etablierten Kirche als eine Anmaßung ablehnte und die von Wittenberg her vertiefte und erweiterte Kritik an der Korruptheit des alten Kirchenwesens sich zu eigen machte, daß aber eben der so befreiend empfundene Durchbruch und die daraus sich konsequent entwickelnde kämpferische Gemeinschaft gegen die Träger und Verteidiger des alten Ordnungsgefüges die Differenzen verdeckte, die, späterhin erst deutlich erkannt, zur Scheidung der Geister führten. Ohne Zweifel: Müntzer trat mit Überzeugung jetzt auf die Seite Luthers; und dennoch muß es vorerst eine offene Frage bleiben, wie weit er wirklich den Kern der reformatorischen Gedanken dieses Mannes sachlich richtig erfaßt hat.

Der Streit mit den Franziskanern in Jüterbog[90] stellt gleichsam den Abschluß seines Aufenthaltes in Wittenberg dar und bietet erstmalig einige konkrete Angaben über seine Haltung als „predicator de secta" (D. Martini), wobei die Akzentuierung durch den Berichterstatter freilich nicht außer acht gelassen werden darf. Den Anstoß zu dem Konflikt hatte Franz Günther durch einige Äußerungen gegeben, deretwegen ihn der Guardian der Franziskaner nach der Fastenzeit ins Kloster rufen ließ. Man erklärte ihm nach Dappens Angaben vorsichtig genug, daß in der Stadt das Gerücht ging, er habe gepredigt: 1. man brauche nicht zu beichten, weil es ein solches Gebot nirgendwo in der Schrift gäbe; 2. man brauche nicht zu fasten, weil Christus für uns gefastet habe; 3. man solle die Heiligen nicht anrufen und 4. die Böhmen seien bessere Christen als wir[91]. Der Guardian bat ihn sodann, mit den Franziskanern zusammen

---

[89] Zu Franz Günther vgl. Müller, Wittenberg, S. 376—381. Dappen bezeichnet ihn als „concionatorem consulatus Iuterbucksensis civitatis" (Dappen/Wallenborn, S. 153).

[90] Einzige Quelle für die Vorgänge selbst sind Dappens articuli.

[91] „Contigit enim quadragesimali tempore iam elapso per venerandum patrem nostrum gardianum vocari ad conventum nostrum magistrum Franciscum Gunteri, concionatorem consulatus Iuterbucksensis civitatis, hac videlicet de causa: Famabatur enim in civitate ipsum predicasse: Primum, quod non esset confitendum, quia nullibi reperitur in scriptura hoc preceptum. Secundo, quod non esset ieiunandum, quia Christus pro nobis ieiunasset. Tercio, quod sancti non essent invocandi. Quarto, quod Bohemi essent meliores Christiani quam nos" (Dappen/Wallenborn, S. 153). „Sciscitante

gegen diese Sätze von der Kanzel herab Stellung zu nehmen, damit das Volk nicht in Irrtum geführt werde. Günther habe jedoch in Abrede gestellt, diese „Artikel" verkündet zu haben[92]. Immerhin hatte er wohl geahnt, daß man ihn irgendwie zur Rechenschaft ziehen wollte und war in Begleitung des Priors der Wittenberger Augustiner und dessen Socius erschienen, eines *artium magister et sacre theologie lector*, der nun *inter collacionandum* einen schärferen Ton anschlug. Er ließ sich recht negativ über die Bedeutung der allgemeinen Konzilien und den Anspruch des Papstes, Stellvertreter Christi und Nachfolger des Apostelfürsten Petrus zu sein, aus. Er stellte die unmoralischen Motive und Tendenzen und die Schriftwidrigkeit der *canones* bloß, er kritisierte scharf den Grundsatz einer Stufenordnung des sittlich-religiösen Lebens[92a] und traf damit nicht nur insbesondere das Mönchtum als höchstqualifiziertes Heiligungsinstitut auf das empfindlichste, sondern wandte sich darüber hinaus prinzipiell gegen den Gedanken der Werkgerechtigkeit. Man erkennt selbst aus den von Dappen so formulierten Sätzen noch, daß der Wittenberger Lektor den Franziskanern Luthers Rechtfertigungslehre entgegenhielt und als einzige Autorität in allen diesen Fragen die Schrift anerkannt wissen wollte[93]. Wenn Dappens Antwort auf die von ihm an letzter

---

autem predicto concionatore, qua de causa fecisset eum vocari gardianus, respondit pater gardianus predictos articulos in civitate seminatos, non tamen dixit ipsum eosdem predicasse, exoratamque suam habuit charitatem in Domino, ut D. S. unacum patribus predicatoribus conventus de clamatorio sermone contra eosdem articulos predicarent, ne populus in errorem duceretur" (ebd. S. 153). Eine Erweiterung der Anklagepunkte folgt in dem Brief vom 5. 5. 1519: „... suaserit mulierculis, que confessionales litteras redemissent, ut eisdem confessionalibus linum vel stuppam colo ... allegarent, ne penitus inutiliter pro eisdem confessionalibus pecuniam expendissent" (ebd. S. 158).

[92] „Ipse autem negavit se hos articulos predicasse" (ebd. S. 153).

[92a] Der lateinische Text ist hier bei Bensing/Trillitzsch, S. 134 verderbt! Statt „nulla dixit esse precepta" muß es heißen: „nulla dixit esse consilia Euangelica sed omnia que in Euangelio fierent, dixit esse precepta".

[93] „Inter collacionandum vero variis hinc inde propositis dixit ex animi sententia socius venerandi patris prioris, quod nihil teneret de conciliis generalibus, quia concilia generalia non representarent ecclesiam universalem. Papam negavit esse vicarium Christi, Sanctum Petrum negavit principem apostolorum, canones dixit institutos propter avaritiam summi pontificis et aliorum pontificum, quia nullus esset casus reservatus de iure divino, nulla dixit esse consilia evangelica, sed omnia, que in Evangelio fierent, dixit esse precepta. Confessionem sacramentalem dixit esse non ex iure divino, sed ex institutione Innocentii tercii, cum tamen beatus Augustinus quasi ad nongentos annos ante Innocentium tercium de confessione sacramentali sit locutus. Dixit etiam, quod Deus exigeret summam perfectionem a quolibet christiano et observantiam totius Evangelii. Canones dixit docere luxuriam, avaritiam, superbiam, hominem dixit non habere liberum arbitrium multosque canones contrarios sacre scripture eamque extorte exponentes. Item quod plus esset credendum simplici rustico scripturam alleganti quam pape vel concilio scripturam non alleganti. Item dixit non esse necessaria bona opera, Deumque precepisse homini impossibilia et quod Christus nihil sibi meruit sed tantum nobis" (ebd. S. 153).

Stelle genannte These des Wittenbergers kennzeichnend für das Niveau der Gegenseite gewesen sein sollte, hätten die Franziskaner keine glückliche Rolle bei dem Disput gespielt[94].

Es kann daher nicht verwundern, daß Günther bei einem Gespräch mit dem Rat — in Gegenwart des Abtes von Zinna — über den Ausgang seiner „Vorladung" berichtet und dabei geäußert haben soll, er hätte sie (die Franziskaner) „mit Erfolg erledigt" (expedivisset nos realiter) und, falls sie nicht klein beigegeben hätten, hätte er sich vorgenommen gehabt, gegen sie zu schreiben und sie vor die Universität Wittenberg zu zitieren. Diese luden ihn daraufhin zu einem neuen Gespräch in die Terminei der Dominikaner, um zu hören, warum er sie nach Wittenberg zitieren wolle, und sie erfuhren ausdrücklich, was ihnen kein Geheimnis mehr sein konnte, daß es Günther um die jüngst auf dem Franziskaner-Konvent von dem Wittenberger Augustiner vorgetragenen Sätze ging, denen er im wesentlichen zustimme[95]. Wenn Günther nach dem franziskanischen Bericht eigentlich immer nur bestreitet, die ihm zur Last gelegten Äußerungen getan zu haben, dürfte das „ipse autem omnia negavit" den Sachverhalt kaum zutreffend wiedergeben und allenfalls besagen, daß er sich veranlaßt sah, Entstellungen und Verdrehungen seiner Worte zu dementieren. Es ist aufschlußreich, wie Luther den wahren Sinn der von den Minoriten inkriminierten Aussagen seiner Anhänger Eck gegenüber erhellt und er das „negare" Günthers geradezu als einen Beleg dafür nimmt, daß dieser sich selber bereits gegen verfälschende Formulierungen und abwegige Deutungen seiner und seiner Freunde Thesen zur Wehr gesetzt habe[96]. Man kann nicht apodiktisch erklären, „daß in den ‚articuli' klar und sachlich die Irrtümer Luthers mitgeteilt werden"[97], wenn auch Dappen und seine Genossen in ihrer Sicht der Dinge und nach dem Vermögen ihres Verstehens die Meinung hegen mochten, die Ketzereien

---

[94] „Sed cum in fine dixisset, quod Christus nihil meruit sibi sed tantum nobis, respondi, hoc esse falsum, quia apostolus dicit: Christus factus est obediens usque ad mortem etc" (ebd. S. 153—154).

[95] „Respondit, se non omnes velle defendere sed dumtaxat infrascriptos, videlicet primo quod Deus precepit homini impossibilia et quod Deus exigeret summam perfectionem a quolibet homine christiano atque observantiam totius Evangelii. Item quod sacri canones docerent luxuriam, superbiam, avaritiam; et quod multi canones sunt contrarii sacre scripture atque eam extorte exponant. Item quod plus esset credendum simplici rustico scripturam alleganti quam pape vel concilio scripturam non alleganti. Item quod nulla in Evangelio sunt consilia, sed omnia, que in Evangelio sunt, sunt precepta. Item quod Innocentius tertius instituit confessionem sacramentalem" (ebd. S. 154).

[96] Luther an den Minoritenkonvent am 15. 5. 1519; WA Briefe I, S. 392,116 ff. Allgemein wirft er den Franziskanern „Fälschungen" vor in seiner gegen Eck gerichteten Schrift „Contra malignum Iohannis Eccii iudicium super aliquot articulis a fratribus quibusdam ei suppositis Martini Lutheri defensio" (WA II, S. 625 ff. Bes. S. 628,9 f.; 644,9 ff.; 646,18 ff. — Vgl. zur Entstehung dieser defensio die Vorrede S. 621—624.

[97] Wallenborn, S. 149.

wortgetreu und sachgemäß festgehalten zu haben. Für sie war demzufolge Günthers Ablehnung ihrer Darstellung des Sachverhaltes einfach ein Zurückweichen als taktisches Manövrieren. Befangen in ihrer alten Vorstellungswelt, schlossen sie sich hermetisch gegen jede Beeinflussung durch das Neue ab, was jedoch nicht heißen muß, daß sie nicht vielleicht dieses oder jenes im Eifer der Diskussion ungeschützt vorgebrachte Wort fixiert haben könnten, das Luther so seinem Schüler oder seinen Schülern, die er näher kannte, nicht zutrauen wollte. Denn zumindest ließ sich, wie es scheint, Günther wohl mitunter zu unbedachten Äußerungen hinreißen, wenn auch die von den Franziskanern von „authentischer Seite" gehörten, in der Stadt umlaufenden Gerüchte über die lästerlichen Reden des Prädikanten eine reichlich trübe Quelle waren. Jedenfalls fand der Probst der Schwestern des Marienklosters bald einen Grund zu einer Anklage gegen ihn bei dem Bischof von Brandenburg: er habe der Äbtissin öffentlich auf der Kanzel Unrecht zugefügt. Der Verweis durch den Bischof war der Anlaß für Günther, seine Predigttätigkeit in Jüterbog vorübergehend einzustellen und sich durch Müntzer vertreten zu lassen.

Es scheint ziemlich eindeutig, daß der Rat auf Günthers Seite stand und er mit einem guten Teil der Bürgerschaft der Wittenberger Bewegung zuneigte, und das nicht nur aus einer länger schon bestehenden Antipathie gegen die Anmaßungen und die Ansprüche der Ordensgeistlichkeit. So mag man dem Prediger einen Urlaub unter der Auflage konzediert haben, einen entsprechenden Ersatz aus Wittenberg zu stellen, und Günther fragte möglicherweise nunmehr von sich aus bei Müntzer an. Dappen schreibt leicht befremdet an Gropper: „. . . nescio a quo vocatus, alius magister eiusdem secte nomine Thomas advenit, . . . quem fecit predicare loco sui, auctoritate cuius nescio."[98] Hatte Günther eigenmächtig oder in Übereinkunft mit dem Rat der Stadt Müntzer nach Jüterbog berufen? Beide Männer hatten sich offenbar in Wittenberg schätzen gelernt und waren sich in ihrer Einsatzbereitschaft für die Sache Luthers einander nähergekommen, so daß Günther in dem neuen Freunde den geeigneten Mann sah, der in der augenblicklichen Situation für ihn einspringen konnte. Daraus, daß Müntzer auch sofort für die Zeit über Ostern zur Verfügung stand, wird man schließen dürfen, daß sich das Vorhaben, „auff dy osteren" als Kaplan zu Bernhardi nach Kemberg zu gehen, aus irgendwelchen Gründen zerschlagen hatte. Die Franziskaner sollten es nun alsbald zu spüren bekommen, welch aggressiven Kombattanten ihnen der mißliebige Prädikant an seiner Stelle besorgt hatte. „Eo fortassis intuitu", wie der Berichterstatter bitter bemerkt, „ut, quod ipse non auderet timore domini gratiosi episcopi Brandenburgensis, alius sine freno rationis attentaret."[99] Es kam in den Ostertagen zu einem

---

[98] Dappen/Wallenborn, S. 154; Franz, MG, S. 561,1—4.
[99] Ebd. S. 154; ebd. S. 561,4 f.

regelrechten Kanzelkrieg, den Müntzer mit seiner Predigt am ersten Ostertage mit einer Invective gegen den Guardian der Franziskaner eröffnete: „In hoc loco passio Christi est predicata ab uno, qui dixit bibliam non esse in greco neque in hebreo. Oretis ergo Deum pro tali homine tam miserabiliter errante, ut Deus sua altissima misericordia illuminare dignetur, ne pereat in errore suo."[100] Selbst wenn man Müntzer zutraut, daß er jede Möglichkeit wahrnahm, die Unwissenheit der Mönche an den Pranger zu stellen, oder auch nur in der Jüterboger Situation die Minoriten zu desavouieren, fällt es schwer, Zweifel an der Glaubwürdigkeit des Berichtes zu unterdrücken, während die folgenden Angaben des Guardians über den Inhalt seiner Passionspredigt durchaus glaubhaft sind[101]. Oder soll man es sich so erklären, daß Müntzer bzw. der Franziskaner Opfer einer böswillig entstellenden Zuträgerei geworden seien? Für Dappen war Müntzer damit freilich als bedenkenloser Intrigant offenbar geworden, und es war nicht anders zu erwarten, als daß er in seiner Predigt am zweiten Ostertage „hoc dictum ... magistri Thome" seinen Hörern vortrug, um seiner Verwunderung darüber Ausdruck zu geben, warum dieser sich eigentlich so verwegen gegen den Guardian ausgelassen habe. Weiterhin sagte er: „Nescio, charissimi, quid dicam, modernis enim temporibus in his terris unus predicat sic, alter vero sic, magister Quatles vero sic, certissime teneo, si Runkarius (!), quidam Bohemorum heresis magister, veniret ad hunc locum predicans errores suos dicens, quod predicatio sua esset Evangelium Christi, vere aliqui auribus patentibus libentissime auscultarent ut Atheni(ensi)um more nova possent suis auribus inculcari."[102] Es hat den Anschein, als beziehe sich Dappen auch hier noch auf das, was ihm von Müntzers Auslassungen zugetragen worden war, und als empöre er sich beinahe mehr noch über das positive Echo, das dessen *errores* bei den Hörern gefunden hatten. Die Stimmung wurde zusehends gereizter, die Zuträgerei und argwöhnische Beobachtung entwickelte sich zu förmlicher Bespitzelung. Dappen behauptete, Müntzer habe mit Günther zusammen während seiner (Dappens) Predigt an der Friedhofsmauer gestanden und zugehört und sei, als er am gleichen Tage abends predigte, „occasione illorum verborum in

---

[100] Ebd. S. 154; ebd. S. 561,8—11.
[101] Ebd. S. 154 ff.; ebd. S. 561,11 — S. 562,4.
[102] Ebd. S. 155; ebd. S. 562,8—14. Die Formel „predicans errores suos dicens, quod predicatio sua esset Evangelium Christi" dürfte eine sehr eindeutige Anspielung auf Günther und Müntzer sein. „Ich weiß nicht, meine Lieben, was ich [dazu] sagen soll: denn heutigentags predigt in unseren Landen der eine so, der andere so und Magister Quatles wieder so. Ich bin völlig sicher, wenn ein Runkarius, ein Lehrer der böhmischen Ketzerei, in diesen Ort käme, seine Irrlehren predigte und sagte, seine Predigt sei das Evangelium Christi, dann würden wahrhaftig manche die Ohren aufsperren und es bereitwilligst anhören, um sich nach Art der Athener neuartige Lehren in die Ohren eintrichtern zu lassen."

sermone, ... durissime et scandalose" über ihn hergezogen[103]. Daraufhin habe auch er sich vorgenommen, Müntzer abzuhören, „ut experimento discerem, an res se ita haberet"[104]. Er tat es dann auch gleich am dritten Ostertag[105], an dem mittags der Guardian über den Gehorsam gegenüber der Heiligen Römischen Kirche, über die Schriften der approbierten Kirchenlehrer, nämlich des heiligen Bonaventura und des heiligen Thomas, gepredigt hatte[106] und abends Müntzer wieder die Kanzel bestieg. Der Mönch vermochte es schier nicht zu fassen, was er da zu hören bekam[107]: Müntzer habe sich gar nicht an das Evangelium gehalten, jedoch erklärt, er werde es in Auseinandersetzung mit der Predigt des Guardians auslegen. Dann sei es aus ihm herausgebrochen: 1. Der Papst müsse alle fünf Jahre ein Konzil abhalten; aber jetzt seien in 400 Jahren nur drei gehalten worden. 2. Die Versammlung eines Konzils könne auch gegen den Willen des Papstes erfolgen; der Papst sei das Haupt der Kirche lediglich

---

[103] Ebd. S. 155; ebd. S. 562,16—18: „... anläßlich jener Worte ... sehr heftig und verletzend ..."

[104] Ebd. S. 155; ebd. S. 562,20: „... um aus eigener Erfahrung zu hören, ob es sich so verhielte".

[105] 26. 4.

[106] „... quem pater guardianus habuit post prandium de obedientia sancte Romane ecclesie et de scriptis doctorum approbatorum, videlicet sancti Bonaventure et sancti Thome" (ebd. S. 155).

[107] „... ipso predicante Evangelio neglecto, quod tamen expositurum se dixit occasione sermonis, quem pater guardianus habuit ... prerupit magister Thomas in hec verba: Primo quod papa deberet celebrare concilium de quinquennio in quinquennium et iam quadrigentis annis tria dumtaxat essent celebrata concilia. Item secundo asserebat congregationem concilii etiam contra voluntatem pape fiendam et quod papa esset caput ecclesie, quamdiu hoc alii episcopi tolerarent, et multa contra reverentiam pape loquebatur. Item dixit, quod canonisatio sanctorum olim fiebat in conciliis generalibus, sed sanctum Bonaventuram et sanctum Thomam canonisavit unus homo, videlicet papa, per hoc pretendens, quod canonisatio eorum non esset legittima. Item dixit, quod nullus potest probare, quod aliquis predictorum doctorum aliquem convertisset hereticum, et si hoc quisquam probare posset, vellet privari capite suo. Item doctrina prefatorum doctorum et aliorum scolasticorum dicitur ab ecclesia admissa et meretrices lenonosque (!) permittuntur in civitatibus. Item prefati doctores innituntur rationibus naturalibus et omnes tales rationes a diabolo sunt. Item omnes episcopi tenentur, singulis annis suos subditos visitare et in fide examinare sicut rector scholarium suos iuvenes in scholis, et si sic fieret, non essent vespertiliones citacionum, monitionum, excomunicationum, quas nominavit diabolicas litteras. Item olim instituebantur episcopi sancti patres, sed modernis temporibus instituuntur tiranni, seipsos pascentes et nihil ad rem facientes. Item olim deponebant sacerdotes contra episcopos suos in conciliis et convicti deponebantur et in monasteria retrudebantur sancti patris Benedicti, et alii sacerdotes in locum eorum instituebantur, et non sic cum eis tirannisabant, sacerdotes incarcerandum, sicut modo faciunt aliqui tiranni. Item dixit, quod sunt adulatores et seductores populi errantis, dicentes bonum malum et malum bonum, qui nec sciunt grecum nec hebraicum nisi questen vnd stincken. Item dixit non semel sed sepius, quod Evangelium sanctum iacuit sub scamno annis plus quam quadringentis, pro cuius revocatione adhuc plurimi cogerentur colla extendere" (ebd. S. 155 f.).

auf Grund der Tatsache, daß die anderen Bischöfe das schon lange dul-
deten. Auch sonst habe er noch vielerlei geredet, was gegen die Ehrerbie-
tung gegenüber dem Papst verstieße. 3. Die Kanonisation von Heiligen
sei ehedem auf allgemeinen Konzilien erfolgt; den heiligen Bonaventura
und den heiligen Thomas habe aber ein Mann, nämlich der Papst, heilig
gesprochen. Er wollte damit sagen, daß deren Kanonisation illegitim sei.
4. Niemand könne beweisen, daß einer der vorgenannten Kirchenlehrer
je einen Ketzer bekehrt hätte; wenn einer das beweisen könne, wolle er
seinen Kopf verlieren. 5. Die Lehre der vorgenannten Kirchenlehrer und
anderer Scholastiker sei, so heiße es, von der Kirche zugelassen. Auch
Huren und Kuppler würden in den Städten zugelassen. 6. Die vorgenannten Kirchenlehrer stützten sich auf Gründe der natürlichen Vernunft
(rationibus naturalibus); alle solche Vernunftgründe seien vom Teufel.
7. Alle Bischöfe seien gehalten, alljährlich die ihnen Unterstehenden zu
visitieren und im Glauben zu prüfen, so wie ein Schulrektor seine Schüler
in der Schule; wenn das so geschähe, gäbe es die „Fledermäuse"[108] von
Zitationen, Monitionen und Exkommunikationen nicht, die er Teufels-
briefe nannte. 8. Ehedem hätte man als Bischöfe heilige Väter eingesetzt.
In der Neuzeit setze man jedoch Tyrannen ein, die sich selbst weideten
und für ihr Amt nichts leisteten. 9. Ehedem hätten die Priester ihre Beschwerde gegen Bischöfe auf den Konzilien vorgebracht; die ihrer Schuld
Überführten seien abgesetzt und in Benediktinerklöstern inhaftiert worden; andere Priester wären in ihre Stellen eingesetzt worden und hätten
die Geistlichen nicht so tyrannisiert und etwa eingekerkert, wie es einige
Tyrannen heute machten. 10. Es gäbe Schmeichler und Verführer des
irrenden Volkes, die das Gute böse und das Böse gut nennen, die keine
Ahnung von Griechisch und Hebräisch hätten und nur „questen und
stincken". 11. Nicht einmal, sondern oft habe er gesagt, das heilige Evangelium habe mehr als 400 Jahre unter der Bank gelegen; um es wieder
hervorzuholen, müßten noch immer viele ihren Hals hinhalten. Über
das ihm persönlich in der gleichen Predigt öffentlich vor allem Volke angetane Unrecht wolle er schweigen, „quia frater sum Ordinis Minorum
cuius est suos inimicos diligere secundum Evangelium et regulam suam".

Aus dem Bericht Dappens muß man schließen, daß erst das Predigt-
duell mit Müntzer, vornehmlich die zuletzt angeführte Predigt, die Franziskaner bewogen hat, bei dem Bischof von Brandenburg vorstellig zu
werden[109]. Sie hatten zwar schon feststellen müssen, daß Günther kein so

---

[108] „Fledermaus" im übertragenen Sinne als „Wahngestalt", „Strafzettel" als „ge-
richtliche Vorladung" verstanden. Vgl. Grimm, Wörterbuch III, Sp. 1745 ff.; Trübners
Wörterbuch II, S. 375.

[109] Vgl. den Anfang des Briefes an den Vikar Gropper: „Transacta sexta feria (Freitag, 29. 4.), Reverende Magister, venerandus pater noster gardianus et ego in presentia
Vestre Dominationis constiti certos articulos contra quendam novum predicatorem

harmloser Vertreter der lutherischen Bewegung war, wie sie anfänglich angenommen hatten, aber sie mochten erwartet haben, daß er trotz seiner Kampfansage durch den bischöflichen Verweis vorerst matt gesetzt sei. Das Auftreten des von ihm herbeigerufenen Müntzer zerstörte in kürzester Frist ihre Hoffnung auf Entspannung. Der neue Priester stand nicht nur in engstem Kontakt mit Günther, sondern gebärdete sich wesentlich aggressiver und fand mit seiner offenen Kritik an den kirchlichen Zuständen großen Anklang. Der theologische Disput mit den Augustinern war mehr eine interne Angelegenheit geblieben, so wenig man die ketzerischen Sätze vergessen hatte. Günthers Auslassungen über Fasten, Beichten, Heiligenverehrung und die Böhmenfrage gingen bereits im Volke um und gefährdeten die vergebens beschworene *unitas fidei christianae*. Nun wurde auch der Appell an die *oboedientia sancte Romane ecclesie* und an die Autorität der *scripta doctorum approbatorum* in polemischer Kritik als gegenstandslos abgetan und die Entfremdung der privilegierten Geistlichkeit von ihrer ursprünglichen, kirchlichen Aufgabe scharf gegeißelt. Dappens Aneinanderreihung der einzelnen Punkte der müntzerschen Kritik an der Osterpredigt des Guardians kann freilich den Eindruck erwecken, als sei es dem Opponenten vornehmlich darum gegangen, die Fragwürdigkeit des in sich korrumpierten Ordnungsgefüges aufzudecken. Das war zweifellos von Müntzer auch mit beabsichtigt und man darf dem entnehmen, daß er durch alles Fragen und Zweifeln hindurch inzwischen zu einer freimütigen Selbständigkeit gegenüber den kirchlichen Ordnungsgewalten gefunden hatte. Doch mehr noch als das wird meines Erachtens hier der Protest gegen die innere Bindung an einen falschen Glaubensgehorsam und an den apodiktischen Autoritätsanspruch einer kirchlich sanktionierten Theologie offenkundig. Die dank der Duldung der Bischöfe vollzogene Ausschaltung des Konzils durch die päpstliche Usurpation der „Macht" verkehrte seiner Meinung nach den Gehorsam gegen die Kirche in eine blinde Fügsamkeit unter den willkürlichen Anspruch eines einzelnen Menschen, und dieser eine sprach dann die Kirchenlehrer heilig, deren in rationibus naturalibus gegründeten theologischen Meinungen wieder als verbindliche Wahrheiten gelten sollten. Es ging Müntzer im Grunde gar nicht so sehr, wie Dappen andeutet, etwa um den Erweis der Illegitimität dieser Kanonisationen als solche, vielmehr um die Behauptung der Irrelevanz der auf diesem Wege schließlich mit zustande gekommenen dogmatischen Bindungen. Sie bildeten für ihn ein integrierendes Element im Prozeß autoritärer Glaubensverpflichtung, die von ihrem Ursprung her und in ihrem Werden als eine Blasphemie zu enthüllen das Thema seiner ersten Ostertagspredigt gewesen zu sein scheint. Müntzer hatte also auch den inneren Zwiespalt

nomine magistrum Thomam deposuimus humillime supplicantes in tam arduo negotio consilium bonum" (Dappen/Wallenborn, S. 152).

überwunden, in den er auf der Suche nach dem „unüberwindlichen Christenglauben" mit der offiziellen Kirchenlehre geraten war. Er hatte als Teufelsgespinst, als Manipulation des Satans erfaßt, was der Christenheit von einer ihr Amt mißbrauchenden Kirchenführung als der rechte Glaube aufgenötigt wurde. Man wird kaum fehlgehen in der Annahme, daß zu dieser Sicht der Dinge sein Aufenthalt in Wittenberg, zumal der Umgang mit Günther, der schon im September 1517 unter dem Vorsitz Luthers auf dessen Thesen gegen die scholastische Theologie respondiert hatte, wesentlich mit beigetragen haben dürfte. In der Schule Luthers hatte Müntzer gelernt, Recht und Pflicht freier, selbständiger Entscheidung in Sachen des Glaubens auch gegen alle geheiligten, scholastischen Philosophumena und Theologumena unbedenklich wahrzunehmen, trotz allen aggressiven Formulierungen nicht um einer bloßen Obstruktion willen, sondern in dem Bewußtsein der Notwendigkeit, dem wahren Christenglauben die Bahn wieder frei zu machen. Daheraus erwächst auch seine Kritik an den Bischöfen, die nicht von ungefähr mit den Worten einsetzt: „Omnes episcopi tenentur, singulis annis suos subditos visitare et in fide examinare." Mag der Vergleich „sicut rector scholarium suos iuvenes in scholis" tatsächlich von Müntzer gebraucht worden sein, er hat das *visitare* und *examinare* fraglos nicht als eine schulmeisterliche Aktion verstanden, vielmehr als die verantwortungsbewußte Wahrnehmung der Hirtenpflicht, die vor allem anderen die Sorge um das rechte Glauben seiner Diözesanen in sich schließt.

Dappen deutet mit keiner Silbe an, ob Müntzer etwas von seinen eigenen Gedanken über *fides christiana* zu erkennen gegeben hat. Nur das negative Votum ist nicht zu überhören, nämlich, daß er in den intellektualistisch-rationalistischen Doktrinen das Wesen christlichen Glaubens völlig verkannt und mißachtet sah. Ich verweise zumal auf Punkt 5 im Dappenschen Bericht: „Nullus potest probare, quod aliquis predictorum doctorum aliquem convertisset hereticum, et si hoc quisquam probare posset, vellet privari capite suo." Das heißt doch, der ganze Aufwand von theologischer Spekulation und das Operieren mit *rationibus naturalibus* kann schlechterdings keinen Menschen innerlich für das Christentum gewinnen und kann keinen Häretiker zum wahren christlichen Glauben führen. Ich halte es für sehr unwahrscheinlich, daß Müntzer sein Anliegen nicht zumindest andeutungsweise vorgebracht haben sollte, Glauben als unmittelbares Gewißsein der Wahrheit Gottes zu begreifen, und zwar als ein Erfahren sui generis, das dem nach Glauben Verlangenden zuteil, in ihm wesensmächtig und wirkungskräftig wird. Mehr als das zu sagen war ihm damals vielleicht noch gar nicht möglich; das in der Oppositionssituation erst recht noch stark emotional bestimmte „ganz anders" war vielleicht auch ausreichend und zugleich notwendig. Wenn die Bischöfe das *examinare in fide* in der Sorge um solche Wesenhaftigkeit des Glaubens übten, brauchte es wahrlich der *vespertiliones citacionum, monitionum, excommunicationum* nicht, die nur Korrektionsmaßnahmen der ein selbstherrliches System sichernden Kontrollinstanzen sind. Natürlich können am Ende die „adulatores et seductores populi errantis" nicht fehlen, der Schwarm der ungelehrten, widerwärtigen Mönche, die durch ihr scheinheiliges Wesen das Volk in die Irre führen; denn was sie ihm als christliche Frömmigkeit priesen, ist in Wort und Tat die völlige Verkehrung christlichen Glaubens und Lebens, dessen wahren Gehalt und dessen rechte Gestalt sie dagegen als ketzerisch verdammen. Dappen könnte berechtigten Grund zu seiner „stillen Klage" gehabt haben, da er personaliter des öfteren als Illustrationsobjekt hatte dienen müssen.

Vergleicht man Dappens Aufzeichnungen über den Disput mit den Wittenberger Augustinern mit dem, was er aus Müntzers Predigt am dritten Ostertage festgehalten hat, so läßt sich die unterschiedliche Tonart beider Berichte nicht verkennen, die zu einem guten Teil ein Gradmesser seiner subjektiven Reaktion auf das Verhalten „Lutherischer Sendlinge" in Jüterbog ist. Die Atmosphäre des theologischen Gespräches in einem kleineren Kreise schien ihm bei aller Gegensätzlichkeit der Meinungen noch verhältnismäßig ruhig und ausgeglichen. Über die Berechtigung dieser und jener Sätze konnte man sich mit Gründen und Gegengründen auseinandersetzen, wenngleich man bei der Entschiedenheit, mit der die Anhänger Luthers ihre Position vertraten, um die Erhaltung der *unitas fidei christianae* ernsthaft besorgt sein mußte. Diese Besorgnis eines offenen religiösen Zwiespaltes in der Stadt erwies sich über Erwarten schnell als nicht unbegründet. Schon Günthers Erklärung, die Franziskaner mit den Hauptthesen jenes Gespräches vor das Forum der Wittenberger Universität zitieren zu wollen, mußte als eine unmißverständliche Drohung angesehen werden, die insbesondere dem Widerstand der Minoritenbrüder galt und deren argwöhnische Wachsamkeit steigerte. Aber was Müntzer dann von der Kanzel herab über die *sancta ecclesia* sich zu sagen erkühnte, war eine Herausforderung schlimmster Art. In ihm verkörperte sich für Dappen der Geist des ketzerischen Radikalismus, und ein Mann wie er spürte förmlich die erregte Spannung, in die der redegewandte Prädikant mit seinen aufreizenden Parolen die Hörer versetzte. Der seiner Kirche mit Leib und Seele verhaftete Ordensmann konnte es gar nicht anders in sich aufnehmen: die schonungslose Kritik an der römischen Kirchenpolitik und an der ihr zur Last gelegten Verkehrung der ursprünglichen kirchlichen Ordnung unterminierte die *oboedientia sanctae Romanae ecclesiae*. Der radikale Protest gegen die scholastische Theologie erschütterte das ganze Lehrgebäude der Kirche; der bittere Vorwurf — „non semel sed saepius" —, daß das Evangelium mehr als 400 Jahre unbeachtet *sub scamno* verborgen geblieben sei, und daß jene, die sich um seine revocatio mühten, ihren Kopf dabei riskierten, machte die Kirche zutiefst unglaubwürdig. Es ist bezeichnend für Dappens Berichterstattung, daß er an seinen Notizen über Müntzers „Hauptsätze" dessen negative „Spitzen" anhängt, die höchstwahrscheinlich auch so in der Predigt geäußert worden sind; denn darin präzisiert sich sozusagen die „Verteufelung" der Kirche, die Leugnung ihrer Integrität als einer heiligen, christlichen Institution, in der sich die unitas christiana repräsentiert. Unter dem einen Gesichtspunkt der vitalen Bedrohung der Kirche steht für ihn Müntzer neben Günther als Agitator der „secta (D. Martini)", der „pestiferis erroribus antea ortis suis predicationibus non modicum fomentum prestitit"[110]. Dappen hat demnach nichts von einer lehrmäßigen Besonderheit des Magister Thomas gespürt. Sei es, daß er nicht imstande war, sie zu erkennen, sei es, daß sie in der Tat noch nicht erkennbar bzw. vorhanden war. Für das letztere ließe sich mit einiger Vorsicht geltend machen, daß auch Günther vorerst nichts Absonderliches an dem Freund bemerkt zu haben scheint, der ihm sein besonderes Anliegen kaum vorenthalten haben dürfte. Eindreiviertel Jahre später schreibt ihm Müntzer noch einen Satz wie: „Ora, ut idem (Dominus Jesus) per fidem sacrarum scripturarum sit mecum in aeternum."[111] Und erst wieder ein Jahr danach sieht Günther sich zu der Meinung genötigt: „Ceterum vide lumen, quod in te est, ne sint tenebre. Varia varii homines de te blaterant. Non est mortuus diabolus, sed ut leo rugiens circuit querens, quem devoret. Spero te probatum habere spiritum non sub nomine fabulans, sed spiritu Christi vervens."[112]

Luther waren die „duae schedulae" überraschend schnell zur Kenntnis gekommen; denn schon am 15. Mai erteilte er den Jüterboger Franziskanern eine scharfe Abfuhr[113] und stellt sie vor die Wahl, „aut revocate hanc temeritatem et reddite mihi nomen meum, aut ego publicabo per impressuram hanc vestram schedulam, adiecta confutatione vestrae ignorantiae, quod non erit honorificum ordini vestro"[114]. Er sah sich hier also selbst direkt wie indirekt der Häresie beschuldigt und führte den Anklägern kurz aber deutlich vor Augen, daß erstens die von ihnen als „perniciosi errores" gebrandmarkten Sätze seiner Schüler und Anhänger da, wo sie richtig zitiert wurden, durchaus dem Evangelium entsprechen, daß zweitens „lector vester Bernhardus, caput ineptissimum", manche Aussagen falsch wiedergegeben habe, und daß drittens Günther Äußerungen unterstellt wurden, die man nur „aliorum relatu" kenne. Luther war über das Geschehen in Jüterbog bis zu dem Disput mit den Franziskanern offensichtlich durch seine beiden Ordensbrüder als Teil-

---

[110] Dappen/Wallenborn, S. 157.
[112] Ebd. S. 379,6—9.
[114] WA, Briefe I, S. 389,15—18.

[111] Franz, MG, S. 353,14 f.
[113] Vgl. Anm. 96.

nehmer an dem Gespräch informiert[115]; für das, was danach vornehmlich in den Ostertagen geschah, war er auf den Bericht Dappens angewiesen. Dementsprechend schreibt er zu Müntzers Auftreten: „Quid Thomas praedicarit, nescio, nisi quod iterum video vestram malitiam prodere se ipsam. Nam cum ille in generali praelatos carpserit, papas et episcopos, quod utique non solum licet, sed etiam debet fieri, nisi Scripturas velitis negare et prohibere, ubi Christus fures, latrones, lupos reprehendit, vos autem ei audetis pro culpa imponere; quod tunc recte fecissetis, si ille aliquem nominasset individualiter, nunc autem detractores et calumniatores estis, quia nihil legitis nec intelligitis. Quidquid autem allegatis, totum secundum cerebrum vestrum accipitis et secure pronuntiatis. Quando satisfacietis illi et nobis pro tam gravi detractione?"[116] Luther ging in diesem Falle auf Einzelheiten gar nicht ein, da er sich augenscheinlich auf die Angaben der beiden „schedulae" allein nicht verlassen wollte, zumal er von dem Magister Thomas vielleicht noch keine klare Vorstellung hatte, um zu ermessen, was dieser gesagt haben könnte und was nicht. Er griff die in Dappens Darstellung als Grundtenor der Predigt hervorgehobene polemische Kritik an den Prälaten, an Päpsten und Bischöfen heraus und sprach dem Prediger das grundsätzliche Recht, ja die Pflicht zu, eine solch generell formulierte Kritik zu üben. Er nahm also auch Müntzer wider die „calumniatores et detractores" in Schutz und forderte „illi et nobis pro tam gravi detractione" genugzutun. Demnach ist Luther, wie mir scheint, hier in gewisser Weise ein Opfer der von ihm selbst gerügten Praktiken der Jüterboger Franziskaner geworden: „Quidquid autem allegatis, totum secundum cerebrum vestrum accipitis et secure pronuntiatis." Wie wir darzutun versuchten, ging es Müntzer in seiner Predigt höchstwahrscheinlich um mehr als bloß eine polemische Kritik an Päpsten und Bischöfen. Wenn nun Luther aber lediglich auf das Vordergründige der müntzerschen Kritik, losgelöst von ihrer hintergründigen Intention, in recht formaler Weise Bezug nahm, ließ er, eben wegen des „nescio quid Thomas praedicavit", faktisch Dappens, den Inhalt der müntzerischen Predigt falsch akzentuierendes Referat unbe-

---

[115] Vgl. Luthers sehr bestimmt gehaltene Aussagen über die Äußerungen seiner Schüler in „Contra malignum ... defensio". S. Anm. 96.

[116] WA Briefe I, S. 392,107—115. „Ich weiß nicht, was Thomas gepredigt hat, ich sehe nur wieder, daß sich eure Schlechtigkeit selbst verrät. Denn wenn jener allgemein die Prälaten rupft, Päpste und Bischöfe — was nicht nur durchaus erlaubt ist, sondern sogar geschehen muß, wenn anders ihr die Schrift nicht leugnen und (ihr) wehren wollt, wo Christus die Diebe, Räuber und Wölfe hart anfaßt — wagt ihr es, ihm das als Schuld anzulasten; ihr hättet das dann zu recht getan, wenn jener irgendwen persönlich genannt hätte; nun aber seid ihr Verleumder und trügerische Ankläger, weil ihr nichts richtig aufnehmt und versteht. Was immer ihr anbringt, nehmt ihr auf, wie ihr es versteht, und sprecht es unbekümmert laut aus. Wann wollt ihr ihm und uns für eine so schwere Beleidigung genugtun?"

anstandet. Das hat in der Folge mit zu der These beigetragen, daß Müntzers Opposition in den Anfängen seiner reformatorischen Wirksamkeit vornehmlich dem hierarchischen System der römischen Kirche gegolten habe.

Drei Monate später hat sich Luther noch einmal mit dem Thema „Jüterbog" befaßt, als der Bischof von Brandenburg nach der Leipziger Disputation Eck die beiden Briefe der Franziskaner zur Begutachtung übergab und dieser, schnell fertig, ein „iudicium super articulis oblatis" niederschrieb, das der Bischof veröffentlichte und damit guthieß. Luther reagierte auf Ecks Kommentar mit seiner bereits oben genannten Schrift „Contra malignum Johannis Eccii iudicium ... defensio", die Ende September erschien. Sie ist insofern hier wenigstens zu erwähnen, als darin am Schluß auch die von Müntzer angeschnittene Frage der Kanonisation allein durch den Papst gestreift wurde[117]. Eck hatte sie in seinem *iudicium* aufgegriffen, ohne anscheinend ausführlicher darauf einzugehen, so daß auch Luther sich mit ein paar ironischen Bemerkungen begnügte, die wiederum den besonderen Aspekt der müntzerischen Fragestellung gänzlich unberücksichtigt ließen.

Erwägt man die näheren Umstände, unter denen der Reformator sein Votum über Müntzer abgab, so wird man es ungeachtet einer gewissen Farblosigkeit als positiv würdigen müssen. Er hat ihn als einen aufrechten Verfechter des reformatorischen Anliegens bestätigt: „illi et nobis" sollen die Gegner genugtun, schließt er im Briefe an die Franziskaner seine Stellungnahme zu den Angriffen auf Müntzer ab. Man wird kaum fehlgehen in der Annahme, daß die Jüterboger Affäre bei beiden Männern das Bewußtsein des Miteinander im Streite für das Evangelium geweckt bzw. gefördert hat. Müntzer anerkannte Luther als den richtungweisenden Vorkämpfer der evangelischen Wahrheit, als „specimen et lucerna amicorum dei"[118], wie er ihn ein Jahr später nennt. Luther sah in Müntzer einen aufgeschlossenen Geist, der sich emphatisch seiner Gefolgschaft angeschlossen hat. Dennoch war der Charakter des gegenseitigen Beziehungsverhältnisses hier und dort ein anderer. Wie hoch man immer das Selbstbewußtsein und das Selbständigkeitsgefühl Müntzers damals schon einschätzen mag, von ihm wurde wohl die Verbundenheit dank der noch selbstverständlichen Anerkennung der bahnbrechenden Leistung Luthers in einer frei sich ihm anschließenden Gefolgschaftsbereitschaft stärker und inniger empfunden als von seiten Luthers, der den Magister Thomas vorerst nur als einen der vielen kennenlernte, die der von ihm vertretenen Sache des Evangeliums mit Wort und Tat zu dienen bereit waren. Unbedenklich kann man aber sagen, daß beide Männer in dem Willen zu gemeinsamer Arbeit an der Verwirklichung der als not-

---

[117] WA II, S. 651,34 — 652,7.
[118] Franz, MG, S. 361,8.

wendig erkannten Aufgaben voll Vertrauen aufeinander zukamen, ohne daß sich die Möglichkeit eines künftigen Konfliktes auch nur von ferne angedeutet hätte.

D) In Orlamünde und als Confessor in Beuditz

In dem Schreiben Dappens bzw. des Konvents findet sich kein Anhaltspunkt dafür, daß Müntzer zur Zeit der Niederschrift Jüterbog bereits wieder verlassen hätte. Allzulange kann freilich sein Aufenthalt dort nicht mehr gedauert haben, denn es darf als sicher gelten, daß er noch einige Zeit vor der Leipziger Disputation in Orlamünde geweilt hatte. Vermutlich ist er von Jüterbog in der Erwartung, ein neues Tätigkeitsfeld zu finden, zunächst nach Wittenberg zurückgekehrt und ist möglicherweise hier von Karlstadt veranlaßt worden, in Orlamünde, wo Karlstadt Pfarrherr war, einmal nach dem Rechten zu sehen. Zwischen dem seit reichlich einem Jahr die Pfarrei als Vikar verwaltenden Magister Konrad Glitsch und der Gemeinde war es zu Unzuträglichkeiten gekommen[119], um die sich Karlstadt selbst, von den Vorbereitungen für die Disputation mit Eck in Anspruch genommen, nicht an Ort und Stelle kümmern konnte, so daß ihm Müntzers Hilfe willkommen sein mochte und dieser dabei die Gelegenheit hatte, sich nach einem neuen Wirkungsfeld umzutun. Späteren Zeugnissen läßt sich jedenfalls entnehmen, daß Karlstadt und Müntzer sich eine Zeitlang etwas näher standen[120], was sich eben damals angebahnt haben könnte. Wie weit Müntzer bei diesem Zusammentreffen über seine Erlebnisse in Jüterbog berichtet und auch Luther davon Kenntnis erhalten hat, bleibt völlig offen, so daß das „nescio quid Thomas praedicavit" in dem Briefe an den Minoritenkonvent keine Handhabe bietet, seine Ankunft und seine weitere Reise zeitlich genau zu fixieren. Man wird mit einer rund vierwöchentlichen Anwesenheit in Orlamünde rechnen dürfen. In diese Zeit fällt nun, wie eine Eintragung des späteren Pfarrers von Orlamünde, Kaspar Glatz, in einer ihm von Luther 1519 geschenkten Ausgabe der Predigten Taulers[121] zu berichten weiß, eine eingehende Beschäftigung Müntzers mit Tauler: „Durch diese Taulers Leer/vom Geist und Grunde der Seel, nit wohl verstanden, ist verfürt Thomas Münzer und sein anhang/denn er ihn stets las (wie wir wohl wissen und bekant was) mit sambt einem Weib, die meister Conrads, Pfarrherrn zu Orlamünd, köchin gewest ist und ettwan zu Leipzig auch ein solch wesen hett, daß man sie vor heylig achtet. Von der gedachter Münzer nit wenig seines irrthumbs hilff genumen hat. Im folget

---

[119] Vgl. Wähler, S. 60. Allerdings bezieht sich Wählers Angabe erst auf eine spätere Zeit; aber Glitschs Mißwirtschaft dürfte schon nach einem Jahr anstößig gewesen sein.
[120] Vgl. unten S. 239 ff.   [121] Tentzel/Cyprian II, S. 334.

Andreas Karlstadt/auch solchen Irrthumb glaubt und verfürt ist worden, und haben iren Irrthumb zu Orlamünda geheckt und ausbreydt[122]/als zubesorgen/aus neyd/denn ich sie beyd sehr wohl kennte."[123] Ob Müntzer erst hier auf Tauler gestoßen ist oder nicht schon im Kreis der Wittenberger auf ihn aufmerksam geworden war, mag dahingestellt bleiben. Glatz ist in seiner recht allgemein gehaltenen Aussage kein unverdächtiger Zeuge, sagt überdies auch nicht, daß Müntzer in Orlamünde zum ersten Male mit Tauler in nähere Berührung gekommen wäre. Er wird mit seiner Notiz immerhin insofern recht haben, als die „heilige" Pfarrköchin aus der Mentalität einer „pietistisch" gearteten Laienfrömmigkeit heraus ein Verständnis des mystischen Lehrers erschloß, das Müntzer einen Weg zur unmittelbaren Begegnung mit Gott aufzeigte, bei der der Mensch in sich selbst unvermittelt Gottes inne werden kann. Das Zeugnis dieser frommen Frau, von der wohl selbst erfahrenen Wahrheit, „welche Nähe da die Seele hat mit Gott und Gott mit ihr, welch wundersame Werke Gott da wirkt"[124], ließ ihn aufhorchen und machte ihn nachdenklich: „Nu stot uf ein minnencliche begerunge und suochet und froget flisseclicke und wüste gerne umb iren Got der ir alsus bedecket und verborgen ist."[125] Wenn wir auch über die gemeinsame Tauler-Lektüre im Pfarrhaus zu Orlamünde keinerlei Einzelheiten weiter erfahren, darf man doch mit hoher Wahrscheinlichkeit vermuten, daß das kurze Zwischenspiel auf Müntzer nachhaltiger eingewirkt hat, als er es selbst zunächst ahnen mochte. Er war auf eine Spur gesetzt, die er weiter verfolgen mußte.

Vorerst beanspruchte wieder das aktuelle Geschehen seine Aufmerksamkeit: die Disputation zwischen Eck auf der einen, Karlstadt und Luther auf der anderen Seite. Heinrich Böhmer hat mit guten Gründen den in Müntzers Papieren gefundenen, dicht beschriebenen, schmalen Papierstreifen als einen von Konrad Glitsch stammenden Merkzettel ausgewiesen[126], den er Müntzer zur Erledigung verschiedener Desiderien mitgab, als dieser „Ende Juni 1519 zu der berühmten Disputation nach Leipzig ging"[127]. Der durch keine amtlichen Verpflichtungen Gebundene konnte es sich nicht entgehen lassen, dieser Auseinandersetzung zwischen den Vorkämpfen einer theologisch-kirchlichen Erneuerung und einem bedeutenden Repräsentanten und Verteidiger des alten Systems beizuwohnen. Es herrschte freilich im Saal der Pleißenburg eine andere Atmosphäre als in der Pfarrstube zu Orlamünde; aber für Müntzer war das

---

[122] Da hier gar nicht von einer g l e i c h z e i t i g e n Einflußnahme der Köchin auf Müntzer und Karlstadt die Rede ist, sind Bensings Vermutungen zu dieser Stelle (Bensing/Trillitzsch, S. 128) m. E. abwegig, erst recht die von ihm daraus gezogenen Folgerungen bzw. seine Zweifel.

[123] Tentzel/Cyprian II, S. 334 f.

[124] Weilner, S. 119.   [125] Ebd. S. 118 Anm. 352.

[126] Böhmer, Progr., S. 9 ff.   [127] Ebd. S. 10.

Rededuell gewiß mehr als eine akademische Debatte. Die sophistisch gewandte Argumentation des anerkannten Meisters der Disputierkunst dürfte ihn weniger beeindruckt haben als das, was die Wittenberger in Frage und Antwort zu den berührten theologischen und kirchlichen Problemen aus ihrer Sicht heraus zu sagen hatten, um der Kirche wieder zu einer besseren Erkenntnis ihrer selbst und zum rechten Verständnis der christlichen Wahrheit zu helfen. Überdies fand sich am Ende der gelehrten Verhandlungen selbst noch Zeit und Gelegenheit, mit dem Kreis der Lutherfreunde engeren Kontakt aufzunehmen und mit ihnen die vorgebrachten Meinungen im kritischen Gespräch zu klären und zu prüfen, sie in ihrer Bedeutsamkeit und Tragweite zu erörtern. Müntzer wird sich auch des ihm von Glitsch erteilten Auftrages an Karlstadt entledigt haben, zumal wenn er diesem über die Situation in der Pfarrei von Orlamünde zu berichten hatte. Weniger wahrscheinlich, obschon nicht unmöglich, ist es, daß es zu einer näheren Begegnung mit Luther gekommen ist. Daß dieser ihn in jenen Tagen dem ebenfalls in Leipzig anwesenden Egran empfahl, der für einen längeren Urlaub einen Vertreter für sich in Zwickau suchte[128], setzt dies jedenfalls nicht voraus. Die Empfehlung nach Zwickau würde dann nur um so stärker zum Ausdruck bringen, daß der Reformator einen positiven Eindruck von ihm gewonnen hatte und ihn als einen ebenso einsatzfähigen wie einsatzbereiten Mann in den Reihen der Seinen einschätzte. Daß umgekehrt Müntzer, „damals schon einheitlich asketisch durchwaltet, einen weniger günstigen (Eindruck) von Luther"[129] empfangen habe, ist durch nichts nahe gelegt und im höchsten Grade unwahrscheinlich. Im Gegenteil deutet alles darauf hin, daß er sich in Leipzig zu den Lutherani gehalten hat und sich zu der von dem wagemutigen Mönch vertretenen Sache bekannte. Gerade auch was dort, zumal in der Kontroverse zwischen Luther und Eck, über den geschichtlichen Deformationsprozeß der christlichen Kirche zur Sprache gekommen war, schien Müntzer von so weittragender Konsequenz für das sachgemäße Verständnis der gegenwärtigen Situation als des folgerechten Ergebnisses der Fehlentwicklung der Christenheit zu sein, daß er dem weiter nachzugehen entschlossen war. Noch in den Tagen der Disputation erstand er bei dem Leipziger Buchhändler Achatius Glov die „Chronographie" des Eusebius und bestellte unter anderem den Hegesipp, eine Konkordanz des ius canonicum mit der Heiligen Schrift[130], und wollte einige Monate später noch die Werke des Hieronymus, die Briefe und Sermone Augustins, außerdem die Akten der Konzilien von Konstanz und Basel kaufen. Das bedeutete für die damaligen Verhältnisse eine enorme Ausgabe, die selbst für einen „Büchernarren" eine erhebliche Belastung darstellte[131] und darum nur, wie Müntzer in seinem Briefe an

---

[128] WA Briefe II, S. 346 a) „... quem mihi commendaras Lipsie".
[129] Bloch, S. 19.   [130] Franz, MG, S. 353 f. Nr. 8.   [131] Ebd. S. 355 Nr. 9.

Glov zu erkennen gibt, bei sukzessivem Erwerb der ersehnten Schätze zu bewältigen war. Aber um so beredter sprechen die kostspieligen Anschaffungen für das lebhafte Interesse an der Sache und für das Verlangen nach einer selbständigen Urteilsbildung, zumindest einer Nachprüfung des Gehörten.

Es war eine Fülle von Anregungen, die in den letzten Monaten und Wochen auf Müntzer eingedrungen war. Er hatte sich faktisch bereits der von Wittenberg ausgehenden Bewegung angeschlossen, weil sie ernsthaft die Erneuerung der Christenheit durch die wieder ans Licht gebrachte Wahrheit des Evangeliums erstrebte. Die kirchenkritische Haltung erschöpfte sich hier nicht in einer Polemik gegen die Mängel, die mehr oder minder vordergründig das Erscheinungsbild der Kirche kennzeichneten und weithin Anstoß erregten, sondern man erkannte die Wurzel des Übels in der Verdunkelung, in der Verkehrung des Evangeliums. Durch die Leipziger Disputation war Müntzer die Frage wichtig geworden, wie und wann es in der Kirche zu einer solchen verhängnisvollen Entwicklung hatte kommen können; aber dazu war es notwendig, selbst zu einer größeren Klarheit über die rechte Erkenntnis der Wahrheit Gottes zu gelangen. Es scheint, als habe er sich vornehmlich mit diesen beiden Fragenkomplexen während seines Aufenthaltes als Confessor Monasterii bei den Zisterzienserinnen zu Beuditz beschäftigt. Hier war er — wir kennen die näheren Umstände nicht — nach seiner Rückkehr von Leipzig, wohl ohne noch einmal für längere Zeit in Orlamünde zu verweilen, untergekommen; offenbar aber nicht, weil er die Zurückgezogenheit klösterlichen Lebens um eines möglichst ungestörten Studiums willen gesucht hatte[132], sondern weil er einfach darauf angewiesen war, sich überhaupt eine Existenzgrundlage zu schaffen. Das spricht er meines Erachtens ziemlich unverblümt in dem Briefe an Franz Günther vom 1. Januar 1520 aus: „*Cogor* curta suppellectili esse contentus, verum illo *solor* me non iudaicarum cantionum oberservationumve molestiis imperdiri."[133] Er mußte sich also wohl oder übel mit einem kärglichen Unterhalt in Beuditz abfinden und tröstete sich damit, daß er des lästigen Chordienstes enthoben war. Er konnte reichlich Zeit für seine Studien erübrigen und hat die Gelegenheit auch mit Freuden wahrgenommen[134]. Er nennt Günther an Literatur außer der wiederholten Lektüre Augustins „caetera historiarum volumina", wobei vornehmlich an die von Leipzig mitgebrachten bzw. von Glov zugeschickten Werke zu denken ist. Schmerzlich empfand er es nur als eine „crux mihi in domino Jesu adhuc amara, quod

---

[132] Ähnlich auch Bensing/Trillitzsch, S. 127. Es gibt indessen nicht den geringsten Anhalt für die Vermutung, daß Müntzer sich nach Beuditz „zurückgezogen" habe, um „eine kritische Abgrenzung von den Wittenbergern vorzunehmen".

[133] Franz, MG, S. 353,4 f.

[134] Ebd. S. 353,5 f.: „. . . sed copiosum tempus studio meo superesse gaudeo".

plerosque auctores mihi valde necessarios consequi non possum. Mihi non scrutor, sed domino Jesu"[135]. Man kann diese Worte nicht als frömmelnde Floskeln abtun, so pathetisch sie klingen mögen. Es ging Müntzer allen Ernstes nicht um ein Forschen und Wissen etwa im Stile des modernen humanistischen Wissenschaftsbetriebes, noch gar um ein Sichbrüsten-können mit reichen Kenntnissen, wie er es unsympathisch genug an Eck in Leipzig empfunden haben mochte. Nach wie vor, und nun erst recht, kam es ihm auf das rechte Verständnis des christlichen Glaubens an, nunmehr verbunden mit der Frage, wie es der Kirche hatte verlorengehen können und wann die Verkehrung eingesetzt hatte, allein unter dem Gesichtspunkt, die Christenheit aus ihrer Verirrung heraus wieder zu Christus zu führen.

Jedoch, die folgenden Sätze münden nicht, wie man erwarten möchte, in die Bekundung entschlossenen Willens ein, aus eigener Initiative jede Möglichkeit aktivistischen Einsatzes wahrzunehmen: „Si voluerit [sc. dominus Jesus] missurus est, quo me velit mittendum, interim mea sorte contentor."[136] Er ist vielmehr bereit, wenn der „dominus Jesus" es will, zu gehen, wohin er ihn schickt; bis dahin nimmt er das ihm jetzt aufgenötigte Geschick auf sich. Die Selbstbescheidung geht sogar weiter bis zu einer gewissen Selbstkritik: „Omnia deus in vero iudicio mihi misello fecit, quia saepe meipsum misi in praedicationis cathedram non coactus."[137] Gott hat ihn gleichsam abseits gedrängt, ihm „in vero iudicio" diesen kümmerlichen Ort in der Abseitigkeit des Klosters zugewiesen, weil er sich häufig selbst — von sich aus, „non coactus" — das soll doch wohl heißen, ohne von Gott dazu gedrungen zu sein, auf die Kanzel „geschickt" habe[138]. Dann bricht er seine Expektorationen kurz ab: „Nihil habeo, nisi quo tuam dilectionem loquacitate mea impedirem."

Legte er so wenig Wert darauf, dem in „Christo fratri amantissimo" von seiner Lektüre der deutschen Mystiker zu berichten? Konnte ihm dann deren Studium so viel bedeuten, wenn er in seinem „Tätigkeitsbericht" kein Wort darüber verliert? Daß er sich in Beuditz mit Tauler und Seuse beschäftigt hat, ist lediglich einer anzüglichen Bemerkung der Nonne Ursula zu entnehmen, die mit ihm noch ein „Hühnchen zu rupfen" hatte und ironisch bemerkte: „Ich hab nicht darfur, das euch der Taulerus noch pruder Sewß gelernt haben oder in iren geschriften geleßen habt, das ir den schoonen meydlein der kirweich solt kaufen."[139] Der Brief ist ohne jede Orts- und Zeitangabe. Man darf die Schreiberin jedoch wohl mit Recht in Beuditz suchen und ebenso annehmen, daß die

---

[135] Ebd. S. 353,7—9. [136] Ebd. S. 353,9—11.
[137] Ebd. S. 353,11 f. Lohmann, S. 8 hat diese Stelle offenbar mißverstanden.
[138] Das „quia saepe meipsum misi ..." steht offenbar in Korrespondenz mit dem voraufgehenden „si voluerit, missurus est ..."
[139] Franz, MG, S. 356,16 ff.

Geschichte von den Kirchweihgeschenken des geistlichen Herrn an die „schoonen meydlein" erst nach seiner Abreise aus dem Kloster ruchbar wurde[140]. Offen bleibt hingegen, ob die Nonne nur darauf anspielen wollte, daß die beiden Mystiker sich bei der seelsorgerlichen Arbeit des Beichtvaters einer besonderen Wertschätzung erfreuten, oder ob ihr bekannt war, daß Müntzer sich mit besonderem Eifer der Lektüre Taulers und Seuses während seiner Beuditzer Zeit hingab. Das eine schließt das andere nicht aus; aber „ein intensives Studium der deutschen Mystiker"[141] darf auf Grund dieser Äußerung nicht als so selbstverständlich hingestellt werden, wie es gemeinhin zu geschehen pflegt. Es läßt sich freilich kaum bezweifeln, daß das in Orlamünde entfachte Interesse an Tauler auch in Beuditz angehalten hat und Müntzer sich neben den durch die Leipziger Disputation angeregten Studien mit der vermutlich im Kloster vorhandenen Tauler-Seuse-Literatur beschäftigt hat. Undurchsichtig bleibt für uns dagegen, mit welchem Vorverständnis er etwa das Gelesene in sich aufnahm und in welcher Weise er es sich zu eigen machte. Man könnte versucht sein zu fragen, ob nicht in dem letzten Abschnitt des Briefes an Günther etwas von einem Bemühen spürbar ist, von sich selbst, von der starken Ichbezogenheit seines Tuns und Wollens, frei zu werden. Noch empfindet er mit Unmut die Schwierigkeit der Literaturbeschaffung für seine Studien als eine „crux mihi in domino Jesu adhuc amara. Mihi non scrutor, sed domino Jesu". Aber das Stichwort „crux mihi in domino Jesu adhuc amara" hilft ihm gleichsam weiter, von sich selbst wegzusehen auf den Herrn, der ihn zu seinem Dienst ruft, wann, wo und wie er will. „Omnia deus in vero iudicio mihi misello fecit!" Ist das ein erster, tastender Schritt durch die „crux mihi in domino Jesu adhuc amara"[142] hindurch zu der „Gelassenheit", von der Tauler spricht, oder noch ein durch Luther ihm wesentlich gewordener Gedanke, oder geht beides hier ineinander über, ohne daß Müntzer schon bewußt einen anderen Weg hätte wählen können und wollen, als ihn Luther ihm gewiesen hatte? Der in den Abschlußsätzen zweimal angerufene „dominus Jesus crucifixus" ist jedenfalls durch Luther in neuer Bedeutsamkeit in die Mitte seines Lebens gerückt, allerdings nicht so prägnant von ihm begriffen und übernommen worden, daß es für ihn problematisch gewesen wäre, Gedanken Taulers damit zu kombinieren. Das um so weniger, als er wohl Luthers Urteil über ihn kannte: „. . . ich weiß zwar, daß dieser Lehrer in den Schulen der Theologen unbekannt und deshalb vielleicht verächtlich ist; aber ich habe darin (den deutschen Predigten), obgleich das Buch in deutscher Sprache geschrieben ist, mehr von gründlicher und lauterer Theologie gefunden, als man bei allen scholastischen

---

[140] Ebd. S. 356 Anm. 1 zu Nr. 11.   [141] Bensing, Th. Müntzer, S. 31.
[142] Das „adhuc" dürfte in erster Linie freilich auf die noch nicht zur Verfügung stehende Literatur zu beziehen sein.

Gelehrten aller Universitäten gefunden hat oder in ihren Erklärungen finden könnte."[143] Je länger Müntzer sich in Taulers Briefe vertiefte, um so mehr bestätigte sich ihm dieses Urteil, um so mehr empfand er die Verkündigung des Straßburgers als eine konkrete Hilfe für sich und geriet er in den Bann seiner Lehre vom Leben aus dem Seelengrunde, von der „Entäußerung" bis hin zum „erhabenen Suchen", das darin besteht, „daß der Mensch eingeht in seinen eigenen Grund, in das Innerste und da den Herrn sucht, wie er uns auch selber angewiesen hat, da er sprach: ‚Das Reich Gottes, das ist in euch'. Wer dieses Reich finden will — nämlich Gott in all Seinem Reichtum, in Seinem selbsteigenen Wesen und (Seiner) Natur —, der muß da suchen, wo es ist: im innersten Grund, da Gott der Seele weit näher und inwendiger ist als sie sich selber. — Dieser Grund muß gesucht und gefunden werden. In dies Haus muß der Mensch eingehen..."[144]. Dem eminent praktischen Anliegen der „Verlebendigung des Glaubens durch innere Erfahrung"[145] war in den vielen Variationen des einen Themas in den Predigten Taulers derart Rechnung getragen, daß Müntzer sie weniger zum Gegenstand unablässigen Studierens gemacht haben dürfte, als daß er zunehmend darauf bedacht war, sich der „inker", „abker" und „zucker"[146] gemäß der geistlichen Wegweisung zu befleißigen.

Das bedeutete für ihn kein Sich-abschließen von allem, was in der Welt vorging; er konnte es offenbar auch in Beuditz nicht einmal lassen, sich in inkompetenter Weise in fremde Angelegenheiten einzumischen und vorschnell mit einem diskriminierenden Urteil bei der Hand zu sein. Der Leipziger Dominikaner Johannes von Weida scheint berechtigten Grund gehabt zu haben, die „calamniosa scripta" Müntzers scharf zu verurteilen und ihm vorzuwerfen: „Jungis enim fel amaritudinis calumnie dulcedini caritatis, quam in te minime esse ostendis et laudabilem predicas, quem vituperio afficis. Qua ex re claret te esse virtutibus vacuum et omni prorsus veneno emulacionis refertissimum."[147] Es war etwas Zutreffendes an dieser Kritik, die auf einen bedenklichen Charakterzug Müntzers hinwies. Verständlich ist es hingegen, daß Müntzer von Günther gern etwas über den Ausgang des Streites mit den Franziskanern in Jüterbog, über den Stand der Reformation in der Stadt und über den Gegenstand seiner Studien wissen wollte[148]. Wie weit er über Luthers Kontroverse mit Eck über die „articuli per fratres minores ..." informiert war, gibt er dabei nicht zu erkennen. Gar „den schoonen meydlein" ein Kirchweihgeschenk zu kaufen[149], konnte er augenscheinlich ohne Be-

---

[143] Borcherdt/Merz, LW I, S. 204; WA I, S. 557,24—32.
[144] Zitiert bei Weilner, S. 118.
[145] Ebd. S. 57.   [146] Ebd. S. 185.
[147] Franz, MG, S. 351,13—16.   [148] Ebd. Nr. 7, S. 352,17 ff.
[149] Ebd. Nr. 11, S. 356.

denken und weit besser mit der Lehre Taulers vereinbaren als die Nonne Ursula und machte damit deutlich, daß er sich die Offenheit für die Gegebenheiten des natürlichen Lebens bewahrt hatte. Selbstentäußerung hieß eben nicht, ganz aus der Welt hinausgehen; ein frommes Ich in der Separation von der Umwelt zu züchten, widersprach geradezu den Grundsätzen der Taulerschen Verkündigung. Christliches Vollkommenheitsstreben war auch nicht das Privileg einer geistlichen Aristokratie, die lediglich an ihrer Selbstheiligung interessiert und auf sie allein bedacht war; „die Verlebendigung des Glaubens durch innere Erfahrung" ging jeden Christen und die gesamte Christenheit an. So und nicht anders vermochte Müntzer die Wegweisung des Straßburgers zu verstehen, und von hier aus fällt ein klärendes Licht auch auf seine historischen Studien, die nach dem zeitlichen und sachlichen Ursprung des Irrweges der Kirche und nach den Gründen einer fortschreitenden Fehlentwicklung fragten. Man wird es wohl als Ertrag der Beuditzer Zeit ansehen dürfen, der aber die in Wittenberg gewonnenen Erkenntnisse unbedingt mit in sich schließt, daß Müntzer eine klarere und fester umrissene Vorstellung von dem gewann, was der Kirche gegenwärtig not tat und daß da heraus die Stoßrichtung seiner Opposition gegen die bestehenden Verhältnisse eine größere Zielsicherheit erhielt. Er verstand sich selbst nicht „als Reformator, der nach Klarheit über die Grundfragen des religiösen und politischen Lebens seiner Zeit strebte, die Reformation als die grundlegende Umwandlung des gesamten irdischen Lebens und damit als Revolution zu sehen begann"[150]. Aber man geht kaum fehl in der Annahme, daß trotz Tauler je länger desto mehr seine Ungeduld zunahm, von der tätigen Wirksamkeit der Welt da draußen abgeschlossen zu sein und ihr nicht von dem zu künden, dessen sie so dringend bedurfte. Es ist wahrscheinlich nicht ohne sein konspiratives Zutun geschehen, daß man sich seiner erinnerte. Mitte Mai begegnet er uns als Prädikant in Zwickau.

---

[150] Bensing, Th. Müntzer, S. 32.

III. Zwickau

A) Die Anfänge und die Auseinandersetzung
mit den Franziskanern (Tiburtius)

Müntzers Übergang nach Zwickau bedeutete einen für seinen weiteren Entwicklungsgang entscheidungsvollen Schritt. Die besondere Atmosphäre dieser Stadt hat die geistig-seelische Reaktionsfähigkeit des nun Dreißigjährigen in hohem Maße angeregt und mit ihrer vielseitigen, vorwärtsdrängenden Lebendigkeit seinem Aktionsdrange eine ihm so bisher nicht gebotene Möglichkeit der Entfaltung eröffnet.

Zwickau lieferte damals, wie kaum eine andere Stadt im Lande Friedrichs des Weisen, ein recht instruktives Anschauungsmaterial, um Geist und Wesen der deutschen bürgerlich-städtischen Kultur in ihren positiven wie negativen Erscheinungen auf sich wirken zu lassen[1]. Ein solider Gewerbefleiß verband sich hier mit einem erwerbstüchtigen, kaufmännischen Geschäftssinn, der auf der Basis der heimischen Tuchindustrie, namentlich der Tuchweberei, und unter geschickter Ausnutzung der günstigen verkehrspolitischen Lage der Stadt einen einträglichen Handel entwickelte und darüber hinaus durch die Beteiligung an dem Schneeberger Silberbergbau den schnellen Anschluß an das moderne Wirtschaftssystem zu gewinnen trachtete. Reichtum und Wohlstand zogen in die kurfürstliche Stadt ein; aber auch hier nicht, ohne auf der anderen Seite als Folge der einschneidenden wirtschaftlichen Veränderungen eine sozialpolitische Krise heraufzubeschwören, die die aus mancherlei Quellen sich nährende Unzufriedenheit der wirtschaftlich, sozial, rechtlich und politisch Benachteiligten zu einer bewußten und immer offener hervortretenden Opposition gegen die herrschende Ordnung, das System und ihre Vertreter anwachsen ließ. Das gilt bei dem unlöslichen Ineinander des öffentlichen wie privaten Gesamtdaseins mutatis mutandis ebenso auch für den Bezirk des Geistig-Religiösen. Zwickau erfuhr eine ungemeine Steigerung seines kulturellen und kirchlichen Lebens, die zunächst wie selbstverständlich den geltenden Ordnungen der alten Kirche, den gültigen Inhalten und Formen des Glaubens zugute kamen. Doch zugleich

---

[1] Die allgemeinen Verhältnisse in Zwickau zu Beginn des 16. Jahrhunderts sind wiederholt eingehender dargestellt worden; am umfassendsten, doch weitestgehend durch neuere Forschungen überholt, von E. Herzog. Einen kurzen Überblick bietet P. Wappler. Über „Kirchliches Leben und Volksfrömmigkeit in der Stadt Zwickau am Vorabend der Reformation" informiert A.-R. Fröhlich.

öffnete man sich in weitherziger Aufgeschlossenheit den vordringenden geistigen Mächten der neuen Zeit, suchte und fand man Anschluß an die humanistische Welt, so daß bald namhafte Repräsentanten der modernen Geistesbewegung vom Katheder sorgsam gepflegter Schulen und von den Kanzeln der Kirchen herab dem Bildungswesen wie der Frömmigkeit neue Impulse gaben. Ungeachtet der auch in Zwickau bewahrten konservativen Art des deutschen Humanismus führte die neue Geistigkeit ganz von selbst zu einer Lockerung der alten Gebundenheit, und die in allen Lebensbereichen wachsende Unruhe schuf gerade in der städtischen Bevölkerung durch alle Schichten hindurch einen aufnahmebereiten Boden für Gedanken und Tendenzen, die auf einen mehr oder minder tiefgreifenden Wandel der bestehenden Verhältnisse gerichtet waren.

Hier hat Müntzer in den ersten Mai-Wochen des Jahres 1520 sein neues Amt als Prediger an der Marienkirche angetreten[2]. Es handelte sich allerdings um keine feste Übernahme in die Prädikatur, vielmehr nur um eine Art Vertretungsauftrag, der bis Michaelis 1520 befristet war[3]. Müntzer sollte lediglich die Zeit überbrücken, in der der eigentliche Stelleninhaber, der Magister Johannes Wildenauer aus Eger, wieder einmal zu Studienzwecken beurlaubt war. Der Rat der Stadt rechnete sehr ernsthaft mit dessen Rückkehr und gab sich auch alle erdenkliche Mühe, den hochgeschätzten Mann durch bereitwilliges Eingehen auf seine nicht gerade bescheidenen Wünsche in Zwickau festzuhalten[4]. Immerhin war man sich der definitiven Entscheidung Egrans nie recht sicher und richtete daher wohl auch schon bei der Berufung eines nur zeitweiligen Vertreters sein Augenmerk darauf, einen „Redtlichen vnd gelarten manne" zu finden, der unter Umständen endgültig den „predingstul" versorgen könnte. Es lag dem Rat sehr viel daran, tüchtige, dem neuen Geiste aufgeschlossene Prädikanten zu finden; schon im Jahre zuvor hatte er sich für die Besetzung des verwaisten Predigeramtes an St. Katharinen wiederholt an Luther und Kaspar Güttel um Hilfe gewandt[5]. So mag auch bei der Beauftragung Müntzers außer der wahrscheinlichen Nominierung durch

---

[2] Die „Historien von Thomas Müntzer" berichten: „In Disem Jar zü Ostern, kquam Mgr Thomas Muntzer erstlich hie her gen Zwickaw, vnd ward prediger zu vnser Lieben Frawen . . ." (zit. b. Seidemann, Th. Müntzer, S. 107). Man darf diese Zeitangabe jedoch nicht wörtlich nehmen, denn zu Ostern 1520 (8. 4.) war Müntzer noch in Beuditz.

[3] RP: „Mittwoch nach Margaretha [18. Juli] 1520: Predinger zu vnser l. Frawen. Dyweill man yme den predingstuhl nyt lenger dann byß vff Michaelis zugesaget . . ." (zit. b. Clemen, Egran I, S. 17, Anm. 43).

[4] Vgl. Clemen, Egran I, S. 14 ff.

[5] RP v. 12. 3. 1519: „Sal man nochmals Doctori Martino lutter adder aber Doctori Caspar guttel schreyben, ob sie aynen Ires ordens vff ayn halb Jhar verorden welten, der den predingstul zu S. katharin vff eyn halbe Jhar vorwesen wolte, byß so lange der predingstul etwo anders mit aynem Redtlichen vnd gelarten manne möcht versorget werden" (Wappler, S. 19 Anm. 67).

Egran selbst die Empfehlung durch Luther mitgesprochen haben, denn am 18. Mai 1521 schreibt Egran an Luther unter Bezugnahme auf Müntzer: „Quem mihi commendaveras Lipsie."[6] Diesen wohl zur Zeit der Leipziger Disputation gegebenen Hinweis hat der schon damals sich mit Urlaubsgedanken tragende Prediger nicht wieder vergessen und dem Zwickauer Rat nunmehr einen entsprechenden Vorschlag für seine Vertretung gemacht. Daß Luther sich auch im letzten Stadium der Verhandlungen über die vertretungsweise Besetzung der Zwickauer Prädikantenstelle noch einmal zugunsten Müntzers eingeschaltet habe, ist seinem Antwortschreiben an Heinrich von Bünau vom 30. Mai 1520 kaum zu entnehmen, wenn es dort heißt: „Et ego sciebam non differri a Thoma suum institutum posse."[7] Er äußert hier nur sein Verständnis dafür, daß Müntzer sein Vorhaben, nach Zwickau zu gehen, über das ihm Heinrich von Bünau zugleich mit der Bitte um Namhaftmachung geeigneter capellarii berichtet hatte, nicht mehr aufgeben konnte. Der Archidiakon Heinrich von Bünau hatte Müntzer, der ihm schon persönlich näher bekannt gewesen sein muß[8], noch unmittelbar vor dessen Amtsantritt in Zwickau zu bewegen gesucht, bei ihm in seinem Elsterberger Archidiakonat tätig zu werden. Noch am 21. April schreibt er ihm nach Beuditz: „Ich bith euch noch mols euer zusagen noch, ir wolt euch nichtz vorhindern lossen, euch uff die mithwoch ader donnerstag auff machen, in meyn haus euch einstellen, und wolt euch nicht anders halden, gleich als werd ir mein conventor. Lost bibliam lessen, ich wil euch wider nicht lossn. Ist mirs muegelich, szo wil ich E[uer] A[chtwar] W[irde] als schir helffen als die von Czwickaw. Lost euch nicht grauen noch vorfurn."[9] Es ist schwer zu durchschauen, was sich hinter den beiden letzten Sätzen verbirgt. Denkbar wäre, daß Heinrich von Bünau auf seinem Wege nach Leipzig, von wo er den Brief schrieb, bei Müntzer in Beuditz gewesen ist, und dieser ihm über seine äußere wie innere Situation berichtet hat. Dabei erfuhr der Archidiakon, daß es dem Freunde nachgerade unmöglich geworden war, noch länger in der Abgeschiedenheit des Klosters zu leben, und daß er sich bereits sehr ernsthaft mit dem Gedanken trug, nach Zwickau zu gehen. Das muß demnach bereits Mitte April für Müntzer durchaus im Bereiche des Möglichen gelegen haben, ohne daß schon eine feste Abmachung mit dem Rat der Stadt bestanden zu haben brauchte. Denn sonst hätte Bünau ihm schwerlich noch angeboten, zu ihm als Konventor

---

[6] WA Briefe II, S. 346 Anm. a.   [7] Ebd. S. 109,3 f.

[8] Das legt die vertraulich-humorvolle Anrede am Schluß des Briefes immerhin nahe: „... Hans Worst, Hans Bratworst, mein leve soenndhen". Bensing zieht es (Müntzers Frühzeit, S. 428 Anm. 56) als eine Möglichkeit in Erwägung, daß der Briefschreiber der Sohn des um 1500 in Quedlinburger Diensten stehenden Heinrichs von Bünau gewesen sein könnte, der sich in seiner Jugend auch in Quedlinburg „aufgehalten und vielleicht gemeinsam mit Thomas Müntzer die Lateinschule besucht haben" könnte.

[9] Franz, MG, S. 355,17 — 356,5.

nach Elsterberg zu kommen, das Angebot schriftlich noch einmal dringlich wiederholt, ihm schon einen festen Termin für die Übersiedlung angegeben und ihn sogar mit besonderen Aufträgen in Elsterberg bedacht[10]. Gewiß, der Archidiakon war selbst auf der Suche nach einer Hilfe für sich und wollte Müntzer den Zwickauern gern abspenstig machen. Aber waren die Worte „lost euch nicht grauen noch vorfurn" lediglich auf die Stellenvermittlung gemünzt mit einer leisen Warnung vor einem übereilten Schritt, nur um aus Beuditz fortzukommen? Oder hatte Bünau den Eindruck gewonnen, daß der Freund, von innerer Unrast getrieben, die Reformation der Kirche im aktiven Einsatz an der Front vorwärtstreiben zu müssen wähnte, und schien ihm Zwickau für den leidenschaftlichen Eiferer, im Augenblick wenigstens, nicht der geeignete Ort, während er in Elsterberg einen beruhigenden, mäßigenden Einfluß auf ihn ausüben zu können hoffte? Auf jeden Fall galt für Müntzer offensichtlich der Satz nicht mehr, den er zu Anfang des Jahres an Franz Günther geschrieben hatte: „Omnia deus in vero iudicio mihi misello fecit, quia saepe meipsum misi in praedicationis cathedram non coactus."[11] Es drängte ihn wieder mit aller Macht auf den „Predigtstuhl", und er zog wohl ohne Zögern die relativ freie Wirksamkeit eines Prädikanten in dem in jeder Beziehung regsamen Zwickau der Stellung eines Vikars in Elsterberg vor, obwohl er wußte, daß seine Tätigkeit dort zunächst auf ein halbes Jahr begrenzt war. Ende April schickte der Zwickauer Rat seinen Boten bereits „dem Newen predinger" „gen weysenfels"[12]. Am Sonntag Rogate (13. Mai)[13] oder am Himmelfahrtstage (17. Mai)[14] hielt Müntzer seine erste Predigt in der Liebfrauenkirche.

Die Zwickauer sahen sich in ihren Erwartungen durch den neuen Prediger nicht getäuscht. Er bekannte sich eindeutig als Anhänger der neuen Bewegung, die im Gefolge Luthers das Evangelium wieder in die Mitte

---

[10] Der an unser Zitat sich anschließende Hinweis auf eine wohlwollende Regelung der Angelegenheiten des Mauricius (vgl. Franz Bemerkung dazu in Anm. 3) könnte mit dem eventuellen Erscheinen Müntzers als Vikar in Elsterberg im Zusammenhang stehen; ob auch der „briff", den Müntzer „Martin" geben soll, ist trotz der Mahnung „lost euch nicht vornemen, das ir den priff brengk", weniger wahrscheinlich. Ist Martin der Empfänger oder nur der Übermittler des Briefes? Gehört er nach Beuditz oder nach Elsterberg? Statt Martin „Marx" zu lesen und an Marx Thomae zu denken, erscheint mir nicht berechtigt.

[11] Vgl. oben S. 71.

[12] „K-R. 1520, Sonnabents nach Misericordias domini (28. Apr.): x gr. eyne Boten gen weysenfels, dem Newen predinger Mgro. Thomas Montzer Zweene tage vorharret" (zit. b. Wappler, S. 20 Anm. 71).

[13] Nach den „Historien von Thomas Müntzer" am 13. Mai: „Dominica vocem Jocunditatis" (zit. b. Seidemann, Th. Müntzer, S. 107).

[14] Nach PS am 17. Mai: „1520 die ascensionis domini" (zit. b. Clemen, Egran I, S. 18 Anm. 45).

der Verkündigung stellte, um von da aus gegen die innere Verkehrung der christlichen Religion, gegen die Veräußerlichung des ganzen kirchlichen Lebens, gegen die schuldhafte Verwirrung des katholischen Kirchentums überhaupt anzugehen. Er predigte lebendig, leidenschaftlich, zündend; wahrlich nicht mit der ruhig wägenden Sachlichkeit und besonnenen Überlegenheit Egrans; aber dafür faßte er schärfer zu, rüttelte er die Menschen auf und riß sie mit sich fort. Man sah unter dem Eindruck seiner Worte deutlicher, was nicht war und doch sein sollte, besser vielleicht, was war und nicht sein sollte. Der Rat war zufrieden und mit ihm ein großer Teil der Bürgerschaft, um so mehr, als man bei der verbreiteten Mißstimmung, namentlich über die Bettelmönche, seine scharfen Angriffe auf das Gebaren der Mönche gern hörte. Natürlich meldete sich alsbald auch die Opposition zu Wort. Wer zuvor schon an Egrans relativ zurückhaltender Kritik Anstoß genommen hatte, konnte die nach Form und Inhalt sehr viel weiter gehenden Anklagen Müntzers erst recht nicht unwidersprochen hinnehmen. Zumal die Franziskaner in der Stadt mußten sich unmittelbar angegriffen fühlen und reagierten dementsprechend; sie vor allen anderen weckten und schürten den Widerstand gegen den gefährlichen Neuerer. Müntzer sah sich also den gleichen Gegnern gegenüber wie ein Jahr zuvor in Jüterbog, und das steigerte seine Angriffslust, zumal er vermutlich über die Antipathie gegen die Minoriten und über die Machenschaften der Ordensleute gegen Egran bereits informiert war. So nahm er sie gleich bei seiner ersten Predigt besonders aufs Korn, geißelte ihr scheinheiliges Betragen, das unter der Maske seelsorgerlichen Bemühens nur auf den eigenen Vorteil bedacht sei und die Seelenangst der einfältigen Menschen durch fromme Phrasen zu beschwichtigen wisse. „Die Munche", so soll er nach dem Bericht Peter Schumanns in seiner ersten Predigt „vnter andern gesagt" haben, „hetten meuler, das man wol 1 Pfd. Fleische abschneiden konte, vnd behilten dennoch mauls genug."[15] Vielleicht ist diese Notiz bezeichnender für das, was die Gegner der Bettelmönche gern hörten und im Gedächtnis behielten als für den allgemeinen Tenor der Predigt des neuen Prädikanten; aber es klingt andererseits nicht sehr überzeugend, wenn Müntzer selber erklärt, er habe sich „non in monachos mendicantes, sed universas hypocritas"[16] gewandt. Er hat sicherlich in seiner Polemik auf besondere „Spitzen" nicht verzichtet und deutlich genug zu erkennen gegeben, gegen wen sie gerichtet waren. Dennoch mochte er mit innerem Recht für sich in Anspruch nehmen, daß er schlechthin alle die habe treffen wollen, die bisher die *ecclesia dei* auf Abwege geführt hätten, die Mönche so gut wie die Priester; daß er ebenso auch die Laien schuldig gesprochen habe, die das Gebet für ihre Seelenhirten unterlassen hätten: „Sic semper coniungo et

---

[15] Zit. b. Clemen, Egran I, S. 18 Anm. 45.
[16] Franz, MG, S. 357,16.

monachos, sacerdotes et laicos esse in culpa!"[17] Müntzer setzte also bei seiner Predigttätigkeit in Zwickau mit der programmatischen Forderung nach einer ernsthaften Besinnung der ganzen christlichen Gemeinde ein, drang bei allen ihren Gliedern auf eine echte Verlebendigung des Glaubens: „Nullum excipio, nulli parco, omnes quandoque oportune importuneque moneo, ut resipiscant."[18] Er wußte, daß sein Ruf zur Besinnung einer Kampfansage an die hergebrachten Formen frommer Kirchlichkeit gleichkam und auf den Widerspruch der Verteidiger des alten Systems stoßen würde. Man kann fast den Eindruck haben, daß er die konservativen Mächte geradezu zur Opposition herausfordern wollte, um sein Anliegen durch die offene Auseinandersetzung um so stärker zur Geltung bringen zu können. Das ist ihm dann auch in hohem Maße gelungen, wie die Reaktion vornehmlich der Franziskaner zeigte, die sich energisch zur Wehr setzten.

Wir sind in der glücklichen Lage, von Müntzer selber zu hören, in welchem Lichte er das Geschehen der ersten acht Wochen sieht. Auf Veranlassung des Zwickauer Rates berichtet er nämlich am 13. Juli in einem längeren Schreiben[19] über die entstandenen Mißhelligkeiten an Luther und bittet ihn um Beistand und Rat, weil die Gegner nicht nur in der Stadt lebhaft agitierten, sondern, ähnlich wie im Jüterboger Konflikt, auch die kirchlichen Oberen gegen ihn zu mobilisieren suchten. Man kann nicht erwarten, daß er darin so temperamentvolle Äußerungen wiedergibt, wie sie die Schumannsche Chronik überliefert hat, aber auch wenn man eine gewisse Verharmlosung seines aggressiven Verhaltens auf der Kanzel annimmt, so wird man doch in die Richtigkeit der Darstellung des sachlichen Dissensus keine ernsthaften Zweifel setzen dürfen. Zu berücksichtigen bleibt selbstverständlich, daß er in seinem Brief an Luther vor allem auf die Beschwerdepunkte der Minoriten eingeht und nicht etwa einen systematischen Aufriß der von ihm in den Predigten vorgetragenen Gedanken wiedergibt. Als den eigentlichen Stein des Anstoßes stellt er sein biblisch begründetes Verdikt über die Heuchler fest, die unter dem Deckmantel echter Christlichkeit die Gläubigen um ihres eigenen Nutzens willen in die Irre führen: „. . . qui omnes pro fragmine panis vivificant animas, que non vivunt"[20], d. h. die das Almosengeben als sicheren Weg zur Seligkeit anpreisen, so als sei schon das äußere Tun ausreichend, nicht allein die innere Lebendigkeit christlichen Glaubens zum Heil der Seele erforderlich, so daß die in Wahrheit geistlich Toten wähnen müssen, ihr äußeres Tun sei hinreichender Ausdruck eines lebendigen Christentums.

---

[17] Ebd. S. 357,5. [18] Ebd. S. 358,6 f.
[19] Ebd. Nr. 13, S. 357—361. Zwar fehlt die Adresse, aber daß als Adressat Luther gedacht war, steht außer Frage.
[20] Ebd. S. 357,17.

„Et suis longis orationibus commedunt domos viduarum, non fidem in morientibus, sed insatiabilem avaritiam querentes"[21]; d. h. sie nutzen die Angst der Sterbenden vor dem Tode, der ja jede Möglichkeit nimmt, die Strafe im Gericht zu mildern, aus und veranlassen die Betroffenen, reiche Stiftungen für Seelenmessen und dergleichen zu machen, ohne sich im geringsten um das einzig Entscheidende, um den Glauben der sich ihnen Anvertrauenden zu kümmern, so daß diese Menschen in einer völlig falschen Sicherheit leben und sterben, weil ihre Seelenhirten ihnen das aus purer Habgier als richtig und heilbringend vorgaukeln. Eben darauf, so betont Müntzer, war es ihm in seiner Himmelfahrtspredigt angekommen: vor denen zu warnen, die den bewußt auf formale, mechanische Leistung ausgerichteten Frömmigkeitsbetrieb als Inbegriff christlich-frommen Lebens hinstellen und sich mit all dem noch als die Hüter des Glaubens, als die wahren Vorkämpfer, ja als die Retter der Kirche aufzuspielen wagen, ohne die es längst keine Kirche mehr gäbe[22].

Seinen Äußerungen ist vorerst ein Zweifaches zu entnehmen. Erstens, daß er die „sanctos ordines" in ihrer Bedeutsamkeit für den Gläubigen stark abgewertet hat. Es geht daraus nicht ohne weiteres hervor, daß er die Berechtigung „heiliger Ordnungen" grundsätzlich in Frage gestellt oder sie radikal verworfen hat[23], jedoch hat er ihren religiösen Wert vor dem Volk stark herabgesetzt, um statt der geflissentlichen Beobachtung äußerer Formen wahren Glauben zu fordern. Erst diese Entgegensetzung gab seiner Polemik die sachliche Schärfe und führte ihn zugleich über eine bloß negative Kritik zur positiven Grundlegung des Neuen: Gottes Wort soll in seiner Reinheit wieder zu der ihm gebührenden Geltung kommen. Darum geht es ihm, und das will er sich als seine wahre Absicht auch durch die Verdrehungen der Gegner nicht verdunkeln oder streitig machen lassen. Man spürt seinen Worten das stolze Bewußtsein ab, als Prediger des neu erkannten Evangeliums angefeindet zu werden, und in Korrespondenz zu den einleitenden Sätzen seines Briefes klingt es als ein zuversichtliches Bekenntnis auf: „Scio verbum domini inane non reverti."[24]

Zweitens tritt schon jetzt als ein Grundzug seiner polemischen Haltung hervor, daß er für den Irrweg der Kirche mit besonders scharfer Akzentuierung die Priester und Mönche verantwortlich macht. Ihre vornehmste Aufgabe wäre die rechte Unterweisung und die seelsorgerliche

---

[21] Ebd. S. 357,18—358,1.   [22] Ebd. S. 358,7—10.

[23] Müntzer hat, soweit sich erkennen läßt, die gottesdienstlich-liturgischen Äußerungen des kirchlichen Lebens im weiteren Sinne weder in Jüterbog noch in Zwickau in den Vordergrund seiner Kritik gerückt, sondern sich allenfalls gegen den tödlichen Formalismus und Mechanismus ihrer Darbietung durch den Klerus wie ihre Aufnahme durch das fromme Volk gewandt und vor jedem Mißbrauch und vor ihrer Entartung gewarnt, wie manch anderer auch vor ihm und neben ihm.

[24] Franz, MG, S. 358,16.

Betreuung der Gläubigen; sie sollten die „pastores animarum" sein, an die das Volk der Gläubigen tagtäglich gewiesen ist, an die es sich tatsächlich auch in seinen Nöten und Bedrängnissen hält, von denen es Hilfe und Weisung erwartet. Darum hat ihr Versagen eine katastrophale Folge, weil sie die Menge der Gläubigen, die ihrer Führung blindlings vertrauten, in die Irre geführt haben, ja sie nutzen das blinde Vertrauen sogar noch aus und führen bewußt in die Irre, nur um daraus Vorteile für sich zu gewinnen. Wohl waren für ihn die „laici" damit keineswegs entschuldigt und nur als die einfältigen Betrogenen Opfer mönchisch-priesterlicher Willkür zu bedauern. „Laicos dixi similiter reos."[25] Nicht etwa, weil sie es an persönlicher Frömmigkeit, kritischer Einsicht oder dergleichen hätten fehlen lassen, sondern weil sie die Fürbitte für ihre Seelenhirten unterlassen haben. Gewiß keine Phrase, vielmehr ein mit ernstem Bedacht gefällter Schuldspruch, der Müntzers vertiefende Auffassung vom Wesen des geistlichen Amtes eindrucksvoll bekundet und seinem Appell an das Kirchenvolk wie seiner Kritik an den „hypocritae" erst den rechten Hintergrund gibt. Andererseits trifft seine Anklage gegen das System notwendig auch die höchsten Würdenträger der Kirche, ist die ganze Stufenleiter der Hierarchie bis hin zur Spitze in sein vernichtendes Urteil mit eingeschlossen, wenn sie auch nicht ausdrücklich mit Rang und Titel genannt waren. Die Kirchenfürsten und Prälaten sind immer von dem mitbetroffen, was er den Mönchen und Priestern vom Evangelium her über ihre Amtsführung zu sagen hat, aber zunächst bleiben diese die unmittelbar verantwortlichen Träger des seelsorgerlichen Dienstes, sind sie im engeren Sinne die „ceci speculatores", sind sie in seinen Augen die eigentlich Schuldigen, deren Versagen als „pastores animarum" Verwirrung und Not sowie eine falsche Sicherheit der Gläubigen verursacht haben, und die sich nun einmal nicht sagen lassen wollen, wie sehr sie Gottes klaren Willen in sein Gegenteil verkehren.

Es lag in der Natur der Sache, daß Müntzer in seinen Predigten immer wieder gegen die eingewurzelten falschen Vorstellungen angehen mußte, um bei seinen Hörern das rechte evangelische Verständnis christlichen Glaubens und Lebens um so klarer und eindringlicher zur Geltung zu bringen. Er wird dabei in seinem Eifer, gereizt durch die mehr oder minder gehässigen Verleumdungen der Gegenseite, in seiner Polemik des öfteren aggressiver geworden sein, als es angemessen war. Man steigerte sich letztlich gegenseitig in ein leidenschaftliches Widereinander, und das um so mehr, je deutlicher in der Erörterung von theologischen Einzelfragen die Unvereinbarkeit der grundsätzlichen Standpunkte jedermann einsichtig wurde. Einen gewissen Aufschluß über die Kontroversen in den beiden ersten Monaten geben uns die „sonores positiones" des Minoriten

[25] Ebd. S. 358,2 f.

Tiburtius von Weißenfels[26], die Müntzer in seinem Brief an Luther ohne einen weiteren Kommentar mitteilt[27], so als sprächen sie schon für sich selbst. Man braucht die „positiones" nicht unbedingt als eine Reaktion allein auf Müntzers Predigten anzusehen; sie wandten sich schlechthin gegen die einseitigen Übertreibungen der *novi contionatores* in der Auslegung des Evangeliums und gegen ihre Abweichungen von der korrekten Kirchenlehre. Doch kann es nicht zweifelhaft sein, daß Müntzers Auftreten für den Franziskaner der konkrete Anlaß gewesen ist, mit seinen Sätzen zur Verteidigung des Glaubens hervorzutreten, und sie gerade im Blick auf Müntzers Lehren so zu formulieren. Wieweit freilich der uns vorliegende Wortlaut den Intentionen des Tiburtius wirklich gerecht wird, läßt sich nicht mit Sicherheit feststellen. Eine wörtliche Wiedergabe haben wir auf keinen Fall vor uns; aber auch ein sachlich objektives Referat über den Inhalt darin zu erkennen, haben wir wenig Anlaß, da Müntzer augenscheinlich aus seiner oppositionellen Haltung heraus den gegnerischen Äußerungen zumindest schon ganz bestimmte Lichter aufgesetzt haben wird. Immerhin vermag auch diese doppelte Umsetzung das ursprüngliche Bild der müntzerischen Lehren nicht gänzlich zu verwischen, so daß die „sonores positiones" uns als Hinweis auf wesentliche Kontroverspunkte wichtig bleiben, durch die der neue Prädikant in Zwickau der Gemeinde reformatorisches Gedankengut nahebrachte.

„Cristus semel mortuus est, ne in nobis moriatur neque suum sacramentum nobis in consolationem sit nec suum exemplum in imitationem transformetur. In missarum offitio consequimur, ne paciamur in hoc mundo."[28] Gleichgültig ob Tiburtius oder Müntzer diese These an den Anfang gestellt hat, sie dürfte absichtsvoll das Grundthema der müntzerischen Verkündigung allem anderen vorordnen, nämlich daß der Christ in seinem Leben Christi Leben und Sterben in sich selber erfahren und durchleiden müsse und allein aus solcher inneren Erfahrung lebendiger Glaube erwachsen könne. Wer nicht in sich Christi Tod bis in den Abgrund der Gottverlassenheit erleide, könne den rechten Zugang zu Gott nicht finden. Eben diesen kategorischen Satz lehnt Tiburtius ebenso kategorisch ab: Christus ist e i n m a l gestorben, er braucht nicht (erst und immer wieder) in uns zu sterben. Es mag sein, daß der von dem Franziskaner so entschieden zurückgewiesene Gedanke Müntzer in seiner Beuditzer Zeit bei der Lektüre Taulers besonders wichtig geworden war; aber zuvor war er ihm so gut wie sicher schon bei Luther begegnet, der in seinem Anfang April 1519 erschienenen „Sermon von der Betrachtung des heiligen Leidens Christi" auch ihm Entscheidendes und Wegweisendes darüber zu sagen gehabt hatte. Müntzer hatte bereits gelesen: „Das eygene naturlich werck des leydens Christi ist, das es yhm den menschen

---

[26] Vgl. über Tiburtius ebd. S. 360 Anm. 22.
[27] Ebd. S. 359,9—360,2.   [28] Ebs. S. 359,9—11.

gleych formig mache, das wie Christus am leyb und seel jamerlich in unsern sunden gemartet wirt, mussen wir auch ym nach alßo gemartet werden im gewissen von unßern sunden. Es geht auch hie nit zu mit vielen worten, sondern mit tieffen gedancken und groß achtung der sonden."[29] „... do wirt nit anders aus, dem bild und leyden Christi mußtu gleychformig werden, es geschehe yn dem leben adder in der hellenn, tzum wenigsten mußtu am sterben und ym fegfeur yn das erschrecken fallen und tzittern, beben unnd alles fulen, was Christus am Creutz leydet."[30] „Wer alßo gottis leyden eyn tag, eyn stund, ja eyn viertel stund bedecht, von dem selben wollen wyr frey sagen, das es beßßer sey, dan ob er eyn gantz jar fastet, alle tag eynn psalter bettet, ja das er hundert messen horet, dann dißes bedencken wandelt den menschen weßentlich und gar nah wie die tauffe widderumb new gepiret. Hie wircket daß leyden Christi seyn rechtes naturlich edels werck, erwurget den alten Adam, vortreybt alle Lust, freud und zuvorsicht, die man haben mag von creaturen, gleych wie Christus von allen, auch von got vorlaßen war."[31]

In dem gleichen Sermon hatte Luther in offensichtlicher Anlehnung an Augustins Reflexion über *crucifixio* und *resurrectio* gesagt: „[Du sollst] ansehen seyn fruntlich hertz, wie voller lieb das gegen dir ist, die yhn da zu zwingt, das er deyn gewissen und deyn sund ßo schwerlich tregt. Alßo wirt dir das hertz gegen yhm susße und die zuvorsicht des glaubens gstercket. Darnach weyter steyg durch Christus hertz zu gottis hertz und sehe, das Christus die liebe dir nit hette mocht ertzeygen, wan es gott nit hett gewolt yn ewiger liebe haben, dem Christus mit seyner lieb gegen dir gehorsam ist ... Das heist dann gott recht erkennet, wan man yhn nit bey der gewalt ader weyßheit (die erschrecklich seynd), sundernn bey der gute und liebe ergreifft, da kan der glaub und zuvorsicht dan besteen und ist der mensch alßo warhafftig new ynn got geporen ... Wann alßo deyn hertz in Christo bestetiget ist unnd nu den sunden feynd worden bist auß liebe, nit auß furcht der peyn, ßo soll hynfurter das leyden Christi auch eyn exempel seyn deynes gantzen lebens und nu auff eyn anderweyß dasselb bedencken. Dan biß her haben wir es bedacht als eyn sacrament, das yn unß wirkt und wir leyden, Nu bedencken wyr es, das wir auch wircken ... Sich, alßo widder alle laster und untugent kan man yn Christo stercke und lobsall finden. Und das ist recht Christus leyden bedacht, das seynd die frucht seyns leydens, und wer alßo sich darynnen ubet, der thut besser dan das er alle passion höret adder alle messe leße, Nit das die messen nit gut seyn, sundern das sie an solche bedencken und ubung nichts helffen. Das heyssen auch rechte Christen, die Christus leben und namen also yn yhr leben zyhen, wie S. Paulus sagt: ‚Die do Christo zugehören, die haben yhr fleysch mit allen seynen begirden gecreutziget

[29] WA II, S. 138,19—23.   [30] Ebd. S. 138,35—38.   [31] Ebd. S. 139,11—18.

6*

mit Christo. Dan Christus leyden muß nit mit worten und scheyn, sondern mit dem leben und warhafftig gehandelt werden'."[32]

Es kommt einer Erwiderung auf solche Sätze Luthers gleich, wenn
Tiburtius erklärt: „. . . neque suum sacramentum nobis in consolationem
sit nec suum exemplum in imitationem transformetur." Er wollte gewiß
nicht der kontemplativen Betrachtung der Passion Christi wehren und
den Gedanken der Imitatio zurückweisen. Gerade sein Orden hat ja die
Versenkung in das Leiden Christi als ein zentrales Element des frommen
Lebens im Mittelalter besonders gepflegt. Aber Müntzer hatte vermutlich sehr viel zugespitzter formuliert als Luther, so daß der Franziskaner
nicht darüber im Zweifel sein konnte, daß der Prädikant prinzipiell die
Saturiertheit und genormte Kirchlichkeit eines unverbindlich gewordenen Christentums anprangern wollte. Zumal „in missarum offitio" war,
so hatte sich der neue Prediger wahrscheinlich ausgelassen, durch die
Kirche das Leiden und Sterben Christi zu einem verfügbaren Schatz gemacht worden, an dem der Christ ohne sonderliches Engagement parti-
zipieren konnte, geradezu in dem Bestreben und in der Erwartung, sich
selbst dem Leiden entziehen zu können. Müntzer brauchte bei seiner
Behauptung gar nicht einmal bis auf die abseitigen Vorstellungen von
den *utilitates missae* zurückzugreifen, etwa daß man am Tage des Messe-
besuches nicht erblindet, daß Schwangere leichter gebären, daß man während der Messe nicht altert usf.[33]. Im kirchlichen Verständnis des Altarsakramentes offenbarte sich ihm in letzter Konsequenz die Verkehrung
der christlichen Religion, wie er es dem Tiburtius in der ersten These in
den Mund legt: „Christus semel mortuus est, ne in nobis moriatur . . .
In missarum offitio consequimur, ne paciamur in hoc mundo." Fraglos
entstellt er die Aussagen seines Opponenten, wenn er dessen Entgegnung
in ihrem Kern so umschreibt, daß allein der Widerspruch gegen die anders ausgerichteten lutherisch-müntzerischen Sätze hervortritt und dieser
Widerspruch wiederum in einer so einseitigen Kennzeichnung, wie sie
Tiburtius kaum zuzutrauen war. Dadurch erreicht er freilich, daß die
ihm wesentlichen Gedanken scharf akzentuiert hervortreten und seine
eigene reformatorische Position auf dem Hintergrund der gegnerischen
Negation eindeutig kund wird. Man ersieht daraus, daß er ähnlich wie
Luther in seinem „Sermon von der Betrachtung des heiligen Leidens
Christi" alles Gewicht darauf legt, daß die Christen die volle innere Bezogenheit ihres Lebens auf das Leiden und Sterben Christi im Glauben
erfahren müssen, um aus dieser Bezogenheit heraus wirklich „Christus
leben und namen also yn yhr leben zyhen, wie S. Paulus sagt: ,Die do
Christo zugehören, die habn yhr fleysch mit allen seynen begirden gecreutziget mit Christo . . .'". Das ist für ihn kein als besondere asketische

---

[32] Ebd. S. 140,32—142,1.
[33] Vgl. Seeberg, Dogmengeschichte III, S. 472 Anm. 3; A. Franz, Messe, S. 36 ff.

Leistung zu würdigender Zusatz zu einem für sich gültigen Sakrament, noch ein zu nichts verpflichtender Akt kontemplativen Sich-verlierens in die Einzelheiten eines die Seele erregenden Geschehens. Wer es so auffaßt, zerstört das Sakrament in seiner wesenhaften, aktualen Beziehungswirksamkeit, löst damit den „Trost des Sakramentes" ebenso auf wie die Forderung der *imitatio* in ihrem rechten Verständnis, der begreift überhaupt nicht, wie ihn die *passio Christi* in seiner christlichen Existenz „angeht". Für Müntzers Verkündigung ergibt sich somit aus seiner Fixierung dieser *positio* des Tiburtius, daß er selbst eine völlige Neufundierung und Neuorientierung des christlichen Lebens im Sinne seiner Gestaltung zur Christusförmigkeit fordert, ohne daß dieser Begriff schon eine bewußt von Luthers Anschauung abweichende, inhaltliche Bestimmtheit gehabt zu haben braucht. Tiburtius wie Müntzer können beide mit vollem Bedacht diese These an den Anfang der ganzen Reihe gestellt haben; weist sie doch in der Tat auf das Zentrum der müntzerischen Predigt hin, daß die Christen Christi Leben und Namen, Leiden und Sterben in ihr Leben ziehen sollen.

Daran schließt sich in Müntzers Sinne folgerecht die These von der Predigt des Evangeliums an; denn Christus und das Evangelium gehören zusammen und daß man das Evangelium eben nicht mehr rein gepredigt hat, ist Grund und Ursache der Verfälschung des rechten Beziehungsverhältnisses zwischen Christus und den Christen. Müntzer läßt Tiburtius erklären: „Die neuen Prediger predigen nichts anderes als das Evangelium, aber in sehr demagogischer Weise; sie nehmen es zum Vorwand, um den kirchlichen Geboten *(mandatis hominum)* zu widersprechen, die doch ganz besonders zu beachten sind. Vieles muß ja dem Evangelium [noch] hinzugefügt werden."[34] Der Begriff *mandatis hominum* ist hier der reformatorischen Polemik entnommen und meint die kirchlichen Satzungen. Es wird zutreffen, daß der Franziskaner in seiner Kundgebung gegen Müntzer die bleibende und unantastbare Gültigkeit der kirchlichen Gebote behauptet hat und sie wegen ihrer normativen Bedeutung für die Ordnung und Ausrichtung des frommen katholischen Christenlebens unbedingt aufrecht erhalten wissen wollte. Ihm erschien das *nisi aliud nisi evangelium* zumindest bedenklich und abwegig. Sicherlich nicht, um die Geltungskraft und den Geltungsbereich des Evangeliums, so wie er es verstand, zu beschränken, sondern weil seiner Meinung nach die *mandata ecclesiae* gleichsam erst die jedermann einsichtigen und praktikablen Ausführungsbestimmungen zum Evangelium brachten, die, aus der erkenntnisreichen Weisheit und umfassenden Erfahrung der Kirche flie-

---

[34] Franz, MG, S. 359,12—14: „Novi contionatores nihil aliud predicant nisi evangelium, sed pessime: per id contradicentes mandatis hominum, que maxime sunt observanda. Multa sunt addenda evangelio." Wapplers Übersetzung (S. 22) ist unzureichend.

ßend und von der Vollgewalt ihrer Autorität getragen, dem Gläubigen die volle Bürgschaft dafür boten, daß er bei ihrer Befolgung den rechten Weg zum Heile nicht verfehlen würde. Gerade darum sind sie ihm auch „maxime observanda", wobei das „maxime" müntzerischer Zusatz sein dürfte. Dagegen spricht wieder der den Weisungen seiner Kirche ergebene Ordensbruder mit den Worten: „Multa sunt addenda evangelio." Denn ihm war es ein geläufiger und selbstverständlicher Gedanke, daß die Christenheit in ihrer fortschreitenden Entwicklung und in der steten Auseinandersetzung mit der sie umgebenden Welt sich immer wieder neuen Situationen gegenüber sah, denen die Kirche in der Entfaltung des Evangeliums durch die mandata Rechnung tragen mußte. Es waren für ihn keineswegs bloße *mandata hominum*, vielmehr war die ständig die neuen Gegebenheiten bedenkende Normierung des frommen Lebens Ausfluß des Wächteramtes der Kirche im Interesse des gesicherten Heilsgewinnes durch den Gläubigen. In der ausschließlichen Forderung der Evangeliumspredigt sah er eine Überforderung des einfachen Christen, sah er unter Umständen sogar den bewußten Widerspruch gegen mandata der Kirche überhaupt proklamiert, um sich der festen Bindung kirchlicher Ordnung zum Zwecke ketzerischer Agitation und damit zum Unheil der Gläubigen zu entziehen.

Müntzers Predigt enthielt demnach den unausgesetzten Appell, „nihil aliud nisi evangelium" als die alles bestimmende Norm in der Christenheit gelten zu lassen und die *mandata hominum* den göttlichen Geboten in keiner Weise gleich- oder gar überzuordnen. Er schloß sich mit Überzeugung Luthers Worten an: „Gottes gepot sol man uber der kirchen gepot achten, wie das golt und edel gesteyn uber das holtz und stroo."[35] Jedes Wort der These bezeugt die offen zum Ausdruck gebrachte Entschiedenheit, die unbedingte Geltung des Evangeliums, seine einzigartige, keiner weiteren Ergänzung bedürftige Gültigkeit hervorzuheben. „Wan aber gottis gepot nach bleybt, ßo ist der kirchen gepot nit anders, dan eyn schedlicher schand deckel und macht außen eyn guten scheyn, do inwendig nichts guts ist."[36] Das übernahm Müntzer uneingeschränkt als sein Bekenntnis und entkleidete damit faktisch die kirchlichen Gebote als *mandata hominum* der ihnen von der katholischen Kirche zugewiesenen besonderen Würde, bzw. verwarf ihren Anspruch, die „observatio totius evangelii" auf ein dem menschlichen Leistungsvermögen zumutbares Maß reduzieren zu können, das für Gott in einer akzeptablen Relation zur Erfüllung seines Gebotes stehe.

So wenig wie seine Ordensbrüder in Jüterbog vermochte sich Tiburtius mit dem uneingeschränkten Satz abzufinden, daß Gott von jedem

---

[35] WA II, S. 71,2 f.; Luthers Unterricht auf etliche Artikel, die ihm von seinen Abgönnern aufgelegt und zugemessen werden. Februar 1519.
[36] Ebd. S. 71,23—25.

Christen die *summa perfectio* fordere. Gott könne doch nicht Unmögliches vom Menschen verlangen. Darum lautete seine dritte These: „Man kann (braucht?) nicht immerfort dem Evangelium gemäß (zu) leben."[37] Sie könnte in dieser Form wirklich auf den Weißenfelser Mönch zurückgehen und von Müntzer durch ähnliche Äußerungen veranlaßt worden sein, wie sie die Wittenberger Abgesandten und Franz Günther im Jahre zuvor in Jüterbog getan hatten. Es deutet nichts darauf hin, daß Müntzer das *secundum evangelium vivere* unter gesellschaftskritischem Aspekt zur Sprache gebracht und die sich dem konsequenten Denken aufdrängende Problematik der Haltung des Christen in der Welt eben unter diesem Aspekt erörtert hätte. Es kam ihm, im Sinn und Geist der Antwort Luthers auf Ecks Einwände gegen das „deum praecepisse homini impossibilia"[38], nach dem Zusammenhange der Thesen auf die *gratia dei* als einzigem Ermöglichungsgrund des unbedingten Ernstnehmens des *totius evangelii* an. Aus dieser theologischen Position ergab sich für ihn dann ein doppelter Widerspruch gegen Theorie und Praxis der Kirche: einmal gegen den Versuch einer Dispensierung der Christenheit von dem radikalen Ernst des neutestamentlichen Gebotes in seiner wesentlichen Ganzheit, um statt dessen als unzureichenden Ersatz und irreführende Ergänzung die *mandata hominum* einzuführen; zum anderen gegen ein privilegierendes und separierendes Vollkommenheitsideal auf der Grundlage einer kirchlich sanktionierten Stufenethik. Beides scheint er in unmißverständlicher Auseinandersetzung mit dem Mönchtum verdeutlicht und besonders am mönchischen Armutsideal illustriert zu haben.

These vier und fünf gehen nun näher auf die Armutsfrage ein, und zwar weil Müntzer hier wohl recht anzüglich geworden war und der Bettelmönch sich von den ausfälligen Bemerkungen besonders empfindlich getroffen fühlte. These vier: „Wenn die Armut eine Forderung des Evangeliums wäre, würde sie den Königen etc. nicht erlauben, die Schätze der Welt in Besitz zu nehmen."[39] These fünf: „Wenn von den Seelenhirten und Religiosen dadurch, daß sie dem Reichtum entsagen, ein Beispiel des Glaubens zu geben ist, um ihren Schafen durch Wort und Tat voranzugehen, muß also auch von Fürsten und Königen eine so große Armut beachtet werden, daß sie gar nichts haben und Bettler sind."[40]

---

[37] „Non est iugiter secundum evangelium vivendum" (Franz, MG, S. 359,15).

[38] WA II, S. 650,10; Contra malignum Iohannis Eccii iudicium super aliquot articulis a fratribus quibusdam ei suppositis Martini Lutheri defensio.

[39] „Paupertas si esset evangelica, non permitteret regibus etc. potiri divitiis mundi" (Franz, MG, S. 359,16 f.).

[40] „Si exemplum fidei dandum est in abrenunciatione divitiarum a pastoribus animarum et religiosis, ut suis ovibus presint verbo et exemplo, igitur etiam a principibus, regibus, tanta est observanda paupertas, ut nihil habeant et sint mendicantes" (Franz, MG, S. 359,18—21). Wapplers Übersetzung (S. 22) verschiebt den Sinn.

Tiburtius bestreitet mithin, daß Armut vom Evangelium gefordert sei und weist zur Begründung seines Einspruches darauf hin, daß es ein selbstverständlicher Grundsatz auch der christlichen Gesellschaftsordnung sei, daß der einzelne (die *reges* hier doch wohl nur als Exponent der Besitzenden genannt) die *divitias mundi* in Besitz nehmen dürfe, ohne daß dadurch seine Christlichkeit schon in Frage gestellt sei. Wenn nun aber von den *pastores animarum* und den *religiosi* der völlige Verzicht auf alle unabhängige Verfügung über zeitliche Güter verlangt werde, und zwar ausdrücklich als beispielhafter Erweis evangeliumsgemäßen Glaubens, der den ihnen Anvertrauten vorbildlich werden soll, dann sei solche Armutsforderung konsequenterweise für alle Gläubigen verpflichtend. Es ist indessen kaum anzunehmen, daß der Franziskaner Müntzers Aussagen derart mißverstanden haben könnte, wie es hier erscheinen muß. Es war ein Thema, das ebenfalls schon in Jüterbog zur Debatte gestanden hatte. Was der neue Prädikant gebrandmarkt hatte, wie immer er sich auch im einzelnen geäußert haben mag, war die Unterscheidung zwischen einer vom Evangelium geforderten kirchlichen Normalsittlichkeit und einer sich davon abhebenden, den Normalstatus überragenden, nur angeratenen Hochform von Leistung und mit ihr gekoppelter Verdienstlichkeit; anders gesprochen: die qualitative Differenzierung zwischen *consilia* und *praecepta evangelii*, zwischen evangelischen Räten und Geboten. Er wandte sich im Sinne des reformatorischen Neubaues der Sittlichkeit gegen den Gedanken, als könne der Christ über die allgemeine Verpflichtung zum Doppelgebot der Liebe hinaus noch ein sozusagen „Überpflichtiges" leisten (These fünf) und als gäbe es eine Möglichkeit zu tun, was man zu tun schuldig sei, ohne in jedem Falle das Höchstmaß der Liebe zu erfüllen (These vier). Begreift man dieses Anliegen seines Protestes gegen die Sätze des Minoriten, so fällt zugleich jede Nötigung, ja jede Möglichkeit fort, als Gegenthese zu der „paupertas si esset evangelica" etwa die Proklamation eines rigorosen Armutsideals nach Art mittelalterlicher Sekten anzunehmen. Müntzers Predigt hat nach ihrem positiven Gehalt vermutlich nichts anderes, aber auch nicht weniger zum Inhalt gehabt, als die unbedingte Verpflichtung jedes Christen zur Nächstenliebe zu betonen, die ihn seinen Besitz nur als Gabe Gottes zum Dienst am Nächsten verstehen lehrt, wobei er die unevangelische Verfälschung des Armutsgedankens im mönchischen Armutsprinzip als instruktives Gegenbeispiel gewählt hat. Freilich, er konnte augenscheinlich bissige Bemerkungen nicht unterdrücken und hatte ein beachtliches Geschick, seinen Widersacher durch boshafte Anspielungen zu reizen. Man spürt den Spott des lutherischen Predigers über den besonderen Heiligkeitsanspruch seiner mönchischen Gegner deutlich genug noch aus der ironischen Formulierung der fünften These heraus, wenn er die *tanta paupertas,* die ein besonderes *exemplum fidei* sein soll, über das „ut nihil habeant" hinaus noch unterstreicht durch das „et sint mendicantes", eine scheinbar objektive Aussage, im Munde des Franziskaners in Wirklichkeit eine hohnvolle Anspielung auf die fromme Selbstgefälligkeit der Mendikantenbrüder.

Daß es beiden Seiten mit gegensätzlicher Tendenz um die Berechtigung der Unterscheidung von evangelischen Räten und evangelischen Geboten ging, bestätigt die sechste These: „Es ist kein Gebot des Evangeliums, daß, wenn dich einer auf die eine Backe schlägst, du ihm auch die andere darbieten sollst."[41] Dieses Wort Jesu zählte das Mittelalter zu den zwölf evangelischen Räten[42], und Tiburtius wählte es vielleicht als ein besonders einleuchtendes Beispiel, um zu zeigen, daß nicht jede Forderung des Evangeliums wortwörtlich verpflichtend sei, daß es sich in einigen Fällen offenkundig um nur empfohlene, aber freigestellte Möglichkeiten christlicher Tugendübung handele, durch die, als exzeptionelle Akte der Selbstverleugnung, ein höherer Grad der Vollkommenheit erreicht werden könne. Nicht zu überhören ist allerdings die Kombination mit dem nächsten Satz dieser *sonora positio*: „Die Häretiker behaupten das [nur], damit sie ungehindert die Kirche verfolgen [können] und wir nicht den weltlichen Arm zur Hilfe rufen [sollen]."[43] Wird Tiburtius hier mit dem „non est preceptum evangelii" sarkastisch oder aber massiv, wenn er damit ausdrücken will, Mt. 5,39 verpflichte uns nicht, alle Invektiven ketzerischer Friedensstörung hinzunehmen? Oder ist es Müntzers Werk, die beiden unter Umständen in ganz anderem Zusammenhange gebrachten Sätze in einer These nebeneinander zu stellen, um die Sanftmütigkeit der frommen Mönche zu persiflieren, die in einem Atem sich überpflichtiger Liebesübung rühmen und zugleich nach dem Feuergericht der weltlichen Gewalt über den echten Nachfolger Jesu rufen? Das betonte „nos" ist immerhin etwas auffällig. Es ist durchaus möglich, daß der Minorit irgendwo in seiner öffentlich vorgetragenen Generalabrechnung mit den Häretikern eine derartige Äußerung getan hat. Für sich genommen kennzeichnet sie dann recht drastisch das Bewußtsein der scharfen, ins Grundsätzliche reichenden Gegensätzlichkeit und ist in der Form einer Warnung an die Gläubigen eine kaum verhüllte Drohung gegen den Verführer. Müntzer aber prangert durch das bloße Zitat die billige Methode seines Widersachers an, ihn durch solche Ketzeretikette zu denunzieren, um ihn damit mundtot machen zu wollen; weiß er sich doch gerade mit dem, was den Mönch so aufgebracht hat und ihn nach dem „brachium seculare" rufen läßt, der wahren Kirche zugehörig.

---

[41] „Non est preceptum evangelii: ‚Si quis te in unam maxillam percusserit, ut prebeas ei alteram'" (Franz, MG, S. 359,22 f.).

[42] Vgl. Lau, Räte, Sp. 785 ff.

[43] „Est allegatio hereticorum, ut libere persequantur ecclesiam, ne nos brachium seculare invocemus" (Franz, MG, S. 359,23 f.).

Hinter der Auseinandersetzung über *praecepta* und *consilia* steht der Dissensus in den Anschauungen über das Verhältnis von Glaube und Werken im Blick auf den Gewinn der Seligkeit und Heilsgewißheit. In These sieben verdichtet sich das spezifisch seelsorgerliche Anliegen der beiden Kontrahenten im Ringen um das von beiden angesprochene Kirchenvolk: „Predestinatio est res imaginaria, non debet poni in fidem, ut per eam nos certos sciamus, sed in opera, a quibus non est avertendus populus, ut ardeat candelas et virtuosissima opera faciat populus mihi semper charus Zwickauiensis a 24 annis."[44] Es ist nicht von ungefähr, daß an dieser Stelle der Begriff der Prädestination auftaucht. Es hat den Anschein, als habe Müntzer ihn bei seinem Hinweis auf die fundamentale Bedeutung des Glaubens zuerst verwandt und im Gefolge Luthers gepredigt, daß, wer von Christus ergriffen wird und zum Glauben kommt, auch seiner Prädestination gewiß sein darf. „Der Glaube selbst ist ... die vollzogene Prädestination"[45] und wenn es wirklich Glaube ist, so ist er von der Heilsgewißheit gar nicht zu trennen. Die Wirklichkeit des Glaubens trägt die Wirklichkeit des Prädestiniertseins in sich. Müntzer ist bei seiner lateinischen Wiedergabe der Entgegnung des Franziskaners nicht sehr korrekt verfahren, wenn er ihn in einem kurzen Eingangssatz erklären läßt: „Predestinatio est res imaginaria." So hätte Tiburtius allenfalls sagen können, wenn die folgenden Ausführungen von „non" bis „certos sciamus" sich in der Satzkonstruktion unmittelbar angeschlossen hätten durch ein „sofern sie ...". Denn mag auch der Franziskaner aus der alten kirchlichen Sorge vor den Gefahren schroff prädestinatianischer Gedanken für die seelsorgerliche Praxis das Problem der Prädestination als eine schwer durchschaubare dogmatische Materie angesehen haben; daß er sie schlechthin als eine „res imaginaria" bezeichnet haben soll, ist schwer denkbar. Die folgenden Worte seiner *positio* zeigen denn auch, daß er eine Prädestination anerkennt, und zwar versteht er in Übereinstimmung mit der gängigen Kirchenlehre und dem herrschenden Sprachgebrauch „praedestinatio" unter Ausklammerung der „reprobatio" als Vorausbestimmung zum Heil. Weiterhin geht aus dem Text unmittelbar hervor, daß Tiburtius auch in der durch das ganze Mittelalter hindurch viel erörterten Frage der „Verdienstursache" kirchlich völlig korrekt in der Linie der franziskanischen Theologie denkt. Danach ist die „praedestinatio ad gratiam et gloriam" allein in Gottes Güte und allein in seinem Vorsatz begründet, die Menschen zu begnadigen und zu verherrlichen; aber Gott will seinen Vorsatz in Wahrung des menschlichen *liberum arbitrium* eben so verwirklichen, daß nur der Gnade erhält, der sich selbst für sie disponiert, und nur der Herrlichkeit, der sich durch Verdienste ihrer würdig erweist; der Verdienstgedanke schließt in sich das

---

[44] Franz, MG, S. 359,25—28.
[45] Seeberg, Dogmengeschichte IV, 1, S. 154; zum folgenden S. 102 ff.

Prinzip der *opera bona*. Es ist somit die sachliche Grundlage dieser These, daß die *opera* als verdienstliche Leistung des Menschen in einer objektiven Relation zur Prädestination stehen. Ist dem so, dann darf man natürlich diese bei der Prädestination irgendwie mit einkalkulierte Beteiligung des Menschen am Heilsgewinn nicht negieren, darf auch nicht an die Stelle der *opera* einfach den Glauben, die *sola fides* setzen wollen, darf also das „Volk" nicht davon abhalten, „ut ardeat candelas et virtuosissima opera faciat". Daß wohl nur Müntzers bissige Ironie das Kerzenbrennen mit den „virtuosissima opera" zusammen nennt, sei nur am Rande vermerkt.

Dagegen bedürfen die Worte „non debet poni in fidem, ut per eam nos certos sciamus" noch einer kurzen Erörterung. Tiburtius hat die zentrale Bedeutung der Worte erfaßt, die Müntzer in seiner Predigt dem Glauben zugewiesen hat, so daß daneben kein Raum für einen relativen Eigenwert der *opera* als verdienstlicher Leistungen mehr bleibt. Er hat begriffen, daß sein Gegner in diesem Glauben und auf ihn allein die Heilsgewißheit begründet sein läßt. Aber er wertet diesen Glauben offensichtlich als eine subjektivistische Größe ab, die in den Bereich rein menschlicher Vorstellungen gehört und gegenüber den objektiven Fakten der guten Werke unkontrollierbar bleibt. Solch ein Glauben ist für ihn ein viel zu unsicherer Faktor, als daß man darauf eine Heilsgewißheit gründen könnte („ut per eam nos certos sciamus"); eine auf diese Basis sich gründende Überzeugung des Gläubigen von seinem Prädestiniertsein kann nur den Wert einer Illusion haben; daheraus ließe sich also der Satz verstehen: „predestinatio est res imaginaria". Das könnte bedeuten, daß Tiburtius erst durch Müntzer eine tiefere Einsicht in das reformatorische Verständnis vom Glauben gewonnen hat und daß ihm in ganz anderer Weise als etwa bei Egran als das entscheidende Neue entgegentrat, wie sehr *fiducia* und *spes* in ihrer ausschließlichen Bezogenheit auf die in Christus verbürgte *promissio dei* das eigentliche Wesen der *fides* ausmachen. Glaube als die geistgewirkte Hinnahme des in der Schrift bezeugten Wortes Gottes, als das zuversichtliche Vertrauen in die unverbrüchliche Gültigkeit seines darin bekundeten Rettungswillens, als die gewisse Hoffnung, daß Gott seine Zusage in Zeit und Ewigkeit hält, konnte, ja mußte jeglichen Anspruches auf eigene Verdienstlichkeit entraten. Der Versuch zusätzlicher Sicherung durch eine aufweisbare Eigenleistung des Frommen ist ein Mißtrauensvotum gegenüber dem Gnadenwirken Gottes und ist Grund und Folge zugleich einer irritierenden Heilsungewißheit, die das Leiden und Sterben „Christi pro nobis" nicht „todernst" nimmt und das „nos" als ergänzenden Sicherungsfaktor mobilisieren zu müssen wähnt.

Das Thema der achten These ist in der Erörterung über die praedestinatio bereits vernehmlich angeklungen und stellt den prinzipiellen Zwie-

spalt der Anschauungen beider Kontrahenten im Blick auf das vorge-
steckte Ziel frommen Lebens abschließend deutlich heraus. „Eterna beatitudo non postest dici regnum fidei, quod intra nos est, cum ipsa sit
solum in futura patria, hic sumus incertissimi de beatitudine nostra."[46]
Der Franziskanermönch erhebt noch einmal warnend seine Stimme, sich
nicht durch die irrige Lehre der neuen Prediger von einer alles bestimmenden, einzigartigen Wesensmächtigkeit des neuen Glaubens zu einer
trügerischen Sicherheit verleiten und dadurch um die ewige Seligkeit
bringen zu lassen. Er geht von dem Begriff der „eterna beatitudo" im
Sinne der „übernatürlichen" Seligkeit aus, die als Zustand christlicher
Vollendung „im Besitz und Genuß Gottes durch unmittelbare Anschauung und Liebe Gottes" besteht, der „Unverlierbarkeit, Kontinuität,
Unmöglichkeit der Sünde"[47] eigen sind usf., die faktisch also den künftigen Besitz des ewigen Lebens als Synonym des ewigen Heils darstellt.
Sie aber darf eben nicht als „regnum fidei quod intra nos est" bezeichnet,
d. h. nicht auf die hier, im gegenwärtigen Dasein im Glauben erfahrene
Seligkeit der Gemeinschaft mit Gott bezogen werden. Denn sie ist als
Wirklichkeit zuständlicher Vollendung des Gläubigen erst in der zukünf-
tigen Welt tatsächlich vorhanden. Wie weit wir selbst dann an ihr teilhaben werden, bleibt für uns in diesem Leben immer höchst unsicher;
anders gesprochen: eine absolute Heilsgewißheit kann es für den Christen in dieser Welt nicht geben, so daß das „facere quod in se est" als
Ansporn zur Höchstleistung in guten Werken für ihn verpflichtend bleibt,
wenn anders er wenigstens die Hoffnung auf den Gewinn der „eterna
beatitudo" nicht preisgeben will.

Die These klingt zum Teil wie eine Entgegnung auf Luthers Ausführungen zur zweiten Bitte in seiner „Auslegung deutsch des Vaterunser
für die einfältigen Laien" von 1519. Diese vielgelesene und weitverbrei-
tete Schrift ist wohl auch Müntzer bekannt gewesen, und er wird ähnliche Gedanken in seiner Predigt gebracht haben. Wenn Tiburtius so
betont darauf hinweist, „eterna beatitudo non potest dici regnum fidei
quod intra nos est", so steht dem offenbar Müntzers Erklärung gegenüber, daß Seligkeit ist, im Glauben an Christus teilhaben an der Gemeinschaft mit Gott und sich unter völligem Absehen von aller persönlichen Glückseligkeit ganz Gottes Willen und seiner Herrschaft hingeben,
wobei eben durch den Glauben das entscheidende Moment sichergestellt
bleibt, daß „gottis gnaden und seyn reich mit allen tugenden mus tzu
unns kommen, sollen wir es uberkommen, wyr mugen nymmer meher
tzu ym kummen"[48]. Glauben und Hoffnung sind auf das engste miteinander verflochten, und so gewiß die „eterna beatitudo" in ihrer Voll-

[46] Franz, MG, S. 360,1 f.
[47] Kirchl. Handl. II, Sp. 2043.
[48] WA II, S. 98,25 f.; Auslegung deutsch des Vaterunsers für die einfältigen Laien.

endung erst anhebt, wenn alle Verborgenheit aufhört, so wenig darf die in der Sache liegende eschatologische Spannung durch ein temporales „ans Ende" rücken einseitig aufgehoben werden. Müntzers Protest gilt dieser Zerreißung von Glauben und Hoffnung, die den Glauben an Gottes Verheißung in Christus verkürzt, die seine Herrschaft nicht in jeder Hinsicht absolute Herrschaft sein läßt und darum auch den Zugang zum rechten Verständnis der Seligkeit verfehlt, ihm die Heilsgewißheit nimmt, so daß das Ergebnis allerdings sein muß: „Hic sumus incertissimi de beatitudine nostra."

Versucht man, sich auf Grund der Thesen ein Bild von der Wirksamkeit Müntzers in den ersten beiden Monaten in Zwickau zu machen, so kann das allgemeine Urteil nur lauten, daß er sich sehr bewußt und eindeutig auf die Seite des Wittenberger Reformators gestellt hat. Er wollte seinen Hörern das Evangelium in seinem rechten Verständnis wieder nahe bringen, sie zu einem evangelischen Glauben hinführen und sie in solchem Glauben ihres Heils gewiß werden lassen. Das konnte naturgemäß nicht ohne ständigen Hinweis auf die Verkehrtheit des frommen Bemühens geschehen, zu dem sie bisher von ihren geistlichen Vätern angehalten worden waren, nicht ohne Kritik an deren persönlichem Versagen. Müntzer mag hier über Gebühr scharf und zynisch geworden sein, zumal als die Betroffenen sich zur Wehr setzten, ihn der Häresie und der persönlichen Verunglimpfung beschuldigten. Aber man sollte den sich um die Sache des Evangeliums ereifernden Prädikanten nicht allzuschnell zu einem demagogischen Agitator machen, ihm vielmehr zunächst noch die Leidenschaft des von seinem Auftrag durchdrungenen Predigers zugute halten und bedenken, daß unter seiner Kanzel Menschen saßen, die ihm nicht nur wegen seiner Kritik an dem alten Kirchenwesen und besonders aus Abneigung gegen das Treiben der Bettelmönche zugetan waren. Sie hörten aus seinem Munde vor allem das Evangelium ganz neu zu sich sprechen, lernten von ihm, was Glauben wirklich heißt, wie Gott ihnen in Christus unmittelbar begegnete, wie ihre ganze Existenz vor Gott auf eine neue Grundlage gestellt wurde. Eben das, die Erneuerung und Verlebendigung des christlichen Glaubens voranzutreiben, sah Müntzer als seine vorrangige Aufgabe an. Er hat sich dabei noch eng an Luther angeschlossen und ein seine lutherische Grundhaltung modifizierender Einfluß der deutschen Mystik läßt sich nicht belegen. Es bestätigt sich eher, daß er Tauler mit den Augen Luthers gelesen hat und die Schriften des Reformators vom Jahre 1519 seine Verkündigung prägten, ohne daß damit ausgeschlossen zu sein braucht, daß die Lektüre Taulers ihm bestimmte Aussagen Luthers besonders wesentlich erscheinen ließ. Kennzeichnend für seine bewußt lutherische Haltung ist nicht zuletzt seine Berufung auf die Schrift als die normative Grundlage aller und jeder christlichen Verkündigung. Dies geht, abgesehen von der zweiten These und anderen Stellen[49], vor allem aus der „aus tiefster Seele" an Tiburtius gerichteten Mahnung hervor, „ne tantos errores contra salutem animarum spargeret in populum vel racionem sue fidei mihi et senatui redderet per solidas scripturas et genuinos earum sensus"[50]. Müntzer hat sich zudem durch den ganzen Brief hindurch völlig eindeutig zu Luther bekannt. Zwar hatte ihm der Rat es nahegelegt, sich in seinem Konflikt mit den Franziskanern von dem Reformator beraten zu lassen, und der zweckbedingte Charakter des Schreibens darf nicht außer acht gelassen werden, aber, obschon er leicht emphatisch werden konnte, entsprach es nicht seiner Art, im Stile der humanistischen Literaten den Adressaten mit rhetorischen Floskeln zu erheben. Es kam aus ehrlichstem Herzen, wenn er ihn „das leuchtende Vorbild der Freunde Gottes" (specimen et lucerna amicorum Dei)[51] nennt, ihn als seinen „Schutz und Schirm im Herrn Jesu" (in domino Iesu patrocinium)[52] anruft und in der Unterschrift sich zu ihm bekennt als „Tomas Munczer q[em] g[en]u[isti] p[er] evangelium"[53]. Es ist ihm nicht gleichgültig, wie er in Luthers Urteil dasteht, wenn er ihn bittet, den Verleumdern keinen Glauben zu schenken, die ihn als unbeständigen Charakter, als bissig und gehässig verschreien. Er legt Wert darauf, Luthers Meinung und Rat zu hören, wie er sich weiter verhalten soll: „Quid in omnibus hiis tibi cristianum videtur, significa!"[54] Ja, er erklärt sich von vornherein bereit zu tun, was Luther ihm rät: „Si suggesseris, omnibus presidibus respondebo; si appellandum sit, scribe. Si eis assignanda sit disputatio, insinua. Quodcunque suaseris, facturus in domino."[55] Doch das alles, und das ist aufschlußreich, bezieht sich nur auf die praktische Frage, in welcher Form er die Auseinandersetzung mit den *adversarii crucis* weiterführen soll. In der Sache selbst ist er sich offensichtlich seiner Übereinstimmung mit Luther gewiß, ist er überzeugt, mit ihm in einer Front zu stehen, so daß es genügt, einfach die Sätze des Tiburtius anzugeben: „Ambe aures tue tinnient in tam sonoris positionibus."[56]

Neben den Informationen über Müntzers damaligen theologischen Standort gewährt uns der Brief auch einen gewissen Einblick in die Mentalität seines Schreibers, der es wahrlich nicht unterläßt, sich selbst darin darzustellen. Eine sich wichtig nehmende Selbstbespiegelung und Selbst-

---

[49] Z. B. Franz, MG, S. 358,13—16: „Omnes insanias falsas emulorum ego in exercitium dulcissimum fidei mee amplector, consolante evangelio: ‚Si sermonem meum receperunt, vestrum recipient' etc. Si Christi sermonem perverterunt, et meum pervertunt. Scio verbum domini inane non reverti . . .“

[50] Franz, MG, S. 360,5—7.
[51] Ebd. S. 361,8. [52] Ebd. S. 358,18 f.
[53] Die von E. Hirsch vorgeschlagene Ergänzung der von einer späteren Hand unleserlich gemachten Worte ist sicher zutreffend. Vgl. Franz, MG, S. 361 Anm. 34.
[54] Franz, MG, S. 361,1 f.
[55] Ebd. S. 359,5—7. [56] Ebd. S. 359,7 f.

gefälligkeit macht sich geltend, die das eigene Ich in einer fast peinlich wirkenden Weise in den Vordergrund schiebt: „Ich habe seiner Wut gespottet und habe vor nichts Angst. Auch wenn die ganze Horde der Bettelbrüder mich fordert, zerfleischen oder hinschlachten will ...“[57] „Solange noch ein Atemzug in mir ist, will ich diese Klagegeister, diese Heuchlerfratzen nicht leiden; mit unablässigem Seufzen und mit dem aufrüttelnden Klang des Wortes Gottes werde ich dawider sein, damit der Name des Herrn von diesen Menschen nicht gelästert werde ...“[58] „Schwerere Kämpfe noch stehen mir bevor ...; mein Kreuz ist noch nicht vollkommen ...“[59] „Ich glaube ganz bestimmt, daß ich der Gefahr, in der ich mich früher befand, entzogen wurde, um für andere Kämpfe der Welt gefordert zu werden. Der mich aus dem verderblichen Pfuhl herausgerissen hat, wird mich auch den Klauen des wilden Tieres ... entreißen, wenn ich mitten im Schatten des Todes wandle.“[60] „All den erfundenen Unsinn der feindseligen Rivalen nutze ich zur willkommenen Übung meines Glaubens.“[61] „Ich bin für alles um meines Christus willen dankbar.“[62] „Nicht mein Werk treibe ich, sondern das des Herrn.“[63] „Er selbst wird mir Worte und Weisheit geben, denen alle unsere Widersacher nicht widerstehen können.“[64] Wohl will bedacht sein, daß hinter allen diesen Äußerungen das subjektiv echte Bewußtsein steht, das eigene Ich in der Sache Gottes aufgehen zu lassen. Müntzer identifiziert sein eigenes Tun und Leiden so sehr mit der Sache des Evangeliums, daß ihm jeder Angriff auf das von ihm verkündete Evangelium als gegen ihn gerichtet und umgekehrt jeder Angriff gegen ihn persönlich als gegen das Evangelium gerichtet erscheint. In dieser Identifizierung erleidet er die Schmach des Kreuzes Christi jetzt und fürderhin, dankbar, seinen Glauben bewähren zu können, zuversichtlich in der Gewißheit des endlichen Überwindens. „Opus meum non ago, sed domini.“[65] Das will und kann Beginn zu einer sich selbst verleugnenden Gleichförmigkeit mit Christus sein. Nur kann man sich des Eindrucks nicht erwehren, daß er in allem etwas aufdringlich das Hohe-Lied seines Leidens singt und nach acht Wochen bereits sich allzu sehr seines ebenso leidenswilligen wie trotzigen Widerstandes gegen seine, d. h. des Evangeliums Verfolger rühmt, obwohl er gleichzeitig zu wissen vorgibt, daß der ganze Rat und fast die gesamte Bürgerschaft von Zwickau hinter ihm stehen[66]. Freilich steht die starke Betonung seiner militanten Passion in direktem Zusammenhang mit dem Zweck seines Schreibens, zu dem ihm der Rat der Stadt

---

[57] Ebd. S. 360,10 ff.
[58] Ebd. S. 360,11—14.
[59] Ebd. S. 358,22—24.
[60] Ebd. S. 361,2—5.
[61] Ebd. S. 358,13 f.
[62] Ebd. S. 358,21 f.
[63] Ebd. S. 360,11.
[64] Ebd. S. 361,6 f.
[65] Ebd. S. 360,11.
[66] Vgl. ebd., S. 358,28 f. und 360,16 ff. Dazu S. 360 Anm. 24—26.

— in Kenntnis der Jüterboger Affäre — möglicherweise in der Absicht geraten hatte, Luthers Aufmerksamkeit auf die von den Franziskanern betriebenen Aktionen zur Niederhaltung der Reformation in Zwickau zu lenken. Müntzers Anfrage ist ja zugleich eine heftige Anklage auch gegen die Drohungen des Tiburtius; und was immer dieser mitsamt seinem Anhang gegen ihn vorbringt oder gegen ihn unternimmt, es hat für ihn den Charakter böswilligen Trotzes, gehässiger Verleumdung, blinder Verfolgungswut. Es trifft zu, daß die Gegner mit den ihnen zu Gebote stehenden Machtmitteln den häretischen Prädikanten mundtot zu machen, statt ihn durch Argumente zu widerlegen suchen. Doch läßt Müntzer schon jetzt erkennen, daß er ebensowenig zu einer sachlich geführten Auseinandersetzung bereit und fähig ist, wenn von einer solchen Möglichkeit nach Lage der Dinge überhaupt die Rede sein kann. Für ihn gibt es nur die eine Wahrheit, die e r gültig vertritt. Er kennt nur ein „Für" oder „Gegen" sie, sieht nur schwarz oder weiß. Das verleitet ihn bei seinem lebhaften Temperament in der Sache schnell zur hemmungslosen Verdammung seines Widerparts, in der Form zur wüsten Beschimpfung. So sehr er jeden Angriff auf seine Person oder Sache als unwahr, lästerlich usf. brandmarkt, so sehr hält er sich ganz selbstverständlich für berechtigt, über seine Widersacher, wer immer es auch sei, mit Verunglimpfungen herzuziehen. „Den ganzen Tag erregen sie Wutschnauben und in ihrem Schwindelgeist Unruhe und Verwirrung"[67], sagt er von den Franziskanern. Tiburtius nennt er „wütiger als jedes Untier . . ."[68]. „Ein wutschnaubender Athlet, so steigt er auf den Wagen, bis an den Rand gefüllt mit Schmähungen."[69] Mehr noch: jene sind „Harpyien, die alles zerfleischen"[70], „Heuchler", „Widersacher des Kreuzes, die erst lernen müssen, den Namen Gottes zu heiligen und ihr Lastermaul zu halten"[71]; denn eben „sie, die als rechte Christen angesehen werden wollen, lästern den Namen des Herrn, da sie eilends darauf aus sind, Verwirrung im Volke Gottes anzurichten und Erde und Himmel zu vermengen"[72].

Müntzer ist es in seiner Zeit nicht allein, der so brüskiert und brüskierend mit seinen Gegnern abrechnet; die eigene Person und die vertretene Sache gehen in Verteidigung und Angriff auch bei vielen andern ineinander über. Man wird darum zurückhaltend sein müssen, wenn man in den zitierten Sätzen bereits erste Hinweise auf Besonderheiten in der Gedankenwelt des späteren Müntzer entdecken zu können wähnt. Auch das „opus meum non ago, sed domini" bis zu dem „ex pristino periculo meo certissime credo me segregatum in alia mundi certamina" wird vollauf verständlich als Ausdruck seiner bedingungslosen Hingabe an die

---

[67] Ebd. S. 357,13.
[68] Ebd. S. 357,7.
[69] Ebd. S. 360,9.
[70] Ebd. S. 358,27.
[71] Ebd. S. 360,18 f.
[72] Ebd. S. 360,13—16.

Aufgabe reformatorischer Erneuerung der Christenheit und seiner leidenschaftlichen Einsatzbereitschaft für das durch Luther neu ans Licht gebrachte Evangelium, „pro cuius revocatione adhuc plurimi cogerentur colla extendere". Das hatte er schon in seiner Jüterboger Predigt gesagt[73], und nun zieht er in Anwendung auf sich selbst die Linie gleichsam aus von den in Jüterbog (und Braunschweig?) gemachten Erfahrungen (ex pristino periculo meo) zu dem, was ihm in Zwickau widerfährt und noch zu erwarten steht.

B) Spannungen und Konflikte

Wir hören nichts von einer Reaktion Luthers auf Müntzers Schreiben, und man kann bezweifeln, ob es je an ihn abgegangen ist[74]. Luther hätte kaum Veranlassung gehabt, der Bitte des Zwickauer Prädikanten nicht zu entsprechen und ihm seinen Rat vorzuenthalten. Eher ist damit zu rechnen, daß Müntzers Vorschläge, die mehr oder minder auf eine öffentliche Demonstration hinausliefen, nicht in das Konzept der Stadtväter paßten, die die Angelegenheit gerade nicht zu einer Haupt- und Staatsaktion gemacht und darum lieber das Risiko vermieden sehen wollten, daß Luther unter Umständen einen der ihm von dem Prädikanten nahegelegten Offensivpläne adversus criminatores guthieß. Das bedeutete, wenn diese Vermutung zutrifft, im Zuge eines politisch-kirchenpolitisch für zweckmäßig erachteten Verfahrens keineswegs eine Distanzierung von dem Prediger. Müntzer hatte wohl schon recht, wenn er an Luther schrieb, der ganze Rat und fast die gesamte Bürgerschaft stehe auf seiner Seite, da sie die zudringliche Habgier der Heuchler von Kindesbeinen an kenne. Die Gunst und das Vertrauen, das man in der Stadt Egran geschenkt hatte, gingen jetzt zunächst vielleicht in noch erhöhtem Maße auf ihn über. Ohne daß es zu besonderen organisatorischen Reformmaßnahmen im kirchlichen Bereich gekommen wäre — so wenig wie in Wittenberg selbst — war die überwiegende Mehrheit der städtischen Bevölkerung offen für die evangelische Predigt und nahm es beifällig auf, wenn der neue Prädikant an St. Marien schärfer und entschiedener noch die Mißstände in der Kirche als Folge ihres Abfalls vom Evangelium dartat. Die Franziskaner gaben sich darüber auch keiner Täuschung hin; sie hatten die Kampfansage verstanden und begnügten sich nicht damit, der starken Wirkung solcher Gedanken auf das Volk durch eine gesteigerte Predigt- und Seelsorgetätigkeit „contra inimicissimum hostem" zu begegnen. Sie dürften es gewesen sein, durch die oder auf deren Betreiben hin eine Beschwerde über ihn bei der vor-

---

[73] Vgl. oben S. 59.
[74] Vgl. Franz, MG, S. 357 zu Nr. 13 Anm. 1.

gesetzten kirchlichen Behörde eingereicht wurde, so daß knapp vier Wochen nach der ersten Predigt Müntzers bereits ein offizieller Einspruch der bischöflichen Kanzlei gegen sein Verhalten beim Zwickauer Rat vorlag. Der Kanzler des Bistums Naumburg, der in Zeitz residierende Dr. Heinrich Schmidberg, erhob auf Grund der bei ihm eingegangenen Beschwerde gegen Müntzer die Anklage, „als ab er sich in seynen predigten fast weit und gröblich verlaufen habe"[75] und verlangte eine Rechtfertigung. Müntzer erklärte sich auch durchaus bereit, den Statthaltern des Bischofs Rechenschaft über seinen Glauben zu geben und stellte ihnen seine sämtlichen Predigten zur Verfügung mit dem Erbieten, alles zu bessern (emendarem), was sie darin als Verstoß gegen ein geziemendes christliches Verhalten zu beanstanden hätten (si quid in eis contra christianam modestiam reperirent)[76]. Der Rat bezog ebenfalls eindeutig Stellung, indem er in einem Schreiben an den bischöflichen Kanzler den Prediger von Schuld freisprach[77]. Daß es überdies damals noch zu einem mündlichen Verhör vor dem Naumburg-Zeitzer geistlichen Gericht gekommen sei, ist aus dem Bericht von Statthalter und Räten aus Zeitz an Kurfürst Friedrich von Sachsen vom 4. August 1521 meines Erachtens nicht zu entnehmen[78]. Dagegen geht klar aus ihm hervor, daß sich der „geistliche gerichtshalder" durch die entschiedene Parteinahme des Rates genötigt sah, kurzzutreten: „Es haben aber der radt und gemeine ihnen dermaßen gegen uns verteidingt, das wir damit aufrur nit erwecket haben müssen stille stehen."[79] Das Ergebnis war nicht eine Beschwichtigung der Parteien; man ging im Gegenteil nun erst recht aufeinander los, und Müntzers drastische Schilderung der Auseinandersetzung dürfte vornehmlich die Situation zwischen dem 13. Juni und 13. Juli vor Augen haben. Sein Bericht an Luther zeigt, wie der Streit weite Kreise zu ziehen begann. Die Franziskaner wandten sich an ihren Ordensgeneral in Breslau; „privilegiorum suorum conservator", wie Müntzer ironisch bemerkt, „ut cogant me revocare"[80]. Der Rat schrieb an Herzog Johann von Sachsen, die Minoriten anzuhalten, „ne divinum verbum predicantes molestent"[81]. Er setzte sich ebenso mit dem in Naumburg lebenden Inhaber der Pfarrpfründe an St. Marien, Dr. Donat Große, der augenscheinlich auf seiten Müntzers stand[82] „des predingers halben Zu vnser lieben fra-

[75] RP v. 13. 6. 1520 (Wappler, S. 22 Anm. 83). Dazu Franz, MG, S. 358 Anm. 17.

[76] Franz, MG, S. 358,29—359,2.

[77] Vgl. oben Anm. 75. Zum Begriff „entschuldigen" vgl. Grimm, Wörterbuch III, Sp. 611.

[78] „Wiewol wir denn [= den] umb sein manchfeldig ubertrettung durch unsers g. h. geistlichen gerichtshalder haben vornemen lassen, es haben aber der radt und gemeine . . ." (Weimarer Archiv, Orig. Reg. B. 845—847, Bl. 8 u. 9; zit. bei Kirn, Fr. d. Weise, S. 182).

[79] Kirn, Fr. d. Weise, S. 182.

[81] Ebd. S. 358,28.

[80] Franz, MG, S. 357,15 f.

[82] Vgl. Müntzers Bemerkung im Briefe an Luther: „Si suaseris cum sincerissimis

wen"[83] in Verbindung, schließlich legte er Müntzer nahe (commisit!), auch Luthers Rat „in causa adversus criminatores" einzuholen. Man entfaltete also einige Aktivität zugunsten des angefeindeten Prädikanten, und man könnte geradezu eine offizielle Sympathiekundgebung darin erblicken, daß man in dieser Situation am 18. Juli beschloß, Müntzer möglichst über Michaelis hinaus in Zwickau festzuhalten: „Dyweill man yme [Müntzer] den predingstuhl nyt lenger dann byss vff Michaelis zugesaget vnd der predinger zu St. Katharin seynen vrlaub genohmen, Sall man Mgro. thoma, dem predinger zu vnser lieben Frawen, wiedervmb der predingstull aynen, den zu vnser lieben Frawen vnd aber vff den fahl, so Mgr. Egranus widerkomme, den predingstuhl zu St. Katharin zusagen."[84]

Wenige Tage darauf (am 21. Juli) entschloß man sich auf Anraten des Pfarrverwesers Magister Heinrich[85] nochmals auf dem Wege gütlicher Verhandlungen die Minoriten zum Einlenken zu bewegen. „Sall man nachmals eynen herren ader viren beuehlen mitt den monchen Zu reden vnd Zuhandeln, In der gute von Radts wegen, ab man sie von yrem furnehmen wider den predinger mochte abwenden, do mitte der vnlust ettwo nytt weyter eynreissen mochte . . ."[86] Die Ordensbrüder waren jedoch nicht bereit nachzugeben, so wenig wie Müntzer willens war, den Kampf aufzugeben, obwohl sich ihm eben jetzt eine günstige Möglichkeit bot, sich von seinen Gegnern zu lösen. Denn von Mönchen des Benediktinerklosters auf dem Petersberg bei Erfurt war die Bitte an ihn gerichtet worden, als „Lehrer der Humaniora" zu ihnen zu kommen[87]. Daß diese Anfrage auf den Beschluß des Rates vom 18. Juli Einfluß gehabt haben könnte, ist kaum wahrscheinlich, da man erst am 4. August einen besonderen Boten, den Unterstadtschreiber Christopherus Lindener, nach Erfurt schickte, „der des Mgr. predingers Zu vnser lieben Frawen Aplon, wider der veter Im closter furnehmen Zu Erffurdt dem propst adder Conseruation Zu Insinuiren . . . dem predinger Zu schutz vnd gut gescheen"[88]. Ist Müntzers Ablehnung des an ihn ergangenen Rufes ein Zeugnis seiner Entschlossenheit, das Feld nicht freiwillig zu räumen? Es wäre nach den Beteuerungen seiner Leidensbereitschaft um des Evangeliums willen in der Tat höchst sonderbar gewesen, hätte er die erste sich bietende Gelegenheit benutzt, um sich davonzumachen. Die Tätigkeit,

---

fratribus meis doctore Grosen et vices eius gerente [Magister Heinrich] et Grece lingue preceptore [Agricola] reliquisque magistris meis adiutoribus, scribam contra has positiones . . ." (Franz, MG, S. 360,16—18).

[83] Wappler, S. 24 Anm. 88.
[84] RP v. 18. 7. 1520. Zit. bei Clemen, Egran I, S. 17 Anm. 43.
[85] Vgl. Anm. 84.
[86] RP v. 21. 7. 1520. Zit. bei Wappler, S. 24 Anm. 90.
[87] Seidemann, Th. Münzer, S. 18; Wappler, S. 24.
[88] Wappler, S. 24 Anm. 91 (K-R v. 4. 8. 1520).

die ihn in Erfurt erwartete, hatte zudem wenig Verlockendes für ihn im Vergleich zu den Möglichkeiten reformatorischen Wirkens, die sich ihm in Zwickau boten. Es war für ihn kein schwerer Entschluß, den Erfurter Mönchen abzusagen, zumal man ihm durch den Ratsbeschluß vom 18. Juli unmißverständlich bekundet hatte, daß man auf sein Verbleiben in der Stadt großen Wert legte. Man hatte noch ein übriges getan, als man „dem predinger Zu schutz vnd gut" auf die Benediktiner einzuwirken suchte, die Stelle vorerst noch für Müntzer offenzuhalten[89]. Damit war auch für den Fall eines negativen Ausganges des Zwickauer Streites für den Prädikanten eine gewisse Rückversicherung gegeben, alsbald anderswo unterzukommen. Ob der Rat diesen Schritt aus eigener Initiative oder auf ausdrücklichen Wunsch Müntzers unternahm, er war ein Beweis guten Einvernehmens, selbst wenn man unterstellt, daß der „Fall Müntzer" für den Rat über den konkreten Anlaß des Konfliktes hinaus zu einem wichtigen Faktor in seinem länger zurückreichenden Bemühen geworden war, die stark in den weltlichen Bereich sich vorschiebende Machtstellung der Zwickauer Minoriten zurückzudrängen. Diese setzten ihrerseits alle Hebel in Bewegung, um den Streit zu ihren Gunsten zu entscheiden, so daß der Rat es für geboten hielt, sich auch bei den oberen Ordensinstanzen einzuschalten. Gleichzeitig mit dem Schritt in Erfurt erfolgte daher am 4. August eine Aktion bei „dem Ministro der paruoser Monchen" in Breslau „des predingers halben, den widerwillen, Zwischen den vettern vnd predinger vff Zuheben"[90], und abermals wurde am gleichen Tage auch Dr. Große „In derselben sachen, den predinger belangend"[91] angegangen. Der wußte allerdings am 16. August nichts anderes zu raten, als die Antwort aus Breslau erst einmal abzuwarten: „Soll man In Ruhe stehen, do vff weyter nach Zur tzeitt nichts furnehmen, sundern Zuuor der anttwordt von dem Ministro, deme man geschrieben, erwartten."[92]

Endlich griff Ende August auch die Landesobrigkeit in die Streitigkeiten ein, sei es auf Grund des Schreibens, das der Rat im Juli an Herzog Johann gerichtet hatte, sei es, daß inzwischen auch von der Gegenseite Vorstellungen erhoben worden waren. Der Amtshauptmann von Zwickau, Wolf von Weißenbach, und „Her Conrat Nitzsch" luden als landesherrliche Kommissare am 25. August die streitenden Parteien vor sich, um den Zwist beizulegen oder doch wenigstens ein verträgliches Verhalten zu gebieten. Müntzer stand bei den Verhandlungen seinen

---

[89] Die Stelle war tatsächlich im nächsten Jahre noch unbesetzt und wurde Müntzer abermals angeboten. Doch waren für diese Werbung anscheinend ganz andere Dinge mit im Spiel als eben die Rücksichtnahme auf Müntzer. Vgl. dazu Franz, MG, S. 378, Nr. 29. Dazu unten S. 215 f.

[90] Wappler, S. 25 Anm. 92 (K-R v. 4. 8.).

[91] Ebd. S. 25 Anm. 93.

[92] Ebd. S. 25 Anm. 94 (RP vom 16. 8.).

geistlichen Widersachern, „die In einer großen Zal ... erschienen" waren, allein gegenüber. Es gelang den fürstlichen Beauftragten nach eingehendem Verhör mit viel Mühe, daß beide Seiten sich „Miteynander vortragen und zufriede gestellet" gaben, „wiewol wir vermerkt, das sy ethwas fast eynes hitzigen gemüths gegen Eynander gewest". Beide bekamen sie jedenfalls „gesagt, wehs sie sich hir inne halten sollen"[93]. Der Amtshauptmann hatte aus allem Hin und Wider allerdings den Eindruck gewonnen, daß Müntzer sich bei seiner Polemik gegen die Franziskaner in der Wahl seiner Ausdrücke doch erheblich vergriffen hatte und daß seine Methode, durch anzüglich-durchsichtige Redewendungen sein Opfer jedermann kenntlich zu charakterisieren, einer offenen Bloßstellung gleichkam[94]. Außerdem war ihm nicht entgangen, daß der Rückhalt, den Müntzer beim Rate fand, dem Prädikanten Auftrieb gab, sich ungebärdiger zu benehmen als der Sache dienlich war: „Das auch der gemain man von solchen geschwinden worten nicht besserung sondern Ergernus emphahe."[95] So hielt er es für angebracht, auch dem Rate durch den Schösser eine größere Zurückhaltung in ihrer Parteinahme für Müntzer anzuraten[96], nicht ohne ihn darauf hinzuweisen, daß der Stadt „bei den geistlichen und obersten Prelaten ein beschwerung daraus entstehen"[97] könnte, des Landesherrn Kompetenzen aber gegenüber der geistlichen Gewalt unter Umständen begrenzt seien. Der Rat konnte nicht umhin, Mahnung und Warnung des fürstlichen Rates ernstzunehmen und beschloß, „Zu dysem male dem Mgro. kaynen beystandt von Radts wegen thun, sunddern dem Mgro. sagen solle, Er solle hören, wy sich dy handelungen anlaßen vnd was dy furschlege seyn werden"[98]. Damit wollte man sich jedoch von Müntzer nicht ganz zurückziehen und ihn sich selbst überlassen; vielmehr erklärte man zugleich die Bereitschaft, „wo yme so denne ettwas, das yme unleidlich were, furhalten wurde, solte er an den Radtt weyter gelangen laßen, So denne wölle yn der Radtt beystandts nicht verlaßen vnd sich aller gebure Zuhalten wyssen"[99].

---

[93] Weimarer Staatsarchiv Reg. KK 1564 Bl. 2a und b vom 25. 8. 1520.

[94] Weimarer Staatsarchiv Reg. KK 1564: „Ich hab auch ... den Schosser Zum Rath geschickt Inen lassen ansagen, das sy bey dem pfarvorweser/ auch bei gemeltem prediger so vil fürwendung thun wolten, das er sich vordrieslicher und schmelicher wort Gegen Gedachte brudern auff der Cantzel und auch sonst woll enthalten. Ob er sy nicht Nenne Das doch der verstant wol auff sy mag gewonnen werden das man sy damit Meine ..."

[95] Weimarer Staatsarchiv, Reg. KK 1564.

[96] Wappler, S. 25 Anm. 95 (RP v. 29. 8. 1520).

[97] Weimarer Staatsarchiv, Reg. KK 1564.

[98] Wappler läßt (S. 25) die Verhandlung vor den Kommissaren erst nach dem Ratsbeschluß erfolgen, dessen Wortlaut in der Tat eine solche Reihenfolge nahelegen könnte. Doch ist das Schreiben Wolfs von Weyßenbach auf den 25. 8. datiert: „Datum sonabent Nach Bartholomäus Im XX Jar."

[99] Vgl. Anm. 96.

Dem Schlichtungsversuch des landesherrlichen Beauftragten ist demnach ein gewisser äußerer Erfolg nicht versagt geblieben, obgleich sich noch nicht absehen ließ, wieweit die oberen Ordensinstanzen sich zufrieden geben würden. Außerdem erhob sich im müntzerischen Lager sofort Protest. Hier empfand man zum Teil die Müntzer und dem Rat abgenötigte Zurückhaltung nicht nur als eine Beeinträchtigung seiner freien Wirksamkeit, sondern geradezu als eine Begünstigung der heuchlerischen Mönche. Der ehemalige Bürgermeister Erasmus Stuler (Stella), ein eifriger Anhänger Müntzers und sein „Beichtkind"[100], gab der Unzufriedenheit nach dem Bekanntwerden des Ergebnisses der Verhandlung Ausdruck und suchte in einem Brief an den kurfürstlichen Hofprediger Georg Spalatin vom 3. September diesen zu bewegen, seinen Einfluß bei dem Landesherrn geltend zu machen, damit möglicherweise nachträglich noch eine Korrektur des Entscheides herbeigeführt werde[101]. „Man habe", schreibt er, „Frieden zu stiften gesucht, inter euangeliomastigas et concionatorem Cygnaeum Mgrum Thomam Muntzer, olim Lutheri discipulum[102], hominem vitae sanctimonia et eruditione christiana insignem, aber zum größten Nachtheil der Religion. Thomas forti animo fidem in Christum mentibus hominum conatus est inserere." Nach einigen abfälligen Bemerkungen über die Gegner als die „impii" fährt er fort: „Wenn daher unserem frommen Fürsten die Lauterkeit des Evangeliums (euangelica sinceritas) am Herzen liegt — wir alle wissen, daß dem so ist — möge er nach seiner Klugheit dafür sorgen, daß jenen heuchlerischen Kappenträgern (cucullatis hypocritis) nicht zugestanden wird, sich so viel gegenüber den guten und wahrhaft christlichen Menschen herauszunehmen, wie es bisher der Fall war; daß er darüber hinaus dem Zwickauer Rat die erforderliche Vollmacht erteilen möge, die evangelischen Prediger vor den Injurien solcher Verleumder zu bewahren und zu schützen."[103] Schließlich wünscht er, daß Luther Müntzer ermahnen möchte, Zwickau ja nicht zu verlassen.

Unmittelbare Auswirkung hat der Schritt Stulers nicht gehabt. Der durch das Eingreifen des Amtshauptmanns erreichte Verzicht beider Parteien auf grobe Provokationen und aufreizende Polemik führte im Augenblick wenigstens zu einer gewissen Entspannung nach außen hin, wiewohl der sachliche Gegensatz in keiner Weise gemildert war. Auf beiden Seiten blieb ein starkes Ressentiment über das abgenötigte Stillhalteabkommen, das immer wieder Anlaß zu Reibereien gegeben haben

---

[100] Wappler, S. 26; Franz, MG, S. 376,5 f.

[101] Auszugsweise abgedruckt in Gallerie d. Proph., S. 16 f.

[102] Wappler, S. 26 übersetzt: „... ehemals Luthers Schüler". Der Sinn des „olim" ist „seit langer Zeit", meint also ein engeres Verhältnis zu Luther, der ja auch seinen Einfluß auf Müntzer geltend machen soll, in Zwickau zu bleiben.

[103] Übersetzung des nun lateinisch gehaltenen Textes vom Verfasser.

mag. Für die Mönche war es besonders schwer zu verwinden, daß der Rat eben jetzt alles daransetzte, Egran durch ein großzügiges Eingehen auf seine immer höher geschraubten Bedingungen zur Rückkehr zu bewegen[104], und gleichzeitig Müntzer in Zwickau festhielt, so daß also die Prädikantenstellen an den beiden wichtigsten Kirchen der Stadt durch ihre ausgesprochenen Gegner besetzt wurden. Zu deutlich ging aus allem die Tendenz der Stadtväter hervor, die Front der Vertreter des neuen reformatorischen Geistes gegenüber den das Überkommene starr verteidigenden Franziskanern zu verstärken. Beschloß man doch in der Ratssitzung vom 5. September u. a., Egran ausdrücklich zu erklären, „das man yme auch wider alle der evangelischen warheyt widerwertigen, so Inen jn seynen predigten wider dy wahrheyt vnd billigkayt anfechten wurden, trostlichen beystand vnd, souil möglich, schutz zusagen solle"[105]. Man hatte auch das nicht ganz einfache Problem gelöst, Egran die Rückkehr in seine alte Stelle an St. Marien zu ermöglichen und Müntzer den Wechsel nach St. Katharinen nicht als eine Zurücksetzung empfinden zu lassen, indem man übereinkam, „Er solle seynes taylls wol zufride seyn vnd derhalben kaynen widerwillen haben, yme zu cediren"[106]. Es mag zutreffen, daß es im Rat eine Minorität gab, die mit dem reformationsfreundlichen Kurs der städtischen Religionspolitik nicht recht einverstanden war und daß die Besetzung der Prädikantenstelle an St. Katharinen durch Müntzer die beiden Ratsmitglieder, die an dieser Stelle das Vorsteheramt bekleideten, veranlaßte, „umb erledigunge" von diesem Amt zu bitten. Das Ratsprotokoll deutet freilich einen derartigen Grund für das Rücktrittsgesuch der beiden Ratsmänner in keiner Weise an; vielmehr entsprach „man In angesichts des schulten gebrechlickaytt vnd alters ynen des kirchambts Zu erledigen vnd den Veydt sangner nach eyn tzaitt langk do an bleyben laßen . . ."[107].

Am 1. Oktober trat Müntzer sein Amt in St. Katharinen an[108], wo sich unter seiner Kanzel eine etwas anders strukturierte Gemeinde versammelte als in St. Marien und er in seiner seelsorgerlichen Tätigkeit mit einer Bevölkerungsschicht in engeren Kontakt kam, die in sozialer wie wirtschaftlicher Hinsicht die negativen Auswirkungen der allgemeinen Entwicklung besonders empfindlich zu spüren bekam. Hier stieß er auch im näheren Umgang mit den ihm anbefohlenen Menschen auf eine andere religiöse Mentalität, die nicht minder kirchenkritisch bestimmt war als die der gebildeten Schicht, die aber gleichsam in privaten Zirkeln

---

[104] Vgl. Wappler, S. 26 f.
[105] RP vom 5. 9.; zit. b. Clemen, Egran I, S. 18 Anm. 43.
[106] Wappler will (S. 27 Anm. 103) gegen Clemen mit Recht „das Er nicht auf Egranus u. das yme auf Müntzer beziehen, sondern gerade umgekehrt".
[107] Wappler, S. 27 Anm. 104.
[108] Clemen, Egran I, S. 18 Anm. 43 (PS).

eigene Formen frommen Denkens und Empfindens pflegte, die im Prinzip alles normierte und normierende Kirchentum gegenstandslos werden ließen. Stärker wohl als bisher wandte sich sein Interesse diesen Kreisen zu, beschäftigten ihn die Gegebenheiten ihres äußeren wie inneren Lebens und nötigten ihn, sich damit auseinanderzusetzen. Von irgendwelcher Polemik gegen diese „kirchlichen Außenseiter" hören wir nichts, vielleicht ein Zeichen dafür, daß er keinen Grund sah, sich ihnen entgegenzustellen, wie sie ihn ihrerseits als einen ernsthaften Vorkämpfer rechter Christlichkeit anerkannten, möglicherweise in kritischer Absage an Egran als einen bloß „auch-reformatorischen" Prediger.

In der zweiten Hälfte des Oktober nahm auch Egran seine Tätigkeit in Zwickau wieder auf[109], so daß das Ziel des Rates erreicht schien: er hatte auf seinen beiden wichtigsten Kanzeln Männer des neuen Geistes stehen. Kaum war der gelehrte Mann in der Stadt angekommen, wurde ihm in einem vom 24. Oktober datierten Schreiben durch den bischöflichen Kanzler Schmidberg offiziell zur Kenntnis gebracht, was ihm wohl vorher schon zugetragen worden war, nämlich daß Eck bei der am 21. September in Meißen vollzogenen Promulgierung der Bannandrohungsbulle gegen Luther unter den „aedhaerentes eius et complices" auch Johannes Sylvius Egranus aufgeführt habe[110]. Schmidberg, der mit dieser Mitteilung nur notgedrungen seiner Amtspflicht genügt hatte, sah daraus in Verbindung mit Egrans Rückkehr nach Zwickau verständlicherweise schon neue Komplikationen erwachsen und bat den „integerrimum amicorum", sich doch ja so zu verhalten, „ne vel offendiculum aut seditio vel discordia in diocesi Numburgensi exoriatur"[111]. Ihm war nicht wohl bei dem Gedanken, den vom Bann bedrohten Egran mit Müntzer zusammen in Zwickau zu wissen, wo sich der Gegensatz zwischen dem alten und dem neuen Glauben schon so weit zugespitzt hatte. Bei dem großen Unmut, den das Vorgehen Ecks weithin erregte, erschienen seine Bedenken auch keineswegs unberechtigt, zumal wenn Müntzer etwa Egrans Sache auch zu der seinen machte und beide sich nun als Vorkämpfer der neuen Gedanken des Wittenberger Mönches zusammenfanden. Und doch erwiesen sich alle derartigen Befürchtungen als grundlos. Gewiß, die lutherfreundlichen Humanistenkreise umgaben Egran mit dem Glorienscheine eines Märtyrers der guten Sache; Müntzer aber sah den gefeierten Mann aus der Nähe mit anderen Augen an und fand keinen Grund zur Begeisterung für ihn, so wenig wie dieser nach seinen neuen Informationen über den „Amtsbruder" eine Neigung verspüren mochte, engeren Anschluß an Müntzer zu suchen.

[109] Einen genaueren Termin für seine Rückkehr nach Zwickau anzusetzen, ist kaum möglich. Vgl. dazu Clemen, Egran I, S. 19.

[110] Ebd. S. 19 f. Die in Anm. 52 aus dem Ratsprotokoll vom 20. 6. 1520 zitierte Stelle ist freilich nicht auf Egran, sondern auf Müntzer zu beziehen.

[111] Ebd. S. 20.

Egran hielt, zumal nach der Mahnung Schmidbergs, sorgsam auf Distanz gegenüber dem „lutherischen Eiferer", schon um Ecks Vorwurf, einer der gefährlichen „complices Lutheri" zu sein, nicht als gerechtfertigt erscheinen zu lassen. Er konnte nicht leugnen, daß er, wie viele seiner humanistischen Freunde, Luthers Auftreten begrüßt und seinen mutigen Kampf gegen die Mißstände in der Kirche in Theologie und Frömmigkeit dankbar anerkannt, sich offen auch für Luther ausgesprochen und ihm bezeugt hatte, daß er das Evangelium wieder machtvoll an den Tag gebracht habe. Aber er war und blieb sein Leben lang im Grunde seines Wesens ein Erasmianer und fand daher nie den rechten Zugang zum Verständnis dessen, worum es Luther in seinem reformatorischen Wollen letztlich ging[112].

Die absolute Geltung des Wortes Gottes stand für Egran nicht derart in Kraft wie für Luther. Das „Evangelium" war hier und dort gleichsam eine andere Größe, und den unbedingten Ganzheitsanspruch, der mit der Anerkennung die Entscheidung fordert, hat Egran nie erfaßt. In seiner Sicht wollte auch er das Evangelium als Norm der Verkündigung herausstellen und so zur Grundlage allen christlichen Lebens machen: „Ich kan vnd will nitt das meine wagen, auch nit, was andern gefellett vnd was der gemeine irrige gebrauch helt, sondern was mich das euangelium lernett, das ist vnd sall sein ein richttscheitt vnd schnur meiner predigett."[113] Von daher kam er zu seiner freimütigen und oft weitgehenden Kritik an den kirchlichen Lehren und Gebräuchen. Aber er wollte von extremen Folgerungen nichts wissen, war umgekehrt gern bereit, vieles hinzunehmen, „wu es allein dem Euangelio nit entkegen"[114], und zeigte darin dann freilich eine erstaunliche Weitherzigkeit, die mit seinem Ansatz unvereinbar erscheint. Weil er nicht genügend in die Tiefe ging und keinen Drang in sich verspürte, zu prinzipieller Klarheit zu gelangen, war er bald zu vermittelndem Ausgleich bereit und das um so mehr, als er es als vordringliche Aufgabe ansah, an der Einheit der Kirche in der Weise festzuhalten, daß um dieser Einheit willen auch ernsthafte Differenzen zurücktreten sollten. Wo jedoch das Evangelium als Maßstab selbst eine dehnbare Größe war, war dem Einfluß fremder Gesichtspunkte Tür und Tor geöffnet. Es ist bezeichnend, daß Egran in seinem „Sermon von dem Sakrament des Altars" zu der utraquistischen Praxis der Böhmen sagen kann: „Wiewoll sie ires thuens ein grundt haben auß dem Euangelio, das sie es gebrauchen under beider gestallt, ßo sundigen sie doch widder die einigkeitt der kirchen, zcuvorauß in einer sachen, daran nichts gelegen ... Sie solden das Euangelium fahren

---

[112] Vgl. zu Egran Buchwald, Lehre Egrans, S. 163—202; Kirchner, Diss. bzw. die besser zugängliche Kurzfassung seiner Dissertation (zit. Kirchner, Egran).

[113] Buchwald, Lehre Egrans, S. 198.

[114] Ebd. S. 199 (in der Vorlage gesperrt).

lasßen und bleiben bey der eynigkeitt der kirchen."[115] Kein Wunder, daß
der bei allem Widerspruch gegen die herrschenden Zustände auf eine
allmähliche, in sorgsam gelenkter Entwicklung sich vollziehende Wandlung bedachte Mann die aggressive Schärfe einer prinzipiellen Kritik an
den Grundlagen des ganzen alten Systems nicht mitmachen wollte. Er
konnte Luther darin nicht folgen, und es ist nicht zufällig, daß er seinen
ersten und bleibenden Anstoß offenbar an dem sola fide des Reformators[116] nahm. Er hat mit großem Nachdruck auf die entscheidende Bedeutung des Glaubens hingewiesen: „Halts darvor, das vill thaußent
ßelen vorlorn sein, das mahn den glauben nitt gepredigett hat, daruber
will ich mein sehell zcu pffande setzen"[117]; „Welcher den Christum erlangett durch den glauben, der hatt alles erlangtt, derhalben ist aller getrau, trost und hoffnung uff ihn zcusetzen, must ihm alle deine sunde
uff den rugken legen, er kans woll tragen, ans creutz mustu sie hengen,
sunsten wirstu ir nimmer mehr loß"[118]; „ein nerrisch dingk ist, das wir ein
andern wegk suchen liberari a peccatis, nisi per eum filium unigenitum
Christum, der vormagk mehr dan aller ablaß, den alle walfarthen etc.
die dir nitt mochten ein tegliche sunde wegk nehmen."[119] Aber er
konnte es sich nicht zueigen machen, daß Luther lehrte, „opera bona
nihil valere"[120]. Er bewährte sich auch hier als echter Erasmianer, der
die am Verdienst- und Vergeltungsgedanken ausgerichtete Verbindung
von Sittlichkeit und Religion nicht preisgeben wollte, obgleich er die
massiven Formen der in der Kirche herrschend gewordenen äußeren
Werkgerechtigkeit ablehnte. Das *sola fide* in seiner notwendigen Beziehung zum *sola gratia* war ihm unannehmbar. Darin und darum schied
er sich schon im Oktober 1520 von Luther und griff auch später öffentlich gerade dieses Thema in bewußter Gegnerschaft zu Luther wieder
auf[121]. Wenn Luther am 4. November über Egran schrieb: „Lipsiam iuit,
forte cum Eccio pacturus"[122], so war das eine wohl begründete Vermutung. Luthers Enttäuschung über diesen Schritt beruhte dagegen auf
einer unzureichenden Kenntnis der eigentlichen Haltung des vermeintlichen Parteigängers, der durch seine Sympathiekundgebung wohl Anlaß
zu diesem Mißverständnis gegeben hatte, aber ein inneres Recht besaß,
sich nach klarerer Abzeichnung der Fronten dagegen zu verwahren, mit
Luther einfach in einen Topf geworfen zu werden. Daß den sehr um
seine ungestörte Ruhe besorgten Humanisten außerdem noch persönliche Beweggründe zu seinem Schritt bewegt haben dürften, ist allerdings
nicht von der Hand zu weisen.

---

[115] Egrans Predigten, S. 79 f.　　　　[116] Vgl. WA Briefe II, S. 211,52 ff.
[117] Egrans Predigten, S. 16.　　　　　[118] Ebd. S. 17.
[119] Ebd. S. 18.　　　　　　　　　　　[120] Vgl. Anm. 116.
[121] Vgl. dazu Clemen, Egran II, S. 11 ff.; 23 ff.
[122] Vgl. Anm. 116.

Luther gebraucht sehr starke Ausdrücke für die Art, in der sich Egran mit ihm auseinandergesetzt habe: „. . . vir(que) coercitus est a publica mei infamia. denique insultavit mihi atque adeo provocavit homo indoctissimus in re Theologica."[123] Sollte sich dann dieser Mann in Zwickau eine größere Zurückhaltung auferlegt oder über seine Differenzen mit Luther ganz geschwiegen haben? Er gehört allerdings nicht zu denen, die ihr mehr oder minder lautes Ja nun, wo sie in das Verhängnis des Mönches mit hineinzugeraten drohten, durch ein um so lauteres Nein zu übertönen suchten. Andererseits sah er aber auch keine Veranlassung, sich stärker auf Luthers Position festlegen zu lassen, die er aus sachlichen wie persönlichen Gründen nicht als die seine anerkennen konnte noch wollte. Man wird daher annehmen dürfen, daß er in dem ihm eigenen Bemühen um eine neutrale Haltung, seine Zustimmung zu Luther wie seine Kritik an ihm nicht gerade an die „große Glocke" hing, jedoch seiner Meinung Ausdruck gab, wo es ihm angebracht erschien. Daß er dem Amtsbruder an St. Katharinen daher mit einiger Reserve begegnete, mußte ihm in seiner augenblicklichen Situation einfach als ein Gebot der Klugheit erscheinen; er wollte jeden Verdacht einer engeren Beziehung zu dem scharfen Parteigänger Luthers vermeiden. Zudem stand Müntzer gerade in der Frage der *bona opera* nach dem, was Egran von ihm über seinen Streit mit den Franziskanern erfahren haben mochte, durchaus auf der Seite Luthers, und es konnte ihn kaum locken, deswegen in einen Disput mit Müntzer verwickelt zu werden, zumal dessen temperamentvolle Aggressivität seiner ruhigen, ausgleichenden Natur widersprach.

Auf der anderen Seite war die Vorstellung, die sich Müntzer noch vor Egrans Eintreffen in Zwickau von ihm gebildet hatte, schwerlich dazu angetan, ihm unbefangen zu begegnen. Es konnte ihm nicht entgangen sein, daß der von den Zwickauern so lebhaft umworbene Geistliche Bedingung über Bedingung stellte, bis er sich endlich dazu herabließ, dem Rufe des Rates zu folgen. Er wußte sicherlich von den Zusagen, die man ihm auf seine Wünsche hin gemacht hatte: „Item des tisch halben, das der Radt do zu vleysigen vnd fordern wolle, do mitte er seynen tisch etwo bey eynem burger jn der stadt zu vbirkommen vnd jn der pfarre nyt essen nach den tisch do jnne haben dörffe. Item des fruhen predings halber jm wynter an wergken tagen etc. vnd sunderlich jm aduent, das er beschwerunge hat Myt Irbitungen, jn der fasten vnd zu andern gezeitten desto bessern vleyß furzuwenden etc., sall man ynen zusage zu releuiren. Vnd das man zu denselben gezeiten die predigten durch den terminarium vnd wy man sunst möge bestellen solle."[124] „Sunderlich auch, das er releuirt seyn solle von dem circuitu, das er an gemeynen feyerlichen Tagen nyt mit dorff vmbgehen, Es sey dann das alle vicarien mit

---

[123] Ebd. S. 211,53—55.
[124] RP vom 5. 9. 1520; zit. bei Clemen, Egran I, S. 18 Anm. 43.

vmbgehen an großen festen, domitte er in seynem studio desto weniger molestiert vnd verhindert werde ...“[125] Wenn man wie Müntzer einen Großteil der Schuld an der Verwirrung in der Kirche besonders bei den *pastores animarum* suchte und fand, mußten derartige Forderungen eines Seelenhirten notwendig skeptisch stimmen. Konnte es einem solchen Manne wirklich ernst sein mit der Sorge um das Heil der ihm anvertrauten Seelen? War diesem Manne nicht sein gelehrtes Studium wichtiger als die *cura animarum*, ganz abgesehen von seinen finanziellen Wünschen? Verstand er überhaupt etwas von Theologie? Die Bedenken mußten sich steigern, als Müntzer in Erfahrung brachte, daß Egran sich von Luther distanzierte, wo es gerade gegolten hätte, sich zu ihm zu bekennen. Und die Frage, um deretwillen er sich von Luther distanzierte, offenbarte nun eindeutig, daß er, mit Luthers Worten gesprochen, ein „homo indoctissimus in re Theologica“ war. Einem Müntzer mußte von seinem Standpunkte aus das Verhalten Egrans schlechthin als Verrat an der Sache des Evangeliums erscheinen. Man tut Müntzer Unrecht, wenn man meint, daß die „offenbare Bevorzugung des Egranus ... den Ehrgeiz Müntzers ... bitter gekränkt“ habe und es infolgedessen kein Wunder sei, „wenn schon gleich nach des Egranus Rückkehr ... das Verhältnis zwischen beiden ... getrübt war“[126]. Solche Motive mögen nicht ganz ausgeschlossen sein, doch stand man sich allem Anscheine nach von vornherein auf Grund sachlicher Differenzen mit kühler Reserve gegenüber, die sehr schnell, zumal auf Müntzers Seite, zu einer Entfremdung, ja zu ausgesprochenem Mißtrauen führte.

In Wittenberg war man schon am Ende des Monats — sei es durch den mündlichen Bericht eines von Müntzer an Agricola gewiesenen Unbekannten[127], sei es durch ein Schreiben von ihm selbst — darüber unterrichtet, daß Müntzer nicht übel Lust zu haben schien, den so sehr als evangelischen Prediger gerühmten Mann zu stellen, um zu klären, wieweit er wirklich als ein Anhänger der Reformation anzusehen sei. Man verstand hier nur zu gut, daß er an Egrans Haltung Anstoß nahm; zumindest Agricola kannte aber auch das Temperament seines Freundes genügend, um zu besorgen, daß ein heftiger Konflikt zwischen den beiden Männern dann unvermeidlich sei und neue Unruhe in Zwickau heraufbeschwören würde. Darum richtete er umgehend am 2. Nov. 1520 einen beschwörenden Appell an den „amicus desyderabilis“, im heiligen Namen Jesu ja nichts gegen Egran in der Öffentlichkeit in einer Ärgernis erregenden Weise zu betreiben oder ins Werk zu setzen[128]. Er kritisierte nicht Müntzers ungünstiges Urteil über Egran, im Gegenteil, er pflich-

---

[125] RP vom 1. 10. 1520; ebd. S. 18 Anm. 43.
[126] Wappler, S. 27—28.
[127] Vgl. den Brief Agricolas an Müntzer vom 2. 11. 1520 bei Franz, MG, S. 362,12 ff.
[128] Franz, MG, S. 362,5 ff.

tete ihm bei: „Scimus, quam importunus sit atque quam inconstantis animi nihil habens humanitatis nec tantillum quidem."[129] Trotzdem soll er ihn in Ruhe lassen. Ebenso meinte auch Luther: „Inutilis est prorsus, ac cito dimittendum."[130] Müntzer kannte die aburteilenden Sätze nicht, die Luther über Egran, zwei Tage nach Agricolas Brief, an Spalatin geschrieben hatte; so folgte er zunächst der dringenden Mahnung Agricolas, mochte es ihm auch schwerfallen, an sich zu halten, wenn er /in Zwickau vernahm, was dieser Mann als evangelischen Glauben predigte. Es lag ihm daran, den Zusammenhalt mit den Wittenbergern nicht zu verlieren, die ihn offenkundig auch ganz als einen der ihren betrachteten, da man das Schreiben Agricolas zweifellos nicht als ein Dokument nur der persönlichen Beziehungen zwischen Absender und Empfänger werten kann. Gerade im Blick auf seine gegen Egrans Theologie geäußerten Bedenken als „homo theologus" angesprochen zu werden, war dem in τῷ Χριστῷ *fratri* gewiß nicht gleichgültig. Mehr noch dürfte es für ihn bedeutet haben, daß an der Stelle, wo die Humanisten sich gegenseitig mit überschwenglichen Huldigungsfloskeln bedachten, mit den Worten der Apostelgeschichte über die Geißelung der Apostel das „gratulor condicioni tuae" stand, daß er gewürdigt sei, um des Namens Christi willen Schmach zu leiden. Das schloß für ihn die Anerkennung seiner Bewährung als eines echten evangelischen Predigers in sich. „Sei stark in dem Herrn", war ihm ein ermunternder Zuspruch, den er vielleicht nicht ohne allzumenschliche Selbstgefälligkeit zu der wenige Zeilen zuvor gegebenen Charakterisierung Egrans als „inconstantis animi"[131] in vielsagende Beziehung setzte.

Zwei bis drei Wochen später konnte Müntzer Luthers Schrift „Von der Freiheit eines Christenmenschen" lesen, die „dem fursichtigen und weißen hern Hieronymo Mülphordt statvogt Zu Zwickaw meynen besondern günstigen freund und Patron" gewidmet war[132]. In der Widmung stand ehrend, wenngleich ohne besondere Prädizierung, der Name Egrans: „. . . der wirdig Magister Johan Egran, ewr. löblichen stat Prediger, hat mir hoch gepreysset ewr lieb und lust, ßo yhr zu der heyligen schrifft traget, wilch yhr auch emßlich bekennen und fur den menschen zu preyßen nit nachlasset. Derhalben er begeret, mich mit euch bekennet zu machen . . ."[133] Den Hinweis auf Mülphordt mochte Egran bei seinem Besuch in Wittenberg Anfang Oktober[134] Luther gegeben haben. Aber nutzte der Reformator nun nur die erste sich bietende Gelegenheit

---

[129] Ebd. S. 362,7 f. [130] WA Briefe II, S. 211,55.
[131] Franz, MG, S. 362,8.
[132] Zur Geschichte des Druckes vgl. WA VII, S. 12 ff.; Clemen, LW II, S. 1 ff.
[133] WA VII, S. 20.
[134] Wann Egran bei Luther in Wittenberg gewesen ist, läßt sich nicht eindeutig festlegen. Vgl. WA Briefe II, S. 212 Anm. 17.

aus, der Anregung zu entsprechen und dem damaligen Stadtvogt von Zwickau durch die Widmung der deutschen Fassung der Schrift seine Reverenz zu erweisen, oder nahm er wohlbedacht und mit leichter Ironie die Möglichkeit wahr, dem einflußreichen Zwickauer Patrizier seine von Egran nicht akzeptierte Meinung zum Thema Glauben und Werke darzulegen, ohne daß der in der Widmung angegebene Zweck der Schrift auch nur entfernt den Verdacht einer Kritik an Egran hätte aufkommen lassen können? Müntzer dürfte es freilich nicht entgangen sein, daß die Anschauungen seines Rivalen in diesem wesentlichen Punkte im Widerstreit zu Luthers Anschauungen standen. Ob und wieweit er davon offen oder insgeheim Gebrauch machte, entzieht sich unserer Kenntnis. Allein daran kann kein Zweifel sein, daß er Egrans Ansehen in der Stadt, je länger desto mehr, Abbruch tat. Wenn dieser sich natürlich auch in bestimmten Kreisen nach wie vor großer Wertschätzung erfreute, er empfand sehr bald, daß er nicht mehr die gleiche Resonanz fand wie früher und der Prädikant von St. Katharinen als der konsequentere bzw. radikalere Vertreter der Reformation größeren Anhang gewann, und das nicht nur in den unteren Schichten. Seiner erasmischen Wesensart widersprach zudem das provokatorische Auftreten Müntzers, das ihm eine gedeihliche Zusammenarbeit mit ihm unmöglich machte. So entschloß er sich, die ihm gründlich verleidete Tätigkeit in Zwickau so bald wie möglich aufzugeben.

Schon Mitte Dezember reichte er dem Rat sein Entlassungsgesuch ein, und der Rat ließ ihn gehen, ohne dieses Mal ernsthafte Anstrengungen zu machen, ihn festzuhalten: „Dyweyl Er seynen vrlaub gebeten, sall man sich vmb aynen andern bemuhen ...“[135] Nicht als hätte man ihn ohne Bedauern ziehen lassen, galt er doch trotz allem vielen als ein gelehrter Mann, der den modernen Strömungen im geistigen und religiösen Leben der Zeit offen gegenüberstand; der Rat gab ihn auch nicht etwa frei in „der Meinung, daß er einen Gebannten nicht länger in Diensten behalten könne“[136]. Man hatte einfach die Querelen des ewig Unzufriedenen endlich satt, zumal man seines Bleibens trotz allem Entgegenkommen niemals sicher war. Dieser und jener Ratsherr mochte auch hoffen, einen besseren Anwalt der lutherischen Sache als seinen Nachfolger für Zwickau zu gewinnen. Es ist jedenfalls für die Einstellung des Rates nicht belanglos, um wen man sich als neuen Prädikanten bemühen wollte: „furderlich vmb den, der zu Gutterbach [Jüterbog] predinger gewest vnd ytzo zu Wittenbergk sayn solle. Derwegen Doctori Martino zuschreyben adder Mgrum Thomam, den predinger zu S. Katharin schreyben lasen.“[137] Das ist niemand anders als Franz Günther, der im

---

[135] RP vom 15. 12. 1520; zit. bei Clemen, Egran I, S. 22 Anm. 58.
[136] So Clemen, Egran I, S. 22.
[137] RP vom 15. 12. 1520; zit. bei Clemen, Egran I, S. 22 Anm. 58.

Frühjahr 1519 als Prediger in Jüterbog bei den Franziskanern so schweres Ärgernis erregt hatte und sich kurze Zeit von Müntzer hatte vertreten lassen. Es ist so gut wie sicher, daß die Absicht, Günther zu berufen, auf eine Anregung Müntzers zurückgeht. Zwar verwirklichte sich der Plan nicht, da Günther durch Luthers Vermittlung Ende August bereits die Pfarrstelle in Lochau übernommen hatte, aber dieser Vorgang zeigte unmißverständlich, daß Müntzer in Ansehen stand und einigen Einfluß in der Stadt und auf den Rat gewonnen hatte. Seine Position war seit dem Konflikt mit den Bettelmönchen gefestigt, und Egrans Haltung hatte in den sechs bis acht Wochen seiner Wirksamkeit neben Müntzer bisher diese Stellung eher gestärkt als beeinträchtigt. Daß das nicht nur im Blick auf die politisch wie geistig führende Schicht galt, sondern nicht minder hinsichtlich breiter Kreise der Zwickauer Bürgerschaft, sollte sich bald erweisen.

Unter dem 26. Dezember 1520 berichten die Annalen Peter Schumanns: „Donnerstag am tag Steffani im weinacht feyertagen [26. Dez.] hatt thomas muntzer ... vff der Cantzel durch sein Anregen das volck bewegt, das sie einen Priester, Er niclas Hofer, pfarrer zu Marienthal, ... mit kot und steinen von S. katharinen kirchhoff ahn durchs schloß naus den graben numb geworfen haben, das er kaum mit dem leben daruon kam, darumb das er muntzern etwo gelugstrafft hatte. ist entlich durch Peter kolben hawß vnd hinden durch die gerten daruonkomen."[138] Das ist die erste gewaltsame Aktion unter dem unmittelbaren Eindruck der Predigt Müntzers in Zwickau; gewiß in der allgemeinen Perspektive nicht mit Unrecht als der Auftakt seines revolutionären Stürmens und Drängens angesehen, aber in ihrer konkreten Bedeutsamkeit zumeist von dem Urteil über den späteren Müntzer her einseitig interpretiert. Der Tatbestand scheint so weit klar, daß an dem genannten Tage eine erregte Schar von Gottesdienstbesuchern in St. Katharinen den Pfarrer von Marienthal, Nikolaus Hofer, auf dem Katharinen-Friedhof tätlich angegriffen und ihn aus der Stadt hinausgejagt hat, so daß er sich nur mit knapper Not in Sicherheit bringen konnte[139]. Müntzer dürfte wohl auch insoweit als der geistige Urheber dieses Exzesses anzusehen sein, als er sich in seinen Predigten am Stephanstag über Hofer in einer Weise geäußert hat, die dazu angetan war, hitzige Gemüter in der Leidenschaft des Augenblicks zu Ausschreitungen zu veranlassen, doch hat er schwerlich direkt dazu aufgefordert. Man muß zu dem Bericht Peter Schumanns die Notiz im Ratsprotokoll vom 29. Dezember hinzunehmen, um ein klareres Bild zu gewinnen. „Ist beschlossen, das man yme [Hofer] seyne ersuchen nach sicherung vnd geleydtt, sich Zuuorantworten, Zuschrey-

---

[138] PS nach Clemen, Egran I, S. 24 Anm. 61.
[139] Dazu der Bericht der „Historien" bei Seidemann, Th. Müntzer, S. 108.

ben vnd, wohe Er nyt guthe andtwordt Zu deme, das er beschuldiget, Er solle den predinger vnd alle dy yme anhengigk ketscherische schelck vnd beßwichte gescholten haben etc., do Zu thuen wurde, Sall man yme sagen seynen hoff ferder Zusetzen."[140] Hätte der Rat sich bei aller Parteilichkeit für Müntzer so einseitig gegen Hofer erklären und Müntzer unbeanstandet lassen können, wenn dieser in seiner Predigt unmißverständlich zu einem Gewaltakt gegen den Pfarrer von Marienthal aufgefordert hätte? Das ist wenig wahrscheinlich. Zugleich geht aus dem Ratsprotokoll hervor, was den Prediger zu seinem persönlichen Angriff auf Hofer veranlaßt hat. Schumann gibt als Grund an: „Darumb das er muntzern etwo gelugstrafft hatte"; hier dagegen wird gesagt, Hofer „solle den predinger vnd alle dy yme anhengigk ketscherische schelck vnd beßwichte gescholten haben". Bei der Müntzer eigentümlichen Verquickung seiner Person mit der von ihm vertretenen Sache sah er darin einen Angriff auf das Evangelium selbst, empfand er diese persönliche Beschuldigung in der Sache als eine Gotteslästerung und konnte dann wohl in seiner Predigt über die ungerechte Steinigung des Stephanus[141] wegen Gotteslästerung bei seiner großzügigen Art der Gedankenführung zu einer Wendung kommen wie etwa der, daß sich auch heute noch die wahren Jünger Jesu von den pharisäischen Priestern, wie zum Beispiel dem Pfarrer von Marienthal, als Gotteslästerer beschimpfen lassen müssen, während diese eigentlich jene als die wirklichen Gotteslästerer zur Stadt hinausjagen und steinigen sollten. Solch ein aus dem Text herausgesponnener Gedanke, in der Kirche gerade gehört, wurde von aufgebrachten Anhängern des Predigers wohl vor der Kirche in die Tat umgesetzt, als der „gotteslästerliche Verleumder" ihnen gleich darauf in die Arme lief.

Dieser Versuch einer Rekonstruktion der Vorfälle am Stephanstag kann das Geschehen nicht verharmlosen, noch Müntzer von aller Schuld freisprechen wollen. Denn wie immer er sich geäußert haben mag, er brach offenbar mit dieser Predigt das Stillhalteabkommen vom 25. August; zwar nicht speziell gegenüber den Minoriten, aber doch gegenüber den Verfechtern des alten Glaubens schlechthin. Sein Gebaren in den nächsten Wochen läßt auch die Vermutung aufkommen, daß es sich in seiner Kanzelpolemik gegen Hofer nicht etwa nur um eine gelegentliche Entgleisung gehandelt hat, sondern daß er bewußt wieder eine schärfere und entschiedenere Haltung einnehmen wollte, wie sie seinem ganzen Wesen auch mehr entsprach als die in den letzten Monaten widerwillig geübte Zurückhaltung. Die ruhige Mäßigung schlug in eine provozierende Angriffslust um, die sich wenig oder gar nicht erst noch als bloße Verteidigung zu rechtfertigen suchte. Es wäre grundsätzlich nicht

---

[140] RP vom 29. 12.; zit. bei Wappler, S. 32 Anm. 129.
[141] Act. 7,56.

ausgeschlossen, daß die Verketzerung durch den Marienthaler Pfarrer den impulsiven Prädikanten nun seinerseits wieder zur Offensive übergehen ließ. Doch will es mir scheinen, als stehe seine erneute Aktivität in einem unmittelbaren Zusammenhange mit dem Feuergericht Luthers in Wittenberg, d. h., daß Luthers demonstrative Verbrennung des „corpus juris canonici" und der Bannandrohungsbulle ihm recht eigentlich den Anstoß dazu gegeben hat, auch seinerseits aus der erzwungenen Reserve herauszutreten und nun in seiner Weise zu „demonstrieren". Johann Caphan hatte ihm in eben diesen Tagen berichtet: „Martinus nempe omnes juridicos codices cum papistica bulla et multis aliis Romanistarum libris comburi fecit."[142] Er hatte ihm gleichzeitig Luthers Schrift „Warum des Papstes und seiner Jünger Bücher von D. Martin Luther verbrannt sind" übersandt[143]. Das konnte seine Wirkung auf Müntzer nicht verfehlen, mußte ihn zur Nacheiferung anspornen. Erhält nicht von hier aus seine Predigt am Stephanstag ihre eigentliche und besondere Aktualität? Ist es nicht weiterhin von da aus zu verstehen, daß er die Aufforderung des Offizials zu Zeitz, sich wegen der Vorgänge am 26. Dezember „aldo zu stellen vnd zuuorantworten", am 13. Januar 1521 von der Kanzel herab damit beantwortet, daß er den Offizial nach Zwickau zitiert, „sich uffn predigstull zu stellen vnd gottes wort zuvorkundigen"? Oder wenn er zwei Tage später sich hat „von der Cantzel vernehmen lassen, wie das noch etzliche gottlose pfarrer vffn lande weren, als der pfarrer zu glauch vnd andere mehr, welche wieder gotts wort vnd wieder ihn sein wolten, vnd wo sich dieselbigen nicht welten bekeren, so wolt er sie in bahn thun etc. oder, wen sie gen Zwickaw komen, solten sie mit kot vnd steinen nausgeworfen werden etc."[144]? Das ist gleichsam Müntzers Echo auf Luthers feierliche Erklärung: „So bynn ich yhe unwirdig eyn getauffter Christen, Datzu eyn geschworner Doctor der heyligen schrifft, Ubir das ein teglicher prediger, dem seynis namenß stands, eydiß und ampts halben gepurt, falsch, vorfurische, unchristliche lere zuvortilgen odder yhe wehren. Und wie wol viel mehr ynn gleycher pflicht seynn, die doch dasselb nit thun wolten odder mochtenn, villeycht auß unvorstand oder geprechlicher furcht, Were ich dennoch nit damit entschuldigt, ßo meyn gewissen, gnugsam vorstendigt, und meyn geyst, mutig gnug von gots gnaden erweckt, yemands exempell ließ mich auff halten."[145]

Hinter Müntzers Erklärungen stünde dann zunächst nichts anders als der durch Luthers Tat wieder in ihm entflammte Wille, seinen Beruf als

---

[142] Franz, MG, S. 363,7—9. Dieser Johann Caphan könnte identisch sein mit dem Unbekannten, von dem Agricola in seinem Briefe vom 2. 11. 1520 spricht.

[143] Zur Datierung des Schreibens von Caphan (ca. 20. 12.) vgl. Franz, MG, S. 363 Anm. 1.

[144] PS, zit. bei Clemen, Egran I, S. 24 Anm. 61.

[145] WA VII, S. 162,8—15; Warum des Papstes und seiner Jünger Bücher von D. Martin Luther verbrannt sind. 1520.

Berufung ernstzunehmen, einer von denen zu sein, „dem seines Namens-, Standes-, Eides- und Amtes halben gebührt, falsche, verführerische, unchristliche Lehre zu vertilgen oder zu wehren". Der Rat sah sich, wie schon erwähnt, nicht veranlaßt, gegen Müntzer anzugehen, zog vielmehr Hofer wegen des Vorwurfes der Ketzerei gegen Müntzer zur Rechenschaft. Als Hofer sich nunmehr bei seinen Oberen beschwerte, geschah es wohl nicht, ohne daß nicht auch der Rat seine Sicht der Dinge „an dy bischeffliche Rete vnd stadthalter" berichtet hätte[146]; in welchem Sinne kann nicht zweifelhaft sein, zumal ja die meisten Ratsmitglieder bei ihrer Stellung zu Müntzer sich selbst als ketzerische Schlangen und Bösewichte gescholten fühlen mußten. Der neue Offizial, Dr. Caspar Thams, gab sich jedoch so leicht nicht zufrieden; er zitierte Müntzer am 13. Januar nach Zeitz, sich zu verantworten[147]. Daß dieser die amtliche Vorladung mit einer demonstrativen Gegenerklärung von der Kanzel herab beantwortete, brachte den Rat in eine schwierige Situation; denn konnte er das nach dem sehr deutlichen Monitum vom 25. August noch ohne Beanstandung hinnehmen und gar decken? Trotzdem setzte er sich abermals für den renitenten Prädikanten ein in dem Bewußtsein, daß jetzt mehr auf dem Spiele stand als lediglich die Person Müntzers, so sehr es konkret darum ging, dessen persönliches Verhalten zu rechtfertigen und nachteilige Folgen von ihm abzuwenden. Man bemühte sich, durch rasches Handeln bei der bischöflichen Behörde in Zeitz Weiterungen zu vermeiden. Offenbar noch an dem gleichen Tage, da Müntzer seine Erklärung abgegeben hatte, vermochte man zwei Müntzer nahestehende Geistliche, die beiden Magister Wolfgang Löhner und Wolfgang Zeyner[148], „dem Radte zugefallen vnd der sachen zugute" zu bewegen, „vff vsgegangene Citation gen tzeits zu zihen etc. dy sache zu unterbauhen und abzuwenden"[149]. Tags darauf erfüllte man durch Ratsbeschluß die von den beiden Geistlichen gestellte Bedingung, außerdem noch je zwei Vertreter des Rates und der Gemeinde zu entsenden, „dy notturft von Radts vnd der gemeynde wegen furzuwenden". Nach weiteren 24 Stunden war die sechsköpfige Gesandtschaft bereits auf dem Wege, „die sache in der gute zu vortragen"[150]. Es gelang tatsächlich, die

---

[146] Notiz im RP vom 1. 1. 1521: „pfarrer Zu Mergentahll. Soll man dy schrifft, wy dy an dy bischeffliche Rete vnd stadthalter gestellet adder begriffen, vßgehen laßen" (Wappler, S. 33 Anm. 132).

[147] PS, zit. bei Clemen, Egran I, S. 24 Anm. 61: „1521 Sontag nach Trium Regum [13. Jan.] ist Thomas muntzer von Caspar tham, dem Official zu Zeits, von ampts wegen, gen Zeits citirt worden, sich aldo zu stellen vnd zuuorantworten, welchs muntzer nicht hat thun wollen, Sondern hat den Official offentlich von der Cantzel wieder citirt gen Zwickaw, sich vffn predistull zu stellen vnd gottes wort zuvorkundigen."

[148] Angaben über beide bei Clemen, Egran I, S. 24 Anm. 61.

[149] Zit. b. Clemen, Egran I, S. 24 Anm. 61.

[150] Vgl. Wappler, S. 34.

Angelegenheit zu Müntzers Gunsten zu erledigen; wir hören jedenfalls nichts von irgendwelchen Maßnahmen gegen ihn, weder wegen der Vorgänge am Stephanstage noch wegen seiner Weigerung, der Vorladung zu folgen. Dagegen wird die Pfarrstelle zu Marienthal am 6. Februar neu besetzt, war Hofer also, der Ankündigung des Rates entsprechend, seines Amtes enthoben worden, wenn er nicht unter den obwaltenden Umständen freiwillig verzichtet hatte[151].

Müntzer haben die Sorgen, die sich der Rat um seinetwillen machte, wenig bekümmert. Er quittierte die Bemühungen, ihn vor dem Zugriff der bischöflichen Gerichte zu schützen, mit einer frappierenden Rücksichtslosigkeit. Denn eben erst hatten die sechs Abgesandten die Stadt verlassen, um ihn zu verteidigen — noch ist völlig ungewiß, wie die letzten Affären für ihn ausgehen würden —, da fordert er aufs neue seine Gegner heraus, ruft er nunmehr offen zur Gewalttat gegen altgläubige Priester auf. Man muß vielleicht von dem Bericht Peter Schumanns einige Abstriche machen, doch leidet es keinen Zweifel, daß Müntzer sehr aggressiv geredet hat. Er war — anders läßt es sich nicht verstehen — fest entschlossen, alle Rücksicht fallen zu lassen. Die Zeit des trügerischen Vergleiches und falschen Friedens war für ihn vorbei. Mochte der Rat noch taktieren und paktieren, er ließ sich durch nichts mehr beirren, auch wenn man sich vornehmlich ihm zuliebe bemühte. Im Gegenteil, noch während die Zwickauer Gesandtschaft ihn wegen seiner Weigerung, der Vorladung nach Zeitz Folge zu leisten, zu entlasten suchte, unternahm er von sich aus einen Vorstoß gegen das bischöfliche Gericht in einer ganz anderen, ihn gar nicht unmittelbar betreffenden Angelegenheit. Am 17. Januar forderte er Bürgermeister und Rat von Neustadt an der Orla auf, eine seit längerem bei dem geistlichen Gericht anhängige Ehesache endlich von sich aus nach dem eindeutigen „göttlichen Gesetz" zur Entscheidung zu bringen. Das kam einer Ablehnung der Kompetenz des Zeitzer geistlichen Gerichtes gleich, die durch die Begründung seines Ansinnens zu einer scharfen Kritik wurde: „Es nympt mich groß wunder, das unser prelathen nichts dan störmen kunnen und dye armen gewissen beschweren, das sye solchs vorzyhen in elichen sachen anstellen, yren geyz darmit zu sterken, so dach wol balde solchen sachen geraten mocht werden."[152] Er konnte nicht im unklaren darüber sein, daß sein Schritt eine Herausforderung der Zeitzer Behörde sein mußte, und tatsächlich haben die bischöflichen Räte im August in einer vorwurfsvollen Andeutung den Kurfürsten an diese Verletzung ihrer Rechte

---

[151] RP vom 6. 2. 1521, zit. bei Wappler, S. 34 Anm. 136: „Man sal Er Johann Hendel dy pfar Zu mergentall leiden So er Zusaget, was yme der Radt furheldet vnd Nachdem selbigen Zu halten ect."

[152] Franz, MG, S. 366,13—16.

erinnert[153]. Aber eben sie, die kirchenamtlichen Hüter christlicher Lehre und christlichen Lebens haben jetzt seinen Zorn auf sich geladen: sie erwiesen sich ihm offenkundig durch ihre Mißachtung des Evangeliums und mit ihrer angemaßten Bevormundung als eine Institution widerchristlichen Handelns, die den Glauben verkehrte und das fromme Leben verwirrte. Sie waren seiner Meinung nach schnell bei der Hand, wenn ein gottloser Priester einen evangelischen Prediger verketzerte, ließen sich aber viel Zeit, trotz dem klaren Tatbestande, eine die Gewissen der Beteiligten beschwerende Angelegenheit des Eherechts zu erledigen. Beide Aktionen gehören für Müntzer somit auf das engste zusammen: seine Weigerung, der Vorladung des bischöflichen Kanzlers zu folgen, und seine Aufforderung an die Neustädter, ohne Rücksichtnahme auf das bischöfliche Gericht selbst nach dem göttlichen Gesetz den strittigen Fall zu entscheiden.

Man hat Müntzer den Brief nach Neustadt auch in Zwickau sehr übelgenommen. Noch in dem „Streitgedicht" vom April[154] hielten ihm die Gegner seine Einmischung als ein besonderes Exempel seiner Überheblichkeit vor; und zwar nahm man nicht so sehr an dem versuchten Eingriff in die kirchliche Jurisdiktionsgewalt als solchem Anstoß, auch nicht an seiner scharfen Kritik des langwierigen Prozeßverfahrens, mehr noch als darüber war man über seine Anmaßung empört, eine sachlich gültige Entscheidung treffen zu wollen, die allem natürlichen Empfinden widersprach, wenn man ihm entgegenhielt: „Auß Ehelichen personen Machstu schertz/Die züeynander nicht sollen kommen/Die verpündstu zur Ehr mit schad one Frommen/Mitt Liegen vnd triegen ist Dir gemeyn/Ander leütt vorstehens aüch Du nicht allein."[155] Das heißt, seine rigorose Forderung, eine bereits vollzogene Ehe zugunsten eines früheren, aber nicht eingehaltenen Verlöbnisses wieder aufzulösen und das erste Verlöbnis als allein gültig anzusehen, erregte lebhaften Unwillen. Man erfaßte damit in der Tat den Kern des müntzerischen Protestes. Denn hinter seiner ihm so verargten Entscheidung stand die Überzeugung, daß die Lebensgemeinschaft der Menschen nach „göttlichem Gesetz" jedermann einsichtig in bindender Gültigkeit geordnet ist, die weder mit Rücksicht auf persönliche Interessenkonflikte noch durch irgendwelche Interpretationskünste einer manipulierten kirchlichen Rechtsprechung beeinträchtigt werden darf. Jede Verletzung der von Gott gesetzten Ordnung schließt immer auch die Verletzung der durch sie ge-

[153] So läßt sich wohl im Anschluß an die Ausführung über den „Fall Müntzer" die Äußerung über Nik. Hausmann verstehen, „welcher in seine fußstapfen [Müntzers] dretten und auch selbst alle oberkeit des orts in ehesachen und was im sonst von unserm g. h. ader seiner f. g. vicarien gepothen wurden, seins gefallens zu geleben und zu deuten sich understehen soll" (zit. b. Kirn, Fr. d. Weise, S. 182).

[154] Seidemann, Th. Müntzer, S. 107 ff.

[155] Ebd. S. 108.

regelten Menschenrechte und damit Gewissensbelastungen der Betroffenen in sich. Dem zu wehren, ist der Priester kraft seines Auftrags insbesondere verpflichtet. Darum legt Müntzer Wert darauf, sich gleich am Anfang seines Schreibens als legitimer Hüter der göttlichen Ordnung auszuweisen. „Nach dem wort Christi, auf welchs dye heylige kyrche gebauet ist, hab ich angesehen traurige herzen zu trösten, wye Got seynem eynigen son bevolen hat durch Isaiam vor langen zeyten und durch yn selbern Luce am 4. cap., do er spricht ‚Der geyst des Herrn ist uber mich, dy armen zu trosten und dy vorlaßnen und kranken gesunt zu machen'. Darumb byn ich gesant, gleich wye Christus vom vatter gesant wart, also seyndt wyr pryester von Got gesant, Joannis am 20. cap., auf das wyr dye armen gewissen trosten mugen, wollen wyr anderst nicht hyrten seyn, dy sich selbern veyst machen, wye Ezechiel am 34. cap. saget."[156] Er versteht sein Handeln also gerade nicht als selbstherrliche Eigenmächtigkeit, wie sie ihm seine Gegner unterstellen, sondern als den ihm im Hören auf das Wort Christi aufgetragenen seelsorgerlichen Dienst in der Vollmacht des Geistes, in der auch Christus selbst vom Vater gesandt war.

Der bisher kaum beachtete Brief an die Neustädter gewährt somit manchen Einblick in Müntzers derzeitige Gedankenwelt. Er greift hier — für uns erstmalig sichtbar — als evangelischer Prediger in offiziöser Kritik eine Frage der gesellschaftlichen Ordnung auf, ohne sie freilich im Rahmen einer spezifisch sozialen Problematik weiter zu erörtern. Immerhin weisen seine Bemerkungen darauf hin, daß für ihn die normative Grundlage einer gültigen Regelung der innermenschlichen Gemeinschaftsbeziehungen „das göttliche Gesetz", und zwar in einem biblizistisch-kasuistischen Verständnis ist, nicht aber irgendwelche Ideologien eines sozialen Humanismus. Es gehört zu seiner priesterlichen Funktion, auf die Einhaltung der göttlichen Gebote zu achten. Noch ist in der Gedankenführung des Briefes das „byn ich gesant, gleich wye Christus vom vatter gesant wart" eingebettet in ein allgemeines „also seyndt wyr pryester von Got gesant". Eben daraus dürfte hervorgehen, daß sein alsbald so ausgeprägtes Sendungsbewußtsein nicht zuletzt mit in seiner Anschauung vom Wesen und Auftrag des rechten Priestertums verwurzelt ist, die er in der gegenwärtigen Kirche so sehr mißachtet sieht. Dieses evangelisch-priesterliche Verantwortungsbewußtsein stellte sich hier, das bleibt dabei zu beachten, gegen einen jurisdiktionellen Verwaltungsgeist, der sich in seiner kirchenregimentlichen Selbstherrlichkeit nicht nur um seiner selbst willen über das Evangelium hinwegsetzt, sondern ihm offenkundig sogar entgegenwirkt. Wir wissen nicht, wann und wie Müntzer für den „Fall Philipp Römer" interessiert worden ist; daß er ihn aber in diesem Augenblick und in dieser Weise zur Sprache brachte, läßt

---

[156] Franz, MG, S. 366,3—12.

die Vermutung zu, daß er darin eine willkommene Gelegenheit sah, die angemaßte Entscheidungsbefugnis der kirchlichen Gerichtsbarkeit in Parallele zu seiner eigenen Weigerung, der Vorladung des Zeitzer Offizials zu folgen, demonstrativ zu ignorieren.

Wollte man den Angaben der „Historien von Thomas Müntzer"[157] Glauben schenken, so hätte Müntzer unmittelbar nach diesen Ereignissen auch der Entscheidung des Zwickauer Rats den Kampf angesagt, die die Einsetzung des Magisters Wolfgang Löhner zum Verweser der Zwickauer Pfarrstelle durch den Pfründeninhaber Dr. Große in Naumburg betraf. Der Rat legte großen Wert darauf, bei der Nominierung der Kandidaten nicht übergangen zu werden, nahm sogar eine Art Vorschlagsrecht für sich in Anspruch und konnte sich darauf berufen, daß Große sich in früheren Verhandlungen damit einverstanden erklärt hatte[158]. Der aber hatte nun, ohne sich mit dem Rat ins Benehmen zu setzen, und trotz dessen Einspruchserklärung, man habe bereits Nikolaus Hausmann in Aussicht genommen, Anfang Dezember Wolfgang Löhner nach Zwickau geschickt. Da man noch vor Löhners Erscheinen den Eindruck gewonnen hatte, daß Große nicht gewillt war nachzugeben, hatte der Rat am 26. November beschlossen, die Landesfürsten mit der Bitte um Unterstützung seines Anliegens anzugehen: „Soll man bayden vnsern gnedigsten vnd gnedigen Herren schreyben vnd zuerkennen geben, das der doctor wyllens sey abermals dy pfarre mit aynem Conuentore Zubestellen, do neben antzeigen was beschwerung der stadt das sy Irer churf. vnd f. g. bedengken byten, ab der Radt ettzwas dogegen furnehmen wurde, Was trost schutz vnd beystaendt sich der Radt In deme bey yren churf. vnd f. g. Zuuertrosten haben würde etc."[159] Solange dieser Bescheid ausstand, wollte man „mytler weyll den vormeynten angegeben Conuentoren seyn laßen, were er sey, ynen nicht willigen nach vorschlahen, yme auch kayn forderungen Zusagen, Byß solange man der sachen weytern Radt fynden vnd den conuentor ganz ledigk werden möge etc."[160]. Die Landesherren stellten sich auf die Seite des Rates, und bei der Rückkehr der nach Zeitz entsandten Delegation wurde Löhner durch den Amtshauptmann Wolff von Weißenbach offiziell eröffnet, daß er gegen eine Abfindungssumme auf die Stellung eines Conventors zu verzichten habe. Es ging in diesem Streite eindeutig um das vom Zwik-

---

[157] Seidemann, Th. Müntzer, S. 108.

[158] RP vom 3. 11. 1520; zit. bei Wappler, S. 34 f. Anm. 139: „Soll man schreyben yn seyner Zusage erindern, dy Er den geschickten des Radts vnd mehr dan ayns gethan, Er wolle dy pfarre nymande vflassen adder vbergeben Es sey dan mit des Radts wissen, vnd das derselbe Residiere etc. mit dem anhange, das der Radtt nytt pfar angenommen vnd dornach dy pfarr vff diß mal an Mgrm. Hawßman bracht . . ."

[159] RP vom 26. 11. 1520; zit. bei Wappler, S. 35 Anm. 139.

[160] RP vom 12. 12. 1520; zit. ebd. S. 35 Anm. 139.

kauer Rat verfochtene Prinzip, nicht um die Person Löhners; sonst hätte man ihn kaum um seine Beteiligung an der Vermittlungsaktion in Zwickau gebeten. Daß er sich dazu bereit fand, zeigt wiederum, daß er zu Müntzer als evangelischem Prediger hielt[161], mochte er daneben auch hoffen, seine Chancen in Zwickau zu verbessern. Daß er die Prinzipien-starre des Rates unterschätzt hatte, mußte dann für ihn eine arge Ent-täuschung sein.

Und Müntzer? Es ist schwer vorstellbar, daß er in der Prinzipienfrage die Haltung des Rates nicht gebilligt haben sollte. Wenn er sich trotz-dem mit der Abweisung Löhners nicht einverstanden erklärt haben soll-te, könnte ein Grund dafür allenfalls darin liegen, daß er der Meinung war, der Rat hätte seinen an sich berechtigten Standpunkt nicht gerade in diesem Falle so unnachgiebig zu behaupten brauchen, da Löhner ja als evangelischer Prediger durchaus als akzeptabel gelten konnte. So würde dann verständlich, daß er dem Abgewiesenen, mit dem er schnell Kontakt gefunden hatte, auf dessen Bitten hin eine Intervention beim Rate zu seinen Gunsten zugesagt hätte. Vielleicht hat er sich bei seinen Beziehungen zu manchen Ratsmitgliedern tatsächlich für Löhner ver-wandt, ohne jedoch einen Konflikt mit dem Rate heraufzubeschwören. Davon ist in den „Historien" auch nicht unmittelbar die Rede; man be-schränkte sich in dem Pamphlet darauf, sich in allgemeinen Verdächti-gungen über das Verhältnis zwischen den beiden Männern auszulassen und die späteren Komplikationen Müntzers mit dem Rate noch als einen längst geplanten Racheakt für die Behandlung seines „Komplizen" dem „gemeinen Manne" darzustellen. „Nim zu Hertzen Du gmeyner Man/ Wie Loner zu Thoma Redet vnd sprach/Dan im ward pang vnd Hon mitt Ungemach/Brüder Hertz Liebster bruder mein/Laß Dir die sach befholen sein/Auff das ich mag werden gerochen/Es geschee gleych in welcher wochenn/Do antwortt Thomas dem bruder sein/Loner Du Hertz Liebster bruder mein/Ich rechen Dich. glaub. Laß Dich gantz nichts erschrecken/Solten die hünd das blütt, aüff der gaß aüffleckenn."[162] Bedenkt man freilich, daß das Schmähgedicht erst kurz vor Müntzers Flucht aus Zwickau entstanden ist und alle seine „Schandtaten" auf-zählt, erscheint es immerhin merkwürdig, daß der Fall Löhner so unver-hältnismäßig breit darin erörtert wird. Ebenso wird man beachten müs-sen, daß der oder die Verfasser dagegen in keiner Weise Müntzer für die Aktion der Tuchmacher mit verantwortlich machen[163], die den Rat in

---

[161] Die Angaben in den „Historien von Thomas Müntzer" über das intime Verhält-nis zwischen Löhner und Müntzer sind fraglos tendenziös übertrieben; doch mögen sie ein Körnchen Wahrheit enthalten, da sich beide in der kurzen Zeit besonders nahe-gekommen sein könnten.

[162] Zit. bei Seidemann, Th. Müntzer, S. 108.

[163] Ebensowenig übrigens Peter Schumann in seiner Chronik.

seiner Sitzung vom 28. Januar 1521 beschäftigte: „Den tuchmachern soll
man yren angetragenen artickelln nach nicht eyn Rewhmen, sundern Itzlich stucke den virvndzwantzigsten Insunderhayt mit ayner scherffe ver-
anttworthen, wes sie sich mit solchem antragen tzeihen, vßgeschlossen
den letzten artickell, dy knappen belangend, alle acht adder virtzehen
tagen eynen pfennigk dem meister Innen Zu lassen vnd do durch aynen
furadt Zuuersamlen, krangken knappen vnd kemmern In netten do mitte
Zu hulff Zukommen etc. Wohe sich dy knappen do eyn begeben wolten,
solte man ynen nachlaßen.“[164] Was immer diese Artikel im einzelnen gefordert haben mögen, sie waren ein Zeichen der in diesen Wochen wachsenden krisenhaften Unruhen in der Stadt. Was hätte näher gelegen, als
Müntzers subversive Agitation hier an den Pranger zu stellen, wenn man
auch nur den leisesten Anhalt dafür gehabt hätte? Es verlautet auch
sonst nichts von einer Reaktion des Predigers auf die Ablehnung der Artikel durch den Rat. Dennoch möchte man meinen, daß das runde „Nein“
auf das Begehren der Tuchmacher nicht ganz nach seinem Sinn war und
in Verbindung mit seiner Mißstimmung über die Entfernung Löhners
sein bisher unbefangenes Verhältnis zum Rat trotz allem reichlich erfahrenen Wohlwollen zu beeinträchtigen begann.

Ein anderes Moment wird man noch in Rechnung stellen müssen, das
Müntzer bei seiner mimosenhaften Empfindlichkeit zu schaffen gemacht
haben dürfte, nämlich der nicht unbegründete Argwohn, daß sich in
jüngster Zeit die Opposition gegen ihn in der Stadt verstärkte, ohne für
ihn zunächst recht greifbar zu werden. Als er am 15. Januar unverhüllt
von der Kanzel herab zur Gewalttat gegen altgläubige Priester aufgefordert und sogar Namen dabei genannt hatte, waren ihm anonym „Schandzettel“ ins Haus geflogen, die ihm allem Anscheine nach seine Drohungen zurückgaben. Der Rat nahm den Vorfall nicht leicht und ließ Müntzer durch den „voydt sangner“ befragen, „wy Es sich halte, ob der mgr.
wisse ader ymandt vordechtig halte, der yme nachtrachte zubeschedigen
ader der schandzettel halben, dy yme sollen In seyn hawß geworfen werden“[165]. In der Fastnacht (12. Februar) warfen ihm unbekannte Täter
sogar die Fensterscheiben ein[166]; und schon war es dazu gekommen, daß
sich der Rat vermittelnd und beschwichtigend in die persönlichen Auseinandersetzungen zwischen Müntzer und Egran einzugreifen veranlaßt
sah: „Item man sall auch bayde predinger fur den Radt fordern, mit
allem vleys furzuwenden, sie mitaynander Irer Irrunge vnd gebrechen
gutlich zuuertragen, do mit ergernus vnd vffrur zuuorkommen.“[167] Dem

---

[164] RP vom 28. 1. 1521; zit. bei Wappler, S. 35 Anm. 142.
[165] RP vom 16. 1. 1521; zit. bei Clemen, Egran I, S. 24 Anm. 62.
[166] RP vom 16. 2. 1521; zit. ebd. S. 24 Anm. 62. Vgl. dazu das Spottgedicht (Seidemann, Th. Müntzer, S. 109): „Hatt Dirs geträumt, ader von wem hastu das / In der
Fasnacht worden zerworffen Dein glaß.“
[167] RP vom 16. 2. 1521; zit. ebd. S. 25 Anm. 63.

ist zu entnehmen, daß die beiden Prädikanten inzwischen aneinandergeraten waren und ihre Auseinandersetzung im Zusammenhange mit Parteiungen stand, die den äußeren wie inneren Frieden in der Stadt bedrohten.

C) Storch und Egran

Es waren in Zwickau nicht einfach die alten Gegensätze wieder aufgebrochen, sondern neue Fronten hatten sich gebildet, für die ebenfalls religiöse Differenzen grundlegend, doch nicht mehr allein bestimmend waren. Müntzer hatte sich durch sein ungebärdiges Verhalten nach dem Stephanstage, zumal in den gemäßigten, humanistisch-reformerischen Kreisen, manche Sympathien verscherzt, so daß diese sich nunmehr wieder Egran stärker zuwandten. Vornehmlich die wirtschaftlich-sozial besser gestellte Schicht der Bevölkerung distanzierte sich um so mehr von dem Prädikanten von St. Katharinen, als dessen Umgang mit den unruhiger werdenden Elementen auf ihn sowohl wie auf seine Anhänger einen bedenklichen Einfluß auszuüben schien. Müntzer hat freilich Egrans „Stimmungsmache" gegen ihn ebenso überschätzt wie seine Einbildungskraft ihn zu übertriebenen Vorstellungen von den bedrohlichen Wühlereien seiner Gegner verführt hat. Aber die Abneigung gegen Egran wie der Groll gegen dessen Parteigänger drängten ihn folgerecht noch stärker auf die Seite der ihm verbundenen Tuchmacherknappen, um so mehr, als er bei diesen, oft genug unter recht kümmerlichen Bedingungen ihr Leben fristenden Menschen, ein ernstes Streben nach rechter Christlichkeit wahrnahm und unter ihnen begnadete Künder christlicher Erkenntnis fand, die in unmittelbarer Eingebung des heiligen Geistes den wahren Sinn der heiligen Schrift auszulegen vermochten. Müntzers Aversion gegen Egran mag sich schon sehr früh mit seiner Annäherung an die Tuchmacherknappen verbunden[168] und beides mag sich im Laufe der Zeit gegenseitig gesteigert haben. Nur läßt sich daraus nicht folgern, daß er den Anschluß von Anfang an unter dem — berechtigten oder unberechtigten — Eindruck der zunehmenden Opposition einer zu seinen Rivalen haltenden Gegenpartei gesucht und gefunden habe.

Ebensowenig läßt sich erweisen, daß ihn vornehmlich ein soziales Mitgefühl zu einer engeren Gemeinschaft mit jenen Gruppen trieb, obwohl er in dem neuen Amt stärker als bisher auf die Nöte der Bedrängten gestoßen sein mag. Der so intensiv seinem geistlichen Auftrag hingegebene Mann entdeckte vielmehr bei näherem Kontakt die Existenz eines am Rande der offiziellen Kirche in der Stille lebenden ‚Gemeinschaftschristentums', das sein lebhaftes Interesse erregte, ihn mit seiner Geist-

---

[168] Vgl. oben S. 103 f.

lehre mehr und mehr in seinen Bann zog und schließlich einen beredten Anwalt in ihm fand. „... durch vnartt Magistri Thomae Muntzers von Stolbergk, Die zeytt auch Prediger zü S. Katharinen, im anhengigk gemacht, Die knapperey sich zu im gehaltenn, mitt ihn Mehr Conuenticula gehaltenn, Dan bey wirdiger Priesterschafft, Dadurch sich entspünnen, Das Mgr Thomas Fürgezogen Die knapperey, Furnemlich eynnen Mitt nahmen Nickell Storch Welchen er so Groß auff der Cantzell ausplesieniert in Für alle Priester erhaben, als der Eynige Der Do baß wisse die Bibliam, vnd Hoch erkantt im geyst, zugleych sich auch gerümett, Mgstr Thomas er wisse Fürwahr, er hab Den Heyligen geyst, etc. Auß diser vnartt erwachsen ist, Das Storch sich vnterstandenn, neben Thoma Winckell Predigten auff gericht, Als gewonheyt ist bey Den pickardenn, Die Da auffwerffenn, Einen schuster ader schneyder zu predigen, Also durch Mgrm Thomam, ist Furgezogen wordenn, Diser Nickel Storch: vnd approbiertt auff der Cantzell, Die Leyen mussen vnser Prelatenn vnd Pfarrer werden, vnd Rechenschafftt Nehmen des Glaubens etc."[169]

Aus diesem Bericht werden Anfänge des gegenseitigen Einvernehmens zwischen Müntzer und der „Knapperei" in den Grundzügen noch einigermaßen erkennbar, insbesondere das Hervortreten des Konventikelwesens, dem Müntzer Vorschub geleistet hat. Die religiösen Besonderheiten in diesem Stadium dagegen sind weniger einsichtig, sie lassen sich nicht ohne weiteres aus den späteren Erscheinungsformen der „Secta Storchitarum" erschließen. Fest steht jedoch, daß Müntzer sich im geistlichen Verkehr mit diesen frommen Außenseitern deren Gedanken von der unmittelbaren Geistbegabung als der eigentlichen Qualifikation zur gültigen Erkenntnis und Auslegung der Schrift zueigen machte, daß er Nicolaus Storch als einen solchen geistbegabten Interpreten der Schrift öffentlich rühmte, ihn und seinesgleichen in Sachen des christlichen Glaubens für zuständiger erklärte als die offizielle Geistlichkeit und nicht zuletzt von ihm sagte, „er wisse Fürwahr, er hab Den Heyligen geyst".

Daß der Tuchmacher Nicolaus Storch, der Sproß eines alteingesessenen, aber nun verarmten Zwickauer Bürgergeschlechtes[170], in diesem Kreise eine bestimmende Rolle gespielt hat, ist das einheitliche Urteil aller verfügbaren Quellen. Er galt als der eigentliche Vermittler des Gedankengutes, das seine Herkunft aus dem böhmisch-hussitischen Sektierertum nicht verleugnen kann[171]. Sein Treiben war bei der anfänglichen Zurückhaltung an sich nichts so Außergewöhnliches in der damaligen Zeit; denn gegen Ende des Mittelalters vollzog sich im böhmisch-sächsisch-fränkischen Grenzgebiet ein teilweise recht lebhafter Austausch hä-

---

[169] „Historien von Thomas Müntzer", zit. bei Seidemann, Th. Müntzer, S. 110.
[170] Wappler, S. 29.
[171] Eine exakte Untersuchung über Storch fehlt bisher noch; es ist indessen kaum anzunehmen, daß sie zur Beurteilung Müntzers viel beitragen wird.

retischer Anschauungen, auch wenn im einzelnen konkrete Beziehungen nur selten einwandfrei nachweisbar sind. Es gab hin und her im Lande solche heimlichen, kleineren Gruppen von Menschen, die irgendwie mit den von der offiziellen Kirche nicht sanktionierten Strömungen in Berührung gekommen waren und ihnen ganz oder teilweise zuneigten, ohne nach außenhin die Formen der traditionellen Kirchlichkeit zu verletzen. So eben auch in Zwickau, wo möglicherweise schon vor Storchs Auftreten von Böhmen her taboritisch-waldensische Ideen eingedrungen waren. Wieweit Storch dann bereits Vorhandenes weitergeführt oder aber etwas ganz Neues erst aufgebracht hat, läßt sich nicht mehr feststellen. Die Chronik von Peter Schumann bezeichnet ihn als den, „qui hoc scisma ex Boemia advexerat"[172], und sie mag damit durchaus Recht haben. Im Blick auf die propagierten Lehren hat schon Wappler auf die Übereinstimmung hingewiesen, die zwischen den Gedanken des Zwickauer Tuchmachers und denen des böhmischen Bauern Niklas von Wlasenic bestehen, des Begründers der sogenannten Nikolaitischen Sekte, die im letzten Viertel des 15. Jahrhunderts nicht gerade sehr zahlreiche Anhänger „in den unteren Klassen des Volkes"[173] fand. Diese Nikolaiten waren selbst imitten der Vielfältigkeit religiöser Meinungen im böhmischen Lande als Außenseiter dadurch besonders gekennzeichnet, daß „sie den geistlichen Stand als solchen gänzlich verwarfen und ihren Glauben nicht bloß auf die heilige Schrift, sondern auch auf eine besondere Offenbarung gründeten, womit, wie sie sagten, der heilige Geist die Glieder ihrer Gesellschaft unmittelbar erleuchte"[174]. Nikolaus von Wlasenic selber „rühmte sich der Gnade Gottes, vermöge welcher es ihm vergönnt sei, mit den Engeln zu verkehren, um von ihnen Belehrung zu erhalten; aber auch andere, die an ihn glaubten, wähnten den heiligen Geist in sich zu haben". Ähnlich sehen die oben zitierten Annalen Schumanns das Absonderliche der Zwickauer Sektierer einmal darin, daß Storch (von Müntzer) über alle Priester erhoben werde als der „Eynige Der Do baß wisse die Bibliam, vnd Hoch erkannt im geyst"; zum andern, daß Müntzer erklärte, die „Leyen mussen vnser Prelatenn vnd Pfarrer werden, vnd Rechenschafft Nehmen des Glaubens". Eine direkte Abhängigkeit Storchs von dem Bauern Niklas von Wlasenic kann aus den Parallelen freilich nicht erschlossen, nur aus dem Beispiel gefolgert werden, daß Storch fremdes Gedankengut aufnahm und weitergab, wie er auch erst durch Müntzers „Ausplesenieren" ermuntert, sich stärker damit hervorwagte. Ob der von dem Marienthaler Pfarrer gegen Müntzer und alle, die ihm anhängig, erhobene Vorwurf der Ketzerei diese Konspiration zwischen Müntzer und Storch schon im Blick hatte, ist angesichts der Haltung des Rates fraglich. Doch mögen die durch den Zwischenfall am Stephans-

---

[172] PS, zit. bei Wappler, S. 30 Anm. 115. [173] Ebd. S. 30.
[174] Vgl. Palacky IV 1, S. 463; Wappler, S. 30.

tage und seine Folgen ausgelösten Emotionen dazu beigetragen haben, daß der Prädikant nunmehr in aller Öffentlichkeit auf die besondere Geistesqualifikation des Tuchmachers hinwies. Die innere Entscheidung für die Geistlehre soll damit nicht auf einen situationsbedingten Entschluß reduziert werden. Müntzer konnte sich wohl vom ersten Augenblick näherer Begegnung an den Gedanken Storchs nicht verschließen und hat sie bald weithin übernommen; doch gewannen sie für ihn erst in den spannungsgeladenen zwei bis drei Wochen um die Jahreswende ihre besondere Aktualität, als er sich aufs neue durch die amtlichen Funktionäre einer dem Evangelium nicht mehr hörigen Kirche unmittelbar herausgefordert sah und darauf in Kraft des heiligen Geistes reagieren mußte.

Dem Tuchmacher ist offenbar die Fähigkeit suggestiver Einwirkung in hohem Maße eigen gewesen, so daß ihm bei persönlicher Begegnung nicht leicht zu widerstehen war, zumal er durch eine große Bibelkenntnis zu imponieren verstand. Selbst Melanchthon zeigt sich ein Jahr später von der Erklärung der „Zwickauer Propheten" beeindruckt: „Audiui eos; mira sunt, quae de sese praedicant, missos se clara voce Dei ad docendum, esse sibi cum Deo familiaria colloquia, videre futura, breuiter, viros esse propheticos et apostolicos. Quibus ego quomodo commouear, non facile dixerim. Magnis rationibus adducor certe, ut contemni eos nolim. Nam esse in eis spiritus quosdam multis argumentis adparet ..."[175] Wenige Tage später schreibt er allerdings: „Mich hat nicht sonderlich bewegt, das sie von gotlichen gesprechen sagen, vnd der gleichen. Dan solchs in seynem werdt steet vnd nichts daran gelegen, anders dan, das durch solchen scheyn weiter beschwerung mochten furgenommen werden."[176] Aber zwischen den beiden Äußerungen liegt eine Zusammenkunft mit dem kurfürstlichen Rat Hugold von Einsiedeln und dem Hofprediger Spalatin in Prettin, bei der wohl nicht zuletzt auf Grund des Berichtes, den der Zwickauer Pfarrer Nikolaus Hausmann über die Vorgänge in der Stadt gegeben hatte, und der Beurteilung der Lage durch Spalatin bzw. den Kurfürsten, Melanchthon eine veränderte Sicht der Dinge gewann. Er sah nun deutlicher, was alles hier mit im Spiele war und welche Tragweite die „multae, variae et periculosae dissensiones de verbo dei in vrbe Celsitudinis Vestrae Zuiccauia"[177] hatten. Seine erste Reaktion auf die „Propheten" in dem aufgeregten Brief an den Kurfürsten vom 27. Dezember 1521 läßt davon noch nicht viel erkennen, gipfelt vielmehr in der Wendung: „Cauendum enim est simul, ne spiritus dei extinguantur, simul, ne occupemur a Satana."[178] Das wird in seinem Begleitschreiben an Spalatin noch unterstrichen: „Crede mihi, neutiquam

---

[175] Schreiben an Kurfürst Friedrich d. W. vom 27. 12. 1521; zit. bei Müller, Wittenberg, S. 129.
[176] Ebd. S. 140.   [177] Ebd. S. 129.   [178] Ebd. S. 129.

contemnenda scribo. Est spiritus in his hominibus, de quibus scripsi, qualis qualis est, et magna mouentur, quae, nisi Martinus intercesserit, nescio quo sint euasura."[179] Das bestätigt auch der von Melanchthon arlarmierte Amsdorff, wenn dieser am gleichen Tage an Spalatin schreibt: „Aus des Philippsen brief wirdestu wundersame vnd vnerhorte ding vermercken … Es ist warlich ein sach, die man nicht verachten soll. Der tag des Hern ist nahend, an welchem der mensch der sund vnd der son des verlusts wirt geoffenbart werden. Dan wir seind die, welg die end der welt erreicht haben."[180] Oder man lese die Berichte des Felix Ulscenius an Capito: „Accessit nos pręterea vir quidam plurimi spiritus adeoque spripturę sacrę exercitatissimus, vt vel Melanchthon ei sufficere necqueat. Ille tam graues adfert script. locos, ut Wittembergenses aliquantum perterritos reddiderit … Continuo eius lateri Philippus adhęret, ei auscultatur, admiratur adeoque summe veneratur et pene perturbatus, quod viro illi satisfieri a nullo possit."[181] Obwohl die Wittenberger erst ein volles Jahr später mit der Secta Storchitarum unmittelbar konfrontiert wurden, als diese in der Zwischenzeit sehr viel offener mit ihrer Lehre hervorgetreten war und deswegen nach Müntzers Flucht erhebliche Unruhe in Zwickau erregt hatte, standen sie deren Abgesandten recht hilflos gegenüber. Man hielt sich zwar zunächst zweifelnd und unschlüssig zurück; aber Melanchthon konnte in der ersten Reaktion eben nicht umhin zu erklären, „est spiritus in his hominibus … qualis qualis est", und seine Besorgnis „ne spiritus dei extinguantur" läßt erkennen, daß er diese Möglichkeit jedenfalls nicht sofort ausschloß.

Es kann bei solchem Sachverhalt nicht so absonderlich erscheinen, daß der in Zwickau allein auf sich gestellte Prädikant nach seiner Beschäftigung mit mystischem Schrifttum und in ständigem Umgang mit den „Sektierern" die möglicherweise damals von dem Tuchmacher noch nicht gleich so prononciert vertretene Geistlehre als ein der reformatorischen Anschauung, wie er sie verstand, sich wohl einfügendes Element aufgriff und sich zu eigen machte, zumal diese Lehre die Verkündigung des Gotteswortes nicht mehr als das Monopol eines kirchlich privilegierten geistlichen Standes gelten ließ. Wieweit die Storchischen Ideen auch bereits ein von der kirchlichen Lehre abweichendes Verständnis der Schrift, etwa der Taufe u. s. f., in sich schlossen, als Müntzer auf sie stieß, wieweit er ihnen darin allenfalls folgte oder von sich aus auf naheliegende Konsequenzen in dieser Richtung aufmerksam machte, ist bei dem gegenwärtigen Stand unserer Quellenkenntnis nicht zu ermitteln.

Zweifellos gab die Begegnung mit Storch dem Prädikanten an St. Katharinen einen neuen Impuls, sich als einen vollmächtig zum reformatorischen Handeln berufenen Prediger zu verstehen, ohne daß damit je-

---

[179] Ebd. S. 130. [180] Ebd. S. 138.
[181] Ebd. S. 135; gemeint ist Markus Thomä.

doch eo ipso ausgemacht wäre, daß der Gedanke der unmittelbaren Geistbegabung als des entscheidenden Kriteriums des rechten Christenstandes für ihn eine sein theologisches Denken in eine völlig neue Richtung drängende Einsicht bedeutet hätte. Man muß zumindest fragen, wieweit seine Beschäftigung mit der Mystik ihn für Storchs These bereits empfänglich gemacht hatte, so daß er in ihr eine klärende Hilfe für seine eigene Reflektionen erkennen zu können meinte und sie von daher grundsätzlich als einen wesentlichen Beitrag zur evangelischen Erneuerung des christlichen Glaubens ansah. Das erforderte keine absolute Übereinstimmung mit Storch bis ins Detail und machte Müntzer nicht schlechthin zu einem „Storchianer". Selbst das übereinstimmende Urteil der zeitgenössischen Gegner und Freunde beider Männer, das den Prädikanten vorbehaltlos der Lehre des Tuchmachers beipflichten läßt, kann keinen Anspruch auf Gültigkeit erheben, da es aus der Parteilichkeit der Kampfsituation heraus gefällt wurde, der die Tendenz zu vergröbernder Schematisierung und oberflächlicher Etikettierung eigen zu sein pflegt. Müntzer hat zwar die „Secta Storchitarum" gefördert und sie öffentlichkeitswirksam gemacht, ist auch auf Grund seines Einsatzes von ihr als einer der ihren betrachtet worden; aber das besagt doch nicht, daß er nicht in mancher Hinsicht eine gewisse Distanz gewahrt hätte, die sowohl die Eigenbewegung seines theologischen Denkens freigab als auch seiner praktisch-kirchlichen Reformtätigkeit noch ihren Raum ließ. Wenn er es später in seinem Brief vom 9. Juli 1523 an Luther[182] ablehnte, durch irgendwelche im Gespräche der „Zwickauer Propheten" mit Luther gefallenen Äußerungen belastet zu werden, so sind Müntzers Sätze freilich zu undurchsichtig und wenig konkret, um die These einer gewissen Distanzierung schon in der Zwickauer Zeit zu stützen; doch deuten sie immerhin die Möglichkeit an, daß er schon damals trotz aller Nähe zu Storch eine eigene Position zu wahren suchte.

Für Müntzers theologische Entwicklung in diesem Zeitraum ist zugleich die Auseinandersetzung mit Egran, die sich offenkundig unter der Einwirkung des Storchianismus zusehends verschärfte, nicht ohne Belang gewesen. Person und Theologie des sich so reformationsfreundlich gebenden Humanisten wurden für den evangelischen Prediger geradezu zum Inbegriff skrupelloser Verfälschung der Wahrheit des neu entdeckten Evangeliums in Leben und Lehre, für die ihm bereits das Abrücken Egrans von Luther symptomatisch erschien. Man hat diese Distanzierung auch weiterhin auf seiten der müntzerischen Anhängerschaft — und unzweifelhaft im Gefolge des Meisters — übel vermerkt, wenn man ihn im „Brieff der 12 Aposteln und 72 Jünger" einführte als „Gottschender

---

[182] Franz, MG, S. 391,20 ff.; vgl. unten S. 364 f.

vnd Lesterer ... Dem sich die schilichten aügen im kopf vmbdrehen"
und ihm vorwarf, „alles was du vor hast gelertt Das hastu wider vmb-
gekehrtt"[183]. Für Müntzer war er jedenfalls bald schlechthin der „homo
maledictus in aeterna tempora"[184] geworden.

Zumal durch die Ereignisse um die Jahreswende war dem Prädikanten von St. Marien offenbar ganz von selbst die Rolle des geistigen
Hauptes der Opposition gegen Müntzers Gebaren in Zwickau zugefallen, um so eher, als er ja nicht als sturer Verfechter des alten Systems
beurteilt werden konnte. Freilich, je tiefer sich Müntzer auf die Geistlehre einließ, je mehr er sich selber vom Geiste Gottes erfüllt wähnte
und zum öffentlichen Anwalt der neu hervortretenden Anschauungen
wurde, also über die Linie der lutherischen Reformation noch hinaus-
drängte, um so demonstrativer setzte sich Egran von ihm ab, so daß die
Kluft zwischen beiden Männern immer größer wurde. Der sich geistig
überlegen fühlende Humanist hat sich nicht einfach achselzuckend abgewandt und vornehm geschwiegen. Er schrieb selber an Müntzer: „Waß
ich bißher gethan habe, ist auß bruderliche meinung gescheen, off das ich
unvorstendiger meinen bruder wolt vormanen."[185] Daß er das mit süf-
fisanter Ironie oder in schulmeisterlichem Tone tat, mußte den dagegen
besonders empfindlichen Müntzer auf das äußerste reizen. Diese Form
der Polemik unterstrich nur die verächtliche Mißachtung der ihm so wesentlichen Sache als eines unqualifizierbaren Produktes schwärmerischer
Überspanntheit. Der von seiner Gelehrsamkeit überzeugte Mann äußerte
sehr drastisch seine Meinung über die sehr mangelhafte wissenschaftliche
Qualifikation seines Gegners, wenn er erklärte, „er sey mitt Dem Donatt
kaum vorn arsch geschlagenn". Er mokierte sich über die neuen Geist-
träger, die er spöttisch mit den 12 Aposteln und 72 Jüngern in Parallele
setzte, nicht ohne boshaft zu bemerken, er wolle ihnen nicht glauben, er
habe sie denn zuvor Wunder tun und Teufel austreiben sehen[186]. Er wit-
zelte darüber, daß Müntzer selbst sich rühme, den Geist zu haben, „welchen du (wie ich hore) im wasser geschöpft hast"[187]. Er spöttelte über
Müntzers Kreuzestheologie: „Du host mir das creucz langst gewunscht.
Die weils kein ander geben wil, so gibe mirs selbst, ich wil eß gerne annemen und nicht boeß mit boeß bezalen."[188] Jedoch war es Egran bei
allem Hohn nicht lediglich um eine billige Verächtlichmachung zu tun.
Er hatte zu deutlich den Erfolg der müntzerisch-storchischen Agitation
vor Augen, um den Gegner nicht als einen die Massen irritierenden Ver-

---

[183] Seidemann, Th. Müntzer S. 110 f.
[184] Brief Müntzers an Nikolaus Hausmann vom 15. 6. 1521; Franz, MG, S. 372,16.
[185] Franz, MG, S. 367,21—23.
[186] Nach dem „Brieff der 12 Aposteln und 72 Jünger", zit. bei Seidemann, Th. Müntzer, S. 110 f.
[187] Franz, MG, S. 367,10 f.   [188] Ebd. S. 367,14 ff.

führer ernstzunehmen. Er beschwor Müntzer: „Du wollest doch, was du vornympst, mit der warheit (die Got selber ist) umbgehen, off daß [d]er einfeltige nicht mocht in irthum kommen."[189] Er warnte von der Kanzel herab wie im persönlichen Gespräch vor Müntzer, „er predig ein Falsch"[190], und vertrat mit Nachdruck seine Position, um die unruhig und ratlos gewordenen Frommen auf den ihm richtig erscheinenden Weg der Mitte zwischen dem alten und dem extrem neuen Glauben zu führen. Er lehnte es zwar in dem Brief an Müntzer Mitte Februar ab, sich weiterhin auf eine polemische Diskussion mit ihm einzulassen, aber er hörte damit nicht auf, seinen Standpunkt auch im Widerspruch zu Müntzer zu behaupten, solange er noch auf der Kanzel von St. Marien stand.

Müntzer hingegen kostete es große Überwindung, sich auch nur zeitweise eine gewisse Zurückhaltung aufzuerlegen, zu der man ihm freundschaftlich riet oder ihn mehr oder minder offiziell zu nötigen suchte. Er sah sich dank der ihm eigenen Identifizierung von Person und Sache fast ständig provoziert und war sofort auf dem Plane, einer Herausforderung mit aller Schärfe zu begegnen. Das mußte auch Egran erfahren, der von vornherein schon Müntzers Argwohn erregt und seine Angriffslust gereizt hatte. Vergessen waren die mahnenden Worte Agricolas vom November 1520, „ne quid palam odiose agas aut moliaris contra Egranum"[191], als der in „theologicis" für inkompetent gehaltene Egran zu Müntzers theologischen Anschauungen kritisch Stellung nahm, vermutlich sich auch über dessen ruhe- und ordnungsstörendes Verhalten mißbilligend geäußert hatte. Müntzer konnte die Antwort nicht schuldig bleiben und sie nur in seiner unbeherrschten Art ausfälliger Rede geben. Die Gemüter erhitzten sich in immer leidenschaftlicherer Polemik, die bald nicht mehr nur auf der Kanzel ausgetragen wurde, sondern sich in der Kneipe bzw. im „geselligen Kreise" fortsetzte und sich schließlich auf der Straße austobte. Egran zeichnet die Situation sicher zutreffend, wenn er seinen Brief an Müntzer mit den Worten beginnt: „Das du mich am negsten sonabendt off dem schloß also lesterlich hast zugericht und sust bei der zech so ubel von mir redts, auch das du mich off den predigstuel so teufelts und ausschreist, muß ich mit gedult erleiden."[192] Er dürfte es selber in den Kreisen, die ihm anhingen, auf seine Art im Prinzip nicht sehr viel anders gehalten haben, und es fällt letzten Endes auf ihn mit zurück, daß man Müntzer in der Fastnacht (12. Februar) die Fensterscheiben eingeworfen hat. Wir erwähnten schon, daß sich der Rat angesichts des spektakulären Konfliktes zwischen den beiden Prädikanten und der akuten Möglichkeit sich daraus ergebender Tumulte zu einer Ver-

---

189 Ebd. S. 367,17—19.
190 Zit. bei Seidemann, Th. Müntzer, S. 110.
191 Franz, MG, S. 362,6 f.; vgl. oben S. 108 f.
192 Ebd. S. 367,7—9.

mittlungsaktion entschloß. Die erhoffte Entspannung trat freilich nicht ein. Die beiden Prediger haben sich vielleicht wirklich dazu bewegen lassen, ihre Lehrdifferenzen nicht in solch aggressiver Polemik vor der Öffentlichkeit auszutragen; Egran hatte ja kurz zuvor schon an Müntzer geschrieben, daß er ihn hinfort seinem Geiste überlassen wolle und ihm nicht mehr entgegenzutreten gedenke: „von mir bleibest du ungehindert."[193] Aber die Reibereien unter den Anhängern gingen weiter und gelegentliche Ausschreitungen auch gegen altgläubige Priester schufen eine gärende Unruhe in der Stadt, die jeden Augenblick auf einen Ausbruch überhitzter Leidenschaft gefaßt sein mußte. Der Rat nahm daher die Gelegenheit einer „der schul ordenunge halber" auf den 7. März einberufenen Versammlung der „gantze[n] gemeyne" wahr, nachdrücklichst „der predinger vnd der prister halber furhaltung vnd vleyßige warnunge [zu] thun, das Nymandt kaynen anhangk nach vffrur mache bey straff leybs vnd guts, dergleichen dy prister mitt fride vnd gemach Zulaßen etc."[194]. Man drohte also allen, die den religiösen Frieden der Stadt durch irgendwelchen Unfrieden störten, die schärfsten Strafmaßnahmen an.

Noch vor diesen beiden Ratsbeschlüssen hatte man versucht, auf dem Wege über die Wittenberger Freunde einen mäßigenden Einfluß auf Müntzer auszuüben. Es ist von den zwischen Wittenberg und Zwickau ausgetauschten Informationen nur ein Brief Agricolas an Müntzer[195] bekannt geworden, der zumindest ein Antwortschreiben Müntzers auf einige ihm von Wittenberg her gemachte Vorhaltungen — „quae ad te scripsimus de importunitate tua" — voraussetzt, die nicht mit Agricolas Mahnungen vom 2. November 1520 identisch sind; denn Agricola spricht jetzt von „literae tuae" und geht in seiner Antwort auf das Bemühen des Zwickauer Prädikanten ein, die kritischen Bemerkungen der Wittenberger zu seinem unziemlichen Verhalten durch den Hinweis zu entkräften, daß sie durch eine verleumderische Berichterstattung irregeführt worden seien. Offensichtlich stehen die Vorgänge vom Stephanstag bis Mitte Januar hier noch zur Diskussion und war es Müntzer darum gegangen, einmal sein selbstbewußtes, herausforderndes Benehmen gegen seine altgläubigen Widersacher in das rechte Licht zu rücken; sodann seine Weigerung, vor den kirchenamtlichen Behörden Rede und Antwort zu stehen, unter Berufung auf den Apostel Paulus zu rechtfertigen, der sich ja in Damaskus ebenfalls den Nachstellungen des Ethnarchen entzogen habe. Agricolas Entgegnung läßt an Deutlichkeit nichts zu wünschen übrig. In einem scherzhaften Eingang macht er sich zunächst unter Anspielung auf Psalm 81,4 über des Freundes „grandiloquentia" lustig,

---

[193] Ebd. S. 368,1.
[194] RP, zit. bei Wappler, S. 38 Anm. 158.
[195] Franz, MG, Nr. 21, S. 368 f.

129

„die Himmel und Erde, Feuer und Wasser miteinander vermische, so daß der ganze Brief den trozigen Sinn des Schreibers erkennen lasse und jedes Jota brennende Leidenschaft verrate". Aber dann schlägt der Ton unvermittelt um: Wir sind nicht auf den „Schwindelgeist" (so Müntzer!) eines „pessimus adulator" hereingefallen, wenn wir Dich der Maßlosigkeit (immodestia) bezichtigt haben. Es ist schon etwas Berechtigtes daran, daß wir Dir Deine Schroffheit (importunitas) vorhielten. Menschen, die Dir wirklich wohlwollen, die nicht lügen, haben geschrieben, daß Du die Kanzel mißbrauchst und statt Gottes Wort recht zu verkündigen, nur Mord und Blut schnaubst. Du hast keinerlei Grund, Dich so darüber aufzuregen. Wir haben getan, was wir tun mußten. An Dir ist es nun, die nicht abschätzig abzutun, die Dich zurechtweisen. Laß die Erhabenheit Deines Geistes (sublimitatem spiritus tui) zu unserer Armseligkeit herab. „Sei nicht hochmütig"; denn es steht geschrieben: „Haltet euch nicht selbst für klug!" Die beiden hier angeführten Bibelstellen zitiert Agricola im griechischen Wortlaut, wohl um sie dem Adressaten besonders eindringlich zu machen, und man kann ihm schwerlich absprechen, daß er dem Freunde sehr ernst ins Gewissen geredet hat. Auch dessen Weigerung, sich den Behörden zu stellen, lehnt er in jeder Weise ab, ohne sich ausführlich auf die damit grundsätzlich angerührte Frage einzulassen. Er gibt ihm zu bedenken: „Necessitate cogimur subesse, alioqui quid opus erat Christum Pilato sisti?" Wenn Müntzer überhaupt noch Mahnungen zugänglich war, konnte er solche freundschaftlichen Warnungen nicht überhören.

Fraglich bleibt allerdings, ob erst der Zwist der beiden Zwickauer Prädikanten der unmittelbare Anlaß zur Wittenberger Intervention gewesen ist. Man kann bei der Lektüre des Agricolaschen Schreibens den Eindruck gewinnen, als habe Müntzer zwischen den Zeilen Egran als den „pessimus adulator" verdächtigt, der ihn der immodestia beschuldigt habe. Denn Agricola erklärt alsbald nach der Einführung dieses Begriffes: „Non loquutus sum unquam de hac immodestia, qua contra Aegranum usus es", um dann erneut seine weitgehende Übereinstimmung mit ihm in dem vernichtenden Urteil über Egrans theologisches Unvermögen zu betonen: „... qui plane cognoscam, quam nihil intelligat Aegranus in sanctis scripturis ... Preterea qui sciam, quam infans sit in vera theologia ille ...!"[196] Aber davon ist im Grunde doch nur beiläufig die Rede; der Vorwurf der immodestia und importunitas bezieht sich nach den Hinweisen in dem Briefe meines Erachtens eindeutig auf sein exaltiertes Verhalten in der Zeit von Weihnachten 1520 bis Mitte Januar 1521. Die Anfänge einer lebhafteren Kontroverse mit Egran mögen damals schon mit in den Blick gekommen sein; aber von der „immodestia, qua contra Aegranum usus es", ist ja bisher, wie Agricola ver-

---

[196] Franz, MG, S. 368,16—20.

sichert, gerade nicht die Rede gewesen. Es fehlt auch jede konkrete Mahnung, wie sie Agricola etwa in seinem Brief vom 2. November 1520 ausgesprochen hatte, „ne quid palam odiose agas aut moliaris contra Egranum", die man hier erst recht erwarten müßte. Man möchte fast sagen, daß Müntzer umgekehrt dem Schlußappell, „Malos et contra nitentes, argue, increpa, corrige, oportune importune" in Verbindung mit des Freundes kritischen Bemerkungen über Egran eher die Aufforderung hätte entnehmen können, statt des gerügten extravaganten Treibens sich lieber in einer ernsthaften theologischen Debatte mit dem arroganten Humanisten auseinanderzusetzen, „ita tamen, ut modestia tua nota sit omnibus"[197]. Das war freilich für Müntzer ein höchst problematischer Begriff. Immerhin konnte der Brief Agricolas dazu beigetragen haben, daß er sich auf die vom Zwickauer Rat am 16. Februar beschlossene Befriedungsaktion einließ und sich für einige Zeit zumindest jeder extremen Agressivität enthielt[198]. Die Intervention Wittenbergs hätte dann doch einen gewissen Erfolg gezeitigt, so daß der Rat auf Grund des „Stillhalteabkommens" zwischen den beiden Prädikanten nun auch von der gesamten Bürgerschaft durch strenge Verwarnung die Einhaltung des Burgfriedens in der Hoffnung fordern konnte, daß die sechs Wochen bis zur Übersiedlung Egrans nach Joachimsthal ohne ernstere Zwischenfälle vorübergehen würden. Bis in den April hinein scheint in der Tat nach außen hin einigermaßen Ruhe geherrscht zu haben, ohne daß sich deshalb die Gegensätze entschärft hätten und jede Polemik im Rahmen äußeren Wohlverhaltens unterblieben wäre. Auf den Kanzeln von St. Marien und St. Katharinen vertraten die beiden Prediger ihre unterschiedlichen theologischen Meinungen und verzichteten sicherlich nicht darauf, sich gelegentlich deutlich genug von „falschen Lehren" abzusetzen. Unter ihren Kanzeln saßen jeweils ihre Anhänger, dazu einige Mithörer der Gegenpartei zum Zwecke der Information. Müntzer vervollständigte in dieser Zeit sein Bild von dem Menschen und Theologen Egran und ließ im Gespräch mit seinen engeren Gefolgsleuten ein Dokument heranreifen, das offensichtlich als eine Abschiedsgabe an Egran gedacht war, die „propositiones probi veri d. Egrani"[199].

---

[197] Ebd. S. 369,16—18.

[198] Mir will scheinen, daß der Brief Agricolas noch im Februar 1521, etwa um die Mitte des Monats anzusetzen ist. Daß auch Luther damals „in Briefen an Müntzer zum Frieden" geredet und ihm den Egranus gepriesen habe, wie Wappler annimmt (S. 37), ist m. E. dem Schreiben Müntzers an Luther vom 9. 7. 1523 nicht notwendig zu entnehmen.

[199] Franz, MG, S. 513—515. Abwegig ist die von Bensing geäußerte Vermutung, Müntzer habe die propositiones in Joachimsthal veröffentlicht (Bensing, Th. Müntzer, S. 38).

D) *Die* propositiones *Egrans*

Daß Müntzer der Verfasser der *propositiones* ist, unterliegt keinem Zweifel[200]. Sie werden ihre endgültige Gestalt in den letzten Tagen seines Zwickauer Aufenthaltes gefunden haben, als der Termin der Abreise Egrans feststand[201], und sollten wohl erst zu diesem Zeitpunkt irgendwie bekanntgemacht werden in der unverkennbaren Absicht, ihm einen wenig schmeichelhaften Abgang zu bereiten. Egran sollte nicht nur als ein theologischer Dilettant entlarvt werden, der sich völlig zu Unrecht als Parteigänger der Reformation aufspielte; der *probus vir* sollte auch als ein heimtückischer Feigling erscheinen, der es nicht wagte, sich in Zwickau selber in einer offenen Disputation zu stellen: „Hec axiomata disputabo contra universum mundum et precipue contra asinum Tomam Munczer. In valle s. Joachim."[202] Das raffiniert ausgeklügelte Unternehmen kam jedoch nicht zur Ausführung, weil Müntzer unerwartet noch vor Egran das „Zwickauer Pflaster" verlassen mußte. Da das Dokument, das im „Brief der zwölf Apostel . . ." überdies als eine bessere Lektion von dem „Meister" bereits angekündigt wurde[203], allem Anscheine nach gleich dazu dienen sollte, Müntzer wieder freie Hand zu polemischer Agitation in der Stadt zu geben, war es für ihn nach seiner Entlassung und Flucht praktisch gegenstandslos geworden und ist ungenutzt in seine Aktensammlung gewandert. Als Ganzes stellen die *propositiones* ein Gegenstück zu den *propositiones* des Tiburtius dar; die satirische Tendenz tritt allerdings stärker hervor, kann jedoch nicht verdecken, daß Müntzer sich eine fest umrissene Vorstellung von der theologischen Grundhaltung Egrans gebildet hat, die er in den einzelnen Sätzen, nicht nur karikierend, zu kritisieren suchte. Metzger geht meines Erachtens einen falschen Weg, wenn er meint: „Kaum einige sind in des Egranus Munde so denkbar, dagegen erhalten alle ihren Sinn, wenn man sie in eine Behauptung Müntzers zurückübersetzt, die irgendwie des Egranus Anstoß erregte oder von der aus — wie wohl bei der Mehrzahl der Thesen — M. den Widerspruch des Egranus konstruierte."[204] Es trifft schon zu, daß Müntzer von seiner Konzeption des wahren Christentums aus die Theologie des Gegners beurteilt hat; wie sollte er es auch anders machen, da er ja nicht theologiegeschichtliche Studien liefern, sondern in polemischer Kritik Egran als „infans in vera theologia qui nihil intelligat in sanctis scripturis" vorstellen wollte. Man kann daher in der Tat aus dem, was er bei Egran als anstößig empfindet, weithin wertvolle Rück-

---

[200] Vgl. Franz, MG, S. 513 und die folgenden Ausführungen.
[201] Seine „Abschiedspredigt" hielt Egran wohl im letzten Drittel des April 1521. Vgl. dazu Clemen, Egran I, S. 26 und Anm. 67; dazu aber Kirchner, Diss., S. 17 Anm. 3.
[202] Franz, MG, S. 515,15 f.
[203] Seidemann, Th. Müntzer, S. 110.   [204] Metzger, Müntzeriana, S. 60.

schlüsse auf seinen eigenen Standpunkt ziehen. Damit ist zugleich gesagt, daß die Konzeption der Thesen unter ganz bestimmten Gesichtspunkten der Müntzerischen Gesamt- wie Einzelanschauung erfolgte, und wir werden weiter festzustellen haben, daß Müntzers Wille und Vermögen zur sachlichen Objektivität, die Sinn und Wortlaut der Aussagen des Gegners zu ihrem Recht kommen läßt, seit seinem Bericht über die *propositiones* des Tiburtius eher ab- als zugenommen haben. Er geht im allgemeinen von wirklichen oder möglichen Formeln Egrans aus, spitzt sie aber gern in einseitiger Konsequenzmacherei· derart zu bzw. stellt sie in einen so unterschiedlichen Zusammenhang oder schließt an sie von sich aus Folgerungen an, daß Egran die so zustande gekommenen Behauptungen oft genug kaum als sein geistiges Eigentum wieder- und anerkannt haben dürfte[205]. Doch wird aus eben diesen Verzeichnungen besser vielleicht als aus einem korrekt darstellenden Referat ersichtlich, wie scharf Müntzer die eigentliche Wesensdifferenz in der religiösen wie theologischen Grundhaltung zwischen Egran und sich erfaßt hat. Die kompromißlerischen Züge im Bilde seines Opponenten werden von ihm im Interesse einer Markierung des entscheidenden Unterschiedes stark zurückgedrängt. Egran erscheint als ein Exponent des rationalistisch-moralistischen Humanismus, der von der neuentdeckten Wahrheit des Christentums überhaupt nichts begriffen hat und selbst hinter den Erkenntnissen der Verfechter des alten Glaubens noch zurückbleibt. Mag Egran seine Position der Mitte im Sinne kirchlich-theologischer Vermittlung durchaus ernst gemeint haben, Müntzer sieht bei ihm nur verkappte Selbstverherrlichung des Menschen, seiner Weisheit und seiner moralischen Fähigkeiten. Sie deckt er immer wieder als letzte Konsequenz und eigentliche Voraussetzung im Denken seines Gegners auf, um durch dessen „Thesen" die große Anti-These zu formulieren, der allein Gültigkeit zukommt. Unter diesem Gesichtspunkt gesehen sind die *propositiones* keineswegs nur eine bitterböse Satire, kein billiges Pamphlet voll ironischer Spottlust oder gehässiger Schmähsucht; sie dokumentieren weit mehr den Ernst der Auseinandersetzung auf seiten Müntzers, dem man das Zeugnis nicht versagen kann, daß er die Gefahr einer Entstellung der christlichen Religion durch den Humanismus erasmischer Observanz, wie ihn Egran in leicht modifizierter Form vertrat, erkannt hat[206].

Man darf daher dieses Opusculum nicht als ein zufälliges Gelegenheitsprodukt nur nebensächlich behandeln. Es steckt mehr Arbeit und

---

[205] Es ist wenig wahrscheinlich, daß sich die Bemerkung Egrans im Briefe an Luther vom 18. 5. 1521 auf die propositiones bezieht: „Audio bestiam istam nescio que mendacia spargere in me passim, sed ferre cogor ista . . ." (WA Briefe II, S. 346,27 f.). Es könnte allenfalls durch Anhänger Müntzers, die davon Kenntnis hatten (vgl. Anm. 204) einiges davon an die Öffentlichkeit gedrungen sein.

[206] Franz, MG, S. 513: „[Die propositiones] sind damit trotzdem für die Biographie Müntzers wichtig, weil sie den Gegensatz zwischen beiden Männern fixieren."

theologische Besinnung darin, als es zunächst den Anschein haben mag. Ein systematisch von Satz zu Satz weiterführender, den zentralen Gedanken folgerichtig entwickelnder Aufbau der Thesenreihe ist zwar nicht festzustellen, wohl aber ist Zusammengehöriges in Satzgruppen zusammengefaßt, ohne daß freilich Überschneidungen dabei vermieden worden wären. So bilden die Thesen 1—7, 8—16, 17—20 und 21—23 thematisch jeweils wohl eine gewisse Einheit in einem mehr oder minder lockeren Zueinander.

Mit bewußter Eindringlichkeit stellt Müntzer zwei Christus-Thesen an den Anfang: 1. „Christus ist nicht aller Erwählten Erlöser. Weder derer, die unter dem Gesetz, noch derer, die vor dem Gesetz oder außerhalb des Gesetzes gelebt haben. [Dazu am Rande]: Unter dem Gesetz haben allein die Propheten von dem künftigen Christus gewußt."[207] 2. „Christus ist nicht in die Welt gekommen, daß er uns lehre, unsere Leiden geduldig zu tragen und so seinen Fußstapfen zu folgen; sondern er hat gelitten, damit wir völlig sicher sein dürfen, ohne jede leidvolle Betrübnis."[208] Mit diesen Sätzen eröffnet er seine Generalabrechnung mit Egran, und sie haben nicht mehr und nicht weniger zum Inhalt als die schwerwiegende Anklage, daß Egran faktisch die einzigartige Bedeutung Christi für alle Menschen in Frage stelle. Denn er behaupte mit diesen Sätzen, daß es für Juden und Heiden auch die Möglichkeit einer Errettung ohne Christus gebe und daß es für die Christen mit der vollzogenen Passion des Herrn als Faktum sein Bewenden habe. Mit dem Christus Salvator hebt also Müntzer in den Negationen seines Gegners sein eigenes Bekenntnis an, das zugleich das apodiktische Urteil in sich schließt, daß jedes wie auch immer geartete Hinausdrängen Christi aus der recht verstandenen Mitte an die Peripherie als Verkehrung des Christentums zu gelten habe.

Egran mochte auf die erste These erwidern, er predige in Übereinstimmung mit der Kirche, daß „alle vether haben nichtt ein vollkommenen glauben gehabtt in den gekreuzigten, sie haben ein tungkeln, finstern und verborgnen glauben gehabtt. Darumb must ehr kommen und ihn auch das Euangelium predigen, uff das sie volkommend seligk wurden. Vor Christo ist kein volkommene ßeligkeit geweßen, auch keine vollkommene vorgebungh der sunde . . ."[209] „Im Paradeiß hatt ehr [Christus] sich beweißtt den Juden und heiden, den heiden, die nach der vernunfft

<hr>

[207] „Χριστος non est omnium electorum salvator, nec eorum qui sub lege nec eorum qui ante vel preter legem vixerunt. [Dazu am Rande]: Sub lege soli prophete sciverunt Christum futurum."

[208] „Χριστος non venit in mundum, ut nos passiones nostras doceret pacienter ferre et sequi sic vestigia eius, sed passus est, ut nos securissimi simus sine omni amaritudine. [Dazu am Rande]: Locus sancti Petri Christus passus."

[209] Egrans Predigten, S. 116.

gelebt haben, die ein erbarlich, from leben gefuhrett haben etc. Den Juden, die das gesetz gehalden haben."[210] Aber eben daran nahm Müntzer Anstoß, daß hier so viel von der menschlichen Eigenleistung die Rede war und Christus eigentlich nur durch einen ihm vorbehaltenen, zusätzlichen Akt dem Frommen zur Vollendung seines weitgehend selbstgewirkten Heils verhalf.

Die 3. These spitzt das noch schärfer zu: „Die Väter des alten Gesetzes haben die Gnade Christi nicht gehabt, weil es sie dem Wesen der Sache nach (damals gar) nicht gab; sondern die (das Gesetz) befolgt haben, haben es auf Grund der Beharrlichkeit ihrer Kraft gehalten als rechtschaffene Leute."[211] Der erste Teil der These gibt die Meinung Egrans in der Tat richtig wieder, die er mehrfach ausgesprochen hat, gelegentlich sogar unter ausdrücklicher Ablehnung der Auffassung Luthers, daß die alttestamentlichen Frommen im Glauben an den verheißenen Christus gestorben seien und daher einer besonderen Befreiung durch Christus nicht erst noch bedürfen. In einem „iuditium de fide" äußert sich Egran: „Errant ergo, qui fidem Judaicam, hoc est in deum, cum fide Christiana confundunt. Non enim Judaei veram in Christum fidem habuerunt, etsi hunc venturum crediderant; qualis tamen venturus esset, ignorabant. Et haec fides in Christum eatenus iustificat ex sententia Pauli, quatenus peccata abluit. Est autem duplex iustitia, scilicet operum et fidei. Iustitia operum habet mercedem, sicut vbique clamat scriptura, sed iustitia fidei habet remissionem peccatorum propter Christum, qui eatenus venit, vt nos a peccatis redimeret propter transgressionem legis. Errant igitur, qui totam et omnem iustitiam tribuunt fidei in Christum, perinde ac si opera nihil iustificationis haberent..."[212] Unter der *gratia Christi* versteht Egran demnach speziell die *remissio peccatorum*, die der *unigenitus filius Dei* durch sein Leiden und Sterben bewirkt hat und die nur durch den Glauben an den *crucifixus* erworben werden kann. Sie gibt es für ihn logischerweise *ante Christum* nicht. Aber es gibt noch eine zeitlich nicht begrenzte, allgemeine *gratia Dei*, die, gleichsam unabhängig von der *crux Christi*, der *iustitia operum* des Menschen korrespondiert und für Egran in dem Hinweis auf die Gesetzeserfüllung der „probi viri ex constantia virium suarum" eo ipso mit eingeschlossen ist. Müntzer verkürzt den Egranschen Gedankengang, wenn er sie hier überhaupt nicht erwähnt. Für ihn ist eben eine derartige Differenzierung nicht gültig und nichts als ein mühselig getarnter Versuch, die Selbstmächtigkeit des Menschen und seine Eigengerechtigkeit als wesentlichen Faktor des Heilserwerbs um

---

[210] Ebd. S. 116.
[211] „Patres veteris legis non habuerunt gratiam Χρisti, eo quod non fuit in rerum natura, sed quicunque sequuti sunt, habuerunt ex constantia virium suarum ut probi viri."
[212] Clemen, Egran II, S. 23.

jeden Preis zu retten. Darum steht das „Christus omnium electorum salvator" gerade in seiner betonten Erklärung für die Nichtchristen in schneidender Schärfe am Anfang der ganzen Thesenreihe, und das von Egran behauptete „non" ist das klare Dokument seines für Müntzer abwegigen Verständnisses der Heilsbedeutung Christi.

Dem entspricht, was der *probus vir* über Sinn und Gehalt der *passio Christi* dem Gläubigen zu sagen weiß. Denn seine Aussagen laufen, wie Müntzer es nicht anders sehen konnte, darauf hinaus, daß dem Leiden Christi als einem singulären, vergangenen Geschehen nach den Angaben der Heiligen Schrift sündentilgende Bedeutung zukomme und daß die gläubige Anerkennung dieses in der Schrift aufgezeigten Sachverhaltes die notwendige Vorbedingung wie die Grundlage unserer Seligkeit darstelle, so daß wir in solchem Glauben unser Leben ohne quälende Angst um unsere Sündenschuld führen können, weil wir durch Christi Leiden für uns grundsätzlich der *remissio peccatorum* gewiß sein dürfen. Unstreitig ist es einer der Hauptgedanken in Egrans Predigt gewesen, daß die Sünde Adams und die mit ihr der Menschheit überkommene Erbsünde durch Christi Tod von Gott aufgehoben ist für den, der glaubt „Christum esse filium dei vivi pro nobis passum... In hac fide stehet unßer seligkeit"[213]; „uff ihm [Christus] stehett allein dy sach, das ist der hymlische ablaß, geflosßen auß dem leiden und creutz Christi, dardurch kommestu zcu vetterlichen gnaden... Welcher den Christum erlangett durch den glauben, der hatt alles erlangtt, derhalben ist aller getrau, trost und hoffnung uff ihn zcusetzen, must ihm alle deine sunde uff den rugken legen, er kans woll tragen, ans creutz mustu sie hengen, sunsten wirstu ihr nimmer mehr loß"[214]. Das Kreuz Christi steht ihm wirklich im Mittelpunkt der Erlösung der sündigen Menschheit, und Egran suchte das seinen Hörern immer wieder ins Bewußtsein zu hämmern. Manche Wendungen klingen gut lutherisch, und es läßt sich auch nicht übersehen, daß er derartige Sätze aus einer entschiedenen Opposition gegen den überspannten katholischen Verdienstgedanken spricht, um dem eingerissenen meritorischen Denken das Erfassen der barmherzigen Gnade Gottes im Glauben an den Christus passus entgegenzusetzen. Aber Müntzer empfindet richtig den ausgeprägt intellektualistischen Zug in der geistigreligiösen Struktur der Egranschen Gedankengänge, zumal seines Glaubensbegriffes; er erkennt scharfsichtig die damit verbundene eigentümliche *securitas*, die das *passus pro nobis* als eine jedermann einsichtige, objektive Gegebenheit ohne sonderliche innere Bezogenheit einfach für sich in Anspruch nehmen zu können wähnt. Das alles ist so selbstverständlich verständig, so beruhigend harmlos, so unverbindlich anspruchslos. Es wird nichts spürbar von dem Ernst des Wissens um die Angst des

---

[213] Egrans Predigten, S. 16.   [214] Ebd. S. 17.

unruhigen Gewissens bei sich und anderen und ebensowenig darum von der Seligkeit des Getröstetseins. Es fehlt das wirkliche Betroffensein von der *passio Christi*. Man braucht nur Egrans Passionspredigten zu lesen, um zu sehen, wie das Historische des biblischen Berichtes und dogmatische Reflektionen selbst die schwachen Ansätze zu einer bloß meditierenden Betrachtung überwuchern. Es ist nicht übertrieben zu sagen, daß er den Kreuzestod vornehmlich als ein geschichtliches Faktum betrachtet, das ihm unter heilsgeschichtlichem Aspekt zu einem abstrakten Theologumenon von maßgeblicher Bedeutung für seine Satisfaktionstheorie wird.

Hinter Müntzers überspitzter Formulierung der 2. These steht offenkundig, ausgeprägter noch als schon in der Auseinandersetzung mit Tiburtius, die für ihn zentrale Erkenntnis, daß die Christen Christi Leben und Namen in ihr Leben hineinziehen, so auch Christo im Leiden nachfolgen müssen und schlechterdings kein Leben „sine omni amaritudine" führen können. Immer wieder klingt der Vorwurf intellektualistischen Glaubensverständnisses auf und damit verbunden der einer heillosen Leidensscheu. Egran war freilich weder so einfältig noch so oberflächlich, den Gedanken der *imitatio Christi* als irrelevant gänzlich beiseite zu schieben. In einer Predigt am Ostermontag 1522 sagte er: „ ‚Nonne haec oportuit pati Christum' etc. q. d. Christus coactus est pati et ita per passionem intrare in gloriam suam ad Phi: 2. Die ehr und gewaltt hatt Christus erlangett durch sein leyden und umb seins todes willen. ‚In gloriam', In seine herligkeitt und gewaltt, vom vatter hatt ehr die gewaltt erlangtt per passionem suam etc. Darumb spricht Origenes: exaltationis pretium est humilitas. Item humilitas est pretium gloriae suae. Das ehr sich gedemutiget hatt, ist geweßen das geldtt, dar durch ehr sein ehr und heiligkeitt kaufftt hatt. Hette Christus widderstanden dem willen seines vatters, ßo hette ehr solche ehr nit erlangett und solche gewalt, de qua Paulus ad Ephe: 2. et ad Philip: 2. Hatt nuh der schepffer solchs mußen leiden etc. was wollen wir creaturen uns zceihen, was meynen wir, das uns werde widderfahren? Es will aber iczt niemandtt leiden, es will keiner durch leiden und betrubnuß ins hymmelreich, ins ewige leben kommen etc. wir mußen erfullen den willen des hymlischen vaters, wollen wir anders dohyn kommen, do Christus ist hyngegangen etc."[215]

Solche Ausführungen sind schließlich nicht nur als Antwort auf die Vorhaltungen seines Gegners zu werten, d. h. erst durch dessen massiven Angriff aus ihm herausgelockt worden. Aber sie bekräftigten Müntzers Vorwurf eher als sie ihn entkräftet hätten, denn sie enthüllen als Motiv der „Leidenswilligkeit" einen krassen Seligkeitsegoismus, der dem Men-

---

[215] Ebd. S. 120.

schen das Leiden als Anwartschaft auf das ewige Leben in Parallele zu dem „per passionem intrare in gloriam suam Christi" schmackhaft machen will. Der Sinn der „Nachfolge" soll jedoch gerade der restlose Verzicht auf jedes „Sich-selber-wollen" sein, nicht Mittel zum Zweck, und sei dieser Zweck auch der Gewinn der Seligkeit. Wo Eigenwille und Selbstbewußtsein noch vorhanden sind, da ist auch Widerstand gegen Gott, d. h. Sünde. Darunter fällt auch alles sich selbst wollende Leiden, mag es mit noch so frommer Gebärde getragen werden. Leiden im echten Sinne heißt die Ich-aufgebende Hingabe in Gottes Willen. Das hat Christus mit seinem Leben und Tode vollbracht, und eben das hat er uns durch sein Kommen in die Welt lehren wollen. Ohne solches Leiden in der wahren Nachfolge Christi gibt es kein wahrhaft christliches Leben, und erst recht der Gedanke an „securitas sine omni amaritudine" ist eine tolldreiste Verkehrung christlichen Existenzbewußtseins, die die *passio Christi* schlechthin entwertet.

Es ist allerdings recht problematisch, vom Wortlaut dieser These her den Ansatz der theologischen Opposition Müntzers genau zu präzisieren, d. h. exakt bestimmen zu wollen, ob er trotz den Wittenberger Mahnungen zur Zurückhaltung hier Luther in der Auseinandersetzung mit Egran um das rechte Verständnis der iustificatio, zumal des Verhältnisses von Glauben und Werken sekundieren wollte, oder ob er aus einer neu sich in ihm bildenden Erkenntnis des „Christus salvator omnium electorum" heraus eine eigene, von der Luthers unterschiedliche Position gegenüber dem „infans in vera theologia" beziehen zu müssen wähnte. Unüberhörbar ist auf jeden Fall der Protest gegen die Reduzierung des christlichen Glaubens auf eine intellektualistisch-positivistische Anerkennung biblischer Aussagen und gegen die Überbewertung der *justitia operum* als einer ebenso heilsnotwendigen Forderung wie menschenmöglicher Leistung.

Auch in den folgenden Thesen legt Müntzer das ganze Gewicht auf den Erweis der religiösen Substanzlosigkeit der egranschen Theologie, die sich nur in vordergründiger, rational-moralistischer Verständigkeit bewege und nirgendwo ernstlich in die Tiefendimension des christlichen Glaubens vorzudringen suche. These 4: „Die Beschneidung konnte keine Gnade zuwenden noch auf sie hindeuten, so wie die Eucharistie keine Sündenvergebung gewährt noch den Heiligen Geist schenkt, weil sie ein bloßes Zeichen ist, zum Gedächtnis der Passion eingesetzt."[216] Metzger zählt diese These zu denen, deren Formulierung so in Egrans Munde undenkbar wären.[217] Immerhin lassen sich in Egrans Predigten sachlich

---

[216] „Circumcisio non potuit conferre gratiam nec significare, sicut Eucharistia non prebet remissionem peccatorum nec largitur spiritum sanctum, eo quod sit purum signum in memoriam passionis constitutum."

[217] Metzger, Müntzeriana, S. 61.

übereinstimmende oder doch dem Gesagten sehr nahe kommende Formulierungen nachweisen. In seiner Predigt am Tage der Beschneidung Jesu Christi am 1. Januar 1521, erklärte er in seinen Ausführungen über die *circumcisio* als *figura* der Taufe: „Secundo est signum baptismatis. Non autem fuit tantae virtutis, quantae apud nos baptismus, circumcidebatur solum virilis sexus, non muliebris, unde colligitur non tantae fuisse efficatiae. In baptismo semper requiritur fides, In circumcisionem autem non opus erat fide aliqua, sed dumtaxat erat signum foederis et pacis eratque ceremoniale."[218] Und in dem „Sermon von dem Sacramentt des altars" vom 13. April 1522 heißt es: „Es muß jho ein ursach und ansehen haben, was Christum bewegett hatt, das ehr das Sacrament hatt eingesatztt und auffgerichtt. Alhier haben sie wunderliche, seltzame stuck und bekummern sich die armen blinden leutte sehr. Einer will darauß haben grosße gnade, der andere will erfullungh des geistes haben, jhener thutts derhalben, ein anderer umb eins andern dings willen, ethliche suchen geistliche gaben, ethliche wollen auß dißem Sacramentt haben vorgebungh der sunde und wollen das erhalden auß dem Euangelio. Das finde ich nitt. Das euangelium redett nitt von dem blutt, das do genohmen wirtt, ßonder das vorgoßen ist zcur zceitt des leidens und marter Christi. Dasselbtte hatt woll die sunden hynwegk genohmmen und es wirgkett nach in der tauffe, aldo magstu uberkommen vorgebungh der sunde, aber in dißem Sacramentt nitt. Das will ich iczundtt lasßen fahren und wil euch den rechten grund und maynungh ßagen, warumb Christus das Sacramentt hatt auffgerichtt, und ist das die ursach, das wir seiner darbey solden gedenken. Du darffst sunst alhier lautter nichtts suchen, widder gabe noch gnade, widder vorgebungh der sunde noch erfullungh des geists, Sonder wie ein gutt freundtt dem andern ettwas zcur letze leßt, wan ehr sich von ihm scheiden will, darbey ehr seiner gedenken sall, Alßo auch hie Christus hatt uns zcu einem zceichen, darbey wir seiner gedöchten, gelasßen."[219] Der Kern der Kritik Müntzers wird wieder in dem letzten Teile der These greifbar: die Eucharistie sei ein „purum signum in memoriam passionis constitutum"! Es geht Egran wohlgemerkt nicht etwa um ein symbolisches Verständnis des Abendmahls, wie es bei der bald im reformatorischen Lager einsetzenden Kontroverse über Realpräsenz auf seiten der „Schwärmer" zutage trat. Für Egran stand fest, „das jho bey leibe niemandtts daran zweiffeln sall und vehstigligk halden und glauben, das do vorhanden sey under der gstalt deß brotts der warhafftige leib Christi und under der gestalt des weins das warhafftige blutt Christi, welcher leib gehangen hatt am galgen des heiligen creutzes und welchs blutt Christus vor uns vorgosßen hatt. Das ißt ßo wahr, als wehr es die warheitt selbst"[220]. Aber damit kann er ohne wei-

---

[218] Egrans Predigten, S. 46. [219] Ebd. S. 88. [220] Ebd. S. 76.

teres den Satz verbinden: „Nihil ... aliud potest hoc sacramentum, quam quod fatiat nos recordari benefitiorum Christi, passionis et resurrectionis."[221] Ein Satz, in dem Müntzer nur die typisch egransche Betrachtungsweise wiederfinden konnte, die an dem geschichtlichen Faktum als solchem orientiert bleibt und dessen biblisch bezeugte, heilsgeschichtliche Bedeutung sich durch einen Akt intellektualistischer Zustimmung zu eigen machen zu können wähnte. Eine bloße Gedächtnisfeier an etwas, das einmal geschehen ist; was soll das ohne die unmittelbare, erfahrene Gewißheit, daß uns da etwas geschieht, daß im Abendmahl Gottes Gnade realiter auf uns zukommt und sie im Glauben von uns empfangen und erfahren wird? Müntzer streicht auch hier für sich Egrans „non" glatt aus: *Eucharistia prebet remissionem peccatorum et largitur spiritum sanctum.* Darf man also seine Meinung damals noch mit Luthers Worten umschreiben: „Daß die Messe, wie wir sie nennen, sei eine Verheißung der Vergebung der Sünden, die uns von Gott getan, und eine solche Verheißung, die durch den Tod des Sohnes Gottes bestätigt worden"[222] und „wo da ist das Wort Gottes, der verheißet, da ist der Glaube des zugreifenden Menschen nötig; daß also klar ist, der Glaube sei ein Anfang unserer Seligkeit, der da hange an dem Worte Gottes, der es verheißet"[223]? Im Ernstnehmen der Verheißung durch den Glauben wird der Gläubige im Altarsakrament der Sündenvergebung als einer Gnadentat Gottes an sich gewiß. Der verwandte Klang der Worte vermag den wesentlichen Unterschied der Aussagen nicht zu verdecken, der offener zutage tritt, wo Egran sich dagegen wendet, daß dem Gläubigen in der Eucharistie die Gabe des Heiligen Geistes zuteil wird. Er mag das „largitur spiritum sanctum" um so mehr ironisiert haben, als es Müntzer wichtig wurde, ohne daß wir sagen könnten, welchen Sinn er damals diesen Gedanken beigelegt hat. Die Grundtendenz der drei Worte dürfte jedoch deutlich die sein, jeden Zweifel daran auszuschließen, daß im Geschehen der Eucharistie der Gläubige Gott unmittelbar begegnet und von Gott her etwas an und mit ihm geschieht. Gerade dessen, was Egran verneint, „widder gabe noch gnade, widder vorgebungh der sunde noch erfullungh des geists", wird der Gläubige in der Eucharistie gewiß; sie ist die jederzeit aktuelle Dokumentation der Gnade Gottes, je und je aktualisiert in der lebendigen Korrespondenz von Verheißung und Gnade so, „daß der Mensch nicht durch seine Werke, sondern Gott mit seiner Verheißung ihm sei ein Urheber der Seligkeit, daß alles hange, getragen und erhalten werde durch das Wort seiner Macht"[224]. Und das gilt dann nicht erst für den neuen, sondern in seiner Weise schon für den alten Bund, da Gott

---

[221] Ebd. S. 163.
[222] Von der babylonischen Gefangenschaft der Kirche; Borcherdt/Merz, LW II, S. 206.
[223] Ebd. S. 207.   [224] Ebd. S. 207.

„dem Abraham ... nach der Verheißung der Erbschaft in seinem Sinne die Beschneidung zu einem Zeichen der Gerechtigkeit des Glaubens"[225] gab. Müntzer will also im Anschluß an die dritte These gleichsam das uranfängliche und fortwährende, in der Verheißung ständig sich bekundende und im Glauben jederzeit faßbare Gnadenhandeln Gottes als das in jeder Beziehung allein Entscheidende betonen. Er will sodann die den Gläubigen in sakramentlichen Formen dauernd vor Augen gestellten, besonderen Kundgebungen des göttlichen Gnadenwillens nicht durch eine distanzierte, rationale, bloß retrospektive Betrachtung als historische Einzelaktion gewertet und zu „pura signa in memoriam constituta" entwertet werden lassen, sie vielmehr als qualifizierte Weisen lebendiger Begegnung mit Gott und unmittelbarer Erfahrung seines Gnadenwirkens in ihrer Geltung erhalten wissen. Ihn interessiert kein Christentum, das nur in historischen Reminiszenzen lebt.

Die Feststellung, daß Egran zumindest ein sehr unzulängliches Verständnis von der fort und fort wirkenden, vergebenden und heiligenden Kraft der göttlichen Gnade zeigt, machte es offenbar, daß die Vorstellungen, die er mit der Formulierung „in memoriam passionis" verbindet, mehr als fragwürdig sind. These 5 lautet: „Das Leiden Christi war nicht so bitter, wie viele schwätzen. Es bringt auch außer der Disposition zu guten Werken keinerlei Frucht weiter. Ebenfalls kann der Tod der Menschen nicht bitter sein; er ist vielmehr die sanfte Lösung von Seele und Leib."[226] Gewiß hat Egran gesagt: „Christi passio fuit humana, menschlich, nit uppisch, groblich, unbarmherczig, unverschemet, ut multi fabulantur contra euangelistas."[227] „Ich halts darvor, das es nicht alles glaubwirdigk sey, waß sie hye schwatzen ßo schentlich und lesterlich, das eß ein ochs adder unvornufftig thir nit hett konnen zcukommen, schweig den ein mensch, jha ein solch subtill, klar menstsch, als Christus was, ßo ist jho sein leiden mentschlich gewest."[228] Doch wendet er sich mit solchen Äußerungen eindeutig nur gegen die legendären Ausschmückungen der Leidensgeschichte, die biblisch nicht bezeugt sind. In keiner Weise will er damit die Schwere und Bitternis der Passion schmälern. Im Gegenteil prägt er es in seinen Passionspredigten seinen Hörern mit eindringendem Ernste ein, „wie schmertzreich, herb und bitter"[229] der Leidensweg des Herrn gewesen ist. „Inn keiner historien findtt mans, Ist auch sein leben lang nie gehortt, das ein mensch solch betrubnuß hette gehabt, das ehr blutigen schweiß geschwitzett hett."[230] Und wenn er solch starken Akzent

---

[225] Ebd. S. 213.

[226] „Passio Christi non fuit adeo amara sicut multi ganniunt nec prebet aliquem fructum nisi dispositionem ad bona opera. Nec mors hominum potest esse amara sed est dulcis resolutio anime et corporis."

[227] Egrans Predigten, S. 20.   [228] Ebd. S. 98.

[229] Ebd. S. 26.   [230] Ebd. S. 101.

darauf legt, daß die Gottheit hier der Menschheit keine Hilfe geleistet habe[231], so eben um darzutun, daß Christus die ganze furchtbare Erfahrung menschlichen Leidens bis in das grauenhafte Entsetzen der Todesangst hinein als Mensch an sich gemacht hat. Was Egran zumal über Gethsemane ausführt, zeigt sogar gewisse Anklänge an Luthers Gedanken über die Todesanfechtung Christi, deren abgründige Tiefe ihm allerdings nach seiner ganzen geistig-religiösen Mentalität unzugänglich blieb.

Müntzers Formulierung des ersten Halbsatzes der fünften These wird den tatsächlichen Äußerungen Egrans zweifellos nicht gerecht; und dennoch war es nicht unbegründet, wenn er dem *probus vir* als einem angeblich der Reformation zugeneigten Theologen die Verkennung des vollen und eigentlichen Bedeutungsgehaltes der „passio amara Christi" vorwarf, wenn er dann weiter vornehmlich an dessen Anschauungen von der „Frucht" des bitteren Leidens und Sterbens Christi Anstoß nahm. Denn für Egran bestand sie, so Müntzer, auf Grund der durch Christi Tod bewirkten Befreiung von der Erbsünde lediglich in der „dispositio ad bona opera"; die Passion Christi bildete somit den Ermöglichungsgrund für die darüber hinaus zum Erwerb der Seligkeit noch notwendigen menschlichen *merita*. Eben solch ein meritorisches Denken entwertet zutiefst Christi Passion und verkehrt den christlichen Glauben in sein Gegenteil. Aber die Frage ist, was Müntzer dem als Opponent entgegenzuhalten hatte. Hat sich seine Antwort etwa im Rahmen des lutherischen Verständnisses von *exemplum Christi* gehalten?

Die traditionelle Anschauung von *exemplum* war vornehmlich vom Gedanken der *imitatio* her bestimmt, demzufolge der Nachdruck auf der Forderung an den Menschen lag, es dem Herrn nach bestem Vermögen gleichzutun, insbesondere das Leiden als qualifizierende Leistung auf sich zu nehmen. Diesen Zusammenhang hat Luther sehr wohl erkannt und in einem begrenzten Maße auch anerkannt. Und doch ist das grundlegende Verständnis der Passion Christi als *exemplum* ein wesentlich anderes. Forderung ist und bleibt Gesetz; Leistung ist und bleibt Werk. Das so verstandene *exemplum Christi* führte ja nur noch tiefer in das Wollen und Nichtkönnen hinein, auf keinen Fall auch nur das kleinste Stückchen aus ihm heraus. Soll es uns wirklich eine Hilfe bedeuten, muß es also

---

[231] Vgl. dazu auch die Verse im Spottgedicht auf Egran (Seidemann, Th. Müntzer, S. 111):

„Du thüst aüch Leugken Die Marter Jhesu Christ
Du sprichst Das sie nicht also groß gewesen ist
Vnd wan es wehr gewesen ein Ochs ader küe
So wehr er nicht kommen der Marter zü
Du hast auch geredt, Die Gotheytt Hab in [ihn] in seynem Leydenn verlassenn,
Das Leügst Du in Dein Maüll ohne Massenn
Die Gottheytt hatt in nie verlassen in seynem leyden
Das wirst Du mir nicht entzwey schneydenn."

einen ganz anderen Sinn haben; tatsächlich begreift Luther das exemplum Christi primär nicht vom Prinzip der mittelalterlichen imitatio her als eines fordernden Aufrufes an den Menschen und ihm entsprechender Qualifikation des Menschen, vielmehr muß es zuvor nach seiner eigentlichen Intention und wirklichen Geltung unter dem Blickpunkt des donum dei als eine Kundgebung Gottes und eines Zuspruches an den Menschen erfaßt werden, den er sich sagen lassen und den er hören soll. Gott hat Christus in die Not und Bitternis menschlichen Lebens und Leidens geschickt, bis hinein in die unsagbare Anfechtung der Gottverlassenheit in der Todesstunde, bis zum Zusammenbruch alles dessen, was ein Mensch von sich aus sein und haben kann, selbst seines Gottvertrauens; und Gott zeigt ihn uns zugleich als den, der in der Ausweglosigkeit seines Angefochtenseins sich nur noch auf Gott werfen kann, der sich einfach in Gottes Hände fallen läßt und von Gottes Treue gehalten wird. In dem sterbenden und auferstandenen Christus sehen wir den Gott am Werke, der tötet und wieder lebendig macht, der in Leid und Anfechtung stößt und doch daraus errettet. Das *exemplum Christi* ist der dokumentarische Hinweis Gottes auf sich selbst, der dem Menschen Gottes Ja zu ihm und seinem in Zorn und Liebe offenbarten Willen mit ihm kundtun soll. Das besagt einmal: Gott zieht den Menschen durch das Leiden an sich heran, das darum und nur darum als Werk Gottes am Menschen wirklich ernst genommen werden muß; alle sozusagen selbst besorgte Marter ist ein Narrenspiel, während Kreuz und Anfechtung von Gott auferlegt, die echte „Hoffarbe" des rechten Christen ist. Das besagt zum andern: Gottes Treue und unwandelbare Liebe bleibt dem Menschen nahe, auch in der Hölle seiner Verzweiflung und seines Preisgegebenseins an Sünde, Tod und Teufel. Es gibt keine Möglichkeit für den Menschen, sich selbst Gott nahe zu bringen, außer der einen, sich in Gottes Hände fallen zu lassen, d. h., seiner Verheißung und Zusage zu glauben. *Imitatio Christi* heißt dann tun, was Christus tat: Gottes Willen über sich anerkennen und sich seiner Liebe ganz anvertrauen. Christusnachfolge ist dann primär nicht ein Gesetz unseres Handelns im Sinne einer von uns aus, aus uns selbst heraus zu verwirklichenden Lebensmöglichkeit, sondern heißt vom Geiste Christi erfüllt sein, Gott an, mit und durch uns willig handeln lassen. Christus und Christusnachfolge sind Gabe und Geschenk Gottes an uns. „Das hewbtstuck und grund des Euangelii ist, das du Christum tzuuor, ehe du yhn tzum exempel fassist, auffnehmist unnd erkennist alß eyn gabe und geschenk."[232] Damit erst wird die bloße, ohnehin so fragmentarische, ja fragwürdige gesuchte Parallelität zu Christus zur echten Christusförmigkeit erhoben, ist die Passion Christi als

---

[232] WA X 1,2, S. 11,12 f. (Kirchenpostille 1522).

von Gott her in einem Akte vollzogene Ermöglichung und Wirklichkeit unseres neuen Daseins gegeben, gegeben als „Werk Gottes".[233]

Mehr als eine Möglichkeit, daß Müntzer von dieser Position aus die These formuliert haben könnte — *fructus passionis, bona opera, imitatio, exemplum Christi* — kann damit natürlich nicht angedeutet sein. Immerhin scheint es die Tendenz des Satzes zu sein, auf den Widerspruch Egrans gegen Luther in der Auseinandersetzung über das Verhältnis von Glaube und Werke einzugehen, in der Müntzer sich auf Luthers Seite stellte. Daß an die Stelle des Begriffspaares Glaube und Werke hier Egrans Relation von „dispositio ad bona opera" zur „passio Christi... non adeo amara..." tritt, wäre als negative Präzisierung des gegnerischen Standpunktes wohl denkbar und an sich nicht befremdlich. Dennoch ist bei dieser Variation des Themas die Möglichkeit nicht ausgeschlossen, daß Müntzers Argumentation gegen Egran sich damals bereits in anderer Richtung bewegte als die Luthers. Eindeutig will mir dagegen der abschließende Satz der fünften These erscheinen, dessen Sinn im Zusammenhang des Ganzen nur die Ablehnung der von Egran vertretenen Ansicht sein kann, daß das Vertrauen auf die guten Werke dem Tode des Menschen die Bitternis nehmen könnte, die quälende Angst vor den Strafen der Sünde, die man in seinem Leben begangen und nicht zureichend gebüßt hätte.

Damit ist die Frage nach der „remissio peccatorum", der „Vergebung der Sünde", die der einzelne nach der Taufe begangen hat, konkret gestellt, zu der Egran nach These 6 geäußert haben soll: „Die Vergebung der Sünden geschieht ohne jede Pein; denn es genügt die „Herzensreue", die auch in Räubern vor sich geht; denn sie erfolgt aus dem Vermögen des Menschen. Die Gelehrten haben die Schrift gegen die Häretiker mißbraucht."[234] Lassen wir wieder Egran erst selbst zu Worte kommen. Christus, so sagt er, hat uns „an seynem leben zwu ortzney ader zween wege angetzeiget, Nemlich dy tauff vnd dy selige warhafftige puss, die tauff fur dy vnmundigen vnd sunderlich wider dy erbsunde, — der do glaubt vnd wirt getaufft, der wird seligk, — die puss, so der mensche noch der tauff gefallen". Ausgehend von der Erkenntnis, daß „dem menschen schwer ist seiner gebrechlickeyt noch ane sunden furderlich ane tegliche sunde zu leben", ist für ihn „die ware puss die eynige hoffnung vnd der warhafftige wegk, vnd kein ander, durch welchen wyr mussen kommen zu dem reich gottis vnd also zu vnser belonunge. An dy puss ist vns keyn

---

[233] Ebd. S. 340,10—13: „... da kompt denn glawb und gnade und fullet den ledigen und speyßet den hungerigen, da folgen denn rechtschaffne gute werck, die sind nitt werck des gesetzs, ßondernn werck des geysts, der gnaden, unnd heyssen ynn der schrifft gottis werck, die er ynn unß wirckt."

[234] „Remissio peccatorum fit sine omni pena; nam sufficit contritio cordis, que etiam fit in latronibus; nam contritio fit ex viribus hominum. Doctores abusi sunt scriptura contra hereticos" (Franz, MG, S. 513,22—514,2).

144

sacrament fruchtbar, keyn gut wergk verdienstlich, wie vill vnd manich-
faltiglich wir dy nemhen, vnd wy vil wir gute wergk vorbrengen . . .
Puss ist eine wahrhafftige rew eynes suntlichen lebens"[235]. Egran hat also
nicht nur die in der Kirche überlieferte hohe Wertschätzung des Buß-
sakramentes für den Getauften beibehalten, sondern hat sich mit großem
Ernst um die Vertiefung, zumal seines religiösen Herzstückes, der contritio bemüht. Man darf auch nicht außer acht lassen, daß er erklären
konnte, „quod fides maior est poenitentia et poenitentia est via ad fidem"
und „das kein mensch, wie volkommen der sein mag, aus seynem freyen
willen macht vnd gewalt kein gut wergk, das ym vordinstlich ader be-
lonlich wer, ane die hulff vnd gnade gotis vorbrengen kan"[236]. Müntzer
gab somit rein formal den Standpunkt seines Widersachers, der die Suffizienz der *vires hominum* gar nicht so vorbehaltlos behaupten wollte,
nicht ganz korrekt wieder. Aber dem Erasmianer lag allerdings daran,
die zielbewußte Anspannung menschlichen Vermögens aus einer wahren
contritio heraus als notwendige Voraussetzung der Sündenvergebung
sicherzustellen; und er mochte für sich in Anspruch nehmen, daß er alle
bloß äußerliche Werkgerechtigkeit als eine verwerfliche Verirrung brandmarkte, um dagegen mit allen Mitteln seelsorgerlicher Psychologie die
innersten Seelenkräfte zu wecken, mit ihrer Hilfe „eine wahrhafftige rew
eynes suntlichen lebens" zu erzeugen, die „aus demuth des pussers oder
sunders, aus vergissunge seiner tzere, aus dem hass seiner sunden, auss
haltung der gebot gottis"[237] erkennbar wird. Aber in Müntzers Augen ist
gerade all das der Beweis dafür, daß Egran hoffnungslos in die Irre geht.
Die schematische Addition eines intellektualistischen Glaubensbegriffes
und einer moralistisch bestimmten Frömmigkeit, die wiederum ungeachtet ihrer Tendenz auf psychologische Verinnerlichung ihren letztlich ka-
suistischen, quantitativen Leistungscharakter nicht verleugnen kann, weiß
kaum ahnungsweise von der Einheit und Ganzheit des christlichen Lebens
unter dem Gericht und der Gnade Gottes. Das Selbstbewußtsein und der
Selbstbehauptungswille, die ganze Ichbezogenheit des Menschen ist, mehr
oder minder verdeckt durch Demut und andere „christliche Tugenden",
das Zentrum des religiösen Lebens, das Gottes Souveränität praktisch zu
ignorieren trachtet und sein freies Handeln an uns sich dienstbar machen
zu können wähnt. Da erscheint der Glaube ebenso in die Erkenntniskraft
und -fähigkeit des Menschen gestellt wie die vor Gott und den Menschen
gerechte Lebensführung als fromme Leistung auf das sittliche Vermögen
gegründet ist, sofern nur das Ich sein wahres Interesse an sich selber erkennt; und auch das vermag es in zureichendem Maße (sufficienter!) aus
sich selbst heraus. Das ist in Müntzers Sicht trotz, nein, eben wegen der
so angeratenen Demut und des so empfohlenen Sündenschmerzes gerade-

---

[235] Clemen, Egran II, S. 25—26.
[236] Ebd. S. 28.　　　　　　　　　　[237] Ebd. S. 26.

zu absurd. Denn alle auf diese Weise zustande gebrachte *contritio* ist und bleibt im Grunde ein dem Menschen verfügbares Druckmittel auf Gott. In Wirklichkeit ist aber Gott der Handelnde, will er als solcher erkannt und anerkannt werden. Das heißt nach der contradictio in den voraufgegangenen Thesen, daß Er den Menschen durch Leiden zu sich zieht, wobei der Begriff „passiones" im Blick auf die *remissio peccatorum* als strafendes und erziehendes Leiden näher bestimmt wird. Man könnte im Sinne Müntzers mutmaßlich sagen: wo der Mensch diese Pein nicht an sich erfahren hat, da ist auch Gott nicht in sein Leben getreten. Solche „pena" kann sinngemäß natürlich nicht durch irgendeine Form von Selbstpeinigung ersetzt, gemildert oder umgangen werden; sie läßt sich nicht herbeizwingen; man soll ihr auch nicht auszuweichen suchen, soll sie vielmehr von Gott erbitten — gegen das „pene non optande" von These 6a —, denn, um es mit Luthers Worten zu sagen, „es ist ein großes Ding um ein zerschlagenes Herz, und dies kommt nur von dem Glauben, der da entbrannt gegen die Verheißung und göttliche Drohung, der die unbewegliche Wahrheit Gottes ansiehet, erzittert, erschreckt und das Gewissen also zerknirschet und wieder erhöhet und tröstet und erhält das zerknirschete; daß also die Wahrheit der Drohung Gottes eine Ursache der Reue, und die Wahrheit der Verheißung eine Ursache des Trostes, wenn man glaubet, und mit diesem Glauben der Mensch Vergebung der Sünden erlanget"[238]. Bis in die „tentationes fidei" und die „temptatio inferorum" hinein muß sich der Christ von Gott stoßen lassen, um in dieser Pein Gott und sich selber vor Gott wahrhaft zu erkennen, um das Verlorensein des Menschen an die Sünde und dennoch auch deren Vergebung durch die Barmherzigkeit Gottes als Realität zu erfahren. Wenn Egran die Glaubensanfechtungen und Versuchungen als bloß phantastische Ausgeburten menschlicher Gemütserregungen meint abtun zu können („merito . . . reiiciuntur tentationes fidei, que non sunt in mundo et temptatio inferorum. Sunt quippe excogitata humanorum affectuum phantasmata"), um statt dessen eine „contritio . . . ex viribus hominum" als den echten Ausdruck religiöser Wesenhaftigkeit auszugeben, stellt er die Dinge einfach auf den Kopf, erklärt er das von Gott her Wirkliche als Selbstbetrug und legt dem Selbstbetrug den Charakter wesenhafter Wirklichkeit bei. „Darum vertraue nicht auf deine Reue, und eigne nicht zu deinem Schmerze die Erlassung der Sünden. Denn Gott sieht dich nicht darum an, sondern von deines Glaubens wegen, durch welchen du seinen Drohungen und Verheißungen geglaubet hast, der in dir einen solchen Schmerz gewirket hat."[239]

Abermals erhebt sich die Frage, ob sich die Worte Luthers als adäquater Ausdruck der Anschauungen Müntzers hier verwenden lassen. Ist also der nachdrückliche Hinweis auf den reformatorisch verstandenen Glau-

---

[238] Borcherdt/Merz, LW II, S. 256.   [239] Ebd. S. 257.

ben als den entscheidenden Faktor im Blick auf die *remissio peccatorum* auch im Sinne des Zwickauer Prädikanten? Offenkundig ist zunächst, daß Müntzer in der letzten *propositio* der ersten Thesengruppe, diese gleichsam abschließend, den Glaubensbegriff Egrans einer sehr ironischen Kritik unterzieht, zu der dessen unmittelbar zuvor erwähnte Kennzeichnung der *tentationes fidei* als menschlicher Hirngespinste schon überleitete. Das für das reformatorische Christentum zentrale Thema wird augenscheinlich bewußt an das Ende des ersten Abschnittes der *propositiones* gerückt, um darin überzeugend zu demonstrieren, wie wenig dieser Mann von der neu ans Licht gebrachten Botschaft des Evangeliums verstanden hatte. Denn was wußte er vom Glauben zu sagen?

These 7: „Nulla est experientia fidei in mundo, nisi que habetur in libris. Unde nec layci nec indocti quamvis satis temptati possunt de fide iudicare, sed omne iuditium expectat infulatos inexpertissimos." Das liegt nicht weit ab von seiner späteren Definition: „Fides est opinio et bona aestimatio de aliquo. Et hec in scriptura duplex deprehenditur, in deum scilicet et in Christum, vt bene sentiamus et credamus ea, quae dei sunt et Christi ... Errant ergo, qui fidem Judaicam, hoc est in deum, cum fide Christiana confundunt ... Errant igitur, qui totam et omnem iustitiam tribuunt fidei in Christum, perinde ac si opera nihil iustificationis haberent."[240] Glaubenserfahrung heißt also sich aneignen, was in der Bibel über Gottes und Christi Wirken steht, von Christi sündentilgendem Opfertod ebenso „gläubig" Kenntnis nehmen wie von Gottes Forderung eines durch gute Werke zu bewahrenden, gerechten Lebens. Dieser Aneignungsprozeß vollzieht sich gewiß nicht ohne ein gewisses Maß von *confidentia;* aber die *laici* und *indocti* sollen sich mit der unreflektierten Rezeption der biblischen Aussagen begnügen, und es ist nicht ihre Sache, sich über den Glauben eigene Gedanken zu machen.

Stärker als bisher offenbart sich in der siebenten These Müntzers radikale Auflehnung gegen Egrans Anschauung[241], in der ihm alles das wieder entgegentrat, was ihm ehedem solche inneren Schwierigkeiten bereitet und er inzwischen als eine grobe Irreführung der Gläubigen erkannt hatte. Einige reformatorische Ansätze täuschen ihn nicht darüber hinweg, daß der Widerpart das tiefste Anliegen der Reformation gar nicht begriffen hatte bzw. sich nicht zu eigen machen konnte und wollte. Gerade die so viele betörende Zwitterstellung dieses Mannes machte ihn scharfsichtig und trug maßgeblich dazu bei, jeder noch so leisen Tendenz zum Verständnis des Glaubens als einer mit Hilfe gelehrter Bildung aus Büchern, auch heiligen Büchern zu schöpfenden „Weisheit" den Kampf anzusagen. Sicher nicht ohne Absicht steht in der These „in libris" für ein „in scrip-

---

[240] Clemen, Egran II, S. 23. Vgl. auch z. B. Egrans Predigten, S. 16 ff.; 39; 125.
[241] Vgl. hierzu insbesondere Kirchner, Egran, Abschn. IV.

tura" und läßt er Egran die Konsequenz ziehen, daß die *laici* und *indocti* in Sachen des Glaubens nicht kompetent seien. Es gilt demzufolge nur das Sachverständigenurteil der Schriftgelehrten, das von den Christen ergebene Hinnahme erwartet und völlige eigene Erfahrungslosigkeit voraussetzt. Das Fehlen jedweder innerer Eigenlebendigkeit des Frommen wird geradezu zu einer Vorbedingung des Gläubigseins. Müntzers Protest richtet sich also gleichzeitig gegen die Depotenzierung des Glaubens zu einem ins Rationale abgleitenden Assensus zu autoritativ vorgetragenen Wahrheiten wie gegen den Versuch der Entmündigung des Christen in seinem eigenverantwortlichen Streben nach aufrichtiger, persönlicher Gläubigkeit.

Es war in einem solchen Protest nichts enthalten, worin Müntzer nicht der Übereinstimmung mit Luther gewiß sein durfte. Selbst die spöttische Bemerkung über die *libri als Grundlage der experientia fidei* konnte des Reformators Beifall finden, der sich auf der Wartburg ja selber gegen die Beeinträchtigung des frei wirkenden Gotteswortes durch literarische Verkapselung wandte und dem sogar die schriftliche Fixierung des Neuen Testamentes als „eyn grosser abbruch und eyn geprechen des geystes"[242] erscheinen wollte.

Egrans Entwertung echter Glaubenserfahrung zum Akte einer autoritativ vermittelten, intellektualistischen Rezeption der in biblischen Büchern niedergeschriebenen göttlichen Wahrheiten machte zugleich in Müntzers Augen dessen abwegiges Schriftverständnis offenbar. Es ist sowohl eine Bestätigung der vorgebrachten Interpretation von These 7 als auch ein wohl zu beachtender Hinweis auf den Grundtenor des Folgenden, daß diese These über die experientia fidei als Abschluß der ersten Reihe den Übergang zur zweiten Gruppe bildet, die in den *propositiones* 8—16 zu Fragen der Auslegung der Heiligen Schrift Stellung nimmt: wer nicht weiß, was Glauben ist, kann auch die Schrift niemals recht verstehen und auslegen. Die Problematik freilich, über Müntzers Auswahl und Wiedergabe der egranschen Aussagen auf seine eigene Aussage zurückzuschließen, ist in dieser zweiten Thesengruppe nicht minder groß als in der ersten, obwohl die einzelnen Sätze zum Teil konkreter wiederzugeben scheinen, woran er Anstoß nahm bzw. den Grund seines Widerspruches besser erkennen lassen.

Kurz und bündig tut er mit einer einzigen These Egrans Urteil über das AT ab: „Das Alte Testament brauchen die Christen nicht zu übernehmen, denn es ist, genaugenommen, [lediglich] den Juden zugedacht" (These 8)[243]. Diese Ansicht von der eng begrenzten Bedeutung des Alten

---

[242] WA X,1, S. 627,1 f.
[243] Franz, MG, S. 514,6 f.: „Vetus testamentum a cristianis non est recipiendum, nam Judeis duntaxat donatum est."

Testamentes, die Egran so ungeschützt gar nicht vertreten hat, mußte Müntzer notwendig an den Pranger stellen, und er tat es mit der prägnanten Kürze in besonders markanter Weise. Dazu bewog ihn nicht der formale Grund, den durch die christliche Kirche überlieferten Tatbestand der unantastbaren Geltung des biblischen Kanons festzuhalten. Daran hinderte ihn auch Egrans Erklärung nicht, verschärfte im Gegenteil eher noch seinen Protest, daß das Alte Testament unter Umständen zur Behebung von Zweifeln „an irgent einem stugke im neuen testament"[244] noch dienlich sein könnte. Er sah von Egran die Ganzheit und Einheit der Heiligen Schrift als des einen Wortes Gottes preisgegeben, das in dem unlöslichen Miteinander von Altem und Neuem Testament für die Christenheit in Geltung stand. Die Abwertung des Alten Testamentes als eines bloßen „Judenbuches" dokumentiert für ihn den heillosen Mangel an theologischem Verständnis so eindeutig, daß sich jede weitere Auseinandersetzung mit dem Gegner über diesen Teil der Bibel erübrigte[245].

Eingehender befaßt sich Müntzer mit Egrans Behandlung des Neuen Testamentes in den Thesen 9—16, die für unsere Kenntnis der exegetischen und hermeneutischen Standpunkte der beiden Widersacher recht aufschlußreich sind. Programmatisch setzt These 9 mit dem Satz ein: „Das Neue Testament darf nicht anders verstanden werden als der Buchstabe lautet."[246] Der Satz wird Egran augenscheinlich als das Bekenntnis zum bloßen *sensus literalis historicus,* zu einer buchstäblich-wörtlichen Exegese als der einzig sachgemäßen Form der Schriftauslegung in den Mund gelegt[247]. Zwar galt die Feststellung des *sensus literalis* längst, zumal in der spätmittelalterlichen Theologie, allgemein als die Grundlage jeder Schrifterklärung, wenn dem auch in der Praxis selbst in den Grenzen der wissenschaftlichen Erkenntnisse jener Zeit nur sehr unterschiedlich entsprochen wurde. Aber eine Beschränkung auf den reinen „Wortsinn" unter bewußter Ausschaltung des *sensus spiritualis* bzw. unter bewußtem Verzicht auf die drei weiteren Formen des üblicherweise gesuchten vierfachen Schriftsinnes, also den allegorischen, den tropologischen und den anagogischen Sinn war doch bis in die Kreise der fortschrittlichsten Humanisten hinein zumindest ungewöhnlich. Egrans Predigten sind nun in ihrer Art der Bibelauslegung wirklich unverkennbar durch eine sehr nüchterne Verständigkeit gekennzeichnet; sie vermeiden sorgsam alles Allegorische und gehen mit dem *sensus spiritualis* äußerst spar-

---

[244] Egrans Predigten, S. 123.

[245] Vgl. zu Egrans Stellung zum AT auch Kirchner, Egran, S. 15—21.

[246] „Novum testamentum non debet aliter intelligi quam litera sonuerit" (Franz, MG, S. 514,8).

[247] Die unten (S. 165) vorgetragene Deutung von These 23 wird bei dem Charakter der *propositiones* dadurch m. E. nicht in Frage gestellt.

sam um. Dennoch wollen und können auch sie nicht ohne die „geistliche Deutung" auskommen, so daß man Egran vielleicht zu den Männern zählen darf, die in jenen Jahrzehnten der philologisch-historischen Textuntersuchung mit größerem Eifer und Scharfsinn nachgingen als das in den voraufgehenden Jahrhunderten der Fall war und die im Zusammenhange damit auch den Wucherungen einer phantasievollen Allegorese entgegentraten, zumal sie die weit verbreitete Gleichsetzung von „geistlicher" und „allegorischer" Auslegung als abwegig zurückwiesen. Dagegen wäre nach der Mentalität Egrans die weitergehende Annahme kaum zu rechtfertigen, daß er, von Luther wie auch von Faber Stapulensis angeregt, unter dem *sensus literalis* nach seinem spezifischen Gehalt den vom Heiligen Geist selbst den Worten eingegebenen Sinn habe verstehen wollen, also dieser *sensus spiritualis* als der eigentliche *sensus literalis* zu begreifen sei, so daß man einen *sensus literalis improprius* als Produkt menschlichen Geistes von einem vom Heiligen Geiste eingeflößten *sensus literalis proprius* zu unterscheiden habe. Jedenfalls hat Müntzer ihm eine derartige Auffassung nicht zugetraut und ihm im Grunde jedes Verständnis für das hermeneutische Problem abgesprochen, wenn er ihn zum Vertreter der simpelsten Buchstabenexegese machte. Denn der Begriff „intelligere" gewinnt im Zusammenhange der Formulierung „non ... aliter ... quam litera sonuerit" den Charakter eines rein rationalen Zurkenntnisnehmens, das von der eigenen Lebendigkeit und Aktivität des Wortes nichts weiß und noch weniger von der in die Tiefen geistiger Existenz greifenden Wechselwirkung zwischen Text und Ausleger im Prozeß des Verstehens. Ganz entsprechend heißt es in der These weiter: „Deswegen braucht [darf?] man die evangelischen Geschichten nicht [erst noch] auszulegen; vielmehr genügen sie ‚per se' zum Heil, obwohl sie nicht in bezug auf uns, sondern auf die Blinden und Lahmen niedergeschrieben sind."[248] Das Zurkenntnisnehmen des buchstäblich Gesagten schließt demnach im Blick auf die in den Evangelien berichteten Vorgänge, wie zum Beispiel die Wunderheilungen, auch das Genügen an der Feststellung des historischen Sachverhaltes in seiner offenbaren Vordergründigkeit in sich. Es könne, so stellt Müntzer hier Egrans Meinung dar, nicht die Aufgabe sein, die Faktizität des Geschehens durch tiefsinnige Ausdeutung irrelevant zu machen und die historischen Vorgänge als an sich unwesentliche Träger angeblich darin zu suchender hintergründiger Geheimnisse zu betrachten. Es kommt darauf an, die neutestamentlichen Geschehnisse klar herauszustellen, denn „sie genügen an sich zum Heil", d. h. sie dokumentieren das Heilshandeln Christi und erweisen

---

[248] „Ob id hystorie evangelice non sunt exponende sed per se sufficiunt ad salutem, quamvis non de nobis sed de cecis et claudis conscripti sunt" (Franz, MG, S. 514,9 f.). — Die Handschrift hat eindeutig „conscripte" statt des allenthalben gedruckten „conscripti". Vgl. Lichtdrucke, Tafel 50.

ihn als den Sohn des lebendigen Gottes, und das, so dürfte Egran ergänzend erklären, gilt es im Glauben zu erkennen und anzuerkennen; das macht die „hystorie evangelice" auch für uns bedeutsam, obwohl darin gar nicht die Rede von uns ist. Das *intelligere* erfaßt und bejaht zwar eine für das Subjekt wertvolle Objektbezogenheit, sein grundsätzlich rationaler Charakter wird aber dadurch nicht wesentlich modifiziert, wird durch die bewußte Bezogenheit auf das historische Faktum als ein Vergangenes und die damit verbundene Distanz ihm gegenüber sogar in gewisser Weise noch verstärkt. Wenn Müntzer nun Egrans Verdikt „hystorie evangelice non sunt exponende" hervorhebt, will er es doch wohl als eine gravierende Fehlentscheidung qualifizieren, die die für ihn eigentliche und wesentliche Aufgabe völlig ignoriert, den allezeit gültigen Gegenwartsbezug dieser Berichte in ihrer Relevanz für die Christenheit zu erhellen. Es geht eben nicht nur um die Lahmen und Blinden damals, sondern um uns, nicht um die Kenntnisnahme eines abgeschlossenen, vergangenen Geschehens, sondern um unser in unserer Situation davon Betroffensein. Die Quellen bieten keinen Anhalt, Müntzers Gegenposition in der Zwickauer Zeit exakt zu fixieren[249], doch ist kein Zweifel, daß er Egrans „non debet aliter intelligi quam litera sonuerit" als unzureichend zurückweist und ein *exponere* auch der biblischen Geschichten als Auslegung eines tieferen Bedeutungsgehaltes für unerläßlich hält.

Eine weiterführende Erläuterung zu Egrans Methode und Müntzers Kritik bietet das in These 10 gegebene Beispiel der Auslegung der vierten Bitte des Vaterunsers: „Panis vivus qui Χριστος est non debet peti in

---

[249] Die mit guten Gründen Müntzer zugeschriebene Predigt, die sich unter Stephan Roths Nachschriften der Predigten Egrans gefunden hat und wohl auf den 8. 9. 1520 datiert werden darf, ist zu einem Vergleich wenig geeignet. Auch wenn darin Maria an ihrem Geburtsfest nicht um ihrer selbst willen gefeiert, sondern durch sie immer auf Christus hingewiesen wird, bleibt es doch eine Marienpredigt, die den Rahmen der überlieferten kirchlichen Predigtpraxis nicht sprengt. Die Bemerkungen über den vorgeschriebenen Evangelientext bilden für Müntzer nur die Einleitung zu dem Thema „nativitas tua, Dei genitrix virgo, gaudium annunciavit universo mundo etc.", dessen Abhandlung mit dem Vergleich Mariens mit der Morgenröte (nach Hohes Lied 6,9) in pathetischer Allegorie eigentlich erst einsetzt. Roth bricht seine Nachschrift mit der Bemerkung ab: „Vide Bern(hardum) in quodam sermone de nativitate Beate Virginis." Ist das ein Hinweis, daß ihm die Fortsetzung der Predigt Müntzers von seiner Kenntnis des entsprechenden Sermons Bernhards bereits geläufig war? — Es ist aufschlußreich und für die allgemeine Beurteilung der Haltung und des Auftretens Müntzers in der Zwickauer Frühzeit sehr zu beachten, wie konservativ-konventionell Müntzer noch predigen konnte. Er war mitnichten immer nur darauf bedacht, seine Hörer durch aggressive Polemik zu schockieren. In unserem Zusammenhang hier ist es außerdem ganz instruktiv zu lesen, was Egran an diesem Marienfest zwei Jahre später seiner Gemeinde über den gleichen Text zu sagen hatte. (Zu Müntzers Predigt vgl. Franz, MG, S. 517 ff.; Kirchner, Müntzeriana, S. 113—116; zu Egrans Predigt vgl. Egrans Predigten, S. 148—161).

oratione dominica, sed ille, qui Turcis et omnibus incredulis nobiscum communis est. Nec oratio dominica debet exponi."[250] Der den Text, so wie er dasteht, hinnehmende Humanist will unter „panis" ganz buchstäblich nur das tägliche Brot als das zur Erhaltung des Leibes notwendige Nahrungsmittel verstanden wissen, „das uns mit den Türken und allen Ungläubigen gemeinsam ist". Vermutlich ging ihm schon die umfassendere Antwort zu weit, die Luther später, etwa in den Katechismen, auf die Frage, „was heißt denn täglich Brot?", gegeben hat: „So wil diese bitte mit eingeschlossen haben alles was zu diesem gantzen leben ynn der welt gehöret, weil wir allein umb des willen das tegliche brod haben müssen."[251] Ausdrücklich erklärt Egran: „Das lebendige Brot, das Christus ist, soll im Herrengebet nicht erfleht werden. Das Herrengebet soll auch nicht ausgelegt werden." Müntzer hingegen konnte auch solchem Texte gegenüber das *non debet exponi* offensichtlich nicht anerkennen. Mochte er das *panis* des Herrengebetes gemeinhin durchaus in seinem wörtlichen Verstande nehmen, es jedoch nur in dieser Beschränkung zu verstehen und die Deutung auf den „panis vivus qui Χριστος est" prinzipiell als unzulässig zu verwerfen, war in seinen Augen der Ausdruck einer geistlosen Buchstabengläubigkeit, die von einem *sensus spiritualis* der Heiligen Schrift als dem eigentlichen *sensus literalis* nichts zu wissen schien. *Intelligere* und *exponere* hängen für Müntzer in einer ganz anderen Weise zusammen und reichen in ihrer Bezogenheit aufeinander in eine ganz andere Dimension, als Egran sich bei seiner literarisch-historischen Exegese träumen läßt.

Konsequent wendet er sich sodann gegen dessen weiteren exegetischen Leitsatz in These 11: „Keine Schrift darf durch eine andere Schrift ausgelegt werden, weil man ‚Geistiges' nicht mit ‚Geistigem' auf gleichen Nenner bringen kann, vielmehr muß man die unverletzliche Ursprünglichkeit wahren, damit der von den Autoren gemeinte Sinn in sich ohne ein von anderen Schriften her [eingetragenes] Verständnis bestehen bleibt, so daß den einzelnen Schriften das, was ihnen eigen ist [auch] zuerkannt wird."[252] Egran weist sich mit derartigen Anschauungen, die sachlich wohl von Müntzer ziemlich korrekt wiedergegeben sind, als ein Vertreter der seinerzeit modernsten Richtung innerhalb der Bibelwissenschaft aus, der das Prinzip der literarischen Individualität der einzelnen biblischen Schriftsteller bzw. der neutestamentlichen Schriften scharf betont. Das Neue Testament ist für ihn keine schriftstellerische Einheit, in der es keine wesentlichen Differenzierungen gäbe oder in der die offen zutage

---

[250] Franz, MG, S. 514,11—13.
[251] WA XXX,1, S. 204,10—14.
[252] Franz, MG, S. 514,14—17: „Omnis scriptura debet exponi non per alteram scripturam, quia spiritualia spiritualibus non possunt comparari. Sed observari sinceritas, ut maneant auctoritates in se sine intellectu aliarum, ut singulis sua tribuantur."

tretenden Besonderheiten sachlich bedeutungslos wären, so daß alle Schriften promiscue gebraucht werden könnten. Jede Schrift ist ein für sich bestehendes, autonomes Gebilde, dessen ursprüngliche Eigenheit die besondere Mentalität seines Verfassers widerspiegelt, so daß man auch nur bei sorgsamer Berücksichtigung dieser Eigenheit der wirklichen Intention des Verfassers gerecht werden kann. Diese geistigen Individualitäten sind nicht ohne weiteres auf einen Nenner zu bringen, und es ist daher ein unangemessenes Verfahren, ohne Berücksichtigung der sinceritas scripturarum einfach die eine Schrift durch die andere erklären zu wollen. Denn das heißt, sie um die Ursprünglichkeit und Echtheit ihrer Aussagen bringen. Man wird fragen müssen, ob das wirklich alles gewesen ist, was Egran dazu zu sagen hatte, oder ob damit nicht auch eine bestimmte Anschauung von der Einheit des Neuen Testamentes verbunden war, wenngleich nicht in der Weise wie bei Luther, für den etwa die Einsicht in die schriftstellerische Besonderheit der einzelnen biblischen Autoren bzw. ihrer Schriften ja keineswegs die Überzeugung von der inneren Zusammengehörigkeit und Einheit der Bibel beeinträchtigt hat. Müntzer sieht das entweder nicht ein, oder er übersieht es geflissentlich und macht es sich mit Hilfe einer rigoros einseitigen Darstellung des gegnerischen Standpunktes leicht, die nach seiner Ansicht grundverkehrte Einstellung der neuen Betrachtungsweise darzulegen. Seiner Meinung nach kann nichts anderes dabei herauskommen als die Auflösung des Neuen Testamentes in solche literarische Einzelteile, so daß das Neue Testament nur noch ein Sammelbegriff für eine Anzahl ausgewählter frühchristlicher theologischer Separata ist. Das aber hat seinen wahren Grund für ihn darin, — und damit erst stoßen wir auf das Zentrum seiner Kritik — daß das Wesen des Geistes dieser Schriften als von den sie verfassenden menschlichen Autoren her bedingt verstanden wird. Denn was Egran als *spiritualis* bezeichnet, bleibt letzten Endes im Bereich der menschlichen Geistigkeit, muß daher auch notwendig mannigfaltig und unterschiedlich erscheinen. Aber auf diesen *spiritus hominum*, der für Egran die Hauptsache ist, kommt es ja nicht an, genau so wenig wie auf den buchstäblichen Wortsinn. Was heißt denn schon „spiritualia spiritualibus non possunt comparari" oder „debet ... observari sinceritas, ut maneant auctoritates in se sine intellectu aliarum", wo doch der wirkliche Autor sämtlicher neutestamentlicher Schriften der Heilige Geist ist und seine *auctoritas* das ganze Neue Testament bestimmt? Müntzer hat ein tiefes Mißtrauen gegen die „wissenschaftliche" Betrachtungsweise Egrans, und es hat den Anschein, als lehne er es ab, ihr eine Vorrangstellung in der Schriftauslegung zuzubilligen. Derjenige ist jedenfalls nach seiner Überzeugung auf einem falschen Wege, dem die egranschen Prinzipien der Bibelexegese als der Sache gemäß und ihr genügend gelten.

Es fiel Müntzer nicht schwer, entsprechende Belege auch einer höchst unzulänglichen bzw. irrigen Paulus-Interpretation des „infans in vera theologia" zu liefern. So die These 12: „Der Apostel Paulus ist [gar] nicht so schwierig [zu verstehen], wie viele faseln. Er ist sehr leicht; er äußert sich nämlich gelegentlich im Blick auf Juden und Heiden, was sich überhaupt nicht auf uns bezieht."[253] Man braucht nach dieser These also bei den Paulus-Briefen nur im Auge zu behalten, daß der Apostel in seinen Ausführungen zuweilen auf die Situation und Probleme von Heiden und Juden eingeht und muß dann diesen aktuellen Bezug jeweils berücksichtigen. Wenn man jedoch immer und überall wähnt, Beziehungen zum christlichen Glauben und Leben aufspüren zu müssen, werden seine ganz anders orientierten Erörterungen natürlich problematisch und dunkel.

These 13 illustriert das Gemeinte: „Das siebente Kapitel des Römerbriefes sagt nichts von einem zwiefachen Menschen, wie die Martinianer faseln, sondern redet von den Juden; demzufolge geht es uns nichts an."[254] Egran erscheint hier in der großen, von Irenaeus über die griechischen Theologen und die voraugustinischen Ausleger, über Nicolaus von Lyra und die Humanisten reichenden Kette von Interpreten, die in diesem Kapitel die Situation der unter dem Gesetz stehenden Menschen durch Paulus charakterisiert sehen. Von den Juden, so sagt auch Egran, d. h. von den Menschen noch ohne Christus, die den Geist Gottes noch nicht empfangen haben, spricht der Apostel an dieser Stelle, und er will eben diesen Typus des ihm persönlich aus seinem eigenen Leben so gegenwärtigen jüdischen Frommen kennzeichnen, dessen Dasein allein vom Gesetz in der doppelten Erfahrung „nach seinem inwendigen Menschen" und „in seinem Fleische" bestimmt wird, und in dem der Kampf des inwendigen Menschen gegen das Fleisch doch so hoffnungslos ist und bleibt. Dieser von dem einstigen Juden Paulus aus eigener Erfahrung sachgemäß dargestellte Widerstreit dürfe also nicht im Sinne der „Martinianer" auf einen im Christen lebenden Widerstreit von Geist und Fleisch bezogen werden. Es sei gerade nicht von dem *duplex homo* hier die Rede, dem geistlichen und fleischlichen, dem inneren und äußeren, wobei der innere Mensch als der durch den Heiligen Geist bestimmte geistliche Mensch zu verstehen sei. Solche Exegese komme nur durch die falsche Beziehung dieser Aussagen auf den Christenstand des Paulus zustande, die dann folgerecht das ganze Kapitel auch für den Christen überhaupt unmittelbar bedeutungsvoll machen würde, während das Gegenteil der Fall sei: „Nihil ad nos pertinet." Müntzer vertritt unverkennbar die gegenteilige

---

[253] Ebd. S. 514,18—20: „Paulus apostolus non est adeo difficilis sicut multi somniant. Est facillim(us), nam aliquando de Judeis et gentibus loquitur, que nihil ad nos pertinent."

[254] Ebd. S. 514,21—23: Septimum ad Ro[manos] capitulum nihil loquitur de duplici homine, sicut Martiniani somniant, sed [de] Judeis, unde nihil ad nos pertinet."

Auffassung, die auch die abendländische Auslegung von Augustin bis Luther beherrscht, und es verdient festgehalten zu werden, daß er indirekt seine Übereinstimmung mit Luthers Verständnis von Römer 7 unterstreicht und sich gleichsam auch als „Martinianer" getroffen fühlt. Ihm kommt es darauf an, hier den Christen in seiner wahren Situation vorgeführt zu sehen, der durch den Heiligen Geist im Herzen wohl die Lust am Gesetze Gottes, das Wollen zur Erfüllung des göttlichen Willens hat, aber den Ich-Willen, das Sich-selbst-wollen dennoch nicht unterdrücken und überwinden kann, der durch Christus ein anderer geworden und dennoch derselbe geblieben ist. Allerdings wird man fragen müssen, ob Müntzer bei aller Übereinstimmung mit Luther in der theologischen Frontstellung gegen Egran hier den Akzent nicht doch etwas anders setzt, wenn er in These 14 ein stärkeres Interesse an der positiven Wertung und bleibenden Gültigkeit des Gesetzes zu erkennen geben sollte.

These 14: „Das 8. Kapitel des Römerbriefes sagt, daß wir gänzlich frei vom Gesetz sind. Mit Recht verwerfen wir daher die zehn Gebote des Gesetzes. Wir haben ohne sie durch das Evangelium Erkenntnis der Sünden; und zudem haben wir keinen Sabbat mit den Juden zu heiligen."[255] Egran sieht in der Tat — entgegen der reformatorischen Auffassung von Römer 7 und 8 als gleichzeitigen Aussagen über den Christenstand — beide Kapitel gleichsam in einem Nacheinander, kombiniert mit dem sachlichen Gegensatz: Juden — Christen, Gesetz — Evangelium. War in Römer 7 die Lage des Menschen unter dem Gesetz, d. h. für ihn des Juden gezeichnet, so predigt Römer 8 die Freiheit des Christenmenschen vom Gesetz. Das „dicit nos ... liberos a lege" paßt gut in das Denkschema Egrans hinein. Der zweite Satz der These, „merito igitur reiicimus decem precepta legis", läßt sich nahezu wörtlich aus einer Fastenpredigt von 1519 belegen: „Das wir predigen zcu beichten auß den zcehen gebotten, halt ich vor judisch, nam Judeis data sunt. Sunder alßo saltu sprechen: Confiteor tibi et sanctis omnibus, id est: ecclesiae Christianae, non sanctis in coelo, sed viventibus, das ich sint meiner negsten beicht gesundigett hab widder die Christlichen gebot und der menschen gebott, Confiteor me peccasse contra praecepta Christi et ecclesiae Christianae. Primo peccavi contra praecepta Christi dupliciter. Primo contra charitatem, widder die libe dei, Secundo contra charitatem proximi. In quibus praeceptis possunt omnia peccata complecti, ... Secundo expedito, quo pacto te habueris erga deum et proximum, dic tandem de praeceptis ecclesiae, sine quibus potes salvari: sine praeceptis vero Christi non potes. Precepta ecclesiae servare astringimur, sed in illis non est aliqua foelicitas, verum in amore dei et proximi."[256] Damit ist auch die

---

[255] Ebd. S. 514,24—27: „8 c[aput] ad Ro[manos] dicit nos omnino liberos a lege. Merito igitur reiicimus decem precepta legis. Sine eis habemus cognitionem peccatorum per evangelium; et insuper sabathum non habemus sanctificandum cum Iudeis."

[256] Egrans Predigten, S. 10 f.

Wendung „sine eis [decem precepta legis] habemus congnitionem peccatorum per evangelium" als Egrans Ansicht ausgewiesen, ohne daß eine nähere Erklärung noch notwendig wäre.

Müntzer sah in der Ausklammerung des Dekalogs zweifellos mehr als eine formale Konsequenz der von Egran vollzogenen Abwertung des Alten Testamentes als eines allein für die Juden verbindlichen Buches. Die Ablehnung jeglicher Geltung der decem *precepta legis* für die Christenheit war zu massiv mit der alleinigen Gültigkeit des Doppelgebotes der Liebe im Evangelium konfrontiert, als daß er nicht sein Mißtrauen gegenüber der von dem Humanisten propagierten Christlichkeit hätte gerechtfertigt sehen müssen. Er begriff es nicht, daß der Pseudoreformator im Sinne der oben zitierten Äußerung gegen die im hohen Mittelalter üblich gewordene Verwendung des Dekalogs als Handhabe des Beichtverhörs angehen und die Beichte gegenüber dem herrschend gewordenen legalistischen Formalismus durch die Ausrichtung an den *precepta Christi* wieder vertiefen, verinnerlichen, „verchristlichen" wollte. Egran wies, so sah er es, in eigener Unkenntnis des rechten Weges die Frommen auf einen Irrweg, weil er sie mit seiner Lehre darüber hinwegtäuschte, daß das Gebot der Gottes- und Nächstenliebe in keiner Weise den Ernst des Gesetzes verharmlost. Für ihn löste dieser Mann in seiner theologischen Naivität die spannungsgeladene Polarität von Gesetz und Evangelium einseitig auf und propagierte in seinem verflachenden Verständnis von Evangelium einen christlich verbrämten Moralismus, der von der eigentümlichen Wesenhaftigkeit des „Geistes" im neutestamentlichen Verständnis ebensowenig einen Hauch verspüren ließ wie er der Strenge und Ernsthaftigkeit des „Gesetzes" Rechnung zu tragen vermochte. Seine Ausschaltung des Gesetzes zugunsten einer alleinigen Betonung der Liebe hob die Einheit des biblischen Zeugnisses als der in seiner Ganzheit maßgeblichen Grundlage der christlichen Religion auf und barg die Gefahr einer Verkehrung des evangelisch-reformatorischen Christentums in sich, in dem der zürnende, richtende und strafende Gott keinen rechten Platz mehr hatte und die Gottesfurcht allenfalls eine sekundäre Rolle noch spielte.

Daß seine Polemik sich ungefähr in dieser Richtung bewegte, zeigt die 15. These: „Man darf den menschlichen Herzen keine Furcht vor Gott einflößen, da das Neue Testament von ihr schweigt und die vollkommene Liebe die Furcht austreibt."[257] Müntzers Formulierung der These läßt sich so bei Egran nicht nachweisen, und man wird hier zumal Bedenken haben, ob er seinem Gegner gerecht wird. Zugrunde liegt dem Satz zunächst wohl Egrans Kritik an der vielfach geübten spätmittelalterlichen Predigt und seelsorglichen Praxis, durch die man in drasti-

---

[257] Franz, MG, S. 514,28—29: „Timor dei non debet ingeri humanis pectoribus eo, quod novum testamentum taceat eum, et perfecta charitas foris mittat timorem."

scher Weise die Christen durch Drohungen mit Gericht und Hölle zu schrecken suchte, um das Begehren der um ihr Seelenheil Besorgten nach den von der Kirche reichlich angebotenen Gnadenmitteln zu wecken und dann zu befriedigen. Demgegenüber wollte Egran das Evangelium als die frohe Botschaft bewußt machen, die die Angst und Furcht des seiner Sündhaftigkeit bewußten Menschen aufgehoben sein läßt durch das gläubige Wissen um sein Erlöstsein durch Christus, so daß er in rechter Gottesliebe alle Furcht überwindet. Es fiel dem Argwohn Müntzers nicht schwer, diese oder jene vielleicht mißverständliche Äußerung so zu interpretieren, als kenne sein Antipode Furcht und Liebe nur als sich ausschließende Gegensätze und als betrachte er es von daher prinzipiell nicht als eine legitime Aufgabe evangelischer Verkündigung, in den menschlichen Herzen Furcht vor Gott zu erregen. Aber so primitiv und einlinig war Egrans Theologie schließlich nicht, daß er den timor dei derart aus dem christlichen Leben hätte verbannt wissen wollen. Warum hätte er sonst so hartnäckig auf der Forderung der bona opera bestanden? Es hat vielmehr den Anschein, als habe Müntzer damals bereits ein eigen geprägtes Verständnis von der „Furcht Gottes", von ihrer wesentlichen Funktion im Christwerden und Christsein entwickelt, das den Widerspruch Egrans nicht minder herausforderte als zuvor schon die „höllische Seelenmassage" mönchischer Bußprediger. Durch solche Absage bestätigte Egran natürlich erst recht das Bild, das Müntzer sich von ihm gemacht hatte: die so anstößig empfundene Unverbindlichkeit, die mit sich und Gott einverstandene Zufriedenheit seines Christseins, in dem die Furcht vor Gott durch ein Gemisch von Selbstsicherheit und Spekulation auf die göttliche Gnade faktisch annulliert war.

Ein letzter Einwand gegen die „exegetischen Prinzipien" Egrans gilt in These 16 der literarkritischen Feststellung des Humanisten: „Das Markus-Evangelium ist in seinem letzten Kapitel apokryph und ein abschließender Zusatz zum Evangelium. Infolgedessen ist Markus kein Zeuge der Auferstehung des Herrn."[258] Egran hat das, entgegen der Meinung Metzgers[259], tatsächlich erklärt: „ut concordentur euangelistae, qui hic maxime discordant, dico ex sententia Hieronymi utsupra hoc totum caput non esse Marci, sed supposititium. Nihil scripsit de resurrectione."[260] „Der das Capittell hatt hynzcugesatztt, der hat wollen erfullen dye historien Christi etc. aber ehr hatt der sachen gefehlett, ehr solde es rechtt haben fuhrgenohmen, dehr ein solchs thuen wolde und sich woll haben vorgesehen etc."[261] Er registriert also nicht bloß die Abweichung des Markustextes, sondern, um die Übereinstimmung der Evangelisten

---

[258] Ebd. S. 514,30—31: „Evangelium Marci in ultimo capite est apocriphum et coronis evangelica. Igitur Marcus non est testis resurrectionis dominice."
[259] Metzger, Müntzeriana, S. 60 Anm. 10.
[260] Egrans Predigten, S. 31.   [261] Ebd. S. 115.

in ihrem Berichte über die Auferstehung zu retten, gibt er, gestützt auf Hieronymus und die alte Textüberlieferung, die Echtheit des Markusschlusses preis. Nicht genug damit, der Verfasser des Zusatzes erhält noch eine scharfe Rüge wegen seines ungeschickten Verfahrens.

Wenn Müntzer auch derartige Auslassungen als seinen Gegner besonders kompromittierend betrachtet und sie darum gleichsam zur Diskussion stellt, dürfte es ihm meines Erachtens weniger darum gegangen sein, der Zeugenschaft des Markus für die Auferstehung Christi das Wort zu reden. Er nimmt, wie mir scheint, den Einzelfall als Paradigma einer in das Grundsätzliche vorstoßenden Kritik. Es soll an dem zitierten Beispiel aufgedeckt werden, bis zu welchen Konsequenzen die exegetische Methode Egrans führt, und damit soll die Unmöglichkeit der Methode selber bzw. die in ihr offen zutage tretende falsche Einstellung zur Textgestalt der Heiligen Schrift aufgezeigt werden; und zwar ist das, was sie nach seiner Überzeugung unmöglich macht, die rein rationale Art buchstäblicher Betrachtung. Dieser vir doctus wähnt allen Ernstes, sich lediglich auf Grund rationaler Erwägungen ein gültiges Urteil über das Vorhandensein von Unstimmigkeiten im Bericht der Evangelisten bilden zu können; dieser kluge Mann hält sich für berechtigt, seine menschliche Vernunft durch gelehrte Untersuchungen über Gestalt und Überlieferung des Textes entscheiden zu lassen und zu behaupten, daß da irgendein Schreiber einen Zusatz gemacht habe, wo der Evangelist angeblich eine Lücke ließ. Er korrigiert und zensiert die Schrift so, als sei sie ein Buch wie jedes andere auch, als sei sie mit menschlichen Maßstäben zu messen und nach den Regeln der menschlichen Vernunft zu behandeln.

Es ist als Grundzug der ganzen Gruppe der „exegetischen Thesen" nicht zu übersehen, daß von Müntzers Standpunkt aus die von ihm abgelehnten Ergebnisse der egranschen Schriftauslegung dadurch bedingt sind, daß der im Sinne der menschlichen Vernunft so einseitig argumentierende Kritiker mit Maßstäben an die Schrift herangeht, die ihr nicht angemessen sind. Die von Egran angegebenen und von ihm selbst befolgten Richtlinien manipulieren die biblischen Texte mit Hilfe einer Methode, die scheinbar objektiv den literalen und historischen Sachverhalt ermittelt, in Wahrheit aber nur eine vorgefaßte Meinung bestätigen soll. Lehnt Müntzer damit die Frage nach dem *sensus historicus* bzw. *literalis* im spezifischen Sinne als der Sache nicht gemäß überhaupt ab oder erhebt er nur den Vorwurf, daß Egran wähnt, einzig und allein durch ihn den Zugang zum wesentlichen Gehalt der Schrift zu haben? Die Frage läßt sich vom Wortlaut der Thesen 8—16 her nicht einwandfrei beantworten. Man muß in diesem Zusammenhange immerhin sein auch in diese Zeit fallendes Votum über Storch bedenken, dieser sei „der Eynige Der Do baß wisse die Bibliam und Hoch erkannt im geyst" und „er wisse Fürwahr, er hab den Heyligen geyst"[262]. Der Verdacht zumindest ist nicht auszuschließen, daß Müntzer sich von einer nahe bei Luther stehenden Wertung der Schrift stärker distanzierte, die es ihm ermöglicht hätte, die „menschliche Gestalt" der Bibel zu erkennen und anzuerkennen, also etwa der Eigenart der Schriftsteller und ihrer Absichten nachzugehen und bei der Erklärung davon auszugehen, ohne doch dieses „geistesgeschichtliche Nachverstehen" als das Wesentliche zu begreifen. Luther besaß ein fruchtbares Kriterium, um die biblische Allegorese in ihrer stilistischen Eigentümlichkeit als rhetorische Ausdrucksform zu würdigen, um sodann der Ausartung der spiritualen Deutung in einen hemmungslosen Spiritualismus entgegenzutreten. Er fand darin zugleich eine solide Basis zur Klärung des Begriffes „geistliches Verständnis", das sich weder im kongenialen Erfassen des buchstäblichen Sinnes bis hin zum geistesgeschichtlichen Nachverstehen erschöpft, noch durch das Eintragen tiefsinniger Spekulationen in den Text unter dem Vorwand der Aufdeckung seines eigentlichen Sinngehaltes erschlossen wird. Das „geistliche Verständnis" liegt in einer anderen Dimension und setzt eine existentielle Sachbezogenheit zu einem in den Worten sich kundgebenden Worte Gottes voraus, die der Mensch nicht von sich aus schaffen kann, die ihm vielmehr von oben geschenkt sein und die er in sich „erfahren" muß: „Den es mag niemant got noch gottes wort recht vorstehen/er habs denn on mittel von dem heyligen geyst. Niemant kanß aber von dem heiligen geist haben/er erfareß vorsuchs vnd empfinds denn/vnnd yn der selben erfarung/leret der heylig geyst/alß ynn seiner eygenen schule/außer wilcher wirt nichts geleret/denn nur schein wort vnnd geschwetz."[263] Diese Sätze aus der Vorrede zu seiner Verdeutschung der Auslegung des Magnificats sind zwar nicht als exegetische Leitsätze niedergeschrieben worden; aber sie geben letztlich doch wieder, was ihm Inbegriff einer sachgemäßen biblischen Auslegung war, die in der „Schule des Geistes" aus den differenzierten Aussagen der jeweiligen menschlichen Mittler des göttlichen Wortes Gott selber reden hörte und sein Wort weitergab. Man kann mit einiger Berechtigung so die Meinung vertreten, daß Müntzer in den *propositiones* noch weitgehend dem Urteil Luthers beipflichtete, wenn man annimmt, daß es ihm in diesem Teile seiner Polemik insbesondere um den Nachweis ging, daß Egran allein mit den Mitteln des Verstandes den Sinn der Schrift erfassen zu können glaubte, ohne das Mitwirken des Heiligen Geistes an dem Zustandekommen der biblischen Aussagen wie an ihrem Verstehen und Auslegen irgendwie ins Spiel zu bringen. Man würde dann wohl von einer radikalen Absage Müntzers an die Egran unterstellte Leugnung der schöpferischen Mittlerschaft des Heiligen Geistes bei der Sinngebung und Sinnfindung des

---

[262] Vgl. oben S. 122.
[263] Clemen, LW II, S. 135,35—136,4 (Magnificat); WA VII, S. 546,24—29.

Sinngehaltes der Bibel sprechen können, nicht aber schon jetzt von einer Überspitzung des Geistprinzips, das in der Unmittelbarkeit der Begegnung des Geistes mit sich selbst alle Medien irrelevant werden läßt.

Unter den gleichen Aspekt rückt auch die letzte Thesengruppe, die aus der Vielfalt der Einzeleinwände das Fazit zieht: das Egransche Theologisieren ist in seinem Ansatz völlig verfehlt, insofern es das Mensch-Gott-Verhältnis in entscheidender Weise auf das Eigenvermögen des Menschen als eines mit Vernunft und freiem Willen begabten Geschöpfes gegründet sein und die konstitutive Funktion des heiligen Geistes für den Christen unbeachtet läßt. Wer das bisher noch nicht durchschaut hat, der muß es jetzt begreifen: jeder, der von dem Geist der evangelischen Erneuerung nur einen Hauch verspürt hat, muß aus den nunmehr noch aufgezeigten Grundsätzen auch erkennen, wohin dieser vorgeblich so auf eine Verlebendigung des Evangeliums bedachte probus vir in Wirklichkeit gehört.

In These 17 wird Egran geradezu als ein in Reinkultur gezüchteter Vertreter eines theologischen Rationalismus extremster Observanz vorgestellt: „Niemand wird gebunden zu glauben, was seine Einsicht nicht fassen kann. Denn die Vernunft des Menschen ist an sich selbst überaus reich ausgestattet und wird nicht zu geknechtetem Glaubensgehorsam genötigt; das ist auch gar nicht notwendig, vielmehr ist es höchst töricht, jemanden, der sich frei entscheidet, als einen Geknechteten anzusehen."[264]

Es trifft zu, daß Egran sich in den Bahnen einer erasmisch beeinflußten Geistigkeit bewegt und der rationalen Kritik an der ins Absonderliche abschweifenden Glaubensmassivität der vulgär-katholischen Frömmigkeit einen weiten Spielraum gewährt hat. Er hat sich auch, wie wir wiederholt feststellen mußten, die zentralen christlichen Glaubenswahrheiten in einer ausgeprägt „vernünftigen" Weise angeeignet, die das aller Glaubenserkenntnis eigene intellektive Element ins Intellektualistische hinüberdrängte, und hat ihr gegenüber ein spezifisches „Glaubensverständnis" über Gebühr zurücktreten lassen. Trotzdem dürfte er mit einer gewissen Berechtigung die von Müntzer geübte Charakterisierung seiner Anschauung nicht ohne weiteres als zutreffend anerkannt haben; er dachte nicht daran, einen Primat der Vernunft vor dem Glauben zu behaupten, so daß dieser als höchster Instanz gleichsam das Recht zustehe, den Glauben zu dirigieren. Eher entsprach der zweite Satz der These seiner Meinung, daß Vernunft und Glauben in der Erkenntnis und Anerken-

---

[264] Franz, MG, S. 514,32—35: „Nullus constringitur credere, que intellectus eius non potest capere. Nam ratio hominis copiosissima est apud semet ipsam, nec datur captiva in obsequium fidei; nec hoc quidem necessarium est, sed stolidissimum est liberum captivum duci."

nung der biblischen Wahrheit einig und ohne Rivalität miteinander wirksam sind. Nach einer klärenden Reflektion über Recht und Reichweite, Selbständigkeit und Eigenkraft der Vernunft, nach einem die ganze Problematik aufdeckenden Vorstoß ins Prinzipielle, wie These 17 ihm zu unterstellen scheint, hat Egran kein Bedürfnis empfunden. Die *ratio hominis* hat für ihn in allen Fragen des geistig-seelischen Lebens ganz selbstverständlich eine legitime kritische Funktion, die im Bereich des Kirchlich-Religiösen, zumal in der Abwehr superstitioneller Vorstellungen wie phantastischer Spekulationen und haltloser Schwärmerei ihre Aufgabe findet, jedoch mit der in der Schrift offenbarten Wahrheit gar nicht in Konflikt geraten kann.

Müntzer empfand solche Wertung der ratio im Blick auf das credere wegen der darin offenbaren völligen Verkennung der qualitativen Besonderheit des Glaubens schlechthin als absurd und machte nach dem Tenor von These 17 vornehmlich die überhebliche Selbstherrlichkeit des vernunftstolzen Menschen verantwortlich, der sich anmaßte, Gottes Offenbarung kraft seiner ratio zensurieren zu können. „Nullus constringitur credere, que intellectus eius non potest capere"; das ist eben der blasphemische Anspruch des menschlichen Geistes, von sich aus ein maßgebliches Wort über Gottes Reden und Handeln sagen zu wollen. „Ratio hominis copiosissima est apud semet ipsam"; das ist das selbstsichere Vertrauen der *ratio* in die eigenen Fähigkeiten, das auch in göttlichen Dingen seine volle Suffizienz und darum seine Unabhängigkeit behaupten zu müssen wähnt. Im Manuskript stehen hinter dieser *propositio* — als 2a beziffert[265] — zwei kurze Sätze, die sichtlich noch einmal unterstreichen sollen, wie sehr Egran sich mit solchen Ideen als Bahnbrecher und Repräsentant „einer vernünftigen Christlichkeit" verstand, wie überzeugt er von der grundlegenden und wegweisenden Bedeutung seiner Gedanken für die Reformation der Kirche war. Natürlich will Müntzer die eitle Selbstgefälligkeit ironisieren, mit der Egran sich seiner Gelehrsamkeit rühmt: „Keiner war in vierhundert Jahren gelehrter als Egran."[266] Jedoch der Spott geht tiefer und wird erst durch die Fortsetzung im zweiten Satz so beißend, daß nämlich dieser Mann sich ausgerechnet auf Grund verstandesmäßig angeeigneten Wissens für den „ersten Apostel von Zwickau" hält, für den also, der den Zwickauern mit seiner vernünftigen Weisheit erst das volle Licht der evangelischen

---

[265] Wir haben es hier möglicherweise mit einem Einfall Müntzers zu tun, der ihm erst nach der Niederschrift des „contra asinum Tomam Munczer" kam. Da aber die letzte Seite schon bis unten an den Rand ausgefüllt war, gab er den beiden Sätzen ihren Platz hinter These 17, wo sie sachlich einigermaßen anzuhängen waren und wo auch noch genügend Platz zur Verfügung stand. Die Numerierung, sofern es wirklich eine sein soll, bleibt unerklärlich.

[266] Franz, MG, S. 514,36 f.: „2a. Nullus fuit doctior Egrano in quadringentis annis. Ipse est apostolus primus Cigneis."

Wahrheit gebracht habe. Hier schlägt der Hohn in eine grimmige Anklage um und demaskiert im Typus Egran den ganzen frevlerischen Aberwitz, dessen der Mensch in seinem Vernunftsstolz fähig sein kann: auf Grund menschlicher, rationaler Gelehrsamkeit bevollmächtigter Apostel der evangelischen Wahrheit! Stärker kann Müntzer den „indoctissimum in re theologica" gar nicht bloßstellen.

Es ist lediglich eine Variation des Themas vom eingebildeten Eigenvermögen des Menschen, wenn Müntzer weiterhin in den Thesen 18 bis 20 den Synergismus seines Gegners anprangert, um darin die eigentliche Stoßrichtung seines Angriffes noch deutlicher zutage treten zu lassen. Egran hatte freilich unumwunden die Meinung vertreten, daß es wesentlich mit auf das eigene Tun des Menschen ankomme, um gerettet zu werden. Die Ausführungen in These 18 über das Verhältnis der „omnipotentia Dei" zum „liberum arbitrium" des Menschen scheinen der Begrifflichkeit und Äußerungen Egrans zu entsprechen: „Gott ist allmächtig, aber nicht in bezug auf unseren freien Willen, wie an dem sich abmühenden Schiffer deutlich wird, der ein Schiff dem [drohenden] Untergang entreißt; Gott wird ihn nicht anders retten können als dadurch, daß er ihm zu Hilfe kommt."[267] Gottes Allmacht darf demnach nicht im Sinne einer Beschränkung oder gar Aufhebung der menschlichen Willensfreiheit verstanden werden. Im Gegenteil demonstriert das angeführte Beispiel, daß der Mensch erst einmal selber an seiner Rettung mit vollem Einsatz seiner Kraft arbeiten muß. Es läßt sich nicht übersehen, daß Müntzer diesem möglicherweise von Egran selbst gebrauchten Bilde in seiner Wiedergabe besondere Lichter aufgesetzt hat; das *laborare* des Schiffers, „qui navim eruit ab interitu", erhält bei ihm den Hauptakzent, während Gott nur Hilfestellung leistet. Das „deus eum liberare non poterit nisi adiuvando eum" ist in dieser Formulierung als Hinweis auf die subsidiäre Rolle Gottes sehr aufschlußreich und kommt nahezu einer Umwertung des ganzen Bildes gleich, die Egran schwerlich gebilligt haben würde. Auf diese tendenziöse Zuspitzung kam es Müntzer aber gerade an, weil durch sie die synergistische Verschiebung im „Partnerschaftsverhältnis" Mensch — Gott, d. h. Egrans Umkehrung des Evangeliums einsichtiger wurde.

Die gleiche Absicht verfolgt auch These 19, die zu dem allgemeinen Beispiel vom „nauta laborans" noch zwei biblische Exempel Egrans fügt und das in anderem Zusammenhange grundsätzlich bereits Gesagte nun auf die hier speziell erörterte Frage konkret anwendet: „Abraham hat sich durch seine Rechtschaffenheit vor der Begnadung den Anspruch erworben, Vater der Völker zu heißen, so wie Zacharias und Elisabeth

---

[267] Ebd. S. 514,38—40: „Deus est omnipotens, sed non in nostro libero arbitrio, ut patet in nauta laborante, qui navim eruit ab interitu, et deus eum liberare non poterit nisi adiuvando eum."

gerecht gewesen sind vor dem Herrn, bevor der Engel zu ihnen sprach."[268] Danach betrachtet Egran die natürlich-sittliche *probitas* des Menschen wie sein Heiligungsstreben als Vorleistungen, die Gott erwartet, anerkennt und schließlich honoriert: „Abraham probitate sua ante graciam meruit ... Zacharias et Elysabeth fuerunt iusti ... antequam ..."! Die großen Zeugen rechten Glaubens werden hier schwerlich ohne Absicht in Egrans Rede zu Mustern menschlicher *probitas* umfunktioniert; denn eben dieses Lob der Selbstmächtigkeit des Menschen vor Gott ist in Müntzers Augen pure Ketzerei. Folgerichtig macht er Egran in These 20 schließlich noch regelrecht zum Anwalt der Pelagianer, „die [nur] Leute ohne wissenschaftliche Bildung Häretiker nennen; sie sind bessere Christen als der gänzlich ungebildete Augustin, als der ganz und gar abwegige Bernhard usf., als alle die ziel- und planlosen Martinianer". Er begründet dieses Urteil ausdrücklich mit dem Satz: „Denn sie [die Pelagianer] predigen, daß der Mensch auf Grund seiner Entscheidungsfreiheit gerettet oder verdammt wird."[269] Freilich, ein Beleg dafür, daß Egran sich so oder ähnlich geäußert haben könnte, läßt sich in seinen bisher bekannten Schriften nicht ausmachen. Der Verdacht legt sich nahe, daß diese These eine freie Erfindung Müntzers ist, der es sich nicht versagen konnte, den „apostolus primus Cigneis" schlechthin als einen Ketzer zu entlarven; denn nichts als Ketzerei ist für ihn in Wahrheit das Christentum dieses *doctus vir,* der seine Kritiker leichthin als *indocti* abtun zu können glaubt, aber mit all seiner Gelehrsamkeit nicht erkennen kann, daß er selber ein Erzketzer ist, der die christliche Wahrheit nicht nur nicht versteht, sondern sie in echter Ketzermanier widersinnig verdreht; derselbe Mann, der das Vermögen des Menschen, sich aus eigener Kraft das ewige Heil mit verdienen zu können, so hoch einschätzt, — und der das immerwährende Wirken des Heiligen Geistes in der Christenheit leugnet.

Es ist wohl überlegt, wenn Müntzer die *propositiones* mit solcher Entgegensetzung in den Thesen 21 und 22 gipfeln läßt. „Allein die Apostel haben den Heiligen Geist gehabt. Er ist den anderen Menschen auch nicht notwendig gewesen, weil die Kirche durch die Wirksamkeit der Apostel hinreichend fest steht" (These 21)[270]. Es wird damit zwar nicht

---

[268] Ebd. S. 514,41—515,2: „Abraham probitate sua ante graciam meruit pater gentium vocari sicut Zacharias et Elysabeth fuerunt iusti ante dominum, antequam eis angelus loqueretur."

[269] Franz, MG, S. 515,3—6: „Pelagiani, quos indocti hereticos dicunt, sunt cristiani pociores Augustino indoctissimo, Bernhardo inconvenientissimo etc., vagis hominibus Martinianis omnibus. Nam predicant hominem suo arbitrio vel salvari vel damnari. Nec Manichei fuerunt in mundo."

[270] Ebd. S. 515,7 f.: „Soli apostoli habuerunt spiritum sanctum. Nec fuit necessarius aliis hominibus, quia ecclesia satis stabilita est per labores apostolorum."

11*

bestritten, daß die Grundlegung der Kirche wesentlich auch durch das schöpferische Wirken des Heiligen Geistes erfolgt sei; aber er hat sich lediglich den Aposteln mitgeteilt und sich ihrer bedient, während alle anderen seiner gar nicht bedurften noch bedürfen. Es handelt sich also um ein einmaliges, historisches Faktum, um eine temporaliter wie personaliter begrenzte Aktion, die ein Definitivum geschaffen hat, so daß ein wiederholtes Eingreifen oder gar ein ständig fortdauerndes Wirken des Geistes überhaupt nicht diskutabel ist. „In 1000 Jahren hat kein Mensch den Heiligen Geist besessen, wird auch die Kirche nicht durch ihn regiert" (These 22)[271].

Müntzer hat diese Sätze wohl nicht einfach aus der Luft gegriffen. Zwei Monate später erhebt er in einem Briefe an den inzwischen als Pfarrer in Zwickau amtierenden Nikolaus Hausmann die gleiche Beschuldigung gegen Egran: „Homo maledictus in aeterna tempora, dixit: ,Ecclesia non habuit spiritum sanctum nisi tempore apostolorum'." Er wirft Hausmann vor, daß er zu den „in parrochia tua praesentibus multis civibus"[272] gefallenen blasphemischen Äußerungen geschwiegen habe. Wir sind aus einer, ein Jahr später gehaltenen Predigt auch darüber unterrichtet, wie er die Ausnahmestellung der Apostel begründet hat: „Der herre hauchett an seine Junger, bließ ihn under das angesichtt und sprache: ,Nehmet hyn den heiligen geist'. Den Jungern was menschliche stergke zcu wenigk und die vornunfft unvormugent, das sie solden predigen durch die gantze werldtt. Derhalben musten sie den geist Gottes haben und was ihnen von nothen ... Denn der geist solde ihn geben kreffte und stergke zcu predigen das Euangelium. Sie hettens nitt konnen enden, wehr auch nicht in iren vormugen gewest auffzcubauen die Christliche kirchen, wen sie nit hetten den heiligen geist gehabtt."[273] Es geht daraus eindeutig hervor, inwiefern das, was den Aposteln widerfuhr, für ihn ein in jeder Beziehung inkommensurables Geschehen war, das er eben als solches kennzeichnen wollte. Aber daß der heilige Geist auch weiterhin in den Christusgläubigen wie in der Kirche trotz den beklagenswerten Zuständen innerhalb der Christenheit noch wirksam sei, war für ihn wohl eine selbstverständliche Wahrheit; bekennt er doch von sich selbst einmal: „Haec igitur, quae dicam, non nova sunt, sed gratia spiritus sancti et scriptura me docuit."[274] Was er ironisierte und kritisierte war die seltsame Erscheinung des Zwickauer Storchianismus; er hatte aus den absonderlichen Reden der Storchianer den Schluß gezogen, daß sie sich mit den Aposteln des Urchristentums verglichen, sich der jenen zu ihrem Werke geschenkten Geistesausrüstung rühmten

---

[271] Ebd. S. 515,9 f.: „In mille annis nullus hominum habuit spiritum sanctum nec ecclesia regitur per eum."
[272] Ebd. S. 372,15—17.
[273] Egrans Predigten, S. 129.   [274] Ebd. S. 4.

und sich aus solchem Geiste heraus zur Erneuerung der Christenheit berufen fühlten[275]. Gegen diese neuen Apostel hatte er sich gewandt und geltend gemacht, daß der Heilige Geist sich in der Geschichte der Kirche bisher nie so demonstrativ in Menschen wirksam gezeigt habe, abgesehen allein von den alten Aposteln. Diese hatten jedoch von Christus selbst den Geist empfangen, während jetzt ein „schwirmig geyst" sein Unwesen trieb, der nach Egrans Überzeugung auch Müntzer ergriffen hatte. Es brach offenkundig gerade im Geistverständnis ein neuer unüberbrückbarer Gegensatz zwischen den beiden Kontrahenten auf. Wie Egran im Bewußtsein seiner geistigen Überlegenheit die Geistlehre Müntzers als eine sachlich nicht ernst zu nehmende Verstiegenheit ironisierend abtat, so karikierte Müntzer zumindest als Sympathisant und Fürsprecher der „neuen Geistlehre" seinen Widerpart als Repräsentanten einer pseudochristlichen Haltung, die durch rationale Vernünftelei und tiefsinnige Menschenweisheit Gottes Wahrheit ergründen zu können vorgab, ohne je die Unmittelbarkeit der Rede des sich selbst mitteilenden göttlichen Geistes in sich erfahren zu haben.

Müntzer läßt seinem Hohne ungezügelt freien Lauf bis hin zu These 23, die an dieser Stelle und in dieser Form schon den Charakter demagogischer Verunglimpfung annimmt: „Es gibt vier spiritus, wie aus Pomerius, dem dormi secure, und aus Paratus erhellt."[276] Er spielt auf die Theorie vom vierfachen Schriftsinn an, wie sie in der von ihm erwähnten Predigtliteratur noch gebräuchlich war, wobei er nicht ohne Absicht auf recht mäßige Vertreter dieser Gattung verweist[277]. Schon das war ein Seitenhieb auf den sich seiner fortschrittlichen Gelehrsamkeit rühmenden Prediger. Geradezu boshaft aber war es, wenn er Egran unterstellte, daß er die vier *sensus* der theologischen Interpretation biblischer Texte als *quatuor spiritus* qualifiziere. Das war eine kaum noch zu überbietende satirische Glosse zu Egrans Geistverständnis, das Menschenwitz und Gottesgeist ineinander menge und es durch geschickte Manipulation fertigbringe, aus eins vier zu machen.

Die ganze Thesenreihe endet schließlich in einem spöttischen Zynismus: „Ich habe, als ich in Chemnitz einem bindenden Zwange ausgesetzt war, bei mir ganz fest [nach reiflicher Überlegung] den einen Geist als beherzigenswert erachtet, [den Geist] leidenschaftlichen Dranges nach Wendigkeit und nicht zuletzt nach Geld" (These 24)[278]. Müntzer wußte

---

[275] Abgedr. bei Seidemann, Th. Müntzer, S. 110—112.

[276] Franz, MG, S. 515,11 f.: „Quattuor sunt spiritus, ut patet ex pomerio et dormi secure et parato."

[277] In den erwähnten Predigtsammlungen wird zwar das Prinzip des vierfachen Schriftsinnes nicht explizit praktiziert; doch macht man sich mancherlei Früchte dieser Form der Schriftauslegung homiletisch zunutze.

[278] Franz, MG, S. 515,13 f.: „Ego unum apud me firmissime consideravi in Kemnytz ligatus cathenis spiritum procellarum vertiginis furoris et tandem pecuniarum."

demnach, daß sein Antipode sich in bzw. ganz in der Nähe von Chemnitz aufgehalten hatte, bevor er nach Zwickau kam[279]; ob jedoch das „in Kemnytz ligatus cathenis" auf einer näheren Kenntnis der persönlichen Verhältnisse Egrans dort beruht, ist nicht nachzuprüfen. Müntzer datiert jedenfalls in diese Zeit den Entschluß des seiner Ansicht nach die Fahne nach dem Winde drehenden Mannes, sich den Gegebenheiten jeweils anzupassen und auf jeden Fall auf seinen Vorteil bedacht zu sein. Berechnende Taktik und finanzielle Gewinnsucht, das ist der Geist, von dem Egran sich leiten läßt! So zeigt sich der *vir probus* in dem abschließenden Urteil Müntzers. Daß bei ihm ein stärkeres, persönliches Ressentiment mit im Spiele war, dürfte der Schlußsatz verraten: „Diese Grundwahrheiten will ich gegen die ganze Welt und besonders gegen den Esel Thomas Müntzer verteidigen."[280] Der Satz korrespondiert gleichsam dem Zusatz 2a zu These 17: „Keiner war in 400 Jahren gelehrter als Egran." Es wurmte Müntzer offensichtlich, daß dieser „Angeber" in den gebildeten Schichten Zwickaus als ein Gelehrter von Ruf besonders aestimiert wurde, mit dem er, wenigstens in dieser Hinsicht, nicht konkurrieren konnte. Er besaß auch sicher nicht die „hochgeistige" Lebensart und die gesellschaftlichen Umgangsformen, die jenen zum Günstling der vornehmen Welt werden ließen. Zudem ließ ihn Egran seine Überlegenheit zu deutlich spüren[281], als daß Müntzer die Gelegenheit nicht genutzt hätte, ihm bei seinem Abgange noch einen „Eselstritt" zu versetzen.

E) Der Ausgang des Streites mit Egran und Müntzers Flucht

Wenn Müntzer das Elaborat nach seiner überstürzten Flucht aus Zwickau für sich behielt und späterhin keinerlei Gebrauch davon machte, möchte man daraus schließen, daß es nicht zuletzt mit dazu hatte dienen sollen, die Position der Anhänger Egrans in der Stadt nach dem Ausscheiden ihres Führers zu schwächen und die weitere Entwicklung der Reformation in Zwickau stärker wieder selber bestimmen zu können. Doch auch eine ursprünglich vielleicht so begrenzte Zweckbestimmung würde den Wert des Dokumentes für uns nicht beeinträchtigen, da die dem Widerpart unterstellten Thesen gerade durch die polemisch

---

[279] Vgl. Kirchner, Diss., S. 11 f.

[280] Franz, MG, S. 515,15 f.: „Hec axiomata disputabo contra universum mundum et precipue contra asinum Tomam Munczer. In valle s. Joachim."

[281] Vgl. dazu die Bemerkung Egrans in seinem Brief an Müntzer: „Daß ich teuczsch geschriben hab, ist nicht an ursach geschehen, wann ich spuer, daß dein geist ein vorachter ist der kunst und aller schrift" (Franz, MG, S. 368,2 f.). Ebenso in dem Schmähgedicht auf Egran: „Den [Müntzer] vornichtstu Offentlich Für aller weltt, / Vnd sprichst, er sey mitt Dem Donatt kaum vorn arsch geschlagenn" (Seidemann, Th. Müntzer, S. 100).

zugespitzten Formulierungen Hinweise auf die von Müntzer als besonders anstößig empfundenen Ansichten Egrans geben und gewiß Rückschlüsse auf seinen eigenen Standpunkt zulassen. Man muß natürlich
bedenken, daß der bislang an offener Kritik Gehinderte in seinem ange-
stauten Groll jetzt endlich den angeblich der Reformation zugewandten
Prediger als das bloßstellen wollte, was er in seinen Augen wirklich war:
ein theologischer Ignorant und Irrlehrer; man muß bedenken, daß er
vornehmlich unter diesem Gesichtspunkt das Scriptum zusammenstellte
und im einzelnen formulierte, dem ein demagogisches Element infolgedessen nicht abzusprechen ist. Nur erscheint es nicht angebracht, das
Ganze lediglich als das Machwerk eines hetzerischen Agitators zu begreifen. Müntzer ist vielmehr in dem persönlichen Erfahrungsbereich
seiner Zwickauer Wirksamkeit durch die Begegnung mit Egran auf die
Gefahren aufmerksam geworden, die in der angestrebten Bundesgenossenschaft primär humanistisch geprägter Geister mit der Reformation
für die Wahrung des genuin reformatorischen Geistes verborgen lagen.
Er verstand Luther und die Wittenberger mit ihren Beschwörungen,
Egran zu schonen, einfach nicht, obwohl sie doch wußten, wes Geistes
Kind dieser Mann war. Und so wollte er des „eingeschlichenen Bruders"
Abgang wahrnehmen, ihn als einen falschen Lehrer zu entlarven und die
durch ihn Verführten warnen, sich weiterhin an seine gelehrten Weishei-
ten als „reformatorisch-christliche Wahrheit" zu halten.

Sieht man darin das sachliche Anliegen der *propositiones,* so wird
man die wahrlich nicht zu leugnende Enge und Einseitigkeit, den un-
duldsam zufahrenden Eifer, die ins Persönliche abgleitende Animosität
nicht bedenkenlos als typische Merkmale einer „sektiererischen" Haltung ihres Autors ausgeben können, um aus ihr dann wieder seine radikale Opposition gegen Egran abzuleiten und damit zu diskreditieren. In
seiner „Nahkampfsituation" hat er — das ist kaum zu bestreiten — die
vielschichtige Problematik der geistesgeschichtlichen Gesamtlage gar nicht
übersehen; noch weniger ging er an sein Opusculum mit der Absicht,
durch ein bedachtsam abwägendes, „objektives" Urteil seinem Gegner
alle Gerechtigkeit widerfahren zu lassen. Nein, er wollte ganz gewiß um
der von ihm selbst vertretenen Sache willen diesen Mann und die von
ihm vertretene Sache unmöglich, d. h. unschädlich machen. Person und
Sache sind hier wie dort nicht voneinander zu trennen. Wie der großzügige, sich überlegen gebende Latitudinarismus Egrans einer nicht sehr
tiefgründigen, rational-moralistisch verflachten Christlichkeit huldigte
und nur spöttisch und mitleidig, schließlich indigniert die Ideen und
das Gebaren seines Widersachers achselzuckend abtat, so war das strenge,
gotthörige Verantwortungsbewußtsein Müntzers der durch die lutherische Reformation geprägten neuen Erkenntnis dessen, was Christsein
vom recht verstandenen Evangelium her in sich schließt, verhaftet und

mußte fordernd, schließlich herausfordernd der Entleerung und Verkehrung des christlichen Glaubens rücksichtslos entgegentreten. Die *propositiones* sind Ausdruck solcher grundsätzlichen Konfrontation, die durch die mitspielenden Kleinlichkeiten eines in der gegebenen Situation schwerlich vermeidbaren persönlichen Ressentiments nicht verdeckt werden darf. Es wäre zu hoch gegriffen, wollte man sie in ihrer Tendenz als ein nie zu Gehör gebrachtes, vorzeitiges, sich nach Inhalt und Gestalt in recht bescheidenen Grenzen haltendes Präludium zu der großen Auseinandersetzung zwischen Luther und Erasmus ansehen; dennoch wird man sie wenigstens in dem weit gespannten Rahmen der allgemeinen Vorgeschichte der Fehde zwischen den beiden Koryphäen einzuordnen haben. Daß Müntzer jetzt die Mahnung der Wittenberger mißachtete, bedeutete jedenfalls nicht, daß er sich von Luther distanzieren wollte. Es trifft in keiner Weise zu, „daß Müntzer mit Egran letztlich auch Luther angriff, da er die Auseinandersetzung nicht mehr von der Warte Luthers aus führte"[282]. Wohl hielt er, anders als Luther, eine taktische Schonung Egrans für unangemessen, und schon um des Fortganges der Reformation in Zwickau willen eine Kundmachung seiner theologischen Gravamina in einem „Nachruf" für unerläßlich. Nichts deutet jedoch darauf hin, daß er sich ernsthafter theologischer Meinungsverschiedenheiten bewußt geworden wäre, die ihn dem Kreis der Martinianer zu entfremden begannen. Er hat in dem Zwickauer Jahre im Wechsel der Fronten — gegen Tiburtius wie gegen Egran — die ihm so hilfreich gewordenen Gedanken der reformatorischen Theologie Luthers weiter in sich wirken lassen, hat sicherlich auch die aus der Lektüre der deutschen Mystiker empfangenen Anregungen zu verarbeiten gesucht und sich als Prädikant an St. Katharinen schließlich auch der storchschen Geistlehre geöffnet. Vielleicht wurde er in seiner Sicht von Erkenntnis zu Erkenntnis immer näher an das Geheimnis des christlichen Glaubens geführt; aber bedeutete das für ihn schon damals ein Hinauswachsen über Luther hinaus, oder glaubte er nicht vielmehr, immer besser das Anliegen Luthers zu verstehen? Sein Unmut über die falsche Rücksichtnahme der Wittenberger auf Egran braucht dem nicht entgegenzustehen, da sie in der Beurteilung der theologischen Qualifikation einer Meinung waren. Erwägt man zudem, daß die „Zwickauer Propheten" noch Ende 1521 nach Wittenberg gekommen sind, um Luthers Zustimmung und Beistand zu gewinnen[283], ist es meines Erachtens sehr unwahrscheinlich, daß Müntzer

---

[282] Bensing, Th. Müntzer, S. 37.

[283] In dem Briefe Melanchthons an den Kurfürsten vom 27. 12. 1521 heißt es über deren Ankunft: „Proinde, cum vertatur hic euangelii periculum, ecclesiae gloria et pax, modis omnibus efficiendum est, ut his hominibus *Martini* copia fiat; ad hunc enim prouocant" (Müller, Wittenberg, S. 129). Provocare kann hier als juristischer terminu technicus ebenso „appellieren an" wie „sich berufen auf" bedeuten.

auch nur im engeren Kreise seiner „Geistesgenossen" tiefer gründende Bedenken und Zweifel an dem Reformator hat laut werden lassen.

In welchem Zusammenhange steht nun in der letzten Phase seiner Zwickauer Wirksamkeit Müntzers Haltung mit dem Vorgehen seiner Anhänger? Einen wertvollen Hinweis bietet zunächst der bereits mehrfach erwähnte „Brieff der 12 Aposteln vnd 72 Jünger, ires Meysters aüs dem Schwirmigen geist eingegeben"[284], der sich auf dem Höhepunkt des Kampfes in der Verteidigung Müntzers als ein massiver Angriff auf die Lehre und das Leben Egrans darstellt und in seiner Weise ein Gegenstück zu den *propositiones* bildet. Das Pamphlet dürfte nicht ohne das Wissen und die Zustimmung Müntzers hinausgegangen sein, wenn auch der gegnerische Vorwurf wörtlich schwerlich zutreffen wird: „Aüff das Dein möcht werden vorgessen bistü mitt Radt Deyner Jünger gesessnn Von dem Erbarn Egrano ein brieff erticht..."[285] Wir haben es in diesem Dokument meines Erachtens mit einem Originalzeugnis der Parteigänger Müntzers zu tun, und hier in den Niederungen polemischer Leidenschaft zeigt sich deutlich, was alles sonst noch an Aversion und Kritik gegen den Prediger von St. Marien als einen typischen Vertreter „schilichten" Verhaltens in den oppositionellen Schichten der Stadt lebendig war. Doch bei einem Vergleich mit dem Schmähgedicht der Gegenseite, das den „Meyster" mit Ausnahme einer kurzen Notiz über seine forcierte Kreuzespredigt und gelegentlichen spöttischen Anspielungen auf seinen vorgeblichen Geistbesitz nur durch seine mancherlei Schandtaten und Extravaganzen als einen ewigen Unruhestifter bloßstellen will, fällt auf, daß der „Brieff der 12 Aposteln" sehr betont von der religiösen Differenz als dem Kernpunkt des ganzen Haders ausgeht. Dem „Gottschender und Lesterer" wird als erstes die Verächtlichmachung des „Gottesknechtes" und die böswillige Verketzerung seiner „rechten" Predigt vorgehalten. Der Vorwurf der Ketzerei wird ihm zurückgegeben, und er wird bezichtigt, seine früher einmal gezeigte Hinwendung zur Reformation durch seine jetzigen Lehren wieder zu verleugnen[286]. Besonders wird ihm dabei zur Last gelegt, daß er erstens Ernst und Größe der „Marter Jhesu Christi" geleugnet und behauptet habe, „Die Gotheytt Hab in in seynem Leyden verlassenn"[287]; sodann zweitens — nach einer Verwahrung gegen die von ihm frei erfundene Mähr von der Bildung eines Apostel- und Jüngerkreises um Müntzer — daß er in frevelhafter Vermessenheit erklärt hätte, den Worten der Verkünder des neuen Geistes nicht glauben zu wollen, „Du hast Den gesehen wunderzeychen vnd gehortt

---

[284] Abdruck bei Seidemann, Th. Müntzer, S. 110—112.
[285] „Historien von Thomas Müntzer", zit. bei Seidemann, Th. Müntzer, S. 109.
[286] Seidemann, Th. Müntzer, S. 110.
[287] Ebd. S. 111,2—9.

Du willt sehen Die Teuffell austreybenn"[288]. Damit zöge sich der gelehrte Mann selber den Verweis Jesu gegen alle die zu, die nicht in der Kraft des göttlichen Geistes zu wahrem Glauben kommen. Man wird daher in diesem Punkte der Anklage eine Antwort auf Egrans Ironisierung der von seinem Gegner für sich in Anspruch genommenen Geistbegabung zu erkennen haben, die freilich im Ganzen des „Apostelbriefes" sonst expressis verbis nicht weiter zur Sprache kommt.

Die Leugnung der Kreuzes- und Geistestheologie durch Egran wurde von den Verfassern des „Lester- und Schendbrieffes" jedoch nicht lediglich als Zeugnis mangelnder religiöser Tiefe und theologischer Unbedarftheit angeprangert. Man sah darin zugleich den Schlüssel zum Verständnis des ganz und gar unchristlichen Wesens und Gebarens dieses Mannes und zeichnete eben unter diesem Aspekt das Charakterbild des Predigers in den dunkelsten Farben. Auf den ersten Blick ist die wenig schmeichelhafte Charakteristik nichts als eine grobe Verunglimpfung, die mit den üblen Mitteln persönlicher Diffamierung den Gegner in gehässiger Weise herabzuziehen sucht. Nur aus Neid, so wirft man ihm vor, verfolge er „den Gottes knecht Der da predigtt woll vnd Rechtt Vnd süchett weder Gütt noch geltt"[289] als einen falschen Prediger, dieser „Fromme Egranüs Im Thall Prediger vnd gewalttiger Plebanüs Vntter eyner gstallt als er from wehr Vnd sucht Doch nichts, dan eyttell gütt gelt vnd ehr"[290]. Bei Wein und schönen Frauen und in der Gesellschaft der großen „Hansen" fühlt er sich wohl, da ist er in seinem Element, demzuliebe macht es ihm nichts aus, heute so und morgen so zu reden. Springt nur etwas für ihn dabei heraus, bringt er es auch fertig, den Ablaß wieder aufzurichten. Reichtum, Wohlleben, Ehre — das sind seine Ideale. Darum sucht er aller Not und Bitternis des Daseins auszuweichen, ist er stets auf die Sicherung seiner materiellen Existenz und ein ruhiges, bequemes Leben bedacht usf. Dieser Lasterkatalog macht in der Tat den Eindruck einer modernen Variation des alten Liedes von der obligaten moralischen Verkommenheit des Ketzers. Jedoch wollte man die hier gegen Egran erhobenen Vorwürfe lediglich als eine gehässige Schmähung verstehen, würde man das wertbestimmende Vorzeichen vor der ganzen Anklage mißachten: „Man kan kein Leyden in Dich bringenn Du List dich ehe an Galgen hengenn."[291] Das heißt, die vorgebrachten Beschuldigungen wenden sich nicht vordergründig nur gegen die moralische Verderbnis eines geistlichen Bonvivant, so sehr im Zuge des ungestümen Angriffes auch absichtsvoll Bedacht darauf genommen worden sein mag, die moralische Entrüstung über einen derartigen Vertreter des geistlichen Standes auszudrücken und bei anderen wachzurufen. Man will darüber hinaus all das als die Wesensäußerung seiner substanzlosen

[288] Ebd. S. 111,14 f.
[290] Ebd. S. 112,12—15.

[289] Ebd. S. 110,5—7.
[291] Ebd. S. 111,33 f.

Christlichkeit, ja seiner Widerchristlichkeit kennzeichnen: sein Leben erweist sich als eine einzige Flucht vor dem Leiden und dem Kreuz; sein ganzes Dichten und Trachten ist so sehr auf sich selbst bezogen, daß der Geist Gottes keinen Zugang zu ihm findet; Leben und Lehre stimmen in der Absage an die zentralen evangelischen Wahrheiten vollkommen überein. „Das wollen wir Bewehren mit schrifft Das Du ein ertzketzer bist."[292]

Es ist mehr als wahrscheinlich, daß dem doppelten Angriff ein gemeinsamer Operationsplan zugrunde gelegen hat: Müntzer übernahm es, in den propositiones den gebildeten Schichten der Stadt die abwegigen Theologumena Egrans, zumal in ihrer Unvereinbarkeit mit der reformatorisch-evangelischen Erkenntnis der christlichen Wahrheit vor Augen zu führen; einigen engagierten Anhängern fiel die Aufgabe zu, unter der breiten Bevölkerung den „achtbarn und hochgelahrten Egran" durch das Pasquill bloßzustellen. Übereinstimmung und Unterschiede in den beiden Dokumenten sind daraus mühelos zu erklären. Was Müntzer in den Thesen bis in die sublimen Regungen geistig-seelischen Daseins hinein verfolgte und was als intellektueller Wille zur Selbstbehauptung des Menschen vor Gott inkriminiert wurde, das wurde im „Brieff der 12 Aposteln" ohne tiefere Reflektion in recht handgreiflicher Weise an der Lebensart des geistlichen Herrn abgelesen und auf selbstsüchtige, allein auf den persönlichen Vorteil bedachte Liebe zum eigenen Ich als Grund und Wurzel einer unüberwindlichen Leidensscheu zurückgeführt, die sich Gottes Zugriff zu entziehen suchte. Es lag freilich bei einer so nuancierten, kritischen Wertung der Lebensführung Egrans nahe, daß auch ein gewisses „soziales Ressentiment" den Ton des Elaborates färbte. Ich verweise etwa auf die Passage: „Du wiltt nür bey den Grossen Hansen sein | Du hast den Thall vornicht zu aller zeytt | Nun lobstü in das man dir die dicken dl peytt | Dü thüst das nür, wen du sitzt im Thall bey dem Getrencken | Das dir Eyner auffn abentt ein kuckes pro 20 f schencken | Du hast zuüor, Lehen, Pfarn, geliehen aüff Zinß, geltt | Damit schindst vnd schabst die weltt ..."[293] Selbst tagtäglich von der Sorge leiblicher Bedürfnisse durch eine materiell ungesicherte Existenz bedrückt, empfinden die Verfasser dieser Verse es als einen Hohn, daß der „Seelenhirte" die fragwürdigsten Mittel anzuwenden sich nicht scheut, um seinen Besitz zu mehren, daß er sogar sein geistliches Amt lediglich zu seinem persönlichen Vorteil ausnutzt: „Süchstü nicht Hoffartt, geytz, von der weltt, | So predig vns vmb Gots willen vnd nim kein geltt | Dü hettest woll genüg Lehen vnd Pfarren, | Die dich gar machen zu eynem Narren, | Das dich der Geytz so gar hatt besessenn | Das du Gots vnd seyner Heyligen hast vorgessenn ..."[294] Sie spüren in seinem ganzen Auftreten das anmaßende Aristokratentum und die sich bewußt absondernde Lebens-

[292] Ebd. S. 112,20 f.   [293] Ebd. S. 111,40—46.   [294] Ebd. S. 111,25—30.

weise. Nur zu deutlich gibt er ihnen zu erkennen, zu welchen Kreisen der Gesellschaft er sich gerechnet wissen will; meidet er doch geflissentlich die allzu enge Berührung mit dem niederen Volke, um sich dafür „bey den schönen Frawen" und „bey den Grossen Hansen" um so wohler zu fühlen. Wie ganz anders verhält sich demgegenüber Thomas Müntzer, „Der da predigtt woll vnd Rechtt | Vnd süchett weder Gütt noch geltt"[295] — „Gott Hatt im alzeytt gnüg beschertt"[296].

Man darf jedoch das sozialkritische Element nicht überbetonen; was hier gesagt werden soll und wie es gesagt wird, weist jedenfalls nicht in die Richtung eines primär sozial-revolutionären Wollens, das auf einen allgemeinen gesellschaftlichen Umsturz drängte. Es sollen vielmehr diesem heuchlerischen Widersacher evangelischer Predigt, solange er „noch nicht von dem Zwickischen Pflaster"[297] ist, seine „schand und Lester" öffentlich vorgehalten werden, für den der Teufel schon seinen besonderen Lohn geben wird, so wie „Der Almechtig Gott ist also Gerecht | Das er nicht lest vnbelohnt seynen knecht"[298], nämlich Müntzer. Das polemische Ziel dürfte demnach, ähnlich wie in den propositiones, vornehmlich darin zu suchen sein, Egran selbst in den Kreisen seiner bisherigen Anhänger in Mißkredit zu bringen. Nach seinem Abzug sollte Müntzer wieder der führende Mann der religiösen Erneuerung in Zwickau werden, ungehindert von den Machenschaften derer, die mit dem Heuchler, Blender und Ketzer paktiert hatten und nun zugleich mit ihm bloßgestellt waren.

Manche Anhänger der *secta Storchitarum* mochten im Zuge solcher Erneuerung auch eine Besserung ihrer sozialen Verhältnisse erhoffen. Nur, daß sie einen „radikalen Standpunkt"[299] vertreten hätten, läßt sich so vorbehaltlos nicht behaupten, zumal wenn man sich den „Radikalismus" wesentlich mit durch Müntzers Einwirkung entstanden vorstellt. Das schließt freilich die Vermutung nicht aus, daß die soziale Nuance in der religiösen Mentalität der Storchianer gleichsam neu artikuliert wurde, seit Müntzer in einen engeren Kontakt mit den Tuchknappen gekommen war und er einen tieferen Eindruck von deren sozialen Nöten gewonnen hatte. Er reagierte jedoch nicht, soweit es sich mit einigem Recht vermuten läßt, mit aufregenden Parolen und Umsturzplänen, so wenig er eine Ermahnung für angebracht hielt, sich in die Beschwernis als ein gottgewolltes Leiden zu schicken. Er hielt in seinen Gesprächen mit den Wollwebern sicherlich nicht mit seiner Verurteilung der Mißstände zurück, machte aber wohl deutlich, daß allein durch eine dem Evangelium gemäße Christlichkeit der Christenheit eine gerechte äußere Ordnung der menschlichen Gesellschaft herbeizuführen, darum hier recht

---

[295] Ebd. S. 110,6 f.
[296] Ebd. S. 112,7 f.
[297] Ebd. S. 112,53.
[298] Ebd. S. 111,56—58.
[299] Bensing, Th. Müntzer, S. 38.

eigentlich anzusetzen und er mit ihnen darauf hinzuwirken gewillt sei. Er ging ernsthaft auf die sorgende Unruhe und den anklagenden Unwillen der Bedrängten ein, erklärte sich mit ihnen und ihrem Anliegen solidarisch; und sie wiederum hielten sich zu ihm als einem rechten Gottesmanne, der ihnen als christlicher Bruder in ihrem geistlichen Bedürfen wie in ihren leiblichen Beschwernissen als einer der ihren uneigennützig zur Seite stand. Sie nahmen seine Worte nicht als eine billige Vertröstung auf ein fernab liegendes „Demnächst", sie sahen ihr Verlangen nach einer Korrektur des gegenwärtigen Zustandes als berechtigt durch ihn bestätigt; und sie hatten das Vertrauen zu ihm, daß er sich in Wort und Tat für sie einsetzen werde, wenn er nach dem Abgange Egrans wieder einen stärkeren Einfluß auf die Entscheidungen der Machthaber in der Stadt haben würde. Das steht natürlich expressis verbis so nicht in dem Briefe, der nach seiner Anlage und Aussage eine persönliche Attacke gegen Egran sein sollte, um ihn zu kompromittieren, jedoch eben nicht, ohne zugleich Müntzer in jeder Beziehung als ein rühmenswertes Vorbild herauszustellen. Diese uneingeschränkte Vertrauenserklärung war unter den gegebenen Umständen faktisch gleichbedeutend mit der Forderung, nunmehr dem Wirken des Gottesmannes in Zwickau keine Fesseln mehr anzulegen. Da mochte dann mancher auch auf eine Besserung seiner sozialen Lage hoffen, durch Müntzer allerdings eher noch von extremen Forderungen bzw. deren sofortiger Verwirklichung zurückgehalten als zu radikalem Vorgehen angespornt[300]. Er selbst gab übrigens in diesen Tagen ein demonstratives (ob auch seinen Anhängern mitgeteiltes?) Gegenbeispiel zu Egrans Geldgier, indem er auf ein kleines „Lehen", das ihm der Halberstädter Rat gewährte, aus freien Stücken verzichtete[301]. Mehr als symbolischen Wert konnte dieser Akt freilich nicht beanspruchen, denn zu den wirtschaftlich Bedrängten gehörte der Prädikant nicht, wenn er auch kein vermögender Mann gewesen sein mag.

Der „Brieff" bewirkte genau das Gegenteil von dem, was man durch ihn zu erreichen gesucht hatte. Den mühsam über einen Monat lang gehaltenen Burgfrieden sah man auf seiten der Obrigkeit in frappanter Weise verletzt. Es wurde offenbar, daß die Spannungen sich in Wirklichkeit nur verschärft hatten, daß die Parteien sich mit dem größten Mißtrauen beargwöhnten und von einer Verständigungsbereitschaft keine

---

[300] Vgl. oben S. 119.

[301] Von dem Verzicht auf das Lehen schreibt Hans Pelt in seinem Briefe an Müntzer vom 25. 6. 1521 (Franz, MG, Nr. 26, S. 373). Er hätte sich dann freilich mit seiner Rückfrage einige Zeit gelassen. Daß er aber den Adressaten ursprünglich noch in Zwickau wähnte, macht doch die Annahme wahrscheinlich, daß Müntzer seinen Brief an Pelt noch von dort abgeschickt hat, Pelt hatte ihn „na passen kregen" (nach Ostern; fiel 1521 auf den 31. März; Franz, MG, S. 374,7).

Rede sein konnte. Will man der Gegenseite Glauben schenken, so sah sich weniger Egran als Müntzer ständig durch feindselige Aktionen bedroht. Nachdem man ihm angeblich schon früher „Schandzettel" ins Haus geworfen und die Fensterscheiben eingeschlagen hatte[302], fühlte er sich bald sogar seines Lebens nicht mehr sicher, und er äußerte den Verdacht, daß man ihn vergiften wolle[303]. Die Schumann-Annalen berichten: „mitwoch nach quasimodogeniti (10. Apr.) frue vmb 3 ohr, schriee der aufrurische ketzerische Magr. thomas muntzer prediger Zu S. kattarinen alhie etzliche mal aus seinem hause, feuer feuer."[304] Es ist nicht undenkbar, daß in Müntzer der Verdacht entstanden war, man trachte ihn mit allen Mitteln unschädlich zu machen. Umgekehrt trauten ihm seine Gegner ohne weiteres zu, daß die „Anschläge" nur von ihm erfunden oder gar von ihm selbst bestellte Arbeit seien, „Dardurch Du Dir anhangk wiltt Machen Mitt schalck böß Lüghafften sachenn"[305]. Jedenfalls hatten sie kaum einen Zweifel, daß er der geistige Urheber des „Brieffes der 12 Aposteln" sei[306], und sie antworteten darauf mit einer ihn nicht minder gehässig karikierenden Schmähschrift. Er hat ein „böß, gifftig gemutt" und „Falsch vngetrew hertz"; er ist ein „unhöld schnöder Pösewicht", ein „gilb geferbter Pickardisch pösewicht", ein „blütt dürstiger man"; „Nach blütt vergiessenn stett Dein hertz". Er ist ein „voll Lugen unvorschemtter Man", vom bösen Geist besessen, zu allem Schlechten fähig; ein wüster Demagoge, der alles daran setzt, sich Anhang zu verschaffen[307]; ein wilder Agitator, dem alle Mittel recht sind. Seine ganze Tätigkeit in Zwickau ist eine einzige Kette von Lug und Trug, von Umtrieben und Gewalttätigkeiten. Aber nun ist es genug: „Dan ich weyß was das spiell ist auff der Pahn | Radt Dir mitt trew T h o m a Dreh Dich daüon."[308]

Der Verfasser des antimüntzerischen Pamphletes war zutreffend informiert, wenn er so mit dem Hinweis auf ein bevorstehendes Verfahren gegen den Prediger an St. Katharinen abschloß. Der Bevollmächtigte des Landesherrn, Wolf von Weißenbach, sah sich auf Grund des Pasquills vom 14. April veranlaßt, alsbald gegen Müntzer einzuschreiten, der sich nach dem Verlauf der Verhandlungen im September des Vorjahres keinen Illusionen darüber hingeben konnte, daß dieser Mann den Rat der Stadt zu einer negativen Entscheidung gegen ihn bestimmen würde. Denn im Rate selbst, auch das wußte Müntzer wohl, fand er jetzt nicht mehr den Rückhalt, mit dem er früher hatte rechnen können, zumal sein

[302] Vgl. oben S. 120.
[303] Seidemann, Th. Müntzer, S. 108.
[304] Zit. bei Wappler, S. 39 Anm. 161.
[305] Seidemann, Th. Müntzer, S. 108.
[306] Ebd. S. 109.
[307] Ebd. S. 108 f.   [308] Ebd. S. 109.

wärmster Gönner und eifrigster Fürsprecher, der gegen die damalige Entscheidung Wolf von Weißenbachs angegangen war, Dr. Erasmus Stuler, am 2. April gestorben war[309].

„Dinstag nach Misericordias domini hat herre Wolff von weißbach ritter, neben einem Erbarn rad alhier, handlung gehabt mit thomas muntczrn, der schmehebrieffe halben vber Mgr. Egranum, do ist dem thomas muntzer vrlob gegebenen worden."[310] Der kurfürstliche Kommissar sah in dem Vorfall augenscheinlich einen eklatanten Verstoß gegen die im September getroffenen Vereinbarungen zur Sicherung des kirchlichen Friedens in der Stadt, die insbesondere dem evangelischen Prediger Zurückhaltung in seinem polemischen Gebaren auferlegt hatten[311]. Müntzer konnte demgegenüber jetzt nicht in Abrede stellen, daß er persönlich durch seine Agitation die skandalöse Aktion vom 14. April mit verschuldet hatte. Mochte er vielleicht eine unmittelbare Beteiligung an der Abfassung des Pamphletes in der Verhandlung mit einigem Recht bestreiten — selbst das bleibt fraglich —, daß er der eigentliche Ruhestörer und Friedensbrecher sei, konnte er den Hütern der Ordnung mit den für ihn gültigen Argumenten nicht ausreden. Für die verantwortlichen Instanzen war in ihrer Sicht der Dinge — und man braucht sie nicht unbedingt der Voreingenommenheit gegen Müntzer zu bezichtigen — nur noch die Entscheidung möglich, Müntzer aus seinem Amt mit sofortiger Wirkung zu entlassen. Mit einem solchen Ausgang ihres Unternehmens hatten freilich weder Müntzer noch seine Anhänger gerechnet. Doch schon das Einschreiten des Amtshauptmannes konnte sie nichts Gutes erwarten lassen; die sofortige Amtsenthebung des „Meisters" mußte geradezu alarmierend auf sie wirken. Schumann fährt in seinem Bericht über das Geschehen fort: „... und er [sc. Müntzer] hat den 16. aprilis grosen lerm angericht, hat sehr viel tuchknappen an sich gehengt, die warn im eckhause in der burggassen beisammen vnd hatten sollen eine bose Meuterei anrichten."[312] Eine ähnliche Meinung haben nach Müntzers Angaben auch die *ceci primores* (Ratsherren) von Zwickau vertreten. Er selbst verwahrt sich in seinem Briefe an Luther vom 9. Juli 1523 ausdrücklich gegen die Bezichtigung, den *tumultum Cigneum* angestiftet zu haben: „Quod vero mihi imputent tumultum Cigneorum, sciunt omnes exceptis cecis primoribus me sub seditione in balneo fuisse, nihil suscipantem [suspicantem] de talibus, et nisi obstitissem, nocte crastina totus senatus fuisset interfectus."[313] Man wird seinen Worten mehr Glauben schenken müssen als den Berichten Schumanns; um so mehr, als der Nachtrag zu dem Pamphlet der Egranfreunde sein so ausführlich aufgezähltes Schuldkonto damit nicht belastet: „Meyster Tho-

---

[309] Wappler, S. 40 Anm. 165.   [310] Clemen, Egran I, S. 26 Anm. 66.
[311] Vgl. oben S. 101.   [312] Clemen, Egran I, S. 26 Anm. 66.
[313] Franz, MG, S. 390,2—5.

mas Hatt auch Recht vornommen | Do sein Jünger zu gfengniß sein kommen | Hatt er gegeben Verschen geltt | Bey Nacht vnd Nebbel in das Feldtt."[314] Natürlich mußte er seinen Freunden vom Gange der Verhandlung berichten und dadurch allein schon deren Erregung steigern, zumal er seinen Ingrimm über den Machtanspruch der *ceci primores* schwerlich zu zügeln vermochte. Ohne daß er es beabsichtigte, konnten dabei unbedachte Äußerungen extreme Elemente auf den Gedanken bringen, durch eine Gewaltaktion die Revision der Ratsbeschlüsse zu erzwingen. Hans von der Freystadt bekannte sich in seiner Urfehde als „der furnembste vnd anheber ayner", der „Neben andren des predingers Magr. thomas halber ayn vorsamlung gemacht, do vff ayn Vffrur in der Stadt wurden"[315]. Sie gaben damals als Grund der Ansammlung zwar an, daß sie nur „Mgr. thomas beleiten wolten"[316], aber man schritt gegen den randalierenden Haufen schließlich mit Polizeigewalt ein und setzte 56 Knappen gefangen. Es gelang dem Rat auf diese Weise tatsächlich, die Ruhe in der Stadt wenigstens nach außen hin wieder herzustellen, so daß auch die in den Turm Gesperrten nach einer Haft von einer Nacht und einem Tag wieder freigelassen werden konnten[317]. Ob und wieweit der in der Badewanne sitzende Müntzer noch in den Ablauf des tumultuarischen Geschehens eingegriffen hat, muß dahingestellt bleiben. Daß er ein Blutbad unter den Ratsherren verhindert habe, ist weder als Zeugnis für die wahre Absicht der Aufrührer noch als Beleg seines erfolgreichen Bemühens um eine Beschwichtigung der erhitzten Gemüter ernst zu nehmen, was nicht ausschließt, daß er wirklich versucht hat, Ausschreitungen zu verhindern[318]. Trotzdem hat er befürchtet, daß man ihn für die Unruhen verantwortlich machen und zur Rechenschaft ziehen könnte. Dem aber gedachte er sich nicht auszusetzen. Er zog es vor, „Bey Nacht vnd Nebbel" aus der Stadt zu flüchten. „Actum 16 aprilis 3a fra Misericordias Domini 1521", so schließt das gegen ihn gerichtete Pamphlet. Es war der Tag, an dem Luther in Worms eingezogen war, um sich und seine Sache vor Kaiser und Reich zu verantworten.

Daß Egran sich über Müntzers Flucht abfällig äußerte, kann nicht wunder nehmen; er schrieb vier Wochen später von Joachimsthal aus an Luther: „Turpiter enim aufugit, ut moris est homini, non sine nota et infamia totius reipu[blicae] alioqui celeberrime."[319] Die Stadtväter mögen in ihrer Mehrheit zunächst zufrieden gewesen sein, den unruhi-

---

[314] Seidemann, Th. Müntzer, S. 109.   [315] Wappler, S. 41 Anm. 167.
[316] Ebd. S. 40 Anm. 166.   [317] Ebd. S. 41 Anm. 169.
[318] Wappler nimmt an (S. 42), wohl auf Grund des „nocte crastina" in Müntzers Bericht an Luther, daß er „in der Nähe der Stadt erst noch die Freilassung seiner Trabanten, der Tuchknappen, abgewartet und ihre erregten Gemüter (sie drohten, in der folgenden Nacht den ganzen Rat totzuschlagen) etwas beruhigt" habe.
[319] WA Briefe II, S. 346,21—23.

gen Prädikanten los zu sein, zumal sie mit dem Verschwinden beider Parteihäupter hoffen mochten, daß durch die neuen Männer die Reformation in der Stadt in ruhigere Bahnen gelenkt werden würde. Ihre Erwartung erwies sich freilich als trügerisch, und sie hatten bald allen Grund, sich zu fragen, ob die ihnen vom Amtshauptmann mehr oder minder abgenötigte Entlassung Müntzers wirklich zweckdienlich gewesen sei. Denn die *secta Storchitarum* trat nunmehr stärker als je zuvor als eine oppositionelle Gruppe in Erscheinung und vertrat zunehmend radikalere Anschauungen, die den neuen Pfarrer Nikolaus Hausmann ebenso wie die weltlichen Instanzen zum Einschreiten veranlaßten[320].

Die Anhänger Müntzers haben es ihrem Meister nicht verdacht, daß er Zwickau noch in der tumultuarischen Nacht des 16. April überstürzt verließ; sie wurden deswegen nicht an ihm irre. Auch als die äußere Verbindung mit ihm durch Boten und Briefe bald schwächer wurde, blieb er für sie der geistliche Vater und wegweisende Helfer. Noch im Dezember 1521 erklärte einer der ihren bei einem offiziellen Verhör im Pfarrhof: „...scriptis credere, Magistro Thoma muntzer... et Nicolao Storch."[321] Erst recht spricht der Wunsch bleibender Verbundenheit aus den beiden Schreiben, die Hans Löbe und Hans Sommerschuh in den ersten Monaten nach seinem Fortgang an ihn gerichtet haben; das eine durch die Aufforderung Müntzers veranlaßt, zu ihm zu kommen, das andere aus eigenem Drange geschrieben, jedes in seiner Art ein Zeugnis der nachhaltigen Wirkung der Begegnung mit diesem ungewöhnlichen Manne. Hans Sommerschuh hatte die Vertreibung des Prädikanten noch nicht verwunden: „... ist mir ewer abschied von Zwickaw ser erschreckenlich und wider gewest stettes an underlaß, das weiß Gott."[322] Er ist nach wie vor der Überzeugung, daß Müntzers Freund und Gönner Dr. Stuler „von wegen des worte Gottes" den Dingen wohl einen anderen Lauf gegeben hätte: „Ich hette mich auch vorsehen, wo es Gots wille gewest wer, biß hy her lebende bliben, walt wir euch noch wol zu Zwickaw behalden haben, also vil ich bey seynem leben von ym offt gehort hab ewer gewenende."[323] Doch er will nicht mit dem Geschick hadern: „Nu es aber Gott alßo geschickt hat und noch alleweg nach seim willen schickt und euch iczundt gen Prag also vorsehen hat, ist bey mir nach bruderlicher libe kein unwillen dawider."[324] Dann freilich muß der Bruder auch den Bruder, ihn an seine eigenen Worte erinnernd, trösten und mahnen: „E. W. bittende, bestendig in ewerer vorfolgung zu bleiben und also das leben in dem worte Gottes zusuchen, wy uns dann E. W. zu Zwickaw oft vormanet hat, auch also bestendig zu bleiben, der

[320] Vgl. dazu Wappler, S. 43 ff.
[321] PS, zit. b. Wappler, S. 52. Anm. 230.
[322] Franz, MG, S. 375,29 f. (Der Brief ist datiert auf den 31. 7. 1521, Zwickau).
[323] Ebd. S. 376,7—10.   [324] Ebd. S. 376,10—12.

wort ich mir auch zu herzen genomen hab und also allen denn gescheen muß, dy do Gott liben. Dan er sy durch dy vorfolgung vorsucht, des ich dan zu gering bin, euch zu schreiben und trost zu geben. Ich gedenck aber der wort, dy ich ein mal in ewerem stublein gegen E. W. gedacht hab: Haben sy dy propheten vor Cristo unschuldigklich vorfolgt und getodtt, dornach Cristum, dy warheyt selber, nach ym dy aposteln und marterer von wegen der warheyt auch getodtt, sy werden noch allen denn [denen], dy dy warheyt sagen, gehessig und blutdurstigk seyn. Spricht doch Cristus: Der junger wirt nicht mehr seyn dann seyn meister."[325]

Anders als das aus eigener Initiative entstandene bedachtsame Schreiben Sommerschuhs ist die wohl umgehend erbetene Antwort Löbes auf das Ersuchen Müntzers, zu ihm zu kommen, gehalten. Der Text des Briefes bietet einige Schwierigkeiten und ist in der von Franz aus Böhmer/Kirn übernommenen Gestalt nicht ganz fehlerfrei und inhaltlich unverständlich. Ich gebe zunächst eine korrigierte Transskription (A) und dann eine Übertragung (B).

A (Satzeichen sind kaum erkennbar bzw. nicht vorhanden):

„Aller libster vater ewer gunst vaß do sthet in/den willen gottis das gunne ich ewch gerne wie/yr mir hot lassen entbiten das ich sal tzu euch kommen/wie vol es pillich were das ich euch wolget als ein son,/also ich ansen gots gepot so kan ich das nicht thun/gottis wil muß geschen alle tzeit wen goth hot mir/dy gnade gegeben, das ich dy grecen tzu trenne vnd/auch ein geseuge pin des christ(us) kreutz den pfaffen tzu lastern vnd tzu schanden, das sie von eine(n) sollen/lernen, der den glauben vor nicht hat gehabt/das mussen sie sich schemen, auch yst das gut dy vo(n)/euch dy lere begriffen haben, das yn werden vor/klert vnd syth yn den namen gott(es) vnd nembt den heyligen geyst, der varheyt, yn der pesten, tzeit noch gott(es) wille wil ich pey euch seyn mit/den Klapst vnd mit den Hans von der Freystat/Aller libster vater ßo yr botschafft het volt yr euch/mir ertzeyen, ytßunder nit mer den seyt got pebo/len. Jans Lebe der pheme."[326]

B.: „Allerliebster Vater, euer Gunst! Was da steht in dem Willen Gottes, das gönne ich euch gerne. Wie ihr mir habt entbieten lassen, daß ich soll zu euch kommen — wiewohl es billig wäre, daß ich euch folgte wie ein Sohn — also ich ansehe Gottes Gebot, so kann ich das nicht tun. Gottes Wille muß geschehen alle Zeit. Denn Gott hat mir die Gnade gegeben, daß ich die Grecken[327] zertrenne und auch ein Zeuge bin des

---

[325] Ebd. S. 376,12—24.   [326] Lichtdrucke, Tafel 21.

[327] Greck = eiternde Augenentzündung, vertrockneter Augenschleim. Vgl. Grimm, Wörterbuch IV 1,6. Der Sinn ist also: „... daß ich den vertrockneten Schleim, der mir die Augen verklebte, beseitige und klar zu sehen vermag". Die Interpretation „Griechen, Heiden" (Franz) ergibt hier keinen Sinn. Gott hat ihm die Gnade gegeben, daß er statt der bisher verklebten Augen nun klar sehen kann.

Christuskreuzes, den Pfaffen zu Lastern und zu Schanden, daß sie von einem sollen lernen, der den Glauben vorher nicht gehabt hat. Des müssen sie sich schämen. Auch ist es gut, die von Euch die Lehre begriffen haben, daß ihnen [die Dinge] werden erklärt. Und seid [zieht?] ɪn den Namen Gottes und nehmt den heiligen Geist der Wahrheit. In der kürzesten (besten) Zeit nach Gottes Willen will ich bei euch sein mit dem Klapst und mit dem Hans von der Freistadt. Allerliebster Vater, so ihr Botschaft habt, wollt ihr euch mir erzeigen. Itzund nicht mehr dann seit Gott befohlen. Jans Lebe der Böhme."[328]

Auch Löbe „der Böhme" weiß sich dem Meister auf das innigste verbunden und „wie ein Sohn" verpflichtet. Darum ist er von sich aus grundsätzlich bereit und willig, der Aufforderung Müntzers zu folgen, der den „Böhmen" vermutlich gern als Dolmetscher bei sich in Prag gehabt hätte. Aber, so schreibt er dem „allerliebsten Vater" zurück, er hat von Gott einen anderen Auftrag erhalten, und Gottes Wille geht vor. Denn ihm sind die Augen geöffnet worden, er hat nun den Glauben gewonnen, muß als „Zeuge des Christuskreuzes" den Pfaffen zu Schanden davon künden, und ihnen als einer, der es begriffen hat, „die Lehre" (scil. Müntzers) erklären. Wenn Gott ihn hier (in Zwickau?) freigibt, wird er sofort nach dort kommen.

Beide Briefe sind beredte Zeugnisse für die starke unmittelbare Wirkung, die der Prediger in Zwickau auf seine Hörer ausgeübt hat, wie sie seine „Lehre" in sich aufgenommen haben und so davon erfüllt sind, daß sie reden müssen. Bei aller Wahrung ehrerbietigen Abstandes von dem „Meister" wird doch ein Bewußtsein enger innerer Verbundenheit mit ihrem geistlichen Lehrer und Vater deutlich spürbar, das sie im neuen Verständnis ihres Christseins auch in ihrer verantwortlichen Haltung ihm gegenüber offenbaren; der eine in seinem ermutigenden wie mahnenden Zuspruch, der andere durch den Hinweis, daß er den Willen Gottes allen persönlichen Wünschen überordnen müsse. In beiden Schreiben kommt klarer als sonstwo in der Zwickauer Zeit der positive Gehalt der Verkündigung Müntzers zum Ausdruck, das, was er ohne polemische

---

[328] Zum Vergleich gebe ich den Text bei Franz, MG, S. 370, Nr. 23:

„Aller libster vater, euer gunst vaß do sthet in den willen Gottis, das gunne ich euch gerne. Wie yr mir hot lassen entbiten, das ich sal zu euch kommen, wie vol es pillich were, das ich euch wolget als ein son, also ich ansen Gots gepot, so kan ich das nicht thun. Gottis wil muß geschen alle zeit. Wen Got hot mir dy gnade gegeben, das ich dy grecen zutrenne und auch ein geseuge pin des christuskreuz, den pfaffen zu lastern und zu schaden, das sie von einem sollen lernen, der den glauben vor nicht hat gehabt. Das mussen sie sich schemen, auch yst das gut, dy von euch dy lere begriffen haben, das yn werden vorklert und sych yn den namen Gottes und nembt den heyligen geist der varheit in der pesten zeit. Noch Gottes wille il ich pey euch sein mit den Klapst und mit den Hans von der Freystat.

Allerlibster vater, so yr botschaft het, volt yr euch mir erzeyen; ytzunder nit mer, den seit Got pebolen. Jans Lebe der pheme."

Akzentuierung als die rechte Erkenntnis der evangelischen Wahrheit in der Predigt wie im seelsorgerlichen Gespräch den Glaubenswilligen vorhielt und worauf er sie immer wieder gestoßen hat: in rechtem Glauben den Willen Gottes ernst zu nehmen, und das hieß ganz wesentlich, das „Christuskreuz" im eigenen Leben zu bezeugen. Eben das trat ja auch in den gegenseitigen „Lästerbriefen" hervor, wogegen von der „Geistlehre" in all diesen Dokumenten verhältnismäßig wenig nur die Rede ist, ein Sachverhalt, der gewiß nicht überbetont werden darf, doch auch nicht als gegenstandslos abzutun ist.

IV. Prag

Müntzer nahm den Fehlschlag der Aktion gegen Egran weniger tragisch als man hätte erwarten mögen. Er selbst war zwar durch seine Entlassung persönlich am stärksten betroffen und sein Unmut über das Verhalten des Amtshauptmannes wie des Rates war gewiß nicht gering; aber er hatte durch sein Verschwinden wahrscheinlich schärfere Maßnahmen gegen seine Anhängerschaft in Zwickau vorerst wenigstens abgewendet. Weit davon entfernt zu resignieren, fühlte er sich eher als ein um des Evangeliums willen von den Gottlosen Verfolgter[1], und drängte ihn sein missionarischer Eifer, ein neues Feld für seine Verkündigung des rechten Christenglaubens zu finden. Es kann nicht überraschen, daß sich der Blick des Vertriebenen auf das nahe gelegene Böhmen richtete, und er sich entschloß, die sich ihm dort bietenden Möglichkeiten näher zu erkunden. Das spannungsreiche Verhältnis rivalisierender Gruppen und die gärende Unruhe des religiösen Lebens in diesem Lande, in dem es schon romfreie kirchliche Gruppen gab, mußte ihn zu dem Versuche reizen, hier der Reformation eine Gasse zu bahnen. Nicolaus Storch, der vermutlich mit ihm zusammen Zwickau verlassen haben dürfte, mochte das Seine zu diesem Entschluß beigetragen, ihn möglicherweise sogar auf der ersten Reise begleitet haben[2]. Jedenfalls ist Müntzer zwischen Ende April und Anfang Juni in Böhmen gewesen, schreibt er doch am 15. Juni an Nikolaus Hausmann: „Cognoscito me Bohemiam visitasse."[3] Die Nachrichten über diesen ersten Aufenthalt sind dürftig genug. Einigermaßen gerechtfertigt scheint nach den Angaben der Annalisten[4] nur die Annahme, daß er sich zunächst nach Saaz gewandt hat, „als altes Zentrum einer internationalen Ketzerorganisation bekannt, in dessen Nähe Brüder der Unität angesiedelt waren und von wo auch der Volksprediger Matěj Postevník stammte"[5]. Er kam unbelastet durch das so verbreitete nationale Ressentiment und die gängige Verketzerungspropaganda gegen die Böhmen und gewann im Umgang mit den einer religiös-kirchlichen Erneuerung offenen Kreisen augenscheinlich den Eindruck, daß sein Einsatz hier erfolgreich sein könnte; vielleicht hat man ihn zum

---

[1] Vgl. dazu den Brief an Nik. Hausmann vom 15. 6. 1521 (Franz, MG, Nr. 25, S. 371); auch den Brief an Luther vom 9. 7. 1523 (ebd. Nr. 40, S. 389).

[2] Das ließe sich mit allem Vorbehalt u. U. Müntzers Brief an Stübner vom 15. 6. 1521 entnehmen: „Miror Nicolaum nihil scripsisse nec reversum" (ebd. S. 370,8). Man bedenke auch die mutmaßlichen Beziehungen Storchs zu Böhmen (vgl. oben S. 122 f.).

[3] Franz, MG, S. 372,27 f.   [4] Vgl. Palacky V 2, S. 442.   [5] Molnár, S. 242.

Bleiben aufgefordert und bot sich ihm schon jetzt eine Aussicht, sogar in Prag tätig zu werden.

Nach dieser ersten Fühlungnahme kehrte er noch einmal nach Deutschland zurück, um in knapp bemessener Frist einiges zu ordnen, strebte dann aber mit geradezu hastender Ungeduld wieder nach Böhmen. Markus Stübner[6], den er als Reisegefährten gewonnen hatte und der sich inzwischen um die Unterbringung der Müntzer zugefallenen Gegenstände aus den Nachlässen seiner Mutter und des Moritz Reinhard hatte kümmern sollen, erhielt am 15. Juni die dringliche Aufforderung, auf diese Dinge keine Zeit mehr zu verschwenden, sondern seine eigenen Angelegenheiten schnell zu erledigen und sich unbedingt am nächsten Tage bei ihm einzufinden: „Hic te fuisse acceperim et nostri propositi esse tenacem mecum ... Non potest amplius res nostra procrastinari. Miror Nicolaum nihil scripsisse nec reversum. Non potest diucius res protrahi."[7] Was steht hinter dieser seltsamen Befürchtung, daß jede Verzögerung die ganze Reise gefährden könnte[8]? Rechnete er auf Grund irgendwelcher Gerüchte damit, daß ihm seine Gegner in Zwickau oder Egran in Joachimsthal Schwierigkeiten bereiten würden? Warum schreibt er an dem gleichen 15. Juni an Nikolaus Hausmann, daß er in Böhmen gewesen sei, ohne auch nur mit einer Silbe anzudeuten, daß er eben wieder im Aufbruch dahin sei[9]? Ist es ihm verdächtig, daß er von Storch nichts hört und sieht? Müntzer geriet an diesem Tage, den er wartend in der Nähe von Elsterberg zubringen mußte, offenbar ins Reflektieren über das nun unmittelbar bevorstehende Unternehmen und empfand vielleicht stärker denn je die Problematik seines Vorhabens, nicht nur in der Befürchtung von Quertreibereien, noch bevor er Böhmen überhaupt wieder betreten hatte, sondern auch im Blick auf den Verlauf und den möglichen Ausgang seiner Mission. In der Mitteilung an Michael Gans in Jena[10], in der er ihm seine schriftlichen Aufzeichnungen und Unterlagen zur Aufbewahrung anvertraut, kündigt er ihm seinen persönlichen Besuch im kommenden Winter in der Erwartung an, daß er bis dahin das „opus predicationis in verbo" erfüllt haben werde, also seine Verkündigung unter den Böhmen, zu der ihn das Verlangen trieb: „Omnibus omnia fieri, donec cognoscant crucifixum conformitate suae abrenunctiationis." Dann folgt der Satz: „Ego si me mori contigerit, destinabo certo nunctio testamentum propria manu conscriptum."[11] Das ist die sachbezogene Erklärung, daß Müntzer im Falle seines Todes den dem Freunde jetzt anver-

---

[6] Über die Bekanntschaft Müntzers mit Stübner vgl. Franz, MG, S. 369 Anm. 2 zu Nr. 22.

[7] Ebd. S. 370,1—10; dazu Anm. 3.

[8] Er dürfte wohl nicht auf die Einhaltung eines abgesprochenen Termins für seine Ankunft in Prag bedacht gewesen sein.

[9] Franz, MG, S. 372,27 f.   [10] Ebd. Nr. 24 S. 371.   [11] Ebd. S. 371,7—10.

trauten schriftlichen Nachlaß durch ein besonderes *propria manu* geschriebenes und durch einen zuverlässigen Boten überbrachtes *testamentum* förmlich übereignen wird. Jedoch, spricht daraus allein die ängstliche Sorge, daß seine Papiere durch Irrtum oder Intrigen in unrechte Hände kommen könnten? Oder deuten die Worte „wenn es mir beschieden sein sollte zu sterben" nicht zugleich an, daß der Gedanke an die Möglichkeit eines gewaltsamen Todes um seiner Predigt willen ihn beschäftigte? In dem gleichzeitigen Briefe an Nikolaus Hausmann tritt das noch deutlicher hervor: „Scias, scias, dulcissime frater, me nihil aliud desyderare nisi persecutionem meam, donec omnes lucrentur per me convertendi."[12] Im direkten Anschluß daran erwähnt er seine erste Reise nach Böhmen, die er, wie er nun schreibt, „non ob gloriolam meam, non ob pecuniarum ardorem, sed spe futurae necis meae" unternommen habe. Wiederum ist zu berücksichtigen, daß die zitierten Sätze in einem spezifischen Sinnzusammenhange stehen: Müntzer rechtfertigt gegenüber einer kritischen Bemerkung Hausmanns sein kämpferisches Verhalten in Zwickau und zeiht umgekehrt Hausmann einer von einem evangelischen Prediger vor Gott und den Menschen nicht verantwortbaren „Leisetreterei" und um sich selbst besorgten Ängstlichkeit, um dagegen grundsätzlich seine Bereitschaft zum Martyrium herauszustellen. Daß er „spe futurae necis" nach Böhmen gegangen ist, hat er gleichsam als jüngsten Test solcher Bereitschaft aufzuweisen. Ist jedoch nicht eben dieser Hinweis ein Reflex der Gedanken, die ihn bewegten, oder auch nur einer Augenblicks-Stimmung, als er sich erneut zur Fahrt nach Böhmen anschickte[13]?

Es hat den Anschein, als wüßten die „alten Annalisten" nur von e i n e r Reise Müntzers nach Böhmen, die ihn „zuerst nach Saaz und von

---

[12] Ebd. S. 372,25 f.

[13] Ob man noch einen Schritt weitergehen und seine Bereitschaft zum Tode im Dienste der Verkündigung in einen direkten Zusammenhang mit seinen eschatologischen Vorstellungen bringen darf, unterliegt trotz seiner Bemerkung im Briefe an Hausmann „iam est tempus Antichristi" (S. 373,4) einigen Bedenken.

Molnár hat (S. 243) geäußert: „Schon allein Müntzers Überzeugung, er wolle Böhmen in der Hoffnung auf seinen künftigen gewaltsamen Tod besuchen, um so das Geheimnis des Kreuzes zu offenbaren, kann ziemlich befriedigend aufgeklärt werden als ein Zuendedenken der verhältnismäßig sehr ausgearbeiteten hussitischen Leidenstheologie der Getreuen Christi. Sie kommt zum Ausdruck in Verbindung mit dem Satze „ille vincit, qui occiditur" bereits bei Johannes Hus..., und bei dem Revolutionsprediger Johannes Želivský hilft sie im Jahre 1419 direkt die Berechtigung des Aufstandes zu begründen. Mit der Theologie des Leidens in der Endnot hängt die Betonung der eschatologischen Bedeutung des gepredigten Wortes organisch zusammen. Damit rechnete Müntzer offenkundig in seinem Prager Manifest."

Ich halte es dagegen für sehr unwahrscheinlich, daß Müntzer seine Leidenstheologie schon in Zwickau unter dem Einfluß der hussitischen Gedanken weitergebildet haben sollte. Daß er in Prag mit diesen Gedanken in Berührung kam und sie von da an in ihm weiterwirkten, liegt dagegen im Bereiche des Möglichen.

dort nach Prag"[14] geführt habe. Es dürfte jedoch sicher sein, daß dem längeren Aufenthalte in Prag eine kürzere Informationsreise nach Saaz vorausgegangen ist, auf der er möglicherweise auch Prag einen Besuch abgestattet hat. Bei dieser Gelegenheit könnte es geschehen sein, „daß einige böhmische Herren ihn selbst zu sich berufen hätten"[15], und auf Grund dieser Einladung die zweite Reise erfolgt wäre. Hans Pelt läßt sich durch seinen Briefboten berichten, „dat he iw hebbe seen to Prage herliken inhael(en) und dat gi by ju hebben 2 geleerde Beemen, de dat ewangelium Christi up beems ut juwen munde van ju gehort dem folke seggen"[16]. Das „herliken inhael(en)" kann man durch den tschechischen Humanisten Jan Hodějewský bestätigt sehen, der nach V. Husa auch Augenzeuge gewesen zu sein scheint, wie die Prager „ihm feierlich entgegengefahren sind, ihn begrüßend"[17]. Demzufolge ist Müntzer nicht als irgendwer nach Prag gekommen, sondern als eine achtenswerte Persönlichkeit ehrenvoll empfangen worden, auf deren Erscheinen man die Öffentlichkeit durch das feierliche Einholen aufmerksam machen wollte. Die von ihm mitgebrachten Disputationsthesen deuten darauf hin, daß ein akademischer Disput, vermutlich auf Müntzers Anregung hin[18], von vornherein in das „Besuchsprogramm" aufgenommen worden war. Aber so wichtig man die Disputation nahm, sie sollte wohl nur den Aufsehen erregenden Auftakt zu einer sich breiter entfaltenden Tätigkeit bilden, von der die Gastgeber wie der Gast eine Stärkung der reformatorischen Bestrebungen gegenüber den katholischen und katholisierenden Tendenzen in der Stadt wie im Lande erhofften. Es ist keine Frage, daß man in Müntzer zumindest anfänglich den beredten Anwalt der Wittenberger Reformation gesehen hat; keine Frage auch, daß dieser dem nicht widersprochen hat. Das Selbstzeugnis auf der Außenseite des Thesenblattes, „Emulus Martini apud dominum..."[19], wie die Tatsache, daß er die lutherisch inspirierten Thesen Melanchthons der Disputation zugrunde legen wollte, kann man nicht mit der Erklärung abtun, „... daß er zunächst einmal unter der Flagge eines ‚Martinianers' sich eingeschmuggelt hat"[20]. Müntzer verstand sich als Repräsentant der von Luther ins Werk gesetzten Reformation. Hodějewský berichtet auch, „daß er am 23. Juni eine deutsche Predigt des Magisters Thomas Lutheranus in der Fronleichnams-Kapelle" und nach dem Essen dessen lateinische Predigt in der Bethlehems-Kapelle gehört hat[21]. Müntzer hat demnach, ohne sich unterwegs lange aufzuhalten, Prag so schnell wie möglich zu erreichen ge-

---

[14] Bensing, Nordhausen Harz-Z, S. 45 f.
[15] Palacky V 2, S. 442.   [16] Franz, MG, S. 377,3—5.   [17] Husa, S. 63.
[18] Müntzer hatte eine große Vorliebe für Disputationen.
[19] Lichtdrucke, Tafel 51. Die Fortsetzung dieser vier Worte „distat duo semimiliaria a Praga" entzieht sich bisher einer einleuchtenden Erklärung.
[20] Metzger, Müntzeriana, S. 62.   [21] Husa, S. 63.

strebt und ist um den 21. Juni dort eingetroffen. Er wohnte zunächst im großen Collegium Carolinum, war jedoch allem Anscheine nach nicht im eigentlichen Sinne Gast der Universität, wurde vielmehr auf Wunsch einiger Angehöriger der höheren Stände aus dem utraquistischen Lager dort untergebracht und auf deren Kosten unterhalten. Sie mögen ihm auch dazu verholfen haben, daß er in den beiden Universitätskapellen, der Bethlehems- und der Fronleichnams-Kapelle predigen durfte und der damalige Administrator der utraquistischen Partei, V. Šišmánec, der gleichzeitig Pfarrer an der Theinkirche war, ihm die Kanzel dieser bedeutsamen Stätte gottesdienstlichen Lebens der utraquistischen Gemeinde zur Verfügung stellte. Er hatte also reichlich Gelegenheit, den Pragern sein Verständnis evangelischen Glaubens und rechter Christlichkeit zu vermitteln und durch die ihn begleitenden Dolmetscher alle Bevölkerungsschichten zu erreichen, wenngleich natürlich durch die Übersetzung das Pathos seiner Rede ziemlich verlorengehen mußte und der Inhalt noch schwerer verständlich werden mochte. Im Umgang mit den Magistern, mit denen er im Collegium Carolinum zusammen lebte, dürfte es von Anfang an schon zu mancher Kontroverse gekommen sein, während ein gewisser Verkehr mit Angehörigen des Adels und des Stadtrates, auch wohl der Geistlichkeit, ihm recht differenzierte Meinungen über die Notwendigkeit einer Reformation, ihre Grenzen und Möglichkeiten zu erkennen gab. Václav Husa hat in seiner Untersuchung eine Reihe von Männern namhaft gemacht, mit denen Müntzer in mehr oder minder enge Berührung gekommen sein könnte, wie etwa die eindrucksvolle Gestalt des nicht nur vom Volke verehrten Laienpredigers Matěj Poustevník, der der Brüderunität nahestand, oder Burian Sobek von Kornice, einen entschiedenen Vertreter des neuutraquistischen Flügels im Prager Bürgertum, bei dem, nach Husas Vermutung, Müntzer nach seinem Auszug aus dem Collegium Carolinum ein Vierteljahr gewohnt hat[22].

Wie fand sich Müntzer in einer Situation zurecht, die mit dem, was er bisher erlebt hatte, nicht ohne weiteres zu vergleichen war? „Der alte Annalist schildert ziemlich getreu und unparteiisch, ‚wie es damals unter allen Ständen, den weltlichen sowohl wie den utraquistischen Priestern, zu gähren begann, daß die einen sich von den andern trennten, einander auf sonderbare Weise beschuldigten und gegen einander predigten; was die Einen lobten, tadelten die Anderen und umgekehrt, die einen nannten die Andern Ketzer und Pikharten, die Einen veränderten ältere und die Anderen ersannen neue Dinge... Das Volk war in seiner Religion getheilter Meinung, die Einen fanden Wohlgefallen und rühmten die Lehre des Doktors Martin Luther und die Frömmigkeit des Bruders Mathias, die Anderen wiederum predigten dagegen, man solle dem Einhalt

---

[22] Vgl. zu diesem Abschnitt ebd. S. 63—66.

thun, daß Gottes Wort schon in den Gast- und Schenkhäusern gepredigt werde. Die Leute stritten sich oft darüber, ja oft schlugen sie sich deshalb unbarmherzig untereinander, auch Briefe schrieben und druckten sie und verfaßten Lieder darüber' ..."[23]

Mutmaßlich ist Müntzer auch Zeuge der „zum Gedächtnisse des Johann Huß am Sonntag (7. Juli) ausgeführte[n] Demonstration" gewesen, bei der „große Haufen in die Klöster zu St. Jacob, St. Klemens und zu Maria Schnee [drangen], dort verbotene hussitische Lieder [sangen] und alle Heiligenbilder und Statuen [beschädigten]"[24]. Nicht, daß er selbst als Zuschauer dabei gewesen sein müßte; aber was da vor sich gegangen war, blieb ihm schwerlich verborgen und zeigte ihm bald nach seiner Ankunft in Prag, wie weit sich ein aufgeputschter Volkshaufe vorwagte. Daß er durch seine Predigt zu dieser Erregung, und so zumindest indirekt zu der antirömischen Aktion am Hus-Tage beigetragen habe, ist von den Chronisten, die schon in den nächsten Jahren ihre Berichte niederschrieben, nicht einmal zwischen den Zeilen angedeutet worden. Doch wäre es nur zu verständlich, wenn die Kreise, die ihm von vornherein mit Mißtrauen und Ablehnung begegnet waren, sich noch betonter von ihm distanzierten, vielleicht sogar ihr Mißfallen über den hergelaufenen Ketzer unverhohlen zum Ausdruck brachten und ihn zum Teufel wünschten. Es dürfte ein verstärkter Widerhall solcher laut gewordenen Antipathie sein, wenn Hans Sommerschuh ihm in seinem Briefe vom 31. Juli schreibt, daß in Zwickau bereits wilde Gerüchte über ihn umlaufen: „Dan dy Ewer Wird stettes vorfolgt haben, reden euch nach, man hab euch vorgeben und seyt ser krangk; eczlich sagen, ir seyt todt und andres vil."[25]

Wir sind über Inhalt und Form der Prager Predigten Müntzers nicht näher unterrichtet. Wer sich überhaupt ein Bild von seiner Predigttätigkeit machen will, wird bedenken müssen, daß die Berichterstattung von Freund und Feind weniger seine normale Predigttätigkeit berücksichtigte[26] als die besonderen Situationen, in denen sein zündendes Wort die Leidenschaften seiner Hörer entflammte. Mit diesem Vorbehalt scheint es mir zulässig zu sagen, daß er sich mit Vorliebe auf ihm mißliebige Erscheinungen einstellte und sich in eine wachsende Erbitterung über sie steigerte, die ihn bis zu hemmungslosen Anklagen und Verwünschungen hinreißen konnte. In seinem sachlichen Anliegen wuchs er über die in Jüterbog noch vorherrschende Polemik gegen das institutionelle Unwesen der römischen Kirche und den geistigen wie geistlichen Tiefstand des Klerus, insbesondere des Mönchtums[27], schon in Zwickau sichtlich hinaus,

[23] Palacky V 2, S. 440 f.; dazu Husa, S. 74 f.
[24] Palacky V 2, S. 444; dazu Husa, S. 75.   [25] Franz, MG, S. 376,29—31.
[26] Die erhaltenen „Predigten und Auslegungen" ebd. S. 517—528.
[27] Es muß allerdings für Jüterbog die Kürze seiner Anwesenheit und die besondere Situation mit in Rechnung gestellt werden.

um durch eine stärkere Berücksichtigung theologischer Fragen der Frömmigkeit des Kirchenvolkes einen tieferen Gehalt zu geben. Die Auswertung der in Zwickau gemachten Erfahrungen und der zumal in der Auseinandersetzung mit Egran gewonnenen Einsichten hat ihn sodann ein gutes Stück auf diesem Wege weitergeführt, und man möchte annehmen, daß in Prag für ihn die theologische Thematik im Vordergrund stand, die er schließlich programmatisch in seinem Manifest formuliert hat. Auf polemische Ausfälle gegen die römische Lehre konnte er allerdings um so weniger verzichten, als es ja darum ging, den romfreien Kirchengebilden in ihrem Widerstandswillen gegen Rom den Rücken zu stärken. Dabei mag schon in den ersten Predigten, erst recht in der Übersetzung seiner Dolmetscher, diese oder jene Wendung von ihm gebraucht worden sein, die, in der Weitergabe von Mund zu Mund sich vergröbernd, in der ohnehin vorhandenen Erregung Affekte auslöste, die gar nicht in der Absicht des Predigers gelegen hatten. Es ging ihm bisher und auch jetzt gar nicht um einen Kloster- und Bildersturm. Wovon er zu den Böhmen reden wollte, von dem „heiligen, unüberwindlichen Christenglauben", von der „nutzbarliche[n] anfechtungk, dye den glauben vorclereth ym geyst der forcht Gots", vom Hören des lebendigen Gotteswortes im Herzen des Menschen und von den Offenbarungen, die jeder Auserwählte haben soll, das alles war weit revolutionärer, wenn auch vielleicht für diesen oder jenen in manchen Stücken nichts so unerhört Neues. Wann er damit begann, von der besonderen Mission der Böhmen zu sprechen, gleichsam zur Vollendung des von Johann Hus begonnenen Werkes, die „neue Kirche in diesem Lande" erstehen zu lassen, ist ungewiß. Spätestens zu diesem Zeitpunkt konnte für die Altgläubigen wie für den rechten Flügel der Altutraquisten kein Zweifel mehr daran bestehen, daß dieser Mann die römische Kirche als irreformabel ansah und ihre Existenzberechtigung bestritt. Aber auch unter den Neuutraquisten und den Gesinnungsgenossen der Böhmischen Brüder wuchsen die Bedenken gegenüber seiner Geistlehre und seiner Bewertung des Bibelwortes wie gegenüber seiner pauschalen und radikalen Kritik an der Geistlichkeit schlechthin. Schwerlich ist er von sich aus aus dem Collegium Carolinum ausgezogen[28], um sich bei ihm gewogenen Männern einzuquartieren. Er bekam es immer deutlicher zu spüren, daß man sich von ihm zurückzog. Schließlich fand er offenbar auch keine Kanzel mehr, die man ihm zum Predigen überlassen wollte[29]. Daß er nunmehr in der Weise des Matěj Poustevník „unter freiem Himmel an der Peripherie der Stadt" gepredigt habe[30], hören wir nicht. Es hat den Anschein, als wäre der zu Anfang so erwartungsvoll Aufgenommene und großzügig Unterstützte im Oktober

[28] Vgl. Husa, S. 75.
[29] „Date dumtaxat locum praedicaturo" (Franz, MG, S. 510,22).
[30] Husa, S. 68.

187

bereits auf eine Wirksamkeit in kleineren Kreisen eingeschränkt worden, so daß er sich schließlich in offener Proklamation bei einer größeren Öffentlichkeit Gehör zu verschaffen suchte, d. h. in dem sogenannten Prager Manifest.

Das Prager Manifest ist nach allgemeiner Ansicht ein Dokument, das uns einen aufschlußreichen Einblick in die Entwicklung gewährt, die das religiöse und theologische Verständnis Müntzers vom Wesen des christlichen Glaubens seit seinem Amtsantritt in Zwickau bis zu den Anfängen seiner Allstedter Wirksamkeit erfahren hat. Schon äußerlich ist bemerkenswert, daß es uns in vierfacher Fassung überkommen ist. Wir besitzen einmal eine kürzere deutsche Aufzeichnung (A), von Müntzer selbst auf ein großes Blatt Papier (42^1/$_2$ x 33 cm) geschrieben, „gegeben czu Prage ym 1521 am tage om[nium] sanctorum"[31] (1. Nov.). B ist eine fast um das Dreifache erweiterte deutsche Fassung, die uns in einer Abschrift von fremder Hand überliefert ist, „gegeben czu Prage am tage Catharine anno domini 1521" (29. Nov.)[32], C eine lateinische Ausfertigung, von Müntzers eigener Hand auf ein großes Blatt Papier geschrieben, im Text um etwas mehr als die Hälfte ausführlicher als A, „datum anno Christi 1521"[33]. D schließlich ist eine tschechische Übersetzung von B, die in der einzigen erhaltenen Handschrift nicht zu Ende geführt ist[34].

O. Clemen bezweifelt, daß die in Plakatform gehaltenen Originale A und C bzw. Abschriften davon je in Prag angeschlagen worden sind. Er „möchte vielmehr annehmen, daß Müntzer mit dieser Idee nur gespielt hat"[35]. Seiner „Meinung nach hat Müntzer nach seiner Rückkehr aus Böhmen nur in seiner blühenden Phantasie sich ausgemalt, wie er dahin zurückgekehrt, in einem öffentlichen Anschlag sich an die Hussiten, einmal an das einfache Volk, zum anderen an die dortigen Humanisten, letztlich aber an die ganze Kirche der Auserwählten und an die ganze Welt ... wenden könnte, und hat dann die beiden Anschläge zu Papier gebracht"[36]. Diese Skepsis scheint mir nicht gerechtfertigt, zumal sie namentlich im Blick auf die Datierung der einzelnen Schriftstücke in eine Sackgasse führt[37]. Das Manifest wird durchaus als ein aktuelles Zeugnis

---

[31] Franz, MG, S. 494,29 f. Vgl. die Vorbemerkungen von Franz, S. 491.

[32] Ebd. S. 505,4. Vgl. die Vorbemerkungen zum Abdruck S. 495; vgl. auch Wolfgramm, S. 295—308.

[33] Franz, MG, S. 511,2; vgl. die Vorbemerkungen S. 505.

[34] Vgl. Wolfgramm, S. 299.   [35] Clemen, Prager Manif., S. 74.   [36] Ebd. S. 74 f.

[37] Natürlich sind die in Dresden und Gotha erhaltenen Exemplare nur Entwürfe, die Müntzer sorgsam aufbewahrt hat. Doch nichts spricht dagegen, daß sie in Prag konzipiert sind und die Texte in irgendeiner Form einer mehr oder minder begrenzten „Öffentlichkeit" zur Kenntnis gebracht werden sollten. Daß die Texte je an einer Kirchentür oder sonstwo „angeschlagen" worden sind, kann man freilich bezweifeln. Denn wer hätte solch lange Texte in Ruhe dort lesen können?

des Predigers verständlich, der nach fünfmonatigem Aufenthalt in Prag den Böhmen noch einmal in konzentrierter Form das zentrale Anliegen seiner Verkündigung bewußt machen und sie beschwören will, ihrer großen Mission, die Erneuerung der ganzen Christenheit durch ihr entschlossenes Bekenntnis zum recht verstandenen christlichen Glauben einzuleiten, gerecht zu werden. Er mochte Ende Oktober nicht zuletzt angesichts des sich immer deutlicher abzeichnenden Mißerfolges seiner Reise auch an seine Rückkehr denken[38] und als bleibende Mahnung eine derartige Kundgebung für angebracht halten. Nicht zufällig dürfte er dazu den Tag „Aller Heiligen" gewählt haben als einem demonstrativen Hinweis auf „die Auserwählten sonderlich in diesem Lande", in dem „die neue Kirche angehen" wird als eine Kirche der recht verstandenen Heiligen[39].

Die kürzere deutsche Fassung A gibt sich als die zuerst entstandene zu erkennen. Ihre Gedankenführung ist einsichtig und die Müntzer wesentlichen Gesichtspunkte werden im ganzen ohne abschweifende Tiraden herausgestellt. In einem feierlich bekräftigten, persönlichen Bekenntnis erklärt er vor Gott und der Welt („do dysse bryff gczeygt mugen werden") sein Recht zu diesem Zeugendienst als einer, der von Jugend auf den „allerhöcsten fleysz vorgwant" hat, „auff das ich möchte eyne höcher unterricht ghabt adder erlangt haben des heyligen unuberwintlichen christenglaubens"[40]. Aber Priester, Mönche und Gelehrte sind ihm die Antwort schuldig geblieben. „So hab ich alle meyne lebtag (Got weysz, das ich nit lyge) von keynem munch adder pffaffen mugen vörsthen dye rechte ubungk des glaubens, auch dye nutzbarliche anfechtungk, dye den glauben vorclereth ym geyst der forcht Gots, mitsampt inhaldungk, das eyn auserwelter, musz haben den heyligen geyst czu syben maln. Ich habe gar von keynem gelerten dye ordnungk Gots in alle creaturn gsatzt vornommen ym allergrinsten wortlin, unde das gantze eyn eynygher weck alle steyle [Teile] czu erkennen, ist nye grochen von den, dye do woltn christen seyn."[41] Sie haben ihn immer nur auf die bloße Schrift verwiesen, „dye sye gstoln haben ausz der bibel wye morder unde dybe, welchn dypstäl heysth Jeremias am 23. capitel stelen das wort Gots auß dem munde örs nechstn, welchs sye selbern von Got ausz seynem munde keyn mäl ghört haben"[42]. Sie haben keine Ahnung davon, daß „Gott myt seynem finger seynen vnvorrucklichn willn unde ewyge weysheyt" in die Herzen der Menschen schreibt, „welche scryfft kan eyn itzlicher mensche lesen, so er andrst aufgethane vornunfft hatt . . .". „Das thut Got darumb von anbegyn in seynen auserweltn auff das sye mugen nit eyn un-

[38] Vgl. aus seinem Briefe an Michael Gans: „Spero me futura hyeme in propria persona te invisere" (Franz, MG, S. 371,6).
[39] Der Gedanke an eine Parallele zu Luthers Thesenanschlag und dessen „weltweite Wirkung" dürfte ihm kaum gekommen sein.
[40] Franz, MG, S. 491,2—7.   [41] Ebd. S. 491,7—14.   [42] Ebd. S. 492,1—4.

gewysz, sundern eyn unuberwintlich geczeugknis haben vom heyligen geysth, der do gnucksam gczeutnusz gybt unserm geysth, das wyr seyn kinder Gots. Wan wer den geyst Christi nyt in ym sporeth, ja der yn nit gwyszlich haet, der ist nit eyn glidt Christi, er ist des teufels."[43] Das Ergebnis des Unvermögens der „feinen Prediger" ist, daß „dye welt eyne langhecevt (dorch vil secten vorirret) unaussprechlich dye warheit begert am allerhostn"[44]. Gewiß, „es seyn ohr vil do gwest unde heut czu tage, dye yn das broth, das ist das wort Gots ym buchstab, vorgeworffn haben wye den hunden, sye habens yn adder nicht gbrochen ... Sye haben nyt erklert den rechten geyst der forch Göts, ynn welchem sye hetten warhafftig unterricht gnommen, das sye unvorruckliche kinder Gots weren"[45]. Und das hat schließlich dazu geführt, „das dye christen (dye warheyt czu vortadigen) gschickt seyn gleych wye dye memmen, unde dörffen darnach wol herlich zwatczen, das Got nyt mhr mit den leuthen rede, gleych wye er nuhen stum wer worden; meynen es sey gnuck, das es yn buchrn sey gscrybn unde sye es so röch mugen rauszer speyghen wye der störch dye frösze den iungen yns nest"[46]. Was sie sagen, kommt nicht aus der Tiefe des Herzens und geht nicht zu Herzen, sie haben „den armen buchstab ym maul ... unde das hercz ist wol uber hundert tausent meylen dar von"[47]. Es wäre nicht zu verwundern, hätte Gott dieses ganze Unwesen zu Trümmern geschlagen. Es ist auch kein Wunder, daß die Christen mit ihrem papierenen Glauben zum Gespött der Völker geworden sind. Wer sollte ihnen denn ernsthaft solche Berufung bloß auf geschriebene Worte einfach abnehmen: „... ‚was leyt myr an ewrer scryfft?' Wan wyr abber das rechte lebendyge wort Gots lernen werden, so mugen wyr den ungleubygen uberwinnen unde richten sichtlych, wan dye heymlikeyt seyns herczens wyrdt auffenbar, das er musz demutigk bekennen das Got in unsz ist."[48] Das wiederum setzt, mit Paulus gesprochen, voraus, „das eyn prediger sal aufenbarung haben, anderst mag er das wort nit predigen"[49]. Er muß also wirklich Gottes Stimme selber in sich vernommen haben. Und Gott redet wirklich auch heute noch zu den Menschen; er müßte ja sonst „tul unde torich seyn der do gsagt haet, seyn wort säl nummer mehr vorgen"[50]. Gottes Wort erschöpft sich nicht in dem, was er ehedem gesagt hat und was nun in Büchern geschrieben steht. Das geschriebene Wort ist „eyne creatur alleyn, yn dye gdechnusz von auszwennig eyngeczoghen"[51]. Der Glaube hört dagegen das lebendige Wort des ewigen, d. h. auch des gegenwärtig noch redenden Gottes unmittelbar. Er selbst sei dem „untraglichen unde böszhafftigen schaden der

[43] Ebd. S. 492,7—16. [44] Ebd. S. 492,17 f.
[45] Ebd. S. 492,20—26. [46] Ebd. S. 492,26—31.
[47] Ebd. S. 493,1 f. [48] Ebd. S. 493,10—14.
[49] Ebd. S. 493,16. [50] Ebd. S. 493,19.
[51] Ebd. S. 493,25.

christenheit"[52] nachgegangen und habe bei seinen historischen Studien herausgefunden, „das nach dem tode der apostln schuler dye unbeflecte junffrawliche kirche ist dorch den geystlichen ebruch czur hurn worden der glerthen halben, dye do ummer wolln oben an sitczen"[53]. Ebenso habe er festgestellt, daß man sich auf keinem Konzil mit der Frage nach dem eigentlichen Wesen („gstrackter lebendyger ordenungk des unbetricklichen Gots wort") christlicher Verkündigung beschäftigt habe, „es seyn eytel kinder teydungk gwesen"[54]. Gott hat das alles in seiner Nachsicht zugelassen, damit aller Menschen Werk sichtbar werde. Doch hinfort sollen nicht mehr „dye pfaffen unde affen ... dye cristliche kirche seyn, sundern es solln dye auserweleten freunde Gots wort auch lernen prophetien, wye Paulus lernet, das sye mugen warhafftig erfaren, wye freuntlich Got ach so hertzlich gerne mit allen seynen auserwelten redet"[55].

Er schließt mit den sich ins Prophetische steigernden, fast beschwörenden Sätzen: „Das ich solche ler mochte an tagk brengen, byn ich willick, umb Gots willen meyn leben czu opfern. Got wirt wunderlich dinck tun myt seynen auserweleten sunderlich yn dussem lande. Wan hyr wirdt dye new kirche anghen, dusz folck wirdt eyn spygel der gantczen welt seyn. Darumb ruff ich eynen itlichen menschen an, das er do czu helffe, das Gots wort mag vortediget werden. Unde auch das ich magk dyr sichtlich weysen dorch den geyst Helie, dye dich haben lernen opfern dem abgot Baal. Wirsthu das nicht tun, so wirt dich Got lassen dorch ten Turken ym czukunfftigem iar erslagen. Ich weysz vorwar, was ich rede, das es also ist. Daruber wil ich leyden, was Jeremias hat mussen tragen. Nemeths czu herczen, lyben Bemen, ich fordere rechenschafft von euch nit aleyn, wye mich der spruch Petri lernt, sundern auch Gott selbern. Ich wil euch auch rechenschafft geben, kan ich solche kunsth nicht, der ich mich hochlich rume, so wil ich seyn eyn kint czeytlichen unde ewygen todts. Ich habe keyn höcher pfandt."[56]

Die religiöse Erneuerung der Christenheit ist offenkundig allein Gegenstand seiner Ausführungen. Sie konzentrieren sich einmal auf die Betonung der vom Heiligen Geist gewirkten persönlichen Erfahrung und inneren Aneignung des von dem lebendigen Gotte dem Menschen unmittelbar ins Herz gesprochenen Wortes, das ihm die untrügliche Gewißheit seiner Gotteskindschaft verbürgt. Nur das heißt für ihn wahrhaft christlicher Glaube, und nur auf diese Weise ist er zu gewinnen. Davon weiß man jedoch in der Christenheit nichts mehr. Darum liegt zum anderen ein starker Akzent auf der Kennzeichnung des entscheidenden Grundes für das Versagen der Kirche. Sie wähnt nämlich, mit der Berufung und

---

[52] Ebd. S. 493,31.
[54] Ebd. S. 494,7.
[56] Ebd. S. 494,15—28.

[53] Ebd. S. 494,2—4.
[55] Ebd. S. 494,11—14.

Verweisung auf das geschriebene Bibelwort auskommen zu können, wobei sie sich zudem mit der ihr passend erscheinenden Wiedergabe isolierter Einzelaussagen zufrieden gibt, ohne sie dem Hörer aus der Ganzheit des in der Bibel enthaltenen Gotteswortes geistlich verständlich und seinem Herzen zugänglich zu machen. Wer sich jedoch auf den bloßen Buchstaben verläßt, ist von Gott verlassen. Gott wird daher an Stelle der „Pfaffen- und Affenkirche", für die er ein stummer Gott geworden ist, in nächster Zukunft schon eine neue Kirche seiner auserwählten Freunde in Böhmen entstehen lassen. Die müntzerische Leidenstheorie klingt nur sehr gelegentlich an, und seine Geistlehre bleibt verhältnismäßig unbestimmt im Vergleich zu der konkreten Zeichnung des Buchstabenglaubens.

Die lateinische Fassung C behält in den Grundzügen den formalen Aufbau von A bei, nimmt jedoch in mancher Beziehung den Charakter einer bewußt differenzierten Behandlung des gleichen Themas an, um so mehr, als sie in ihrem Tenor sehr viel gereizter und aggressiver gehalten ist. Ohne größeres Gewicht ist die gelegentliche Umstellung einzelner Sätze. Wichtiger ist schon die häufigere, genauere und ausführlichere Zitierung der Bibel, durch die Müntzer seine Aussagen erhärtet und begründet, so daß seine Argumentation konkreter und leicht nachprüfbar wird, ohne daß er sich der von ihm gerade so gegeißelten „buchstäblerischen" Verwendung der Schrift selbst schuldig macht. Denn er will nicht biblische Schriftsteller zitieren, sondern Gottes eigenes Wort zur Sprache bringen[57]. Wesentlich sind dagegen die textlichen Erweiterungen, die nicht lediglich wortreiche Umschreibungen knapperer Sätze in A sind. Sie bieten begriffliche Präzisierungen und neue Gedanken, die einerseits seine theologischen Anschauungen klarer und vollständiger hervortreten lassen, andererseits eine offensichtlich sehr zielbewußte Polemik als ein bestimmendes Motiv der Neubearbeitung seines Manifestes zum 1. November zu erkennen geben. Es ist wohl auch ein anderes Publikum, an das sich Müntzer in C wenden will: die gehobenere Schicht der Gebildeten, zu der man über den Kreis der einem reformerischen Geiste aufgeschlossenen Geistlichkeit hinaus auch Angehörige des sympathisierenden Adels und Glieder des Prager Patriziates zu rechnen haben wird.

Mit schonungsloser Offenheit zieht er gegen die den Pflichten des geistlichen Amtes in keiner Weise gerecht werdende Priesterschaft zu Felde: „Super illos dominus hisce temporibus crassissimam indignationem est emissurus, eo quod scopum fidei infitientur, qui deberent se aeneum murum pro populo dei opponere calumniantibus. Ipsi vero sunt, qui ab-

[57] Als Beispiel:
A: „Welchn dypstäl heysth Jeremias am 23. capitel ..." (S. 492,2).
C: „Quod nempe furtum deus ipse execratur dicens ..." (S. 506,7).

hominationem hanc spirant, vivunt et eructant. Quis mortalium diceret hos castos dispensatores multiformis gratiae dei et imperterritos vivi, non mortui verbi praecones, dum papistico corruptore agente sint ordinati et inuncti oleo peccatorum a capite in talos defluente? Hoc est: a praevaricatore diabolo incipit eorum vesania, proficiscens in penetralia cordium ipsorum, quae (psalmo quinto teste) vana sunt sine spiritu possessore, unde in plagam populi sunt consecrati a diabolo patre illorum, qui cum eis non audit vivum dei verbum, Ioannis 8, Isaiae 24, Oseae 4. Nam ydola sunt, daemonibus simillima, Zachariae undecimo, id est, ut in summa dicam: sunt homines damnati, Iohannis tertio, imo damnatissimi, nullum ius nec apud deum neque apud homines hereditarium habentes, quod apostolus ad Gallatas genesim exponens declarat. Quare quousque coelum et terra perseveraverint, non proderint ecclesiae, quae audit vocem sponsi, quam ipsi mordicus in principio refutant. Quomodo igitur sunt ministri dei, portitores verbi, quod meretricea fronte denegant."[58] Die Erwählten nehmen die „vivi verbi mysteria", die Gott ihnen

[58] Franz, MG, S. 506,15—507,4.
Vorbemerkung: Die Übertragung benutzt den Text von B und ermöglicht so zugleich einen Vergleich der Passagen in B und C. Es bedeutet:
[...] = Zusatz in B über C hinaus
(...) = Umformulierung in B gegenüber C
‚...‘ = ohne Entsprechung in B
„Uber solche [hocherthe, voreychenblochysse menschen, zcu allem guten verstockette, zcu Tito am ersten ca.] wil Goth zcu disser zceit ergyssen seinen stärksten Unwillen (unuberwintlichen zcorn), dorunbme, das sie verleugnen das Ziel (das gruntlich heyl) des glaubens, dye do dach [sonderlich] solten sich selbern vorwerffen zcu eyner eysern mauren, zcu vorteidigen das Volk Gottes (dye ausserwelten) vorm kegenteil der lesterer, [wie Ezechiel saget c. III etc]. Szo syn aber dye, den(e)n nicht anderst aus yren hertzn, hyrn unde maul geth, dann dieser Abscheu (solchs zu belachen). Wer ist doch unter allen menschen, der do mochte sagen, daß diß dye rechten diener (der vielfältigen Gnade) Gots weren und das sie seyn dye unerschrockenen prediger des lebendigen, nicht des toten Wortes (zcu bezcugen das gotliche worth,) indem das sie vom hunrotussen babst gesmirt sein mit dem oel des sunders [am CXL. psalm], welchs fleust vom heupt wann auf die fusse [zcu einer vorsmeyssunge oder vorgifft der gantzen christlichen kyrchen]. Das ist ßo vihl gesaget: vom ‚Übertreter‘ dem Teufel nimmt ihr Wahnsinn seinen Anfang (ist yhr anfangk) und dringt ins Innere ihrer Herzen (welcher yn yren hertzen grund unde boden vorterbet hat) wie geschrieben steht am funften psalm) dan sie seyn eytel ane besytzer den heiligen geist. Dorumbme syn sie geweihet von [der weiher] dem teuffel yhrem [rechten] vater, der mit yhn nicht horen will das [rechte] lebendige gotsworth, Johannis 8, Isaie 24 Oseae 4. Auch saget Zacharias am XI., das sein potzmenner in den schotten. Ist also vil gesagt in einer summen: es sint vordomte menschen, Johannis am dritten, lange vorrichtet. [Ja es sint nicht geringe, sundern gantz hoch vordampte bosewichte, dye von anbeginne in der gantzen welt gewest seyn, gesatzt zcu einer plage des armen volks, das alßo recht grob ist]. Haben gar kein ‚erbliches‘ recht nach vor Got nach vor den menschen, wie Paulus zcun Gallatern gnugesam ausdrucket ... Dorumbme weil hymel unde erden stehet, vermügent dyeselbigen [bosewichtisschen, vorretherisschen pfaffen] der kyrchen [im aller gerinsthen dynleyn] nicht nutz werden, welche die Stimme des Bräutigams hört, die jene verbissen grund-

193

ins Herz schreibt, bereitwillig auf. „Reprobi vero tanquam Marpesia cautes celtem in perpetua tempora sunt abstersuri, quippe dominus dicit ipsos impios silices, super quas cecidit frumentum in gaudio et dulcedine. Sunt quidem indicante Ezechiele lapidea corda damnatorum, praecipue sacerdotum et consimilis farinae hominum, qui crebro suavissime delectantur in suis codicillis, dicunt: ‚Sapientes nos sumus, et lex domini nobiscum est‘, in scrutinio autem fidei non est populus in mundo, qui amplius adversaretur spiritui sancto et vivo verbo, quam inanes christianorum flamines. Ieremias enimvero capite octavo haec convenientissime in eos torquet, qui ignorant omnibus scripturis fore adiungendam fidei experientiam et hanc omnino infallibilem. Illi prorsus stylum habent mendacem, dum verbum verum (quod a nulla potest audiri creatura nisi passibili) reiiciunt usurpantes verba, quae non audient inaeternum. Porro corda impiorum in peius obdurantur. Dum evacuari debeant, lubrica resiliunt, abhominantia ex supernis possessorem cunctarum rerum et suum, hoc est in tempore piissimae temptationis recedere a verbo incarnato. Nequaquam impius passione sua vult conformis Christo fieri, unde clavem scientiae quaerentibus aufert. Hunc introitum vitae dicit perversum et impossibilem. Haec est causa, qua iam iudicatus est ante mortem adhuc in carne"[59]. „Sic omnes impii ex libris divina verba venantes mor-

sätzlich abweisen (den sye vorleugnen dye stimme des brutgams, welchs ist das rechte gewisse zceichen, das sie luter teuffel seyn). Wie kunen sie dan Gots diner sein, trager seines worts, das sie mit yrer hurischen stirn unvorschemmet lugnen?" (S. 497,7 bis 498,11).

[59] Ebd. S. 507,10—508,2. „[Aber die vortumpten werden das wol lassen], or hertz ist herter den keyn kyselstein, welcher den meysel des meisters von sich abschupfft in ewigkeyt. Dorumb werdn sie von unserm lieben Herre stein geheyssen, do der same auffel, [dye do keine frucht bringen, wie wol sie das tode wort] mit freude, [großer freude] und rum [auffnemen]. Es sein ‚wie Ezechiel anzeigt, die steinernen Herzen der Priester und Menschen ähnlichen Schlages‘, die sich immer wieder gar gern an ihren Büchern ergötzen und sagen: „wir sind weise, und das Gesetz des Herrn ist mit uns" (Es sein bei meiner selen nit ander menschen dan studenten unde pfaffen unde münniche, dye mit hertzlichen kutzcelen und geprenge dye warheyt auffnemen auß den buchern). Aber wann yhn Got will ins hertze schreibn, ist kein volk under sonnen, das [dem heiligen Geist und] dem lebendegen wort Gots feintter ist dan (sie) ‚die eitlen Priester Christi‘. [Sie leiden auch keine anfechtunge des glaubens im geist der forcht Gots, denn sie sint gesant in den sehe, do dye fallschen propheten mit dem endechrist werden gepeniget in secula seculorum, amen. Sie wollen auch vom geist der forcht Gots nit geengstet seyn. Dorümb vorspotten sie die anfechtunge des glaubens in ewigkeyt], es seyn eben die leuthe, do Jeremias von sagt am VIII. capittel: dan sie wissen der heiligen schrifft keine erfarunge, dye sie gefulet haben, in erclerunge vorzcuwenden. Sie haben keine andere weisse zcu schreiben, dan dye gleissener, dye das warhafftige wort wegkwerffen und brauchen gleiche woll des selbigen, das sie nimmer werdn horen in ewigkeyt der ewigkeyten. (Dan Goth redt alleine in die leidligkeyt der creatüren, welche dye hertzen der ungleubigen nicht habn. Denn sie werden ummer meher und meher vorstockt. Dan sie kunnen und wollen nit leher werden, dan sie haben einen schlipperlichen grundt, es ehkelt yhn vor orem besitzer. Darum fallen sie abe in der

tua deglutiunt illa, donec miseram plebem faciant incertissimam de sa-
lute. Audent itaque asserere seipsos praedicanteṣ omnesque homines in-
certos esse, an odio vel amore digni sint. Quid faciunt, obsecro, nisi dis-
persionem ovium divinarum?"[60] „Unde populum fere omnem quasi oves
sine pastoribus delitescentem reddiderunt. Nulla fidei experientia opus
esse hominibus, iram dei fugiendam frigide deblaterant. Eia bonis operi-
bus, miris quoque virtutibus cavendum dei furorem affirmant. Ignorantes sunt, quid deus, quid fides, quae christianorum virtutes, quid opus
bonum. In vertigine spiritus inconcussi obtunduntur."[61]

Die Priester und ihre Helfershelfer sind also alles andere eher als Diener Gottes und seines Evangeliums. Ihr Vater ist in Wahrheit der alte
Widerpart Gottes, der Teufel, der sie für Gottes Wort taub und seinem
Schwindelgeist hörig gemacht hat. Ihr völliges Versagen hat zu dem rui-
nösen Zustand der christlichen Kirche geführt, die zu einem papistischen
Hurenhaus geworden ist. Denn sie, die eine eherne Mauer gegen die trügerischen Ränkeschmiede sein sollten, sind in Wirklichkeit eine Barrikade
gegen die rechten Prediger christlichen Glaubens. Sie haben überhaupt
kein Sensorium für das, was alle die, die mit Ernst Christen sein wollen,
von ihnen begehren: unerschütterliche Glaubensgewißheit.

Müntzer geht wieder von seinen eigenen Erfahrungen aus, aber nachhaltiger weist er auf die vielen hin, die auf die bangen Fragen ihres Herzens ohne eine wegweisende Antwort dieser Kirche und ihrer „Seelsor-

---

zceyt der anfectunge, von dem worth weichen sie, das ist fleisch worden. Der ungleubige wil durch keinen wegk mit seinem leiden Cristo gleichformick werden, [er wils nur
mit honigsussen gedancken ausrichten. Dorumb sein solche vortumpte pfaffen], dy den
rechten slussel ‚der Erkenntnis denen, die danach suchen‘ wegknemen und sagen, ein
solcher weg [sey fantastisch und narrenkoppisch, unde sprechen, es] sey uff das aller
unmuglichste. Dyeselbigen seyn itzund [mit hauth unde horen] vorrechtet zcum ewigen vortümniß . . ." (S. 499,1—30).

[60]-Ebd. S. 508,17—21. „Alßo seyn auch alle Gottlosen (dye wuchersuchtigen, unde
zcinßaufrichtisse pfaffen), welche dye todten worter der schrifft vorschlingen, dornach
schuten sie [den buchstab und unerfaren glauben (der nicht einer lauß wert ist)] unter
das rechte arme, arme volk. Domit machen sie, das keiner seiner selen seligkeit gewiß
ist. Denn (dyeselbigenn beltzebuppisschen knechte bringen eyn stucke auß der heiligen
schrifft zcu margke) sie wagen zu behaupten, daß sie selbst, die Prediger, und alle Menschen ungewiß seien, ob er wirdigk sey des hasses oder liebe Gots . . . In dem machen
sie dye schaff Gots alßo seher vorstrauet, [do kein auff angesichte der kyrchen mehr
ist]" (S. 501,1—12).

[61] Ebd. S. 508,30—509,5. „Dorumb lebet das volk an rechte hyrten, dan es wirth dye
erfarunge des glaubens yhm nymmer gepridiget. [Dye judisschen, ketzerisschen pfaffen
dorfen woll sagen, es sey solch scharff ding nicht von noten]. Sye sagen, man kann den
zcorn Gots woll flihen ja mit guten wercken, mit kostparlichen tugenden. Doch lernen
sie auß allen dissen nicht, was Got sei [in erfarunge], welchs der [rechte] glaube sey,
welche stragkte tugent sey, was gutte werck seyn [nach dem eintragen zcu Gotte]. ‚Im
Schwindelgeist unerschüttert werden sie abgestumpft‘" (S. 502,8—15).

ger" gelassen wurden und werden[62], die in ihrer Angst auch gar nicht wissen — und dafür bietet die kirchliche Zerrissenheit in Prag das beste Beispiel —, zu welcher *secta* sie sich halten sollen. Daß es Müntzer in der Sache selbst darum zu tun ist, den „Geist-Glauben" einem bloßen „Schrift-Glauben" entgegenzusetzen, ist unbestritten. Doch diese formelhaft gewordene Abbreviatur verdeckt allzu leicht, daß es ihm um das „uberiorem ratamque invincibilis sancte fidei christianae eruditionem nancisci" geht, um die praktisch-seelsorgerliche Aufgabe, diejenigen Christen „qui molesta et v e r a s p i r i t u s a n g u s t i a compressi" sind, nicht mit den gängigen verbalen Floskeln abzuspeisen, vielmehr ihrem innersten Bedürfnis nach unbezweifelbarer Glaubenserkenntnis und absoluter Glaubensgewißheit genugzutun. Bei sorgsamer Lektüre gewinnen schon die scheinbar wörtlichen Übersetzungen der Aussagen in der Einleitung über die rechte Ausübung des Glaubens, die Anfechtung, die Geistbegabung im Vergleich zu A an eindringlichem Ernst, und diesen Eindruck verstärken die Unterstreichungen und Ergänzungen im weiteren Texte. Nur beispielhaft sei hingewiesen auf die Äußerungen über die *evacuationes* und *temptationes,* von denen der *impius* nichts wissen will: „Dum evacuari debeant, lubrica resiliunt, abhominantia ex supernis possesorem cunctarum rerum et suum, hoc est in tempore piissimae temptationis recedere a verbo incarnato. Nequaquam impius passione sua vult conformis Christo fieri, unde clavem scientiae quaerentibus aufert. Hunc introitum vitae dicit perversum et impossibilem."[63] Zum Glauben kommt man aber nur durch Anfechtungen und Leiden hindurch. Das „verbum verum a nulla potest audiri creatura nisi passibili". Anders formuliert: am Anfang des Christwerdens steht die „Furcht Gottes", d. h. mit dem Verlangen nach Gott hebt das Erschrecken vor seiner Unnahbarkeit an; doch ist gerade das der erste, unumgängliche Schritt zur Begegnung mit ihm. Hier ist schon der göttliche Geist am Werke, den Menschen der „multiformis gratiae dei" teilhaftig werden zu lassen. Eben diese grundlegende Einsicht vermögen die leidensscheuen Prediger den Glaubenswilligen nicht zu vermitteln, weil sie selbst sie nicht haben. Erst recht ist es ihnen darum unmöglich, den *filiis dei* von der „infallibili praedestinationis certitudine" zu künden, „ut septiformi numine proficiscerentur ad videndam methodum in vivum deum directissimam"[64]. Die aber den „Geist göttlicher Furcht" in sich erfahren haben, tragen nun weiter das Verlangen nach dem *spiritus septies*, „et nisi quis toties eodem perfusus fuerit, deum audire et intelligere minime potest"[65]. Das ist der Weg der *experientia fidei*, der inneren Glaubenserfahrung, der direkte

---

[62] Ebd. S. 508,2: „Populus autem dei tertio aspersus die vehementer lavari septimo desiderat, dum sentiat constantissimum testimonium in corde" (= A, S. 492,17 f.).

[63] Ebd. S. 507,24—508,1. Vgl. den Schluß der Übersetzung in Anm. 59.

[64] Ebd. S. 508,11 f.   [65] Ebd. S. 505,14 f.

und sichere Weg zu Gott, von dem die *increduli sacerdotes* nichts wissen noch wissen wollen, um statt dessen gute Werke und auffallende Tugenden als wirksames Schutzmittel gegen Gottes Zorn anzupreisen: „Ignorantes sunt, quid deus, quid fides, quae christianorum virtutes, quid opus bonum."[66]

Auch C gewährt uns gewiß keinen vollkommenen Einblick in Müntzers Vorstellungswelt; doch ist die „Verfahrensweise" (methodus!) im Glaubensprozeß eingehender gezeichnet, in dem es zur erkennenden Begegnung zwischen Mensch und Gott in ihren unterschiedlichen Stadien kommt. Den Charakter des Manifestes bestimmen auch in der lateinischen Fassung eindeutig die rivalisierenden und doch in eins gehenden seelsorgerlichen und polemischen Tendenzen. Es ist jedenfalls nicht als eine Herausforderung zu einer spezifisch theologischen Disputation gedacht. Das erschwert die Antwort auf die Frage nach der theologischen Grundposition Müntzers, insbesondere auf die Frage, wie weit er sich zu diesem Zeitpunkt bereits in den Denkformen der deutschen Mystik bewegt und selber sich eines trennenden Abstandes von Luther bewußt ist. Ein Hinweis ist freilich nicht zu übersehen. Unter den gravierenden Unterlassungssünden der Priester und Gelehrten führt er eingangs auch an: „Nec unicum de larvatis audivi doctoribus, qui ordinem deo et creaturis congenitum in minutulo hiscens apice exposuisset."[67] Und weiter: „Postremo praecipui inter externos christianos (sacerdorculos dico pestiferos) nec olfecerunt unquam totum vel perfectum, quod unicum est metrum ad cognoscendas partium naturas."[68] Der hier auftauchende Begriff „ordo" ist im Mittelalter sehr geläufig, wird von den Theologen immer wieder auch zur Kennzeichnung der Gott-Welt-Beziehung verwandt und spielt nicht zuletzt eine bedeutsame Rolle in der Mystik, die sich seiner sehr gerne um seines numinosen Sinngehaltes willen bediente. Müntzer will mit „ordinem deo et creaturis congenitum" meines Erachtens eine von Anbeginn bestehende Ordnung kennzeichnen, in der Gott und die Kreaturen in einem komplementären Verhältnis zueinander stehen, jeder in seiner Selbigkeit besteht und doch nicht ohne den anderen in seiner Existenz bestimmt ist. Das widerspricht nicht der Formulierung in A: „...dye ordnungk Gots in alle creatur gsatzt"[69]; denn Gott wird nichts von seiner Besonderheit genommen. Die lateinische Fassung ist eben darum auch weniger mißverständlich als die deutsche Übersetzung in B: „von der ordennünge (in Got vnnd alle creaturn gesatzth)..."[70] „Ordo deo et creaturis congenitus" ist das prinzipielle Hingeordnetsein Gottes auf die Kreatur und der Kreatur auf Gott; mehr noch: eine unmittelbare Kommunikation (congenitum!), ein stetes Aufeinanderzu von beiden Seiten,

---

[66] Ebd. S. 509,3 f.
[68] Ebd. S. 506,1—4.
[70] Ebd. S. 496,10 f.

[67] Ebd. S. 505,16 f.
[69] Ebd. S. 491,12.

das aber nicht in einer *unio mystica* ihr Ziel hat. Diese komplementäre Komplexität ist das „totum vel perfectum, quod unicum est metrum ad cognonscendas partium naturas". Nur wer diese alles umschließende, in sich stetig bewegte Ganzheit begreift, hat den einzig gültigen Maßstab gewonnen, das elementare Wesen der Teile zu erkennen.

Einwirkungen vorzugsweise der dominikanischen Mystik lassen sich kaum in Abrede stellen. Und es will mir scheinen, als sei Müntzer durch die Begegnung mit Storch veranlaßt worden, den bei der Lektüre der deutschen Mystiker, zumal wohl Taulers, empfangenen Anregungen in eigener Reflexion nachzugehen, ohne sich dabei eines wachsenden Abstandes von den Anschauungen der Wittenberger Reformatoren bewußt zu werden. Die Fronten waren zu dieser Zeit im reformatorischen Lager noch nicht so klar abgesteckt, daß man gewisse Differenzierungen nicht ertragen hätte. Trotz den abfälligen Äußerungen über den Theologen Egran suchte man ja auch von Wittenberg aus Müntzers Zorn über Egran zu beschwichtigen, und Müntzer selber hat sich als „Martinianer" gegen ihn gewandt. Noch in seinem Brief an Nikolaus Hausmann vom 15. Juni 1521 hält er es für selbstverständlich, daß ein zu Luther haltender Prediger mit aller Entschiedenheit der Blasphemie des *homo maledictus* entgegentritt, die Kirche habe nur in der Zeit der Apostel den heiligen Geist gehabt, wobei Geistbegabung für ihn doch schon einen besonderen Sinngehalt hatte. Das war bereits in den *propositiones* einer der markantesten Punkte gewesen, an denen man Ansätze zu einer eigenwilligen theologischen Entwicklung Müntzers erkennen zu können sich für berechtigt halten mochte. Noch bot diese „Streitschrift" jedoch keine geschlossene Konzeption seiner Anschauungen. Erst in den folgenden Monaten hat er wohl, zumal im Blick auf die neue Aufgabe, die Nötigung empfunden, das bisher nur lockere Gefüge der ihm wesentlich gewordenen Einsichten in ruhigerer Überlegung in einen festeren Zusammenhang zu bringen, der nunmehr vermutlich in dem „ordo deo et creaturis congenitus" seine alles fundierende Mitte fand. Die Notizen auf der Außenseite des Briefes an Michael Gans[71] lassen sich gut und gern als „Gedankensplitter" im Rahmen solcher grundsätzlichen Erwägungen begreifen.

Es paßt zum Tenor der lateinischen Fassung, daß auch der Abschluß des Manifestes bei aller sachlichen Nähe zu A sein eigenes Gepräge hat. Müntzer steigert seine noch konditionale Ankündigung der heraufziehenden Wende der Dinge und der bevorzugten Rolle Böhmens bei der Erneuerung der christlichen Kirche um einige Grade: „Gaudete ideo, charis-

---

[71] Ebd. S. 534,15—535,6. Die auf S. 535,5 nicht aufgelöste Abkürzung ist als „anima" aufzulösen, so daß der Satz lautet: „Nam oportet in amaritudine animam impleri Deo, quia sic [anima] evacuatur. Si [nicht Sic] ..." Vgl. Lichtdrucke, Tafel 22!

simi, albescunt regiones vestrae deciduae."[72] „Scio certissimus latera aquilonis in profluvium germinatis gratiae ruitura. Hic incipiet renovata ecclesia apostolica in universum orbem profectura."[73] Er unterstreicht selbstbewußt seinen Sendungsauftrag: „Conductus ego caelitus denario diurno falcem in messem exacuo metendam. ‚Veritatem prorsus supremam meditabitur guttur meum, et labia mea detestabuntur impios‘, ob quos cognoscendos et destruendos, dilectissimi fratres, Bohemi, inclytam vestram sum ingressus regionem, nihil desiderans, nisi quod vivum suscipiatis verbum, quod ego vivo et spiro, ne vacuum revertatur."[74] Darum fordert er Gehör und Gefolgschaft: „Occurrite igitur non mihi, sed verbo suo (ego nullum emolimentum a vobis desideravi), quod velociter est cursurum. Date dumtaxat locum praedicaturo. Paratus inveniar omni posconti sufficere."[75] Er fordert nicht ohne die Mahnung: „Si vero neglexeritis ammonitionem meam, tradet vos dominus in manus desiderantium terminos vestros et rediget in sibulum omni coetui populorum."[76] Die Böhmen haben jetzt ein entscheidendes Urteil zu fällen, das für sie und durch sie für den Weg der Kirche von folgenschwerer Bedeutung sein wird: „Constringo et contestor vos propter roseum christi sanguinem, ut iudicetis inter me et vestros Romanosque sacerdotes[77]; vest-

---

[72] Ebd. S. 510,9. „Darum freuet euch, ihr Lieben, eure Hänge sind weiß zur Ernte."

[73] Ebd. S. 510,18—20. „Ich weiß und bin's gewiß, daß die Seiten gegen Norden fallen werden in den Fluß der herfürsprossenden Ernte (= ebd. Anm. 63). Hier wird die erneuerte apostolische Kirche ihren Anfang nehmen und in den ganzen Erdkreis ausgehen."

[74] Ebd. S. 510,9—15. „Vom Himmel her um einen Groschen Tagelohn gedungen mache ich meine Sichel scharf, die Ernte zu schneiden. Mein Mund wird die höchste Wahrheit verkünden und meine Lippen werden die Gottlosen verfluchen; damit sie erkannt und unschädlich gemacht werden, lieben böhmische Brüder, bin ich in euer vielgerühmtes Land gekommen und begehre nichts weiter, als daß ihr das lebendige Wort aufnehmt, das ich lebe und atme, damit es nicht leer zurückkommt."

[75] Ebd. S. 510,20—23. „Kommt daher entgegen, nicht mir, sondern seinem Wort (ich habe keinen Vorteil für mich von euch erbeten), das schnell im Laufen ist. Gebet Raum (einen Platz?) dem, der (es) predigen will. Ich bin bereit, jedem der es wünscht, Genüge zu tun."

[76] Ebd. S. 510,23—25. „Wenn ihr meine Mahnung jedoch verachtet, wird euch der Herr denen in die Hand geben, die euer Land begehren, und wird es zum Spott jedes Völkerhaufens machen."

[77] „Ich binde und beschwöre euch bei dem rosenfarbenen Blute Christi, daß ihr zwischen mir und euren und den römischen Priestern entscheidet; bei euch liegt die Entscheidung. 1. Cor. 14,24." — Wolfgramm übersetzt (S. 209) „ut iudicetis inter me et vestros Romanosque sacerdotes" mit: „Ihr sollt entscheiden zwischen mir und euren römischen Priestern." Es muß doch wohl heißen zwischen mir und euren u n d den römischen Priestern. Müntzer bezieht also auch die utraquistischen Priester mit ein, die dem römischen Kirchenwesen und römischen Schriftverständnis noch verhaftet sind und sein Verständnis des christlichen Glaubens daher ablehnen. Man vergleiche dazu auch den Satz kurz zuvor: „Admittite et subvenite, quod missales vestri examinentur sacerdotes!" (Franz, MG, S. 510,15 f.).

rum est iudicare. 1. Chorin. 14 [V. 24]. Infallibilis scio, quod nullus eorum est certus in fide, nam suo phantasmate et incurabili avaritia perversitate inexplicabili confusum cahos fecerunt ex sancta ecclesia dei."[78] Und noch einmal setzte er an, um unter dem bereits abgeschlossenen Text gleichsam die Quintessenz seines Appells in einer kurzen Sentenz einprägsam zu formulieren: „Ego Tomas Munczer adhortor, ne ecclesia adoret deum mutum, sed vivum et loquentem."[79]

A. Lohmann bemerkt zutreffend: „Indem sich die innere Spitze des Manifestes gegen diesen [den „Schrift-Glauben"] richtet, treten andere Angriffsfronten, wie etwa die des katholischen Werkglaubens, dahinter völlig zurück."[80] Aber ist das so ohne weiteres ein Zeichen der „inneren Kampfstellung gegen Luther"?[81] Gerade wenn man der Meinung ist, daß Müntzer sich in der lateinischen Fassung speziell an die „Humanisten" wendet[82], richtiger wohl an die nicht mehr romhörige Schicht der Gebildeten in Prag und Böhmen, wird man nicht außer acht lassen dürfen, daß in diesen Kreisen weithin ein strenger Biblizismus herrschte, der sich auf den Buchstaben des Schriftwortes versteifte. Die Heilige Schrift in ihrem wörtlichen Verständnis war für sie die Norm der Ordnung ihres religiösen Lebens, die ihr romfreies, selbständiges Kirchenwesen prägen sollte. Eben dem gegenüber galt es deutlich zu machen, daß man mit solcher „Schriftgläubigkeit" doch noch immer, obschon in abgewandelter Weise, auf dem falschen Wege blieb, auf dem Rom „papistico corruptore

---

[78] Franz, MG, S. 510,28—32. „Ich weiß mit völliger Sicherheit, daß keiner von ihnen des Glaubens gewiß ist, denn sie haben mit ihrer Phantasterei und unersättlichem Geiz aus der heiligen Kirche Gottes ein durch unsagbare Verkehrtheit verwirrtes Chaos gemacht."

[79] Ebd. S. 511,3 f. „Ich Thomas Müntzer mahne dringend: Die Kirche soll keinen stummen Gott anbeten, sondern den lebendigen und noch redenden."

[80] Lohmann, S. 22. [81] Ebd. S. 22.

[82] Daß der „neue Einschub" „ego polliceor afferendam vobis tantam gloriam, quantam apud Romanos contraxistis ignominiam et invidiam" fraglos eine Anspielung auf humanistische Mentalität darstellt" (Lohmann, S. 22), ist trotz der anschließend gemachten Einschränkungen so kaum haltbar. Auf die humanistisch-gelehrte Welt, gar auf die humanistischen Theologen setzte Müntzer nach den Erfahrungen in Zwickau und in Prag sicherlich nicht mehr, und sie hatten von ihm eine solche captatio benevolontiae nicht zu erwarten. Es dürfte sich eher um die religiös-kirchlich engagierte, antirömisch orientierte ständische Führungsschicht in Prag und Böhmen handeln, die tatsächlich im letzten Jahrhundert von Rom zur Genüge „ignominiam et invidiam" hatte ertragen müssen. — Andererseits geht V. Husa mit seiner Annahme wohl zu weit, daß Müntzer sich „mit diesen Worten ... an Laien [wandte] und ... wohl vor allem jene Angehörigen der höheren Stände im Sinn [hatte], die mit den Ansichten des Matthias Poustevník und mit den Lehren der Brüderunität über die Notwendigkeit einer radikalen Vereinfachung und Laisierung der Gottesdienste sympathisierten". Sie sollten möglicherweise „die Laster des römischen und utraquistischen Klerus auf die Tagesordnung des Landtages setzen", der auf den 2. Dezember 1521 einberufen war. „Daher scheint es äußerst wahrscheinlich, daß Müntzer die lateinische Version des Manifestes irgendwann in den letzten Tagen des Novembers geschrieben hat ..." (S. 85 f.).

agente" durch seine geistlosen Priester die Christenheit in die Irre geführt hatte. Die neue Kirche, die die Böhmen erstreben sollten und zu der sie durch die Lösung von Rom den ersten Schritt bereits getan hatten, lebt jedoch durch die Erfahrung des Heiligen Geistes in der Unmittelbarkeit des Hörens auf das lebendige Wort Gottes. Das müssen sie als eine fundamentale Wahrheit erkennen und beherzigen, um die „renovata ecclesia apostolica" wirklich bei sich erstehen zu lassen und das von Johann Huss begonnene Werk zu vollenden. Um ihnen zu dieser Erkenntnis zu verhelfen, ist Müntzer zu ihnen gekommen, wie es am Eingang der erweiterten deutschen Fassung B bezeugt wird: „Ich, Thomas Muntzer, bortig von Stolbergk mit wesen zcu Prage, an der stadt des teurbarn unde heiligen kempers Johanns Hussem, gedencke, dye lutbaren unde bewegliche trummeten erfullen mit dem newen lobegesange des heiligen geystes."[83] Die unzureichende Erkenntnis wie der mangelnde Mut zur kompromißlosen Entscheidung haben es im Prinzip auch bei den Böhmen — wie ähnlich bei Egran — verhindert, daß sie sich von der aufgezwungenen Autorität des äußeren Schriftwortes freimachten und dem Wirken des göttlichen Geistes in ihren Herzen Raum gaben.

So sah Müntzer die Lage der Böhmen, die durch die sporadischen Einwirkungen der deutschen Reformation noch keine eingreifenden Verwandlungen erfahren hatte. Aus dieser Sicht der Dinge erging sein Ruf, die neue, von dem lebendigen Geiste des noch heute redenden Gottes erfüllte Kirche zu schaffen. Daß er mit seiner Lehre schon damals nicht mehr im Einklang mit Luther stand, ist unser Urteil heute. Daß er sich dessen damals bereits völlig bewußt gewesen sei und in der Polemik des Manifestes eine Kritik an Luther, wenigstens hintergründig, mitschwinge, ist dem Texte jedoch in keiner Weise zu entnehmen. Ihn beschäftigte vermutlich zunächst die so abrupt abgebrochene theologische Auseinandersetzung mit Egran noch recht lebhaft und sie gewann thematisch für ihn neue Aktualität, als er in Prag mehr als nur einen Hauch von dessen Geistesart zu spüren bekam, je länger er in engere Berührung mit der geistig-religiösen Mentalität der in der Stadt den Ton angebenden Schichten kam. Das Prager Manifest ist als die abschließende Kundgebung seiner Tätigkeit in Böhmen die geradlinig sich steigernde Fortsetzung der in Zwickau mit größerer Bewußtheit einsetzenden Polemik gegen das „geistlose" Schriftverständnis und die substanzlose Glaubensunterweisung einer religiös selbst gar nicht ernstlich engagierten, darum auch die wahren Nöte und Bedürfnisse der Christenheit nicht sehenden noch verstehenden Geistlichkeit. So wenig er in Zwickau gegen den vorgeblichen „Lutheraner" Egran angegangen war, so wenig sah er sich in Prag veranlaßt, gegen einen lutherischen Einfluß auf die böhmischen Reformer

---

[83] Franz, MG, S. 495,1—5.

oder gar gegen Luther selbst Stellung zu nehmen. Der Wittenberger Reformator stand für ihn hier noch völlig außerhalb der Front, gegen die er ankämpfte, in die jedoch in seiner Sicht ein Egran nur zu gut hineinpaßte. Wenn Müntzer den Anbruch der „renovata ecclesia apostolica" in Böhmen erwartet, dann nicht deswegen, weil er die Reformation in Deutschland für ein durch Luthers Lehre bereits im Kern verderbtes Unternehmen hielt, sondern möglicherweise spielte bei ihm eine pessimistische Anschauung der deutschen Verhältnisse nach dem Wormser Urteil und Luthers Verschwinden mit, die ihm die Möglichkeit eines Werdens der „neuen Kirche" hier wenig hoffnungsvoll erscheinen ließ. Im Lande des Johann Huss dagegen mochte er solche Möglichkeit eher noch für gegeben erachten, wenn die institutionell schon von Rom gelösten Kirchengebilde „mit dem newen lobgesange des heiligen geystes." ganz erfüllt und wirklich „apostolisch" würden[84]. Doch was ihn auch veranlaßt haben mag, den Böhmen zu verheißen, daß bei ihnen die grundlegende Erneuerung der christlichen Kirche überhaupt anheben würde, wenn sie seiner Weisung folgten, andernfalls sie zum Gespött der ganzen Welt würden — er ist nicht als ein Rivale Luthers mit dem Anspruch aufgetreten, über ihn hinausführen zu können und zu sollen.

Die erweiterte deutsche Fassung B vom 25. November 1521 gilt gemeinhin als die Vorlage für den eben behandelten lateinischen Text C, der mit seinen mannigfachen Kürzungen, Ergänzungen und Veränderungen als eine auf einen anderen Personenkreis zugeschnittene Bearbeitung von B anzusehen sei. Ein Vergleich zeigt in der Tat eine so weitgehende Übereinstimmung, daß die Annahme engster Abhängigkeit beider Versionen voneinander gar nicht zu umgehen ist. Mehr als fraglich erscheint es jedoch, B die Priorität vor C zuzuerkennen, ohne daß damit ein Zweifel an Müntzers Verfasserschaft angedeutet sein soll. B liegt uns zwar nur in einer schon bald nach seiner Entstehung gefertigten, nicht ganz exakten Abschrift vor, ist aber untrüglich ein Werk seines Geistes und seiner Sprache[85].

A. Lohmann hat B gegenüber der lateinischen Fassung stilistisch als „derber, weitschweifiger, sentimentaler, aber auch inhaltlich ... auf das Volk gemünzt" charakterisiert, „auf das ungebildete, niedere Volk zugeschnitten"[86]. Die „schmückenden Beiworte" für Mönche, Priester und Ge-

---

[84] Molnár meint (S. 244): „Selbst wenn wir hier den Widerhall der Botschaft des Gioacchino da Fiore ahnen können, so verweist doch Müntzers begeisterte Vorstellung, Böhmen solle das geographische Zentrum der erneuerten apostolischen Kirche sein, auf das spezifisch böhmische Muster hin ..."

[85] Zum Charakter der Abschrift verweise ich auf die gute Charakterisierung durch Wolfgramm, S. 297 ff.

[86] Lohmann, S. 19.

lehrte sprechen für sich: „pechgesalbeter pfaffe"[87], „geystscheynender münnich"[88], „eselfortziger doctor"[89], „gantz hoch vordampte bosewichte"[90], „beltzebuppissche knechte"[91], „hurnhengestiger pfaff"[92], „nerrisschen hodenseckysschen doctores"[93], „des teuffels pfaffen"[94]. Gewiß war man damals nicht immer gerade wählerisch im Ausdruck gegenüber Widersachern; aber weder in C noch in A bediente sich Müntzer derartiger Kraftwörter. Dazu kommt die besonders, aber nicht nur in den unteren Schichten so zustimmend aufgenommene Kritik an der Korruption des Priesterstandes, seiner sittlichen Verwahrlosung, seiner schamlosen Selbstsucht und Geldgier, die Kritik an diesen „herren", „die nor fressen unde sauffen unde pastalen suchen tag unde nacht, trachten, wie sye sich erneren unde vihel lehen krigen"[95], an den „wuchersuchtigen, unde zcinßaufrichtisse pfaffen"[96].

In berechnetem Kontrast dazu steht sein jammerndes Beklagen des „armen Volkes", das von den „helfeurisschen und Asmadeisschen pfaffen"[97] in seiner geistlichen Not im Stich gelassen bzw. verführt wird. „Ja es sint nicht geringe, sundern gantz hoch vordampte bosewichte, dye von anbeginne in der gantzen welt gewest seyn, gesatzt zcu einer plage des armen volks, das alßo recht grob ist."[98] „Ach du rechte, arme, erbermelich heuffelein, wie dorstig bistu noch dem wort Gots! Dan es ist am tage, das niemandt oder ghar wenig wissen, was sie holten sollen oder welchem houffen sie zcufallen sollen. Sie wellen gerne thün das aller besthe und kunnen dach selbige nicht wyssen. Dann sie wissen sich nicht zcu schicken ader zcu fugen in die zceugniß, die der heilige geist reth in oren hertzn."[99] Das Versagen der ihre persönlichen Interessen verfolgenden und sich um das Seelenheil der Gläubigen nicht kümmernden Pfaffen ist offensichtlich, „welche dye todten worter der schrifft vorschlingen, dornach schuten sie den buchstab und unerfaren glauben (der nicht einer lauß wert ist) unter das rechte arme, arme volk. Domit machen sie, das keiner seiner selen seligkeit gewiß ist"[100]. „Ach, ach es [das Brot = das Wort Gottes] hats yhn niemant gebrochen. Es seint der geltdorstigen buben vill do gewest, dye dem armen, armen, armen volkleyn, dye dam patischen unerfarnen texte der biblien vorgeworffen haben, wie man den hunden das broth pfleget vorzcuwerfen."[101]

„So hämmert Müntzer förmlich seinen Hörern das Wort ‚arm' in die Ohren."[102] Es darf freilich das schon von A. Lohmann hervorgehobene

---

[87] Franz, MG, S. 495,12 f.   [88] Ebd. S. 495,13.   [89] Ebd. S. 496,10.
[90] Ebd. S. 498,1.   [91] Ebd. S. 501,5.   [92] Ebd. S. 501,8.
[93] Ebd. S. 501,30.   [94] Ebd. S. 503,13.   [95] Ebd. S. 500,22 f.
[96] Ebd. S. 501,1 f.   [97] Ebd. S. 503,5 f.   [98] Ebd. S. 498,1—3.
[99] Ebd. S. 500,3—9.   [100] Ebd. S. 501,2—5.   [101] Ebd. S. 500,12—16.
[102] Lohmann, S. 20. In A kommt „armes Volk" überhaupt noch nicht vor, nur „dusz folck" (= Böhmen; Franz, MG, S. 494,18)! C spricht (S. 508,18) nur einmal von „misera plebs", während sonst fast durchgehend ein bloßes „populus" verwandt wird.

Faktum nicht heruntergespielt werden, daß „aus jedem einzelnen Beispiel ... die eigentliche Bedeutung dieser ‚Armut‘ klar ersichtlich"[103] ist. Es geht Müntzer unzweifelhaft doch auch in B darum, daß „gar vihel menschen mit mir beclagt, das sie dorch untrechtliche unde warhafftige drucknüsse beswert kein mahl haben kundt getrostet werden (C hat hier „qui molesta et vera spiritus angustia compressi erant"!)[104], das sie vorsichtlich muchten alle yre begyre unde werck in glauben haben gefuret und sich do selbest dorcherbeytet hetten"[105]. Er hat „nicht etwa die soziale Not der unteren Volksschichten"[106] im Auge, vielmehr die geistliche Not der „Anfechtung", die so vielen Glaubenswilligen und aufrichtig um ein echtes Christsein Bemühten zu schaffen machte. Diese in ihrem religiösen Gewissen bedrängten Laien, die gerne „recht glauben" möchten und doch damit scheitern, sind das „arme, arme Volk", um dessen Seelennot sich Pfaffen und Mönche nicht kümmern, weil sie selbst „keine anfechtunge des glaubens im geist der forcht Gots"[107] kennen. „Sie wollen auch vom geist der forcht Gots nit geengstet seyn. Dorümb vorspotten sie die anfechtunge des glaubens in ewigkeyt."[108] Es mag sein, daß Müntzer den Begriff „armes Volk" in B unterschwellig auch mit um seiner schillernden Bedeutung willen gebraucht hat[109]. Nicht völlig ausgeschlossen, obschon höchst zweifelhaft, ist auch die Möglichkeit einer Anspielung auf die taboritische Mentalität, wenn er zu Hilfe ruft „widder solche hoche feinde des glaubens zcu fechten! Ich wil sie fur ewern augen in dem geist Helie zcu schanden mache"[110]. Nur kann das nichts anderes besagen wollen, als den geistlichen Herrschaftsanspruch der „touben pfaffen" nicht mehr anzuerkennen; denn „dyeselbigen seyn itzund mit hauth unde horen vorrechtet zcum ewigen vortümniß"[111]. Von der in ihrem alten Wesen beharrenden Geistlichkeit ist die Grundlegung der neuen Kirche nicht zu erwarten; das haben ihn die letzten Wochen erkennen lassen. Dagegen hat sich die nicht so in und von der traditionellen Kirchlichkeit lebende, von innerer Unruhe erfaßte Laienwelt weit aufnahmebereiter für den Gedanken einer glaubensgewissen, geistdurchwirkten Christenheit erwiesen: „Aber am volk zcweifel ich nicht."[112]

---

[103] Lohmann, S. 20.   [104] Franz, MG, S. 505,10.

[105] Ebd. S. 495,14—496,1. Warum Franz in Anm. 12 zu diesem klaren Text die tschechische Übersetzung „zur Erklärung" heranzieht, ist nicht einzusehen.

[106] Lohmann, S. 20.   [107] Franz, MG, S. 499,10.   [108] Ebd. S. 499,12 f.

[109] Vgl. zu der Wendung „gesatzt zcu einer plage des armen volks, das alßo recht grob ist" (Franz, MG, S. 498,3) Wolfgramm, S. 305 Anm. 26: „Dem č-Übersetzer war der Sinn dieser Worte nicht geläufig bzw. er kannte das Wort ‚grob‘ nur in seiner sozial herabsetzenden Bedeutung, weshalb er dann die bei M. den Worten ‚armen Volke‘ folgende Apposition (das also recht grob ist) gänzlich unterdrückte."

[110] Franz, MG, S. 504,28—30.

[111] Ebd. S. 499,29 ff.   [112] Ebd. S. 500,3.

Müntzer hat es auch in der lateinischen Fassung wahrlich nicht an Deutlichkeit fehlen lassen, das absolute Versagen des Klerus gegenüber der ihm gestellten seelsorgerlichen Aufgabe zu brandmarken. Er ist bei aller Rücksichtnahme auf die Geisteshaltung der „gebildeten Kreise" schonungslos mit denen ins Gericht gegangen, die nach seiner Überzeugung die Verantwortung für die Verkehrung und Entleerung des christlichen Glaubens trugen, d. h. nicht nur mit den Vertretern der römischen Kirche, sondern auch mit allen denen, die noch in einer von ihnen nicht erkannten Abhängigkeit von römischer Denkweise standen. Doch blieb er in den Grenzen des ihm überhaupt Möglichen bemüht, sachlich zu argumentieren und, allerdings mit geringerem Erfolg, sprachlich sich einigermaßen in dem Rahmen des nicht Unmöglichen zu halten. In B kann man ein Abgleiten ins Agitatorische, ja Demagogische nicht leugnen. Ändert sich auch an der grundsätzlichen Thematik kaum etwas, der Tenor der Ausführungen wird sozusagen emotionaler, aufreizender, herausfordernder. Diese Fassung des Manifestes ist jedenfalls die extremste und dürfte die letzte von Müntzer formulierte sein. Sie setzt den lateinischen Text voraus, der vermutlich bei denen, für die er bestimmt war, nicht die erwartete Wirkung gezeigt und mehr Ablehnung als Zustimmung gefunden hatte. Der allmählich entstehende Unmut über den so anmaßend auftretenden Prediger steigerte sich zur Opposition, und seine Proklamation gab den Brüskierten und ihrem Anhang den letzten Anstoß, sich von ihm eindeutig zu distanzieren. Auf diese nicht mehr zu übersehende negative Reaktion der Prager Bildungsschicht antwortet nunmehr der enttäuschte Prediger, dem keine Kanzel in Prag mehr zur Verfügung stand, mit der Bekanntgabe der entsprechend überarbeiteten lateinischen Erklärung in deutscher Sprache an ein breiteres Publikum, wobei die Übertragung dieses neuen deutschen Textes ins Tschechische wahrscheinlich von vornherein mit beabsichtigt war, um neben der relativ geringen Zahl von Deutschen eben auch die tschechische Bevölkerung zu erreichen. Im Blick auf den neuen Adressaten wird die verschärfte Tonart leicht verständlich. Es gibt keinen stichhaltigen Grund, die Urschrift von B zeitlich C voranzustellen; dagegen ist es schwer vorstellbar, daß ein Eiferer wie Müntzer sich nachträglich, von taktischen Rücksichten bestimmt, zu einer abgemilderten Fassung verstanden haben sollte. Abgesehen davon lief er bei solcher „Taktik" Gefahr, daß eine früher entstandene deutsche Fassung B denen, die er durch die gemilderte lateinische Version gewinnen wollte, bereits bekannt geworden war und ihn in ein bedenkliches Zwielicht geraten lassen mußte.

Die Entstehungsgeschichte der verschiedenen Fassungen des „Prager Manifestes" stellt sich demzufolge so dar: der ersten deutschen Konzeption A folgte, möglicherweise durch sie heraufbeschworen, die in ihrem

Duktus gediegenere, theologisch gründlichere lateinische Fassung C zur klärenden Information und als Ansporn zu stärkerer Initiative vorzugsweise der gebildeten, einflußreichen Laienschaft. Da sie den ihr zugedachten Zweck nicht erfüllte, wurde sie in einer deutschen Überarbeitung B für eine breitere Öffentlichkeit in einer etwas anderen Tönung zurecht gemacht. Endlich wurde diese letzte, von Müntzer selbst stammende Form ins Tschechische übersetzt (D), um durch sie auch die tschechische Bevölkerung unmittelbar anzusprechen. Man wird nicht von einer „tschechischen Fassung" im spezifischen Sinne sprechen können, freilich auch nicht so ganz vorbehaltlos nur von einer „streng wörtlichen" Übersetzung[113]. E. Wolfgramm macht mit Recht auf die Schwierigkeit der „Verdolmetschung" gerade müntzerischer Ausdrucksweise aufmerksam[114], durch die sicherlich die faszinierende Wirkung des rhetorisch begabten Predigers auf seine Hörer beeinträchtigt wurde, ohne daß man sich Müntzer nun als einen professionellen Enthusiasten auf der Kanzel vorzustellen braucht. Aber wer es auch unternahm, einen ihm vorliegenden deutschen Text Müntzers zu übersetzen, — und wir haben es in D mit einem tschechischen Übersetzer zu tun — er stand vor einer schweren Aufgabe. Es kann nicht wundernehmen, daß er sie nicht befriedigend löste: „Es ist wahrlich keine gute Übersetzung."[115] Wolfgramm hat das durch überzeugende Beispiele belegt, in denen etwa das sprachliche Äquivalent völlig verfehlt wird, so daß es zu „grotesken Mißverständnissen" kommt, oder in denen der nicht recht begriffene Text eine ganz andere Sinngebung erfährt. An manchen Stellen wird die müntzerische Aussage durch die Wortwahl, durch Zusätze und Auslassungen bewußt verändert, um die Schärfe der Vorlage zu mildern bzw. um deren Polemik gegen die „Pfaffen" auf die römischen Priester zu konzentrieren und die utraquistische Geistlichkeit etwas aus der Schußlinie zu bringen. Das Fazit des wolfgrammschen Vergleiches von D mit B lautet: „Besonderheiten des müntzerschen Sprachstiles blieben unberücksichtigt, eigenartige Wortprägungen wurden ausgelassen oder durch Abstraktionen umschrieben; Satzkonstruktionen, besonders dort, wo sie sich aus der direkten Aussage zu einer gedanklichen Formulierung steigerten, vereinfacht oder so kontrahiert, daß sich dabei eine Bedeutungsveränderung ergab; insgesamt widerfuhr also der deutschen Vorlage durch die tschechische Übersetzung eine Bedeutungsentleerung."[116] Ein echter Beitrag zum weiterführenden Verständnis des Manifestes wird somit durch D nicht geliefert[117], ist von einer sich eng an das Original B anschließenden Übersetzung schließlich auch nicht zu erwarten; und die als mehr oder minder absichtliche Ände-

---

[113] Lohmann, S. 18.
[114] Wolfgramm, S. 297 ff.
[115] Ebd. S. 298.
[116] Ebd. S. 298.
[117] Nicht zu übersehen sind allerdings die durch D ermöglichten Korrekturen der Abschrift B. Vgl. dazu den Anmerkungsapparat zu der Edition Wolfgramms.

rungen angenommenen Varianten der tschechischen Version sind nicht derart, daß sie nur die leiseste Tendenz zu einer eigenen Stellungnahme zu der müntzerischen Lehre zu erkennen gäben. Die Übersetzung wird so faktisch Ausdruck des vollen Einverständnisses mit dem deutschen Prediger, der lediglich die Geistlichkeit der romfreien Kirchen in sittlich-moralischer Hinsicht nicht in einen Topf mit der römischen Priesterschaft werfen sollte; denn die antirömische Kampfgemeinschaft war für die Böhmen kein nebensächliches Motiv, mit Müntzer zu sympathisieren. Das Manuskript bricht kurz vor der Mitte des B-Textes ab und wir wissen nicht, ob der Übersetzer sein Werk je zu Ende geführt hat. Vielleicht wäre es aufschlußreich gewesen zu hören, wie er zumal die abschließenden Sätze übertragen hätte, die seinem Volke eine so zukunftsträchtige Entscheidung überantworteten. Oder brach er die Arbeit ab, weil sie durch den Gang der Ereignisse bereits sinnlos geworden war oder nicht mehr ratsam erschien? Oder hat Müntzer die Vorlage wieder an sich genommen, als er etwas abrupt die Stadt verließ, in der kein ernsthafter Protest gegen seine Ausweisung erfolgte?

Die marxistisch orientierte Geschichtswissenschaft wertet den „Prager Aufenthalt Müntzers und ... dessen literarische Dokumentierung"[118] vornehmlich im Blick auf ihre Bedeutsamkeit im Zusammenhang der sozial-revolutionären Bewegung der Zeit. Für E. Wolfgramm z. B. wird an ihnen „die Nahtstelle sichtbar, die über ein Jahrhundert hinweg die revolutionäre Bewegung der Taboriten mit dem großen Aufstand der deutschen Bauern gegen die Tyrannei der Fürsten und Pfaffen verband"[119]. So gerechtfertigt es ist, Müntzer auch als Glied in der Kette revolutionärer Erscheinungen dieses zeitlichen und geographischen Raumes zu begreifen und als solches einzuordnen, die Prager Episode wird in ihrer historischen Relevanz durch eine solche Bewertung unzulässig hochgespielt. Die Beschwörung des „teurbarn unde heiligen kempers Johannis Hussen" wird allzuschnell einem Appell an den Geist des Taboritentums gleichgesetzt und mit dessen Drängen auf eine christlich-soziale Neuordnung verbunden. Auf Huss als „desiderabilis et inclitus Christi athleta" war Müntzer schon durch Luther in einer der erregendsten Phasen der Leipziger Disputation aufmerksam gemacht worden, ohne jeglichen Bezug auf das Taboritentum. Die Klage aber über das „arme Volk" und sein zuversichtliches Vertrauen auf das Volk ist, selbst wenn man darin soziale Töne zu hören wähnt[120], allenfalls doch nur eine Bestätigung der Erfahrungen, die er schon in Zwickau gemacht hatte. Wir kennen bisher keine Äußerungen von ihm selbst über seine Prager Erlebnisse[121] und haben allen Grund zur Skepsis gegenüber einem krampf-

---

[118] Wolfgramm, S. 296.   [119] Ebd. S. 296.
[120] Vgl. die Ausführungen oben S. 203 f.
[121] Wir erfahren leider auch nicht, ob und inwieweit er sich in Prag aus der Literatur

haften Bemühen, ihm ins Politisch-Soziale übergreifende Gedanken und Erwägungen zu unterstellen. Die marxistische Geschichtsschreibung läuft hier Gefahr, sich aus ideologischen Gründen einer neuen Legendenbildung schuldig zu machen.

Müntzer sagt es wahrlich unmißverständlich genug, warum er zu den Böhmen gekommen ist und was er bei ihnen will: nichts anderes, als ihnen den bisher vergeblich ersehnten Zugang zu einem heilsgewissen Glauben zu eröffnen, in dem sie durch den heiligen Geist der Wahrheit und Wirklichkeit Gottes in sich selber unmittelbar inne werden und durch den die neue apostolische Kirche in ihrem Lande anheben wird, um sich von da aus in alle Welt zu verbreiten. D. h.: er will bei ihnen die Reformation der Christenheit vorantreiben. Denn noch ist er sich nicht bewußt, daß er mit den jetzt von ihm vorgetragenen Gedanken schon nicht mehr im Lager der Wittenberger steht. Formal ist ja auch die Betonung des sola fide im Widerspruch zu jeder Form des kirchlich empfohlenen Verdienststrebens geblieben, geblieben ebenso die Erkenntnis, daß die Erfahrung des Glaubens die des Leidens in sich schließt. Jedoch die lutherische Rechtfertigungslehre, die ihm wohl in der ersten Zeit der Befreiung aus seiner inneren Not eine hilfreiche Wegweisung gewesen sein mochte, wollte ihn nicht mehr recht befriedigen, besonders seitdem er im Zerrspiegel der egranschen Polemik die gefährliche Möglichkeit der Verkehrung des Glaubensaktes in eine gedankliche Selbstmanipulation erkannt hatte. Die Frage nach dem „wie" untrüglicher Glaubenserkenntnis kam abermals auf ihn zu, für den Seelsorger eng verbunden mit dem Verlangen nach einer praktikablen Anleitung zur „rechten Übung" des Glaubens. War es da so absonderlich, wenn er sich in der Auflehnung gegen die glasklare Verständigkeit Egrans jetzt der Belehrung Taulers über die in der mystischen Erfahrung zu gewinnenden Einsichten weiter öffnete? So formte sich in der Anlehnung an taulersche Gedankengänge — und mit unter dem Einfluß Storchs — das Kernstück seiner eigenen Gedankenwelt: die entscheidende Funktion des göttlichen Geistes im Glaubensprozeß auf der Basis des ordo deo et creaturis congenitus. Vom unumgänglichen Läuterungsgeschehen im timor dei bis hin zum unmittelbaren Hören des lebendigen Gotteswortes aus dem Munde Gottes selber ist der Geist in den Herzen der Auserwählten unablässig tätig, leitet er sie von der Verzweiflung an sich selber und an Gott bis hin zu der absoluten Überzeugtheit heilsgewissen Glaubens: „Kurtz es muß ein ider mensche den heiligen geist zcu sieben maln haben, anderst magk er widder horen noch vorstehn den lebendigen Goth."[122] „Und es ist auch kein gewisser gezceugnisse, das die biblie warmacht, dan dye

---

über die Geschichte und die Gedankenwelt des Taboritentums näher informiert hat. Husa kann auch dazu nur vage Vermutungen äußern (S. 76 ff.).

[122] Franz, MG, S. 496,7 f.

lebendige rede Gots, do der vater den szon anspricht im hertzen des menschen."[123] Die Bibel als Zeugnis des göttlichen Geistes kann nur aus dem Erfahren des sich neu bezeugenden verstanden und erklärt werden, sonst bleibt sie tote Schrift. Allein wer derart die lebendige Rede Gottes in sich vernommen hat, ist dann imstande, Gläubigen wie Ungläubigen, auch Juden und Türken wirklich eine „grunthfeste rechenschafft" vom christlichen Glauben zu geben, „unsern unuberwyntlichen grundt" aufzuzeigen. Der wird ebenso durch „das lebendige worth Gots auß Gots munde ... selber sehen, horen, greiffen, wie dye gantze welt dorch dye touben pfaffen vorfurt ist"[124]; der muß infolgedessen gegen die skrupellose, dummdreiste Verfälschung des Glaubens, gegen die selbstsüchtigen Machenschaften einer verworfenen götzendienerischen Priesterschaft entschieden Stellung beziehen. Er muß es jetzt und hier. Gott hat bisher den Dingen ihren Lauf gelassen, „auff das aller menschen, der auserwelten und der vortumpten wercke haben alßo must ins wesen komen"[125]. Dabei „hat alle buberey uff das allerhochst must an tagk komen"[126]. Nun, „zcu unser zceit", ist es so weit, daß „Got will absundern den weussen von unkrauth, in dem das man wie im hellen mittag magk greiffen, wer dye kirche alßo lange vorfuret habe"[127]. „Dye zceyt der ernde ist do!"[128]

Gott selbst hat Müntzer dazu in Dienst genommen und in seinem Auftrag, nicht etwa aus sich selbst heraus[129], geht dieser so rücksichtslos gegen die ungläubigen Christen, insbesondere die „tauben Pfaffen" als die Verderber der Kirche vor. Es ist im Blick auf Gottes Absicht eine Reinigung der ganzen Kirche und kein lokal begrenzter Auftrag. Jedoch, daß er ihn „fuglich mocht" ausführen[130], ist Müntzer zu den Böhmen gekommen in der Erwartung, obschon nicht in der Gewißheit, daß hier „dye newe apostolische kirche angehen" wird. Man sollte es eigentlich nicht überhören können: „Ich begehr nicht anderst von euch, dann das yr fleyß sollet thun, das lebendige worth Gots auß Gots munde selbern solt studiren."[131]

Sieht man von den knappen Hinweisen auf den *ordo* und das *totum vel perfectum* in der Einleitung und von den Bemerkungen über die Kindereien der Konzile ab, so findet sich in dem Manifest in keiner seiner Fassungen eine Erörterung der dogmatischen Lehrfragen, auch nicht über die Taufe oder das Abendmahl[132], ebensowenig ein näheres Ein-

---

[123] Ebd. S. 498,27—29.
[124] Ebd. S. 504,25—27.
[125] Ebd. S. 504,12 f.
[126] Ebd. S. 504,16.
[127] Ebd. S. 504,14—16.
[128] Ebd. S. 504,18.
[129] Ebd. S. 510,20 f.: „Occurrite igitur non mihi, sed verbo suo!"
[130] ... nachdem er damit in Zwickau gescheitert ist?
[131] Franz, MG, S. 504,24 f. Vgl. Anm. 126.
[132] Wolfgramms Versuch (S. 304 Anm. 17), die seltsame Übersetzung von „was do sey das gantze adder unvolkomene, welches ist ein gleichteilende mass alle teyle uberlegen" (Franz, MG, S. 496,14 f.) in D als eine Anspielung auf die „Kommunion in

gehen auf die der Zeit sonst so geläufigen kirchenkritischen Themen, geschweige denn die Bekundung eines besonderen Engagements in der sozialen Frage, das wesentlich mehr gewesen wäre als ein Element der üblichen Kritik an dem nur auf sein Wohl bedachten Klerus. Es wird vielmehr durch rechten Glauben zum Kampfe gegen den Unglauben aufgerufen: „Hilff mir vmb des bluts Christi willen, widder solche hoche feinde des glaubens zcu fechten! Ich will sie fur ewern augen in dem geist Helie zcu schanden mache."[133] Man muß sich den biblischen Bericht 1. Kön. 18 gegenwärtighalten, um aus der Parallelität des Geschehens dort mit Müntzers Auftreten gegen die götzendienerischen Priester Christi zu ermessen, welche aktuelle Bedeutung die Berufung auf den „Geist Helie" hat, nicht zuletzt in bezug auf den Vers 22: „Da sprach Elia zum Volk: Ich bin allein übrig geblieben als Prophet des Herrn; aber der Propheten Baals sind 450 Mann." Müntzer spürt sich vom Geiste des Propheten erfaßt; er ist es, der allein übrig geblieben ist als „Prophet des Herrn", erfüllt von dem Auftrag, die Entscheidung zwischen Glauben und Unglauben herbeizuführen. Er muß und will sein Leben daran wagen, daß die Erwählten die Verführung durch die „belzebuppischen knechte" erkennen und sich von ihnen als den Verderbern der Kirche abkehren. Dann wird, wie zur Zeit des Elia „alles Volk" wieder Gott als den Herrn bekannte, so auch die Christenheit wieder „dye unbefleckte jungfrawliche kyrche", die sie vor dem Tode der Apostelschüler gewesen ist, als ihr gottgefälliges Urbild begreifen und „dye newe apostolische kirche anghen"[134]. Ganz im Stile der prophetischen Rede schließt sich der Mahnung und Verheißung ein „Drohwort" an: „Wer do solche vormanünge wyrt vorachten, der ist itzunde schon uberantwort in die hende des Türken"[135], der ist bereits dem Strafgericht ver-

---

beiderlei Gestalt" zu verstehen, kann nicht recht überzeugen. Der Text von B ist allerdings wohl vom Abschreiber sinnwidrig entstellt. Es würde zur Korrektur jedoch die Streichung der Vorsilbe „un" in „unvolkomene" genügen.

[133] Franz, MG, S. 504,27—29.

[134] Ob der Begriff „neue apostolische Kirche" mehr besagen soll als „die wieder im urchristlich-apostolischen Geiste lebende Christenheit" und wieweit er mit konkreten Vorstellungen über die äußere und innere Ordnung der christlichen Gemeinschaft verknüpft gewesen ist, ist dem Manifest nicht zu entnehmen. Man muß in der Auswertung der drei Texte für den müntzerischen Kirchenbegriff größte Zurückhaltung üben. Der Zusatz „apostolisch" findet sich in A noch nicht, wohl aber die inhaltlich gleichwertige Kennzeichnung „unbefleckte jungfräuliche Kirche". Beide Formeln tendieren im Zusammenhang der Ausführungen auf das „vom göttlichen Geiste Durchwirktsein" und auf „das Hören des lebendigen Gotteswortes im Inneren des Menschen" hin, wie es auch das Kennzeichen der neuen Kirche sein wird, daß nicht nur „die Pfaffen", sondern ebenso „die Laien" Offenbarungen haben werden. — Die kritischen Bemerkungen zu der Zusammensetzung der Konzile und ihrer unfruchtbaren Arbeit finden sich ähnlich schon in Müntzers Jüterboger Predigt.

[135] Franz, MG, S. 504,34—36.

fallen, das Gott dann durch die Auslieferung der unverbesserlichen Christenheit an die Türken vollziehen wird, jene den Zeitgenossen so unheimliche, Schrecken erregende Macht, die der unbußfertigen christlichen Welt von den Bußpredigern schon längst als die Zuchtrute Gottes angedroht worden war[136].

Das Drohwort führt abschließend zu einem allgemein eschatologisch-apokalyptischen Ausblick: nach der „wütenden brunst" der Türkenherrschaft wird „der rechte personliche enthechrist regyrren"[137], und danach in Kürze Christus „das reich dysser welt geben seinen auserwelten in secula seculorum"[138]. Aber dieser Abschluß findet sich bezeichnenderweise so lediglich in B, und es ist aufschlußreich zu sehen, wie sich die End-Voraussagen Müntzers in den drei Fassungen A, C und B erweitern bzw. verändern. In A heißt es nur, daß „Got wirt wunderlich dinck tun myt seynen auserweleten sunderlich yn dussem lande. Wan hyr wirdt dye new kirche anghen, dusz folck wirdt eyn spygel der gantczen welt seyn"[139]. Die Drohung lautet: „Wirsthu das nicht

---

[136] Da in C, abweichend von A und B, nicht mit Türken und Heiden gedroht wird, sondern es unbestimmter heißt „... tradet vos dominus in manus desiderantium terminos vestros ..." (Franz, MG, S. 510,23 f.), hat man jüngst gemeint, Müntzer wolle damit auf die Aspirationen der Habsburger anspielen, die im Zuge der beginnenden Verfolgung der reformatorischen Bewegung in Deutschland gleichzeitig ihre Hände nach Böhmen ausstreckten (so etwa Wolfgramm, S. 297). Aber damit geht m. E. das Spezifische der „prophetischen Drohung" verloren.

[137] Franz, MG, S. 505,1 f. — Ob Müntzer hier an eine bestimmte Persönlichkeit bzw. einen Machtträger (Papst? Kaiser?) denkt oder sonst eine der geläufigen Antichristvorstellungen übernimmt, muß offen bleiben. Man vergleiche dazu jedoch seine Aussage im Briefe an Nik. Hausmann vom 15. 6. 1521: „Jam est tempus Antichristi, ut manifestissime patet Math. 24 ... Errant omnes, qui papam superiorem [Julius II.] Antichristum dicunt. Ipse enim verus preco eiusdem est, sed quarta bestia dominabitur universae terrae et regnum eius maius omnibus erit" (Franz, MG, S. 373,4—10).

[138] Franz, MG, S. 505,3 f.

[139] Franz, MG, S. 494,16—18. — Die Synopse der drei Fassungen zeigt folgendes Bild:

A

Got wirt wunderlich dinck tun myt seynen auserweleten sunderlich yn dussem lande. Wan hyr wirdt dye new kirche anghen, dusz folck wirdt eyn spygel der gantczen welt seyn.

(S. 494,16—18)

Wirsthu das nicht tun, so wirt dich Got lassen dorch ten Turken ym czukunfftigem iar erslagen.

(S. 494,21—23)

C

Hic incipiet renovata ecclesia apostolica in universum orbem profectura.

(S. 510,19 f.)

Si vero neglexeritis ammonitionem meam, tradet vos dominus in manus desiderantium terminos vestros et rediget in sibulum omni coetui populorum.

(S. 510,23—25)

... confusum cahos fecerunt ex sancta ecclesia dei, quam dominus confractam, dere-

211

tun, so wirt dich Got lassen dorch ten Turken ym czukunfftigem iar erslagen."[140] Die lateinische Fassung formuliert zunächst knapper: „Hic incipiet renovata ecclesia apostolica in universum orbem profectura[141]; die Drohung dagegen etwas breiter: „Si vero neglexeritis ammonitionem meam, tradet vos dominus in manus desiderantium terminos vestros et rediget in sibulum omni coetui populorum."[142] An das Ende setzt Müntzer noch ein verheißungsvolles Wort über die Zukunft der jetzt so verderbten *sancta ecclesia dei:* „quam dominus confractam, derelictam, dispersam aedificabit, consolabitur, adunabit, donec videat deum deorum in Syon in saecula saeculorum."[143] B übernimmt in der Aussage über die „renovata ecclesia apostolica" hauptsächlich den Text von C, greift im Drohwort stärker auf A zurück, ändert aber das „ym czukunfftigen iar erslagen" von A um in „der ist itzunde schon uberantwort in die hende des Türken". Vor allem folgt nun noch als ein weiterer Akt das Regiment des „rechten personlichen enthechrist, das rechte kegenteyl Christi". Am Schluß steht endlich die Übergabe des Reiches dieser Welt durch Christus an seine Auserwählten, wo in C von dem Wiederaufbau und der Einigung der Kirche die Rede ist, die den „deum deorum in Syon" schauen soll. Jede dieser Veränderungen bedeutet auch eine bestimmte Nuancierung im Tenor des Textes, die man, gerade wenn die Variationen dem Autor gar nicht so bewußt gewesen sein sollten, nicht einfach übersehen darf, ohne sie umgekehrt überzubewerten. Die sich ins Apokalyptische steigernden Schlußsätze der letzten Bearbeitung der Texte durch Müntzer selbst sind zweifellos zu einem guten Teile seinem rhetorischen Pathos zuzuschreiben und auf emotionale Effekte bei seinen Hörern berechnet. Sie treffen empfindliche Stellen der religiösen Mentalität der Zeit. Dennoch läßt sich nicht leugnen, daß Müntzer sein reformatorisches Anliegen in Prag ernsthaft unter dem Aspekt eines von Gott selbst in allernächster Zeit vorgesehenen Eingreifens in das „confusum cahos" der christlichen Kirche gesehen hat. Er will seine Hörer nicht nur

lictam, dispersam aedificabit, consolabitur, adunabit, donec videat deum deorum in Syon in saecula saeculorum.

(S. 510,32—511,2)

B

Dann in ewern lande wirt dye newe apostolische kirche angehen, darnach uberall.

S. 504,30 f.)

Wer do solche vormanünge wyrt vorachten, der ist itzunde schon uberantwort in die hende des Türken.

(S. 504,34—505,1)

Nach wilch wutende brunst wyrth der rechte personliche enthechrist regyren, das rechte kegenteyl Christi, der yhm kortzen wyrt das reich dysser welt geben seinen auserwelten in secula seculorum.

(S. 505,1—4)

[140] Ebd. S. 494,21—23.   [141] Ebd. S. 510,19 f.
[142] Ebd. S. 510,23—25.   [143] Ebd. S. 510,33—511,1.

schockieren, vielmehr die Christenheit in letzter Stunde noch zu der Einsicht bringen, daß Gottes Geduld Grenzen hat. Auch sein letzter Versuch scheiterte.

So „herliken" Müntzer vor einem guten halben Jahre in Prag „eingeholt" worden war, so unerfreulich war für ihn der Abschied von der Stadt, die ihn in seinen Erwartungen schwer enttäuscht hatte. Es hat nicht den Anschein, als sei es ihm gelungen, eine größere Anhängerschar auf die Dauer für sich zu gewinnen. Selbst die Kreise, die ihm zunächst nicht unfreundlich begegnet waren, und sich von ihm einen förderlichen Beitrag zur Klärung ihrer religiös-kirchlichen wie kirchenpolitisch-politischen Probleme versprochen haben mochten, hatten sich zu einem guten Teile unbefriedigt, ja unwillig von ihm abgewandt. Dank der zwiespältigen Stellungnahme der nichtkatholischen Gruppen zu Müntzer war der Einfluß der bis zuletzt zu ihm haltenden Gesinnungsfreunde gegenüber den obrigkeitlichen Instanzen nicht mehr mächtig genug zu verhindern, daß ihm erst durch einen „Hausarrest", dann durch die Ausweisung jede Möglichkeit weiterer Wirksamkeit in Prag genommen wurde. Es wäre denkbar, daß diese Maßnahmen erfolgten, um auf dem Landtage, der auf den 2. Dezember 1521 einberufen war, einer ähnlichen Aktion vorzubeugen, wie sie „wenig zuvor ... Jan Myška Přemyšlenský" unternommen hatte, „der [sich] an alle drei Stände, die auf der Versammlung (des vorigen Landtages) zusammengekommen waren, in einem Flugblatt gegen die Verderbnis der Priester gewandt hatte"[144]. Zumindest konnte dies als Vorwand dienen, Müntzer aus Prag zu entfernen. Trotz einigen Unstimmigkeiten unter den Berichten wird man es als historische Fakten anzusehen haben, daß erstens Müntzer „quattuor custodibus in una domo ne evadat aut exeat, Custodiae traditur; daß er zweitens „a Praga exire coactus (est)"[145]. Wir hören nichts davon, daß seine Festnahme und Ausweisung irgendwelche Unruhen in der Stadt ausgelöst hätten. Um so bemerkenswerter ist, was nach der „Zeitung aus Wittenberg" Markus Stübner, offenbar von sich selber, in Wittenberg erzählt hat: „... ist zu Prag im Behaym gewest, hat dar gepredigt, aber sy haben jn nith wollen annehmen, sunder mit staynen geworffen, welch in wunderparlich on schaden sein abgefallen"[146]. Das „Wunder" war seine Zutat, die Steinwürfe wahrscheinlich nicht, und auch nicht die Erklärung, daß man von seiner Predigt nichts habe wissen wollen.

---

[144] Husa, S. 87. Husas Vermutung, daß Müntzer selbst die lateinische Version des Manifestes geschrieben haben könnte, um die Aufmerksamkeit des bevorstehenden Landtages auf seinen Streit zu lenken, ist jedoch abzulehnen.

[145] Die Frage „Hausarrest" oder Gefängnis, Flucht oder Ausweisung bleibt ungeklärt. Vgl. die Quellenangaben bei Husa, S. 87 f., besonders die Anmerkungen.

[146] Müller, Wittenberg, S. 160.

V. Von Prag nach Allstedt

Müntzer mußte sich eingestehen, daß sein Versuch, die Böhmen in Bewegung zu setzen, gescheitert war; er sah aber keinen Anlaß zu einer kritischen Rückfrage an sich selbst, bzw. zu irgendwelchem Zweifel an der Gültigkeit der ihm im Geiste zuteil gewordenen Erkenntnis von dem ihnen drohenden göttlichen Gericht. Ohne sich mit der Enttäuschung über seinen Mißerfolg zu belasten, überließ er die Unbelehrbaren und Widerspenstigen dem unentrinnbaren Zorne Gottes, der *mirabili dispensatione sua* noch nicht zugeschlagen hatte. Er sah sich weiterhin an seinen Auftrag gebunden, die Christenheit zu mahnen und zu warnen. Unklar war ihm allenfalls zunächst das „Wie-nun-weiter", das seine wirtschaftliche Existenz wie seine äußere Wirkungsmöglichkeit in einem betraf.

Welche Route Müntzer auf dem Rückwege nach Deutschland gewählt hat, erfahren wir nicht. Anfang Dezember dürfen wir ihn wieder auf deutschem Boden vermuten. Denn sein Reisegefährte, Markus Stübner, tauchte bereits am 27. Dezember mit Storch und Drechsel zusammen in Wittenberg auf und hatte sicherlich zuvor in Elsterberg und in Zwickau Station gemacht. Müntzer hatte sich den Dreien nicht angeschlossen; wahrscheinlich hat er sogar erst hinterher von dem Unternehmen erfahren[1]. Die zahlreichen und zum Teil eingehenden Berichte[2] über das Auftreten der „Zwickauer Propheten" in der Stadt wissen von seiner Anwesenheit nichts, und Müntzer selbst hat es entschieden in Abrede gestellt, daran beteiligt gewesen zu sein[3]. Die Annahme liegt nahe, daß er mit Stübner zunächst nach Elsterberg gezogen ist, sich dann aber von ihm trennte. Er hat möglicherweise, wie er ja im Juni angekündigt hatte[4], Michael Gans in Jena aufgesucht, um seine bei ihm hinterlegten Papiere

---

[1] Offensichtlich ist der Plan der drei, nach Wittenberg zu gehen, in Zwickau entstanden. Melanchthon berichtet (nach Spalatins Äußerungen): „Es seind in die Johannis Euangeliste [27. Dezember] zu mir zu Wittenberg kummen Claus Storck mit zweyen seiner gesellen, mir angetzeigt, wie sich etlich enporung erhoben zu Zwickau, Vnd sonderlich von wegen baptismi paruulorum vnd fidei aliene, Vnd sich auf Doctorem Martinum beruffen. Hab darnach in sonderheit gehort eynen vnder den dreyen, genant Marcus Thome, der mir gesagt, wie das er, der gleichen auch Storck sonderlich vnd gewisse vnd offenbare gesprech mit Gott habe, Doch nyndert, auch nicht predige, den wo vnd was jhn Gott heisse" (Müller, Wittenberg, S. 139).

[2] Vgl. bei Müller, Wittenberg, S. 129—160.

[3] Franz, MG, S. 391,21—23; vgl. unten S. 366.

[4] Franz, MG, S. 371,6 f.: „Spero me futura hyeme in propria persona te invisere"; vgl. oben S. 182.

abzuholen, und von hier aus die Verbindung mit den Mönchen von St. Peter in Erfurt aufgenommen. Mit ihnen hatte er sich schon vor eineinhalb Jahren, als sich der Konflikt mit den Zwickauer Franziskanern bedrohlich zuzuspitzen begann, über eine Lehrtätigkeit in ihrem Kloster verständigt. Doch hatte sich damals der Rat der Stadt eingeschaltet und ihn zum Bleiben veranlaßt, aber zugleich durch einen eigens nach Erfurt entsandten Vermittler sicherzustellen versucht, daß ihm die Stelle zunächst noch offengehalten wurde[5]. Müntzer war dann in Zwickau geblieben, die Erfurter Mönche wurden von seinem Bleiben unterrichtet, der weitere Verkehr mit ihnen brach jedoch ab[6]. In der für ihn jetzt abermals prekären Situation konnte ihn die Nähe Erfurts leicht auf den Gedanken bringen, sich bei den Mönchen zu erkundigen, ob die im Vorjahre zwischen ihnen ventilierte Frage schon eine für sie befriedigende Lösung erfahren habe, wohl nicht ohne durchblicken zu lassen, daß er bereit sei, jetzt zu ihnen zu kommen. Das uns vorliegende Schreiben der vier Benediktiner enthält die Antwort, die sich wegen der darin angedeuteten Schwierigkeiten etwas verzögert hatte, aber durchaus positiv lautete: „Ergo non egre feras, sed gratissimo animo tollas litteras, ut velis te velocem et pronum ostendere doctorem. Expense et solarium tuum erit pondere triginta florenorum et tutius securius apud nos vivas."[7]

Wir kennen Müntzers Entscheidung nicht; aber wenn er — und das ist doch höchst wahrscheinlich — von sich aus die Verbindung mit den Mönchen von St. Peter aufgenommen hat, besteht berechtigter Anlaß zu der These, daß er dieses Mal ihrer Einladung gefolgt ist. Der Nachsatz in seinem Brief an Melanchthon vom 27. März 1522: „Nolite consulere deum Accoron, Langium vestrum; est enim reprobus, qui persecutus est servum domini ex superbia sua immortali"[8], bestätigt indirekt, daß er sich einige Zeit in Erfurt aufgehalten hat, in der er dann mit Johann Lang in Konflikt geraten ist[9]. Wenn er die Wittenberger warnt, bei diesem „Beelzebub", der den servum domini verfolgt hat, Erkundigungen über ihn einzuziehen, so hat den Anstoß zu den Mißhelligkeiten zwischen beiden Männern möglicherweise Justus Jonas gegeben. Dieser schrieb nämlich in seinem Briefe an Lang vom 8. Januar 1522: „Man

[5] Vgl. oben S. 99 f.; Wappler, S. 24 Anm. 3. Auf das Verlangen der Mönche Mitte 1520 könnte es sich beziehen, wenn es in dem jetzigen Briefe heißt: „Ego et meus frater Vitus prioribus verbis monuimus dominum abbatem . . ." (Franz, MG, S. 378,11).

[6] Während sich der Einleitungssatz des Briefes auf das neuerdings von Müntzer erhaltene Schreiben bezieht, sind im nächsten Satz vielleicht die früheren Verhandlungen bzw. das Schweigen der vier Mönche seitdem gemeint: „Non satis miraris me tibi non scripsisse. Scias id dictum: Deficiente causa deficit et effectus" (ebd. S. 378,4 f.).

[7] Ebd. S. 378,14—17. Die Versicherung der Mönche, du kannst „bei uns gefahrloser und unbesorgter leben", läßt erkennen, daß sie über seine „Verfolgung" (durch ihn?) unterrichtet waren.

[8] Ebd. S. 382,5 ff.

[9] Die Annahme, daß Müntzer bei Lang gewohnt habe, entbehrt jeder Grundlage.

sagt, daß da ein Theologe meine Predigt, die ich ganz kürzlich in Erfurt gehalten habe, in außerordentlich giftiger Weise verhöhnt habe. Bemüh dich doch, daß ich jenen zu uns gehörigen Magister in Erfahrung bringe; ich möchte ihn mit dem größten Vergnügen aufs Korn nehmen, damit offenbar wird, soweit das wenigstens möglich ist, wer denn dieser Bursche eigentlich ist, der als ruchloser Verleumder und frevelhafter Ohrenbläser in der Menge sein Wesen treibt."[10] Sollte Lang daraufhin Müntzer als „magistrum illum nostrum" (!) ausfindig gemacht und zur Rede gestellt haben, wobei dieser mit seinen Ansichten sicher nicht zurückhielt und so Langs Gegnerschaft herausforderte? Nimmt man das „qui persecutus est" wörtlich, so lagen die Widerwärtigkeiten mit Lang schon einige Zeit zurück, als Müntzer an Melanchthon schrieb, ohne daß man daraus freilich genauere Daten entnehmen könnte. Immerhin könnte Langs *persecutio* ihm den Aufenthalt im St. Peter-Kloster unmöglich gemacht und ihm ein längeres Verweilen in Erfurt verleidet haben. Franz Günther weiß in seinem Briefe an den alten Freund am 25. Januar 1522[11] vom Hörensagen, daß er in Thüringen lebe. Er möchte ihn herzlich gerne einmal wiedersehen und von ihm selbst hören, was es nach all dem, was man so über ihn rede, mit seiner „Geist"-Theologie eigentlich auf sich habe, nicht ohne ihn zu mahnen, „sieh zu, daß das Licht, das in dir ist, nicht Finsternis ist. Manche Leute schwatzen manches über dich. Ich hoffe, daß du einen geprüften Geist hast, nicht unter dem Namen Fabeleien verbirgst, sondern im Geiste Christi erglühst"[12]. Das unbestimmte „feruntque te in Turingia vitam degere"[13] berechtigt freilich noch nicht zu dem Schluß, daß er Erfurt damals bereits verlassen habe.

Sichere Spuren von Müntzers weiterem Wege finden wir erst wieder in Nordhausen: erstens einen Brief Müntzers von dort am 14. Juli 1522 an einen Unbekannten geschrieben, zweitens einen Brief von Johann Buschmann vom 30. Sept. 1522 an ihn nach Nordhausen gerichtet. Ob er sich von Erfurt direkt dorthin begab oder zwischendurch noch in einem anderen Ort kürzeren Aufenthalt nahm und wann er in Nordhausen auftauchte, ließ sich trotz allen Bemühungen bisher nicht feststellen. M. Bensing hält auf Grund einiger von ihm herausgestellter „Fakten und

---

[10] „Aiunt quendam theologum meam contionem proxime E r p h o r d i a e habitam mire virulente sugillasse. Da operam, ut magistrum illum nostrum sciam, excipiam eum suavissime, ut palam fiat, quid tamen possit quicunque tandem is sit sycophanta perditissimus et impius susurro in populis. Ex fratre Berntoldo, qui de hoc mihi perscripsit, forsan hoc intelliges" (Briefwechsel J. Jonas I, S. 83).

[11] Franz, MG, Nr. 30, S. 378 f.

[12] Ebd. S. 379,6—9: „Vide lumen, quod in te est, ne sint tenebre. Varia varii homines de te blaterant. Non est mortuus diabolus, sed ut leo rugiens circuit querens, quem devoret. Spero te probatum habere spiritum non sub nomine fabulans, sed spiritu Christi vervens."

[13] Ebd. S. 379,4.

216

Zusammenhänge" die Annahme für berechtigt, „daß Thomas Müntzer im Januar 1522, wahrscheinlich auf Vorschlag des Justus Jonas, als Prediger an der Kapelle St. Georgen angestellt worden ist, daß er nach kurzer Zeit in Widerspruch nicht nur zur katholischen Stiftsgeistlichkeit, sondern auch zu den der Reformation zuneigenden Ratsgeschlechtern geriet, die mit Duldung des Domkapitels Mitte Februar 1522 durch die Einsetzung Lorenz Süßes als Pfarrer von St. Peter ein Gegengewicht gegenüber Müntzer und der hinter ihm stehenden Oppositionsbewegung zu schaffen suchte(n)"[14]. Man kommt auch im Bereiche der Müntzerforschung gerade für die Frühzeit gewiß oftmals nicht ohne mehr oder minder gewagte Hypothesen aus; nur sind meines Erachtens die Grenzen des Zumutbaren und Erlaubten von Bensing weit überschritten. Zwar hat er das in einer etwas früheren Veröffentlichung[15] vorgelegte Ergebnis seiner Studien in der neueren Fassung in einigen Einzelheiten stillschweigend revidiert, aber im Prinzip weder an seiner Methode noch an dem mit ihrer Hilfe gewonnenen Resultat Wesentliches geändert. Die Willkür der Quelleninterpretation und das zielstrebige Jonglieren mit den Figuren auf der klischierten Einheitsbühne ständisch-kirchlicher Unruhen in den deutschen Städten zu Anfang des 16. Jahrhunderts haben ihn ein Bild der Nordhäuser Verhältnisse entwerfen lassen, das auf eine wunschgemäße Einordnung Müntzers angelegt ist. Die Justus Jonas zugewiesene Vermittlerrolle ist auch nicht von ferne nur „wahrscheinlich" gemacht; die zur Begründung angegebenen Hinweise leisten jedenfalls den Dienst nicht, den sie der Gesamtkonstruktion erweisen sollen[16]. Hingegen

---

[14] Bensing, Nordhausen, Harz-Z, S. 45 f.

[15] Ders., Nordhausen ZfG, S. 1095—1123.

[16] Eine ins einzelne gehende Auseinandersetzung mit Bensings Ausführungen ist hier nicht möglich, so notwendig sie wäre. Einige kritische Anmerkungen müssen genügen.

a) Die Bedenken heben bereits an bei Bensings apodiktischer Behauptung (ZfG, S. 1100): „Unbestritten dürfte sein, daß Müntzer nicht zufällig nach Nordhausen kam und ein entsprechender Plan unmittelbar nach der Rückkehr aus Böhmen entworfen worden war." Es gab noch keine „Müntzer-Camarilla", die ihn protegierte.

b) Die Vorliebe für Justus Jonas als „Vermittler" erwächst augenscheinlich — neben der Tatsache, daß er gebürtiger Nordhäuser war und in der fraglichen Zeit (um die Jahreswende 1521/22) noch engere Beziehungen zu seiner Heimatstadt unterhielt — vornehmlich aus dem Urteil, das Cochläus auf Grund einer kurzen Begegnung mit Justus Jonas auf dem Wormser Reichstage 1521 über ihn abgab: „Ein trefflicher junger Mann, aber in Gefahr, in die Irrtümer der Hussiten und Taboriten durch giftige Schminke und Beredsamkeit gezogen zu werden" (ZfG, S. 1101). (Das Zitat ist fehlerhaft und mit falscher Stellenangabe; wohl aus der nicht sehr exakten Übersetzung von Delius, Justus Jonas, S. 28, übernommen, anscheinend ohne den lateinischen Text einzusehen). Das Stichwort „Hussiten und Taboriten" führte Bensing auf eine falsche Fährte.

c) Jonas' Urlaubsantrag vom 18. 11. 1521 wird zuerst mit der in Wittenberg sich ausbreitenden Pest begründet und dem im Zusammenhang damit stehenden Plane, die Universität vorübergehend zu verlegen. Die Erledigung der nicht näher bezeichneten,

läge eine Anstellung Müntzers als Prediger an der St. Georgs-Kapelle insofern im Bereiche des Möglichen, als allein für diese Stelle dem Rate der Stadt das Präsentationsrecht zustand. Daß dieser den Prädikanten einsetzte, ohne das Einverständnis der zuständigen kirchlichen Instanz einzuholen, war freilich eine Eigenmächtigkeit, die ihm die Beschwerde der Geistlichkeit eintrug, daß er „wider Kaiserliches Edikt und päpstlichen Bann die Martinsbuben, verlaufene Mönche, auftreten ließe zu predigen. Hätten einen verlaufen Mönch verordnet an der Kapelle St. Görgen, welcher gewöhnlich im Predigen zum Abbruch ihres Pfarrherrn, darin solche Kapelle gelegen, schmähete"[17]. Nur: Müntzer war kein „verlaufener Mönch", und seit den Beschlüssen des Anfang Januar 1522[18] in Wittenberg abgehaltenen Generalkapitels der deutschen Augustiner-Kongregation konnte es sich ebensogut, wenn nicht gar eher noch, um ein Mitglied des Nordhäuser Augustiner-Konvents handeln, das den Orden ebenso wie sein Prior, Lorenz Süße, verlassen hatte. Die These endlich, die Einsetzung Lorenz Süßes als Pfarrer an St. Peter am 16. Februar 1522 sei erfolgt, „um ein Gegengewicht gegenüber dem gefährlichen Prediger von St. Georgen zu schaffen"[19], ist mehr als nur fragwürdig. Die gesamte Konzeption geht von der vorgefaßten Meinung Bensings aus:

ihm jetzt vorgefallenen Geschäfte in Nordhausen ist mehr als Vorwand denn als Argument zu bewerten. Die Genehmigung des Urlaubs durch den Kurfürsten wurde von zwei Voraussetzungen abhängig gemacht, durch die dank dem Laufe der Dinge aus der Beurlaubung praktisch nichts wurde. Vgl. Müller, Wittenberg, S. 216 f.

d) Jonas dürfte über Müntzer vornehmlich durch den Kreis der Wittenberger informiert gewesen sein, die nach den Zwickauer Ereignissen schwerlich so sehr von ihm angetan waren (vgl. den Brief von Franz Günther!), daß Jonas den Eindruck haben konnte, daß Müntzer der „Kopf" für die Durchführung der Reformation in Nordhausen sei. Daß der neue Wittenberger Propst anfänglich seine Sympathien für praktische Reformen des Gottesdienstes offen bekundete, trifft zu. Daß ihm sehr daran lag, für seine Vaterstadt tüchtige reformatorische Prediger zu gewinnen, ist denkbar. Daß er aber gleich bei der ersten (vermuteten!) persönlichen Begegnung mit Müntzer in Erfurt, in Kenntnis von dessen Scheitern in Zwickau und in Prag, sofort eine Übereinkunft mit ihm wegen einer Predigerstelle in Nordhausen getroffen haben sollte, ist höchst unwahrscheinlich. Wenn sich Bensing „diese Version geradezu aufdrängt" (Harz-Z, S. 41), dann offensichtlich nur, damit er Müntzer „im Januar 1522" (ursprünglich nach ZfG, S. 1102 sollte es schon Mitte Dezember 1521 sein!) in Nordhausen zur Stelle hat.

[17] Zit. b. Bensing, Nordhausen, Harz-Z, S. 41.

[18] In den Beschlüssen wurde auch das Verlassen des Ordens jedem freigestellt. Bensing datiert das General-Kapitel ohne Begründung auf „Anfang 1522" (Nordhausen, ZfG, S. 1104). Vgl. Müller, Wittenberg, S. 147—151.

[19] Bensing, Nordhausen, Harz-Z, S. 42. Auch hier wäre eine eingehende kritische Betrachtung erforderlich, um die Verfahrensweise bloßzulegen, in der Bensing mit „Fakten" umgeht und „Zusammenhänge" so herstellt, daß der hypothetische Charakter seiner „Versionen" kaum noch wahrnehmbar bleibt und am Ende der Eindruck entstehen muß, man habe ein so gut wie sicheres Ergebnis objektiver historischer Quellenanalyse vor sich. Es ist bedauerlich, daß soviel Scharfsinn so unnütz vertan ist.

„Nach Nordhausen kam er (Müntzer) nicht nur als entschiedener Antipapist, sondern, wie seine Prager Aufrufe von 1521, vor allem sein Brief an Melanchthon vom 27. März 1522, ausweisen, als im Gegensatz zu Luthers theologischem Grundanliegen stehender revolutionärer Spiritualist und ideologischer Vertreter des niederen Volkes."[20]

Bensing läßt leider die im Zusammenhange des Nordhäuser Aufenthaltes Müntzers nicht unwichtige Angabe von Cyriacus Spangenberg unberücksichtigt: „Es mag auch Müntzer nicht ein schlechter Prediger im anfang gewesen sein/were er also blieben/Denn ich mich zuerinnern weis/das ich von meinem lieben Vatern seligen/M. Johan Spangenberg gehöret habe. Es sey schade gewesen vmb Thomas Muntzer/das er sich den Teufel mit der hoffart vnd Ehrgeitz (dazu auch rachgierigkeit kommen) also hette einnemen vnd besitzen lassen/Lutherum vnd andere Christliche lerer zu verachten/Vnd von sich selbst mehr zu halten/vnd darzu einen solchen schadlichen Vnchristlichen auffruhr anzurichten/ Denn er fur der zeit zu Stolberg/etliche nicht wenig/gar herrliche/schöne vnd Christliche Predigten von jm gehöret hette/Darinnen das geringste nicht zu tadlen gewesen/Wie wol er zu letzt ein mal auff den Palmen Sontag eine Predigt gethan/welche verstendigen Leuten allerley nachdenckens gemachet/sonst were er anders nicht/Denn ein Christlicher Lerer befunden worden."[21] Wann Joh. Spangenberg nach Stolberg gekommen ist, steht freilich nicht fest; immerhin wissen wir, daß er von 1521—24 als Rektor der Lateinschule hier tätig und „ca. 1520 auch Mittagsprediger an der Martinikirche an der Seite Tilemann Platners geworden" war[22]. Eine der letzten, wenn nicht die letzte von den „etlichen nicht wenigen" Predigten in Stolberg, die „verstendigen Leuten allerley nachdenckens gemachet", fand an einem Palmsonntag statt, so daß wir einen gewissen Anhalt für die zeitliche Fixierung gewinnen. Das hohe Lob des „christlichen Lehrers" aus Joh. Spangenbergs Munde und mehr noch der Hinweis auf den zuletzt erregten Anstoß weisen m. E. darauf hin, daß Müntzer bereits auf dem Wege zu einem eigenwilligen Verständnis der reformatorischen Lehre war. Damit scheiden die Ostertermine 1517 und 1518 aus: Ostern 1519 predigte er in Jüterbog; 1520 ist er zur Osterzeit in Beuditz, 1521 in Zwickau, 1523 bereits in Allstedt, so daß für den genannten Palmsonntag nur der 13. 4. 1522 in Betracht kommt. Es muß demzufolge als sehr unwahrscheinlich, wenngleich nicht als völlig ausgeschlossen angesehen werden, daß Müntzer zuvor schon Prediger in Nordhausen gewesen ist: es bleibt sogar fraglich, ob er im unmittelbaren Anschluß an Stolberg in der freien Reichsstadt als solcher tätig wurde. Belegt ist sein Aufenthalt hier erst für Mitte Juli[23], und es

---

[20] Ebd. S. 42.
[21] Spangenberg, Wider die bösen Sieben, S. 2ab.
[22] Kawerau, S. 564.
[23] Franz, MG, S. 385,19.

läge durchaus, wie noch zu erörtern ist, im Bereiche des Möglichen, daß er sich im Mai/Juni zu einer Reise nach Süddeutschland aufmachte[24], um erst nach ihrem Abschluß ein Predigtamt in Nordhausen zu übernehmen.

Gewichtiger als der Zeitpunkt seiner Ankunft in Nordhausen ist eine Antwort auf die Fragen, ob, wann und wie Müntzer etwas über den Verlauf und das Ergebnis des Unternehmens der „Zwickauer Propheten" in Wittenberg erfahren hat. Selbst wenn er über das Vorhaben seiner Genossen nicht vorher unterrichtet war, dürfte man erwarten, daß er sich über die Vorgänge nicht allein durch den Wittenberger Nachrichtendienst informieren ließ, vielmehr von den Akteuren selbst zu hören begehrte, welchen Eindruck sie von der Haltung der Wittenberger Theologen gewonnen hatten. Doch auch darüber schweigen sich die Quellen aus, es sei denn, man bezieht den Passus in Müntzers Brief an Luther vom 9. Juli 1523 auf deren ganzes Treiben auf ihrer Reise nach Wittenberg: „De Marco et Nicolao obiicis; quales sint, ipsi videant, Gallatas 2. Contremisco in divinis judiciis. Quid tibi loquuti sint vel quid egerint, ignoro."[25] Daß Müntzer sich mit diesen Sätzen von beiden bewußt distanziert, ist eindeutig. Die Berufung auf Galater 2[26] läßt sogar darauf schließen, daß sich ihre Wege auf Grund tiefer liegender Differenzen getrennt haben, und das „contremisco in divinis judiciis" kann dann nichts anderes besagen, als daß die beiden sich nach Müntzers Ansicht in einer Weise abgesondert haben, für die Gott sie noch zur Verantwortung ziehen wird. Jedenfalls, was immer sie Luther erzählt und wie sie sonst agiert haben mögen: „ignoro!"[27] Trotzdem bleibt offen, ob es bis zu dem Gespräch Stübners mit Luther Anfang April 1522[28] (zu einem Gespräch Luthers mit Storch kam es erst im September 1522[29]) nicht doch zu einer Begegnung Stübners mit Müntzer gekommen ist, die für ihn ein weiterer Anstoß gewesen sein mochte, sich nach einer Predigtstätte umzutun, um der Verkündigung des recht verstandenen Gotteswortes zu dienen. Es ist schwer vorstellbar, daß die Tätigkeit bei den Mönchen von S. Peter ihn wirklich auf längere Zeit hin befriedigt hätte. Könnte nicht auch Luthers Schrift „Eine treue Vermahnung zu allen Christen, sich zu hüten vor

---

[24] Vgl. unten S. 229 f.

[25] Franz, MG, S. 391,21 ff. „Du machst mir Vorhaltungen wegen Marcus [Stübner] und Nikolaus [Storch]; was sie für Leute sind, mögen sie selbst sehen, Gal. 2. Ich erzittere im Blick auf Gottes Urteilsspruch. Was sie dir gesagt haben oder was sie getrieben haben, ich weiß es nicht."

[26] Es geht nicht nur um Vers 6, sondern die Situation des ganzen Kapitels ist gemeint!

[27] Vgl. auch die Bemerkung Karlstadts in seinem Briefe an Müntzer vom 21. 12. 1522: „Mihi vehementer placet, quod aliqua apud Cigneos gesta displicent" (Franz, MG, S. 387,3 f.).·

[28] WA Briefe II, S. 493,17—19.

[29] Ebd. S. 597,26—31.

Aufruhr und Empörung"[30] ihm bald in die Hände gekommen sein und auf ihn in der gleichen Richtung gewirkt haben? Nicht etwa, um entgegen der Mahnung Luthers den äußeren Aufruhr zu schüren und zur Gewalttat, zu Mord und Totschlag aufzurufen, aber sich doch von ihm sagen zu lassen: „Die lugner, die vorstockte tyrannen, magstu woll hartt antasten unnd frey thun wydder yhr lere und werck, denn sie wollen nit horen." Selbst den folgenden Worten stimmte er grundsätzlich noch zu: „Aber Die eynfeltigen, die von yhnen mit stricken solcher lere ferlich gepunden sind, mustu gar viell anders handelln, mit furcht und senffte die menschen lere auffloszen, grund unnd ursach sagen." Nur das „und sie alszo mit der tzeytt auch losz machen"[31], war vielleicht nicht ganz nach seinem Sinne wie auch diese oder jene Äußerung noch in der „Vermahnung" ihm nicht behagt haben mag. Doch welchen Eindruck hatte er überhaupt in den ersten Wochen nach seiner Rückkehr aus Böhmen von der reformatorischen Bewegung im engeren Einflußbereich der Wittenberger gewonnen?

Einen wertvollen Hinweis gibt uns der Brief Müntzers an Melanchthon vom 27. März 1522, der allerdings schon die Kenntnis der Invocavitpredigten Luthers[32] voraussetzt, möglicherweise durch sie veranlaßt worden ist. Das Schreiben ist in einem sehr selbstsicheren Tone gehalten, in dem der „Botschafter Christi" (nuncius Christi) auf Grund seiner tieferen Einsicht in das Wesen christlicher Existenz mit der Kritik an einigen Erklärungen und Entscheidungen der beiden Wittenberger Führer nicht zurückhält, die kritischen Ausführungen sogar das eigentliche Anliegen sind, neben denen die anerkennenden Worte nur eine sekundäre Rolle spielen. Es ist jedoch abwegig zu meinen, „die äußerst freundliche, höfliche Art, mit der ihnen Müntzer begegnet, in der er sich an einzelnen Stellen sogar zur offenen Anerkennung der Gegner herbeiläßt", sei lediglich ein taktisches Manöver und „die anerkennenden, entgegenkommenden Wendungen [seien] daher Phrasen"[33]. Der Begriff „Gegner" ist zu diesem Zeitpunkt noch völlig unangebracht. Gewiß, „Langius vester" erhält bereits das Prädikat „reprobus" und wird als „deus Accoron" bezeichnet. Melanchthon hingegen nennt er einen „christianus homo" und ein „organum christi", und von Luther redet er als dem „Martinus n o s t e r charissimus". Noch ist es zwischen ihnen nicht zu einer ‚Auseinandersetzung' gekommen. Er vermißt zwar bei ihnen eine zureichende Erkenntnis der wesentlichen Funktion des „Geistes" in der Gestaltwerdung christlichen Seins, die ihm nunmehr als Vorbedingung einer wahrhaften Reformation der Christenheit unerläßlich erscheint; aber er fühlt sich

---

[30] Wahrscheinlich ist die „Vermahnung" schon im Januar 1522 erschienen. „In der jenaer ausgabe ist sie vielleicht ganz richtig datiert: 19. jan 1522" (Clemen, LW II, S. 299).

[31] WA VIII, S. 687,5—10.　　[32] 9. 3.—16. 3. 1522.　　[33] Lohmann, S. 31.

ihnen noch zugehörig, muß und will sie eben deshalb darauf hinweisen, wo es bei ihnen noch fehlt, und erklärt sich bereit, „si volueritis, omnia mea scripturis, ordine, experientia apertoque verbo Dei roborabo"[34]! Vorerst nimmt er die jüngsten Wittenberger Ereignisse, über die er sich ziemlich gut informiert zeigt, zum Anlaß, Kontakt mit Melanchthon zu finden, der sich den ihm zugekommenen Berichten zufolge von der „Geist-Lehre" zunächst nicht unbeeindruckt gezeigt hatte. Ohne jedoch die Affäre der „Zwickauer Propheten" ins Spiel zu bringen, greift er aus den mancherlei Fragen und Problemen, die durch die Wittenberger Vorgänge aufgeworfen worden waren, nur zwei heraus: die Priesterehe und die Messe[35].

Um mit seinen Bedenken nicht von vornherein schon als ein (von Johann Lang denunzierter) Widerpart mißverstanden zu werden, stellt er eine grundsätzliche Erklärung an den Anfang des Briefes: „Theologiam vestram toto corde amplector, nam de funibus venantium animas electorum eripuit multas."[36] Er anerkennt und bezeugt „von ganzem Herzen", daß Luthers Lehre einen befreienden, grundlegenden Neuanfang für die Christenheit bedeutet. Dann aber geht er unvermittelt auf den ersten Punkt, die Priesterehe, ein, in deren prinzipieller Bejahung er sich mit den Wittenbergern einig weiß. Nur vermag er eben die Dinge nicht so unproblematisch zu sehen wie sie, wenn sie auf ein Wort der Schrift als Rechtfertigungsgrund verweisen: „In hoc reprobo, dum os domini mutum adoretis."[37] Darin zeigt sich noch ein wesentlicher Mangel ihrer Theologie. Was gemeint ist, wird aus den Ausführungen Luthers in der dritten der Invocavitpredigten vom 11. März 1522 verständlich, wo der Reformator den geistlichen Personen, die „Lust zum ehelichen Leben haben", gesagt hatte: „Aber drauff mustu sehen, das du gerüst und geharnischt seiest, das du kanst fur Gott und fur der Welt bestehen, wenn du derhalben angefochten wirst ... Es ist nicht genug, das du sprechen woltest: der und der hats gethan ... der oder dieser Prediger hats gepredigt ... du must dich gründen auff einen hellen klaren starcken Spruch der Schrifft, dadurch du denn bestehen magst ..."[38] „Darumb welche Pfaffen Weiber genomen haben und welche Nonne gefreiet hat, die mussen einen gewissen Spruch aus der Schrifft für sich haben, darauff sie pochen mögen wider den Teufel und wider die Welt, die solch Göttlich werck unangefochten nicht lassen ..."[39] Das ist nach Müntzer typischer Ausdruck toten Buchstabenglaubens: „Is quippe error vester,

---

[34] Franz, MG, S. 382,1 f.

[35] Bezeichnenderweise nicht die für die Storchianer so wichtige Frage der Taufe.

[36] Franz, MG, S. 380,3 f. „Eure Theologie heiße ich von ganzem Herzen gut; denn sie hat viele Seelen Erwählter den Stricken der Jäger entrissen."

[37] Ebd. S. 382,6. „Insofern mißbillige ich eure Meinung, als ihr noch den stummen Mund des Herrn anbetet."

[38] WA X 3, S. 22,26—23,18.   [39] WA X 3, S. 23,22—25.

charissimi, totus sumitur ex ignorantia vivi verbi."[40] Es kommt ihm einzig und allein auf das lebendige Wort an, „das aus dem Munde Gottes hervorgeht" und im Herzen des Menschen vernommen wird. Das geschriebene Wort „ex voluminibus" übernommen, hat gewiß seinen Wert als „testimonium verbi veri"; doch darauf allein sich berufen, heißt sich das Wort Gottes widerrechtlich aneignen wollen. „O charissimi, operam navate, ut prophetetis, alioqui theologia vestra non valebit obulum."[41] „Ut prophetetis": ganz im Sinne des Prager Manifestes erklärt Müntzer, daß ihr durch sein euch unmittelbar eingegebenes Wort autorisiert und legitimiert seid, als Sprecher zu fungieren. „Glaubt mir, Gott ist williger zu reden, als ihr bereit seid, zu hören."[42]

Solches Bereitsein setzt nämlich voraus, daß man sich von menschlichen Leidenschaften und Gelüsten völlig unabhängig macht; und von daher wird das Problem der Priesterehe in besonderer Weise aktuell. Durch euer Zureden, so Müntzer, drängt ihr den Leuten ja eine Ehe förmlich auf, die dann praktisch doch nichts anderes ist als eine satanische Buhlschaft, der Kirche nicht minder schädlich als das gelästerte, gesalbte Priestertum. Denn ist es nicht so, daß die begehrlichen Leidenschaften eurer Heiligung entgegenstehen? „Nullum preceptum (ut sic dicam) angustius stringit christianum quam sanctificatio nostra."[43] Das Wort „preceptum" fließt ihm schwer aus der Feder. Er möchte offenbar jeden Gedanken an irgendwelche Möglichkeit verdienstlicher Leistung des Menschen ausschalten und doch die Verantwortlichkeit des Christen betonen, sich von Gottes Willen und nicht von niedrigen Lüsten beherrschen zu lassen. „Nam illa (scil. sanctificatio) primum ex voluntate Dei animam evacuat, dum delectationes anima inferiores nequaquam in falsum possessorem sumere possit: Utimur uxoribus tanquam non habentes. Debitum reddite non ut gentes, sed sicut scientes Deum vobis loqui, iubere, monere, ut firmiter sciatis, quando tribuendum sit pro prole electa, ut timor Dei et spiritus sapientie impediat bruti concupiscentiam, ne absorbeamini."[44] Ihm schwebt nicht das Ideal asketischer Lebensweise vor, vielmehr

---

[40] Franz, MG, S. 380,9. „Dieser euer Irrtum, ihr Lieben, resultiert ganz und gar aus der Unkenntnis des lebendigen Wortes."
[41] Ebd. S. 380,16 f. „... seid eifrig bemüht, daß ihr prophetisch werdet, sonst ist eure Theologie keinen Pfennig wert".
[42] Ebd. S. 380,18 f.: „Credite libentius deum loqui quam vos paratos ad percipiendum."
[43] Ebd. S. 380,25 f. „Kein Gebot (wenn ich so sagen soll) bindet den Christen enger als unsere Heiligung."
[44] Ebd. S. 380,26—381,4. „Denn sie [die Heiligung] macht zuerst nach dem Willen Gottes die Seele leer, bis daß die Seele die niederen Lüste auf keinen Fall mehr als falschen Besitzer aufnehmen kann: Wir haben die Gattinnen als hätten wir keine. Leistet, was ihr schuldig seid, nicht wie die Heiden, sondern als die, die wissen, daß Gott zu euch redet, euch befiehlt, mahnt, damit ihr mit Sicherheit wißt, wann das, was ihr für einen auserwählten Sproß schuldet, zu leisten ist, damit die Furcht Gottes und

lebt er in der Vorstellung einer effektiven *sanctificatio,* die, geleitet vom *timor dei* und dem *spiritus sapientie,* auf so etwas wie eine der schöpfungsmäßigen Ordnung sich annähernde christliche Verhaltensweise ausgerichtet ist. Das Ziel ist die künftige Kirche (futura ecclesia), „in qua domini scientia orietur plenissime"[45]. Die Priesterehe ist, als Akt der persönlichen Heiligung verstanden, zugleich die natürliche Pflanzstätte von *electi propagandi,* soll sie doch *pro prole electa* vollzogen werden. Das dem niederen Triebleben entnommene, allein auf Weisung des Geistes erfolgte debitum reddere bringt eine Nachkommenschaft hervor, die in einer physisch-hyperphysischen Weise geradezu in die *ecclesia futura* hineingeboren erscheint. Es darf jedoch nicht allein von dieser letzten Konsequenz der *sanctificatio* her verstanden werden, wenn Müntzer es übel vermerkt, daß bei den Erwägungen der Lutheraner über die Priesterehe die *ecclesia futura* überhaupt nicht ins Blickfeld gerät. „Futuram ecclesiam penitus respuitis."[46] Immerhin kann man seinen so absurd anmutenden Reflektionen entnehmen, daß der Gedanke der radikalen Verderbtheit der menschlichen Natur in ihrer geist-leiblichen Ganzheit bei ihm nicht so schroff ausgeprägt war, daß er nicht für die Vorstellung einer durch die *sanctificatio* erreichbaren, durch den Geist gewirkten qualifizierten Besonderheit der *electi,* und zwar in ihrer ganzen Existenz bis in das Physische hinein, anfällig gewesen wäre. Es hat zumindest den Anschein, als halte er, wie bei den *gentes* sich die *concupiscentia bruti* durch Geburt von Geschlecht zu Geschlecht fortpflanzt, so bei den *vere christiani* eine „natürlich-übernatürliche" Weitergabe der qualifizierten Wesenheit der *parentes electi* auf die *proles electa* für möglich. Das hervorstechende Merkmal aller dieser Aussagen ist jedenfalls, unbeschadet einer noch so fragwürdigen Einzelinterpretation, das hochgespannte Bewußtsein von der schöpferischen Kraft des Heiligen Geistes, die dem Christen in der Totalität seines Seins ein neues Gepräge zu geben vermag, wobei es ein integrierendes Element des neuen Seins ist, die unabdingbare Verantwortung für das Werden und Wachsen der *futura ecclesia* wahrzunehmen. In solcher Verantwortung schreibt Müntzer den Brief an Melanchthon. Auch jetzt wieder, wie im Prager Manifest, in der Unruhe bedrängender Zeitnot angesichts des unmittelbar bevorstehenden Endes: „Phiala tertii angeli (timeo et scio) effusa iam est in fontes aquarum ..."[47]; auch jetzt wieder in der Erwartung, daß sein rettender Ruf gehört und beachtet wird: „Electi sunt quidam, sed ratio eorum aperiri non potest ob causas iam relatas. Hinc habent opera cum repro-

---

der Geist der Wahrheit das tierische Gelüste fernhält, auf daß ihr nicht [davon] verschlungen werdet."
[45] Ebd. S. 380,8 „... in der die Erkenntnis Gottes in ganzer Fülle anhebt".
[46] Ebd. S. 380,7 f. „... auf die künftige Kirche geht ihr überhaupt nicht ein".
[47] Ebd. S. 381,4 f. Offbg. 16,4.

bis communia excepto Dei timore, qui eos separat ab illis."[48] Zu ihnen zählt er auch die Wittenberger.

Als ein weiteres Beispiel ihrer nur unzureichend „eröffneten Vernunft", die sie noch „opera cum reprobis communia" tun läßt, führt er die „Reibereien an, die zwischen ihnen ... wegen der Beseitigung der Messe" bestehen[49]. Es findet seine volle Zustimmung, daß einige den Greuel des „papistischen Opfers" beseitigt haben; „ex spiritu sancto effecerunt"[50]. Trotzdem, jene sind insofern nicht wirklich von irrigen Vorstellungen und Praktiken frei, als sie sich nicht nach dem apostolischen Ritus „als der maßgeblichen Norm" richten. Denn wer nach göttlicher Weisung den Samen ausstreut, soll auch auf die Ernte bedacht sein. D. h., wie er kurz erklärt: die Prediger haben nach der Predigt die Hörer zu „examinieren". Wer dabei eine Frucht seiner Erkenntnis (fructum intelligentie sue) aufweisen kann, soll der Gemeinde (hominibus) bekanntgegeben und ihm sollen Brot und Wein ausgeteilt werden. Denn die haben in Wahrheit den Heiligen Geist (verum possessorem), denen es geschenkt ist, Gottes Zeugnisse zu erkennen, wohlgemerkt, nicht die aus Büchern angeeigneten Zeugnisse „toter Verheißungen", sondern die unmittelbar erfahrenen Bekundungen der Zusagen des lebendigen Gottes[51]. Der entscheidende Gesichtspunkt, unter dem Müntzer den *apostolicus ritus (ad amussim)* beachtet wissen will, ist offenkundig der von ihm in seiner Weise gedeutete frühchristliche Brauch, den Sakramentsempfang den „Gläubigen" vorzubehalten und die „Katechumenen" davon auszuschließen. Abgesehen von dem *sub utraque* wird ein spezifisches Abendmahlverständnis von ihm nicht vorgetragen. Nur soviel ist deutlich, daß die Zulassung zum Abendmahl die besondere Qualifikation des Empfangenden als eines „Geist-Begabten" voraussetzt (qui verum possessorem habet), über die er sich ausweisen muß. Müntzer anerkennt keine bloß formal-kirchenrechtliche Legitimation, sondern verlangt das persönliche Zeugnis des *fructus intelligentie*. Die Abendmahlsgemeinde ist die durch ihr Selbstzeugnis sich bestätigende und bestätigte Gemeinschaft der vom Heiligen Geist erfüllten Christen, die als die *electi* zu der *futura ecclesia* hinführen werden, die eben darum von den *reprobi* sorgsam zu unterscheiden, ja zu scheiden sind.

Der *nuntius Christi* ist der drängende Eiferer geblieben, dem die vermeintliche Passivität, Halbheit und Kompromißbereitschaft der Christen ein Dorn im Auge ist, der konsequentes Verhalten und rigorose Maß-

---

[48] Ebd. S. 381,6 ff. „Einige sind erwählt, aber deren Vernunft kann aus den schon erwähnten Gründen nicht eröffnet werden. Von daher haben sie [noch manche] Verrichtungen mit den Verworfenen gemein, mit Ausnahme der Gottesfurcht, die sie von jenen absondert."

[49] Ebd. S. 381,10. „Contentiones inter vos ... de abroganda missa."

[50] Ebd. S. 381,12. [51] Ebd. S. 381,12—19.

nahmen fordert, dem die Erneuerung der Christenheit nicht schnell und entschieden genug vor sich gehen kann, und für den in Sachen der Herrschaft Gottes geduldiges Abwarten langsamen Reifens und Rücksichtnahme auf die Schwachen fehl am Platze sind. In all dem kommt er mit Luther in keiner Weise überein. Und das muß er zum Schlusse in aller Offenheit zum Ausdruck bringen. „Martinus noster charissimus ignoranter agit, quod parvulos non velit offendere, qui iam parvuli sunt sicut pueri centum annorum maledicti."[52] Das hatte Luther allerdings den Wittenberger Stürmern in den Invocavitpredigten sehr eindringlich vorgehalten: „Höre wie Gott in dem Propheten hin und wider ausschreien lest, Er trage sein Volck wie ein Mutter jr Kind tregt, er ernehret sie wie ein Amme das kind nehret ... Also sollen wir auch mit unsern schwachen brüdern umbgehen, sollen mit jnen gedult tragen eine zeitlang und jren schwachen glauben leiden ... Ob sie gleich jtzt unsere feinde sind und den glauben nicht volkomen haben, sie werden noch wol unsere freunde werden und den unglauben faren lassen."[53] Müntzer hört nur Rücksicht nehmen, Geduld haben, warten. „Ich verstehe gar nicht", schreibt er, „warum ihr noch warten zu müssen wähnt. Die Christenheit hat wahrlich keine Zeit mehr zu verlieren."[54] Auf gut thüringisch wird es deutlicher: „Lieben bruder, last euer merhen, es ist zeyt!"[55] Ein dreifaches „nolite" soll die mahnende Warnung noch konkretisieren, sich doch nicht durch falsche Erwartungen über die wahre Situation hinwegtäuschen zu lassen: 1. „Nolite tardare, estas est in ianua." 2. „Nolite vobis conciliare reprobos, ipsi impediunt, ne virtute magna operetur verbum." Es hat schlechterdings keinen Sinn, auf eine Versöhnungsbereitschaft und ein Entgegenkommen der Gottlosen zu rechnen; denn ihnen liegt ja gerade daran zu verhindern, daß das „Wort" in seiner Mächtigkeit zur Wirkung kommt. 3. „Nolite adulari principibus vestris, videbitis alioqui subversionem vestram, quam avertat benedictus Deus."[56] Luther hatte getadelt, daß man die kirchlich-gottesdienstliche Neuordnung in Wittenberg ohne Einvernehmen mit der Obrigkeit zum Ärgernis des Nächsten vorgenommen habe. Müntzer befürchtet, daß aus dem Einvernehmen mit der Obrigkeit allzu leicht eine Hörigkeit und Unterwürfigkeit werden könnte, die um der Gunst der Fürsten willen darauf verzichtet, dem abgöttischen Wesen der alten Kirche Einhalt zu gebieten und die Erneuerung der Christenheit mit allem Ernst voranzutreiben. Er

---

[52] Ebd. S. 381,20 f. „Unser lieber Martinus handelt unwissend, daß er bei den noch Unverständigen [parvuli] keinen Anstoß erregen will, sind doch diese parvuli gleichsam als Knaben von 100 Jahren schon vermaledeit."
[53] WA X 3, S. 6,26—7,17. [54] Franz, MG, S. 381,22 f. [55] Ebd. S. 381,23.
[56] Ebd. S. 381,23—26. 1. „Säumt nicht, der Sommer ist vor der Tür." 2. „Macht euch nicht die Verworfenen zu Freunden; sie sind es, die verhindern, daß das Wort mit großer Kraft ins Werk gesetzt wird." 3. „Schmeichelt euren Fürsten nicht, ihr werdet sonst euren Umsturz erleben, was der gebenedeiete Gott abwenden möge."

ist nach den bisher in Zwickau und Prag gemachten Erfahrungen ehrlich besorgt, daß auch in Wittenberg der verheißungsvolle Durchbruch zu einer rechten Christlichkeit der Christenheit nach kurzem Anlauf in einem mit lauen Auch-Christen und einer widerstrebenden Opposition wohlabgestimmten Burgfrieden zum Stehen kommen könnte.

Alle zuletzt geltend gemachten Bedenken zielen auf die Frage ab, ob man zu dem *purgatorium christianum* ja sagt oder nicht, d. h. ob man die erforderliche Reinigung der Kirche allein nach den für die Christen gültigen Normen bejaht und durchsetzt, unbekümmert um das Ärgernisnehmen der Schwachen, um die Vermittlungsangebote der Kompromißler, um das Verärgertsein der weltlichen Gewalten. Seid ihr damit nicht einverstanden — und diese Worte sind ganz persönlich an Luther und Melanchthon gerichtet — „ostenditis vos ignorantes in scripturis et studiis spiritus"[57]. Mit der Ausweitung auf den unumgänglichen, fundamentalen Strukturwandel der christlichen Welt verliert der Begriff „purgatorium" nichts von seiner engeren Bedeutung für jeden einzelnen Christen als eine qualvoll zu durchleidende Stufe des Läuterungsprozesses auf dem Wege zur reinen Gotteserkenntnis und zur Gotteskindschaft. Der individuelle Bezug bleibt im Gegenteil auch in der Ausweitung auf das Ganze der christlichen Kirche das primäre, zumal „purgatorium" in seinem biblischen Verstande nicht das mindeste mit dem „papisticum phantasma" gemein hat. Darin ist er sich der Übereinstimmung mit Luther gewiß. Wenn er jedoch im nächsten Satz erklärt: „Nullus potest ingredi requiem, nisi adaperiantur septem gradus rationis septem spiritibus. Abominabilis est error de purgatorio negando, cavete!"[58], so will er damit auf Grund des beanstandeten Fehlverhaltens der Wittenberger seiner Befürchtung Ausdruck geben, daß sie vor einer entschiedenen und konsequenten Vertretung der christlichen Normen zurückschrecken, daß sie insbesondere den *timor dei* als das Grundelement christlicher Existenz zu bagatellisieren suchen und so auch des *spiritus sapientie* verlustig gehen könnten. Die *requies* als das Ergebnis eines ganzheitlichen Prozesses der Christwerdung (bzw. des Werdens einer neuen Kirche) ist nicht zu gewinnen, wenn man den einzig möglichen Zugang durch die Läuterung im *purgatorium* verfehlt. Darum: „Abominabilis est error de purgatorio negando, cavete!" — Fast aus jeden Satz des Briefes spricht der rigoristische, prinzipienstarre Eiferer, der das christliche Leben nach den Einsichten seiner Geist-Lehre gestaltet wissen will und sich von da aus zu kritischen Vorhaltungen gegenüber einigen von Wittenberg proklamierten bzw. gutgeheißenen Grundsätzen und Maßnahmen herausgefordert sieht. Er empfindet sehr wohl, daß man über seine Stellungnahme einigermaßen befremdet sein wird. Aber „ihr zarten schriftgelerten, seyt nicht unwillig, ich kan es nicht anders machen"[59]. Das ist eben-

---

[57] Ebd. S. 381,27 f.   [58] Ebd. S. 381,29—382,1.   [59] Ebd. S. 382,2 f.

sowenig eine offene Kampfansage wie eine heimliche Gunsthascherei. Müntzer ist sich des Gemeinsamen, das ihn mit Luther und Melanchthon verbindet, durchaus bewußt; doch nicht minder erkennt er die Differenzen, die zwischen ihnen bestehen und in einem theologisch begründeten Mangel praktisch-konkreter Christlichkeit der beiden wurzeln. Sein Anerbieten, ihnen die Gültigkeit der von ihm erhobenen Einwendungen „scripturis, ordine, experientia apertoque verbo Dei" nachzuweisen, ist offenbar mit in der Hoffnung erfolgt, mit den von ihm noch als Führern der Reformation anerkannten Männern wieder in einen engeren Kontakt zu kommen. Freilich, sie müssen sich schon eines Besseren belehren lassen und, wenn auch vielleicht mit einigem Widerstreben, zugeben, daß sie der menschlichen Schwachheit gegenüber zu viel Nachsicht geübt haben und damit Gefahr laufen, daß aus der von ihnen erstrebten Erneuerung der Christenheit nichts Halbes und nichts Ganzes wird. Er jedenfalls kann hinter die von ihm als normativ erkannten Grundsätze nicht zurück, will er dem klaren Willen Gottes gehorsam bleiben, und muß an ihrer strengen Verbindlichkeit für jeden festhalten, der Glied der neuen Kirche sein will.

Es läßt sich nicht übersehen, daß das Verhältnis Müntzers zu Luther in eine kritische Phase zu treten beginnt. Seine sich schon in Zwickau entwickelnde, in Prag stärker ausprägende Eigenständigkeit profiliert sich nach seiner Rückkehr aus Böhmen immer stärker, und zwar infolge seiner Hinwendung zu einer forcierten „Geisttheologie", die in ihrer exklusiven Gestalt für ihn zum maßgeblichen Kriterium der Erkenntnis wahrer Christlichkeit wird. Er hat in seinem Verständnis der Unmittelbarkeit des Geistwirkens auf der Grundlage seiner Kreuzestheologie eine Form der lebendigen Kommunikation zwischen Gott und Mensch gefunden, die seinem persönlichen Verlangen nach dem unüberwindbaren heilsgewissen Christenglauben Rechnung trägt, aber eben ganz neue Maßstäbe für ein wirklich als christlich anzusprechendes Glauben und Leben setzt. Daß Egran sich dagegen wehrte, hatte ihn nicht überrascht; daß die Böhmen ihn ablehnten, hatte ihn enttäuscht; befremden aber mochte es ihn, daß auch die „Martinianer" bis hin zu Luther und Melanchthon noch so ganz anderen Sinnes waren. Die erste nähere Berührung mit ihnen (Justus Jonas, Lang), der Brief Günthers, der Gang der Ereignisse seit den Wittenberger Unruhen bis zu den Invocavit-Predigten Luthers gaben ihm zu denken und veranlaßten ihn schließlich zu der kritischen Stellungnahme im Briefe an Melanchthon. Vielleicht gehört dann zu der Vorgeschichte dieses Briefes noch ein Kolloquium, von dem Georg Schechner, ein Anhänger Schwenckfelds in Nürnberg 1560 berichtet[60]: „Was aber die ersten Teuffer für leute sein geweßt, weiß Ich

---

[60] Dazu Corpus Schwenckf. XVII, S. 234 f. Es handelt sich also nicht um eine Teilnahme Schw.s an diesem Kolloquium, wie Bensing (Nordhausen, Harz-Z, S. 48)

besser dan Ir, dann Ich den Müntzer Zu Württember A etc.[61] 1522 gesechen vnnd in einen Colloquio so er mit Pilippo vnnd Pomerano gehalten hab gehort."[62] Von einem solchen Kolloquium ist sonst nichts bekannt; es ist aber nicht undenkbar und könnte im Februar noch vor Luthers Rückkehr nach Wittenberg wohl stattgefunden haben. Müntzer könnte damals den Eindruck gewonnen haben, seine Gesprächspartner seien in mancher Hinsicht seiner Argumentation offen, wenn er auch die von ihnen vorgebrachten Bedenken nicht überhören konnte. Ein Dissensus ließ sich vermutlich schon bei diesem Kolloquium nicht in Abrede stellen, der jedoch von Müntzer dann nach der Kenntnisnahme von Luthers Invocavitpredigten in seiner Relevanz für die grundsätzliche Ausrichtung der reformatorischen Arbeit ernsthafter eingeschätzt werden mußte, als er bei der Unterhaltung mit Melanchthon und Bugenhagen Anlaß zu haben glauben mochte. Der Brief vom 27. März ließe sich unter Umständen als eine ihm nunmehr notwendig erscheinende, schärfere Formulierung seines abweichenden Standpunktes verstehen, den er natürlich nach wie vor den Wittenbergern gegenüber zu vertreten bereit blieb. Aber die von ihm in dem Schreiben hervorgehobenen kritischen Bedenken sollten ihnen bereits an einigen Punkten dartun, in welcher Weise sie die Prinzipien für die Praxis ihres Verhaltens im Interesse einer sachgemäßen Reformation nach seiner Meinung zu revidieren hätten.

Von wo aus Müntzer an Melanchthon geschrieben hat, ist unbekannt; er mag nicht allzu weit von Wittenberg entfernt gewesen sein. Er hat sich in diesen Monaten allem Anscheine nach an keinem Orte längere Zeit aufgehalten, ist auch nirgendwo auffällig hervorgetreten, so daß sich seine Spuren bis zur Mitte des Jahres verlieren. Selbst für Nordhausen muß Bensing konstatieren, „belegt ist ... [ein Aufenthalt] lediglich für Ende Mai/Anfang Juni, Mitte Juli und Ende September 1522"[63], wobei der Termin Ende Mai/Anfang Juni noch zu streichen ist[64]. Man kann das Jahr 1522 schon mit einiger Berechtigung als eine Zeitspanne bezeichnen, „da er im lande umbherstreicht und seiner untugent ein nest

---

nach Corp. Schw. I, S. 43 anführt. Zu dieser Notiz heißt es in Corp. Schw. XVII, S. 234: „that Schwenckfeld was in Wittenberg in 1522, or made several trips to see Luther, are based on the failure to recognize that Schwenckfeld wrote this letter for Schechner as though the latter were writing himself".

[61] Muß heißen: Wittenberg.

[62] Corpus Schwenckf. XVII, S. 238,5—8.

[63] Bensing, Nordhausen Harz-Z, S. 46.

[64] Der „Brief Egrans an Luther vom 5. Juni 1522" (so Bensing ebd. S. 46 Anm. 82) gehört in Wirklichkeit in das Jahr 1521! Vgl. WA Briefe II, S. 344 f. (die Vorbemerkung zu Nr. 412). Im übrigen ist unerfindlich, was dieser Brief mit Müntzers Aufenthalt in Nordhausen zu tun haben soll.

sucht"[65], zumal wenn es gelingt, noch einige Stationen seines Vagierens zu fixieren, wie etwa die Begegnung mit Urbanus Rhegius. Dieser äußert nämlich um den Herbstanfang 1524 einmal: „Es ist ietz zwai jar/wollt mir dein gesell Thomas mintzer die Biblyen verschupfen/vnnd vermaint er wöllte ain pauren den glauben auß natürlichen dingen leeren/Ich merckte ym da zumal wol an/das er faul visch bei im trug."[66] Da Müntzer bis Ende 1522 literarisch nicht hervorgetreten und ein brieflicher Verkehr höchst unwahrscheinlich ist, müßte man, auch dem Wortlaut nach, aus der Bemerkung auf ein persönliches Zusammentreffen schließen. Aber wann und wo könnte es in der fraglichen Zeit stattgefunden haben? Uhlhorn folgert anscheinend aus dem zitierten Text, „Rhegius selbst erwähnt, daß er ihn im Jahre 1522 in Augsburg gesprochen habe"[67]. Nun äußert Rhegius nach seiner Vertreibung aus Augsburg Ende 1521 zwar wiederholt die Hoffnung, nach der geliebten Stadt zurückkehren zu können; doch ist selbst ein vorübergehender Aufenthalt für das Jahr 1522 bislang nicht nachzuweisen, am ehesten noch im späten Frühjahr oder im Spätsommer vor der Übersiedlung nach Hall in Tirol anzunehmen[68]. In dieser Zeit, Mai—Juni oder August—September, ließe sich auch eine Reise Müntzers nach dem Süden unterbringen, ohne daß damit Augsburg als der — zufällige — Treffpunkt der beiden Männer festgestellt wäre[69]. Setzt man die Reise Müntzers nach Süddeutschland um die Zeit von Mai—Juni an, wäre es denkbar, daß er Ende Juni eine Prädikantenstelle in Nordhausen übernahm, gewiß nicht zur Freude der Altgläubigen, aber von einflußreichen Anhängern der Reformation doch wohl erwartungsvoll aufgenommen. Bensing behauptet nun, daß Luther sich zu dieser Zeit schon längst in ablehnendem Sinne mit Müntzer beschäftigt habe: „Auf jeden Fall zeigt die bereits 1522 gegenüber den ernestinischen Fürsten ausgesprochene Warnung vor Müntzer wie auch eine Reihe gleichzeitiger Briefstellen, daß sich Luther ausführlich mit dem Wirken Thomas Müntzers befaßt hat."[70] Die dafür herangezogenen Belegstellen betreffen Müntzer überhaupt nicht[71], der zunächst

---

[65] Luther in seiner Schrift „Von der Winkelmesse und Pfaffenweihe" von 1533 (WA XXXVIII, S. 213,10 f.).

[66] Regius, S. B II R. [67] Uhlhorn, S. 74.

[68] Vgl. dazu die von Uhlhorn S. 350 ff. zusammengestellten Daten, auf die auch Bensing (Nordhausen Harz-Z, S. 46 ff.) zurückgreift. Bensings Ablehnung der letztlich auf Cochläus zurückgehenden, durch J. Zimmermann modifizierten und mit der Bemerkung des Rhegius in Zusammenhang gebrachten These von einem Aufenthalt Müntzers in Hall i. T. ist zuzustimmen.

[69] Bensing hält es für möglich, daß Uhlhorn noch andere „örtliche Materialien in Augsburg zur Verfügung gestanden" haben (ebd. S. 47 Anm. 88a).

[70] Bensing, Nordhausen Harz-Z, S. 45.

[71] a) Der Brief Luthers an Spalatin vom 5. 12. 1521 (WA Briefe II, S. 409 f.) hat mit Müntzer nichts zu tun. b) Zu dem von Bensing gemeinten Schriftstück vgl. WA X 3, S. LVII—LXIII. c) Die von Bensing angeführten beiden Briefstellen reden von Mar-

auch gar nicht so sehr — trotz Zwickau! — als militanter Progressist in Luthers Blickfeld getreten zu sein scheint. Natürlich war er über das Auftreten des einst von ihm Empfohlenen unterrichtet und waren ihm dessen Beziehungen zu den „Schwarmgeistern" nicht verborgen geblieben. Aber er sah sich vorerst nicht veranlaßt, den nach der gescheiterten Böhmenreise öffentlich kaum in Erscheinung getretenen Prädikanten zu attackieren. Selbst Ton und Inhalt des Briefes an Melanchthon bewogen ihn nicht, den eigenwilligen Mann an einer Predigttätigkeit zu hindern, wenn er sich gewiß auch nicht mehr wie zwei Jahre zuvor besonders für ihn eingesetzt hat. Es läßt sich nur vermuten, daß Müntzer in den Kreisen, die sich maßgeblich für seine Berufung nach Nordhausen einsetzten, in dem Rufe stand, ein entschiedener, aktiver und beredter Vorkämpfer der Reformation zu sein, die in der Reichsstadt auf Grund der ruhigen, vermittelnden Haltung des Lorenz Süße nicht recht zum Zuge kam[72].

Es kann kein Zweifel sein, daß der neue Prädikant mit Eifer nun zu verwirklichen trachtete, was er unter Reformation von Kirche und Christenheit verstand. Ebenso sicher ist, daß er auch hier in kurzer Frist lebhaften Anstoß erregte und es zu Auseinandersetzungen kam, die ihn abermals das Feld räumen ließen. Er selber hat zwei Jahre später in der „Hochverursachten Schutzrede" Luther bezichtigt: „Du wayßt auch woll mit deinem ungepraten Lorentzen zu Northaußen, was den mißthätern schon zu lon gegeben, mich zu tödten."[73] Mit dem „ungepraten Lorentzen" dürfte Lorenz Süße gemeint sein, der wie erwähnt, nach seinem Austritt aus dem Orden Mitte Februar 1522 zum Pfarrer an St. Peter berufen worden war[74]. Das Mordvorhaben wie Luthers und Süßes Mitwisserschaft ist natürlich nichts als eine spätere fixe Idee Müntzers[75]; doch läßt sie erkennen, daß ihm dieses Mal „Lutheraner" als diejenigen erschienen sind, die sein Wirken derart sabotierten, daß ihm nichts anderes übrig blieb, als die Stadt zu verlassen. Nicht nur die Altgläubigen bekundeten also ihren Unwillen über ihn, vielmehr brachten augenscheinlich gerade die Befürworter reformatorischer Bestrebungen in der Stadt sehr bald schon ihr Mißfallen über seine absonderliche Verkündigung der „evangelischen Wahrheit" offen zum Ausdruck und wandten sich nun gegen ihn. Es liegt nahe zu vermuten, daß die Opposition durch die Einflußnahme von außen her genährt und gestärkt worden ist. Die abfälligen Urteile und hohnvollen Bemerkungen, die zumal nach dem Be-

---

kus Thomä Stübner, aber nicht von Thomas Müntzer (WA Briefe II, S. 515,20; S. 516 Anm. 3 ist irrig!).

[72] So das Bild, das die Lokalhistorie von ihm zeichnet.

[73] Franz, MG, S . 338,5 f.

[74] Bensing, Nordhausen Harz-Z, S. 42—45.

[75] Man bedenke auch Müntzers Eskapaden in Zwickau.

kanntwerden des müntzerischen Schreibens an Melanchthon unter den Wittenbergern umliefen[76], kamen gewiß nicht nur Müntzer durch seine Freunde zu Ohren. Sie fanden ihren Weg auch zu den Nordhäuser Opponenten und wurden propagandistisch gegen den sich des Geistes rühmenden Prediger ausgeschlachtet. Die Briefkonzepte Müntzers aus dieser Zeit sind beredte Zeugnisse sowohl der vornehmlich wohl von Wittenberg aus gegen ihn einsetzenden Kampagne als auch seines beharrlichen Festhaltens an der Gültigkeit der von ihm vertretenen Grundsätze christlicher Erkenntnis.

„Alle Welt meint", schreibt er an einen uns unbekannten, ihm etwas näherstehenden Adressaten[77], „ich ginge darauf aus, abzulehnen, was allgemeine Billigung gefunden hat, und man hält mich für verrückt. Aber das Urteil aller Gottlosen gilt mir nichts. Denn mein Mund redet die den angeblichen Säuglingen verhaßte Wahrheit, und meine Lippen verfluchen die Feinde des Kreuzes, solange (meine) Zunge am Gaumen haftet. Nichts anderes atme ich als den ewigen Willen Gottes, von dem alle Freunde Gottes erfüllt sein müssen in allerlei Weisheit und Erkenntnis des Geistes." „Wer zu dem Glauben gekommen ist, daß er vor der Gründung der Welt erwählt ist, und im Glauben die zeugnishaft darauf abzielenden Werke des Herrn als durchaus glaubwürdig angenommen hat, der kann nicht von der Welt sein, aber die Welt hält ihn mit arglistigem Haß für einen Menschen, der auf dem Monde lebt. Der feste Glaube an den Sohn Gottes ist der Fels, auf den der unwandelbare Gott uns gestellt hat, der unwandelbare Gott, der es wirklich ins Werk setzt, daß sein Erwählter selig wird. Die Furcht des Herrn, den Betrügern ein bitterer Greuel, führt uns ihm zu: timentes dominum glorificat." Müntzer greift dann auf den anfangs erwähnten Vorwurf „bloßen Widerspruchsgeistes" zurück, so als redete er aus sich heraus allein um des Widerspruchs willen. Er habe es seinen Partnern deutlich zu machen versucht: nein, nicht ich rede für mich, „nihil aliud spiro nisi eternam Dei voluntatem!" So klingt sein Schreiben auch im Gegensatz zum Brief an Melanchthon nicht in einer selbstherrlichen und rechthaberischen Forderung aus, vielmehr in leicht ambivalenter Erklärung: „Wenn Du Dich in festem Bekenntnis mit mir zusammen unabänderlich dafür entschieden hast, daß Gott die Ehre zu geben ist, dann werde nicht ich Dich, sondern Gott in uns wird uns eines Sinnes machen auf den Tag seiner Ankunft; der Gott, den alle lieben müssen, die mit Ernst Christus bekennen." Der Brief offenbart in eindrucksvoller Weise die sichere Überzeugtheit Müntzers, sich in seinem Reden und Handeln allein dem Willen Gottes zu unterwerfen, und die feste Gewißheit seiner Erwählung. Er weiß, in den Augen

[76] Auch gab wohl das Gespräch Luthers mit Stübner und Genossen im April 1522 reichlich Anlaß, Müntzer mit ins Gerede zu bringen.
[77] Franz, MG, Nr. 32, S. 382 f.

der Welt, die Gott nicht wirklich ernst nimmt, ist er mit seiner Verkündigung ein Sonderling und ein Narr. Was tuts?

In einem anderen Brieffragment[78] wendet er sich gegen die falsche Rücksichtnahme auf die Schwachen, für ihn ja ein besonderer Stein des Anstoßes, da sie seinen Vorstellungen von einer alsbald mit aller Konsequenz durchzuführenden Reformation widersprach. Er hält „nostris scribis et phariseis" als biblisches Gegenbeispiel das Verhalten der Jael vor Augen, die den Sisara als einen *impium* tötete[79]; und die Berufung der Lutheraner auf Paulus weist er mit der Erklärung zurück: „Paulus cum lacte dociles facit incapaces, nostri vero perpetuos pueros confirmant."[80] Ängstliche Skrupel um nichtiger Nebensächlichkeiten willen haben für sie mehr Gewicht als der eine klare Entscheidung fordernde Wille Gottes. „Deus ipse cerimonias irridet in timore incipiens salutem usque ad consumationem."[81]

Am schärfsten reagiert Müntzer auf die gegnerische Polemik in seinem Briefe vom 14. Juli 1522. „Die aufgeblasenen Herren lügen, wenn sie faseln, ich hätte Christi Lehre (wie sie es nennen) um ihre Geltung gebracht. Ich stelle gegen sie den unveränderlichen Willen Gottes, dem ich immer anhängig gewesen. Mir geht es ganz und gar darum, die durch Gottes Vorherbestimmung gegründete Kirche Jesu von Nazareth allen gottlosen Betrügern in ihrem wahrhaft rechten Wesen zur Erkenntnis zu bringen. Was hat es auf sich, daß sie jammern, die spiritus hominum würden verwirrt und unsicher — indes gefährlichere Zeiten allen Gottlosen bevorstehen —, die sich auf Grund eigener, fragwürdiger Schlußfolgerungen großtun, als seien sie durch die göttliche Gnade (besonders) ausgezeichnet, von der sie ebensowenig wissen, wie eine Gans von der Milchstraße am Firmament."[82] Für Müntzer wird darin der wesenhafte Unterschied zwischen den *impii* und den *electi* handgreiflich deutlich: dort reflektiert der *spiritus hominum,* der auf Grund von Trugschlüssen sich der Gnade Gottes rühmt, aber wenn er von den bevorstehenden *tempora periculosiora* hört, unsicher wird; hier ist der tragende Grund die Erkenntnis der „mirabilia verbi vivi in lege, que in corde ... infallibiliter scripta sunt". Sie wird auch dadurch nicht erschüttert, daß Gott „sua dispensatione mirabili" der Welt noch eine Frist zur Besinnung gibt; so lange fassen die *electi* ihre Seelen in Geduld und werden im Glauben an das ihnen von Gott ins Herz gegebene Wort nicht irre. „Glaube mir", schreibt er, „ich habe mit keiner Silbe gelogen; das gött-

---

[78] Ebd. Nr. 33, S. 383.   [79] Richter 4,19—21.

[80] „Paulus macht mit Milch die, die noch nicht begreifen, gelehrig, die unseren halten sie in fortdauernder Kindlichkeit fest." (Franz, MG, S. 383,10 f.)

[81] „Gott selbst lacht über ihre Zeremonien und läßt in der Furcht das Heil seinen Anfang nehmen bis hin zur Vollendung." (Ebd. S. 383,12 f.)

[82] Ebd. S. 384,28—385,5.

liche Gericht wird es wahrlich an den Tag bringen." Darum mahnt er den Empfänger, seine Zunge im Zaume zu halten, um nicht der arglistigen Täuschung für schuldig befunden zu werden, „wie sie bei euch im Schwange sind": „Munczerum fugere scribas et phariseos et hypocritas." Er spricht es ungescheut aus: „cum domus eorum deserte sunt, non habentes possessorem supernum"; d. h., sie geben dem Wirken des Heiligen Geistes in sich keinen Raum und wollen auch gar nichts davon wissen. „Querunt enim, que sua sunt, non que Jesu Christi."[83] Ein Beispiel: „Anfangs schwatzten sie noch davon, man müsse das Meßopfer unterlassen. Schon aber möchten sie das liebend gerne zurücknehmen, wie nun das Volk schreit: recht so, recht so! Sie haben da etwas begonnen, was auch durchzuhalten sie nicht im mindesten imstande gewesen sein würden . . ."[84] — Die weiteren „testimonia plus quam sinistra", die sein Adressat vorbringt, ekeln ihn an. Er hält sie nicht für wert, darüber noch ein Wort zu verlieren. Die Unterschrift lautet: „Thomas Munczer, filius excussionis coram impiis."

Man mag fragen, ob die in den Briefen erwähnten Schmähungen und Anklagen ihn wirklich persönlich so wenig berührt haben, wie er vorgibt[85]. Denn so hart er über andere zu urteilen pflegt, so empfindlich reagiert er sonst auf Kritik, die andere an ihm üben. Doch bleibt stets zu bedenken, daß in seiner Sicht die Funktion des Vorkämpfers für die Sache Gottes eo ipso das Geschick des Märtyrers in sich schließt, dessen Herz und Lippen die „subjektive" Klage über das eigene Betroffensein zur „objektiven" über die Unbotmäßigkeit der Widersacher Gottes werden lassen. Selbstgerecht und unbelehrbar läßt Müntzer fremde Kritik gar nicht in sich eindringen, sondern wehrt er sie in starrer Überzeugtheit von der Gültigkeit seines Standpunktes als des einzig berechtigten a limine ab, zumal seit sein Berufungs- und Sendungsbewußtsein durch die Erfahrung des Geistbesitzes in eigentümlicher Weise überhöht worden war. Infolgedessen ließ er sich auch durch das gegen ihn einsetzende Treiben der „Lutheraner" in der Gewißheit wahrer Verkündigung der evangelischen Wahrheit tatsächlich nicht beirren. Er kann beweglich klagen oder sich empört entrüsten über die Schikanen, die man ihm antut, über die Verfolgungen, denen er sich ständig ausgesetzt sieht; er ist immer der Angegriffene, der Bedrohte; man möchte übertreibend geradezu sagen, er fühlt sich erst richtig wohl in der Rolle des Märtyrers, die mitunter nur das Produkt seiner Einbildungskraft ist. Aber alle Anfeindungen

---

[83] Franz, MG, S. 385,8—13.

[84] Ebd. S. 385,13—16: „Principio quippe de negligenda oblatione effutiverunt. Jam autem lubentes revocarent, sicuti totus universus populus clamitat: Euge, euge instituerunt, que conservare minime poterint." Ich interpungiere anders als Franz.

[85] Man vgl. Karlstadts Vorhaltungen im Briefe an Müntzer vom 21. 12. 1522 (Franz, MG, S. 386,16—27).

sind ihm eben Bestätigung seiner selbst und objektiver Ausweis seiner Funktion als des Sachwalters Gottes gegenüber den *impii*. Für ihn stand darum in der jetzt akuten Situation eindeutig fest, daß die Männer, die ihn verketzerten, in abwegigen Gedanken und Vorstellungen vom Wesen der Reformation der Christenheit befangen waren. Sie gehörten für ihn nicht minder als die „Altgläubigen" zu den *impii*, die sich nur vom *spiritus hominum* dirigieren lassen wollen und die in der Erfahrung des *spiritus dei* den *electi* unmittelbar von Gott gegebenen Direktiven als Narretei abtun. Noch vermeidet er es, Luthers oder Melanchthons Namen zu nennen. Aber der Nachhall seiner im Briefe an Melanchthon geäußerten Kritik ist unverkennbar, und man geht kaum fehl in der Annahme, daß ihm unter dem Eindruck der von den Lutheranern kolportierten Polemik das nach wie vor erhoffte Einvernehmen mit Luther zunehmend fraglicher wurde, um so mehr, als er mit Ingrimm feststellen mußte, welche Auswirkungen die systematische Verfemung auf seine Tätigkeit in Nordhausen zeitigte.

Über die Vorgänge, die Müntzer schließlich veranlaßt haben, in Nordhausen aufzugeben, haben wir keinerlei Berichte. Immerhin scheint es so, als habe er in dem sonst zwischen den kirchlichen Parteien bedachtsam vermittelnden, jedenfalls die Gegensätze nicht hochspielenden Lorenz Süße einen entschiedenen Gegner bewußt lutherischer Observanz gefunden. Denn nicht von ungefähr verdächtigt er Süße zumindest der Mitwisserschaft an einem gegen ihn geplanten Mordanschlag[86] und wird umgekehrt Süße von einer kurz nach seinem Tode in der Peterskirche angebrachten Gedächtnistafel als „exosus Thomae", dem Thomas Müntzer ganz und gar verhaßt, der Nachwelt vor Augen gestellt[87]. Es ist damit nicht ausgeschlossen, daß der religiöse Eiferer durch sein kirchliches „Reformprogramm" auch den Unmut des Rates erregt hatte, der vielleicht ebenso sehr aus religiös-kirchlichen Gründen wie aus politischen Erwägungen eine Gefährdung der bestehenden Ordnung des städtischen Gemeinwesens durch die aufreizenden Reden des neuen Predigers befürchten mochte, der mit seinem „nolite adulari principibus vestris" jede Nachgiebigkeit gegenüber aller Obrigkeit in Fragen der kirchlichen Erneuerung verwarf. Freilich läßt nichts darauf schließen, daß Müntzer über die gängige Kritik an der Lebenshaltung der Geistlichkeit wie an den jurisdiktionellen und wirtschaftlichen Vorrechten der Kirche hinaus sich zum Anwalt einer grundsätzlichen Reform der politischen und sozialen Verhältnisse gemacht hätte; ebensowenig, daß er in den unteren Bevölkerungsschichten größeren Anhang gewonnen hätte, der sich wie in Zwickau besonders eng an ihn angeschlossen und für seine Ideen einge-

---

[86] Vgl. Franz, MG, S. 358,5 f.
[87] Vgl. Bensing, Nordhausen Harz-Z, S. 45. Die Tafel ist nicht mehr erhalten.

setzt hätte[88]. Die allgemeinen Zustände waren in Nordhausen trotz den gewiß auch hier nicht fehlenden Spannungen und Konflikten anscheinend nicht derart, daß selbst ein Agitator vom Format eines Müntzers hätte leicht zum Zuge kommen können. Das bekam er jedenfalls im religiös-kirchlichen Bereich deutlich genug zu spüren — und er zog die Konsequenzen. Angesichts des versteiften Widerstandes der Martinianer, möglicherweise auch offen bekundeter Feindseligkeiten, fühlte er sich in Nordhausen auf verlorenem Posten.

Einwandfrei wird sein Bemühen um einen Ortswechsel durch den Brief an Johann Buschmann belegt, den Müntzer schriftlich gebeten hatte[89], ein Bewerbungsschreiben an den Pfarrer Johann Iringk in Allendorf befürwortend weiterzuleiten. Daß er ein besonderes, wie auch immer geartetes Interesse gerade an dieser geistlichen Stelle gehabt haben sollte[90], ist der Antwort Buschmanns nicht zu entnehmen. Er war ja schließlich in seiner Situation mehr oder minder auf das angewiesen, was sich ihm im Augenblick bot. Denn er wollte auf keinen Fall den Winter über noch in dem ihm unerträglich gewordenen Nordhausen bleiben; vielleicht war ihm auch unmißverständlich nahegelegt worden, die Stadt zu verlassen. Da schien sich ihm in Allenstein-Sooden[91] eine Möglichkeit des Unterkommens aufzutun. Ob er mit der Einschaltung Buschmanns irgendwelche kirchlich praktizierten Verfahrensweisen einhielt oder sich von der besonderen Vertrauensstellung dieses ihm gewogenen Geistlichen eine Unterstützung seiner Bewerbung erhoffte, ist nicht einwandfrei zu klären[92]. Zumindest gehörte Buschmann, der Müntzer als „amicorum princeps"[93] anredet, zu dem Kreis der Männer, die ihm zu helfen willens waren, wenn sie auch die von ihm verfochtenen theologischen Gedanken wie sein religiös-kirchliches Anliegen nicht ganz durchschauten. Ebenso gehörte zu diesem Kreis der von Buschmann erwähnte „Alexander", mit dem er die ganze Angelegenheit besprach[94], und ein nicht namentlich genannter Geistlicher in Heiligenstadt. Buschmann hat das Schreiben Müntzers an Iringk, das er am 26. September spät abends erhalten hatte, alsbald mit seinem Votum an Iringk weitergereicht, von diesem jedoch eine negative Antwort erhalten, die ihn als eine *prevaricatio fidei* höchst unangenehm berührte. Nach seiner Meinung hat die Absage ihren eigentlichen Grund in der Hetze „nostrorum prelatorum (si ita dicere phas est) . . ., quia te Martinianum et peiorem eo te iudicant et undique pro-

---

[88] Es muß abermals gesagt werden, daß Bensing den Beweis für seine gegenteilige Behauptung schuldig bleibt. Ein Vorgriff auf den Bauernkrieg scheint mir nicht angebracht.

[89] Müntzers Schreiben ist nicht erhalten.

[90] So Bensing, Nordhausen Harz-Z, S. 51 f.

[91] Zu den Pfarrverhältnissen hier vgl. die Hinweise bei Bensing, ebd. S. 50 f.

[92] Vgl. ebd. S. 49 f.   [93] Franz, MG, S. 385,24.

[94] Ebd. S. 386,2 f.

236

clamant"[95]. Müntzer stand also, wie nicht anders zu erwarten war, bei der altgläubigen Geistlichkeit ringsum im Verruf, schlimmer noch als ein Martinianer zu sein. Freilich, hätte man (in Heiligenstadt?) nur wenige Tage früher etwas von seinem Begehren gewußt, wäre ihm eine geistliche Stelle in *partibus Thuringie* so gut wie sicher gewesen. „Si factum ante octavam scivisset", urteilt Buschmann über den erwähnten, namentlich nicht genannten Geistlichen in Heiligenstadt, „procul dubio ovium suarum curam tibi lubentissime commisisset, quia in te suus necnon Alexandri semper est animus"[96]. Leider nunmehr eine verpaßte Gelegenheit, für Müntzer um so ärgerlicher, als Buschmann sich nicht in der Lage sieht, ihm für den Winter *de alio servitio* irgendwelche Hoffnungen zu machen.

Müntzer dürfte sich nach dem Empfang dieses negativen Bescheides nicht mehr allzulange in Nordhausen aufgehalten haben und spätestens seit Mitte Oktober auf der Suche nach einer neuen Arbeitsmöglichkeit und einem Quartier für den Winter unterwegs gewesen sein. Da nach der Auskunft Buschmanns in der Gegend des Eichsfeldes keine Aussicht bestand, hat er seinen Weg möglicherweise weiter ostwärts, zwischen Hainleite und Schmücke hindurch nach Süden bzw. Südosten gewählt, wo er mit der Hilfe alter Freunde rechnen konnte. Ende November/Anfang Dezember begegnen wir ihm wieder in Weimar, wo er bei der Disputation des Hofpredigers Wolfgang Stein mit den dortigen Franziskanern über die Sakramente zugegen war[97]. Man hat das zwar in Zweifel gezogen[98]; es läßt sich auch bisher nicht mit absoluter Sicherheit nachweisen, jedoch in hohem Grade wahrscheinlich machen. Müntzer selbst hat in seinem „Bekenntnis" nach dem Wortlaut des Protokolls erklärt: „. . . das er doctor Strauß habe zu Weymer angeredt, do er uff schrift herzogk Johans zu Sachsen etc. erschinen. Dozumahel, als Strauß mit den barfusern disputirt, habe er sich vornemen lassen zu den bruedern: Woe dye Luderischen nichts anders ausrichten wolten, dan das sye dye leute vexirten, monch und pfaffen, hetten sye es gleych so mer underlassen. Habe syder der zeyt widder ine geschrieben an eynen Johans Koler zu Molhawsen: Woe ine des weges nit verdrosse, mocht er woll gegen Molhawsen komen und ine vortreyben; sey villeycht dorumb gescheen, das er gerne selber do gewest were."[99] Er war also bei dem Verhör in der „gute" nach seinen Beziehungen zu Strauß gefragt worden. Die Antwort hatte der Protokollant in drei Punkten zusammengefaßt[100]: 1. Gespräch mit Strauß gelegentlich der Begegnung mit ihm, als Müntzer durch Herzog Johann am

[95] Ebd. S. 386,4 ff.   [96] Ebd. S. 386,9 ff.

[97] Der Zeitpunkt dieser Disputation steht nicht genau fest. Über die Vorgänge orientiert kurz WA Briefe II, S. 619.

[98] So Hinrichs, L. u. M., S. 85; vgl. auch Rogge, S. 112—116.

[99] Franz, MG, S. 545,13—21.

[100] Vgl. Hinrichs Polemik gegen Barge, S. 84 f. Anm. 2.

1. August 1524 nach Weimar zitiert worden war. 2. Kritische Bemerkungen „zu den brüdern" über die (Weimarer) Disputation mit den Franziskanern 1522. 3. Die von Strauß geübte Kritik an Müntzer in einem Briefe an Johann Koler in der Mülhäuser Zeit. In den ersten beiden Punkten sind eindeutig zwei zeitlich auseinanderliegende Geschehnisse gemeint, das zweite abgesetzt durch „dozumahel als". Demnach bezieht sich das „uff schrift herzogk Johans zu Sachsen ... erschinen" lediglich auf die Vorladung am 1. August 1524, während er zu der Disputation zu den Barfüßern nicht geladen war, sondern sie nur zufällig miterlebt haben wird, weil er sich damals in der Nähe von Weimar oder in der Stadt selbst aufhielt und davon hörte. Allerdings ist Hinrichs zuzugeben, daß aus dem Text des Protokolls „keineswegs zwingend hervorgeht, daß Müntzer an ihr [der Disputation] teilgenommen hat"; die Formulierung läßt ebenso die Erklärung zu, daß die Äußerung „sich lediglich" auf die von Strauß besorgte Veröffentlichung der Akten der Disputation von 1522 „bezieht"[101]. Jedoch klärt sich der Sachverhalt einigermaßen, wenn man die 1522 datierte Niederschrift Spalatins über ein „Colloquium Magistri Vuolfgangi Steyn, Cygnei, et Thomae" mit berücksichtigt[102]. Darin ist gewiß von Strauß so wenig die Rede, wie im „Bekenntnis" der Name Steins auftaucht, und es fehlt zudem jeder ausdrückliche Bezug auf die Disputation mit den Franziskanern. Dennoch legt sich ein zeitlicher wie sachlicher Zusammenhang zwischen der Disputation und dem Colloquium nahe, wenn man das Colloquium als ein internes Gespräch im Anschluß an die Disputation versteht, in dem Müntzer sich hat „vornemen lassen zu den brueleren"[103] und seine im Bekenntnis ausgesprochene Kritik vorbrachte: die bloße Katzbalgerei mit Mönchen und Pfaffen sei witzlos; wenn man auf lutherischer Seite nichts besseres zu tun wisse, als diese Leute zu „vexieren", könne man ebensogut darauf verzichten. Unerläßlich und wesentlich sei dagegen die positive Hinführung der Menschen zum Kern des evangelischen Christentums: „Scientia dei opus esse."[104] Damit war das Frage- und Antwortspiel ausgelöst, das Spalatin in einigen Kernsätzen, wohl auf Grund eines Berichtes vom Weimarer Hof bzw. von Stein selbst[105], aufgezeichnet hat. Müntzer war ihm ja seit der Zwickauer Affäre kein Unbekannter mehr und machte neuerdings wieder von sich reden, so daß ihm die in Weimar jetzt geäußerten theologischen Ansichten wie die ausfälligen Bemerkungen über Luther und andere Wittenberger Theologen der Beachtung wert

---

[101] Siehe Anm. 99. [102] Franz, MG, S. 565.

[103] „Brüder" wird von Müntzer keineswegs nur in der von Hinrichs behaupteten Verengung auf seine „Anhänger" gebraucht.

[104] Franz, MG, S. 565,2.

[105] Der Zusatz Cygnei zum Namen Steins in der Überschrift ist vielleicht ein Reminiszens Spalatins, daß Stein einer der Vorgänger Müntzers in Zwickau gewesen war.

erschienen. In der Tat bekunden die knappen Formeln die prinzipielle Ablehnung des lutherischen Glaubens- und Rechtfertigungsverständnisses, das nach Müntzers Meinung das Werden und Wesen des christlichen Glaubens verkennt, den leidvollen Glaubensprozeß zu einem bloßen Zustimmungsakt verflacht, der den Menschen nichts kostet. Der letzte Satz der Aufzeichnung Spalatins bringt es klar zum Ausdruck, daß Müntzer, gereizt durch die von den Lutheranern gegen ihn betriebene Verunglimpfung, über seinen Unmut gegen Luther und die Wittenberger in einem vorerst noch internen Kreis kein Hehl mehr macht: „De Wittenbergensibus male sentit et loquitur, nominans fatuos [Narren] Doc. Martinum Lutherum, Doc. Carlostadium, Phil. Mel[anchthon] atque adeo Doc. Langum."[106]

Die in dem ersten Jahre nach seiner Rückkehr aus Böhmen reichlich gesammelten Erfahrungen haben ihn zu der Einsicht gebracht, daß er im Verständnis des „reformatorischen Glaubens" nicht mehr im Einklang mit Luther stand. Daß der allem meritorischen Denken entratende Glaube das grundlegende Element des christlichen Glaubens sei, unterlag keinem Zweifel. Aber im Verständnis dessen, was denn im Glaubensgeschehen sich vollziehe, wie man zum rechten Glauben gelange und durch ihn Gottes und seines Willens gewiß werde, empfand er einen tiefgreifenden Dissensus, dessen praktische Konsequenzen ihm unmittelbar in den Vorstellungen offenbar wurden, die er über die zeitliche Dringlichkeit und rücksichtslose Entschiedenheit der reformatorischen Umgestaltung von Christenheit und Kirche Luther gegenüber kompromißlos zu vertreten sich genötigt sah.

Unter den im Weimarer Gespräch abfällig beurteilten Wittenbergern findet sich auch der Name Karlstadts. Da dessen Brief an Müntzer vom 21. Dezember 1522 sich als Antwort auf ein Schreiben seines Adressaten zu erkennen gibt, wäre denkbar, daß dieser sich nach den vergeblichen Bemühungen in Nordhausen an Karlstadt mit der Bitte um die Vermittlung einer geistlichen Stelle gewandt hatte. Das wäre das Zeichen eines gewissen Vertrauens noch gewesen, das dann möglicherweise durch das Ausbleiben einer Antwort enttäuscht wurde, so daß Müntzer in dem Colloquium nun doch auch Karlstadt zu der Gesellschaft Luthers zählen zu müssen glaubte. Strauß, der im Sommersemester 1522 in Wittenberg studiert und zweifellos von den Spannungen zwischen Luther und Karlstadt gehört hatte, hat ihn daraufhin vermutlich darüber aufgeklärt, daß Karlstadt in Wittenberg als Außenseiter galt und nicht so ohne weiteres zu den Getreuen Luthers zu rechnen sei. Solche Information, die manches vielleicht zuvor schon zu ihm gedrungene Gerücht bestätigte, würde es

---

[106] Franz, MG, S. 565,17 ff.

begreiflich machen, daß Müntzer sich, zunächst noch auf der Suche nach einem Unterkommen, entschloß, trotz allen vielleicht nicht ganz ausgeräumten Bedenken die Situation in Wittenberg näher zu erkunden. Von Karlstadt hören wir unter dem 21. Dezember 1522: „Id ego tibi congratulor, quod ad nostrum solum applicuisti."[107] Man wird beim Lesen seines Briefes den Eindruck haben, daß er von Müntzers Erscheinen nicht sonderlich angenehm überrascht war, und das nicht nur deshalb, weil er dadurch an die schuldig gebliebene Antwort auf Müntzers Schreiben erinnert wurde. Sie fällt seltsam genug aus, ein merkwürdiges Gemisch von Vorhaltungen, Belehrungen und Beteuerungen, zurückhaltend und entgegenkommend zugleich, scheinbar in großer Hast niedergeschrieben[108]. Wie mußte sie auf Müntzer wirken, der sowieso nicht recht wußte, was er von diesem Manne zu halten habe? Der Friedensgruß am Eingang tat dem *servo Christi* und *fratri charissimo* sicherlich wohl: „Pax tibi a patre domini nostri Jesu Christi." Um so mehr, als Karlstadt ihn bewußt unterstrich, weil er die quälende Unruhe erkannt hatte, die Müntzer wegen der feindseligen Opposition gegen sich bei der Durchführung seines Gottesauftrages zu schaffen machte: „Hanc tibi optare debeo."[109] Ob nun dieser selber den Vergleich seines Geschickes mit dem des Propheten Jeremia gezogen hatte oder Karlstadt beim Lesen des müntzerischen Briefes darauf gekommen war, Müntzer muß sich bei ihm beweglich beklagt haben, daß er sich durch die ihm aufgetragene Verkündigung des Gotteswillens alle Welt zum Feinde gemacht habe[110]. Aber Karlstadt billigt weder Jeremia noch Müntzer ein Recht zu solcher *maledictio maledictionis* (Jeremia 20,14) zu; vielmehr hält er beiden an Hand der Gleichnisse vom Samenkorn (Johannes 12,24) und vom Senfkorn (Matthäus 13,32) vor, daß die Selbstverwünschung, die sie wegen ihres Mißerfolges und ihrer erlittenen Unbilden selber ausstoßen, deutlich werden läßt, daß ihr Selbst in ihnen noch nicht ganz erstorben ist. Sie haben wohl etwas von der Bitternis der Selbstaufgabe erfahren, aber sind sich eben noch nicht völlig abgestorben; und wenn Müntzer sich in scheinbarer Selbstabwertung als *omnium minimum* ausgibt, so ist *omnium minimus* kein *nihil*, er also des Preises und der Ehre Christi nicht wert[111]. Karlstadt bricht ab: „At de his alias!" Er geht zu einem neuen Punkte über: ihm sind in Müntzers Schreiben die „procellae maris, in quo natas" aufgefallen, die stürmisch bewegte Unruhe dieses Lebens, deren Urheber seine Widersacher sein sollen. Karlstadt sieht jedoch hinter dem von ständigen Konfliktssituationen erfüll-

---

[107] Ebd. S. 387,6 f.
[108] Auffällig das viermal wiederholte „de his (hac, hoc) alias" bzw. „de reliquis coram".
[109] Franz, MG, S. 386,16.
[110] Außer Jer. 20,14 ist auch Jer. 20,7.8.10 mit heranzuziehen.
[111] Franz, MG, S. 386,17—23.

ten Geschick des immer aufs neue Anstoß erregenden Predigers etwas ganz anderes wirksam: „Crede mihi: cum iudicio castigat dominus electos suos." Was einem zuweilen vordergründig als „plaga inimici" erscheint, ist in Wahrheit eben wohl bedachte Zuchtmaßnahme Gottes, „propter peccatum": „Tu scis, quam facile non sumus cum dei voluntate coniuncti, quoniam tocies ab ea sumus separati, quociens nostrum quantulumcunque desyderium vincit. In terra mortis degimus, proinde iusticia Christi non in nobis triumphat, donec vita carnis superest."[112] Er hält dem servo Christi also vor Augen, daß er selbst nicht unschuldig ist an alledem, was ihm widerfährt, daß auch der *electus in terra mortis* nicht ohne Sünde ist und gerade er dafür von Gott in Zucht genommen wird. Wir kennen keine Äußerung Müntzers, in der er bisher seine *passio* so als „castigatio dei propter peccatum suum" verstanden hätte. Karlstadt begnügt sich wieder mit diesem knappen Hinweis, um noch einen letzten kritischen Einwand wenigstens anzudeuten: „Mihi vehementer placet, quod aliqua apud Cigneos gesta displicent. Atqui non placeret, quando tanto serio exurgis et scandis in abyssum divine voluntatis, quando illic regeneraris assiduo, ubi eras vita Dei?"[113] Man kann den Worten entnehmen, daß Müntzer manche Erscheinungen, die die nach seiner Flucht in Zwickau entstandenen Unruhen gezeitigt hatten, nicht guthieß. Karlstadt unterläßt nicht, seine Genugtuung darüber auszusprechen. Gleichwohl äußert er sein Mißfallen über die Verstiegenheit des müntzerischen Geistes, der sich allen Ernstes anmaßt, bis in die letzten Geheimnisse des göttlichen Willens vordringen zu können, über den Widersinn, „daß du dort unablässig neu geboren wirst, wo du doch das Leben Gottes warst"[114]. Auch das wird gleichsam nur als ein Thema angedeutet, dessen Erörterung späteren Gesprächen vorbehalten bleiben soll. Denn in dem zweiten Teil seines Briefes, in dem er auf das akute Anliegen Müntzers eingeht, ihm eine Beschäftigung zu vermitteln, bittet er ihn, ihn in seiner Wittenberger Behausung bei Simon Fleischer aufzusuchen, aber allein(!), weil er ihn gern persönlich sehen möchte[115]. Nicht, daß er sich an seinem Anblick erfreuen wolle, sondern um seiner Verpflichtung einem innerlich wie äußerlich so bedrängten Mitchristen gegenüber nachzukommen. Es geht ihm einmal um einen Gedankenaustausch mit ihm, sodann um eine Unterrichtung, was er für ihn tun könne. „Dann will ich Dir erzählen, was ich einem Schreiben nicht anvertrauen möchte ... Es ist nicht angebracht, auf alles einzugehen. Gott ist meines Herzens Herr, dessen Vermögen und starke Hand ich erfahren habe. Ich habe hier mehr als sonst

---

[112] Ebd. S. 386,26–387,3.
[113] Ebd. S. 387,3—6.
[114] Etwa in Übersteigerung des ordo deo et creaturis congenitus?
[115] Der Sinn ist: K. legt um einer mündlichen Aussprache willen Wert auf eine persönliche Begegnung.

241

einer der Professoren von Gesichten und Träumen geredet. Über alles andere mündlich."[116]

Kein Zweifel, Karlstadt hielt es bei seiner exponierten Stellung in Wittenberg für geraten, mit seinen Äußerungen auf der Hut zu sein, zumal im Verkehr mit einem Müntzer. Das erklärt vielleicht das „Idego tibi congratulor, quod ad nostrum solum applicuisti"; „ad nostrum solum": man war sonst in Wittenberg auf Müntzer schlecht zu sprechen, und er hätte sich bei anderen wohl eine schwere Abfuhr gefallen lassen müssen. Das erklärt aber wohl auch manche Einzelheiten dieses Briefes, vor allem die kritischen Anmerkungen zu Müntzers Haltung in der ersten Hälfte, die immer kurz abgebrochen werden, nicht aus Eile, vielmehr aus Vorsicht. Dennoch bat der Exponierte den schon Verfemten, ihn in Wittenberg aufzusuchen, kündigt ihm bereits an, daß er ihn auf sein neues Landgut bringen wolle, und läßt durchblicken, daß er ihn dort (mit Landarbeit) beschäftigen könne[117].

Ob es damals zu einer Begegnung gekommen ist, läßt sich nicht mit absoluter Sicherheit entscheiden. Der thüringische Chronist Paul Jovius berichtet nämlich aus den Familienpapieren des Geschlechtes von Selmenitz, daß die Witwe Felicitas von Selmenitz, die später auch zu Luther in Beziehung trat, in der Christnacht des Jahres 1523 bzw. 1522[118] im Georgenkloster zu Halle zum ersten Male das Abendmahl in beiderlei Gestalt heimlich aus der Hand Müntzers empfangen habe[119]. Das setzt voraus, daß Müntzer zu dieser Zeit bereits ein geistliches Amt in dem Frauenkloster bzw. an der dem Kloster incorporierten Georgskirche wahrnahm und die fromme Frau ihm als einem Vertreter der Reformation ihr Vertrauen schenkte. Rechnet man nicht mit der vagen Möglichkeit einer schon früher einmal erfolgten Begegnung[120], so müssen sich beide in Halle so weit kennengelernt haben, daß sie sich zu dem damals in der Residenz des Kardinals Albrecht keineswegs gefahrlosen Bekenntnisakt in der Christnacht zusammenfanden, selbst wenn das Verlangen danach einer impulsiven Regung der Felicitas von Selmenitz entsprang und Müntzer davon überrascht wurde. Befand sich Müntzer aber am 21./22. Dezember noch in der Gegend von Wittenberg, und das dürfte so gut wie sicher sein, kann ein Gespräch mit Felicitas von Selmenitz nur vor seiner Reise zu Karlstadt stattgefunden haben. Man kann auf Grund

---

[116] Franz, MG, S. 387,11—16.

[117] Ebd. S. 387,12 f.: „Deducam te in novum meum hospitium, quod in rure comparavi. Opinor ac spero, quod neutiquam te laboris penitebit."

[118] Als Jahresanfang rechnet hier Weihnachten (25. 12.).

[119] Kreysig, S. 106.

[120] Bensing verweist auf den Aufenthalt der Felicitas von Selmenitz 1519 in Weißenfels, wo (in Beuditz) im gleichen Jahre auch Müntzer weilte (Nordhausen Harz-Z, S. 54 f.).

der gegebenen Daten mit einigem Recht vermuten, daß Müntzers Weg mit dem Ziele Wittenberg (?) von Weimar aus über Halle führte, wo er von der Vakanz an der Georgskirche hörte und sich alsbald mit Erfolg bewarb. Da die Familie von Selmenitz[121] mit dem Kloster eng verbunden war, wird Felicitas von Selmenitz, womöglich schon mit der Reformation sympathisierend, die positive Einstellung des neuen Kaplans zu der evangelischen Bewegung rasch erkannt und sich dessen vergewissert haben. Dazu boten die zehn bis zwölf Tage, die Müntzer sich zunächst in der Stadt aufhielt, ausreichend Gelegenheit, zumal, wenn er seine Predigttätigkeit bereits aufgenommen haben sollte. Man wüßte gern, ob Frau von Selmenitz und die Äbtissin das Ziel seiner Reise kannten, als er um den 15. Dezember doch noch gen Wittenberg weiterzog. Ihn konnte, nachdem er für den Winter in Halle untergebracht war, nur der Wunsch dazu veranlassen, mit Karlstadt zusammenzutreffen[122]. Er selbst könnte es dann gewesen sein, der ihn seine Anwesenheit nahe der Stadt wissen ließ. Die Spanne zwischen dem 21. und 24. Dezember ist äußerst knapp, läßt jedoch zur Not ein Treffen der beiden Männer noch möglich erscheinen. Denn, hielt sich Müntzer in unmittelbarer Nähe Wittenbergs auf, so konnte ihn Karlstadts Brief am gleichen Tage erreichen und die Unterredung in den Vormittagsstunden des 22. Dezember stattfinden, vielleicht sogar in Wörlitz noch fortgesetzt werden. Damit war für einen ersten, klärenden Gedankenaustausch hinreichend Zeit, so daß Müntzer sich spätestens am 23. Dezember auf den Rückweg machen und am Nachmittag des 24. Dezember wieder in Halle sein konnte. Hatte er die strapaziöse Reise wirklich auf sich genommen, um mit Karlstadt einen persönlichen Kontakt zu gewinnen, dann hatte sie sich immerhin gelohnt; denn beide Außenseiter waren sich nähergekommen, wie sich aus dem Briefe Müntzers vom 29. Juli 1523[123] ergibt. Müntzer mochte es vorerst eine Hilfe sein zu wissen, daß er unter den Theologen nicht völlig isoliert war.

Müntzers Tätigkeit in Halle wird außer der oben angeführten Notiz durch eine Reihe anderer Zeugnisse belegt, so durch den Hinweis Luthers in seiner Schrift „Von der Winkelmesse und Pfaffenweihe" von 1533[124], durch Müntzers Brief an Anhänger in Halle[125] und Engelhard Mohrs Schreiben an ihn[126], nicht zuletzt durch die Geständnisse einiger Hallescher Bürger, die man der Beteiligung an den Bauernunruhen verdäch-

---

[121] Dazu Honemeyer, S. 107 f.

[122] Welches besondere Anliegen er hatte, läßt sich nicht näher bestimmen. Es muß ihm jedoch sehr daran gelegen haben, Kontakt mit Karlstadt zu gewinnen. Möglicherweise hatte er den Anstoß dazu in Weimar erhalten, wo er neue Informationen sammeln konnte. — Die Konstruktion dieser Reise bleibt gewagt!

[123] Franz, MG, S. 393,43.

[124] WA XXXVIII, S. 213,10—17.

[125] Franz, MG, Nr. 38, S. 387.

[126] Ebd. Nr. 39, S. 388.

tigte und bei dem Verhör auch „Muntzers halben"[127] befragte, endlich durch die Angaben über seine Beziehungen zu dem Hallenser Goldschmied Hans Hujuff in dem Briefe Konrad Grebels und seiner Genossen, in dem Hujuff als „din lantzmann von Hall" bezeichnet wird[128]. Es ergibt sich aus diesen Nachrichten, daß Müntzer als Kaplan, d. h. als Hilfsgeistlicher ohne pfarrliche Jurisdiktion tätig war, der mit der Funktion eines Predigers an der Georgskirche die Seelsorge im Frauenkloster Marienkammer in Glauchau verband. Luther berichtet: „Er hats bekand noch zu Alstet guten leuten, wie er zu Halle sey jnn einem Kloster Caplan gewest und habe des morgens die frue messe den Nonnen müsse halten."[129] Georg Gortheler sagt bei seinem Verhör aus, „er habe mit im gessen vor zweien jaren ungeverlich, als er zu Sanct Gorgen prediger gewest, desgleichen Hans Moller . . ."[130]. Sein Name war offensichtlich nicht so bekannt, daß man ihm nicht unbedenklich das Amt des Seelsorgers und Predigers, wenigstens für die Zeit der Vakanz der von ihm zu verwaltenden Stelle übertragen hätte. Die Frage nach seinem Verhältnis zur reformatorischen Bewegung hat die Äbtissin möglicherweise mit Vorbedacht gar nicht gestellt. Es mehrte sich in Halle die Zahl derer, die zumindest von den neuen Lehren etwas Näheres zu hören begehrten, wenn es auch nicht ratsam war, sich offen dazu zu bekennen. Der Probst des Klosters Neuwerk, Nikolaus Demut, berichtet schon im Januar 1521, daß „der Dechant zu Halle sehr die Meinung D. Martini ausruft und dem Volk einbildet"; im August hatte er zu melden, daß ein Kaplan von St. Georgen sich verheiratet und sich dann nach Wittenberg abgesetzt hatte. Ein Jahr später floh er selbst dorthin[131].

Wieweit Müntzer an die Arbeit dieser Männer anknüpfen konnte, um sie in seinem Sinne weiterzuführen, ist unter den gegebenen Umständen nicht mehr auszumachen. Die Austeilung des Abendmahls unter beiderlei Gestalt an Felicitas von Selmenitz bezeugt, daß er sich nicht scheute, die seiner reformatorischen Erkenntnis entsprechenden neuen Formen gottesdienstlichen Lebens auch unter schwierigen Verhältnissen zu praktizieren; aber daß es heimlich geschah, zeigt andererseits, daß er bereit war, widrigen Umständen Rechnung zu tragen und nicht unbedingt die öffentliche Bewährung des neuen Glaubens in einem demonstrativen Akt zu fordern, wo es ihm nicht an der Zeit erschien. Er hat sich in Halle vorerst sehr vorsichtig bewegt und es vermieden, durch herausfordernde Reden und Taten in der Öffentlichkeit Anstoß zu erregen. Das geht letztlich auch aus seinem bedenklichen Verhalten in der Frühmesse für die Nonnen hervor: „Da sey er offt unwillig gewest und habe die wort der Wan-

---

[127] AGBM II, Nr. 1956, S. 741; Nr. 1957, S. 742; Nr. 1962, S. 752; Nr. 1988, S. 783.
[128] Franz, MG, S. 447,1.
[129] WA XXXVIII, S. 213,11—13.
[130] AGBM II, S. 741.
[131] Nach Delius, S. 26 f.; 30 ff.

delung aussen gelassen und eitel brod und wein behalten, Wolt da zu noch gar wol gethan haben Und rhümet sich zu Alstet und sprach: Ja solcher ungeweyheter Herr Götter (so nennet er die Oblaten) habe ich wol bey zweyhundert gefressen."[132] Er hielt formal an dem Ritus des katholischen Meßgottesdienstes fest, unterließ aber bisweilen — auch trotz innerem Widerstreben nicht einmal immer — die leise gesprochenen Worte der Wandlung und täuschte so die Gläubigen über den von ihnen geglaubten Vollzug des im Sakrament geschehenen Wunders. Er wollte nach außen hin als korrekt erscheinen und spielte, um diesen Eindruck zu erwecken, ein unwürdiges Theater. Wenn er sich jedoch bei einer gottesdienstlichen Handlung zu solch grotesken Formen der Schauspielerei verstand, hatte das nur Sinn, wenn er auch sonst darauf bedacht war, argwöhnischen Beobachtern möglichst wenig Angriffsmöglichkeiten zu bieten. Er scheint sich allerdings in dem allmählich entstehenden Kreise von Vertrauten über sein Abendmahlsverständnis doch näher ausgelassen zu haben. Denn der Küster Engelhard Mohr schreibt ihm eigentlich nur aus dem Grund, „ut de eucharistia mihi vela solvas, quo facilior mihi patefiat aditus, cum tot modis, tot cogitationibus totque speculationibus hinc inde [sim] vexatus, tamen dubitans, utrum a quolibet sacerdotulo corpus et sanguis conferatur, quum nihil in sui memoriam agunt nisi quod blaterant: sacrificium, sacrificium laudis, cum se semel Christus obtulit"[133]. Allerdings hat Mohr nie an solchem internen „Gesprächskreis" teilgenommen und erst nach Müntzers Fortgang davon gehört, wie dieser „varia hominumque penetralium abscondita divinitus inspirata" ihrem inneren Gehalt nach einsichtig gemacht habe[134]. Er bereut es jetzt sehr, all das nicht von ihm selbst gehört zu haben. Es waren Probleme, wie er nun hört, mit denen er selbst nicht fertig wurde wie etwa rechte Gotteserkenntnis und Glauben: „... tunc perspexi oportere hominem tam vacuum apparere omnium rerum et suorum et aliorum quam si non esset."[135] Mögen es auch einem Manne des niederen Klerus die Antworten Müntzers auf die ihn selbst umtreibenden Fragen besonders angetan haben, so hat doch sichtlich dieser Themenkreis eine wesentliche Rolle in den Darlegungen des Kaplans gespielt. Nicht minder beachtenswert ist die Aussage Hans Möllers im Verhör vom 16. Dezember 1525: „Sagt, er habe inhen wol gekant, er sei aber mit imhe uneins gewest. Das das war sei, referirt er sich uf Gorge Gortheler, Paul Rimer und Michel, den schenken vorm steintor, das Muntzer in Gorge Gorthelers hause gesagt, er schisse im in seinen got, propheten und bibel. Dorumb hab er inen

---

[132] WA XXXVIII, S. 213,14—17. Obgleich diese Angabe nicht unglaubwürdig klingt, sind zumal dem letzten Satze gegenüber, wenn er auch erst „zu Alstet" geäußert worden sein soll, Bedenken nicht ganz unangebracht.

[133] Franz, MG, S. 389,6—10.   [134] Ebd. S. 388,18 ff.

[135] Ebd. S. 388,26—389,1.

geschulden sprechend: Seit ir ein evangelischer prediger, das euch ditz und jhens ankomme."[136] Hier kommt in Ergänzung zu Mohrs Angaben der im internen Gespräch in unbeherrschten Worten sich äußernde scharfe Widerspruch gegen die traditionelle „Gläubigkeit" zum Ausdruck, der leidenschaftliche Protest gegen ein Glauben, das sich in der bloßen Zustimmung zu autoritativ, von irgendwelchen äußeren Instanzen vorgetragenen „Wahrheiten" erschöpft.

Man kann aus den Angaben Mohrs und Möllers ersehen, wie die Grundthesen Müntzers die Gemüter bewegten, wie das in seinen Predigten Gehörte in mancherlei Gesprächen aufgenommen und erörtert wurde, sei es in zufällig entstandenen Debatten, sei es in privat vereinbarten Zusammenkünften, in denen er weniger zurückhaltend reden konnte als von der Kanzel herab. Man muß sich freilich von der Vorstellung freimachen, als habe er insgeheim gleichsam Stoßtrupps für den Tag X, den Tag des Aufbruchs zur Herbeiführung der *ecclesia futura* herangebildet. In den Dokumenten des Jahres 1522 findet sich davon keine Spur; sie bekunden dagegen immer wieder das seelsorgerliche Bemühen, den Menschen um sich herum die rechte Furcht Gottes und die Notwendigkeit des leidvollen Durchganges zur Christwerdung einzubilden, ihnen zum Durchbruch des heilsgewissen Glaubens in der unmittelbaren Erfahrung des göttlichen Geistes zu helfen. Die Erwartung der nahe bevorstehenden Veränderung der Welt wird im Themenkreis der Gespräche sicherlich nicht gefehlt haben. „Estas prope est." Es hat den Anschein, als habe Müntzer dabei auf eine in Prag noch gewagte zeitliche Befristung jetzt verzichtet[137] und sich sinngemäß mit allgemeinen Formulierungen begnügt, wie sie etwa Johann Esche in seinem Briefe an ihn verwandt hatte: „Forte triticum et zizania nondum ad mature venit. Maturescit autem, quia messis albescit."[138] Nur hinderte und minderte das nicht die grundsätzliche Forderung unbedingter Einsatzbereitschaft zur Mitarbeit an der radikalen Erneuerung der Kirche[139], um das drohende Strafgericht des göttlichen Zornes noch aufzuhalten. Daß in diesem Zusammenhange auch sozial-revolutionäre Gedanken laut geworden wären, ist nicht von vornherein auszuschließen, unterliegt aber angesichts der sonst von dem Kaplan an St. Georgen geübten Vorsicht einigen Bedenken. Leider sind die Beziehungen zu dem Goldschmied Hans Hujuff zu undurchsichtig,

---

[136] AGBM II, S. 742.

[137] Zu verweisen ist dafür auf den Brief Müntzers vom 14. 7. 1522 (Franz, MG, S. 385,6 ff.).

[138] Ebd. S. 384,20 f. Vgl. dazu die Äußerung Müntzers im Brief an Anhänger in Halle: „Lasth alles unkraut auffblosen, wye es wyl, es muß unter den dresflugel myt dem reynen weysen . . ." (Franz, MG, S. 388,3 f.).

[139] Das Gegenbild im Briefe Esches: „Sed heu! Speculatores nostri quasi ceci et pastores quoque muti facti, nolentes lupum fugare. Quia timent temporale commodum perdere, ideo perdent et eternalem" (Franz, MG, S. 384,18 ff.).

246

als daß sie uns hier weiterhelfen könnten. Hujuff kannte zwar Müntzer von Halle her und hat ihn in den turbulenten Wochen kurz vor dem Ende von dessen Allstedter Wirksamkeit noch einmal besucht. Wir wissen jedoch nicht, ob er sich schon Anfang 1522 zu dem Grundsatz der Gewaltlosigkeit bekannte, den die Männer um Konrad Grebel in dem Briefe vom 5. September 1524 als für den Christen verbindlich vertraten. Überdies bezieht sich die hier an Müntzer geübte Kritik ausdrücklich auf dessen Allstedter Auslassungen[140] und läßt keine Rückschlüsse auf die hallische Zeit zu. Halle selbst hat jedenfalls keine Erinnerungen an revolutionäre Umtriebe des Kaplans von St. Georgen bewahrt; es blieb erst neuerer Kombinationslust vorbehalten, ihm wenigstens eine geheime Agitation und Verschwörungstendenzen in der fraglichen Zeit zu unterstellen[141]. Erst recht ist die „Vermutung" durch nichts nahegelegt, „daß Müntzer der geistige Urheber des Aufruhrs von 300 bis 400 Hallensern war, der sich im Januar 1523 gegen das Kloster Neuwerk richtete, um dieses zu zerstören"[142]. Die diesbezügliche Notiz in den Mainzer Domkapitel-Protokollen führt als Datum den 27. Januar an[143], berichtet also von einem Geschehen gleich zu Beginn des neuen Jahres, als Müntzer erst kurze Zeit in der Stadt weilte, froh, für den Winter endlich eine Bleibe gefunden zu haben. Wohl kann man es als sicher annehmen, daß er die Vorgänge aufmerksam verfolgt hat und, da sie die Geister nicht so schnell zur Ruhe kommen ließen, mit seinen Anhängern besprochen hat. Es war für ihn natürlich eine willkommene Gelegenheit, den groben Mißbrauch der geistlichen Gewalt, der den Anlaß zu Empörung gegeben hatte, als ein Grundübel der herrschenden Kirche bloßzulegen. Er mag den Aufrührern sogar zugebilligt haben, daß ihr aktiver Widerstand gegen die Verderbnis der Kirche gerechtfertigt sei, doch eben um der erstrebten *renovata ecclesia apostolica* willen. Daß sie auch eine Neugestaltung des gesamten gesellschaftlichen Daseins heraufführen werde, war für Müntzer in den durch die Neuwerker Unruhen ausgelösten Gesprächen mit seinen Freunden gewiß nicht der seinem religiösen Anliegen vorgeordnete Gesichtspunkt.

Müntzer hat auch aus Halle unfreiwillig weichen müssen. In seinem Brief vom 19. März, „gegeben ym elende meyns vortreybens"[144], spricht er selbst von einer Vertreibung, gibt leider den Grund nicht an, den er bei seinen Lesern — doch wohl Anhängern in Halle — als bekannt vor-

---

[140] Ebd. S. 445,26 f.

[141] So etwa Schiff, S. 292 f. Er geht allerdings mit großer Vorsicht und Zurückhaltung dabei vor und will Müntzer keineswegs zum Vorkämpfer einer sozialrevolutionären Bewegung machen.

[142] Delius, S. 27.

[143] Vgl. Schiff, S. 292 Anm. 2.

[144] Franz, MG, S. 388,13.

aussetzen konnte. Es braucht keine besonders provozierende Aktion gewesen zu sein, die seiner Tätigkeit hier ein Ende setzte. Sein Eintreten für die Reformation war inzwischen ein mehr oder minder offenes Geheimnis in der Stadt geworden; die geistliche Obrigkeit aber wurde sehr allergisch gegenüber den zunehmenden reformatorischen Tendenzen unter der Bevölkerung und suchte ihnen entgegenzuwirken. Auch die Äbtissin des Klosters Marienkammer mochte, unter Umständen selber zuvor gewarnt, es nicht mehr für ratsam halten, den eindeutig evangelischen Prediger noch länger als Kaplan zu beschäftigen. Seine Entlassung dürfte etwa Mitte März erfolgt sein, allerdings in einer Form, bzw. mit einer Begründung, die ihm nahelegte, Halle alsbald zu verlassen, so daß er mit einiger Berechtigung von einer Vertreibung sprechen konnte. Er ist nicht in zorniger Erbitterung geschieden und haderte nicht mit seinem Geschick. Fast möchte man meinen, daß Karlstadts Vorhaltungen ihren Eindruck auf ihn nicht verfehlt haben und er nun sein Leiden sich selber wie den zurückgelassenen Freunden als einen Akt der Läuterung begreiflich macht, ohne die man nicht vom Geist erfüllt werden kann. Darum: „Ich bitte euch, das yr euch meyns vortreybens nicht ergeren wollet, dan yn solcher anfechtunge wyrt der selen abgrunt gereumeth, auff das er meher unde mer erleutert, erkant werde, das unuberwintliche gezeugnuß des heyligen geysts zu schepffen."[145] Er ruft die „allerlybsten brudere" nicht zu einem vorschnellen Handeln gegen die Unterdrücker ihres evangelischen Glaubens auf, mahnt vielmehr zum Abwarten, bis die Zeit reif sei: „lasth meyn leyden eurs eyn ebenbylde seyn. Lasth alles unkraut auffblosen, wye es wyl, es muß unter den dresflugel myt dem reynen weysen, der lebendige Got macht also scharf seyne sensen yn myr, das ich dar nach dye rothen kornrosen unde blauen blumleyn sneyden muge."[146]

Die unerwartete Vertreibung hat ihn in eine wirtschaftliche Notlage gebracht, so daß er sich zu der Bitte um eine Unterstützung gezwungen sieht. Er hat buchstäblich nichts! „Ich habe zwene gulden von der domina den ganzen winter, do geb ich eynen von vor den knaben, den anderen byn ich schuldig unde druber."[147] Nur soll sich niemand zu einem Opfer genötigt fühlen. Er darf zwar „das lon des evangelii" erbitten, aber „es wehr besser sterben, dan dye ehr Gots myt ergernus zu tatelen in der narung"[148]. Das war keine Floskel; das entsprach seiner Überzeugung im Protest gegen die Habsucht eines Klerus, der sich im „Dienste Gottes" zu bereichern trachtete.

Das „Elend seines Vortreibens" sollte indessen schneller, als er erwartet haben dürfte, für mehr als fünf Vierteljahre ein Ende finden; denn

---

[145] Ebd. S. 387,20—23.   [146] Ebd. S. 388,3—6. Vgl. Anm. 138.
[147] Ebd. S. 388,10 ff. Vgl. den Brief von Wolfgang Juche an Müntzer, ebd. Nr. 60, S. 423.
[148] Ebd. S. 388,8 ff.

bereits zu Ostern ist Müntzer als Pfarrer in Allstedt tätig[149]. K. Hohnemeyer hat durch seine Untersuchungen wahrscheinlich gemacht, daß Felicitas von Selmenitz bei der Übersiedlung Müntzers nach Allstedt eine maßgebliche Rolle gespielt hat. Ihr Vater wie ihr Gatte hatten das Amt eines Allstedter Amtmannes versehen; sie hatte selbst längere Zeit in Allstedt gelebt und war den Menschen dort eine wohlbekannte Gestalt. Diese gleichsam persönlichen Beziehungen, die vielleicht noch nicht ganz abgebrochen waren, nicht zuletzt ihre Verbindungen zum sächsischen Kurfürsten gaben ihrer Fürsprache bei dem neuen Amtmann Zeiß wie bei dem Rate ein besonderes Gewicht, als sie Müntzer für die vakante Pfarrstelle an St. Johannis empfahl. Nach allem, was wir von dieser Frau wissen, hatte sie in den letzten Jahren vor ihrer Begegnung mit Müntzer in Halle schweres Leid erfahren und war, wie es scheint, ganz in den Bann des überzeugungsmächtigen Predigers geraten, der sie den tieferen Sinn ihres Leidens verstehen ließ und dessen unerbittlicher Ernst und selbstloser Eifer im Dienste Gottes sie beeindruckten. In ihm fand sie einen ernsthaften Seelsorger, den sie mit gutem Gewissen den Allstedtern empfehlen konnte, dem sie selbst zu einer ruhigen Stätte gedeihlichen Wirkens zu verhelfen wünschte. Ob sie schon alsbald nach seiner Vertreibung Schritte unternahm oder erst nach der Kenntnis des Briefes mit der dringenden Bitte Müntzers um Unterstützung tätig wurde, erfahren wir nicht, wie überhaupt die Einzelheiten ihrer ganzen Vermittlungsaktion für uns im dunkel bleiben. Ein strikter Beweis für das Eingreifen der Felicitas von Selmenitz ist also nicht erbracht, ist unter den gegebenen Umständen auch kaum zu erwarten. Immerhin leuchtet diese These weit eher ein als die bisherigen Versuche, die schnelle Aufnahme des Vertriebenen in Allstedt verständlich zu machen, zumal „manches, das als ungewöhnlich gewertet werden müßte, eine angemessene Erklärung"[150] findet.

Es waren noch keine zwei Wochen vergangen, seit Müntzer um eine Unterstützung bitten mußte, um sich durchschlagen zu können, da war er schon als Inhaber einer Pfarre in Allstedt allen äußeren Sorgen enthoben. Solch jäher Wechsel seines Geschickes zum Guten war ihm bislang nicht widerfahren. Hatte er in der Residenz des Kardinals nur mit einiger Zurückhaltung für den neuen Glauben werben können, bot sich ihm jetzt im Machtbereich des ernestinischen Landesherrn die Möglichkeit, offen für die Reformation einzutreten.

---

[149] Honemeyer (S. 103 Anm. 1) will sogar die Amtsübernahme in der dortigen Johanniskirche auf den 22. 3. 1523 datieren unter Verweis „auf die Tatsache, daß die ersten liturgischen Formulare, die Müntzer in Allstedt ausarbeitete, kirchenjahrsmäßig der Passionszeit zugehören. Ostern fiel auf den 5. April". Man wird freilich gegen dieses frühe Datum Bedenken haben, da es zu nahe bei dem des erwähnten Briefes vom 19. 3. 1523 liegt.

[150] Honemeyer, S. 109.

VI. Allstedt

Allstedt[1] läßt in seiner kulturellen, wirtschaftlichen und gesellschaftlichen Struktur keinerlei Besonderheiten erkennen. Es lebte im allgemeinen sein Dasein in den überkommenen Formen dahin, ohne von den großen wirtschaftlichen Veränderungen der Zeit sonderlich in Mitleidenschaft gezogen zu werden, und erst recht, ohne an der reichen Blüte der deutschen Städtekultur am Ausgange des Mittelalters bewußt teilzunehmen. Es fehlten infolgedessen auch die scharfen Spannungen mit all den Folgeerscheinungen, wie sie etwa in Zwickau hervortraten, sich aber auch in anderer, nicht so krasser Weise in Halle geltend machten. Die geistige Regsamkeit der Bevölkerung war in dem kleinen Landstädtchen nicht erheblich und stand etwa hinter der Nordhausens weit zurück. Die ganze Atmosphäre, die Mentalität ihrer Bürger waren sehr viel anders, als sie Müntzer an den bisherigen Stätten seines Wirkens begegnet waren. Es konnte dem geistig überlegenen, gedankentiefen und wortgewaltigen Prediger nicht schwerfallen, bestimmenden Einfluß zu gewinnen und die Stadt mit dem Geiste zu erfüllen, der ihn bewegte. Die Wittenberger Reformation war in dieser kursächsischen Enklave keine unbekannte Größe; sie mochte die Menschen hier in eine erwartungsvolle Unruhe versetzen, doch spielte sie noch keine besondere Rolle, hatte noch nicht recht gezündet, geschweige denn zu einer Frontenbildung zwischen altem und neuem Glauben geführt, die Müntzers Beginnen hätte erschweren können. Der Geistliche an der Allstedter Kirche St. Wiperti, Simon Haferitz, war offenbar von der neuen Lehre bereits angetan, ohne sich freilich mit dem später an den Tag gelegten Eifer zu engagieren, während Müntzers Vorgänger an der Kirche St. Johannis anscheinend die traditionelle Kirchlichkeit gepflegt hat, ohne sie zu forcieren oder sie gegenüber einer laut werdenden Kritik sonderlich zu verteidigen. Ein Kloster oder sonst einen bedeutsamen Hort altgläubiger Frömmigkeit als mögliches Zentrum aktiven Widerstandes gegen den neuen Geist gab es in Allstedt selbst nicht. Die Einwirkungen auswärtiger Klöster aber, die irgendwelche Gerechtsame in der Stadt besaßen, bekam die Bürgerschaft mehr in wirtschaftlich-finanzieller Hinsicht als in den Formen religiöser Betreuung zu spüren. Daß das Kloster Walkenried, dem das Recht der Pfarrbesetzung an St. Wiperti zustand, einem weggelaufenen Mönche

---

[1] Am besten informiert bisher noch im Überblick Nebe, S. 18—95; außerdem Hartung, Amt Allstedt.

die Stelle übertrug, wenn anders die Bezeichnung des Simon Haferitz als „Apostata vom Karmeliterorden" zu Recht besteht, kann, aber muß nicht beispielhaft dafür sein. Sollte gar schon hier der Rat von Allstedt sein Interesse an einem für die Reformation aufgeschlossenen Prediger bekundet und seine Hand irgendwie bei der Pfarrbesetzung der Allstedter Kirche im Spiele gehabt haben? Träfe das zu, hätte Felicitas von Selmenitz wohl keine allzu großen Schwierigkeiten gehabt, ihr Ziel zu erreichen, als sie dem Rate Müntzer für die Neustädter Pfarre empfahl. Allerdings überschritt der Rat in diesem Falle seine Kompetenzen, wenn er das dem Kurfürsten zustehende Recht der Präsentation ignorierte, da dieses Recht in Allstedt nicht, wie es sonst wohl gelegentlich praktiziert wurde, auf den Amtmann delegiert war[2]. Aber man mochte das eigenmächtige Vorgehen wagen, weil man ein lebhaftes Interesse an einem — nach dem Urteil der hochgeschätzten Frau von Selmenitz — tüchtigen, reformatorisch gesinnten Geistlichen für die Neustädter Kirche hatte, der zudem gleich zur Verfügung stand, um in der österlichen Zeit der verwaisten Gemeinde zu dienen. Vielleicht wußte der Amtmann auch darum, daß der Patronatsherr sein Präsentationsrecht unter den obwaltenden Verhältnissen nur lässig wahrnahm, um die Wahl evangelischer Prediger zu ermöglichen, ohne selber offiziell als aktiver Förderer der Reformation zu erscheinen. Man kam möglicherweise schon jetzt überein, von einer „Einstellung auf Probe"[3] zu sprechen, um im Falle einer Beanstandung von oben eine akzeptable Entschuldigung zu haben. Wohl verstanden, als formalrechtliche Sicherung bei einem etwaigen Einspruch des Patronatsherrn gedacht, nicht als eine Vorsichtsmaßnahme, um Müntzer gegenüber freie Hand zu behalten, weil man über ihn auch weniger Günstiges gehört hätte als Frau von Selmenitz zu sagen wußte. Müntzer war für die Allstedter auf dem Schloß wie in der Stadt kein abseitiger Vertreter der reformatorischen Bewegung, der mit den Wittenbergern im Widerstreit war, und er selbst wird sie bei der „Vorstellung" nicht ausdrücklich darauf aufmerksam gemacht haben, daß er mit Luther nicht eines Sinnes sei, ohne daß man ihn darum ohne nähere Kenntnis der Verhandlungen der Unwahrhaftigkeit zeihen dürfte. Es ist jedenfalls nicht angebracht, das quellenmäßig wenig einsichtige Geschehen der Berufung Müntzers nach Allstedt durch die abwegige Meinung noch undurchsichtiger zu machen, als sei er damals bereits ein allenthalben und jedermann bekannter revolutionärer Geist gewesen. Daß man in Allstedt ein halbes Jahr ohne jeden Versuch hingehen ließ, den Berufungsakt ordentlich abzuschließen, bestätigt die Annahme, daß der Rat mit einer stillschweigenden Duldung des Vorgehens durch den Patron rechnete. Dieser sah sich im Laufe der nächsten Wochen und Monate um so mehr zu einer

---

[2] Vgl. Kirn, Fr. d. Weise, S. 107—120.

[3] Vgl. unten S. 387 f.

abwartenden Haltung veranlaßt, als das Auftreten des neuen Pfarrers über die Mauern Allstedts hinaus erhebliches Aufsehen erregt hatte, so daß dem Kurfürsten gar nicht daran gelegen sein konnte, mit der Berufungsfrage jetzt behelligt zu werden. Entgehen konnte er ihr auf die Dauer jedoch nicht.

A) Die liturgischen Reformen

1. Die Verdeutschung der biblischen Texte

In Müntzer hatten die Allstedter einen Seelsorger gefunden, der dem unter ihnen aufkommenden oder auch schon bewußt sich regenden Verlangen nach rechter Unterweisung in dem neuen Glauben Rechnung zu tragen schien, der die gedankenlos im überkommenen Frömmigkeitsschematismus Dahinlebenden aufmerken ließ und die in der traditionellen Kirchlichkeit fest Verwurzelten aufschreckte. Müntzer wiederum fand in Allstedt eine Gemeinde, die einschließlich der unmittelbaren Obrigkeit weitgehend bereit war, nicht nur der freien Predigt des Evangeliums Raum zu geben, sondern auch das gottesdienstliche Leben nach reformatorischen Grundsätzen zu gestalten. Zum ersten Male hatte er freie Hand, seine Intentionen zu verwirklichen, und man wird es als beredten Ausdruck seines bisher unterdrückten, nun so überraschend zum Handeln entbundenen Reformeifers betrachten dürfen, wenn die Johannes-Gemeinde schon um Ostern, kaum also, daß Müntzer sein Amt übernommen hatte, ihren Gottesdienst in einer neuen Weise feierte, die die Gläubigen im wahrsten Sinne des Wortes aufhorchen ließ. Denn da wurde in ihrer Sprache gesungen und gesprochen, so daß jeder mit offenen Sinnen und rechtem Verstand dem Gottesdienst von Anfang bis zu Ende folgen und mit ganzem Herzen daran teilnehmen konnte. Es war in der Tat eine große Leistung des neuen Predigers, daß er diese tiefgreifende Neuordnung des gesamten gottesdienstlichen Lebens der Allstedter Gemeinde so rasch und sicher durchzuführen vermochte, daß er dabei als den entscheidenden Gesichtspunkt die Verkündigung des Wortes Gottes mit erstaunlicher Folgerichtigkeit zur Geltung brachte und nirgendwo ins Periphere abfiel; daß er wirklich eine evangelische Gemeinde zu erbauen suchte, ohne daß die ihm anvertrauten Seelen sein Wirken als destruktiv zu empfinden berechtigten Anlaß gehabt hätten. Es war ein revolutionäres Unternehmen; aber es wurde in den maßvollen Formen einer wohlbedachten Ordnung durchgeführt, die die echte Substanz des Alten sogar erst zur rechten Entfaltung brachte, indem sie Gottes Wort in den Zeugnissen der Heiligen Schrift und der frommen Väter unverhüllt wieder reden ließ, wie es später im Druck die Überschrift bekundet: „Deutzsch kirchenampt, vorordnet, auffzuheben den hinterlistigen deckel, unter welchem das liecht der welt vorhalten war, welchs yetzt widerümb erscheynt, mit dysen lobgesengen und götlichen psalmen, die do erbawen die zunemenden christenheyt, nach Gottis unwandelbarn willen, zum untergang aller prechtigen geperde der gotlosen."[1]

Müntzer beginnt seine pfarramtliche Tätigkeit in Allstedt also ganz bewußt und eindeutig als der „knecht gottis" und „getrue scheffner" aus rein religiösen Motiven mit rein religiösen Zielen; er kennt gar keine andere Aufgabe als die, der Christenheit den rechten Weg zu weisen, „wie man sich kegen Got halten sol und zur ankunfft des rechten christen glaubens kummen. Ja auch wie der glaub soll bewert sein mit viel anfechtung"[2]. Er sucht hier ins Werk zu setzen, was sich ihm als unabdingbares Erfordernis ergeben hatte: nicht nur davon predigen, nicht nur im geistlich-seelsorgerlichen Gespräch darauf eingehen, so wichtig das war und blieb; sondern im täglichen Gottesdienst, bei jeder gottesdienstlichen Feier, „wan die leuthe zusamenkomen, solten sie sich ergetzen mit lobgesengen und psalmen, auf das alle, die hineyngehen zu yhn, mügen gebessert werden"[3]. Das setzt natürlich die Möglichkeit einer sinnvollen Teilnahme voraus, die aber von vornherein ausgeschlossen ist, wenn man in einer fremden Sprache singt und betet, die nicht von jedem, am wenigsten vom gemeinen Volke verstanden wird. Folglich mußte die Verdeutschung der Kirchenämter der Ausgangspunkt der reformerischen Maßnahmen sein, zumal schlechterdings nicht einzusehen war, warum dem Latein im christlichen Gottesdienst ein Vorrang gebühren sollte: „Warumb solten wirs dan nit machen nach der zeyt gelegenheit?, weil wir zu Alstet deutsche leute seint und keine Walen."[4] Es trifft schwerlich zu, wenn man meint, Müntzer habe mit seiner Verdeutschung einen „nationalen Zweck" verfolgt, zumal wenn man dem gegenüberstellen zu können glaubt, daß Luther „bei seinen ersten Verdeutschungen im Taufbüchlein einen religiösen Grund dafür angibt (den Wunsch, die Paten möchten mitbeten)"[5]. Gerade dieser so für Luther reservierte Grund, das Mitbeten-Können, die innere Beteiligung, das Hören auf Gott und Reden zu Gott, ist für Müntzer ausschlaggebend gewesen, wenngleich er dabei zunächst nicht an ein Mitsprechen der Worte gedacht hat. Das Latein hatte einstmals durchaus sein Recht, und seine Verwendung im Gottesdienst war in der Zeit der Germanenmission durch die Umstände bedingt. „Die frommen, gutherzigen veeter (die unser landt bekart haben) tathen, was sie nach gelegenheit der leuthe wusten. Sie waren Welsche und Französische münche. Zur besserung war yr ankunft zu dulden,

---

[1] Franz, MG, S. 30,1—5.
[2] Ebd. S. 164,23—25.
[3] Ebd. S. 162,11—13.
[4] Ebd. S. 213,21—23.
[5] Schulz, S. 379.

dan es ist wol leichtlich zu betrachten, das sie Lateinisch gesungen haben, darumb das die Deutzsche sprache ganz und gar ungemustert whar, und das die leuthe zur eynigkeit gehalten worden: dan auf das mhal fiel ganz Asia ab. Das aber sulche ankunft nicht gebessert solt werden, solte wol ein wunderlich spiel sein; dan aller vornunftiger wandel der menschen sich von tag zu tag gedengkt höcher zu bessern, und Got solt so amechtig sein, das er sein wergk nicht solte daruber erförer bringen."[6] Der Verweis auf die Historie macht also die zeitgeschichtliche Bedingtheit klar; was einst sinnvoll war, kann nicht als für immer bindend gelten und dadurch, entgegen der ursprünglichen Absicht, heute den freien Lauf des Gotteswortes hindern. „Nein zwar do sagt Christus und gebeuth mit ernste dovor zu gedenken, Matthei. am funften und am zehenden: ,Offenbarlich sol die stadt ufm berge erscheinen. Man sol das liecht nicht unter den deckel storzen. Es sol allen leuchten, die yhm haus seint.' Was ist das anders? dan Paulus sagt 1. Corin. 14 und Ephesi am funften: ,Wan die leuthe zusamenkomen, solten sie sich ergetzen mit lobgesengen und psalmen, auf das alle, die hineyngehen zu yhn, mügen gebessert werden'."[7] Nicht die Frage der rationalen Einsichtigkeit steht hier zur Debatte. Nur darum geht es, daß „ein itlicher guthertziger mensch sehn, hören und vornemen mag"[8], was überhaupt in der Bibel steht, daß die Worte der Heiligen Schrift, die jeden Menschen angehen, auch wirklich jedermann erreichen können, so daß sie ihm verständlich sagen, was sie zum Inhalt haben. Auf das erfassende, verstehende, sich aneignende Hören kommt es an, das die Erkenntnis vertieft, das Gemüt erfüllt, den Willen antreibt, das den ganzen inneren Menschen „erbauet". Es hat darum auch nicht in irgendwelchen primitiv-rationalen Erwägungen seinen Grund, wenn Müntzer den obligaten Gebrauch des Latein im christlichen Kult für die ins Magische abgleitende Anschauung verantwortlich macht, daß schon das bloße unverstandene Mitanhören der im gottesdienstlichen Ritus vorgetragenen heiligen Worte heiligende Wirkungen auf den Hörer ausübe. Er sieht nicht auf die rationale Unsinnigkeit, sondern auf die religiöse Verderbnis, auf die darin zu Tage tretende absurde Verkehrung des christlichen Glaubens, wenn er erklärt: „Es wirt sich nicht lenger leiden, das man den Lateinischen worten wil eine kraft zuschreiben, wie die zaubrer thun, und das arme volgk vil ungelarter lassen aus der kirchen gehen dan hyneyn."[9] Denn was da an Entartung christlicher Frömmigkeit, an ausgesprochen widerchristlichem Geiste begegnet, ist für ihn schließlich nichts anderes als die von Christus ja schon vorausgesagte Verwüstung der Christenheit, ist ganz konkret das Ergebnis der hinterlistigen Machenschaften der „vorzcweyffelten beptischen bösewicht", die „die

---

[6] Franz, MG, S. 161,29—162,6. [7] Ebd. S. 162,6—13.
[8] Ebd. S. 163,20. [9] Ebd. S. 162,14—16.

heylge biblien der armen christenheit zu großem nachteyl gestollen und yren rechten vorstandt vorhalten haben, und doch gleichwol armer leuthe güter darüber bößlich vorschlungen haben"[10], d. h. die das christliche Volk absichtlich in Unkenntnis über die Schrift hielten und dann diese Unkenntnis zu seiner Irreführung ausnutzten: „Die gotlosen hoben sie [die durch Christus angefangene rechte Christenheit] vorunreynet durch nachlessigkeit aller tregen auserwelten."[11] Dem allen ist ernstlich und endgültig nur dadurch zu wehren, daß die verantwortungsbewußten Christen es unmöglich machen, „unter dem hutlin tzu spilen", daß sie darauf achten, daß die Geistlichen das Wort der Bibel „nit unter dem hinterlistigen deckel verbergen, sonder der gantzen christenheit und dotzu der gantzen welt nichts vorstecken oder heimlich halten". Dazu ist in erster Linie notwendig, „offenbarlich ampt zu treiben ... zur auffrichtung und erbawung der gantzen gemein, wilche gespeyßet wirt durch den getrewen scheffner, der do außteylet das maß des weytzens in gelegner zeyt"[12]. „Weyl aber nw der arme gemeyne man seinen glauben auff eyttel larven gestellet hat, ja auff abgöttische geberde in den kirchen mit singen und lesen und der beptischen gramentzen, ist billich und zymlich, wie dann die evangelischen prediger selbs bekennen, das man der schwachen schonen soll 1. Corin. 3.; so wil sich kein vorschonen besser odder füglicher finden lassen, dann die selbige lobgesenge im Deutschen zu handeln, auff das die armen, schwachen gewissen nit schwinde herab gerissen werden odder mit losen, unbewerten liedlen gesetiget, sonder mit voranderung des Lateins ins Deutsch, mit psalmen und gesengen zum wort Gottis und rechtem vorstand der biblien sampt der meynung der guten veter, wilche solche gesenge etwan zu erbawung des glaubens als zur ankunfft angericht haben, kommen mögen, ja auch darumb, das durch solche gesenge und psalmen die gewissen von larven der kyrchen abgerissen, und zum wort Gottis, in der biblien vorfasset, gezogen werden, und nit so grob und unvorstendig wie ein hackebloch bleyben."[13] „Drumb hab ich zur besserung nach der Deutschen art und musterung, ydoch in unvorrugklicher geheym des heyligen geists vordolmatzscht die psalmen, mehr nach dem sinne dan nach den worten. Es ist ein unfletige sache, menlein kegen menlein zu mhalen, nachdeme wir zum geist noch zur zeit vil musterns bedörfen, biß das wir entgröbet werden von unser angenommen weiße."[14]

Die Zitate sind den Vorreden der bereits im Druck erschienenen Schriften entnommen, die Drucklegung des frühesten der liturgischen Opera Müntzers ist aber erst wesentlich später als seine praktischen Reformen erfolgt. Jedoch hat die hier vorgetragene Argumentation nicht den Cha-

[10] Ebd. S. 163,21—24.
[11] Ebd. S. 161,6 f.
[13] Ebd. S. 163,27—164,7.

[12] Ebd. S. 208,1—8.
[14] Ebd. S. 162,19—24.

rakter einer erst nachträglich versuchten Begründung, und man darf sie im Blick auf die zugrunde liegende Intention als das ganze Unternehmen von Anfang an bestimmend betrachten. Mit der Verdeutschung des Stundengebetes und der Messordnung der Kirche, die aus einem genuin reformatorischen Denken erwachsen ist, will er ohne Nebenabsichten der freien Wirkung des befreiten Evangeliums in der Christenheit, zunächst in seiner Allstedter Gemeinde die Bahn bereiten helfen. Man hat kein Recht, in die Lauterkeit und Aufrichtigkeit seines genuin religiösen Anliegens auch nur den geringsten Zweifel zu setzen; man versteht die Leidenschaft nicht, mit der der neue Pfarrer in einer geradezu ungestümen Hast als erstes die Neuordnung der Liturgie in Angriff nimmt, wenn man in dem ganzen Reformwerk nicht den Seelsorger erkennt, dem die *cura animarum* Inbegriff seines geistlichen Amtes war, der eben darum, zur rechten Erkenntnis der bislang zum Schaden des christlichen Volkes unterdrückten Wahrheit gekommen, auch von Gott gefordert war, „auffzuheben den hinterlistigen deckel, unter welchem das liecht der welt vorhalten war, welchs yetzt widerümb erscheynt".

Müntzer war es einzig darum zu tun, den Gläubigen ein bewußtes, vollständiges Mitvollziehen des gottesdienstlichen Geschehens zu ermöglichen, so daß sie Gottes Wort in den Zeugnissen der Bibel und der Väter in einer ihnen unmittelbar zugänglichen Sprache vernehmen und ebenso in ihrer Sprache auch Antwort darauf geben konnten. Es war eine ebenso vordringliche wie sinnvolle Ergänzung der Bibelübersetzung Luthers, dessen Verdeutschung des Neuen Testamentes seit dem September 1522 vorlag und Müntzer den Anstoß gegeben haben mag, den ihn vielleicht schon länger beschäftigenden Gedanken einer Wiederherstellung des *ritus apostolicus* im christlichen Gottesdienst zu verwirklichen. Er konnte mit einiger Berechtigung der Meinung sein, mit den Wittenbergern prinzipiell übereinzustimmen, wenn er die Verdeutschung der liturgischen Formulare vornahm. Es handelte sich doch auch in seinem „Deutschen Kirchenamt" wesentlich mit um die Übertragung biblischer Texte, zumal von Psalmen, und man konnte dieser an sich sehr viel bescheideneren Arbeit insofern eine besonders aktuelle Bedeutung beimessen, als sie bei der täglichen Begegnung der Gemeinde mit dem göttlichen Worte in ihrem gottesdienstlichen Leben einsetzte, wo vorerst noch eine der vornehmsten Gelegenheiten gegeben war, das Zeugnis der Schrift in einiger Ausführlichkeit einem weiteren Kreise wirklich nahe zu bringen. Selbst die grundsätzliche Differenz im Schriftverständnis konnte einen Unterschied in der Beurteilung der Notwendigkeit einer Lösung der von Müntzer übernommenen Aufgabe als solcher nicht begründen. Die mit ihr gegebene Nötigung zur sachlichen Arbeit mußte überdies beruhigend auf den unruhigen Geist wirken. Ein großer Teil seiner Zeit und seiner Kraft wurde über einige Monate wenigstens für eine Tätigkeit beansprucht, die zumindest nicht in erster Linie im Zeichen aggressiver Polemik stand. Wie großzügig er auch immer die Übersetzung handhaben mochte und wie sehr er die biblischen Verse zum Dolmetsch seiner theologischen Gedanken werden ließ, die Worte der Schrift sagten für ihn ja eben nur, was er zu verkündigen nicht müde wurde, bestätigten ihn vor sich selbst als ihren richtigen Interpreten. Gewiß konnte er nicht über seinen eigenen Schatten springen und wurde seine „Verdolmetschung" in mancherlei Hinsicht in der Tat mehr unbewußt als bewußt Ausdruck seiner kritischen Opposition; aber man wird ihm zubilligen müssen, daß es ihm in allem und vor allem darum gegangen ist, dem einzelnen im Gottesdienst der Gemeinde einen „höheren Unterricht... des heiligen unüberwindlichen Christenglaubens" zu vermitteln. Er hat sich vielleicht in keinem Stadium seines Wirkens so „sachlich" einer Aufgabe hingegeben wie bei der Arbeit an den liturgischen Ordnungen, und es gehört zur Tragik seines Lebens, daß gerade diese Arbeit wesentlich mit zu der Unruhe beigetragen hat, die — *cum grano salis* — den Anfang vom Ende bedeuten sollte.

Müntzer hat als Übersetzer eine große Selbständigkeit entwickelt und seine Eigenart gewahrt, die sowohl die formale Gestalt wie den inhaltlichen Charakter seiner Verdeutschung weitgehend geprägt hat. Er mußte es, wie schon zitiert, als „ein unfletige sache" empfinden, „menlein kegen menlein zu mhalen" und es entsprach auch in dieser Modifikation seinem Protest gegen alles „buchstäbische" Wesen, wenn er erklärt, er habe „in unvorrugklicher geheym des heyligen geists vordolmatzscht die psalmen, mehr nach dem sinne dan nach den worten"[15]. Freilich erhebt sich bei der von Müntzer mit der ihm eigenen Selbstverständlichkeit proklamierten Methode sogleich die Frage, wie weit er willens und imstande war, den für die Anwendung solcher Grundsätze notwendigen Voraussetzungen zu genügen, d. h. wie weit er im Rahmen des zu seiner Zeit Möglichen anerkannte, mit Hilfe „philologischer Analyse" des Textes dessen Wortsinn möglichst exakt festzustellen, um dann seinen Inhalt „nach dem sinne" in einer sprachlich annehmbaren Form wiederzugeben. Sein theologischer Widerspruch gegen den Buchstabenglauben konnte ihn von dieser Aufgabe nicht entbinden; sein eigenes Schriftverständnis bot ihm keinen Freibrief, über das geschriebene Wort gleichgültig hinwegzugehen, obschon der Buchstabe keine Gewalt über den Geist haben sollte. Jedoch, derartige Überlegungen treffen nicht mehr exakt die eigentliche Intention der müntzerischen Verdeutschung der Kirchenämter. Er will, um es überspitzt zu formulieren, gar nicht „Übersetzer", sondern „Dolmetsch" sein. Die deutsche Christenheit ist nach seiner Meinung noch gar nicht in der Lage, einen noch so trefflich übersetzten Text in seinem rechten Sinn-

---

[15] Ebd. S. 162,20—22.

gehalt zu begreifen, „nachdeme wir zum geist noch zur zeit vil musterns bedörfen, biß das wir entgröbet werden von unser angenommen weiße"[16]. Er wußte aus Erfahrung nur zu gut, wie theologische Spekulation die biblischen Texte als Fundgrube menschlichen Aberwitzes mißbraucht, wie kirchlicher Eigennutz sie zur Rechtfertigung seiner Herrschaftsgelüste ausgenutzt hatte; noch Egran hatte ihm vorgeführt, wie rationale Vernünftelei sich der Bibel zu bemächtigen wußte. Was war nicht alles von der Kanzel herab dem Kirchenvolk als die biblische Wahrheit verkündigt und zu glauben aufgenötigt worden. Was nützte in einer solchen Situation die wortgetreue Übersetzung der Heiligen Schrift, wenn die Gemeinde mit den Worten der Bibel gewohnheitsmäßig doch immer nur den Sinn verband, den man ihr in irgendeiner Variation seit Generationen eingeprägt hatte, wenn sie nicht in den Stand versetzt wurde, das „rechte Wort Gottes" überhaupt zu vernehmen? Sie mußte zum rechten Hören, zum richtigen Verstehen der Aussagen der Schrift erst angeleitet werden; es mußte ihr der biblische Text schon in der Übertragung aus dem Lateinischen so verdolmetscht werden, daß er ihr in seinem geistlichen Verstande zur klaren Wegweisung und zum festen Besitze wurde. Natürlich genügte weithin eine relativ wörtliche Übersetzung oder waren kleine Modifikationen ausreichend, um eine Auslegung zu ermöglichen, die im Bibelwort das Zeugnis des göttlichen Geistes kund werden ließ. Doch bedurfte es mitunter auch einer Umformulierung des gegebenen Textes selber, um ihn jedermann verständlich das aussagen zu lassen, was der Dolmetsch als seinen wahren Sinn erkannt hatte. Eben in solchem unbedenklich geübten Verfahren erweist es sich als sein vornehmstes Anliegen, den Inhalt der biblischen Lesungen im Gottesdienste den ungeübten „groben" Menschen ihrem Fassungsvermögen entsprechend eingängig zu formulieren, d. h. sie in sein Verständnis des christlichen Glaubens und Lebens einzuführen und das ihnen nun einsichtig gewordene Zeugnis der Heiligen Schrift wiederum als Bestätigung der Gültigkeit seiner Lehre sich zu eigen zu machen.

Es wäre nicht von vornherein auszuschließen, ist aber höchst unwahrscheinlich, daß Müntzer für sein Unterfangen diesen oder jenen der vorlutherischen Verdeutschungsversuche zu Rate gezogen hat, sei es der ganzen Bibel, sei es speziell des Psalters oder eines der für die liturgische Praxis bedeutsamen Plenarien u. a. Er mag derartige Arbeiten gekannt haben; nur trifft dann sein Spott über das „menlein kegen menlein mhalen" vielleicht gerade diese zumeist unbeholfenen Elaborate. Sie konnten seinen Ansprüchen weder in sprachlicher noch in inhaltlicher Beziehung genügen. Dagegen hinderte Müntzer nichts, Luthers Verdeutschung biblischer Texte zuzustimmen. Zwar lag der für das „Deutsche Kirchenamt"

---

[16] Ebd. S. 162,23 f.

wichtigste Teil, der Psalter, damals noch nicht vor; aber es ist um so auf-schlußreicher, daß er die von dem Reformator aus besonderen Anlässen schon früher veröffentlichten Psalmenübertragungen, soweit die Lieder auch in seinem Kirchenamt standen, nämlich die Psalmen 51, 68 und 110, nahezu wortwörtlich übernommen hat. Darin bekundet sich doch nicht nur seine Kenntnis auch der frühen Lutherschriften. Es ist, gemessen an seinem Urteil über das rechte Dolmetschen, vor allem ein Beweis seiner Wertschätzung der Arbeit Luthers, die seinen Beifall gefunden haben muß, wenn er sie sich so gänzlich zu eigen machte. Die wenigen gering-fügigen Wortumstellungen können nicht ernsthaft als eine bemerkens-werte Veränderung des Luthertextes angesehen werden, sind auch nach ihrem sachlichen Gehalt so bedeutungslos, daß man bei diesen drei Psal-men nicht mehr von einer eigenen Verdeutschung Müntzers, auch nicht von einer freien Benutzung seiner Vorlage, sprechen kann, sondern allein mit der Formel „Übernahme des Luthertextes" den Sachverhalt richtig wiedergibt.

Um so mehr mag es überraschen, daß Müntzer bei der Übertragung der neutestamentlichen Abschnitte nicht ganz entsprechend vorgegangen ist. Es ergibt sich nämlich der merkwürdige Befund, daß er sich im „Deutschen Kirchenamt" zwar für das Magnificat und das Benedictus fast wörtlich an Luthers Übersetzung gehalten hat, nicht aber für die dem Neuen Testamente entnommenen Lesungen, während er dann in der „Deutsch-Evangelischen Messe" für sämtliche neutestamentlichen Stücke den Luthertext verwendet, so daß die in beiden Ordnungen vorkom-menden Stellen Luc. 2,8—11 und Kol. 3,1—4 hier und dort einen un-terschiedlichen Wortlaut haben. Die gelegentlich geäußerte Vermutung, Müntzer habe „der Lutherübersetzung zunächst nur in ... [der] poeti-schen Form Eingang gewährt"[17] und eine wörtliche Übernahme daher noch auf die beiden zu den Cantica zählenden Stücke beschränkt, kann nicht befriedigen. Es läßt sich vorerst lediglich das Faktum der Benut-zung und fortschreitenden Aufnahme des „Neuen Testaments Deutsch" registrieren. Daß er Luther als Dolmetsch folgte, betrachtete er jeden-falls nicht als eine Minderung seiner eigenen Leistung wie seine moder-nen Anwälte, wenn sie dem eindeutigen Sachverhalt zuwider behaupten, „eine direkte Abhängigkeit des Allstedters vom Wittenberger ist in kei-ner Weise zu erkennen". „Dazu ist er auch ein viel zu selbständiger Geist gewesen."[18] Müntzers Selbständigkeit wird durch den gelegentli-chen minimalen Rückgriff auf einzelne „Vorarbeiten" Luthers in keiner Weise in Frage gestellt, erweist sich im Gegenteil gerade darin, daß er sich nicht scheute, Luthers Text einfach zu übernehmen, wobei die klei-nen Modifikationen ihm selbst nichts bedeuteten. Daß er sich veranlaßt

[17] Schulz, S. 384.   [18] Mehl, S. 77 f.

259

17*

gesehen hätte, auf den hebräischen ,oder griechischen Text zurückzugreifen, ist durch nichts nahegelegt. Es ist eine bisher nicht erwiesene Behauptung geblieben, wenn K. Schulz erklärt: „Gemäß der Zeitströmung, dem Humanismus, hat er, wie sich an zahlreichen Beispielen zeigen läßt, an zweifelhaften und schwierigen Stellen den hebräischen Urtext zu Rate gezogen und demgemäß die deutsche Übersetzung eingerichtet."[19] O. Mehl aber irrt, wenn er am Beispiel des 118. Psalms dargetan zu haben wähnt, daß Müntzer „... nicht nur mit der Vulgata gearbeitet, sondern ... auch den hebräischen und griechischen Text befragt" hat[20]. Zweifellos hat Müntzer neben der Vulgata, mit der er es ja durchgängig in den liturgischen Formularen zu tun hatte, noch eine andere Textvorlage benutzt, wie ein Vergleich dartut, und zwar eine Vorlage, die dem Urtext näher stand als jene offizielle lateinische Übersetzung. Nur hat er nicht die hebräische Bibel aufgeschlagen und daneben noch die griechische Septuaginta gelegt, sondern er hat sich an die lateinische Bibelübersetzung des Hieronymus gehalten. Es ist nicht ausgeschlossen, daß eine Bemerkung Luthers in der Vorrede zu den „Sieben Bußpsalmen", aus denen er ja die Verdeutschung von drei Psalmen übernahm, ihm die Benutzung dieses Werkes als eines zweckmäßigen Hilfsmittels für sein Vorhaben nahegelegt hat: „Von dem text dißer sieben psalmen, Ist zu wissen, dass derselb yn etlichen versen umb klerer vorstands willen uber die gemeynen translation nach der translation sancti Hieronymi genomen ist."[21] Doch braucht es dieses Anstoßes nicht unbedingt erst noch bedurft zu haben, und es ist durchaus möglich, daß Müntzer von sich aus die separate Hieronymus-Version zu Rate zog, d. h. dessen „translatio iuxta hebraicam veritatem", während der gebräuchlichen Vulgata für den Psalter ja doch die ältere Übertragung des Hieronymus „iuxta LXX Interpretes" zugrunde lag. Sofern er dank seiner eigenwilligen Interpretation nicht überhaupt seine eigenen Wege gegangen ist und durch seine paraphrasierende Wiedergabe den biblischen Wortlaut nicht bis zur Unkenntlichkeit umgeformt hat, lassen sich seine Modifikationen fast ausnahmslos aus der „translatio sancti Hieronymi iuxta Hebraeos" belegen und Stellen wie Psalm 44,20; 45,16; 104,6, in denen die Übersetzung des gelehrten Kirchenvaters dem hebräischen Wortlaut gegenüber eine gewisse Besonderheit zu erkennn gibt, die dann auch in Müntzers Verdeutschung wiederkehrt, sind recht gewichtige Hinweise, daß Müntzer sich eben mit Hieronymus begnügt hat. Wir haben somit keine Veranlassung, ihm besondere hebräische und griechische Sprachkenntnis anzudichten oder seine Verdolmetschung in den Rang einer vom Urtext her kontrollierten Übersetzung zu erheben[22]. Wo er keinen rechten Sinn

---

[19] Schulz, S. 385.   [20] Mehl, S. 54.   [21] WA I, S. 158,4—8.
[22] Trotz der Liste von „Übersetzungen" hebräischer Eigennamen (Franz, MG, S. 539 f.).

herausbekam, scheint er gelegentlich, wie etwa bei Psalm 87,5 auch die LXX-Übertragung des Hieronymus noch eingesehen und „umb klerer vorstands willen" sich zu eigen gemacht zu haben. Doch geschah das offensichtlich nur in Ausnahmefällen; in der Hauptsache folgte er dem Vulgatatext des von ihm benutzten Breviers und ist er gemeinhin darauf bedacht, sich an diesen als Vorlage zu halten, wobei sich seine Übersetzung auf weite Strecken hin sogar als reichlich wörtlich darstellt. Die entrüstete Frage des Erasmus an seine Kritiker, „was wünscht man denn: daß die Kirche den Text der heiligen Schrift so rein als möglich besitze oder nicht?", hätte Müntzer weder im Sinne der altgläubigen Verteidiger der Vulgata beantwortet, noch aber auch nach dem Herzen der humanistisch-philologisch interessierten Theologen, denen es auf einen zuverlässigen Text „so rein als möglich" ankam.

Er ist bei seiner Verdolmetschung durchaus überzeugt, den Sinn der Schriftaussagen in gültiger Weise wiedergegeben zu haben, ob er nun den Text der Vulgata oder den des Hieronymus bevorzugte. Es gibt für ihn ein in die letzten Tiefen eindringendes Verstehen, das zwar von den Formulierungen der biblischen Aussagen ausgehen muß, das aber deren fragwürdig gewordene Gestalt gleichsam von innen heraus nach Wesen und Gehalt seines ursprünglichen Ausdruckswillens besser erfaßt und „restituiert" als ein mit allen Mitteln grammatischer Kunst und philologischer Akribie Sich-Mühen um den Buchstaben, das vielleicht sogar die Wörter richtiger setzt und doch „das Wort" verfehlt. Damit ist nicht ein „kongeniales Verstehen" gemeint, das auf Grund besonderer geistig-seelischer Affinität, eines feinnervigen psychologischen Einfühlungsvermögens und einer wohlproportionierten Dosis „spontaner Genialität" in der Mentalität der Denk- und Ausdrucksformen eines fremden Autors heimisch geworden ist, so daß Autor und Interpret gleichsam in der Form einer geistigen Enhypostase eine Einheit bilden. Der „kongeniale Mensch" steht dem Begriffe wie der Sache nach gänzlich außerhalb der Erwägungen Müntzers. Statt dessen beherrscht ihn die Vorstellung von der Selbstkorrespondenz des heiligen Geistes, der das von ihm als Autor inspirierte Wort der Schrift heute wie zu jeder Zeit als Interpret durch die Menschen, die von ihm erfüllt sind, als sein legitimes und recht verstandenes Wort neu aussprechen läßt. In eigentümlich variierender Anwendung des Paulussatzes, „derselbe Geist gibt Zeugnis unserem Geiste"[23], ist für Müntzer die Authentizität seiner Übersetzung durch eben diese Selbstkorrespondenz des Geistes gegeben, so daß der Einwand subjektiver Entscheidung zwischen zwei Textversionen für ihn gegenstandslos ist. Denn es handelt sich ja, wie er es sieht, gar nicht um solche „subjektive Entscheidung" auf der Basis kongenialen Verstehens, sondern

---

[23] Röm. 8,16.

um die ihm eingegebene objektive Darbietung des ursprünglichen Sinnes der Schrift durch den *autor* und *interpres,* den heiligen Geist selber. Das ermöglicht und begründet zugleich die Berücksichtigung des von ihm hervorgehobenen Sachverhaltes, daß „wir zum geist noch zur zeit vil musterns bedörfen, bis das wir entgröbet werden von unser angenommen weiße"[24].

Unbestreitbar erweist sich Müntzer beim „Verdolmetschen" in hohem Maße als ein Meister der Sprache. Sein starkes inneres Erfaßtsein von der Sache kommt unmittelbar in seinen Worten zum Ausdruck und ist wohl geeignet, Menschen in ihren Bann zu zwingen. Viele Verse und Wendungen seiner Psalmen sind von ihm in einprägsamer Weise verdeutscht worden, sind in ihrer Faßlichkeit leicht eingängig, zum Teil mit ihrer gerade von Müntzer lebhaft nachempfundenen Leidenschaftlichkeit sogar von starker Eindringlichkeit. Überhaupt kommt er da am besten zum Zuge, wo sein Pathos sich verströmen kann, ohne daß er sich jedoch an bloß pathetische Deklamationen verliert. Gewiß macht sich immer wieder die besondere Terminologie Müntzers stark geltend, die in ihrer Sinnhaftigkeit wohl nur mit der Zeit dem Hörer seiner Predigten geläufiger geworden sein dürfte; aber selbst wo sie in ihrem spezifisch müntzerischen Bedeutungsgehalt nicht sofort ganz verstanden wurde, wies sie zumal die stimmungsmäßig empfänglichen Naturen in eine allgemeine Richtung frommer Erregung, wie sie der Dolmetsch dem Psalmisten nachempfinden zu können glaubte. Gerade das, was Müntzer durch die Ausschaltung des Lateinischen vornehmlich mit erreichen wollte, daß man nicht den „worten wil eine kraft zuschreiben"[25], setzte er durch sein absonderliches Vokabular in abgeschwächter und modifizierter Weise, wenigstens an manchen Stellen und obschon ungewollt, selber fort, da eben diese Termini, deren konkreten Sinn man oft genug nur von Ferne zu ahnen vermochte, für viele Zeichen eines Numinosum blieben, in dessen geheimnisvollem Kraftfeld man sich außergewöhnlichen Wirkungen ausgesetzt fühlte und religiös erregen ließ. Die suggestive Kraft der halb- oder unverstandenen Formel, die Dämonie des seinen Inhalt zugleich auf- und verdeckenden Wortes, das der wunschgemäßen Sinngebung durch den einzelnen noch Spielraum läßt und gerade durch seine relative Unbestimmtheit die Geister bannt und bindet, das im Halbdunkel suggerierten Verstehens Masse, auch fromme Masse bilden, mitreißen, fanatisieren kann, diese Dämonie des Wortes bewährte sich auch hier, und es ist wohl berechtigt zu sagen, daß Müntzer ein Meister dieses „dämonischen" Wortes war. Darüber hinaus aber gilt, daß er ein' feines Gefühl für den Klangwert und Rhythmus der Sprache besaß und zumal um die eindrückliche Kraft der gehobenen liturgischen Rede wuß-

---

[24] Franz, MG, S. 162,23 f.   [25] Ebd. S. 162,14 f.

te. Freilich läßt seine Übersetzung weniger echte dichterische Begabung erkennen als vielmehr eine starke rhetorische Fähigkeit, die mit sicherem Instinkt die formalen Elemente der Sprache zur eindrücklichen Gestaltung inhaltlicher Werte zu nutzen vermag, so daß der Hörende schon durch die vom Erleben des Inhaltes durch den Autor geprägte Form der im Gottesdienst gesungenen Worte in seiner geistig-seelischen Haltung beeinflußt und für das „Nacherleben" im Geiste des Autors gleichsam offener, empfänglicher wird.

Psalm 118,14—25:

„Der Herr ist mein sterck und mein rum, dorumb kam er mir zu hülffe.

Dyses lobes und heyls stym klinget in der wonung der außerwelten mit solchem gedöne, die rechte handt Gottis hatt krefftiglich gewircket.

Die rechte hant Gottes ist hoch, die rechte hant des Herren hat sich mit grosser stercke beweyset.

Got wirt mich nicht ehe lassen sterben, byß das ich seyne werck vortzele.

Dorumb hat mich der Herr sehr gepeiniget und wolte mich doch nicht lassen sterben.

Er öffnet mir die pforten der gerechtickeit, wann ich do neyn kum, do wil ich erst Gott recht bekennen.

Das ist die pfort des Herren, es ist kein ander weg, wilchen die außerwelten allein künnen treffen.

O Herr, ich wil dich loben dorumb, das du mich hast erhöret, du bist mein trost worden.

Der stein, den die bawleuth vorworffen haben, ist zum eckstein worden.

Das ist vom Herren angericht und ist wundersam in unsern Augen.

Dysen tag hat Got gemacht, wir sollen in yhm frölich sein und mit wunnen unser herzen ergetzen.

O Got, ich bit dich, hilff nun und fure dein sach zum ende."

Psalm 22,1—12:

„O Got, mein Got, sich an, warumb hastu mich verlassen, die wort meins geschreyß seint weyt von meinem heyle.

O mein Got, tag und nacht hab ich zu dir geschrien, und du wilt mich nit erhören, du verleyest mir nit, stil zu schweygen.

Du bist ein besitzer der heilgen stat, Israhel singet dir vil guter lobsenge.

Unser vaeter haben sich auff dich vorlassen, sie hofften auff dich, darumb hastu sie erlöset.

Sie schryen zu dir, und es wart in geholffen, du hast sie vorsichert, und seint nit zu schanden worden.

Aber ich bin ein worm und kein Mensch, ein schmach der leuthe und ein fußhader der buben.

Alle, die mich ansahen, rümpfften mit spot yre nasen, sie sperten auff yre lippen wider mich und nigkten mit yrem heubte.

Ja, er hat sich auff Got vorlassen, er wirt yn nu erredten, lieber ya, er solte wol vil mit ym zu schaffen haben.

Ach hast du mich doch von muterleibe beschirmet, ich vornam, das du hart bey mir stundest, seint das ich meiner muter brüst gesogen habe.

Auß mutterleyb hab ich mich dir zu eigen gegeben, das du mein Got sein soltest.

O weych nu nit von mir, dan mein trübsal geht mir zu hertzen, es wil mir niemandt helffen."

Psalm 93:

„Got beweyset sein hirschafft mit Zirheit becleydet, angezogen mit seyner sterck, dorüber hat er sich gegurtet.

Der nit beweget wirt, hat bestetiget den umbkreyß der erden.

Dorumb, das du ein unwandelbar Got bist, hast du den außerwelten gemacht zu deynem stule.

O Got, uber den haben die floßwasser, die floßwasser in irem brausen ihre bulgen erhaben.

Die wasserstroem haben erhoben yre bulge, vom brausen viler wasser.

Do ist der Herr ein frembder und seltzamer man in der mechtigen sintfluß, do sich der wilde wogk des mehres empöret.

Do werden sein gezeugnis nicht voruntrewet in erfunder warheit, do siht der mensch, das er ein wonung Gottis sey in der lanckweil seyner tage."[26]

Bei seiner ebenso empfindsam reagierenden wie andringenden Wesensart, für die das Pathos fast der normale Ausdruck aller tieferen Regung war, kostete es den Allstedter Prediger offenbar keine große Mühe, auch seine Psalmenverdeutschung in echter Übereinstimmung mit Geist und Form des liturgischen Pathos zu gestalten. Es sind im Grunde nur wenige stilistische Mittel, deren er sich dabei bedient, wie etwa der emphatisch-inständige Ansatz in der Anrufung Gottes, die eigenwillig befremdliche Wortstellung, die, dem abschleifenden Fluß der alltäglichen Rede zuwider, aufmerken läßt und Wort um Wort zu gesteigerter Geltung bringt, oder die häufig angewandte Kunstform der Alliteration, die die gemessene Bewegung der Sprache wirksam unterstützt, ihr feierliche Würde und gewichtigen Ernst verleiht, nicht zuletzt der Gebrauch füllender Partikel, der nicht minder der gedanklichen Verknüpfung und Sinnerhellung als dem rhythmischen Gleichmaß der Rede dienen soll. Allerdings

---

[26] Ebd. S. 118,21—119,1; S. 73,9—74,15; S. 115,5—18.

darf man nicht außer acht lassen, daß Müntzer in der sprachlichen Formgebung weitgehend auch den musikalisch-liturgischen Notwendigkeiten Rechnung tragen mußte, da er bei der gottesdienstlichen Psalmenverlesung wie überhaupt bei seiner deutsch-evangelischen Gottesdienstgestaltung grundsätzlich an der regulierten choralischen Gregorianik festhielt. Wohl bot der Psalmengesang in den Horen dem deutschen Übersetzer eine größere Bewegungsmöglichkeit als etwa die enger an strenge Normen gebundenen, feststehenden Stücke der Liturgie; aber auch hier blieben Wort und Weise derart verflochten, daß ungeachtet des für den gregorianischen Choral besonders schwierigen Problems, wieweit eine deutsche Übertragung den auf einen lateinischen Text hin angelegten Noten rechtschaffen entsprechen kann, der Dolmetscher über Klang, Rhythmus und Gebärde seiner Sprache nicht frei verfügen konnte[27]. Dennoch bewährte sich gerade in dem bewußten Eingehen dieser Bindungen Müntzers Sprachmeisterschaft, und wenn er es vermochte, auch durch die ihre eigenen Gesetze aufrichtende Macht der sakralen Kirchenmusik seine Eigenart nicht unterdrücken zu lassen, so bedeutet das eher eine Steigerung als eine Minderung seiner Leistung. Das gilt nicht nur im Hinblick auf die einzelnen Elemente der sprachlichen Gestaltung in Wortwahl, Rhythmus, Akzent usf., sondern ebenso hinsichtlich des Gesamttenors, der bei allem Zurücktreten des subjektiven Momentes und aller Unabhängigkeit von Stimmungszuständen in der gregorianischen Monodik die in ihr liegenden Möglichkeiten voll ausschöpfend die aus den Texten erhobene Grundstimmung zum echten Klingen bringt und dem christlichen Gottesdienst den von ihm erstrebten, Herz und Sinn zu Lob und Dank erhebenden Charakter gibt: „Wan die leuthe zusamenkomen, solten sie sich ergetzen mit lobgesengen und psalmen."[28]

Trotz dem starken Sensorium für den psychologischen Stimmungswert der liturgischen Form darf man Müntzer wohl kaum unterstellen, daß er sich ihrer bewußt bedient und mit vollem Bedacht die suggestive Macht der geprägten Form als solche zu nutzen sich bemüht hatte, um durch sie bei dem Gottesdienstbesucher eine bestimmte seelische Disposition zu schaffen oder zu fördern. Er war vielmehr mit einer unbefangenen Selbstverständlichkeit in den überkommenen Gottesdienstformen heimisch und an sie zutiefst gewöhnt, daß er sich ungezwungen in ihnen bewegen, sie frei gebrauchen konnte; er war mit der ihm eigenen Sensibilität für ihre erhebende Gewalt und ausdrucksstarke Kraft empfänglich und von ihr erfaßt, er fand sie der Würde des biblischen Wortes durchaus konform und dem Inhalt des Dargebotenen entsprechend. Er sah keine Veranlassung, sie als nicht sachgemäß und mit dem Worte Gottes unvereinbar abzutun oder wesentlich zu verändern, sondern wertete sie, sofern wir

---

[27] Vgl. den Exkurs Frederichs.   [28] Franz, MG, S. 162,11 f.

zunächst nur den „Wortgottesdienst" des deutschen Kirchenamts ins Auge fassen, fast uneingeschränkt positiv. Der sonst so stürmische Neuerer und radikale Reformator gebärdet sich hier also höchst konservativ; aber eben nicht aus irgendwelchem Liturgismus heraus oder aus Überzeugung von dem sakralen Charakter der Liturgie als einer an sich wesensmächtigen Form. Er erkennt ihr keinerlei eigenwertige, selbständige Funktion zu, durch die sie allein aus sich heraus gleichsam *opere operato* dem Gläubigen sachlich etwas zu bieten hätte; denn auch das fällt unter seinen Protest, zu tun „wie die zaubrer thun"[29], und das lehnt er ab, wenn er sich gegen die Beschuldigung verwahrt, „als wolt ich die alten beptischen geberden, messen, metten, und vesper widerumb auffrichten und bestetigen helffen, wilchs doch mein meynung noch gemueth nie gewesen"[30]. Müntzer hat sich zumindest seit seiner Berührung mit der Reformation aus den Bindungen eines dem Sakralen verhafteten Denkens und Empfindens gelöst und sich, wenn er ihm je verfallen war, von dem gängigen magisch-kultischen Verständnis des liturgischen Handelns freigemacht. Tragendes, wesensbestimmendes Element des christlichen Gottesdienstes ist das geisterfüllte, erkenntnisträchtige Wort, das ebensoweit absteht von der Formlosigkeit enthusiastischer Glossolalie wie von der rationalen Verständigkeit rein intellektualistischer Begrifflichkeit, die sich vielleicht der harmonisch-schönen Form noch aus ästhetischen Gründen bedient. Im geisterfüllten Wort sind ratio und pneumatisches Pathos in eigener Weise miteinander verbunden, so daß durch die ratio das Moment der Zielstrebigkeit, der Ausrichtung und des Ausgerichtetseins auf einen wesentlichen Zweck immer mit gegeben bleibt, durch das pneumatische Pathos aber alle freie Verfügbarkeit und vom Menschen gewollte Zweckhaftigkeit in Frage gestellt bzw. in ihre Grenzen verwiesen wird. Die Einsicht in das Ineinander von Ergreifenwollen, Ergriffenwerden und Ergriffensein hemmt notwendig alles bewußte Psychologisieren in einer reflektierenden Darbietung des Wortes, mindert jedoch dennoch nicht das echte Empfinden dafür, daß dem inhaltlichen Pathos ein äußeres Pathos einfach entsprechen muß, und hindert nicht, daß der vom inneren Worte Ergriffene seine Erfahrung ungezwungen im äußeren Wort auch psychologisch wirksam gestaltet. So eben hat auch Müntzer die allgemeine Form des römischen Horengottesdienstes als eine dem biblischen Wort durchaus angemessene Weise einer ebenso würdigen wie wirkungsmächtigen Darbietung empfunden, der nur durch die rechte Verdeutschung der Texte wieder zu der sinnvollen Einheit von *ratio* und pneumatischen Pathos verholfen zu werden braucht, die im deutschen Sprachgebiet „dem armen hauffen der leyen zcum untergang des glaubens"[31] durch die dem Volke unverständliche lateinische Sprache verlo-

---

[29] Ebd. S. 162,15.　　　[30] Ebd. S. 163,9—11.　　　[31] Ebd. S. 163,15.

ren gegangen war. So hat er aus der unmittelbaren Überzeugtheit von der sachgemäßen Übereinstimmung von Form und Inhalt, die ihm aus der lebendigen Erfahrung des dargebotenen Wortes zugewachsen war, das geisterfüllte Wort ganz ungezwungen, unschematisch und frei sich gestaltend wie selbstverständlich in der Form der römischen Liturgie in deutscher Zunge wieder wirksam werden lassen. Ihn als bewußten Wahrer der liturgischen Tradition des Abendlandes zu bezeichnen, schießt infolgedessen weit über das Ziel hinaus. Eine Liturgie festzuhalten, „die den Geist der liturgischen Tradition des Abendlandes atmet und das sentire cum ecclesia möglich macht"[32], empfand er ebensowenig als Notwendigkeit, wie sie als papistisch oder römisch zu verwerfen. Er hatte, abgesehen von der Fremdsprachigkeit, nichts an ihr auszusetzen; und was sollte ihn dann veranlassen, eine dem Volke lieb und vertraut gewordene Form, die ihren Zweck bei richtigem Gebrauche doch sinnvoll erfüllte, preiszugeben, zumal er von sich aus nichts Besseres an die Stelle zu setzen hatte? So gesehen war es sogar eher eine gewisse Indifferenz, die ihn am Überkommenen einfach festhalten ließ; er hätte auch gegen eine andere zweckentsprechende Weise nichts einzuwenden gehabt, sagt er doch ausdrücklich: „Es mag ein itzlicher zulegen oder abnemen, was von menschen gesatzt ist, aber nit, was Gott gesatzt und befolen hatt, also mag er auch hie mit den gesengen und nothen thun."[33]

Jegliche Indifferenz hört aber dort auf, wo die Kenntnis und das Verständnis der Heiligen Schrift beeinträchtigt wird, so daß ihr Zeugnis den Menschen nicht umgehemmt oder ungetrübt erreichen kann. Darum ja doch die Verdeutschung: „Allein das die psalmen den armen leyen wol vorgesungen und gelesen werden. Dann darin wirdt gar klerlich erkant die wirckung des heylgen geistes, wie man sich kegen Got halten sol und zur ankunfft des rechten christen glaubens kummen. Ja auch wie der glaub soll bewert sein mit viel anfechtung, dis alles ist vom heylgen geist gar klerlich in den psalmen vorfasset. Drumb leeret der heylige Paulus, wie man sich uben und ergetzen sol in geystlichen lobgesengen und psalmen."[34] So aufschlußreich und interessant deshalb in mancher Hinsicht die rein formalen Elemente seiner Übersetzungsarbeit sein können, sie sind Müntzer selbst nicht so wichtig gegenüber seiner eigentlichen Aufgabe als „Dolmetsch", das biblische Wort in seinem rechten Verstande jedermann zugänglich zu machen.

Müntzer hat mit großer Bildkraft des Ausdrucks, die der Luthers weithin ebenbürtig ist, seinen Hörern den Inhalt der Psalmen anschaulich zu machen verstanden; er hat nicht nur die alttestamentlichen Bilder in ihrer Plastik durch kleine Nuancierungen dem deutschen Vorstellungsvermögen angeglichen, sondern oft auch abstrakte Formulierungen der Vorlage durch bildhafte, lebensnahe Wendungen einprägsam gestal-

[32] Mehl, S. 82.   [33] Franz, MG, S. 164,14—17.   [34] Ebd. S. 164,21—28.

tet. Man kann den starken Eindruck einer dem Verständnis der großen Menge so hilfreich entgegenkommenden Übertragung schwerlich überschätzen, die um so mehr auf eine willige Aufnahmebereitschaft rechnen konnte, als die große Mehrzahl der Gläubigen hier wohl zum ersten Male mit größeren Abschnitten eines deutschen Bibeltextes bekannt gemacht wurde. Es bedeutete eben bei dieser gleichsam ersten unmittelbaren Begegnung mit dem Worte der Heiligen Schrift ungemein viel, viel mehr als wir uns heute vorzustellen vermögen, daß es dem Menschen nach seiner äußeren Gestalt in einer so leicht faßbaren, anschaulichen Weise entgegentrat, wie es bisher, nur freilich sehr viel unzureichender noch, bei einzelnen Hauptstücken der biblischen Geschichte und noch mehr der frommen Legende durch die gemalten oder in Stein gehauenen Bilder geschehen war. Wie tot wäre etwa für die allermeisten in Psalm 87,4 der Begriff „Aethiopia" geblieben, wie anregend wirkte dagegen Müntzers Übersetzung „das volk der moren"; oder wie beziehungsfremd blieb trotz manchen Reminiszenzen dem weniger eingespielten Denken in Psalm 25,22 das Wort „Israel", das für jedermann in seiner objektiven wie subjektiven Beziehungsfülle zumindest aufleuchtete, wenn der Allstedter Pfarrer es ihm verdolmetschte als „deine auserwelten": „O got, erlöse deyn auserwelten von all irem jammer."[35] Unter diesem Gesichtspunkt sind auch die das Verständnis erleichternden logischen Verbindungspartikel und Konjunktionen wie so, dann, obwohl, auf daß, darum usf. tiefer zu bewerten denn nur als rhythmisch-formale Einschiebsel; immer wieder fügt sie Müntzer zur Erhellung des Sinnes ein und erleichtert dadurch dem Hörer das gedankliche Folgen-Können[36]. Dazu tritt die Unterstreichung oder Erläuterung einzelner Textstellen durch kleine Zusätze wie in Psalm 25,4: „Lere mich *mit fleyß* deyne fußgenge."[37] Das „delicta quis intelligit" in Psalm 19,13 umschreibt er sogar

---

[35] Ebd. S. 34,24.

[36] Z. B. Ps. 25: „O Herr, zu Dir erheb ich meyne sele, mein Got, auff dich vorlaß ich mich, so werd ich nicht zuschanden. Auff das mich meine feinde nicht bespotten, dann alle die vor dir leyden, werden nicht zu schanden" (Franz, MG, S. 33,4—7).

Ps. 25,8: „Dann du bist ein milder und rechtschaffner Herre, und du unterweysest die ubeltheter" (ebd. S. 33,18 f.).

Ps. 44,10: „Doch hast du uns vorstossen und beschemet, dann du wilt in unser krigesheer nit kommen" (ebd. S. 37,17 f.).

Ps. 44,18: „Wiewol wir deyner nicht vorgessen haben, seint doch solche ding uber uns kommen, wiewol wir deynen bundt nye zurissen haben" (ebd. S. 37,31 f.).

Ps. 44,19: „Unser hertz ist nye zurücke gewichen. Und du hast unser fußsteyge abgewant von deynem wege" (ebd. S. 37,33 f.).

[37] Ebd. S. 33,9. Weitere Beispiele:

Ps. 22,16: „Du uberantwortst mich dem tode, *wie man das auskerich wyrffet gegen dem wynde*" (ebd. S. 74,24 f.).

Ps. 55,25: „*Aber ich frag nichts darnach,* ich will mich allein auff dich vorlassen" (ebd. S. 78,5).

sehr breit: „Dann nyemant mag die heymlichen sund erkennen und die boßheyt des menschenhertzen außforschen dann Got alleyne."[38] Er formt zu dem gleichen Zwecke seine Vorlage einfach um wie etwa in Psalm 87,3: „Gloriosa dicta sunt de te, civitas dei" entspricht „o du löbliche stat Gotes. Wie herlge wort seint von dir gesprochen"[39]. Er stellt selbst ganze Sätze um, um den nach seiner Meinung darin enthaltenen Sinn klarer hervortreten zu lassen[40]. Seltener versteht er sich dazu, den biblischen Text zu kürzen und in knapperen Formeln prägnant zusammenzufassen wie beispielsweise in Psalm 25,6 „quae a saeculo sunt" = „unwandelbar"[41] und auch Auslassungen kommen nur gelegentlich vor[42].

Je mehr man den Einzelheiten der Übersetzung nachgeht, um so stärker spürt man, wie sehr Müntzer in den Versen des Psalmensängers sein eigenes Anliegen wiederzufinden vermag und es ihm auf weite Strecken hin gelingt, das innerlich Empfundene ohne den entfremdenden Umweg über lateinische Konstruktionen, man möchte sagen neu und ursprünglich deutsch auszusprechen, es wirklich zu einer unmittelbaren Selbstaussage des Miterlebenden werden zu lassen. Es ist etwas anderes noch als lediglich eine grammatisch-stilistisch gute Verdeutschung, wenn er lateinische Partizipialkonstruktionen in Sätze umwandelt[43], wenn er ebenso manche substantivische Verbindung verbal auflöst[44] oder mit Relativsätzen sehr unterschiedlich verfährt. Man darf gewiß nicht jede Formulierung auf besondere Feinheiten hin abhorchen wollen und überall ein Geheimnis entdecken. Doch unabhängig davon, ob eine Wendung ab-

---

Ps. 80,9: „Du fartest einen feyñen weynberg auß Egypten und voriagtest ander leuthe, *das war eyne pflantzung deyner außerwelten*" (ebd. S. 35,17 f.).

[38] Ebd. S. 54,1 f.

[39] Ebd. S. 56,3.

Ps. 104,35: „Benedic, anima mea, domino" entspricht „o mein sel, so wirt dir raums gnung vorlyhen, den Herren zu loben" (ebd. S. 143,10 f.).

Ps. 44,22: „Nonne Deus requiret ista ipse enim novit abscondita cordis" entspricht „du bist ein erfarner got und kanst es wol erkennen. Du weist von ewigkeit die gedancken der hertzen" (ebd. S. 38,5 f.).

[40] Ps. 19: „O Herr, reynige mich von meynen heymlichen sunden und erhalt mich, deynen knecht, von frembden sunden. Dann nyemant mag die heymlichen sund erkennen und die boßheyt des menschenhertzen außforschen dann Got alleyne" (ebd. S. 53,27—54,2).

[41] Ebd. S. 33,12.

Ps. 44,4: „Dextera tua et bracchium tuum" = „deyn rechter arm" (ebd. S. 37,6).

Ps. 22,17: „Quoniam circumdederunt me canes multi, concilium malignantium absedit me. Foderunt manus meas et pedes meos" = „die samlung der gotlosen umbgab mich; wie die beyssenden jagthundt durchgruben sie mein hende und fuesse" (ebd. S. 79,26 f.).

[42] Wie in Ps. 40,13 „cognovi"; in Psalm 44 fällt der ganze 14. Vers aus, freilich möglicherweise nur auf Grund eines Versehens, da die beiden aufeinanderfolgenden Sätze in Vers 14 und 15 gleichlautend mit „posuisti nos" beginnen.

[43] Ps. 25,3,10; 19,6,8,9,10; u. ö.   [44] Ps. 19,12; 87,11; 132,4; u. ö.

sichtsvoll so stilisiert oder unbewußt geprägt worden ist, gilt grundsätzlich, daß man der Nuancierung des Inhaltes durch die Modifikation der
Form ernsthafte Beachtung schenken muß und daß man der Eigenart
gerade auch der müntzerischen Verdeutschung nicht gerecht werden
kann, wenn man übersieht, wie sehr sie bis in scheinbare Geringfügig-
keiten hinein Ausdruck seiner besonderen Mentalität und seines Evan-
gelisationsdranges ist. Mit einem nicht alltäglichen Gefühl für das richtige Wort versteht er in den einzelnen Psalmen die jeweilige Erfahrung
des Lobsingenden aus der gleichbleibenden allgemeinen Grundhaltung
heraus doch zu differenzieren. Er verwendet z. B. zur Wiedergabe der
einen Vokabel „exultare" nicht weniger als fünf verschiedene deutsche
Begriffe und weiß auch sonst im Ausdruck sinnvoll zu variieren und
abzustufen. Selbst eigenmächtige Textänderungen scheut er nicht, um
die innige Hingabe des Betenden im Gebet, die innere Verbundenheit in
der Unmittelbarkeit des Gespräches mit Gott so rein wie möglich aufklingen und im Herzen der betenden Gemeinde mitschwingen zu lassen.

Ich verweise nur an Stelle vieler Belege auf Psalm 44,20 f.:

„Quando contrivisti nos in loco afflictionis, Et caligine nos operuisti.	„Du hast uns den trachen befolen, und wir stehn stets in der fahr des todes.
Si obliti essemus nomen Dei nostri, Et si expandimus manus nostras ad deum alienum."	So wir deins namens vorgessen hetten und unser hende außge- strecket zu frembden göttern."[45]

Ähnlich verhält es sich in vielen Fällen mit dem Wechsel der Tempora
und Modi der Verbalformen. Was man als „Unsicherheit in der Benutzung der erzählenden Tempora, die sich in der Verwechslung und Vermengung von Perfekt und Imperfekt an mehreren Stellen ausspricht"[46],
bezeichnet hat, ist, unbeschadet der Verschiedenheit des Vulgata- und
Hieronymustextes, sehr oft die großzügige Unbekümmertheit um den
exakten Wortlaut, die den Inhalt sinngemäß, d. h. hier in der von seinem Verständnis her als sachentsprechend erachteten Weise darstellt. Es
gibt für diese Verdeutschung „mehr nach dem sinne dan nach den worten", die zudem „in unvorrugklicher geheym des heyligen geists vordolmatzscht"[47], schlechterdings keine formalen Regeln so wenig es dafür
eine genormte Methode gibt. Es ließe sich im Deutschen Kirchenamt zu
jeder Variante formaler Übersetzungstechnik wohl auch das Gegenpara-
digma finden. Das gilt bis hin zu der allgemeinen Feststellung, daß Müntzer ohne den Hauch des Geistes irgendwie verspüren zu lassen, hin und
wieder seine Vorlage auch bis zur Verständnislosigkeit und Unverständ-

---

[45] Franz, MG, S. 38,1—4.   [46] Schulz, S. 387.   [47] Franz, MG, S. 162,20—22.

lichkeit buchstabengetreu übertragen kann[48]. Man könnte ebenso ernstlich an seinem liturgischen Stilgefühl zweifeln, wenn man sieht, wie er den wirkungsvollen Aufbau von Ps. 118,1—4 mit seinem viermal wiederholten eindrücklichen „quoniam in saeculum misericordia eius" (Hieron. hat „in aeternum") völlig zerstört.

Aber auch derartige offenbare Mißgriffe bestätigen im Grunde nur Müntzers souveräne Weise des Dolmetschens. Sie sind nicht Ausdruck irgendwelcher Befangenheit und Unsicherheit dem Texte gegenüber. Textschwierigkeiten und Übersetzungsprobleme gibt es, so hat es den Anschein, für ihn überhaupt nicht. Wie immer er die Psalmen auch verdeutscht, er tut es in der festen Gewißheit, das ewige Wort des Geistes aus den Worten der Schrift recht vernommen zu haben und prägt, vom Geiste selbst geleitet, die ewige Wahrheit unter der Gestalt des biblischen Wortes in einer dem Verständnis der Hörer angemessenen Form in deutscher Sprache neu. Das meiste läßt sich freilich auch nach Müntzers Meinung in normaler Übersetzung verständlich wiedergeben und was wir bisher an stilistischen Besonderheiten hervorhoben, trägt ja im großen und ganzen auch nicht den Charakter sprachlicher Extravaganz, so eigenwillig manches sein mag.

Wo er sich freilich durch weitläufige Umschreibungen von der lateinischen Textgestalt stärker entfernt, gewinnt das zunächst mehr formale Element sprachlicher Gestaltungskraft an inhaltlicher Bedeutsamkeit. Denn dank der unaufhebbaren, gerade im Wort sich wesensmäßig dokumentierenden Beziehung von Form und Inhalt macht sich hier das Element der Deutung, das an sich jeder Übersetzung eigen ist, in der mehr paraphrasierenden als wortgetreuen Wiedergabe mit besonderer Intensität geltend, um so mehr als Müntzer bewußt „mehr nach dem sinne dan nach den worten" dolmetschen will. Das heißt, wir begegnen in der Psalmenübersetzung des deutschen Kirchenamtes nicht nur dem sprachgewaltigen Volksredner, dem durch Anschaulichkeit, Lebendigkeit und persönliche Ergriffenheit die Hörer mit suggestiver Kraft innerlich bewegenden Prediger, sondern in und mit dem allen zugleich dem eigene Wege gehenden Theologen, der sein besonderes Verständnis des Christentums in den Worten der Schrift bestätigt findet, um in eben diesem Verständnis die Schrift interpretierend zu verdeutschen. So heißt es von dem *beatus vir* in Psalm 1,2 bei ihm: „Dann sein begir wirt erstreckt zum gesetz Gottes, tag und nacht wirt er zubrengen seynen willen durch

---

[48] Etwa in Ps. 104,3: „Qui tegis aquis caenacula eius" (Hieron.; Vulgata hat „superiora eius") entspricht „vorbirgest die stat mit wassern, do man essen sol" (ebd. S. 141,7 f.).

Oder in Ps. 45,14: „Omnis gloria eius filiae regis ab intus" (Vulg.; Hieron. hat „intrinsecus") = „aller preyß des künges tochter ist von ynnen" (ebd. S. 55,17).

ernst betrachten zurbrechen."[49] Kommen in solchen Formulierungen Müntzers Tonfall und Sinnesart noch relativ verhalten nur zum Ausdruck, brechen sie an anderen Stellen um so leidenschaftlicher durch wie etwa in Psalm 140,9—14:

„Ach Herr, laß die gotlosen nit lenger bezemen, dann ire missethat vorhindert die gantze welt, mit wilcher sie sich vor andern in wirdigkeit empöret haben.

Wann ich mit yhn zu tische sitze, so muß ich ir gotlose weyse fressen auff dem teller.

O Got, gib yn die anfechtung des glaubens, vorsuche sie wie das rothe golt in glüenden kollen, do mussen sie stehn, das sie fallen in eyne grube, auß wilcher yn nyemant kan helffen.

Der unversuchte mensch, so er von Got wil vil schwatzen, wirt er in seynem untergang nichts gutes erfinden.

Got treybt die sach des dorfftigen und sorget vor die urteyl der armen.

Die außerwelten suchen stragks den namen Gotes, und die rechtschaffnen vorblassen nit vor seinem angesicht."[50]

Man spürt es handgreiflich, wie er hier das Verständnis der konkreten Situation, in der er selber sich seinen Gegnern gegenübergestellt sah, in die Verse hineinprojiziert, wie er den Text dementsprechend auszusagen nötigt, bzw. der Text für ihn tatsächlich den Sinn und Inhalt hat, den er ihm gibt, und dadurch von einer überzeugungsmächtigen Aktualität wird. Das Wort der Schrift bestätigt sich in seiner zeitlosen Gültigkeit als konkretes Zeugnis hic et nunc und sagt eben das aus, was Müntzer aus der Erkenntnis des Geistes den Auserwählten wie den Gottlosen zu predigen sich gedrungen fühlt, so daß er seine theologischen Specifica mühelos und selbstverständlich durch die recht verdolmetschten Worte des Psalmensängers ins Volk rufen kann, gerade auch in der Zuspitzung auf die praktisch-religiöse Frage, die ihm besonders am Herzen liegt, „wie man sich kegen Got halten sol und zur ankunfft des rechten christen glaubens kummen"[51]. Dem entspricht es, daß wir immer wieder auf Begriffe stoßen, die für seine Mentalität kennzeichnend sind und die er selbst zur Darstellung seiner religiösen Erfahrung bevorzugt gebraucht. Es ist schließlich nicht selbstverständlich, daß etwa trotz aller Abgeschliffenheit des Terminus „erwelter" in seinem Munde dieses Wort in seiner Übersetzung mehrfach auftaucht, ohne vokabelmäßig durch den Text ge-

---

[49] Ebd. S. 103,4 f.

Ps. 2,10 umschreibt er: „Do wirt sichs dann gehören, euch künigen, clug zu sein und vorsichtig recht urteil fellen auff erden" (ebd. S. 104,19 f.).

Oder Ps. 48,15 (nach Hieron.) lautet: „Das Gott allein unser herr sey byß in ewigkeyt, er ist alleyn unser hertzog, unter wilchs panir sollen wir kempffen byß in den todt" (ebd. S. 137,26 f.).

[50] Ebd. S. 98,1—14.   [51] Ebd. S. 164,23 f.

boten zu sein; unbedenklich setzt er es für „iusti"[52], „sancti"[53], „ecclesia"[54], „domus dei"[55], „semen Jacob"[56] und „semen Israel"[57] ein und fügt es öfter sogar frei hinzu[58]. Weniger bedeutsam erscheint zunächst die Verwendung des Gegenbegriffes „gotloser", der als geläufige Übersetzung von „impius" nichts Ungewöhnliches darstellt[59]. Immerhin sind es noch doppelt soviel Stellen, wo Müntzer ihn für andere Wörter seiner Vorlage gebraucht wie „gentes"[60], „gens non sancta"[61], „inimicus"[62] und „pessimus"[63] bzw. einfach ergänzt[64]. Man kann dem leicht noch eine Reihe anderer Termini anfügen, etwa „Kunst Gottes"[65], „Furcht Gottes"[66], „Knecht Gottes"[67], „hohe Betrübnis"[68] oder mehr psychologisch als theologisch aufschlußreiche Vokabeln wie „entsetzen", „hinterlistig" usf. Wohl bedeutet der Gebrauch jedes dieser Begriffe für sich genommen nicht allzuviel, zumal sie zum Teil nur selten vorkommen. Aber in ihrer Summe und Gesamtwirkung bestimmen sie den Tenor der ganzen Übersetzung doch recht erheblich, charakterisieren sie vom Begrifflich-Sachlichen her das Ganze als eine Arbeit Müntzers und machen begreiflich, wie die Hörer des Deutschen Kirchenamtes durch diese Weise der Verdeutschung fast unvermerkt mit der Terminologie auch in die geistig-religiöse Gedankenwelt des Allstedter Predigers hineingezogen werden, und das um so mehr, als sie im allgemeinen weder das Bedürfnis noch die Möglichkeit einer Nachprüfung oder eines Vergleiches mit einer anderen Übertragung hatten.

Es war doch nicht ganz irrelevant, wenn z. B. der Gedanke der Unwandelbarkeit Gottes durch Müntzers Verdeutschung eigentümlich betont wurde, gewiß vornehmlich in Bezug auf die Barmherzigkeit Gottes. „Misericordiae tuae, quae a saeculo sunt" (25,6) „misericordia eius in aeternum" (100,5), „misericordia in saeculum" (118,1—4) gibt er durch unwandelbar bzw. durch „unvorrücklich" wieder und in Psalm 63,3 ergänzt er ein unwandelbar von sich aus; aber Müntzer bringt diesen Begriff auch in absoluter Form in den Text hinein: „etenim firmavit orbem terrae, qui non commovebitur" (93,1) verdeutscht er mit „der nit beweget wirt, hat bestetiget den umbkreyß der erden" und fährt im nächsten Verse fort: „Dorumb, das du ein unwandelbar Got bist, hast du den außerwelten gemacht zu deynem stule."[69] Gerade in diesem Psalm prägt

---

[52] Ps. 1,5; 111,1; 112,4; 118,15,20; 140,14.
[53] Ps. 132,9,16; 149,9.　　　　　[54] Ps. 22,26.
[55] Ps. 55,15.　　　　　　　　　　[56] Ps. 22,44.
[57] Ps. 25,22.　　　　　　　　　　[58] Ps. 1,1; 19,8,9; 44,3; 80,9; 93,2.
[59] Ps. 55,4; 140,5,9; 1,1,4; 3,3; 104,35.　[60] Ps. 44,3,13,15; 115,2,4.
[61] Ps. 43,1.　　　　　　　　　　 [62] Ps. 55,13; 43,2.
[63] Ps. 22,17.　　　　　　　　　　[64] Ps. 44,17; 55,21,22; 80,17.
[65] Ps. 19,13.　　　　　　　　　　[66] Ps. 19,10; 55,15; 111,10.
[67] Ps. 19,12.　　　　　　　　　　[68] Ps. 55,6; 80,6.
[69] Franz, MG, S. 115,8 ff. „Parata sedes tua ex tunc, a saeculo tu es."

273

er auch sonst das Gottesbild in einer stark vom Text abweichenden Weise um, die das unwandelbar der voraufgehenden Verse absichtsvoll in Richtung des tremendum näher bestimmt: „Mirabiles elationes maris, mirabilis in altis Dominus" lautet bei ihm: „Do ist der herr ein frembder und seltzamer man in der mechtigen sintfluß, do sich der wilde wogk des mehres empöret." Und der Schlußvers wird gar völlig textwidrig abgewandelt: „Do werden sein gezeugnis nicht voruntrewet in erfundener warheit, do siht der mensch, das er ein wonung Gottis sey in der lanckweil seyner tage."[70] Diese Wendung, überhaupt die ganze Übersetzung des Psalms wird schlechthin unverständlich, wenn man die müntzerische Deutung von Vers 2 und das von ihm konstruierte Beziehungsverhältnis zwischen Vers 2 und 3 übersieht.

„Parata sedes tua ex tunc; A saeculo tu es.	„Dorumb, das du ein unwandelbar Got bist, hast du den außerwelten gemacht zu deynem stule.
Elevaverunt flumina, Domine, Elevaverunt flumina vocem suam, Elevaverunt flumina fluctus suos."	O Got, uber den haben die floßwasser, die floßwasser in ihrem brausen ire bulgen erhaben."[71]

Aus dem Hymnus zur Thronbesteigung Jahwes ist ein Lied von der überwältigenden Erfahrung des fremden und seltsamen Gottes im Herzen des Auserwählten geworden, jenes von Müntzer für den rechten Christen als unerläßlich geforderten „Erlebens", bei dem der Mensch durch die Erfahrung des fordernden Gottes bis in den Abgrund seiner Seele in furchtbarem Entsetzen erschüttert wird, um durch diese zutiefst erregende, aufwühlende Begegnung, die keine Verstellung und Täuschung zuläßt, Gottes in Wahrheit und Wirklichkeit inne und gewiß zu werden. Es kommt hier nicht so sehr darauf an, die Abwegigkeit der Übersetzung und die völlige Sinnverkehrung dieses Psalmes zu konstatieren als vielmehr den religiös-theologischen Gehalt der Umdeutung zu beachten, der sich aus der Spannung zwischen Vers 1 und 5 ergibt: der unwandelbare Gott, der den Erdkreis gegründet hat, nimmt in dem geläuterten Menschen seine Wohnung, bzw. hat den Auserwählten zu seinem Stuhle gemacht (Vers 2). Denn das ist eine nicht zu übersehende Akzentuierung des müntzerischen Glaubenssatzes von der unmittelbaren Gott-Geist-„Besessenheit" des Gläubigen insofern, als am Ende der vermeintlich biblischen Worte Gott selbst als der von sich aus Handelnde, Besitzergreifende vorgestellt wird. An Stelle der leicht ins Psychologisie-

---

[70] Ebd. S. 115,16—18. „Testimonia tua credibilia facta sunt nimis, domum tuam decet sanctitudo, Domine, in longitudinem dierum."

[71] Ebd. S. 115,9—13. Vgl. Elliger, Psalm 93.

ren geratenden Schau von unten her, für die das Schwergewicht gemäß der Forderung nach Entselbstung auf der menschlichen Aktion zu liegen scheint, wird hier sehr nachdrücklich hervorgehoben, daß Gott als der seine Herrschaft Beweisende, der Überwältigende der eigentliche Akteur ist. Der Begriff „unwandelbar" ist für Müntzer kein philosophierendes Theologumenon, das Gott *via negationis* zum abstrakten Prinzip gedanklich verflüchtigt, sondern ist ihm Inbegriff der überlegenen Herrlichkeit, Macht und Stärke Gottes, vor der der Mensch zu einem Nichts vergeht, wenn Gott sich ihm darin als Gott zeigt. Aber nicht von ungefähr ist der Begriff mit dem der Barmherzigkeit Gottes so eng gekoppelt; denn darin gerade erweist sie sich ja, daß der Mensch dadurch und nur dadurch, daß ihm Gott „angezogen mit seiner sterk" gegenübertritt und ihn in solcher unausweichlichen Begegnung zum Erschrecken, zur Verzweiflung, zur Selbstpreisgabe treibt, in Wahrheit zu Gott kommt. Das ist in etwa auch die Gedankenrichtung, in der Müntzer seinen Hörern im 63. Psalm, dem dritten der vier mit Psalm 93 beginnenden Laudespsalmen des Osteramtes, den dritten Vers verdolmetscht: „Im wüsten lande on weg und wasser, do erkant ich mich, das ich dein sterck und preyß also erfaren muste."[72]

Der sehr pointierte Hinweis auf die *actio dei* hebt nicht auf, daß auf der anderen Seite auch der Mensch Initiative und Aktivität entwickeln, sich auf Gott zu bewegen soll, und sich ihm mehr oder weniger öffnen kann: „Mit solcher weyse rieff ich an den Herren in meyner trübsal, do gab ich ym raum, er kundt es nicht lassen, er muste mich erhören" (Ps. 118,5)[73]. Hier erklärt Müntzer sogar in zugespitzer Form in einer bemerkenswerten Modifikation der biblischen Aussage — im 4. der österlichen Laudespsalmen (!) —, daß Gott sich durch den notvollen Schrei des Menschen drängen lasse, auf ihn zu hören, ihm zu begegnen. Und er wiederholt diesen Gedanken abgewandelt in einer charakteristischen Fehlübersetzung noch einmal in Psalm 55,20: „Got wirt mich erhören und wirt sie stil machen. Er ist ein richter in ewigkeit. Sie meinen, yn zu bewegen, aber der do Got nit furchtet, vormag das nymmermehr"[74]; hier allerdings mit der Einschränkung, daß nur der „Gottesfürchtige" Gott zu bewegen vermag, d. h. der, der das ihm von Gott auferlegte Kreuz und Leid bis in die Tiefen des Entsetzens und Erschreckens vor Gott willig erduldet und dadurch zur wahren Erkenntnis gelangt. Es ist daher von vornherein zu erwarten, daß der Gedanke des Leidens als ein we-

---

[72] Franz, MG, S. 86,6 f. „In terra deserta et invia et inaquosa sic in sancto apparui tibi, ut viderem virtutem tuam et gloriam tuam."

[73] Ebd. S. 118,4 f. „De tribulatione invocavi Dominum, et exaudivit me in latitudine Dominus."

[74] Ebd. S. 77,33—36. „Exaudiet deus et humiliabit illos, qui est ante saecula. Non enim est illis commutatio, et non timuerunt Deum."

sentliches Moment hervorgehoben wird, und zwar gut reformatorisch nicht der „selbsteigenen Pein", sondern des von Gott her und in der Begegnung mit Gott erfahrenen Leides[75]. Von solchem Denken und Empfinden aus ist z. B. der ganze 118. Psalm in Müntzers Übersetzung bestimmt, die außer den schon zitierten Stellen in Vers 18—20 noch die kennzeichnende und sinnbestimmende Fassung bietet: „Dorumb hat mich der Herr sehr gepeiniget und wolte mich doch nicht lassen sterben. Er öffnet mir die pforten der gerechtickeit, wann ich do neyn kum, do wil ich erst Gott recht bekennen. Das ist die pfort des Herren, es ist kein ander weg, wilchen die außerwelten allein künnen treffen."[76] Es ist der Weg, der im „Ja" zu Kreuz und Leid über die restlose Selbstaufgabe führt, wie Müntzer es in Psalm 54,8 gegen den Text in Worte faßt, die wie ein leidenschaftliches Bekenntnis seiner selbst klingen: „Ich will mich selbs gern hinopffern, o Her, also wil ich bekennen deinen namen, das er bestendig sey."[77] Es ist der Weg, auf dem Gott seinen Auserwählten die rechte innere Verfassung und Haltung, die Gelassenheit des Geistes und doch die glühende Leidenschaft gibt: „Der seine bothen gelassen macht byß auff den geyst und macht seyne dyener erglantzendt wie die funcken des fewres."[78] Es ist der Weg, dessen Ziel und Ende die absolute Sicherheit und Gewißheit der Gottverbundenheit und darum der überschwengliche Lobpreis Gottes ist: „O Herr, ich wil dich loben. Du bist mein Got. O mein Got, ich wil dich groß machen. Lobet den Herren, dann er ist gut, und sein barmhertzigkeyt ist unvorrücklich."[79]

Man erkennt aus den angeführten Stellen unschwer, wie stark Müntzers Frömmigkeit und Theologie Text und Inhalt seiner Verdeutschung geformt haben und durch sein Dolmetschen ihren Einfluß auf die Gottesdienstbesucher ausüben mußten. Wir dürfen in seiner Übersetzung gewiß nicht einfach eine verkappte Darstellung seines theologischen „Systems" sehen wollen; aber es läßt sich nicht leugnen, daß er wesentliche Elemente seiner besonderen religiösen Überzeugung in den biblischen Text eingetragen und sie, fraglos ohne die Absicht der Täuschung, der

---

[75] Prägnant wieder durch eine Fehlübersetzung in Psalm 25 formuliert: „Qui sustinent te" (V. 3), trotz des Hieronymus „sperant in te", übersetzt er mit „alle die vor dir leyden" (ebd. S. 33,6 f.); und „te sustinui tota die" (V. 5), trotz des Hieronymus „te expectavi" mit „ich hab dich den tag uber erduldet" (ebd. S. 33,11).

[76] Ebd. S. 118,28—33. „Castigans castigavit me Dominus, et morti non tradiit me; aperite mihi portas justitiae, ingressus in eas confitebor Domino; haec porta Domini, justi intrabunt in eam."

[77] Ebd. S. 76,9 f. „Voluntarie sacrificabo tibi et confitebor nomini tuo, Domine, quoniam bonum est."

[78] Ebd. S. 141,11 f. „Qui facis angelos tuos, spiritus, et ministros tuos ignem urentem."

[79] Ebd. S. 119,6—9. „Deus meus es tu, et confitebor tibi; deus meus es tu, et exaltabo te. Confitebor tibi, quoniam exaudisti me, et factus es mihi in salutem. Confitemini Domino, quoniam bonus, quoniam in saeculum misericordia eius."

Gemeinde unter der Gestalt des Schriftwortes als biblisch begründet vorgetragen hat. Unmerklich, eben weil ganz unaufdringlich, wurden die Hörer durch das Fluidum dieser Verdeutschung in die geistig-religiöse Atmosphäre ihres Autors hineingezogen; und man wird unter diesem Gesichtspunkt auch den scheinbar unbedeutenden Ansätzen zu einer moralischen Zuspitzung und polemischen Verschärfung Beachtung schenken müssen, zumal wenn man bedenkt, daß die liturgische Neuerung im engsten Zusammenhange mit einer intensiven Predigttätigkeit stand, die sehr viel deutlicher und ungehemmter die Linien auszog, die im liturgischen Formular dank der Gebundenheit an den biblischen Text nicht so scharf markiert werden konnten. Gebundenheit an den biblischen Text natürlich innerhalb der von ihm anerkannten Grenzen; denn er wußte die Differenzen seiner lateinischen Vorlagen sehr wohl zu nutzen. Man darf meines Erachtens beispielsweise die Bevorzugung des Vulgatextes gegenüber Hieronymus in Psalm 2,12 und die Übersetzung dieses Verses weder in ihrem Wert als symptomatische Äußerung der Mentalität Müntzers noch in ihrem psychologischen Effekt auf empfängliche Hörer unterschätzen. Vulgata: „Apprehendite disciplinam, nequando irascatur Dominus, et pereatis de via iusta"; Hieronymus: „Adorate pure ne forte irascatur et pereatis de via"; Müntzer: „Dienet Got mit forcht, und mit ewrem entsetzen solt ir yhm wunsam sein. Das der Herr uber euch nit zorne, ergreyfft die zucht, anderst werdet ir den rechten weg nit treffen."[80]

Und sollte die besondere Akzentuierung des Wahrheits-Begriffes in Sinngebung und Wirkung ignoriert werden dürfen, wie sie die Wiedergabe von „testimonia tua credibilia facta sunt nimis" als „do werden sein gezeugnis nicht voruntrewet in erfundener warheit" in Psalm 93,5 bietet? Oder die Vulgata- und Hieronymustext kombinierende und doch frei gestaltende Verdeutschung von Psalm 54,7? „Widergylt den hynterlistigen spottern das ubel, mach sie zu narren mit deiner warheit."[81] Es bestätigt sich immer aufs neue, daß Müntzer beim Dolmetschen ganz und gar in der konkreten Situation seines Kampfes steht, daß er die Gegner in ihrem schriftwidrigen Verhalten bloßstellt, sie zurechtweist, daß er überhaupt den Worten des Psalmisten aus seiner Sicht heraus ihre besondere Aktualität und Gegenwarts-Bezogenheit gibt. Nicht minder hören die Teilnehmer dieser ungewohnten Gottesdienste als die Betroffenen unter den Worten der Schrift so manches mit, was der Prediger ihnen in seiner Verkündigung von der Kanzel herab näher dargelegt, aber wohl auch in mehr oder minder durchsichtigen Anspielungen insinuiert hatte.

[80] Ebd. S. 104,21—24.
[81] Ebd. S. 76,7 f. Vulgata: „Averte mala inimicis meis; et in veritate tua disperde illos"; Hieronymus: „Redde malum insidiatoribus meis in veritate tua disperde eos".

Den 35 Psalmen, die Müntzer in seinem Deutschen Kirchenamt verwendet, sind liturgisch die drei alttestamentlichen Cantica aus 1. Samuelis 2,1—10; Jesaja 12,1—6 und Jesaja 38,10—20 zuzuordnen, so daß für sie das gleiche gilt, was wir zu Form und Inhalt der Psalmenübersetzung festgestellt haben. Die Verdolmetschung der zweiten Jesajastelle ist allerdings hinsichtlich des Textes besonders bemerkenswert. „Wie ein junge schwalbe werd ich schreyn, wie ein kranich und wie ein taube werd ich trachten. Do ich ansah den hoen Got des hymels, worden vorfinstert meine augen. Der hats selber gethan, der mich erlöset hat, der do wegknam die schmertzen meiner selen. O Herr, von meyner selen hast du gehört, du hast meinen geist erwecket, im trost hastu yn lebendig gemachet.“[82] Die Worte „wie ein Kranich“ sind weder aus der Vulgata noch aus Hieronymus noch aus den LXX zu belegen, finden sich dagegen im hebräischen Text. Nur wird damit nicht etwa die These von Müntzers Kenntnis des Hebräischen bestätigt. Woher hat er aber diesen „Zusatz“? Seine Übersetzung des Kontextes bietet keinerlei Anhaltspunkte für die Beantwortung dieser Frage; denn der Dolmetsch erfaßte die Jesajastelle als eine Variante der von ihm dem 93. Psalm beigelegten Thematik und nötigte seine Vorlage — höchstwahrscheinlich doch die Vulgata — in diesem Sinne zu einer Aussage. Die „Verdeutschung“ liefert hier mithin ein besonders krasses Beispiel seines willkürlichen Umganges mit dem biblischen Texte, das wie noch so manches weitere Exempel die Ablehnung der müntzerischen Ämter durch Luther, die seinen Kritikern so unbegreiflich erscheint[83], durchaus verständlich macht. Bei einem so großzügigen Verhältnis zum Texte wäre es jedoch sehr wohl denkbar, daß ihm bei der Formulierung von Jesaja 38,14a unwillkürlich Jeremia 8,7 in die Feder floß, wo „Taube, Kranich und Schwalbe“ zusammen genannt werden. Zwar zitiert er diese Stelle sonst nirgendwo wörtlich; doch spielt Jeremia 8,8 in seiner Polemik gegen die Schriftgelehrten eine hervorragende Rolle und war ihm der voraufgehende Vers sicherlich geläufig.

Am Sinn des Ganzen geht er, wie schon gesagt, völlig vorbei. Aus dem Klage- und Bittgesang des Hiskia wird ein echt müntzerisches Lied vom „Durchgang“ durch die Hölle und Tod erleidenden Schmerzen des von Gott durch Leid geläuterten Gläubigen (wie es auch die von Müntzer hier verwandte Antiphon schon andeutet), das im Bekenntnis des Lobes und Dankes für den erlösenden Durchbruch zum Leben ausklingt: „Der hats selber gethan, der mich erlöset hat, der do wegknam die schmertzen meiner selen. O Herr, von meyner selen hast du gehört, du hast meinen geist erwecket, im trost hastu in lebendig gemachet. Nym war, im frid ist mein bitterkeit.“[84]

---

[82] Ebd. S. 88,8—15.   [83] So schon Smend, S. 115 f.; Schulz, S. 379; Mehl, S. 47 ff.
[84] Franz, MG, S. 88,12—16.

Die alttestamentlichen Prosastücke des Kirchenamtes, die sich als Kapitel zu den Laudes des Advent (Jes. 7,14 f.) und der Weihnacht (Jes. 9,5) finden oder als 1. bis 3. Lektion der Passionsmette[85], variieren das zu den „poetischen" Texten Gesagte kaum; ebensowenig der einzige größere, dem Alten Testament entnommene Abschnitt der Deutschen Messe (Jes. 11,1—5 im Adventsamt)[86], der überhaupt nur an zwei Stellen den Allstedter als Dolmetsch vermuten läßt, nämlich in der Wiedergabe von „spiritus scientiae" durch „geyst der kunst" (V. 2)[87] — terminologisch wohl eine der klarsten Belegstellen für Müntzers Ableitung des Begriffes „Kunst" aus „Kennen" — und in der Auslegung des „secundum auditum aurium" durch den ins Negativ-Kritische gewandten Satz „nachdem die welt gerne höret" (V. 3), obschon man durchaus meinen könnte, daß der originale Sinn der Worte Müntzers Geisttheologie mindestens ebenso nahe hätte liegen müssen.

Die weit überwiegende Mehrzahl der Lesungen umfaßt neutestamentliche Texte, die für das Kirchenamt in ziemlich freier, für die Messe in sehr enger Anlehnung an Luthers Übersetzung verdeutscht worden sind, nicht so flüssig und leidenschaftlich bewegt wie die Psalmen und Cantica, aber doch nicht so ungeschickt und schwerfällig, daß das Urteil berechtigt wäre: „So gut ihm das große liturgische Pathos liegt, so unbeholfen ist er in der schlichten Geschichtserzählung."[88] Die Prosa der Evangelien und Briefe bot mit ihrem andersartigen stilistischen Charakter dem müntzerischen Pathos natürlich weniger Gelegenheit sich zu entfalten als die „Lyrik" der Psalmen; aber darüber hinaus fehlt es in der Tat nicht an allzu wörtlichen und steifen Translationen[89]. Nur reicht weder die eine noch die andere Feststellung aus, noch gibt es überhaupt ein sachlich begründetes Argument, die Übersetzung der im Gottesdienst verlesenen Abschnitte gegenüber der der hymnologischen Stücke solchermaßen abzuwerten. Sie darf im Rahmen der von Müntzer befolgten Grund-

---

[85] Sap. Sal. 2,1—3; 6—8; 12—15.

[86] Franz, MG, S. 169,15—27: „Diß saget Gott der Herr: Eyne ruthe wirt außgehn von der wortzeln Jesse, und ein blut wirt aufsteigen von yrer wortzeln, und auf dem bluth wirt rugen der geyst des Herrn, der geyst der weißheyt und des vorstandes, der geyst des raths und der stercke, der geyst der kunst und der gütickeit, und es wirt der geist der forcht des Herren die blüeth erfullen. Die blüeth wirt yhr urteyl nicht vollfuren nach dem ansehen der leute, und yre straff vorenden, nachdem die welt gerne höret, sunder wirt urteylen die dörfftigen in der gerechtigkeyt und wirt straffen die sanfftmütigen der erden in der billigkeyt, und wirt schlahen das ertreich mit der ruthen yres mundes, und mit dem geyst yrer lyppen wirt sie tödten den gottlosen, und die gerechtigkeit wirt yr ein görttel an den lenden sein, und der glaube ein schurtz yrer nyren."   [87] Ebd. S. 169,19.   [88] Schulz, S. 387.

[89] Wie etwa Luc. 2,6: „Factum est autem cum" = „und es ist geschehen, do" (Franz, MG, S. 58,3); Luc. 1,29: „Do sie dyßselbige hat gehöret, ist sie ..." (ebd. S. 40,6 f.) usf.; aus der DEM etwa Marc. 16,2: „Una sabbatorum" = „an eynem der sabather".

sätze des Dolmetschens als nicht minder gelungen bezeichnet werden, zumal sie im allgemeinen sprachlich und stilistisch gut durchgebildet und rhythmisch wohl geformt erscheint. Das schließt auch gelegentliche Härten nicht aus, die zumeist durch das Bemühen entstehen, dem Hörer die Situation einer Handlung oder eine logische Beziehung zu verdeutlichen[90].

Im großen und ganzen darf die Übersetzung auch als textgemäß angesprochen werden; kleine, sinnerläuternde Zusätze[91] und auch leichte Veränderungen[92] muß man sich freilich schon gefallen lassen. Es bleibt als ein bedeutsamer Eingriff in den Text nach Form und Inhalt nur die Verdeutschung von Röm. 8 in den Pfingstlektionen des Kirchenamtes, die in den besonders zahlreichen Abweichungen mannigfacher Art auf eine größere Verselbständigung der Wirkung des Heiligen Geistes hindrängt, ohne sich allerdings dem Wortlaut nach in direkten Widerspruch zur Intention des Ganzen zu setzen.

Da es sich auch bei den kürzeren Texten der neuen liturgischen Ordnung, also den Versikeln, Antiphonen, Responsorien, Salutationen usf. fast ausnahmslos um Bibelstellen handelt, werden wir hier keine wesentliche Korrektur des bisher gewonnenen Ergebnisses erwarten dürfen. In der Tat entspricht die Verdeutschung dieser Teile in ihrem Gesamtduktus ganz dem Charakter der übrigen Übersetzung und gibt im Vokabularium wie im gesamten Sprachduktus deutlich zu erkennen, daß Müntzer hier ebenfalls selbständig verdolmetscht hat, auch wenn er die knapp gehaltenen Sprüche aus naheliegenden Gründen zumeist sehr wortgetreu übertragen und seine theologischen Specifica terminologisch wie inhaltlich nur sehr selten darin zur Geltung gebracht hat. Von besonderem Reiz ist diese Gruppe von Sätzen allerdings dadurch, daß sie uns einen Einblick in die Variationsbreite der Verdeutschung gleicher Texte durch Müntzer bietet, insofern einzelne biblische Verse bzw. Versteile an verschiedenen Stellen seiner Ämter in unterschiedlichem Wortlaut begegnen. Als ein instruktives Beispiel sei Luc. 2,14 herausgehoben:
1. „Preyß sey Gotte in der höe und den menschen auff erden ein guter wille."[93]

---

[90] So etwa durch die Wiederholung des Substantivs an Stelle eines Pronomens („zu der junckfrawen", ebd. S. 40,4) für „ad eam" in Luc. 1,28; „ei" in Luc. 1,30; ähnlich in der DEM „bluet" in Jes. 11 usf.

[91] „Vom todt" zu „erstanden" (1. Kor. 15,13 f.); „heylant der welt" = salvator (Luc. 2,11); „mit Christo" (Kol. 3,3); ebenso hier und da kleine Auslassungen: „in diebus illis" (Luc. 2,1); „dominus" (Luc. 2,11); „domino nostro" (Röm. 6,11); in der DEM: „in dexteris" (Marc. 16,5).

[92] „Aufgang auf die hoe" = „oriens ex alto" (Luc. 1,78); „eingeboren" = „primogenitus" (Luc. 2,7); „unser glaub" = „fides vestra" (1. Kor. 15,15); in der DEM: „und man sahe an yhn" = „apparuit illis" (Act. 2,3).

[93] Franz, MG, S. 58,13—15.

2. „Preyß sey Got in der höe und auff erden frid den menschen eins guten willens."[94]

3. „Preyß sey Gote in der höe und den menschen auff erden fride eins guten willens."[95]

4. „Preyß sey Gott in der höe. Und den menschen auf erden frid eyns guthen willens."[96]

5. „Got sey preyß in den höchsten und auff erden fride den menschen eynes guten willens."[97]

6. „Preyß sey Got in der höe und auff erden frid den menschen eynes guten willens."[98]

Das ist für eine Übersetzung durch denselben Autor ein immerhin etwas merkwürdiger Befund. Denn es konnte ihm schwerlich verborgen bleiben, daß er im weihnachtlichen Stundengebet an einem Tage drei verschiedene Versionen ein und desselben lateinischen Textes brachte. Offenbar war er sich bei der Ausarbeitung des Weihnachtsamtes im Kirchenamt (Version 1—3) nicht schlüssig, wie er den „engelischen Lobgesang" verdeutschen sollte, und war er auch mit Luthers Übersetzung allem Anscheine nach nicht einverstanden. Noch im Adventsamt der Messe (Version 4) hat er die dritte Version (des DKA) gewählt, um sich dann im Weihnachts- und im Osteramt der Messe für die zweite Fassung zu entscheiden[99]. Er mag auch im Kirchenamt der Weihnachtszeit schließlich einheitlich die zweite Version praktiziert haben. Im Druck stehen aber die drei Versionen des ersten Entwurfes noch nebeneinander, obwohl er deren unterschiedlichen Sinngehalt klar erkannte[100]. Man darf die Divergenz in der Übertragung derselben lateinischen Texte zwar nicht unbeachtet lassen, ebensowenig freilich zu wichtig nehmen, da sie in der überwiegenden Mehrzahl der Fälle nicht von solcher Relevanz ist wie in dem angeführten Beispiel.

2. Die Hymnen

Bei aller Freizügigkeit seiner Verdeutschung war Müntzer — das kann nicht genug betont werden — überzeugt, sich keine Eigenmächtigkeit gegenüber den biblischen Textaussagen herauszunehmen, selbst dort nicht, wo er dem Texte sichtlich Gewalt antat. Er wollte mitnichten das

---

[94] Ebd. S. 63,1—3.
[95] Ebd. S. 65,15 f.
[96] Ebd. S. 167,9 f.
[97] Ebd. S. 181,4—6.
[98] Ebd. S. 193,3—5.

[99] Als älteste Form hat wohl die in der Ostermesse der DEM gebotene wörtliche Übersetzung des Vulgatatextes zu gelten (Version 6); sie kehrt in den Laudes des KA's zur Geburt Christi wieder (Vers. 2).

[100] Eine besonders auffällige, kaum zufällige Form liegt in der Mette des Adventamtes vor (Version 1).

281

Bibelwort mißachten, in dem Gott sein Wort sprach. Nur war dieses hintergründige Gotteswort in den Sätzen der biblischen Schriftsteller nicht so vernehmbar, wie jedes andere von Menschen geäußerte Wort unschwer von jedermann zu begreifen ist. Es war ein anders geartetes, Gottes Reden korrespondierendes Hören vonnöten, bzw. eben die Aufgabe eines vom Heiligen Geist geleiteten Dolmetschs, Gottes Aussagen „sinngemäß" denen zu vermitteln, die „zum geist noch zur zeit vil musterns bedörfen"[101]. Gotteswort und Menschenwort — im Bibelwort war beides unlöslich vereint. Das gab ihm die besondere Qualität, die Müntzer nicht ignorieren konnte und wollte, ihn auch das Menschenwort ernst nehmen ließ; das Bibelwort war ihm nicht ein mit magischen Kräften geladenes Zauberwort, sondern eine freilich nur dem Geistbegabten sich in ihrem rechten Verständnis voll aufschließende Kundgabe Gottes im Zeugnis von Menschen. Das tritt meines Erachtens deutlich hervor, wenn man Müntzers Verdeutschung der nichtbiblischen Stücke in den beiden liturgischen Ordnungen zum Vergleiche heranzieht. Zwar zeigt er im Gloria, im Credo, in der Präfatio usf. ebenfalls eine starke Gebundenheit an den Text der Vorlage, die sich in einer teilweise erstaunlich wortgetreuen Übersetzung ausspricht, auch das wohl in gewisser Weise noch ein Ausdruck des Empfindens für die eigene Wertigkeit dieser als Aussagen der frommen Apostel und Apostelschüler qualifizierten Bestandteile des gottesdienstlichen Geschehens; aber um so eigenmächtiger verfährt er mit den hymnischen Gesängen, die sich unverhältnismäßig starke Eingriffe gefallen lassen müssen, so daß man bei manchen Strophen eher von einer Umdichtung als von einer Übersetzung sprechen könnte. Freilich stellte der durch Versmaß gebundene lateinische Hymnus andere Anforderungen an den deutschen Übersetzer als der ihm sozusagen in lateinischer Prosa vorliegende Psalm[102]. Müntzer hat sich augenscheinlich Mühe gegeben, diesen besonderen Ansprüchen einigermaßen zu genügen und hat sogar durch die Verwendung des doppelzeiligen Endreimes, der vom lateinischen Hymnus nicht gefordert wird und auch in den hier vorliegenden Gesängen nicht vorgegeben war, dem deutschen Bedürfnis poetischer Formgebung gleichsam überpflichtig Rechnung zu tragen versucht. Man wird allerdings das Ergebnis seiner Reimkunst im allgemeinen nicht als eine hohe dichterische Leistung bewerten wollen, obschon es nicht so viel schlechter ist als manches Dokument der zeitgenössischen Poesie. Mehr noch wird der Leser der müntzerischen Übertragung bei der ausgesprochen nachdruckbestimmten Akzentführung der deutschen Sprache an der starken Vernachlässigung des Wortakzentes Anstoß nehmen[103]. Daß sich im deutschen Vers sprachliche und metrische Nachdruckstellen

---

[101] Franz, MG, S. 162,23.
[102] Vgl. insbesondere dazu Schulz, S. 387 f. und Mehl, S. 51—58.
[103] Vgl. im Exkurs Frederichs, S. 354 ff.

decken müssen, hat Müntzer weithin ignoriert. Doch darf man diese Kritik nicht üben ohne zugleich zu bedenken, daß der den konstruktiven Versbau bestimmende Wechsel von unbetonter und betonter Silbe im liturgisch-musikalischen Vortrag seine für das sprechende Rezitieren unerträgliche Härte verlor und die von Sinn und Sprache bestimmte Wertordnung im liturgischen Sprechgesang sehr viel stärker zur Geltung gebracht werden konnte als das dem heute die Texte ohne Noten aufnehmenden, ohne die Melodienführung mithörenden Leser möglich erscheinen mag. Müntzer aber hat nicht ein lateinisches Poem als literarisches Kunstprodukt seinen Hörern stil- und formgerecht in deutscher Sprache zugänglich machen wollen, sondern hat einen geistlichen Gesang der christlichen Väter für den gottesdienstlichen Gebrauch der Gemeinde verdolmetscht und dabei auf die liturgischen Notwendigkeiten wie Möglichkeiten Rücksicht genommen. Diese Einsicht ändert natürlich nichts an dem dichterischen Wert oder Unwert seiner Verdeutschung, gibt uns aber einen besseren Maßstab an die Hand, das Ganze seiner Hymnenübertragung gerecht zu würdigen, die unter der Kategorie eines literarischen Produktes allein nicht zureichend erfaßt werden kann. Im lebendigen Fluß der Liturgie löst sich der silbenwägende Rhythmus der Verse aus der Verkrampfung eines mechanisch skandierenden Schematismus und können die echt hymnischen Elemente sich nach Sinn und Form entfalten. Denn Müntzer weiß etwas vom Wesen des Hymnus; sein Pathos reagiert instinktiv auf den feierlichen Tenor der „lobgesenge und götlichen psalmen"[104] und mit seiner sprachbildnerischen Kraft, die in nahezu expressionistischer Manier selbst das Exzentrische nicht verschmäht, sucht er dem „hohen Sinn" die adäquate Form zu geben. Damit sollen nicht zum Lobe des Helden die mancherlei Anstößigkeiten, Härten und Unebenheiten in Versbau, Reim, Sprache und Inhalt als dichterische Besonderheiten eines enthusiastisch beschwingten Geistes verklärt werden; sie bleiben ganz nüchtern das, was sie sind: Unzulänglichkeiten, die von dem Dolmetsch, aus was für Gründen auch immer, nicht gemeistert worden sind. Aber nicht minder würde ein billiges Beckmessertum sich gegenüber der faktischen Leistung Müntzers selber das Urteil sprechen und O. J. Mehl mahnt mit Recht zu einem Vergleiche etwa „mit der so unbeholfenen und oft kaum verständlichen Uebertragung derselben Kirchenhymnen des Hymnarius ... 1524"[105].

Trotz der etwas gewaltsamen Einschnürung in das zumeist gebräuchliche Vier-Jamben-Maß des Hymnenverses — nur in der Ostervesper bietet das Kirchenamt dem lateinischen Original entsprechend einen anderen rhythmischen Aufbau — treten kennzeichnende Merkmale der müntzerischen Verdeutschung auch hier wirksam hervor, nicht nur rela-

---

[104] Franz, MG, S. 30,3 f.   [105] Mehl, S. 52.

tiv seltene terminologische Eigenheiten[106] oder besondere Formulierungen[107]. Erheblich stärker noch als schon in der Psalmenübersetzung macht sich das wohl weniger bewußt gewollte als einfach aus seinem deutschen Sprachgefühl sich von selbst ergebende Bestreben geltend, die substantivischen Konstruktionen der lateinischen Vorlage möglichst verbal aufzulösen. Sodann sucht er auch hier einem leichten Verständnis durch logisch verknüpfende Partikel aufzuhelfen und durch stärkere Anwendung der unmittelbaren Gesprächs- bzw. Anredeform[108] die lebendige Anteilnahme, das innere Beteiligtsein, die persönliche Bezogenheit des Betenden zu intensivieren, wobei wiederum nicht unberücksichtigt bleiben darf, und meines Erachtens bei den Hymnen am allerwenigsten, daß im Schaffen Müntzers alle Absichtlichkeit und vordergründige Tendenz ein starkes Äquivalent in seiner eigenen religiösen Erfahrung hat, die sich in den persönlichsten Formen des Ausdrucks schlechthin kundtun muß. Es ist darum nicht verwunderlich, daß Müntzer den Gesamttenor mancher Hymnen stimmungsmäßig merklich verändert hat und zwar derart, daß er das auf Distanz im Gegenüber abgestimmte Moment der feierlichen Anbetung der Erhaben-Göttlichen spürbar abschwächte; einmal dadurch, daß die stärkere Hervorhebung des göttlichen Erlösungswillens und der Erlösungstat Christi Gott dem Menschen in der Erkenntnis des „für uns" näherrückte und den Gläubigen mit dankerfülltem Herzen sich seinem Gotte nahen ließ; zum anderen, damit eng zusammenhängend, dadurch, daß die Bitte um Beistand zur Bewährung echten Christseins in Glauben und Leben eine schärfere Akzentuierung erfuhr. Nicht als wäre mit dem allen dem Hymnus ein ihm an sich wesensmäßig fremdes Element unberechtigterweise aufgenötigt worden — er ist ja in seinem weiteren Verstande immer zugleich ein Lob-, Dank- und Bittgesang —, doch hat Müntzer die geistliche Struktur der von ihm verdolmetschten hymnischen Lieder durch die besondere Zuordnung und eigene Verhältnisbestimmung der inhaltlichen Motive offensichtlich modifiziert und ihnen teilweise einen anderen Charakter gegeben. Das war bei der freizügigen Bearbeitung des lateinischen Textes von einem Müntzer auch kaum anders zu erwarten, hat er doch nur selten eine Strophe ganz unverändert übernommen, oft genug sich aus einzelnen Zeilen seiner Vorlage nur ein Stichwort herausgegriffen, um es seinen Intentionen gemäß zu verwenden, und immer wieder, zumal in den Adventslaudes, der Weihnachtsvesper und in fast allen Doxologien größere und kleinere Versteile fortgelassen, um sie

---

[106] Zum Beispiel der Begriff der „außerwelten" (Osterlaudes II,4; Franz, MG, S. 120,13 und Ostervesper I, 2; ebd. S. 124,21).

[107] Wie „entlich zu richten aller menschen boßheit mit ernstem urteil" (Ostervesper IV, 3; ebd. S. 125,12 f); „erleucht deyn arme christenheyt" (Pfingstvesper I, 2; ebd. S. 153,2) u. a. m.

[108] Adventslaudes; Weihnachtsvesper; Osterlaudes; Passionslaudes.

durch eigene Gestaltungen zu ersetzen. Bemerkenswert ist jedoch, daß er sich bei seinen Umdichtungen im großen und ganzen im Rahmen der reformatorischen Anschauungen gehalten hat, ohne seinen theologischen Sondermeinungen einen bevorzugten Platz einzuräumen.

Von den mancherlei Themen, die in den Hymnen führend oder begleitend aufklingen, mußten sich wohl die Äußerungen der mariologischen Frömmigkeit die stärksten Korrekturen gefallen lassen. Schon die leichten Abwandlungen einzelner Wendungen wie „zeych uns die geburt deyns sons" statt „ostende partum virginis" oder „ist christ geburt worden bekannt" statt „natum Maria virgine" möchte ich nicht für zufällig halten oder nur um des Reimes willen entstanden ansehen. Eindeutig aber wird in den Adventlaudes die relativ breite Ausführung über das geheimnisvolle Wunder der „claustra pudoris" — praktisch die ganze dritte Strophe der Vorlage — eliminiert und ebenso in der Weihnachtsvesper die über zwei Strophen (3 und 4) sich erstreckende aufdringliche Verherrlichung der Immaculata auf eine Strophe verkürzt, zudem inhaltlich bedeutsam verändert, ferner auch in der fünften Strophe das „quam matris alvo gestiens clausus Iohannes senserat" auf die nüchterne Ausage „und Johannes der prohet sagt" reduziert. Ein Vergleich der beiden Fassungen des Weihnachtshymnus macht die „evangelische" Tendenz der müntzerischen Umdichtung ohne weiteres einsichtig, zumal wenn man die voraufgehende und die nachfolgende Strophe als in der Hauptsache gleichbleibenden Rahmen hinzunimmt:

„A Solis ortus cardine ad usque terrae limitem Christum canamus principem natum Maria virgine.	„Last uns von hertzen singen. All last loben mit frölichem schall, vom auffgang byß zum nyddergang ist christ geburt worden bekant.
Beatus auctor saeculi servile corpus induit, Vt carne carnem liberans ne perderet quos condidit.	Sey uns willkommen, o kindlein zart, wilche lieb zwang dich also hart, ein schöpffer aller creatur, scheint schlimmer dann ein schlechter bawer.
Castae parentis viscera caelestis intrat gratia, Venter puellae baiulat secreta quae non noverat.	Zeych an in unsers hertzen grundt, das uns der heylant werde kundt, das wir mit dir so new geborn, dein werck befinden unverlorn.
Domus pudici pectoris templum repente fit dei, Intacta nesciens virum, verbo concepit filium.	Des hymels thaw vons vatters thron schwingt sich wol in die junckfraw schon, des wirt die zarte gnaden vol, ins hertzen grundt do allzumal.

Enixa est puerpera
quem Gabriel praedixerat,
Quem matris alvo gestiens
clausus Iohannes senserat."

Eya Gots mutter, deine frucht,
die uns benympt fraw Even sucht,
wie Gabriel verkündigt hat,
und Johannes der prophet sagt."[109]

Für Müntzer steht hier nicht Maria als der wunderbare Tempel Gottes im Mittelpunkt der Betrachtung, sondern der Blick ist auf das Erscheinen Christi im Fleische gerichtet, auf sein Kommen in die Welt nach Wille, Tat und Ziel. Das naturhaft wunderbare Geschehen an Maria tritt in den Hintergrund gegenüber dem unbegreiflichen Ereignis, daß Gott für uns Mensch geworden ist: „Ein schöpfer aller creatur, scheint schlimmer dann ein schlechter bawer"; „Got leyt hye in dem krippeleyn, gewunden in die tüchelein, geseuget so gar kümmerlich, der do hirschet im hymelreich."[110] Es geht nicht um ein *miraculum*, sondern um das *mirabile* der Selbsthingabe Gottes, das in dem unfaßlichen Paradoxon der Weihnacht gewiß auch für Müntzer als ein *exemplum* im rechten Verstande zu den Menschen reden sollte. Aber dieses Exempel ist zuvor nach Wesen und Gehalt ein für die ganze Existenz des Menschen entscheidendes Ereignis, durch das Gott ihm nahekommt, in Beziehung zu ihm tritt, in sein Leben eingreift. Und Müntzer will nun keine dogmatische Doktrin darüber in Versen vortragen, die man als eine mehr oder minder geläufige „Glaubenswahrheit" sich korrekt als intellektuellen Besitz aneignet, um sich bei solchem „Glauben" zu beruhigen oder ihn stimmungsmäßig auszukosten. Die göttliche Liebestat soll als eine lebendig erfahrene Wirklichkeit im Herzen des Gläubigen mächtig werden, das Kommen Christi zur echten Begegnung und bleibenden Zwiesprache führen. Es ist ein beredtes Zeugnis für die Grundhaltung Müntzers als Dolmetsch, daß er im Adventshymnus „veni redemptor gentium" die abstrakt dogmatischen Formel der Zweisubstanzenlehre in seiner Vorlage „geminae gigas substantiae alacris ut currat viam" (IV)[111] ganz bei Seite läßt, aber in der Weihnachtsvesper den soteriologischen Gehalt dieser Lehre mit starker Betonung zur Geltung bringt, wenn er von sich aus die Doxologie des Hymnus in die Worte ausklingen läßt „ein ewiges guth, wilchs uns vorgötet durch seyn wort, yetzt vormenschet durch seyn geburt", desselben Hymnus, in dessen einleitende Strophen er die Verse eingefügt hat: „Sey uns willkommen, o kindlein zart, wilche lieb zwang dich also hart, ... zeych an in unsers hertzen grundt, das uns der heylant werde kundt, das wir mit dir so new geborn, dein werck befinden unverlorn". Was in derartigen Zusätzen zum Ausdruck kommt, ist mit dem Richtungsbegriff „Verinnerlichung" nicht vollgültig erfaßt, sofern man darunter nicht zugleich die Erfahrung der Situationsveränderung mit begreift, die den Menschen

---

[109] Franz, MG, S. 67,13—68,6; Wackernagel I, Nr. 49.
[110] Ebd. S. 68,11—14.   [111] Wackernagel I, Nr. 12.

in ein neues höchst reales Beziehungsverhältnis zu Gott stellt. Man könnte es allenfalls noch im Sinne einer „verinnerlichenden" Tendenz verstehen, wenn er den Eingang zum Hymnus in den Osterlaudes ostentativ umgestaltet:

„Ad coenam agni prouidi et stolis albis candidi Post transitum maris rubri Christo canamus principi."	„Last uns nun all vorsichtig sein, das osterlamb mit rechtem schein und mit reynem hertzen nyessen, das Christ in uns werde suße."[112]

Doch reicht ein solches Verständnis meines Erachtens nicht mehr aus, um die kurzen Einschübe zu erklären, die in den Hymnen aller Ämter auf die Erlösung von Sünde, Schuld und Tod durch Christi Passion hinweisen[113].

Es wäre auch allzu bequem, ja falsch, solche Einschübe etwa als poetisch-rhetorische Füllsel bagatellisieren zu wollen. Es liegt Müntzer offensichtlich daran, deutlich zu machen, daß hier ein für die Existenz des Menschen vor Gott grundlegend neuer Sachverhalt geschaffen ist, der für ihn freilich erst dann, aber immer auch dann relevant wird, wenn er ihn mit seinem ganzen Sein bejaht: „Alles, was durch yhn geschaffen ist, dem gibt er krafft wesen und frist nach seynes willens ordnung zwar, yhn zu erkennen offenbar"[114]; auch diese Strophe aller Wahrscheinlichkeit nach eine freie Schöpfung Müntzers. „Erkennen" aber weitet und vertieft sich ihm zum Begriff eines willentlich-tätigen Sich-Hineinziehen-Lassens in das Wesen Christi bis zur Christusförmigkeit des ganzen Menschen. Am stärksten oder doch am klarsten spricht sich dieses Anliegen in seiner Um-

---

[112] Franz, MG, S. 120,7—9; Wackernagel I, Nr. 116.

[113] Adventslaudes V, 4: „Steyg zu der hellen mit grosser macht, nach dem der todt wart do geschlacht" (Franz, MG, S. 46,17 f.; dazu Wackernagel I, Nr. 12).

Weihnachtsvesper V, 2: „Eya Gots mutter, deine frucht, die uns benympt fraw Even sucht" (Franz, MG, S. 68,3 f.).

Passionsvesper V, 3: „Der sunden burd er auf sich nam" (ebd. S. 99,15); VII, 4: „Uns hast erlost auß ewiger not" (ebd. S. 99,24).

Osterlaudes IV:
„Iam pascha nostrum Christus est,
qui immolatus agnus est
Sinceritatis azyma
caro eius est oblata" (Wackernagel I, Nr. 116/4).
„Drumb ist Christus unser osterlamb,
wilchs der welt sunde hynwegnam,
geopffert vor uns gedultig,
gewan also des todes sieg" (Franz, MG, S. 120,18—21).

Ostervesper III, 3: „Uns erlöset hat, mit theurbarem lone" (ebd. S. 125,8).

Pfingstvesper VII,2: „Und seyns christ der geliden hat" (ebd. S. 154,2).

[114] Ebd. S. 48;20—23.

dichtung des Hymnus der Ostervesper aus, besonders in den beiden ersten und den beiden letzten Strophen, die sich in den Einzelheiten wie im
ganzen Duktus sehr bedeutsam von der Vorlage entfernen:

„Vita sanctorum, decus angelorum,
vita cunctorum pariter piorum,
Christe, qui mortis moriens ministrum exsuperasti.

Tu tuo laetos famulos trophaeo
nunc in his serva placidis diebus,
In quibus sacrum celebratur omnem pascha per orbem.

Corda tu sursum modo nostra tolle
quo patri dexter residens in alto,
Ne resurgentes facias in ima praecipitari.

Hoc pater tecum, hoc idem sacratus
praestet amborum, pie Christe, flatus,
Cum quibus regnas unus deus omni iugiter aevo."

„Der heylgen leben thut stets nach got streben,
und alle außerwelten hye auff erden
soln Christ gleich werden,
drumb ist er gestorben, yhn solchs zur werben.

O Christ von hymel, ernew uns von ynnen,
in dysen heylgen osterlichen tagen
gar zu entsagen, aller werlde freuden
ernstlich zu meyden.

O mensch, bedenck das fleissig on unterlaß,
dein gemut stetlich zu im richt festiglich
mit gantzem glauben, das du seyner freuden
wirst nit beraubet.

Das gib uns, vater, durch Christ, deynen zarten,
das wir deyns willens mügen so erwarten,
in unserm leben deynes geystes wirckung
empfintlich werden."[115]

Hier wird gleich zu Anfang der Begriff der „Christusförmigkeit"
gleichsam programmatisch herausgestellt und in charakteristischer Abwandlung das „serva laetos famulos" umgeformt zu einem „ernew uns
von ynnen, in dysen heylgen osterlichen tagen gar zu entsagen . . ."; die
Bitte an Christus aber „corda tu sursum modo nostra tolle" wird zu einer

[115] Ebd. S. 124,20—125,21; Wackernagel I, Nr. 178.

288

ernsten Mahnung an den Menschen: „O mensch, bedenck das fleissig on
unterlaß, dein gemut stetlich zu im richt festiglich mit gantzem glauben."
Und aus der trotz dem „praestet" die christusbetonte Trinität preisenden
Doxologie wird endlich bei aller Anlehnung an die trinitarisch-doxolo-
gische Formel die Bitte um „Füllung" mit dem Geiste, „das wir ... deynes
geystes wirckung empfintlich werden". Die inhaltlich sehr beredte Prägung
dieses Osterhymnus muß auch davor warnen, das zu wiederholten Malen
laut werdende Verlangen nach Erneuerung des konkreten christlichen
Lebens in Sein und Wesen moralistisch-ethisch zu verflachen; man nimmt
dem müntzerischen Verlangen, sowohl als Bitte zu Gott wie als Forderung an den Menschen, die ihm eigentümliche Tiefendimension, wenn man
darin primär nur die Äußerung eines zur sittlichen Leistung drängenden
Aktivismus in Reaktion auf einen intellektualistisch bestimmten Glauben
an dogmatisch-metaphysische Wahrheiten erkennen will. Gewiß spielt
dieses Moment, und sei es nur unbewußt, bei Müntzer eine erhebliche
Rolle mit; doch selbst die am ehesten noch so deutbaren Verse in den
Weihnachtslaudes, „drum gib uns, o Herr aller ding, das uns durch deynen Christ geling, Herodes art zu meyden gar, deyn reych zu besitzen
vorwar", dringen tiefer und wollen nach dem sachlichen Gehalt des dreimal, nämlich in den Adventlaudes, der Adventvesper und den Osterlaudes sich wiederholenden, von Müntzer selbst neu gestalteten Vers-
paares verstanden sein: „Lehr uns deyn heylgen willen thun und im
glauben nemen zu." Der ganze Habitus des Gläubigen soll von Gott bestimmt, auf Gott gerichtet sein, muß daher auch nach den wieder durch
eigene Zusätze hervorgehobenen ausdrücklichen Aussagen der Hymnen-
verdeutschung die „Hoffarbe des rechten Christen" tragen: Kreuz und
Leid. Das heißt abermals, die etwa dem Hymnus der Passionsvesper ein-
gefügte adhortative Feststellung, daß Gott den Christen „verbeut all
frembde lust", hat nicht den Sinn einer moralischen Anweisung zu einem
sittenstrengen Leben, sondern meint die läuternde Bewährung, den Tatbeweis des Christseins im Durchgang durch ein alles Selbstische verzeh-
rendes Leiden, durch das Gott den Menschen an sich zieht. Wohl nicht
zufällig ist für Müntzer der Hymnus der Pfingstvesper der gewiesene
Ort, von der Leidenswilligkeit zu reden, die in seinem reformatorischen
Verständnis ja doch etwas *toto coelo* anderes ist als jedwede vom Menschen selbst ausgehende und gesteuerte „selbsteigene Pein". „Kumm zu
uns schöpffer, heylger geyst, erleucht deyn arme christenheyt, erfull unser
hertz, das zu dir seufftzet mit innerlichem schmertz ... ler uns erkennen
deynen Christ, im rechten glauben sicherlich seyner zu nyessen ewiglich ... sterck unser schwachheyt krefftiglich, das sie zu leyden werdt bereyt."[116] Der ganze Mensch soll sich von Gott ergreifen und erfüllen las-

---

[116] Ebd. S. 153,1—16.

sen, so daß all sein Tun und Leiden aus Gott kommt und sich auf Gott richtet. Es ist ein wahrhaft leidenschaftlicher Drang in dem Allstedter Prediger, den Menschen auf das einzige Ziel der Christusförmigkeit hinzuweisen, unaufhörlich die volle Bereitschaft zum „Gottesdienst" als die einzig sinnhafte, weil gottgewollte Aufgabe zu predigen und den rechten Weg dahin zu zeigen: „Wir bitten dich, Herr aller ding, auß hertzen grundt, das dyß geling, das du in dyser osterzeyt uns zu deynem werck machst bereyt"[117]; „o Herr, denck an deyn güttigkeyt, mach uns zu deynem wergk bereyt, deyns willens gewertig zu seyn, dich zurkennen mit clarem schein. Preiß sey dir Christ, o tewrer helt, schaff in uns, was dir wolgefelt"[118].

Auf das Ganze gesehen hält sich Müntzer somit in der Grundtendenz seiner Verdolmetschung der Hymnen ganz im Rahmen der reformatorischen Anschauung, geht insbesondere in dem Bestreben mit ihr konform, die historisch-retrospektive, darum wesentlich intellektive Bestimmtheit des Glaubens durch ein Verständnis zu überwinden, das im Verhältnis zu Jesus die Distanz der geschichtlichen Zeit aufhebt, das vergangene Geschehen als ein gleichzeitig-gegenwärtiges Erleben, die spekulativ objektivierten Heilstatsachen als den Gläubigen jetzt und hier unmittelbar betreffende, unter seiner Teilnahme und Mitwirkung sich vollziehende, ihn in ihr Wesen und Wirken hineinziehende Akte erfahren läßt, in der Weise, daß der Christ in der unmittelbaren Begegnung mit Christus lebt und mit seinem ganzen Dasein und Sosein im Kraftfeld göttlichen Handelns und Wirkens steht. Eben darum lockert seine Verdeutschung dieser hymnischen Lieder die strengere Form des dogmatisierenden, Gott und Mensch stärker differenzierenden Lobgesanges zugunsten eines persönlich-sachlichen In-Anspruch-Genommenseins, das sich sowohl in dem dankbar preisenden Bekenntnis des „für uns" als einer erfahrenen Wirklichkeit bekundet als auch nicht minder in der immer wieder hervorbrechenden Bitte des davon betroffenen Herzens: „Schaff in uns deyns rechten vaters thron, zu empfahen den ewigen lohn, der du dann reichlich selber bist mit dem vater und sone Christ."[119]

Es läßt sich andererseits nicht leugnen, daß manche Formulierungen aus der besonderen müntzerischen Abwandlung der reformatorischen Theologie erwachsen sind, zumal seine Anschauung vom Wesen und Wirken des Geistes in dem gläubigen Christen sowohl einzelnen Wendungen wie der Gesamtkonzeption zugrunde liegt. Man konnte das Ganze dieser Umdichtungen bei argloser Aufnahme und gutem Willen in dem soeben skizzierten Sinne als einen sachgerechten Beitrag zum Wittenberger Reformationswerk ansehen, und das ist damals zunächst auch weithin geschehen. Wer aber wie etwa Luther den Allstedtischen Geist schon näher

---

[117] Ebd. S. 121,5—8.   [118] Ebd. S. 151,7—12.   [119] Ebd. S. 153,21—24.

kannte, wer wußte oder spürte, woher er kam, wohin er wollte, und wer religiös wie theologisch hinter dem scheinbaren Consensus den tiefen Dissensus aufbrechen sah, mußte notwendig mißtrauisch werden und ein solches Dolmetschen für bedenklich erachten, zumal wenn er in Müntzers sonstigen Äußerungen je länger desto mehr die hintergründige Meinung des Autors immer deutlicher ausgedrückt fand. Luther ist vermutlich bei der Lektüre des Deutschen Kirchenamtes die Andersartigkeit des müntzerischen Geistes nicht zuletzt auch in der Art der Veränderung der Hymnen spürbar entgegengetreten und stärker bewußt geworden, als es Müntzer selbst Monate zuvor bei der Niederschrift der Übersetzung gewesen sein dürfte. Es ist daher durchaus möglich, obschon keineswegs absolut sicher, daß Luthers Verdeutschung der Hymnen „Veni redemptor gentium", „A solis ortus cardine" und „Veni creator spiritus" in den Jahren 1523/24 als eine Reaktion auf Müntzers Umdichtung zu betrachten ist, zumal gerade diese Lieder mit zu den am stärksten von Müntzer veränderten und in seinem Geiste geprägten gehören. Luthers Übertragung würde dann in ihrer sehr viel strengeren Bindung an die lateinische Vorlage schon im Hinblick auf die rein textliche Wiedergabe eine ausgesprochene Kritik an der selbstherrlichen Willkür bedeuten, mit der Müntzer die originale Fassung „korrumpierte", darüber hinaus aber in der Auswahl eben dieser drei Hymnen vielleicht auch eine wohlbedachte, ja offensiv gemeinte Abwehr der nicht ganz zu Unrecht geargwöhnten subjektivistisch-spiritualistischen Tendenzen in der müntzerischen Theologie, die bei bewußter und konsequenter Weiterbildung die Auflösung der objektiven Gegebenheiten und des sachlichen Gehaltes der christlichen Religion zur Folge gehabt hätten, zumindest einem schwärmerischen Enthusiasmus Vorschub leisten mußten. Der Dolmetsch Müntzer war ihm in der formalen Behandlung des überkommenen Gutes ohne Not zu rücksichtslos wie in sachlicher Beziehung auf allzu gefährlichem Wege, und beides stand augenscheinlich in einem inneren Zusammenhang.

Man könnte nun vielleicht erwarten, daß Müntzer bei der Formulierung der „Kollekten" in der Deutschen Messe noch einen Schritt weiter gegangen wäre und sich gänzlich von seiner Vorlage gelöst, das heißt die Gebete vollkommen frei gestaltet hätte. Das ist jedoch nur in einem sehr beschränkten Umfange der Fall; denn lediglich für die beiden Kollekten des Advents- und des Passionsamtes und für das Schlußgebet des Weihnachtsamtes lassen sich bisher keine Vorlagen nachweisen, so daß allein der Inhalt dieser Gebete mit einigem Rechte vorerst als völlig selbständige Schöpfung Müntzers angesehen werden könnte. Dagegen hält er sich in der Oster- wie der Pfingstmesse ziemlich genau an das Formular des von ihm benutzten Missale Halberstadense, während er für die *oratio* vor der Epistel-Lesung in der Advents- und Weihnachtsmesse von dem dreigliederigen Schema Eingang und Schluß fast wörtlich aus der Vorlage übernimmt, um den Mittelteil des lateinischen Textes mehr oder minder frei zu verwerten[120].

Dieser Sachverhalt bezeugt es noch einmal, wie selbstverständlich Müntzer an sich den überkommenen liturgischen Bestand festzuhalten gesonnen war und nicht ohne zwingenden Grund zu tiefer greifenden Änderungen überging. Seine Freizügigkeit als Dolmetsch gegenüber dem Wortlaut wächst von einer verhältnismäßig engen Bindung in den biblischen Stücken und in markanten Teilen der Liturgie über eine freiere Übertragung der hymnischen Lieder im weiteren Sinne bis zur bloß ungefähren Anlehnung und schließlich völlig eigenen Gestaltung in manchen Kollekten. Doch läßt sich der Verzicht auf jegliche unmittelbare Vorlage offensichtlich nur als eine Ausnahme begreifen, die die Regel bestätigt, eben statt das Alte in Bausch und Bogen radikal zu verwerfen, es vielmehr in gereinigter Gestalt nach seinem ursprünglichen und wahren Gehalt dem christlichen Volke in seiner Sprache und seinem Verständnis angepaßt überhaupt erst einmal wirklich zugänglich zu machen. Dementsprechend ist auch der spezifische Charakter dieser *orationes* als Bittgebete durchaus gewahrt worden, sowohl in seiner allgemeiner gehaltenen Form vor der Epistel-Lesung wie in der besonderen Bezugnahme auf den Empfang des Abendmahles in der *oratio post communionem* der Messe. Das schließt natürlich wiederum nicht aus, daß sich hier Müntzers Eigenheit zur Geltung bringt, nicht nur formal in der größeren Leidenschaftlichkeit seines drängenden Bittens, sondern auch inhaltlich wie etwa in der Kollekte der Adventsmesse: „Vorley deinen auserwelten, urlob zu

---

[120] Advent: „Deus, qui de beatae Marie Virginis utero Verbum tuum, Angelo nuntiante, carnem suscipere voluisti: praesta supplicibus tuis — ut, qui vere eam Genitricem Dei credimus, eius apud te intercessionibus adjuvemur. Per eundem Dominum nostrum Jesum Christum . . .“; — „O milder Gott, der du dein ewiges wort der menschen natur hast lassen an sich nemen vom unvorruckten leybe der junckfrawen Marie, vorley deinen außerwelten, urlob zu geben den fleyschlichen lusten, auff das sie all deiner heymsuchung stat geben, durch denselbigen Jesum Christum . . .“ (ebd. S. 169, 8—12).

Weihnachtsamt: „Concede, quaesumus, omnipotens Deus: ut nos Unigeniti tui nova per carnem Nativitas liberet — quos sub peccati jugo vetusta servitus tenet. Per eundem Dominum . . .“ — „O almechtiger Gott, vorley, das die new gepurt deynes eynigen sones im fleysch volfuret, uns erlöse vom enthichristischen regiment der gotlosen, das wyr durch unser sunde vordinet haben, durch denselbigen Jesum . . .“ (ebd. S. 183, 3—6).

Die Schlußkollekte des Weihnachtsamtes endlich steht nur in einem relativ losen Zusammenhange noch mit dem Halberstädter Formular; sie kann zwar ihre Herkunft nicht verleugnen, ist aber nicht als eine Übertragung im strengen Sinne anzusehen: „Praesta, quaesumus, omnipotens Deus: ut natus hodie Salvator mundi, sicut divinae nobis generationis est auctor: ita et immortalitatis sit ipse largitor: qui tecum vivit . . .“ — „O güttiger Gott, eröffne uns den abgrundt unser selen, das wir die unsterblickeit unsers gemütes mügen vornemen durch die new gepurt deynes sones in der krafft seynes fleyschs und thewren bluts, der mit dir lebet . . .“ (ebd. S. 187,11—188,2).

geben den fleyschlichen lusten, auff das sie all deiner heymsuchung stat geben", oder auch in der entsprechenden Kollekte zur Weihnacht: „Vorley, das die new gepurt ... uns erlöse vom enthichristischen regiment der gotlosen, das wyr durch unser sunde vordinet haben." Hier handelt es sich um eine die polemisch zugespitzte Tendenz kaum verbergende Umwandlung der Intentionen des zugrundeliegenden Gebetstextes.

3. Die Intention des Deutschen Kirchenamtes

Daß die Verdeutschung und Verdolmetschung Müntzers vordringliches Anliegen bei der Aufstellung seiner gottesdienstlichen Ordnung war, geht aus den Vorreden seiner Ämter unmißverständlich hervor. Führte ihn aber sein Unternehmen nicht doch noch erheblich darüber hinaus zu einem einschneidenden Wandel im Verständnis des gottesdienstlichen Geschehens? Gewiß, so schwer der Bruch mit der geheiligten Tradition der Kirche durch die prinzipielle Verdrängung des Lateinischen als der Kultsprache durch das Deutsche wog, der Wille, an den liturgischen Formen soweit als möglich festzuhalten, ist eindeutig. Gerade die erste seiner liturgischen Schriften ist durch die weitgehende Übernahme des kirchlichen Officium gekennzeichnet, das nicht nur in seinem Gesamtaufbau fast unverändert beibehalten wird, sondern auch bis in die Einzelheiten der liturgischen Gestaltung als sachgemäße und zweckentsprechende Vorlage dient. Das Deutsche Kirchenamt folgt ziemlich genau dem Gange des öffentlichen Stundengebetes, von dem „Domine, labia mea aperi" zum Eingang der Matutin an bis hin zu dem zu den Laudes überleitenden Versikel nach dem Te Deum, um daran sofort die Laudes selbst in der üblich gewordenen Weise anzuschließen; und auch der Ablauf der Vesper vollzieht sich wie selbstverständlich im engsten Anschluß an den gewohnten kirchlichen Ritus. Die Verhaftung an die liturgische Tradition geht soweit, daß auch Müntzer das Invitatorium im Invitatorialpsalm gemäß der abendländisch-katholischen Gepflogenheit halb oder ganz wiederholt, daß er die Antiphonen vor den Psalmen und Cantica nicht nur beibehält, sondern ebenfalls vorher nur intoniert, um sie erst nach dem Gesang des Psalms als dessen Abschluß ganz vorzutragen, daß das Gloria patri im Verlaufe der einzelnen Horen mehrfach wiederkehrt, daß er an der Benediktion vor den einzelnen Lektionen festhält usf. Zu der überlieferungstreuen Rezeption der Form tritt die weitgehende Übernahme auch der Texte, das heißt, daß Müntzer nicht nur ganz allgemein sein Formular aus den Texten des „Breviarium Halberstadense ad Sanctam Mariam Ecclesiam" zusammengestellt hat[121], son-

---

[121] „Unter den 147 Wechselstücken der Kirchenämter Thomas Müntzers (als Temporaltexte gelten hier die Invitatorien, Antiphonen zu den Psalmen, zum Benedictus und zum Magnificat, Versikel, Hymnen, Orationen und Vidi aquam) sind allein vier nicht im Breviarium Halberstadiense ad S. M. nachzuweisen" (Mehl, S. 71).

dern oft genug den gleichen Text auch an der gleichen Stelle verwendet, also bezeugt, daß er sich zwar nicht an diese oder jene überlieferte Form schlechthin gebunden erachtet, daß er aber doch die allen Variationen zugrunde liegende Norm der Gestaltung auch für sich grundsätzlich als Richtschnur anerkennt, an die er sich bei seiner Konzeption der Neuordnung zu halten durchaus willens war. Es kam ihm ja darauf an, zur Geltung zu bringen, „was gott gesatzt und befolen hatt", das Zeugnis des heiligen Geistes im Wort der Schrift; und das bekundeten im Stundengebet der alten Kirche die Antiphonen, Versikel, Responsorien usf. nicht minder beredt als die Psalmen und biblischen Lektionen. Es wäre darum kaum angebracht, die im Kirchenamt vorliegende Gottesdienstordnung um ihrer Übereinstimmung mit dem alten Brevier willen als eine überhastete Verlegenheitslösung anzusehen, die ihr Autor gar selber nur als ein Provisorium hätte gewertet wissen wollen. Wohl war Müntzer nicht der Meinung, hier etwas Endgültiges, Verbindliches geschaffen zu haben. Er hat das ausdrücklich abgelehnt; wie er sich das Recht zugesprochen hat, daß er „allein funff ampte hat außgehn" lassen, so „ich eynem itzlichen solchs zu vorkürtzen oder vorlengen selbs noch seiner gelegenheyt wil heym gestellt haben"[122]. Aber ohne Zweifel hält er seinen Entwurf für eine zur Zeit der Drucklegung nach seinem Urteil auch durch die Praxis bewährte Ordnung, die in dieser Form den Anforderungen eines evangelischen Gottesdienstes durchaus entspricht.

Eben deswegen läßt die Entschiedenheit aufhorchen, mit der er den Vorwurf zurückweist, „als wolt ich die alten beptischen geberden, messen, metten und vesper widerumb auffrichten und bestetigen helffen, wilchs doch mein meynung noch gemueth nie gewesen"[123]. Besteht dann das Neue nach seiner Meinung etwa lediglich in der Verdeutschung? Seine eigenen Worte könnten das zumindest nahelegen und die von uns bisher getroffenen Feststellungen über die nach Form und Inhalt bis in die Einzelheiten gehenden Entsprechungen zwischen dem Kirchenamt und dem Breviarium Halberstadense könnten das bestätigen: Gottes Wort soll „dem armen hauffen der leyen" in einer jedermann verständlichen Weise zugänglich gemacht werden, damit sie zu „rechtem vorstant der biblien" kommen und es im Herzen aufnehmen. Man darf sich jedoch durch den bisher dargestellten Sachverhalt nicht darüber hinwegtäuschen lassen, daß Müntzer ungeachtet aller Treue zur liturgischen Tradition den Charakter des katholischen Stundengebetes in tiefgreifender Weise verändert hat und das Ergebnis seiner Arbeit, ganz abgesehen von der Verdeutschung, von der alten Kirche damals nicht akzeptiert worden wäre. So laut der Ruf nach einer Reform des Breviers aus den mannigfältigsten Gründen am Ausgange des Mittelalters in der katholischen

---

[122] Franz, MG, S. 164,8—10.   [123] Ebd. S. 163,9—11.

Kirche auch erhoben wurde, was der Allstedter Prediger aus dem *officium divinum* gemacht hatte, lag gänzlich abseits aller katholischen Reformversuche und -tendenzen. Das Breviergebet war seinem Charakter und Habitus nach „ein öffentliches, im Namen der Kirche von besonders dazu verpflichteten Gliedern der Kirche verrichtetes Gebet, um der Pflicht der Anbetung und des Dankes Gott gegenüber zu genügen und seine Gnaden für die Vollendung des Werkes Christi auf Erden zu erflehen"[124]. Es war vornehmlich Opferdienst im Sinne der kultisch objektivierten Darbringung des Gebetes, als Lob-, Dank- und Bittopfer freilich auch getragen und erfüllt von der Herzensinnigkeit und persönlichen Hingabe des frommen Beters, dem in der Begegnung mit Gott wiederum dessen Heiligkeit und Liebe und fordernder Wille offenbar wurde. Aber das ganze Institut war doch nicht eigentlich zur Erbauung des Betenden gedacht, weswegen die immer wieder auftauchenden Tendenzen, das Brevier zu einem Erbauungsbuch umzugestalten, mit beharrlicher Konsequenz abgewehrt wurden. Träger dieses Gebets-Opfer-Dienstes war, das darf man ebenfalls nicht außer acht lassen, im wesentlichen der Klerus, der solch *opus divinum* zwar nicht als sein Privileg betrachten konnte noch sollte, der aber kraft seines Amtes und Standes dazu vor allen anderen Gläubigen berufen und qualifiziert erschien, infolgedessen auch zur regelmäßigen Absolvierung des Stundengebetes verpflichtet war, während die unmittelbare Beteiligung des Kirchenvolkes schon durch das lateinische Formular als ein gar nicht so notwendiges Erfordernis gekennzeichnet war. Müntzers Anschauung vom Sinn und Wesen „diser lobgesenge" bewegt sich unverkennbar in einer anderen Richtung. Gerade das in Theorie und Praxis der Kirche möglichst zurückgedrängte Moment der „Erbauung" ist ihm besonders wichtig. Der Lobgesang Gottes, im weitesten Verstande gefaßt, bleibt der Grundcharakter auch seines Kirchenamtes; aber was in der öffentlichen Gebetsfeier mit den Worten der Schrift als Lob, Dank und Bitte zu Gott aufsteigt, das soll dem mitbetenden Christen zugleich zur klärenden Vertiefung seiner religiösen Erkenntnis und Erfahrung dienen im Zeugnis der Frommen des Alten und Neuen Testamentes von der „wirckung des heylgen geistes, wie man sich kegen Got halten sol und zur ankunfft des rechten christen glaubens kummen. Ja auch wie der glaub soll bewert sein mit viel anfechtung"[125]. Man darf den Begriff Erbauung nicht in einer pietistischen Verengung verstehen, sondern muß ihn in der ursprünglichen Bedeutung als Aufbau, Aufrichtung, Gestaltung begreifen, wie Müntzer es meint, wenn er im Titel seines Kirchenamtes von „dysen lobgesengen und götlichen psalmen" spricht, „die do erbawen die zunemenden christenheyt". Das heißt, der Horendienst mit seiner eng begrenzten Zweckbestimmung als ein um

---

[124] Eisenhofer II, S. 482.   [125] Franz, MG, S. 164,23—25.

seines spezifischen Charakters willen faktisch auf einige wenige, zumeist amtlich qualifizierte Teilnehmer beschränkter kultischer Akt soll nun ein echter öffentlicher Gottesdienst werden, in dem alle Glieder der sich versammelnden Gemeinde durch das aufmerkend wohlbedachte Hören auf die Aussagen der Bibel auch in ihrem persönlichen Glauben unterwiesen, gestärkt und gefördert werden, damit sie in Glauben und Leben echte Christen werden und so endlich die wahre Kirche Christi erstehe, die jetzt sichtlich im An- und Aufbruch ist. Das ist zumindest eine unübersehbare Akzentverschiebung, die man jedoch eher noch als eine tiefgreifende Veränderung der Grundstruktur dieser Gottesdienstform in ihrer damaligen Gestalt bezeichnen kann.

Die Schwere des müntzerischen Eingriffes in die bestehende Ordnung prägt sich noch deutlicher wohl darin aus, daß mit der Tendenz auf „Erbauung" und Ausweitung zu einem „Gemeinde"-Gottesdienst eine sehr bewußte Vereinfachung und Konzentration verbunden ist. Sie gibt sich äußerlich schon gut reformatorisch in einer starken Reduktion der üppig wuchernden Fülle des liturgischen Formulars zu erkennen, das auf ein Minimum zurückgeschnitten ist. Zwar hat Müntzer auch gegen eine reichere Ordnung grundsätzlich keine Bedenken gehabt; aber er selbst hält fünf Ämter für ausreichend und beschränkt sich jedenfalls auf je ein Amt für die kirchlichen Hauptfeste bzw. Hauptfestzeiten: Advent, Weihnachten, Passion, Ostern, Pfingsten. Das bedeutet mit einem Schlage die Ausschaltung alles dessen, was auf den Heiligendienst Bezug haben konnte und im Proprium Sanctorum des kirchlichen Rituals einen so breiten Raum einnahm. Das schloß darüber hinaus eine radikale Kürzung des Proprium de tempore in sich, der faktisch nicht nur das gesamte Ferialofficium zum Opfer fiel, sondern eben auch die sich im Ablauf des Kirchenjahres breit entfaltende Mannigfaltigkeit des sonn- und feiertäglichen Stundengebetes. Mir will scheinen, daß man bei der rühmenden Verherrlichung des müntzerischen Konservatismus *in liturgicis* etwas zu großzügig darüber hinwegsieht, welch scharfer Einbruch in die Tradition mit dieser radikalen Vereinfachung vollzogen wurde, die zwar an der Struktur der formalen Komposition der Horen, soweit sie beibehalten wurden, wenig änderte, aber mit der kirchlichen Intention der überlieferten Liturgie in einer geradezu rücksichtslosen Schroffheit brach. Das Kirchenamt ist ein instruktives Beispiel dafür, wie eine seit langem ·geprägte Form trotz weitestgehender Beibehaltung des Ordnungsschemas zum Träger eines wesentlich anderen Gehaltes und einer anderen Tendenz werden kann, wobei nicht außer acht gelassen werden darf, daß auch die Beschränkung auf fünf Ämter ja eine durch das Bemühen um eine bestimmte inhaltliche Sinngebung und Konzentration bedingte Veränderung der überkommenen Form des Stundengebetes darstellt. Müntzer ist zudem nicht bei dieser nach außenhin am stärksten in Erscheinung tretenden Reduktion stehen geblieben, sondern hat auch noch im Rahmen der einzelnen Ämter mancherlei vereinfacht. Daß er nur Mette, Laudes und Vesper übernahm, war zwar bei seiner Anschauung vom Charakter dieses Gottesdienstes schon dadurch nahegelegt, daß das die Gebetszeiten waren, an denen sich bisher bereits die Gläubigen durch unmittelbare Teilnahme im Gotteshaus stärker beteiligt hatten oder beteiligen sollten; doch sie derartig aus dem einheitlichen Gefüge des *officium divinum* herauszulösen, sie zu isolieren und sie unter völligem Verzicht auf die übrigen Bestandteile des Breviers wie Prim, Terz, Sext, Non und Komplet so zu verselbständigen, bedeutete die tatsächliche Zerstörung der in sich geschlossenen Ganzheit und Einheit des liturgischen Stundengebetes der Kirche in seiner Form wie Inhalt gleichermaßen umfassenden Sinnhaftigkeit. Demgegenüber erscheint es weniger von Belang, lediglich als die zweckmäßig kürzende Vereinfachung eines durch sachlich nicht gebotene Häufung unnötig ausgeweiteten gottesdienstlichen Aktes, wenn er die Aufgliederung der Matutin in drei Nocturnen preisgibt, seiner Mette das Schema einer solchen Nocturn zugrunde legt und dabei die zu seiner Zeit nach stärker variierende Vielzahl der matutinalen Psalmen und Lektionen auf je drei begrenzt. Immerhin kommt auch darin das neue Verständnis der Horen sinnenfällig zum Ausdruck, daß er eine vielleicht einst fromm begründete Akkumulation der Gebetsakte schon um der stets akuten Gefahr ihres rein mechanisch-rituellen Vollzuges willen ablehnen mußte. Diese erneute Einschränkung machte es außerdem endgültig unmöglich, dem seit langem für die kirchliche Praxis maßgeblichen Grundsatz noch gerecht zu werden, daß innerhalb einer Woche das ganze Psalterium gebetet werden sollte. Müntzer ignoriert diesen Grundsatz völlig, eben weil alles das, was die Kirche zu solcher Übung bewog, für ihn nicht stichhaltig war, ihn im Gegenteil eher darin bestärkte, mit dem „beptischen grewel" aufzuräumen und statt des „vielen gedöns" Gottes Lob in rechter Weise in der Versammlung der gläubigen Gemeinde erklingen zu lassen. Die rechte Weise aber bestand nicht darin, die Vollzahl oder eine große Vielzahl von Psalmen in vorgeschriebener Frist routinemäßig zu absolvieren; sie bestand noch weniger in der Verlesung von Väterkommentaren oder gar Heiligenlegenden, wie sie sich in den Lektionen breit machte. Ganz selbstverständlich und mit klarem Bedacht hat er alles, was auf die Heiligenverehrung irgendwelchen Bezug haben konnte, aus seinen Ämtern fortgelassen und auch nicht eines der mancherlei im alten Brevier enthaltenen Zitate aus den Kirchenvätern übernommen. Lediglich in den Hymnen läßt er die Stimme der „frommen Väter" zu Worte kommen und dokumentiert mit dieser radikalen Säuberung den ernsten Willen, das reine Wort Gottes, selbst in diesem formalen Sinne, zum alleinigen Inhalt des Gottesdienstes zu machen.

Bedeutet aber die rigorose Reduktion des Formulars entgegen der Tendenz, dem Volke die Bibel bekannt und vertraut zu machen, nicht doch auch eine starke Verkürzung in der Darbietung des Wortes Gottes? Es fielen ihr ja nicht nur die Heiligenlegenden und Väterkommentare zum Opfer, sondern auch zahlreiche Bibelstellen und aus dem ganzen Psalter bringt Müntzer insgesamt nur 35 Psalmen. Gewiß ließ er grundsätzlich die Freiheit zu einer reicheren Gestaltung und damit auch die Möglichkeit einer stärkeren Abwechslung etwa in den biblischen Lesungen; nur findet sich keinerlei Hinweis, daß er selbst diese Möglichkeit praktiziert hätte. Allerdings darf dabei nicht außer acht gelassen werden, daß er der Predigt im täglichen gottesdienstlichen Leben der Gemeinde eine größere Rolle zuwies als ihr bisher zugefallen war; er hält es für untragbar, daß die Geistlichen „also faulentzen und allein am sontag ein predige thun und die gantze wochen uber juncker sein"[126]. Daraus ergibt sich bei Müntzers Predigtweise, die, nach den freilich wenigen Beispielen zu urteilen, einen größeren Bibelabschnitt jeweils auslegt, zumindest ein Ausgleich für jene Verluste, zumal an Stelle einzelner Verse im Predigttext nun vollständige Abschnitte geboten und inhaltlich erklärt werden. Zudem heißt für Müntzer mit der Bibel vertraut machen in erster Linie ja nicht, eine äußerlich verstandene möglichst umfangreiche Bibelkunde vermitteln, sondern christlichen Glauben und christliches Leben sich aus der Schrift bezeugen lassen und mit den Aussagen der Schrift selbst bezeugen. Darum konnte er sich sehr wohl auf weniger Psalmen beschränken, die in Verbindung mit den Schriftlesungen und den biblischen Texten der kleinen Wechselstücke Herz und Sinn der Gläubigen auf Wesen und Gehalt des christlichen Glaubens ausrichten sollten und mit der Beschränkung zugleich eine Konzentration auf das in den fünf christlichen Festkreisen bekundete Heilsgeschehen bezweckten.

Hingegen hielt er sich wiederum durchaus im Rahmen der herrschenden liturgischen Ordnung, wenn er Versikel und Responsorien, gelegentlich auch eine Antiphon sowie das Capitulum der Vesper aus dem Frühgottesdienst übernahm. Dennoch wurde daraus bei ihm etwas anderes, bedeutete es, ohne daß ihm das bewußt gewesen zu sein braucht, faktisch eine eindringliche Unterstreichung des Momentes der Verkündigung, wenn bei einer so stark reduzierten Ordnung durch die tägliche Wiederholung über einen längeren Zeitraum in solchen kurzen Gesängen gleichsam der Scopus der Verkündigung immer wieder eingeprägt wurde. So vernimmt die Gemeinde „vom adevent an biß auff weynachten" dreimal täglich: „Ir hymel, tawet hernyder, und ir wolcken regnet den gerechten. Die erde thu sich auff und außspreuse den heylant";[127] oder „von weynachten biß auf purificationis Marie" sogar fünfmal täglich: „Das wort ist fleysch worden und hat in uns gewonet"[128], „vom pfingstfest biß auff

---

[126] Ebd. S. 164,30 f.   [127] Z. B. ebd. S. 38,20 f.   [128] Z. B. ebd. S. 59,10—12.

das advent" ebenfalls fünfmal täglich: „Der geyst des Herren hat erfullet den umkreyß der erden, alleluia. Und das do alle ding beschleust, hat die kunst der stymm, alleluia."[129] Ohne durch die nivellierende Mannigfaltigkeit der sonst in der alten Kirche noch gefeierten Feste und Heiligentage verdeckt zu werden, sind die „hohen Festtage" nicht lediglich im Gottesdienst markierte Höhepunkte innerhalb einer reichen Vielfalt, sondern in ihrer weiträumigen Folge als sammelnde Mittelpunkte zugleich die einzig maßgeblichen, durch das heilige Geschehen selbst gegebene Richtpunkte für das Leben derer, die in der Nachfolge Christi stehen. Müntzer stellt selbst den Grundgedanken deutlich heraus: „Zum ersten von der zukunft Christi ... Zum andern von der geburt Christi biß auf die opferung im tempel. Zum dritten von dem leiden Christi biß auf ostern. Zum vierden von der auferstehung Christi biß auf pfingsten. Zum funften von dem heyligen geiste biß auf allerheilgentag. Also wirt Christus durch den heiligen geist in uns durch sein gezeugnis erkleret, wie er vorkundigt ist durch die propheten, geborn, gestorben und erstanden ist, wilcher mit seinem vater und demselbigen heiligen geist regirt ewigk und uns zu seinen schulern mache."[130]

Die Fünfzahl der müntzerischen Ämter ist also nicht lediglich negativ als übrig gebliebener Rest einer radikalen „Säuberungsaktion" zu begreifen, vielmehr bedeutet sie, ob bewußt oder unbewußt, als Vereinfachung zugleich, ja vornehmlich eine Hervorkehrung der wahren Substanz christlichen Gottesdienstes, eine Konzentration auf die alles allein bestimmende Mitte. Ihn kümmert nicht die sakrale Bedeutungsfülle eines kirchlich organisierten Gebetskultes, der tausend frommen Bedürfnissen und heiligenden Zwecken in einem reglementierten Zeremoniell Rechnung tragen will; ihm kommt es nicht auf den objektivierenden Rhythmus der Liturgie an, der in der allmählichen Ordnung der Festkreise zum Kirchenjahr das Heilsgeschehen im gottesdienstlichen Leben nachbildet. Er kennt nur den einen Gesichtspunkt, daß „Christus durch den heiligen geist in uns durch sein gezeugnis erkleret" wird. Und das heißt für ihn nicht Darstellung historischer Fakten und willige Hinnahme damit verbundener dogmatischer Sätze als Ansatzpunkt für fromme Kontemplation oder Spekulation, sondern heißt im „gezeugnis" Christus gegenwärtig begegnen, in der Begegnung sein Leben in das eigene Leben hineinnehmen, heißt christusförmig werden.

Das muß folgerecht auch der Ausgangspunkt für jeden Versuch einer Antwort auf die Frage nach den Prinzipien der Auswahl und Anordnung der Psalmen in Müntzers Ämtern sein. Geht man von den äußeren Daten aus, will es schwierig, wenn nicht unmöglich erscheinen, festzustellen, nach welchen Gesichtspunkten er sie ausgesucht und zusammengestellt

---

[129] Z. B. ebd. S. 143,16 f.   [130] Ebd. S. 162,26—35.

hat. Daß er nicht völlig willkürlich vorgegangen ist, läßt sich schon daraus entnehmen, daß er im großen und ganzen die in der liturgischen Übung der Kirche praktizierte Zuordnung der Psalmen zu einzelnen Gebetszeiten, hier also zur Matutin, den Laudes und zur Vesper eingehalten, sich jedenfalls durchaus in den am Ausgang des Mittelalters noch beweglicheren Grenzen variabler Gestaltung gehalten hat. Auch auf die bevorzugte Verwendung bestimmter Psalmen an den hohen Festtagen, zumal in der Mette, hat er weitestgehend·Rücksicht genommen, so daß von einer absichtlichen Vernachlässigung der liturgischen Tradition oder gar von einer bewußten Abkehr nicht die Rede sein kann. Trotzdem blieb ein gewisser Spielraum, der ihn gerade wegen seiner bereitwilligen Anerkennung alles dessen, was er am Überkommenen als wahrhaft christlich anzusprechen vermochte, zu einer Auswahl nötigte, die den Intentionen seiner Ordnung des Gottesdienstes am ehesten gerecht wurde. Wenn er auch die von ihm getroffene Auslese nicht für verbindlich, das heißt für die nach seiner Meinung einzig mögliche hielt, sich vielleicht selbst auch hier und da anders hätte entscheiden können, hat er doch zweifellos von seinem besonderen Verständnis der Aufgabe des Gottesdienstes her die biblischen Gesänge zusammengestellt. Dabei ist es ihm im Anschluß an die allgemein herrschende Anschauung selbstverständlich, daß die Psalmen von Christus, seinem Leiden und seiner Herrlichkeit zeugen und daß sie heute wie zu allen Zeiten Gebete der Gemeinde Jesu Christi sind, in denen das Haupt und die Glieder sich in einzigartiger Weise miteinander verbinden und vor Gott treten. Doch diese Bezogenheit auf Christus steht bei ihm nun ganz unter dem Aspekt seiner Kreuzestheologie, und insbesondere in den Psalmen seiner Metten geht es ihm offensichtlich darum, den Gläubigen unablässig als Zentrum christlichen Lebens die rechte Erfahrung der passio amara einzuprägen, nicht nur in der objektiven Vergegenwärtigung der Passion Christi, sondern recht eigentlich im metapsychologischen Erleben des Einbezogenseins seiner eigenen leiblichen wie seelischen Bedrängnisse in das Leiden Christi, so daß der Beter unter den Worten des Psalmisten mit Christus die Verfolgungen, Ängste und Schrecken seines Lebens bis hin zur letzten Not der Gottverlassenheit erfährt, um in der bedingungslosen Auslieferung seines Selbst an Gott zur vollen Reife der Christusförmigkeit heranzuwachsen, in der er sich in seinem ganzen Sein und Wollen im Leben und Sterben Gott zugehörig weiß. Man kann es schwer übersehen, wie beredt für Müntzer die von ihm ausgewählten Psalmen ein überzeugender Ausdruck seiner eigenen Lebenserfahrung sind und der Psalmist eben das ausspricht, was ihm tagtäglich widerfährt: Neid, Spott und Widerspruch der Gottlosen, Nachstellung und Verfolgung durch die Gottesfeinde, die ihn um seiner Gotthörigkeit willen umlauern, ängstigen, bedrohen und vernichten wollen, so daß er nicht mehr ein noch aus weiß, sich von Gott verlassen fühlt und doch in seiner hoffnungslosen Verzweiflung immer wieder Gottes Beistand und Hilfe erfährt, der sich ihm zwar oft verbirgt und in seinem Willen gar befremdlich erscheint, aber ihn nie fallen läßt, ihn inmitten seiner Feinde erhält und seine Sache allem Augenschein zum Trotz zum endlichen Siege bringt. Die Gedanken, Bilder und Worte der Psalmen sind ihm so sehr ein Spiegel seines Lebens, daß er geradezu umgekehrt die eigene Sicht seiner Erfahrungen nach dem Bilde dieser Lieder gestaltet und darüber hinaus zur Norm wahrhaft christlichen Lebens überhaupt erhebt. Entsprechend dem Grundtenor der Matutin, der auf den Gedanken der Bedrohung durch gottwidrige Mächte und der göttlichen Bewahrung abgestimmt ist, tritt dieses Moment in den Metten der müntzerischen Ämter besonders hervor. Aber auch die Laudespsalmen erhalten durchaus das Gepräge seines Geistes, wie es in einzigartiger Weise seine Umdichtung des 93. Psalmes oder auch seine Veränderungen des 63. Psalms bekunden. Psalm 93 wird als erster Psalm der Laudes gleichsam zum Resümee der notvollen Erfahrungen, von denen der Beter in der Mette spricht und gibt zugleich mit den Sätzen am Anfang und Ende „Got beweyset sein hirschafft" und „do siht der mensch, das er ein wonung Gottis sey in der lanckweil seyner tage"[131] den Grundakkord des Dankes und Lobes an. Nicht aus frömmelnder Leidensseligkeit oder selbstsicherer Leidesverachtung, sondern aus der Erkenntnis und Erfahrung der gottgewollten Notwendigkeit der passio amara gewinnen Lob und Dank des Erwählten ihren echten Klang: „Dienet dem Herren mit freuden, tretet kegk mit wunsamheyt vor sein angesicht. Ir solt wissen, das Got ewer herr sey, der uns hat geschaffen, darbey das wir selber nichts vormügen. Dann wir seint seyn volck und die schaff seyner weyde" (Ps. 100,2 f.)[132].

Es hat in Müntzers Mund wieder seinen eigenen Akzent, wenn es durch das ganze Jahr hindurch am Schlusse der Laudespsalmen aufklingt: „Die heilgen werden wunsam sein in seinem preyse und sich erfrawen auff irem lager. Got wirt gepreyset in ihren kelen und zwey schneydende schwert in iren henden. Auff das er rach thu den heyden und straffe seine völcker. Zu binden yre kunge mit fussfessern und ire geadelten mit hantstöcken. Auff das er sie uberschlyese ein schrifftlich urteil, domit sollen gepreyßet werden all sein außerwelten. Lobet den Herren in seinen heylgen, lobet in in seiner ewigen bestendigkeit. Lobet yn in seyner hirschafft, lobet yhn nach der menge seyner grosse" (Ps. 149,5—150,2)[133]. Wie könnte es anders sein als daß die Gemeinde Müntzers schließlich auch die spezifische Interpretation ihres Meisters mithört, wenn er in der Vesper mit dem preisenden Bekenntnis der überlegenen Macht Gottes beginnt, der seinen Erwählten über alle gottlosen Widersacher siegreich triumphieren

---

[131] Ebd. S. 115,5; 115,17.   [132] Ebd. S. 116,6—10.   [133] Ebd. S. 89,28—90,3.

läßt: „Der Herr hat gesagt zu meinem herren, setz dich zu meiner rechten. Byß das ich lege deine feinde zum schemel deiner fusse. Der Herr wirt außsenden das scepter deiner krafft auß Syon, hirsche du in dem mittel deyner feinde" (110,1 f.)[134]; wenn sein zweites Lied den Lobpreis des allgewaltigen Herrn noch steigernd seine unwandelbare Barmherzigkeit an den Gottesfürchtigen rühmt: „Er hat seynem volck geeygent die erlösung und seinen bund bestetiget ewigklich, dann sein nam ist heylig, das er die leute entsetzet." Was der letzte Vers dieses Psalms bekennt: „Die forcht des Herren ist ein anfang der weyßheit, ist gute lehr allen, die sie thun, dann der nam Gots bleibt ewigklich" (111,9)[135], das wird als dankbares Zeugnis und helfende Mahnung in einem zum Thema des folgenden Gesanges: „Selig ist der man, der do furchtet den Herren, sein wil ist fast gut in Gottes gebothen. Sein nam ist mechtig auff erden, das geschlecht der rechtschaffenen wirt gesegnet" (112,1 f.)[136]. Noch einmal drängt das Erleben der Erhabenheit und Güte des Herrn den Beter zum Lobe Gottes: „Ir kinder, lobet den Herren, lobet den namen des Herren. Der nam des Herren sey gesegnet von nun an biß in ewigkeit ... Wer ist ein solcher herr wie unser Got, der do wonet in der höe" (113,1 f.; 5)[137]. Und das letzte Psalmwort kann gar nicht anders als inmitten aller Bedrängnis die Gewißheit der Geborgenheit in Gott zu bekunden: „O Gott, wie hast du umbstetiget mein heubte im unüberwintlichen streyte, das mir mein heyl nit empfallen ist" (140,8)[138].

Man muß seine Verdeutschung vom theologischen Gehalt wie vom religiösen Stimmungswert seiner Terminologie her erfassen, um die von ihm den Psalmen beigelegte Sinnhaftigkeit recht zu würdigen. Daraus wird dann auch die theozentrische Orientierung der Theologie und Frömmigkeit Müntzers klar ersichtlich. Wohl bleiben auch für ihn die Aussagen der Psalmen in hohem Maße auf Christus bezogen; aber er versteht sie nicht im Sinne einer Christologie, die auf die zustimmende Aneignung eines dogmatischen Verständnisses von Heilstatsachen ob in katholischer oder lutherischer Sicht ausgerichtet ist, sondern er sieht darin die einzigartige Gotthörigkeit und Gottzugehörigkeit Jesu Christi vor Augen gestellt, wie dieser sie in seiner vollen Menschhaftigkeit bewährt hat, so daß daraus die Forderung der Christusförmigkeit als der eigentliche Anspruch Gottes an die Erwählten erwächst. Infolgedessen wird ihm der „Christuszyklus der hohen kirchlichen Feste" nicht zum Mittel einer Darstellung der einmaligen göttlichen Heilsveranstaltung, die als solche Gegenstand des Lobes und Dankes wäre; das mag ihm gewiß nicht nebensächlich sein, nur zielt seine Ordnung weit mehr darauf ab, das Leben der Gläubigen in die Konformität mit dem „Christusleben" hineinzuziehen. Dem entspricht es, daß die „Feste" in seinen fünf Ämtern

---

[134] Ebd. S. 93,7—11.   [135] Ebd. S. 95,7—10.   [136] Ebd. S. 95,15—18.
[137] Ebd. S. 96,18—23.   [138] Ebd. S. 97,21 f.

zumal im Blick auf die Auswahl der Psalmen letztlich nur das Grundthema in etwa variieren und daß es für ihn keinen Mangel bedeutet, wenn gerade das „ampt auff das pfingstfest" mit seinen erhabenen und erhebenden Gesängen eine so lange Zeit hindurch in der Gemeinde gesungen wird.

4. Entstehung und Drucklegung der liturgischen Schriften

Über die Reihenfolge der Entstehung der müntzerischen Ämter herrscht weitgehend Übereinstimmung; doch bleiben wichtige Einzelfragen noch offen, auf die das uns nur im Druck vorliegende Gesamtwerk keine eindeutigen Antworten gibt[138a]. Die Verflechtung des Problems der Genesis der einzelnen Ämter mit dem der Geschichte ihres Druckes ist der Klärung des Sachverhaltes nicht immer dienlich gewesen und hat namentlich das Bemühen um eine Rekonstruktion der Anfänge der Allstedter Reform beeinträchtigt, das freilich nach den bisher vorliegenden Quellen über Hypothesen nicht hinausführen kann. Wir wiesen schon darauf hin, daß Müntzer die Neugestaltung des gottesdienstlichen Lebens als eine vordringliche Aufgabe ansah, deren sinnvolle Lösung dem reformatorischen Anliegen angemessen und im Dienste der evangelischen Verkündigung eine wirkungsvolle Hilfe sei. Die ihm in Allstedt so unerwartet zugefallene Möglichkeit selbständigen pfarramtlichen Handelns bot ihm nun die Gelegenheit, das Werk unverzüglich in Angriff zu nehmen, über das er sich zuvor schon Gedanken gemacht haben dürfte, angeregt vielleicht durch Luthers Erklärung: „Aber wolt gott, das wir Deutschen meß zu deutsch leßen und die heymlichsten wort auffs aller hohist sungen! Warumb solten wir Deutschen nit meß leßen auff unser sprach, ßo die Latinischen, Kriechen und vil andere auff yhre sprach meß halten?"[139]; oder angespornt durch dessen Übersetzung des Neuen Testaments, deren Intention grundsätzlich auch den täglichen „Horendienst" der Gemeinde bestimmen sollte. Von irgendwelchen praktischen Vorarbeiten zur Realisierung konkreter Pläne erfahren wir nichts, und daß er bis in Einzelheiten hinein gedanklich konzipierte oder gar bereits schriftlich fixierte Entwürfe mit nach Allstedt gebracht habe, ist äußerst unwahrscheinlich. Sicherlich hat er sich jedoch, gleich bei seinem Amtsantritt vor der Gemeinde als denen zugehörig bekannt, die das Licht des Evangeliums wieder zum Aufleuchten bringen wollten, so daß jedermann selber den Weg zum rechten christlichen Glauben erkennen könne, und ihr möglicherweise schon angekündigt, daß er eben aus diesem Grunde künftighin den Gottesdienst mit ihr in deutscher Sprache zu halten gedenke. Noch in den wenigen Tagen der zu Ende gehenden Passionszeit mochte er in Bei-

---

[138a] Vgl. die abweichende Meinung im Exkurs.
[139] WA VI, S. 362,28—31. Vgl. auch WA VI, S. 524,29 ff.

spielen sein Vorhaben verdeutlicht haben, ohne schon ein ganzes Amt in endgültiger Form darbieten zu wollen. Das „Amt von der Auferstehung" stand schwerlich schon zu Ostern gleich im ersten Wurfe fertig da. Doch die „Provisorien" fanden Anklang in der Gemeinde; Müntzer konnte der Zustimmung des Kirchenvolkes zu den Neuerungen sicher sein und sich daran machen, den „Ordnungen" eine in ruhigerer Arbeit ausgereifte Fassung zu geben. Er setzte mit der eigentlichen Ausarbeitung dort ein, wo er mit den Provisorien begonnen hatte, da er hierbei nicht unter Zeitdruck stand, der einem sorgsamen Bedenken der sich ergebenden Fragen wenig Raum ließ, möglicherweise auch, weil ihm gerade „das ammacht von dem leiden Christi" als das Herzstück des Ganzen besonders wichtig war. Die Gestaltung des Passionsamtes dürfte in mancher Beziehung mit der des Osteramtes parallel erfolgt sein und die Parallelarbeit beiden Ämtern zugute gekommen sein. Man muß sich m. E. von dem gängigen Urteil freimachen, als seien Müntzers liturgische Neuerungen das schnell fertige Produkt eines sich überstürzenden Reformeifers, der lediglich im alten Ritual vorgegebene Texte ins Deutsche übertrug. Es mag sein, daß ihm erst bei der Arbeit selbst voll bewußt wurde, welche sachlichen und technischen Schwierigkeiten die geplante Reform bereitete. Seine als „Verdolmetschung" gedachte Verdeutschung der Psalmen etwa wollte ja doch mit der Übertragung in die Landessprache durch die Formulierung „in unvorrugklicher geheym des heyligen geistes ... mehr nach dem sinne dan nach den worten" das seinem theologischen Denken entsprechende Textverständnis vermitteln. Auch die durch die Reduktion der Ämter notwendig gewordene Auswahl der Psalmen war zu bedenken, da er sich nicht schematisch an eine bestehende Ordnung hielt. Dazu kam die ihm keineswegs nebensächliche Angleichung der textlichen und musikalischen Gestaltung und die Umsetzung in die Praxis. Es mögen ihm bei der Lösung der musikalischen Aufgabe mehr oder minder geschulte Kräfte geholfen haben; aber er stand auch diesen Dingen keineswegs so fern, daß er sie ganz und gar fremden Händen überlassen hätte, um so weniger, als die Anpassung von Text und Musik eine bedeutsame interpretatorische Komponente enthält. Die variationsfähigere Form des gesungenen Wortes vermag selbst bei strengerer Gebundenheit sehr viel stärker Akzente zu setzen als das gesprochene Wort, und eben solche Akzente richtig zu setzen, konnte Müntzer nicht gleichgültig sein. Jedenfalls sollte man, alles in allem, die Mühen und die Zeit nicht unterschätzen, die er auf eine der gestellten Aufgabe gerecht werdende Formgebung zunächst des Passions- und des Osteramtes verwendet hat.

Ob er von vornherein die Absicht gehabt, bzw. wann er sich dazu entschlossen hat, seine „Verdeutschung" der Kirchenämter durch den Druck verbreiten zu lassen, muß dahingestellt bleiben. Allstedt war ihm nicht lediglich ein Experimentierfeld für seine Neuerungen; es ging ihm ernstlich darum, Seelwärter seiner Gemeinde zu sein, und die Einführung des Gottesdienstes in deutscher Sprache sollte ihm dazu dienen, sein reformatorisches Wirken unter den ihm anvertrauten Gläubigen zu unterstützen. Als man nach einigen Wochen auch außerhalb der kleinen Stadt auf die Besonderheit des müntzerischen Gottesdienstes aufmerksam wurde und schließlich die Einführung der deutschen evangelischen Messe die Menschen immer zahlreicher nach Allstedt ziehen ließ, da war spätestens der Zeitpunkt gekommen, die theoretisch seit geraumer Zeit als notwendig erkannte, in seinem Versuche einer Realisierung durch das lebhafte Echo praktisch als zweckentsprechend und förderlich erwiesene Reform allen, die guten Willens waren, als eine in Einzelheiten unverbindliche Anregung durch den Druck zur Kenntnis zu bringen. Von außen her immer häufiger an ihn herangetragene Bitten mögen den eigenen Entschluß gefördert haben. In Nikolaus Widemar in Eilenburg, „der neben Lutherdrucken vor allem auch Schriften von Jacob Strauß, dem Bauern von Wöhrd, dem Allstedter Prediger Simon Haferitz und anderen revolutionären Köpfen gedruckt hat"[140], wurde ein Drucker gefunden, der bereit war, den Druck zu übernehmen; denn in Allstedt stand damals kein Drucker zur Verfügung. Dabei dürfen die Geschäftspraktiken jener Zeit nicht ganz übersehen werden, die um des Gewinns willen die Wünsche der Autoren u. U. wenig respektierten und uns heute die Kontrolle des Druckvorganges in mancher Hinsicht erschweren. Müntzer konnte es nach dem Entschluß zur Veröffentlichung durch den Druck freilich nicht schnell genug gehen.

Es läßt sich nicht mehr ernstlich in Zweifel ziehen, daß Widemar den Druck des müntzerischen Kirchenamtes mit dem „ammacht von dem leiden Christi" begonnen und, da es sich auch als Einzeldruck erhalten hat, möglicherweise einige Exemplare davon schon vorzeitig als zugkräftiges Werbematerial in den Handel gebracht hat. Es war ja ein relativ geschlossenes Werk, es konnte trotz seinem Charakter als Kantionale wohl auch als Agende und als Erbauungsbuch gute Dienste leisten und die Erwartung der nächsten Teile steigern. Freilich muß aus der „Werbeaktion" des Druckers nicht geschlossen werden, daß Müntzer jedes Amt einzeln in die Druckerei geliefert hätte, so wenig er das Ganze schon „wohl für das Osterfest 1523 verfaßt und bald danach in Druck gegeben" hat[141]. Die teilweise parallel laufende Arbeit am Passions- und am Osteramt macht das m. E. unmöglich. Dagegen halte ich dafür, daß Müntzer die drei zuerst ausgearbeiteten Manuskripte für die Passions-, Oster- und Pfingstzeit, also 2/3 des „Kirchenamtes" zusammen an Widemar geschickt hat (im Druck mit AI bis SII paginiert!), und zwar etwa Mitte Juni, als auch das Pfingstamt vorlag. Das war somit um die Zeit, als die Allstedter Reform in der näheren Umgebung schon „Tagesgespräch" geworden war und

---

[140] Franz, Bibliographie, S. 162.   [141] So Franz, MG, S. 25.

Müntzer sich der erheblich leichteren Ausarbeitung der beiden noch vorgesehenen Ämter (Advent; Geburt Christi) zuwenden konnte, für die ein unmittelbares praktisches Bedürfnis noch nicht vorlag. Da jedoch sein Pfingstamt für die Zeit bis Allerheiligen (1. 11.) vorgesehen war und das „Deutzsch kirchenampt" als Ganzes erscheinen sollte[142], dürfte er die noch fehlenden beiden Teile alsbald konzipiert und nach Eilenburg geschickt haben, so daß die Drucklegung keine Verzögerung erfuhr. Diese zweite Lieferung ist als solche gleichsam durch die Paginierung aI bis hV gekennzeichnet, da die erste Lieferung (AI—SII) bereits ausgedruckt bzw. im Druck war und man für die kirchenzeitlich an den Anfang gehörenden Ämter wohl oder übel eine andere Blattzählung wählen mußte. Das besagt erstens, daß Widemar zu Beginn des Druckes nicht das vollständige Manuskript bereits vorgelegen hat; daß zweitens die Auslieferung des Gesamtwerkes bis Ende August/Anfang September erfolgt sein dürfte.

Müntzer hat es nicht als erforderlich angesehen, die Vorlagen, die er in die Druckerei schickte, auf eine exakte Übereinstimmung all der kleinen und kleinsten Elemente zu überprüfen, die in den einzelnen Ämtern und Horen ihren festen Platz hatten. Der Druck gibt vielmehr die mancherlei Unausgeglichenheiten der Fassung getreu wieder, mit der der Autor die für ihn vorerst abschließende Gestalt seiner Entwürfe in seinen Manuskripten fixiert hatte. Dieser Befund erhärtet einmal mehr die Behauptung vom zeitlichen Primat des Passionsamtes; denn es ist der einzige der fünf Teile, der keinerlei Hinweise auf die übrigen enthält, während in diesen wiederholt auf ihn verwiesen wird[143]. Zum anderen bezeugen die zahlreichen Unregelmäßigkeiten des gedruckten Textes m. E. weniger die vielberufene Hast, mit der Müntzer alsbald schon auf eine schnelle Veröffentlichung und Verbreitung seines Reformwerkes gedrängt habe, als daß sie bekunden, wie wenig ihm an Kleinigkeiten einer formalistisch-technischen Korrektheit lag, wenn nur die Sache selbst unverkürzt und eindeutig zum Ausdruck kam. Kleinliche Beckmesserei kann allerdings Triumphe feiern[144]: die rubrizistischen Vermerke fehlen in vielen Fällen ganz oder sind sehr unterschiedlich formuliert[145], besondere Hinweise variieren stark, wenn sie nicht überhaupt fortgelassen sind[146]; hier-

---

[142] Das geht aus den „Verweisungen" hervor, wo der volle Text einiger Einzelstücke zu finden war.

[143] Das Osteramt verweist nicht weniger als fünfmal auf Laudes oder Vesper „de passione domini"; das Pfingstamt dreimal auf die gleichen Horen „de passione Domini", dazu sechsmal auf Mette, Laudes und Vesper „wie in den ostern"; das Advent- und das Weihnachtsamt vier- bzw. dreimal auf die Texte im Formular „von den leiden Christi" und drei- bzw. einmal auf die Hore „von der auferstehung".

[144] Vgl. die Angaben bei Mehl, S. 67—82.

[145] Wie Antiphona, Antiphon, Anna, Ann oder Psalm, Psal. Ps. usf.

[146] So die Einleitungsformeln zu den einzelnen Horen oder die Angaben vor den

zu gehört auch die Mannigfaltigkeit in der Formulierung häufig wieder-
kehrender liturgischer Stücke[147] usf. Derartige Abweichungen finden sich
sowohl innerhalb der einzelnen Ämter wie an den sich entsprechenden
Stellen der verschiedenen Ämter. Es gibt überhaupt kein Amt, das in seinem liturgischen Gange vollständig dargeboten würde. Besonders lücken-
haft erscheint das Passionsamt[148]; am vollständigsten ist noch das Osteramt, das alle wesentlichen Stücke in irgendeiner Form enthält[149]. Die Unregelmäßigkeiten reichen bis in die Textgestaltung gleicher liturgischer
Stücke hinein[150]. Es erübrigt sich, die Liste solcher Modifikationen fortzusetzen. Die angeführten Beispiele machen zur Genüge die Freizügigkeit
und Variabilität der Arbeitsweise Müntzers deutlich, der besonders in
den zuerst geschaffenen Ordnungen nicht immer Stück um Stück auf seine
genaue Entsprechung verglich, sondern im Rahmen des ihm geläufigen
kirchlichen Systems auf eine adäquate und doch dem neuen alten Geiste
offene Formung bedacht war. Es läßt sich ohne jede Kenntnis seiner
Vorarbeiten im einzelnen nicht immer leicht entscheiden, was wirklich
Grund und Anlaß zu den Varianten gewesen ist; die Skala reicht von
lässiger Unbekümmertheit über eine noch nicht entscheidungsbereite Un-
schlüssigkeit bis zur absichtsvollen bzw. impulsiven Gestaltung. Der unbefangene Umgang mit der lateinischen Vorlage prägt die Eigentümlichkeit seines Werkes, in der Komposition des Ganzen wie in der Behandlung des Details bis in die unscheinbaren Variationen der deutschen Wiedergabe ein und derselben lateinischen Formel hinein: im Vollzuge un-
bedenklicher Übernahme einer kirchlich-normierten Gottesdienstordnung
— gerade das haben ihm „etliche gelerten auß hessigem neide auffs höchst

---

Lektionen bzw. dem Capitulum: „diß gelese beschreybt ...“, die zum Capitulum der
Vesper sogar in allen Ämtern anders lauten.

[147] Etwa „Gloria patri“, das bald vollständig geboten wird, bald in modifizierten
Abkürzungen von „Ehre sei dem vater ... bis geiste (etc)“ bis hin zu „Ehre sei dem“,
bald auch gänzlich fehlt.

[148] Denn hier fehlt der Beginn der Mette „got sei unser hulf ...“ einschließlich der
„Antwort“; weiter fehlt der Hinweis auf das „pater noster“ nach dem Versikel vor
den Lektionen, die Segnung und Danksagung vor und nach den Lektionen; Müntzer
hat das übrigens wohl gewußt, denn der entsprechende Verweis auf „den segen“ im
Pfingstamt nimmt auf das Osteramt Bezug! Es ist sodann vor den Laudes das Deus in
adiutorium, weiterhin in dieser Hore die Collecte und die Einleitung des Benedicamus
ausgelassen, in der Vesper endlich die Collecte und das Benedicamus samt der zugehö-
rigen Einleitung.

[149] Bis auf das Deus in adiutorium vor den Laudes und die Collecte sowie die Einleitung zum Benedicamus in der Vesper.

[150] So lautet die Danksagung nach der Lektion der Mette im Osteramt „O Herr,
dorumb sey uns gnedig“, sonst aber „O du gewaltigster Herr, sey uns gnedig“; das
„Domine, labia mea aperies“ im Eingang zur Mette übersetzt er im Passionsamt: „O
Herr, thu mir auff meine lippen, und mein mund wirt vorkundigen dein lob“, sonst
aber „O Got, thu auff meine lippen — Und lass meinen mundt dein lob vorkündigen“.

vorarget"[151] — wird von ihm der Schematismus eines „unveränderlichen" Rituals aufgelockert, und im Hinhören auf das Bibelwort wandelt sich die stereotyp gewordene liturgische Formel wieder zum lebendig ansprechenden Wort. Die beiden zuerst geschaffenen Ämter spiegeln — ein jedes in sich wie in seinem Verhältnis zum anderen — m. E. am ehesten wider, wie Müntzer in souveräner Freiheit und dennoch in freiwilliger Bindung an eine in ihrer Substanz von ihm als christlich anerkannte Ordnung eben diesen substantiellen Gehalt der deutschen Christenheit sachgemäß nahezubringen unternimmt, ohne ihr einen radikalen Bruch mit den gewohnten Formen ihres gottesdienstlichen Lebens zuzumuten. Das Osteramt ist zweifelsohne exakter durchgearbeitet als das Passionsamt und trägt stärker den Charakter eines liturgischen „Musterschemas" für das Stundengebet. Dennoch konnte das „ammacht von dem leiden Christi" für sich allein nicht minder den Aufbau und den Tenor der müntzerischen Neuordnung einsichtig machen, war es gleichsam gebrauchsfähig, obschon es nicht alles enthielt, was Müntzer späterhin noch aus dem alten Ritual übernahm. Die Unausgeglichenheit ist gewiß mit das Resultat eines fortschreitenden Hineinwachsens in die Aufgabe, das die praktischen Erfahrungen auswertet; doch bezeugt sie andererseits ebenso, daß Müntzer das Recht der freien Verfügung über Aufnahme, Variation oder Ausscheiden einzelner Elemente für sich in Anspruch nahm und bei aller Tendenz zur Einheitlichkeit des strukturellen Aufbaues der Horen auf eine perfektionistische Uniformität keinen Wert legte. Die von ihm entworfene Ordnung des Kirchenamtes sollte kein bis in den Wortlaut hinein bindendes, sakrosanktes Ritual sein. Er war ausdrücklich mit Abwandlungen seines Vorschlages durch andere von vornherein einverstanden, „allein das die psalmen den armen leyen wol vorgesungen und gelesen werden"[152]. Konnte ihn bei solcher grundsätzlichen Einstellung der Gedanke an eine harmonisierende Überarbeitung des Ganzen oder auch nur der drei zuerst entstandenen Ämter zum Zwecke der Veröffentlichung durch den Druck überhaupt ernsthaft beschäftigen? Er wollte durch sein Beispiel ja nur andere zu gleichen Tun anregen, und diesen Zweck erfüllten seine Manuskripte vollauf, ohne daß noch unnötige Zeit durch eine alles perfektionistisch regulierende, die Arbeit gar nicht lohnende Revision verlorenging. Wir haben in dem gedruckten Text vermutlich die Fassung vor uns, die dem von Müntzer selbst im Gottesdienst verwandten Konzept entsprach, das Passionsamt im Wortlaut des noch nicht praktizierten, bzw. durch die praktische Erfahrung modifizierten Entwurfes. Dieses Amt zeigt auch eingangs gleichsam noch die Spuren des Beginnes. Man kann sich mit einiger Phantasie die Situation vergegenwärtigen: erfüllt von dem Bewußtsein, seiner Gemeinde durch die neue Weise des Gottesdienstes den Zugang zum verstehenden Hören des Got-

---

[151] Franz, MG, S. 163,7.　　　　　[152] Ebd. S. 164,21 f.

teswortes weit zu öffnen, ihr so zur Erkenntnis der bisher verdeckten christlichen Wahrheit zu helfen und sie in die Freiheit selbständiger Entscheidung im Glauben zu führen, schreibt er die ersten Worte nieder. Auch eine weniger pathetische Natur als Müntzer hätte wohl bei solcher Gelegenheit einen nicht alltäglichen Titel gewählt und ihm ein ganzes Blatt geopfert: „Das ammacht von dem leiden Christi."[153] Auf der Rückseite aber hebt der „Eingang" mit großen Lettern gedruckt und abweichend von der Gestaltung der übrigen vier Ämter mit dem Gebete an: „O, herr, thu mir auff meine lippen und mein mund wirt vorkundigen dein lob."[154] Müntzer empfand die Bedeutsamkeit seines Tuns.

Ein sonderliches Geschick widerfuhr der „Vorrede yns buch disser Lobgesenge", die man sogar als nicht zum deutschen Kirchenamt gehörig und „anscheinend als gesonderte Vorrede für die Messe bestimmt"[155] angesehen hat. Die „deutsch-evangelische Messe" hat jedoch ein eigenes Vorwort, und es läßt sich in keiner Weise einsichtig machen, warum Müntzer ihr noch eine weitere Vorrede voraufgeschickt haben sollte, zumal diese weit besser zum Kirchenamt paßt. Eine Schwierigkeit liegt darin, daß sie da, wo man sie suchen würde, nämlich nach dem Titelblatt des Kirchenamtes vor dem Beginn des Textes, nicht zu finden ist und auch kein Platz für sie vorgesehen war. Sie ist zudem in den von G. Franz registrierten Exemplaren der beiden liturgischen Schriften, soweit sie diese „Vorrede" enthalten, an den verschiedensten Stellen anzutreffen[156]. Dieser Sachverhalt läßt, wenn man nicht ein Verschulden der Druckerei annehmen will, kaum eine andere Erklärung zu, als daß das Manuskript der „Vorrede" — eine Reaktion erst Müntzers auf eine ihm zu Ohren gekommene Kritik? — in Eilenburg nicht vorlag, als der Druck des Kirchenamtes bereits abgeschlossen war und die ersten Exemplare sich schon im Handel befanden. Sie wurde als Separatum nachträglich gedruckt, das den noch nicht ausgelieferten Stücken möglicherweise einfach beigelegt oder, soweit sie noch nicht geheftet waren, vor dem „ammacht" eingeordnet wurde[157].

---

[153] Zum Begriff „ammacht" vgl. Lexer I, Sp. 48.

[154] Es fehlen hier auch die Anweisungen: „Hebt der Priester also an", bzw. „darnach der priester widder" und „Antwort".

[155] Franz, Bibliographie, S. 167. In MG, S. 157 f. rubriziert Franz sie noch weiterhin nach „3. deutsch-evangelische Messe" unter 3a, enthält sich aber eines ausdrücklichen Urteils, verweist vielmehr auf die unterschiedlichen Meinungen von J. Smend („Vorrede für die Messe") und Honemeyer (Zuweisung zum Kirchenamt).

[156] Vgl. Franz, MG, S. 157 und 25. Vorhanden Berlin (eingeheftet in Kirchenamt zwischen A 2 und 3), Braunschweig (Predigerseminar, eingeheftet vor dem Titelblatt der Messe), Gotha (zwischen Kirchenamt und Messe gebunden), Hamburg (verlorengegangen) und Weimar (der Messe vorgeheftet), Wolfenbüttel und Berlin EKU (zwischen Kirchenamt und Ammacht von den Leiden Christi geheftet).

[157] Vgl. die Angaben bei Franz zu 3a), Absatz 1. — Die losen Separata wurden von

5. Die deutsche evangelische Messe

Die deutsch-evangelische Messe hat Müntzer, wie es auch das ihr zugehörige Vorwort bekundet, als seine zweite liturgische Schrift verfaßt. Sie erschien zwar erst um die Jahreswende mit dem Namen des Autors auf dem Titelblatt[158], dokumentiert aber wohl im wesentlichen den Stand einer seit geraumer Zeit praktizierten Ordnung; denn fraglos hat Müntzer erheblich früher schon in Allstedt auch die verdeutschte und gereinigte Messe eingeführt. Das Manuskript scheint dieses Mal besser für den Druck vorbereitet worden zu sein, obschon sich auch darin, zumal zum Ende hin, noch mancherlei Unebenheiten finden, die bei einer exakten Überarbeitung unschwer hätten vermieden werden können. Das ganze Werk erweckt im Vergleich zum Kirchenamt den Eindruck einer geschlosseneren Gestaltung. Es ist unverkennbar, daß das Formular der Advent-Messe mit ziemlicher Sorgfalt nahezu vollständig ausgearbeitet und als Schema der übrigen Ämter gedacht ist, so daß Müntzer auf die Wiederholung der gleichlautenden Stücke zumeist verzichtet und auch die übrigen Vermerke auf ein Mindestmaß reduziert hat, ohne dabei allerdings konsequent zu verfahren. Auch die beiden einzigen Verweise, die sich im Ganzen finden, bekunden die regulative Funktion des Adventsamtes[159]. Ein Vergleich mit der „Ordenung und rechenschafft des Tewtschen ampts zu Alstet durch die diener Gottis newlich auffgericht"[160] zeigt freilich, daß Müntzer an der Gestaltung der deutschen Messe noch weiter arbeitete, auch als das Manuskript schon in der Druckerei lag[161]. Denn die „Ordenung" weist einige Änderungen auf, die sich dem gedruckten Formular gegenüber nur als Verbesserungen verstehen lassen[162].

den späteren Besitzern möglicherweise nach Gutdünken ihren Exemplaren des Kirchenamtes bzw. der Messe beigefügt.

[158] „Deutsch Euangelisch Messze etwann//durch die Beptischē pfaffen im latein zu grossem//nachteyl des Christen glaubens vor ein opffer//gehandelt/und itzdt vorordent in dieser /ferlichē//zeyt zu entdecken den grewel//aller abgötterey durch solche// mißbreuche der Messen//langezeit getriben.//Thomas Muntzer//Alstedt//M.D.XXiiij./" Das Titelblatt des Kirchenamtes war noch ohne den Namen des Verfassers nur mit der Ortsangabe „Allstedt" gedruckt worden.

[159] In der Weihnachtsmesse: „Prefatio hebt sich an, wie in der meß des advents"; im Passionsformular: „Benedicamus wie im advent".

[160] Franz, MG, S. 208—215.

[161] Als das Erscheinungsjahr der Messe wird zwar 1524 und als das der „Ordnung" 1523 angegeben. Doch dürfte das Manuskript der Messe in keinem allzu großen zeitlichen Abstand von der Auslieferung des Kirchenamtes, etwa im September/Anfang Oktober zu Widemar nach Eilenburg geschickt worden sein und bei der starken Beschäftigung der Druckerei die komplizierte Einrichtung des Druckes (genaue Parallelisierung der Noten mit dem Text!) die Fertigstellung bis gegen Ende des Jahres 1523 hinausgezögert haben. Inzwischen sollte ein kurzer Abriß über die Messe mit einigen Angaben über den Vollzug von Taufe, Trauung, Sterbesakrament und Begräbnis informieren. Er mag im November verfaßt und gedruckt worden sein.

[162] Auf den Einzelnachweis kann hier verzichtet werden. Vgl. etwa Mehl, S. 63.

Sie belegen es, daß er bemüht blieb, den reformatorischen Charakter seiner Messe noch klarer herauszustellen, wie er in der „Ordnung" überhaupt versuchte, Freunden und Gegnern in einer knappen Erläuterung einsichtig zu machen, worin er das Wesen des christlichen Gottesdienstes erkannte und wie nun die einzelnen Elemente der von ihm geschaffenen Ordnung dem gerecht werden. Die kleine, nur wenige Seiten umfassende Schrift[163] wird so zu einem beredten Zeugnis des Allstedter Pfarrers, daß er seine liturgische Reformarbeit in dem ernsten Bewußtsein seiner Verantwortung als evangelischer Prediger unternommen hat, daß ihm die Neuordnung gerade auch des Abendmahlgottesdienstes als eine dringende Notwendigkeit erschien und er sich um der Wahrheit und Reinheit der Verkündigung willen zu ungesäumtem, selbständigem Handeln genötigt sah. Es ist nicht aus purer Neuerungssucht, sondern aus solch genuin reformatorischem Wollen ein Werk erwachsen, das mit dem deutschen Kirchenamt eine im gleichen Grunde wurzelnde, das gleiche Ziel erstrebende Einheit bildet.

Die deutsch-evangelische Messe wird dementsprechend von den gleichen Prinzipien der Ordnung bestimmt wie das Kirchenamt, so daß neben der Verdeutschung und der theologischen Säuberung die radikale Vereinfachung einen hervorstechenden Grundzug ausmacht. Auch hier hält Müntzer statt der Vielzahl der in der alten Kirche üblichen Messen fünf Ämter für ausreichend; vor allem reduziert er in den Ämtern selber die weitschweifige Breite der katholischen Messe in einschneidender Weise, um die wesentlichen Elemente klar heraustreten zu lassen. Er sieht keine Veranlassung, das strukturelle Gefüge des alten Gottesdienstes gänzlich preiszugeben und etwa durch eigene liturgische Formen zu ersetzen. Er will lediglich das ursprüngliche Wesen des „offenbaren ampts" von aller papistischen Entstellung und Überfremdung befreien, will unter Ablehnung jeder Vorzugsstellung des Priesters den anfänglichen Sinn und Zweck solchen Singens und Betens der Christen wiederherstellen: die Offenbarung des göttlichen Geheimnisses in den Herzen der Gläubigen. Er folgt demgemäß dem gewohnten Gange des liturgischen Aufbaues vom „Gebetsgottesdienst" zum „Lehrgottesdienst" und weiter zum „Abendmahlsgottesdienst" und läßt die darin sich bekundende Steigerung bewußt bestehen, ohne jedoch durch eine überbetonte Differenzierung der Teile die organische Ganzheit des *einen* Gottesdienstes im geringsten zu beeinträchtigen. Durch die Erläuterung der einzelnen Elemente in seiner „Ordnung und Berechnung" sind wir über sein Verständnis des Ganzen relativ gut unterrichtet; um jedoch den Charakter seiner Reform im vollen Umfange zu ermessen, darf man, abgesehen von der inhaltlichen Veränderung einzelner Stücke, auch hier nicht aus dem Auge verlieren, was Müntzer im einzelnen alles beseitigt hat.

[163] Zu den Drucken vgl. Franz, MG, S. 207 f.

Der „Vorbereitungsakt" setzt entgegen der kirchlichen Praxis mit einem klaren Ja zu dem „offenbarlich ampt" ein. Statt „unter dem hutlin tzu spiln"[164], wird zu Beginn des Gottesdienstes der 43. Psalm „mit dem gantzen volck" gesprochen, dem sich das Gloria patri anschließt. Ihm folgt eine allgemeine öffentliche Beichte, die „der prister mit klaren worten vor allem volcke (thut)" und die nach einem kurzen Wechselgespräch zwischen Priester und Gemeinde in dem Gebet um Vergebung mündet[165]. Die allzu knappe Fassung des Verlaufes der Beichte kann zwar das Mißverständnis aufkommen lassen, als handle es sich um die „Beichte des Priesters (für sich)"[166]; aber die Promiskuität von Priester und Volk in Rede und Gegenrede war schwer auf eine kurze Formel zu bringen. Beide schließen jeweils jeder in seiner Rede den Partner mit ein[167]; es ist eine „gemeine beycht", wie es am deutlichsten in der Aufforderung des Priesters „laßt uns bitten" und dem folgenden Gebetstext zum Ausdruck kommt: „O Herr, nym von uns unser missethat, das wyr . . ."[168]

Zum „eingang der geheim Gotis" soll man nunmehr, abweichend von der „Deutsch-evangelischen Messe", an Stelle des Psalmverses „den gantzen psalm" singen, „wie im anfang der christenheit durch die frommen nachfolger der heiligen aposteln geschach", „auff das man yhn clerlich sehe ohne stückwerck". Was ihn zu dem vierfachen Kyrie veranlaßt hat, ist nicht recht einsichtig, aber was es an dieser Stelle besagen soll, stellt er klar im Rückgriff darauf, „so man zuvorn vorm altar gemeine beicht thut . . . auf das die freunde Gotis sein ewige barmhertzickeit fassen, seinen namen auffs höchste zu preyßen"[169]. Rühmend erklingt alsbald das Gloria in excelsis, auch in den Zeiten, wo es der katholische Ritus unterließ, mit dem anschließenden Lobgesang „wir loben dich . . .", „in wilchem wir dancksagen, das wir durch Gotis son zum ewigen leben und höchsten Gottis guttern gefoddert seint, und in den ersten unsern ursprung zu kommen"[170]. Dem folgt die 1. Salutatio: „Daruber wirt das volck nach solchem dancksagen getröstet mit dem spruch Booz"[171], d. h. in dem alten gehaltvollen Sinne des Wortes „trösten": dessen wird das Volk in zuversichtlichem Vertrauen mit dem Segensspruch „Der Herre sey mit euch" gewiß gemacht. Man spürt, wie er die ursprüngliche Kraft der

---

[164] Franz, MG, S. 208,3 f. [165] Ebd. S. 165,31—166,22.
[166] Ebd. S. 159; ebenso Mehl, S. 44.
[167] Es geht zumal um die Wendungen: „. . . drumb bit ich euch umbstehenden außerwelten freunde Gottis, helffen zu bitten vor mich mit gantzem hertzen . . . auff das die geheym göttliches bundes eröffnet werden durch meyne rede und durch ewr gehöre". ⟨Das gemeine volck sagt drauff:⟩ Gott sey dir genedigk, leere dich von tag zu tage, alle seynes willens und wercks, uns zu gute, warnemen mit thun und lassen" (Franz, MG, S. 166,6—12).
[168] Franz, MG, S. 166,19 f. [169] Ebd. S. 208,16—20.
[170] Ebd. S. 208,20—209,1. [171] Ebd. S. 209,1—3.

allzu formelhaft gewordenen Worte zu neuem Leben erwecken möchte. So soll auch „die gantze kirch" wissen, was sie dem „knecht Gotis" zusprechen will, wenn sie betend antwortet „und mit deinem geist", nämlich einem „reinen geyst", „auff das dieselbige durfftige samlung nit einen gotlosen menschen habe zum prediger. Dann wer den geist Christi nit hat, der ist nit Gotis kinth, wie mag er dann umbs werck Gottis wissen, wilchs er nit erliden hat? Weis ers nu nit, wie wil ers denn sagen"[172]. So prägt er auch weiterhin den sinnhaften Gang der überkommenen Ordnung, wenn sie Herz und Sinn der Gläubigen am Ende dieser Gebete über die im Gotteshaus versammelte Gemeinde hinaus im Kirchengebet auf „die gantze samlung der grossen christlichen kirchen" hinweist, und zwar betont mit der Aufforderung, „wider die tieff eingerissen erbermliche gebrechen, wilche den hochwirdigsten namen Gottis vorhindern, zu erglasten vor aller werlt"[173].

Im „Lehrgottesdienst"[174] hat Müntzer die Hauptteile ebenfalls beibehalten, jedoch in der Reihenfolge Schriftlesung, Glaubensbekenntnis, Predigt, und in den Zwischengesängen wenige Änderungen vorgenommen. So setzt er im unmittelbaren Anschluß an die Kollekte mit der Epistel ein, durch die „das volck erinnert" werden soll, „wie ein yder außerwelter mensch der wirckung Gottis sol stadt geben, ehe dann Got der vatter seinen allerliebsten son durch das evangelion außrede"[175]. Sie dient also der inneren Zurüstung auf das rechte Hören des Evangeliums, welche die Gemeinde im Dank für das Zeugnis und in der Bitte um herzliche Bereitschaft durch das Halleluja, das Graduale und den „vor die prosa oder sequentien" gesungenen Psalm 51 zu erkennen gibt. Auf diese drei Stücke beschränkt er die mancherlei Variationen der römischen Ordnung. „Gehertzt ..., sich festiglich auff Gottis wort zu verlassen" sind die Gläubigen nun wahrhaft bereit, daß „Got der vatter seinen allerliebsten son durch das evangelion" zu ihnen reden läßt. Darum führt die zweite Salutatio ohne jedes Versäumen — der Zwischenakt des „munda cor meum" und die Segnung des Diakons fallen fort — zu der Begegnung mit Gott im Evangelium, dessen Ankündigung den ehrerbietigen Gruß „Ehre sey dir, lieber Herre" auslöst. So wenig wie nach der Epistellesung das Deo gratias erwähnt Müntzer nach dem Evangelium das „Laus tibi, Christe". Wenn er hervorhebt, „das wir altzeit ein gantz capitel anstat der epistel und evangelion lesen", so ist dafür gewiß in erster Linie der Gedanke maßgeblich, „das die stuckwerckische weyse domit vorworffen werden, und das die heilige schrifft der biblien dem volck gemein werde"[176]. Doch schließt das in sich die auch sonst gebotene

---

[172] Ebd. S. 209,7—10.   [173] Ebd. S. 209,13—15.

[174] Die dem katholischen Sprachgebrauch entnommenen Begriffe kennzeichnen natürlich nicht Müntzers Verständnis.

[175] Ebd. S. 209,15—18.   [176] Ebd. S. 209,26—29.

Forderung, die das Interesse der gottesdienstlichen Gemeinde ungebührlich ablenkenden „affterglewbischen cerimonien oder geberde" abzutun
und statt ihrer allein das biblische Wort zur Geltung zu bringen, das die
Hörer ja nun in deutscher Sprache vernehmen und in sich aufnehmen
konnten. Daß „die leut mit gewonlichem gesange, in eigener sprache ge-
leytet werden", ist das beste Mittel, sie von falschen und schlechten Ge-
wohnheiten abzubringen, „wie die kinder mit milch ertzogen, und doch
yrer bösen weyse kein stat gegeben werd"[177]. Mit vollem Rechte erklärt
er gegen die von Luthers Seite dagegen erhobenen Einwände, es sei
„doch altzeit solchs ampts besserung krefftiger, die widdersacher zu stillen", und hält er unter Berufung auf Paulus und Christus daran fest,
„das evangelion einer yder creaturen ... vorzupredigen unvorwickelt
und unvorblümet, widder mit Latin odder yrgent einer zulage, sonder
wie es ein yeder in seiner sprach vornimpt odder vornemen mag, keins
angesehen"[178].

Abweichend von der kirchlichen Übung weist Müntzer dem Credo
seine Stelle hinter dem Evangelium, also vor der Predigt an. Zwar motiviert er die Umstellung nicht näher, doch bewog ihn dazu wohl die Überlegung, daß das Bekenntnis „aller heubtartickel des glaubens" (Nicae-
num) als das in gebührend feierlicher Form gegebene Bekenntnis zu der
göttlichen Wahrheit im Worte der Schrift zugleich als Absage an die
„groben yrtumen der kirchen" unmittelbar hinter die Lesung des Evangeliums gehöre. Danach erst folgt die Predigt, die „den gesang" erklären soll, „der im ampt gehort ist". Ist es auch kaum angebracht, auf die
veränderte Reihenfolge Lesung, Credo, Predigt allzuviel Gewicht zu
legen, zumal Müntzer es selbst nicht als notwendig erachtet, mit einer
besonderen Erklärung darauf einzugehen, so kann man es doch nicht
gänzlich ignorieren, daß Müntzer nicht in der herkömmlichen Weise
Evangelium und Auslegung zusammenfaßt, um daran erst das Glaubensbekenntnis anzuschließen, sondern daß er die Gemeinde sich zur
biblisch-apostolischen Wahrheit bekennen läßt, bevor ihr das Verständnis der Schrift durch die Predigt eröffnet worden ist. Sieht er es als die
gegebene Konsequenz der Verdeutschung der Schriftlesung an, will er
damit überhaupt die erstrebte geistliche Mündigkeit der Gemeinde hervorheben, oder versteht er die Umstellung etwa im Sinne einer Differenzierung von Gotteswort und Menschenwort? Dann allerdings auf keinen Fall, um die Bedeutung der Predigt herabzumindern; fordert er
doch, daß auch an den Wochentagen gepredigt werden solle, während er
das Credo ausdrücklich lediglich „am sontage oder feyerfesten" im Gottesdienst vorsieht. Nicht nur aus der praktischen Erwägung heraus, „das
der prediger sich wider ruste, athem zuholen", sondern um der rechten
Aufnahme der Predigt willen fügt er den Gesang der Leise „Nu bitten

---

[177] Ebd. S. 210,3—6. [178] Ebd. S. 210,11—14.

wir den heiligen geist" und das Benedictus an, „auff das ... das volck vor das gehorte wort Gottis Got lobe"[179]. Leider begründet er nicht näher, warum er in der „Ordenunge" das Benedictus gegenüber der Deutschen Messe an dieser wenig glücklich gewählten Stelle vorzieht.

Wirklich einschneidende Änderungen, die dem Gottesdienst — abgesehen von der Einführung der deutschen Sprache — nach Inhalt und Form einen gänzlich neuen Charakter aufprägen, zeigt erst die Gestaltung der Abendmahlsfeier, die das Grundprinzip aller liturgischen Reform Müntzers eindrucksvoll zu erkennen gibt, nicht aus eigenem Ermessen völlig neuartige Formen zu bilden, sondern das bis zu Unkenntlichkeit verdeckte und entstellte echte Gut alter christlicher Tradition in seiner ursprünglichen Reinheit und Einfachheit wieder ans Licht zu bringen. Hier kam es vor allem darauf an, die Verfälschung des Abendmahles durch die Auffassung der Messe als der unblutigen Wiederholung des Opfers Christi von Grund auf zu bereinigen und jedweden Bezug auf den Opfergedanken radikal auszumerzen, so daß diese Reinigung neben der Verdeutschung als die eigentliche Aufgabe der Neuordnung des „Meßgottesdienstes" erscheint. In der Tat muß man von einer rigorosen Säuberungsaktion sprechen, die jedoch ihre Berechtigung durch das positive Ergebnis einer reformatorischer Erkenntnis entsprechenden neuen Ordnung erweisen konnte, die mehr und etwas anderes war als lediglich ein Fragment der römischen Liturgie.

Von dem ersten Akt der katholischen Opfermesse, der Opfervorbereitung, bleibt dadurch, daß Müntzer schließlich auch das Offertorium ausgeschieden hat, schlechterdings nichts mehr übrig: „Wir halten kein opffer in der geheim Gotis."[180] Er nimmt zu Beginn der Abendmahlsfeier zum dritten Male die Salutatio auf, um daran die Präfation anzuschließen, „durch wilche die cristenheit erinnert wirt, das sie den erstgebornen aller creaturen erkenne in der fulle und erkentnis gotlichs willens und der kunst Gotis, die er von ym selbs hat mit allen außerwelten"[181]. Schon aus dieser Interpretation wird erkennbar, daß Müntzer den feierlichen Lobgesang nicht im Sinne einer ungebrochenen *theologia gloriae* versteht; erst recht aber tritt das im Sanctus hervor, dessen Verständnis er nicht ohne Grund durch eine ausführliche Erklärung erläutert, die mir im Blick auf seine Abendmahlsauffassung bedeutsam genug erscheint, um hier vollständig wiedergegeben zu werden.

„Zum VI. singet man das sanctus, auff das erclert werde, wie der mensche sol geschickt sein, der do on nachteyl seiner selen beim handeln des sacraments sein sol. Nemlich: er sol und muß wissen, das Got in ym sey, das er yn nicht außtichte odder außsinne, wie er tausent meilen von ym sey, sonder wie himel und erden vol, vol Gottis seint, und wie der vatter den son in uns on unterlaß gebiret, und der heilige geist

[179] Ebd. S. 210,25 f.   [180] Ebd. S. 210,26 f.   [181] Ebd. S. 210,28—31.

nit anders dan den gecreutzigten in uns durch hertzliche betrubniß ercleret. Daruber uns nit anders gebricht, dann das wir unser blintheit nit
erkennen wollen noch vornemen, wann uns Got in die hochste ehre durch
schande setzt, in des geists gesuntheit durch kranckheit des leybs etc.
Dann so kompt er in seinem namen, wenn unser nam vorunehret und
vorschantfleck wirt on all unser vorwircken und vorwarlosen etc.“[182] Mit
den letzten Worten ist auch das Benedictus (?) und Hosianna in die
eigenwillige Deutung der Präfatio schon mit einbezogen, und zwar in
dem komplexen Gedanken, daß in Kreuz und Leiden unseres Lebens
Christus als der, der gelitten hat und gekreuzigt wurde, im Namen des
Herrn zu uns kommt. Der Blick wird auf die *conformitas* des Christen
mit Christus gerichtet, die auch dem Gläubigen wahrlich alles andere als
selbstverständlich ist, ja als unverständlich erscheinen muß. Eben darum,
daß „wir nu solche hoche, mechtige anfechtung mugen gedultig tragen,
nemen wir die weyße, die Jesus Christus, der son Gotis, befolen hat seiner kirchen zu halten, seiner dabey zu gedencken durch alle trubsal, auff
das unser sele vorschmachte und hungerig werde nach der speyse des
lebens“[183]. Es geht in dem, das da nun auf uns zukommt, nicht um eine
irgendwie geartete Rekonstruktion eines vergangenen Geschehens, weder
um die feierlich rituelle Wiederholung eines Opfers noch um eine kon-
templative oder sonstwelche Vergegenwärtigung im Gedenken, sondern
um die Verwirklichung dessen, was Christus von uns will, darum, daß
wir uns von aller Verhaftung an unser selbstisches Dasein und Sosein
abwenden und Christi „gedechtnis, wesen und wort“ in unserer Seele
vollmächtig werden lassen zur realen *conformitas* mit ihm. Es geht in
uns und mit uns etwas vor, „nit wie im vih“, etwa in einer zauberhaften
Einwirkung auf uns, die uns selbst als eine fremde Manipulation an uns
im Grunde unbeteiligt läßt, „sonder als in seinem tempel“[184], in der willigen verlangenden Aufnahme seines Wesens in die Tiefe und Ganzheit
unseres Wesens als etwas zu uns Gehöriges, uns als Eigentum Gottes
ganz und gar Erfüllendes und Beherrschendes. Wir müssen zu der für
unsere Existenz grundlegenden Erkenntnis kommen, daß unsere Situation durch Christi Leiden und Tod eine andere geworden ist, wie er später zum Agnus dei erklärt. Und diese Erkenntnis vollzieht sich im Glauben, der aber nur dann und insofern christlicher Glauben, also Chri-
stusglauben ist, wenn in ihm die Erkenntnis der Existenzbezogenheit
durch Leiden mit der konkreten Erfahrung der Situationsbezogenheit im
Leiden in eins geht, wenn der „Christus passus et crucifixus“ nach Wesen und Werk in dem „Christianus Christo conformis“ zur Lebenswirk-
lichkeit wird. Die so Christus in sich aufnehmen wollen, die im „zeichen“
das „wesen“ nicht verleugnen, sind die „hungrigen im geist“, die nun im
Abendmahl mit der „speise des lebens“ gesättigt werden, zu denen Chri-

[182] Ebd. S. 210,32—211,7.   [183] Ebd. S. 211,8—12.   [184] Ebd. S. 211,15 f.

stus wahrhaftig kommt. Denn das Wesentliche des gottesdienstlichen Geschehens ist nicht ein bloß symbolischer Akt oder gar eine menschliche Demonstration, sondern reales In-Beziehung-Treten des gegenwärtigen Christus mit den versammelten Gläubigen, ist ein wesenhaftes Sich-Zueignen. Müntzer übersetzt bzw. erklärt den Begriff Konsekration durch „termung", wohl nicht nur um statt eines lateinischen Wortes ein deutsches zu verwenden, sondern um alles, was an „afterglawben" in dem durch seinen bisherigen Gebrauch so stark belasteten Terminus „consecratio" noch mitschwingen könnte, möglichst auszuschalten und um durch das deutsche Wort den Sinn der „Weihe" als einer Zueignung deutlich wieder herauszustellen. Darum „singen wir dieselben wort der termung offentlich", d. h. die Worte, in denen Christus sich uns zueignen will, in deutscher Sprache und vernehmlich, daß jeder sie verstehen und aufnehmen kann. „Dann Christus, der son Gotis, hat dieselbigen wort nicht zu einem gesagt oder vorborgen, sonder zu allen, wie der text des evangelion klerlich antzeigt." Und andererseits ist eben auch, wie er erklärend fortfährt, „die consecration ein termung, wilche nicht allein von einem, sonder durch die gantze vorsamlete gemein geschicht"[185]. So gewinnt der Begriff der Termung und damit Müntzers Verständnis des Abendmahles vom Gedanken der *conformitas* her seine inhaltliche Prägung, ist die Idee der Transsubstantiation und die Opfervorstellung der katholischen Messe völlig ausgeschieden und aller magische Sakramentarismus überwunden. Es kennzeichnet die Stoßrichtung Müntzers, wenn er den altgläubigen Vorwurf der Profanation, „wir leren die roßbuben auff dem felde auch meßhalten", mit der scharfen Polemik beantwortet: „Aus wilchem urteyl ein yder frommer guthertziger mensch wol ermessen kan, was sie von dem sone Gotis halten, gleich als wer er ein gemaltes menlin oder ein gauckelspiel, do man den teuffel mit worten beschweret, betzaubert. Also lassen sich dise auch duncken, man solle Christum, den son Gotis, mit wortten betzaubern hin und her, wo die frecheit der menschen hinwolle."[186] Doch er findet schnell zur sachlich-positiven Erläuterung zurück, die keinen Zweifel an seiner tiefgründenden Gewißheit von der einzigartigen Bedeutsamkeit dieses sakramentalen Geschehens zuläßt: In der Termung und durch sie wird das Beziehungsverhältnis zwischen Christus und dem Gläubigen unter dem äußeren Zeichen durch die Wirkung des Geistes irgendwie intensiviert und wesensmächtig zur Gestaltung der *conformitas,* vollzieht sich „ein geheim Gotis", in dem „viel frommer menschen" in herzlichem Verlangen und demütiger Bereitschaft ihrem Herrn Christus wahrhaftig begegnen und sich von ihm erfüllen lassen wollen. Folgerecht ergibt sich daraus: „Christus erfult allein die hungerigen im geist, und die gotlosen lesset er lehr. Was sol doch Christus im sacrament bey den menschen thun, do er keine

---

[185] Ebd. S. 211,22—28. [186] Ebd. S. 211,30—35.

hungerige und lehre sele findet? Drumb muß er mit den vorkarthen vor-
karth sein und mit den guten gut."[187] Es bestand für Müntzer kein Hin-
derungsgrund, den Wortlaut der Einsetzungsworte in der Form des Meß-
kanons zu übernehmen, allerdings mit der ihm wichtigen lukanisch-pau-
linischen Ergänzung zu der auf den Bericht bei Marcus und Matthäus
sich stützenden kürzeren römischen Form „das ist mein leichnam": „der
vor euch dargegeben wirt". Jedem Mißverständnis „kultischer Zauberei"
war durch das „offenbarliche" Handeln des Priesters in der Wendung
zum Volke und dadurch, daß er „die form der termung[188] oder des
abentessens" allen vernehmlich in deutscher Sprache sang, nach Möglichkeit gewehrt[189]. Müntzer hat späterhin noch ein übriges getan — ein
weiterer Beleg fortlaufender liturgischer Neuerungen —, wenn er die
Wendungen am Altar dadurch hat fortfallen lassen, „das in der pfarkirchen der altar also gesetzt, das er hinder dem altar stehen und das angesicht zu dem volk hat keren mussen"[190].

Wie er zwischen Präfation und Einsetzungsworten alle Gebete der
römischen Liturgie streicht, so fallen auch die nach der Termung fort.
„Balt nach der elevation singet man im selben thon flux drauff also:
,Dorumb last uns alle bitten, wie uns Jesus Christus, der warhafftig son
Gottis, hat gelert, sagende: Vater unser . . .' Und alles volck singet drauff:
,Amen'. Darnach wirt es stille, ein wenig athem zu holen, unter wilcher
zeyt der priester der communicanten halben das sacrament teylet."[191] Die
Formel „der communicanten halben" hat vielleicht einen polemischen
Unterton; auf jeden Fall ist mit der Beschränkung auf das Brotbrechen
die „Vermischung der heiligen Gestalten" ausgeschieden, die ja nach
Müntzers Anschauung keine Daseinsberechtigung mehr haben konnte.
Der Akt des Brotbrechens selber wird — ohne die im katholischen Ritus
voraufgehende, vom Priester mit leiser Stimme gebetete Weiterführung
der letzten Vater-Unser-Bitte — mit den Worten „durch alle ewigkeit"
und dem feierlichen Friedenswunsche „der fride des Herrens sey altzeit mit
euch" begleitet, worauf die Gemeinde mit „Amen" bzw. dem Gebet „und
mit deinem geist" antwortet, um dann mit dem Gesang des dreimaligen
„O lamb gottes" fortzufahren, „auff das im geheim Gottis der todt und
aufferstehung Christi betrachtet werde, dasselbe weitter zu ercleren".
Doch gehört das Agnus dei bei Müntzer offenbar nicht mehr zur Vorbereitung der Kommunion, sondern „unter dem agnus dei" „gibt man
dann den leuthen das hochwirdigste sacrament"[192]. Ein Vergleich mit

---

[187] Ebd. S. 211,36—212,2.
[188] Zum Begriff „termung" vgl. Lexer II, Sp. 1426 f.
[189] Daß Müntzer bei dem Worte „gesegnete" jeweils das Zeichen des Kreuzes gemacht habe (Schulz, S. 373; Mehl, S. 49), ist nicht zu belegen und höchst unwahrscheinlich.
[190] Sehling I 1, S. 508.   [191] Franz, MG, S. 212,24—26.
[192] Ebd. S. 212,21—37.

dem katholischen Ritus macht auch an dieser Stelle wieder die starke Reduktion des überkommenen liturgischen Bestandes offenbar, die mehr sein will und mehr ist als lediglich konzentrierende Vereinfachung und die ihren tiefsten Grund in dem völlig veränderten Sinngehalt des gottesdienstlichen Geschehens hat. Denn die Verwerfung der Beichte vor der Kommunion und der Empfang des Abendmahles „unter beyder gestalt" sind ja nur der konsequente Ausdruck für das neue Verständnis der Termung als einer beiderseitigen Zueignung. „Die beptische heuchlische beicht" gibt sich ihrer ganzen Intention nach als eine momentane Zurüstung des Menschen zu erkennen, um ihn zum würdigen Gefäß einer ihm im nächsten Augenblick zugedachten übernatürlichen Gnadengabe Gottes zu machen, als wenn das hier gemeinte Geschehen sich in zwei zeitlich zusammengerafften, unmittelbar aufeinanderfolgenden Akten vollziehen könnte. Die jeweilige Einmaligkeit des Abendmahles ist anderer Art, und es wird nur dann zum Vollzuge wesensmäßiger Zueignung, wenn der Gläubige in ständigem Willen zur *conformitas* mit Christus, zur *passio amara* bereit ist. Darum ist eine Beichte gleichsam ad hoc abwegig; vielmehr werden die Gläubigen „in allen predigen gemeiniglich vermanet, wie ein yder mensch sein alt vorgangen leben bedencken sol, das er seh, mit wieviel lusten er sein crewtz vordienet habe etc. Der mensch thut sunde, Got leget auf die busse, und es gehort dem menschen, sich dorin zu richten. Es kan kein mensch ein gut, reyn und fridsam gewissen haben zu Got, er erkenn dann dasselbe volkomlich. Darumb beschleusset man im dritten agnus dei: ‚Gib uns deinen fride', und ‚Laß deinen knecht, o Herre, nach deinem wort im fride'. Dann allein lanckmütige menschen seint wirdig des heylandts des lebens etc"[193]. In welcher Weise Müntzer das Wort Simeons aus Luk. 2,29 äußerlich in den Gottesdienst einfügen will, ist nicht recht ersichtlich; es ist auch in seinen Formularen nicht enthalten. Doch offenbar wertet er es als eine treffende Interpretation und sinnhafte Weiterführung des „dona nobis pacem": die Gestalt des alten Propheten wird ihm zum Prototyp des rechten Gläubigen, der in Gottesfurcht und Geistbesitz (Luk. 2,26!) sein Leben ganz auf die ihm verheißene persönliche Begegnung mit Christus ausrichtet, zu dem nach verlangendem Erwarten und geduldigem Erharren Christus auch wirklich kommt und der im Innewerden Christi den wahren Frieden erlangt, „denn meine Augen haben deinen Heiland gesehen". Um solches Christwerden als fortwirkende Frucht der im Abendmahl erfahrenen Zueignung Christi zu bitten, ist darum das ernstliche Begehren der Gläubigen in der Schlußkollekte. Aber nicht diese Bitte, so ernst sie gemeint ist, bildet den Abschluß des Gottesdienstes, sondern das Benedicamus domino und das Deo gratias, das in Müntzers Ord-

---

[193] Ebd. S. 213,1—9.

nungen als einziger Rest des Entlassungsaktes der römischen Messe noch folgt: „Got sey ewigklich danck!"

Es herrscht heute weitestgehende Übereinstimmung darüber, daß wir es hier mit einer in sich geschlossenen, nach reformatorischen Grundsätzen gestalteten Gottesdienstordnung zu tun haben, die, ganz abgesehen von der Verdeutschung, Luthers Ordnungen in keiner Weise nachsteht. Die über eine formale Parallelität weit hinausgehende Strukturverwandtschaft mit der „Formula missae et communionis" hat sogar zu der These geführt, daß Müntzers „Deutsch-evangelische Messe" unmittelbar von Luthers Schrift abhängig sei. In der Tat läßt sich unschwer eine ganze Reihe von Entsprechungen zusammenstellen, die den Gedanken einer Übernahme durch Müntzer nahelegen könnten. Schulz stellt folgende Liste auf: „... auch Luther wünscht statt des Introitus einen ganzen Psalm und steht dem Gloria ebenso kritisch gegenüber wie Müntzer. Beide lehnen die Sequenzen und Prosen ab, belassen aber einige, in deren Auswahl beide übereinstimmen. Luthers Forderung täglicher Auslegung ist auch Müntzers Wunsch. Bei den Einsetzungsworten sind beide nicht bloß darüber einig, daß sie vernehmlich sein müssen, sondern auch über die Tonart, in der sie erklingen sollen, und die Communio (Versikel zum Schluß der Kommunion), die Luther billigt, wird von Müntzer ebenfalls gebracht. Schließlich ersetzt Müntzer, genau wie Luther vorschlägt, das Ite Missa est durch das Benedicamus"[194]. Wir wiesen schon darauf hin, daß es trotz der zunehmenden Spannung zwischen den beiden Männern nicht angängig ist, von vornherein die Möglichkeit einer positiven Reaktion Müntzers auf sachgemäße Vorschläge Luthers auszuschließen. Es bleibt jedoch zu fragen, ob jene Entsprechungen die Annahme einer Abhängigkeit Müntzers von Luther unbedingt erforderlich machen. Man wird beachten müssen, daß beide nicht etwas grundsätzlich Neues schaffen, vielmehr die überkommene Gottesdienstordnung von Entstellungen und Überwucherungen befreien wollten, um eine wahrhaft evangelische Form wiederzugewinnen; sie gingen beide von der einen festen Vorlage aus, deren echten Kern es herauszuschälen galt. Luther erklärte: „Imprimis itaque profitemur, non esse nec fuisse unquam in animo nostro, omnem cultum dei prorsus abolere, sed eum, qui in usu est, pessimis additamentis viciatum, repurgare et usum pium monstrare. Nam hoc negare non possumus, Missas et communionem panis et vini ritum esse a Christo divinitus institutum. Qui sub ipso Christo primum, deinde sub Apostolis simplicissime atque piissime, absque ullis additamentis, observatus fuit. Sed successu temporum tot humanis inventis auctus, ut praeter nomen ad nostra saecula nihil de missa et communione pervenerit"[195]; und „Nos interim omnia probabimus,

[194] Schulz, S. 378. [195] WA XII, S. 206,15—22.

quod bonum est, tenebimus". Sodann bestand ein prinzipielles Einvernehmen darüber, daß im Gottesdienst Gottes Wort im Zeugnis der
Schrift unverfälscht laut werde und der Glaube der christlichen Gemeinde sich mit den Worten der Schrift recht bezeuge; nicht mit viel „gedöns"
und „aberglaubischen cerimonien", einer Summierung oder Potenzie-
rung von kurzen Bibelversen und aneinandergereihten Gebeten, sondern
in der sachlichen Beschränkung und der das Bibelwort dennoch vollständiger darbietenden Weise der „laudabiles primorum patrum additiones",
die nichts von dem „abnemen ... was Gott gesatzt und befolen hat".
Faßt man darunter vor allem auch den Satz, „missam [non] esse sacrificium seu opus bonum"[196], so müßte es geradezu verwunderlich sein,
wenn sich keine weitgehende Konformität ergeben hätte, zumal der Wittenberger und der Allstedter Reformator sich auch darin im wesentlichen
einig waren, Vorrecht und Vorrang des Priesters im Gottesdienst zu brechen und die Gemeinde selbst stärker zu beteiligen. — Um so dringlicher
stellt sich unter diesen Umständen die Frage nach der zeitlichen Entstehung des müntzerischen Reformwerkes, um den Allstedter nicht, abgesehen von der Verdeutschung, mehr oder minder zu einem Plagiator
Luthers werden zu lassen. Es ist allerdings nicht möglich, absolute Daten
für das Erscheinen seiner drei liturgischen Schriften anzugeben; doch
kann man mit ziemlicher Sicherheit sagen, daß die schon um die Mitte
des Jahres 1523 weit über die Mauern Allstedts ihre Wirkung ausstrah-
lende Tätigkeit des neuen Predigers nicht allein auf seine Predigten zurückzuführen ist, sondern gerade auch der von ihm aufgerichtete neue
Gottesdienst die Menschen angezogen hat. Es ist an der frühen Ausarbeitung des „Kirchenamtes" auch kein ernsthafter Zweifel laut geworden. Sollte Müntzer dann aber die Neugestaltung der „deutschen Messe"
bis zum Ende des Jahres hinausgezögert haben, obwohl er mehr als an-
derthalb Jahre zuvor schon in dem Briefe an Melanchthon die „abomi-
natio papistici sacrificii" der Wittenberger mit freudiger Zustimmung
zur Kenntnis genommen hatte? Die These, er „dürfte durch Luthers, vor
dem Druck seiner Schriften erschienenen Werke ‚Von Ordnung gottis-
diensts' und ‚Formula missae' beeinflußt worden sein"[197], ist nicht haltbar. Die Formula missae — und sie muß doch vornehmlich die Belege
für des Allstedters „Abhängigkeit" liefern — scheidet jedenfalls für eine
Beweisführung aus, da sie erst Anfang Dezember 1523 die Druckerei
verlassen hat[198]. Man mag den oben unternommenen Versuch einer mutmaßlichen Entstehungsgeschichte der „Deutschen Messe" in Einzelheiten
beanstanden[199]; nicht zu bezweifeln ist, daß Müntzer auf dem Gebiete
der liturgischen Reformen eine größere Aktivität entfaltet hat als Luther,
und es wäre noch einsichtig zu machen, warum er nach dem offenkundi-

---

[196] Ebd. S. 208,7 f.
[198] WA XII, S. 197 ff.
[197] Schulz, S. 378 Anmerkungen.
[199] Vgl. S. 303 ff.

gen Erfolge seines Kirchenamtes noch so lange mit der naheliegenden Reform der Messe gewartet haben sollte, bis Luther ihm den Anstoß dazu gab. Das hatte dieser in allgemeinen Anregungen vorher gewiß getan bis hin zu der Mahnung, „die priester, die Meß hallten, mußßen meyden alle wort in dem Canon und collecten, die auffs sacrificion lautten"[200], jedoch die „deutsch evangelisch Messze" bleibt sein eigenstes Werk und das nicht bloß im Blick auf die Verdeutschung. Oder wollte man ihm unterstellen, daß sein Hinweis im Titel der „Ordnung und Berechnung", „durch Tomam Müntzer / seelwarters// ym vorgangen Osteren auffgericht. // 1523"[201] nur verdecken soll, wie sehr seine Meßordnung von Luthers Formen und Formeln abhängig ist?

Nach der Erläuterung der Messe, die über vier Fünftel der „Ordnung" ausmacht, berichtet Müntzer in ähnlicher Weise auch über die in Allstedt eingeführte Gestaltung des Tauf-Gottesdienstes. Der Aufriß der liturgischen Handlung läßt in der vorliegenden Form bei einem gewissen Anschluß an den überkommenen Ritus ebenfalls eine durchgreifende Reduktion des äußeren Vollzuges wie eine bedeutsame Änderung der Sinngebung erkennen.

Faßt man zunächst den äußeren Gang der Handlung ins Auge, so erscheint als das auffallendste Moment die totale Abkehr vom äußerlichen Schema in dem dem eigentlichen Ordo baptismi voraufgehenden Teile, der sich bisher zumeist am Eingang der Kirche abspielte. Von dem Zeremoniell dieses vorbereitenden liturgischen Geschehens hat Müntzer kaum etwas beibehalten. Die Praeparatio, die Exsufflatio, die Signatio crucis, die Exorcismen und das Ephatha werden von ihm überhaupt nicht erwähnt; auch der Katechismus in der üblichen Form ist aufgegeben und lediglich der Gedanke der Admonitio daraus festgehalten, die er aber, wie das auch sonst gelegentlich in alten Taufagenden vorkommt, an den Anfang stellt und die er durch die Lesung des 69. Psalms biblisch erweitert, um daran in veränderter Reihenfolge die Lectio evangelii und die Datio salis anzuschließen, die beiden einzigen Stücke, die er aus dem Ganzen übernimmt. Um so vollständiger bewahrt er die Elemente der alten Ordnung im zweiten Teile nach der Introductio in ecclesiam. Die dem Taufakt unmittelbar voraufgehenden liturgischen Glieder bringt er allerdings in der dem katholischen Ritus fremden Folge Glaubensbekenntnis, Absage an den Teufel, Salbung „auff die brust und rügken". Doch im Taufvollzug und in den Ritus postbaptismales, also Chrisamsalbung, Impositio mitrae und Darreichung einer brennenden Kerze, variiert er nicht. Einen abschließenden Friedensgruß erwähnt er so wenig wie Luther in seinem Taufbüchlein.

---

[200] WA X 2, S. 29,11 f.   [201] Franz, MG, S. 207.

Schon der formale Aufbau des müntzerischen Taufritus weist mit seinen Kürzungen und Umstellungen auf eine kritische Einstellung des Autors zum traditionellen Verständnis des Sakramentes hin. Ganz offenkundig aber geht aus der inhaltlichen Prägung der liturgischen Formulierungen und aus seinen kurzen Anmerkungen hervor, daß für ihn die Taufe einen ganz anderen Sinn und Gehalt hat, als die katholische Kirche und auch Luther ihr noch geben. Ähnlich wie beim Abendmahl ist für die Taufe nicht ein objektives Geschehen konstitutiv, das dem Empfänger des Sakramentes *more passivo* habituelle Gnaden vermittelt, die ohne seine bewußte Reaktion *ipso facto* in ihm wirksam werden, sondern wesentlich ist immer die wahrhaft vollzogene gegenseitige Zueignung, die jedoch nur dann als wahrhaft vollzogen gelten kann, wenn das *agere* in keinem Augenblick und in keiner Weise als ein mit dem einmaligen Akte abgeschlossenes *actum* begriffen wird, also stets aktual, ständig sich vollziehende Zueignung bleibt. Sofern man die Möglichkeit solcher Zueignung allein auf den Glauben gegründet sein läßt, beim Glauben aber Bewußtheit und Willen voraussetzt, muß die Kindertaufe zumindest problematisch werden, und sie ist es für Müntzer ohne Frage auch geworden. „Hir ist der ursprunck widder alle außerwelte also gantz vorfurisch entsprossen mit allen andern heidenischen ceremonien oder geperden des gantzen grewels in der heiligen stat. Do man unmundige kinder zu christen machte und lies die cathecuminos abgehn, wurden die christen auch kinder.“[202] „Ich bitte alle buchstabische gelarthen, das sie mir antzeygen, wue es in dem heyligen buchstaben steht, das ein eyniges unmündiges kindlein getawfft sey von Christo und seinen bothen oder auffgesatzt sey zu beweysen, unser kinder also wie ytzund zu tewffen.“[203] Luthers Sätzen über die Taufe im „Sermon von dem heiligen hochwürdigen Sakrament der Taufe“ von 1519 konnte er, in seinem Sinne, auch bis in das Frühjahr 1524 hinein noch beipflichten. „Das sacrament odder tzeychen der tauff ist bald geschechen, wie wir vor augen sehen, aber die bedeutung, die geystliche tauff, die erseuffung der sund, weret die weyl wir leben, und wirt aller erst ym tod volnbracht, da wirt der mensch recht yn die tauff gesenckt, unnd geschicht, was die tauff bedeut. Drumb ist diß gantz leben nit anders, dan eyn geystlich tauffen an unterlaß biß yn denn todt.“[204] Aber er vermochte nicht mehr zu folgen, wenn der Wittenberger Reformator späterhin zur Frage der Kindertaufe erklärte, „das die kinder ynn der tauffe selbs gleuben und eygen glauben haben“[205]. Eben diese These vom Glauben der unmündigen Kinder war Müntzer nur eine Bestätigung seiner Meinung, daß Luthers Glaubensverständnis nicht tief genug gründe, zu unpersönlich und unverbindlich sei, zu sehr

---

[202] Ebd. S. 229,17—21.   [203] Ebd. S. 228,3—6.   [204] WA II, S. 728,12—17.
[205] Zu Luthers Verständnis des Glaubens der unmündigen Kinder in der Taufe vgl. Althaus, S. 312 f.

gelöst von aller wahren Erfahrung der Gottesfurcht und des Geisteswirkens, ohne die „der glaube nicht eines pfifferlings wert"[206] sei. Trotz seinen sachlichen Bedenken gegen die Kindertaufe und trotz seiner Überzeugung, daß sie von Christus und den Aposteln weder geübt noch gefordert worden sei, behält er sie jedoch als kirchlichen Brauch bei. Denn es ist nicht möglich, seine kritischen Äußerungen als ein fortgeschritteneres Stadium in der Entwicklung seiner Anschauungen anzusehen, in dem er die bislang ungeachtet vielleicht mancher inneren Hemmungen noch beibehaltene Übung der Kindertaufe dann doch hätte aufgeben müssen. Seine Darstellung des von ihm praktizierten Ritus in der Ordnung, die sich eindeutig und ausschließlich auf die Kindertaufe bezieht, ist in denselben Wochen von ihm niedergeschrieben worden wie jene Kritik, und wir haben keinen Beleg für die Annahme, daß er es je anders gehalten habe. Mag er auch nicht von der Notwendigkeit der Kindertaufe überzeugt gewesen sein, so muß für ihn doch eine echte Möglichkeit bestanden haben, sie vor sich selbst und vor der Gemeinde zumindest als nicht verwerflich und als zulässig zu rechtfertigen. Er distanzierte sich also hier nach wie vor von den radikalen Forderungen eines Storch und dessen Gesinnungsgenossen.

Die liturgischen Angaben in der „Ordnung" tragen nun meines Erachtens auch zur Klärung dieses Sachverhaltes nicht unerheblich bei. Zunächst steht nach dem Tenor seiner Ausführungen außer Frage, daß Müntzer die Taufe, und zwar in der Form der Kindertaufe, ganz und gar ernst genommen hat; und weil er sie so ernst nimmt, liegt ihm daran, daß sie von der Christenheit nicht „zum vihischen affenspiel" gemacht wird. Er unterstreicht ausdrücklich die Gültigkeit von Joh. 3,5: „„Wer nicht getaufft wirt ym wasser und heiligen geiste, wirt nicht kommen yns reich Gotes. Dise wort seint die rechte warheit, aber der armen christenheyt mit dem einhalligen gantzen evangelisten Joanne verdeckt.'"[207]

Diese Wahrheit muß nur recht begriffen und in ihrem wahren Verstande beherzigt werden, ist es doch nicht mit dem bloßen Zeremoniell und der Absolvierung eines kultischen Aktes getan, der durch seinen Vollzug allein schon etwas bedeuten könnte, wie in der Tat „wir armen, elenden, erbermlichen menschen ... ein lange zeit ein lauter fantasey und wasserbegissen drauß gemacht"[208] haben. Darum legt er nachdrücklichen Wert auf die verstehende Beteiligung der Taufgemeinde an der gottesdienstlichen Handlung, die dementsprechend mit einer Vermahnung der „gefattern bey yren selen selickeit" beginnen soll, „das sie sollen drauff achtung haben, was man bey der tauffe handelt, auf das sie es hernach dem kinde, so es erwechset, mugen vorhalten, und das die tauff mit der zeyt muge vorstanden werden"[209]. Sinn und Zweck der *ad-*

[206] Franz, MG, S. 236,1.
[208] Ebd. S. 214,23 f.

[207] Ebd. S. 228,17—20.
[209] Ebd. S. 214,12—15.

monitio ist also nicht die übliche Verpflichtung der Paten, dem Kinde später das Vater Unser, das Credo und das Ave Maria beizubringen, damit es über ein Mindestmaß wissensmäßiger Kenntnis des christlichen Glaubens verfüge. Wohl will auch Müntzer die Paten auf ihre verantwortliche Funktion hinweisen, dafür zu sorgen, daß das heranwachsende Kind im christlichen Glauben unterwiesen werde; aber darunter versteht er nicht die Vermittlung formelhafter Kenntnisse, die ohne inneres Begreifen doch gegenstandlos bleiben, sondern das zielbewußte Hinführen zum rechten Verständnis der Geburt und Bewährung wahren christlichen Glaubens, wie sie sich im Geschehen der Taufe bedeutungsvoll manifestieren. Darum soll die Taufgemeinde die tiefgründige Sinnhaftigkeit und beziehungsvolle Wesensmächtigkeit dessen, „was man bey der tauffe handelt", mit ernstem Bedacht in sich aufnehmen. Mag Müntzer solche Vermahnung mit eigenen Worten eingeleitet haben, die Sache selbst, auf die es ankommt, soll mit einem Schriftwort gesagt werden, und zwar durch die Lesung des 69. Psalms, „wilcher saget, wie ein erbtsaliger mensch zu angst und noth geborn ist, das im auch die grosse wasserbulge in hals gehn etc."[210].

Das Untertauchen in der Taufe meint demnach das Überbrandetwerden des Gläubigen von den notvollen Leiden des Lebens, die ihn in seiner äußeren wie inneren Existenz bis zur Verzweiflung bedrängen und in blinder Hoffnungslosigkeit schier untergehen lassen: „Gott, hilf mir; denn das Wasser geht mir bis an die Seele. Ich versinke in tiefem Schlamm, da kein Grund ist; ich bin im tiefen Wasser, und die Flut will mich ersäufen. Ich habe mich müde geschrien, mein Hals ist heiser; das Gesicht vergehet mir, daß ich so lange muß harren auf meinen Gott."[211] Dieses tagtägliche in den Tod Gelieferstein ist das eigentliche Zeichen des Christenstandes, das dem Menschen sinnhaft in der Taufe vorgebildet wird, an ihm als das sein Christsein prägende Kennzeichen symbolkräftig vollzogen wird.

„Datzu lesen wir das dritte capitel Mathei von der tauffe Christi, wilch antzeyget, wie Christus zu uns ersoffen menschen kommen ist und uns von den wutenden bulgen erredtet hat."[212] Das in den Taufagenden durchgehend übliche Evangelium war die Perikope von der Segnung der Kinder nach Matth. 19 oder seltener Mark. 10: „Lasset die Kindlein zu mir kommen." Wenn Müntzer diesen Text durch den vom Matth. 3,13 bis 17 ersetzt, so ist das eine nicht minder demonstrative Neuerung wie die Lesung von Psalm 69. Die traditionelle Lektion beizubehalten, wäre ihm vom Inhalt her gewiß kein unüberwindliches Hindernis gewesen; immerhin bekundet die Änderung wohl ein Bestreben, die Taufe möglichst aus dem engen Bezug auf die Kindertaufe zu lösen. Darüber hinaus aber soll sie dazu dienen, von der Taufe Christi her den Gläubigen

---

[210] Ebd. S. 214,16 ff.   [211] Ps. 69,2—4.   [212] Franz, MG, S. 214,18—21.

den vollen Sinn der christlichen Taufe zu erschließen. Denn sie zeigt an, daß Christus selber in der Bezeugung seiner Sohnschaft und zugleich beispielhaft vor uns diesen Weg tiefster Bedrängnis menschlichen Leidens bis zur Not der Gottverlassenheit gegangen ist. Christus selber haben die „bulgen ... nicht uberweldiget wie uns". Aber dadurch, daß auch er ihnen ganz und gar ausgesetzt war, werden sie als Wesensmerkmal christlicher Existenz von Gott her offenbar, und daß er sie sieghaft durchgestanden hat, hat auch ihre unbedingte Gewalt uns gegenüber trotz aller bleibenden Bedrohung gebrochen. Eben dieser Sachverhalt wird uns in der Taufe zu Beginn unseres Lebens eröffnet, die jedoch mehr ist als ein bloßer symbolischer Hinweis: in der sachlich-wesenhaften Relation zwischen der Taufe Christi und der Taufe des Kindes gründet die persönliche gegenseitige Zueignung, die vom Täufling hinfort im Reifen zur vollen Christusförmigkeit bestätigt werden soll. Es leidet keinen Zweifel, daß Müntzer den Sinnzusammenhang von Psalm 69 und Matth. 3,13 in ihrer Anwendung auf das Taufgeschehen in dem Gedanken der Geistmitteilung gipfeln lassen will. Das tritt zwar in der „Ordnung" nicht unmittelbar hervor, wird aber in der „Protestation" in der eigenwilligen Interpretation der in Joh. 3—7 verwendeten Bilder und Reden vom Wasser um so ausführlicher herausgestellt: „‚Wer nicht getaufft wirt ym wasser und heiligen geiste, wirt nicht kommen yns reich Gotes.' Dise wort seint die rechte warheit, aber der armen christenheyt mit dem einhalligen gantzen evangelisten Joanne verdeckt. Dann es muß die kunst Gotis betzeugt werden aus der heyligen biblien in einer starcken vorgleichung aller wort, die in beyden testamenten clerlich beschriben stehn, 1. Cho. 2. In rechter warheit haben unser schrifftgelerten die augen nicht recht auffgethan, haben gewehnet, das siebende capitel ist nit zum driten gefugt, do der mund der warheit sagt: ‚So yemant dürstet, der komme zu mir und trincke. Wer do glaubt in mich, wie die schrifft sagt, die wasserströme werden fliessen von seinem leybe, die lebendige wasser.' Das sagete er vom heiligen geyste, den die gleubigen zukunfftig werden entpfangen. Sichstu lieber geselle, das sich der evangelist selbst außlegt und redet von den wassern, wie die propheten thun, dann die wasser seint bewegung unsers in Gotis geist, wie Joannes sich durch Esaiam ercleret im ersten capitel. Aber im andern capittel werden solche unser wasser zu wein. Unsere bewegung werden lustig zu leyden. Im dritten teufft Joannes, do viel wasser seint, viel bewegung, bis das man die stymme des brewtgams hören und fassen möge. Im vierden quellen sie aus dem grunde des born des lebens. Im funfften stympt Joannes gleich ubereins mit allen propheten von der bewegung der wasser. Im sechsten wirt nach allen bulgen gesehen der warhafftige son Gottis auf den wassern wanderen. In vor weytterung solchs verstands erfindet sich das siebende capitel mit dem dritten und das dritte mit allen. Nicodemus wart bewegt durch

326

zeichen, zu Cristo zu kommen, darumb weyßet er yn auffs wasser, wie er auch andern schrifftgelarten that. Auffs zeychen Jone ist auch kein ander, solt sie es auch verdriessen."[213]

Die in diesen Sätzen ausgesprochene Auffassung der Taufe „ym wasser und heiligen geiste" richtet sich betont gegen ein statisch-sakramentarisches Verständnis, das dem zeremoniellen Akte eine effektive Wirkung zuschreiben will, durch die der Täufling *ipso facto* eine wesensmäßig andere Qualität erhält. Eben gegen die Vorstellung einer durch den bloßen Vollzug des kultischen Ritus unmittelbar bewirkten habituellen Änderung des Menschen richtet sich sein Protest, daß „wir armen, ellenden, erbermlichen menschen haben eine lange zeit ein lauter fantasey und wasserbegissen drauß gemacht". Was Gott den Gläubigen in der Taufe, dargestellt durch die Taufe Christi vorhalten will, wird nicht mehr beachtet, der eigentliche Sinn und Gehalt der Taufe wird durch einen „affterglawb" verdeckt. Es liegt auf der Hand, daß Müntzer sich aus dieser prinzipiellen Sicht heraus nicht damit begnügen konnte, durch eine Vermahnung am Eingang auf ein rechtes Verständnis der Taufe zu dringen und ihr durch die besonderen Schriftlektionen die Richtung zu weisen. Wie in der Messe alles, was auf die Opferidee Bezug hatte, ausgemerzt werden mußte, so durfte auch in der Taufliturgie nichts beibehalten werden, was vom evangelischen Verständnis her als eine Verkehrung ihrer ursprünglichen Intention zu gelten hatte. Demzufolge beseitigte Müntzer die umfangreichen exorzistischen Präliminarien vor der Taufhandlung; denn ein durch Exorzismen gleichsam präpariertes Taufobjekt war ihm geradezu der Inbegriff absurden Mißverstehens. Aus dem vielgliedrigen Vorbereitungsakt nimmt er lediglich noch die Datio salis auf, aber auch sie selbstverständlich nur unter Ignorierung des „exorcismus salis" und mit einer eigenen Formel zum „accipe salem sapientiae", die, wie übrigens auch Luthers Taufbüchlein, jegliche Wertung des Salzes als „Gnadenmittel" völlig ausschließt und es darüber hinaus, nun im Unterschiede zum Taufbüchlein, in der symbolischen Interpretation unterläßt, den Blick unmittelbar auf die *vita aeterna* zu lenken. Statt der in den katholischen Agenden zumeist gebrauchten Version „N. accipe salem sapientiae propiciatus in vitam aeternam. Pax tibi. Amen.", heißt es bei Luther: „Nim N. das saltz der weysheytt, die dich foddere zum ewigen leben, Amen. Hab fride."[214] Bei Müntzer: „N., nim hin das saltz der weyßheit, zu unterscheiden im geist der weyßheit das gute und böße, auff das du durch den teuffel nit zurtretten wirst."[215] Müntzer sucht also offensichtlich eine Beziehung des Ritus auf eine im Vollzug des Aktes sich ereignende Begabung und deren Bezug auf eine durch sie unmittel-

---

[213] Ebd. S. 228,17—229,13.
[214] WA XII, S. 43,23 f.; Taufbüchlein verdeutscht.
[215] Franz, MG, S. 214,25—27.

bar vermittelte Heilsgabe abzuwehren, um statt dessen die A u f g a b e hervorzukehren, die dem Täufling als grundlegend für sein künftiges Leben als Christ mit der „datio salis sapientiae" versinnbildet werden soll, eben im Geist der Weisheit das Gute und Böse zu unterscheiden. Natürlich ist die „Aufgabe" nicht als nackte moralische Forderung verstanden und das „N., nim hin ..." umschließt wohl etwas mehr als den bloßen Wunsch künftiger Erfahrung des rechten Geistes, so wie die Anlehnung an die exorzistischen Formeln — „auff das du durch den teuffel nit zurtretten wirst" — die satanische Macht als Widersacher des Geistes durchaus ernst nimmt. Man darf daher Müntzers Formulierung nicht rational in einen formalen Symbolismus entleeren. Wenn er die Datio salis, obschon in eigenwilliger Modifikation in sein Ritual aufnimmt, soll sie unter dem das Ganze bestimmenden Gesichtspunkte der Zueignung auch eine gewisse objektive Sinnhaftigkeit haben. Sie bleibt ganz bewußt ein Stück der alten „Taufvorbereitung" und Müntzer greift gleichsam auf den Sinnzusammenhang des alten Katechumenats zurück, wenn er mit seiner Formel zum Ausdruck bringt, daß die hier vollzogene Zeremonie einen Menschen angeht, der durch Unterweisung in der christlichen Wahrheit erst noch zur rechten Erkenntnis des Glaubens geführt werden soll in der Erwartung, daß aus solcher Erkenntnis in der Kraft des Geistes ein echtes Verlangen nach der vollen Zugehörigkeit zur Gemeinde Christi erwächst, das mit der Taufe ernst macht. Folgerecht schließt sich im Allstedter Formular daran die Aufforderung: „Kum zur christenheit, auff das dich Gott finde wie den reynen weytzen."[216] Der Eingang des Satzes ist zunächst nichts anderes als die Übersetzung des in manchen Taufagenden bei der Einführung des Täuflings in die Kirche verwandten Votums „ingredere in ecclesiam" (ecclesiam dei; templum dei). Müntzers knappe Angaben lassen zwar nicht erkennen, ob er die lokale Differenzierung des Ritus an der Kirchtür und am Taufstein beibehalten hat; auf jeden Fall weist aber seine Übersetzung von ecclesia durch Christenheit darauf hin, daß die Worte für ihn eine rein geistliche Bedeutung haben und nicht nur wie üblich einen äußeren Vorgang symbolisch überhöhen sollen. Der mit der Datio salis einsetzende Gedankengang wird also fortgeführt: aus der im Geist der Wahrheit getroffenen Unterscheidung zwischen gut und böse soll die Entscheidung für eine bewußte Eingliederung in die Christenheit folgen, „auff das dich Gott finde wie den reynen weytzen". Das bedeutet in Müntzers Sprache wiederumg nicht nur den beseligenden Ausblick auf das künftige Verweilen im „ewigen und unvergänglichen Tempel Gottes", der ebenfalls schon in der mittelalterlichen Symbolik der introductio zu finden war, sondern mehr noch den verpflichtenden Hinweis auf Bewährung und Be-

---

[216] Ebd. S. 214,28.

wahrung des Christenstandes, dessen gültiges *signum* die *passio amara* ist.

Im zweiten Teile seiner Taufordnung schließt sich Müntzer eng an die katholischen Agenden an und geht dennoch auch hier seine eigenen Wege. In den kirchlichen Formularen folgt auf die Introductio allgemein die Abrenuntiatio Satanae und die Redditio symboli, und zwar beides in der Form einer dreigliedrigen Frage und Antwort, wobei die Paten für den Täufling die Antwort geben. Bei Müntzer heißt es: „Darnach saget man den glauben bey der tauffe und widdersaget den wercken und gepreng und hinterlist des tewffels."[217] Es scheint, daß Müntzer mit diesen summarischen Worten einer präzisen Stellungnahme zu dem hier durch das liturgische Formular unmittelbar aufgegebenen Problem des „Kinderglaubens" auszuweichen sucht, bzw. differierenden Anschauungen in der Gestaltung dieses Passus einen Spielraum lassen will; denn auf der einen Seite unterläßt er jede ausdrückliche Polemik gegen die römische wie die lutherische Rechtfertigung der Kindertaufe und vermeidet auf der anderen Seite doch ein Einverständnis mit dem „Ja" des Täuflings auf die expliziten Glaubensfragen durch den Mund der Paten. Das unbestimmte „saget man den glauben bey der tauffe und widdersaget ..." läßt dem Wortlaut nach jede Deutung offen. Immerhin legt die unterschiedliche Behandlung der im gleich anschließenden Taufakte vom Priester gestellten Frage die Vermutung nahe, daß nach der Allstedter Ordnung nicht die Paten in der üblichen Weise die Fragen der Abschwörung und des Glaubensbekenntnisses stellvertretend für den Täufling beantworten, vielmehr ihren eigenen Glauben bezeugen sollen, in dem und aus dem sie das Kind durch die Taufe Christo zueignen wollen. Möglicherweise ist auch die Umstellung von Abrenuntiatio und Credo gerade darin mit begründet, daß Müntzer empfand, wie das auf die Erwachsenentaufe zurückgehende Ritual mit seiner Folge von Abrenuntiatio und Credo, d. h. erst Abkehr vom Satan und dann Hinkehr zu Gott, die eigene bewußte Unterscheidung des Täuflings unterstrich, wogegen die umgekehrte Reihenfolge eher der Situation der christlichen Paten gerecht zu werden schien, die aus ihrem Glauben heraus in wissender und willentlicher Gegnerschaft gegen die „wercken und gepreng und hinterlist des tewffels" das Kind in der Taufe Gottes gnädiger Barmherzigkeit übergeben. Im Ja und Nein ihres christlichen Glaubens bekunden die Paten ihre gewisse Überzeugung, daß das Heil des Menschen in Gottes Barmherzigkeit beschlossen liegt, die sie nun für den Neugeborenen erflehen, indem sie ihn der Gemeinde Christi eingegliedert wissen wollen. Und der Priester bestätigt solches glaubende Verlangen im Votum der Ölsalbung: „Frew dich N., das du seyst yn der ewigen barmhertzig-

---

[217] Ebd. S. 214,29 f.

keit Gottis."[218] Müntzer ersetzt mit diesen Worten die traditionelle Formel: „Ego te linio oleo salutis in Christo Jesu domino nostro" (Luther: „Und ich salbe dich mit heylsamen ole yn Jhesu Christo unserm herrn"). Er will damit gewiß auch dem Gedanken einer sakramentalen Kräftigung des „athleta Christi" wehren, der durch die Abrenuntiatio und das Credo zum Streiter Christi geworden sei. Vornehmlich geht es ihm aber doch wohl um die positive Aussage, die bestimmend über dem Eingang zu jedem neuen Christenleben stehen soll: du bist in der ewigen Barmherzigkeit Gottes. Man ist versucht, an den Satz Luthers im „Sermon von dem heiligen hochwürdigen Sakrament der Taufe" zu erinnern: „... daher vorsteht man auch warumb die Christen heyßen ynn der schrifft die kinder der barmhertzickeit, eyn volck der gnaden und menschen des gutigen willen gottis, darumb das sie angefangen durch die tauff reyn tzu werden, durch gottis barmhertzickeit mit der ubrigen sund nit vordamnet werden, biß sie durch den tod unnd am jungsten tag gantz reyn werden ..."[219]. Das mag in dieser konkreten Zuspitzung jetzt nicht mehr ganz Müntzers Meinung entsprochen haben; trotzdem stimmt er, unbeschadet eines abweichenden Verständnisses, mit Luther darin überein, daß die Taufe ganz und gar im Zeichen der Barmherzigkeit Gottes als dem A und O jeden und allen Christseins stehe und es ist m. E. in formaler wie sachlicher Hinsicht bedeutungsvoll, daß er diesem Gedanken im letzten Akt des liturgischen Geschehens unmittelbar vor der Taufe so betonten Ausdruck verliehen hat.

Die nunmehr folgende Frage „Wiltu getawfft werden?" ist faktisch die Frage nach der Bereitschaft, auf das durch Christus verbürgte, als bleibend in Kraft stehende Angebot Gottes einzugehen, sich Gottes Barmherzigkeit zu überlassen. Aber wie kann Müntzer diese Frage an „unmündige Kinder" richten, wenn sie legitimer Weise nur aus dem Glauben heraus zu beantworten ist? Denn Luthers These von einer gottgewirkten *fides propria* der Kinder in der Taufe lehnt er ab, muß er ablehnen, weil sie seiner Grundanschauung von dem widerspricht, „wie der mensche durch Gotis werck zum glauben kompt, welchs er muß vor allen und uber alle ding wartten. Anderst ist der glaube nicht eines pfifferlings wert und ist nach unser wirckung zu podeme erlogen"[220]. Und wie kann er die Paten stellvertretend für die Antwort eintreten lassen, wenn er dagegen polemisiert, daß man „die rechte tauffe vorblumet mit der leydigen, heuchlischen gevatterschafft, do man viel gelobt mit grossem geprenge und helts wie der hundt an der wurst"[221]? Was besagen die Worte des Priesters denn eigentlich: „Ich tawff dich in dem namen des vatters und des sons und des heyligen geists?"[222]

---

[218] Ebd. S. 214,31 f.
[220] Franz, MG, S. 235,31—236,2.
[221] Ebd. S. 229,22—24.

[219] WA II, S. 732,28—32.

[222] Ebd. S. 214,43 f.

Soweit ich es zu übersehen vermag, gibt es von den damals vertretenen Auffassungen der Taufe her keine Möglichkeit, die scheinbare Widersprüchlichkeit in Müntzers Aussagen aufzulösen, und auch die in etwa sich nähernde Anschauung der Böhmischen Brüder reicht nicht zu, wonach man die Kinder „auff tzukunfftigen glauben" taufe, „den sie lernen sollen, wenn sie tzur vernunfft komen". Müntzer hat sich offenbar seine eigenen Gedanken über die Taufe gemacht, deren Eigenart am ehesten verständlich werden dürfte, wenn man davon ausgeht, daß er die allgemein übliche evangelische Lektion von der Segnung der Kinder nach Matth. 19 bzw. Mark. 10 durch die der Taufe Christi nach Matth. 3 ersetzt. Er weist damit nicht nur einen vorgeblich biblischen Beleg zur Begründung der Kindertaufe zurück, sondern wendet sich darüber hinaus zugleich gegen jeglichen Versuch, die Taufe als ein im Akt selbst konzentriertes, *per actum* heiligendes oder in sich wirksames Geschehen zu begreifen. Denn eben das kann ja die als sinnhafter Hinweis in gedanklichem Zusammenhange der Admonitio gleich zu Beginn der Handlung grundlegend herausgestellte Taufe Christi gar nicht sein. Vielmehr bekundet Christus dadurch, daß er sich taufen, sich in das Wasser eintauchen läßt, seine willentliche Bereitschaft, die angefochtene Existenz des „von den wutenden bulgen" überschütteten Menschen auf sich zu nehmen und weist damit in einem ebenso demonstrativen wie wesenhaft bedeutsamen Akte am Anfang seiner öffentlichen Wirksamkeit auf den Sinn seines Kommens hin, auf die gottgewollte Aufgabe und Gabe seines Lebens bis hin zum Kreuz. Demonstrativ ist dieser Akt insofern, als er aller Welt einsichtig machen soll, daß das Bedrohtsein „von den wutenden bulgen" das von Gott dem menschlichen Dasein aufgeprägte Kennzeichen ist, durch das sich Gott dem Menschen allem Augenschein zum Trotz als der liebende Vater zu erkennen gibt und der Mensch von Gott als der geliebte Sohn, als der Erwählte anerkannt und bestätigt wird. Müntzer variiert hier in seiner Weise die Bedeutung des Zeichens, das man nach Luther „den menschen yn dem namen des Vatters und des Suns und des heyligen Geystes stöst ynß wasser, aber man lest yhn nit drynnen, sondern hebt yhn widder erauß"[223]. Für Luther ist „die bedeutung ... eyn seliglich sterbenn der sund und aufferstheung yn gnaden gottis, das der alt mensch, der yn sunden empfangen wirt und geporen, do erseufft wirt, und ein newer mensch erauß geht und auff steht, yn gnaden geporen"[224]. Müntzer dagegen bezieht das Untertauchen und Heraussteigen auf die menschliche Erfahrung in der „bewegung des wassers" in der ganzen Beziehungsfülle, die er in den oben zitierten Bemerkungen zu Joh. 3—7 in seiner „Protestation" angedeutet hat. Eben diese im vollen Sinne wahrhaft menschliche Erfahrung seines künftigen Erdendaseins bejaht Christus in dem sinnhaft alles das in sich schließenden

---

[223] WA II, S. 727,25 ff.   [224] Ebd. S. 727,30—33.

Ereignis der Jordantaufe. Und indem er Gottes wahren Willen gegenüber dem Menschen in seiner Person durch seine Taufe vorgreifend gleichsam auch schon verwirklicht hat, erhebt er diese Taufe über eine bloße Demonstration hinaus in die Sphäre wesenhafter Bedeutsamkeit: „Er muste aber also alle gerechtickeit hinaussen furen."[225] Das heißt im müntzerischen Gedankengang: das in diesem Akte vorgebildete Leben Christi in seiner völligen Hingabe an Gott bis zur Preisgabe seiner selbst in das letzte äußere wie innere Leiden des Todes ist die konkrete Manifestation des von Gott selbst dem Menschen bestimmten Weges und daher allein möglichen Zuganges zu Ihm, den Christus zugleich, eben dadurch daß er ihn auch bis zum Ende durchgegangen ist, für uns als den mit Sicherheit zum Ziele führenden Weg erwiesen hat.

In der Bezogenheit auf die Taufe Christi wird die Taufe des Christen zu einem „vorbildenden" Akte der willentlichen Bereitschaft, im eigenen Christenleben das Christusleben nachzuvollziehen, bzw. in einem christusförmigen Leben Gott unbedingt hörig zu sein. Das Faktum der Christustaufe in dem umschriebenen Sinne ist also für die christliche Taufe konstitutiv, *historice* von der Erstmaligkeit und dem demonstrativ-exemplarischen Charakter der Jordantaufe her, darüber hinaus *essentialiter* auf Grund ihrer wesenhaften Bedeutsamkeit, insofern die „tauffe Christi ... antzeyget, wie Christus zu uns ersoffnen menschen kommen ist und uns von den wutenden bulgen eredtet hat". Man entstellt sie darum „zum vihischen affenspiel", wenn man ein bloßes „wasserbegissen" daraus macht; man entwertet sie zu „lauter fantasey", wenn man ihr irgendwelche magisch-sakramentale Wirkung *ex opere operato* zuschreibt. Man verkennt ihr eigentliches Wesen aber auch, wenn man sie als die Vergebung der Sünden, Erneuerung und ewige Seligkeit verheißende Zusage Gottes versteht, die schon im gläubigen Hören auf das göttliche Wort „so mit und bei dem Wasser ist" und im Vollzuge der Wassertaufe wirksam wird. Es geht allerdings darum, die ewige Barmherzigkeit Gottes, mit der er sich dem Menschen zuwendet und ihn zu sich ziehen will, zu „begreifen"; aber das geschieht nicht einfach durch das Ja zu einem vorgehaltenen Glaubenssatz, nicht durch das Gerne-Glauben-Wollen oder fiktive Glauben an eine Wahrheit, die mir andere als auch mich betreffend ausgeben, sondern allein durch die persönliche Erfahrung dieser Wahrheit, die nach Gottes Willen nur im Erleiden verzweiflungsvoller Bedrängnis des Leibes und der Seele in gültiger Weise gewonnen werden kann. Das Untergetauchtwerden in dieses Erleiden meiner Menschhaftigkeit, „do peiniget mich got/mit meinem gewissen/mit vnglawben/vertzweyflung/vnd mit seiner lesterung/von außwendig werde ich vberfallen/mit kranckheyt/armut/iamer/vnd aller nodt/von bö-

---

[225] Franz, MG, S. 214,22 ff.

ßen leutten ect"[226], das ist die eigentliche Taufe, in der ich Gottes Barmherzigkeit als einzige Hilfe erkenne, die mich „von den wutenden bulgen" errettet, die mich herauszieht und mich meines Heiles gewiß macht. Wie in der Jordantaufe Christi Leben und Leiden vorgebildet war bis hin zu der Bezeugung Gottes: „Dies ist mein lieber Sohn, an welchem ich Wohlgefallen habe"[227], so soll die Taufe vorbildend dem Getauften ein Spiegel seines christlichen Lebens sein bis hin zu der gewissen Erfahrung, daß Gott ihn erwählt hat. Wie Christus sich willentlich der Taufe unterzog und damit seine willige Bereitschaft zu dem in ihr vorgebildeten Ertragen der *passio amara* bekundete, so ist das Ja auf die Frage „Wiltu getawfft werden?" die Erklärung williger Bereitschaft zu dem in der Taufe vorgebildeten Christenleben, dessen *signum* das Leiden ist.

Müntzer war sich freilich klar darüber, daß die Frage an den Täufling zu einem um seine ursprüngliche Sinnhaftigkeit gebrachten Relikt der früheren Erwachsenentaufe geworden war. Er wollte jedoch die Kindertaufe nicht preisgeben, weil es ihm einmal darum ging kundzutun, daß der Mensch vom Beginn seines Lebens an „yn der ewigen barmhertzigkeit Gottis" aufgehoben ist, zum anderen die Patenschaft wieder ernstgenommen werden soll als die in der Admonitio auferlegte und übernommene Verpflichtung, den Getauften zum rechten Verstand des in der Christustaufe vorgebildeten Christenlebens zu führen. Die Taufe ist kein einmaliger formaler Akt, vielmehr wird sie das ganze Leben hindurch aktualisiert, und die jetzt gestellte Frage verlangt die ständige Antwort in der Bewährung, die der jetzige Täufling dann selbst zu geben hat. Eben darum wird den Paten „bey yren selen selickeit" eingeschärft, „das sie sollen drauff achtung haben, was man bey der tauffe handelt, auff das sie es hernach dem kinde, so es erwechset, mugen vorhalten, und das die tauff mit der zeyt muge vorstanden werden"[228].

Wenn diese Rekonstruktion der müntzerischen Anschauung von der Taufe wenigstens in den Grundzügen zutrifft, dann war die Beibehaltung der Kindertaufe in der Tat keine Inkonsequenz und kompromißlerische Anpassung nur an die überkommene Tradition, dann konnte Müntzer gleichzeitig auch ohne Widerspruch zu seiner eigenen Ordnung des Taufrituals erklären, daß an dem „mit wasser getaufft"-Sein nicht „unser selickeit angelegen" wäre; beide Aussagen waren möglich, ohne daß er sich auf eine rein symbolische Erklärung zurückgezogen hätte. Vom Ansatz seines reformatorischen Denkens aus konnte sich Müntzer nicht zu einer Auffassung bekennen, die sich nach seiner Meinung lediglich auf fremde Autorität hin mit der Anerkennung von Heilstatsachen und Glaubenswahrheiten zufriedengab und auf solche bloße Anerkennung und Annahme schon ein Recht des „Gläubigen" begründete, sie als

---

[226] Ebd. S. 237,31—34. Hier zitiert nach dem Originaldruck S. B IIII R.
[227] Mt. 3,17.   [228] Franz, MG, S. 214,13—15.

für ihn gültig und heilswirksam für sich in Anspruch zu nehmen. Das Handeln Christi „für mich" muß vielmehr erst „durch mich" in einem christusförmigen Leben als auf mich bezogen, mich betreffend, meine Existenz in sich bergend erfahren werden. Im Blick auf die Heilsbedeutung des Werkes Christi für den Menschen darf das Beziehungsverhältnis von sacramentum und exemplum eben nicht außer acht gelassen werden, demzufolge die *fructus sacramenti* nur durch die *imitatio exempli* effektiv zugeeignet werden können, wobei *imitatio* im tiefsten Verstande als Selbigkeit des Christenlebens mit dem Christusleben begriffen werden muß. Es sei gerade unter diesem Aspekt noch einmal an die Wahl von Matth. 3,13 ff. als evangelische Lektion des Taufordo erinnert und an die „vorgleichung aller wort" von Joh. 3—7 in den Ausführungen über die Taufe „ym wasser und heiligen geiste".

Dieser Grundkonzeption lassen sich seine Voten zu den von ihm beibehaltenen postbaptismalen Riten ohne weiteres einordnen. Zur Chrisamsalbung hatte Luther nur den traditionellen Text der mittelalterlichen Agenden mit geringfügigen Änderungen ins Deutsche übertragen: „Deus omnipotens pater domini Jesu Christi qui regeneravit te ex aqua et spiritu sancto quique dedit tibi remissionem peccatorum, ipse te liniet crismate salutis in Christo Jesu domino nostro in vitam aeternam" — „Der allmechtige Got und vatter unszers herrn Jhesu Christi, der dich ander weyt geporn hatt durchs wasser und den heyligen geyst, und hat dyr alle deyne sunde vergeben, der salbe dich mit dem heylsamen ole zum ewigen leben."[229] Dagegen verfaßt Müntzer ohne jeden Rückgriff auf eine Vorlage ein völlig neues Votum: „Got, der dich mit seiner ewigen liebe zeucht, der geb dir, zu vormeyden das öel des sunders."[230] Fraglos stellt seine Neubildung eine Absage an Form und Inhalt der alten Salbungsformel dar. Selbst die leiseste Möglichkeit sakramentarischer Deutung des Ritus in der sakralen Wendung „deus ipse te liniet crismate salutis" wir durch seinen Wortlaut ausgeschlossen; vor allem aber wird jeder inhaltliche Bezug auf die *remissio omnium peccatorum* in ihrer unmittelbaren Ausrichtung auf die *regeneratio ex aqua et spiritu sancto* und die *vita aeterna* sorgsam vermieden, um statt dessen die für Müntzer wesentlichen Gesichtspunkte der ganzen Taufhandlung auch hier hervorzuheben. Abermals prägt er den Hörern ein, daß Gott sich nur im leidenswilligen Erfahren der leiblichen und seelischen Nöte dem Menschen als der Barmherzige wahrhaft zu erkennen gibt und ihn seiner unwandelbaren Liebe wirklich gewiß macht. Gott weist den Menschen durch all die schweren Drangsale nicht etwa von sich, sondern will ihn gerade durch sie an sich ziehen und ist ihm mit seiner Hilfe auch inmitten der größten Bedrängnis wider alles Wähnen doch stets nahe. Ja, der Satz „Got, ... geb dir, zu vormeyden das öel des sunders" enthält einen deut-

---

[229] WA XII, S. 46,6—9.   [230] Franz, MG, S. 214,35—215,1.

lichen Hinweis, daß der Mensch von Gott in den Stand gesetzt sei, den Verlockungen zur Flucht vor dem Leiden zu widerstehen. Müntzer benutzt Psalm 141,5 (oleum autem peccatoris non impinguet caput meum) und versteht das Bild richtig als Sinnbild der verführerischen Lockungen, die zum Genuß der lustvollen Freuden des Lebens verleiten und den ohnehin schwachen Willen lähmen wollen, sich der Bitternis strenger Zucht zu unterwerfen. Aber das „Got, ... geb dir ..." führt über die Vorstellung eines vom Menschen ausgehenden, allein auf menschlicher Initiative beruhenden und aus menschlicher Kraft zu bewältigenden moralischen Wollens und Vermögens hinaus in eine tiefere Schicht, in der die Haltung des Frommen als ein von Gottes Barmherzigkeit Gehaltensein erfaßt wird, die Anspruch und Zuspruch in einem ist.

Daraus resultiert letztlich eine Verschärfung des Anspruches und erwächst die unbedingte Forderung, nicht in Halbheiten steckenzubleiben. Sie erscheint denn auch alsbald in Müntzers Ordnung, und zwar in der Sinngebung des anschließenden Aktes der Bekleidung mit dem Westerhemd, für die Müntzer wiederum ein eigenes Votum zu formulieren sich gedrungen fühlt, um das rechte Verständnis dieses Ritus sicherzustellen. Muß doch dem Irrtum gewehrt werden, der durch die gebräuliche agendarische Formel „accipe vestem candidam sanctam et immaculatam, quam perferas ante tribunal Christi et habeas vitam aeternam" gehegt und gepflegt wird, als sei die Seele durch die Taufe von allen Sündenmakeln gereinigt und als habe sie nun solche Unschuld und Unversehrtheit „on flecken" zu wahren. So wenig von einer sündentilgenden Kraft der Taufe die Rede sein kann und darf, so sehr will diese Zeremonie allerdings die eindringliche Mahnung versinnbilden, mit der totalen Erneuerung des Menschen von Grund auf wirklich Ernst zu machen.

Müntzer verwendet das hier von ihm angeführte biblische Gleichnis nicht eigentlich in dem Sinne, die Unbrauchbarkeit des Alten für das Neue oder die Gefährlichkeit des Neuen für das Alte zu kennzeichnen; sondern ihm dient es zur Veranschaulichung der Forderung, daß das Christenleben kein Flickwerk sein darf, das im Ganzen das alte Wesen noch bewahren will und nur hier und da und dort die Schäden auszubessern sucht. Eben solche Halbheiten sind unmöglich; es gilt das Alte ganz und gar abzutun und ein völlig neues Wesen anzunehmen. Das wird dem Menschen jedoch nicht durch den Akt der Taufe einfach geschenkt, das muß vielmehr im Prozeß der Taufe, wie Müntzer sie versteht, unter Not und Schmerzen geboren werden und natürlich sich untadelig bewähren, um „vor dem ernsten richter bestehn" zu können. Der Ausblick auf das Gericht ist Müntzer mit den alten Ritualen gemeinsam, wogegen der dort noch gegebene Hinweis auf die *vita aeterna* wohl nicht zufällig bei Müntzer fortfällt, um an dieser Stelle die Gedanken der Paten, um ihres

335

Auftrages willen, nicht allzu schnell wieder von dem Bilde des „ernsten Richters" zu lösen.

Angesichts der strengen Forderung einer neuen Wesenheit des ganzen Menschen, die allein im Gerichte Gottes zu bestehen vermag, weist Müntzer in der Deutung des letzten Aktes, der Darreichung der Kerze, noch einmal auf die einzig geltende, aber auch wahrhaft gültige Norm des Christenlebens hin: „Laß Christum dein liecht sein." Er verzichtet auf das gängige Votum: „Accipe lampadem ardentem, irreprehensibilem, custodi baptismum tuum, ut cum dominus venerit ad nuptias possis ei occurrere una cum omnibus sanctis in aula celesti, ut habeas eternam vitam et vivas cum eo in secula seculorum." Ihm mißfiel nicht nur das „custodi baptismum tuum", das er leicht hätte streichen können. Auch die Beziehung auf die Parabel von den klugen und törichten Jungfrauen entsprach offenbar nicht dem, was seiner Meinung nach am Schlusse des Taufgottesdienstes als die Summe des Ganzen herauszustellen war, bot ihm praktisch nicht mehr als die Wiederholung einer allgemeinen Sentenz. In freier Anlehnung an Joh. 8,12 und Matth. 6,23 gibt daher die Allstedter Ordnung der letzten Zeremonie den Sinn einer konkreten Wegweisung für den Täufling, in der sie vom müntzerischen Verständnis der Jordantaufe her den zentralen Gedanken der christlichen Taufe prägnant formuliert: „N., laß Christum dein liecht sein und sich zu, das dein liecht nicht finsterniß sey, laß das leben Christi deinen spiegel sein, auff das du lebest in ewigkeit."[231] Es ist die Aufforderung, sein eigenes Wesen und Sein von Christus aufhellen, bestimmen, ausrichten zu lassen, Christi Leben ganz in das eigene Leben hineinzubilden, christusförmig zu werden. Und nun steht als das letzte Wort das verheißene, durch Christus selbst verbürgte Ziel solcher imitatio am Ende auch: „... auff das du lebest in ewigkeit".

Die kurzen Bemerkungen über die in Allstedt praktizierte Taufhandlung bestätigen die programmatischen Eingangssätze seiner „Rechtfertigungsschrift": „Offenbarlich ampt zu treyben, ist einem knecht Gottis gegeben, nit unter dem hutlin tzu spilen, sonder zur auffrichtung und erbawung der gantzen gemein, wilche gespeyßet wirt durch den getrewen scheffner, der do außteylet das maß des weytzens in gelegner zeyt. Das selbige nit unter dem hinterlistigen deckel verbergen, sonder der gantzen christenheit und dotzu der gantzen welt nichts vorstecken oder heimlich halten."[232] Die Teilnehmer an den gottesdienstlichen Akten sollten sie in ihrem ursprünglichen, urchristlichen Verständnis bewußt mit vollziehen, Pfarrer und Gemeinde in der gleichen Weise an „der geheim Gotis" teilhaben, wie es am eindrücklichsten wohl der Satz über die „Termung" bezeugt: „Daneben ist auch die consęcration ein termung, wilche nicht

<hr>

[231] Ebd. S. 215,3—6.   [232] Ebd. S. 208,3—8.

allein von einem, sonder durch die gantze vorsamlete gemein geschicht."[233] Müntzer ist es sehr darum zu tun, die Vorstellung von der qualitativen Besonderheit des Priesters als eines „kultischen Zauberers" auszurotten, der selbst über den Sohn Gottes verfügen könnte, „gleich als wer er ein gemaltes menlin oder ein gauckelspiel, do man den teuffel mit worten beschweret, betzaubert. Also lassen sich dise [Widersacher Müntzers] auch duncken, man solle Christum, den son Gotis, mit wortten betzaubern hin und her, wo die frecheit der menschen hinwolle. Nein, nit also! Christus erfult allein die hungerigen im geist, und die gottlosen lesset er lehr. Was sol doch Christus im sacrament bey den menschen thun, do er keine hungerige und lehre sele findet?"[234] Er ist nichts anderes als der Seelenwärter, der seine Gemeinde von dem seelenmörderischen Aberglauben des in der Kirche herrschenden ethnisierten Christentums befreit und sie auf den Weg rechten Glaubens weist, wo er nichts, aber auch gar nichts vor jedem Gläubigen voraus hat. Das schließt in sich die „Entzauberung" des Sakraments als eines magischen Vehikels der Gnadenvermittlung. „Wir halten kein opffer in der geheim Gotis." Dennoch bleibt im müntzerischen Ritual der Termung ein Bewußtsein der „geheim Gotis" lebendig, das den Kern des Sakraments sich nicht ins rein Symbolische verflüchtigen läßt. „Was sol einem das zeichen, der do vorleucknet das wesen? Nu hat ye die gantze samlung on zweyfel viel frommer menschen, und von wegen des glaubens solcher menschen kompt er warhafftig dohin, sie zu setigen yre seelen."[235] Terminologisch dürfte der Begriff „Realpräsenz" Müntzers Anschauung wohl am ehesten entsprechen; aber es ist schwer möglich, das Spezifikum der müntzerischen Interpretation dieses so vieldeutig gewordenen Begriffes eindeutig zu fixieren, um die eigentümliche Subjekt-Objekt-Bezogenheit des sakramentalen Geschehens zu kennzeichnen, die letztlich doch wohl in seiner Vorstellung vom „ordo deo et creaturis congenitus" wurzelt.

Müntzer hat in seinem Schriftum von dem Begriff Sakrament nur sehr spärlich Gebrauch gemacht und, wie es scheint, in der Nachfolge Luthers ihn nur für das Abendmahl und die Taufe als qualifizierte gottesdienstliche Handlungen verwandt, denen für das Beziehungsverhältnis zwischen Gott und Mensch eine besondere Relevanz eigen ist, nicht zuletzt als von Christus selbst seinen Jüngern gegebene Weisungen. Aber sie blieben ihm auch in ihrer „Eigenwertigkeit" nur markante Teile einer umfassenden Neuordnung des gesamten kirchlichen Lebens. Denn er unterläßt nicht, am Schlusse seiner „Ordnung" nahezu anhangsweise und doch zum Ganzen gehörig einige Hinweise zu geben, wie man sich in Allstedt auch bei den „Kasualien" um ein „evangelisches" Verständnis bemüht, statt mit Weihungen und Zeremonien einem christlich getarnten heidnischen Aberglauben noch Vorschub zu leisten. Von der „Buße" als Sakra-

---

[233] Ebd. S. 211,26—30.   [234] Ebd. S. 211,32—212,1.   [235] Ebd. S. 212,2—5.

ment ist mit keinem Wort die Rede. Er erwähnt noch die Trauung, die Austeilung des Abendmahles an Kranke und das Begräbnis, beschränkt sich jedoch jeweils auf kurze Bemerkungen, die im wesentlichen die der feierlichen Handlung zugrunde gelegten Bibellektionen anführen. Zwar läßt sich daraus nicht ohne weiteres schließen, daß er auf jedes zeremonielle Beiwerk der alten kirchlichen Gepflogenheiten verzichtet habe, aber es ist unverkennbar, daß es auf ein Mindestmaß reduziert worden ist und Worte der Heiligen Schrift den Anspruch und Zuspruch Gottes den Betroffenen verkünden sollen. Gerade an den immer schon als einschneidend empfundenen und mit mannigfachen magisch-sinnhaften Bräuchen umkleideten Stationen im Lebensgeschick des einzelnen sollte die Klarheit des Gotteswortes die wahre Situation erhellen, statt daß man durch irgendwelche Manipulationen den Ernst der jeweiligen Stunde trügerisch zu verdecken suchte.

Selbst den einen kurzen Satz über die Eheschließung leitet er mit der ihm gewichtigen Bemerkung ein „do halten wir keinen schertz mit ...", und was er damit zum Ausdruck bringen wollte, ist als eine Variante seiner Kritik an der Oberflächlichkeit zu verstehen, mit der evangelische Prediger eine Ehe eingehen, die sich vom bloßen Konkubinat kaum unterscheidet[236].

Es kann kein Zweifel sein, daß Müntzer durch seine Reform seiner Gemeinde das Christsein wahrlich nicht leichter gemacht hat, auch wenn er sie von der Belastung durch den Zeit und Geld kostenden Frömmigkeitsbetrieb zweiter Ordnung befreite. Die Frage stellt sich hier abermals sehr konkret, wieweit das „Kirchenvolk" über die Negation des Überkommenen hinaus dem Prediger in seinem Verständnis der rechten Christlichkeit zu folgen fähig und bereit war, ohne daß damit die Möglichkeit einer Art „Erweckungsbewegung" von der Hand gewiesen werden dürfte, die in der unreflektierten Hingabe emotionalen Empfindens die Herzen und Sinne für den neu aufbrechenden Geist der Urchristenheit gefangennahm. Müntzer wußte jedenfalls in seinen Gottesdiensten die belebende Unruhe wachzuhalten und hat mit dem Druck seiner Ordnungen auch nicht aufgehört, sie hier und da zu verbessern, wie es beispielsweise die Umsetzung des Altars erforderlich machte. Heißt es doch in der „Ordnung der Visitatoren für die Stadt und das Amt Allstedt" von 1533: „So der itzige pfarrer balde nach Thomas Muntzer zu dem pfarampt kommen und befunden, das in der pfarkirchen der altar also gesetzt, das er hinder dem altar stehen und das angesicht zu dem volk hat keren mussen ..."[237]

Der kurze Einblick in das liturgische Reformwerk Müntzers macht deutlich, daß er viel Zeit und Kraft auf dessen Ausarbeitung verwandt hat, vor allem jedoch, daß er als „ernster Prediger" nichts anderes im

---

[236] Vgl. oben S. 222 ff.   [237] Sehling I 1, S. 508.

Sinne hatte, als durch seine Verdeutschung die evangelische Wahrheit rein und unverhüllt ans Licht zu bringen, sie jederman verständlich im Gottesdienst zu verkündigen so, daß alle Hörer sie im Rahmen der ihnen geläufigen Ordnung vernünftig aufnehmen, mitsingen und mitbeten konnten. Man darf sich nicht darauf beschränken, nur die Vorreden zu lesen, sondern muß sich zumindest mit seinen verdolmetschten Texten eingehend beschäftigen, wenn man schon die Feier eines müntzerischen Amtes nicht miterleben oder nachempfinden kann, um zu erkennen, daß es ihm um den Gottesdienst allein in der ursprünglichen christlichen Sinnhaftigkeit zu tun war, das Volk mit Psalmen und Lobgesängen zu erbauen. Das war „dye gruntfeste der deutschen ämpter", ein genuin und ausschließlich reformatorisches Anliegen, das keinen Hauch einer sozial- oder politisch-revolutionären Propaganda verspüren läßt. Unter der „armen erbärmlichen Christenheit", der sein Werk dienen soll, versteht er nicht nur eine soziale Schicht, sondern die deutsche Christenheit schlechthin, die als ganze davon betroffen ist, daß bis jetzt das Licht noch unter den Scheffel gestellt ist. Der von ungläubigen Dienern einer von Grund auf verderbten Kirche verursachte „religiöse Notstand" verwehrter Kenntnis und mangelnder Erkenntnis christlichen Glaubens soll endlich und endgültig beseitigt werden. Das allein ist das Ziel, das er im Anfang seiner Allstedter Tätigkeit im Auge hat[238].

Exkurs

Zur Wort-Ton-Beziehung in Thomas Müntzers Deutschen Messen und Kirchenämtern

Von Henning Frederichs

Thomas Müntzers liturgische Schriften kamen nach seinem gewaltsamen Tode mehr und mehr außer Gebrauch und gerieten schließlich für Jahrhunderte in Vergessenheit. Eine auch nur theoretische Beschäftigung mit ihnen schien nach der radikalen Ablehnung durch Luther und nachdem dieser für den Gemeindegottesdienst erfolgreichere Formulare geschaffen hatte, nicht mehr notwendig. Erst E. Sehling[1] druckte 1902 wenigstens ihre Texte ab und O. J. Mehl[2] 1937 einen größeren Teil der Noten. Die erste gründliche Untersuchung lieferte J. Smend[3]. Doch die Beurteilung, die Müntzer in dieser und späteren Arbeiten, insbesondere im Hinblick auf die musikalische Seite, erfuhr, war im ganzen schlecht: „... hierin ist Müntzer Luther weit unterlegen"[4], seine Messen mögen

---

[238] Das ist leider auch von Honemeyer, Allstedter Gottesdienst, S. 473—477 nicht deutlich genug herausgehoben.

[1] Sehling, Kirchenordnungen.   [2] Mehl, Müntzers Messen.
[3] Smend, Messen.   [4] Brandt, Th. Müntzer, S. 238.

vielen „wie eine tote Sprache klingen"[5] „und es ist gewiß keine Frage, daß" sie „etwas Unvollkommenes, ein Notbehelf"[6] waren. Noch härtere Worte findet Fr. Gebhardt[7], der allerdings ausschließlich zugunsten Luthers argumentiert: „Müntzers Arbeit ist tatsächlich in musikalischer Beziehung nicht viel mehr als ein „Nachahmen, wie die Affen tun", ja noch dazu ein ungeschicktes Nachahmen. Gebhardt spricht Th. Müntzer jedes Gefühl für musikalische Feinheiten ab, da er die „lateinischen" Noten völlig „kritiklos" übernommen habe. Zusammenfassend findet er für die schon arbeitsmäßig gewaltige Leistung nur ein Wort: „Stümperei". Auch Fr. Blume[8] urteilt, Müntzer habe „viele schlechte Resultate, falsche Akzentuierung, sinnlose Diastematik und dabei eine Korrumpierung der gregorianischen Melodien erzielt". Seine sachlichen Beanstandungen werden im folgenden auf ihre historische Berechtigung hin zu überprüfen sein.

Trotz der z. T. recht selbstgefälligen Sicherheit des Urteils erwecken die genannten Untersuchungen bei näherem Hinsehen den Verdacht, daß ihre Verfasser von Müntzers Drucken nur eine oberflächliche Kenntnis hatten. So erweisen sich etliche Behauptungen, wie zu zeigen sein wird, als falsch, da keiner der Autoren es unternahm, das umfangreiche Material systematisch zu ordnen, sondern jeder nur die ihm gelegenen Beispiele herauslas. Es soll daher im folgenden zunächst eine Beschreibung der Drucke und die Chronologie ihrer Entstehung, sodann eine Sichtung des Stoffes und eine Erschließung der müntzerschen Arbeitsmethoden versucht werden, um so vielleicht bei richtiger historischer Einordnung ein gerechteres Bild zu gewinnen.

Eines der Hauptanliegen der Reformation war es, die Gottesdienste dem Volke wieder nahezubringen. Die z. B. durch den Lettner auch äußerlich sichtbare Trennung von Priester- und Laienstand sollte fallen, der Gottesdienst aus einem Nebeneinander wieder zu einem Miteinander werden. Wichtigste Voraussetzung hierfür war, daß die liturgische Sprache dem gemeinen Manne verständlich, daß die Messe in der Landessprache gehalten wurde. Thomas Müntzer war nicht der erste, der diesen Schritt von der lateinischen zur deutschen Messe tat, Karlstadt in Wittenberg, Wolfgang Wissenburger in Basel, Johann Schwebel in Pforzheim und Kaspar Kantz in Nördlingen waren ihm vorausgegangen, doch er war der erste, der eine vollständige „Agende" für Hora und Messe in Noten vorlegte und praktizierte und verdient aus diesem Grunde besonderes Interesse. Denn nur ein Druckwerk mit Text und Noten ermöglichte es, die gottesdienstlichen Handlungen, reformatorisch geläutert

---

[5] Smend, S. 250.
[7] Gebhardt, S. 56—169.

[6] Hermann, S. 76.
[8] Blume, S. 29 f.

zwar, doch ohne umwälzende Reformen in deutscher Sprache einfach weiterzuführen.

Sofort nach seinem Amtsantritt in Allstedt, Ostern 1523, führte Müntzer das Stundengebet in deutscher Sprache ein und ließ seine fünf sogenannten Kirchenämter drucken, und zwar je eines für die Advents-, Weihnachts-, Passions-, Oster- und Pfingstzeit. Der überaus große Erfolg[9] bewog ihn, in gleicher Weise auf fünf Ordnungen reduziert, auch den Sonntagsgottesdienst, die Messe, in die deutsche Sprache zu übertragen und zusammen mit den Noten herauszugeben.

Schon rein äußerlich, und nicht nur für den Bibliophilen, sind diese Drucke von Wert: O. J. Mehl[10] ist überrascht von der reichen Ausstattung und J. Smend[11] hebt hervor, wie die „geringen Büchlein, zumal des Kantz'schen" Reformwerkes gegen die stattlichen Bände Müntzers mit ihrem „musikalischen Pomp" abfallen. Trotz der kurzen Zeit, die offenbar zur Verfügung stand, ließ der Drucker es sich nämlich nicht nehmen, den Beginn jedes Kirchenamtes mit einer reichverzierten Initiale zu versehen und das Titelblatt mit einem Holzschnitt zu schmücken, der eine Eule, umflattert von sechs Singvögeln, und ein Spruchband mit den Buchstaben M-H-A-V- darstellt[12]. Die Deutsche Messe, vielleicht, weil in noch kürzerer Zeit gedruckt, oder, weil die Holzschnitte momentan nicht zur Verfügung standen[13], enthält keinen Schmuck, läßt aber am Beginn jeder Meßordnung ein Viereck zur Aufnahme der Initiale frei. Dieser Platz, der in seinen Abmessungen genau den Holzschnitten des Kirchenamtes entspricht, ist durch einen normalen Großbuchstaben behelfsmäßig ausgefüllt.

Keiner der Anfangsbuchstaben der Messe (I, U, I, I, D) entspricht den Initialen des Kirchenamtes (N, C, C, A, A), weshalb auch keine Übernahme eines Holzschnittes möglich war. Je zwei dieser Initialen sind identisch, so daß geschlossen werden kann, daß jedes Amt (oder sogar

---

[9] Franz, MG, S. 333.

[10] Mehl, S. 58.   [11] Smend, S. 114.

[12] Ein bis in alle Einzelheiten gleicher Holzschnitt ziert als Fußleiste die Schrift „Doctor Martinus Luthers Antwort auff die czedel/szo unter des Officials tzu Stolpen sigel ist ausgangen" aus dem Jahre 1520. Einen ähnlichen deutet K. Schottenloher in der Gutenbergfestschrift 1925, S. 99, als „Mich hassen alle Vögel". So gerne man diese Erklärung auch auf Stellung und Ansehen unseres Reformators im 16. Jahrhundert und in der Folgezeit münzen möchte, verbietet doch das anderweitig relativ häufige Vorkommen dieser Zierleiste einen solchen Bezug. Daher finden sich in der einschlägigen Literatur auch noch andere Deutungen, und zwar bei Weller, Repertorium typographicum unter der Nummer 3067 und bei Arrey von Dommer, Lutherdrucke unter der Nummer 97. Weller ergänzt die vier Initialen zu „Martinus Herbipolensis (= Martin Landsberg, Drucker in Leipzig) Augustae vindelicorum", Dommer zu „Minerva Hujus Artis Vindex".

[13] Müntzers Allstedter Drucker Hans Reichardt druckte mit Typen von Nicolaus Widemar in Eylenburg.

341

jeder Bogen) gesondert gesetzt und gedruckt wurde und derselbe Holzschnitt für das nächste Amt wieder Verwendung fand[14].

Die Noten der beiden Müntzerwerke zeigen gotische Formen. Wie ein Vergleich der Exemplare in Braunschweig und Wolfenbüttel ergab[15], sind sie eindeutig gedruckt und nicht nachträglich handschriftlich eingetragen, wie man vermuten möchte, da der Druckvorgang unklar bleibt. Gestochen[16] oder gestempelt wurden sie wegen ihrer allzugroßen Ungleichheit sicher nicht. Sehr zarte Verbindungsstriche zwischen zwei Notenköpfen und die ganz andersartige „Handschrift" des „Ammacht" lassen auf den ersten Blick einen Notenschreiber annehmen, eine Vermutung, die durch die völlige Übereinstimmung auch feinster Haarstriche im Ansatz einer Note in vier Exemplaren der Müntzerschen Drucke, die eingesehen werden konnten, jedoch hinfällig wurde. Dagegen lassen ein auf den Kopf gestellter F-Schlüssel in der Pfingstmesse, L3ʳ unterste Reihe, und eine umgedrehte Virga in der Weihnachtsmesse, F1ʳ unterste Reihe, die Verwendung von Typen wahrscheinlich erscheinen. Für den Typendruck statt für einen Schreiber spricht auch, daß Th. Müntzer sicher nicht die 1523 schon unmodernen gotischen Notenformen benutzt hätte. Bereits die frühesten Lieddrucke Luthers sind in eckigen Mensuralnoten herausgegeben, allerdings nicht gesetzt, sondern im Block geschnitzt, was

---

[14] Dies erklärt auch die Abnutzung, bzw. Verschmutzung der Schraffierung der Initiale im Weihnachtsamt gegenüber der im Passionsamt.

[15] Nach Auskunft der Staatsbibliothek Hamburg ist das noch bei Franz, MG angeführte Hamburger Exemplar im Zweiten Weltkrieg verloren gegangen. Dagegen besitzt die Herzog-August-Bibliothek in Wolfenbüttel nicht nur das bei Franz erwähnte Exemplar der Kirchenämter unter der Signatur 82. 1 Theol. 4⁰, sondern in einem Sammelband mit der Signatur 250.12 Theol. (1) ein zweites, in dem die vier Ämter für Advent, Weihnachten, Ostern und Pfingsten zusammengebunden sind und als gesonderter Teil das „Ammacht" der Passionszeit geführt wird. Diese Ausnahmestellung des Passionsamtes stützt die im folgenden aufgrund anderer Erwägungen vermutete Entstehungsreihenfolge der Müntzerschen Drucke. Beide Exemplare zeigen keinerlei Benutzungsspuren, zum Zwecke des Bindens ist jedoch das zuerst genannte von 21,1 mal 15,7 cm auf das Format 20,8 mal 15,4 cm, das zweite auf 19,7 mal 14,9 cm zurechtgeschnitten. — Das der Bibliothek des Predigerseminars zu Braunschweig gehörende Exemplar des Müntzerschen Werkes mit der Signatur P IV 3 enthält auch die „Deutsche Messe" und die „Vorrede", die hier gleich am Anfang, noch vor dem Titelblatt der Messen eingefügt ist (vgl. Fußnote 26). Es zeigt starke Gebrauchsspuren: Das Format beträgt 18,7 mal 14,7 cm, die Ränder sind z. T. sehr ausgefranst. Das letzte Blatt ist zur Hälfte versengt. Die in den Messen fehlenden Holzschnitte für die Initialen (s. o.) sind mit Tinte notdürftig nachgetragen. Zeichen liturgischer Verwendung des Bandes sind mehrere Gebets- und Liedertexte, die auf freien Seiten mit Tinte eingetragen wurden, darunter ein Introituspsalm zum Pfingstamt mit gotischen Noten. Auch Gliederungsstriche zur schnelleren Erfassung von Ligaturen beweisen die gottesdienstliche Nutzung dieses Exemplars. Trotz einiger Ähnlichkeit mit Th. Müntzers Handschrift scheinen diese Eintragungen jedoch von anderer Hand zu stammen und beweisen damit den Gebrauch dieser „Agenden" auch außerhalb Allstedts.

[16] Schulz, S. 391.

wiederum für Müntzers Menge an Notenmaterial und die geringe, ihm zur Verfügung stehende Zeit zu umständlich gewesen wäre. Notgedrungen mußte er also für den Druck auf die damals im germanischen Bereich noch ausschließlich gotischen Typen[17] zurückgreifen.

Wirkt das gotische Notenbild gegenüber den römischen Choralnoten veraltet, so ist die Anzahl der Notenlinien (fünf statt vier) durchaus modern. Verglichen mit ähnlichen Drucken aus Basel (1510)[18] oder Lübeck (1531)[19] erscheinen gotische Noten auf fünf Linien wie ein Anachronismus.

Die sehr genau übereinstimmenden Rasterformate, die Verdickungen an Anfang und Ende und die Tatsache, daß sie sich auf einzelnen Seiten durchgedrückt haben, sprechen für die Verwendung von Metallschienen beim Druck der Notenlinien.

Typen und Metallschienen machten mindestens zwei Arbeitsgänge nötig[20]: Im ersten wurden Notenlinien und Text gedruckt, im zweiten die Noten[21]. In diesem Falle müßte Th. Müntzer dem Setzer wegen der auffallend korrekten Textunterlegung bei langen Melismen eine sehr genaue Vorlage geliefert haben, die dieser diplomatisch getreu, also mit derselben Zeilenaufteilung, nachgesetzt hätte. Denkbar wäre, wenn auch wohl nicht so gebräuchlich, daß Noten und Text gleichzeitig, die Notenlinien dagegen gesondert gedruckt wurden. Vorzeichen stehen nur selten und dann ganz unsystematisch, an vielen Stellen, bei denen h als b gelesen werden müßte, fehlen sie. Die Verbindungsschleifen zweier Puncta oder auch zur vorhergehenden Note weisende Haken sollen eine Verlängerung der Note bewirken, anders als die sonst übliche Ausführung als „Bebung" bei der Bistropha .

Sämtliche Noten lassen sich als gotische Umformungen der alten Neumen erklären:

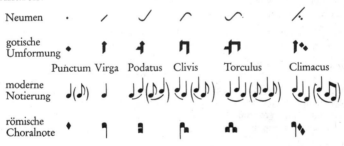

Porrectus und Scandicus finden sich nicht, entsprechende Tonfolgen werden aus Virga und Podatus zusammengesetzt. Eine

[17] Wagner II, S. 351.   [18] Ebd. Facsimile.   [19] Blume, Notenbeispiel, S. 35.
[20] Musik in Geschichte und Gegenwart, Kassel 1961, Bd. 9, Artikel „Notendruck" von R. Schaal, Sp. 1683.   [21] King, S. 10.

sehr häufige Form der Clivis ist folgende: ⌐ , ohne daß eine Unterscheidung von der oben angegebenen erkennbar wäre. Der Normal-Schlüssel ist der das kleine f (f°) markierende ⅃ . Auf der Mittellinie steht er allein, auf der zweiten Linie von unten zusammen mit dem C-Schlüssel (ℰ = c^1, zweite Linie von oben). Im Kirchenamt zum Advent (d4^{r+v}) kommt ein einziges Mal auch der G-Schlüssel (ℊ = g^1) zusammen mit dem C-Schlüssel vor, offenbar wurden „Maria" und der „Engel" von Frauenstimmen gesungen. Ihr Stimmumfang ist: Maria, von der Tonika c^1 bis a^1 ansteigend, über h° auf den Grundton c^1 wieder absinkend, G-Schlüssel auf der zweiten Linie von oben; Engel, auf der Dominante g^1 beginnend, aufsteigend bis c^2, über h° auf den Grundton c^1 wieder absinkend, G-Schlüssel auf der dritten Linie.

Sowohl das Kirchenamt als auch die Messe sind trotz aller Eile sorgfältig gedruckt, was sich u. a. an den verhältnismäßig wenigen Druckfehlern (etwa im Vergleich zu Luthers Deutscher Messe[22]) zeigt. Die Tatsache, daß z. B. der 95. Psalm immer wieder neu übersetzt und dabei variiert wird[23], könnte man so erklären, daß Müntzer jedes Amt, sobald er

---

[22] Luther, Deutsche Messe, Geleitwort v. Joh. Wolf, S. 3 u. 4.
[23] A = Advent, W = Weihnachten, P = Passion, Pf = Pfingsten

A laßt uns dem herren wunsam sein
W wir wöllen dem herren wunsam sein
P laßt uns dem herren wunsam sein
Pf laßt uns dem herren wunsam sein

A mit leyssen wöllen wir uns in ihm frawen
W mit leyssen wöllen wir ihm jauchtzen
P mit leyssen wöllen wir uns in ihm frawen
Pf mit leyssen wöllen wir ihm jauchtzen

A denn der herr verstoßet nicht   / dasselbige geschaffen
W denn Gott verstoßet nicht   / dasselbige geschaffen
P denn der herr verstoßet nicht   / dasselbige gemachet
Pf denn der herr verstoßet nicht   / dasselbige geschaffen

A ehr erbieten und vor ihm niederfallen   / zeyt der anfechtung
W ehr erbieten und vor ihm niederfallen   / tag der versuchung
P ehr ertzeigen und vor ihm niederfallen   / zeyt der versuchung
Pf ehr erbieten und vor ihm niederfallen   / zeyt der versuchung

A (der Satz fehlt)
W aber sie haben nicht wöllen erkennen meine wege, wie wol ich
P aber sie haben meine wege nit wollen erkennen, wie wol ich
Pf aber sie haben nicht wöllen erkennen meine wege, wie wol ich

(W) yhn gedrawet habe in meynem zorne
(P) yhn gedrawet habe in meynem grimme
(Pf) yhn gedrawet habe in meynem zorne

es fertiggestellt hatte, zur Druckerei lieferte und bei der nächsten Übersetzung nicht vergleichen konnte, daß aber das letzte Amt von ihm übersetzt war, bevor das erste aus der Presse kam. Diese Arbeitsweise vorausgesetzt, ist es wichtig, die Entstehungsreihenfolge der Ämter festzustellen: G. Franz[24] meint, daß die Kirchenämter für Ostern 1523 verfaßt und „bald danach in Druck gegeben" wurden, also alle gleichzeitig. K. Schulz[25] behauptet, das Osteramt sei zuerst ausgearbeitet worden, das Passionsamt zuletzt. Nun geht die Seitenzählung aber von a1 (Advent) bis h6 und von A1 (Passion) bis S4. Da die Deutsche Messe (wie auch andere Drucke der Zeit) nach Großbuchstaben zählt, ist zumindest die Druckreihenfolge Passion, Ostern, Pfingsten, evtl. nach einer Unterbrechung, Advent und Weihnachten. Einzig aus diesem Grunde hat auch das Passionsamt ein eigenes Titelblatt, das endgültige wurde erst nach dem Druck aller fünf Ämter und ihrer Zusammenstellung gemäß dem Kirchenjahr dem Adventsamt vorangestellt[26]. Die Reihenfolge der Übersetzung wird dieselbe wie die des Druckes gewesen sein, da bei gleichlautenden Stücken ausschließlich auf Passions- und Osteramt verwiesen wird.

Auffällig ist die altertümliche Sprache des Passionsamtes[27], die vermuten läßt, daß es sich hier um Müntzers ersten Versuch der Eindeutschung innerhalb der zu besprechenden Werke handelt[28]. Es erhebt sich jedoch die Frage, wann diese Übersetzung verfaßt und praktiziert worden sein soll, wenn Müntzer tatsächlich, wie der Titel der „Ordnung"[29] angibt, erst 1523 die deutschen Kirchenämter einführte. Selbst wenn die

[24] Franz, MG, S. 25.   [25] Schulz, S. 370 Anm. 1.

[26] Die „Vorrede yns buch disser lobgesenge" druckt Sehling I 1, S. 497 zwischen dem Titel zur Deutschen Messe („Alstedt 1524") und „Allen außerwelten gottis freunden" ab und Smend folgt ihm in seiner Beschreibung. Diese Anordnung kann Sehling jedoch in keiner Quelle vorgelegen haben, da Titel und Anrede auf dasselbe Blatt, recte und verso, gedruckt sind. Außerdem gehört die „Vorrede" überhaupt nicht zur „Deutschen Messe". Von „lobgesengen" spricht nämlich nur der Titel der Kirchenämter, ebenso vom „liecht" unter dem „deckel". Schließlich enthält die „Vorrede" auch noch die lateinischen Festtagsbezeichnungen (s. Fußnote 28), sie gehört also, wenn auch gesondert gedruckt (Blattzählung 1, 2), an den Beginn der Kirchenämter.

[27] Ammacht — Amt, was — war, mŏhr — Meer, biß — sei, quemen — kämen, ihesum — Jesum, clagung — Klage, usw.

[28] Den Weg Müntzers vom Lateinischen zum Deutschen zeigen auch die Titel der Kirchenämter verglichen mit denen der — späteren — Deutschen Messe:

Kirchenamt	Deutsche Messe
aduent	menschwerdung
geburt	geburt
leiden (im Text passio)	leyden
osterfest	ersteung
Pfingstfest	vom heylgen Geist

[29] „Ordnung und berechnunge des Teutschen ampts zu Alstadt durch Thomam Müntzer/seelwarters ym vorgangen Osteren auffgericht 1523", Alstedt MDXXIIII.

345

Aussage der „Ordnung" nicht korrekt sein sollte, kann Müntzer seine Reformen in Allstedt nicht sehr viel früher durchgesetzt haben, denn noch am 19. März 1523 schreibt er an unbekannte Anhänger in Halle von seinem Elend[30], am 5. April war jedoch schon Ostern und Müntzer in der segensreichsten Tätigkeit seiner Laufbahn, so daß ihm gerade 14 Tage zur Verfügung gestanden hätten, sein Amt anzutreten, das Passionsammacht zu übersetzen, zu drucken und in die Praxis umzusetzen, was einfach nicht vorstellbar ist, da es obendrein das umfangreichste aller Ämter ist. Wahrscheinlich ist, daß er mindestens dieses Passionsamt bereits fertig nach Allstedt mitbrachte[31] und darauf aufbauend sehr rasch Oster- und Pfingstamt entwerfen und in Druck geben konnte. (Daß er das Passionsamt schon g e d r u c k t in seinem Reisegepäck hatte, ist nicht anzunehmen, da die Schrifttypen und Rasterformate aller Kirchenämter und Messen übereinstimmen.) Die Folgerungen für die Musik seiner liturgischen Arbeiten werden anhand dieser Chronologie noch zu bedenken sein.

Bei aller Sympathie für den bedeutenden Anteil, den Thomas Müntzer der Musik in seinen Gottesdienstreformen zugestand, ist es doch nicht möglich, ihm Komponistenqualitäten zuzusprechen, was er selbst allerdings auch nicht beanspruchte. In der „Vorrede yns buch disser lobgesenge" geht es ihm ausschließlich darum, daß d e u t s c h gesungen wird. Für den Anfang, für die gerade bekehrten Germanen sei es zu dulden gewesen, daß die Sprache der Missionare gesungen wurde, es sei aber nicht einzusehen, da aller menschlicher Wandel vom Fortschritt geprägt sei, daß hier nicht eine Verbesserung erreicht werden sollte, künftig also deutsch gesungen würde. Die Betonung liegt immer wieder auf der Sprache, das Singen ist Müntzer so selbstverständlich, daß er darüber kein Wort verliert. Noch deutlicher sagt er im Vorwort zur Deutschen Messe, daß er zur Schonung der Schwachen „die selbige lobgesenge im deutschen" ausführen lassen wolle, um die Gemeinde nicht mit „losen unbewerten liedlen" zu sättigen. Schon J. Smend[32] behauptet daher, fußend auf Zahn[33], ganz richtig den „unzweifelhaft vorreformatorischen Ursprung" aller Melodien.

Dieser Abhängigkeit sind seitdem R. Hermann (1912), K. Schulz (1928), Fr. Gebhardt (1928), E. Jammers (1934), O. J. Mehl und Fr. Wiechert (1937) weiter nachgegangen. Die ausführlichste und sachkundigste Untersuchung lieferte Fr. Gebhardt in seinem schon oben erwähnten Aufsatz über die Deutsche Messe Martin Luthers[34]. Durch Vergleich zahlreicher Missalien stellte er fest, daß Müntzers Fassung ein Gemisch aus nord- und süddeutschen Formen ist. Nur für ganz wenige Stücke fand Gebhardt keine Vorlage. Eine solche müsse es aber gegeben haben,

---

[30] Franz, MG, S. 387.
[31] Zur Frage etwaiger Vorarbeiten vgl. die Ausführungen S. 303 ff.
[32] Smend, S. 113.   [33] S. Literaturverzeichnis.   [34] Gebhardt, S. 118—127.

doch „könnte es ja nur Folge einer glücklichen Fügung sein, die bestimmte Quelle Müntzers zu entdecken, weil die Brandschatzungen des Bauernkrieges gerade dieses Gebiet, wo die Quellen zunächst anzunehmen sind, heimgesucht haben"[35].

Mittels Textvergleich weist F. Wiechert nach[36], daß Müntzer für die Deutsche Messe das Missale Halberstadense, Drucker Johann Grüninger, Straßburg 1504, benutzte. Für den musikalischen Teil der Deutschen Messe nützt dieser Nachweis jedoch nichts, da z. B. das Göttinger Exemplar von Grüninger nur 24 Präfationen, 13 Ordinariums-Incipits, 3 Paternoster und 2 Pax vobiscum in Noten enthält, die übrigen bei Müntzer enthaltenen Stücke aber in ihm fehlen. So tappt man bei der Suche nach einer Vorlage weitgehend im dunkeln, das sich wegen des im letzten Kriege weiter verringerten Bestandes an mittelalterlichen Gradualien und Missalien wohl auch in Zukunft schwerlich ganz lichten wird. Es erscheint uns daher um so wichtiger, von Müntzers Drucken auszugehen, daraus seine Arbeitsweise zu rekonstruieren und zu erschließen, welche Bedeutung die von uns angenommene Vorlage überhaupt für ihn hatte.

Folgende Verfahrensweisen sind für seine Arbeit denkbar: 1. Er übersetzt die Texte aus der Vulgata und vertont sie anschließend. 2. Er legt das in seiner Gemeinde vorhandene Missale zugrunde und übersetzt es Silbe für Silbe, um den Melodiebestand zu erhalten. 3. Er übersetzt die Texte und versucht sie erst nachträglich der Musik anzupassen, wobei er in dem einen oder anderen Falle längere Koloraturen beschneidet oder Ligaturen über einer Silbe des lateinischen Textes auf zwei oder mehr Silben des deutschen verteilt.

Möglichkeit 1 entfällt, da für alle Stücke mit Ausnahme des Alleluja der 3. Messe, sowie des Sanctus und Agnus der 4. Messe musikalische Vorlagen nachgewiesen worden sind[37]. Möglichkeit 2 will sich mit Müntzers Art des Dolmetschens „in unvorruklicher geheim des heiligen geists" und mit seiner Ablehnung des „menlein kegen menlein"-Malens nicht recht vertragen[38], ihr widersprechen auch die Folgerungen aus der oben (S. 346) angeführten Chronologie. Wenn Müntzer nämlich sein Passionsamt fertig mit nach Allstedt brachte und es dort drucken ließ, kann er es nur ohne Kenntnis der in Allstedts gebräuchlichen Melodien übersetzt haben, unterlegte seine Worte dann jedoch diesen Melodien und ließ es so singen. Daher entsprach seine Arbeitsweise vermutlich der Möglichkeit 3, zumindest bei Schaffung des Passionsamtes, von dem aber wohl auf die übrigen Messen und Ämter geschlossen werden darf (s. a. S. 356).

Wir stellen also fest: Müntzers Anteil an der Musik seiner liturgischen Werke beschränkte sich ausschließlich auf die Unterlegung des Textes und evtl. Beschneidungen der Melodien.

---

[35] Schulz, S. 393.
[37] Gebhardt, S. 119/120.
[36] Mehl, S. 68.
[38] Elliger, 93. Psalm, S. 56 ff.

Das legt die Frage nahe, ob er eine solche Arbeit eigentlich alleine ausgeführt haben muß. Hält man sich die Geschwindigkeit vor Augen, in der die Ämter und Messen übersetzt, mit Musik versehen, gedruckt und laut „Ordnung und berechnunge" in die Praxis umgesetzt wurden, so möchte man an Arbeitsteilung glauben. Schließlich gab es neben dem Pfarrherrn auch zu Müntzers Zeit andere Ämter in einer Gemeinde: in Halle hatte er einen Küster, in Allstedt für die Ausführung seiner Formulare einen Chor, sollte er für diesen nicht auch einen Kantor gehabt haben, der die Übersetzungen seines Pfarrers den in Allstedt gebräuchlichen Melodien zuordnete? Wichtiger noch ist die Frage: War Müntzer überhaupt in der Lage, solch' eine kompositorische Aufgabe zu meistern?

Die Biographie gibt wenig Auskunft über seine musikalischen Kenntnisse und Fertigkeiten. Er ist wie Luther Magister artium und verwendet in der „Hochverursachten Schutzrede"[39] musiktheoretische Termini; im Entwurf zum St. Cyriakus-Fest macht er sich eine kurze Skizze in römischen Choralnoten. Ein gutes Verhältnis muß er zum Singen gehabt haben, das bezeugen seine Drucke, die sämtliche Texte, einschließlich der Lesungen, gesungen wissen wollen, das bezeugt auch die kleine, amüsante Bemerkung in der „Ordnung": „auf das der prediger sich wider ruste athem zu holen". Er selbst muß also in Allstedt aus seinen Drucken gesungen haben, was wiederum beweist, daß er außer den römischen Choralnoten auch die gotischen beherrschte.

Wie sicher der musikalische Bearbeiter die gotische Notenschrift benutzte, läßt sich am konsequenten Gebrauch der Virga für die höhere Note einer Phrase, des Punktum für die tiefere ablesen[40]. Das von Fr. Wiechert als Vorlage Müntzers angesehene Missale Halberstadense verfährt ohne System und gebraucht die Virga nur manchmal für den höheren Ton, oft für die betonte Silbe[41] Noch deutlicher zeigt sich diese Sicherheit bei der Handhabung der Ligaturen, da dieselbe Tonfolge verschieden notiert wird, je nachdem ob sie zu zwei Silben oder nur zu einer gehört:

---

[39] Franz, MG, S. 326.
[40] Diese Praxis weist Wagner II, S. 339, 386, 392 für die Choralschreiber bis zum 15. Jh. nach. Gebhardt erkennt ihre Geltung bei Müntzer nicht, deutet deshalb sein Beispiel 10 (S. 126) falsch und kehrt damit unwillentlich seine Kritik ins Gegenteil.
[41] Auch hierin ist also keine Abhängigkeit zu finden, zumal Müntzers Druck fünf Notenlinien, das Missale Halberstadense nur vier hat (vgl. oben Fr. Wiecherts Nachweis).

Von einem blinden Abschreiben der lateinischen Vorlage kann daher überhaupt keine Rede sein.

Ist Müntzer also diese Sicherheit zuzutrauen oder hatte er einen Mitarbeiter, dessen Spuren vielleicht im Erfurter Kirchenamt zu suchen sind, das ja Müntzer abdruckt ohne ihn zu nennen? Thomas Müntzers „künstlerischen Sinn"[42] bemerken mehrere Autoren, „Poesie und Musik haben beherrschenden Einfluß"[43]. O. J. Mehl nennt Müntzer geradezu einen „Künstler"[44]. Auch die „Vorrede" und das Vorwort der Deutschen Messe lassen manches von Müntzers überaus positiver Einstellung zur gottesdienstlichen Musik erkennen: die Gemeinde soll durch Lobgesänge erbaut werden, sie soll sich in ihnen üben und ergötzen und durch sie „entgröbet" werden, denn die Psalmen (Lobgesänge) zeugen vom Wirken des heiligen Geistes, die Predigt aber erklärt den Gesang, „der im ampt gehort ist"[45]. Ist seine Autorschaft daher zwar anzunehmen (s. a. S. 352), läßt sie sich doch nicht beweisen. Vordringlicher als diese Frage erscheint uns ohnehin, das Ergebnis der Assimilationsversuche von Text und Musik zu betrachten.

Da sich Änderungen des melodischen Verlaufs ohne Vergleich mit der Vorlage nie ganz werden nachweisen lassen, die Suche hiernach aber bisher zu keinem sicheren Ergebnis führte, wollen wir uns an die Wortunterlegung halten und aus ihr etwaige Methoden der musikalischen Interpretation des Textes abzulesen versuchen.

Folgende Möglichkeiten der Anpassung von Text und Musik gibt es bei einstimmigen, liturgischen Weisen:

I. jede Note erhält eine Silbe (syllabische Textunterlegung).

II. jede Silbe wird von mehreren Tönen getragen (melismatische Textunterlegung).

III. Textteile werden ausgedeutet. (Da rhythmische und harmonische Mittel in dieser Musik entfallen, ist dies nur in sehr beschränktem Maße durch den Verlauf der Melodielinie möglich: sie führt nach oben z. B. bei dem Wort „resurrexit", nach unten bei „sedet"; in höherer Lage wird gesungen, wenn vom Himmel, in tieferer, wenn von der Erde die Rede ist[46].)

IV. Worte oder Silben werden hervorgehoben, indem sie mit einer Ligatur versehen werden, wodurch Mischformen von syllabischen und melismatischen Partien entstehen.

I. Der syllabische Stil findet exemplarisch bei den Lesungen Verwendung, immer dort, wo in kurzer Zeit viel Text „bewältigt" werden muß, und entspricht dem späteren musikalischen Rezitativ (Prosa). Seine Aufgabe ist die Mitteilung und Verkündigung.

---

[42] Smend, S. 114. [43] Ebd. S. 112. [44] Mehl, S. 40.
[45] Smend, S. 107. [46] Wagner III, S. 299—301.

II. Der melismatische Stil kommt regelmäßig bei den Alleluja — Jubilationen u. ä. zur Anwendung, in denen das kantable Element überwiegt (Poesie). Seine Aufgabe ist der Lobpreis und die Anbetung.

Beide Arten finden sich in Müntzers Formularen naturgemäß an den gleichen Stellen wie im römischen Missale[47].

III. Textausdeutung in der oben angegebenen Form scheinen zahlreiche Stellen zu beabsichtigen, von denen einige hier angeführt seien·

Mehrmals, wenn auch wesentlich seltener, kommt allerdings auch dem Inhalt zuwiderlaufende Melodienführung vor:

Immerhin läßt sich wegen der Häufigkeit der erstgenannten Beispiele die Absicht nicht verkennen, tonmalende Wörter an dieselbe Stelle der Melodie zu setzen wie das lateinische Vorbild; daß dieses nicht immer gelang, stützt die Vermutung, die Übersetzung sei unabhängig vom Leitfaden der Musik angefertigt worden.

Noch weniger nur durch Zufall lassen sich folgende Beispiele erklären:

Introitus der Adventmesse

[47] Luthers Deutsche Messe enthält dagegen keine einzige Ligatur, sondern ausschließlich Notenbeispiele im nüchternen syllabischen Stil. Hier soll der Gesang das gemeinsame Tun der Gemeinde ordnen und die liturgischen Texte durch „erhöhtes Sprechen" akustisch verständlich machen. Die musikalisch-künstlerische Seite des Singens kommt in den neugeschaffenen Gemeindeliedern zur Geltung.

Hier wirkt die Ligatur des Wortes „auff" wie das Aufklappen eines Deckels. Oder — im Responsorium des Weihnachtsamtes — die lange Koloratur auf „herkommen", die den weiten Weg vom Himmel zur Erde malt:

Oder — im Responsorium des Passionsamtes — der *lange* Schrei des am Kreuze verzagenden Jesus:

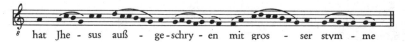

Oder — ein paar Zeilen weiter — die drastische Übertreibung der wie Wasserwogen rollenden Koloratur bei den Worten „und wasser":

Fand Müntzer diese Tonmalereien in dem lateinischen Missale sicherlich bereits vor, so gibt es doch auch Stellen, an denen er über seine Vorlage hinausgeht: Im Passionshymnus „Vexilla regis prodeunt" endet die

zweite Zeile unverbindlich:  , bei Müntzer jedoch,

da Wort und Musik hier enger verbunden sind, schließt sie wesentlich

ausdrucksvoller:

Der Torculus zeichnet sehr schön das „Schweben", der Podatus die Richtung nach oben.

IV. Innerhalb mehr syllabischer Partien werden einzelne Wörter hervorgehoben, indem sie auf mehrere Töne gesungen werden: z. B. im

„Vidi aquam" des Osteramtes

Hier wird „den" durch die Ligatur zu „denjenigen".

Im Introitus des Passionsamtes tritt jedes der Müntzer wichtigen Wörter durch melodische Verlängerung hervor:

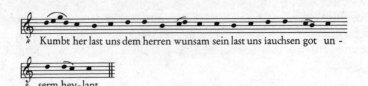

Im Tedeum des Osteramtes wird das Wörtchen „ohne" herausgehoben:

Der ewige Lobpreis der Engel und Cherubin ist bekannt, deshalb betont Müntzer nicht, heutigem Empfinden entsprechend, das Wort „ewig", sondern, daß dieser Lobpreis ohne Unterbrechung ertönt. Im Benedica-

mus der Ostermesse

findet Müntzers inständig-schöne Übersetzung von „deprecatio" ihre Entsprechung im gemütvollen Wiegenrhythmus der drei Ligaturen.

Zahlreiche, heutzutage gewaltsam erscheinende Hervorhebungen lassen eine emphatische, ich-bezogene Auffassung der liturgischen Texte erkennen, die mehr, als biographische Untersuchungen es könnten, die Urheberschaft Müntzers, dieses „schwärmerischen Geistes", wahrscheinlich macht. Z. B. in der Antiphon des Passionsamtes:

Die moderne Deklamation würde lauten:

Müntzer ist es offenbar wichtig, daß der Hörer die Aufgabe der Anbetung auf sich bezieht.

Auch die Gegenüberstellung von originaler und geglätteter Fassung der Antiphon des Osteramtes zeigt Müntzers Ausdruckswillen:

„Mein Ratschlag ist nicht m i t den Gottlosen, sondern g e g e n sie. Schaut auf das Gesetz, in ihm ist mein Wille eingeschlossen."

Ähnlich intensiv, fast beschwörend stellt die Musik der Pfingstmette dem Beter bildhaft vor die Seele:

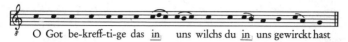

Oder im Responsorium des Osteramtes: „Christ ist erstanden von den todten,

nicht mehr hirschen". Die Kette von Noten, einmal bei dem Wort „er" (sc. Christus), zum anderen bei dem Wort „der" (sc. Tod), wirkt wie der überlange Zeigefinger Johannes des Täufers auf dem Isenheimer Altarbild. Das überdehnte Wort „mehr" betont die Einmaligkeit des Sterbens Christi.

Oder im Hymnus des Adventamtes:

Die Formulierung in der ersten Person wird durch die Ligatur auf „wir" noch subjektiv übersteigert, wodurch die Klage der Beter, daß „wir" so fern von Gott sind, zu der Hauptaussage der Strophe, daß Christus zu uns gekommen und hier auf Erden „Mensch" geworden ist, musikalisch in Beziehung gesetzt wird: die Wörter „wir" und „Mensch" stehen unter derselben Ligatur!

Das eben genannte Melisma regt zu der Frage an, ob nicht versmaßgebundene Texte, insbesondere also die 10 Hymnen der „Kirchenämter", in rhythmisierter Form gesungen worden sind.

Eine „regelmäßige und ein ganzes Stück beherrschende Mensur, wie unsern Takt" bezeugt P. Wagner innerhalb des gregorianischen Gesanges für die syllabischen Hymnen[48]. Das 15. Jahrhundert hatte bereits die Mensuralnotation entwickelt, die es erlaubte, komplizierte rhythmische Vorgänge exakt festzuhalten, und in der Volksmusik bildete das Taktschema ein so dominierendes Element, daß Luther nicht zögerte, seine Kirchenlieder rhythmisiert in Mensuralnotation herauszugeben. Es besteht kein Zweifel, daß sie diesem Verfahren einen beträchtlichen Teil

---

[48] Wagner II, S. 400.

ihrer Durchschlagskraft verdankten. Da Müntzers Hymnen „O Herr, Erlöser alles Volks" (Advent), „Laßt uns nun alle vorsichtig sein" und „Der Heilgen Leben" (beide Ostern) noch 1537 im Salmingerschen Gesangbuch weiterbestanden[49], ließe es sich denken, daß auch sie rhythmisiert gesungen wurden. Manche Probleme der Müntzerschen Textunterlegung fänden mit dieser Annahme eine elegante Lösung; so ließe sich das zuletzt angeführte Notenbeispiel in acht überzeugende 4/4-Takte gliedern, wenn man zwei oder drei Noten der Ligaturen in der Zeitdauer des einzeln stehenden Punctum ausführte, also als Achtel, Sechzehntel oder Triolen.

Viele andere Probleme finden jedoch auch damit keine Erklärung und die Reihe der oben angeführten Notenbeispiele soll deshalb nicht darüber hinwegtäuschen, daß eine große Zahl von Textunterlegungen nach unserem Empfinden mißglückt ist. Der erste Eindruck beim Lesen der Müntzerschen Messen und Kirchenämter ist sogar der, daß hier völlig am Wortakzent vorbeikomponiert worden ist, worauf ja F. Blumes zu Beginn zitiertes negatives Urteil beruht. Doch schon E. Jammers[50] weist darauf hin, daß diese liturgischen Formulare nicht gelesen, sondern gesungen sein wollen, damit man sich in ihre „Klangwelt" einlebt. Es soll der Versuch gemacht werden, die Stellen des Anstoßes statistisch zu ordnen und wenn möglich zu begründen, um so zwischen nonchalanter Ablehnung (Gebhardt) und parteiischer Überschätzung (Mehl) auf sicherem Boden zu bleiben.

Möglichkeiten bewußter Textunterlegung gab es für Müntzer, wie oben gesagt, lediglich durch die Verwendung von Ligaturen. Von den schon angeführten Beispielen mit tonmalerischer Tendenz abgesehen, waren sie, da Rhythmus und Harmonik in einstimmiger, unmensurierter Musik entfallen, die einzige Art, in der bestimmte Silben oder Wörter aus dem Gleichmaß des Rezitierens herausgehoben werden konnten.

Am häufigsten kommen Bindungen zweier Töne unter einer Silbe (binariae) vor, aber auch drei, vier, fünf und mehr Töne erscheinen als Ligatur innerhalb eines überwiegend syllabisch gehaltenen Satzes.

---

[49] „Laßt uns von Herzen singen" (Weihnachten) möchte Mehl (S. 52) trotz der anderslautenden Auskunft bei Wackernagel auch Th. Müntzer zuschreiben, u. zw. wegen des „bedeutsam" lautenden „scheint schlimmer als ein schlechter Bauer". Diese Vermutung könnte durch das mit dem Adventshymnus gleichlautende Bild gestützt werden: „schwint sich wol inn die junckfraw schon" (Weihnachtshymnus 4. Strophe) und „Er schwant sich inn der junckfrawen schoß" (Adventshymnus 4. Strophe).

[50] Jammers, S. 125.

Vokalisen von zehn und mehr Tönen (bis zu 51 im Osterhalleluja) unter einer Silbe gehören dagegen schon in die Kategorie des Ziergesanges und nicht mehr in die der Textverdeutlichung.

Von 11 364 mit Noten unterlegten Silben der Müntzerschen Werke (Kirchenämter 7752, Deutsche Messe 3612) sind 3317 mit einer Ligatur versehen (KA 2258, DM 1059), d. h. auf 34 Silben entfallen durchschnittlich 10 Ligaturen. Ihr Anteil beträgt also nicht ganz ein Drittel. Davon erscheinen 1428 Ligaturen (KA 974, DM 454) ungeschickt deklamiert, d. h. von 23 Ligaturen sind 10, beinahe die Hälfte, nach heutigen Betonungsregeln falsch unterlegt. Diese große Zahl erklärt den auf den ersten Blick so ungünstigen Eindruck der Müntzerschen Versuche, gregorianische Musik und deutschen Text zu verschmelzen.

Eine Aufteilung dieser Zahl in Untergruppen soll helfen, evtl. Gesetzmäßigkeiten der Unterlegung ausfindig zu machen.

Ungeschickt wirken Ligaturen auf

a) u n b e t o n t e n Silben, da sie sie ungebührlich hervorheben:

Heute würde man deklamieren:

Das geschieht besonders häufig bei

b) S c h l u ß silben:

Heutige Fassung:

Störend ist auch das Herausstellen eines

c) unwichtigen W o r t e s oder
d) unwichtiger S i l b e n :

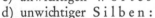

Schließlich findet eine ganz beträchtliche Anzahl von ungünstigen Betonungen ihre Begründung im musikalischen Zusammenhang, in der

e) A s s i m i l a t i o n s bindung:

Wo der Sprechgesang sich zum Ziergesang erhebt, verlangt der rhythmische Fluß Bindungen auch auf unbetonten Nebensilben.

355

Faßt man die Gruppen a) bis e) statistisch, so ergeben sich folgende Zahlen:
a) 201 Ligaturen   (KA 117, DM 84)
b) 412 Ligaturen   (KA 229, DM 113)
c) 380 Ligaturen   (KA 266, DM 114)
d) 85 Ligaturen   (KA 64, DM 21)
e) 350 Ligaturen   (KA 228, DM 122)

Manche Zuordnung zu c) oder e) ist natürlich subjektiv und geringfügige Verschiebungen zwischen c), d) und e) wären möglich, da eine Ligatur ein unwichtiges Wort hervorheben kann (c), aber aus Gründen des musikalischen Zusammenhanges dasteht (e), oder da der rhythmische Schwung einer melodischen Linie (e) der Verdeutlichung des Sinnzusammenhanges dient (d). Doch zeigt die Statistik eine relativ große Einheitlichkeit im Gebrauch der Ligaturen durch alle Ämter und Messen hindurch, wodurch die für Müntzer angenommene Arbeitsweise (s. S. 347) für alle Stücke ihre Bestätigung findet und für das Passionsamt keine Ausnahme angenommen zu werden braucht.

Die Ligaturen der Gruppe e) rechtfertigen sich selbst: wo die Musik das Übergewicht über das Wort gewinnt, verlieren die Akzentregeln der Sprache ihren Anspruch.

Die Gruppe d) enthält Beispiele einer besonderen Art von Textausdeutungen: wie oben unter III. (s. S. 349 ff.) wird die Phantasie des Hörers gereizt, dem Worte nachzulauschen und sich verstärkt seiner Bedeutung klar zu werden Sie geben dem Hörer gleichsam Zeit, über das

Gehörte nachzusinnen:

Das Wort wird erst ganz ausgesprochen, da der Hörer sonst seinen Sinn ja nicht erfassen und über ihn nachdenken könnte, bevor das lange Melisma auf der letzten Silbe erklingt.

Ähnliches, aber in umgekehrter Richtung, nämlich „nach vorne", bezwecken viele der unter c) zu nennenden Wörter: Insbesondere die melismatische Ausgestaltung der Bindewörter soll die Aufmerksamkeit auf die

zweite Satzhälfte lenken[51].

So verbleibt lediglich das knappe Fünftel derjenigen Ligaturen, die unbetonten Silben und Schlußsilben nach unserem Empfinden ungebührliches Gewicht verleihen. Will man nicht den Zeitdruck, unter dem Th. Müntzers Verdolmetschungen ja ohne Zweifel entstanden, als alleinige Entschuldigung dafür geltend machen und Flüchtigkeit annehmen, so bleibt als Erklärung nur, daß die Auffassung von Ton- und Wortakzent sich in

---

[51] Vgl. Gerber, besonders S. 149.

450 Jahren erheblich gewandelt hat. Diese Vermutung soll im folgenden näher untersucht werden.

Die mittelalterliche Übung, sämtliche Texte der Messe zu singen, machte die Festlegung bestimmter Psalmodiemodelle nötig, nach denen ein beliebiger Prosatext vertont werden konnte. Diese Modelle bestanden aus je einer Floskel für den Satzbeginn (Initium), für den Halbschluß vor dem Komma (Mediatio) und für das Satzende (Finalis). Die dazwischen liegenden Wörter wurden auf einem gehaltenen (tenor), sich nach der Zahl der Silben wiederholenden (repercussio) Ton rezitiert.

Modell der Christusworte aus der Matthäuspassion von Joh. Walter (ca. 1530):

Da Initium, Mediatio und Finalis eine feststehende Zahl von Tönen aufweisen, konnten je nach Silbenzahl Wortakzent und Melodiebetonung zusammenfallen oder divergieren:

aber:

Einige weitere Beispiele aus der Matthäuspassion von Walter könnten aus Th. Müntzers Formularen stammen und wären nach der oben gegebenen Systematik in die Gruppen a) bis c) einzuordnen

Wie selbstverständlich diese Modelle gehandhabt wurden und wie wenig die Akzentverschiebungen offensichtlich störten, erkennt man daran, daß sie auch für vierstimmigen Chor gesetzt und einstudiert wurden:

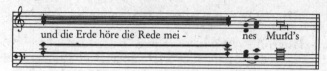

(Klugsches Gesangbuch aus dem Jahre 1533)

Noch fast hundert Jahre später zeigt sich die gleiche Unempfindlichkeit:

(Liegnitz 1620)

Rechnet man noch eine ähnliche Erscheinung aus der mensurierten Musik, nämlich die Zusammenbindung von unbetonter und betonter Note an eine Nebensilbe dazu, so läßt sich die Akzentverschiebung als Stileigentümlichkeit über einen langen Zeitraum hinweg nachweisen, bis sich — spätestens um 1800 — die heutige Anschauung, nach der die Akzente von Wort und Ton zusammenfallen müssen, allgemein durchsetzt:

1. 1525 M. Luther:
A solis ortus cardine

2. 1583 G. Batt. Pinelli:
Magnificat peregrini toni

3. 1620 Liegnitz:
Psalm 110,7

4. 1664 H. Schütz:
Weihnachtshistorie

5. Ebda.

6. 1666 H. Schütz:
Matthäuspassion

7. Um 1690 D. Buxtehude:
Jesu, meine Freude

358

8. 1729 J. S. Bach:
Matthäuspassion  mein Je - - su

9. 1741 G. Fr. Händel:
Messias  shall be re - vea - led

10. 1790 W. A. Mozart:
Bearbeitung derselben Stelle  wird of - fen - ba - ret

11. Um 1850 F. Brissler:
Klavierauszug dieser Stelle  wird of - fen - ba - ret

Um die Mitte des 17. Jahrhunderts, für den deutschen Raum in der Weihnachtshistorie von Schütz mit singulärer Genauigkeit auf 1664 zu fixieren, schlägt der unmensurierte Rezitationston in den rhythmisierten und von Akkorden begleiteten um. In seinem Vorwort gestattet der Komponist beide Ausführungsarten und veranschaulicht an einem Beispiel, wie unter Beibehaltung der Diastematik aus dem modernen metrisierten Rezitativ die unrhythmisierte und unbegleitete Psalmodie zurückgewonnen werden kann. Notiert man, dieser Anweisung folgend, unser Notenbeispiel 5 in dem von Schütz sogenannten „alten choraliter redenden stylus", so zeigt es seine Verwandtschaft mit dem Ligaturenakzent von Beispiel 6:

 sie ka-men ei - lend    sie dich ver - kla-gen

Wir sehen in den Beispielen 4, 5 und 7 bis 11 also die „moderne" Ausprägung der alten melismatischen Akzentverschiebung. Das Messiaszitat zeigt dabei in den verschiedenen Textunterlegungen durch seinen Komponisten und zwei jüngere Bearbeiter, wie sich Wort- und Taktschwerpunkt, bzw. unbetonte Silbe und schwache, kurze Note immer mehr annähern, bis sie zuletzt (in Beispiel 11) unserem heutigen Empfinden entsprechen.

Nur als Ergänzung sei erwähnt, daß Rudolf Gerber[52] für den Unterschied von trochäischer (volltaktiger) und jambischer (auftaktiger) Betonung mehr landschaftliche als zeitliche Gegensätze vermutet: „Denn es ist auch heute noch bis zu einem gewissen Grade für die süddeutsche Betonung bezeichnend, daß sie den Nachdruck durchschnittlich mehr auf die erste Silbe legt, während der Norddeutsche bei demselben Wort die jambische ... Betonung bevorzugt." Doch zeigt auch das von ihm gegebene

[52] Gerber, S. 137.

Schütz-Zitat[53] den Schritt von der alten zur neuen Akzentuierung, also den zeitlichen Gegensatz.

Sicherlich darf man Thomas Müntzer daher wohl zubilligen, woran bei Musikern seines und des folgenden Jahrhunderts kein Anstoß genommen wird, daß nämlich die Deklamation noch nicht den heutigen Regeln entspricht. Ihm mangelnde Gründlichkeit vorzuwerfen[54], mag noch angehen, denn in der Tat ließ Müntzer seine Deutsche Messe nicht langsam reifen, wie es Luther tat, vielmehr brachte er sie in einem eruptiven Schaffensakt hervor; ihm aber musikalische Gefühllosigkeit, ja Stümperei vorzuwerfen, erscheint oberflächlich und ungerecht.

Wir fassen zusammen: Durch den umfangreichen Notenteil ragen Th. Müntzers liturgische Schriften schon als Druckwerke aus den Publikationen der übrigen Reformatoren heraus. Ihre Entstehungsgeschichte zeigt, daß ihr Schöpfer primär vom Wort und der möglichst eindringlichen Auslegung des Inhaltes herkam, daß aber auch die Musik, soweit die vorgegebenen Weisen es überhaupt erlaubten, von ihm auf oft souveräne Art zur Unterstützung seiner Interpretationsabsichten herangezogen wurde. Wesen und theologische Anschauungen Müntzers, dem der gesungene Gottesdienst nicht nur kein Anstoß, dem die Musik vielmehr das rechte Mittel schien, seine Gemeinde zu erbauen, zu belehren und auf den Lobpreis Gottes einzustimmen, lassen sich bis in kleinste Teile der musikalischen Textausdeutung hinein verfolgen: Das Pathos des mitreißenden Predigers findet sich ebenso wie die Innigkeit des seiner Gemeinde dienenden Hirten, die Emphase und Geisterfülltheit des Seelsorgers ebenso wie die Lehrhaftigkeit des Pfarrherrn. Daß er gleichzeitig kein alles neuschaffender Revolutionär war, sondern als Liturgiker auf dem Boden der Tradition verharrte, spricht für die Verantwortung, die er gegenüber den „Schwachen" empfand. Sein Irrtum war einzig, daß er glaubte, die alten Schläuche der römischen Messe mit dem neuen Wein des reformatorischen Schrift- und Gemeindeverständnisses füllen zu können, denn hierin entschied die historische Entwicklung anders. Man kann ihm jedoch nicht die Art der Durchführung seines Vorhabens zur Last legen, war er doch trotz staunenerregender Schaffenskraft und bewundernswert vielseitiger Begabung in seinen Arbeitsmethoden auch nur ein Kind seiner Zeit.

---

[53] Heinrich Schütz, Johannespassion

1. Fassung, 1665   ü - ber-ant-wortet   trochäisch

2. Fassung, nach 1666   ü - ber-ant-wortet   jambisch

[54] Gebhardt, S. 125.

B. Die ersten Auseinandersetzungen

1. Ruhe und Befriedung

Die Arbeit an der neuen Gottesdienstordnung und die durch keine Mißhelligkeiten gestörte Möglichkeit, sein Pfarramt mit dem ganzen Ernst des verantwortungsbewußten Seelwärters wahrzunehmen, haben Müntzer die ersten Monate in Allstedt als eine Zeit der Befriedung und Sammlung erleben lassen, soweit der unruhevolle Mann dessen überhaupt fähig war. Die positive Resonanz seines Wirkens in der Stadt und ihrer Umgebung, die er für die Reformation gewonnen zu haben sich rühmen konnte, die sich auch seinem Verständnis evangelischer Christlichkeit überraschend offen gezeigt hatte, mußte für ihn nach den zwei Jahren ständiger Widerwärtigkeiten und weithin erfolglosen Bemühens eine große Genugtuung sein. Er hatte den Beweis fruchtbarer reformatorischer Aufbauarbeit erbracht. War das nicht eine günstige Gelegenheit, mit den Wittenbergern wieder in engere Verbindung zu kommen? Sollte es nicht doch noch die Möglichkeit einer Übereinstimmung mit ihnen geben? Er anerkannte nach wie vor die bahnbrechende Leistung Luthers, dessen Mißtrauen gegen ihn möglicherweise nur durch eine dubiose Berichterstattung und gehässige Verleumdungskampagne hervorgerufen war und nunmehr vielleicht durch ein offenes klärendes Wort beseitigt werden konnte? So wendet er sich am 9. Juli 1523, also etwa um die Zeit des Abschlusses seiner Arbeit am Kirchenamt, in einem ehrerbietig-achtungsvoll, aber keineswegs schmeichlerisch-unterwürfig abgefaßten Briefe an den „sincerissimum inter ceteros patrem", um eine Verständigung mit ihm herbeizuführen[1]. Es ist keine Spur von der ungestümen Hast und dem kritischen Radikalismus darin zu finden, mit denen er im Jahr zuvor in dem Brief an Melanchthon die Wittenberger Führer attackiert hatte. Das Schwergewicht dieses Schreibens liegt ganz und gar auf den theologischen Ausführungen, in denen er, zur Korrektur der umlaufenden Entstellungen, vornehmlich seine Gedanken zum Thema Offenbarungen (de revelationibus) darlegen will, um das ihm wohlbekannte Mißtrauen Luthers gegenüber diesem ihm so wesentlichen und unaufgebbaren Element seiner Lehre zu zerstreuen: „Nunquam verbum feci de hisce ineptiis, sed plane tibi referam hic meum iudicium."[2] „In allen", so erklärt er[3], „muß die Erkenntnis des göttlichen Willens, durch die wir per Christum[4] mit

---

[1] Franz, MG, Nr. 40, S. 389 ff.; WA Briefe III, S. 104—107.

[2] Franz, MG, S. 390,7 f.

[3] Die von Clemen in WA Briefe III, S. 107 Anm. 8 gebotene Übersetzung ist sachlich nicht zutreffend: „Die Anerkennung des göttlichen Willens, mit der wir durch Christus mit Weisheit und geistigem unfehlbaren Verständnis erfüllt werden müssen, hat als die Erkenntnis Gottes zu gelten, so daß wir als aus dem Munde des lebendigen

Weisheit und geistlicher Einsicht und[5] unfehlbarem Wissen um Gott erfüllt werden müssen, wohnen (eben) so, daß wir aus dem Munde des lebendigen Gottes gelehrt erfunden werden, damit wir mit aller Bestimmtheit wissen, daß die Lehre Christi nicht von einem Menschen erdichtet, sondern uns untrüglich von dem lebendigen Gott geschenkt ist." Als biblischen Beleg für diesen von ihm aufgezeigten Zusammenhang von „agnitio divinae voluntatis" und „iudicium doctrinae suae non ab homine fictae" zieht er Joh. 7,17 heran, um dann weiter mit den auch im Briefe an die Stolberger gebrauchten Wendungen und Bibelstellen kurz auszuführen, wie der Mensch zu dieser entscheidenden Erkenntnis gelangen kann. Er kann es nur, wenn sein Wille *crucifixo conformis*[6] ist, d. h. wenn er sich durch alle Tiefen der *passio amara* „zuvorn dorch erbeytet myt seyner vorwunderunge" und ihm „dan der Herre... seyne heylige gezeugnuß"[6a] gibt. Das entspricht genau dem „donec reddantur testimonia Dei credibilia"[7]. Wer darüber verächtlich hinweggeht, der hat nach Müntzer auch von der ganzen Bibel nichts, der kann ihr ernstlich gar nicht beipflichten, und wenn er gleich in Ewigkeit Gott sucht. Man kann auch nicht ohne weiteres denen glauben, die sich Christi rühmen, wenn sie nicht wirklich seinen Geist haben, der ihrem Geiste Zeugnis gibt, daß sie Gottes Kinder sind. Überdies ist niemand Gottes Kind, der nicht mit leidet und den ganzen Tag getötet wird. Wer aber solche Not und Pein bis in die Tiefen der Gottverlassenheit ausgekostet hat, der wird am Ende dessen gewiß, daß keine Kreatur ihn mehr von dem lebendigen Gott und dem absolut wahrhaftigen Zeugnis der Schrift abbringen kann. Der hält, in solcher starken Gewißheit fest auf die göttliche Offenbarung vertrauend, dann auch das Werk Gottes und das der bösen Geister auseinander; dem werden ganz persönliche Gesichte und verborgene Andeutungen zuteil, der erfährt auf sein drängendes Fragen tiefe Geheimnisse aus dem Munde Gottes.

Diese grundsätzlichen Darlegungen krönt der biblische Beleg aus Jes. 8,19 ff., der allerdings nur mit Hilfe eines starken Eingriffes in den Text und einer gewaltsamen Auslegung das aussagt, was Müntzer hören will: „Populus a Deo suo requiret visionem pro vivis et mortuis ad legem

---

Gottes Gelehrte erfunden werden." „Anerkennung des göttlichen Willens" entspricht sicher nicht dem, was Müntzer hier zum Ausdruck bringen will.

[4] „per Christum" ist nachträglich übergeschrieben.

[5] Zwar setzt hier WA mit Recht hinter *infallibili* nach der Handschrift ein Komma (gegen Enders IV, S. 170,29 und Böhmer/Kirn, S. 42 = Franz, MG, S. 390,8—10), aber das berechtigt nicht zu der Konstruktion von Clemen, die schon dadurch unmöglich gemacht wird, daß die biblische Belegstelle Kol. 1,9 hinter *infallibili scientia dei* erscheint.

[6] Franz, MG, S. 390,18.   [7] Ebd. S. 390,24.

[6a] Ebd. S. 22,5 ff.

magis et ad testimonium ect."[8] Damit hat er seine Anschauung über den Weg, zur echten Erkenntnis und zum rechten „iudicium doctrinae (vel) Christi"[9] durch die unmittelbare Bezeugung Gottes im Menschen zu gelangen, in kurzen Zügen skizziert und hat er die revelationes in „Träumen und Gesichten" als spezifische Form der göttlichen Bezeugung als biblisch legitim ausgewiesen. Damit nicht genug, geht er nun dazu über, Luther über sein persönliches, wie er betont durchaus kritisches Verhalten solchen „Offenbarungen" gegenüber zu informieren und leitet diesen kürzeren Abschnitt sehr akzentuiert mit der als Beteuerung und Appell zugleich dienenden Formel ein: „Charissime patrone, tu nosti Tomam et conditione et nomine."[10] Du kennst mich, soll das doch heißen, zur Genüge, kennst den Ernst und die Redlichkeit meines Mühens um den Glauben hinreichend, um zu wissen, daß ich mich nicht leichtfertig irgendwelchen Einbildungen und Gaukeleien ausliefere. Und dementsprechend bekennt er von sich, daß er sich auf Ekstasen und Visionen nur dann einläßt, wenn Gott ihn dazu nötigt, d. h. daß er nicht von sich aus solche *visiones* sucht oder sich gar suggeriert, sich willentlich in einen Zustand ekstatischer Empfangsbereitschaft versetzt, und daß er sie nur dann für glaubwürdig hält, wenn er sieht, daß Gott selbst in ihm am Werke und mit seinem Wirken in ihm mächtig ist (nisi videro opus)[11]. Er hält sich auch nicht etwa für so tüchtig, daß er einen vollkommenen Menschen nach dem Maße der Gabe Christi darstelle. Was könnte es wohl schon mit seiner Tüchtigkeit auf sich haben! Es geht einfach darum, daß der offenbare Text der Schrift an sehr vielen Stellen bekundet, daß der heilige Geist uns das Zukünftige lehren wird. Alles, was der „feurige Schild" offenbart, das ist er auch gewohnt, in vollem Umfange ins Werk zu setzen[12]. Und so kann bei ihm (Müntzer) nur auf Anerkennung rechnen, was ein Zeugnis der Schrift für sich hat. Die Warnung der Schrift vor einem törichten Trauen auf trügerische Träume, die er als Einwand Luthers kennt oder doch voraussieht, ist ihm durchaus bekannt; aber da

---

[8] Ebd. S. 391,5 f. Vulgata: „Numquid non populus a Deo suo requiret pro vivis a mortuis? Ad legem magis, et ad testimonium."

[9] Vgl. Franz, MG, S. 390 Anm. 15.

[10] Ebd. S. 391,7 f. Clemens Anm. zu dieser Stelle (WA Briefe III, S. 107 Anm. 24) ist mir unverständlich.

[11] Der Sinn des Begriffes *opus* wird am besten wohl von einer Stelle der Fürstenpredigt her deutlich, wo es heißt: „Zum dritten muß der außerwelte mensch achtung haben auff das werck der gesichte, das es nit rausser quelle durch menschliche anschlege, sonder einfaltig herflisse nach Gottis unvorrücklichem willen ..." (Franz, MG, Seite 253,6 ff.).

[12] Ebd. S. 391,12 f.: „Cuncta que revelat ignitus clipeus, ea demunire est solitus." Clemen, WA Briefe III, S. 107 Anm. 28 und Franz (Anm. 35) wollen *demunire* als *demolire* verstehen. Das würde m. E. am eigentlichen Sinn vorbeigehen. Das „de" dient hier wie so oft zur Verstärkung des im einfachen Verbum liegenden Begriffes, um eine besondere Intensität, bzw. um die Vollendung auszudrücken.

steht ja auch der von ihm schon angegebene Grund für eine derartige Verirrung: „Quia non apposuerunt sapientiam et testimonium dei."[13] Im übrigen, so hebt er in einem letzten Satz zu diesem eigentlichen Thema seines Briefes noch hervor, „bin ich nicht so dünkelhaft, daß ich mich nicht durch dein überlegenes Zeugnis korrigieren oder belehren lassen wollte, auf daß wir zugleich den Weg der Liebe betreten"[14].

In einer sachlichen, begrifflich relativ klaren Form legt er so seinen Standpunkt in wenigen Sätzen dar, sicherlich nicht nur in der Absicht, Luther über seine Anschauung objektiv zu informieren, sondern eben in der Hoffnung, ihn von dem gut reformatorischen, weil biblischen Charakter dieser Lehre überzeugen zu können. Das Anerbieten, sich korrigieren und eines Besseren belehren lassen zu wollen, ist darum nicht von vornherein nur als eine höfliche Floskel zu werten; doch rechnet er ernsthaft wohl kaum mit einer eingreifenden Korrektur, nimmt umgekehrt eher an, daß Luther dieses Verständnis von Sinn und Bedeutung der revelationes als eines wesentlichen Ausdrucks der unmittelbaren Korrespondenz zwischen dem fort und fort lebendig sich bezeugenden Gott und dem gläubig seiner Bekundungen harrenden Menschen als gültig anerkennen und als einen echten, weiterführenden Beitrag zur reformatorischen Erneuerung der Christenheit akzeptieren wird. Es ist infolgedessen eine wohlüberlegte und mit Bedacht plazierte Bemerkung in dieser privaten Appellation „a Luthero non bene informato ad Lutherum melius informandum", wenn er sich gleich im Anschluß an seine Ausführungen „de revelationibus" mit einigen Sätzen noch über sein Verhältnis zu Markus Stübner und Nikolaus Storch äußert, das bei Luther Anstoß erregt hatte: „Was es mit ihnen auf sich hat, mögen sie selbst bedenken, Gal. 2. Ich zittere im Blick auf das göttliche Urteil. Was sie dir gesagt oder was sie getrieben haben, weiß ich nicht."[15] Daraus geht doch wohl hervor, daß er sich von ihnen sehr bewußt distanziert. Er hat schon längst keine Gemeinschaft mit ihnen mehr, da sie sich mit ihrem sektiererischen Geist und Gehabe auf einen Weg begeben haben, auf dem er ihnen nicht folgen kann und will[16]. Er muß es daher entschieden ablehnen, nach dem beurteilt zu werden, was sie etwa Luther gesagt und wie sie sich benommen

---

[13] Ebd. S. 391,18 f. [14] Ebd. S. 391,19—21.
[15] Ebd. S. 391,22 f.
[16] Bei Böhmer/Kirn (S. 45) wird die Frage aufgeworfen, ob unter dem im Schreiben der Frankenhäuser erwähnten Clauß Storbinger, der „vor ettlichen joren gefenklichen gesessen hatte alhir zu Franck(enhusen) umb der orsache halben, daß er syne eliche husfrauwe meth gestlicher forderunge an gelangeth und zu banne bracht hat", etwa Nikolaus Storch zu vermuten sei. Ich sehe jedoch keine Veranlassung, diese Frage ernsthaft zu erwägen, so aufschlußreich es freilich wäre, wenn Müntzer derartige Recherchen angestellt hätte. Es wird sich eher um einen der Fälle handeln, in denen Müntzer sich im Interesse bei ihm Hilfe suchender Personen verwandt hat. Vgl. z. B. Franz, MG, Nr. 19, S. 366.

haben. Sein Verständnis von „Offenbarungen" hat mit ihren Phantastereien nichts gemein, wie das von ihm nun dargelegte Beziehungsverhältnis zwischen *revelationes (visiones vel extases)* und *testimonium scripturae* deutlich werden läßt.

Auch auf die Ablehnung seiner besonderen Terminologie durch Luther glaubt Müntzer in diesem Zusammenhange noch kurz eingehen zu müssen. Er weiß zwar nicht genau, welche Wörter Luther „einen Brechreiz verursachen", kann sich aber schon denken, daß ihm Ausdrücke wie Langeweile und Armut des Geistes zuwider sind[17]. Er denkt freilich nicht daran, Luther so ohne weiteres recht zu geben und beteuert ihm, daß er nicht unbedacht mit seltsamen Begriffen jongliere: „Bester Vater, ich weiß, daß mir der Apostel zur Richtschnur gesetzt hat, ungeistliche, ungewöhnliche Redensarten und ein falsch berühmtes Wissen zu meiden. Glaube mir, ich habe nicht vor etwas zu sagen, was ich nicht durch einen klaren und echten Text (scil. der Schrift) belegen kann."[18] Sollte er jedoch wirklich einmal diesen Grundsatz außer acht lassen, so könne Luther gelegentliche Fehlgriffe ruhig verwerfen und abtun. Müntzer zeigt sich also auch hier nicht rechthaberisch und einer sachlichen Berichtigung zugänglich. Er will kein eigensinniger Einzelgänger und Außenseiter sein; er weiß sich den Männern der Reformation zugehörig und ihn verlangt nach der Wiederherstellung der früheren Gemeinschaft mit ihnen, zumal mit Luther: „Der Herr behüte dich und erneure die alte Liebe. Grüße Philipp, Karlstadt und Jonas, Johannes (Agricola) und die übrigen in deiner Gemeinde und leb wohl im Herrn."[19] Daß er seinen Wunsch nach Verständigung so rückhaltlos vorbringt, bezeugt den aufrichtigen Ernst, mit dem Kreis der Lutheraner wieder in engeren Kontakt zu kommen. Daß er in der Art, wie er sein Verlangen vorträgt, allen Überschwang meidet, schützt ihn vor jedem Verdacht, einen billigen Anbiederungsversuch machen zu wollen.

Bei aller für Müntzer immerhin ungewöhnlichen Konzilianz und ungeheuchelten Bereitschaft zu hören, läßt er es doch an Selbstbewußtsein nicht fehlen; er ist kein Mitläufer, der sich gerne anhängen möchte, sondern ein von der Sache überzeugter und für sie tätiger Parteigänger, der sich früher schon als solcher bewährt und eben jetzt wieder ausgewiesen, der im Grunde immer dazu gehört hat. Die gegenseitige Entfremdung läßt sich allerdings nicht leugnen; aber wie kam es dazu? Es ist aufschlußreich zu sehen, wie Müntzer darüber urteilt. „Niemals ist mir meine Zuneigung zu deiner Liebe so wohlfeil gewesen, daß ich falschen

---

[17] „Obiecisti te nauseam habere in vocabulis nescio quibus, censeo longanimitate, angustia mentis, talento ect." (Franz, MG, S. 391,23—25).

[18] Ebd. S. 391,25 ff.

[19] Ebd. S. 391,28 f. Vgl. die vorgeschlagene Ergänzung des durch die Abtrennung eines schmalen Papierstreifens verstümmelten Textes auf S. 94.

Einflüsterungen Gehör geschenkt hätte. Denn von Anfang an wußte ich bestimmt, daß du nicht deine eigene Sache, sondern die aller Menschen triebst. Aber daß du mir diesen durch und durch pestilenzialischen Egran in deinen Briefen anempfahlst, hat mich außerordentlich erregt."[20] Das also hat er Luther übelgenommen, und er rühmt sich auch jetzt noch, daß er Egran sofort richtig eingeschätzt und damals schon auf Grund seiner täglichen Erfahrungen vorausgesehen habe, daß dieser Rabe einmal die gestohlenen Federn ablegen werde, um sich als Freund und Förderer der Gottlosen zu erweisen. „Du (tu) wolltest den so ruhmsüchtigen Menschen mit mir versöhnen, damit die Feinde nicht scharenweise auf dich einstürmten[21]; Ich (ego) warf mich zum Ruhme des Namens Gottes als eine unbewegliche Mauer entgegen."[22] Müntzer hatte somit auch nach seiner heutigen Überzeugung noch berechtigten Grund, über Luther damals ärgerlich zu sein und entgegen dessen nachgiebigem Versöhnlertum den klaren Weg entschlossener Ablehnung einer verdeckten Gottlosenpropaganda zu gehen. Luther dagegen kann nach Müntzers kaum verhüllter Meinung keinen so triftigen Grund für sein distanzierendes Verhalten geltend machen. Zwar vermeidet der Brief, in dieser Hinsicht einen konkreten Vorwurf direkt auszusprechen; aber das die unterschiedliche Haltung zugunsten Müntzers markierende „tu — ego" kehrt ohne diese formale Hervorhebung, jedoch in sachlich vielleicht noch größerer Schärfe noch einmal, Luther schwer belastend, wieder: Müntzer hat, wie er am Eingang des Schreibens betont, falschen Einflüsterungen kein Gehör geschenkt; Luther aber hat, anders kann man die Stelle doch nicht verstehen, den ausgestreuten Verleumdungen über Müntzers Urheberschaft an den Zwickauer Unruhen ebenso wie den Lügenmären der „insignes bestie" über die müntzerische Offenbarungslehre geglaubt. Zumindest klingt in der Form der Selbstrechtfertigung ein Unterton der Anklage vernehmlich mit, der Müntzers loyales Verhalten noch eindrücklicher machen soll, wenn er nun trotz allem die alte Freundschaft zu erneuern trachtet, und, um von sich aus alle Hindernisse zu beseitigen, richtig stellt, wie es damals in Zwickau wirklich gewesen ist und vor allem, was er zum Thema „Offenbarungen" tatsächlich denkt und sagt. Er sieht also bei allem Empfinden für die vorhandenen Spannungen keinen Grund für ein ernsthaftes Zerwürfnis, wähnt die Mißstimmung und das Mißtrauen durch eine sachlich orientierende Darlegung seines Verhaltens und seines Standpunktes ausräumen zu können, fühlt sich dem reformatorischen Kreis um Luther nach wie vor durchaus zugehörig und wünscht, um der gemeinsamen Sache willen, in seinem Wollen und Wir-

---

[20] Franz, MG, S. 389,16—20.

[21] Franz, MG, S. 389,27 f. Clemens Bemerkung zu turbatim (WA Briefe III, S. 107 Anm. 4) ist wohl gegenstandslos.

[22] Ebd. S. 389,26 ff.

ken als ein qualifizierter Mitkämpfer zumal von Luther anerkannt zu werden. „Conservet te dominus et veterem dilectionem renova."

Drei Wochen später sucht Müntzer auch die Verbindung mit Karlstadt wieder aufzunehmen, der seit der Begegnung im Dezember offenbar nichts mehr hatte von sich hören lassen[23]. Hatte er Luther gegenüber eine ehrerbietige Distanz gewahrt, schreibt er an den „charissimus frater" in kordialer Vertraulichkeit und hält ihm sein beharrliches Schweigen vor, obwohl er doch versprochen hatte, ihm öfter zu schreiben. „Nescio, an laycus vel sacerdos sis, mortuus vel vivens."[24] Er ahnt es wohl, daß Karlstadt seine ängstliche Scheu vor einem Briefwechsel mit ihm noch immer nicht überwunden hat und befürchtet, daß die Briefe unterwegs abgefangen werden könnten. Aber das sind nichtige Bedenken: „Nihil est, quod querularis de intercipiendis epystolis, dum dominus agat rem nostram."[25] Jedenfalls kann er dem Überbringer dieses Schreibens volles Vertrauen schenken, der ihm im einzelnen noch Näheres über das besondere Anliegen „in causa pauperum nostrorum" berichten wird. „Sincerus est in spiritu Dei." Das die wenigen Sätze abschließende „Vale" wird ihm, so möchte man meinen, indem er es niederschreibt, aus einer gängigen Floskel zu einem gewichtigen Zuspruch: „Sei stark!" Er deutet es gleichsam selbst im folgenden Satz: „Es will dich der Herr vielleicht als Anwalt (seiner Sache), damit du büßest, was du unter dem schnöden Gepränge des Antichristen gefehlt hast. Ich sage dir das, lieber Freund, gleichwie mir selbst."[26] Es ist abwegig, wenn Barge darin eine „versteckte Aufforderung zu revolutionärer Gewalttat"[27] erkennen will. Gerade dieser Gedanke liegt Müntzer im Juli 1523 meilenfern, wie nicht zuletzt seine Mahnung an die Brüder zu Stolberg dartut. Es handelt sich um eine dem Freunde wohl erlaubte Bemerkung zu dem ihm bekannten Vorhaben Karlstadts, sich von der Universität in Wittenberg zurückzuziehen, um im bäuerlichen Berufe in der Gemeinschaft unverbildeter Menschen ein Leben frommer Einkehr zu führen. Das wäre, so hält er ihm entgegen, in der jetzigen Situation der Kirche, wo Menschen rechter christlicher Erkenntnis in der vordersten Front des Kampfes gegen die Herrschaft des Antichristen gebraucht werden, ein unmögliches Verhalten, das vor Gott und den Menschen nicht zu verantworten ist. Es ist vielleicht ein Teil der von Gott für das unbedachte Mitmachen „in pompatico fastu Antichristi" auferlegten Buße, jetzt unter erschwerten Bedingungen Gottes Sachwalter zu sein. Möglicherweise spielt er damit

---

[23] Ebd. Nr. 43, S. 393 vom 29. 7. 1523.
[24] Ebd. S. 393,3 f.
[25] Ebd. S. 393,6 ff. Entgegen der Anm. 2 von Franz sei hier auf das Perfekt „habuisti" verwiesen!
[26] Ebd. S. 393,12 ff. [27] Barge, Karlstadt II, S. 16.

auch auf Karlstadts schwierig gewordene Situation in Wittenberg, zumal auf die Spannungen mit Luther an („Tibi ... quasi mihipsi loquor"!), von denen er auch nach der persönlichen Begegnung mit Karlstadt einiges gehört haben dürfte.

Hatte er für seinen Brief an Karlstadt gewiß noch einen besonderen Grund, mutet es doch zunächst seltsam genug an, daß er seine Bitte um die „renovatio veteris charitatis" fast zur gleichen Zeit an Luther und an Karlstadt[27a] richtet. Es hat den Anschein, als sei er sich trotz allem Wissen um die Differenzen im reformatorischen Lager nicht bewußt gewesen, wie tief der Zwiespalt bereits reichte, der Männer wie ihn und Karlstadt in Wittenberg bereits als fragwürdige Außenseiter erscheinen ließ. Ihm stellte sich die Schar der die reformatorische Bewegung tragenden Theologen als eine umfassende Kampfgemeinschaft gegen das widerchristliche Wesen in der Kirche und der Christenheit dar. Ihn beunruhigte freilich die sich nach seinem Urteil abzeichnende Gefahr eines vorschnellen Kompromisses bzw. mangelnder Konsequenz bei der Neuordnung der kirchlichen Verhältnisse infolge einer teilweise noch unvollkommenen theologischen Erkenntnis . Doch gab er vorerst die Hoffnung auf ein die Differenzen klärendes Übereinkommen nicht auf. Er will aus ehrlichem Herzen das Seine dazu beitragen, natürlich ohne einfach klein beizugeben, wo er nicht wirklich eines Besseren belehrt wird. Daß er mit Luther ins Gespräch zu kommen sucht, ist ein Beweis seines guten Willens und zugleich ein spontaner Ausdruck seiner seelischen Hochstimmung nach der Leistung der ersten Monate seiner Tätigkeit als „parochus Alstedtensis", wie er beide Briefe unterschreibt. Daß ihn Gründe der politischen Räson zu seinem Schritte mitbestimmt haben könnten, ist nicht erwägenswert. Abgesehen davon, daß er kein Wort darüber auch nur andeutungsweise verlauten läßt, hat ihn zu diesem Zeitpunkt kaum das Gefühl einer ernsthaften Bedrohung seiner Arbeit durch politische Machenschaften so bedrängt, daß er aus diesem Grunde auf einen engeren Anschluß an Wittenberg bzw. einen festeren Zusammenhalt der reformatorischen Kräfte überhaupt bedacht gewesen wäre. Allerdings wurde auf dem Anfang Mai in Altenburg zusammengetretenen ernestinischen Landtage unter den die geistlich-kirchlichen Angelegenheiten betreffenden Beschwerdeartikeln von der Ritterschaft das Verlangen vorgebracht: „Welche prediger wider gottes worth ire lehre furwenden in irthumb des glaubens und christlicher liebe ... zur einfurung ergernus, unchristlichen gehorsams den gemeinen unverstendigen man in aufrur bewegen", die sollen erfordert, unterrichtet und vermahnt werden, ihnen die Predigt untersagt, und wer das Gebot übertritt, gestraft werden."[28] Müntzer hat sich dadurch sicherlich nicht getroffen gefühlt oder beunru-

---

[27a] Auch Luther trug er ja Grüße an Karlstadt auf!
[28] Ernest. Landtagsakten I, S. 161.

higen lassen, da er durch den Schösser Zeiß, der am Landtag teilgenommen hatte[29], wahrscheinlich über die „lutherische Haltung" der Ritterschaft unterrichtet war. Zudem durfte er mit der kritischen Entgegnung seines Landesherrn zufrieden sein, in der neben dem Hinweis auf das kaiserliche Mandat auch gesagt war: „Was Einem nützlich, wie daß man dem Geistlichen nichts geben solle, dem folge man gern, während, wenn der Geistliche predige, was dem Einzelnen nicht vorteilhaft erscheine, man es als aufrührerische Predigt hinstelle, womit mehr Eigennutz als die Ehre und die Liebe des Nächsten gesucht werde."[30]

Eher hätte er sich allenfalls über das Mandat des Reichsregiments Gedanken machen können, das mit dem Datum des 6. März erlassen und auf Anordnung Friedrichs des Weisen vom 25. Mai auch in den kursächsischen Landen publiziert worden war[31]. Darin war angeordnet, daß bis zu dem binnen Jahresfrist vom Papste einzuberufenden „frei cristenlich concilium" auf deutschem Boden „nichts anders, dann das heilig evangelium nach auslegung der schriften von den cristenlichen kirchen approbirt und angenomen gepredigt"[32] werden sollte, weiter daß „Luther und seine anhenger ... mitler zeit des kunftigen concilium ... ferner nichts mer schreiben oder in truck bringen lassen"[33] und daß die einzelnen Stände „mit allem möglichen fleis in seiner öberkeit bestellen und verfügen soll, das mit allen predigern füglicher und zimlicher weise geredt und gehandelt werde, in iren predigen zu vermeiden, was zu bewegung ungehorsam, uneinigkeit und aufrur im heiligen reich oder die christenmenschen in irrung zu füren ursach geben möge, sünder das sie allein das heilig evangelium nach auslegung der schriften von der heiligen christenlichen kirchen approbirt und angenomen, wie vorgemelt zu predigen und zu leren, und was unnütz, disputirlich sachen weren, sich dieselbigen zu predigen und zu leren enthalten, sonder obgemelts christlichen concilii entschids gewarten"[34]. Den Bischöfen wird zudem auferlegt, bei einem Einschreiten gegen irrende Prediger derart vorzugehen, „das daraus mit nichte gespurt werde, die evangelisch warheit damit zu verhindern oder zu vertrücken"[35]. Auf altgläubiger Seite suchte man das Mandat in der Tat als ein Instrument zu benutzen, den reformatorischen Bestrebungen mit Entschiedenheit entgegenzuwirken und alle kirchlichen Neuerungen im Sinne des Wormser Ediktes zu unterbinden. Herzog Georg von Sachsen und seine gut katholischen Stände handhaben es z. B. in diesem Sinne, und da Allstedt unmittelbar an Gebiete unter bewußt altgläubigem Regime grenzte, aus denen die Menschen in wachsender

---

[29] Ebd. S. 149.
[30] Ebd. S. 163.
[31] Vgl. Kirn, Fr. d. Weise, S. 153 ff.
[32] Reichstagsakten, J. R. III, S. 449,26 f.
[33] Ebd. S. 450,20 ff.
[34] Ebd. S. 450,1—9.
[35] Ebd. S. 452,4 f.

Zahl zu den Gottesdiensten des neuen Pfarrers in Allstedt strömten, bekam Müntzer die entsprechenden Auswirkungen des Mandats alsbald zu spüren. Nur wußte er ohne Zweifel auch, daß man umgekehrt auf evangelischer Seite dasselbe Mandat als einen Erfolg für sich buchte, es zumindest als bedeutsamen Fortschritt in der Abwehr aller Versuche wertete, die Predigt des Evangeliums zu unterdrücken, weithin sogar eine Rechtsgrundlage zur Durchführung weiterer maßvoll gehaltener reformatorischer Maßnahmen darin erblickte.

So setzte auch Müntzer seine Neuordnung des Gottesdienstes ebenso unbekümmert fort wie seine reformatorische Predigt, ohne jede Absicht, „den gemeinen unverstendigen man in aufrur bewegen" zu wollen. Ja, sein „ernster sendebrieff an seine lieben bruder zu Stolberg unfuglichen auffrur zu meiden" bekundet unmißverständlich das Gegenteil. Anlaß zu diesem Schreiben vom 18. Juli 1523[36] boten ihm unerfreuliche Nachrichten über abwegige Folgerungen, die von Anhängern in dem Harzstädtchen aus seinen Worten gezogen worden waren. Es liegt uns gedruckt in zwei Fassungen vor, die im Wortlaut und im Tenor nicht unerheblich voneinander abweichen.

Die kürzere Fassung hat den Charakter einer seelsorgerlichen Handreichung für solche Brüder, die trotz redlichem Verlangen die ihnen von Müntzer als Zeichen echter Christlichkeit vorgestellte Glaubens- und Heilsgewißheit nicht zu gewinnen vermögen und darüber unruhig werden. An Hand seiner eigenwilligen Verdolmetschung des 93. Psalms gibt er gleichsam eine kurz zusammenfassende Darlegung des „Stirb und Werde" christlicher Existenz, gibt sie sich selbst als klassische biblische Bestätigung seiner Lehre und als vollmächtige Wegweisung für andere. „Merckliche grosse torheith ist es von allen ausserwelten freunden Gots, das yderman meynet, Got sal ym swinde zu hulffe kommen. So dach nymant eyleth zum leyden."[37] Christus kann nicht gänzlich und auf die Dauer zur Herrschaft kommen, wo nicht zuvor die volle Bereitschaft zum Leiden vorhanden ist, d. h. die Bereitschaft zum völligen Zerbrechen des Ich, zur restlosen Preisgabe des Selbst. In dem Maße ihres Freiwerdens von sich selbst „gibt er yhn unde zeuth sye an mit der sterke, dye von ym apgehet. Er schurtzet den myt seyner krafft, der myt zurknursten lenden erharret des Herrens von der hochzeyth"[38]. Solches Harren freilich, und das bekundet nach Müntzers Interpretation der 93. Psalm in eindringlicher Weise, ist kein allgemein sehnsüchtiges Verlangen nach dem lieben Gott, der sich dem Rufen des Menschen alsbald hörig zeigt und seinem Verlangen willfahrt; es ist vielmehr ein Durchstehen-Müssen der dunkelsten Tiefen abgründiger Seelennot und der wildesten Stürme hoffnungsloser Verzweiflung, die selbst an Gott irre werden läßt.

---

[36] Franz, MG, S. 21 ff.   [37] Ebd. S. 21.   [38] Ebd. S. 21.

Nur die „dusse bulge nicht flygen, sundern meysterlich brechen, wye dye gelerten schiffleuth", nur wer sich durch diese Höllenpein „dorch erbeytet myt seyner vorwunderunge", dem gibt Gott „seyne heylige gezeugnuß"[39], der „hat ... got", der findet schließlich „seyne fusse ... gesatzeth auff den steyn" und „also wyrd das herze eyn stul Gottes, das es erkenne, das es Got gewisslich zu seyner besitzunge erweleth habe"[40]. Man könnte fast meinen, Müntzer habe den Brief nur als Einkleidung für eine weiter Verbreitung dienende Mitteilung seines bei der Arbeit am „Deutzsch kirchen ampt" gemachten „exegetischen Fundes", eben der Auslegung des 93. Psalms gebrauchen wollen[41]. Doch zeigt die endgültige Gestalt des Schreibens, daß er mit seinen lieben Brüdern zu Stolberg ein ernsteres Wort zu reden hatte.

In der zweiten mehr als doppelt so langen Fassung steht am Eingang als Thema wieder die „uberschwenckliche torheit, das vil der außerwelten freunde Gotes meynen, Got sals in der christenheit eylende gut machen und yn schwinde zu hülffe kommen"[42]. Darunter ist offensichtlich das Verlangen nach einer grundlegenden Änderung der allgemeinen Zustände verstanden, die nach Ansicht der Stolberger als Ausdruck der einsetzenden Herrschaft Christi alsbald eintreten müßte, um aller Not und Plage ein Ende zu machen. Gegen solch ein Verständnis der Herrschaft Christi, das im Grunde nur Gott zur Eile in der Besserung der äußeren Verhältnisse treiben möchte, wendet sich Müntzer mit aller Entschiedenheit, um dagegen mit Nachdruck zu betonen, daß es zuvor darauf ankommt, in der Armut des Geistes, im Durchgang durch Leid, Kreuz und Anfechtung von aller Verhaftung an diese Welt frei zu werden, um überhaupt erst begreifen zu lernen, was das Regiment Christi bedeutet und was seiner Herrschaft auf Erden dann wirklich Dauer verleihen kann. Sonst geht der auserwählte Freund Gottes von der falschen Voraussetzung seines menschlichen Wähnens aus hoffnungslos in die Irre, bleibt er im Bannkreis seines ichbezogenen weltverhafteten Denkens und dann „muß [= soll] es jm [eben] auch wolgehen nach seinem synne, wie ers vornymbt". Solange aber „sich die außerwelten Gottes wercks in achtung zu haben nicht untterwinten", bleibt Gott gar nichts anderes übrig, als daß er in seiner „vetterlichen güte ... den tyrannen yhe mehr und mehr vorhenge zu wüten", damit die Erwählten dadurch endlich darauf gestoßen werden, „zu suchen den namen, rhum, ehre Gottes allein, psal. 8,2"[43]. Man darf als Christ in Not und Trübsal nicht ein Zeichen der Gottverlassenheit sehen; im Gegenteil, diejenigen kommen niemals zur Erfahrung des Geistes, die „das bitter widerspyl des glaubens nicht vorsucht haben, dan sie haben nicht wider den glauben ge-

---

[39] Ebd. S. 22,4 ff.
[41] Vgl. Elliger, Psalm 93.
[43] Ebd. S. 22,30—23,3.

[40] Ebd. S. 20.
[42] Franz, MG, S. 22,19—22.

gleubet, . . . nach widder die lieb Gottes gehasset"[44]. Das ist ja die eigentliche Not der Christenheit, „derhalben gebrichts der gantzen werlt am heuptstück der seligkeit, welches ist der glaube, das wir nicht uns sovil guts zu Gott vorsehen, das er unser schulmeister sein will"[45]. Daß dem so ist, kann man allerdings nicht einem „toten buchstaben" entnehmen, das muß man im Herzen lebendig erfahren; das kann man einem anderen auch nicht an Hand eines Buches demonstrieren, sondern nur aus der Überzeugungskraft eigenen Erlebens nahebringen. An dieser Glaubenserfahrung liegt schlechthin alles: „Darumb hats vil zu thun, das wir Got lassen regiren; das wir vorwaer wissen, das unser glawb uns nicht betreugt umb das, dz wir die wirckung des lebendigen worts erlyden haben unde wissen den unterscheyt des götlichen wercks und der creaturn."[46] Das ist der Welt vorerst noch ebenso unverständlich wie unsympathisch; aber nur dann, wenn die Christenheit kompromißlos diesen Weg geht, sich wie Petrus von Christus gürten und führen läßt, nur dann und erst dann wird „der umbkreiß der erden bestetiget zu der vorsamlung der außerwelten, dz er ein christlich regiment gewinnet, welches von keinem pulversacke umbgestossen mag werden"[47]. Damit lenkt Müntzer auf den 93. Psalm zurück, dessen Grundgedanken er in seiner Auslegung noch einmal hervorhebt, mit der die konkrete mahnende und warnende Tendenz des Briefes betonenden Zuspitzung: „Derhalben kan kein unvorsuchter mensche regiren, er hab dan die lebendige urteil Gottes, sapientie 6, Joan. 7."[48] Zum Schlusse müssen sich die Stolberger noch eine recht derbe Zurechtweisung gefallen lassen: „das ir gleich rhumretig seit und studiret nichts; seyt hinderlessig; wan ir getrinckt, saget yr vil von der sache, wan ir nüchter seyt, forcht ir euch wie die memmen. Darumb bessert, allerliebsten brüder, euer leben. Hüt euch vor schlemmerey, Luce 21,1. Petri 5: Flihet die lüste mit yren liebhabern, 2. Timo. 3. Stelt euch kecker dan yr noch than habt und schreibt mir, wie weit yr mit eurem pfunde habet gewuchert . . ."[49].

Erst von der ausführlicheren Fassung her wird der Sinn der kürzeren recht einsichtig, wird zumal der Inhalt des gewichtigen Satzes eindeutig bestimmt: „Das rechte regeren Christi mus volzogen werden nach aller entplossung der zyrde der werlt, dan kumpt der Herre unde regert unde stösth dye tyrannen zu bodem."[50] Müntzer hat selbst empfunden, daß das ursprüngliche Konzept die Warnung nicht klar genug zum Ausdruck brachte, die er den kurzschlüssigen säkularen Erwartungen der Stolberger Brüder gegenüber für notwendig erachtete. Man hatte ihn gründlich mißverstanden, wenn man ihn als Apostel eines christlich verbrämten

---

[44] Ebd. S. 23,8—10.
[45] Ebd. S. 23,14—16.
[46] Ebd. S. 23,23—26.
[47] Ebd. S. 23,30—32.
[48] Ebd. S. 24,10—12.
[49] Ebd. S. 24,18—24.
[50] Ebd. S. 21,7—10.

menschlichen Aktionsprogramms ansah, das im Handumdrehen eine wunschgemäße Neuordnung der unleidlich gewordenen Zustände herbeiführen würde und für das die Hilfe Gottes auf Abruf bereitstünde. Er verwahrt sich nicht dagegen, daß er eine Erneuerung der christlichen Gesellschaft für erforderlich halte, daß sie Aufgabe und Werk einer rechten Christlichkeit sein werde. Wohl aber läßt er keinen Zweifel daran, daß das recht verstandene Regiment Christi auf Erden ernsthaft und auf die Dauer erst ins Werk kommen kann, wenn der wahrhaft christliche Geist wirklich Eingang in der Christenheit gefunden hat. Christlich regieren kann nur, wer durch die Anfechtung hindurch zur sicheren Erkenntnis Gottes, seines Wirkens und seines Willens gekommen ist. Gerade an diesem entscheidenden Punkte lassen die Stolberger Brüder den notwendigen Ernst und die tiefere Einsicht in einem bedenklichen Maße vermissen. Sie begreifen gar nicht, daß Gott sie noch immer und erst recht dem Wüten der Tyrannen aussetzt, damit sie endlich von ihrer selbstischen Art lassen und lernen, allein Gottes Ehre und Ruhm zu suchen. Dieser Irrtum über sich selbst und über Gottes Handeln mit ihnen muß als verhängnisvolle Täuschung rücksichtslos aufgedeckt werden, wenn anders Christus vollgültig zur Herrschaft kommen soll. Da reichte es nicht zu, den Weg zu zeigen, wie Müntzer es in der ersten Fassung gesagt hatte; da mußte zuvor der in falscher Richtung eingeschlagene Weg als verkehrt gekennzeichnet und abgeriegelt werden, um dann unmißverständlich die einzige Möglichkeit aufzuzeigen, zum Ziele zu gelangen.

Beide Dokumente machen, ein jedes in seiner Art, offenkundig, wie fern Müntzer noch Mitte Juli 1523 jenes revolutionäre Beginnen der letzten Phase seines Lebens gelegen hat. Mit voller Bewußtheit konzentriert er sein Wirken auf das innerliche Christlich-Werden der Christenheit, das heißt darauf, daß die Gott suchenden Menschen aus der Verwirrung einer irregeleiteten Gläubigkeit zum wahren, unüberwindlichen Christenglauben kommen, und es gibt für ihn damals kein wesentlicheres Thema als das, was er in seiner Interpretation des 93. Psalms als das A und O christlicher Existenz herausgestellt hat. Daß Christus seine Herrschaft in dieser Welt aufrichte, bleibt das mit Inbrunst erstrebte, nie aufgegebene Ziel; daß wahrhafte Christen die Menschheit in Gerechtigkeit regieren, ist die ganz selbstverständlich damit verbundene Erwartung und er wird auch nicht müde, der Christenheit einzuschärfen, daß ihr all das nicht ohne ihr Zutun zufällt, ja, daß sie sich eben darum mit allem Ernst und Eifer mühen muß. Das fordert den auserwählten Freund Gottes nicht nur dazu heraus, in der Erwartung des Kommenden das Seine zur Aufrichtung der vollen Herrschaft Christi in der Welt zu tun; das stellt ihn Tag für Tag vor die konkrete Aufgabe, sich auch der leiblichen Not des Bruders anzunehmen. Die Mahnung an die Stol-

berger, sich vor Schlemmerei zu hüten und die Lüste mit ihren Liebhabern zu fliehen, findet zur gleichen Zeit ihre positive Entsprechung in
dem Allstedter Plane, eine geordnete Armenpflege einzurichten. So
möchte ich jedenfalls die Bemerkung Müntzers in dem Briefe an Karlstadt verstehen, wenn er ihn bittet, dem „frater in domino" Nicolaus „in
causa pauperum nostrorum" zu helfen: „Monialibus enim nostris subtraxerunt census, ut largiantur egenis."[51] Leider verzichtet er auf nähere
Angaben, um statt dessen auf den mündlichen Bericht des Bruder Nicolaus zu verweisen. Immerhin scheint aus dem kurzen Satz hervorzugehen,
daß die Allstedter den Zisterzienserinnen des nahe bei der Stadt gelegenen Klosters Naundorf[52] den Zehnten nicht mehr gezahlt haben, um
die so gewonnenen Mittel nach den Grundsätzen einer evangelischen Ar-
menordnung den Bedürftigen der Gemeinde zukommen zu lassen.
Braucht auch die unmittelbare Anregung zu diesem Unternehmen nicht
unbedingt von Müntzer ausgegangen zu sein (subtraxerunt, ut largiantur!), so ist es doch zumindest im weiteren Sinne als eine Frucht seiner
Wirksamkeit anzusehen und nicht ohne seine persönliche Anteilnahme
zustande gekommen. Der Text legt jedenfalls die Deutung nahe (hunc
hominem ... ad te destino!), daß Müntzer selbst, ob rein von sich aus
oder im Einvernehmen mit dem Rat, bzw. auf dessen Wunsch, jenen
Boten nach Wörlitz geschickt hat, und zwar, so darf man wohl vermuten, weil er von Karlstadts Mitarbeit an der Wittenberger „Ordnung des
gemeinen Beutels" vom Januar 1522[53] wußte und von ihm als Experten
praktische Vorschläge einholen wollte. Mochte man sich nun auf altgläubiger Seite mit der Aufstellung einer evangelisch ausgerichteten Armen-
ordnung schließlich noch abfinden, daß man aber zu deren Finanzierung
einem Kloster die ihm rechtmäßig zustehenden Einkünfte verweigerte,
war in ihren Augen unbeschadet der sonstigen Einwände eine Verletzung
des neuen Mandates. Wir wissen freilich nicht, wie weit das „subtraxerunt ..., ut largiantur egenis" der faktischen Entwicklung vorausgreift
und ob das ganze Vorhaben jemals in dieser oder jener Form wirklich
ausgeführt worden ist[53a].

Sicher steht ein anderes Datum fest, das der Absicht des Mandates
offenkundig zuwiderlief: Müntzer heiratete. In dem Dokument des
Reichsregimentes war auf Grund der Beschlüsse des Reichstages unmißverständlich angeordnet worden: „Dann der geistlichen halben, so weiber nemen, auch der ordensperson, so aus iren clöstern treten: dweil in
gemeinem rechten der weltlichen öberkeit darin kein straff geordent ist,
söll es bei der straff der geistlichen recht bleiben, also das sie ire freiheit,

---

[51] Ebd. S. 393,9 f. [52] Vgl. Anm. 4 zu Nr. 43 ebd. S. 393.
[53] Vgl. Barge, Karlstadt I, S. 378 ff.; dazu die 15 Thesen „de decimis pronunciata"
S. 494. [53a] Franz, MG, S. 405,6—11.

374

privilegien, pfründ und anders verwürkt haben söllen, und das die ordinarien von der weltlichen öberkeit an sölcher straff mit nichte verhindert
werden, sünder das sie zu beschirmung geistlichter öberkeit inen hilf und
beistand beweisen."[54] Es sollte damit also die immer weiter um sich greifende Verehelichung der Geistlichen unterbunden und der Klosterflucht
ein Riegel vorgeschoben werden. Fast möchte man meinen, und es wäre
Müntzer wohl zuzutrauen, daß er eben dieser Bestimmung zu Spott und
Hohn „ein Weib genommen" hat[54a]. Denn wenn einerseits die Nachricht
zutrifft, daß ihm zu Ostern 1524, d. h. am 27. März, ein Sohn geboren
wurde, andererseits seine Frau eine von den 16 aus dem mansfeldischen
Kloster Widerstedt entlaufenen Nonnen war, von denen, wie Luther am
24. Juni 1523 an Spalatin schreibt[55], elf bei dem Schösser in Allstedt
Zuflucht suchten, dann hat Müntzer etwa zwei bis drei Wochen nachdem
ihm das Mandat bekannt geworden war, geheiratet, und zwar der „Geistliche" eine „Ordensperson". Die zur Verfügung stehenden Nachrichten
bieten freilich keine Garantie für die absolute Richtigkeit des so dargestellten Sachverhaltes. Die Angaben über Müntzers Frau beruhen in erster Linie auf den Zwickauer Historien von Thomas Müntzer, wo es
zum Jahre 1523 heißt: „Mgr Thomas Muntzer, düxit sibi Legitimam
Monialem Apostatam Paucis diebus post Paschatis festa, Pro tünc
Pastor in Alstedt, situm prope yslebenn, ad Miliaria Düo Distans."[56] Ist
auch die Notiz über die Entfernung Allstedt/Eisleben falsch, so braucht
darum noch nicht die Gültigkeit der ganzen Aufzeichnung angezweifelt
zu werden. Immerhin erweckt die Zeitbestimmung einige Bedenken, da
Müntzer ja erst kurz vor Ostern nach Allstedt gekommen ist und es
fraglich erscheinen muß, ob er wirklich der Meinung war, wenige Tage
schon nach seinem Amtsantritt der Gemeinde durch die Eheschließung
seine evangelische Gesinnung demonstrieren zu müssen. Träfe das dennoch zu, könnte man bei der Monialis Apostata an eine Bekanntschaft
aus der Hallenser Zeit denken. Die zuerst von Seidemann aufgestellte
Kombination[57] der Notiz in den „Historien" mit der offensichtlich von
Luther als Neuigkeit an Spalatin berichteten Mitteilung über die Widerstedter Nonnen ist jedenfalls schwerlich aufrechtzuerhalten, wenn man
nicht das „paucis diebus" auf eine Spanne von acht bis zehn Wochen
ausdehnen will. Der Terminus ante quem für die Eheschließung scheint
durch die bekannte Erzählung Agricolas festgelegt zu sein: „Thomas
Muntzers weib hat yhm auff den ostertag Anno etc. xxiiii. eynen iungen
son bracht / Nun seyn etliche aus den vnsern die zeit zu Alstet gewesen /

---

[54] Reichstagsakten, J. R. III, S. 451,13—20.
[54a] Ottilie von Gersen? Vgl. außer der unten angegebenen Literatur auch R. Jordan,
Müntzers Witwe.
[55] WA Briefe III, S. 100.
[56] Zit. b. Seidemann, Th. Müntzer, S. 109.   [57] Ebd. S. 21.

vnd ist des schossers weib da selbst kommen zu Thomas Müntzer / vnd
gesagt/ Er Magister / Gott hat euch eyn iungen erben geben / des solt
yhr yhm dancken / Darauff hat Thomas keyn wort geantwort /auch
keyn zeichen von sich geben / als sey es yhm lieb / das yhn Gott begna-
det hat mit eym sohn. Do aber die schosserin widder hinwegk ist gangen / hat sich Thomas vmbkert zu den vnsern / vnd gesagt / Nu sehet
yhr furwar/ das ich den creaturen gantz entrissen bin."[58] Luther gibt in
seiner etwas abweichenden Wiedergabe dieser Geschichte keinen Termin[59] an, und Nebe schließt „aus dem Postscriptum Müntzers zu seinem
Briefe an Andreas Karlstadt ... vom 29. Juli 1523: ‚grüße deine Frau
in dem Herrn Jesus, ich befinde mich noch in der alten Strenge gegen
Gott' ..., daß er damals noch nicht Hochzeit gehalten hatte"[60]. Man
könnte derartige Bedenken noch durch den Schluß des Briefes von Müntzer an Luther verstärken, dessen verstümmelte letzte Zeilen nach Tril-
litzsch folgendermaßen zu ergänzen sind:

„Philippum, Carolostadium et Ionam, Iohannem — — —
ceterosque in tua ecclesia saluta et v[ale in]
domino. Non arbitror te ex animo dixisse [sed iniur]gio
ne Christus adsit nuptiis, vere in[quiren]
dum semper os domini precipuo in tam [magno]
mysterio, alioqui vasa illa fictilia aq[uis plena]
manerent ne unquam in vinum mutari p[ossent].
Videor hic fortassis Origeni in al[tero]
similis. Rursus vale, ne epystola in [immensum]
crescat, receptui cano. Ex Alsted anno [1523]
7 Idus Julii."[60a]

Die Worte „Ich scheine hier vielleicht dem Origenes in etwas ähnlich"
lassen sich im Zusammenhange des Ganzen kaum anders verstehen denn
als eine Erklärung Müntzers, daß er, obschon im übertragenen Sinne,
rigoros seine Mannheit von sich getan und alles Geschlechtliche in sich
ertötet habe. Macht eine solche Äußerung die Annahme einer kurz zuvor erst vollzogenen Eheschließung nicht in der Tat unmöglich? Doch
ist diese an sich scheinbar unausweichliche Folgerung bei Müntzer nicht
richtig. In dem oben ergänzten Schlußsatz seines Briefes an Luther variiert er nämlich ein Thema, das er schon ein Jahr zuvor in seinem Schreiben an Melanchthon erörtert hatte, daß nämlich der Vollzug der Ehe für
den wahren Christen jenseits aller „delectationes inferiores" stehen

[58] Agricola, S. B III.   [59] WA XLIV, S. 493,17.
[60] Nebe, S. 46.
[60a] Franz, MG, S. 391,29—392,7. In Zeile 2 muß es allerdings [sed in iur] oder
[de coniu] heißen statt [sed iniur]; Zeile 5 [iquo] statt [tero].

müsse[61]. Wie er damals geschrieben hatte, „debitum reddite non ut gentes, sed sicut scientes Deum vobis loqui, iubere, monere, ut firmiter sciatis, quando tribuendum sit pro prole electa, ut timor Dei et spiritus sapientie impediat bruti concupiscentiam, ne absorbeamini"[62], so geht es ihm jetzt darum, daß der geschlechtliche Verkehr wahrhaft christlicher Ehepartner nicht ein Akt sinnlichen Verlangens rein und allein in der Sphäre des Natürlich-Kreatürlichen sein darf, sondern daß „Christus in nuptiis adest"[63]; d. h. die Gatten können und müssen wie auch sonst in ihrem ganzen Tun und Lassen so besonders in „tam sancto mysterio" auf Gottes Stimme hören, Gottes Willen zu erkunden trachten. Denn sonst wäre ja der Ehevollzug unter Christen in nichts unterschieden von dem der Nichtchristen[64], blieben auch christliche Eheleute irdene Gefäße natürlicher Gaben und könnten nicht zu Trägern und Spendern eines qualitätsmäßig Höheren verwandelt werden[65]. Als Abschluß dieses Gedankenganges bedeutet dann der Satz „Ich scheine hier vielleicht dem Origenes in etwas ähnlich" nichts anderes als das „Utimur uxoribus tanquam non habentes"[66] im Briefe an Melanchthon. Mit anderen Worten: Müntzer kennzeichnet sich hier als einen ernsthaften Christen, für den es nichts im Leben gibt bzw. geben soll, das er nicht im unmittelbaren Kontakt mit Christus vollzöge und der auch das „debitum" der Ehe nicht in der Botmäßigkeit kreatürlicher Geschlechtlichkeit leistet, sondern allein in der Hörigkeit gegenüber dem „investigandum os domini". Diese Einstellung entspricht durchaus dem, was Agricola über Müntzers Verhalten bei der Nachricht von der Geburt seines Sohnes zu erzählen weiß, bis hin zu der Wendung: „Nu sehet yhr furwar / das ich den creaturen gantz entrissen bin." Sollte die Geschichte erfunden oder zurechtgemacht sein, was sich schwer erweisen lassen dürfte, dann ist sie immerhin gut und „lebenswahr" erfunden. Müntzer hat in derartigen Gedanken gelebt, nach denen in der fortwährenden Bestätigung der Entselbstung durch Kreuz und Leiden das Kreatürliche im Christen zum Schweigen gebracht ist und der Geist, Christus, Gott den Hörigen lehrt und leitet, nach denen die Bestätigung des Geisterfülltseins und damit des Geheiligtseins in der ständigen Heiligung erfolgen muß, die Gabe und Aufgabe in einem ist: „Nullum preceptum (ut sic dicam) angustius stringit christianum quam sanctificatio nostra."[67]. Vornehmlich mit in bezug auf die müntzerischen Auslassungen *de coniugio* ist es ja gesagt, wenn Luther ihm vorwirft: „Robur suum iactabat in reprimendo dolore et vincendis creaturis"[68] und ihm unterstellt, er wolle wieder mönchisches Le-

---

[61] Vgl. S. 223 ff.

[62] Franz, MG, S. 381,1 ff.

[63] Ebd. S. 392,2.

[64] Ebd. S. 380.

[65] Ebd. S. 392.

[66] Ebd. S. 380,28—381,1.

[67] Ebd. S. 380,25 f.

[68] WA XLIV, S. 533,14.

ben einführen[69]. Dann gibt aber weder das Postscriptum im Briefe an Karlstadt noch der Schlußsatz im Briefe an Luther Anlaß zu Bedenken gegen eine zeitliche Fixierung der Heirat Müntzers vor der Abfassung der beiden Schreiben, bekräftigen im Gegenteil beide Sätze eher noch das Datum der Eheschließung etwa im zweiten Drittel des Juni. Luther, der zwischen dem 9. und 24. Juni von der Flucht der Klosterfrauen erfahren haben dürfte[70], hat bis zum 24. Juni vermutlich noch nichts von Müntzers Heirat gewußt, da er sie sonst wohl in seinem Bericht an Spalatin erwähnt haben würde, immer vorausgesetzt, daß Müntzers Frau eine der „Moniales secedim e Monasterio Widderstettensi" gewesen ist.

Aus den zitierten Äußerungen weitgehende Schlüsse auf den Charakter des ehelichen Verhältnisses überhaupt ziehen zu wollen, wäre ein gewagtes Unterfangen. Doch wenn die wenigen uns bekannten Daten einigermaßen richtig einander zugeordnet und gedeutet sind, besonders wenn die Monialis Apostata wirklich eine der Widerstedter Nonnen war, bleibt der Verdacht, daß die Verehelichung weniger eine „Liebesheirat" war, als daß sie eine Demonstration sein sollte, zumal das Schicksal der Flüchtlinge noch ungewiß war: „Agitur igitur inter eos (scil. zwischen dem evangelischen Grafen Albrecht von Mansfeld und dem Schösser Zeiß), an sint seruande vel eiiciende: Nondum autem finis."[71] Aber auch die zumindest ungewöhnliche Weise, in der die beiden Gatten sich unter den vermuteten Umständen in raschem Entschlusse zusammenfanden, schließt natürlich nicht aus, daß sich ein gutes eheliches Verhältnis zwischen ihnen entwickelte, in dem auch, ungeachtet aller geforderten Erhebung über das Kreatürliche, ein gut Teil der Fülle persönlicher Bindungen und menschlicher Neigungen zur Entfaltung kam. Wenn die Beweggründe zur Flucht aus dem Kloster für Müntzers Frau in der Tiefe religiöser Entscheidung lagen, mag sie sich sogar bald von seinen Gedanken haben erfüllen lassen, so daß sie mit innerster Bereitschaft zu seinem Werke stand und sich für beide Teile der Sinn ihrer Ehe in solcher Übereinstimmung erfüllte. Ein leichtes Leben war ihr an der Seite dieses Mannes wahrlich nicht beschieden, und die knapp zwei Jahre ihres Beisammenseins, die noch durch viele Monate seiner Abwesenheit verkürzt wurden, waren überreich an leidvoller Bedrängnis, so daß wohl ein festes, gläubiges Herz dazu gehörte, alles das treu mit durchzustehen, was der eifernde Gatte ins Werk setzte und nicht minder, was ihm widerfuhr. Aber wir wissen zu wenig von dieser Frau, um zu ermessen, was sie in dieser Ehe war und was sie leistete, um auch nur zu ahnen, welche Rolle sie im Leben ihres Mannes gespielt hat, von dem wir selber leider kein Wort darüber vernommen haben, das ihr gilt. Oder doch? Der Ge-

---

[69] Ebd. S. 554,2.
[70] Aus der Zwischenzeit ist uns jedenfalls kein Brief Luthers an Spalatin erhalten.
[71] WA Briefe III, S. 100,11 ff.

fangene und Gefolterte gedenkt ihrer mit seiner letzten Bitte; der soge-
nannte ‚Widerruf' Müntzers schließt: „Endlich thut er bitten, das man
seynen sendebriff letzlich geschriben den von Molhawsen zu schicken
und synem weybe und kynde alle seyne habe wolle volgen lassen."[72] Und
in dem erwähnten „sendebriff" sagt er: „Mit dysser handschrift durch
Christoff Lawen befhel ich meynen geyst in dye hand Gottes und wunsche euch den segen des vatern und des sohns und des heyligen geysts.
Helft yhe rathen mit vleyß meynem weybe . . ."[73] Ein Zeugnis fürsorgen-
der Liebe des dem Tode Geweihten, das auch in der Kargheit seiner
Worte beredt genug ist, eine tiefe menschliche Bindung an Weib und
Kind zu bekunden.

Was immer Müntzer zu dieser Heirat bewogen haben mag, sie ist
ebenfalls als ein beredtes Zeugnis der hochgemuten Stimmung in den
Monaten Juni und Juli 1523 zu werten, aus der heraus er in der selbstbewußten Überzeugung seiner in Gesinnung und Tat erwiesenen Qualifikation als Reformator auch die alte Verbindung mit Luther und seinem Kreise wieder zu erneuern strebte. Er brauchte auf die Antwort
Luthers nicht lange zu warten, die ihm freilich nicht durch einen eigenhändigen Brief übermittelt wurde, sondern durch einen mündlichen Bericht des Schössers Zeiß, mit dem sich Luther in Wittenberg über Müntzer unterhalten hatte[74]. Da Luther in seinem Schreiben an Spalatin vom
23. Juli diese Unterredung noch nicht erwähnt, andererseits auch Müntzer in seinem Briefe an Karlstadt vom 29. Juli noch nichts davon zu wissen scheint[75], Luther aber am 3. August bereits äußert, „siquid interim
actum est, ignoro"[76], demnach schon einige Tage verstrichen sein müssen, dürfte sie in der letzten Juliwoche stattgefunden haben.

Müntzers Erwartungen wurden, selbst wenn sie nicht sehr hoch gestimmt waren, tief enttäuscht; denn mochten Luthers nach dem Tenor
des Berichtes an Spalatin sehr dezidierte Erklärungen in der Wiedergabe des Schössers auch gemildert worden sein, er konnte sich nicht
verhehlen, daß die *vetus charitas* schwerer erschüttert war, als er angenommen hatte, und daß seine Ausführungen zum Thema Offenbarungen, die der Verständigung und Annäherung dienen sollten, eher das
Gegenteil bewirkt hatten. Luther hatte Zeiß geradezu warnend gemahnt, „vt Thome prophete spiritum ab se alienaret"[77], hatte also den
anscheinend von Müntzers Geistlehre bereits infizierten Alstedii Quästo-
rem aufgefordert, sich von dem Einfluß der abwegigen Gedanken des

---

[72] Franz, MG, S. 550,28 ff.   [73] Ebd. S. 474,6—9.
[74] So Luther an Spalatin am 3. 8. 1523 (WA Briefe III, S. 120,27—36).
[75] Oder sollte doch, wie wir schon leise andeuteten, das „Vult te dominus forsitan
(in) procuratorem" einen tieferen Hintergrund haben?
[76] WA Briefe III, S. 120,28.   [77] Ebd. S. 120,27 f.

neuen Predigers freizumachen und freizuhalten. Er hatte in der Unterhaltung mit Zeiß sicherlich so wenig wie in dem Briefe an Spalatin einen Zweifel daran gelassen, daß ihm Müntzer mit seiner ganzen Geistspekulation unerträglich sei: „Ego plane spiritum istum, quisquis sit, non queo ferre."[78] Und zwar nimmt er daran Anstoß, daß jener das lutherisch-reformatorische Verständnis der evangelischen Wahrheit gering achtet, es gewiß als einen bedeutsamen Anfang positiv wertet, aber eben nur als einen Anfang, über den man hinaus zur vollen Erkenntnis Gottes im Geiste und durch den Geist vordringen müsse: „Laudat mea (vt Thomas ipse scribit) & tamen contemnit, & alia maiora querit."[79] Luther hat den bedingten Charakter des müntzerischen Lobes klar erkannt, vielleicht aus den Worten des Schössers deutlicher noch als aus Müntzers Brief, und die schon länger gehegte Vermutung einer tiefgehenden sachlichen Differenz, die in dem „Höher-hinaus-wollen" des früheren Anhängers lag, erneut bestätigt gefunden, so daß er den alia maiora nur ein entschiedenes Nein entgegensetzen konnte. Dazu hatten ihn die halb beschwichtigenden, halb rechtfertigenden Erklärungen Müntzers wegen der „absurda & inusitata extra scripturam verba & orationes"[80] wenig überzeugt. Im Gegenteil, die Terminologie des Allstedter Pfarrers bleibt für ihn nach wie vor derart absonderlich, „daß man ihn für verrückt oder betrunken halten"[81] muß. Endlich wirft er ihm vor: „Er flieht uns und will nicht mit uns zusammenkommen und dennoch brüstet er sich außerordentlich."[82]

Wie kommt Luther dazu, auf Müntzers soeben erst ausgesprochene Bitte um Erneuerung der alten Freundschaft mit dieser Behauptung zu reagieren? Daß der *propheta* sich in seinem Briefe als den Weitsichtigeren und Mutigeren (Fall Egran!) und in *causa reformationis* als den Konsequenteren aufspielte, konnte er in der Tat nur als eine Anmaßung ansehen und von daher wohl die Frage stellen, warum der Mutigere nicht den Mut gefunden habe, ihn in Wittenberg zu stellen, statt dessen bei seinen Kreuz- und Querfahrten einen Besuch bei ihm stets vermieden habe. Unter solchem Aspekt beurteilt er den schriftlichen Annäherungsversuch offensichtlich als eine verdeckte Flucht vor der persönlichen Begegnung, und es mag wohl sein, daß in diesem Urteil ein Körnchen Wahrheit steckt. Aber er übersah, daß Müntzer bis zu diesem Augenblicke die auch ihm bewußte Andersartigkeit nicht als eine ausschließende Gegensätzlichkeit empfand und von seinem Standpunkte aus, insbesondere von seinem unzureichenden Verständnis der theologischen Position Luthers her die Meinung hatte, daß ein Übereinkommen durchaus möglich sei, wenn dieser sich, wie er zu hoffen wagte, in irgendeiner

---

[78] Ebd. S. 120,28 f.   [79] Ebd. S. 120,29 f.
[80] Ebd. S. 120,31.   [81] Ebd. S. 120,31 f.
[82] Ebd. S. 120,32 f. Vgl. Müntzers Protest: Franz, MG, S. 385,11.

Form die doch seine eigenen Intentionen vermeintlich aufgreifenden und fortführenden Gedanken akzeptieren würde. Eben weil er Müntzers theologische Urteilskraft und dessen Einsicht in die tatsächlich vorhandenen Meinungsverschiedenheiten überschätzte, konnte er den Dissensus nicht so relativ harmlos ansehen, wie dieser es jetzt noch vermochte, und mußte er infolgedessen dessen ganzem Verhalten mit äußerster Skepsis gegenüberstehen, so daß er auch der Absicht des Briefes nicht ganz gerecht wurde. Noch sieht er jedoch, vielleicht unter dem Eindruck des Schössers, die Dinge nicht ganz hoffnungslos: „Ich habe daher den Quaestor gebeten, daß er den Menschen zu einer Besprechung seiner Lehre mit uns dränge."[83] Er will also die Beziehungen zu dem einstigen Gefolgsmann nicht ohne weiteres abbrechen und rechnet nun auch seinerseits noch leise mit der Möglichkeit, in einer persönlichen Unterredung Müntzer von seinen Verstiegenheiten abbringen zu können. Doch viel Hoffnung macht er sich nicht, daß Zeiß mit seinem Drängen Erfolg haben wird: „Nescio, an efficiet."[84] Zum Schluß seines Berichtes an Spalatin bricht noch einmal das tief wurzelnde Mißtrauen gegenüber dem müntzerischen Geiste hervor, der nicht den Mut haben dürfte, sich in direkter Auseinandersetzung „anderen Geistern" zu stellen. „Unser Geist ist nicht derart, daß er Angst hätte, sich hören zu lassen und mit allen, bösen und guten Geistern sich zu besprechen."[85] Es konnte sein Mißtrauen nur bestärken und seine Skepsis gegen den „spiritus Thome prophete" nur bestätigen, daß der Allstedter Pfarrer sich tatsächlich jedem persönlichen Gespräch mit ihm entzog.

Hat Zeiß ernsthaft versucht, den Auftrag zu erfüllen, mit dem ihn Luther bedacht hatte? Er wird Müntzer die Aufforderung des Wittenbergers „ad conferendum nobiscum suam doctrinam" nicht verschwiegen haben; aber er war nicht der Mann dazu, der das Verlangen Luthers an Müntzer nachdrücklich zu vertreten imstande oder auch nur ernsthaft gewillt gewesen wäre. Wir gewinnen aus seinem späteren Verhalten nicht den Eindruck, daß er seine Selbständigkeit Müntzer gegenüber zu wahren vermocht hätte und ohne den gemessenen Befehl seines Herrn gegen ihn anzugehen bereit gewesen wäre. War er ihm damals vielleicht auch noch nicht so hörig, daß er Luthers Warnung ganz in den Wind geschlagen hätte, so war er allem Anscheine nach doch nicht mehr unbefangen und frei genug, noch weniger den hier auftauchenden theologischen Problemen geistig wie geistlich so gewachsen, daß er Luthers Standpunkt sachgemäß hätte zur Geltung bringen können. So hörte Müntzer wohl durch ihn von der wenig freundlichen Aufnahme seines Briefes in Wittenberg, von der erneuten Ablehnung seiner Geistlehre und dem Vorschlag eines theologischen Gespräches über seine *doctrina* mit den Wittenbergern; aber es fehlte im Tenor des Zeißschen Berichtes

[83] WA Briefe III, S. 120,33 f.   [84] Ebd. S. 120,34.   [85] Ebd. S. 120,34 ff.

vermutlich der nachdrückliche Ernst der kritischen Auslassungen Luthers. An dessen eindeutigem Widerspruch konnte er allerdings nicht mehr zweifeln, so wenig wie an dem Ziel und dem vorauszusehenden Ergebnis des ihm nahegelegten Gespräches, so daß er weniger denn je die Neigung verspürte, sich darauf einzulassen. Er war über die Zurückweisung gewiß bitter enttäuscht und über Luther nicht minder ärgerlich als dieser über ihn, jedoch in seinem Selbstbewußtsein ungebrochen, von der Wahrheit seiner Erkenntnis völlig überzeugt und ungeschwächt in seiner tätigen Bereitschaft, der Reformation der Christenheit die ihm vorschwebende Gestalt zu geben. Das hat wieder seinen Eindruck auf den Schösser nicht verfehlt. Hatten diesem Luthers Argumente und Forderungen je ernstlich zu schaffen gemacht, konnte er sich doch dem starken Einfluß der faszinierenden Persönlichkeit Müntzers auf die Dauer nicht entziehen, und hatte er sich, eingedenk der Mahnung, „ut Thome prophete spiritum ab se alienaret", zunächst vermutlich etwas zurückgehalten, so unterband er doch keineswegs die Wirksamkeit des prophetischen Geistes, ließ ihn so gut wie unbehelligt gewähren, ja entwickelte sich faktisch zum stillen Protektor, dessen positive Neutralität mehr und mehr die Formen vorsichtig geübter Förderung annahm. So aufschlußreich daher für uns diese indirekte Begegnung zwischen Müntzer und Luther ist, und so bedeutsam sie auf das Verhältnis beider Männer zueinander, besonders das Müntzers zu Luther eingewirkt hat, in der praktischen Arbeit des Pfarrers machte sie sich nach außen hin vorerst kaum geltend, obschon mit diesem Geschehen die bewußte Separation des Allstedters von Wittenberg ihren Anfang nahm.

2. Die Auseinandersetzung mit Ernst von Mansfeld

Unentwegt verfolgte der eifernde Mann weiterhin in der Kleinarbeit seines Amtes das große Ziel einer allgemeinen Erneuerung der Christenheit. Durch ihn war in kurzer Frist in Allstedt die Predigt des Evangeliums bereits zu einer Selbstverständlichkeit geworden; durch die von ihm geschaffenen Formen eines deutschen evangelischen Gottesdienstes wurden die Gläubigen in einer ganz anders als bisher unmittelbar ansprechenden Weise in die Tiefen christlichen Lebens in Gott geführt; schon kam über die Gemeinde ein neuer Geist, schon wurde man in den Landen ringsum auf das verheißungsvolle Geschehen aufmerksam und immer größere Scharen strömten dem neuen Prediger in seinen Gottesdiensten zu. In der Kleinräumigkeit der sächsisch-thüringischen Verhältnisse wurde Freund wie Feind bis ins einzelne hinein bald bekannt, was hier vor sich ging, und so wie man sonst wohl über die Grenzen des Landes gegangen war, um sich den im benachbarten Territorium angebotenen Ablaß zu holen, den man im eigenen Lande nicht erlangen konnte, so zogen die Menschen nun nach Allstedt, um dort das Evangelium zu hören, das sie unter ihren katholischen Herren nicht zu hören bekamen.

Aber auch die Gegenwirkung ließ nicht lange auf sich warten, und Müntzer weiß zu berichten, daß „der wolgeborner graf Ernst von Mansfelt den ganczen sommer durch vnd durch vmmer mehr seynen vnterthanen vorboten hat, ehe des d. h. g. Keysers mandat yhe außgangen wahr"[86], seine Gottesdienste zu besuchen: „In der maß ist es wahr, das Ich warhafftig weyß vnd es ist landtruchtig, das Ir ewren leuten durch offentliche Mandat habt hertigklichen lassen gebithen, sye sollen zu meyner ketzerischen messe oder predige nich komen."[87] Er hatte sich durch die Erklärungen und Maßnahmen des Grafen schon wiederholt veranlaßt gesehen, gegen die unzulässige Behinderung der Frommen zu protestieren; doch es hat „keyn billichs vortragen vnd protesteren wollen helfen"[88]; und da die Unruhe unter den Betroffenen wuchs, ja durch das Vorgehen des Grafen, insbesondere vermutlich durch das zuletzt von ihm erlassene scharfe Mandat „dye vnsern vnd dye seynen czur emporung vororsachet, das ichs dye lenge mit meynem vberreden nit habe mugen weren"[89], entschloß sich Müntzer am Sonntag, dem 13. September[90] zu einer öffentlichen Kanzelerklärung: „ich bitte graffen Ernst von Mansfelt, das er myt den ordinarien dussz bystumbs hyr erscheyne vnd brenge nach, das meyne lere addir ampt Ketzers sey. wye abber nicht (do got vor sey), so wyl ich yhn vor eynen bosewicht vnd schalk vnd buben, Turken vnd Heyden achten vnd das mit der warheyt beweysen aus der scrifft. duß ist dye form der wort gewesen vnd nit anderst, wye ich kan nachbrengen"[91]. Er beruft sich hier augenscheinlich auf das jüngste kaiserliche Mandat, daß „ein jeder churfürst, fürst, prelat, graff und ander stande im reich mit allem möglichen fleis in seiner öberkeit bestellen und verfügen soll, das mit allen predigern füglicher und zimlicher weise geredt und gehandelt werde, in ihren predigen zu vermeiden, was zu bewegung ungehorsam, uneinigkeit und aufrur im heiligen reich oder die christenmenschen in irrung zu füren ursach geben möge, sünder das si allein das heilig evangelium nach auslegung der schriften von der heiligen christenlichen kirchen approbirt und angenomen, wie vorgemelt zu predigen und zu leren"[92]. Wahrscheinlich waren Müntzers Äußerungen etwas aggressiver als er in seinem Schreiben an den Kurfürsten zu-

---

[86] Förstemann, S. 233. [87] Ebd. S. 230.
[88] Ebd. S. 233. [89] Ebd. S. 233.
[90] Das Datum ist durch Müntzer („am sontage nach Natiuitatis Marie") und in dem Brief Ernsts von Mansfeld an den Schösser und Rat zu Allstedt vom 21. 9. 1523 belegt (Förstemann, Nr. 1, S. 228).
[91] Förstemann, S. 233.
[92] Reichstagsakten, J. R. III, S. 440,31—450,8; dazu auch S. 451,40—452,5.

gibt und der Graf war verständlicherweise nicht bereit, sich von dem anmaßenden Pfaffen derart beleidigen zu lassen. Er reagierte am 21. September mit einer ebenso handfesten Beschwerde bei dem Schösser und Rat von Allstedt über die persönliche Verunglimpfung, „wye vns ewer pfarner in der alden stadt zu Alstedt vorschinen Sontags vff offener Cancel vor allem volgke eyn ketzerischen schalgk vnd schindtfessel mit andern losen vnd lesterlichen worten außgeruffen"[93]. Kein Wort des Protestes gegen die religiösen Neuerungen in der Stadt; lediglich eine energische Abwehr der Diffamierungen, die er „als eyn fromer christlicher graf" sich nicht bieten lassen kann und will und die ihm schwerwiegend genug erscheinen, von den verantwortlichen lokalen Instanzen zu verlangen, den Verleumder in sicheren Gewahrsam zu nehmen, „domit wir geburlichs rechten an Ime bekomen mogen". Daß es ihm Ernst mit einem scharfen Vorgehen gegen Müntzer ist, geht daraus hervor, daß er Schösser und Rat gleichsam persönlich dafür haftbar macht, daß der Prediger sich nicht durch die Flucht einem Verfahren gegen ihn entzieht.

Schon am nächsten Tage[94] schickten die Allstedter ihre Antwort; es waren gleich drei Schreiben, (Schösser und Rat; Simon Haferitz; Müntzer), die, jedes in seiner Art, auch einen sanftmütigeren Mann als Ernst von Mansfeld zornig erregen mußten. Zunächst lehnten Schösser und Rat in ebenso korrekter wie eindeutiger Form das Ansinnen des Grafen ab[95]. Statt seinem Ersuchen diensteifrig zu willfahren, hatten sie den beiden Pfarrern der Stadt „ewer gnaden schreyben ... furgelesen vnd gehalten" und verwiesen nun, ohne näher darauf einzugehen, in „objektiver Neutralität" auf deren eigene schriftliche Stellungnahmen zu der erhobenen Beschuldigung. Hinsichtlich der an sie selbst gerichteten Forderung einer Verhaftung Müntzers aber wichen sie geschickt aus und erklärten sich als dazu nicht kompetent, und zwar aus zwei Gründen: erstens weil der Konflikt „das wort gottes anlanget" und zweitens weil die beiden Pfarrer „als noch zcur Zceyt fur geystlich gehalten vnd geachtet" werden. So offensichtlich faktisch die Parteinahme der Behörden war, so wenig war sie in den gebrauchten Formeln nachweisbar, die sich geradezu als ein Muster persönlicher und sachlicher Objektivität darstellen. Dementsprechend verwahrten sie sich gegen die angedrohte Haftbarmachung und etwaige Repressalien und wiesen den Grafen im übrigen an den Kurfürsten zu Sachsen, wenn er sich mit der gegebenen Antwort nicht zufrieden geben und glauben sollte, seine Ansprüche rechtlich geltend machen zu können. Es war in seiner Besonnenheit und klugen Taktik ein diplomatisch meisterhaftes Schriftstück, das den scharfen Ausfall des katholischen Herrn gegen Müntzers Wirken in Allstedt gewandt parierte. Daß man den eigenen Standpunkt dabei nicht verleugnen wollte, vielmehr mit dem Angegriffenen in der Sache selbst prinzipiell überein-

---

[93] Förstemann, S. 228.   [94] Am 22. 9. 1523.   [95] Förstemann, Nr. 2, S. 229.

stimmte, mußte der Empfänger ohne weiteres den beiden Schreiben entnehmen, die man ohne ein Wort der Beanstandung beigefügt hatte; und man mag fragen, was den Grafen mehr geärgert hat, das achselzuckende „non possumus" von Schösser und Rat oder die scharfe Entgegnung der beiden Pfarrer. Um dem Widersacher des Evangeliums die evangelische Einheitsfront in Allstedt zu dokumentieren, hatte sich nämlich auch Simon Haferitz zum Worte gemeldet[96]. An sich war er von der Beschwerde des Mansfelders nur insofern betroffen, als dieser irriger Weise den „pfarner in der alden stadt" als den Schuldigen bezeichnet hatte. Um das richtigzustellen, hätte es keiner besonderen Erklärung seinerseits bedurft oder hätte eine kurze Notiz genügt. Aber es lag ihm wohl daran und wurde auch in der vermutlich doch gemeinsamen Beratung über den Modus procedendi gutgeheißen, daß er seine grundsätzliche Solidarität mit Müntzer ausdrücklich bekundete; und so bildet sein Brief gleichsam den Auftakt zu Müntzers unverhüllter Kampfansage. Zwar habe er, schreibt Haferitz, die inkriminierten Äußerungen nicht getan, obschon auch er allen Grund gehabt hätte, diejenigen anzuprangern, „dye gottes wort vnd heylige Ewangelium verbiten zcuhoren vnd ketzerey schelten"; aber er sei in Zukunft nicht mehr gewillt zu schweigen. Wenn der Widerstand gegen Gottes Wort „von euch oder andern nit vnterbleybet, werde Ich auch eyner seyn, der meynen Christum vnd got vor euch, nach vor aller welt nit leugnen" wird und „wil Ich meyns teyles auch alle dye zu ketzern machen, dye das heylige Ewangelium ketzerey schelten, vnd do sehen, ab got der herr hymels vnd Erden noch lebe". Über die ein wenig zu theatralisch gespielte Rolle einer Nebenfigur auf der Bühne wächst Haferitz mit seinen emphatischen Worten nicht hinaus.

Um so wirksamer hebt sich nach solchen Präliminarien Müntzers scharfe Entgegnung als die eigentliche Antwort heraus, die mit rückhaltloser Offenheit sagt, was von der Sache her zu der gräflichen Beschwerde zu sagen war[97]. Über die ,formale' Seite der Beleidigung geht er großzügig hinweg, um ganz nüchtern, d. h. ohne erneut zu schmähen und zu schimpfen, den Tatbestand festzustellen: der Graf habe durch sein öffentliches Mandat seinen Untertanen „hertigklichen lassen gebithen, sye sollen zu meyner ketzerischen messe oder predige nicht komen"; er habe es verurteilt, daß der Graf sich erkühnt, das heilige Evangelium zu verbieten. Damit sei klar, wer hier im Unrecht ist und wer also etwas zurückzunehmen hat. Sei der Graf jedoch dazu nicht bereit, und beharre er „in solchem toben und unsynnigen vorbiten", könne er gar nicht anders — und er werde es auch tun, solange „sich in mir eyn aderleyn regt" — als ihn vor der ganzen Christenheit und vor aller Welt durch Wort und Schrift als „eyn verryssen, unwitzigen menschen schelten und

---

[96] Ebd. Nr. 3, S. 229.
[97] Ebd. Nr. 4, S. 230; Franz, MG, Nr. 44, S. 393 f.

25 Elliger, Müntzer

ausschreyhen und aufs papir kligken"⁹⁸. Eindringlich sucht Müntzer seinem Widerpart deutlich zu machen, daß er mit seinen Maßnahmen das Verdammungsurteil Christi geradezu über sich heraufbeschwört: Christus ruft wehe über die, „dye do wegk nemen den schlussel der kunst Gottes, Luce am 11"; der Schlüssel aber der Kunst Gottes ist es die Menschen zu lehren, „das sye Got lernen alleyne forchten, Ro. 13., dan eyn anfangk der rechten christlichen weysheyt ist dye forcht des herrn"; folglich: „Nun ir aber wolt mehr dan Got geforcht seyn, wye ich dan durch euer wergk und mandat beweysen will, so seyt ir, der den schlussel der kunst Gots wegknemeth und verbitet den leuthen in dye kirchen zu gehen und vermoget doch nur eyn bessers."⁹⁹ Es steht hier also nicht etwa die grundsätzliche Frage nach der Reichweite der weltlichen Gewalt zur Debatte, ob und wieweit sie befugt sei, sich in geistliche Angelegenheiten einzumischen; sondern der Vorwurf zielt direkt auf das widerchristliche Verhalten des Mansfelders, insofern er Christen nötigen will, Menschenfurcht über Gottesfurcht zu stellen; denn nichts anderes bedeutet es, wenn das Mandat den Besuch der evangelischen Gottesdienste in Allstedt untersagt. Daß aber „meyn angefangen ampt und predige ... und auch das allergeringste, das ich sage und synge" wirklich der evangelischen Wahrheit entspricht, ist er jeder Zeit bereit und willens, „durch dye heyligen bibeln"¹⁰⁰ zu erweisen. Wenn umgekehrt jedoch der Graf nur mit der Faust argumentieren kann und will, so soll er „gedenken des zukunftigen zanks one ende. Der prophet saget: ‚Es hilft keyne gewalt oder rathschlahen widder den Herrn'."¹⁰¹ In diesem Handel ist es mit bloßer Gewaltsamkeit nicht getan; sie könnte gar zu leicht dem Gewalttägigen selber zum Verhängnis werden: „Gnackt [= knackt]¹⁰² nicht, der alde rogk reyst anderst." Und damit der Gegner ermessen kann, was er von Müntzer zu gewärtigen hat, wenn er sein Mandat trotz allem aufrechterhält, fügt er drohend hinzu: „Brengt ir mich den drugkern in dye feuste, wil ich hundert mahel tausent erger mit euch umbgehen dan der Luther mit dem babst."¹⁰³ Noch antwortet Müntzer also nicht mit einer offenen Kriegserklärung, wohl aber mit einem scharfen Ultimatum, das dem Widersacher den ganzen Ernst der durch sein widerchristliches Verhalten geschaffenen Situation bewußtmachen, ihn zur Besinnung und zum Einlenken bewegen soll. Vor allem schafft er darüber Klarheit, daß es ein kapitaler Irrtum wäre zu wähnen, es stünden hier Pfarrer und regierender Fürst einander gegenüber und sei von daher der Ausgang der „Machtprobe" leicht abzusehen. Die Auseinandersetzung vollzieht sich auf einer anderen Ebene: „Ich bin eyn

---

⁹⁸ Franz, MG, S. 394,11 f. ⁹⁹ Ebd. S. 394,14—21.
¹⁰⁰ Ebd. S. 394,21 ff. ¹⁰¹ Ebd. S. 394,27 ff.
¹⁰² Vgl. ebd. S. 394 Anm. 8 (zu Zeile 30).
¹⁰³ Ebd. S. 394,31 ff.

knecht Gottis gleych so wol wye ir." Und wie er das verstanden wissen will, drückt er unmißverständlich durch seine Unterschrift aus: „Thomaß Muntzer, eyn verstorer der unglaubigen."

Es stand von vornherein zu erwarten und auch Müntzer dürfte sich keinen Illusionen darüber hingegeben haben, daß Ernst von Mansfeld sich mit solchem Bescheid nicht zufrieden geben würde. Der Graf wandte sich in der Tat an den Kurfürsten[104], gab ihm unter Beilage der Allstedter Schreiben einen knappen, scheinbar sachlichen Bericht über die Vorgänge und bat ihn, die Verhaftung Müntzers zu veranlassen und ihm dadurch die Möglichkeit zur Wiederherstellung seiner verletzten Ehre zu geben. Im Blick auf die Entgegnung der beiden Pfarrer unterließ er es natürlich nicht, ausdrücklich zu erklären, daß er „das ewangelium oder das wort gottes zwhoren nyhe verbothen, auch noch vngerne thun wolt", vielmehr gibt er als den Grund seines Einschreitens an, daß „von gemelten pfarrer eyne newerung mit haldunge der messe vnd sonst furgenomen". Zu seinem Vorgehen sei er einfach durch das kaiserliche Mandat verpflichtet, „dorinnen vnder anderm vorleybt, das eyn Ider bey seynen vnderthanen verschaffen sal, keyne newerunge der oder ander gestalt furzwnemen"; demgemäß habe er, „umb verhutunge ergernuß, so dorauß entstehen mocht", sein Verbot erlassen. Für ein solches pflichtgemäßes und rechtlich einwandfreies Verhalten könne er sich von dem Allstedter Pfarrer nicht durch „dyse aufgelegte schmehewort" beleidigen lassen. Kein Zweifel, er wollte den Anhänger Luthers mundtot machen und, was an ihm lag, eine weitere Ausbreitung der Reformation unterbinden; er war gewiß auch überzeugt, sich mit Recht dabei auf das kaiserliche Mandat berufen zu können. Doch sein wahres Anliegen verklausulierte er dem Schutzherrn der Reformation gegenüber wohlweislich und versuchte, auf dem Wege der formalen Klage wegen persönlicher Beleidigung den religiösen Neuerer unschädlich zu machen; anders war freilich Müntzer auch schwer beizukommen, wollte der Graf nicht durch eine direkt ausgesprochene Kritik an den religiös-kirchlichen Zuständen in Allstedt den Unwillen des Kurfürsten wegen Einmischung in seine Regierungsangelegenheiten erregen.

Damit war die Entscheidung über Müntzers weiteres Wirken in Allstedt in die Hände seines Landesherrn gelegt, dem bzw. dessen Räten der ausfällige Prediger nicht mehr so unbekannt gewesen sein dürfte, wie es nach dem Bescheid an Ernst von Mansfeld vom 28. September erscheinen muß[105]. Der Name war dem Hof jedenfalls im Zusammenhange unliebsamer Vorkommnisse in Zwickau in den Berichten von 1520 und 1521 schon begegnet[106] und erst jüngst noch hatte Spalatin ja die

---

[104] Förstemann, Nr. 5, S. 230 f.   [105] Ebd. Nr. 7, S. 232.
[106] Vgl. oben S. 100 ff. über die Zwickauer Vorgänge; dazu Kirn, Fr. d. Weise, S. 182 ff.

wenig günstige Meinung Luthers über ihn vernommen[107]. War damit der Anwalt der neuen Lehre auch keineswegs schon ohne weiteres als ein notorischer, mutwilliger Ruhestörer gekennzeichnet, so mochte doch seiner Person gegenüber eine vorsichtige Zurückhaltung angebracht erscheinen, um so mehr, als die Berufung des Grafen auf das kaiserliche Mandat die Möglichkeit unliebsamer Weiterungen befürchten lassen konnte. Andererseits war man am kursächsischen Hofe nicht gewillt, die altgläubige Auslegung des angesprochenen Mandates, wenn auch nur scheinbar, zu akzeptieren und durch ein schärferes Einschreiten gegen Müntzer den Anschein zu erwecken, als wolle man den Fortgang der Reformation überhaupt eindämmen. Und doch durfte man schließlich nicht alles und jedes gutheißen, was da im Namen der Reformation getrieben wurde. So beobachtete Friedrich der Weise auch dieses Mal die in solchen etwas komplizierten und komplikationsträchtigen Fällen geübte Praxis, eine grundsätzliche und definitive Entscheidung zu vermeiden und die Angelegenheit dilatorisch zu behandeln. Er ging mit keiner Silbe auf die Mandatsfrage ein, nahm die Eingabe des Grafen so, wie sie sich offiziell gab, als eine Beschwerde wegen persönlicher Verunglimpfung durch einen Pfarrer und wich sofortigen konkreten Maßnahmen gegen Müntzer dadurch aus, daß er zunächst genauere Informationen über die Person des Beschuldigten und die näheren Umstände des Zwischenfalls bei dem Schösser und dem Rat von Allstedt einholte: „Aber weil wir nit aigentlich wissen tragen, wie es vmb dise sachn gelegenhait hab, vnd wer den Muntzer zu ainem pfarrer oder prediger des orts gein Alstet gefurdert vnd bestalt hat, begern wir, Ir wollet vns hiruon allenthalben bericht thun."[108] Über die „Scheltworte vf der Canczl, wie der graf anzaigt", sprach er selbstverständlich sein Mißfallen aus und meinte mißbilligend „het sich des auch billich enthalten" können. Aber bei dieser Rüge blieb es im Grunde dann auch und zur Frage der vom Grafen geforderten Verhaftung heißt es: „vns bedunkt auch, es sol nach gestaltn sachn nit vngut sein, das ir dannocht den prediger dermassn an vnd ein nemet, domit graf Ernst geburlichs vnd ordenlichs rechten an Im bekomen mocht." Schösser und Rat verstanden den Satz wohl richtig, wenn sie darin nicht eine direkte Anweisung zur Festnahme ihres Pfarrers sahen, vielmehr eine gewisse Freigabe der Entscheidung, so vorzugehen, wie sie es für zweckmäßig erachteten. Am sächsischen Hofe entsann man sich vielleicht des Berichtes, den der Statthalter und die Räte von Zeitz im August 1521 über ihren Versuch, Müntzer „umb sein manchfeldig ubertrettung" zur Verantwortung zu ziehen, gegeben hatten: „Es haben aber der radt und gemeine inen dermaßen gegen uns verteidingt, das

---

[107] Vgl. oben S. 379 ff.
[108] Brief Fr. d. Weisen an Schösser und Rat zu Allstedt vom 28. 9. 1523 (Förstemann, Nr. 6, S. 231).

388

wir, damit aufrur nit erweckt, haben mussen stille stehen", bis jene schließlich „do sie selbst sein gemut, das er zu ertrennung gemeines frieds und gehorsams gericht, vormerkt, inen geurlaubt haben."[109] Standen nun die maßgeblichen Instanzen von Allstedt in der Weise der Zwickauer hinter Müntzer, wie es den Anschein haben mußte, so war ein Verhaftungsbefehl mit Rücksicht auf mögliche Unruhen untunlich; war andererseits aber doch eine stärkere Opposition gegen den Prediger vorhanden, so war mit der gewählten Formulierung den Verantwortlichen immerhin eine Handhabe zu drastischeren Maßnahmen gegeben. Auf jeden Fall war daraus ersichtlich, daß der Kurfürst keineswegs auf einer unbehinderten Tätigkeit Müntzers in Allstedt bestand, daß man sogar bereit war, ihn unter Umständen preiszugeben. Das war bei aller vorläufigen Zurückhaltung zumindest eine unüberhörbare Warnung an alle Beteiligten in Allstedt, die durch die Frage noch unterstrichen wurde, „wer den Muntzer zu ainem pfarrer oder prediger des orts gein Alstet gefurdert vnd bestalt hat"[110]. Müntzer konnte sich also so wenig wie der Schösser und der Rat des Rückhaltes am Landesherren absolut sicher sein; es war offensichtlich die Grundtendenz des kurfürstlichen Schreibens, einen gewissen Druck auszuüben, in erster Linie natürlich auf Müntzer, in seiner aggressiven Polemik maßzuhalten, aber auch auf die örtlichen Gewalten, ihren Pfarrer fester an die Zügel zu nehmen. Wie wenig man hingegen gesonnen war, dem verdeckten Vorstoß des Mansfelders gegen die Reformation irgendwie Vorschub zu leisten, zeigt die gleichzeitig erfolgte Zwischenantwort an den Grafen[111]. Gewiß, da wurde ihm gesagt, daß eine so gehässige Schmähung auf keinen Fall gutgeheißen werde; jedoch, lag nicht ein leichter Vorbehalt schon in der Zusicherung: „souil an vns, woltn wir das, so zu gottes lob vnd Ere, auch ausbraitung seins heilign worts vnd der lieb des Negstn raichn mocht, zufurdern auch nit gern vnderlassen"? Vor allem konnte der dann folgende Passus dem Grafen nur geringe Hoffnung auf eine ihn voll befriedigende Erledigung seiner Beschwerde machen. Daß der Satz, man sei „vnwissent, wer derselbig pfarrer ist", in dieser uneingeschränkten Form den Tatsachen nicht entsprach, konnte er nicht wissen. Aber er spürte den Widerstand gegen sein Begehren deutlich genug aus der Wendung, „vns auch in solche sachn einzulassen beschwerlich, der wir vns auch bisanher souil moglich entschlagen"; dabei war das schon eine Milderung der ursprünglichen Fassung: „Wir vns auch diser ding mit den Geistlichen bisanher nit angenommen, sondern es bey aines yeden vorantwurttung beruhen lassen, so habt Ir zu achten, wie vns fugn wol, zu beuelhn, das der gedacht pfarrer als ain geistliche person. Eurer bit nach sold angenomen werden."[112] Sein Antrag auf eine sofortige Festnahme Müntzers war

---

[109] Kirn, Fr. d. Weise, S. 182.　　[110] Förstemann, S. 231.
[111] Ebd. Nr. 7, S. 232.　　[112] Ebd. S. 232 Anm. 1.

damit also bereits abgelehnt und bei der weiteren angekündigten Untersuchung würde demnach für ihn auch kaum ein einigermaßen befriedigendes Ergebnis herauskommen.

In Allstedt mochte in diesen Tagen die Stimmung um einige Grade gehobener sein als auf der Burg des Mansfelder Grafen; aber noch bestand nach dem Tenor des kurfürstlichen Schreibens kein Grund, sich in Sicherheit zu wiegen; noch war das letzte Wort nicht gesprochen und es kam sehr viel darauf an, wieweit es gelang, die sichtlich vorhandenen Bedenken des Landesherrn gegen die Person, bzw. gegen das Auftreten Müntzers durch den angeforderten Bericht zu zerstreuen. Höchst unangenehm war unter diesen Umständen für den Rat die Frage, „wer den Muntzer zu ainem pfarrer oder prediger des orts gein Alstet gefurdert vnd bestalt" habe; denn man hatte bei der Besetzung der Pfarrstelle an St. Johannis eigenmächtig gehandelt und das Patronatsrecht des Kurfürsten unbeachtet gelassen[113], das im Falle der Präsentation eines Pfarrers auch nicht durch eine dem Fürsten vorenthaltene Übereinkunft mit dem Amtmann als gewährt gelten konnte. Nach einer späteren Äußerung Friedrichs des Weisen hat man sich wahrscheinlich durch die Erklärung zu helfen gesucht, daß man Müntzer nur zur Probe („zu uersuchn")[114] angestellt habe[115], eine Erklärung allerdings, die mehr der eigenen Sicherung vor der Ungnade des Gebieters diente als sie Müntzer zugute kam, dessen legitime Stellung in diesem Pfarramt sich freilich in keiner Weise auch nur mit einem Schein des Rechtes behaupten ließ. Was man sonst über den Prediger und sein Verhalten, zumal in dem zur Verhandlung stehenden Beschwerdefall ausgeführt hat, wird ein sehr positives Zeugnis für den Beklagten gewesen sein. Dementsprechend durfte man auf Verständnis dafür rechnen, daß man auf die angeratene Verhaftung verzichtet hatte, um statt dessen Müntzer durch Handschlag zu verpflichten, sich ruhig zu verhalten und sich von ihm die bindende Zusage geben zu lassen, „das er der wort halbn, der er von euch bezichtiget, fur aller Christenhait vnd vor vns zuuerhor vnd ordenlichem Rechten gestehn vnd gewartn wolle"[115a]. Müntzer tat sogar noch ein übriges und rechtfertigte sein Verhalten selbst in einem ausführlichen Schreiben an den Kurfürsten, das vermutlich zusammen mit dem verlorengegangenen Bericht von Schösser und Rat am 4. Oktober abgegangen ist[116].

Mit einer selbstbewußten Offenheit legt er sein Werden und Wirken als evangelischer Prediger dar, dessen Mühen allein darauf gerichtet war

---

[113] Vgl. oben S. 251.

[114] Brief Fr. d. Weisen an Herzog Johann (Förstemann, Bauernkrieg, S. 195).

[115] Hinrichs Meinung (L. u. M., S. 10), daß „Schösser Zeiß und der Magistrat offenbar ebensowenig wie Müntzer selbst" auf die Frage der „Bestätigung Müntzers in seinem Predigeramt" eingegangen seien, ist m. E. unhaltbar.

[115a] Förstemann, S. 234.

[116] Hier zitiert nach Franz, MG, Nr. 45, S. 395 ff.

und ist, dem Worte Gottes in dieser Welt Raum zu schaffen: „nach deme mich der almechtige Got zum ernsten prediger gemacht hät, so pfleg ich auch dye lautbaren beweglichen pasaunen zu blosen, das sye erhallen myt dem eyfer der kunst Gottes, keynen menschen auf dusser erden zu vorschonen, der dem wort gottes wydder strebt, wye Got selbern durch den propheten befohlen hät Isaie am 58.“[117]. Es konnte darum nach den Worten der Schrift gar nicht anders sein als daß sein Name „den weltklugen gar grausam heslich und untuchtig“, „abber dem armen durftigen heuflin eyn susser geroch des lebens“[118] wurde, daß die Gottlosen ihn um seines Eifers willen verspotteten und von Stadt zu Stadt jagten. Und im Nachdenken darüber, wie denn „der armen ellenden erbarmlichen christenheyt“ zu helfen sei, fand er keinen anderen Weg als „das man das lauthere reyn wort Gottes erforer thü, abwende den scheffel adder deckel, do es myt vorbergt ist, Matt. 5[119], und das man offliche handele dye biblisse warheit vor aller welt, Matth. 10[120], dem kleynen und dem grossen darvon protestir, actorum 26[121], nicht anderst dan Christum den gekreuzygten vorzuhalten der welt, 1. Cho. 1[122], darvon zu singen und zu predigen unvorstollen und unvordrislich“[123]. Nur dieser Aufgabe, nur diesem Zwecke dienen auch seine „deutschen Ämter“, deren Besuch Ernst von Mansfeld seinen Untertanen verboten habe, längst bevor das kaiserliche Mandat ausgegangen sei. Und nun wird Müntzer wichtig, worauf wir schon verwiesen, die Korrektheit seines Verhaltens zu betonen: er habe erstens von Anfang an gewarnt und gebeten, den Widerstand gegen Gottes Wort aufzugeben und nicht durch die Aufrechterhaltung des Verbotes, „dye unsern und dye seynen zur emporung“ zu reizen; als das alles nichts fruchtete, habe er schließlich am 13. September[124] den Grafen öffentlich im Gottesdienst aufgefordert, „das er myt den ordinarien duss bystumbs hyr erscheyne und brenge nach, das meyne lere adder ampt ketzers sey“[124a]. Wenn der Graf aber dazu nicht bereit sei — und auf dieses „wenn nicht“ kommt es Müntzer hier entscheidend an — müsse er den Vorwurf der Ketzerei zurückgeben. Im übrigen habe gerade der Mansfelder das kaiserliche Mandat, auf das er sich berufe, gröblich verletzt[125]; denn nach den klaren Richtlinien des Mandats „solte er seyn gelert leuthe myt gebracht haben und mich gutig und bescheydelichen unterweyset haben. So ich uberwunnen wehr worden, solte er mich darnach vor E. C. F. G. vorklagt haben und darnach seynen leuthen

---

[117] Franz, MG, S. 395,8—13.
[118] Ebd., S. 395,13—17.
[119] Matth. 5,15.
[120] Matth. 10,26 ff.
[121] Apg. 26,22.
[122] 1. Kor. 1,17 ff.
[123] Franz, MG, S. 395,25—31.
[124] Irrige Datierung (15. 9.) bei Franz, MG, S. 396 Anm. 17.
[124a] Ebd. S. 396,11—13.
[125] Die von Böhmer/Kirn bei Franz, MG, S. 396 übernommene Anm. 24 dürfte so wohl nicht ganz zutreffen.

vorbotten haben, solche ampter nicht zu horen"[126]. Halte man sich in der Weise des Grafen nicht wirklich an das Mandat und wolle man „myt menschlichen gepotten das evangelium ... aufhalten", bringe man das Volk in Verwirrung, bringe man es gegen die Fürsten auf und es werde dahin kommen, daß das Schwert den ihr Amt mißbrauchenden Regenten genommen und „dem ynbrunstigen[127] volke gegeben werden zum untergange der gotlosen, Danielis 7, do wyrt das eddel kleynot, der fride, aufgehaben werden von der erden, apocalipsis 6[128]: Der auf dem weysen pferde sitzt, wil uberwinden, und es geburt yhm nicht"[129]. Eben vor diesen drohenden Möglichkeiten zu warnen, wie sie durch die Handlungsweise des Mansfelders heraufbeschworen und „durch unser nachlassigkeit" gefördert werden, ist ihm ein ernstes Anliegen auch in diesem Briefe. Knapp und gemessen zieht dann das Schreiben in drei klaren Sätzen das Fazit: „das yr meyn screyben wolleth gnedig ansehen und mich dorch gotlich recht lassen vorhoren, ap ich rechtschaffen sey yn meynem entschuldigen. Solte ich itzunt wychen, das kunte meyn gewissen und meyn wandel vor der christenheit nicht vorwinnen, 1. ad Timotheum 3. Eur Churfurstlich Gnade mussen auch hye keke seyn, seht yr dach, das Got also unaufhorlich von anbegynne bey E. C. F. G. gestanden hat"[130].

Mochte diese oder jene Wendung schon um ihrer absonderlichen Sprache willen bei Friedrich dem Weisen wenig Anklang finden und er zu Einzelheiten hier und da seine Vorbehalte haben, als Ganzes mußte ihm der wohlüberlegte und prägnant gefaßte Rechenschaftsbericht doch eindrücklich sein und ihm das Urteil abnötigen, es mit einem Manne zu tun zu haben, der sich mit großem Ernst und Eifer für den Durchbruch der evangelischen Wahrheit einsetzte. Mochten seine Räte ihm auch sagen, daß die eigenwilligen Gedanken dieses Mannes in dem Briefe doch nur sehr teilweise erkennbar seien, der deutlich ausgesprochene Appell an die hohe Verantwortlichkeit der Fürsten für die Sache Gottes blieb gerade auf ihn nicht ohne tiefere Wirkung, so daß er die auch und gerade ihm geltende Mahnung nicht leichthin abtun konnte. In dem konkreten Streitfall waren die ausfälligen Reden des Predigers für ihn nach wie vor anstößig und auch in ihrer konditionalen Form unentschuldbar; doch er konnte sich der überzeugenden Kraft der Argumente des Beschuldigten nicht entziehen und was da über sinngemäße Ausführung des kaiserlichen Mandates geschrieben war, fand zumindest in seiner Anwendung auf den vorliegenden Konflikt seine volle Zustimmung, zumal darin der seiner eigenen Kirchenpolitik entsprechende Weg angegeben war, einer unmit-

---

[126] Franz, MG, S. 396,19—22.

[127] Hinrichs, L. u. M. (S. 10) übersetzt hier „wütend"; die ganze Auslegung dieses Passus bei Hinrichs ist abwegig.

[128] Apoc. 6,2.   [129] Franz, MG, S. 396,27—397,4.

[130] Franz, MG, S. 397,11—16.

telbaren und definitiven Entscheidung des Falles durch den Fürsten erst
einmal auszuweichen. Jedenfalls konnte er sich nach dem nunmehr gewonnenen genaueren Einblick in die Hintergründe der ganzen Affäre
noch weniger als schon zuvor entschließen, der Beschwerde und dem Verlangen des Mansfelder Grafen einfach nachzugeben. Es war bei seiner
klugen Zurückhaltung von allen offiziellen Beziehungen zu den Expo-
nenten der reformatorischen Bewegung selbstverständlich, daß Müntzer
selbst keine direkte Antwort auf sein Rechtfertigungsschreiben erhielt.
Aber dem Amtmann und dem Rate von Allstedt wurde zu ihrer Erleichterung und Befriedigung der Bescheid, daß der Landesherr mit ihrem
Vorgehen im großen und ganzen einverstanden war und ihnen keine
Auflage weiter machte, als Müntzer noch einmal seine Mißbilligung der
ungehörigen Äußerungen auszusprechen, ihm künftighin einen derartigen
Mißbrauch der Kanzel zu untersagen und auf die strikte Einhaltung der
mit Handschlag eingegangenen Verpflichtungen zu achten. Zwar ist uns
das Dokument an die Allstedter nicht überkommen, doch ergibt sich sein
wesentlicher Inhalt aus dem Schreiben des Kurfürsten an Ernst von
Mansfeld vom 11. Oktober[131]. Darin wird dem Grafen mitgeteilt, daß
Schösser und Rat „vf vnsern beuelh[132] von dem pfarrer mit handgebenden treuen geduld genomen, das er zugesagt, das er der wort halbn, der
er von euch bezichtiget, fur aller Cristenhait vnd vor vns zuuerhor vnd
ordenlichem Rechten gestehn vnd gewartn wolle. Darauf habn wir ge-
dachtm Schosser vnd Rat widerumb schreiben lassen, das wir wol leiden
mochten, das sich der pfarrer der wort auf dem predigstul, dy zu gottes
Ere vnd Cristlicher vnderweisung des volks nit dinstlich, enthielte, vnd
das wir vns gentzlich versehn wolten, er wurd dem, so er dem Schosser
vnd Rat mit handgebenden treuen gelobt vnd zugesagt, volg thun, sich
auch hinfurder enthalten, Euch, noch nymant anders mit vnbillickait zubeschweren". Daß auch Müntzer sich ausführlich geäußert hatte, behält
Friedrich für sich. Im übrigen enthält er sich jeglichen Urteils und überläßt es ganz dem Grafen, ob er sich nun vor aller Christenheit auf eine
Erörterung mit Müntzer über Recht oder Unrecht seiner Beschwerde einlassen will. Eine andere Möglichkeit, den Zwischenfall zu klären, wird
gar nicht in Betracht gezogen, und diese einzige Möglichkeit wird gleichsam noch eingeklammert durch den voraufgehenden Bescheid, daß Müntzer vom Kurfürsten ermahnt worden sei, nichts auf der Kanzel zu sagen,
was nicht zu Gottes Ehre und zur christlichen Unterweisung des Volkes
dienlich sei, und durch den nachfolgenden Hinweis auf die eidesstattliche
Erklärung Müntzers, es in Zukunft unterlassen zu wollen, „Euch, noch
nymant anders mit vnbillickait zubeschweren". Der Graf konnte schwerlich überhören wie das alles gemeint war und hat infolgedessen auch,

---

[131] Förstemann, Nr. 9, S. 234.
[132] Das stimmt, wörtlich genommen, nicht.

soweit wir es übersehen können, seine Klage gegen den ketzerischen Pfaffen offiziell nicht weiter verfolgt.

Müntzer mußte diese Behandlung und Erledigung des Konfliktes als einen persönlichen und sachlichen Triumph über den Gegner werten. Gewiß, das Verbot des Mansfelders blieb bestehen und Müntzer durfte nicht so, wie wohl gern gewollt, ja, wie er nach seiner Meinung eigentlich gemußt hätte, von der Kanzel herab dagegen polemisieren. Aber er war noch einsichtig genug, das Erreichte nicht zu mißachten. Es war doch faktisch außerordentlich viel erreicht: er war persönlich dem feindseligen Zugriff seines Widersachers entzogen; er war nicht genötigt, eine entschuldigende oder verharmlosende Erklärung zugunsten des „Gottlosen" abzugeben; er durfte in seinem Allstedter Pfarramt bleiben, und er konnte vor allem sein reformatorisches Wirken ungehindert in der begonnenen Weise fortsetzen. An der Tatsache hilfreich ihm gewährten Schutzes und stillschweigender Begünstigung seines Einsatzes für die evangelische Wahrheit konnte kein Zweifel sein, und man kann es wohl verstehen, daß er all das sehr viel stärker auf seine Person bezog als es je in der Absicht des Kurfürsten gelegen hat, den ein solcher Einzelfall nur im Ganzen seiner Religionspolitik anging und den kaum irgendwelche Bindungen oder Neigungen an die jeweiligen Akteure sonderlich bestimmten. Selbst bei einer weniger subjektiv orientierten Beurteilung der unleugbar positiv-neutralen Stellungnahme der obrigkeitlichen Instanz läßt es sich sehr wohl begreifen, wenn Müntzer zu seinem Landesherrn ein besonderes Zutrauen faßte und sogar die Hoffnung hegte, daß sich der Fürst zu dem von ihm ersehnten Vorkämpfer der entschiedenen Erneuerung der Christenheit und der endlichen Aufrichtung der Gottesherrschaft im gottgewollten Kampfe gegen die unerträgliche Tyrannis der Gottlosen aufwerfen werde.

3. Der offene Protest gegen den „gedichteten Glauben"

Müntzer begnügte sich nicht damit, sein Predigtamt unbekümmert um den Einspruch des Mansfelder Grafen weiterhin in der begonnenen Weise auszuüben. Nachdem die Ausarbeitung der neuen gottesdienstlichen Ordnungen im wesentlichen abgeschlossen war, sah er sich durch den starken Widerhall, den sein Allstedter Wirken weithin fand, veranlaßt, sein Verständnis des reformatorischen Christentums nunmehr ebenfalls durch das gedruckte Wort einem größeren Kreise vorzutragen, um zugleich den „Schaden der kirchen" aufzudecken, der sie bis in die Gegenwart hinein nicht zu ihrem wahren Wesen finden läßt. Er hatte sich schon eineinhalb Jahre zuvor in dem Briefe an Melanchthon erboten, „sie volueritis, omnia mea scripturis, ordine, experientia apertoque verbo

Dei roborabo"[133]. Ende Juli hatte ihn Luther durch Zeiß dringend aufgefordert, mit den Wittenbergern über seine *doctrina* zu konferieren[134]. Ein von Luther nahegelegtes Gespräch im kleineren Kreise lehnte er freilich ab, da er sich bei dessen ihm inzwischen nicht mehr zweifelhafter ablehnender Haltung davon nichts versprach. Doch zu einer offenen Diskussion vor einem weiten Forum interessierter Christen war er bereit, und die Publizierung seiner Anschauungen konnte als ein erster Beitrag zur öffentlichen Erörterung strittiger Fragen dienen. Aus derartigen Überlegungen dürfte im letzten Quartal 1523 die Schrift entstanden sein: „Protestation odder empietung Tome Müntzers von Stolberg am Hartzs, seelwarters zu Alstedt, seine lere betreffende und zum anfang von dem rechten Christen glawben vnnd der tawffe. 1524."[135] Es war, wie er selber auf dem Titelblatte sagt, seine Neujahrsgabe an die Welt: „Horst welt! Ich predige dir Jesum Christum den gecreutzigten, zum newen jare und dich und mich mit ym. Gefelt dir's, nym es auff, so nicht, vorwirff es!"[136] Unter diesem Leitwort legt er „seine lere" dar[137] und beginnt er mit dem zentralen Thema „von dem rechten Christen glawben", auf das er in einer gleichsam historischen Betrachtung über die Verkehrung der Taufe hinleitet.

Die kleine Schrift ist ein echtes Zeugnis seines heiligen Eifers und seines Sendungsbewußtseins. Der neben den ersten Zeilen am Rande vermerkte Hinweis auf Maleachi 3 will nicht nur die mahnende Warnung des alttestamentlichen Propheten für die Gegenwart aktualisieren, sondern enthält im Blick auf die letzten Verse des Kapitels eine kaum verhüllte Aussage über die Vollmacht seines Auftrages: „Siehe, ich will euch senden den Propheten Elia, ehe denn da komme der große und schreckliche Tag des Herrn. Der soll das Herz der Väter bekehren zu den Kindern und das Herz der Kinder zu ihren Vätern, daß ich nicht komme und das Erdreich mit dem Bann schlage." In solcher Mission weiß er sich verpflichtet, die Christenheit zur Besinnung und Umkehr zu rufen, daß sie wieder werde, was sie „vor vielen jaren zu den zeytten der aposteln und yrer schüler gewesen"[138] ist, und nicht mehr, wie jetzt, „die gotloßen sone der heimlichen, hinterlistigen schalckheit scheinen und erglasten weyt, weit über euch hinden und von forne ertzu"[139]. Das „einbrünstig seufftzen und sehnen", das „nach Gottes ewigem willen unvorrügklich der einige unbetriegliche fußstapffen der apostolischen warhafftigen christenheit ist", jetzt aber „in ein mißfallende gespenste und hochhönischen

[133] Franz, MG, S. 382,1 f.
[134] WA Briefe III, S. 120,34 f.: „Rogavi itaque quęstorem, ut vrgeret hominem ad conferendum nobiscum suam doctrinam."
[135] Franz, MG, S. 225—240.   [136] Franz, MG, S. 225.
[137] Protestatio = Bezeugung, Darlegung; empietung = erklärende Nachweisung.
[138] Franz, MG, S. 227,25 f.   [139] Ebd. S. 226,8 f.

gespot verwandelt und schiere außgetilgt ist"[140], muß wieder das echte Kriterium wahrer Christlichkeit werden, nicht „die wutende thorheit ..., welche sich zu unsern zeiten vil unsawberer vnd halßstortziger lest mercken, ja greyffen dann vom anfang, nachdeme alle hinterlistige tuck aller honigsussen büberey inß höchste wesen kommen seint und sich nu mit getichtem glawben, nu mit gleissenden wercken bedeckt und kostparlich beholffen haben"[141]. Der eigentliche und wirkliche „schade der unvorstendigen werlt muß erstlich erkant werden mit alle seinem ursprunge"[142], und das heißt „der einige trost der ellenden kirchen erwartet das, das die außerwelten sollen und mussen christformig werden und mit mancherley leyden und zucht Gottis werck in achtung haben"[143]. Entscheidend ist, daß wir so den rechten Weg und Zugang zum christlichen Glauben wieder finden, daß wir erkennen, wie „wir unsern tewren christlichen glauben zum solchen leichtfertigen dinge gemacht haben one alle uberkommung", uns nicht anmaßen, „rumreytig, hoch zu schreiben, ja auch grosse bucher vol, vol klicken, sagende: Ich glewbe, ich glewbe"[144], und im Grunde gar nicht wissen, wozu wir ja oder nein sagen. Bereits in der nachapostolischen Zeit setzte die große Verderbnis ein, machte sich „ein solcher affterglawb" breit, „der sich auf die heilgen zeichen mehr dann auffs ynnerliche wesen vorlest"[145], und der Verfall des alten Katechumenats mit der Einführung der Kindertaufe zeitigte die heillose Verwirrung, aus der die Christenheit bis zur Stunde noch nicht wieder herausgefunden hat. „Die rechte tauffe ist nicht verstanden, darumb ist der eingang zur christenheit zum vihischen affenspiel worden."[146] Hatte man in apostolischer Zeit „allein die erwachßnen leute nach langer unterrichtung zu kirchenschulern aufgenommen"[147], so paßte man sich schon bald darauf „heidenischen ceremonien oder geperden des gantzen grewels in der heiligen stat" an, „do man unmundige kinder zu christen machte und lies die cathecuminos abgehn"[148]. Die Schriftgelehrten beriefen und berufen sich auf Joh. 3,5: „ ,Wer nicht getaufft wirt ym wasser und heiligen geiste, wirt nicht kommen yns reich Gotes'. Dise wort seint die rechte warheit";[149] aber sie haben sie völlig mißverstanden und zur Begründung einer sakramentalen Wassertaufe mißbraucht, die als solche weder notwendig noch zu rechtfertigen ist, vielmehr den Sinn der christlichen Taufe in gröblicher Weise entstellt und „die rechte tauffe vorblumet mit der leydigen, heuchlischen gevatterschafft"[150]. Der wahre Sachverhalt wurde eben nicht „aus der heyligen biblien in einer starcken vorgleichung

---

[140] Ebd. S. 226,10—17 passim.
[141] Ebd. S. 226,23—28.
[142] Ebd. S. 226,31 f.
[143] Ebd. S. 227,6 ff.
[144] Ebd. S. 227,11—15.
[145] Ebd. S. 227,31 f.
[146] Ebd. S. 228,13 f.
[147] Ebd. S. 227,29 f.
[148] Ebd. S. 229,18—20.
[149] Ebd. S. 228,17 f.
[150] Ebd. S. 229,22 f.

aller wort, die in beyden testamenten clerlich beschriben stehn"[151], einsichtig gemacht, vielmehr durch eine „stückwerckische" Auslegung geradezu verdeckt. Es ist verborgen geblieben, daß die vielfältige Bezugnahme auf das Wasser im Johannes-Evangelium als ein einziger, immer neuer Hinweis auf das Leiden begriffen sein will, durch das Gott den Menschen tötet und lebendig macht, ihn an sich selber verzweifeln und gottempfänglich werden läßt, ihn in seiner Armgeistigkeit mit göttlichem Geiste erfüllt. Müntzers exegetische Künste nehmen hier selbst für seine Zeit so groteske Formen an, daß einigermaßen urteilsfähige Leser schwerlich bereit waren, den Ausführungen seines 6. Abschnittes zu folgen, und die am Rande vermerkten biblischen Belegstellen, aus denen hervorgehen sollte, wie „Joannes gleich übereins mit allen propheten von der bewegung der wasser stympt"[152], halfen nicht weiter, selbst wenn man das Stichwort „Wasser" erfaßt hatte. Dem Allstedter Pfarrer freilich stand es fest, den Schlüssel zum rechten Verständnis der Taufe gefunden zu haben, die das offenbare Geheimnis des christlichen Lebens vorbildet, wie es durch die Drangsale Leibes und der Seele zur Erkenntnis Gottes gelangt, in der „bewegung unsers in Gotis geist"[153] geistesmächtig und glaubensgewiß wird. Zu diesem Wege durch Leiden zum Glauben bekennt sich willentlich, wer die Taufe begehrt, und der Taufvollzug stellt ihm Weg und Ziel, Aufgabe und Gabe eines christlichen Daseins am Eingang in bedeutungsschwerer Sinnhaftigkeit vor Augen. Aber dieses Wesentliche wurde seiner Meinung nach der Christenheit unwesentlich, die intensive „Ein-bildung" geistlicher Erkenntnis ging in der heidnischen Vorstellung einer dinglichen Wirkung des äußeren Zeichens verloren, der einem inneren Verlangen und ernstem Wollen entspringende Akt verantwortlicher persönlicher Entscheidung wurde zu einer den ernsten Anspruch Gottes ignorierenden, ins Unverbindliche ausweichenden, unpersönlichen Zeremonie. Damit nahm der Abfall der Kirche seinen Anfang und begann die trostlose Verwirrung, die auch äußerlich die Christenheit zerriß. Denn nun wurden folgerecht diese äußeren verkehrten Dinge zu Kriterien wahrer Christlichkeit gemacht: „Do kquam die untzuchtige fraw mit yrem rothen rock, die blutvorgiesserin, die Römische kirche, und wart uneins mit allen andern kirchen und meinte yre ceremonien, geperde von und aus der heydenschafft zusammen gestuppelt, solten die besten sein und alle andere ein misfallender grewel."[154] Da wurden „die lande durch der aposteln thewre blut erarnet [erworben], also umb geringe geperde dem teuffel gegeben"[155]. Und wir Deutschen, zu denen „der christlich glawbe ... fast zum letzten kommen", haben das alles einfach übernommen und noch „durch hessig get-

---

[151] Ebd. S. 228,21 ff. [152] Ebd. S. 229,6 f.
[153] Ebd. S. 228,31. [154] Ebd. S. 229,25—29.
[155] Ebd. S. 230,5 ff.

zencke"₁ gesteigert, „das wir des glaubens ursprunck im hertzen nicht ein einiges mal gedacht haben"[156]. Aber wir sollten aus der Schrift lernen, „wann der starcke Got der scharen lest yrthumer oder ketzerey auffkommen beweyßet er, das die leuthe im glauben nicht zunemen, oder haben einen hinterlistigen, tückischen glawben"[157]. „Darumb das wir uns ym glawben also gesunt duncken lassen, dorffen wir keines artzts und Got schmeist uns nach ymer einer wunde uber die andere. In solcher blindtheit und unerfindtlickeit wandern wir, noch wollen wir niemandt glawben, das wir blind, blind sein. Sollen uns, yr allerliebsten brüder, unser augen auffgethan werden, so mussen wir erst unser blindtheit erkennen, die wir sonderlich im getichten glawben und darnach in gleyssenden wercken tragen."[158]

Mit dieser Aufforderung, sich mit radikalem Ernste der Frage zu stellen, was denn nun eigentlich Sinn und Wesen des christlichen Glaubens sei, und daraus die klaren Folgerungen zu ziehen, wendet Müntzer sich seinem vornehmsten Anliegen zu. Zunächst geht er auf die stereotype Erklärung der Schriftgelehrten ein: „„Wir wissen, das Got mit Mose geredt hat'"; so damals, und heute: „„Wir wissen, das die schrifft recht ist'"[159]. Das ist schon zutreffend; aber was heißt das? „Solt ich die schrift darumb annemen, das sie die kirche also von außwendig auffnimpt und weytter keine ankunfft (scil. des Glaubens) wissen?"[160] Auch die Heiden, Türken und Juden glauben an Gott und berufen sich auf heilige Schriften: „Ich wolte mich weit umbsehen auff dem gantzen umbkreyß der erden, ansehen alle völcker, dan vornem ich, das die heyden auch glewben, wie yre götter fromme heyligen seint, dem ubersten Got unterthenig. Weitter die Türcken rhumen sich yres Machomets ya so hoch wie wir unsers Christs. Daruber die Juden, außwendig antzusehen, haben sie einen bestendigern grundt dann andere unwissende, schwinde leute."[161] Bei allen, am krassesten bei den Christen zielt das „schriftgemässe Glauben" ganz unverhohlen darauf ab, durch die göttliche Hilfe allem Leid und Ungemach möglichst enthoben zu werden. Was unterscheidet denn eigentlich die Christen von Heiden, Türken, Juden? Ist es nicht so, daß „wir den heiden auch gleich seint"[162] „und wollen yn solcher weyse gleichwol nicht heiden, sondern christen seyn"[163]? Dabei bilden sich unsere Schriftgelehrten gerade heute auf ihren immer unsinniger gewordenen christlichen Glauben mehr denn je ein „und wollen balde einen fur die hunde werffen, der es nicht allenthalben mit uns helt. Ist eine große unbeschcydenheit, das das geschiet. Darumb das viel leuthe das werck Gottes nicht erkennen, meinen, man kund also leichtlich zum christenglauben kom-

---

[156] Ebd. S. 230,12—17 passim. [157] Ebd. S. 230,23—26.
[158] Ebd. S. 231,2—9. [159] Ebd. S. 231,12—14.
[160] Ebd. S. 231,19 f. [161] Ebd. S. 231,21—27.
[162] Ebd. S. 233,12. [163] Ebd. S. 232,15 f.

men, wenn sie nur dran dencken, was Cristus gesagt hat"[164]. Das unterscheidende und entscheidende Merkmal ist nicht die Aneignung einer Schriftaussage: „Ab du auch schon die biblien gefressen hets, hilfft dich nit, du must den scharffen pflugschar leiden. Hastu doch keinen glauben, Got gebe dir dann ynen selbern und lere dich den selbern. Sol das gescheen, so wirt dir, du lieber schrifftgelerter, zum ersten auch das buch vorschlossen. Do kan dirs widder dem vornunfft nach keine creatur auffthun, soltestu auch zupresten. Gott muß deine lenden schurtzen, ja du must alle becleidung, do du von allen creaturn angezogen bist, lassen Got durch sein werck abwerffen."[165] Christlicher Glaube ist also etwas ganz anderes, ganz Eigenes, allen gängigen in der Kirche herrschenden Glaubensformen Inkommensurables. Er kommt nie und nimmer „aus eigener Vernunft noch Kraft" zustande, und er lebt nicht von der Berufung auf passend ausgewählte Schriftstellen. Man empfängt ihn allein in unmittelbarer Begegnung mit Gott von Gott selber. Der einzige Weg aber zu solcher Begegnung führt durch die Tiefen läuternden Leidens: „Du must erdulden und wissen, wie dir Got selbern dein unkraut, disteln und dorner aus deinem fruchtbaren lande, das ist aus deinem hertzen, reutet. Es wechst anders nichts guts do, dann der wuttende teuffel, geschwunden yns liecht, und schöne kornrößelin etc."[166] Genau das will man jedoch auch in der Christenheit nicht mehr wahrhaben und sucht nicht anders als die so überheblich zu Ungläubigen gestempelten Heiden, Türken und Juden mit Hilfe der natürlichen Vernunft einen bequemen Weg zu finden, um nur ja nicht leiden zu müssen. „Die Römer haben ablaß geben, vortzeigt pein und schult"[167]; „die das evangelion treyben, preyßen auffs hochste den glauben"[168] und predigen, „der glaub muß uns rechtfertig machen und nicht die werck"[169]; schließlich gibt es „etliche redeliche leuthe, die yren gewissen mit solchem leichten geplauder nicht lassen setigen, erkennen und erfinden warhafftig, das der weg zum hymel muß gar ein enger weg sein ... und fallen daruber in eine dornhecken, das ist in heidenische cerimonien ader geperde, in vil fasten und bethen etc., und meinen, sie haben es troffen"[170]. Im Grunde genommen sind die Motive und Tendenzen aller drei Gruppen im Blick auf das Zentrum wahren christlichen Lebens die gleichen; „sie haben keinen andern glauben noch geist, dann den sie aus der schrifft gestolen haben. Aber sie heissen es nicht gestolen, sondernn gegleubet. Das liecht der natur helt so viel von ym selbern, es meint, man muge so leichte dartzu kommen"[171]. Sie übersehen, vornehmlich die, die sich ihres Glaubens so rühmen, geflissentlich, daß „die aposteln und alle propheten mit Gottis wortten nicht

---

[164] Ebd. S. 233,25—29. [165] Ebd. S. 234,2—10.
[166] Ebd. S. 233,29—234,2. [167] Ebd. S. 234,20.
[168] Ebd. S. 236,13 f. [169] Ebd. S. 235,29 f.
[170] Ebd. S. 236,28—337,2. [171] Ebd. S. 235,24—27.

bestehn kundten, bis das alle unkraut und frecheit eines getichten glaubens muste außgerodt werden"[172]. Man wähnt, es „ist gnug dran, wenn wir die schrifft haben und dorften der krafft Gotis nicht gewar werden"[173]. „Do wirt der natur nicht furgehalten, wie der mensche durch Gotis werck zum glauben kompt, welchs er muß vor allen und uber alle ding wartten."[174] Darum ist das Ergebnis nicht verwunderlich: „So wil das gutdunckende liecht der natur whenen: Ach, wan nicht mehr gepürt dann gleuben, ey wie leichts wiltu dartzu kommen! Es sagt weiter: Ja, ane zweyffel, du bist von christlichen eltern geporn, du hast nye kein mal getzweyffelt, du wilt auch feste stehn. Ja, ja, ich bin ein guter christ. Ach, kan ich so leichtlich selig werden? Pfey, pfey der pfaffen! Ach, die vorfluchten, wie haben sie es mir also sawr lassen werden ect. Do meinen dann die leuthe in windtfangender weyße selig zu werden . . . und wöllen mit viel rhumretigen wortten also gut evangelisch sein."[175]

Erst nachdem alle die von der natürlichen Vernunft ausgeklügelten Wege einer billig und bequem gemachten Christlichkeit als Irrwege abgetan sind, kennzeichnet er kurz den viel berufenen engen Weg. „Die emsige erwarttung auffs wort macht ein anfangenden christen. Dieselbige erwarttung muß zum ersten das wort leyden, und do muß gar kein trost in ewiger vortzeihung zu unserm werck sein. Do meint der mensche, er hab keinen glauben uberal. Ja er befindet nach seinem beduncken keinen glawben. Er fulet odder findet ein durfftiges begir zum rechten glauben, welchs also schwach ist, das ers kaume und uber die masse schwerlich in ym gewar wirt. Doch zuletzt muß es erausser brechen, sagende: ‚Ach ich ellender mensch, was treybt mich in meinem hertzen? Mein gewissen vortzert all mein safft und crafft und alles, was ich bin. Ey was sol ich doch nu machen? Ich bin yrre worden, ane allen trost an Got und der creatur zu uberkommen. Do peiniget mich Got mit meinem gewissen, mit unglawben, vertzweyflung und mit seiner lesterung. Von außwendig werde ich uberfallen mit kranckheyt, armut, jamer und aller nodt, von bößen leutten etc. Und das dringt mich von inwendig vill mehr dan das eusserliche. Ach wie gerne wolt ich doch recht gleuben, wenn es doch alles dran gelegen were, wenn ich nur wuste, welchs der rechte weg were. Ja, ich wolte lauffen zum ende der werlt.'"[176] In dieser hoffnungslosen Verzweiflung, wo der Mensch „schiere widder an Gott noch creatur" glaubt und „schiere nicht weiß, ab ich lieber todt oder lebendig sein sol"[177], wo „ym solche herbe, bittere gedancken und engstliche nodt den kopff mochten unsinnig und thöricht machen" und „der erste unglaub" ihn zerbrechen will, „das du deinen holtseligen güttigen schöpffer das nicht wilt

---

[172] Ebd. S. 235,13 ff.   [173] Ebd. S. 235,16 f.
[174] Ebd. S. 235,30 ff.   [175] Ebd. S. 236,14—23.
[176] Ebd. S. 237,21—238,3.   [177] Ebd. S. 238,5—8 passim.

vortrawen, das er deinen kopff bewaren kunde"[178], — da steht Gott in Wirklichkeit unmittelbar neben ihm. Die das erleiden, „die sehen, das das wort, do der rechte glawbe angehenckt, nicht hunderttawsent meylen von yn ist, sondern sie sehen wie es quillt aus dem abgrunde des hertzen, werden gewar, wie es abgeht vom lebendigen Gotte. Die vornemen wol, das man muß nüchtern sein, allen lüsten urlaub geben und auff solch wort und zusage Gottis mit der hochsten arbeyt wartten. Do gleubt der mensche nicht darumb, das ers von andern leuthen gehort hat. Auch das es die gantze werlt annimpt ader vorwirfft, ist ym gleich, so viel wie Joannes am vierden betzeugen ist. Aber seine inwendige augen haben lange, lange zeit gewarttet auff den herren und auff seine hende, das ist auff gotliche werck, und so erlangt die erbewbung biß zum ende des gantzen wuchers des geists. Also muß man der unvorrucklichen Gottis barmhertzikeit gewertig sein."[179] „Darumb, lieben bruder, wenn es gut mit uns gemeint und gehandelt wirt, sollen wir nicht thun, wie die horn-affen thun oder die grossen brumfliegen, ein grosse schmach darauß ma-chen, sondern sollen gedencken an die rede Salomonis: ‚Die wunden des liebhabers seint besser dann die küsse eines hinterlistigen'. Auch sagt der prophet: ‚Du liebes volck, die dich heilig und gut heyssen, betriegen dich'. Ein cluger man, wann der gestrafft wirt, bessert er sich. Ein narre oder thore nimpt nicht auff die wort der weyßheyt. Man muß ym sagen, das er gerne hort. Do behute euch, lieben bruder, der barmhertzig Got fur ewig. Amen."[180]

Die ganze Schrift mutet wie eine polemische Abhandlung über den trostlosen Verfall der Christenheit an, der schon in der nachapostolischen Zeit einsetzt und mit der Fehlentwicklung der Reformation in eine neue verhängnisvolle Phase einzutreten droht. Kritische Vorhaltungen reihen sich aneinander, die vornehmlich darauf ausgerichtet zu sein scheinen, fast alles bisher in die Erscheinung getretene christliche Wesen als zu-tiefst unchristlich zu qualifizieren. Dennoch steht hinter den Ausführun-gen zweifellos nicht der Drang eines impertinenten Eigensinnes zur Ne-gation um ihrer selbst willen. Müntzer sieht es im Gegenteil als einen ganz und gar positiven Beitrag zur wahren Reformation an, wenn er „den schaden der kirchen, welcher durch die unvorstandene tauffe und getichten glauben uns uberfallen hat"[181], rücksichtslos aufdeckt; „dann der fußhadder muß auff die stange des creutzs, auff das die lere Cristi durch mich keinen nachteyl leyde"[182]. Die Lehre Christi aber ist für ihn gültig in seiner Kreuzestheologie erfaßt, die er in der Monotonie seiner Kritik den Lesern geradezu in ihr Bewußtsein einhämmert, wie er es auf dem Titelblatt angekündigt hatte. Seiner Kreuzestheologie wiederum ist

---

[178] Ebd. S. 238,22—26 passim.
[179] Ebd. S. 237,7—19.
[180] Ebd. S. 239,17—25.
[181] Ebd. S. 239,28 f.
[182] Ebd. S. 240,10 f.

sein Glaubensverständnis inhärent, so daß also der Inhalt der Protestation ihrem Titel durchaus entspricht.

An welche Adresse seine Auslassungen vornehmlich gerichtet waren,
schreibt er zum Schluß für die, die es noch nicht gemerkt haben sollten,
ganz unverblümt. „Durch mein vornemen wil ich der evangelischen prediger lere in ein besser weßen furen und unser hinderstellige, langsame
Römischen brudere auch nicht verachten."[183] Ihm ging es demzufolge
nicht nur, doch ganz besonders um eine Auseinandersetzung mit den
lutherischen Theologen, die nach seiner Vorstellung in einer freien Diskussion vor einem öffentlichen Forum durchzuführen wäre. „So ich im
selbigen[184] yrre, wil ich mich lassen fruntlich weisen fur einer ungeferh-
lichen gemeine und nicht ane gnugsame getzeugen auff einem winckel,
sondern am lichten tage."[185] Das ist die Antwort auf Luthers Aufforderung zu einem internen Gespräch in Wittenberg. Er befürchtet also, daß
die bloßgestellten Gegner ihn in ihrer Hochburg durch ein geschickt ma-
nipuliertes, unter Ausschluß der Öffentlichkeit von einem parteiischen
Gremium diktiertes Urteil zum Irrlehrer stempeln würden, um ihn dann
vor aller Welt zu diskreditieren und schließlich mundtot zu machen.
Wenn er sich wieder, wie schon Anfang Juli im Briefe an Luther, bereit
erklärt, sich freundlich weisen zu lassen, falls er geirrt habe, nun freilich
nur vor einem öffentlichen Forum, so hat er doch kaum ernsthaft daran
gedacht, daß er eines Besseren belehrt werden könnte. Ja, war der Gedanke einer die Welt zum Aufhorchen bringenden Disputation überhaupt
bei ihm mehr als ein verstiegenes Gebilde seines Selbstbewußtseins und
seines Geltungsdranges? Zwar wiederholt er im übernächsten Satze sein
Ersuchen: „... thut mir mein urteyl fur der gantzen werlt und auff keinem winckel"[186]; und ein drittes Mal spricht er davon in den letzten Sätzen mit spöttischer Ironie: „Ich wil meinen grund beweysen und wer mir
lieb, wann es euch unvorsuchten nicht also spottisch in die nasen gieng,
das man mich mit meinen widdersachern fur allen nation allerley glaubens vorhorte. Wolt yr es euch lassen kosten, do ist mein armer leyb auffs
höchste erbotten. Ubereylt euch hie nicht mit schwindem urteyl umb der
barmhertzikeit Gottis willen."[187] Aber in der pathetischen Übersteigerung seines Anerbietens stellt er dessen Ernst selber wieder in Frage.
Denn so sicher er sich in der Überzeugtheit von der absoluten Gültigkeit
seiner Darlegungen gibt und mit „Leib und Leben" dafür einstehen zu
wollen erklärt, so wenig traut er den Widersachern eine entsprechende
Haltung zu, weder eine festgegründete Überzeugungstreue noch einen
einsatzwilligen Mut. Die gelehrten Theologen werden es — so unterstellt er ihnen mehr oder minder deutlich — auf eine offene Auseinan-

183 Ebd. S. 240,2—4.
184 D. h. im Aufweis des Schadens der Kirche.
185 Franz, MG, S. 239,29—240,2.   186 Ebd. S. 240,4 f.   187 Ebd. S. 240,16—21.

dersetzung gar nicht ankommen lassen; sie werden sein Begehren „mit schwindem urteyl" abtun und nach Kräften weiter gegen ihn agitieren. Eher hielt er es für möglich, daß er hier und da bei Christen, die es mit ihrem Glauben ernst nehmen, Befremden und Widerspruch erregen wird. Ihnen will er bereitwillig auf ihre Bedenken und Einwände Rede und Antwort stehen: „Wer do gebrechen ane hat, der schreybe freuntlich, so wil ich ym wider ein gut vol maß geben, auff das niemandt den andern unbillich vorrichte. Das helffe uns der zartte son Gotis Jesus Cristus, der uns macht zu seinen brüdern."[188] Eine solche Form sachlich-kritisch geführten Meinungsaustausches ist jedoch mit denen nicht praktikabel, die in ihrer selbstgefälligen Überheblichkeit nur darauf aus sind, sich mit ihren Hirngespinsten als die Retter und Hüter des wahren Christenglaubens zur Darstellung zu bringen, die keine Kritik an sich gelten lassen und sich jeder besseren Erkenntnis verschließen. Mögen sie nun, wie er voraussieht, auf sein Anerbieten auch nicht eingehen, er hat jedenfalls den „fußhadder ... auff die stange des creutzs" gebracht und vor aller Welt bekundet, daß sie mit ihrem erdichteten Glauben den rechten Fortgang der so verheißungsvoll begonnenen Reformation unterbinden und die Gläubigen in einen heillosen Irrtum führen.

Die Protestation war druckfertig, wenn nicht gar schon auf dem Wege in die Druckerei, als Müntzer von dem geistlichen Berater des sächsischen Kurfürsten aufgefordert wurde, ihm einige Fragen zum Thema Glauben zu beantworten. In der ersten Hälfte des November hielt sich der kurfürstliche Hof auf der Reise zum Nürnberger Reichstage einige Tage auf dem Schlosse zu Allstedt auf[189], und der Hofprediger Spalatin nahm die Gelegenheit wahr, sich über die Situation in Allstedt zu informieren, besonders über den suspekt gewordenen Pfarrer an Ort und Stelle Erkundigungen einzuziehen. Die in dem soeben „beigelegten" Konflikt mit dem Grafen Ernst von Mansfeld von dem Landesherren geübte vorsichtige Taktik ließ es ihm wohl nicht ratsam erscheinen, eine persönliche Begegnung mit Müntzer herbeizuführen[190]. Die gerade in diesem Augenblick noch gebotene Zurückhaltung legte es ihm wohl nahe, sich nur durch den Schösser eingehend berichten zu lassen. Da aber sein spezielles Verlangen[190a] nach einer genaueren Kenntnis des müntzerischen Glaubensverständnisses dabei nicht voll befriedigt wurde, brachte er einige Fragen zu Papier, die er dem Prediger durch Zeiß (?) mit dem Ersuchen um eine kurz gefaßte schriftliche Beantwortung übermitteln ließ. In Spalatins Papieren ist uns die Notiz erhalten: „Interrogationes magistro Thomas Muntzero t r a n s m i s s a e[190b] MDXXIII.

---

[188] Ebd. S. 240,11—14.   [189] Vgl. Höss, S. 265.   [190] Anders Höss, S. 265.

[190a] Es sei daran erinnert, daß sich unter Spalatins Papieren auch eine Notiz über das Gespräch Steins mit Müntzer in Weimar fand; vgl. oben S. 238 f.

[190b] Von mir gesperrt.

1. Quid et que sit vere Christiana fides.
2. Quomodo fides nascitur.
3. Unde sit petenda et querenda fides.
4. Quomodo fides impetrari possit.
5. Quomodo fidem utiliter et salubriter doceamur.
6. Quomodo de fide nostra certi simus.
7. Quomodo fidem suam unusquisquam possit et debeat probare.
8. Qui sint veri fideles Christi.
9. In quibus tentationibus fides nascatur, semetur et augeatur.
10. Quomodo fides in tentationibus subsistat et vintrix evadat.
11. Que fides et quomodo salvet."[191]

Die Fragen sind sehr gezielt gestellt und bekunden ein sachliches Interesse zu erfahren, was für Müntzer eigentlich Glauben heißt, wie man zum Glauben kommt und seiner gewiß wird, wie man ihn bewährt und recht lehrt, in Anfechtungen an ihm festhält und durch ihn das Heil erlangt. Seinen *interrogationes* fügt er noch die Bemerkung hinzu: „Ad que Thomas Muncerus mihi G. Spalatino rescripsit, ut sequitur manu sua."[192] Müntzer hat demnach dem Begehren des Hofpredigers entsprochen und ihm seine Antwort, wieder auf dem Wege über Zeiß, zugeschickt. Sie ist mit Sicherheit als inhaltlich identisch mit der Anfang 1524 veröffentlichten Schrift „Von dem getichten glawben auff nechst Protestation außgangen …"[193] anzusehen, der im Druck noch das aufschlußreiche Schreiben Müntzers an Zeiß vom 2. Dezember 1523[194] angefügt ist. Es enthält nämlich in seinem ersten Teile einen Nachtrag zu „meiner antwort auf das, das Cristo allein das leiden wirt zugelegt"[195], aus dem sich ergibt, daß der Schosser bereits am 2. Dezember einen zum Thema gehörigen Schriftsatz des Predigers in der Hand hatte. Jedoch scheint dieses Manuskript noch nicht die im späteren Druck angeführten biblischen Belegstellen enthalten zu haben; denn Müntzer erklärt im zweiten Teile des Briefes: „Ich muß nach allen capitteln die schrift auch ercleren … umb zurstörung der fleischlichen schriftgelerten willen, dan der getichte glaube hat doselbst aller büberey stadt gegeben. Darumb kan es dißmal nicht getruckt werden, dann es also ungewapent wider die wolgerusten (nach irem bedunken) ausginge."[196] Er denkt also zu diesem

---

[191] Zuletzt abgedruckt bei Franz, MG, S. 569.
[192] Ebd. S. 570,1 f.   [193] Ebd. S. 218—224.
[194] Ebd. Nr. 46, S. 397 f.   [195] Ebd. S. 397,21 f.
[196] Ebd. S. 398,9—13. Dieser nur im Druck erhaltene Teil des Brieftextes lautet vollständig: „Ich muß nach allen capitteln die schrift auch ercleren in meinen capitteln der schrift nicht gedenken umb zurstörung der fleischlichen schriftgelerten willen …" Hier hat sich entweder Müntzer verschrieben oder der Drucker versehen. Am leichtesten ließe sich die Schwierigkeit lösen, würde man statt des „nicht" „nach" (= noch) lesen.

Zeitpunkt bereits an eine Veröffentlichung der zunächst noch „privaten" Antwort auf die ihm gestellten Fragen; doch „last itzund die sache beruen und last uns allezeit unsers schreibens copei behalten treulich"[197]. Müntzer wollte vermutlich mit dem letzten Satze auch eine Weitergabe des dem Schosser bereits ausgehändigten Manuskriptes an Spalatin noch hinausgeschoben wissen, bis die biblischen Belege hinzugefügt waren. Es wäre dann denkbar, daß die jüngst bekannt gewordene, gleichzeitige Handschrift des Traktates[198] die nicht ganz exakte, möglicherweise in Allstedt angefertigte Kopie einer von Müntzer eigens für Spalatin vorgenommenen Überarbeitung der ersten Fassung darstellt. Denn das Gothaer Manuskript ist kein „autographum" Müntzers[199]; aber einerseits erwecken die eigenhändigen Bemerkungen Spalatins auf dem Vorsatz- und auf dem Titelblatt den Anschein, als habe er durch diese Abschrift Kenntnis von der Antwort des Allstedters erhalten[200], andererseits ist die Art der Verwendung des Briefes an Zeiß in der Handschrift schwerlich einem Abschreiber zuzuweisen, zumal Stil und Tenor der abschließenden Passage durchaus müntzerisches Gepräge tragen[201].

Müntzer konnte das Begehren des kurfürstlichen Hofpredigers nur willkommen sein, obwohl er gerade eine Abhandlung über das gleiche Thema geschrieben hatte. Die daran gewandte Arbeit kam ihm natürlich zustatten und ermöglichte ihm eine schnelle Antwort; aber er hielt es doch für angebracht, sich in einem neuen Schriftsatz zu äußern und sich darin möglichst an die ihm gestellten Fragen zu halten, was eine leichte Straffung seiner Ausführungen begünstigte und einige Ergänzungen ermöglichte. Es mußte ihm daran liegen, die Gelegenheit wahrzunehmen,

---

[197] Franz, MG, S. 398,19 f.   [198] Vgl. ebd. S. 569 f.

[199] Das vermutet (nisi fallor) der nicht zu bestimmende Schreiber eines Vermerkes auf dem Titelblatt.

[200] Es handelt sich um den Vermerk Spalatins auf dem Vorsatzblatt: „Hec omnia remittantur pellectas cum brevi iudicio. 1524." Spalatin bestätigt, daß er das Schriftstück 1524 durchgelesen hat, offenbar noch ohne von dem Druck Kenntnis zu haben. Erst die „andere Hand" vermerkt die Differenzen zwischen Handschrift und Druck. Was besagt aber dieser Vermerk Spalatins? Sollte das Manuskript mit einem kurzen Votum von ihm an Müntzer bzw. Zeiß zurückgehen oder hat er es von anderer Seite erhalten, der er es cum brevi iudicio wieder zustellt? Sein Votum ist bisher nicht bekannt geworden.

[201] Während im Druck der Brief an Zeiß auf einem eigenen Blatte einfach angehängt ist, sind in der Handschrift alle Spuren geschickt getilgt, die diesen brieflichen Nachtrag als solchen zu erkennen geben. Der Druck hat 14 Kapitel. In der Handschrift ist der letzte Absatz des 14. Kapitels des Druckes als 15. Kapitel angegeben und der erste Absatz des Briefes „Zcum sechczehenden" geworden, wobei die Anrede fortgelassen wurde und der Text unvermittelt beginnt: „Auff das aber Christo das leyden alleyne wyrdt ..." Der zweite Absatz des Briefes ist ganz fortgefallen bis auf den Hinweis auf Joachim von Floris, der aber kaum noch erkennbar ist. Der Druck bei Franz, MG, S. 398,13—18; die nur geringfügig vom Druck abweichenden Lesarten der Handschrift ebd. S. 570 zu S. 398.

einen einflußreichen Hofmann auf direktem Wege durch eine eigene Darstellung über seine Lehre informieren zu können, zumal wenn er dem Bericht des Schössers entnehmen durfte, daß man am Hofe nicht die Absicht hatte, sein reformatorisches Wirken in Allstedt zu unterbinden, vorausgesetzt, daß er keine unnötigen Konflikte heraufbeschwor, die die von dem Landesherren verfolgte Kirchenpolitik in ihrer Verflochtenheit in die allgemein politische Gesamtsituation erschweren mußten. Natürlich war er sich darüber klar, daß die ihm gestellten Fragen dazu dienen sollten, die von ihm vertretenen Lehren auf ihr Verhältnis zur lutherischen Grundanschauung zu prüfen. Doch mochte er die Erwartung hegen, daß seine Antwort ohne parteiliche Voreingenommenheit gelesen, wenigstens nicht eo ipso wegen der Differenzen zu Luther in Bausch und Bogen als untragbar abgetan würde. Es war für seine Reaktion auf das Ersuchen Spalatins vermutlich nicht nebensächlich, welchen Eindruck er von dessen Haltung aus der Zeißschen Berichterstattung gewonnen hatte, die ihn unter Umständen sogar mit einer gewissen Verständnisbereitschaft bei ihm rechnen ließ[202]. Nur sah er sich darum keineswegs veranlaßt, seine Polemik „widder den getichten glauben der cristenheyt" abzuschwächen. Sie fiel härter und damit aufschlußreicher aus, als Spalatin erwartet haben mochte; er erhielt auf diese Weise einen tieferen Einblick in Müntzers Verständnis von Wesen, Werden und Wirken des Glaubens, als ein mit gängigen dogmatischen Formeln operierendes Eingehen auf seine interrogationes ihm vermittelt hätte.

Müntzer stellt an den Eingang seiner Schrift als Antwort auf die erste Frage Spalatins den bündigen Satz: „Der cristen glaub ist ein sicherung, auffs wort und zusage Christi sich zu verlassen."[203] Das klingt gut lutherisch; und — das erscheint so leicht verständlich, so ohne weiteres akzeptabel, so mühelos praktizierbar. Doch schon die nächsten Sätze erweisen diese Vorstellung als eine Illusion. „Dan gleich so wenig wie der agker one die pflugschare vormag vormanigfeldigten weytzen zu tragen, gleich so wenig mag einer sagen, das er ein christ sey, so er durch sein creutz nicht vorhin entpfinlich wirt, Gottis wergk und wort zu erwarthen."[204] Glauben entsteht und besteht nicht in dem Wähnen des Menschen, er könne im Blick auf die Aussagen der Schrift zumal über

---

[202] Zeiß spielte wahrscheinlich schon jetzt keine unwichtige Rolle als Mittelsmann. Er war sichtlich dem persönlichen Einfluß des Predigers weithin erlegen und begriff vermutlich nicht ganz, was Luther an dessen Ideen und reformatorischem Wirken auszusetzen hatte. Er mußte auch die Erledigung der Mansfelder Affäre durch den Kurfürsten als Schutzmaßnahme für den Vorkämpfer der Reformation verstehen und erfuhr nun im Gespräch mit Spalatin, daß man ungeachtet gewisser Bedenken und Vorbehalte nicht die Absicht hatte, ihn fallen zu lassen; Zeiß war damit selbst einiger Sorgen ledig und gab möglicherweise Müntzer einen günstigeren Bericht von der Einstellung des Hofes, zumal von der Haltung Spalatins, als es der Wirklichkeit entsprach.

[203] Franz, MG, S. 218,5 f.   [204] Ebd. S. 218,8—11.

das Leiden Christi der gnädigen Zusage Gottes als einer Selbstverständlichkeit gewiß sein. Das ist in Wahrheit nur ein trügerisches Überspielenwollen des Unglaubens, den es jedoch bis in seine letzten Untiefen auszukosten gilt, wenn man zum wahren Glauben gelangen will. „Was ein mensch hört ader siht, das Cristum weiset, nympt er an zum wunderbarlichen gezeugnis, seinen unglauben dardurch zu voriagen, zu tödten und zu malmen. In der maße siht er die gantze heilig schrifft wie ein zweyschneidendes schwert, dann alles, was darynnen ist, ist darumb, das es uns alletzeit ehe würgen dan lebendig machen sal. Ein unversuchter mensch, das der mit Gotis worten vil puchen wil, wirt nichts außrichten dan windfangen."[205] In und durch Christus hat Gott dargetan, daß „das rechte tzil der seligkeyt" nur auf dem „eynigen engen wegk" zu erreichen ist. „Darumb mag ein außerwelter freund Gotis also leichtlich nicht zum glauben kommen."[206] Man gehe das Alte und das Neue Testament durch, und man wird immer wieder bestätigt finden, „das alle vether, die patriarchen, propheten und sunderlich die aposteln gantz schwerlich zum glawben kommen seint"[207]. An Abraham und Moses demonstriert Müntzer, daß erst „das liecht der natur [im Menschen] ... ernstlich vortilget"[208] sein muß, bevor dieser überhaupt in den Stand gesetzt wird, Gottes Wort ohne eigenwillige Deuterei bedingungslos anzunehmen; und wie unendlich schwer ist es selbst diesen gottseligen Männern gefallen, „an keiner creaturn, sondern an Gott allein ... sicher (zu) sein"[209]. Noch überzeugender ist das Verhalten der Jünger Jesu: „Die poten Gotis hatten den trager des evangelij selbst gehört und Cristus sagt zu Petro, das yme wider blut nach fleysch hette offenbart, sondern Gott selbern. Dennoch vermochten sie an keiner zusage zu halten, dan mit schemrodt werden und lesterlichem hynfallen, auff das ir unglawb so tieff gesucht wurde. Dan sie wolten alle miteynander nicht glawben, do er erstanden war, das ers were. Sie meinten, es werhe ein gespenste ader betriegniß."[210] Wenn sogar die, denen Gottes unmittelbare Offenbarung zuteil geworden war, trotzdem noch durch Zweifel und Unglauben hindurch müssen, damit sie sich durch „das falsche liecht der natur" nicht mehr verwirren lassen, „was muß in uns geschehen", bzw. erst recht bei denen, die „das eußerliche wort" annehmen und das für Glauben halten! Darauf gibt es nach Müntzer nur eine Antwort: es „müssen die leuthe in die allerhöchsten unwissenheyt und verwunderung bracht werden, sollen sie yres getichten glawbens anderst loß werden und mit dem rechtschaffnen glawben recht unterrichtet werden"[211]. Anders ist der Christenheit weder zu

---

[205] Ebd. S. 218,17—23.
[206] Ebd. S. 218,25—28.
[207] Ebd. S. 220,2 ff.
[208] Ebd. S. 219,16 f.
[209] Ebd. S. 219,5 f.
[210] Ebd. S. 220,13—19.
[211] Ebd. S. 220,30 ff.

raten noch zu helfen, will sie die katastrophalen Folgen ihres gedichteten Glaubens in Geschichte und Gegenwart überwinden.

Für Müntzer besteht nun die Aufgabe des „ernsten predigers" darin, daß er „mit Johanne dem tewffer erbermlich und cleglich schrey in den wüsten, tollen, tobenden hertzen der menschen, auff das sie die weyse im wergk Gottis leren, (= lernen) wie sie Gotis worts mögen entpfindtlich werden nach manchfeltiger bewegung, nach welcher angezeyget wirt der bron der selickeit, der son Gotis wie ein mildes lemblin, das seinen mundt nicht auffgethon hat, do es geschlachtet ward, und so die sunde der werlt getragen hat, das wir mit yme schaff unsers todtschlaens den gantzen tag durch und durch sollen warnhemen, wie wir in unsern leiden nicht sollen murren und kurren wie greynende hunde, sundern wie schaff seiner weyde, die er uns mit dem saltzs seiner weyßheit in leiden und nicht anders vortregt"[212]. „Kein wunsamer lieb hat Cristus seinen außerwelten ertzeigt, unwandelbar mit seinem vatter, dan das er sie nach seinem vleiße hat gemacht wie die schaff, die do dienen in die kuchen, den vordampten im widderteil, daß sie nohr synnen, wie sie werden vortrieben umbrengen und yr gedechtnus von der erden werde auffgehaben."[213] „Wer mit Cristo nicht stirbet, kan nicht mit im auffsten."[214] Nur in solchem Erleiden der *passio amara* öffnet sich dem Auserwählten der Zugang zum wahren Glauben, wenn durch sie das selbstische Menschsein seines Ich in ihm ausgelöscht und „er also armgeystig wirt, das er gar keinen glauben bey yme befindet dan allein, das er gerne wolt recht glewben. Das ist dann der glaube, der so cleine wirt wie ein senffkorn. Do muß der mensch sehen, wie er das werck Gottis erdulde, das es von tag zu tag zunheme yn der erkenntniß Gotis"[215].

So schafft die absolute Negation aller kreatürlichen Ichhaftigkeit die Basis einer neuen Existenzmöglichkeit für ein verwandeltes, dem natürlichen in keiner Weise mehr konformes Ich, das den Menschen bei aller personalen Selbigkeit in statu et actu bestimmt. Müntzer hat, so will es scheinen, Gottes übermächtige Heiligkeit gegenüber dem unentschuldbaren Sünder nie so überwältigend in Furcht und Zittern erfahren, daß er als der von Gott durch die Sünde Getrennte bis in die allerletzten Tiefen der „resignatio ad infernum" hinabgestoßen worden wäre. Ihm wurde über dem vergeblichen Bemühen, mit seiner Erkenntnis- und Willenskraft Zugang zu Gott zu finden, die Gottesferne weit mehr als eine unendliche Distanz bewußt, insofern er der Unzugänglichkeit Gottes von der menschlichen Unzulänglichkeit her inne ward. Sie erfuhr für ihn darin ihre letzte Steigerung, daß sich der kirchlich legitimierte Gläubige dank seiner Eigenliebe durch frommen Selbstbetrug über seine wahre Situation hinwegtäuschte und in absurdem Mißverstehen des biblischen

---

[212] Ebd. S. 221,25—222,5.
[214] Ebd. S. 222,29—223,1.
[213] Ebd. S. 223,6—10.
[215] Ebd. S. 224,28—32.

Wortes der Nähe Gottes sicher wähnte. Auch der Glaube, den die Wittenberger jetzt predigen, ist in seinen Augen nichts anderes als solch ein selbstischer Akt anmaßender Inanspruchnahme göttlicher Zusagen, als seien diese dem Menschen verfügbar und käme es auf seine Einsicht und Initiative an, einfach zuzugreifen und damit schon Gottes habhaft zu sein. Für Müntzer ist es ein Ausdruck törichter Vermessenheit und suggestiven Wahnes zu sagen: „Glewbe, gleube! halt dich fest, fest mit einem starcken, starcken glauben, das man pfele yn die erde domit stoße."[216] Damit führt man nur noch tiefer in das alte Dilemma hinein, daß die irgendwelchen menschlichen Erwägungen entstammende, vielleicht sogar subjektiv ehrlich gemeinte bloße Zustimmung zu dem, was andere heute glauben oder früher geglaubt haben, als rechter christlicher Glauben verstanden und verfochten wird. Damit verführt man die Menschen zu dem „böswichtischen glawben, den sie durch hörsagen ader auß den büchern von menschen gestollen haben wie tückische diebe"[217]. Das ist ja das für ihn seit je entscheidende Problem: was hilft es mir in meinen Verlangen nach Gemeinschaft mit Gott, zu wissen, was andere von ihrer gläubigen Erfahrung Gottes bekunden, wenn ich selbst nicht Gottes Stimme in mir vernehme, ihn nicht selbst in mir erfahre? „Wan schone dy gantze werlt etwas annympt wie von Got, kan es doch den armgeistigen nicht stillen."[218] Wo ihm Gott nicht persönlich begegnet, sich ihm nicht selbst unmittelbar bezeugt, bleiben die Zeugnisse anderer für ihn gegenstandslos, bleibt Gottes Wort — für den Gotterfahrenen wahrhaft und wirklich Gottes Wort — für ihn als „Unerfahrenen" bloßes Menschenwort, das ihm nicht zum Glauben verhelfen, ihm nicht weiterhelfen kann: „ein natürlich promission ader zusage"[219]. Glauben ist nicht zu übertragen noch zu übernehmen, ist nicht auf Wunsch und Befehl zu haben oder zu dirigieren, wenn anders es sich in ihm um die persönliche Begegnung mit dem lebendigen Gott handelt. Im Verkehr mit Gott ist aber nicht der Mensch tonangebend, „und wir unversuchten menschen halten also vil von uns selber, do wir uns mit getichtem glauben und mit außgedichter barmhertzickeit Gottis behelffen, und nemen ein natürlich promission ader zusage und wöllen damit den himel störmen"[220]. D. h.: alles bloß äußere Akzeptieren irgendwelcher Glaubensvorstellungen, auch „alles das er nach der weyse der schrifft gelernet, gehöret ader gelesen hat"[221], liegt schlechterdings außerhalb der Sphäre echten Glaubens, „kan in ime kein wesen machen"[222], kann niemals unbedingte Gewißheit geben, niemals die innere Sicherheit und den festen Halt, den der Mensch in den Stürmen des Lebens braucht; „yre gewissen mergken wol, das sie zu-

[216] Ebd. S. 222,17 ff.
[218] Ebd. S. 219,26 f.
[220] Ebd. S. 220,19 ff.
[222] Ebd. S. 224,7.

[217] Ebd. S. 221,6 f.
[219] Ebd. S. 220,21 f.
[221] Ebd. S. 224,5 f.
[223] Ebd. S. 220,8—11.

letzt in solchem ungewitter werden vorderben. Darumb seint sie mit allen yren vorheischungen gleich einem nerrischen manne, der auff den sandt bawbet. Do fallen alle gepewbde unter etc."[223]. Solchem völlig abwegigen Glaubensverständnis leisten die Wittenberger nach Müntzers Überzeugung aufs Neue Vorschub, „dan alle yre lere macht, das sich die menschen falschs in einer getichten weise mit unversuchtem glawben auffbrüsten und meynen, sie wöllen aller anfechtung mannes genung sein mit yren promissien, so sie doch nicht lernen, wie ein mensche möge dartzu kommen"[224]. Das ist die „böße weyde", durch die „die schaff werden ... vorgifftet"; „das man einen sußen Cristum der fleischlichen werlt predigt, ist die höchste vorgift, die von anbeginne den scheflin Cristi gegeben ist. Dan durch sulchs annhemen, will der mensch gotformig sein, so er nymmermer wil, auch gantz nicht begert, cristformig zu werden"[225]. Aber auf diese bequeme Weise läßt Gott sich eben nicht finden und kommt man nimmer mit ihm in Kontakt. Nur durch die Christusförmigkeit, d. h. durch die *passio amara* wird der ernsthaft nach Gott Verlangende in den Stand gesetzt, zu erfahren und zu erfassen, „was die alten vether in der biblien mit Got und Got mit ynen gehandelt hat, das keiner mit yme eins geworden ist, biß das er durch sein leiden (ym ewig züstendig) uberwunden hat. Das machet die erglastung Gotis im liecht zum liechte gelangen"[226]. „Dann nach aller schlachtung sagts: O Herre, stehe auff vom schlaf! Warumb wendestu dein antlitz von mir? Hilff mir umb deines namens willen, das meine fuße auff den stein gegründet seint. Do wil ich dann sagen: du hast allein gethan. Do wil ich mir meine lippen nicht lassen zupynden, die gerechtikeit, die du allein anfengst, zu verkündigen in deiner grossen kirchen"[227].

„Du hast allein gethan!" Der Auserwählte erfährt die *passio amara* als „werck Gotis". Sie ist also etwas *toto coelo* anderes als die in lohnsüchtiger Spekulation selbst auferlegte werkgerechte Kasteiung, bei der es letztlich doch wiederum nur auf einen schlecht getarnten Versuch der Selbstbehauptung hinausläuft. Jeglicher Versuch, das Leiden umzufunktionieren, wird abgeschnitten; jedes Unterfangen, es als verdienstliche Eigenleistung Gott gegenüber geltend machen zu wollen, offenbart nur in modifizierter Weise den kreatürlichen Selbstbehauptungstrieb, ist im Grunde nicht anders zu beurteilen als das Bemühen, sich dem Leiden zu entziehen. Denn beide Verhaltensweisen wollen es nicht wahrhaben, daß im Leiden Gott „am Werk" ist, damit der Mensch, der ein aufrichtiges Verlangen nach ihm trägt, durch völlige Selbstentäußerung ohne jeden Vorbehalt allein ihm sich zugehörig erkennt und erweist. Gott versagt sich nicht etwa, wenn er ihn in das tiefste Befremden stürzen läßt; vielmehr wird er ihm erst in den „bulgen" der Verzweiflung, wo der Mensch

[224] Ebd. S. 223,29—32.   [225] Ebd. S. 222,7—12.
[226] Ebd. S. 223,12—15.   [227] Ebd. S. 223,18—23.

sich im Abgrunde der Gottverlassenheit gänzlich aufgibt, offenbar als der, der er ist, vernehmlich im unmittelbaren Hören seines Wortes, zugänglich im gewissen Glauben. Die Unabdingbarkeit dieser „Methode Gottes" unterstreicht Müntzer durch den schon zitierten Hinweis, „das Got alle seine außerwelten auffs höchste vom anbegynne versucht hat und sunderlich seines einigen sones nicht geschonet hat, auff das er das rechte tzil der seligkeyt sollte sein und weysen den eynigen engen wegk, den die wollustigen schrifftgelerten nicht finden mögen ewiglich"[228].

Man kann zunächst den Eindruck haben, der Sinn der *passio Christi* erschöpfe sich für Müntzer in ihrer exemplarischen Bedeutung. Er hat nach der Niederschrift der 14 Kapitel offensichtlich selbst empfunden, daß im Eifer der Polemik ein zum rechten Verständnis seiner Anschauung wesentlicher Gedanke zu kurz gekommen war in seiner „antwort auf das, das Cristo allein das leiden wirt zugelegt, gleich wie wir nichts dörfen leiden, nach dem er warhaftig fur unser sunde hat gelitten"[229]. Er holt darum das Versäumte in dem Briefe an Zeiß alsbald nach, allerdings in einer etwas komprimierten Formulierung, die nicht jedermann ohne weiteres verständlich gewesen sein dürfte. Es besteht, so schreibt er, eine Korrelation zwischen Adam und Christus. „Adam ist ein muster Cristi im schaden, Cristus aber das kegenteil. Der ungehorsam der creaturn wirt widerbracht durch den gehorsam des worts, welchs fleisch geworden in natur."[230] Wie der „ganze Cristus" aber die angenommene fleischliche Natur überwunden hat, so muß nun jeder Gläubige nach der Kräftigkeit seines Glaubens seine fleischliche Natur auch überwinden, muß er, was das Haupt vollkommen geleistet hat, als Glied Christi an seinem Teile nachvollziehen, also im Gehorsam gegen Gott den Ungehorsam der Kreatur in sich ertöten. Denn „darumb hat Cristus den ganzen schaden Adams gebüst, das sich die teile zum ganzen halten sollen"[231]. Man verkennt also den Sinn der *passio Christi*, wenn man sie lediglich als eine heilsgeschichtliche Tatsache dankbar zur Kenntnis und ihren effektiven Ertrag wie selbstverständlich für sich in Anspruch nimmt. Sie ist tatsächlich der von Gott geordnete Ermöglichungsgrund christlicher Existenz, soll und kann es aber realiter allein dadurch werden, daß der Glaubenswillige Christo als Glied seines Leibes so gänzlich zugehörig wird, daß er gerade auch durch die Bereitschaft zum Leiden das kreatürliche Wesen in sich überwindet. Müntzer geht auf Kol. 1,18—28 zurück: „Ich erfulle das, das dem leiden Cristi hinterstellig ist, vor seinem leib leidet die kirche. Paulus mochte fur die kirchen nicht leiden, dann allein wie ein gelied, das seines ampts wartet."[232] Nicht als sei das Leiden Christi der Ergänzung bedürftig oder das Leiden der Gläubigen verdienstlich

---

[228] Ebd. S. 218,23—27.
[229] Ebd. S. 397,21—23.
[230] Ebd. S. 397,25—27.
[231] Ebd. S. 397,29 f.
[232] Ebd. S. 397,31 ff.

und zur Schaffung eines Gnadenreservoirs der Kirche dienlich; vielmehr setzt sich die *passio Christi* im Leiden der Kirche fort, in deren Gliedschaft auch Paulus sein Leiden versteht und bejaht. „Wir alle müssen den fußstapfen Cristi nachfolgen, mit solchen gedangken gerüstet sein."[233] Es könnte scheinen, als glitte der letzte Satz wieder in den gängigen Imitatio-Gedanken ab und führe über eine bloß exemplarische Bedeutung der *passio Christi* nicht hinaus. Dennoch erhält er sein Licht von der Aussage her, „das sich die teile zum ganzen halten sollen", in der m. E. die Tendenz spürbar wird, das Beziehungsverhältnis zwischen dem Glaubenden und Christus inniger, wesenhafter vorzustellen, ohne daß das Christsein sich dabei zum Christussein steigerte. Daß Christus „den ganzen schaden Adams gebüst" hat, bleibt ihm als sein einzigartiges proprium vorbehalten; doch der durch die *passio amara* christusförmig gewordene wahrhaft Glaubende steht immerhin in einer besonders qualifizierten Kommunikation mit dem Fleisch gewordenen Sohne Gottes. Hier klingt das im Prager Manifest erstmalig expressis verbis formulierte Theologumenon vom „ordo deo et creaturis congenitus" wieder an[234], dessen auf den Mittler Christus bezogene Anwendung in der Tat ein wesentlicher Nachtrag zu den Ausführungen in der Schrift vom gedichteten Glauben war. Es bedurfte der noch angeschlossenen Bemerkungen über die Menschen gar nicht, „die mit synlicher weiße die werkheiligen uberwinden nach yren bedunken, so sie die werlt nach hocher vergiften mit getichtem glauben dan die andern mit tolpelischen werken"[235], um die theologische Distanz zu Luther zu betonen. Müntzer beunruhigt nicht die von Luther mit so unheimlicher Gewalt erfahrene Gegensätzlichkeit des sündigen Menschen zu dem gerechten, richtenden Gott; seiner Leidenstheologie fehlt trotz all ihrem Ernste das Erschrecken des durch seine Sünde und Schuld von Gott getrennten, Gottes gerechtem Gericht ausgelieferten Menschen, der keine Möglichkeit sieht, Gott irgendwie zu genügen. Demzufolge gewinnt der Rechtfertigungsgedanke für ihn keine zentrale Bedeutung und ist das Mittlertum Christi primär nicht vom versöhnenden Handeln Gottes her bestimmt. Das Christusgeschehen stellt den Menschen nicht derart in eine gewandelte neue Situation, daß es in seinem Vollzuge die Grundlage einer sich dem Menschen ganz und gar neu bietenden Möglichkeit der Existenz vor Gott schafft, eine freie von Gott angebotene Möglichkeit, die im ernstnehmenden Aufgreifen für den Frommen gültige Wirklichkeit ist. Gerade diese „billige Gnade", die man sich durch ein bloßes „ich glaube" auf Kosten des Leidens Christi schenken läßt, ist Müntzer höchst suspekt, eben deswegen, weil einmal für ihn der Bruch zwischen Mensch und Gott nicht so radikal ist, daß er allein durch eine freie Gnadentat Gottes wieder geheilt werden kann, weil zum

---

[233] Ebd. S. 397,34—398,1.
[234] Vgl. oben S. 297 f.   [235] Franz, MG, S. 398,1—4.

anderen solch ein ‚ohn all Verdienst und Würdigkeit‘ umsonst gegebenes Gnadengeschenk ihm nur als ein dem Ernste Gottes hohnlachendes Fündlein menschlicher Ausflucht erscheint. Das „frei ergeben und fröhlich Wagen auf sein unempfundene, unversuchte, unerkannte Güte“, das Gott mit seiner Verheißung beim Worte nimmt, sich in vertrauender Hingabe ihm überläßt und das der Glaubende zuversichtlich als die Grundlage seiner ganzen Existenz erfährt, wertet er als einen Akt illusionären Denkens und als eine zu nichts verpflichtende Konstruktion des sich einem ernsten Anspruch entziehenden, nur auf sein Wohl bedachten leidensscheuen Menschen ab.

Weil er dem gerechten, den Sünder richtenden Gotte nicht so Auge in Auge gegenübergestanden hat wie Luther, ist Müntzer das in jedem Bezug den Menschen befreiende Erleben des gnädigen Gottes versagt geblieben. Er kann nicht als der Begnadigte, als der Erlöste frei in der Gnade Gottes stehen. Die Glaubenskrise, die den nach überzeugtem Glauben Verlangenden zur Ablehnung alles intellektualistisch gearteten, auf äußere Autorität sich stützenden Fürwahrhaltens geführt hatte, hat eine letzte Unsicherheit in ihm gelassen, die ihn doch irgendwie aufweisbare Kriterien des rechten Glaubens fordern ließ. Luther war ihm damals mit der Erkenntnis zu Hilfe gekommen, daß der Weg des Glaubens für den Jünger Christi nicht anders als der seines Meisters durch Anfechtung und Leiden führt, in denen alle Selbstsicherheit des Menschen zerbricht, alle fremden Sicherungen wertlos werden. Von ihm hatte er sich zugleich sagen lassen, daß „niemant got noch gottes wort recht vorstehen [mag], er habs denn on mittel von dem heyligen geyst. Niemant kansz aber von dem heiligenn geist habenn, er erfaresz, vorsuchs und empfinds denn, unnd yn der selben erfarung leret der heylig geyst alsz ynn seiner eygenen schule, auszer wilcher wirt nichts geleret, denn nur schein wort unnd geschwetz“[236]. Das hatte er wie kaum ein anderer in sich aufgenommen und in eigener Erfahrung bestätigt gefunden; aber er hatte es, nicht ohne Anstoß von außen, in eigener Weise verengt und modifiziert und seit Zwickau mehr und mehr ein methodisches Prinzip daraus entwickelt, dessen normative Geltung durch die Rückführung auf Gottes Willen legitimiert wurde. Dabei blieb ein starkes Ressentiment gegen alles zurück, was ihm den Anschein bloßer Rezeption nicht selbst erfahrener Wahrheiten erweckte; und daraus resultierte zugleich seine Forderung einer Aufweisbarkeit der „Ankunft des Glaubens“, auf die er von seinen Prämissen her einfach nicht verzichten durfte. Müntzer brauchte es nicht zu widerrufen: Luther war es, der ihn „durchs Evangelium gezeugt“ hatte. Doch nun verkündete derselbe Luther nach seiner für ihn sich immer mehr bestätigenden Meinung ein neues Evangelium und einen neuen Glauben, einen leichten und bequemen Weg zum Heil, der den Christen

---

[236] WA VII, S. 546,24—29 (Magnificat).

413

nichts weiter kosten sollte als die Erklärung, ich bin ein Sünder und vertraue auf Gottes Barmherzigkeit, die Christus mir durch sein Leiden erworben hat, ob er „auch dieweil eitel Malwasier trunke, und auf Rosen ginge und nicht ein Wort betet"[237]. Vor solcher Lehre mußte er mit aller Entschiedenheit warnen; „das man lerne hüten und wegthun den sawerteig der bößwichtischen gelarten, die auch die reyne wort Gotis mit yrn wurmfressigen lamen tzotten machen zu sawerteyge"[238].

Die Antwort auf Spalatins Fragen gab sich ohne Vorbehalt als eine strikte Ablehnung der Lehre Luthers vom Glauben zu erkennen, und da Müntzer um den Kontakt zwischen dem Reformator und dem Hofprediger wußte, wird man sie mit einiger Berechtigung auch als einen Versuch werten dürfen, am kurfürstlichen Hofe Bedenken gegen eine allzu unbefangene Abhängigkeit von Luthers Urteil in Fragen der kirchlich-religiösen Erneuerung zu wecken. Darüber hinaus mochte er schon bei ihrer Konzeption an einen weiteren, theologisch interessierten Leserkreis gedacht haben, der sich bisher mehr oder minder unbedenklich zur Wittenberger Theologie als sachgemäßem Ausdruck des rechten Verständnisses der evangelischen Wahrheit bekannte. Er formulierte jedenfalls die Gedanken der „Protestation" nunmehr etwas straffer, nachdrücklicher, einsichtiger und sah offenbar selber in der neuen Fassung nicht bloß eine Dublette, wenn er beide Schriften kurz hintereinander zum Druck brachte[239]. Es mochte ihn zunächst einige Überwindung gekostet haben, sich so ostentativ gegen Luther zu wenden, zumal der Konflikt mit Ernst von Mansfeld es auch nicht ratsam erscheinen ließ, den „lutherhörigen"

---

[237] Vgl. Franz, MG, S. 228,10 f.   [238] Ebd. S. 223,26—29.

[239] Über die Reihenfolge der Entstehung und des Druckes beider Schriften gehen die Ansichten noch auseinander. Die von Wolfgang Metzger (Müntzeriana, S. 62 ff.) geäußerte Kritik an der bis dahin herrschenden Meinung ist jedoch m. E. verfehlt. Ich fasse die von mir vertretene Anschauung kurz zusammen: die als Gruß zum neuen Jahr gekennzeichnete „Protestation" mit der Jahreszahl 1524 ist (nach einhelliger Meinung) noch im Dezember 1523 gedruckt worden und um die Jahreswende 1523/24 erschienen. Ihre Entstehungsgeschichte reicht bis in den Oktober 1523 zurück und steht in keinem genetischen Zusammenhange mit den Interrogationes Spalatins. Diese „Fragen" hat Spalatin Müntzer vielmehr etwa Mitte November zugehen lassen. Die Antwort des Allstedters lag im Konzept am 2. 12. mit einem kurzen Nachtrag Zeiß bereits vor, sollte aber bis zur Ergänzung durch die biblischen Belegstellen noch nicht weitergegeben und auch noch nicht gedruckt werden. Die unlängst aufgetauchte Gothaer Handschrift „Von dem getichten glauben" ist mit ziemlicher Sicherheit als eine Kopie der von Müntzer für Spalatin persönlich angefertigten Abhandlung anzusehen, die dieser nach seiner Rückkehr vom Nürnberger Reichstag gelesen hat, ohne von einem Druck der „modifizierten" Antwort Kenntnis zu haben. Nicht Spalatin, sondern eine andere Hand vermerkt auf dem Titelblatt der Handschrift den inzwischen erfolgten Druck: „Hic libellus editus est anno 1524 sub titulo ... 1524." Zu beachten bleibt auch der Randvermerk dieser „anderen Hand": „Nam hoc ipso anno 1524 e d i d e r a t (!) Muntzerus libellum sub titulo: ‚Protestation oder empietung Thomä Müntzers'" (Franz, MG, S. 569).

Hof zu verstimmen; aber als er sich gegen den Grafen des Rückhaltes am sächsischen Kurfürsten einigermaßen sicher wähnen durfte und man in Wittenberg seinen Annäherungsversuchen nach wie vor mit kühler Reserve begegnete, gab er die bisher in der Öffentlichkeit noch beobachtete Zurückhaltung auf, und wandte er sich mit einer biblisch begründeten Darlegung seiner Auffassung vom wahren Wesen des Glaubens gegen die in der Kirche darüber von alters her herrschenden und jüngst in neuer Form vorgebrachten Mißverständnisse. Natürlich lag im Begriffe „Protestation" das Moment des scharfen Widerspruches, aber doch noch weniger im modernen Sinne des Wortes „Protest" als vielmehr in dem einer erklärenden, das falsche Verständnis abweisenden, das richtige nachweisenden Darlegung (empietung) des Sachverhaltes. Hier war es schließlich sachgemäß, an den Schluß der zur Diskussion gestellten Ausführungen die Aufforderung zu einer offenen Disputation an jedermann zu richten, mochte sie zugleich auch der Besorgnis Rechnung tragen, einer maliziösen Kaltstellung „im Winkel" ausgeliefert zu werden. Darin bezeugte sich immerhin auf „müntzerische Art", daß er sich durchaus bewußt war, mit seiner Frage nach dem wahren Glauben den Nerv der reformatorischen Lehre Luthers getroffen zu haben. Das wurde ihm dann durch die *interrogationes* Spalatins noch einmal ausdrücklich vor Augen geführt, so daß er sich in seiner Antwort ganz auf den „getichten Glawben" der Wittenberger konzentrierte und sie ebenfalls drucken ließ, nicht ohne im Blick auf „die wolgerusten (nach irem bedunken)" auf die biblischen Belege besonderen Wert zu legen. Damit gewann das „Problem des christlichen Glaubens" für ihn eine neue Aktualität.

Ihre unmittelbare Wirkung ist nur schwer zu erfassen; doch ist sie zweifellos erheblich gewesen, obschon ein spontanes Echo in der literarischen Publizistik so gut wie ganz ausgeblieben ist. Nikolaus Widemar mußte das Büchlein „von dem getichten glawben" noch zweimal nachdrucken[240]. Wie nicht anders zu erwarten war, schieden sich die Geister. Auf der einen Seite lehnte man es entschieden ab: „Ich hab mit diesem puch nix zu dun", wie ein Leser auf das Titelblatt schrieb[241]. Auf der anderen war man davon sehr angetan, wie etwa Konrad Grebel und seine Genossen, die Müntzer in ihrem Briefe vom 5. September 1524 für „din schriben zweier büchlinen von dem erdichten glouben"[242] ihren Dank aussprachen, „wunderbarlich erfreuwt, daß wir einen funden habend, der einß gmeinen christenlichen verstands mit unß sy und den evangelischen predigeren iren mangel antzeigen dörfe, wie sy in allen houpt artiklen falsch schonind und handlind und eigens gut dunken . . ."[243] Auf dem Wege rühriger Kolportage erfolgte allem Anscheine nach ein erster stärkerer Einbruch müntzerischer Gedanken vornehmlich

[240] Vgl. Franz, MG, S. 217.
[241] Vgl. ebd. S. 217.
[242] Ebd. S. 438,4.
[243] Ebd. S. 439,1—5.

in die Kreise, die in den verschiedensten Schattierungen im Widerspruch zu allem kirchlichen Doktrinarismus alter wie neuer Observanz einer subjektivistisch geprägten Glaubenshaltung und Lebensordnung zuneigten. Aber auch manchen der nach wie vor zu Luther haltenden Gläubigen mögen die Einwände Müntzers immerhin nachdenklich gestimmt haben. Spalatins bisher unbekannt gebliebenes *breve iudicium* dürfte dagegen kaum positiv ausgefallen sein, ohne daß sich daraus nachteilige Konsequenzen für die freie Wirksamkeit des Predigers ergeben hätten. Luther oder Melanchthon jedoch sahen keine Veranlassung, sich über seine Schriften in eine öffentliche Fehde mit ihm einzulassen noch gar ihn an deren Verbreitung zu hindern.

C) Vom Ausbruch der Unruhen bis zur Flucht aus Allstedt

1. Die Affäre Mallerbach

Der Allstedter Gemeinde waren die Gedanken der Schriften „Von dem gedichteten Glauben" und der „Protestation" längst vertraut. Sie hatten aus dem Munde ihres Predigers manches kräftigere Wort noch zu diesem Thema vernommen, war doch beim besten Willen nicht zu leugnen, „das der Magister vnder weilen etwas heftig"[1] war und er sich zu Äußerungen hinreißen ließ, deren Wirkungen selbst sein demagogischer Eifer nicht immer beabsichtigt haben mochte. Seine altgläubigen Widersacher sahen sich durch seine Reden und Schriften mehr noch als die reformatorischen Kritiker in ihrer Ablehnung bestärkt; sie fanden ihren Vorwurf der Ketzerei jeden Tag neu bestätigt, so daß die durch den Ausgang des Mansfelder Konfliktes keineswegs gemilderte Spannung sich zunehmend verschärfte. Man darf über der immer deutlicher in die Erscheinung tretenden Auseinandersetzung mit Luther nicht außer acht lassen, daß die Gegenspieler der praktischen Tätigkeit Müntzers in seinem lokalen Wirkungsbereich die Vertreter des römischen Kirchentums waren, und dieser seine konkrete Aufgabe hier in der Überwindung des Unwesens der alten Kirche sah, die sich rings um Allstedt mit allen Mitteln zu behaupten und auch auf die Allstedter Verhältnisse einzuwirken suchte. Er stand an dieser Front zu sehr in der Nahkampfsituation, als daß er sich hätte sorglos geben können. Er hatte in der „Protestation" nicht nur am Rande bemerkt, daß die Wurzel allen Übels in der Christenheit der Rückfall in „heidnische cerimonien ader geperde"[2] sei, hatte auf die Abgötterei der Heiligenverehrung und deren widerchristliche Motivation hingewiesen: „Das wir zartten kreuter ach ja nichts dorffen leiden, rüfen wir sie in unsern nöthen an und wollen yn solcher weyse gleichwol nicht heiden, sondern christen seyn."[3] Dem war nicht mit subtilen theologischen Deklarationen beizukommen; man mußte dem Volke in konkreter Entscheidung deutlich machen, worauf es ankam, mußte der Irreführung ganz praktisch begegnen. Die alle Sinne betörenden Formen abgöttischen Treibens mußten verschwinden und ein reiner Gottesdienst im Geiste und in der Wahrheit das Christenleben prägen. Das war der Sinn seiner liturgischen Reformen gewesen, die gar nicht alles Überkommene als unbrauchbar einfach abgetan, aber jede Spur heidnischen Zeremoniells radikal ausgemerzt hatten, um die Gläubigen in letzter Konzentration auf die innere Begegnung zwischen Mensch und Gott auszurichten. In

---

[1] Förstemann, Bauernkrieg, S. 184; Verhör in Weimar.
[2] Franz, MG, S. 237,1.
[3] Ebd. S. 232,14 ff.

417

27 Elliger, Müntzer

Allstedt war es weithin möglich geworden, und Tausende waren aus Nah und Fern allen Repressalien zum Trotz zu seinen Gottesdiensten gekommen. Dennoch galt es, ständig wachsam zu sein. Durfte er dann dazu schweigen, daß unmittelbar vor den Toren seiner Stadt eine Kapelle stand, in der unchristliches Gebaren um ein Marienbild „widder die billickeit des gotlichen willens tobet mit offenbarlicher abgötterey"[4]? Er hat in seinem „Bekenntnis" vom 16. 5. 1525 zu den Vorgängen um die Mallerbacher Kapelle offen erklärt, er „habe geprediget, das es eyn spelunkge sey und eyn apgotterey mit den zeychen, dye man von wachs hyn tregt, sey von got nit geboten"[5]. Sicherlich hat er von der Kanzel herab noch einiges mehr über „den teufel zcu Mallerbach vnter dem namen Marie geehret vnd angebett"[6] gesagt und gefordert, um der „armen leuthe" willen, die sich „aus vnuorstand zur Zeit vnbewust" noch zu solchem Teufelsdienst verleiten lassen, den gotteslästerlichen Betrieb dort einzustellen. Einen regelrechten Bildersturm zu arrangieren, mag nicht in seiner Absicht gelegen haben; dennoch trägt er die volle Verantwortung auch schon für die Ausschreitungen, die das turbulente Geschehen der nächsten Monate in Allstedt einleiteten. Es begann harmlos genug. Als Klausner versah die Kapelle ein alter Mann, „der sone und tochter zu Alstett hat gehabt. Hat sich beclagt und gesagt, im geschee des nachts wharnung. Sie komen fur die capellen und cloppen an, er solt eraus zihen. Aber er kennt nimands, der es tut". Nicht ohne Grund wandte sich der Bedrohte mit seiner Beschwerde zunächst an die Allstedter Instanzen, die ihn angeblich zu beruhigen suchten: „Ist im gesagt, er solt nicht eraus zihen, sie dorften ime nichts tun. Dan es wehre zu hart vorbotten."[7] Doch die Warnungen ließen offenbar an Deutlichkeit nichts zu wünschen übrig, so daß der Klausner sich mit solcher Erklärung nicht zufrieden gab und seine Klage auch vor die Äbtissin des Klosters Naundorf brachte, dem die Kapelle zugehörte. „Darauf hat die eptissin in die klaus geschigt, alles, was gut gewest, eraustragen lassen. Der alt man ist eraus gezogen."[8] Hatten die Akteure es nur darauf abgesehen, das von ihrem Prediger so hart angegriffene abgöttische Treiben in der Kapelle zu unterbinden, war damit ihr Ziel im Wesentlichen erreicht. Das kleine Heiligtum hatte seine Rolle als Andachtsstätte des lokalen Marienkults bereits ausgespielt; es stand leer und offen, und wer im Vorübergehen noch eintrat, hielt zumeist wohl nur Umschau, ob es noch etwas Mitnehmenswertes darin gab. Aber die erregte Leidenschaft trieb einige Heißsporne weiter, am Gründonnerstag

---

[4] Ebd. S. 233,19 f.
[5] Ebd. S. 546,12 ff.
[6] Förstemann, Bauernkrieg, S. 192.
[7] AGBM II, S. 29.
[8] Ebd. S. 30.

418

(24. 3.) ging die Kapelle in Flammen auf. „Die theter, der vngeuerlich neun gewest vnd von etzlichen, so im felde gepflugt, solten besichtigt sein worden"[9], wurden niemals festgestellt, da man das Ermittlungsverfahren von Allstedt aus in raffinierter Weise fortgesetzt blockierte. Der exzessive Akt blinden Eifers erhob sich nicht auf die Höhe eines bekenntnishaften actus fidei, erhielt vielmehr den Charakter einer in aller Heimlichkeit vollzogenen Brandstiftung, die erst recht in einem fragwürdigen Lichte erscheinen muß, wenn man sieht, wie alle direkt oder indirekt in das Unternehmen Verstrickten sich jeglicher Verantwortung für die Tat zu entziehen suchten. Der Amtmann Zeiß erfuhr in der Kirche vom Ausbruch des Brandes und schickte sogleich „etlich des rats und burger" hin, die die erforderlichen Maßnahmen treffen sollten, aber nur noch das Übergreifen des Feuers auf das umliegende Gehölz verhinderten[10]. Auch Müntzer ließ sich das Schauspiel nicht entgehen, die vermaledeite „spelunkge" brennen zu sehen. Wenn er freilich nach dem „Bekenntnis" ausgesagt haben soll, er sei „zu Mallerbach gewest und gesehen, das dye von Alstett etliche bilde aus der kirche getragen und hernachmals dye kirche verbrant"[11], ist der Sachverhalt kaum zutreffend protokolliert worden, sofern der Eindruck erweckt wird, er habe sich als Augenzeugen der Plünderung und der Brandstiftung selbst bezeichnet. Ein so enges Einvernehmen mit den Tätern will nach den sonstigen Berichten wenig glaubhaft erscheinen, so sehr er die vollzogene Tat gebilligt und sie als verheißungsvolles Zeichen des zu entschiedenem Handeln bereiten neuen christlichen Geistes begrüßt haben mochte.

Dem Schösser und dem Rate wird in der Erwartung des Nachspieles weniger leicht zu Mute gewesen sein. Zeiß hatte sich zwar alsbald an die Äbtissin von Naundorf gewandt und „aufs fruntlichs gebeten und geschrieben umb einigkeit und friedes willen"[12]. Aber die geistliche Frau reagierte mit einer scharfen Klage bei dem sächsischen Kurfürsten über die Allstedter wegen „mancherlei beswerung und betrohung, derhalben sie in groser fhar und sorg stehen muste, von uns bescheen"[13]. Sie wies dabei auch auf die fortlaufende Verwüstung einer in Allstedt selber stehenden, nicht mehr benutzten Kapelle hin, um damit dann die Zerstörung des Mallerbacher Heiligtums in Verbindung zu bringen, für die sie die Allstedter voll verantwortlich machte. Noch bevor diese Anklagen vom Kurfürsten den Verwaltungsinstanzen in Allstedt zur Äußerung zugestellt wurden, hatte in den umliegenden Gebieten eine wohl von altgläubiger Seite betriebene Fahndungsaktion nach den am Zerstörungs-

---

[9] Förstemann, Bauernkrieg, S. 163.
[10] AGBM II, S. 30.
[11] Franz, MG, S. 546,11 ff.
[12] AGBM II, S. 31.
[13] Ebd. S. 29.

27*

werk irgendwie Beteiligten eingesetzt und zu einigen Verhaftungen geführt, über die man in Allstedt umgehend nähere Erkundigungen einzog[14]. So lasch man die Untersuchungen bei der eigenen Bürgerschaft betrieb, so lebhaft war man augenscheinlich an dem Ergebnis der auswärtigen Nachforschungen interessiert, und man kann sich des Eindrucks schwer erwehren, daß die Sorge um die Verhafteten größer war als das Verlangen, die Untat wirklich aufzuklären. Schultheiß und Rat mögen aufgeatmet haben, als sich aus den Antwortschreiben ergab, daß über die Brandstifter nichts weiter ermittelt worden war und die der Plünderung verdächtigten bzw. überführten Leute von außerhalb waren. Denn um so leichter fiel es ihnen, in der vom Kurfürsten geforderten Stellungnahme zu den Beschwerden der Äbtissin ihre völlige Unschuld zu beteuern. Der gegen sie erhobene Vorwurf, den allmählichen Abbruch der in der Stadt gelegenen Kapelle zugelassen zu haben, gab ihnen sichtlich einen günstigen Start für ihre Antwort; konnten sie dem doch mit einigem Rechte entgegenhalten, daß die von ihnen wegen der Entwendung von Steinen und Bohlen zur Rechenschaft gezogenen Bürger um die ausdrückliche Erlaubnis des Klosterpropstes nachgesucht und sie erhalten hatten. Das war eine trefflich gelungene Parade: „Hie sehen E. Cf. G., wer die capellen im flegk vorwust ader zuriessen, abs uns allen nicht mit unwarheit wirt zugemessen und was grunds der eptisschen clage, die sie E. Cf. G. mit honigflissenden worten hat lassen furtragen und was fur bittere gallen darinnen vorborgen, bedenk ider crist."[15] Die gleiche Gehässigkeit und verleumderische Hetze, so erklärt man weiter, spricht nun auch aus dem Versuch, den Allstedtern die Schuld an den Mallerbacher Vorgängen in die Schuhe zu schieben. Ohne daß man mit einer Silbe Müntzers Ausfälle gegen die Kapelle als Brutstätte abgöttischen Wesens erwähnt hätte, stellt man die Ereignisse bis zum Brande so dar, daß die Verantwortung für das ganze Geschehen tatsächlich bei den Naundorfer Klosteroberen liegt. Denn während man in Allstedt den Klausner zum Bleiben aufgefordert habe, da ihm niemand etwas tun dürfe, habe die Äbtissin ihn ausziehen lassen, ohne den Amtmann darüber zu informieren; außerdem habe man alle Wertgegenstände aus der Kapelle abgeholt. Nun habe die Kapelle allerdings Tag und Nacht unbewacht offengestanden und es sei nicht verwunderlich, daß manche Stücke des noch verbliebenen Inventars verschwunden seien, „nachdem dan viel frombder holtzhauber, auch tegelich viel volks zu uns zur predig kompt und sonderlich auf einen sontag mehr dan 2000 frombds volk vorhanden, den wir im ampt gar zu geringe ..." Ja, man wagte sich noch weiter vor: die von dem Propst mit der Suche nach einer

---

[14] So kann man aus einigen Berichten von Zeiß an die sächsischen Fürsten schließen; dazu auch Förstemann, Bauernkrieg, Nr. 2, 3 und 4, S. 153 f.

[15] AGBM II, S. 29.

vermißten Glocke beauftragten drei Männer sind dabei „mit angezuntem licht und ströwuschen in dem wusten cleinen heuslein ... umbgangen das glocklein im keller und aufm boden gesucht und so umbgangen, das die warheit erfuhr, ab got will, brechen wirdet, das sie es villeicht selbst angezundt mogen haben, clage zu suchen"[16]. Im Übrigen läßt sich, so behauptet man, nachweisen, daß die Plünderungen von auswärtigen Elementen begangen wurden; „weiß uns die eptischen ader or probst imands anzuzeigen, wir wollen ime des rechten vorhelfen, das die glock zuschlagen und stugk gein Alstett komen. Es ist ein priester, er Heinrich Bodung gnant, und unser stobner ungefhor vorubergangen in Ostern, haben sie stugk von der glocken und den kloppel doraus in einem wusten wassergraben funden, dasselbig mit heimgetragen. [...] Es seint stugk von der glogken wol auf zwo und drie meiln von Alstett in hertzog Georgen etc. furstentumb funden. Wer hat sie dohin getragen? Das der probst ader eptischen dieselbe beclage und nicht uns, wollen uns auch des, ab got will, unschuldig machen. Dan wir wol wissen kuntschaft aufzubrengen, wer das geringe gut, das die nonnen in der capellen gelassen, genomen und wegkgetragen. Weiß die eptischen aber imand, der die capellen, anders dan wir uben berurt, angestagkt, den bringe sie namhaftig fur, wie sichs geburt. Wue aber nicht, so bitten wir, E. Cf. G. wollen sulchen gifftigen clagen nicht mehr glauben geben ..."[17] Alle Anschuldigungen sind, darauf läuft die Antwort hinaus, lediglich eine Ausgeburt des Hasses gegen das in Allstedt frei verkündete Evangelium, und es wäre wünschenswert, „das in E. Cf. G. auch geboten hett, das sie sich des lesterns enthileten, weil sie frie unvorboten lestern, und wir sollen darzu still halten, wie wir bißher getan, ist uns furtan vast schwer. Seint wir dorumb strefflich, so wollen wirs umb gottes willen leiden. Wir vorhoffen aber, E. Cf. G. werden uns bei der warheit durch den willen gottes schutzen und vorteidingen [...] und den weibischen clagen, die ane grund gescheen nicht stadt geben. Wir wollen die unsern auch wol weisen, die nonnen zufrieden lassen. Das wir sie aber fur den, die nicht in unserm zwange seint, schutzen sollen, ist E. Cf. G., vil weniger uns mogelich. Wer schutzt uns arme leute? Wir mussen teglich von unsern widdersachern umb das evangelium horen, sie wollen uns vorbornen, vorstoren, wegfhuren, gefangen nhemen. Solt wir so oft clagen, als uns getrohet, E. Cf. G. het tag und nacht nicht friede. Sie geben nimand ursache. So tut in nimand. Das sie aber das evangelium ketzerei heissen, das leiden frombde leut, die die warheit lieben, nicht mehir"[18].

Der Amtmann, der Schultheiß und die Mehrheit der Ratsmitglieder mögen in den ersten Wochen noch wirklich der Meinung gewesen sein, daß man die Brandstifter und Plünderer nicht in Allstedt zu suchen habe,

---

[16] Ebd. S. 30. [17] Ebd. S. 30. [18] Ebd. S. 31.

auch wenn sie erkannten, daß ihres Pfarrers scharfe Äußerungen gegen das kleine Sanktuarium den eigentlichen Anlaß gegeben hatten, und sie den Verdacht einer fahrlässigen oder provokatorischen Brandstiftung durch die Klosterleute selbst vielleicht gar nicht so ernst nahmen. Sie waren überhaupt nicht gewillt, dem Kapellenbrand eine sonderliche Bedeutung beizumessen, suchten ihn jedenfalls nach Möglichkeit zu bagatellisieren und machten statt dessen die gegnerische Anklage zum Gegenstand einer in ihren Augen viel gewichtigeren Gegenklage: die von der Äbtissin vorgebrachten Beschwerden sind nichts anderes als der arglistige Versuch, durch eine skrupellose Verleumdungskampagne Allstedt als Hort des evangelischen Glaubens zu vernichten. Die Angeklagten wurden zu Anklägern durch die zumindest mit einem Schein des Rechtes und vielleicht auch mit ehrlicher Überzeugung vorgebrachte Erklärung, daß sie „mussen teglich von unsern widdersachern umb das evangelium horen, sie wollen uns vorbornen, vorstoren" usw.[19]. Darum gaben sie dem Fürsten zu bedenken, daß sein etwaiges Eingreifen zu Gunsten des Klosters eben diesem mit allen Mitteln geführten Kampfe der Altgläubigen wider das erfolgreiche Vordringen des evangelischen Glaubens Vorschub leisten würde, und in unmißverständlichen Wendungen sprechen sie die Erwartung aus, von ihm Schutz und Hilfe zu erlangen, weil ihre Sache ja doch die Sache des Evangeliums ist und allein unter diesem Gesamtaspekt auch dieser Einzelfall gesehen werden muß. „Das sie aber das evangelium ketzerei heissen, das leiden frombde leut, die die warheit lieben, nicht mehir." Es ist Geist von Müntzers Geist: die Aufforderung des Landesherrn, sich wegen Beeinträchtigung und Verunglimpfung des alten Glaubens zu verantworten, findet im Rechenschaftsbericht der Allstedter ihre Entgegnung in der Forderung an den Landesherrn, sich seiner Verantwortung für den freien Gang des Evangeliums bewußt zu sein.

So leichten Kaufes kam man freilich nicht davon. Man mutete Friedrich dem Weisen Unmögliches zu, wenn man von ihm erwartete, sich mit einer solchen Antwort zufrieden zu geben. Die Zerstörung der Mallerbacher Kapelle war, anders konnte er trotz den Ablenkungsversuchen der Allstedter kaum urteilen, ein höchstwahrscheinlich von Müntzers Anhängern verübter Gewaltakt, der in der gespannten kirchlich-politischen Situation nicht als Bagatelle abzutun war, zumal die Atmosphäre auf dem noch tagenden Reichstag in Nürnberg größte Vorsicht geboten erscheinen ließ. Schon aus Gründen der politischen Klugheit

---

[19] Die dem Probst zur Last gelegten Worte über die Vergeltungsaktion gegen Allstedt (AGBM II, S. 30) sind ebensowenig nachprüfbar wie die Beschwerde der Äbtissin, man habe von Allstedt aus versucht, „der eptischen ordenung und maß mit predig horen und anderen von uns zu setzen" (ebd. S. 31). Aber auch so bleiben diese Äußerungen kennzeichnend für die spannungsgeladene Situation und deren religiös-kirchliche Hintergründigkeit.

sah sich der Kurfürst deshalb genötigt, der Beschwerde des Klosters ernsthafter nachzugehen. Da der Bericht aus Allstedt eher der Verdunkelung als der Aufhellung des unliebsamen Vorfalles diente, übergab er die Angelegenheit seinem Bruder Herzog Johann zur weiteren Untersuchung, der die Beschuldigten zu einem mündlichen Verhör auf den 9. Mai nach Weimar zitierte. Es ist nicht uninteressant, daß die Eintragung über diese „Dienstreise" in der Rechnung des Amtes Allstedt lautet: „Ambtszerung: 25 gr. zu Weymer auf furbescheide mit zweien pferden vier nacht verzert [...] in Thomus Munczers sach, die wochen Exaudi."[20] Eine überraschende Angabe, der man entnehmen könnte, daß in Weimar die Frage nach der geistigen Urheberschaft Müntzers nicht unerörtert geblieben ist. Daß aber der Prediger selbst mit vorgeladen worden sei, ist recht unwahrscheinlich. Zwar schreibt Martin Seligmann, der ihn erst wenige Tage zuvor in Allstedt besucht hatte und dabei sicher über die Affäre Mallerbach informiert worden war, am 13. Mai „ob varios rumores" beunruhigt, an ihn: „... scire tamen exopto, quales tecum agitate sint cause Wimarie proxime iam elapsa septimana. Quidam enim e familia comitum nostrorum te ibidem conspexit, qui et michi retulit te a duce vocatum"[21]. Diese Nachricht wird jedoch durch die übrigen Quellen nicht bestätigt, die allenfalls vermuten lassen, daß im Verhör auch nach dem Verhalten der Prediger gefragt worden ist, da der Herzog und seine Räte offenkundig nicht an die Harmlosigkeit der Allstedter glaubten und die Untersuchung darum nach allen Seiten mit ziemlicher Energie betrieben. Man geht kaum fehl in der Annahme, daß Prinz Johann Friedrich, der bei dem Verhör gewiß nicht nur als Zuhörer zugegen war, zumal in dieser Hinsicht besonders eifrig auf eine Klärung des Sachverhaltes bedacht war, da sein enger Anschluß an Luther ihn gegen den Geist von Allstedt argwöhnisch machte. Und so mag es seiner persönlichen Einflußnahme mit zuzuschreiben sein, daß den Vorgeladenen deutlich wurde, daß man doch einige Zweifel in ihre Unschuldsbeteuerungen setzte, und die Verhandlungen mit der strikten Auflage endeten, „das wir nach den Jhenigen, die solchs gethan mochten haben, vleisige erforschung vnd erkundung in xiiij tagen haben sollen, vnd wu die vnter vnsir gemein befunden, die solch handlung geubt, in straff

---

[20] AGBM II, S. 57.
[21] Franz, MG, S. 401,5—9. Seligmann war damals Vikar in Thalmansfeld und stand in Verbindung mit Müntzer, so daß ihm böse Zungen nachsagten, er sei aus dem Lager Luthers in das Müntzers übergewechselt. Das bestritt er freilich entschieden, und in dem hier zitierten Briefe bittet er außer einer kurzen Information über den Stand der Dinge in Allstedt bzw. Weimar um eine Auskunft, „an verum sit, quod dicitur te iam acuere calamum in Martinum Lutherum, quod ego nullatenus futurum credo ob ingens ex hoc oriturum dissiduum. Optarem namque inter vos esse concordiam mentiumque unitatem; tunc enim non solum centisimum, sed et millesimum fructum ex amborum doctrina profuturum sperarem" (ebd. S. 401,23—27).

nhemen"[22]. Die ·Vorhaltungen in Weimar waren jedenfalls eindringlich genug, daß „wir von stundt an, als wir heym komen, alle vnsure gemeine fur vns gefordert, yn sulchen abschiedt furgehalten, ernachmals einen itzlichen insunderheit vor vns gefordert, auff seine pflicht befragt, was yme vmb sulche misshandelung, an der felt klawss gescheen, bewust anzusagen, mit bedenken, was darauss entstehen mocht, hertiglich furgehalten"[23]. Nur war bei alledem nichts weiter herausgekommen als die Bekundung zweier Bürger, „sie haben gesehen, das etliche von der selbigen klawss gegangen, sie kennen yr aber nicht, wissen auch nicht, was sie gemacht, auch kein handelung von yn gesehen"[24]. Man hatte also, wie man in dem vorläufigen Bericht bereits am 17. Mai erklärte, keinen Anlaß zu Verhaftungen oder sonstigen Maßregelungen gefunden, betonte aber nichtsdestoweniger seinen Eifer, die Nachforschungen fortzusetzen und erbat „zu sulcher grundlichen erkundtung noch xiiij tage oder drie wochen vngeferlich friest"[25]. Vorerst mochte man oben den beigefügten Aussagen von Einwohnern anderer Ortschaften einmal entnehmen, wie sehr man in Allstedt beflissen war, den Tätern auf die Spur zu kommen, zum anderen, daß es wohl zweckmäßig sei, nach den Tätern außerhalb der Stadt zu fahnden. So sehr der Tenor des ganzen Schreibens auf den Ton abgestimmt ist, „das wir vns auff warhafftig erharung e.f.g. beuehls halten vnd folgen wollen"[26], es klingt ein warnender Unterton vernehmlich mit: ist es ratsam, unbedingt einen Schuldigen aus Allstedt ermitteln zu wollen? Die Berichterstatter zeigen sich „besorgt, man mocht ehr den vnschuldigen dan den schuldigen angreiffen, auss wilchem dan ein grosser auffrur vnd entporung vnter vnser gemein entstehn, vnd zuuormuthen ein erger Irrung ersprissen wurd"[27]. Augenscheinlich waren sie von der vollkommenen Unschuld ihrer Allstedter Mitbürger gar nicht mehr so überzeugt, wenn sie es je gewesen waren; nur wagten sie angesichts der nach dem Weimarer Verhör und Abschied erst recht gespannten Stimmung in der Gemeinde nichts gegen die Verdächtigen zu unternehmen, um so weniger, als die beiden Geistlichen in ihren Pfingstpredigten (am 15. bzw. 16. 5.) nicht gerade zur Beruhigung der Gemüter beigetragen hatten.

Nach späterhin dem Fürsten zugeleiteten Angaben, die angeblich „dozumal von etzlichen aus seinem munde aufgezeichnet"[28], sollen die beiden Prediger nämlich recht ausfällig geworden sein. „Erstlich hadt Thomas ·Muntzer vffentlichen gesaget: ,der alde grawbart, der furste, hat sso vil weysheyt in seynem koppe als Ich in meynem hyndersten'.

---

[22] Förstemann, Bauernkrieg, S. 156.
[23] Ebd. S. 156.   [24] Ebd. S. 156.
[25] Ebd. S. 156.   [26] Ebd.·S. 156.
[27] Ebd. S. 156. Das anlautende J im Text von Förstemann ist als I wiedergegeben.
[28] Ebd. S. 182; so die Angabe beim Verhör vom 1. 8. in Weimar.

Item ‚der furste vorstedt das evangelium nicht; Er nympt ess auch nicht an, Er ist des auch nicht werdig. Er wil sachen richten vnd orteln vnd vorstedt ess selber nicht'! Und der worte glichen grussem vil. Darnach am Montage in pfingsten hadt Symon Hefferitz der Apostata in seynem sermon vnder andern worthen das volck mit vffentlichem hellen ausschreyen vormanet: ‚Ir, liebes volck, Ir seth, was vnsser hern thun; sye synt von anbegynne die Jenigen gewest, die Kloster vnd Kirchen, mocht wol sagen hwerhussere vnd mortgruben, gestyfft haben vnde auch noch ytzundt schutzen vnd hanthaben. Derwegen seyt Ir blinth vnd dulle, das Ir sye vor hern halt. Ir solt on abesagen. Geborne fursten dwn [= thun] nummehr keyn gut. Darvmb kysset selbst eynen fursten vnde vorleucknet die fursten von Sachssen Ewr Erbhern. Erwelet euch selbst eynen hern. Die geborne fursten thun nicht mehr, dan das sye euch schynden vnd schaben; doch seyt Ir sso blinth vnd haltet sye vor fursten. Saget on abe, vnde wann Ir on schreibet, szo solt Ir on nicht schreiben von gottes g. hertzogen zcw Sachsen, sundern ‚auss gottes ongnaden hertzogen zcw Sachsen vnde nicht vnsser herr' etc.“[29] Als man diese Äußerungen bei dem Verhör am 1. August Müntzer vorhielt, hat er sich nicht dazu bekannt, „sondern gesagt: das er solche oder dergleichen wortt nit geredt“[30]. Auch die übrigen damals zum Verhör geladenen Vertreter Allstedts erklärten, „das die prediger die wort vnsere gnedigsten vnd gnedigen hern betreffend geredt solten haben, dauon wusten sie nit“[31]. Man wird ihren Worten soweit Glauben schenken dürfen, daß derartige Sätze in den Pfingstpredigten der beiden Geistlichen nicht gefallen sind. Die dem sächsischen Kurfürsten übermittelten „Aufzeichnungen“ sind sehr wahrscheinlich das Machwerk irgendwelcher Spitzel, an denen es unter den Tausenden, die zu Pfingsten nach Allstedt strömten, fraglos nicht gefehlt hat. Sie hatten es sicher leicht, enttäuschte und kritische Bemerkungen der Prediger über die soeben in Weimar verfügten Anordnungen zu despektierlichen Glossen und politischen Sentenzen umzufälschen, um die reformatorische Bewegung in Allstedt bei den Landesherren im Mißkredit zu bringen. Man anerkennt das Elaborat freilich z. T. noch heute als einen echten Ohrenzeugenbericht, ohne sich Gedanken darüber zu machen, warum es mit seinem so gravierenden Inhalt erst nach zehn recht spektakulären Wochen zum Vorschein kommt[32] und warum von einem Vorgehen gegen den in dem Dokument besonders schwer belasteten Haferitz in dem relativ umfangreichen Quellenmate-

---

[29] Ebd. S. 155.　　　[30] Ebd. S. 183.　　　[31] Ebd. S. 184.

[32] Schon Förstemann fragt: „Vielleicht Beilage eines Schreibens des Herzogs Georg an den Kurfürsten zu Sachsen?“ Dazu der Schluß des „Zettels“: „Der lesterung, smehe unde Iniurien C. f. vnde furstlicher Durchleuchtigkeyt durch obgenannte pfarhern vnd prediger auffgelegt Ist szo grwssem vyl, das sie selbigen noch zcw sagen zcwschreiben nicht wol mogelich“ (Bauernkrieg, S. 154 und 155).

rial erst etwas verlautet, als der „Nebenprediger" am 31. Juli „vnder anderm offentlich gepredigt haben [soll]: „Gebt den fursten, Grafen vnd Edelleuten, den Bosswichten, was sie haben wollen, vnd welche in seinem pundt sein wolten, dy mochten zw Im komen, mit bedrawung kunfftigen grosses blutvergiessens."[33] Zeiß berichtet zu dieser Anklage am 24. August: „... hab ich vleissig dornach gefraget, aber ich habe bisher anders nit erfahren mogen, dann daz er gesagt solt haben: ‚gebt herrn vnd fursten, waz Ir schuldig seit, aber gotswort solt Ir nit verlewkhnen'. Vnder anderm gesagt: ‚es werde ein solch blutvergiessen werden, als es kindskind ye gedecht.' ... Derselb Simon Haferitz hat auch Thomas Munzers weis vnd Predigt zum tail widersprochen, ist derselben abfellig worden vnd bitt e.c.f.g. allenthalben umb genedige Antwurt"[34].

Natürlich waren Schösser, Schultheiß und Rat bemüht, die Reden ihrer Geistlichen möglichst zu verharmlosen; dennoch kommen sie der Wahrheit wohl näher als die Denunzianten. Man wird sich daher die Vorgänge in den Pfingstgottesdiensten ohne das Denunziantenkolorit etwa so vorzustellen haben: 1. Müntzer wie Haferitz waren darüber ungehalten, daß die sächsischen Fürsten von der Zerstörung der „spelunca" und des „Teufelsdienstes" in Mallerbach soviel Aufhebens machten; 2. sie äußerten offen vor der zahlreichen Pfingstgemeinde ihren Unmut darüber, daß eine angeblich reformatorisch gesinnte Obrigkeit sich in ihrem Machtbereich zum Anwalt einer gegen die evangelische Bewegung gerichteten verleumderischen Hetze machen ließ; 3. sie waren besonders über die Anordnung empört, unter ihren Glaubensgenossen nach etwaigen Mittätern zu fahnden und sie wegen ihres tatbereiten Einsatzes gegen „den Teuffel zu Mallerbach unter dem Namen Maria geehrt und angebetet" einer gar nicht kompetenten Polizeigewalt zu überantworten. Sie wurden ihrer Erregung über diesen Gang der Dinge so leicht nicht Herr und konnten dazu einfach nicht schweigen. Müntzer sprach dem Kurfürsten ein im recht verstandenen Evangelium gegründetes und daran allein sich orientierendes Urteilsvermögen ab. Haferitz schlug, wie es scheint, eine schärfere Tonart an; er machte die Fürsten als Stifter und Schutzherren der Klöster für die Existenz dieser Pflegestätten gotteslästerlichen Lebens verantwortlich, die nun nur dem Volke zur Last fielen, und folgerte möglicherweise, daß man mit der Absage an das götzendienerische erbliche Fürstentum auch die „vererbten Laster" beseitigen könne[35]. Doch selbst die in maßvollerer Weise öffentlich vorge-

[33] Förstemann, Bauernkrieg, S. 193; Kurfürst Friedrich am 9. 8. 1524 an den Schösser zu Allstedt.
[34] Ebd. S. 201 f. Auch wenn dieser Bericht von Zeiß Haferitz in keinem günstigen Lichte erscheinen läßt, so steht doch selbst die vom Kurfürsten jetzt angeführte Äußerung in einem auffälligen Kontrast zu den ihm unterstellten Aussagen in seiner Pfingstpredigt.
[35] Die Möglichkeit, die Zinszahlung an das Kloster Neuendorf einzustellen, wurde

brachte Kritik der beiden Geistlichen an der auf Grund katholischer Anklage geforderten strengen Untersuchung der Mallerbacher Vorgänge steigerte die Unruhe unter den ohnehin darüber erregten Allstedtern und leitete zu einer krisenhaften Spannung über.

Der Schösser war mit Rücksicht auf seine amtliche Stellung noch am ehesten willfährig, dem in Weimar erhaltenen Auftrage gerecht zu werden. Er hatte es nicht leicht genommen, daß er „mit wortten grosslich gestrafft"[36] worden war und neuerlich wieder einen Verweis erhalten hatte, weil er im Falle des vom Amtmann zu Schmon verhafteten Brambach die nötige Initiative hatte vermissen lassen[37]. In seinem Rechtfertigungsbericht stellt er den Sachverhalt richtig, demzufolge ihn keinerlei Verschulden treffe. Aber dann bricht es bitter aus ihm hervor, daß man seinen bisher untadeligen Dienst „an den armeleuthen vnd an den guttern hie im Ambt"[38] nicht weiter würdigt, den er unter so schwierigen Verhältnissen rechtschaffen tut; sind doch „wenig Ambtleuth zu Alstedt synt der herschafft querfurt tode eynes rechten todes gestorben, sondern erschossen vnd erstochen, des ich dan nach dem willen gottes oder wie mirs got zuschickt, auch gewarten muss. Da kreht (sic?) kein han noch henne noch; do wurde vielleicht keyn schwerdt gezugkt, kein gerichtsstab zubrochen. Were leytt, der leytt". Das alles gilt nichts gegenüber dieser Mallerbacher Affäre. „Almechtiger gott! ist doch diese sach so gar dapfer nit." Doch will er auch hier seiner Pflicht gewissenhaft nachkommen, um jedermann deutlich zu machen, „das mirs nit lieb ist, das solicher vnlust im ambt bey mir gescheen ist"[39]. Zeiß ist in der übelsten Stimmung: er ist, ungeachtet seiner Neigung zu den müntzerischen Ideen, mit der Brandstiftung keineswegs einverstanden, zumal sie ihm nur Schererei und Ärger bereitet. Sie ist für ihn allerdings auch keine so gewichtige Angelegenheit, daß man soviel Aufhebens davon machen sollte, wie das von oben herab geschieht. Unmißverständlich gibt er zu bedenken, daß auch das hinterhältige Verhalten des Amtmannes von Schmon, der in Herzog Georgs Diensten steht, nur als ein Teil der antievangelischen Wühlarbeit zu verstehen ist. Vor allem hat er in den beiden letzten Wochen die gärende Unruhe gespürt, die sich in der Anhängerschaft Müntzers ausbreitete: die feindselige Stimmung gegen die Neuendorfer Klosterleute wuchs; man verübelte den Landesherren ihr Eintreten für die Teufelsdiener und sabotierte beharrlich die Nachforschung nach den am „Kapellensturm" beteiligten Mitbürgern. Noch scheute er sich, die tatsächliche Situation unverschleiert darzustellen

längst schon in Allstedt ventiliert (vgl. den Brief Müntzers an Karlstadt, oben S. 374). Doch muß es eine sehr vage Vermutung bleiben, daß hinter den angeblichen Äußerungen von Haferitz derartige Überlegungen gestanden haben.
[36] Förstemann, Bauernkrieg, S. 158; Schreiben an Herzog Johann vom 29. 5. 1524.
[37] Ebd. S. 157 f.　　　[38] Ebd. S. 158.　　　[39] Ebd. S. 158.

und die Zwiespältigkeit der eigenen Empfindungen zu offenbaren, die ihn zu keiner klaren Entscheidung kommen ließen und sein Handeln lähmten. Immerhin gab er zu verstehen, daß er die Verantwortung für die Folgen ablehnte, die sich aus der strikten Durchführung der fürstlichen Anordnungen ergeben würden.

Man wird den Tenor des Briefes vom 29. Mai in Weimar erst ganz begriffen haben, als einige Tage später Rat und Gemeinde von Allstedt ihre Antwort auf den am 9. Mai erhaltenen Befehl gaben und offenbar machten, daß sie über ihre Verpflichtung zu schuldigem Gehorsam eben diesem Befehle gegenüber anderen Sinnes waren als der Amtmann, dessen Anspielungen auf seine exponierte Position den fürstlichen Räten nun auch verständlicher werden mochten, als „Rat und ganze gemeyne untertanigen zu Alsteth" so dezidiert und geschlossen ihre Stellungnahme darlegten und jedermann erkennen mußte, daß kein anderer als Müntzer ihr leitender Geist und der Verfasser ihrer Eingabe war. Sie spricht die nunmehr von den Allstedtern getroffene Entscheidung unumwunden aus. Gewiß, von einer völligen Aufkündigung des Gehorsams, wie es Simon Haferitz Pfingsten gefordert haben sollte, ist keine Rede. Man erklärt im Gegenteil eingangs ausdrücklich, wie sie „allzeit untertanig und willig gehorsam aufs aller hoechste gewesen seint und gedengken auch nu fortan das selbige in massen wie geburlich zu volfuren mit allem unserm vormugen"[40]. Selbst „in der nonnen sachen zu Newendorff" haben sie sich gefügt und auf die Weisung des Kurfürsten hin ihr Vorhaben, die eigentlich nicht zumutbare Zahlung von Zinsen und Zehnten einzustellen, aufgegeben, um einen Konflikt mit dem Kloster zu vermeiden. Wenn aber der Fürst jetzt auch in der Kapellenfrage den Klosterleuten überhilft, „seint wir armen leute des selbigen hoch beschwert und mugen das selbige vor Got nit vorantworten, das wir solten Gotes lesterung helfen erhalten und vortedigen. Des seint wir durch gezeugnis der heiligen schrift gewis unschuldig"[41]. Denn wenn „durch gutherzige frume leute" dem Teufelswerk zu Mallerbach ein Ende bereitet wurde, „wie solten wir dan dazu helfen, das solche umb des teufels willen solten angenommen werden und gefenglich gesetzet"[42]? Es ist weder „sonderlicher schade, der dem gemeynen nutz vorhinderlich", angerichtet worden noch der Gehorsamspflicht gegen die Fürsten Abbruch getan, der ja doch der Gottesgehorsam vorgeordnet bleibt. Man erwartet keine besondere obrigkeitliche Schutzaktion für sich; „mussen wir doch alle augenblick in fahr des todes gewertig sein unser feynde zukunft, welche uns dan mechtig umb des evangelion willen mit hessigem grymm vorfolgen"[43]. Nur sollen die Fürsten eben deshalb auch nicht die Gegner unterstützen, eingedenk des Bibelwortes: „,Den gotlosen salt du nit vortedigen.' Weil aber nu der ganzen welt kunt ist, das monche und nonnen abgottische

---

[40] Franz, MG, S. 405,4 ff.   [41] Ebd. S. 405,16—19.   [42] Ebd. S. 405,22—24.

menschen seint, wie mugen sie dan von frumen christlichen fursten vortediget werden mit billigkeit? Wir wollen E. G. und unserm loblichen
churf(ursten) alles thun mit leib und gute, das uns billich aufgeleget wirt.
Das wir aber weiter den teufel zu Mallerbach solten anbeten gestaten,
das unser bruder ym uberantwortet werden zum opfer, wollen wir gleich
so wenig thun, wie dem Turgken untertanig zu sein."[44] Der Schlußsatz könnte dann freilich doppelsinnig gemeint sein: „Geschicht uns dar
uber etwan gewalt, so weis doch die welt und sonderlich die frummen
auserwelten Gotes, worumb wir leiden und das wir Christo Jhesu
gleichformig werden."[45] Der Adressat wird damit vor die unumgängliche Entscheidung gestellt, ob er durch sein Vorgehen vor dem Urteil
der christlichen Welt als Verteidiger der Gottlosen dastehen will oder
als „christlicher loblicher furst", der weiß, daß ihm „das schwert zur
rache der ubelteter und gotlosen gegeben ist und zur ehre und schutz
der frumen"[46].

Der unmittelbare Anlaß zu diesem Schreiben könnte die am 4. Juni
erfolgte Verhaftung des Ratsmitgliedes Ziliax Knaut gewesen sein. Amtmann und Schultheiß hatten bei den von ihnen wohl oder übel angestellten Nachforschungen doch einige Anhaltspunkte für einen begründeten Verdacht der Mittäterschaft bestimmter Allstedter Bürger gewonnen.
Zeiß hatte sich, wie er beteuerte, „offtmals mit dem Rath vnd sonderlich
mit dem schultes vnderredt, das wir dem abscheidt volg theten"; aber
er war dabei immer ins Weiche gestoßen: „Hat der Rath nicht bey der
Sachen thun wollen, so ist der schultes vorchtsam vnd die vordechtigen
zu alstedt nit wollen annemmen."

Es blieb ihm als offiziellem Amtsträger schließlich nichts anderes übrig,
als selbst aktiv zu werden und „sonnabents abent bonifacii mit dem
statknecht zu alstedt eynen des Raths, den ich verdechtig hielt, an lies
nehmen, den selben in stock vffs schloss furen lassen . . ."[47] Damit war
der Stein ins Rollen gekommen. Zeiß hatte zwar in wachsender Angst
und Sorge vor drohenden Unruhen gelebt, war aber über die Entwicklung der von Müntzer inspirierten und weithin inszenierten Wider-
standsbewegung augenscheinlich nur sehr unzureichend informiert. Selbst
die von Rat und Gemeinde dem Herzog Johann übermittelte Erklärung
ist ihm wie dem Schultheiß möglicherweise erst nachträglich zur Kenntnis
gekommen[48] und ließ ihn ahnen, daß die an sich schwer bestimmbaren
Grenzen zwischen passivem und aktivem Widerstand bereits überschrit-

---

[43] Ebd. S. 405,34 ff.   [44] Ebd. S. 406,1—9.
[45] Ebd. S. 406,9 ff.   [46] Ebd. S. 405,26 f.
[47] Förstemann, Bauernkrieg, S. 164; Schreiben von Zeiß an Kurfürst Friedrich
den Weisen vom 26. 6. 1524.
[48] Es könnte u. U. auch sein, daß sie ihre Unterschrift verweigert haben; doch
liegt die Annahme näher, daß man sie gar nicht an der Aktion beteiligen wollte.

ten waren, erst recht durch die von Rat und Gemeinde offenbar in sachlicher wie zeitlicher Verbindung mit der Eingabe an den Herzog beschlossene „ordenung", ein vielleicht auf Anraten des „Bundes" aufgestelltes Statut der militärischen Organisation der Bürgerschaft, um im Falle der Notwehr alle Kräfte zu mobilisieren und ihren Einsatz zu regeln. Die Ordnung war an sich so wenig wie das Schreiben vom 7. Juni eine „Geheimsache", schickte man doch unbedenklich eine Abschrift davon an den Kurfürsten. Nur hielt man sich dem Schosser gegenüber vorsichtig zurück, seitdem er nach der Weimarer Vorladung eine größere Aktivität gegen die Kapellenstürmer zu entfalten begann, und verfolgte sein Treiben mit argwöhnischem Mißtrauen.

Es ist infolgedessen fraglich, ob und wieweit Zeiß über die Existenz des „bundes" engagierter Müntzeranhänger vor dem Ausbruch der Juni-Unruhen schon näher unterrichtet war. Die Anfänge des Verbündnisses liegen für uns bis heute noch im Dunkel. Wir erfahren Näheres über sein Zustandekommen erst aus den Verhören zweier seiner Mitglieder nach der Katastrophe von Frankenhausen[49]. Da berichtet Jorg Senff[50] von einer Zusammenkunft „uffem statgraben fur Alstedt", bei der sich nach seiner Schätzung etwa 30 Mann durch Hans Reichart in ein Verzeichnis eintragen ließen und sich feierlich verschworen, „bei dem evangelio zu stehen, monchen und nonnen kein zins mehr zu geben und dieselben helfen vorstoren und vortreiben". Das war allem Anscheine nach der Gründungsakt, der eine kurze Vorgeschichte gehabt haben dürfte, in der Müntzer bei seiner Vorliebe für die Bildung von konspirativen Zellen als Sammel- und Ausgangszentrum aktiver Propagierung seiner Ideen als der geistige Initiator eine maßgebliche Rolle gespielt haben wird. Wenn Hinrichs diesen Akt „kurz vor dem 24. [März]" ansetzt und in der „im Beisein Müntzers" durchgeführten Zerstörung der Mallerbacher Kapelle „unschwer die erste Aktion jenes neugegründeten Bundes zu erkennen" vermeint[51], so läßt sich das durch Quellenzeugnisse weder belegen noch widerlegen. Ebensogut können jedoch Müntzers Predigten gegen den Teufelsdienst in der *spelunca* einige militante Gei-

---

[49] Hinrichs, L. u. M., spricht S. 18 Anm. 2 und S. 19 Anm. 2 von einem „Verhör des Hans Reichart und Claus Rautenzweig, 10. Juni 1525" unter Verweis auf Förstemann, Bauernkrieg, S. 215. Aber von einem Verhör Hans Reicharts ist hier keine Rede. Hinrichs identifiziert offenbar den am Eingang des Berichtes von Bernhard Wallde genannten Hansen Reich mit H. Reichart. Hans Reich war jedoch „Edelmann" (AGBM II, S. 453) und fungierte bei dem Verhör als Beisitzer. Außer Rautenzweig wurde auch durch Wallde am 10. 6. 1525 noch Jorg Senff verhört.

[50] AGBM II, S. 470.

[51] Hinrichs, L. u. M., S. 12. — Vgl. zur Geschichte des „Bundes" Bensing, Christl. Verbündnis. Der Aufsatz enthält manche guten Beobachtungen, verzeichnet aber gemäß der ideologischen Grundkonzeption des Verfassers Gehalt und Gestalt des „Bundes" in wesentlichen Zügen.

ster, ohne daß es zuvor schon zu einer müntzerischen Parteiorganisation gekommen sein mußte, auf die Idee gebracht haben, den Klosterleuten ihren Unwillen einmal in drastischer Weise zu demonstrieren. Erst das unerwartet willfährige Eingehen des Landesherrn auf die Beschwerde der Äbtissin machte dann die bedrohlichen Auswirkungen der Tat recht bewußt, und der Wille zu entschlossenem Widerstand gegen „antievangelische" Vergeltungsaktionen führte etwa in der zweiten Hälfte des April zur Konstituierung des „Bundes". Diese zunächst lokal beschränkte Gemeinschaft zur Verteidigung des Evangeliums gegen seine Verfolger läßt den akuten Anlaß ihrer Entstehung in dem Passus der Schwurformel noch erkennen: „Monchen und nonnen kein zins mehr zu geben und dieselben helfen vorstoren und vortreiben". Das waren beides Punkte, die in Allstedt längst erörtert[52] und nun im Protest gegen die „eptischen clagen" wieder laut wurden, aus denen ja für die Bundgenossen hervorging, daß man im Kloster die bisher geübte Zurückhaltung nicht im mindesten zu würdigen . bereit war; die Genese des Bundes und der Bundesformel erscheint bei solcher Betrachtung also in einem etwas anderen Lichte als bei Hinrichs.

Näheres erfahren wir über die Tätigkeit des Bundes nicht, der vorerst wohl den Charakter einer verschworenen Gemeinschaft behielt, die nun freilich nicht in der geheimnisumwitterten Verborgenheit einer Untergrundbewegung ihr Wesen trieb, doch unter den gegebenen Umständen wahrscheinlich auf demonstrative Aktionen verzichtete und im persönlichen Einsatz ihrer Mitglieder ihre Ziele von Mann zu Mann propagierte, die in ständiger, von außen schwer kontrollierbarer Aktion war und die unruhige, gereizte Stimmung in der Bevölkerung wach hielt. Als die Avantgardisten der Gefolgschaft Müntzers standen die Bundgenossen, sonderlich seit dem „Weimarer Abschied" vom 9. Mai, gleichsam in permanenter Alarmbereitschaft und sie reagierten prompt, als der Schösser nach den Wochen untätigen Zuwartens endlich energischer zuzugreifen suchte. Die Festnahme des Ratsmitgliedes Knaut war ihm als Überraschung noch gelungen; aber als er sich einige Tage später zu einer größeren Verhaftungsaktion anschickte, stieß er auf massiven Widerstand und offene Auflehnung. Herzog Johann äußerte allerdings „aus vielen vrsachen" den Verdacht, „als ob die sachen durch den Schosser, Schulteis und rath gestiefft sein"[53]. Es läßt sich in der Tat nicht leugnen, daß das Verhalten von Zeiß in diesen Tagen und Wochen

---

[52] Ich erinnere abermals daran, daß Müntzer bereits Ende Juli 1523 Karlstadt berichtet: „Monialibus enim nostris subtraxerunt census, ut largiantur egenis" (vgl. oben S. 374). Man war aber dann der kurfürstlichen Weisung gefolgt, „den nonnen ire zinsen zu geben" (AGBM II, S. 29).

[53] Förstemann, Bauernkrieg, S. 163; Schreiben von Herzog Johann an Kurfürst Friedrich vom 22. 6. 1524.

reichlich undurchsichtig ist. Er ist durch den geistigen Einfluß Müntzers in seiner Entscheidungsfreiheit gehemmt und wird nur durch die sehr bestimmten Weisungen aus Weimar zu weiterer Ermittlungen im Falle Mallerbach bewogen. Trotzdem ist es wenig wahrscheinlich, daß es sich bei den Ereignissen des 13./14. Juni um ein abgekartetes Spiel gehandelt hat. Es wird Zeiß schwer genug gefallen sein, sich gegen Müntzer zu stellen; denn das bedeutete es praktisch, wenn er den geradezu verzweifelten Versuch unternahm, den renitenten Rat der Gemeinde zum Einschreiten gegen die verdächtigen Elemente zu nötigen. Er war dem Prediger noch nicht so hörig, daß er dessen Parolen vorbehaltlos gefolgt wäre, und das Schreiben, das Rat und Gemeinde unter Müntzers Assistenz am 7. Juni an Herzog Johann gerichtet hatten[54], ging über das hinaus, was er verantworten konnte. Er durfte seine Antwort darauf nicht schuldig bleiben. So beorderte er den Schultheiß Nickel Rückert am 13. Juni auf das Schloß, einen Mann, der der Situation noch um einige Grade hilfloser, äußerlich wie innerlich unfreier gegenüberstand als er selbst. Auf das Ansinnen des Schössers, „das er als ein Richter die andern auch annemen solt, dan es geburth Im", gab er resigniert zur Antwort: „er kont noch vermocht solichs nit zu thun, dan er het vom Rath keine hielff, so hetten sich ein Rath zusamen geworffen, wue er sich des vnterstund, so wurde er darob schaden nehmen."[55] So saßen die beiden Polizeigewaltigen zusammen und suchten nach einem Ausweg aus dem Dilemma. „Nach vielen fuerschlegen" wurden sie sich über ihr Vorgehen einig: da in der Stadt selbst mit keinerlei Hilfe für eine Polizeiaktion zu rechnen war, sollte Zeiß „ettliche leuthe von den dorffern vff den abent vffs schlos fordern vnd dan vff den abent In vnd den Rath zu mir auffs schlos beschreyben vnd In die sachen also fuerhalten, ob sie dem abscheidt wolten volg thun, vnd nachdem man etliche von alstedt in verdacht het, vnd das sich etliche viel gesellen zu alstedt zusamen geworffen hetten, derhalb sie sich besorgten, das schwerlich Ir gewaltig mochten werden, wie sich dan der Schultes beclagt, so wer ich hie mit ettlichen leuthen geschickt, mit In hinab zu ziehen vnd dieselbe antzunehmen."[56] Der so schön ausgeklügelte Plan wurde jedoch völlig zunichte; denn der Stadtknecht wußte den Allstedtern bald von dem „Anschlag" zu berichten[57], so daß diese umgehend die nach der gerade beschlossenen „Ordnung" notwendigen Vorkehrungen gegen einen möglichen Überfall trafen. Die Stadt war bereits im hellen Aufruhr, als der Bote des Amtmannes am Abend die verabredete schriftliche Aufforderung an den Rat, auf dem Schlosse zu erscheinen, überbrachte, und

---

[54] Siehe oben S. 428 f.
[55] Förstemann, Bauernkrieg, S. 164; Schreiben von Zeiß an Kurfürst Friedrich vom 26. 6. 1524.
[56] Ebd. S. 165.　　　　　　　　　[57] Ebd. S. 184.

der Schultheiß ließ den Schösser schon eine erste mündliche Mitteilung über die erfolgte Mobilmachung in Allstedt zukommen. Aber noch bevor Zeiß von den Vorgängen in der Stadt erfuhr, „gingen alle glocken zu alstedt zu sturm"[58]. Man hatte die vom Schösser aufgebotenen Verstärkungstrupps zum Schlosse ziehen sehen, „so hot der prediger geheissen, sie solten zu sturm schlahen, vnd als sie (scil. die gemain) nit anders wusten, so hat er es selbst getan"[59]. Der Schultheiß geriet durch das alles in eine für ihn recht unerquickliche Situation. Nur mit Mühe war es ihm gelungen, die Aufforderung des Amtmannes an die Ratsmitglieder weiterzugeben. Erst „hetten sie Im widersagen lassen, wolt er nit zu Ine kommen, so mocht ers lassen. Darauf er noch einst zu Ine geschickt, als weren etzliche mit harnasch vnd spiessen in sein haus kommen vnd gesaget, sie wolten horen, was sein meynung were"[60], um sich dann wieder zu entfernen. Er hat dann noch bemerkt, wie „der Magister zu Ine gelauffen kommen vnd iderman in harnisch gewest". Sein Versuch, auf das Schloß zu kommen, scheiterte, weil die Torwärterin ihm das Tor verschloß, also nicht aus der Stadt herausließ. Und als er daraufhin „sich ermant vnd vor dem kirchoff zum hauffen gesagt, was das sein solt? Da wer Ime antwortt begegent: ‚Er solt kurzvmb sagen, ob er bei den Euangelio stehen ader dowider sein wolt. Wenn sie nur den Schosser hetten!'"[61]

Der befand sich auf dem Schlosse außerhalb der Stadt zwar nicht in einer solchen persönlichen Zwangslage wie Rückert, wurde aber von den Ereignissen nicht minder peinlich überrascht und forderte alsbald einen Bericht an, „was der sturm bedeutt, was Ir furnehmen were"[62]. Die bündige Antwort war, daß man auf Grund von Warnungen und wegen der von ihm zusammengezogenen Verstärkungen der „Ordnung" gemäß die Bürgerschaft aufgeboten habe, „abs von nothen vnrechter gewalt zu widerstehn"[63]. In einem zweiten Schreiben teilte man ihm mit, daß die Gemeinde dem Rate verwehrt habe, dem Ersuchen, auf dem Schlosse zu erscheinen, ohne weiteres Folge zu leisten, erklärte sich aber gegen die schriftliche Zusicherung freien Geleites bereit zu kommen[64]. Daß beide Briefe auch im Namen des Schultheiß ausgegangen waren, mochte in Zeiß wohl den Verdacht wachrufen, daß dieser Mann ein verräterisches Spiel mit ihm getrieben habe; auf jeden Fall mußte er seinen Plan als gescheitert ansehen und konnte angesichts der offenen Revolte kaum noch hoffen, daß man in eine Strafverfolgung der durch den Kapellensturm irgendwie Belasteten einwilligen, geschweige denn

---

[58] Ebd. S. 165.
[60] Ebd. S. 184.
[62] Ebd. S. 165.
[59] Ebd. S. 184.
[61] Ebd. S. 184—185.
[63] Ebd. Nr. 8, S. 159; Schreiben von Schultheiß, Rat und Gemeinde vom 13. 6. 1524.
[64] Ebd. Nr. 9, S. 159.

selbst dazu helfen würde. Daß man die schriftliche Zusicherung freien Geleites verlangte, konnte ihn nicht mehr befremden; er gab sie noch in der gleichen Nacht, da ihm nach Lage der Dinge an dem Zustandekommen einer Unterredung sehr viel gelegen war, weniger, um seine Forderungen nachdrücklich geltend zu machen — dazu war er micht Mannes genug —, als um sich über die Vorgänge der letzten Stunden zu informieren und revolutionäre Weiterungen möglichst zu verhindern. Am Dienstag „frue kamen der schultes vnd Rath sampt etlichen aus der gemein zu mir mit gleyth auffs schlos"[65], nach dem zeißschen Bericht an den Kurfürsten freilich nur, um ihr Verhalten am Vortage als durch begründete Vorsicht geboten darzutun; „das sie aber on gleyth nit zu mir hetten wollen gehen, were aus der vrsachen gescheen, das In auch furkomen were, das ich In nachtrachten solt, vnd wie vor augen were, das ich gereyd eynen Irer Rathsfreunde im stock ligen hette vnd denselben angenomen. Solten sie solicher fare vnd gewalts gewertig [sein], wer In vast schwer"[66]. Selbst seine eigene Darstellung verrät, daß der Amtmann genauso ausweichend reagierte wie tags zuvor der Schultheiß in Allstedt: „Als er gesehen, das die sachen also gestanden, hat er Inen auch gutt wortt mussen geben."[67] Der entscheidende Punkt stand gar nicht mehr ernstlich zur Debatte. „Mit solichen vnd dergleichen wortten namen sie Iren abscheidt vnd sagten, sie hetten der sachen halben wider an m. g. herrn hertzog Hansen geschrieben, sie vmb eins aptgots willen nit so hart zu stocken."[68] Es hat sogar den Anschein, als habe sich Zeiß bereit gefunden, bei dem Fürsten für die Allstedter einzutreten. Er war zumindest nicht gesonnen, aus den neuerlichen Unruhen eine Haupt- und Staatsaktion zu machen und eher darauf bedacht, durch ein Stillhalteabkommen wieder ein einigermaßen normales Verhältnis zwischen Schloß und Stadt herzustellen.

Vielleicht hat er aus solchen Überlegungen in seinen schriftlichen Berichten auch den Brief nicht erwähnt[69], in dem ihm Schultheiß und Rat — offensichtlich nach der Unterredung — mitteilten, „das etlich volgk von bergkgesellen vnd anderen zu vns komen, zw besehen vnd erfharen, ab der Magister etwas durch einfallunge ader wir vmbs euangeliums willen von vnsern widersachern betrubt. Darauff wir yn dangksagung gethan mit gleicher erbietung, vnd ist vnser bitte, als anderst fur euch komen mocht, Ir wollet keynen glauben geben. Dan wollen ditz volgk sere wol setigen (sitigen?) vnd vns hurtiger vnterredung auch aller gebur halten"[70]. Das mag von den Absendern wirklich im Sinne des

---

[65] Ebd. S. 165.   [66] Ebd. S. 166.   [67] Ebd. S. 185.

[68] Ebd. S. 166. Gemeint ist hier wohl der Brief vom 7. 6.

[69] Der aber zu den von Zeiß nach Weimar mitgenommenen Unterlagen gehört haben wird.

[70] Ebd. S. 161. Schultheiß und Rat an Zeiß am 14. 6. 1524.

schiedlichen Übereinkommens „aus wolmeynung" geschrieben worden sein, um etwaigen Mißdeutungen vorzubeugen; doch brachte man dem Adressaten so absichtlich oder unabsichtlich bei, daß eine Zwangsexekution gegen Müntzer und seine Anhänger in Allstedt über die Mauern der Stadt hinaus die Widerstandskämpfer auf den Plan rufen würde. Aus dem Wortlaut des Schreibens geht hervor, daß die „Berggesellen und andere" nicht zufällig in der Stadt waren. Durch Bundgenossen und durch Predigthörer von auswärts war die Kunde von der Verhaftung Knauts, von der entschlossenen Eingabe der Allstedter an Herzog Johann und den weiteren Ereignissen, durch wilde Gerüchte vermehrt, über die Stadt hinausgedrungen und hatte die Gesinnungsfreunde ringsum alarmiert. Auch die Nachricht von den Ereignissen am Montag hatte sich mit Windeseile verbreitet und manche sofort nach Allstedt ziehen lassen. „... die von Alstedt sampt dem Schultessen [waren] die nacht mit Irer ordenung sambt den weibern in gereitschafft mit voller wehre in dem stetlin bey einander"[71] geblieben und nahmen am Morgen hochbefriedigt zur Kenntnis, daß sie den „Anschlag" vereitelt hatten. Sie konnten sich aber nicht verhehlen, wie bedroht ihre Lage nach wie vor war und zogen aus dem Geschehen der letzten 24 Stunden folgerecht den Schluß, daß nur ein fester Zusammenhalt und gegenseitiger Beistand aller evangelisch Gesinnten einen wirksamen Schutz gegen eine Verfolgung der Gläubigen durch die Gottlosen zu bieten vermochte. „Bei dem Euangelio stehen" war die Parole, als das neue Verbündnis zustande kam, was immer so mancher darunter mit begriffen haben mag, und es unterliegt keinem Zweifel, daß Müntzer, durch das Vorgehen des Schossers in Wallung gebracht, an diesem Bundesschluß sehr aktiv beteiligt war. Man gab bei dem Verhör am 1. August in Weimar zu, „Es were war, das der prediger das volck offentlich mit vilen vnstumigen worten vermant, es solt sich wider die gotlosen verpunden, vnd die weiber vnd Jungfrauen solten sich mit gabeln vnd forthen zur wehre schicken"[72]. Das kann sich eigentlich nur auf Äußerungen in dem „Sturm" vom 13. Juni beziehen, und Müntzer wird nicht minder am Tage darauf in seiner Predigt — nun mit einem besonderen Appell an die Hörer von auswärts — zum festen Zusammenschluß zu gemeinsamer Verteidigung des Evangeliums aufgerufen haben. „So haben die geschickten bekanntt, als der prediger von dem pundnuss gepredigt, weren bey drey hundert frembder menschen im stetlein gewest, die hetten die gemein doselbst angesucht vnd begert, das sie sich mit Ine verbinden wolten. Darauf hat die gemein den Radt angesucht vnd begertt solch bundt zemachen. Darauf hat sich der radt und die gemein mit denselben frembden verpunden also: wo die aus der graffschafft

[71] Ebd. S. 162. Zeiß an Herzog Johann am 19. 6. 1524.
[72] Ebd. S. 184.

oder die pflege die Jenigen, so dem euangelio anhengig, vberfallen wolten, das sie leib vnd leben bei einander lassen vnd zusetzen wolten . . ."[73] Hier wird mit offenen Worten gesagt, was Zeiß aus der schriftlichen Mitteilung von Schultheiß und Rat vom 14. Juni nur hatte erraten können: es war an diesem Tage „vffen Radtskeller zu Alstedt" zu einer gegenseitigen Beistandsverpflichtung gekommen, bei der die eben zitierte Zusage der Allstedter der der Bundespartner entsprach: „die bergkgesellen solden zu Mansfelt vnd sunst, souil sie der in bund vberkumen konden, vorzeichen"[74]. Die Namen der Bundgenossen wurden wieder durch Hans Reichart unter Assistenz von Peter Behr in ein Verzeichnis eingeschrieben und haben „mit aufgeragkten fingern zusamen geschworen", „bey dem wortten gottes zustehen". Nach den Angaben Behrs wurden „dozumalh in die V^c eingezeichnet vnd mehr"[75], darunter wohl die große Mehrheit der „drey hundert frembden menschen", unter denen die Berggesellen das Hauptkontingent gestellt haben werden. „Thomas Muntzer sey das malh bey den pundtmeistern gewest", bekennt Claus Rautenzweig[76], der auch zu berichten weiß, daß man damals sogar die Forderung hören konnte, „welcher nit im bundt wolle sein, der solle aus Alstedt ziehen"[77].

---

[73] Ebd. S. 185.
[74] Ebd. S. 215.
[75] Ebd. S. 215.   [76] Ebd. S. 215.
[77] Ebd. S. 215. — Hinrichs nimmt die Frage, „ob mit der Verpflichtung, ‚bei den Worten Gottes zu stehen', der Inhalt des Bundesschwurs der zweiten Versammlung schon erschöpft ist" (L. u. M., S. 19), zum Ausgangspunkt längerer Erörterungen über die eigentlichen Ziele des sogenannten „Allstedter Bundes".
Es trifft sicher zu, daß bei den Verhören der nach Frankenhausen gefangenen Bundesgenossen nicht viel herauskam, so daß Bernhard Wallde sich äußerte, daß „er [Rautenzweig] nach seyn geselle aber keyner der bundtgenossen ausserhalb peinlicher frage dy warheit des bundts, wy sie zuhandelln im furhaben gwest, worauff Ir pundt gstanden, berichten thun" (Förstemann, Bauernkrieg, S. 213). Aber es ist nicht angängig, die Aussage Rautenzweigs auf die Frage, „was yr Bundt sey gewest, ader was er fur wort in sich halte" (ebd. S. 212 f.), von dem Protokoll über Müntzers peinliches Verhör her interpretieren zu wollen: „Sagt, er habs nicht vorstanden dann das sie bruder sein sollen." Müntzers „Bekenntnis" ist in dieser Hinsicht mindestens so kritisch zu betrachten wie das Geständnis Rautenzweigs. Hinrichs verzeichnet die Situation des 14. 6. und Müntzers Intention, wenn er das ideologische Konzept von der demokratisch-sozialistischen Gesellschaft glaubt ins Spiel bringen zu können. Er ignoriert Müntzers nach der „Fürstenpredigt" an die Sangerhäuser geschriebenen Briefe, ebenso das Schreiben an den Schosser Zeiß vom 25. 7. und nicht minder die Aussagen im Weimarer Verhör vom 1. 8., die ein situationsgemäßeres Verständnis der Antwort Rautenzweigs nahelegen. Es wäre abwegig, wollte man Müntzer ein ernsthaftes Interesse an einer gerechten Neuordnung der sozialen Verhältnisse auch zu dieser Zeit absprechen; erst recht wäre die Ansicht verfehlt, die Bundgenossen hätten allein um des Glaubens willen „bey dem wortt Gottes stehen" wollen. Nur: so selbstverständlich und bereitwillig entleerte man das Wort Gottes damals nicht zu einer bloß sozialen Botschaft.

436

Zeiß hatte kein gutes Gefühl, als er anderen Tages[78] nach Weimar reiste. Denn statt mit positiven Ergebnissen in der Durchführung des ihm am 9. Mai erteilten Auftrags aufwarten zu können, mußte er von Mißerfolgen und neuen Komplikationen berichten. Einzig die Festnahme Knauts war ein Beleg für seine gelegentliche Initiative, während alles andere bis hin zu der mißglückten Aktion am Anfang der Woche nicht gerade zu seinen Gunsten sprach. Man ließ es ihn auch spüren, daß man am Hofe und in der Kanzlei von seinem ehrlichen Eifer in der ganzen Angelegenheit nicht sehr überzeugt war, ja, daß man den leisen Verdacht gegen ihn hegte, von Müntzers Gedanken affiziert und an dem unerquicklichen Lauf der Dinge nicht so unschuldig zu sein wie er sich gab. Schließlich konnte und wollte er wohl nicht verhehlen, daß er gegen das eingeschlagene amtliche Verfahren tatsächlich erhebliche Bedenken hatte. Was er vorbrachte, wurde ganz von selbst mehr als nur eine seiner eigenen Rechtfertigung dienende Darstellung der Vorgänge. Sobald er den Räten die Motive für das Verhalten der Allstedter einsichtig zu machen suchte, konnte er gar nicht umhin zu erklären, daß hier die Gültigkeit formalen, von Menschen gesetzten Rechts durch das Gottesgebot in Frage gestellt, Gottesdienst gegen Götzendienst gesetzt werde und man aus solcher letzten Gegensätzlichkeit heraus um Gottes willen zu keinem Kompromiß bereit sei. Die Gedankengänge des von Müntzer aufgesetzten Schreibens von Rat und Gemeinde an den Herzog klangen auf, wenn er deutlich zu machen suchte, daß es diesen Menschen gar nicht darum ging, Brandstiftern und Räubern überzuhelfen und sie in Schutz zu nehmen, sondern christliche Brüder, denen man wegen ihres Protestes gegen den Teufelsdienst nachstelle, zu verteidigen; daß man sich nicht damit abfinden konnte, daß der christliche Landesfürst fähig sein sollte, den Gottlosen gegen die Frommen Beistand zu leisten. Es gehörte einfach zum sachlichen Bericht über die tatsächliche Situation, wenn „sich der Schosser alhie [hat] vornemen lassen, das die von alstedt des gemuts weren, ob man sich vnterstehen wolt, sie zu straffen, das sie sich derselben aufhalden vnd dowider wehren wolten, so fern Inen Ire leben wendet"[79]. Aber man nahm ihm diese Erklärung nicht ohne weiteres ab; man neigte dazu, sie für eine bewußte Übertreibung der Allstedter zu halten und auch die jüngsten Exzesse als eine abgesprochene Aktion anzusehen, um einen Druck auszuüben. Man hörte vermutlich

---

[78] Das dürfte Mittwoch der 15. 6. gewesen sein. Zeiß irrt sich, wenn er in seinen Berichten an Herzog Johann (19. 6.) und an Kurfürst Friedrich (26. 6.) den Dienstag (14. 6.) als Zeitpunkt der gewichtigen Unterredung mit dem Schultheiß angibt, vorausgesetzt die Daten der von den Aufständischen an ihn geschriebenen Briefe („montag nach barnabe [13. 6.], dinstag nach barnabe, bzw. 3ᵃ post barnabe") sind zutreffend.

[79] Ebd. S. 163; Herzog Johann an Kurfürst Friedrich am 22. 6.

nicht ganz mit Unrecht aus der Art, wie der Amtmann die Vorkommnisse schilderte, nicht nur das Bemühen heraus, sein zögerndes, unentschlossenes Handeln zu rechtfertigen, sondern spürte auch ein gewisses Sympathisieren mit den müntzerischen Ideen, das ihn halbwegs zum Verteidiger der Aufsässigen werden ließ. Immerhin mochten sich die Räte in Weimar fragen, ob man mit der Durchführung drakonischer Maßnahmen auf dem richtigen Wege war, die Ruhe in Allstedt wiederherzustellen. Die Lage dort hatte sich in unvorhergesehener Weise kompliziert. Auf der einen Seite mußte man, zumal im Blick auf die alles das feindselig registrierende katholische Opposition, zur Wahrung der Grundregeln öffentlicher Ordnung zu der Meinung kommen, es „were doch beschwerlich, das Inen das stormschlahen, so sie beubt, zusampt der vorigen handlung an der kirchen zu Mallerbach begangen, vor gut vnd vngestrafft hinausgehen solt"[80]. Andererseits wollte man den Fortgang der evangelischen Bewegung keineswegs hemmen; man wußte nur nicht recht zu entscheiden, wieweit in der grundsätzlichen Argumentation Müntzers unabdingbare Wahrheitsmomente enthalten seien, bzw. ob und wie man vom Evangelium her seiner Lehre und den bedenklichen Folgerungen, die man in Allstedt daraus gezogen hatte, zu begegnen habe.

Es ist in dieser Hinsicht nicht nebensächlich, daß sich Luthers Einfluß in der Beantwortung der Frage nach der Gehorsamspflicht des Christen gegenüber der Obrigkeit und nach dem Recht des Widerstandes in Weimar stärker geltend machte als am Hofe des Kurfürsten. Denn dieser Sachverhalt erklärt zu einem guten Teile die mangelnde Konsequenz in der Durchführung des ganzen Prozesses, wobei man Zeiß die Anerkennung nicht versagen kann, alle Möglichkeiten, die voneinander abweichenden Standpunkte seiner Fürsten zugunsten Müntzers und der Allstedter auszunutzen, erschöpft zu haben. So ersparte man ihm auch jetzt den Vorwurf nicht, durch sein Zuwarten, seine Unentschlossenheit und mangelnde Energie an der eingetretenen Verwirrung mitschuldig zu sein. Man entließ ihn auch nicht aus der Verantwortung, in seinem Amtsbezirk für Ruhe und Ordnung zu sorgen und hob die Anweisung vom 9. Mai nicht auf. Dennoch mochte er, als er noch vor der Rückkehr des abwesenden Herzogs, d. h. also ohne dessen Urteil über die jüngsten Ereignisse zu kennen, am Wochenende nach Allstedt zurückkehrte, den Eindruck gewonnen haben, daß die Räte etwas bedenklicher geworden seien. Dieser Eindruck mußte sich in ihm verstärken, als der Herzog seiner Bitte, die er in einer kurzen schriftlichen Wiederholung seines Berichts mit recht fadenscheiniger Begründung am 19. Juni vorbrachte, den festgenommenen Knaut aus der Haft entlassen zu dürfen, entsprach mit der Maßgabe, daß er „In mit eyden vnd gelubden irget hin frey zu gehen bestricken solt"[81]. Vielleicht erweckte auch die gleichzeitige

---

[80] Ebd. S. 163.   [81] Ebd. S. 166.

438

Mitteilung aus Weimar, daß man dem Kurfürsten „den handel berichten" wolle, in ihm eine leise Hoffnung, doch noch zu einer erträglichen Lösung des Konflikts zu kommen.

Spätestens seit dem letzten Aufenthalt in Weimar trug er sich mit dem Gedanken, den Kurfürsten persönlich über die Angelegenheit zu unterrichten und, kaum war er von dort nach Allstedt zurückgekehrt, verwirklichte er seine Absicht, noch bevor er zur Berichterstattung aufgefordert wurde[82]. Sein nur in einer Abschrift vorliegendes Schreiben an den Kurfürsten ist vermutlich erst in Lochau aufgesetzt, aber mit größter Wahrscheinlichkeit bereits in Allstedt in oder nach einem eingehenden Gespräch mit Müntzer entworfen worden. Daraus ließe sich nicht nur der jede Mißbilligung, überhaupt jede eigene Stellungnahme möglichst vermeidende neutrale Ton in der Darstellung der Vorgänge seit dem 9. Mai erklären, sondern auch die unverkennbare Absicht der abschließenden Ausführungen, die Entscheidung des Landesherrn zugunsten der Allstedter zu beeinflussen. Zeiß macht das Verhalten der Klosterleute für den ganzen Hader verantwortlich: „Ich mergk vnd prueff, das sich die sach, wue es nitt verkomen wirdet, zu einer merglichen entporung einreyssen wil, und das volgk ist hefftig vber das closter erbittert, vnd wue e.c.f.g. den Jungfrawen vnd ebtissin Ir vnhubschliche vnd lesterliche entbietung gegen den von alstedt, wie sie sich beclagen, nit hefftig verbiten lassen, vnd e.c.f.g. solich closter mit probsten vnd andere personen umb frieds willen bestelten"[83], bleibt zu befürchten, daß die Unruhe sich noch erheblich steigert und ausbreitet. Er spricht freilich an dieser Stelle nur von notwendigen Maßnahmen gegen das Kloster, legt aber damit dem Kurfürsten praktisch eine einschneidende Revision der in Weimar verfügten Anordnungen nahe, und zwar im Sinne des am 11. April von Schösser, Rat und Gemeinde an ihn gerichteten Schreibens, das den Allstedtern die Wahrnehmung berechtigter Interessen zuerkannt wissen will. Zum anderen läßt es aufhorchen, wie unverhohlen Zeiß beanstandet, „das der prediger zu alstedt Thomas Muntzer nit vor offentlicher versammlung vnd vor den gelartten verhort wirdet", und wie bestimmt er nunmehr auf eine klare Entscheidung drängt: „ist sein lere recht vnd mit nicht zu widerfechten, darob zu halten, wue aber die selbe lere strefflich befunden, In fuglicher weys douon zu weyssen vnd dan von diesem ortt abzuzihen zuuorfugen, wie

[82] In seinem Schreiben vom 26. 6. an den Kurfürsten heißt es: „Obgleich E.c.f.g. an die Rethe die gelegenheit der sachen mit den von alstedt von mir zuhoren nit geschrieben, so bin ich an das willens gewest e.c.f.g. nach getaner Rechnung selbst zu besuchen..." (Förstemann, Bauernkrieg, S. 164). Seine persönliche Anwesenheit in Lochau ergibt sich aus dem Schreiben des Kurfürsten an Rat und Gemeinde zu Allstedt vom 27. 6.: „So hat vns vnser Schosser, der itzt alhie bey uns gewest, ..." (ebd. S. 168).
[83] Ebd. S. 167.

es dan e.c.f.g. am besten zu mitteln weys"[84]. Der Amtmann weist damit ungescheut auf das zweite Problem hin, ohne dessen klare Lösung der „Fall Allstedt" nicht zu bereinigen ist: Hat Müntzer recht oder nicht? Ist man bereit, aus der Antwort auf diese Frage, wie sie auch ausfallen möge, die notwendigen Konsequenzen zu ziehen? „Wan es vff soliche meynung uffs furderlichst nit gericht wirdet, so wirt er vom gemeinen Man mit seiner lere, die so mechtig angehet, ein solchen anhang erlangen, das es muhe vnd arbett haben will. So wirt ein sollicher auffrur an dem ort werden, das ich e.c.f.g. ampt lenger mit friden vnd on nachteyl nit aussrichten kan noch vormag."[85] Erwägt man, daß Müntzer selbst zu Anfang des Jahres öffentlich gefordert bzw. sich erboten hatte, in einer offenen Diskussion „mit seinen widdersachern fur allen nation allerley glaubens" seine Lehre dem Urteil der ganzen Welt auszusetzen, ist es nicht befremdlich, daß Zeiß „vereinbarungsgemäß" das Anliegen des Predigers in dieser Form aufnimmt und es vor dem Landesherrn auch als sein dringendes Ersuchen geltend macht, wenn anders er ein Verbleiben in seinem Allstedter Amte noch als sinnvoll betrachten soll. Freilich unterstützt er damit nicht nur das Begehren Müntzers, vielmehr hat er ein durchaus verständliches persönliches Interesse daran, Klarheit darüber zu gewinnen, was man von diesem seltsamen Manne und seiner Lehre nun eigentlich zu halten hat. Er steht nicht vorbehaltlos auf Müntzers Seite, dessen Lehre ihm weithin einleuchtend erscheint und doch auch immer wieder Bedenken macht. Auf jeden Fall ist er es leid, für beide Seiten den Prügelknaben zu spielen, und ist er nicht gewillt, seine Haut zu Markte zu tragen, nur weil die verantwortlichen Instanzen in solcher prekären Situation zu lavieren suchen. „Dorumb bit ich, e.c.f.g. wollen doreyn gnediglich sehen vnd solichs dermassen verkomen, wue aber nicht, so dringt mich die grosse noth in betrachtung, das ein schade dem closter oder ein emporung vnderm volgk entstehen wirdett, das es mir zu vnvberwintlichem nachteyl keme, vnd wil vil lieber itzung e.c.f.g. von wegen solicher sachen vnd vnlusts umb entledigung des ambts vnderthenig vnd vleyssig gebeten habe."[86] Zeiß ist bis an die Grenze des ihm überhaupt Möglichen gegangen. Er hat in der Auseinandersetzung mit dem Kloster für die Allstedter Partei ergriffen, wenn er sich wohl auch von den Ausschreitungen, einschließlich des prinzipiellen wie praktischen Widerstandes gegen eine strafrechtliche Verfolgung der Täter vorsichtig distanziert haben mag, nicht ohne geltend zu machen, wie unnachgiebig man in dieser Frage nach wie vor gesonnen sei. Er hat sodann eine eindeutige Stellungnahme zu Müntzer mit allen daraus zu ziehenden Folgerungen für seine weitere Wirksamkeit in Allstedt gefordert. Und das Ergebnis?

[84] Ebd. S. 167.   [85] Ebd. S. 167.
[86] Ebd. S. 167.

Der Versuch, für das Verhalten der Allstedter in dem Konflikt mit dem Kloster Verständnis zu wecken, ihren Widerstand gegen eine Bestrafung der Täter erklärlich zu machen und wenigstens eine Erleichterung der in Weimar gemachten Auflagen zu erreichen, scheiterte vollkommen. Der kurfürstliche Bescheid an Rat und Gemeinde vom 27. Juni mißbilligt scharf als eine grobe Eides- und Pflichtverletzung, „das Ir dy Straf, so gegen den vbertretern vnd verhendlern sold furgenomen werden, zuurtretten, zuuerhindern vnd zuuerachten, vnd dieselben tetter in Irem vngehorsam zu sterken vermeint vnd Inen Zufal gebet"[87]. In dem ganzen Schreiben ist nicht die Spur von Nachgiebigkeit oder Schwanken zu erkennen; im Gegenteil: „Nachdem euch den vngezweiuelt bewust, wer die tetter vnd vbertretter sein, so den muttwilln vnd freuel an der Capelln geubet, so beuelhn wir Euch bey den pflichten, domit ir vns verwant vnd zugetan seit, Ir wollet dieselbn neben vnserm Schosser zu Alstet, dem wir itzt alhie derwegen auch beuelh gethan, in geburlich Straf nemen vnd Euch furan bey vermeidung vnser vngnad vnd hoher straf solch vnd dergleichen mutwillig vnd freuelich furnemen zu vben enthalten, auch solchs andern zu vben nit gestatten." Die theologisch-religiöse Begründung aber, die Müntzer seinen Freunden zur Rechtfertigung ihres Vorgehens an die Hand gegeben hatte, wurde mit dem gut lutherischen Satze entkräftet und zunichte gemacht: „Dan ist dy lere vnd vnderweisung bey euch aus got, so wirdet das, so ihr mit gewalt zu dempfen vnd niderzutrucken vermeint, aus Gottes gnaden, crafft vnd ernigung von Im selbs on menschlich gewalt, handt vnd vnterdrucken wol vndergehen."[88] Auf das andere Anliegen des Schössers irgendwie einzugehen, schien man dagegen nicht von vornherein abgeneigt. Spalatin hatte Zeiß in Lochau auf sein Verlangen, „daß Magister Thomas verhört werde", zugesagt, sich bei dem Kurfürsten dafür einzusetzen[89] und hat das in Anbetracht der eben gehörten müntzerischen Sentenzen sicher nicht unterlassen. Es deutet freilich nichts darauf hin, daß die beiden fürstlichen Brüder eine solche Möglichkeit alsbald ins Auge gefaßt hätten, es sei denn, daß der Besuch des Herzogs und des Kurprinzen in Allstedt am 1. Juli als ein erster informativer Schritt in dieser Richtung gedacht war. Luther war bereits am 18. 6. in einem Brief an den Kurprinzen Johann Friedrich auf die Erklärung Müntzers, seine Lehre vor einer weltweiten Versammlung, jedoch nicht „auff einem winckel" verantworten zu wollen[90], kurz eingegangen. Seine Äußerung traf also gerade in Weimar ein, als man dort von den jüngsten Unruhen in Allstedt erfuhr. Luther schrieb: „Aber der Satan zu Allstedt, wiewohl er sich erboten hat, zu uns zu kommen, läßt er's

---

[87] Ebd. S. 168.   [88] Ebd. S. 168.
[89] Walch, LW XVI, Sp. 170.
[90] Protestation oder Erbietung (Franz, MG, S. 240,4 f.); vgl. dazu oben S. 395.

doch, und trotzt gleichwohl hoch in seinem Winkel. Meins Bedünkens halt ich, er sei noch nit flügg noch zeitig, möcht gerne, daß er baß herausbrächte; er hat noch viel dahinten, ehe ich darzu tun sollt. Gefällt es aber E. F. G., möcht sie verschaffen, daß er allhier kommen müßte und sich verantworten der Sache, damit er unser Lehr tadelt und verdampt, oder, so es ja so ein unerschrockener Held ist, unter Herzog Georgen oder sunst am andern Orte solchen seinen Geist beweisen."[91] Der Kurprinz ging darauf mit dem generellen Vorschlag ein, Luther solle überhaupt eine Visitationsreise durch Thüringen unternehmen: „Welche Prediger denn nicht tüglich, hättet Ihr mit Hülf der Oberkeit zu entsetzen."[92] Johann Friedrich wurde zwar in seiner Umgebung „vor aynen keczer mayster"[93] gehalten und war in der Tat ein besonders scharfer Widersacher der Schwärmer; doch mochte es nach den neuen Alarmnachrichten aus Allstedt auch Herzog Johann geraten erscheinen, sich etwas näher mit dem Prediger dort zu befassen, dessen Name in den mündlichen Berichten des Schossers nicht unerwähnt geblieben sein dürfte[94], und sei es nur, daß Zeiß Müntzers Begehren nach einem „Verhör", wie in seinem Schreiben an den Kurfürsten vom 26. 6., auch schon in Weimar zur Sprache gebracht hatte.

Den letzten Anstoß könnten Luthers Bemerkungen über Müntzer im Briefe an den Kurprinzen gegeben haben, so daß sich der Herzog entschloß, die Gelegenheit einer Reise nach Halberstadt[95] zu nutzen, auf dem Hinweg am 1. 7. und auf dem Rückweg am 13. 7. in Allstedt Station zu machen[96], um sich an Ort und Stelle zu informieren, in Sonderheit den von Luther scharf gerügten Prediger selbst einmal zu hören. Müntzer erhielt am 1. Juli den Bescheid[97], in etwa 14 Tagen vor den Fürsten in Allstedt zu predigen, und hatte so die Möglichkeit, sich sorgfältig darauf vorzubereiten.

Obwohl nichts weiter geschah, dürfte die Stimmung unter der Bevölkerung der Stadt aufs äußerste gespannt gewesen sein. Man verfolgte die Vorgänge mit argwöhnischer Wachsamkeit; die äußere Unruhe war gedämpft, die innere Erregung kaum gemindert. Wer die Freilassung Knauts aus dem Gewahrsam des Schössers im ersten Augenblick als einen Erfolg gewertet hatte, den mußte die scharfe Zurechtweisung durch

[91] WA Briefe III, S. 307,69—308,76.
[92] Ebd. S. 310,50 f.   [93] Ebd. S. 311, Beilage.
[94] Im Schriftverkehr über die Vorgänge vom Kapellenbrand an bis zum 25. 6. taucht Müntzers Name allerdings nicht auf.
[95] Förstemann, Bauernkrieg, S. 188.
[96] Vgl. Mentz, Fr. d. Großm. I, S. 36 f.
[97] Hinrichs dürfte die Situation doch wohl verkennen, wenn er den Sachverhalt so darstellt, „daß am 1. Juli zwischen dem Herzog und Müntzer verabredet worden ist, daß Müntzer bei einer demnächstigen zweiten Anwesenheit der beiden Fürsten in Allstedt seine Probepredigt halten sollte" (L. u. M., S. 38).

den Kurfürsten und seine strikte Forderung gehorsamer Befolgung des Befehls vom 9. Mai um so mehr enttäuschen. Der Schösser war viel unterwegs gewesen; doch konnte man ihm trauen? Was stand von dem Besuch der beiden Fürsten zu erwarten, wie hatte man insbesondere den Predigtauftrag an Müntzer zu verstehen?

2. Die „Fürstenpredigt"

Müntzer erlebte die Spannung dieser Wochen wohl am intensivsten mit. Nach einem Jahre fast ungehemmter Entfaltung tätigen Wirkens sah er die Saat aufgehen, die er gesät, spürte er, wie sein Geist, wie Gottes Geist die Menschen erfaßte, sie mit einer neuen anderen Bewußtheit ihr Christsein begreifen ließ und in der entschlossenen Bewährung ihrer Christlichkeit das gottlose Wesen in der Welt zerstören hieß. Die Reformation war, so sah er es an, aus der Sackgasse, in die Luther sie hatte geraten lassen, herausgeführt ihrem wahren Ziele zu. Das Geschehen seit dem Aufflammen der Kapelle zu Mallerbach bis zu dem Alarm in Allstedt und der in den folgenden Tagen bewiesenen Abwehrbereitschaft war ihm Zeichen des Aufbruchs einer militanten Christenheit zur Verwirklichung des wahren Gotteswillens, und vor seinen visionären Augen stand schon das Bild des Zusammenbruchs der bereits ins Wanken geratenden Herrschaft der Gottlosen. In solcher gewissen Erwartung, daß nun „in allen landen ... sich das spiel machen"[98] will, ging er an die Ausarbeitung der Predigt, die er am Morgen des 13. Juli auf dem Allstedter Schloß gehalten hat[99]. Zu seinen Hörern zählten außer Herzog Johann, dem Kurprinzen Johann Friedrich, dem kursächsischen Kanzler Dr. Georg Brück und dem Rat Hans von Grefendorf[100] vielleicht noch einige Herren des Gefolges und Zeiß. Daß auch Vertreter des Allstedter Rates zugegen gewesen wären, erscheint mir sehr fraglich und läßt sich nicht „aus dem formellen Charakter der Predigt als Probepredigt schließen"; denn schwerlich stützte man das Verlangen, Müntzer predigen zu hören, auf den „bequemen Vorwand", daß er „noch nicht von seiner Landesherrschaft in seinem Predigeramt bestätigt" sei. Nach allem, was vorausgegangen war, bedurfte es keines Vorwandes mehr[101].

Müntzer hatte sehr wohl begriffen, was der Sinn dieses Predigthörens sein sollte: man erwartete von ihm eine Predigt, die das Eigentümliche seiner Verkündigung zu erkennen gab, d. h. sowohl die nach seinem Verständnis für eine reformatorische Glaubenshaltung wesentlichen Elemente als auch die nach seiner Überzeugung sich daraus ergebenden

---

[98] Franz, MG, S. 408,22 f. Brief an die Gottesfürchtigen zu Sangerhausen.
[99] Zum zeitlichen Ansatz auf den 13. Juli vgl. Hinrichs, L. u. M., S. 38.
[100] Vgl. Förstemann, Bauernkrieg, S. 188.
[101] Anders Hinrichs, L. u. M., S. 34.

praktischen Folgerungen und Forderungen an die „evangelischen" Christen zur Verwirklichung reformatorischer Christlichkeit. Er sollte zeigen, wes Geistes Kind er war. Er entzog sich dieser Aufgabe nicht durch den Rückzug auf eine abgesicherte Position; vielmehr nahm er die Gelegenheit wahr, eben diesen Hörern in dieser Stunde und an diesem Orte das zu sagen, was einer christlichen Obrigkeit im rechten Gehorsam gegen Gottes Wort in der Verantwortlichkeit ihres Amtes für die Christenheit zu tun gebühre. Er erging sich nicht etwa in einer demonstrativen Rechtfertigung des in Allstedt Geschehenen und machte dennoch prinzipiell deutlich, daß hier ein „legitimer" Weg in letzter Berufung auf die Weisung und die Kraft des Geistes Gottes beschritten worden sei, der untrüglich in den Herzen der Gläubigen wirkt und sie unausweichlich fordert. Waren die Fürsten vielleicht nach Allstedt gekommen, um Müntzer am Ende aller Reflexionen und Expektorationen schließlich vor die nüchterne Frage „von weltlicher Obrigkeit, wie weit man ihr Gehorsam schuldig sei" zu stellen, und ihn im Sinne der von Luther darauf gegebenen Antwort festzulegen, so trat er ihnen gleichsam mit der Frage „von christlicher Obrigkeit, wieweit sie Gott Gehorsam schuldig sei" entgegen und schaltete in der Konsequenz seiner Ausführungen darüber jene andere Frage als ein selbständiges Problem faktisch aus. Müntzer meisterte in souveräner Überlegenheit diese Stunde, die doch schon als eine Art „Verhör" des suspekt gewordenen Außenseiters gedacht war, in der er aber nun seinerseits ohne alle Befangenheit und persönliche Rücksichtnahme in der Vollmacht des Geistes nachdrücklich Gehör verlangte für die von ihm vertretene Sache Gottes. Nicht diplomatisches Raffinement oder ausgeklügelte Taktik, sondern die Überzeugtheit, als erwähltes Werkzeug Gottes aus der Erkenntnis des Geistes zu verantwortlicher Entscheidung in der Krisis der Zeiten rufen zu müssen, ließ ihn Daniel 2 als Text seiner Predigt vor den Herzögen wählen. Denn dieser Text bot ihm bei seiner Interpretation die Möglichkeit, seine Geist-Theologie mit Einschluß der These über die Traumgesichte als biblisch begründet zu erweisen und so zu belegen, daß sie auf die Hörer Eindruck machen mußte; weiterhin bot er die Möglichkeit, die Schriftgemäßheit seiner unermüdlichen Rede vom nahen Zusammenbruch der alten und dem Beginn einer neuen Welt als letzten ernsten Appell Gottes an die gegenwärtige Generation aus der „danielischen" Geschichtsschau heraus einsichtig zu machen. Zugleich war die unmißverständliche Parallelisierung von Nebukadnezar und den chaldäischen „Weisen" sowie Daniel einerseits mit den sächsischen Fürsten und Luther sowie Müntzer andererseits ein kaum verhüllter Hinweis, an wen sich eine Gottes Willen ernstlich respektierende Obrigkeit als kompetenten Ratgeber jetzt und hier halten müsse: Müntzer präsentiert sich den sächsischen Fürsten als der „neue Daniel", dessen prophetischer Geist sie mahnt, ihr Amt zum Schutze der Frommen und zur Vernichtung der Gottlosen in diesem endgeschichtlichen Augenblick mit rücksichtslosem Einsatz ihrer Macht wahrzunehmen.

Es war nicht als eine billige *captatio benevolentiae* gedacht, sollte aber doch wohl den Argwohn und die Skepsis der ihm gegenüber nun einmal nicht ganz unbefangenen Hörer dämpfen, wenn er davon ausging, daß „der armen elenden zurfallenden christenheyt" nur dadurch zu helfen sei, daß die Bibel wieder in den Mittelpunkt des Gottesdienstes wie der Seelsorge gestellt und die Pfarrerschaft zu dieser ihrer eigentlichen Aufgabe mit allem Nachdruck angehalten würde. Dem Wortlaute nach stand er mit solchen Sätzen in unmittelbarer Nähe des Reformators. Man mochte auch kaum eine Differenz wahrnehmen, wenn er warnend auf „die abgöttische weise" der alttestamentlichen Gemeinde verwies, die von Gott so lange hart gestraft wurde, „biß das sie seynen heiligen namen widder erkanthen", und wenn er weiter die Christenheit „bey unser veter und unser zeit" anklagte, daß sie noch „viel höcher vorstocket und doch mit eynem unaußsprechlichen scheine göttlichs namens ... do sich der teufel und seyne diner hubsch mit schmucken, ... ja also hubsch, das die rechten gottisfreunde domit verfurt werden und mit dem höchsten vorgewanten fleyß kaum mercken mügen iren irthumb, wie Mat. 24 klerlich angezeygt"[102]. Offenbar war dieser Vorwurf mit einem beziehungsvollen Seitenblick auf Mallerbach gegen die römische Kirche gemünzt, die mit der von ihr propagierten und durch die Behauptung ihrer Irrtumslosigkeit sanktionierten Verfälschung christlichen Glaubens und Lebens selbst „die rechten Gottis freunde" in die Irre führte, statt sie durch das Wort Gottes vor dem Irrtum zu bewahren und zur Erkenntnis der „sunde irer unwissenheit" zu leiten. Daß die christliche Kirche „durch das wort Gottis stetlich soll erbawet werden", klang geradezu wie ein Ausspruch Luthers, und wer hätte an dem Satze Anstoß nehmen können, daß „Christus, der sohn Gotis, und seine aposteln, ja auch vor ym seyne heylgen propheten haben wol eine rechte reyne christenheit angefangen, den reinen weitzen in den acker geworffen, das ist das thewre wort Gotis in die hertzen der außerwelten gepflanzet"[103]. Dennoch stand schon jetzt ein anderer Sinn hinter solchen Worten und, vorerst kaum merklich, weitete sich bei der kritischen Betrachtung des typischen Geschehens in der alten Christenheit die polemische Tendenz. Denn Schuld an der Verwüstung der reinen Pflanzung tragen nicht allein „die faulen, nachlessigen diner" der Kirche, die „das yre gesucht, nit was Jhesu Christi war" und so „den schaden der gotlosen, das ist das unkraut, krefftig" haben einreissen und wuchern lassen[104]. Ebenso sind für die Verwirrung die „falschen propheten" verantwortlich

---

[102] Franz, MG, S. 242,21—243,1.
[103] Ebd. S. 243,6—10. [104] Ebd. S. 243,11—15.

zu machen, vor denen schon Paulus hellsichtig gewarnt hat: „Es werden auch von euch selber menner auffstehn, die do verkarte lere reden, die jünger nach sich selbs zu zyhen."[105] Hier klingt ein gegen Wittenberg gerichteter Protest schon deutlicher an: „Nu ist klar am tage, das kein Ding, Gott sey es geklagt, also schlym und gering geachtet wird als der geist Christi. Und mag doch niemant selig werden derselbige heilge geyst vorsicher yn dann zuvorn seiner seligkeit."[106] Dazu bringt Müntzer gleich bei seinen einleitenden Sätzen auch das Versagen der weltlichen Gewalt schon mit ins Spiel. Sie hat überhaupt nicht begriffen, was Christi Erscheinen in dieser Welt für diese Welt bedeutet, daß er nach dem danielschen Bilde der Stein sein wird, der damals noch unscheinbar klein bald die ganze Welt ausfüllen soll; daß er „der auffgerichte eckstein" ist für den Neubau von Kirche und Welt. Er ist „im anfang der newen christenheit bald verworffen von den bawleuten, das ist von den regenten"[107]. „Do hat ein amechtiger im geist, ein elender drecksack, wollen die gantze welt haben, die ym doch nyrgent zu nutze war dann zu pracht und hoffart. Ja er ließ sich düncken, er wer alleyn groß. O wie gar klein ist da der eckstein Jhesus Christus gewesen in der menschen augen. Er wart vorweyset in den vihstall wie ein hinwerffen der menschen."[108] Diese Verachtung des „armseligen Christus" kennzeichnet die Haltung der Welt, auch der sich nun christlich nennenden Welt, und es ist bis zur Stunde so, daß „der zarte sohn Gottis vor den grossen titeln und namen dieser welt scheinet wie ein hanffpotze oder gemalts menlin"[109]. Die Schriftgelehrten behandeln ihn im Grunde nicht anders, haben seine Passion zu einem Spiel, „den waren gekreutzigten Christum zum lauttern fantastischen götzen gemacht", haben „an sein stat einen hubschen, feynen, gulden hergot gesetzt, do die armen bawren vor schmattzen"[110]. Das alles konnte, ja mußte so kommen, weil man „die reine Erkenntnis Gottes" verwarf, sein Wort gar nicht wirklich vernahm, den „Geist Christi" verspottete und so das Wesentliche des christlichen Glaubens, was ihn recht eigentlich von Heiden, Türken und Juden in seiner Besonderheit ausmacht, gar nicht erfaßte. An dieser entscheidenden Stelle muß daher mit der Erneuerung angesetzt werden; wir müssen wieder „Gottis rechte schuller werden, von Gott geleret", und Müntzer erläutert das durch den Verweis auf Joh 6,63: „Der Geist ist's, der da lebendig macht". Nur in der Schule des Geistes gewinnen wir das klare Wissen von Gott („die allerklerste weyßheyt Gottis"); erkennen wir, daß „der Weisheit Anfang die Furcht des Herrn ist", die uns „sein große mechtige stercke ... von oben hernidder" verleiht und uns „mit gewaltiger handt wapnen [muß] zur

---

[105] Ebd. S. 244,10 ff.   [106] Ebd. S. 244,15—18.
[107] Ebd. S. 243,15—20.   [108] Ebd. S. 244,28—245,2.
[109] Ebd. S. 244,20 ff.   [110] Ebd. S. 245,3—13 passim.

rache widder die feinde Gottis mit dem höchsten yfer zu Gott"[111]. Nicht von ungefähr spricht Müntzer an dieser Stelle seine fürstlichen Hörer erstmals direkt an, eben hier, wo er als folgerechtes Ergebnis der klaren Gotteserkenntnis die Einsicht in die Notwendigkeit herausstellt, „solche unaußsprechliche boßheyt zu straffen und zu schwechen". Da gibt es dann einfach keine Rücksicht auf Vorwände und Ausflüchte der menschlichen Vernunft mehr.

Um das alles richtig in den Blick zu bekommen, „mussen wir der offenbarung Gottis teglich gewertig sein"[112]. Gott redet heute und hier noch unmittelbar zu uns, und es kommt alles darauf an, daß wir uns ihm völlig offen halten. Ist doch die Vernunft des Menschen ständig auf dem Plan, mit ihrer eingebildeten Weisheit die Gotteserkenntnis zu verdunkeln und zu verdrängen; „die listigen anschlege der spitzklugen wurden uns alle augenblick uberfallen und noch vil höher in der reinen kunst Gottis vorhindern"[113]. Ihren verführerischen Künsten ist aber nur zu widerstehen, wenn man wahrhaft in der Furcht Gottes lebt, die „reine sein [muß] on alle menschen- oder creaturenforcht". Gott muß als der alleinige Herr anerkannt und einzig sein Wille als unbedingt verpflichtend respektiert werden. „Gleich so wenig als man seligklich zcweyen herren dienen magk, Matth. 6, so wenig mag man auch Gott und creaturen seliglich förchten."[114] Nur wo die reine Gottesfurcht alle und jede Eigenmächtigkeit menschlich-kreatürlichen Wesens als nichtig abweist, wo Gottes Ehre und Herr-schaft unbedingt anerkannt wird, nur da will er sich über uns erbarmen und gibt er sich uns wirklich zu erkennen. Aber das ist eben die große Not des Menschen, daß er Gott nicht „auß gantzem hertzen allein" fürchtet, und gegenwärtig ist die Christenheit dadurch besonders gefährdet, daß sie erneut und in neuen Formen dem verführerischen Treiben der „heyllosen schrifftgelerten" ausgesetzt ist, die in überaus verfänglicher Weise die kreatürliche Vernunft wieder hochzuspielen, gegen „die edle krafft Gottis" auszuspielen suchen. Ihr Mangel an ernster Gottesfurcht verwehrt ihnen die rechte Gotteserkenntnis, daß sie „leren und sagen, das Gott seynen lieben freunden seyne göttlichen geheimnis nit mehr offenbare durch rechte gesichte oder sein müntlichs wordt"[115]. „Bey yrer unerfarnen weyse" höhnen sie genauso „wie die gotlosen tethen dem Hieremie 20. capit. Hör hat dir Got auch newlich zugesprochen? Oder hastu den mundt Gottis newlich gefraget und mit ym geradtschlaget? Hast du den geyst Christi?"[116] Der „spöttische hauffen" schlug damals die Warnung des Propheten in den Wind und mußte in der babylonischen Gefangenschaft dafür büßen und — zu seiner Schmach erleben, daß der

---

[111] Ebd. S. 246,5—11 passim.   [112] Ebd. S. 246,18 f.
[113] Ebd. S. 246,20 ff.   [114] Ebd. S. 247,1 ff.
[115] Ebd. S. 247,16 ff.   [116] Ebd. S. 247,20—23.

„heidnische künigk Nebucadnezar ... hat die rede Gottis angenommen und war doch ein mechtiger wuetrich und ein ruthe des volcks der außerwelten, die sich widder Got versundigt hatten"[117]. Sollte die heutige Generation aus dem Geschick des jüdischen Volkes nicht endlich die Lehren ziehen und aus der Geschichte Nebukadnezars, wie sie in Daniel 3 berichtet wird, lernen?

Wenn Müntzer den Text an dieser Stelle teilweise rekapitulierte, so vermutlich nicht über Vers 11 hinaus; denn es ging ihm zunächst um das Inhaltliche des Traumes, streng genommen jedenfalls nicht um die prinzipielle Frage nach der Wirklichkeit und Gültigkeit der Gesichte als einer Weise der fort und fort währenden Gottesoffenbarung. Wie schon in seinem Briefe an Luther vom 9. Juli 1523 deutet er den kritischen Punkt immerhin insofern an, als er darauf verweist, daß es „ein unaussprechliche, ja ungewönliche und hessige sache [sei], von treumen der menschen zu reden, der ursach, das die gantze welt vom anfang biß anher durch die trewmer betrogen ist"[118]. Aber auf eine nähere Erörterung des damit aufgeworfenen Problems läßt er sich jetzt nicht ein, unterscheidet nicht zwischen der Vision selbst und ihrer Deutung, berücksichtigt auch die Besonderheit des Falles — Rekonstruktion des dem Könige entfallenen Traumes — nicht weiter. Es kommt ihm jetzt lediglich darauf an, die Skepsis und das Versagen der „Weisen" gegenüber dem Faktum der Gottesoffenbarung in Träumen bloßzustellen und den wahren Grund für ihren offensichtlichen Bankrott an dem klassischen Beispiel der klugen Ratgeber Nebukadnezars aufzuzeigen. Infolgedessen beschränkt er sich darauf, den unter solchem Aspekt entscheidenden Satz ihrer Erklärung aufzugreifen, daß die Götter „kein gemeinschafft mit den menschen auff erden haben"[119] (Vulgata: quorum non est cum hominibus conversatio). Denn in diesem Satz bekundet sich die ganze Überheblichkeit des menschlichen Verstandes, der sich allein und überall für kompetent hält, der dem Glauben Grenzen und Ziel setzen zu können wähnt und in alledem nicht Gottes Ehre, sondern des Menschen Vorteil sucht. „Ja, noch yrem vorstande redten sie recht in vernunfftiger weise. Sie hatten aber keinen glauben zu Got, sonder es waren gottlose heuchler und schmeichler, die do redten, was die herren gern hören."[120] Das aber ist mit der gleichen Hintergründigkeit verkehrten, glaubensfremden Wesens bis zur Stunde typisch geblieben für die überklugen Schriftgelehrten, die sich weder durch das über sie gesprochene Urteil der Schrift (Jer. 5,13; 8,8 f.) von ihrem Wahn abbringen lassen, noch eine so klare Aussage wie etwa die des Paulus in Phil 3,20 (conversatio nostra in coelis est) ernstzunehmen willens sind. „Solche schrifftgelerten seindt die warsager, die do offendtlich die offen-

---

[117] Ebd. S. 247,30—33.
[119] Ebd. S. 248,22 f.
[118] Ebd. S. 248,13—16.
[120] Ebd. S. 248,23—26.

barung Gottis leugknen und fallen doch dem heyligen geyst in sein handtwerck, wollen alle welt unterrichten. Und was yrem unerfarnen verstande nit gemeß ist, das muß yn alsbald vom teuffel sein. Und seint doch yrer eygen seligkeit nit vorsichert, wilchs doch nothalben sein solt, Roma. 8. Sie künnen hübsch vom glauben schwatzen und einen truncken glauben einbrawen den armen vorwirreten gewissen."[121] Es war nicht mißzuverstehen, daß seine Worte nun besonders auf die Wittenberger Theologen gemünzt waren. Obschon er ihnen in etwa zugute hält, daß sie sich zu ihrer Verwerfung einer noch heute in Gesichten sich bekundenden göttlichen Offenbarung mit all den daraus folgenden Konsequenzen auf Grund „der hessigen betrigerey der gantz vorfluchten, vorgifftigen mönchtrewme" haben verleiten lassen, „durch wilche der teuffel alle seynen willen ins werck bracht, ja auch viel frumer außerwelten unerstatlich betrogen hat"[122], sind sie darum doch keineswegs entschuldigt. Echter Glaube hat ein sicheres Urteil über alles, was „affterglaube" ist, der „on alle erfarne ankunfft des heyligen geystes, des meysters der forcht Gottis, mit vorachtung göttlicher weyßheyt das guthe nicht vom bößen (unter dem guten schein vordecket)" unterscheidet. „Drumb ists nit frumer menschen art, das gute mit dem bösen verwerffen. Dann der heylge Paulus saget zun Thessaloniern 5. cap.: ‚Ir sollet die weissagung nit vorachten, versucht es alles. Was unter dem aber gut ist, das behaltet ect.'"[123]

Damit ist die Faktizität einer fortschreitenden göttlichen Offenbarung in Gesichten indirekt erneut behauptet, deren prinzipielle Möglichkeit Müntzer als der Intention Gottes entsprechend nunmehr thetisch noch einmal feststellt: Gott ist nach dem Zeugnis der Schrift wirklich immer bereit, seine „Auserwählten" zu „warnen", wenn sie sich selbst ihm nicht in ihrem Unglauben verschlössen. Altes und Neues Testament bezeugen es einhellig: der Geist, durch den Gott sich uns offenbart, „erforschet alle ding, ya auch die tieffe der gotheit"[124]. Und abermals hebt er hervor, daß das Urteil, „was uns von Gott gegeben sey odder vom teuffel oder natur", nicht auf menschlicher Einbildung beruht und gläubigem Wahne, sondern auf der klaren Gewißheit eines Überzeugtseins. „Unser natürlicher vorstandt" muß hier gänzlich aus dem Spiele bleiben, muß seiner Grenzen innewerden, „das er mit dem kopff durch den hymmel nit lauffen kan". Der Mensch „muß erstlich gantz und gar zum innerlichen narren werden" und es begreifen, daß er „on Gottis offenbarung" nicht in die göttlichen Geheimnisse eindringen kann und daß „ye mehr die natur noch Gotte greifft, ye weitter sich die wirckung des heylgen geists von yhr entfrembdet"[125]. Solche „wirckung

---

[121] Ebd. S. 249,3—10.
[123] Ebd. S. 249,24—32 passim.
[125] Ebd. S. 250,15—28 passim.

[122] Ebd. S. 249,11 ff.
[124] Ebd. S. 249,33—250,9 passim.

göttlichs wordts" in uns vermag also in keiner Weise durch irgendwelches selbsteigenes Bemühen des kreatürlichen Menschen ausgelöst werden, das vielmehr „dem wort seinen ganck" nur verhindert. Es gibt schlechthin keine Kombination von Natur und Gnade, „wie itzundt unser gelerten", eben auch die Wittenberger, sie vergeblich versuchen. Gottes wirkendes Wort ist nichts als Gnade, kann und braucht nicht von uns irgendwie herbeigezwungen werden: „Das wort ist nit weit von dir. Sih, es ist in deinem hertzen", ist einfach da, quillt aus ihm hervor. „Nu fragstu villeicht, wie kumpt es dann ins hertz? Antwort. Es kumpt von Gott oben her nidder in eyner hochen verwunderung."[126] Nähere Ausführungen darüber, auf die seine Hörer sicherlich Wert gelegt hätten, versagt er sich aber „biß auff ein ander mal". Er deutet lediglich an, daß sie mit dem Beginn der geistigen Selbständigkeit des Kindes anhebt, um im Anschluß daran noch einmal auf das biblische Zeugnis „vom innerlichen worte zu hören in dem abgrund der selen durch die offenbarung Gottis" zu verweisen. „Und wilcher mensch dieses nit gewar und empfindtlich worden ist durch das lebendige gezceugnis Gottis, Roma. 8, der weiß von Gotte nichts gründtlich zu sagen, wenn er gleich hunderttausent biblien hett gefressen. Dorauß mag ein itzlicher wol ermessen, wie fern die welt noch vom christenglauben sey. Noch wil niemant sehen oder hören."[127] Das allerdings kann er nicht unterlassen einzuschärfen, daß die Einsicht in die Unfähigkeit des natürlich-kreatürlichen Menschen nicht dazu führen darf, unbekümmert in den Tag hineinzuleben. Der Fromme muß sich durch Kreuz und Leid von Gott zum Hören bereit machen lassen, muß mit fleißiger Begier auf die göttliche Offenbarung warten, so wie Daniel „fleißig . . . Got drumb besucht und gebeten hat". In zwei Forderungen faßt er zusammen, was zur rechten Zurüstung gehört: „zur offenbarung Gottis muß sich der mensch von aller kürtzweil absondern und eynen ernsten mut zur warheit tragen, 2. Corin. 6, und muß durch die ubung solcher warheit die unbetriglichen gesicht vor den falschen erkennen"[128].

Erst wo alles Unkraut, „die wolluste diser welt", wie er in Ausdeutung des Gleichnisses vom Sämann erklärt, radikal ausgerottet ist, „sicht man die mildigkeit des ackers und zum letzten das gute gewechse"[129]. Der Mensch muß „mit seynem gemüth und hertzen, auch mit seynem natürlichen vorstande abgeschiden sein von allem zeitlichen trost seines fleisches"[130], dann erst wird er „gewar, das er Gotis und des heilgen geists wonung sey in der lenge seiner tage. Ja, das er warhafftig geschaffen sey allein der ursach, das er Gottis gezeugnis in seinem leben erforschen sol, Ps. 92 und 118"[131]. Nichts von sich selbst noch für sich

---

[126] Ebd. S. 251,9 ff.   [127] Ebd. S. 251,15—21.
[128] Ebd. S. 252,4 ff.   [129] Ebd. S. 252,26 f.
[130] Ebd. S. 252,12 f.   [131] Ebd. S. 252,27—30.

selbst, nichts als offene Empfänglichkeit für Gott. Sie aber führt zur vollen Erkenntnis göttlichen Wesens, wo der Mensch „im abgrund des hertzen" sich in völliger Entselbstung ganz von Gott in Besitz nehmen läßt, wie es Müntzer in seiner Übersetzung des hier zitierten 93. Psalms dargestellt hat, in der die Übersetzung des „miserabilis in altis dominus" durch „do ist der herr ein frembder und seltzamer man in der mechtigen sintflus" wohl nicht ohne Zusammenhang mit seinem Verständnis des „von Angesicht zu Angesicht" in 1. Kor. 13,12 sein mag. Er bezieht also die Schau des Vollkommenen, von der Paulus 1. Kor. 13,10 ff. spricht, nicht erst auf die Parusie, sondern auf die jetzt und hier sich vollziehende Offenbarung Gottes im Seelengrund. Dementsprechend verliert die Erkenntnis *ex parte* den spezifischen Charakter irdisch-zeitlicher Vorläufigkeit; ihre Begrenztheit ist Ausdruck dessen, daß die Begegnung mit Gott nicht in der letzten Tiefe radikaler Selbstäußerung des Menschen erfolgte; ihre Erscheinungsform ist dadurch gekennzeichnet, daß sie „durch bildreiche weyse", d. h. durch Träume und Gesichte dem Frommen vermittelt wird. „Wann aber der mensch das klare wort Gottis in der selen nicht vornummen hatt, so muß er gesichte haben."[132] Die Bedingtheit und Begrenztheit solcher Offenbarung beeinträchtigt gewiß nicht ihre Gültigkeit; aber wer ihrer teilhaftig wird, muß sich ihrer Echtheit doch versichern und „gar wol zusehn, das solcher figurn gleichnis in den gesichten oder trewmen mit allen yren umbstendigkeiten in der heilgen biblien bezeuget seint, auff das der teufel nit darneben einreysse"[133]. Die Schrift übt somit die Funktion einer Kontrollinstanz, insofern sie als legitimes Zeugnis der Wirksamkeit des heiligen Geistes in der Vergangenheit durch die aufweisbare Identität der Wirkungsweise die Bekundungen desselben heiligen Geistes in der Gegenwart verifizieren und legitimieren kann. Außerdem muß man sich vor der Irreführung durch subjektive Wunschträume durch eine kritische Selbstkontrolle schützen, in der man den Vorgang der Vision selbst mit ihren näheren Umständen daraufhin prüft, „das es nit rausser quelle durch menschliche anschlege, sonder einfaltig herfliesse nach Gottis unvorrücklichem willen"[134]. Müntzer weiß sehr wohl, wie sehr den egozentrischen Menschen sein Wünschen und Wollen bis in seine Träume hinein verfolgt und welche Gefahren der Selbsttäuschung hier lauern; auch hier kommt es darauf an, Gott allein und rein zu Worte kommen zu lassen. Eben deswegen ist es wichtig, „das nit ein stiplen doran gebreche, was er gesehn habe"[135]; denn durch irgendwelche Kleinigkeiten verrät sich der Teufel ja doch, wird erkennbar, wann er seine Hand im Spiele hat. Und das nicht nur im „werck der gesichte" als solchem, sondern ebenso in den Versuchen, es nachträglich in seiner Wirkung aufzuheben oder sonst

[132] Ebd. S. 254,13 f.   [133] Ebd. S. 253,2 ff.
[134] Ebd. S. 253,7 ff.   [135] Ebd. S. 253,10.

irgendwie zu beeinträchtigen, wie es „klar angezeicht vom könige Nebucadnezar und darnoch am 3. im werck beweiset. Dann er hatt dy vermanung Gotis gar schwind vergessen"[136]. Wiederum muß ihm das Gleichnis vom Sämann als biblischer Beleg dienen, zunächst Luc. 8,12 speziell für das „Vergessen" Nebukadnezars; die beiden folgenden Verse aber belegen nun auch in diesem Zusammenhange die allgemeine These, daß „Got der almechtige ... die rechten gesichte und trewme seinen geliebten freunden am allermeisten in yrem höchsten betrübnis"[137] weiset, was durch eine Reihe von Beispielen des Alten und Neuen Testaments erhärtet wird. Man muß also auf Grund dieser Überlegungen notwendig zu dem Schlusse gelangen: „Ja es ist ein rechter apostlischer, patriarchischer und prophetischer geist auff die gesichte warten und dieselbigen mit schmertzlichem betrübnis uberkommen."[138]

Für „rechte prediger [bei] hertzogen und regenten" gibt es in ihrem verantwortungsvollen Amte faktisch auch gar keine Möglichkeit, „das sie sich allenthalben solten bewaren sicherlich und ungetaddelt zu handeln, wann sie in der offenbarung Gottis nicht lebten"[139]. Daß „bruder mastschwein und bruder sanffteleben" in ihrer Leidensscheu nichts von Gesichten wissen wollen, zeugt nur von ihrer mangelnden Bereitschaft zu einem ernsthaften christlichen Leben und darf den Glauben an die Wahrheit und Wirklichkeit offenbarender Träume nicht erschüttern. Für Müntzer jedenfalls ist zumal auf Grund der einsichtigen Erfahrungen der Apostel der Schluß unvermeidlich, „das wer do wil auß fleischlichem urteyl also unbeschiden den gesichten feint sein und sie alle vorwerffen oder alle auffnemen on allen bescheid, darumb das die falschen trewmer der welt solchen schaden gethan haben durch die ehrgeizigen oder genießsucher, der wirt nicht wol anlauffen, sonder wirdt sich stossen an den heylgen geist, Johelis am 2. capitel"[140]. Der versteht darum auch nicht die Zeichen der Zeit, die im Anbruch eben des neuen vollmächtigen Offenbarungswirkens des prophetischen Geistes die „voranderung der weldt"[141] ankünden, die eine apostolische Christenheit heraufführen wird. Was Petrus am Tage der Pfingsten unter Berufung auf den Propheten Joel gepredigt hat, will nun — so ist es im zweiten Kapitel des Danielbuches angezeigt — ins Werk gesetzt werden. „Dann so die christenheit nicht solt apostolisch werden, Act. 27, do Johel vorgetragen wird, warumb solt man dann predigen? Wozu dienet dann die biblien von gesichten?"[142]

Damit kommt Müntzer in der Mitte der Predigt zu dem, was er über den der Christenheit heute von Gott gegebenen Auftrag den Fürsten

---

[136] Ebd. S. 253,14 ff.
[138] Ebd. S. 254,9 ff.
[140] Ebd. S. 255,10—15.
[142] Ebd. S. 255,20 ff.

[137] Ebd. S. 253,20 f.
[139] Ebd. S. 255,1 f.
[141] Ebd. S. 255,16.

in ganz konkreter Zuspitzung auf ihre Funktion als christliche Obrigkeit sagen muß. Er rückt die aktuelle Bedeutung seines Textes unter einen Aspekt, der seinen Hörern im ersten Augenblick etwas überraschend gekommen sein mag, aber nichtsdestoweniger eine klug überlegte, zielstrebige Gedankenführung zu erkennen gibt: Diese Generation steht im Umbruch der Zeiten und ist zu entscheidendem Handeln berufen. „Es ist war und weiß vorwar, das der geist Gottis itzt vilen außerwelten frumen menschen offenbart, eine treffliche unuberwintliche zukünfftige reformation von grossen nöthen sein, und es muß volfüret werden. Es were sich gleich ein itzlicher, wie er wil, so bleibet die weyssagung Danielis ungeschwecht, ob yr wol nimant gleuben wil."[143] Die bisherige Geschichte geht unwiderruflich ihrem Abschluß entgegen; ihre letzte Phase, das 5. Reich der danielschen Weissagung, „das wir vor augen haben", nähert sich dem Ende. Es scheint eine selbständige Ausweitung der üblichen christlichen Interpretation der danielschen Anschauung von den vier Weltreichen zu sein, wenn Müntzer die aus Eisen und Ton gemischten Füße des Standbildes auf ein 5. Weltreich deutet, dessen Eigenart durch die Vermischung von geistlicher und weltlicher Gewalt charakterisiert ist. „Man sicht itzt hubsch, wie sich die öle und schlangen zusammen vorunkeuschen auff einem hauffen. Die pfaffen und alle böse geistlichen seint schlangen, wie sie Joannes, der teuffer Christi, nennet, Matthei. 3, und die weltliche herren und regenten seint öle, wie figurirt ist Levit. am 11. capitel von vischen."[144] Der Sinn dieses schaurigen Bildes als einer grotesken Variante des verselbständigten Elementes im Traumgesicht Nebukadnezars ist nicht ein allgemeiner Protest gegen die „Verbindung von Kirche und Staat, modern ausgedrückt die kirchlich-feudale Epoche"[145]; vielmehr die Bloßstellung der in Lug und Trug sich ergehenden, nur der Befriedung selbstsüchtiger, „tierischer" Gelüste dienenden unsauberen Vereinigung, in der sich heuchlerisches Pfaffentum und weltliche Zwingherrschaft zusammentun, um in gegenseitiger Unterstützung ein gottlos unchristliches Wesen aufzurichten und aufrecht zu erhalten. D. h., nicht einem Zusammenwirken als solchem gilt das Verdikt, sondern der zu gottwidrigen Zielen und Methoden verschworenen Einträchtigkeit, in der sich geistliche und weltliche Gewalten zum Verderb des wahren Christentums einander überhelfen. Doch ihre Zeit ist abgelaufen: „Ach lieben herren, wie hubsch wirt der Herr do unter die alten töpff schmeissen mit einer eysern stangen, Psal. 2."[146]

In einer derartigen entscheidungsschweren Situation kommt alles darauf an, eine klare Sicht der tatsächlichen Lage zu gewinnen, die richtige Entscheidung zu treffen und danach in entschlossener Folgerichtigkeit zu handeln. „Darumb, yr allerthewrsten, liebsten regenten, lerndt ewer

---

[143] Ebd. S. 255,23—27.
[144] Ebd. S. 256,10—14.
[145] Hinrichs, L. u. M., S. 57.
[146] Franz, MG, S. 256,15 ff.

urteyl recht auß dem munde Gottis und last euch ewre heuchlisch pfaffen nit verfüren und mit getichter gedult und gute auffhalten."[147] In direkter Anrede drängt Müntzer so seine fürstlichen Hörer zu persönlicher Stellungnahme und weiter zur Initiative. Die große Wende der Zeiten, die Gott dem Nabukadnezar im Traume offenbart hat, steht jetzt unmittelbar bevor und läßt niemanden mehr die Rolle des passiven Zuschauers spielen: „Der stein, an hende vom berge gerissen, ist groß worden."[148] Die Reformation ist im Werden; der Christusgeist führt kein Winkeldasein mehr und läßt sich nicht mehr wie einstmals niederhalten; denn nunmehr sind auch dem Volke die Augen aufgegangen, „die armen leien und bawrn sehn yn viel scherffer an dann yr"[149]. Und das heißt nicht nur, daß eine wachsende Schar wahrer Gottesfreunde in der Masse des Volkes vom „geyst Christi" erfüllt ist, sondern daß sie ihm mit allem Ernste zu leben willens ist: „Ja, Got sey gelobt, er ist so groß worden, wann euch andere herren odder nachpawrn schon umb des evangelion willen wolten verfolgen, so wurden sie von yrem eygen volck vortrieben werden. Das weiß ich vorwar."[150] Fast wirkt es im rhetorischen Pathos des Predigers so, als wolle er den Fürsten selbst die Frage in den Mund legen: „Was sollen wir denn nw thun, weyl er [der Stein] so groß und mechtigk ist worden? Und weil er so mechtigk unvorzcögklich auff die grosse seul gestrichen und sie bis auff die alten töpff zcuschmettert hat?"[151] In der Tat wird dieses „was sollen wir tun?" der Ansatzpunkt für die genauere Wegweisung, die der von prophetischem Geiste getriebene Mann seinen Fürsten geben muß. Nicht „mit dem Selbstbewußtsein des Revolutionärs, der seiner Sache und seiner Gefolgschaft sicher ist"[152], nein, in der geistgewirkten Gewißheit des ihm von Gott gewordenen Auftrages ruft er den „thewren regenten von Sachssen" zu: „tretet keck auff den eckstein, wie der heylige Petrus that, Matthei am 16., und sucht die rechte bestendickeyt göttliches willens. Er wirt euch wol erhalten auff dem stein, Psalm. 39. Ewre genge werden richtig sein, suchet nohr stracks Gottis gerechtigkeit und greyffet die sache des evangelion tapffer an. Dann Gott steht so nah bey euch, das yhrs nicht gleubt. Warumb wolt yr euch dann vorm gespenst des menschen entsetzen, Psalmo 117?"[153] Diese Sätze, die den vollen Einsatz für die Sache des Evangeliums in einem felsenfesten Gottvertrauen ohne alle Menschenfurcht fordern, mußten die bislang vielleicht noch herrschende Atmosphäre interessierten Zu- und Abhörens gründlich verändern. Man mußte es dem Prediger abnehmen, daß er hier nicht im geistlich hilflosen Rückzug auf fromme Sprüche redete,

---

147 Ebd. S. 256,17—19.
149 Ebd. S. 256,21.
151 Ebd. S. 256,26—29.
153 Franz, MG, S. 256,29—257,7.

148 Ebd. S. 256,20.
150 Ebd. S. 256,21—24.
152 Hinrichs, L. u. M., S. 58.

sondern in letzter Hörigkeit auf Gottes Anspruch und Zuspruch. Irgendwie vermochte er mit seinen Worten Gewalt über die Herzen zu gewinnen, so daß sie an die Sache, um die es ihm ging, unmittelbar herangeführt wurden, sich von ihr betroffen wußten. Und Müntzer stieß alsbald nach, um den so „Betroffenen" zu zeigen, was diese grundsätzlichen
Aussagen in ihrer konkreten Anwendung heute für sie in ihrem Regentenamt zu bedeuten hatten. Auch dafür findet er wieder in seinem
Predigttexte das kompetente Zeugnis, nämlich in Nebukadnezars Reaktion auf das Versagen seiner Ratgeber. Denn als der König erfahren
mußte, daß seine Weisen der göttlichen Offenbarung unzugänglich waren, aber dennoch „sein gantzes reich mit irer klugheit regiren" wollten
„und kunthen solchs nicht, dozcu sie doch gesatzt waren", eben weil
sie der Erkenntnis des heiligen Geistes ganz und gar ermangelten, wollte
er sie töten, und — „es war vordienter lohn"[154]. Genau das ist nach
Müntzers Urteil in erschreckender Parallele die Situation seiner Zeit:
„Solchermassen seindt auch itzt unser geistlichen", und „der erbermlich
schade der heilgen christenheit ist so groß worden, das yhn noch zur
zeit kein zunge mag außreden". Würden die sächsischen Fürsten das
erst einmal richtig erkannt haben, dann, so meint er, „wurdet yr eben
solchen yfer gewinnen wie Jehu, der könig", der den Baalsdienst in
Israel mit Feuer und Schwert ausrottete. „Und ich weiß vorwar, das
yhr euch so mit grosser noth wurdet enthalden, dem schwert sein gewalt
zu unternehmen."[155] Freilich, eine Aktion der Fürsten setzt eine verantwortliche „geistliche Leitung" durch einen echten Geistesträger voraus. „Drumb muß ein newer Daniel auffstehn und euch ewre offenbarung
außlegen, und derselbige muß forn, wie Moses leret, Deut. 20, an der
spitzen gehn." Es ist kein Zweifel, daß Müntzer hier auf sich selbst
verweist als den, der dazu berufen ist. Denn wenn er es als die Aufgabe
des neuen Daniel bezeichnet, „den zcorn der fursten und des ergrymten
volcks vorsunen"[156], d. h. in die gleiche Richtung zu bringen, so sagt
er das einerseits in der Überzeugung, das Volk bereits auf den richtigen
Weg gebracht zu haben, andererseits in der Erwartung, daß er auch die
Fürsten noch hinter sich bringen werde, wenn er nur den bestimmenden
Einfluß der Autorität Luthers auf ihre Vorstellungen vom Gang und
Ziel der Reformation wirksam unterbinden könnte. Es kann dann aber
nicht bei dieser und jener mehr oder minder offenen Anspielung auf die
Wittenberger sein Bewenden haben; vielmehr muß, auch ohne direkte
Namensnennung, unmißverständlich zum Ausdruck kommen, wer denn
die „falschen geistlichen" und „vorzweifelten bösewicht" sind, die „euch
mit den allersussesten worten zcu den allerschendtlichsten urteyln ge-

---

[154] Ebd. S. 257,8—11 passim.   [155] Ebd. S. 257,11—17 passim.
[156] Ebd. S. 257,19—22.

leytet haben", die durch ihre „betriegerey" erreicht haben, „das yr also gütigk gewesen seyt"[157], und worin dieser Betrug bestand.

So war denn auch der frontale Angriff auf Luther unverkennbar, als Müntzer sich mit allem Nachdruck gegen die im reformatorischen Lager geradezu für sakrosankt gehaltene Anschauung wandte: „die fursten seindt heydnische leuthe yres ampts halben, sie sollen nicht anders dann burgerliche einigkeyt erhalten."[158] Hatte er früher die durch eigennützige Ziele und Methoden bestimmte buhlerische Interessengemeinschaft und die rein selbstsüchtigen Motiven entsprungene Kooperation von „Staat und Kirche" als eine ebenso ungeheuerliche wie verderbenbringende Perversion verurteilt, so lehnte er jetzt nicht minder den Versuch ab, den Funktionsbereich der weltlichen Obrigkeit von allen geistlichen Belangen zu isolieren, ihre Tätigkeit auf das Gebiet der sogenannten rein weltlichen Aufgaben zu beschränken und ihr im Grunde nur die Verantwortung für die Aufrechterhaltung der bürgerlichen Einigkeit zu lassen. Als wenn es nicht auch, ja in erster Linie Pflicht christlicher Regenten sei, kraft ihres Amtes dafür zu sorgen, daß das Evangelium ungehindert seinen Lauf in dieser Welt nehmen kann und der Wille Gottes in ihr verwirklicht wird. Das aber eben nicht nur in dem von der klugen Vernunft so sauber abgesteckten Rahmen und nach den von ihr so sorgsam ausgeklügelten Regeln, die um jeden Preis auf eine Sicherung von Frieden und Ordnung innerhalb der Gesellschaft ausgerichtet sind. Das mag mit Rücksicht auf die menschlich-allzumenschliche Neigung, um des „lieben Friedens" willen nachzugeben, der eigenen Bequemlichkeit zu liebe Kompromisse zu schließen u.s.f., gewiß sehr vernünftig ausgedacht sein; dem Geiste Christi entspricht es nicht: „,Ich bin nicht kummen, frid zu senden, sonder das schwert.' Was soll man aber mit demselbigen machen? Nicht anders dann die bösen, die das evangelion vorhindern, weckthun und absundern, wolt yr anders nicht teuffel, sonder diener Gottis sein, wie euch Paulus nennet zcun Römern am 13."[159] Gott will den aktiven Einsatz der Obrigkeit mit den Mitteln der ihr verliehenen Macht, auch des Schwertes, gegen die Feinde des Evangeliums. Gott will auch das Risiko eines nach menschlichen Begriffen schier aussichtlosen Einsatzes für den Namen Gottes, und „ir dörfft nicht zcweyffeln, Gott wirt all ewr widdersacher zu drümmern schlaen, die euch zu vorfolgen undtherstehn"[160]. Ja, Gott will die gewaltsame Vernichtung aller, die ihm entgegen sind und den Gläubigen Ärgernis geben. „Christus hat befolen mit grossem ernst, Luce 19, und spricht: ‚Nemet meyne feynde und würget mir sie vor meynen augen!' Warumb? Ey darumb, das sie in Christo sein regiment vorterbet und wollen noch darzu yre schalckeit unter der gestalt des

[157] Ebd. S. 257,22—28 passim.   [158] Ebd. S. 257,30 f.
[159] Ebd. S. 258,2—7.   [160] Ebd. S. 258,7 f.

christenglaubens vorteidigen und ergern mit yrem hinterlistigen schandt-
deckel die gantze welt. Drumb saget Christus, unser herr, Math. 18:
‚Wer do eynen auß dießen kleinen ergert, ist ym besser, das man ym
einen mülstein an den hals hencke und werff yn in das tieffe mehr.'
Es glosire, wer do wil, hin und her. Es seindt die wort Christi. Darff
nw Christus sagen, wer do eynen von den kleynen ergert, was sol man
dann sagen, so man eynen grossen hauffen ergert am glauben?"[161]
Es sind die Worte Christi!

Müntzer hat wohl bedacht, warum er sich an dieser Stelle nicht auf
Exklamationen alttestamentlicher Frommer beruft, und es mindert die
sachliche Schärfe seiner Forderungen nicht, daß sie dem ganzen Zusammenhange nach lediglich auf die radikale Säuberung der Christenheit
selbst von allem anti- und pseudochristlichen Wesen gerichtet sind.

Er macht dabei zwischen den Vertretern der alten Kirche und der
Reformation keinen wesentlichen Unterschied. Aber er ereifert sich hier
offenkundig mit leidenschaftlichem Ingrimm über die „Wittenberger"
als „die ertzbösewicht, die die gantze wellt ergern und abtrinnigk machen vom rechten christenglauben und sagen, es sol die geheimnis Gottis
niemandt wissen ... Sie sprechen, es sey nicht von nöten, das der glaub
beweret sey wie das golt im fewr ...". „Die falschen gelerthen" predigen
„der armen blinden welt" einen Glauben, der „erger dann ein hundes
glaub [ist], wann er hofft, ein stuck brots zcu empfahen, so der tisch
gedeckt wirdt"[162]. Sie kennen und können das bei ihrer Ichbezogenheit
einfach nicht anders. Hier muß um des Ärgernisses willen durch die
Fürsten kraft ihres Amtes und ihrer Gewalt von Grund auf Wandel
geschaffen werden: „Solt yhr nw rechte regenthen sein, so müst yhr
das regiment bey der wortzeln anheben und wie Christus befolen hat.
Treibt seyne feinde von den außerwelten, dann yhr seyt die mitler
dozu."[163] Mittler meint nicht bloß ein im formal-technischen Sinne
ausführendes Organ, sondern umschließt Pflicht und Recht zu solchem
Tun, begreift das Einverständnis und die willentliche Bereitschaft dazu
in sich. Deshalb darf man sich nicht hinter die Ausflucht zurückziehen
wollen, „das die krafft Gotis es thun sol an ewr zuthun des schwerts".
Es „sage euch wilcher gelerther, was er wil", er kommt gegen Christi
eindeutige Worte nicht auf und „Christus ist ewr meyster"![164] Nun
greift Müntzer auch auf Worte des Alten Testament zurück, die das
Gebot des Kampfes gegen die Gottlosen in absoluter Konsequenz zum
Ausdruck bringen sollen: „Lasset die ubeltheter nit lenger leben, die
uns von Gott abwenden, Deut. 13, dann ein gottloser mensch hat kein
recht zcu leben, wo er die frumen vorhindert. Exodi am 22. capitel saget

---

[161] Ebd. S. 258,13—23.
[163] Ebd. S. 259,1—4.
[162] Ebd. S. 258,24—30 passim.
[164] Ebd. S. 259,5—12 passim.

Got: ‚Du solt die ubeltheter nicht leben lassen.‘ ‘‘[165] Ebenso versichert er die Fürsten noch einmal des Schutzes und der Hilfe Gottes bei solchem Unternehmen. Allerdings, „yhr werdet darüber ein grosses creutz und anfechtung müssen leyden, auff das euch die forcht Gottis erkleret werde". Das Leiden gehört in das Erziehungsprogramm Gottes, behält jedoch immer das positive Vorzeichen, wird sich auch in diesem Falle als notwendiger Durchgang zum Siege des Glaubens erweisen. „Drumb, yhr thewren veter von Sachssen, ir must es wogen umb des evangelion willen."[166] „Saget alleyn frey mit dem geist Christi: ‚Ich will mich vor hunderttausent nit fürchten, ob sie mich schon umblagern.‘ ‘‘[167]

Müntzer konnte sich wohl denken, daß man gegen seinen „Radikalismus" mancherlei Einwände erheben würde. So sieht er voraus, „alhie werden mir unser gelerten die güttigkeit Christi vorhalten", wobei er ihnen sogleich unterstellt, daß sie damit nur ihre eigene, jedes Risiko meidende Zaghaftigkeit und die daraus geborene Kompromißbereitschaft mit den „Gottlosen" bemänteln wollen. Aber, so wähnt er den Einwand abfangen zu können, man darf über seiner Güte „auch den yfer Christi" nicht einfach abtun wollen; er hatte bei der Reinigung des Tempels nicht nur die Wechslertische umgestoßen, „er würde on zcweyfel auch der götzen und bilder nicht geschonet haben, wo sie do weren gewesen"[168] (Mallerbach!). Es ist derselbe Gott, der im fünften Buche Mose sagt: „‚Yr seyt eyn heylges volck. Yr sollet euch nit erbarmen uber die abgöttischen. Zurbrecht yre altar! Zurschmeisset yre bilde und vorbrennet sie, auff das ich mit euch nicht zörne!‘ Diese wort hat Christus nicht auffgehaben, sonder er wil sie uns helffen erfullen." „Gott kan heut nicht ja sagen und morgen nein, sonder er ist unwandelbar in seinem worte, Malach, 3; I. Regum. 15; Nume. 22."[169] Gewiß, die Apostel sind in dieser Beziehung nicht ohne weiteres als Männer der vorbildlichen Tat anzusprechen; nur „ist uns mit der heylgen gebrechen oder nachlassen keyn ursach gegeben, den gottlosen yre weyse zu lassen. Nochdem sie Gottis namen mit uns bekennen, sollen sie unter zweien eins erwelen, den christenglauben gar vorleugknen oder die abgötter weckthun, Math. 18"[170].

Als einen anderen Einwand erwartet er die auf Daniel 2 selbst gestützte These, „das der widderchrist soll an handt vorstöret werden"[171]. Er greift damit ein Thema noch einmal auf, das er bereits kurz zuvor berührt hatte, als er die Ausflucht nicht gelten lassen wollte, „das die krafft Gotis es thun sol". Man darf wohl zu recht vermuten, daß ihm

[165] Ebd. S. 259,13 ff.
[166] Ebd. S. 259,22—29 passim.
[167] Ebd. S. 260,3f.
[168] Ebd. S. 260,5—12.
[169] Ebd. S. 260,13—20.
[170] Ebd. S. 261,2—6.
[171] Ebd. S. 261,7 f.

dabei die Auslassungen des Kurfürsten im Briefe an den Allstedter Rat vom 27. Juni gegenwärtig waren: „ist dy lere vnd vnderweisung bey euch aus got, so wirdet das, so ihr mit gewalt zu dempfen vnd niderzutrucken vermeint, aus Gottes gnaden, crafft vnd ernigung von Im selbs on menschlich gewalt, handt vnd vnterdrucken wol vndergehen"[172]. Das bedeutet jedoch die Schrift mißdeuten und mißbrauchen. Was in Wahrheit unter dem „an handt vorstöret" zu verstehen sei, erläutert er darum am Beispiel der Eroberung Kanaans durch die Israeliten: faktisch waren die Kanaaniter damals — so wie der Antichrist heute — bei dem Herannahen des Gottesvolkes schon verzagt; gleichwohl hat Josua „in der scherffe des schwerts yrer nit verschonet". Und das bedeutet, von Psalm 44,4 und 1. Chron. 14,10 f. aus gesehen: „Sie haben das lant nicht durch das schwerdt gewonnen, sonder durch die krafft Gottis, aber das schwerdt war das mittel, wie uns essen und trincken ein mittel ist zu leben. Also nötlich ist auch das schwerdt, die gotlosen zu vertilgen, Rom. am 13."[173] Die Beseitigung der Gottesfeinde ist demnach in einer christlichen Gemeinschaftsordnung sozusagen ein lebensnotwendiger Vorgang, bei dem recht eigentlich Gott der Handelnde, der Mensch nur ausführendes Organ ist. Damit es „nw redlicher weyse und fuglich geschee, so sollen das unser thewren veter, die fursten, thun, die Christum mit uns bekennen". Das ist weniger ein Vorrecht als eine ihrem Amte inhärente besondere Verpflichtung; denn „wo sie aber das nicht thun, so wirt yhn das schwerdt genommen werden, Danielis am 7. capitel, dann sie bekennen yhn also mit den worten und leugknen sein mit der tath"[174].

Die Verfahrensweise bei der erforderlichen Säuberungsaktion denkt sich Müntzer etwa so, daß man den Feinden zunächst den Frieden anbieten, d. h. praktisch ein Ultimatum an sie stellen soll, sich ernstlich zum rechten Christenglauben zu bekennen. Gehen sie darauf nicht ein, wollen sie in der bisherigen Weise „geistlich" sein und von ihrer Erkenntnis Gottes nicht — im Sinne Müntzers — Rechenschaft ablegen, „so sol man sie wegkthun". Aber so wie Daniel sich bei Nebukadnezar für die zwar unfähigen, doch nicht böswilligen Weisen verwandte, will auch Müntzer für die in der Erkenntnis des Geistes Zurückgebliebenen Fürsprache leisten, sofern „sie Gottis offenbarung nicht widder sein. Wo sie aber das widderspiel treiben" und die rechten Christen unterdrücken und nötigen wollen, gibt es nur die eine Möglichkeit, „das man sie erwürge on alle gnade wie Ißkias, Josias, Cirus, Daniel, Helias, 3. Regum. 18, die pfaffen Baal vorstöret haben. Anders mag die christliche kirche zcu yrem ursprung nicht widder kummen. Man muß das unkraut außreuffen auß dem weingarten Gottis in der zceyt der erndten,

---

[172] Förstemann, Bauernkrieg, S. 168.
[173] Franz, MG, S. 261,12—16.   [174] Ebd. S. 261,16—20.

dann wirt der schöne rothe weytz bestendige wortzeln gewinnen und recht auffgehn, Matth. 13. Die engel aber, wilche yre sicheln darzu scherffen, seint die ernsten knechte Gottis, die den eyfer götlicher weyßheit volfüren, Malachie 3"[175].

Das Ende der bisherigen Geschichte steht nun unmittelbar bevor, und es schließt die Rückkehr der Kirche zu ihrer uranfänglichen Reinheit in sich. Der von Gott vorbestimmte Lauf der Dinge läßt sich nicht aufhalten, die Ausrottung der Gottlosen hängt gar nicht mehr von unserem Ja oder Nein ab; wohl aber können wir uns in dieser Entscheidungszeit als „die ernsten knechte gottis" erweisen, „die den eyfer götlicher weyßheit volfüren". Und ein letztes Mal gibt Müntzer zum Abschluß zu bedenken, daß es um eine Entscheidung von eiserner Konsequenz geht. Nebukadnezar hat damals .diese Konsequenz nicht aufgebracht. Heute nehmen auch viele Menschen das Evangelium freudig an, „dieweil es also feyn freuntlich zugeht", sie praktisch zu nichts verpflichtet werden; aber wenn Gott sie im „fewr der bewerung" auf die Probe stellt, nehmen sie schon am „allergeringsten wortlein" Anstoß, das sie in ihrer mit Gott und der Welt zufriedenen Ruhe stört. Er weiß auch im voraus, daß die „heuchlische, getichte güttigkeit" über seine in Übereinstimmung mit der ganzen Bibel gestellte Forderung aufgebracht sein wird, „das man die gotlosen regenten, sunderlich pfaffen und mönche tödten sol, die uns das heylge evangelion ketzerey schelten und wollen gleichwol die besten Christen sein"[176]. Jedoch, auch das gehört zu den Zeichen der Endzeit, daß man die Gottlosen in Schutz nimmt, die Gottesfreunde dagegen dem Winde befiehlt, daß die den tausend Sünden der Welt Verhafteten ein gottseliges Wesen zur Schau tragen, aber von der Kraft und Mächtigkeit des Glaubens nichts verspüren lassen, daß man für das, was man Güte nennt, zahllose Masken hat, hinter denen die Heuchler alle Winkel der Welt mit ihrem Unwesen erfüllen, aber keiner den Mut zur Wahrheit aufbringt. Auf daß jedoch die Wahrheit trotz allem an den Tag kommt, müssen die Regenten nach dem Beispiel des Nebukadnezar handeln, der Daniel, den als vollmächtig erwiesenen Geistesträger, zum Amtmann einsetzte, damit er in der Kraft des Geistes gute, rechte Entscheidungen fälle, und müssen sie ihrerseits nun ebenfalls einen durch die wahre Erkenntnis des göttlichen Geistes ausgezeichneten Mann erwählen, der ihnen durch sein gültiges Urteil zu den rechten, klaren Entschlüssen verhilft, wieweit den Gottlosen noch ein Existenzrecht nach den ihnen von den Auserwählten zugestandenen Bedingungen eingeräumt werden kann. Deutlicher konnte Müntzer seinen Anspruch, als der von Gottes Geist erfüllte Ratgeber durch die Fürsten anerkannt zu werden, kaum vorbringen. Mit suggestiver Gewalt sucht er sie in seinen Bann zu bringen als der neue Prophet, der das Geschehen der

---

[175] Ebd. S. 261,21—262,4.   [176] Ebd. S. 262,16 ff.

Endzeit in seiner gottgewollten Notwendigkeit in unbeirrbarer Weise bereits vor sich sieht, der schon weit vorgreifend in der endgültigen Auseinandersetzung mitten inne steht, den Sieg Gottes gleichsam schon in Händen hält. „So wyr nhun Gott förchten, warumb wollen wir uns vor losen, untüchtigen menschen entsetzen? Numeri am 14., Josua am 11. Seyt noer keck! Der wil das regiment selbern haben, dem alle gewalt ist gegeben im hymmel und auff erden ... der euch, allerliebsten, bewar ewigk. Amen."[177]

Man spürt es der bei aller rhetorischen Emphase in ihrem gedanklichen Aufbau zielstrebigen Predigt ab, mit welch inständigem Bemühen Müntzer seine Hörer von der ihm selbstverständlichen Gültigkeit dessen zu überzeugen sucht, was nach seiner Erkenntnis in dieser Stunde Sinn und Zweck einer Reformation sein muß und welche Aufgabe den evangelisch gesinnten Fürsten dabei zufällt. Es mag diesen nicht so ohne weiteres möglich gewesen sein, sich dem Banne des redegewandten Prädikanten, dem Eindruck der biblisch begründeten, theologisch scheinbar so folgerichtigen, von großem religiösem Ernst getragenen Ausführungen zu entziehen. Man hatte doch auch einen tieferen Einblick in die Besonderheit des müntzerischen Denkens gewonnen und erkannte jetzt vielleicht klarer als bisher, worauf er hinaus wollte. Es ging diesem Manne, das war nicht zu überhören gewesen, um den endlichen Durchbruch des „Geistes Christi", der seit dem Tode der Apostelschüler durch das skrupellose Zusammenspiel weltlicher Machthaber und kirchlicher Amtsträger bis auf den heutigen Tag unterdrückt worden ist, die die Christenheit mit List und Gewalt durch ein diabolisches Täuschungssystem in ihrer Abhängigkeit hielten, um selbst ihrer Herrschsucht, ihrer Habgier und ihren Lüsten ungehemmt fröhnen zu können. Es ging ihm um die Entmachtung dieser „Gottlosen" durch die „Auserwählten", die — im wahren Glauben zur rechten Gotteserkenntnis gekommen, durch unmittelbare göttliche Offenbarung seines Willens gewiß, in der Kraft des heiligen Geistes Gott allein und unbedingt hörig — die baldige Veränderung der Welt als die Vollstrecker des göttlichen Gerichtes herbeiführen werden. Es ging ihm in der Konsequenz dessen um ein hartes Nein zu der Unverbindlichkeit eines gedichteten Glaubens, zu der Leugnung noch heute den Menschen zuteil werdender Offenbarungen des göttlichen Geistes, zu jeglicher Kompromißbereitschaft mit den Gottlosen, nicht zuletzt um ein hartes Nein zu der durchsichtigen Absicht, die christliche Obrigkeit von der Verpflichtung entschiedenen Einsatzes für die Durchsetzung der evangelischen Wahrheit zu entbinden.

Es ist gewiß verlockend, in der „Auslegung des 2. Kapitels Daniels" durch zielbewußte Kombination im Vorverständnis inhaltlich bereits

---

[177] Ebd. S. 263,4 ff.

festgelegter Begriffe und Formeln ein revolutionäres Grundsatzprogramm Müntzers zu entdecken. Nach Hinrichs etwa war diese Predigt „für ihn nicht nur eine ... wichtige Gelegenheit zur Entwicklung seiner politischen Gedanken, sondern auch ein Glied seines politischen Handelns"[178]. „Sein Ziel erblickt er unter dem Bilde der Rückkehr der Menschheit zu einem gesellschaftlichen Zustand, der schon einmal, wenn auch zahlenmäßig beschränkt und nur vorübergehend, vollkommen dagewesen ist: zu dem urchristlichen ‚Liebeskommunismus.'"[179] Aus dem gewaltsamen Sturz der alten Kirche „soll eine wirkliche gesellschaftliche Neuordnung entstehen"[180], eine „klassen- und eigentumslose Gemeinschaft der durch den Besitz des ‚Geistes' ‚Auserwählten'". Das „ist für Müntzer die ‚Kirche' — ein durch ein herkömmliches Wort ausgedrücker Begriff für etwas Neues: für ein ‚Gesellschafts'-Ideal, in dem Staat, Klassen, Eigentum aufgehoben sind"[181]. Nur, davon steht buchstäblich nichts da, sondern ist von einem Interpreten hineingelesen, der über das nachfolgende letzte Lebensjahr Müntzers informiert ist und ihn als „sozialpolitischen Revolutionär" ins Leben ruft. So wenig sich in Abrede stellen läßt, daß die Aufrichtung der Herrschaft des Geistes Christi nach den Vorstellungen Müntzers auch eine „Veränderung der Welt" im Gefolge haben wird, so eindeutig ist es, daß es dem Prediger darum nicht gegangen ist. Die wiederholten Anspielungen auf den durch die Mallerbacher Brandstiftung heraufbeschworenen Konflikt zwischen den „gutherzigen, frommen" Allstedtern und ihrer Obrigkeit zeigten, daß er diesen konkreten Fall zum Anlaß einer grundsätzlichen Erörterung darüber nahm, was Recht und Pflicht des Christen und insbesondere einer christlichen Obrigkeit ist, wenn die Gottesfürchtigen gegen den Götzendienst vorgehen und deswegen durch die Gottlosen bedrängt werden. Noch ist der Streitfall ja nicht beigelegt. Die Fürstenpredigt ist eine ins Prinzipielle vorstoßende Ausweitung des von Müntzer aufgesetzten Briefes an Rat und Gemeinde vom 7. Juni an Herzog Johann und zugleich eine Antwort auf das kurfürstliche Schreiben vom 27. des gleichen Monats, das insbesondere auch die Polemik gegen den sich darin bekundenden Einfluß lutherischer Gedanken herausforderte. Sie moniert indirekt das Fehlverhalten der sächsischen Fürsten bei der Behandlung der von dem Kloster gegen Allstedt erhobenen Beschwerden und legt ihnen in einer weit ausholenden Interpretation von Daniel 2 dar, was einer zu Recht sich christlich nennenden Obrigkeit gegenüber der Abgötterei und dem

---

[178] Hinrichs, L. u. M., S. 37.
[179] Ebd. S. 62.   [180] Ebd. S. 63.
[181] Ebd. S. 45. — Mit Hinrichs wäre eine ausführliche Auseinandersetzung erforderlich, um im einzelnen den Nachweis zu führen, wie er in geistvoller Gedankenführung an entscheidenden Stellen doch an Müntzers Denkformen und -inhalten vorbeiführt, um zu seinem Ergebnis zu kommen. Seine Monographie verdient in vieler Hinsicht Beachtung, muß jedoch besonders kritisch gelesen werden.

frechen Übermut der Götzendiener zu tun gebühret: „Yr sollet euch nit erbarmen uber die abgöttischen. Zurbrecht yre altar! Zurschmeisset yre bilde und vorbrennet sie, auff das ich mit euch nicht zörne!"[182] Müntzer tritt uns hier als der eifernde Gottesmann entgegen, der von sich und jedem Christen in der Glaubensfrage letzte Entscheidungen und in ihnen zu dieser „fährlichen Zeit" standhafte Bewährung gegenüber dem Wüten der Gottlosen verlangt; aber er tritt nicht als ein rebellierender Neuerer gegen die bestehende politisch-gesellschaftliche Ordnung schlechthin hervor[183].

3. Der Aufruhr der Flüchtlinge

Über die Reaktion der Hörer auf die Predigt erfahren wir nichts. Weder ist uns eine schriftliche oder mündliche Äußerung der beiden Fürsten überkommen, noch haben die Räte oder Zeiß etwas von ihrem Eindruck verlauten lassen. Vielleicht ist gerade dieses Schweigen sehr beredt. Die Fürsten wie die Räte mögen manche theologischen Eigenheiten in den Ausführungen des Predigers seinem religiösen Eifer zugeschrieben und sich ihre eigenen Gedanken darüber gemacht haben; in den Bedenken gegenüber dem Radikalismus seiner rigorosen Forderungen waren sie sich jedoch vermutlich einig, hielten ihn für wirklichkeitsfremd, nicht realisierbar und — gefährlich. Nur erschien es untunlich, die eben gehörte Predigt zum Anlaß einer sofortigen Verwarnung zu nehmen, zumal Herzog Johann wahrscheinlich keinen übereilten Schritt in der ganzen Angelegenheit Müntzer zu tun bereit war. Dagegen wäre es denkbar, daß jetzt schon ein möglichst bald anzuberaumendes Verhör in Weimar ins Auge gefaßt wurde, bei dem auch über Müntzers Rolle in den Allstedter Unruhen Klarheit zu schaffen sei. Das Ergebnis des Verhörs, nicht die Predigt, sollte dann den weiteren modus procedendi bestimmen. Als Faktum nachweisbar ist lediglich eine Unterredung zwischen Müntzer und dem Kanzler Dr. Brück in Gegenwart des Rates Grefendorf, in der ihm die vom Kurfürsten abverlangte Verpflichtung bekanntgegeben wurde, nichts ohne die vorherige Genehmigung durch den Landesherrn oder Herzog Johann drucken zu lassen[184]. Nach dem Wortlaut des kurfürstlichen Schreibens an Herzog Johann vom 9. 7.: „Vns langt an, als solt sich thomas Muntzer der itzig pfarrer oder prediger zu Alstet vnderstehn ain aigne druckerey doselbst zu Alstet anzurichten vnd seins gefallens allerley zu drucken, vnangesehn das man nit

---

[182] Franz, MG, S. 260,14 ff.
[183] Was Bensing, Th. Müntzer, S. 57 f. über die „Fürstenpredigt" sagt, ist leider indiskutabel.
[184] Förstemann, Bauernkrieg, S. 188; Herzog Johann an Kurfürst Friedrich v. 6. 8. 1524.

wais, ob es gut oder böss, auch von nymants gelarten oder verstendigen zuuor besehen. Domit nun mit dem durch gemelten Muntzer kein beschwerung oder vnrichtigkeit Kay. Mt. ausgangnem Mandat entgegen eingefurt werd, bitten wir freuntlich, E. l. wolln bestelen, das in solchem Erkundung furgewandt werd. Wo dan E. l. befinden, das es also, als dan von vnseren wegen darob sein vnd verschaffen, das solchs abgestalt oder das ye zum wenigsten das ihenig, so Thomas Muntzer zu schreiben vnd zu drucken furhat, vor allen dingen erstlich E. l. oder vns zu besichtigen vbersandt wird."[185] Müntzer könnte in seiner Entgegnung auf diese ihn überraschende Eröffnung sogleich um die Erlaubnis zum Druck der eben vor den Fürsten gehaltenen Predigt nachgesucht haben. Wer ihm dann die Genehmigung erteilte, ob der kursächsische Kanzler sich in dem besonderen Falle für kompetent hielt oder ob er den Prediger an den Herzog verwies, geht aus den Quellen nicht hervor. Schwerlich hat er die ihm gemachte Auflage sofort mißachtet[186], obschon er es in seinem noch am selben Tage an den Herzog gerichteten Schreiben einigermaßen fraglich erscheinen läßt, daß er sich einem Druckverbot schlechthin fügen werde. Zeiß berichtet am 20. Juli über Müntzers „Zusage" unter Beifügung des bereits gedruckten Sermons an Spalatin: „Er [Müntzer] hat dem Canzler zugesagt, auf unsers gnädigsten Herrn Befehl kein Ding drucken zu lassen, seine Fürstliche Gnaden oder mein gnädiger Herr, Herzog Hans haben es dann besichtigt."[187] Herzog Johanns Mitteilung an seinen Bruder vom 6. August über Müntzers Reaktion lautet: „Darauf [hat] er sich erstlich muntlich erboten, das er sich des beuelichs halten wolte, aber dornach hat er dem Canzler ein schriefftliche antwortt zugestellt, dauon wir E. l. hierbei abschrifft zuschicken, die wir nit haben vorstehen mugen, wie er es domit meynt."[188]

Der Herzog hatte das richtige Empfinden, daß die übertrieben ehrerbietige Anrede und die nur leicht angedeutete, eingeeengte Bereitschaft zum Wohlverhalten gegenüber der fürstlichen Zensuranordnung nicht darüber hinwegtäuschen konnte, daß Müntzer in der schriftlich übersandten Erklärung zum Ausdruck brachte, daß er in seiner Verkündigung auf der freien Bezeugung der ihm von Gott geschenkten Erkenntnis der evangelischen Wahrheit beharren werde. „Meyn teurer vater und herre. Ich gedenk Gottis kunst und glauben der armen elenden cristenheit also furzutragen, wie ich durch Gottes gezeugnus unbetriglich ge-

---

Ebd. S. 170; Kurfürst Friedrich an Herzog Johann am 9. 7. 1524.

Vgl. dazu Hinrichs, L. u. M., S. 64 f.

Walch, LW XVI, Sp. 171.

Förstemann, Bauernkrieg, S. 188 f. Es ist m. E. nicht berechtigt, daß Hinrichs, L. u. M., S. 97 den Schlußpassus der oben zitierten Äußerung Johanns auf die Frage nach dem Charakter der Disputation beschränken will. Johann wird aus dem ganzen Schreiben Müntzers nicht schlau, z. B. auch nicht über dessen Stellung zum Druckverbot.

weyset bin, wie auch Paulus zun Romern am 8 ca. than hatt."[189]
Es war ihm sichtlich erst nach der Unterredung mit dem Kanzler bewußt
geworden, daß er sich vorschnell so bedingungslos der Zensur unterworfen und damit auch seine eigene Forderung nach einem Verhör vor einem
„weltweiten" Forum faktisch illusorisch gemacht hatte. Er legte daher
umgehend in einem Schriftsatz fest, wie er seine mündliche Zusage verstanden wissen will. „Bin ich aber zu straffen, do erbiete ich mich vor
der ganzen welt, das man intimire, angebe allen nacion, dan will ich
sagen und schreiben, was bestendig und zu vorantwurten ist vor allen
geschlechten, unangesehen alle schriftgelerten, die den geist Cristi offenbarlich leucken."[190] Dieses Thema wurde seit Mitte Juni mit dem Vermerk „Eilt sehr" abgehandelt, der nun auch bei Müntzer nicht fehlte:
„Solt ich nun im selbigen geseumet ader aufgehalten werden, ist zu
bedenken getreulich, was merglicher schade erstehen muchte aus weiterm
vorzug, nach dem das volg einen unsettlichen hunger hat nach Gottis
gerechtickeit, mehr dan ich sagen mag, Mathei 5; ist in der summa
angesagt, der mund der vorkorten wirt vorstopfet werden, dan sie
forchten das liecht, Jois. 3. Ich wil das licht nicht scheuen, ich wil vorhort
sein umb der unerstattlichen ergernus der ausserwelten."[191] Er hütet
sich wohlweislich, das Vokabular von Zeiß zu gebrauchen[192]; doch
meinten sie beide dasselbe. Ein besonderes Anliegen Müntzers bei der
Forderung eines Verhörs vor breitestem Forum war es dagegen von
Anfang an gewesen, nicht durch Luther und die Wittenberger allein
„abgeurteilt" zu werden: „Wolt irs haben, ich sol vor den von Wittenberg allein vorhort werden, das bin ich nicht gestendig. Ich wil die
Romer, Turcken, den heyden dobey haben."[193] Er hätte zweifellos
auch die Zensur von vornherein abgelehnt, wäre die Anordnung des
Kurfürsten, daß das, „so Thomas Muntzer zu schreiben vnd zu drucken
furhat, vor allen dingen erstlich E. l. oder vns zu besichtigen vbersandt
wird", in dem ursprünglichen Wortlaut herausgegangen: daß „das so
Thomas Muntzer ... furhat" „gen Witenberg geschickt vnd doctor Martinus vnd der vniuersitet zu besichtigen vndergeben wird"![194] Am Ende

---

189 Franz, MG, S. 407,8—11.
190 Ebd. S. 407,11—14.   191 Ebd. S. 407,15—21.
192 Vgl. oben S. 440 f. (Brief von Zeiß an Kurfürst Friedrich vom 26. 6. bei Förstemann, Bauernkrieg, S. 167; ebenso den Brief von Zeiß an Spalatin vom 20. 7. 1524:
„Es ist groß zeit diese Sach mit der Verhör vorzunehmen; dann geschiehts nicht,
so ist contemptus principum vorhanden, ist zu besorgen, daß sich das Volk mit
Haufen zusammen wird werfen, wie er dann öffentlich provoziert: das wird plaken
und rauben, und ein solcher Unlust in dieser Art werden, davon nie gehört. Darum
kehrt Fleiß· an, daß ein Tag zu einer öffentlichen Verhör angesetzt werde..."
(Walch, LW XVI, Sp. 171).
193 Franz, MG, S. 407,21 ff.
194 Förstemann, Bauernkrieg, S. 170 Anm. 2.

der Deklaration erfolgt praktisch der Widerruf seiner dem Kanzler Brück gegenüber ausgesprochenen Bereitschaft, sich der Zensur durch die Fürsten zu unterwerfen. „Wolt ir dorauf meyn bucher lassen ausgehen, sehe ich gerne; wo aber nicht, das wil ich dem willen Gottis bephelen. Ich wil euch getreulich alle meine bucher zu vorlesen geben. Was euch die offenbarung Gottis erynnert, das will ich mich mit euch halten in Christo Jesu, unserm heilandt."[195] Die Unterschrift lautete: „Thomas Muntzer, ein knecht Gottis"! Müntzer erklärt sich zwar willens, seine Schriften dem Herzog zur „gefälligen Lektüre" vorzulegen; aber darüber, ob sie gedruckt werden, entscheiden „Gott und Ich". Er übernimmt bereits die Funktion des neuen Daniel, der, wie er in seiner Predigt gesagt hatte, „euch ewre offenbarung außlegen" muß, also ein etwaiges Druckverbot des Fürsten kraft tieferer Erkenntnis des Geistes als nichtig abtun konnte[196]. Auch dieser Brief scheint ebensowenig wie die Predigt von den Fürsten beanstandet worden zu sein, obwohl Herzog Johann gemerkt hatte, daß der Prediger darin die Zensur zu einer Farce machte. Müntzer mußte aus solchem Gewährenlassen den Eindruck gewinnen, daß der Regent seinen Einsatz für das unverfälschte Evangelium und eine erneuerte christliche Kirche respektierte, wenn dieser vielleicht auch noch Hemmungen hatte, ihm in allem beizupflichten. War es dann u. U. der Versuch, ihn einen Schritt weiter zu treiben, daß er mit vollem Bedacht auf das Titelblatt des gedruckten Sermons setzen ließ: „... gepredigt auffm schlos zu Alstet vor den tetigen thewren Herzcogen und vorstehern zu Sachssen ..."?[197] Nach dem Erlaß des kaiserlichen Mandats, auf das der Kurfürst ausdrücklich zur Begründung der von ihm angeordneten Zensur hingewiesen hatte, was ihm Brück in der Unterredung sicherlich nicht vorenthalten haben dürfte, brachte er damit den sächsischen Fürsten in eine Situation, die selbst bei einer den evangelischen Ständen genehmen Auslegung des Nürnberger Reichstagsabschiedes vom 18. April 1524 schwerwiegende Folgen haben konnte[198]. Es bleibt schon ein seltsames Faktum, daß man ihm die Druckerlaubnis dafür gab, ohne zu überprüfen, was er nun drucken ließ.

Aber was immer Müntzer zu dieser Fassung des Titels veranlaßt haben mag, die Worte waren augenscheinlich ein Ausdruck des gesteigerten Hochgefühls, das ihn erfüllte; der 13. Juli war sein großer Tag geworden, der ihn zu neuer Initiative anspornte[199].

bei Schottenloher, Bibliographie, Nr. 27957—27960 a.

[195] Franz, MG, S. 407,25—29.

[196] Hinrichs beurteilt den Brief m. E. nicht richtig, wenn er darin ein schriftliches Versprechen Müntzers sieht, nichts ohne vorherige Zensur seiner Landesobrigkeit in den Druck zu geben.

[197] Franz, MG, S. 241.

[198] Zur unterschiedlichen Beurteilung dieses Reichstagsabschiedes vgl. die Literatur

[199] Gewiß ist es schon Stil der Zeit, mehr oder minder weitschweifige Erklärungen

Es war knapp ein Monat seit dem großen Allstedter Bundesschluß vergangen; der Appell, für den Bund auch außerhalb Allstedts zu werben, war nicht ungehört verhallt. Im unmittelbaren Einflußbereich des überzeugungsmächtigen Predigers war es zu weiteren örtlichen Verbündnissen gekommen. Müntzer versuchte auch, die lokale Begrenztheit zu überwinden und in ferner liegenden Bereichen Zentren des reformatorischen Schutzbundes gegen die Willkür und die Übergriffe der Gottlosen zu schaffen. So wandte er sich an Karlstadt[200], um den von Luther Zurückgestoßenen zu seinem Bundesgenossen zu machen, d. h. ganz wörtlich ihn für seine „Bündnis"-Pläne zu gewinnen, stellte sogar an ihn das Ansinnen, an die durch radikale Tendenzen mit der Obrigkeit in Konflikt geratenen Schneeberger und ihre 15 Dorfgemeinden zu schreiben und auch ihnen den Beitritt zum müntzerischen Bundessystem nahezulegen. Gleichzeitig erhielt die Gemeinde von Orlamünde zweifellos auf Anregung Müntzers ein Schreiben aus Allstedt, das sie im Geiste Müntzers zu beeinflussen suchte und dessen Gedanken reproduzierte, daß „eine trefliche unüberwintliche zukünfftige reformation von grossen nöthen" sei, um ebenfalls in der Aufforderung zu gipfeln, sich zu verbünden mit dem einen großen Ziele, die Gottlosen zu entmachten und unter dem Regiment der Auserwählten das Evangelium zu unbeschränkter Geltung zu bringen. Karlstadt war freilich höchst entsetzt und zerriß den Brief in der ersten Erregung[201], antwortete dann aber am 19. Juli 1524 nach Rücksprache mit einem Freunde ebenso ruhig wie bestimmt und warnte den Absender als einer, der es nach wie vor gut mit ihm meine, dringend vor dem beschrittenen Wege. Es war ihm sichtlich unerwünscht, von Müntzer direkt zum „Mitmachen" aufgefordert worden zu sein, da ihn das u. U. belasten konnte, galt er doch ohnehin

auf dem Titelblatt unterzubringen. Dennoch halte ich es nicht für abwegig nachzufragen, was Müntzer zu dieser Formulierung bewogen hat. Allerdings bleibt jede Antwort darauf eine bloße Vermutung.

[200] Müntzers Brief an Karlstadt ist nicht erhalten, das Datum unbekannt. Daß er erst nach dem 13. Juli geschrieben wurde, ist unwahrscheinlich, da Müntzer dann wohl noch die paar Tage gewartet haben würde, bis er die gedruckte Predigt über Daniel 2 hätte beilegen können. Da auf die Predigt vor den Fürsten in Allstedt keinerlei Bezug genommen wird, liegt es sogar nahe, daß das Schreiben, in dem Müntzer zuvor auch andere Fragen zumindest angedeutet hatte, schon vor dem Predigtauftrag (1. 7.) abgefaßt wurde.

[201] „Aber als bald ich des Muntzers briff laß / do erkalt mir mein geblüt / in dem lesen / vnd ich erschrack so vbel / das ich vnbesonnen den selbigen briff / vor grossem erschrecken / in etliche stucke / von oben heraber zureyße. Hernach aber bedachte ich / das ich solichen briffe / auffs minste einem solt gezeigt haben / ... Derhalben setzet ich mich bald auff ein pferdlein / vnd eylet gen Hellingen zu Magistro Bonifacio, beclagt mich des Muntzerischen briffs / solicher vnchristlicher anmüttung / böses argwans / vernichtigung meiner person / vnd verlewmung meynes lebens ... Darauff fugten wir die stuck des briffs / auff eynem tisch zusamen ..." (Hertzsch, Karlstadt II, S. 111, in seiner „Entschuldigung des falschen Namens der Aufrührer" [1525]).

schon in Luthers Augen als ein Gesinnungsgenosse des Allstedter Schwärmers. Wenn er in seiner Antwort nach den persönlichen Vorbemerkungen zuerst auf Fragen der Gottesdienstreform eingeht — vielleicht auf Grund einer Bitte Müntzers um Stellungnahme zu seinen liturgischen Schriften —, will er vermutlich nur verschleiern, was der *charissimus per Christum frater* eigentlich von ihm erwartete. Denn er gibt mit keiner Silbe zu erkennen, daß jener ihn persönlich zu einer aktiven Beteiligung aufgefordert haben könnte; er erwähnt lediglich dessen Ansinnen, den Schneebergern *hortationis aliquid* (natürlich im Sinne des Briefes der Allstedter an die Orlmünder) zu schreiben[202]; und auch das soll ihm Müntzer nur zwischen den Zeilen (verum cum subtexis!) zu verstehen gegeben haben. Daß er das Schreiben von Gemeinde zu Gemeinde kannte, belastete ihn weniger, zumal er nun in seinem Briefe zusätzlich zu der „offenen Antwort" der Orlamünder dem spiritus rector noch persönlich heftig widersprach. Er lehnte den Gedanken einer gewaltsamen Aktion gegen die gottlosen Tyrannen mit aller Entschiedenheit als ein vor Gott und den Menschen nicht verantwortbares Unterfangen ab. Er verweigerte das gewünschte Wort an die Schneeberger: „neutiquam valeo comprobare id, quod tu probas", und erklärte unumwunden: „Videntur enim mihi eiusmodi fędera cum dei voluntate vehementer pugnare animosque timoris spiritu aspersos incredibili nocumento afficere et pro fiducia benedictionis in Deum vivum fiduciam maledictionis ad hominem id est ad baculum harundineum inserere. Quod quam sit impium, nosti."[203] Es war sein Hauptargument gegen den *episcopus Alstetensis,* daß hier eben nicht nach, sondern gegen Gottes Willen gehandelt, die Christenheit nicht auf die *vox domini* zu hören, sondern ihr Vertrauen auf Menschen zu setzen angehalten werde. Daraus kann nichts Gutes kommen. Darum: „Optarem tibi tueque societati, ut temperavisetis vobis ab illiusmodi et litteris et conventiculis, quę hic nostratibus pepererunt metum tolerandorum malorum, quę minus ut latrones aut sediciosi fuimus tolleratu[r]i."[204] Für seine Person verweigerte er jedenfalls jegliche ideelle wie praktische Beteiligung: „Ego istam procaciam quam demiror quam abhorreo atque palam fatebor nihil mihi vobiscum in tali conatu confęderationeque commune futurum. Consulo idem quod Christus consuluit, quod denique nullus prophetarum non consulit: ut tu una cum fratribus nostris charissimis spem in unum Deum ponatis, qui potens est vestros adversarios confundere."[205] Die Absage Karlstadts war für Müntzer um so enttäuschender und erregender, als er gerade von ihm alles andere eher erwartet haben mochte, als eine derartige Mißdeutung seines Verhaltens. Begriff er denn nicht, daß er nicht aus menschlichen Erwägungen und Menschen zu Gefallen, sondern allein

---

[202] Franz, MG, S. 415,18 f.
[204] Ebd. S. 415,29—416,3.

[203] Ebd. S. 415,19—23.
[205] Ebd. S. 416,3—8.

in der geistgewirkten Erkenntnis des Gotteswillens in vorletzter Stunde die Christenheit dazu aufrief, im rechten Gottesgehorsam dem Geiste Christi gegen das Wüten der Gottlosen endlich freien Raum zu schaffen? Es war doch einfach absurd, ihm zu unterstellen, er verleite die Gläubigen dazu, ihre Hoffnung auf Menschen zu setzen, wenn er genau umgekehrt von ihnen verlangte, allein im Vertrauen auf Gott den nach menschlichem Ermessen aussichtslosen Kampf gegen die Mächte zu führen, die die Unterdrückung des Evangeliums in ihrem eigensten Interesse als ihre vornehmste Aufgabe ansahen? Verstand er nicht, daß sein „screyben widder keine herschaft angericht, allein widder dye unvorschempte Tyranney"? Karlstadts Rückzug auf eine abwegige Erleidenstheorie provozierte ihn mehr als das „ohn menschlich gewalt, handt und unterdrucken" des Kurfürsten von Sachsen.

In dem gleichen Tenor wie Karlstadts Brief war die ausführliche Antwort der Orlamünder gehalten: Karlstadt selbst hatte nach seinem eigenen Zeugnis „auch ungeferlich ein zeil oder zwo" beigesteuert und so geholfen, „des Muntzers fewr gleich dempffen vnd leschen, als die zu Orlamunde"[206]. Wenn Grund und Anlaß des Allstedter Appells das „stöcken und plöcken der christen"[207] sei, „wissen wyr euch bruderlicher trew nicht zu bergen, das wir darbey mit weltlicher were (haben wyr anders ewer schrifften recht verstanden) gar nicht zu thun kunnen. So ist es uns zu thun nicht befolhen, dieweyl Christus Petro seyn schwert eynzustecken gepotten hat, und ym nicht stadten vor yhn zu kempffen, dann die zeyt und stund seines leydens war nahe. Also wenn die zeyt und stund vorhanden kompt, das wir etwas von wegen gottlicher gerechtigkeyt leyden sollen, so last uns nicht zu messern und speissen lauffen, und den ewigen willen des vaters aus eygener gewalt zu verjagen, so wyr doch teglich bitten: Deyn will geschehe. Wolt yhr aber widder ewer feynd gewappent seyn, so kleydt euch mit dem starcken stecheln und unüberwindlichen harnisch des glawbens, davon S. Paulus Ephesios. 6. schreibt, so werdet yhr ewere feynd redlich uberwinden und zu schanden machen, das sie euch auch nicht eyn eynigs har verletzen werden"[208]. Und im Blick auf die Frage eines „Bündnisses" kehren die Orlamünder das von den Allstedtern zur Rechtfertigung ihres Vorhabens angeführte Beispiel des Josiabundes geradeswegs gegen sie: Josia hat „eyn verpuntnis mit Gott gemacht ... und das volck hat disem verpuntnis gehörcht. Das ist, der konig und das volck haben sich zugleich mit Gott verpunden. Denn so sich Josias mit Gott und auch dem volck verpunden hette, were seyn hertz zu spalten gewest, Gott und den menschen willen wolgefallen, so doch Christus spricht, nyemant kan zweien herren dienen. Darumb, lieben Bruder, so wyr uns mit euch verpuntten, weren wyr

---

[206] Barge, Karlstadt II, S. 115.
[207] Franz, MG, S. 571,5 f. [208] Ebd. S. 571,8—572,5.

nicht mehr freye christen, sondern an menschen gepunden, das wurde dann erst dem evangelio eyn recht cetergeschrey bringen. Da solten die tyrannen frölocken, und sprechen: Dise rhümen sich des eynigen Gottis, nu verbint sich eyner mit dem andern, yhr Gott ist nicht starck genug, sie zu verfechten. Item sie wollen eygen secten, emporunge und auffrur machen. Lass sie wurgen und umbringen, ehe sie uber uns mechtiger erwachssen. So musten wyr denn der ursach halben, und nicht von wegen der gestrengen gerechtigkeyt Gottis sterben. Was wolt Gott hyrzu sagen? Were solchs gottlicher warheit nit eyne grosse unehr und abbruch? Nicht also, lieben bruder, vertrauwet aber alleyn auff Gott . . ."[209]. Das soll nicht die Aufhebung jeder Gemeinschaft mit den Allstedtern bedeuten: „Sonst ewer lere gezeugknis zu geben, so ferne sie von Gott ist, wollen wyr gern das gezeugnis des heyligen geysts, und durch die milten gaben Gottis mitgeteilt mit nicht sparen, und ob rechenschafft des glawbens von uns gefodert wurde, frölich erfur treten, dasselbig zu verantworten, unangesehen, ob sich alle tyrannische wütterei wider uns erhube, und uns biss ynn todt verfolget. Aber alles durch hulff und stercke Gottis."[210] Die klare Distanzierung in der religiösen Grundhaltung und die entschiedene Absage an jede Gewaltaktion und eine damit verbundene Bündnispolitik waren nicht mißzuverstehen und haben bei manchem der Müntzer noch nicht ganz hörigen Anhänger wieder Bedenken wachgerufen. Die entschlossenen Parteigänger in Allstedt waren dagegen enttäuscht und empört, um so mehr, als die Gemeinde von Orlamünde ihr Antwortschreiben — noch dazu in Wittenberg — drucken und veröffentlichen ließ. Da trat ja offen zu Tage, wes Geistes Kinder sie waren, und daß sie Wert darauf legten, auf Luther einen guten Eindruck zu machen. Auch Müntzer konnte die erhaltene Abfuhr nicht so leicht verwinden und quittierte sie mit der ärgerlich-bissigen Bemerkung, sie hätten nur „eynen briff gegeben, der der menschen forcht also eynen viserlichen deckel gybt, das es wunder ist etc."[211].

Aber dieser mißlungene Versuch war nur ein Glied in der Kette seiner Bemühungen, Sukkurs zu erhalten: „Ich hab meyne anschleg mit viln freunden Gottis vorfugt."[212] In den gleichen Tagen, da ihn Karlstadt so enttäuschte, wurde er sogar von draußen um Hilfe und Beistand direkt gebeten. In dem „Bekenntnis" vom 16. Mai 1525 heißt es: „Er Thile Banse, zu Sangerhawsen prediger, hat in ermanet, eyn briff an dye gemeyne doselbest zu schreyben, bey dem ewangelio zu stehen und dye, so ime entgegen, zu vorvolgen; das von ime also gescheen."[213]

[209] Ebd. S. 572,9—27.   [210] Ebd. S. 572,35—573,4.
[211] Ebd. S. 434,7 f.   [212] Ebd. S. 434,6.
[213] Ebd. S. 545,9—12.

Versteht man „vorvolgen" im Sinne der protokollarischen Aufzeichnung als aggressive Gewaltsamkeit, so ist das nachweislich unzutreffend; denn die Schreiben nach Sangerhausen sind erhalten und gerade als Gegenstück zur Fürstenpredigt m. E. ungemein aufschlußreich, da sie außer den üblichen grundsätzlichen Erörterungen auch konkrete Verhaltensregeln enthalten. In dem Briefe an die Gottesfürchtigen zu Sangerhausen vom 15. Juli steht kein Wort, das einer Aufforderung zu irgendwelchen Gewaltakten gleichkäme. Gewiß heißt es darin: „Nachdem euch Gotts unvorrugkliche barmherzigkeit mit rechten predigern begnadt und underricht hat, solt yr euch nit mit manchfeltigem geplauder der gotlosen yrren lassen"[214], und es folgt späterhin der Satz: „last euch die herzenhaftigen prediger nit nehmen"[215]; hier steht auch die vielberufene Äußerung, „das meher dann 30 anschlege und vorbundnis der auserwelten gemacht sein. In allen landen wyl sich das spiel machen. Kurz umb, wir mussen auspaden, wir seint ingesessen. Last euch das herz nicht entsynken, wie es den tyrannen allen entfallen ist Numeri am 24."[216] Aber mit all dem verbindet sich bei Müntzer in diesen Briefen nicht der Gedanke an eine revolutionäre Umgestaltung der Machtverhältnisse durch ein gewaltsames Vorgehen, das zur Durchsetzung seiner Ansprüche auch zu Exzessen bereit und sie zu rechtfertigen imstande ist. Hier, wo er sich nicht an die „Herrschaft", sondern an die Beherrschten wendet, fordert er ganz eindeutig allein den Widerstand des freien Bekennens zum Evangelium, der in seiner gesammelten Kraft einfach durch sich selbst zu einer Macht wird, vor der der Gegner kapitulieren muß. Es geht um einen mit aktiver Energie geladenen passiven Widerstand. Die einzige Waffe und die wirkliche Stärke der Gläubigen ist die reine Gottesfurcht, die um Gottes Willen schlechterdings alles preisgibt, was die Menschen sonst „auf erden forchten durch den furwitz der ungleubigen natur fleischlichs vorstands"[217], die „im hynfaren [des] ... herzen"[218] in der Überwindung aller Menschenfurcht absolut gefeit ist gegen jegliche menschliche Drohung und sich „vorm gespenneste nicht entsetzt"[219]; die in ihrer unnachgiebigen Beharrlichkeit den Feinden Gottes ihre faktische Machtlosigkeit vor Augen führt, so daß sie verzagt werden. Die Sammlung aber der aufrechten Gottesfürchtigen in einer großen Widerstandsfront, d. h. ihre Zusammenfassung in den Verbündnissen, wird unter solchem Aspekt zu einem notwendigen Akt, der nicht nur der sichernden Stärkung des einzelnen wider seine eigene Schwäche und wider die Übergriffe der „gottlosen buben" dient, sondern in ihrem sichtbaren Wachstum „der hynderlist der wuchersuchtigen" die zunehmende Hoffnungslosigkeit und Verlorenheit ihrer Position

---

214 Ebd. S. 408,2—5.
216 Ebd. S. 408,21—409,1.
218 Ebd. S. 408,17.

215 Ebd. S. 409,11.
217 Ebd. S. 408,19 f.
219 Ebd. S. 408,13.

erkennbar macht: „Dann es sicherlich war ist, das sie alle sorge haben, es wyrd darzu komen, das ein yder wirt mussen recht thuen, und das hat in keyn mal getreumet, sie haben es kein mal betrachtet und gedenken es auch nymmermeher zu thuen."[220] Dieser Akt massiver Resistenz bedeutete für Müntzer keineswegs, wie Karlstadt ihm unterstellte, den fragwürdigen Versuch, sich auf die Hilfe von Menschen zu verlassen. In ihm bekundete sich für ihn primär der Wille und die Macht Gottes, der sich freilich des Menschen als seines Werkzeuges zur Durchführung seiner Pläne bedient. Gott hat die Initiative ergriffen, sucht und sammelt Menschen zu seinem vorgesehenen Werke; er macht sozusagen den Auserwählten Mut, die „ferligkeit der ding" zu wagen, „die wir auf erden forchten... Darzu sal euch bewegen gotliche guthe, die ytzt solchen reichlichen vorrat hat, das meher dann 30 anschlege und vorbundnis der auserwelten gemacht sein"[221]. Nicht als würde darum, daß Gott der Initiator ist, dem Menschen weniger zugemutet: „Es wyrdet euch in der erst sauer werden, ehe yr umb Gotts willen ein gerings betreubnis muget erdulden."[222] Es bleibt dabei, daß der Glaube „wie das golt im feuer" bewährt werden, die reine Gottesfurcht sich als einzig bestimmend erweisen muß. Dahinein schreibt Müntzer den Satz, der die Christlichkeit damals wie heute angeht: „Es hat mich uft und digk wunder, warumb sich doch die cristen meher forchten vor den tyrannen dann alle ander nacion und sehen doch vor augen, das alle anschlege der gotlossen allen augenblick zu schanden werden."[223]

Ist das auch als weltfremde Überstiegenheit eines eifernden Schwärmers abzutun? Ist es die leichtfertige Einseitigkeit und kurzschlüssige Unbedachtheit ebensolchen Schwärmers, wenn er dann fortfährt: „Das macht alles der unglaub und die vorzagten prediger. Darumb last euch die herzenhaftigen prediger nit nehmen, werdet yr daruber eynen armen, elenden, jemmerlichen pulversagk Gotte vorsetzen und euern leyp, gut und ehre umb Gotts willen nicht aufsetzen, so werdet yrs alles umbs teufels willen vorliren. Habt achtung dorauf, Got wyrd euch nicht vorlassen."[224] Ein Aufruf zu einer nach Motiven und Tendenzen in der menschlichen Interessensphäre sich bewegenden Selbsthilfeaktion war das jedenfalls nicht, geschweige denn ein revolutionäres Manifest; wohl aber ein mahnender, stärkender, aufrichtender Zuspruch, der die Bewährung des Christenstandes im klaren Bezeugen des evangelischen Glaubens forderte. Müntzer hatte in seinem Briefe den bedrängten Glaubensgenossen in Sangerhausen zugesagt, „so euch etwas wurde begegnen, so sal meyne fedder, predigen, syngen und sagen nit weyt von euch seyn"[225]. Noch am gleichen Tage richtete er ein eindringliches

[220] Ebd. S. 408,9—12.   [221] Ebd. S. 408,18—22.
[222] Ebd. S. 409,15 f.   [223] Ebd. S. 409,7—10.
[224] Ebd. S. 409,10—15.   [225] Ebd. S. 409,20 f.

Schreiben an die katholische Obrigkeit der Stadt, das mit dem nachdrücklichen Hinweis auf die Verpflichtung des Christen einsetzt, sich rückhaltlos zum Evangelium zu bekennen. Christi ernste Mahnung, sich seiner Worte nicht zu schämen, steht als ein unausweichliches Gebot gleich am Eingang des Briefes, und sie eben schließt für Müntzer die Vollmacht und die Nötigung in sich, in der Bewährung seiner eigenen Zeugenschaft in der Solidarität des Glaubens für die bedrohten Brüder in Sangerhausen einzutreten, insbesondere auch für ihren Prediger. „So yr her Tilen Bansen werdet eyn leyd thun, so wil ich widder euch screyben, singen und lesen, euch das allergeste thun, das ich um mher [= immer] gedenken kan, wye David than hat seynen gotlosen vorvolgern, ps. 17.“[226] Nicht genug damit, daß man bisher seine eigene Lehre verketzert, den Besuch seiner Gottesdienste in Allstedt verboten und die Leute dafür bestraft hat, will man nun auch die „eigenen prediger“ verfolgen, wenn sie das Evangelium verkündigen. Aber hier ist endgültig die Grenze abgöttischen Treibens erreicht, das sich des zeitlichen Wohlergehens wegen lieber menschlichen Anordnungen als Gottes Willen unterwirft: „Wolt yhr das wort Gottis vorbitten und wol auch christen seyn? Ey wye feyn wyl sich das reymen.“[227] Die Zeit eines faulen Kompromißlertums, das vorgibt, sich zu Christus zu bekennen, faktisch jedoch jederzeit bereit ist, die wahren Christusbekenner um ihres offenen Bekenntnisses willen obrigkeitlicher Willkür preiszugeben, ist vorbei. „Ihr musth unter zweyen eyns erwelen, ir must das evangelion annemen adder yr musth euch vor heyden bekennen, das ist nach herter dan eysen.“[228] Die Unausweichlichkeit solcher Entscheidung steht eisern fest.

Nur, was dann, wenn dieser Appell nichts fruchtet? „Ich sags euch bey meyner treu, werdet yhr euch in selbygen nit besseren, so wyl ich dye leute nit lengher aufhalten, dye euch wollen belestigen.“[229] Just der Mann, den man schon damals zum Propagandisten aufrührerischer Gedanken erklärte, hatte also die Stirn zu sagen, er habe bisher „die Leute aufgehalten“, sich zu Tätlichkeiten gegen ihre Bedrücker hinreißen zu lassen? Sah er sich wirklich selber so, und hatte er ein Recht, sich so zu sehen? Mir scheint es nicht angängig, ihm dieses Wort nicht als Ausdruck seiner ehrlichen Überzeugung abzunehmen. Müntzer wollte und schürte mit Leidenschaft den Aufruhr der Gewissen; aber dem Gedanken eines illegalen Eingriffs in die ordentliche Gewalt hatte er sich bis zur Stunde noch verschlossen. Es war ihm nicht entgangen, daß manche seiner Anhänger sich mit einem passiven Widerstand nicht zufrieden geben wollten und weiter drängten. Jetzt sieht er den Augenblick kommen, wo er es angesichts der ständig zunehmenden Bedrängung der evangelischen Gläubigen nicht mehr rechtfertigen kann, den von dem

[226] Ebd. S. 410,6—9. [227] Ebd. S. 410,22 f.
[228] Ebd. S. 410,25 ff. [229] Ebd. S. 410,23 ff.

Terrorregime unmittelbar Betroffenen in den Arm zu fallen, wenn sie sich dem Wüten der gottlosen Tyrannen tätlich widersetzen. Er selbst bleibt noch dabei, daß er durch „screyben, singen und lesen" die Widersacher verfolgen will, „byß das sye zu sunden und schanden werden". So schließt auch sein Brief: „Ich wils der ganzen welt clagen, das yr wollet dye brumflygen seyn, dye dem heyligen geyst seyne salbe besmeyssen, Ecclesiastes 10. Strebet dem heyligen geyste nit widder, der euch erleuchte, amen."[230] Und bis in die Datumsangabe hinein wirkt sich dieser zur endlichen Besinnung auf die echte apostolische Christlichkeit rufende Wille aus: „Gegeben zu Alsted ... am tage der predig der heyligen boten Gottis."[231]

Wichtiger noch als diese beiden Schreiben erscheint mir für die Klärung der Haltung Müntzers in jenen Tagen sein dritter Brief nach Sangerhausen, den man auf „ca. 15. Juli anzusetzen pflegt"[232]. Da das Schriftstück eine weitere Verschärfung der Lage in der Stadt zur Voraussetzung hat, dürfte gegen die vorgeschlagene zeitliche Ordnung der drei Dokumente kein ernsthafter Einwand möglich sein. Näher läge jedoch, das undatierte Schreiben ein paar Tage später, etwa auf den 19.—20. Juli anzusetzen, weil die von Müntzer erörterte Situation in einem unmittelbaren Zusammenhange mit dem Reskript Herzog Georgs von Sachsen vom 16. Juli zu stehen scheint, in dem er Melchior von Kutzleben, dem Amtmann von Sangerhausen, ganz konkrete Anweisungen für sein Einschreiten gegen Anhänger der evangelischen Bewegung gibt; es wäre sogar denkbar, daß in der müntzerischen Formulierung „wenn euch euer furst ader sein befelhaber gebeut, yr sollet hie ader dohyn nyt gehen, zu horen das wort Gotts, adder vorloben nicht mehr dohyn zu gehen"[233] eine direkte Bezugnahme auf das herzogliche Reskript vorliegt. Das in jedem Falle Überraschende ist, daß Müntzer auf seine eben an die Stadtoberen gerichtete Mahnung, er werde „dye leute nit lengher aufhalten, dye euch wollen belestigen", in keiner Weise zurückgreift, sondern es „allen geliebetten brudern in Cristo des tyrannischen gefengknis zu Sangerhausen" abermals als die rechte Erkenntnis der reinen ungedichteten Furcht Gottes vor Augen stellt, „wie ein frommer mensch sol gelassen stehen umb Gotts willen und sich erwegen seyns leybs, gutts, hauß und hoff, kynder und weyber, vater und mutter sampt der ganzen welt"[234]. Er verharmlost die Lage der bedrängten Brüder nicht im mindesten und fängt jeden Ausbruchsversuch in irgendwelche Illusionen von vornherein unter Hinweis auf Johannes 16,1 f. damit ab, daß Jesus selbst ja vorausgesagt hat, „wie sich die wollustige

---

[230] Ebd. S. 410,27—30   [231] Ebd. S. 410,31 f.
[232] Vgl. dazu ebd. S. 408, Vorbemerkungen zu Nr. 53.
[233] Ebd. S. 412,14 ff.   [234] Ebd. S. 411,34.

welt sampt den wuthrichen wurde stellen"[235] und daß „sich ytzt die ferliche zeyt, dovon der heylige Paulus gesaget hat, begybet, das eyn ytzlicher, der do gerne recht teth und sich zum heyligen ewangelio neygen wolt, muß vor den gotloßen ein ketzer, ein schalk und bube, ader wie sie es erdenken mugen, gehalten werden"[236]. Er weicht auch der konkret an ihn gestellten Frage nicht aus, ob man die den „tollen wansynnigen menschen und tyrannen" gegenüber eingegangene Verpflichtung, sich „wider einzustellen ins gefengknis"[237], einhalten soll und muß, erweitert sie sogar zu der prinzipiellen Frage nach Recht und Pflicht des Gehorsams gegenüber der Obrigkeit[238]. Seine Antwort ist die ausführlichere, noch entschiedenere Wiederholung der schon am 15. Juli gegebenen Weisung, die er hier in die Sätze ausmünden läßt: „Solt yr nu cristen sein und gleuben in Cristum Jhesum, das er euch erloßet hab, so must yr an der reynen forcht Gotts anheben, dann sie ist ein anfang zum glauben, wie oben berurt. Summa sumarum, neben Got must yr nichts forchten, gleich so wenigk als neben dem lebendigen Got ein abgot sol angebetten werden. Do muß kein entschuldigung seyn, sonder die stragke bane naussen gegangen."[239] So lautet denn sein Rat („aber yr musset euch auch desselbigen halten"!)[240]: Man darf sich grundsätzlich das Hören des göttlichen Wortes nicht beschränken lassen, noch gar eine Verpflichtung in dieser Richtung eingehen. Eine Möglichkeit, hier etwa Kompromisse zwischen Gottes Gebot und ihm widersprechenden Anordnungen der Obrigkeit schließen zu wollen, gibt es nicht. „Wollet yr nun denken, das yr wollet wolthun euerm fursten und Got, das werdet yr nicht mugen thuen, dann alles, was sich neben Got auflenet und wil gefurchtet sein, das ist gewys gewys der teufel selber, do habt achtung auf."[241] Auf den von Fürsten und Herren trotzdem geltend gemachten Herrschaftsanspruch ist zu erklären: unsere zeitlichen Güter stellen wir zur Verfügung, wenn sie von uns gefordert werden; „aber unser seelen sal er gar nichts regiren, dann in den sachen muß man Got meher gehorsam sein dann den menschen, do macht aus, was yr wollet"[242]. Kommt es darüber zur Gewaltanwendung, „so wollen wir das der ganzen welt clagen und zu erkennen geben, so wyrd sie doch sehen und horen, warumb wyr leyden"[243]. Wie schon in seinem ersten Briefe nach Sangerhausen drängt er jedoch seine Anhänger weiter, die eigentliche Ursache dieses notvollen Zustandes mit ganzem Ernst

---

[235] Ebd. S. 411,6 f. [236] Ebd. S. 411,13—17.
[237] Ebd. S. 411,19 f.
[238] Hinrichs ist auf diese Briefe nach Sangerhausen leider nicht eingegangen, die überhaupt in der Müntzer-Literatur hinter der „Fürstenpredigt" seltsam unberücksichtigt geblieben sind.
[239] Franz, MG, S. 412,8—14. [240] Ebd. S. 411,21.
[241] Ebd. S. 412,18—21. [242] Ebd. S. 412,29 ff.
[243] Ebd. S. 412,31 ff.

in der Herrschaft des Unglaubens zu begreifen: „die welt hat nicht ander herrn und fursten vordinet mit yrem unglauben"[244]. Das ist wahrlich nicht als eine billige Abstempelung „der anderen" gedacht, um sich selbst als nicht verantwortlich und entschuldigt zu betrachten; nein, das ist nicht zuletzt als Mahnung zur Erkenntnis und zum Bekenntnis der eigenen Schuld gesagt. „Darumb so last sie euch plagen, so lange es ynen Got gonnen wil und bys yr euer schuld erkennet. Dann die ganze cristenheit wyrdet daruber zu eyner huren, das sie die menschen anbettet."[245] Die Angst um Notdurft und Nahrung des Leibes, die Sorge des Menschen um sein ihm so wertvolles Ich läßt ihn vor Herren und Fürsten sich fürchten, aber der Gottesfurcht nicht achten. Ein Meisterstück des Teufels, in dem Mangel an Bekennermut ein erschütterndes Zeugnis „grausamen schendlichen Unglaubens". „Ja so yr nicht gleubet, das Got so geweldig sey, wenn yr euer gut und leybs narung sampt euerm leben umb Gotts willen woget ader vorlasset, das er euch andere narung geben magk und meher dann vorhyn, wie wollt ir dann glauben, das er euch das ewig leben geben kann? ... Wolt ir nu im kleinen ungleubig seyn, wie sol euch dann got das grosse befelen?"[246] Müntzer erinnert „an das ewenbilde aller auserwelten frunde Gotts, wie sich sie zur zeyt der anfechtung gestellet haben. Habt yr nu euer gutter lieb, so sehet an den heyligen frund Gotts den lieben Job, wie gelassen er ist gewesen ... Forcht yr dann das leben, so seht an das ewenpylde der heyligen merterer, wie gerynge sie yr leben geschatzet haben und die tyrannen in die zene vorspottet. Nu hat euch Got der almechtige jo so liep, als er den lieben Job mit allen heyligen merterern gehat hat, dann er hat euch mit dem bluet seynes zarten sons Jhesu Cristi gleich so theuer gekaufft. Er will euch auch seynen heyligen geyst so myldigklich mitteylen, wie er ynen gethan hat. Was wolt yr dann vorzagen?"[247]

Auch nicht von Ferne nur klingt irgendwie der Gedanke einer gewaltsamen Erhebung an, deren vordergründiges Ziel die Beseitigung wirtschaftlich-sozialer Notstände sein soll. Wohl aber sieht Müntzer voraus, daß im Kampf zwischen Glauben und Unglauben die unbeugsame Härte des wachsenden Widerstandes der Gottesfürchtigen die Gottlosen in ihrer hoffnungslosen Verzweiflung noch zu einem mörderischen Wüten treiben wird, durch das ihr Schicksal endgültig besiegelt ist: „Ich sage euch vorware, es ist dye zeyt vorhanden, das ein blutvorgyssen uber die vorstockte welt sol ergehen umb yres unglaubens willen. Do werden dann eynem ytzlichen seyne gutter, die er vorhyn um Gotts wyllen nicht hat wollen wagen, genohmen werden umb des teufels willen on seynen

---

[244] Ebd. S. 413,9. [245] Ebd. S. 413,10 ff.
[246] Ebd. S. 413,22—29. [247] Ebd. S. 413,30—414,7.

dank."[248] Es ist jedenfalls widersinnig, von den weltlichen wie den geistlichen Repräsentanten des Unglaubens durch eine Kompromißbereitschaft etwas erhoffen zu wollen. „Weys man doch woll und ist zu beweren mit der heyligen biblien, das hern und fursten, wie sie ytzet sich stellen, keyne cristen synd. So betten euer pfaffen und monche den teufel an und seynd noch weniger cristen. So seyndt alle euer prediger heuchler und anbetter der menschen. Was wolt yr dann lange hoffen? Es wyrt do bey den fursten wenig hoffnung seyn. Wer de nu wyder die Turgken fechten wyl, der darf nyt fern zyhen, er ist ym lande."[249] So konzentriert sich sein Schreiben zum Schluß noch einmal auf den entscheidenden Punkt: Bewährt in Gottesfurcht und Gottvertrauen den festen Mut zu offenem, klarem Bekenntnis. „Dann Got kann seyne auserwelten nicht vorlassen, ob er sich wol zu zeyten also stellet, aber er thuet die rache zu rechter zeyt."[250]

Diese Forderung, sich rückhaltlos in Wort und Tat zur evangelischen Wahrheit zu bekennen, ist die einheitliche Grundlage der scheinbar so divergierenden Auslassungen Müntzers in der Fürstenpredigt auf der einen, den Sangerhäuser Briefen auf der anderen Seite. Beide Male ist er durchaus der Meinung, sich im Rahmen der Legalität zu bewegen, die einer christlichen Obrigkeit freilich kraft ihrer Herrschaftsfunktion andere Rechte gibt und andere Pflichten auferlegt als den zumal unter einem gottlosen Regiment lebenden Untertanen, deren vornehmstes Handeln unter Umständen das duldende Bekennen ist und die nicht in der Weise der legitimen Machthaber aktiv die Beseitigung des widergöttlichen Unwesens betreiben können.

Erweckt aber sein Reden und Handeln nur wenige Tage später nicht den Anschein, als habe er sich unter dem Eindruck einer gefährlichen Zuspitzung der Lage in und um Allstedt nun doch zu einer schärferen Form des Widerstandes entschlossen und die eben noch vertretene Anschauung revidiert?

Zur Klärung des Sachverhaltes ist von den beiden Schreiben auszugehen, die er am 22. Juli an Zeiß gerichtet hat, das erste offensichtlich in der ersten Erregung aufbrausenden Zornes auf das Papier geworfen, das zweite wesentlich ruhiger gehalten. Den Anlaß zu dem geharnischten Brief gab ein Vorfall in Allstedt selbst, der sich nicht mehr bis ins Letzte aufhellen, aber doch noch einigermaßen rekonstruieren läßt und auf die Flüchtlingsfrage Bezug hat. Die von altgläubiger Seite jüngst mit größerer Energie aufgenommene Verfolgung der Anhänger Müntzers in den an die kursächsische Enklave angrenzenden Gebieten hatte eine wachsende Zahl von Flüchtlingen in Allstedt Zuflucht suchen lassen,

---

[248] Ebd. S. 414,7—11.   [249] Ebd. S. 414,12—18.
[250] Ebd. S. 414,34 ff.

wo sie sich unter dem Schutze evangelisch gesinnter Fürsten vor dem Zugriff Herzog Georgs, seiner Amts- und Lehnsleute sicher wähnten. Die alarmierenden Nachrichten über den zunehmenden Druck fanden in dieser Fluchtbewegung also eine überaus drastische Bestätigung, die Müntzer nicht zur Ruhe kommen ließ. Der unerhörte Übergriff Friedrichs von Witzleben, der im wütigen Eifer gegen die neue Ketzerei seine nichtsahnenden, schutz- und wehrlosen Untersassen in Schönwerda überfallen und einige von ihnen festgenommen hatte, war ihm anscheinend der unmittelbare Anlaß, bei Zeiß am 22. Juli mit dem dringenden Ersuchen vorstellig zu werden, die eigenen Landesfürsten zu raschem Einschreiten gegen derartige Gewalttätigkeiten zu veranlassen. Er interpretiert seinen Schritt selber als einen vorsorglichen Rat und eine wohlgemeinte Warnung, durch sofortige wirksame Maßnahmen von seiten der legitimen Machthaber die unerträglichen Ausschreitungen tyrannischer Willkür zu unterbinden, um eine offene Empörung der drangsalierten Bevölkerung zu verhüten. Er sieht angesichts der sich unmittelbar vor seinen Augen abspielenden Begebenheiten und der äußerst erregten Stimmung der Vertriebenen allein in einer zielbewußten praktischen Intervention der legalen Instanzen noch eine Möglichkeit, dem sonst unvermeidlich drohenden Aufruhr zu begegnen. War es nun des Schössers Berufung auf seine Dienstvorschriften, oder war es die mit einer gewissen Sensationslüsternheit gepaarte Ungeschicklichkeit des Druckers Johann Reichardt oder auch eine wirklich gut gemeinte Mahnung zur Vorsicht, jedenfalls hatte sich Reichardt, als er an diesem Tage vom Schlosse kam, Flüchtlingen gegenüber „uber die masse traurig gestellet und yhn vorzelet dye meynung des warnens"[251] und ihnen als die offizielle Stellungnahme des Amtmannes zur Lage mitgeteilt, daß Zeiß sie in seiner amtlichen Funktion „nach altem gebrauch der ampter der fursten und yrer pfleger"[252] im Ernstfalle nicht schützen könne: „Wan der amptman zu Sangerhausen adder aus andern pflegen wurde besuchen Alstedt, so mus[t] man dye leuthe ym zu rechte stellen."[253] Die darüber aufgebrachten Flüchtlinge haben natürlich alsbald dem Prediger „vorgehalten, was wyr vor eyn evangelion hetten? Ap wyr dye leuthe, dye umbs christenglaubens willen leyden wolten, also ganz gemmerlich auf dye fleischbank opfern"[254]? Müntzer war von dieser Erklärung des Schössers selbst überrascht und versprach sofort, den Dingen nachzugehen, „ap ehr [Zeiß] den befell vom fursten hab"[255]. Als ihm kurz darauf der Drucker begegnete und ihm die Aussagen der Flüchtlinge bestätigte, machte der Anwalt der Vertriebenen seiner Empörung Luft: „Do habe ich geantwortet, es wher wol byllich, wan dye regenten nicht widder den christenglauben handelten. Nun sye aber nit alleyne

[251] Ebd. S. 419.27 f.   [252] Ebd. S. 416,26 f.
[253] Ebd. S. 417,8 ff.   [254] Ebd. S. 416,28 ff.

widder den glauben, sundern auch widder yhr naturlich recht handelen, so muß man sye erwurgen wye dye hunde. Und wan yhr amptleuthe in allen pflegen das nicht werdet offenberlich klagen, das eur nackpaur zu Schonewerde zum ersten mal den gemeinen frid hat aufgehaben und eyn reuber seyner eygnen untersassen worden ist, so werdet yhr in kurzer zeyt wol sehen, wye es euch wyrt gehen."[256] Es wäre nicht angebracht, diese Worte als einen nicht gar so ernstzunehmenden Ausdruck unbeherrschten Zornes zu werten, so sehr es zutreffen mag, daß man seine in der Erregung hervorgestoßenen Äußerungen nicht immer auf die Goldwaage legen darf. Müntzer verzichtet nicht darauf, sie in seinem Schreiben an Zeiß zu wiederholen und denkt nicht daran, sie irgendwie zu entschuldigen oder sie abzuschwächen. Ein tief verletztes Rechtsempfinden bäumt sich gegen die Ruchlosigkeit gemeinen Friedensbruches auf, die die natürlichen Grundlagen aller gesellschaftlichen Ordnung zerstört und den Rechtsbrecher durch seinen gemeingefährlichen Frevel selber rechtlos gemacht, ihm das Existenzrecht schlechthin genommen hat. Mögen sich die Machthaber bei ihren Maßnahmen zur Unterdrückung des Evangeliums sonst weithin noch mit einem Schein des Rechtes auf eine so gewordene und bisher geltende Ordnung berufen wollen, Friedrich von Witzleben hat sogar diese Ordnung aufgehoben und es wäre billig zu erwarten gewesen, daß die „amptleuthe in allen pflegen" in einem offenen Protest gegen sein Vorgehen Stellung genommen hätten. So etwas aber kommt keinem der berufenen Hüter der Ordnung in den Sinn, die sich im Gegenteil sogar noch für verpflichtet halten, den Opfern der Gewalt den primitivsten Schutz zu versagen und bereit sind, die Flüchtlinge ihren Verfolgern auszuliefern. Deutlicher, so sieht es Müntzer an, kann rechtliche Gewalt ihre faktische Selbstauflösung gar nicht dokumentieren, die durch derartige Provokationen notwendig dahin führen muß, „das das grausame wesen des unfrydes wyrt angehen"[257]. Hier kann man nicht mehr lavieren wollen: „Drumb rathe ich euch von herzen, mein lyber bruder, das yhr wollet betrachten, was draus werden will. Dye fluchtigen werden alle tage kommen, sollen wyr uns dye tyrannen zu freunden machen myt dem geschrey der armen leuthe? Das wyrt dem evangelio nit wol anstehen etc."[258] Die schamlose Vergewaltigung des Rechtes ist ja nur der die letzten Intentionen enthüllende, signifikante Ausdruck dafür, „das sye vom christenglauben ganz und gar nicht[s] halten"[259]. Dieses sich christlich gebärdende und doch zutiefst unchristliche System annulliert mit solchen Manifestationen seiner Widerchristlichkeit selber seinen Anspruch, Hüter einer evangelischen Lebensordnung zu sein, deren Sinn und Sein vom Volke besser

[255] Ebd. S. 420,5 f.
[256] Ebd. S. 417,10—17.
[257] Ebd. S. 417,21 f.
[258] Ebd. S. 417,17—21.
[259] Ebd. S. 417,23 f.

begriffen und ernsthafter erstrebt wird als von seinen derzeitigen Machthabern. „Do hat yhr gewalt auch eyn ende, sye wyrt in kurzer zeyt
dem gemeinen volk gegeben werden."[260] Müntzer kennt den Widerstreit
der Empfindungen und Erwägungen seines Amtmannes und sucht ihn
zu bestimmen, sich in diesem Augenblick der Wende nicht an die Formeln
einer in ihrer gottlosen Art nunmehr wahrlich offenbar gewordenen
„Rechtlichkeit" zu halten: „Yr must euch nit mehr halten nach dem gebrauch, andern amptern wilfaren ... Drumb handelt sicherlich, man
wirt den buben zu willen dye christen nit eynsetzen, wu das evangelion
genge ist."[261] Er weiß sehr wohl, was er dem Untertanen- und Beamten-
sinn des Schössers damit zumutet, zumal er mit der Möglichkeit rechnet,
daß die Fürsten ihm „villeycht befollen haben, dye leuthe zu fangen,
die umbs evangelion fluchtig werden"[262]. Er verlangt dann von ihm
die passive Resistenz gegen eine obrigkeitliche Anordnung, fordert damit
freilich grundsätzlich nicht mehr, als er schon in der Mallerbacher Affäre
von ihm erwartet hatte, nämlich sich selbst durch eine Weisung von
oben nicht zur Verfolgung der um ihres evangelischen Glaubens willen
Bedrängten nötigen zu lassen und durch seinen falschen Gehorsam mitschuldig an der Unterdrückung des rechten Christenglaubens zu werden.
Es geht um das offene Tatbekenntnis zur Sache des Evangeliums. Nicht
von ungefähr fügt Müntzer den Satz ein, daß er selber zwar willens,
„wye ich dem fursten myt eygner hantschrift zugesagt ... herzlich
gerne"[263] zu halten, daß er aber, falls die von Reichardt kolportierte
Aussage des Schössers wirklich auf einen fürstlichen Befehl zurückgehen
sollte, „yhm widder abscreyben" würde. „Wu mich der geyst Gottis
treybt, solt ich sye erdulden zu meynen richtern ym christenglauben.?[264]
Für Zeiß eine höchst unliebsame Eröffnung, die er schwerlich als eine
Hilfe, als einen ermutigenden Ansporn zur Nachfolge empfand, die für
ihn die ganze Angelegenheit subjektiv wie objektiv nur noch mehr zu
komplizieren drohte. Er mochte in der Beurteilung der Vorgänge und
ihrer möglichen Auswirkungen mit dem Prediger einer Meinung sein;
aber war es taktisch nicht klüger, durch geschicktes Lavieren alle Weiterungen zu vermeiden, statt die Fürsten zu einer demonstrativen Protestaktion nötigen zu wollen, zu der sie nach den bisherigen Erfahrungen
vermutlich gar nicht bereit waren und an deren Stelle unter Umständen
sogar der bisher nicht vorliegende Befehl zur Auslieferung der Flüchtlinge erst herausgefordert werden könnte? Zeiß konnte, wie es sein
Brief an Herzog Johann vom 29. Juli erweist, nach seiner ganzen
Denkungsart nicht ohne Bedenken gegenüber dem in die Form eines
Rates gekleideten Ansinnen sein, „an dye fursten. selbern zu screyben

---

[260] Ebd. S. 417,24 f.   [261] Ebd. S. 417,22—27.
[262] Ebd. S. 417,30 ff.   [263] Ebd. S. 417,32 f.
[264] Ebd. S. 417,29 f.

(wye wol es yhn villeycht spotlich ist) von dem erzreuber Fridrich von Witzleben, das ehr den gemeynen frid aufgehaben hat, domyt er dan aller tyrannen figur und orthsprungt aller emporung ist. Wu ehr nicht drumb von andern herrn gestrafft wyrt, so wyrt der gemeine frid auch untergehen. Dan es wyrt nu fortan keyn volk seynem eygen herrn gleuben, so kan auch das volk dem herrn und der herr dem volk nicht helfen"[265]. Daß der Schösser diese Überlegungen unumwunden in Weimar vorbringe, erschien Müntzer jedoch unbedingt erforderlich, wenn anders man die letzte Möglichkeit, den offenen Aufruhr zu verhüten, nicht versäumen wollte: derjenige, der den jüngsten, schwersten Konflikt zu verantworten hatte, sollte ernstlich zur Verantwortung gezogen werden. Treu und Glauben zwischen Fürsten und Volk standen jetzt auf dem Spiel, und die Regenten beschworen durch ihr passives Verhalten in diesem Augenblick eine Vertrauenskrise herauf, die die notwendige gegenseitige Unterstützung im Einsatz für den Sieg des Evangeliums so gut wie unmöglich machen mußte. Mehr noch: angesichts der durch den ruchlosen Frevel über die Maßen gesteigerten Erbitterung würden nicht etwa grollende Mißstimmung, müde Resignation, hoffnungslose Ergebung die Folge sein; vielmehr Aufruhr und Empörung, Mord und Totschlag, „das eynem bylliche das herz vor angst zyttert"[266]. Es wäre eine verhängnisvolle Selbsttäuschung, wollte man die Augen vor den gar nicht mehr zu übersehenden Zeichen einer neuen Zeit einfach schließen, und sich dem Trug hingeben, „es sey nach das alte leben"[267]. Es würde ein jähes Erwachen aus solchem Träumen geben.

Vernehmlich klingt in dem Briefe das Pathos der Fürstenpredigt wieder auf. Der Übergriff des Sangerhäuser Amtmannes und das durch ihn verschärfte Flüchtlingsproblem dienten in ihrer brutalen Realität Müntzer zur beschwörenden Steigerung seiner Mahnungen und Warnungen. Bestürzender, erregender fast noch war für ihn die „Reaktion" der Obrigkeit, die allen Frevel schweigend hinnahm, ja sogar die Opfer statt des Übeltäters verfolgte. Daß die gottlosen Tyrannen so handelten, war ein erneuter Beweis ihrer satanischen Bosheit und sollte ihnen wahrlich nicht nachgesehen werden. Doch was war von den eigenen, der Reformation zugewandten Fürsten zu halten, wenn sie sich ebenso verhielten und selbst auf ihrem Hoheitsgebiet den Flüchtlingen den Schutz versagten? Müntzers Argwohn, ihr Befehl könne hinter des Schössers Auskunft an Reichardt stehen, verlangte Klarheit über ihre Haltung, um gegebenen Falles das ohnehin bedingte „Stillhalte-Abkommen" mit Herzog Johann zu kündigen, d. h. sich die volle Handlungsfreiheit zurückzugewinnen. Aber seine Orientierungsfrage blieb der Gesamtten-

---

[265] Ebd. S. 417,33 — 418,3.
[266] Ebd. S. 418,5. [267] Ebd. S. 418,6.

481

denz des Briefes untergeordnet, seine Oberen zu der in dieser krisenhaften Situation einzig möglichen Entscheidung und zum Tatbeweis ihres rechten Christseins zu bewegen. Hier war nun definitiv der *casus confessionis* gegeben, sowohl für die Fürsten wie für den Amtmann, den er als den unmittelbar am Ort agierenden Amtsträger und als einen auf seine religiösen Anschauungen schon weithin eingehenden Gefolgsmann an seine Christenpflicht gemahnte. Er erwartete von ihm nicht allein eine eindeutige, seinen Intentionen entsprechende Information des Landesherrn über die bedrohliche Lage und das Ersuchen um eine klare Anweisung zum Schutze der Flüchtlinge vor den Übergriffen der katholischen Herren; er forderte von ihm den passiven Widerstand gegen formalistische Gepflogenheiten eines mißbrauchten Ordnungssystems und in der Folge dessen, kaum verhüllt, auch die Verweigerung des Gehorsams gegen einen etwaigen fürstlichen Befehl, der ihn die um ihres Glaubens willen Bedrängten preiszugeben heißt. Er demonstriert damit nicht „seine Auffassung vom Widerstandsrecht"[268] als einem dem Menschen zustehenden *ius naturale,* obwohl er den Landfriedensbruch des Sangerhäuser Amtmannes auch als eine frevelhafte Mißachtung des natürlichen Rechtes anprangert. Grundsätzlich hält er Zeiß nichts anderes vor als den Verfolgten in Sangerhausen: die christliche Verpflichtung zum passiven Widerstand gegenüber dem unchristlichen Ansinnen der Christenverfolger. Daß Zeiß durch sein Amt selbst Repräsentant fürstlicher Gewalt ist, erlegt ihm nur noch die zusätzliche Pflicht auf, seine fürstlichen Herren als die besonders Verantwortlichen auf die drohende Gefahr revolutionärer Unruhen aufmerksam zu machen und sie noch rechtzeitig zum Einschreiten gegen diejenigen zu bewegen, die diese Unruhen durch ihre brutale Willkür geradezu provozieren. Aber, schlagen die Fürsten seine Warnungen in den Wind, befehlen sie ihm gar selber ein Vorgehen gegen die um ihres Glaubens willen Vertriebenen, muß er sich von den fragwürdigen Bindungen einer sterbenden Zeit freimachen und ohne Rücksicht auf die möglichen Folgen für sein Amt oder seine Person sich schützend vor die verfolgten Glaubensgenossen stellen. Hier wird deutlich, wie fließend die Grenzen zwischen aktivem und passivem Widerstand sein können und dennoch der revolutionäre Umsturz nicht betrieben wird. Müntzer weiß auch sehr wohl, daß der von ihm geforderte passive Widerstand keine leichte Sache ist. Ähnlich wie in dem Schreiben an die Sangerhäuser erklärt er in einer Nachschrift zu dem ersten Brief an Zeiß: „Wer eyn stein der neuen kirchen sein wil, der woge seynen hals, sunst wyrt ehr durch dye bauleut vorworfen werden. Gedenkt, lyber bruder, wher in disser ferlichen zeyt seynen

---

[268] Hinrichs, L. u. M., S. 66. Hinrichs mißversteht hier m. E. völlig den Gedankengang Müntzers und biegt ihn ins „Revolutionäre" um. Dabei warnt Müntzer expressis verbis vor einem drohenden Umsturz!

hals nit wogen wyrt, der wirt auch nicht beweret ym glauben. Er wils alles vorglimfen, das ehr nit darf leyden. Drumb muß ehr umbs teufels willen gar manche ferlickeyt tragen und zuschanden vor allen auserwelten werden und zuletzt dem teufel zu willen sterben, do euch Got vor behute, amen."[269]

Die Sätze enthielten kaum etwas, was Zeiß nicht schon längst vernommen hätte, und dennoch mußten sie in dieser persönlichen Zuspitzung in diesem Augenblick ganz anders in ihm haften als sonst, selbst wenn er zunächst nicht so leicht geneigt sein mochte, die Geschehnisse in der Weise Müntzers zu dramatisieren. Des Predigers Worte hatten für den Amtmann ein eigenes Gewicht; trotz manchen Bedenken und Vorbehalten neigte er seinen Ideen zu, und soeben noch hatte er vier Fragen an ihn gestellt, die dartun, wie sehr er über die müntzerischen Gedanken von der Erkenntnis des göttlichen Willens durch Zweifel, Entselbstung und Leiden ins Klare zu kommen suchte. Ob Müntzer ihn durch die knappe, längst Gesagtes rekapitulierende Antwort, die in dem zweiten Teil des Postscriptums steht, wirklich weitergeführt und ihm zur Bejahung jener ersten vier Sätze geholfen hat, darf man billig bezweifeln. Dagegen war der Grundtenor des ganzen Schreibens mit seinen düsteren Prognosen ganz und gar dazu angetan, die Sorgen des Schössers vor revolutionären Unruhen in seinem Amtsbezirk zu steigern. Der „liebe Bruder" wurde an seiner empfindlichsten Stelle angefaßt, genau da, wo er sich jedem Anspruch und Zugriff gern entzogen hätte, vor aller Welt durch eine zeugnishafte Tat eine klare Entscheidung zu fällen, deren äußere Folgen für sich selbst er nicht absehen konnte und die er doch auch nicht so vorbehaltlos in der Sicht der müntzerischen Zukunftsschau religiös zu motivieren vermochte: „Er wils alles vorglimfen, das ehr nit darf leyden." Aber da stand zum Abschluß der Nachschrift „Zum letzten" der müntzerischen Antwort auf seine Fragen noch einmal des Predigers forderndes ceterum censeo: „Es ist noer der eynige gebreche in dem, der unflatigen sache der welt, das man den fluchtigen nicht vorhalte dye gewalt yrer herrn, das sye an unserm ort sollen bekommen, das volk wurde sunst uber uns vorbittert werden. Ich sage euch, man muß gar mechtig achtung haben auf dye neue bewegung der itzygen welt. Dye alten anschlege werden es ganz und gar nicht mehr thun, dan es ist eytel schlam, wye der prophet saget: ‚Fex calicis indignationis non est exinanita, bibent omnes impii terre. Qui sanguinem sitiverunt, sanguinem bibent etc.'"[270] Müntzer kann nicht mehr zusehen, abwarten, nachgeben; die Flüchtlingsfrage, ihre Ursache und ihre Wirkungen haben dem ihn unaufhörlich umtreibenden Gedanken von der bevorstehenden Veränderung der Welt neuen Auftrieb gegeben und

---

[269] Franz, MG, S. 418,11—17.   [270] Ebd. S. 419,17—24.

lassen ihn seinen Ruf nach klaren Fronten in dieser entscheidungsvollen Zeit mit beschwörender Eindringlichkeit verstärken.

Allerdings darf man bei der Auswertung des Briefes nicht außer acht lassen, daß er noch am gleichen Tage eine interpretierende Ergänzung durch ein zweites Schreiben erfuhr. Zeiß hatte wohl die Vermutung von einem „fürstlichen Befehl" sofort als unbegründet zurückgewiesen, sah sich selbst in ein falsches Licht gerückt und hatte anscheinend etwas verstimmt nach dem Sinn einiger Formulierungen Müntzers zurückgefragt, so daß dieser sich veranlaßt sah, alsbald in einem ruhigeren und beruhigendem Tone darauf zu antworten. Er rektifizierte zunächst seine allgemein gehaltene Äußerung über die Regenten, die man wie die Hunde erwürgen sollte, dahin, daß er dabei von dem „amptmann von Sangerhausen adder ander[en] tyrannen" gesprochen habe und von dem Fall, daß sie „hyeher kemen"[271]. Er beschränkt also seine Aussage auf die Abwehr von Übergriffen fremder Gewalthaber auf Allstedt, von denen er freilich als „von den feynden des christenglaubens" nicht anders reden kann und nachweisen will, „das sye offenbarliche lebendige teufel seynt"[272]. Zwischen dem Witzleben und Herzog Georg, schreibt er einige Zeilen später, bestehe im Grunde kein Unterschied: „Es ist eyn kuche."[273] Aber — und damit sucht er sodann dem persönlichen Unmut des Schössers zu begegnen — es ist beileibe nicht seine Meinung, ein generelles Verdammungsurteil über die Amtleute zu sprechen: „Hab ich doch yn allen predigen gesagt, das nach frume dyner Gottis zu herrnhoffe seynt."[274] „Das ich aber frume amptleut solte mit der ynbrunst des gemeynen volkes uberladen, das sol weyt von myr seyn."[275] Das durfte Zeiß als auf sich gemünzt verstehen, und das gab jener *adhortatio* doch einen freundlicheren Charakter. Dazu kam eine verständige Erklärung zur Flüchtlingsfrage: „Ich wyl dye armen leuthe nicht dar zu halten, das sye uns alhye aufm halse lygen und dye feynde vorbittern, sundern sollen yre anslege vil weyßlicher machen nach yrer und unser sach gelengheyt, auf das sye keynen falßen trost von unss entphangen."[276] Endlich folgte ganz am Schluß ein für den Amtmann noch recht wesentlicher Satz: „Ich wyl den fursten halten"[277], d. h. wozu er sich am 13. Juli schriftlich erboten hatte; mithin waren auch in diesem Punkte die durch das vorangegangene Schreiben erregten Befürchtungen etwas gemildert. Gewiß fehlt auch jetzt die Mahnung nicht, „gedenk auf dye voranderung der welt itzt vor der thör"[278]; doch gipfelt der ganze

[271] Ebd. S. 420,9 f.
[273] Ebd. S. 420,24.
[275] Ebd. S. 420,15 ff.

[272] Ebd. S. 420,13 ff.
[274] Ebd. S. 420,17 f.
[276] Ebd. S. 420,18—21.

[277] Ebd. S. 420,30. Franz interpretiert den Satz anders und bezieht ihn auf Herzog Johanns Unmut, „vor dem sich Zeiß nicht ohne Grund wegen seiner gegen Müntzer bewiesenen Schwäche fürchtete" (Anm. 11).
[278] Ebd. S. 420,27 f.

Brief gleichsam in der Beteuerung: „Ir solt euch nicht anderst dan das allerbeste zu myr vorsehen."[279]

Die beiden sich sachlich ergänzenden Dokumente bestätigen in ihrer Grundtendenz, daß Müntzer in diesen Tagen keine Revision seiner prinzipiellen Anschauungen vorgenommen hat, wohl aber unter dem Eindruck der jüngsten Ereignisse darauf aus war, den Willen zum passiven Widerstand mit einem echten Offensivgeist zu durchdringen, der das Willkürregiment der Gottlosen in Schranken hielt und ihre Herrschaft schließlich brechen sollte. Noch gibt er auch trotz wachsendem Zweifel die Hoffnung nicht auf, daß die ordentlichen Gewalten in den kursächsischen Landen aus der vorsichtigen Haltung wohlwollender Neutralität endlich zu offener aktiver Parteinahme für die Sache des Evangeliums übergehen, sich mit dem gläubigen Volke zu Schutz und Trutz wider die Gottlosen zusammenschließen würden. Nichts scheint ihm wichtiger als alle Menschen guten Willens in einer machtvollen Widerstandsfront zu sammeln. Und wenn ihn gerade in diesen Tagen in einer wieder einmal besonders erregten Stimmung die Absage Karlstadts und der Orlamünder an seine Bündnispläne erreichte, so mußte ihn das nur noch mehr reizen, seine Ideen propagandistisch zu vertreten und auf ihre Realisierung mit aller Kraft hinzuarbeiten. Der Widerspruch Karlstadts und der Orlamünder mag für ihn mit ein Grund gewesen sein, am Sonntag den 24. Juli über die Aktualität von 2. Könige 22 f. zu predigen, „vom heyligen Josia, do der prister Hilkias gefunden hat das buch des gesetzs, do hat ehr hyngeschickt nach den eltern in Juda und Jerusalem, und ehr ging mit allem volk in tempel und machte eynen bund myt Gotte, welchem dye ganze gemeine stad gegeben hat, auf das eyn yder auserwelter muchte dye gezeugnis Gottis mit ganzer sel und herzen bewaren und erkunden"[280]. Fürst und Volk schließen den Bund mit Gott und verpflichten sich zur kompromißlosen Beseitigung des Götzendienstes, der den wahren Gottesdienst gänzlich verdrängt hatte. Eben das gilt es heute in entsprechender Weise nachzuvollziehen, wo das Evangelium — so wie damals „das buch des gesetzs" — neu ans Licht gebracht worden ist. Feierlich erklärte der Prediger vor der Gemeinde, „er wolle offentlicher feyndt sey[n] aller tirannen, die sich wider das evangelium setzen, vnd man sehe offentlich, das sich etliche herrn wider das evangelium vnd den cristlichen glawben setzen, denselben geren wolten austilgen, vnd nochmals hefftig das volgk vermant, sich zusamen zu uerbinten vnd dogegen, wue die gewalt Ir schwert zuge, das sie Ir schwerdt auch ruckt und weiset"[281]. Müntzer

---

[279] Ebd. S. 420,24 f.   [280] Ebd. S. 421,5—10.
[281] Förstemann, Bauernkrieg, S. 180; der Schosser zu Allstedt an Herzog Johann am 28. 7. 1524.

hat offenkundig mit Nachdruck darauf verwiesen, daß ein derartiger Zusammenschluß von Fürsten und Volk zur Durchsetzung des Evangeliums keine „menschliche Aktion" bedeute, wie Karlstadt und die Orlamünder wähnten, sondern in dem „Bunde mit Gott" begründet sei. „Dan", so Zeiß, „das gemein volck wirdt also drefflich aus predigers wortten gedrost, das die leuth in eyner kleynen samblung, wie sie sich horen lassen, vnerschrocken sein vnd geben fur, das sie glauben, das In nichts widerfaren moge, sondern Ir eyner sol tausent vnd zwen zehentausend erwurgen. Dorauff trutzen sie. Der prediger hat sie auch getrost vnd am sontag offentlich gesagt, das ein gotforchtiger mensch newlich ein gesicht gesehen habe, das die fursten, tirannen vnd alle, die wider das evangelium streben, gantz feyge vnd erschrocken sein, vnd hat gesehen, das ir hertz schwartz im leibe sey, vol eytel feygheit. Darumb sollen sie getrost sein, dan die zeit der vorenderung sey hart vor der thure, douon ezechielis 34 und danielis gesagt"[282]. Freilich kann Müntzer nicht umhin, anzudeuten, daß der rechte Josia noch nicht eindeutig hervorgetreten sei: „Er sehe, das kein furst noch her dobey thun will, sondern dowider sein. Alleyn beide fursten von sachssen die lassen zue, das man das ewangelium predigt, wollen aber nichts mere dobey thun."[283]

Es hat nach dem Bericht von Zeiß den Anschein, als habe Müntzer schon am Tage vor der Predigt die durch die Erklärung des Schössers aufgeschreckten Flüchtlinge aufgefordert, „sich zu verbinden". „Auch heist er die frawen, die Jungfrawen vnd wass sich weren kan, mit mistgabeln vnd dergleichen sich dowider zu setzen vnd zu weren, welichs auch etlich dursty weyber sambt Jungfrawen zu alstedt im iungsten sturm, douon ich e.f.g. bericht habe, gereyt on seyn beuehel do zumal angefangen."[284] Die Vertriebenen folgten dem Anraten des Predigers „sambt etlichen Inwonern zu alstedt"; doch hat es sich vermutlich nicht um eine Erweiterung oder Bekräftigung des „Allstedter Bundes" vom 14. Juni gehandelt, vielmehr um eine eigene Verbindung der Flüchtlinge. Der Begriff „Bund" wird ja von Müntzer und seinen Anhängern in einer eigentümlichen Bedeutungsverschlingung verwandt. Bund ist als „Bund mit Gott" in Analogie zum Josiabund die volle Hinwendung zum wahren Gott als dem alleinigen Herrn, die den Kampf gegen alles götzendienerische Wesen in sich schließt. Bund wird zugleich aber auch synonym mit „anschlegen und vorbundnis" gebraucht, zu denen sich die Auserwählten, die jetzt in den Bund mit Gott eintreten, hier und dort gegen die Gottlosen zusammenschließen. Der Bundesschluß mit Gott ist also konstitutiv für alle einzelnen Bünde bzw. Verbündnisse, die jedoch in der gegenwärtigen Zeit des Übergangs vorerst nur als in ihrer

[282] Ebd. S. 181 f.   [283] Ebd. S. 182.
[284] Ebd. S. 180.

Entstehung situationsbedingte lokale Organisationen bestehen. Sie bilden demzufolge wohl eine „ideologische", aber keine organisatorische Einheit ungeachtet der Tatsache, daß sie sich alle als Bundespartner Gottes zu gegenseitiger Hilfe und Unterstützung verpflichtet wissen. Das „Lokalkolorit" der „meher dann 30 anschlege und vorbundnis der auserwelten", von denen Müntzer an die Sangerhäuser schreibt, wird wahrscheinlich sehr unterschiedlich gewesen sein, und es liegt daher durchaus im Bereich des Möglichen, daß die Flüchtlinge in Allstedt auf Grund ihrer besonderen Situation einen eigenen „bund" bildeten, zumal sie dem Schösser nach seiner Äußerung vom 22. Juli nicht mehr recht trauten und in ihrem Mißtrauen durch die Allstedter noch bestärkt wurden. Kennzeichnend für ihren Argwohn ist die von Zeiß selber mitgeteilte Episode: als er am Sonntag nachmittags auf eine Einladung des Amtmannes von Sangerhausen zu ihm hinübergeritten sei, habe sich in Allstedt gleich das Gerücht verbreitet, daß dort „etlich volck solt versamelt sein. Von stundt an hetten sich die von Alstedt vnd die frembden gesellen, auch viel weiber zusamen geworffen mit Iren weheren nach vnterweyssung der predigt fru gescheen, die weiber hetten ein eigen hauffen gemacht, hetten auch mit den glocken sturmen wollen, welichs In doch vntersagt, das sie es vnterlassen, vnd stet die sach bey Ine also, das sie schir weder ambleuthen noch hern getrawen. Sagen, sie nemen die thatt vnd ebenpild von dem von witzleben zu herzen"[285].

Müntzer hatte sich in den beiden Wochen von der Fürstenpredigt bis zur Predigt vom 24. Juli redlich bemüht, seinen bisher vertretenen Grundsätzen treu zu bleiben. Das auf Grund der harten Anweisungen Georgs von Sachsen[286] seit der Mitte des Monats sich ständig steigernde „Wüten der gottlosen Tyrannen" unmittelbar vor Augen, konnte er kaum noch an sich halten. Statt der in Scharen von nah und fern freiwillig zu seinen Gottesdiensten Strömenden suchten nun um ihres Glaubens willen Vertriebene Schutz in Allstedt, und selbst der sollte ihnen auf kursächsischem Gebiet noch versagt sein? Zumindest hier sprach der Prediger ihnen jetzt das Recht zu, sich gegen landesfremde Eindringlinge ihrer Haut zu wehren, mochte es gleich alten Gepflogenheiten zuwider sein. Nur, wieweit reichte im Ernstfalle die innere wie äußere Widerstandskraft der im Augenblick sich so entschlossen gebenden Menschen; und ist es nicht die vornehmste Pflicht einer evangelisch gesinnten Obrigkeit, sich vor das bedrängte Volk zu stellen und die Gottlosen in Schach zu halten? Noch einmal wendet er sich darum am 25. Juli an den Schösser mit dem dringenden Ersuchen, seine Landesfürsten auf die bedrohlichen Folgen ihrer reservierten Haltung hinzuweisen[287].

[285] Ebd. S. 181. [286] Vgl. Gess I, Nr. 696 u. 697.
[287] Franz, MG, S. 421 ff.

Der Brief hat einen besonderen Wert als dokumentarischer Beleg für Müntzers Standpunkt kurz vor dem Abschluß seiner Allstedter Wirksamkeit. Er ist als Mahnung an die Fürsten die notwendige Ergänzung zu seinem Appell an das Volk und ist ganz auf das mit aller Konsequenz verfolgte Ziel abgestimmt, eine Einung zwischen dem gotthörigen Volke und den gotthörigen Regenten herbeizuführen.

Ob der Prediger mit dem Schösser vereinbart hatte, daß dieser das ganze Schriftstück „in diser seiner hantschriff" dem Fürsten zuleiten sollte[288] oder ob der Amtmann aus was für Gründen auch immer von sich aus so handelte, um in der neutralen Form amtlicher Erledigung einer Eingabe dem heiklen Auftrag und seiner Pflicht zu genügen, ist schwer zu sagen. Auf jeden Fall sollte Zeiß den Inhalt des Schreibens, ohne ihn irgendwie zu mildern, zur Kenntnis bringen. Müntzer bot die Form eines an Zeiß gerichteten Schreibens immerhin die Möglichkeit, sich freimütiger zu äußern. So spricht er als erste Voraussetzung eines wirklich aktionsfähigen „Bundes" aus, daß man, in genauer Parallele zu jenem alttestamentlichen Geschehen, zu dem ursprünglichen reinen Christenglauben zurückfinden und radikal mit allen Kompromissen zwischen Altem und Neuem aufhören müsse, die die innere Bereitschaft und den Willen zu entschlossenem Tun des von Gott Geforderten nur lähmen. Daran gerade lassen es die Landesfürsten noch fehlen: „Das volk sicht wol, das sye mit großer ferlikeit yren namen und weltlichen preis auf den wilden wog gesatzt und gestellet haben. Abber es muchte in solcher ferlikeit bey yhm selbern vorstrauet werden und also unuberwintliche scheu gewinnen, wan sye nicht mehr do zuthun wollen, dan allein durch dye finger sehen, keine rechte priester in yhrem furstthum vororden, dye bosen beschutzen und ganz und gar keine anschleg nach Gottis allerlybsten willen machen. Ist es dach offenberlich am tage, das dye gotlosen regenten den fride des landes selbern aufheben, stocken und blochen dye leuthe umbs evangelions willen, und es sweigen unser fursten darzu ganz und gar stille. Meynen, dye sache habe keynen mangel, nachdem sye villeichte durch dye ungetreuen schriftgelarten vorfuret seint."[289] Es ist sein mit zunehmender Schärfe erhobener Vorwurf, daß die sächsischen Fürsten sich durch Luther zu einem solchen Glaubensverständnis haben verleiten lassen, das ihnen ihre Passivität als gerechtfertigt erscheinen, sie auf halbem Wege stehenbleiben und gar nicht ernsthaft erkennen läßt, daß Gottes Zeit herbeigekommen ist, seinem Anspruch dieser Welt gegenüber Geltung zu verschaffen. Sie begreifen ihre Funktion als Werkzeuge Gottes im Vollzuge dieser

---

[288] Hinrichs, L. u. M., S. 100, sieht in diesem Schreiben den in Müntzers Brief an Friedrich den Weisen vom 3. 8. 1524 erwähnten „unterricht ... wie man gotlicher weise zukunftigen aufrur begegenen soll" (Franz, MG, S. 431,33 ff.).

[289] Franz, MG, S. 421,15—22.

Aktion noch nicht und doch liegt auf ihnen eine besondere Verantwortung, da ihr Tun und Lassen für die Haltung der Menge überaus bedeutsam ist. Er sieht nüchtern genug die tatsächliche Situation. Wenn
er in prophetischer Rede auch sagen kann, daß in dem gottgewollten
Kampfe gegen „dye wutriche des rechten glaubens" der Auserwählten
„eyner sol tausent vnd zween zehentausent erwurgen", so steht hart
daneben die klare Aussage, „das dye christenheit nach zur zeyt ungeschickt, yhr blut umbs glaubens willen zu vorgissen. Ja sye klebet also
hart an den creaturn, das sich uber den aller hadder und zank erreget,
und das eyn yder alle seyne witz vorzeret hat, das er auch ist wye eyn
eychenbloch, wan yhm von Gotte gesaget wyrt"[290]. Hier kann obrigk-
keitliche Gewalt durch eine Ordnung, die dem Evangelium Raum zur
vollen Entfaltung gibt, schon Wandel schaffen helfen; ja, es muß in den
Augen ernster Christen geradezu verwegen erscheinen, sich nach wie vor
auf das Herkommen und alten Brauch stützen zu wollen, „nach dem sych
die ganze welt also mechtig hochlich vorwandelt hat"[291]. Denn das ist
nun doch ein unübersehbares Faktum: das reine Evangelium und der
rechte Glauben sind in dieser Zeit vollmächtig wieder in die Welt eingezogen, haben bereits ein Neues zu wirken begonnen, wovon nicht
zuletzt die feindselige Gegenwirkung der Gottlosen in Staat und Kirche
ein so beredtes Zeugnis ablegt. Vornehmlich auch im Blick auf das
ungerechte Wüten der Gegner erwarten die Gläubigen von den sächsischen Fürsten entschiedene Maßnahmen zum Schutze des Evangeliums
und seiner Anhänger, eine bekennende Aktivität, deren Ausbleiben eine
schwere Vertrauenskrise auslösen würde und die jetzt mehr als andere
geachteten Landesherrn dann in den Augen der Gläubigen noch weit
verächtlicher als alle anderen machen könnte: „Do wirt man sagen: Ecce
homo, qui non posuit deum adiutorem sibi, do Got vor sey."[292] Müntzer
macht das mangelnde Gottvertrauen für die Tatenscheu verantwortlich,
durch die Kurfürst Friedrich der Weise wie Herzog Johann, ihre Räte
und Amtleute schuldig werden, wenn dem Aufbegehren und den Übergriffen der Gottlosen kein Einhalt geboten und einer blutigen Auseinandersetzung nicht vorgebeugt wird. Er ist überzeugt, daß eine evangelische Einheitsfront dem allen wohl wehren könnte, deren Charakter
freilich völlig anders geartet sein muß als ein politisches Bündnis alten
Stils, das unter rein menschlichen Aspekten menschliche Ziele mit Hilfe
menschlicher Sicherungen zu erreichen trachtete. Fürsten und Volk müssen sich vielmehr unter dem Willen Gottes zusammenfinden, um sich
durch ihn zu seinem Dienste willfährig und stark machen zu lassen:
„drumb mussen sye mit yrem eygen volk pflicht und eyde der heyden-
schaft vorwandelen in eynen getreulichen bund gotliches willes"[293].

---

[290] Ebd. S. 421,26—30.   [291] Ebd. S. 422,2 f.
[292] Ebd. S. 422,10 f.   [293] Ebd. S. 422,14 f.

Solch ein in den letzten Motiven und Intentionen sich vor aller Welt als ein auf 'Gott gegründet bekundendes Verbundensein wird seiner doppelten, zunächst ganz vordergründig gesehenen Zielsetzung sicherlich gerecht werden, nämlich „das yhr volk mit sichtigen augen sehe, das sye etwas dar bey thun" und „so wirt der unzeliche hauffe der gotlosen also ganz gemmerlich vorschrecken, das sye in der weyten welt nicht werden wissen zu bleyben"[294]. In Übereinstimmung mit den aus den Antworten noch ungefähr erkennbaren Vorschlägen an Karlstadt und die Orlamünder und mit den uns bekannten Äußerungen in seiner Predigt betont Müntzer also hier ebenfalls den Abwehr- und Notwehr- charakter seines Bundes, der allerdings die Möglichkeit bewaffneter Gegenwehr immer stärker ins Auge faßt. Der Bund ist jedenfalls von ihm nicht als ein Mittel revolutionären Angriffs gedacht, der die von ihm verfochtene Sache Gottes in kriegerischer Aggression durchsetzen soll, sondern nach innen als ein Mittel stärkenden Zusammenhalts und zum Beitritt werbender Ermunterung, nach außen als Abschreckung und Warnung vor jeder Form von Gewaltanwendung. Er soll ganz realiter Macht gegen Macht setzen, um dadurch den Gegner im Zaume zu halten: „Wan yhr amptleute den fride erhalten wollet, so muß eyn swert das ander in der scheyden behalten!"[295] Er soll darum klare Fronten zwischen den Gottesfürchtigen und den Gottlosen schaffen: „es wyrt nicht mehr gelten, das yhr mit eynander wolt heuchln, wye yhr gethan habet, wan dye leuthe fluchtig werden, und wollet sye mit einem scheyn ander getichter orsachen und doch umbs glaubens willen uberantworten."[296]

Sinn und Inhalt des Bundes ist: „alleyne umbs evangelion willen". Unter ähnlichen Parolen suchten schon damals mancherlei reformerische Tendenzen im öffentlichen Leben Gehör und Eingang zu finden, denen der Rückgriff auf das Evangelium bewußt oder unbewußt oft nur zur religiösen Verbrämung ihrer andersartigen Interessen diente. Müntzer dagegen meint das wirklich, was er sagt, im präzisen Sinne, und sein betontes „alleyne" erfährt noch eine ausdrückliche Explizierung, um dem auch von ihm als nicht ganz unbegründet angesehenen Verdacht zu wehren, daß die Bündnispartner im Zeichen „evangelischer Freiheit" höchst eigennützige Ziele verfolgen könnten. „Wan aber daruber buben und schelk darunter weren, zu mißbrauchen solchs bundes, so sol man sye yren tyrannen uberantworten ader selbst nach gelegenheit der sache richten. Auch muste das sunderlich der fronden halben ym bunde hoch vorfasset werden, das dye bundgenossen nit dorfen denken, das sye durch das solten gefreyet werden, yren tyrannen nichts zu geben, sundern sollen sich halten, wye der son Gottis mit Petro than hat, Matth. am 17., auf das etliche bose menschen nit dorfen gedenken, das wyr uns umb

[294] Ebd. S. 422,15—18.   [295] Ebd. S. 422,19.
[296] Ebd. S. 422,20—23.

der creaturn willen zu behalten vorbunden hetten."[297] Wenn Müntzer
in der Frage der Zinszahlung auf Jesu Verhalten nach Matth. 17,24—27
als maßgebendes Vorbild hinweist, ist ihm natürlich auch ebenso Jesu
Begründung, kein Ärgernis zu geben, gegenwärtig wie die Unterscheidung „Fremde" und „Kinder", wobei die Aussage Jesu, daß die Kinder
an sich rechtmäßig frei seien, von ihm durchaus als ein Programmpunkt
der in Bälde zu erwartenden Veränderungen der Welt verstanden worden sein kann. Denn man darf annehmen, daß sich bei ihm mit dem
Gedanken des verwirklichten Herrschaftsanspruches des Evangeliums
die Vorstellung eines tiefgreifenden Wandels auch der gesellschaftlichen
Verhältnisse verband. Nur ist es eine Verkehrung des Sachverhalts,
das als das eigentlich von ihm erstrebte Fernziel auszugeben, was sich
ihm für eine wahrhaft unter dem Evangelium lebende Christenheit
als ein selbstverständliches Ergebnis ihrer neuen Erkenntnis darstellte.
Es führt schlechterdings in die Irre, die Matthäus-Stelle im angeblichen
Sinne Müntzers hier so auslegen zu wollen, als bedeute das „ut autem
non scandalizemus eos": „aber um des ‚Anstoßes‘ willen, d. h. aus
taktischen Gründen" — so als habe er die ihm an sich zentrale „soziale"
Frage vorerst nur zurücktreten lassen, um dem Bunde alles zu nehmen,
„was ihn in den Augen der Fürsten gefährlich machen könnte"[298].
Müntzers eindeutiger und jedermann einsichtiger Satz im Anschluß an
seinen Verweis auf das Gebot Jesu an Petrus, „auf das etliche bose
menschen nit dorfen gedenken, das wyr uns umb der creaturn willen
zu behalten vorbunden hetten", wird auf diese Weise zur listigen Täuschung, wenn nicht zur hinterhältigen Lüge gestempelt. Ähnlich soll auch
die Betonung des defensiven Charakters des Bundes insbesondere mit
auf taktische Überlegungen zurückzuführen sein. Müntzer erklärte: „Ehr
[der Bund] sol alleine eyn bedrauen seyn der gotlosen, das sye still
halten myt yrem wuten, bis das dye auserwelten Gottis kunst und weys-
heit mit allem gezeugnis yhn zustendig erforschen mugen. Wan dye
frumen eynen bund machen, ap wol dye bosen auch drunner sein,
werden sye dach yren mutwillen nit zuwege brengen, dan dye bydder-
freyheit der guten wyrt yhn vil weniger boses gestaten dan sunst, auf
das der ganz haufe nicht getadelt wurde. Es ist der bund nicht anderst
den eyne nothwere, welche nymant geweygert wyrt nach dem naturlichen ortheil aller vornunftigen menschen."[299] Auch das soll (nach
Hinrichs) im Grunde nur ein Tarnungsmanöver sein, um die Fürsten
einzufangen, d. h. „das Kapital an Anhänglichkeit und Ansehen", das

---

[297] Ebd. S. 422,26—34.
[298] Hinrichs, L. u. M., S. 74. Hinrichs Interpretation geht hier seltsame Wege
bzw. Abwege; sie ist in keiner Weise zu belegen und macht Müntzer wunschgemäß
zu einem „Krypto-Sozialisten".
[299] Franz, MG, S. 422,37 — 423,7.

sie darstellten, der Sache des Predigers dienstbar zu machen, „um dessen-
willen er auch noch mit den letzten Zielen des Bundes, so fest sie ihm
standen, zurückhalten konnte"[300]? Es ist unmöglich, derartige Hin-
tergedanken mit dem einleitenden Satze jener Erklärung in Einklang
zu bringen: „Das aller nötlichste ist uber dye masse hoch zu betrachten,
das nymant seinen vortreuen setze auf den bund, dan der ist von Gott
vorfluchet, der seynen trost auf eynen menschen setzet, Jere. 17."[301]

Müntzer bedurfte zur Hervorhebung dieses Grundsatzes nicht erst der
warnenden Erinnerung Karlstadts und dessen Gemeinde; denn eben das
stand ihm fest, daß Gott jetzt seine Sache selber betreibt und die Erwählten nur seine Handlanger sind, die nicht um ihrer selbst, „umb der
creaturn willen", sondern Gott zu Dienste „alleyne umbs evangelion
willen" zum Bekenntnis in Wort und Tat gerufen sind. Sein Bedenken,
„das dye christenheit nach zur zeyt ungeschickt, yhr blut umbs glaubens
willen zu vorgissen", gründet gerade nicht in dem Zweifel, „ob die
Christenheit schon revolutionsreif sei"[302], vielmehr umgekehrt in der
Einsicht, daß sie allenthalben noch zu sehr auf die Verfolgung selbstsüchtiger Interessen bedacht sei. Die „buben und schelke", die den Bund
derart für sich ausnutzen wollen, unterliegen dem gleichen Verdikt wie
die Herren, die in ihrer Selbstliebe den Mut zum Wagnis für die Sache
Gottes nicht aufbringen. Es ist mithin lediglich durch die Tendenz,
Müntzer als einen mit religiösen Argumenten agitierenden Sozial-
revolutionär zu kennzeichnen, bedingt, jedoch sachlich in keiner
Weise gerechtfertigt, wenn man die Eindeutigkeit seines aufrichtigen
Bemühens um die Reinerhaltung des ganz und gar religiös verstandenen
„alleyne umbs evangelion willen" hier in Frage stellt. Er hat das religiöse
Leben wahrlich nicht einem isolierten Bezirke weltabgewandter Innerlichkeit zugewiesen; es stand für ihn in einer steten Wechselbeziehung
zur Erfahrung der Gegebenheiten des äußeren und inneren Daseins,
mußte folglich immer einen realen Effekt im Miteinander der Christen
haben. Doch das Evangelium war ihm primär nicht um einer weltimma-
nenten Zweckhaftigkeit wichtig, sondern wesentlich für die Grundlegung
eines echten Gottesverhältnisses als der Mitte allen menschlichen Daseins
und Soseins schlechthin. Allerdings spürte er bis in die Reihen seiner
Freunde hinein ein Mißverstehen und, daraus erwachsend, ein Mißtrauen seinen Bündnisplänen gegenüber; Karlstadt war wohl nicht der
einzige, der ihm das bedeutet hatte, und mehr noch fühlte er instinktiv
den ablehnenden Widerstand in den einflußreichen Kreisen der Anhänger
Luthers. Derartige in Zweifel, Mißtrauen und Ablehnung wurzelnde
Bedenken zu zerstreuen, war sein Anliegen, wenn er, um den Anschluß
der Fürsten werbend, die religiöse Intention und den Notwehrcharakter

---

[300] Hinrichs, L. u. M., S. 72. [301] Franz, MG, S. 422,35 ff.
[302] Hinrichs, L. u. M., S. 72.

des Bundes herausstellte. Er hatte nichts zu bemänteln oder zu verbergen, im Gegenteil nur etwas klarzustellen und Unterstellungen zurückzuweisen. Es war daher ganz folgerecht, wenn er sich in dem letzten Abschnitt seines Briefes noch einmal gegen die verhängnisvolle Passivität wendet, die sich auf den seiner Meinung nach unzureichenden Glaubensbegriff zurückziehen zu können meint und daheraus einem abwegigen Leidensverständnis huldigt. „Das dye unvorsuchten wolten hye sagen, was dorfen wyr vil bundes, wyr haben uns in der taufe verbunden, eyn christ sol und muß leyden. Antwort, lerne erst, was dye tauff sey, lerne erst und erkunde, ap du Gottis gezeugnis in dyr befunden hast, ap du steen mugest, gedenk, das der ganze vorrad der kunst Gottis muss gewust und erfaren seyn in dye lenge, weyte, breyte und tyefe, Ehesiis tercio. Sunst wurden dye frechen fleschlichen menschen alle merterer werden, und dye erzvorforer wurden den eyn lytlein adder zwey von yren mertern singen, so swur man den zun heyligen, sye weren merterer, so wurde unser sach den nachkomlichen vil erger und schoder werden zu ortheyl dan der Romer grobheit.“[303] Der Sinn des Leidens ist verfehlt, wo man es als ein bloßes An-sich-geschehen lassen hinnimmt. Die *passio amara*, in der Taufe Christi vorgebildet, ist nicht Passivität, sondern hat ihren Sinn in dem Entselbstetwerden und dem Gegründetwerden auf den Felsen der Erkenntnis Gottes, in dem Freiwerden für Gott zu seinem Dienst und Willen, muß, wo sie wirklich durchlitten wurde, den Glaubenden zum tatbereiten Zeugen, d. h. zu einem für die Sache Gottes gegen dessen Widersacher offen eintretenden Christen machen. Wie anders soll sonst bei der Heuchelei und dem Wüten der Gottlosen die Welt die unverfälschte Botschaft des Evangeliums erfahren. „Wan sich dye auserwelten also schlecht solten durch getychte gute, glauben etc. lassen martern, den wurde dye buberey der gotlosen numermehr entdecket zu grunde, so kunde auch das gezeugnis Gottis in den rechten swank numermehr kommen.“[304]

Zeiß hat in seinem Bericht vom 28. Juli, den er in Weimar Herzog Johann einreichte, auf das Schreiben Müntzers sehr geschickt gerade auf den ihm selbst besonders bedenklich erscheinenden Punkt verwiesen, wo er von der Aufforderung des Predigers zu bewaffnetem Widerstand und anschließend von dem Aufruhr am Sonntag nachmittag berichtet[305]. Er meidet sorgsam jede persönliche Stellungnahme zum Inhalt des Briefes, und wenn er in formaler Übereinstimmung mit Müntzer auf eine endliche baldige Entscheidung der Fürsten zur Verhütung unabsehbarer Gefahren drängt, so tut er das nicht in der Sicht des Predigers, sondern des Allstedter Amtmannes, der in seinem Amte einer Situation ausgesetzt ist, der er sich nicht gewachsen fühlte, weil er selber noch zu keinem

---

[303] Franz, MG, S. 423,8—17.
[304] Franz, MG, S. 423,19—22.
[305] Förstemann, Bauernkrieg, S. 179 ff.

klaren Urteil über diesen seltsamen Mann gekommen war, dessen Wirksamkeit in Allstedt den Lauf der Dinge bestimmte. Alle anderen Vorgänge, so ernsthaft sie immer sein mochten, waren und blieben für ihn sekundäre Erscheinungen, deren Normalisierung man vergeblich zu erreichen suchen würde, solange man der öffentlichen Entscheidung über Müntzers Anspruch ausweicht, der legitime Künder des Wortes Gottes zu sein. Darum widerholte er auch jetzt sein ceterum censeo, „das der prediger thomas muntzer, wie er sich dan am nechsten erboten vnd teglich ausschreytt vnd erbeut, vor eyner gemeynen versamblung furbescheiden vnd verhort mocht werden". Es ist Eile geboten: „Ich halt schir fur gewiss, wue die nechste predigt fur die obrigkit, die soliche sein sach anfechten, erschellen wirdet, das er also feyntlich sey mit dem verbinten, so werden sie sich ettwas unterstehen, vnd wurde ein vnlust, der nit zusagen ist, im ambt vnd im gantzen lande."[306] Es muß die Grundfrage öffentlich und offiziell geklärt werden, „ob sie [seine Sache] von got sey, wie der prediger auch on alle schew offentlich ausschreytt, das es gott also in diser zeit schickt, vnd der werdts auch on aller gegenwehr, vermogens vnd zuthun nicht hynderen lassen". Dann erst, dann aber endlich kann und muß man die praktischen Folgerungen daraus ziehen: „Wue dem also were, kont noch solt man wider got nit streben. Wue aber vermerckt, das es nicht gottis will sey, dobey auch zuthun, souiel sich geburt, domit die ding nach gotlichem willen alleyn geordnet etc."[307]

4. Das Verhör in Weimar und der Abschluß der Allstedter Wirksamkeit

Es läßt sich nicht feststellen, ob der Bericht von Zeiß den Anstoß zu dem Verhör in Weimar gegeben hat oder ob die Kunde von den neuerlichen Unruhen in Allstedt schon zuvor bis zu dem Herzog und seinen Räten gedrungen war und diese sich bereits zum Eingreifen entschlossen hatten, als der Schösser am Donnerstag am Hofe erschien, um „Eylendts" zu berichten[308]. Vorgeladen waren „schosser, schulteis, zwene des rats" und der „prediger", die „vnderscheidentlich vnd ide[r] insonderheit" verhört wurden[309], die ersteren, wie es sich aus ihrer Angabe im Briefe an den Kurfürsten vom 3. August ergibt, am Sonntag dem 31. Juli[310], Müntzer am 1. August. Herzog Johann gibt in seinem Schreiben an den kurfürstlichen Bruder als Verhandlungstag allerdings nur den 1. August an, und auch in dem „Protokoll", das er beilegte, findet sich lediglich der Hinweis, daß der Prediger an diesem Tage ver-

---

[306] Ebd. S. 181.
[307] Ebd. S. 182.   [308] Ebd. S. 182.
[309] Ebd. S. 188; Brief Herzog Johanns an Kurfürst Friedrich vom 6. 8. 1524.
[310] Ebd. S. 186.

hört worden sei[311]. Jedoch ist das „Protokoll" offenkundig nicht „eine Originalniederschrift der Verhöre", sondern „eine zusammenfassende Redaktion beider"[312], die noch erkennen läßt, daß es dem Herzog vornehmlich darum zu tun war, dem Kurfürsten die reichlich fragwürdige Haltung des Predigers vor Augen zu führen[313]. Dementsprechend standen die Müntzer gemachten Vorhaltungen und seine Antworten am Anfang, der ihm erteilte „Abschied" am Ende des Berichts, der durch die ausführlichere Wiedergabe des Verhörs der weltlichen Amtspersonen unterbrochen wurde, um die verantwortliche Rolle des Predigers eindeutig herauszustellen. Es war sichtlich wohlbedachte Taktik der fürstlichen Räte, den Schosser, den Schultheiß und die beiden Ratsvertreter einen Tag vor Müntzer „insonderheit" zu befragen, damit sie nicht durch die Gegenwart des Predigers in ihrer Aussagefreiheit gehemmt würden, wohlbedacht auch, daß sie bis auf die Anfänge der Unruhen im Konflikt mit dem „closter Neudorff" Rede und Antwort stehen mußten. Müntzer wurde dabei durch die Aussagen immer wieder mehr oder minder schwer belastet, und es dürfte nicht ohne Absicht im „Protokoll" ausdrücklich vermerkt worden sein, daß die „geschickten des rats" im Zusammenhange der Bündnisangelegenheit erklärt hatten, „Sie weren arme vnuerstendige leute, was sie theten oder getan, darzu hett sie der prediger beredt"[314]. Man konnte so tags darauf Müntzer mit guten Gründen die eingangs erwähnten Vorhaltungen machen. Über die Anklage „schmehelicher wortt" gegen den Kurfürsten in der Pfingstpredigt, die dem Herzog „vor wenigen tagen allererst" zur Kenntnis gekommen waren, kam man vermutlich schnell hinweg, da die Allstedter Vertreter bei ihrer Vernehmung schon erklärt hatten, „dauon wusten sie nit"[315] und damit Müntzers Verwahrung dagegen bekräftigten[316]. Aber der Vorwurf, in seinen Predigten „das volck offentlich" zum „bundtnus wider die gotlosen"[317] aufgefordert zu haben, blieb auf ihm hängen. Herzog Johann selber hatte ihm entgegengehalten, daß das „von Ime mit der schrift nit mocht becrefftiget werden"[318], woraufhin Müntzer sich „der lere halben ... erbottig" erklärte, „vor einer christlichen vngeferlichen gemein anttwortt zugeben"[319]. Er hielt demnach an seiner grundsätz-

---

[311] So auch in dem Memorandum der Fürsten an Herzog Georg von Anfang September (?) (Förstemann, Nr. 17, S. 252).

[312] Hinrichs, L. u. M., S. 74 Anm. 2.

[313] Hinrichs wird m. E. der Haltung Herzog Johanns im Weimarer Verhör nicht gerecht, das er überhaupt im ganzen wie in manchen Einzelheiten nicht zutreffend interpretiert.

[314] Förstemann, Bauernkrieg, S. 185.

[315] Ebd. S. 184.　　　[316] Ebd. S. 183.　　　[317] Ebd. S. 182.

[318] Ebd. S. 182. Das ist doch wohl auch ein später Beleg dafür, daß Johann durch die „Fürstenpredigt" nicht von Müntzers Thesen „verunsichert" worden ist.

[319] Förstemann, Bauernkrieg, S. 183.

lichen Auffassung von der Berechtigung eines christlichen Verbündnisses gegen die Gottlosen fest. In dem ihm erteilten Abschied heißt es freilich, daß er nicht nur die Schriftwidrigkeit, sondern überhaupt die „Bundespredigt" selbst geleugnet habe: „Wiewol er vermeint hett, das er in der predigt das volck zum pundtnus nit vermannt, so befund man doch, das ers gethan. Wie es aber Ime gezimpt hett, konnt er bedencken."[320] Doch liegt hier m. E. eine Mißdeutung seiner Aussagen vor, die aus der Bestreitung der Schriftwidrigkeit seiner Bundespredigt die Erklärung werden ließ, „zum pundtnus nit vermannt" zu haben, es sei denn, daß er sich dagegen verwahrt hat, daß man seinen Bund der Notwehr als ein aggressiv-revolutionäres Unternehmen abzustempeln versucht hatte.

Das Verhör erweckt fast den Eindruck, als habe man es darauf abgesehen, soviel belastendes Material gegen Müntzer beizubringen, daß man ihn mit Fug und Recht aus dem kursächsischen Herrschaftsbereich entfernen konnte, ohne den beiden Fürsten als Beschützern des evangelischen Glaubens etwas zu vergeben. Herzog Johann hatte eben in diesen Tagen Luthers „Brief an die Fürsten zu Sachsen von dem aufrührischen Geist" in die Hände bekommen und war davon sichtlich beeindruckt worden: „E. F. G. soll nicht weren dem ampt des worts. Man lasse sie nur getrost und frisch predigen, was sie konnen, und widder wen sie wöllen. Denn, wie ich gesagt habe, Es müsen secten seyn, und das wort Gottes mus zu felde liegen und kempffen ... Wo sie aber wöllen mehr thun denn mit dem wort fechten, wöllen auch brechen und schlahen mit der faust, da sollen E.F.G. zu greyffen, Es seyen wyr odder sie, und stracks das land verbotten und gesagt: ‚Wyr wöllen gerne leyden und zusehen, das yhr mit dem wort fechtet, das die rechte lere bewerd werde, Aber die faust hallte stille, denn das ist unser ampt, odder hebt euch zum lande aus.'"[321] Dieses klare Votum des Reformators ließ den Herzog seine Bedenken überwinden und dem kurfürstlichen Bruder nahelegen, Müntzer aus Kursachsen zu entfernen. Das war unmißverständlich dem Vermerk zu entnehmen — und Friedrich der Weise hat es auch so verstanden[322] —, mit dem er das redigierte Protokoll der Weimarer Verhöre nach Lochau schickte: „Dieweil den zu besorgen, das derselb prediger, wo er zu Alstet plieb, den armen leuten ein auffrur vnd vnlust zurichten wurde, so zweiueln wir nit, E.l. werden wol zubedencken wissen, was seinethalb weiter zetun vnd Jme anzuzeigen sein will."[323] Damit stimmt der Vorschlag überein, den er für die Behandlung der von Müntzer am 1. August in der Wei-

---

[320] Ebd. S. 186.
[321] WA XV, S. 218,18—219,10 passim.
[322] Vgl. seinen Brief an Herzog Johann vom 11. 8. 1524 (Förstemann, Bauernkrieg, S. 195).
[323] Ebd. S. 188.

marer Kanzlei zurückgelassenen „geschriebene[n] materi" machte: „. . . wiewol doneben nit angezeigt, ob dieselbigen der meinung solt vberantwortt
sein, das E.l. vnd wir dieselben wolten besichtigen lassen, ab sie zuze-
lassen ader nit, so halten wirs doch dofur, das es der meinung bescheen
sei, vnd besorgen, er werde nit vnderlassen, das vnd ein anderes an
dem ader an andern orten in druck zugeben. Nun were es vnsers achtens
besser, wan er es nit lassen wolt, das ers ausserhalb dan in E.l. vnd
vnsern landen thete"[324]. Dagegen geht er auf das von Müntzer selbst
vorgebrachte und von Zeiß so lebhaft unterstützte Begehren einer Disputation „vor einer christlichen vngeferlichen gemein" überhaupt nicht ein.
Hatten ihm Luthers ironische Glossen dazu[325] auch dieses „Erbieten"
des Allstedters suspekt gemacht?

Man kann den Verdacht nicht ganz unterdrücken, daß das „Protokoll"
von den Räten darauf zugeschnitten wurde, den Kurfürsten im Sinne
der ihm von seinem Bruder nahegelegten Entscheidung zu beeinflussen.
Es wurden möglicherweise vornehmlich die Passagen aus dem Verhör
der Allstedter Amtspersonen angeführt, aus denen einerseits hervorging,
wie sehr Müntzer die unruhigen Geister inspiriert und mobilisiert
hatte, aus denen andererseits zu entnehmen war, daß der Schultheiß
und die beiden Ratsherren auf die eindringlichen Vorhaltungen durchaus
positiv reagiert hatten und willens waren, sich für die Wiederherstellung
von Ruhe und Ordnung. in Allstedt einzusetzen. Es traf fraglos zu,
daß man ihnen nachdrücklich zu verstehen gegeben hatte, daß sie keinerlei Anlaß hätten, ihren Landesherrn zu mißtrauen und zu wähnen,
sie müßten sich im kursächsischen Herrschaftsbereich gegen eine Bedrohung ihres evangelischen Glaubens durch irgendwelche Verbündnisse
schützen: „Sie wusten [= wüßten!], das Jre churf. vnd f.g. Jren vnterthanen nit wehrten, das euangelion zu horen, wolt nur got, das es
vberall recht vnd rein gepredigt wurde. Darumb sie ie kein vrsache
zu solchen pundtnus hetten. So were Jrer ein handt voll, wol mochten
Jre pundtgenossen sie in vnlust furen, aber darnach, wan es vbel zuginge,
wurden sie die kopff aus der schlingen zihen etc."[326] Ebenso übernahm
man die daraufhin von den beiden Ratsvertretern abgegebene Erklärung,
„sie wolten es dem Radt vnd Jren nachtbarn anzeigen. Sie weren arme
vnverstendige leute, was sie theten oder getan, darzu hett sie der prediger beredt, vnd gebeten, das vnser gnediger her in doch ein schrift
an rat vnd gemein mitgeben wolten, welchs sein f.g. lauts beigelegter
Copien mit B. verzeichnet also getan"[327]. Man zeichnete damit sicherlich
kein falsches Bild des Verhörs, hob aber alles das hervor, was dazu
dienen konnte, etwaige Bedenken des Kurfürsten zu zerstreuen, daß
eine Ausweisung Müntzers neue Unruhen auslösen würde. Mehr als

---

[324] Ebd. S. 189.
[326] Förstemann, Bauernkrieg, S. 185.

[325] WA XV, S. 213 f.
[327] Ebd. S. 185.

32 Elliger, Müntzer

eine Vermutung kann das freilich nicht sein. Immerhin läßt sich schwerlich übersehen, daß man sich am Weimarer Hof einige Mühe gab, Friedrich dem Weisen die Entfernung Müntzers als den einfachsten und zweckmäßigsten Weg zu insinuieren, in Allstedt wieder geordnete Verhältnisse zu schaffen.

Müntzer konnte sich nicht verhehlen, daß man in Weimar nicht gesonnen war, seine Agitation für einen „organisierten" Zusammenschluß der Auserwählten wider die Gottlosen zu dulden. Man hatte ihm nicht nur einen scharfen Verweis wegen seiner das Volk aufbringenden Predigttätigkeit erteilt, sondern hielt die ganze, sich bedrohlich zuspitzende Allstedter Angelegenheit für schwerwiegend genug, den obersten Landesherrn damit zu befassen. „Dieweil aber solche vnd dergleichen vnschicklickeit mer befunden, die er zu alstedt begunst vnd furgenomen, so wolt vnser gnediger her den handel vnserm genedigsten hern zu erkennen geben vnd sich mit seiner Churf. gnaden weiter darauff vereinigen, vnd was Jrer churf. vnd s.g. gemut sein, wurde man Jm in kurtz anzeigen lassen, das er sich wurde halten mussen."[328] Trotzdem gab er seine Sache nicht gleich verloren und erklärte sich bereit, sich bis zum Abschluß des Verfahrens den ihm gemachten Auflagen zu fügen: „Das er also gewertig zu sein, sich auch furderlich fridlich zu halten angesagt."[329] Er rechnete wohl mit einem günstigeren Entscheid des Kurfürsten, zumal er hoffen mochte, durch die soeben in der Kanzlei abgegebene „Auslegung des 1. Cap. des Ev. Luc." die Fürsten für sich zu gewinnen. Vielleicht hatte er auch in der Verhandlung den Eindruck gewonnen, daß Herzog Johann, ungeachtet seines Einwandes, daß Müntzers Bündnispredigt „von Jme mit der schrift nit mocht becrefftiget werden"[330], in der ihm vorgetragenen Argumentation doch manches gefunden habe, das ihm als einem evangelischen Fürsten zu denken gab. Waren in seinen Augen vielleicht nur die Räte die eigentlichen Scharfmacher, die ihn als einen lästigen Störenfried betrachteten[331]? Dann hatte er sich allerdings in der Beurteilung des Herzogs getäuscht, der nach den jüngsten Erfahrungen dem unruhigen, Unruhe schaffenden Treiben dieses Außenseiters der Reformation Einhalt zu gebieten sich entschlossen hatte.

Von besonderem Interesse ist in diesem Zusammenhange Müntzers Aussage in seinem „Bekenntnis", daß er in diesen Tagen dem Eisenacher Pfarrer Dr. Jakob Strauß begegnet sei: „Sagt, das er doctor Strauß habe zu Weymar angeredt, do er uff schrift herzogk Johans zu Sachsen

---

[328] Ebd. S. 186.   [329] Ebd. S. 186.   [330] Ebd. S. 182.
[331] Es findet sich in seinen Auslassungen allerdings keinerlei Andeutung, die in diese Richtung weisen könnte.

etc. erschinen."[332] Der Allstedter wird bei diesem Zusammentreffen den Grund seiner Anwesenheit in Weimar nicht verschwiegen haben. In der Unterhaltung machte er sicherlich auch seinem Unmute über Luther Luft und sprach er von seinem Anerbieten, auf kritische Beanstandungen seiner Lehre „vor einer christlichen vngeferlichen gemein anttwort zugeben", natürlich nicht ohne erneut ein Gespräch „im Winkel" mit Luther und seinen Getreuen abzulehnen. Strauß war gewiß kein Parteigänger Müntzers, aber auch er hatte seine Erfahrungen mit dem übermächtigen Einfluß Luthers auf die sächsischen Fürsten in Fragen der reformatorischen Lehre gemacht[333]; es gab zudem noch andere Kontroversen im Wittenberger Lager, die einer Bereinigung bedurften, so daß er den von Müntzer geäußerten Gedanken eines freimütigen Religionsgespräches der differierenden Männer mit den Wittenberger „Häuptern" aufgreift und schon zwei Wochen später etwas modifiziert Herzog Johann bei dessen Aufenthalt in Eisenach[334] vortrug. Johann berichtet darüber seinem Bruder am 24. August, „das Doctor Jacobus straus, der prediger zu Eisenach, doselbst zu vns komen ist, der des munzers vnd seiner anhenger leer vnd der newen geister halben, wie er sie genant, allerlei mit vns geredt. Nun ist sein bedencken vnd rat gewest, dieweil Doctor Carlstadt derselben meynung, wie er etwo zu witenberg von Jme verstanden, auch were, vnd an das in andern artickeln mit Doctor Martinus streitig sein sol, das wir gedachten Doctor Martinus vnd Carlstatt, philipssen Melanchton, Jnen, den prediger zu Alstet vnd andere hieher erfordern solten, sich von denselben vnd andern artickeln zu vnderreden. Dieweil dan Doctor strauss vnd nun sein volger vns vil muhe dis orts mit dem machen, das sie gelert vnd gepredigt, man muge widerkeufliche Zinse als wucher an todtsunde nit bezalen, des aber Doctor Martinus mit Jnen auch nit einig, vnd Doctor Carlstat vns itzo geschrieben, dorinne er sich auch erboten vorzukomen, so seindt wir gnaigt, den kosten dorauf zugehen lassen vnd sie miteinander furderlich, dergleichen auch den Schosser, schultes vnd Rat von alstet auf die selb zeit hieher zu eruordern, domit der prediger zu Alstett nit zu sagen hab, so er geurlaubt, er hett seiner lehr halben nit mugen zuuerhor kommen, die er zu erhalden sich vilmals erboten. Dan so er gehort vnd vngeschickt befunden, hat man alsdan desto besser vnd mer vrsach Jhnen zu erlauben. So wurde auch das arme volck, so er verfurtt hat desto bas zu settigen (?) vnd stillen sein"[335]. Dem ihm nunmehr von drei Seiten, wenn schon in jeweils anderer Form

---

[332] Franz, MG, S. 545,13 f. — Dazu siehe oben S. 237 ff.
[333] Vgl. Rogge, S. 78 ff.; Hinrichs, L. u. M., S. 84—89.
[344] Herzog Johann hielt sich von Sonntag, den 14. 8. bis Montag, den 21. 8. 1524 in Eisenach auf.
[335] Förstemann, Bauernkrieg, S. 199—200.

unterbreiteten Anliegen war der Herzog schließlich geneigt zu entsprechen. Er war sogar bereit, Müntzers speziellen Wunsch in gewisser Weise zu berücksichtigen: das Gespräch sollte nicht in Wittenberg, sondern in Weimar erfolgen, und repräsentative Vertreter der Allstedter Bürgerschaft sollten dazu eingeladen werden. Das ihm soeben bekannt gewordene Gerücht von der Flucht des Predigers nach Mühlhausen mochte ihm den Entschluß erleichtert haben. Traf es zu, „so wer villeicht ane nott weiter mit Jme zuhandeln, mocht auch besser sein, das er sich selbst hinwegk wendet, dan das Jm solt vrlaub gegeben werden"[336]. Jedoch auch wenn es sich als falsch herausstellen sollte, wäre es gut, daß Müntzer sich vor einem solchen Gremium verantworten müßte, wobei Johann offensichtlich ziemlich sicher damit rechnete — von Strauß in seiner Annahme bestärkt[337]? —, daß der Eiferer keine nennenswerte Unterstützung für seine Ideen finden würde. Beharrte er dann trotzdem unnachgiebig auf seinem Standpunkte, war seine Entlassung aus dem Allstedter Pfarramt berechtigt, und auch das Volk würde sie bald als berechtigt anerkennen. Müntzer wurde — so etwa mochte es der Herzog ansehen — vor ein Entweder-Oder gestellt, das auf jeden Fall seine aufreizende Agitation in Allstedt unterbinden würde.

Da sich Müntzer dieser Begegnung mit Strauß später noch wohl erinnert, dürfte sie für ihn, auch ohne Kenntnis der eben aufgezeigten Auswirkungen, in der damaligen Situation doch etwas bedeutet haben, sei es auch nur, daß er einen Gesprächspartner fand, der auf sein Anliegen irgendwie einging. Wie aber läßt es sich erklären, daß er über den Verlauf des Verhörs der am Sonntag Vorgeladenen und den ihnen erteilten Abschied in Weimar selbst von diesen offenbar noch nicht unterrichtet worden zu sein scheint? Auch Herzog Johann drückt sein Erstaunen darüber aus, daß „der prediger eingeschriebene materi hinder Jme gelassen vnd gebeten, das sie in vnser Canzlei mocht geantwortt werden", „wiewol wir dem schosser vnd den geschickten des rats alhie haben anzeigen lassen, das sie den drucker sollen ziehen lassen vnd Jme des orts keins druckens gestaten, welchs sie dem prediger sonder Zweiuel nit vorschwigen"[338]. Er nimmt demnach an, daß Zeiß und die Ratsvertreter die Möglichkeit hatten, ihren Prediger in Weimar schon über die ihnen gegebenen Anweisungen zu informieren. Das legt die Vermutung nahe, daß diese es anscheinend vorgezogen hatten, eine Begegnung mit ihrem Pfarrer im unmittelbaren Anschluß an ihre Entlassung zu vermeiden und alsbald abgereist sind, während Müntzer

---

[336] Ebd. S. 199.
[337] Hinrichs, L. u. M. (S. 140), bewertet die Position von Strauß falsch.
[338] Förstemann, Bauernkrieg, S. 189.

sich vielleicht erst am Dienstag allein wieder auf den Heimweg gemacht hat, ohne zu ahnen, welche bittere Enttäuschung ihm bevorstand.

Am 3. August wurde ihm nämlich „in kegenwert des Raths vnd etlicher gemein"[339] von dem Schösser auf dem Schloß eröffnet, welche Weisungen den Allstedter Behörden in Weimar erteilt worden waren; und jetzt erst erfuhr er, wie ihm durch administrativ-polizeiliche Maßnahmen die Hände gebunden werden sollten. Kein Wunder, daß er außer sich geriet, zumal wenn ihm Zeiß die Anordnungen in der Reihenfolge mitteilte, wie sie in seinem Berichte an den Landesherren stehen: „das wir die druckerey bey vns zurgehen sollen lassen vnd dem drucker sein abschied geben. Zum andern sollen wir vnserm prediger zw auffrur oder sunderlicher vorpindtnuss zw predigen nicht gestaten, vnd die nachmals in straff nehmen, die Zurstorung der clausen mallerbach vnterstanden etc."[340]. Müntzer war nur schwer zu bewegen, sich dem zu unterwerfen, insbesondere dem Verbot der Druckerei. Er bestürmte die Anwesenden, ihm wenigstens noch die Möglichkeit zu geben, sich gegen das von Luther wider ihn geschriebene „Schmachbüchlein" zu wehren. Als man ihm aber unerbittlich das fürstliche Verbot entgegenhielt, „ist er mit tzorne bewegt vnd gesagt: ,Wan die fursten von Sachsen mir mein hende alsso pynden wollen vnd nicht gestaten mein notdurfft wider luthern ausszuschreiben, sso wil ich yn das ergeste thun, was ich kan ader magk'"[341]. Diese Drohungen gegen die Obrigkeit konnten die amtlichen Instanzen nach den eben erst in Weimar erhaltenen Ermahnungen nicht stillschweigend hinnehmen, und sie machten Müntzer auch gleich höchst offiziell darauf aufmerksam. Zu spät merkte der Erregte, daß er sich eine neue, unter den gegebenen Umständen schwerwiegende „Unschicklichkeit" hatte zuschulden kommen lassen und suchte sich vergebens mit einer gewundenen Erklärung herauszureden: „Er hets alsso nicht gemeint, sundern ditz ist sein gemuthe gewest, Er wolts der Cristenheit clagen, die worde den forsten von Sachssen darumb das ergest thun, wie sie kunt vnd mocht."[342] Er mußte zur Kenntnis nehmen, daß man seine Äußerung dem Kurfürsten melden müsse und er sich deswegen zu verantworten habe. Er mußte damit überhaupt zur Kenntnis nehmen, wie diese seine „Bundgenossen" sich zu ihm verhielten und wie wenig Verlaß im Ernstfall auf sie war. Es war für ihn eine Stunde bitterer Enttäuschung, die er nicht leicht verwunden hat. Trotzdem war es allem Anscheine nach nicht einfach ein Akt resignierender Reaktion auf das klägliche Schauspiel, das sich ihm bot, wenn er sich verpflichtete, „sich von Allstett nicht abzuwenden, sundern wan er von e.c.f.g. gefordert, sso will er disse wort gnuglich vorantworten

---

[339] Ebd. S. 187; Brief von Schosser, Schultheiß und Rat zu Allstedt an den Kurfürsten Friedrich vom 3. 8. 1524.
[340] Ebd. S. 186.   [341] Ebd. S. 187.   [342] Ebd. S. 187.

vnd alsso, das e.c.f.g. ein gnuge doran haben sollen. Vnd auch darauff dem drugker ein gutlichen abschied gegeben. Dorneben auch gewilligt kein vorpuntnuss zu halten, ssundern eynem ydern heymgestelt frey vnd ledig"[343]. Eher scheint seine Unterwerfung die in lebhafter Auseinandersetzung hartnäckig verfochtene Bedingung des Schultheiß und einiger Ratsmitglieder gewesen zu sein, unter der sich Schösser, Schultheiß und Rat schließlich bereit fanden, noch einmal bei dem Landesherren zu Gunsten Müntzers vorstellig zu werden. Denn etwas überraschend mündet der zunächst recht belastende Bericht in eine ihre geistige Herkunft nicht verleugnende Unterstützung der von Müntzer selbst in einem beigefügten Schreiben vorgetragenen Anliegen aus: „Aber, gnedigster herre, E.c.f.g. konnen wol bedencken, die weil luther widder vnsern prediger schreibt, sso muss ye pillich seyn, das er sein antwort auch darauff thun mocht, vnd ist an E. churf. g. vnser demutige bitte, e.c.f.g. wollen yn vnverhort nicht vordammen lassen, sundern auffs allerforderlichste vorhoren lassen. Wue es aber E. churf. g. nicht balt thun worde, besorgen wir, ein grosser auffrur vnd blutvorgiessung daraus erspryssen mocht in betrachtung, das manches bydder gewissen sulchs annympt vnd nicht anders wissen, das sein lere den rechten Christenglauben mehr den luthers erbewbet vnd antzeigt. Dan wue er ane vorhore solt wege weichen, mocht manch gewissen darinnen vorrugt und vom rechten wege der seligkeit abgerissen werden. Darumb wollen e.c.f.g. nicht des predigers, ssundern vnsser arme leuthe seligkeit bedencken vnd yhe eher ye besser dartzu thun; dan es ist in vnserm vormogen sunst nicht, auffrur zu erwheren."[344] Man umging mit einigem Geschick die direkte Bitte, den Drucker für Müntzer noch weiterhin tätig sein lassen zu dürfen, verwandte sich aber aus Billigkeitsgründen für das Recht des von Luther Angegriffenen zu einer entsprechenden Verteidigung und ließ — mit Absicht? — im Duktus des Schriftsatzes sogar die Möglichkeit offen, diese Bitte mit der um ein Verhör Müntzers, d. h. einer Disputation in seinem Sinne, in eins zu sehen. Der in Zeiß' Argumentation schon stereotype Hinweis auf die Gefahr des Aufruhrs fehlte natürlich nicht; doch bat man den Fürsten auch, „vnsser arme leuthe seligkeit [zu] bedencken" und sprach in eben diesem Zusammenhange von den schwerwiegenden Folgen, „wue er ane vorhore solt wegh weichen". Hier auf die verhängnisvollen Auswirkungen einer möglichen Flucht Müntzers aus Allstedt hinweisen zu wollen, dürfte kaum in der Absicht der Briefschreiber gelegen haben, die wenige Zeilen zuvor berichtet hatten, er habe dem Schösser in Gegenwart des Rates und etlicher Gremien „angelobt, sich von Alstett nicht abzuwenden". Vielmehr deutet diese Bemerkung möglicherweise daraufhin, daß die vier nach Weimar zitierten Männer dort den

---

[343] Ebd. S. 187.   [344] Ebd. S. 187 f.

Eindruck einer recht negativen Beurteilung Müntzers, seines Treibens und seines Bleibens in Allstedt gewonnen hatten und sie es nicht für ausgeschlossen hielten, daß man ihn aus der Stadt entfernen würde. Dem suchten nun seine Freunde durch den Hinweis auf die Seelengefährdung aller derer entgegenzuwirken, die „nicht anders wissen, das sein lere den rechten Christenglauben mehr den luthers erbewbt vnd antzeigt"[345]. Es war also Müntzer gelungen, die Allstedter noch einmal zu einer Intervention zu seinen Gunsten bei dem Kurfürsten zu bewegen, ohne daß sie sich allerdings bereit gefunden hätten, offen gegen die konkreten Anordnungen aus Weimar zu remonstrieren.

Müntzer diktierte, anscheinend noch auf dem Schlosse, einen eigenen Brief an den „thetigen vater und herren Fridrichen"[346], in dem er auf die Vorgänge der letzten drei Tage nicht weiter eingeht und sich auf eine sachliche Rechtfertigung seiner Bitte um die Ermöglichung einer öffentlichen Auseinandersetzung mit Luther in Wort und Schrift beschränkt, die Luther selbst herausgefordert habe. Da der Unglaube, „wilcher sich mit dem scheyn der christlichen kirchen bisher beholfen"[347], sich neuerdings durch eine auf die menschliche Bequemlichkeit spekulierende, vorgegebene Duldsamkeit zu tarnen sucht, hat Gott ihn, Müntzer, berufen, in die Bresche zu springen und die Christenheit von Grund auf zu reformieren, wie Gott es auch schon hie und da (d. h. z. B. in Allstedt!) hat geschehen lassen. Die „gotlosen gelerten" dagegen treibt der Satan jetzt wie zuvor die Mönche und Pfaffen ihrem Untergang entgegen; denn man sieht ja, wes Geistes Kinder sie sind, wenn sie „den heilgen geist Christi" zum Gespött machen und ihn, wenn er in vielen Erwählten wirkt, „eynen teufel schelten, wie itzt der vorlogne Luther thut in seynem schantbrief, an die herzogen zu Sachsen und widder mich ausgangen, do ehr so grymmig und heslich einher platzt als ein prechtiger tyranne on alle bruderliche vormanung"[348]. Es würde wahrlich ein bitterer Scherz werden, wollte ihm Müntzer „sein lestermaul" vergelten, wozu er jedoch gar nicht gesonnen ist. Nur darf Luthers Schmähung nicht ohne jede Entgegnung bleiben, und zwar um der vielen Frommen willen, „die mein lehr aus frembden landen und steten gehort haben"[349]. „Derhalben bitt ich treulich, eure thetige güte wollen mir nit weren ader vorbithen, der armen christenheit zu frumen zu predigen und zu schreiben, zu vormeiden ander ferlickeit, die durch die christenheit mocht widder benanten Luther vorgewant werden und dornach

---

[345] Ebd. S. 187—188. Beachte den Hinweis: „Hierbey auch selbst ein schrifft an e.c.f.g. gethan, die e.c.f.g. lessen werden."
[346] Franz, MG, S. 430 ff. [347] Ebd. S. 430,5.
[348] Ebd. S. 430,15—18. [349] Ebd. S. 430,21 f.

schwerlich widder zur eynickeit gedeyen."[350] Die Übereinstimmung dieser Kombination von seelsorgerlichen Bedenken und der Warnung vor möglichen Unruhen mit der Schlußpassage des Amtsschreibens ist augenscheinlich; sie braucht nicht das Ergebnis einer bewußten Abstimmung zu sein, bietet aber wohl einen kleinen Einblick in den Tenor des Gespräches auf dem Schlosse, als man zu einer Übereinkunft über den modus procedendi gelangte. Im übrigen gibt schon dieser erste Teil seines Briefes zu erkennen, daß er zu seiner zunächst etwas gedämpften Selbstsicherheit zurückgefunden hatte, und sie steigerte sich zusehends in dem folgenden Abschnitt, wo er die Frage des Verhörs zur Diskussion stellt oder richtiger seine Bedingungen nennt.

Zwischen ihm und Luther, davon geht er aus, liegt eine abgrundtiefe Kluft: „Ich predige eynen solchen christenglauben, der mit dem Luther nit einstimpt, sonder der do in allen herzen der auserwelten auf erden gleichformig ist"[351], d. h. einen Glauben, der sich nicht auf die historische Kenntnis irgendwelcher religiösen Tradition beruft, sondern der unabhängig und frei von jeder Lehre einer positiven Religion allein aus der „bewegung des heilgen geists" erwächst. „Drumb wen ich solt vorhoret werden vor der christenheit, so must man empiten, kunt thun und zuschreiben allen nation der menschen, die im glauben unuberwintliche anfechtung erduldet hetten, yre vorzweifelung des herzen erfunden und durch dieselben allenthalben erinnert weren. Solche leut mocht ich zu richtern erdulden."[352]. Müntzer fordert damit nicht ein internationales und interkonfessionelles Gremium als richterliche Instanz, vielmehr macht er zur Bedingung, daß Menschen ihr Urteil abgeben, die „die bewegung des heilgen geists" erfahren haben, und seien es Türken und Heiden; hatte doch auch Cornelius, als er noch Heide war, die Gabe des heiligen Geistes empfangen, „den anfang des selbigen glaubens", den Müntzer predigt. Das heißt, er ist nicht gesonnen, sich vor einer Delegiertenkonferenz gelehrter Theologen zu rechtfertigen, wohl aber vor einer unabhängigen Versammlung geisterfahrener und geistbegabter Menschen, an der auch jene Frommen zu beteiligen seien, „die mein lehr aus frembden landen und steten gehort haben". Also auch kein „ökumenisches Forum", auf dem vielwissende Theologen theologische Probleme mit ihm diskutieren wollen, über die sie vieles gelesen, vieles sich erdacht haben; vielmehr eine freie öffentliche Versammlung, deren Teilnehmer die Anfechtung, Verzweiflung und den Durchbruch des Glaubens in sich erlebt hatten, davon so wie er selber Zeugnis geben konnten und deshalb über die Wahrheit und Gültigkeit seiner Lehre wirklich zu urteilen imstande waren.

Im Grunde kam es nach seiner Meinung gar nicht so sehr darauf an,

---

[350] Ebd. S. 430,24—28.   [351] Ebd. S. 430,29 ff.   [352] Ebd. S. 431,3—7.

ihn selbst zu „verhören" als darauf, die zu hören, die von dem, was er gelehrt hatte, innerlich erfaßt worden waren. „Christus wolt vorm Hanna nit sich selbs beschuldigen, sonder sagte: ‚Was fragst du mich, frage, die meyn lehr gehort haben.' Do hat er den gotlosen regenten an das volk geweiset."[353] Das gläubige Volk ist also das wahrhaft urteilsfähige und wirklich kompetente Richterkollegium[354]. Es widerstrebte ihm geradezu, sich vor denen zu rechtfertigen, „die den heilgen geist offentlich bespotten und vorlestern"[355], das hieße ja, „den schweynen die perlen vorwerfen". Zudem: wer garantiert, daß die Gegner seine Geduld nicht zum Schanddeckel ihrer Bosheit machen und gemäß ihrer nach ihrem Gutdünken frivol umgedeuteten Parole, „die christen sollen leiden und sich martern lassen und sich nit weren"[356], mit ihm verfahren? Er scheute sich frei heraus zu sagen, daß er die Anwesenheit seiner Anhänger auch zu seiner leiblichen Sicherheit wünschte. Er traute es offenbar seinen Widersachern zu, daß sie ihn bei einem „Verhör im Winkel" der Irrlehre oder der Anstiftung zum Aufruhr überführt erklärten und ihn kurzer Hand gefangensetzten oder sonstwie mundtot machten. Allerdings hatte Luther die Fürsten zum rücksichtslosen Einschreiten gegen den aufrührerischen Geist ermahnt, der im Stile des Mallerbacher Kapellensturmes oder der sich daran in Allstedt anschließenden Unruhen sein unchristliches Wesen treibe. An diesem Punkte mußte der Dissensus zwischen Luther und Müntzer in der Tat ganz unmittelbare Auswirkungen auf das konkrete Handeln der obrigkeitlichen Instanzen haben; da drohte den „Aufrührern" die Praktizierung des von Luther der Obrigkeit empfohlenen Prinzips: „Die faust halltet stille, denn das ist unser ampt, odder hebt euch zum lande aus."[357]

Müntzer greift das Problem sachgerechter Beurteilung seiner Lehre noch einmal im Schlußteil seines Briefes auf, wo er die Frage nach der Handhabung der Zensur stellt. Er bestätigt, daß er sich am 13. Juli dem Herzog gegenüber verpflichtet habe, seine Bücher vor dem Druck zur Zensur vorzulegen. Doch, wer entscheidet nun in Wahrheit über das Imprimatur? Etwa seine Antipoden, die gelehrten lutherischen Theologen, die das Ohr des Staates haben? Mit einigem Rechte wehrt er sich gegen das Ausgeliefertsein an eine Instanz, die schwerlich den Wil-

---

[353] Ebd. S. 431,9 ff.

[354] Hinrichs verfehlt Müntzers Intention, wenn er meint, „Müntzers Begriff des in jedem Menschenherzen schlummernden ‚Geistes', der unabhängig von überlieferter Lehre und Schrift durch bestimmte echte Erfahrungen bewußt gemacht wird", bedeute „ein freiheitliches umwälzendes Element, sein Begriff des ‚heiligen Geistes' ist ein demokratisches und revolutionäres Prinzip, das alle die zusammenschließt, die zum Leiden und zum Widerstreben gegen die Üppigkeit der Welt bereit sind" (L. u. M., S. 95).

[355] Franz, MG, S. 431,12 f.   [356] Ebd. S. 431,16 f.

[357] WA XV, S. 219,9 f.

len oder das Vermögen hat, in völliger Unbefangenheit und mit zureichendem Verständnis über das, was er der Welt sagen muß, zu votieren: „ich wil das giftige und prechtige urteil der schriftgelerten nit allein erdulden, sonder auch des, der des glaubens ankunft aus zuknyrschtem herzen berechnet"[358]. Er konnte in der Zensurfrage naturgemäß nicht so hyperbolisch reden wie er es im Blick auf die öffentliche Disputation über seine Lehre getan hatte. Aber auch hier fordert er die Parität der Zensoren und erwartet, daß der Kurfürst seine Entscheidung nicht allein auf Grund eines Votums der Lutherclique fällt, sondern sich auch von Geistesverwandten Müntzers beraten läßt. Es kommt in dieser Erwartung bei aller grundsätzlichen Verwahrung gegen eine schon vorauszusehende Verteufelung seiner Lehre und seiner Person durch Luther ein gewisses Vertrauen zu Friedrich dem Weisen zum Ausdruck, der, so wie er ihn in den Anfängen der Allstedter Zeit trotz der verleumderischen Hetze des Mansfelder Grafen ungehindert seine reformatorische Wirksamkeit hatte entfalten lassen, ihn und den Fortgang der wahren Reformation nunmehr wohl auch der angemaßten Ketzerrichterei der gelehrten Wittenberger Professoren nicht einfach ausliefern würde. Müntzer rechnete offenbar in diesem Augenblick noch, obschon vielleicht nicht mehr so ganz überzeugt, mit einem Entgegenkommen des Landesherrn: „Derhalben wo yr meyn gunstiger herr und furst sein wolt, so wil ich bemelten christenglauben am hellen tage vor der ganzen welt muntlich und schriftlich lassen ausgehn und aufs aller treulichst eroffnen."[359] Auch er kann sich freilich nicht enthalten, den Fürsten zugleich auf die Folgen einer Weigerung hinzuweisen: „Wo aber solchs erbiethen bey eurer guthe nit wurd stat finden, habt yr zu bedenken die scheu und vorzagung des gemeynen volks gegen euch und den andern. Dan das volk grosses vorhoffens zu euch ist und euch auch Got vor andern herren und fursten viel vorsickticeit gegeben hat. Wo yr der aber wurdet hiran misbrauchen, so wurd von euch gesagt werden: Sih, dieser mensch ist, der Got nit hat wollen zum schutz haben, sonder er hat sich auf weltliche uppickeit vorlassen."[360] Was hinter diesen Worten stand und daß Müntzer damit faktisch mehr von ihm forderte als nur das Recht und die Möglichkeit ungehinderter Verkündigung seiner Ideen von der gottgewollten Reformation der Christenheit, nämlich die eindeutige Entscheidung für diese Ideen in Wort und Tat, das konnte Friedrich erst nach der Lektüre der beiden Schriften ganz ermessen, die Müntzer, wie er anmerkt, „eurem herr bruder" überreicht hatte: „die auslegung des evangelion Luce und ein unterricht durch unsern schosser schriftlich gethan, wie man gotlicher weise zukunftigem aufrhur begegnen soll"[361]. Mit einem warnenden Wort beschließt der „ernste knecht Gotes" seinen

[358] Franz, MG, S. 431,20 ff.
[360] Ebd. S. 431,25—32.
[359] Ebd. S. 431,23 ff.
[361] Ebd. S. 431,32 ff.

Brief, der mehr war als eine bloße Petition, ihm die offene Verteidigung gegen Luthers offene Angriffe ohne Einschränkung zu gewähren: „Ich vorhoff, yr werdet es halten, weil euch die welt nach so ehrlich heldet, auf das an euch nit erfüllet werde Josua am 11"[362], wo die schonungslose Vernichtung kanaanitischer Könige und Völker geschildert wird.

Die leise Hoffnung, die der gemeinsame Appell an den Kurfürsten vom 3. August in ihm gelassen haben mochte, konnte der Enttäuschung nicht lange standhalten, die ihn überkam, als er sich in den nächsten Tagen Rechenschaft über das reale Fazit der Verhandlungen und Eröffnungen vom 31. Juli bis 3. August und deren Auswirkungen auf die Allstedter zu geben versuchte: er mußte sich eingestehen, daß er das Spiel in Allstedt verloren hatte. Er durfte gewiß noch mit einer ansehnlichen Anhängerschar rechnen; aber als man in der Stadt erfuhr, was sich in Weimar abgespielt und wozu sich der Prediger danach auf dem Schlosse verpflichtet hatte, war es um seine autoritative Stellung hier geschehen und kam Allstedt als Zentrale der neuen reformatorischen Bewegung nicht mehr in Frage. Der Geist der Opposition war ihm mit unerwarteter Vehemenz entgegengetreten und brachte ihm zum Bewußtsein, daß er keineswegs die gesamte Allstedter Bürgerschaft in allem hinter sich hatte. Psychologisch verständlich nahm das erste Konzept eines Briefes an die Allstedter nach der geglückten Flucht regelrecht die Form einer grimmigen Abrechnung mit den „Treulosen" an, wobei darunter zunächst vor allem die nach Weimar entsandten Vertreter des Rates verstanden waren, die ihm ganz unverhüllt die bedingungslose Gefolgschaft aufgesagt und ihm rundheraus erklärt hatten, daß sie sich auch und gerade im Bezug auf sein weiteres Verhalten strikt an die in Weimar empfangenen Weisungen halten und keine Rücksicht mehr auf ihn nehmen würden. „... yhr wisset dach vil zu guter massen, wye yhr mich aufs creuze hattet dargegeben. Und ich werde es nach der ganzen christenheyt auffinbar machen, wye mich der Erzjudas Ischariothis Nicel Rugkert, Hans Bosse und Hans Reychart vorraten hat und dem fursten zun heyligen gesworn, mich umb den hals zu brengen, und sich des selbygen nit geschempt auffm schlösz vor meinem angesicht zu bekennen"[363]. Diese „Verräter" konnten sich augenscheinlich jetzt durchsetzen, und die Freigabe der Bundesverpflichtung durch Müntzer selbst wurde von einer wohl nicht ganz bedeutungslosen Gruppe sicherlich erleichtert aufgenommen. Seine große Enttäuschung über den „Abfall" macht doch nicht zuletzt deutlich, daß er in der Turbulenz der „Aufbruchsstimmung" kein rechtes Gespür dafür gehabt hatte, daß nicht wenige nur unter dem Drucke seiner linientreuen Funktionäre in All-

---

[362] Ebd. S. 431,35 f.   [363] Ebd. S. 433,5—10.

stedt dem Bunde beigetreten waren[364], sich mit der obligaten Formel „freiwillig" verpflichtet hatten, und die nun alles das so schnell wie möglich wieder null und nichtig zu machen suchten. Er sah auf einmal, ungeachtet der verschworenen Treue der Unentwegten keine Chance mehr für sich. Er war in einem ihm unaufgebbar gewordenen Anliegen seiner Predigttätigkeit zum Schweigen verurteilt, sollte still abwarten, wo er vor Ungeduld barst. War er zudem in der bedrohlich nahen Nachbarschaft erbitterter, zu allem fähiger Feinde, bar jeden wirksamen Schutzes, je seiner Freiheit, seines Lebens sicher[365]?

Man braucht über Müntzers eigene Angaben hinaus nicht noch besondere Maßnahmen der Stadtoberen gegen ihn als Gründe für seine Flucht zu mutmaßen, die im ersten Entwurf seines Briefes nachdrücklich zu erwähnen Müntzer sich schwerlich hätte entgehen lassen[366]. Selbst der so gern zu illusionären Erwartungen bereite Mann mußte klar erkennen, daß er in Allstedt nicht länger mehr bleiben konnte, wenn anders er noch an seine Sendung glaubte und ihr nicht untreu werden wollte. Er war in dieser Stadt faktisch entmachtet. In der Nacht vom Sonntag zum Montag (7./8. August) stieg er heimlich über die Mauer und entwich[367].

„... vff den andern tag im mittag liess er ein schrifft dem rath anttwortten"[368], die man „im beyseyn des schossers"[369] lesen sollte. Es waren nur wenige Zeilen, die „seynen brudern den ratsherrn zu Alstedt" eröffneten: „Ich hab meyner sach gelegenheyt halben mussen uber land zyhen, drumb pit ich gantz freuntlich, yhr wollet myr dasselbyge nicht verargen adder sunst wunderlich deuten. Bedencket vilfeltig, was euch nach Gottis willen zu thun ist, welchs ich euch myt dem geczeugnis Gottis alles zu vorn gesagt hab zu halten nach langwerigem bekumernis, darinnen euch Gott der almechtige nach seynem allerlybsten willen wyrt hochlich erleuchten, so yhr seyner nicht verleugknen

---

[364] Man denke an die Aussage Claus Rautenzweigs vom 10. 6. 1525: „Welcher nit im bundt wolle sein, der solle aus Allstedt ziehen" (Förstemann, Bauernkrieg, S. 215).

[365] Vgl. unten S. 511.

[366] Die von Hinrichs (L. u. M., S. 126—130) darüber angestellten Überlegungen entbehren jeglicher Grundlage und erwecken lediglich den Eindruck einer verfehlten „Ehrenrettung" Müntzers zu Lasten der „Allstedter Honoratioren". Müntzer hatte schließlich schon in Weimar „sich auch furderlich fridlich zu halten angesagt".

[367] Zur Datierung vgl. Kobuch, S. 1632—1636. — Die von Kobuch aufgegriffenen Erwägungen von Hinrichs über eine drohende Verhaftung Müntzers durch die Allstedter Ratsherren als Grund für Müntzers Flucht stellen nur einen mißlungenen Rechtfertigungsversuch des Geflüchteten dar. Ebensowenig ist es angebracht, in dem verspäteten Bericht von Zeiß über die erfolgte Flucht eine bewußte Verzögerungstaktik des Schössers erkennen zu wollen. Vgl. Hinrichs, L. u. M., S. 128 ff.; 134 f.

[368] Förstemann, Bauernkrieg, S. 202; Zeiß an Herzog Johann am 25. 8. 1524.

[369] Franz, MG, S. 432,5 f.; Müntzer an die Allstedter Ratsherren.

werdet; ym selbigen seyt Gott auf dismal befollen, amen."[370] Man mußte diese Mitteilung nicht unbedingt als eine Anzeige seiner Flucht ansehen, und Zeiß hat dementsprechend Herzog Johann am 25. August erklärt, „do hoben wir gedacht, er wurde widerkomen"[371]. Vornehmlich der Schlußteil des ersten Satzes war so gefaßt, daß der Gedanke an ein endgültiges Fernbleiben als böswillige Unterstellung hätte gelten können, zumal Müntzer ja in bindender Form „angelobt" hatte, „sich von Alstett nicht abzuwenden"[372]. Trotzdem liegt es wohl kaum im Bereich des Wahrscheinlichen, daß Müntzer auch nur entfernt an die Möglichkeit einer Rückkehr gedacht hat, als er diese Zeilen schrieb. Den Vorwurf, sein Wort gebrochen zu haben, muß er sich gefallen lassen, auch wenn man ihm mildernd zubilligt, daß er die Hoffnungslosigkeit seiner Lage noch gar nicht erfaßt hatte, als er sich in der Bedrängnis einer selbst verschuldeten Augenblickssituation verpflichtete, Allstedt nicht zu verlassen. Es scheinen ihm wegen dieses Wortbruchs überhaupt keine Bedenken gekommen zu sein; denn er geht stillschweigend darüber hinweg. Dagegen machte es ihm sichtlich zu schaffen, daß er sich bei Nacht und Nebel davongeschlichen hatte, ohne der Gemeinde eine Erklärung darüber gegeben zu haben, und er bemüht sich alsbald, sein Verhalten vor ihr zu rechtfertigen. Es ist aufschlußreich zu sehen, wie er mit sich selber ins reine zu kommen und sein Verhältnis zur Allstedter Gemeinde zu klären versucht.

Das erste Konzept[373] ist noch ganz und gar erfüllt von der zornigen Verbitterung über den schmählichen Verrat und kommt einer glatten Absage an die Allstedter gleich. „Nach dem yhr vor dem anbeten eynes armen elenden menschens widder horen nach sehen wollet"[374], hält er es für sinn- und zwecklos, sich mit ihnen noch weiter abzugeben und ihr angebliches Begehren nach seinem „ortheyl ... des gotlichen bezeugten bundes"[375] ernstzunehmen. Die hinterhältige Obstruktion der maßgeblichen Kreise liegt klar zu Tage, und er selber wird es „nach [noch] der ganzen christenheyt auffinbar machen"[376]. „Solte ich nhun solchen abgefallen christen dye geheymnis des bundes eroffnen, nach dem yre eyde und pflicht, dem armen menschen gethan, yhn [= ihnen] vil mehr gelten dan der bund Gottis? ... Ruret, lyben herren, lasset den dreck wol stincken. Ich hoff, yhr werdet eyn feyn bier draus brauen, yhr sauft doch gerne den unflat, ps. 74. Ich weyß euch widder zuraten nach zu helfen, nach dem ich myt meynen oren von euch gehort hab, das yhr

---

[370] Ebd. S. 432,7—15.   [371] Förstemann, Bauernkrieg, S. 202.
[372] Ebd. S. 187.
[373] Franz, MG, S. 432 f. Über die zeitliche Folge der Entwürfe vgl. die Literatur-Angaben ebd. Anm. 1.
[374] Ebd. S. 432,20 f.   [375] Ebd. S. 433,2.
[376] Ebd. S. 433,6 f.

sagt, meyne lere sey vom teufel."[377] Müntzer tat gut daran, das in seinem ganzen Tenor recht unerquickliche, unwürdige Schreiben nicht abzuschicken.

Auf der Rückseite desselben Blattes steht — sicher wohl in einem gewissen zeitlichen Abstand geschrieben — ein zweiter Entwurf, der thematisch und stimmungsmäßig einen völlig anderen Charakter trägt. Die harte Anklage ist zurückgetreten, die gehässigen Ausfälle gegen bestimmte Personen sind vermieden; statt dessen wird in einem verhältnismäßig ruhig belehrenden Tone vom falschen und richtigen Verständnis der „Besserung" der Christenheit geredet und diese Erörterung benutzt, das eigene Wollen als ein Bemühen herauszustellen, das fern von allen Gedanken an Aufruhr und Empörung eben nur der „rechten Besserung" dienen sollte. Für die Feinde des „göttlichen Bundes", so variiert er nun das alte Thema, besteht die Besserung in der Aufrichtung eines Zustandes, in dem Friede und Freude, Wohlbehagen und wuchersüchtiger Wandel das Leben bestimmen sollen; infolgedessen nehmen sie Anstoß daran, „wan sich dye heylige christenheyt vom anbeten der gezirten bosewichter abwendet mit allem gemuthe und kreften. Do wirt dye welt mit aller forcht der vorzweyfelten gottlosen erfullet, dan so sye horen eyn bletleyn am baume raußen, meynen sye, es sey eyn geharnster man do"[378]. Daran darf man sich jedoch nicht kehren; es ist heute nicht anders denn in den Tagen Christi: „dan so sye Christon fangen wolten, sorgeten sye, es mochte eyne emporung geperen."[379] Es ist nun einmal so, rechnet man mit den Großen ab, weil sie Unrecht tun und auch nicht davon lassen wollen, dann sind sie höchst empfindlich und reden gleich von Aufruhr, den sie doch selbst „mit allen yren gedanken, worten, werken vororsachen"[380]. Wenn sich nun die Allstedter genauso wie zuvor schon die Orlamünder „umb der gotlosen willen" zur Verleugnung des Gottesbundes bereit finden, ist er, der Prediger, entschuldigt: „do kan ich nit zu, wisset yhr doch wöl, das [m]eyn screyben widder keine herschaft angericht, allein widder dye unvorschempte tyranney"[381]. Sie haben sich faktisch gegen ihn entschieden; ihm bleibt nichts übrig, als sie abermals zu beschwören: „Leydet umb Gottis willen. Ich rath es euch, yhr werdet sunst umbs teufels willen zu vil leyden."[382]

Auch mit dieser Fassung war Müntzer jedoch nicht zufrieden, und erst bei einem dritten Versuch gelang es ihm, die Form zu finden, die das zum Ausdruck brachte, was er zur Erklärung seines Fortganges zu sagen für erforderlich hielt[383]. Es kam ihm nicht in den Sinn, etwa

[377] Ebd. S. 433,11—19.
[378] Ebd. S. 433,28—31.
[379] Ebd. S. 433,33—434,1.
[380] Ebd. S. 434,3 f.
[381] Ebd. S. 434,11 ff.
[382] Ebd. S. 434,14 f.
[383] Ebd. S. 434,16—436,13.

selbstkritisch die Frage nach seiner Schuld zu stellen; er vermochte nur zu fragen, was legt man mir zur Last. Darauf aber hatte er eine ihn vor sich selbst jedenfalls entlastende Antwort bereit: „Hab ich doch anderst nicht gethan, dan in der summa gesagt, das eyn christe den andern nicht also ganz gemmerlich auf dye fleyschbank opfern sol, und so dye grossen hense das nicht lassen wollen, sol man yhn das regiment nemen."[384] Eben das wurde ihm zum Vorwurf gemacht. „Was sol ich dan mehr thun?" „Wye eyn stummer hund" einfach schweigen, war ihm nicht möglich: „Wurumb solte ich dan vom altar leben?"[385] Die sich für ihn unter diesen Umständen bei einem Verbleiben in Allstedt noch ergebenden beiden Möglichkeiten aber waren in keinem Falle akzeptabel: „... das dye gotlose an myr durch meyne gedult muchten yren mutwillen treyben, und darnach wolten sye sagen, sye hetten eynen Sathanam erwurget? Neyn, nicht also! Dye forcht Gottis in myr wirt eyns andern frecheyt keyne stad geben."[386] Hätte er jedoch, dem Befehle Gottes und nicht dem der Fürsten folgend, seine Predigttätigkeit in der bisherigen Weise fortgesetzt, „und wen euch etwas wehr daruber widderfaren, hettet yhrs nicht mugen tragen"[387]. Denn das ist bei dem jüngsten Handel nun offenbar geworden, daß sie noch immer nach Auswegen suchen, um alles Ärgernis zu vermeiden, sind sie doch „in der forcht keyn mal gelassen gestanden, dan alleyn my[t] hinlessigem zuvorsicht. Habet wollen der anfechtung vorkommen, welchs dan unmuglich ist bey den, dye zu unsern zeyten sollen rechtthun"[388]. Ohne Ärgernis zu geben, kann nicht gepredigt werden, „dan Christus selbern ist eyn steyn der ergernis, ps. 117, Matt. 22, Marci 12, Luce 20, Ro. 9, Esaie 28, 1. Petri 2. Es muß disse unsinnige kluge christenheyt vil mehr geergert werden dan vom anbegynne umb der unuberwintlichen besserung wegen. Drumb sehet dye besserung nicht an, wye dye welt thut nach yrer ruge, sundern nach dem, wye Job sagt 28"[389]. Mit anderen Worten, Müntzer erklärt den Allstedtern, daß ihr Mangel an Entschlossenheit und Standfestigkeit sein weiteres Wirken in der Stadt unterbunden hat. Sie sind es, die die Bewährungsprobe nicht bestanden haben; aber so schmerzlich ihr Versagen ihn getroffen hat, er will sich mit seinem Fortgang nicht grollend von ihnen abkehren: „Derhalben wyl ich auf dis mal mich freuntlich und holtsalig abscheyden der gelegenheyt

---

[384] Ebd. S. 434,24—28. Zuvor schreibt er: er mußte „schelten aufs allerbytterste dye tyrannen christlichs glaubens, dye unterm deckel des regiments dye leute stocken und blochen, das evangelion zu vorleuknen, hab ich darneben auch orsach gewunnen, dye andern anzugreyfen, welche solche gotlose vordampte menschen sich unterwinten zu vortadigen. Ich hab in der warheyt nicht anderst thun mugen dan widder dye reyssende wolfe bellen, wye eynem rechten knechte Gottis zustet" (ebd. S. 434,18—24).

[385] Ebd. S. 435,1 ff.

[386] Ebd. S. 435,5—9; vgl. oben Anm. 365.

[387] Ebd. S. 435,12 f.   [388] Ebd. S. 435,15 ff.   [389] Ebd. S. 435,19—24.

halben von euch und wilfertig seyn aufs allertreulichste euch zu dynen mit ungespartem vleyß."[390]

Müntzer hat sich schließlich also zu einer versöhnlichen Haltung durchgerungen, nicht zuletzt wohl in der Erkenntnis, daß er durch eine ebenso radikale wie pauschale Verurteilung der Allstedter und durch die Aufkündigung jeglicher Gemeinschaft mit ihnen seiner Aufgabe der *cura animarum* nicht ganz gerecht werde. Das Bewußtsein seiner seelsorgerlichen Verpflichtung gegenüber den Menschen, die 5/4 Jahre hindurch auf seine Predigt weithin eingegangen und seine Arbeit mit getragen hatten, erwachte in ihm und gab seiner Überlegung eine andere Richtung. Natürlich will und kann er sich so wenig wie sie über das bittere Fiasko hinwegtäuschen. Er ist nunmehr unter dem seelsorgerlichen Aspekt in neuer, nicht weniger ernsthafter Weise gedrungen, den Empfängern seines Briefes abschließend noch einmal d e n Punkt besonders aufzuzeigen, an dem sie versagt haben. Das, so schreibt er, ist aus dem jüngsten Geschehen wahrhaft evident geworden, „wye yhr also ganz und gar euch [durch] eynen menschen lasset scheu machen, welches euch am erkentnis gotlichs willen uber dye masse vorhindert"[391]. Hier ist ihre schwache Stelle offenbar geworden und hier müssen sie noch zu der rechten getrosten Entscheidung kommen. Nun findet er sogar ein beruhigendes und aufrichtendes Wort: „des bedrauens halben, welchs yhr sere fleyßlich aufnomet auf schlöß, dorft yhr euch nichts besorgen. Es hat mussen eure menschenforcht an den tag kommen"[392]. Von ihr sich gänzlich freizumachen, dazu will er ihnen gerne helfen, „wolt yhrs von myr annemen. Wye aber nicht (do Gott vorsey in ewygkeyt!), so muß ich yhm umb seynes namens willen dye rache geben uber dye bosen zur innerung der guten"[393]. Im übrigen kann es für ihn keinen Stillstand der Arbeit geben; er sieht in Mühlhausen ein neues Wirkungsfeld sich auftun und bittet, ihm die „meßbucher und vesperbucher" zu schicken. „Ich wil mit allem vleis fodderlich darzu sein, dan das volk ist wilfertig solchs anzunemen."[394] Die persönliche Bitte, „das yhr eyne kleyne zerung meynem weybe wollet geben, so es euch nit ergert"[395], beschließt den Brief.

Kurz zuvor steht im Anschluß an seine Bemerkung über das neue Mühlhäuser Beginnen noch ein Satz, der zunächst etwas sonderbar klingt: „Drumb solt yhr euch selbern uberwinten untereynander zu vortragen, andern leuten mich auch gunnen, byß das dye kirche durch das feuer der ergernis eregt werde. Ich wil an euch und dye gemeyne fortan fodderlich schreiben..."[396] Man wird der Formel „an euch und

---

[390] Ebd. S. 435,24—26.
[391] Ebd. S. 435,29 ff.
[392] Ebd. S. 435,27 ff.
[393] Ebd. S. 435,34—36.
[394] Ebd. S. 436,1 f.
[395] Ebd. S. 436,8 f.
[396] Ebd. S. 436,2—5.

die Gemeinde" entnehmen dürfen, daß der Allstedter Rat der Adressat des Briefes gewesen ist. In diesem Gremium aber, so weiß oder vermutet er, hat sich der über der Stellungnahme zu ihm entstandene Zwiespalt durch seine Flucht noch verschärft, da sich seine Parteigänger mit seinem Fortgang nicht so leicht abfinden wollen und die Gruppe um den „Erzjudas Ischariothis Nicel Rugkert" dafür verantwortlich machen, daß Müntzer nicht in ihrer Stadt das große Werk Gottes bis zum herrlichen Ende hat führen können. Wenn er hier nun zur Verständigung rät, insbesondere seinen Anhängern gut zuredet, ihn doch auch anderen zu gönnen, und verspricht, die Verbindung nicht abreißen lassen zu wollen, so muß man auch daraus schließen, daß seine anfängliche Empörung über das Verhalten des Rates einer ruhigeren Beurteilung gewichen ist, wenngleich er einem Nicel Rugkert seinen „Verrat" nie vergessen hat. Er hatte inzwischen wohl auch eingesehen, daß selbst ein rückhaltloses Eintreten für ihn nichts daran geändert hätte, daß den Fürsten sein weiteres Verbleiben in Allstedt unerwünscht war und er über kurz oder lang doch hätte weichen müssen.

Wir haben den Berichten Herzog Johanns über das Weimarer Verhör bereits entnommen[397], daß er seinem kurfürstlichen Bruder in nicht mißzuverstehenden und von diesem auch richtig verstandenen Andeutungen die Ausweisung des unruhigen Predigers nahegelegt hatte. Friedrich der Weise war jedoch, abgesehen von der dem kaiserlichen Büchermandat entsprechenden Beschränkung der Druckfreiheit, von seiner Taktik dilatorischer Behandlung des „Falles Müntzer" bisher nicht abgegangen und brachte dadurch die verantwortlichen Instanzen in Allstedt jetzt in eine für sie recht unbehagliche Situation. Sie konnten jedenfalls seinem Schreiben an sie nichts darüber entnehmen, welche Entscheidung über ihren Pfarrer sie nach dem Verhör in Weimar etwa von ihm zu erwarten hatten. Die auf den 9. August datierte Antwort, die Schösser und Rat auf ihre Eingabe vom 3. August erhielten und die den Bericht des Herzogs noch nicht berücksichtigte, ließ sie nur den Unwillen des Landesherrn über den Lauf der Dinge in ihrer Stadt deutlich spüren; sie enthielt den gemessenen Befehl, dem Abschied des Herzogs Johann, also auch hinsichtlich der Druckerei, „vnwidersetzlich vnd an vermynderung nachgehn vnd volg tun vnd eur prediger keynem keyn vnschicklickeit, darauss aufrur zubesorgen, gestatten", mit dem zusätzlichen Hinweis, daß „Simon Haferitz in seynen predigen auch fast vnschicklich handeln soll"[398]. Wegen der ungnädig aufgenommenen neuerlichen Ausfälle Müntzers gegen die sächsischen Fürsten will Friedrich der von seinem Bruder zu erwartenden Untersuchung nicht vorgreifen und, sofern „doruber ainich weiter verhor oder vorbeschids von noten", dann

---

[397] Vgl. oben S. 496 ff.   [398] Förstemann, Bauernkrieg, S. 190.

513

die Sache an sich ziehen. Endlich wird das mit den sonst drohenden Unruhen begründete dringende Verlangen von Schösser und Rat, in einem offiziellen Religionsgespräch Müntzers Rechtgläubigkeit zu überprüfen, kühl zurückgewiesen: „Wo dye ler von Got vnd rechtgeschaffen ist, darff man nyemants mit keyner bundtnuss, aufrur, noch blutuergiessens bedrawen, sondern den Ruhm vnd die Ere gots geist vnd wort geben, welchs zu abwendung diser vnd aller ander beschwerung mechtig vnd stark genug ist."[399] Man blieb also nach wie vor auf die herzoglichen Entscheidungen angewiesen und hatte auf alle vorgetragenen Wünsche einen abschlägigen Bescheid erhalten. Aber wenn dem Prediger zunächst auch gestattet wurde, innerhalb der angegebenen Grenzen sein Amt in Allstedt weiterhin auszuüben, war doch das letzte Wort der Fürsten über ihn offenkundig noch nicht gesprochen, als er bereits selber die Konsequenzen gezogen hatte und den Stadtvätern durch die Flucht nicht nur manche Sorge nahm, sondern auch neue Unruhe brachte.

Vornehmlich sah sich wieder Zeiß in einer unangenehmen Situation. Ihm war am gleichen Tage in einem besonderen Schreiben sein neuerliches Eintreten für Müntzer sehr übel vermerkt worden: „Nu waistu, das du dich alweg vnderstanden hast, denselben prediger zuuertedigen, vnangesehen das du etlichmal dorfur gewarnet bist. Was gutes aus seiner lehr bisanher erfolgt, waistu zu guter mass, vnd weil er dir vmb dy vngeschickten wort, der er sich gegenm dir vnd ainem Rat wider vnsern lieben brudern vnd vns gebraucht, angelobt sich aus alstet nit zuwenden, wollen wir vns versehen, er werd dem volg thun."[400] Kehrte Müntzer nicht in den Gewahrsam des Amtmannes zurück, konnte das mancherlei Verdruß nach sich ziehen. Doch mochte ihm das als das kleinere Übel erscheinen gemessen an dem, was ihm an Auseinandersetzungen bevorstand, wenn der Prediger wirklich wieder in der Stadt auftauchen sollte. Denn dann würde sich möglicherweise auch der Fall Haferitz komplizieren, den etwas sorgfältiger im Auge zu behalten der Kurfürst seinem Schösser nicht ohne eine gewisse Akzentuierung anriet: „Wir werden auch glaublich bericht, als solle sein nebenprediger Simon Haferitz am iungsten, als derselbe prediger villeicht zu weymar gewest, vnder anderm offentlich gepredigt haben: Gebt den fursten, Grafen vnd Edelleuten, den Bosswichten, was sie haben wollen, vnd welche in seinem pundt sein wolten, dy mochten zw Jm komen, mit bedrawung kunfftigen grosses blutvergiessens. Ob nu solchs cristlich, erbarlich vnd zu frid, aynikait vnd lieb des negsten dinstlich, ist leichtlich zuachten."[401] Zwei Tage später traf aus Lochau die Aufforderung an Zeiß,

---

[399] Ebd. S. 190. Beachte die Anm. 2: Nach ,bedrawen' hieß es erst: „Derhalben wirdet Eur prediger aus seinen werken erkant, worauf sein lehr vnd predig gemeint wirdet vnd was die fur frucht bringet" uws. Dies ist aber gestrichen.

[400] Ebd. S. 193.   [401] Ebd. S. 193.

den Schultheiß und den Rat ein, sich mitsamt beiden Predigern für ein neues Verhör vor dem Herzog in Weimar bereit zu halten. Man erfuhr aus dem Schreiben vom 11. August lediglich, daß der Landesherr auf Grund des inzwischen eingegangenen herzoglichen Berichts mit Johann übereingekommen war, „das sein Liebe euch, desgleichen den prediger vnd Simon Haferitz weytter beschaiden soll. Demnach begern wir, wann vnser lieber bruder euch vnd dy gedachten prediger gegen weymar beschaiden wirdet, Jr wollet euch alsdann sambt denselben predigern dohin fugen vnd ferners beschaids gewartten vnd solchs nit anders halten"[402]. Welchen Bescheid sie jedoch u. U. zu gewärtigen gehabt hätten, geht aus der vom gleichen Tage datierten Antwort Friedrichs an seinen Bruder hervor, in der er sich ohne Vorbehalt die Bedenken Johanns gegen ein Verbleiben Müntzers in Allstedt zu eigen macht, ihn um die Durchführung eines neuen Verhörs in Sonderheit Müntzers, aber auch Haferitz' bittet, „vnd wo E.l. aus voriger vnd itziger verhor vrsach befinden, das durch thomas Muntzers vnd des andern predigers larhe vnd predig vnder dem armen volk Aufrur vnd vnlusts zubesorgen, so wolln E.l. mit dem Schosser, Schultes vnd Rat von E.l. vnd vnsern wegen verschaffen, das sie Thomas Muntzer vnd den andern prediger in ainer Zeit, dy E.l. Jn dorzu benennen werden, von sich thun vnd sich Jrer enteussern"[403]. Er weiß sehr wohl, welches undankbare Geschäft er dem fürstlichen Bruder zumutet, und er will sich nicht einer eigentlich ihm selbst zukommenden Aufgabe entziehen. Seine Argumentation für die Übertragung der Vollmacht, nach eigenem Ermessen zu urteilen und zu entscheiden, ist keine faule Ausflucht, die man allenfalls in der Besorgnis sehen könnte, „der prediger thomas Muntzer wurd sich schwerlich so weit herab vff vnser erfordern begeben"[404]. Es war vielmehr sachlich zutreffend, wenn er geltend machte, „das die sachen vorhin bey E.l. zu weymar gehandelt worden, vnd die ret der allenthalben bewust tragen"[405]. Er übernimmt ausdrücklich die volle Mitverantwortung für die Entscheidung, die Johann treffen wird, und unterläßt es nicht, einige zweckdienliche Ratschläge zu geben, die vielleicht die Erregung über die Entsetzung des Predigers mildern könnten. So gibt er ihm zur Erleichterung der Entlassung Müntzers die formale Begründung an die Hand, „der Muntzer ist von vns zu der pfarr zu Alstet nit präsentirt, sondern durch den Rat zuuersuchen angenomen worden"[406]; er ist also bisher nur „auf Probe" angestellt und noch gar nicht rechtmäßig Inhaber der Pfarrstelle. Vor allem aber soll der Herzog „den von Alstet auch dorbey anzaigeen, das E.l. vnd vnser gemut nit were, zuuerbieten, das man das heilig Ewangelium vnd wort gots nit

---

[402] Ebd. S. 194. [403] Ebd. S. 195.
[404] Ebd. S. 196. [405] Ebd. S. 196.
[406] Ebd. S. 195.

predigen, oder das sie des beraubt werden sollen, aber mit der vnschick-
likait stund es nit zu leiden, dorumb solten sie sich mit der zeit vmb
einen andern prediger vnd pfarrer, der Jn das hailig Euangelium vnd
wort gots rain vnd lauter predig, vmbsehn, derzu wolten E.l. vnd wir
Jnen auch gern furderlich sein"[407]. Es ist offensichtlich, daß Friedrich
den Unruhestifter lieber heute als morgen hätte aus dem Lande ziehen
sehen und den in der gleichen Richtung gehenden Wunsch seines Bruders
nur verstärkte. Es kam hinzu, daß eben in diesem kritischen Moment
eine ernsthafte Demarche des Vetters Georg von Sachsen erfolgte. Am
Morgen des 11. August empfing der Kurfürst dessen Räte Heinrich von
Schleinitz und Georg von Karlwitz, die eine recht massive Beschwerde
über Luther und einige durch seine Lehre zu untragbaren Exzessen verführte radikale Pfarrer überreichten, in der zumal die Ausschreitungen
Müntzers als Ärgernis erregend herausgestellt wurden[408]: „Ist darumb
seiner furstliche gnaden freundlich byt, Ewer Churfurstlich vnd furstlich
gnade wolle dieselben boßhafftigen propheten noch Inhalt kayserlicher
Maiestat Mandat selber voriagen, vorfolgen vnd yren mutwillen nicht
gestatten. denn wo sie lenger seynen furstlichen gnaden also sein folgk
zuuorfuhren vnderstehen vnd von Ewern Churfurstlichen vnd furstlichen gnaden nicht kann widerkomen werden, so wirdet sein furstlich
gnad geursacht, selber sich kegen denselben noch lawt kayserlicher
Maiestat außgegangen Mandat zubetzaygen."[409] Herzog Johann erhielt
eine in aller Eile gefertigte Kopie des auch an ihn gerichteten Protestes
mit dem Bemerken Friedrichs: „Vnd wir E.l. ane das Tomas Munzers
halben zu Alstet schreiben thun, so ist vnser fruntlich bit, E.l. wolln
denselben dester eher vnd furderlicher beschaiden."[410]
Alle diese Erwägungen waren durch die Flucht Müntzers inzwischen
gegenstandslos geworden. Als die Briefe des Kurfürsten in die Hände
der Adressaten gelangten, hatte er in richtiger Einschätzung seiner unhaltbar gewordenen Position Allstedt bereits verlassen. Zeiß hat zwei
Wochen hingehen lassen, ehe er die sächsischen Fürsten darüber infor-
mierte. Erst am 24. August berichtete er mit knappen Worten an den
Kurfürsten: „Der prediger Thomas Muntzer ist vber sein Zusage bey

---

[407] Ebd. S. 195 f.
[408] „... vnd der pfarrer zu Alstedt sonderlich sein furstlich gnad die vnderthan
zu Sangerhausen gerne wolt wydersettzig vnd auffrurig machen, wie dann ewer
Churfurstlich vnd furstlich gnaden aus desselbigen pfarrers schrifften vorlesen werden,
die er hat an die von Sangerhausen lassen außgehen, wie er auch gereyth etlich in
vffrur vnd das sye in vorgessung yrer ayde vnd pflicht außgetretten, beweget, vnd
sich rumet etlicher heymlichen bundtnus, die er angericht, vnd wil also vnder dem
schatten des heyligen Ewangelij vngehorsam, krieg, blutvorgyssen der vnderthan
wider sein furstlich gnade erwegken" (ebd. S. 250).
[409] Ebd. S. 250 f.
[410] Ebd. S. 251. Kurfürst Friedrich an Herzog Johann am 11. 8. 1524.

Nacht vber dye Mawer zu Alstett wegk gewichen, hat erstlich ein schriefft hinter Jme gelassen, gleich als wolt er nit aussenpleyben, aber newlich hat er abermall eine gethan, do er sein Abschiedt genomen will haben, wie e. churf. g. in beyligenden Schrifften vernemen werden."[411] Allem Anschein nach hat auch diese Mitteilung erst des Anstoßes durch die Nachfrage Herzog Johanns bedurft, der ja gerüchteweise bereits in der dritten Augustwoche von dem Auftauchen Müntzers in Mühlhausen gehört und sich daraufhin an Zeiß gewandt hatte, um von ihm Näheres zu erfahren[412]. Er erhält auch bereits am 25. August eine ausführlichere Auskunft als sein Bruder, in der für ihn allerdings nur der Hinweis neu sein mochte, „das der prediger thomas muntzer auff den sontag nach Sixti in der nacht mit eym goltschmidt von northausen vber des stetlins mawer heymlich gestigen vnd wegkgangen, on allen abscheidt...", und daß Müntzer „vff den andern tag im mittag... ein schrifft dem rath anttwortten [ließ], sie solten keyn argkwon haben, er hett vberlandt zuschaffen". Wichtig aber war für ihn der Satz: „Alss hat er vber XIIII tag wider geschrieben, er sey zu molhausen vnd wolle also von alstedt sein abscheide genommen habe."[413] Damit war das Gerücht von der Flucht Müntzers nach Mühlhausen bestätigt, damit die Voraussetzung weggefallen, unter der er einen Tag, bevor Zeiß seinen Bericht an ihn niederschrieb, dem Kurfürsten den Straußschen Vorschlag noch unterbreitet hatte. Er sagte ausdrücklich: „Were es dan nit also, wie wir bericht, so wollen wir E.L. nit pergen, das Doctor Jacobus strauss..."[414] Er hätte freilich dessen Anregung vermutlich gar nicht mehr erwähnt, hätte er bei der Abfassung seines Schreibens von dem „Abschiedsbriefe" Müntzers Kenntnis gehabt.

Dem Kurfürsten war es nach der massiven Beschwerde Herzog Georgs nun doch darum zu tun, die müntzerische Affäre möglichst rasch zu einem Abschluß zu bringen, der seinem Vetter einen Vorwand zur Einmischung nahm und weitere kirchenpolitische Verwicklungen möglichst verhinderte. So kam ihm Müntzers Flucht eben recht unter dem Gesichtspunkte, „vnserm vetern Herzog Jorgen sey dester besser vnd leichter antwort zu geben"[415]. Nur durfte in dieser Antwort natürlich der Hinweis nicht fehlen, daß „eher dan e.f.g. geschickten bey vnserm g.sten Hern gewest", um die Anklagen gegen Müntzer vorzubringen, das Untersuchungsverfahren vom Landesherrn bereits eingeleitet war, dessen Verlauf es dem Inkriminierten geraten erscheinen ließ, alsbald nach seiner Rückkehr von dem Verhör sich „bey nechtlicher weyll von dannen vnd also hinwegk"[416] zu wenden. Es kann zunächst überra-

---

[411] Ebd. S. 200.
[412] Vgl. oben S. 500. Brief Herzog Johanns an den Kurfürsten vom 25. 8. 1524.
[413] Förstemann, Bauernkrieg, S. 202.
[414] Ebd. S. 199.   [415] Ebd. S. 204.   [416] Ebd. S. 252 f.

schen, daß Friedrich der Weise dem Gedanken einer Disputation in Weimar noch am 27. August ohne weiteres zustimmte und selbst gegen die Beteiligung des geflüchteten Müntzer nichts einzuwenden hatte. Das Müntzerproblem war für ihn durch die Flucht des Predigers aus seinen Landen doch praktisch gelöst und damit dessen Forderung eines „öffentlichen Verhörs", die ja den eigentlichen Anstoß zu der Idee des Religionsgespräches in Weimar gegeben hatte, ohne akutes Interesse. Allerdings, das hatte Herzog Johann ebenfalls angedeutet, war sie gewissermaßen nur der spektakuläre Ausdruck einer auch von anderen Theologen geübten Opposition gegen den autoritären Entscheidungsanspruch Luthers. Dann konnte eine derartige Veranstaltung sehr wohl der Klärung der unterschiedlichen Standpunkte dienen, und warum sollte dann nicht auch Müntzer dabei noch zu Worte kommen. Der Kurfürst hatte kaum einen Zweifel, daß Luther die Situation beherrschen würde. Maßgeblich dürfte für ihn jedoch die Überlegung gewesen sein, daß sich in einem solchen Disput einwandfrei herausstellen würde, wie wenig Luthers katholische Gegner ein Recht hatten, ihn für extreme Tendenzen einiger Außenseiter verantwortlich zu machen. Die ernestinischen Fürsten aber konnten einmal mehr auf ihre Initiative und Aktivität in der Abwehr aufrührerischer Elemente verweisen. Das Religionsgespräch konnte so geradezu zu einem wirksamen Argument gegen Herzog Georgs Anklage werden, wie Friedrich seinem Bruder schreibt: „so bitten wir freuntlich, E.l. wolln solchs zu irer gelegenhait furderlich thun. Dan vnsers verhoffens kont man alsdan vnserm vetern auch dester statlicher mit antwort begegnen"[417].

Wie verhielt sich in diesen Augustwochen die Einwohnerschaft von Allstedt? Wir sind für die Antwort fast ausschließlich auf Äußerungen von Zeiß angewiesen, dessen eigene Situation wahrlich nicht beneidenswert war. Von den Überlegungen und Vereinbarungen der beiden Fürsten untereinander war kaum etwas bis zu ihm durchgedrungen; er konnte aber den beiden Schreiben des Kurfürsten vom 9. und 11. August an ihn und die Allstedter Instanzen entnehmen, was auch schon der in Weimar erteilte Abschied erwarten ließ, daß die Regenten nicht mehr gewillt waren, die Stadt dem demagogischen Eifer des einflußreichen Predigers als seine Domäne einfach zu überlassen. Nun hatte der Kurfürst ihn, den Schösser, angewiesen, sich mit den beiden Predigern bereit zu halten, auf Erfordern des Herzogs in Weimar zu erscheinen und strikte dem Bescheide nachzukommen, der ihnen dort erteilt werden würde. Was hatte das zu bedeuten, und was kam da auf ihn zu? Müntzer hatte sich inzwischen davongemacht und die Vorladung nach

417 Ebd. S. 204.

Weimar ließ auf sich warten. Von der heimlichen Entfernung des Predigers hatte er nach oben noch nichts verlauten lassen, anfänglich vielleicht wirklich in der vagen Erwartung, „er wurde widerkomen"; doch als der Brief aus Mühlhausen jeden Zweifel an einer Flucht beseitigte, fehlte ihm nach der soeben erfahrenen Zurechtweisung durch den Landesherrn wegen seines Eintretens für Müntzer offenbar der Mut zu einer Anzeige, bis er sich durch Herzog Johanns Anfrage schließlich dazu genötigt sah[418]. Es kam ihm zudem in diesem Augenblicke vermutlich sehr gelegen, daß er mit der verspäteten Anzeige den Bericht über eine Demarche des Grafen Ernst von Mansfeld verbinden konnte: „Auch ... hatt graf Ernst von Mansfelt heut dato seinen Ambtman vor Arthern mit einer Credenz an mich gefertigt. Der hat dorauff begert, Jme zu Recht setzen lassen den statschreyber zu Alstedt, auch die Jenigen, die sich in ein verbuntnus gegeben vnd einschreiben haben lassen, mit solicher bedingung: wo es nit geschehe, so gedecht graf Ernst bey der sach souil zuthun, das es villleicht e.c.f.g. zuuerdries vnd mir zu nachtail komen mochte etc."[419] Die Forderung und Drohung des Grafen nötigten ihn zu einer umgehenden Meldung („heut dato"!), in der er auch auf seine vorläufige Antwort verwies, derzufolge die inkriminierte Bündnisangelegenheit inzwischen schon als erledigt angesehen werden könne: dank der strikten Durchführung des Weimarer Abschieds ist „solche verbintnus abgeschafft ... dauon auch die von Allstett gentzlichen abgestanden". Die an den Anfang des Berichts gestellte Nachricht von Müntzers Flucht konnte unter diesen Umständen dem Fürsten nur willkommen sein, zumal es Zeiß nicht unterließ, anschließend geflissentlich zu betonen, daß nunmehr in Allstedt wieder ganz normale Zustände eingekehrt seien. Von einem bestimmenden Einfluß Müntzers oder sonderlichen Nachwirkungen seiner Tätigkeit kann keine Rede mehr sein. Im Gegenteil, „die Armelewt" beklagen sich jetzt, „daz sie durch den Prediger verfuert sein vnd sein des verbintnuss

---

[418] Nirgendwo sonst gibt Zeiß so deutlich wie in der Situation nach Müntzers Flucht zu erkennen, wie sehr er selbst dem Prediger hörig geworden ist und sich doch solcher Hörigkeit zu entziehen sucht. Es wäre wohl zu hoch gegriffen, wollte man von einer Pflichtenkollision bei ihm sprechen: so überzeugend ihm die müntzerischen Ideen und Forderungen grundsätzlich erscheinen, so bedenklich machen ihn immer wieder die zu ihrer Realisierung notwendigen praktischen Konsequenzen, vor denen er zurückschreckt. Wenn er Müntzers Verlangen nach einem allgemeinen öffentlichen Religionsgespräch, das über die Gültigkeit seiner Lehre entscheiden soll, so lebhaft unterstützt, geht es ihm selber nicht zuletzt eben darum, endlich Klarheit darüber zu gewinnen, was er von diesem Manne nun eigentlich zu halten habe, der ihm seine Amtsführung so erschwerte und ihn in den Augen seiner Landesherren zwielichtig erscheinen ließ. Ihm mochte es nur recht sein, wenn der Prediger nicht nach Allstedt zurückkehrte, obgleich das heimliche Verschwinden des Wortbrüchigen sein, des Schössers, Schuldkonto bei dem Kurfürsten noch einmal schwer belasten konnte.

[419] Förstemann, Bauernkrieg, S. 200 f.

abgetretten vnd sich gegen E.C.f.g. erboten, Alles, das Jn zu Weimar beuolhn vnd zum Abschied gegeben, gehorsamlich zuhalten, vnd sie haben sich auch aller Jrer gebrechen, so sie vndereinander gehabt[420], vertragen lassen; erbieten sich, friedlich vnd gehorsamlich zu halten"[421]. Auch von Simon Haferitz steht nichts mehr zu befürchten, da er nie ganz einer Meinung mit Müntzer gewesen ist und sich nunmehr gänzlich von ihm losgesagt hat. Es ist also wieder alles auf dem besten Wege, zu Ruhe und Ordnung zurückzufinden, wenn nicht anstelle Müntzers nun durch den Mansfelder Grafen „weiter vnlust" gemacht wird. Ginge man auf dessen Forderung ein, „so wurde man villeicht sagen, man hette geuerlich mit Jn vmbgangen, so wurde wider ein vnlust vnd aufrur vnder e.c.f.g. Armenlewten, daz es nit zusagen were"[422].

Man kann die Angaben des Schössers über die in Allstedt eingetretene Beruhigung nur mit größter Reserve zur Kenntnis nehmen, da sie allzu offensichtlich dazu dienen sollten, die Allstedter vor den angedrohten Repressalien zu bewahren. Das schloß eine Verharmlosung der von Müntzer entfachten und nicht so schnell abklingenden oder gar erlöschenden Erregung eo ipso in sich. Es mag gewiß zutreffen, daß nach dem Geschehen der ersten Augustwoche das äußere Leben in der Stadt wieder in einigermaßen normalen Bahnen verlief, daß die gemäßigten Gruppen wie die nun offen sich zeigenden Gegner des Müntzerregimes den Radikalismus der Extremisten unter Kontrolle hielten usf. Aber Zeiß wußte nur zu gut, daß der „müntzerische Geist" in seinem Amtsbereich noch lebendiger war, als er zugeben konnte, und so leicht nicht totzuschweigen war, wie er es in seinem Bericht an den Kurfürsten versuchte. Wohl nicht zufällig steht darin über Müntzer, abgesehen von der Mitteilung seiner Flucht, kein Wort.

Um so heftiger geht er am nächsten Tage in seinem Schreiben an Herzog Johann gegen ihn an. Zwar weist er die von Johann angeführte Beschuldigung, in dem Meßformular des Predigers finde sich der Satz „das Jr ewer fursten todt schlahen solt etc.", als den Tatsachen nicht entsprechend zurück[423], fügt aber hinzu, daß er tags zuvor eine Variante dieses Gerüchts gehört habe, die es immerhin möglich erscheinen lasse, daß er oder Haferitz in einer Vesper einmal „soliche wortt, wie e.f.g. anzeigen, auss dem propheten gesungen vnd verdolmetscht"[424] habe.

---

[420] Vgl. dazu die Bemerkung in Müntzers Brief von Mühlhausen; s. oben S. 512 f.

[421] Ebd. S. 201.   [422] Ebd. S. 201.

[423] Ebd. S. 202. Das hätte sonst auch auf ihn zurückfallen können. Er fügt seinem Schreiben für alle Fälle ein gedrucktes Exemplar von Müntzers Messe bei!

[424] Ebd. S. 203. Er hat sich allem Anscheine nach bei dem Schultheiß noch erkundigt. Über seine „Gewährsleute" schreibt er: „Aber gestern hat eyner von eyssleben ins schultessen hawss auch dermassen douon geredt, aber also, das Jm eyner von mansfelt gesagt het, das er vff ein Zeit in ein vesper zu Alstedt komen, do hett er gehort, das er oder Er Simon ein capitel auss eym propheten auss dem latein

Das ist ihm Anlaß zu einer scharfen Verurteilung Müntzers: „Aber es ist offentlich, das er ganz auffruerisch ist. Solt es lang gewert habe vnd hett statt gehabt, so hett er das volck an die obrigkeit gehetzt, das es muhe vnd arbeit worden were. Dan er hat, als mir glewblich gesagt ist, dem bergkvolck im mansfeltischen lande so grawsamliche schrifft getan[425] vnd getrost, das sie keck sein sollen: ,er wolle mit Jne Jre hende auss dem plut der tirannen waschen'. Vnd hat auch die veriagten leute also mit eyner vnschicklickeit an Jr herschafft verschrieben, das sie veriagt, gestockt vnd gemartert werden, vnd ist ein solich geschrey vber Jn, douon vil zusagen were, das yderman clagt, er habe sie verfurtt, als dan warlich ist. Das volck ist mit seyner lere gantz vergifft &c."[426] Man muß Zeiß zugestehen, daß er wiederholt den ungemeinen Einfluß Müntzers auf das Volk hervorgehoben und vor der Gefahr einer Empörung gewarnt hat. Doch hatte er sich bisher nie so eindeutig gegen den Prediger erklärt, sich vielmehr für ihn eingesetzt, wie ihm das der Kurfürst ja auch tadelnd vorgehalten hat. Es ist daher befremdlich, daß er ihn nunmehr so vorbehaltlos als Aufrührer und Volksverhetzer bezeichnet und seine Anklage mit einem Zitat aus einem Briefe unterbaut, das ihm „glewblich gesagt" worden sei. Dieser gern zitierte Brief an die Mansfelder Bergknappen ist bisher noch nicht aufgefunden worden, ohne daß deswegen angezweifelt zu werden braucht, daß Müntzer ihn und eben auch den berüchtigten Satz geschrieben hat. Er läßt sich am ehesten in den Tagen des Flüchtlingsstromes nach Allstedt entstanden denken, in denen Müntzer sich ja auch nach seinem eigenen Zeugnis in der Erregung zu der Äußerung hinreißen ließ: wenn die Regenten „... nicht alleyne widder den glauben, sundern auch widder yhrer naturliche recht handeln, so muss man sye erwurgen wye dye hunde"[427]. Das stand in einem Schreiben an den Schösser persönlich, und dieser wußte damals, wie es gemeint war; er hätte auch jetzt dem Briefe aus Mühlhausen noch ein gleiches entnehmen können[428]. Aber da er seine Äußerungen nicht mehr unmittelbar

---

getolmescht, anstat des capitels in der vesper, vnd hett darauss gleich solich wort, wie e.f.g. anzeigen auss dem propheten gesungen vnd verdolmetscht" (ebd. S. 202 bis 203).

[425] Der Brief, den Müntzer selbst in seiner „Schutzrede" (Franz, MG, S. 328,25 f.; vgl. Hinrichs, L. u. M., S. 160) erwähnt, ist nicht erhalten.

[426] Förstemann, Bauernkrieg, S. 203. Das klingt immerhin etwas anders als sein „Lagebericht" an den Kurfürsten.

[427] Vgl. oben S. 478 f.

[428] Noch deutlicher als in dem Briefe selbst heißt es in dem Zeiß allerdings nicht bekannten zweiten Entwurf: „wisset yhr doch wöl, das meyn screyben widder keine herschaft angericht, allein widder dye unvorschempte tyranney" (Franz, MG, S. 434, 11 ff.). Doch bezieht sich diese Bemerkung konkret kaum auf den Brief an die Mansfelder, sondern auf den an die Orlamünder.

vor dem Geflüchteten zu rechtfertigen brauchte, suchte er sich bei den Fürsten durch sein entschiedenes Abrücken von dem „Aufrührer" in ein besseres Licht zu setzen.

Ein kurzer Rückblick sei hier eingeschaltet. Über ein Jahr lang hatte das Schwergewicht der Allstedter Wirksamkeit Müntzers auf der praktisch-seelsorgerlichen Arbeit an der Gemeinde gelegen, die schnell über die lokale Begrenztheit seines örtlichen Pfarrsprengels hinausgewachsen war und sich zu einer die Menschen von weit her anziehenden Personalgemeinde geweitet hatte. Die neuen deutschen Gottesdienstordnungen waren in Verbindung mit einer intensiven Predigttätigkeit zu einem bedeutsamen Mittler seiner reformatorischen Anschauungen geworden, die sowohl mit ihrer scharfen Kritik an der gegenwärtigen Kirche und Christenheit als auch mit der Ankündigung einer in naher Zukunft sich in der Kraft des Geistes im wahren Glauben erneuernden *ecclesia apostolica* die Gläubigen erweckten. Der lebhafte Widerhall seiner Verkündigung in breiten Schichten der Bevölkerung machte ihn um so empfindlicher gegen das Mißtrauen und die Ablehnung der Wittenberger, und als sein Annäherungsversuch an Luther scheiterte, d. h. als ihm die Anerkennung als legitimer Reformator versagt blieb, sah er sich in seinem gehobenen Sendungsbewußtsein zu einer offenen Auseinandersetzung mit ihm herausgefordert. Sie hat vorerst in der weiten Öffentlichkeit keine sonderliche Aufmerksamkeit erregt, wohl aber Müntzers Haltung gegenüber Luther versteift und unter seinen Anhängern in Allstedt und Umgebung neben die zunächst vornehmlich antikatholische Grundstimmung auch antilutherische Animositäten treten lassen.
Erst nach einem Jahre religiöser Formung der Gemeinde nach seinem Geiste kam es im Mallerbacher Kapellensturm zu einem demonstrativen Akt des Aufbegehrens gegen den „Götzendienst", zu einem Protest, in dem sich die Absage an die Verkehrung des christlichen Glaubens und die kirchliche Institution „Kloster" hintergründig auch mit dem Unmut über die wirtschaftliche Belastung durch kirchliche Abgaben in schwer fixierbarer Weise miteinander verbunden haben mag. Das Einschreiten der „evangelischen" Obrigkeit gegen die Brandstifter stieß zunächst auf passiven Widerstand, der wieder primär religiös begründet wurde: eine christliche Obrigkeit verkennt und mißachtet den Auftrag ihres Amtes, wenn sie den Gottlosen zur Durchsetzung ihrer ungerechtfertigten Forderungen gegen die wahren Christen Beistand leistet. Die Auserwählten sind ihr keinen Gehorsam schuldig, wenn sie ihnen gebietet, ihre von den Götzendienern beschuldigten Brüder zu verfolgen, weil diese gotteslästerlichem Frevel Abbruch getan haben. Unter dem Eindruck zunehmender Bedrohung verdichtete sich der Gedanke des passiven Widerstandes bald im „Bundesschluß" zu der Verpflichtung

überregionaler gegenseitiger Hilfsbereitschaft zum Schutze des evangelischen Glaubens. Müntzer selber stellte in seiner „Fürstenpredigt" heraus, daß christlichen Regenten in solchen gefährlichen Zeiten nicht minder aktive Einsatzbereitschaft gebühre: im Bunde mit allen Frommen hätten sie nach Gottes Willen der Hybris der gottlosen Tyrannen entgegenzutreten, durch eine geschlossene Abwehrfront deren mutwillige Übergriffe zu unterbinden, bis die Gottlosen angesichts der unnachgiebigen Haltung der Gläubigen ihre wachsende Ohnmacht erkennen und sich deren Willen unterwerfen, der im Gehorsam gegen Gott nur dessen Willen vollstreckt. Dieser passive Widerstand ist keineswegs ein duldendes Erleiden, sondern erfüllt von der aktiven Energie des Gefordertseins, das sich dem göttlichen Auftrag nicht entziehen darf und zugleich seiner Hilfe und damit des endlichen Erfolges gewiß ist. Aber man geriet dann hart an die Grenzen solchen Verständnisses, als im benachbarten albertinischen Sachsen die Repressalien gegen Bekenner des neuen Glaubens schärfere Formen annahmen, die Flüchtigen selbst im kursächsischen Allstedt vor dem Zugriff ihrer Häscher nicht mehr sicher schienen und man sich in Reaktion darauf in der Stadt zu militanter Gegenwehr rüstete. Müntzer verstand freilich auch diese Aktion immer noch als eine abschreckende Bedräuung der Widersacher, um einen wirklichen Aufruhr zu verhüten. Eben darum drängte er zur gleichen Zeit in seinem „unterricht durch unsern schosser schriftlich gethan, wie man gotlicher weise zukunftigem aufrurh begegnen soll"[429], Herzog Johann zu einer klaren Entscheidung und zum offenen Eintreten für die Sache des Evangeliums. Er fand kein Gehör, sah sich vielmehr wenige Tage später verraten, allein gelassen, auf verlorenem Posten.

Die heimliche Entfernung Müntzers hat wesentlich dazu beigetragen, daß sich die mannigfachen Spannungen ohne das Risiko neuer Unruhen auf ein erträgliches Maß reduzierten. Hörten die Anklagen und Übergriffe von katholischer Seite auch nicht sofort auf, so wurden sie doch eingedämmt; in Allstedt kam es, dank auch der Mahnung Müntzers, zur Verträglichkeit, zu keinen Ausschreitungen, und die landesherrliche Gewalt hatte infolgedessen nicht nötig, über die getroffenen Entscheidungen hinaus weitere Maßnahmen zu verfügen. Das bedeutete, daß man an dem durch Müntzer geschaffenen Status der Reformation als solchem zunächst nichts änderte, insbesondere auch die müntzerische Ordnung des gottesdienstlichen Lebens bestehen ließ. Damit war das Herzstück der müntzerischen Reformarbeit vorerst gerettet und konnte als sein Vermächtnis über den jähen Abbruch seiner Tätigkeit hinaus eine nachhaltige Wirkung ausüben. Man wird sich im Hinblick auf das stetige, zielstrebige Hinführen zu einer bewußten Christlichkeit noch

---

[429] Franz, MG, S. 431,33 ff.

einmal daran erinnern lassen müssen, mit welchem seelsorgerlichen Eifer Müntzer sich darum bemüht hat, eine evangelische Gemeinde zu formen, wie sehr er die *cura animarum* als die alles bestimmende Aufgabe seines „Pfarramtes" ansah. Der Sturm und Drang des tumultuarischen Geschehens seit der Zerstörung der Mallerbacher Kapelle lenkt die Aufmerksamkeit allzu sehr auf die gewiß erregende Dramatik dieser Wochen. Es darf darüber jedoch das alltägliche Wirken nicht außer acht gelassen werden, mit dem der Pfarrer von St. Johannes mit höchster Intensität daran gearbeitet hat, bei seinen Hörern in und mit der neuen Ordnung ein inneres Verständnis dafür zu wecken, was es denn heißt, ein evangelischer Christ zu sein und christlich zu leben. Er suchte, daran ist kein Zweifel möglich, eine wirkliche Umorientierung und Neufundierung des ganzen inneren Wesens menschlicher Existenz zu erreichen, und eben darauf konzentrierte sich sein seelsorgerliches Bemühen, dessen Praxis im Gespräch mit dem einzelnen sich in seinen Briefen noch widerspiegelt. Mancher von denen, die von draußen zu seinen Gottesdiensten kamen, mag sich in seinen Zweifeln und Nöten ebenfalls an ihn gewandt haben, und man tut vielleicht einen Blick in seinen überlasteten Alltag, wenn er dem „lieben Bruder Jeori" auf dessen Klage, bei seinem Besuche in Allstedt um „unterricht zu entphangen", zu kurz gekommen zu sein, schreibt: „Ist nicht wunderlich, nach dem dye selsorg mich myt vilen leuthen erbsalig gemacht hat, wyst yr, das ich auf den selbygen tag auch frömde leuthe hatte, bey den ich auch meyne erbeyt hatte und ganz mude wär worden den selbygen tag des kirchampts halben. Es ist eyn solche erbeyt itzunt myt leuthen umbzugehen wye eyner mutter myt yren kindern ym unflat. Eyner ergert sich, der ander bessert sich nach bewegent seyns gemuths. ps. 88. Unterrichtung des glaubens ist nit eyn erbeyt eyns tags."[430] Die wegweisende Hilfe zur inneren Aneignung des neuen Glaubensverständnisses für alle, die mit Ernst Christ sein wollen, und das Mühen um eine in solchem Glauben stehende evangelische Gemeinde waren die eigentliche Mitte seiner unermüdlichen Arbeit, nicht allein als es darum ging, die Menschen zunächst einmal aus der äußeren Gewöhnung und inneren Bindung an die überkommenen Formen des kirchlichen Frömmigkeitsbetriebes zu lösen und das Ganze ihres religiösen Lebens neu auszurichten, sondern erst recht als es darauf ankam, den mancherlei neuen Anfechtungen zu begegnen, kurzschlüssige Mißverständnisse abzuwehren und nicht zuletzt auch die etwa aus der allmählich offenbar gewordenen Differenz zu Luther erwachsenden Fragen zu klären. Der die Menschen in seinen Bann zwingende, mit sich reißende Agitator war auch ein die tiefste Not der Irrenden und Suchenden mit sorgendem Ernste bedenkender „Seelwärter", der es jedermann

---

[430] Ebd. S. 424,16—23.

in Herz und Sinn einzuprägen suchte, daß das Christsein keine leichte Sache sei und dennoch von ihm gefordert werde. Müntzer hat mehr und ganz etwas anderes gewollt als die gärende Unruhe zu Opposition und Revolte zu steigern; er ist in tiefere Dimensionen vorgestoßen, und es ist ihm auch gelungen, die fordernde und befreiende Gläubigkeit im Erleben unmittelbaren Geisteswirkens zu wecken, von deren evangelischer Sachgemäßheit er durchdrungen war.

Eines der instruktivsten Dokumente für die Art und Weise, wie Müntzer auf das grundsätzliche Fragen derer einging, die von ihm zum rechten Verständnis des christlichen Glaubens geführt zu werden begehrten, ist der Brief an Jeori[431], in dem er in einer uns sonst selten begegnenden Unbefangenheit, d. h. fast ohne jede situationsbedingte Abwehr- oder Frontstellung seine Gedanken über dieses zentrale Thema kurz entfaltet. Es steht darin nichts Neues, über längst schon Gesagtes Hinausweisendes; nur wie er in wenigen Sätzen das, worauf es ihm ankommt, einprägsam herauszustellen vermag, so daß der mit seinen Gedanken noch weniger Vertraute die entscheidenden Punkte in den Blick bekommt, macht diesen Brief doch einigermaßen interessant. Er soll kein theologischer Diskussionsbeitrag sein, sondern skizziert nur die wesentlichen Gedanken des seelsorgerlichen Gesprächs, das Jeori durch die Ungunst der Umstände bei seinem Besuche in Allstedt versagt geblieben war. Gleich zu Beginn seiner Antwort bedeutet Müntzer dem vielleicht kurzfristig schon ein Ergebnis seines Mühens Erwartenden[432], daß „Unterrichtung des glaubens ... nit eyn erbeyt eyns tags"[433] nur ist. Es geht bei der Hinwendung zum rechten Glauben nicht um ein bloß ausbesserndes Herumflicken am Alten, als wenn da etwas noch Verwertbares wäre; vielmehr um die totale Erneuerung des ganzen Menschen. Dabei muß man sich mit aller Klarheit vor Augen halten: „Bewegung des glaubens kan keyner dem andern geben."[434] Auch der Prediger kann im Grunde nichts anderes tun, als auf die *passio amara* Christi hinweisen, die, in der Taufe durch Johannes vorgebildet, exemplarisch dokumentiert, daß nur die in notvoller Bedrängnis der Seele durchlittene radikale Selbstentäußerung des Menschen ihm die gewisse Erfahrung der Gotteskindschaft ermöglicht. Glauben ist allerpersönlichste unmittelbare Erfahrung — und doch nur in der völligen Negation des eigenwilligen Selbst „erreichbar". Nichts darf im Menschen mehr sein als „dye begyr, dye der heylige geyst gepflanzet hät"[435], nichts als das „Herr, hilf mir" des in den

---

[431] Ebd. S. 424—427.

[432] Wer dieser „Georg" ist, ist bisher nicht bekannt. Es scheint sich jedoch um einen Geistlichen zu handeln, der in seiner Gemeinde die Reformation nach Allstedter Muster einzuführen gedachte und mit seinem Vorhaben auf Schwierigkeiten stieß.

[433] Franz, MG, S. 424,22 f.

[434] Ebd. S. 424,29 f.   [435] Ebd. S. 425,4 f.

Fluten versinkenden Petrus, wenn in der Angst der Verzweiflung, wenn im Entsetzen des Unglaubens Gott selbst zum Schrecken erregenden Gespenst wird. Gott hat „keyn andere weyse ... [seine Gnade] eynzugyssen"[436], und nur wo auch die letzte Spur „unsers eygens gesuchs" getilgt ist, schreibt er „myt dem griffel seyns geysts yn apgrundt der seln, do der mensche erkent, das ehr sey eyn son Gottis und Christus sey der uberste yn den sonen Gottis"[437]. Auf diese reine „entphintlicheyt gotliches wyllens" kommt es an, wo der Mensch ohne irgendwelche Zwischenschaltungen und ohne alle Trübungen oder Störungen sich allein auf Gott einläßt, seine „Sohnschaft" als Wahrheit und Wirklichkeit in sich erfährt und in ihr des ihm zugesprochenen Wortes Gottes gewiß wird, „vil gewisser dan aller naturlichen dinge"[438]. Man kann sich nicht einfach das, was anderen gesagt wurde und andere darüber sagen, durch bloße Zustimmung als auch für sich geltend zu eigen machen wollen; keine Methode der Vergegenwärtigung des Historischen, kein nachbetendes Ja zu einem fremden Glaubenszeugnis wirkt oder kennzeichnet den rechten Glauben, der eben das unmittelbare Hören Gottes nach dem „durchbruch ... durch alle vorzweyflung"[439] zur notwendigen Voraussetzung hat. Nur solchem Glauben eignet die absolute Gewißheit, die aus eigenem Vernehmen Gottes Willen weiß und des Vernommenen gewiß ist. Der ganze Prozeß dieses Geschehens bis zur Geburt des Glaubens bedarf allerdings um seiner Redlichkeit, und das heißt um seiner Gültigkeit willen einer permanenten sorgsamen Überwachung, „das man wysse nachzusagen und zu berechen, wye eynem solchen ernsten leydenden emsygen menschen zu synnen ist"[440]. Die in der „Berechnung" nachgewiesene Selbstkontrolle bietet Garantie für sich selbst und andere, daß nicht ein fremdes imitiertes oder akzeptiertes, sondern ein wirklich „originäres" Erfahren des Glaubens statt hat. Wahrlich, so schärft er Jeori ein, zum Glauben-Kommen ist keine leichte, selbstverständliche Sache: „Dusse sache wil haben eyn wunsamen und ungesparten menschen, welcher solch achtung muß pflegen von tag zu tag."[441] Vielen Christen ist das anstößig, erst recht den Schriftgelehrten, die lieber den bequemen Neigungen der Menschen entgegenkommen wollen und darum einen „billigen" Glauben anbieten. Jedoch, hier gibt es kein Feilschen; wenn anders die Christenheit wieder wahrhaft gläubig werden soll, so muß sie der „armut des geysts" wieder inne werden und darf sich nicht daran stören, daß sie damit Ärgernis gibt: „Ergernuß kump von eynem unvulkommen adder von eynem getychten glauben, welcher myt aller unbarmherzykeit muß ausgerrot werden, wye Chri-

[436] Ebd. S. 425,13. [437] Ebd. S. 425,21 f.
[438] Ebd. S. 425,37. [439] Ebd. S. 425,5.
[440] Ebd. S. 425,32 ff. [441] Ebd. S. 425,38—426,1.

stus seynen jungern that, do sye yn seynem leyden alle musten ergernuß leyden."[442]

Der seelsorgerlichen Glaubensunterweisung schließt Müntzer noch einige Mahnungen an Jeori an, sich in seiner wohl noch dem alten Glauben anhängenden und der Gewalt Herzog Georgs unterstehenden Gemeinde offen und unerschrocken für die Reformation einzusetzen. Man kann es gar nicht übersehen, wie Müntzer hier, weit entfernt von allen radikalen Forderungen, zu einem maßvollen, obschon entschiedenen Vorgehen rät und wie ihm die Einführung des evangelischen Gottesdienstes ein entscheidendes Anliegen ist: „Ich bit euch, liber Jeori, myt dem guten menleyn, das bey euch wahr, das yr wollet helfen anhalten, das man das deutz ampt yo ehr jo lyber anfang[en] wolle."[443] „Ir musth das ampt teglich treyben myt dem geleß des gesetz der propheten und evangelisten, auff (das) dye text dem gemeynen manne gleych so leuftig seynt wye dem prediger."[444] Natürlich bedeutet Einsatz für das Evangelium unter den gegenwärtigen Umständen, den Konflikt mit den Hütern der alten Ordnung, die das Wort Gottes niederhalten wollen, heraufbeschwören. Aber an diesem Punkte kann es weder ein Zurückweichen noch einen Kompromiß geben: „Kert euch widder an mandat des keysers adder herzog Jorgen, dan sye sint fleiß und keyn bestendiger Got."[445] Der Gottesgehorsam, nichts, gar nichts anderes setzt die Grenze; Gottes Sache steht hier allein in Frage; wer zu ihr steht, zu dem steht Gott: „Ir werdt sehen, Got wyrt euch beystehen."[446]

Ein in mancher Beziehung verwandtes und dennoch charakteristisch unterschiedenes Gegenstück zu dem Briefe an Jeori bietet die „kurze auslegung uber den 18. psalm"[447], die sich als Antwort auf einen Brief Christoph Meinhards in Eisleben zu verstehen gibt. Meinhard hatte sich, über seinen Vetter, den Schösser Zeiß, mit Müntzer in Verbindung gekommen, als „emsiger bruder der warheit gottis" mit den Lehren des Allstedter Predigers beschäftigt und fand darin manches ihn Ansprechende[448]. Auch die Fragen, die er nun stellte, ließen wohl die Bereitschaft erkennen, sich von ihm über das rechte Verständnis christlichen Glaubens und Lebens belehren zu lassen; jedenfalls bescheinigt ihm Müntzer eine „ganz emsige begyr zur warheyt" und einen „manichfaltigen vleys ... zu fragen nach dem rechten wege". Dieser Weg aber ist „am aller sichersten zu erkennen ... yn der reynen furcht Gottis am XVIII psalm: ‚Celi enarrant' etc"[449], in dessen Verständnis er den

---

[442] Ebd. S. 426,11—14.
[444] Ebd. S. 426,22—25.
[446] Ebd. S. 426,17 f.
[443] Ebd. S. 426,15—18.
[445] Ebd. S. 426,30 f.
[447] Ebd. S. 402 ff.
[448] Vgl. ebd. S. 398 ff. (Brief Müntzers vom Dezember 1523).
[449] Ebd. S. 402,4—7. Vgl. Müntzers Übersetzung dieses Psalms im Deutschen Kirchenamt (Franz, MG, S. 53 f.).

„herzenhaftige[n] brueder" in seiner Weise dann einführt. Was er bietet, ist ein Kabinettstück müntzerischer Schriftauslegung, die in geistgewirkter Erkenntnis über den buchstäblichen Text hinausführen will zu dem vermeintlich eigentlichen Sinn der biblischen Aussage, faktisch den Text aber zu einem verwirrenden Bilderrätsel werden läßt, in dem nur er selbst zu finden vermag, was er hineingeheimnist hat. Im Grunde benutzt er lediglich einige für seine gedankliche Konzeption in ihrer Bildhaftigkeit anschauliche Worte und Wendungen des Psalms, um dem Adressaten einprägsam zu machen, wie er auf den „rechten Weg" gelangt und welche Stationen er bis zum Ziele durchwandern muß. „Da wird euch durch den heyligen geyst angesagt, wie yhr müst lernen, [daß] durch das leyden Gottes werk ym gesetz erklert euch zum ersten die augen eroffnet werden müssen."[450] Es geht nicht anders, man muß durch das Dunkel des Leides hindurch, um zum Licht der Erkenntnis zu gelangen: „Wer die nacht nicht erlitten hat, kan nicht die kunst Gottes, die die nacht verkundiget der nacht, nach wilcher erst das rechte wort erforer gezeygt wird am hellen tage."[451] So nur vermag der Mensch zu erkennen, „das ehr sey eyn son Gottis", wie er an Jeori geschrieben hatte und wie er es hier im Psalm zum Ausdruck gebracht sieht: „Hymelische menschen mussen es seyn, die den preyß Gottes mit nachteyl yhres namens suchen. Man mus alle augenblick yn der ertodtung des fleysches wandelen, sonderlich das unser name den gottlosen heßlich stinke"[452], um wirklich „Gottes namen predigen" zu können, und „der zuhorer mus vorhin Christum haben horen predigen yn seynem herzen durch den geyst der forcht Gottes"[453], soll das Zeugnis des Predigers bei ihm ankommen. Kurzum: „Die werk der hende Gottes mussen die ersten verwunderung von Gott uberweyset haben, es ist sonst alles predigen unde schreyben verloren."[454] Nur aus solcher „Übung" und „Erfahrung" ersteht ein rechter Christenmensch, aber so auch wirklich und gewiß. Und: „Solcher menschen namhaftige unterricht mus erschallen yn die ganze welt, an alle grenze der gotlosen, auf das sie sich mit yrher unsinnigen gewalt entsetzen fur dem, der sie durch den andern Jehu wird unterrichten, 4. Regum 9."[455]

Bereits Agricola bezog im Rückblick auf den Bauernkrieg diese letzten Worte auf eine gewaltsame Durchsetzung des Gottesreiches auf Erden im revolutionären Sturm der Massen unter Müntzers Führung. „Hie faren dem teuffel aus seynem munde fakeln / feurige brende vnd flammen / seyn hals ist hie starck / vnd hie euget er die lust / die er hat etwas guts / zuverderben / Disse predige vnd disser geubter prediger stimme / die weil sie eyn vnstrefflich vrteil ynn yhren hertzen haben sal mit

---

[450] Ebd. S. 402,8 ff.
[451] Ebd. S. 402,12—15.
[452] Ebd. S. 402,15—18.
[453] Ebd. S. 402,19 f.
[454] Ebd. S. 402,21 ff.
[455] Ebd. S. 402,25—28.

feusten dreyn slahen / vnd mit fussen auff die Gottlosen tretten ...
So speiet disser teuffel hie fewr / vnd wil Jehu seyn aller Gottlosen /
das ist aller die nicht berte tragen / die nicht eyn geschriben seyn / die
nicht getrauwen zehen Gotlosen mit eynem filtzhutte zutodt zuwerffen /
zuerwurgen / vnd wie Thomas itzt neulich geschriben hat / frisch hem-
mern / vnd binck banck binck banck spilen auff dem amboss nymroth."[456]
So naheliegend dieses Urteil einem Agricola erscheinen mochte, Müntzer
dachte bei der Niederschrift des Briefes an Meinhard nicht daran, sich
die Rolle des Jehu aller Gottlosen zuzuweisen. Er rief gewiß mit leidenschaftlichem Ernst zur Entmachtung der Gottlosen auf und drohte den
„gottlosen Tyrannen" ihre baldige Vernichtung an; jedoch gerade aus
diesem Briefe wird ersichtlich, daß er sich damals nur die Funktion
eines „Botenläufers" Gottes zuerkennt, der aller Welt zu verkünden
hat, daß Gott nunmehr selbst die Initiative ergreifen wird.

Mehr als ein allgemein gehaltener „eschatologischer" Bezug ist in der ex-
pressionistischen Rätselhaftigkeit seiner Ausführungen zu Vers 6 nicht enthalten, wenngleich er auch nicht zu übersehen ist. Die durch das Stichwort „Bräutigam" des Textes in seiner Vorstellung ausgelöste Assozia-
tionskette verleitet ihn zu einer absonderlichen Wort- und Gedanken-
spielerei[457], die derartige Andeutungen gar nicht vermeiden kann und
will. „Got is", so verdolmetscht er nach dem Hinweis auf „den andern
Jehu" weiter, „eyn freuntlicher breutgam syner gelibten"[458]. Eben
diese Erkenntnis wird aus dem Erfahren des Leides gewonnen, in dem
und durch das Gott sich zu den Seinen bekennt. „Er lest sie allererst
verworfene dinstmegde seyn, bys das er sie bewere. Do sicht er an die
nydrigen ding und verwirft die hohen."[459] Solche Erfahrung des einzelnen Frommen weitet sich zu der hoffenden Erwartung der Christenheit, die, noch bedrängt von der Macht der Gottlosen, schon dem Anbruch der Gottesherrschaft entgegenharrt: „Es scheynt, wie die gottlosen
ewig solten das regiment behalten, aber der breutgam kummet aus der
schlaffkamer wie ein gewaltiger, der wol bezecht ist, der es alles verschlaf-
fen hat, was seyn gesinde anricht, psalm. LXXVII."[460] Der Bräutigam
(Ps. 19), der die Geliebte (den Gläubigen) nach ihrer Bewährung erhöht,
ist also in einem der Gewaltige, der sich nach langem Verzuge vom
Schlafe erhebt, um seine Widersacher (die Bedränger der Christenheit)
zunichte zu machen (Ps. 78,65 f.). „Ach do mussen wyr bitten, ich
meyne, es sey zeyt, exurge, quare obdormis?"[461] Diese Bitte wiederum
ist schon konzipiert im Vorgriff auf den letzten, alles bestätigenden Hin-

---

[456] Agricola, S. B III R—B IV.
[457] Müntzer hatte Meinhard eingangs dazu angehalten, „Yhr müst eyn wort
ymmer gegen das ander halten ..."
[458] Franz, MG, S. 402,28.   [459] Ebd. S. 402,28 ff.
[460] Ebd. S. 402,31—403,11.   [461] Ebd. S. 403,3 f.

weis: „Da hat der HERRE ia yn dem schifflein geschlaffen, das der stormwynd der frechen gottlosen das schyffleyn ganz schier zu bodem geworfen hette."[462] Es hat allerdings schwerlich in der Absicht Müntzers gelegen, derart zwischen dem „rechten Weg" des einzelnen Gläubigen und der nahen Wende des Geschickes der Christenheit durch das „Erwachen des Gewaltigen" zu differenzieren. Es bleibt eine gewisse Unbestimmtheit in seinen Aussagen, die durch ihren zwielichtigen Sinngehalt dem Leser einen Spielraum im deutenden Verstehen lassen und ihn doch in eine ungefähre Richtung weisen. „Do steht der breutgam auf von seyner schlaffkamer, wenn man die stimme des warhaftigen besitzers yn der sele horet, Johan. III. Darnach frawen sich alle auserweleten mit Jhesu"[463] in der Bereitschaft zur *passio amara* in seiner Nachfolge. Die *via passionis* ist die *via triumphalis*: „Exultavit ut gigas. Er ist wunsam gewesen wie ein riese seyne strasse zuwandern."[464]

Nach der Paraphrase von Vers 6 versucht Müntzer, anscheinend mit Hilfe einer kaum als solche zu ahnenden Anlehnung an Vers 7, den Übergang zur zweiten Hälfte des Psalmes zu gewinnen. In der Tiefe des Verlorenseins, so hatte er zuvor Meinhard belehrt, offenbart sich Gott, wird das Verlorengegangensein an das Fremde ein Zurückfinden zu dem rechtmäßigen Besitzer, wird der Tiefpunkt zum Wendepunkt des Lebens. Dazu erklärt er nun weiter: „Wan eyn mensche seynes ursprungs gewar wyrd ym wylden meer seyner begegnung, wan erh nun mitten ym schwank ist, so mus er thun wie eyn fisch, der dem faulen wasser von oben ernydder nachgegangen ist: kert widder umb, schwymmet, klimmet das wasser widder nauf, auf das er yn seynen ersten ursprung muege kommen."[465]

Agricolas Kommentar, als predige Müntzer hier den „freyen willen, das es an den liege", legt sich bei diesem Bilde gewiß nahe, trifft aber nicht dessen eigentliche Intention, da wahrlich nicht an einen in eigener Regie agierenden Willen gedacht ist, sondern an ein im Bewußtsein des wahren Ursprungs wurzelndes Genötigtsein, das zur Verwirklichung des Lebens aus dem Geiste Gottes in einem ihm nunmehr wesensgemäßen Element zu leben drängt. Die Erwählten stehen eben in einem eigenen, innigeren Verhältnis zu Gott; sie geraten auch nicht so leicht aus dem unmittelbaren Wirkungsbereich seines Geistes; sie „muegen nicht zu weytt von Gote kommen, ehr sendet aus seyn feuer, Luce XII, fur wilchem sich niemand verbergen kan, das es seyn herz, seyne gewissen nicht solt treyben"[466]. Sie sind wirklich andere in ihrer Reaktion auf Gott und in ihrer Aktion für Gott geworden, sie nehmen mit ihrem

---

[462] Ebd. S. 403,4 ff. [463] Ebd. S. 403,6 ff.
[464] Ebd. S. 403,11 f. [465] Ebd. S. 403,13—17.
[466] Ebd. S. 403,17 ff. Nach Müntzers Übersetzung von Vers 7 c: „Und nyemant kan sich vor seynem scheyn erhalten" (ebd. S. 53,14 f.).

Anderssein sozusagen einen ganz anderen Lebensstil an. „Wye wol die auserweleten mechtige große sunde thun, treybt sie doch das feur yhres gewissens zum ekel und greuel der sunden. Wenn sie solchs betrubniß und greuels wilfertig desselben pflegten, den konnen sie nicht sundigen. Das heys ich die langweyl, die den wollustigen schweynen so spottisch yn die nasen geet."[467] Das Wesentliche dieser Äußerungen liegt nicht in dem verhaltenen Zug zu einem theoretischen Perfektionismus, der allerdings nicht übersehen werden darf, vielmehr in der strikten Forderung eines permanenten Ausgerichtetseins auf den Gotteswillen: Gott sendet ständig sein Feuer aus, und es zündet im Gewissen des Erwählten. Es brennt das Eigenwollen des natürlich-kreatürlichen Menschen immer wieder aus und läßt den Gotteswillen in der Seele aufleuchten. Der Glaubensprozeß läßt sich nicht, will Müntzer damit sagen, auf ein Hören des Gotteswortes reduzieren; das Gehörte will als Gotteswillen notwendig aktualisiert werden. Es entsteht eine unablässige Wechselwirkung: wo immer der Erwählte im Nein zu sich selbst das Ja zu solchem Willen spricht, ist Gott gerade auch in der trotz allem immer wieder an seinem Widerspruch und Selbsteinwollen aufbrechenden Not des Menschen in seiner Seele am Werke. Gott läßt also dem Erwählten, wenn er ihm im Abgrund der Seele begegnet ist, gar keinen freien Willen mehr, bzw. er nötigt ihn, nun in einer ganz anderen, neuen Weise in Übereinstimmung mit seinem (Gottes) Willen selbst zu wollen, d. h. Gottes Gesetz als die sein und aller Menschen Leben verbindlich gestaltende Norm sich zu eigen zu machen. In einer tieferen Dimension und außerhalb jeglichen Verdienstgedankens gewinnt somit das Gesetz als Ausdruck des Gotteswillen eine zwingende und dennoch befreiende Geltung. „Das gesetze Gottes ist klar, erleuchtet die augen der ausserweleten, macht starblint die gottlosen, ist eyn untadliche lere, wenn der geyst der rechten reynen forcht Gottes dadurch ercleret wirdt."[468]

Es wäre denkbar, daß die Frage nach der Geltung des Gesetzes, speziell nach dem Verhältnis von Glauben und Gesetz Meinhard besonders beschäftigt hat und er in seinem Briefe erkennen ließ, daß er, noch unter Luthers Einfluß stehend, Schwierigkeiten hatte, Müntzer zu folgen. Denn der Allstedter greift jetzt mit ungestümer Heftigkeit die Wittenberger an, um in scharfer Auseinandersetzung mit ihnen seine Meinung als sachgemäß zu erweisen. Sie sind gemeint, wenn er gegen die „wollustigen schweyne" polemisiert, „welche vorfluchen das alte testament, disputiren vil aus Paulo von werken, verschumpiren das gesetze aufs eusserlichste und haben dennoch nicht die meynung Pauli, solten sie auch zuprasten"[469]. Der heiligen Schrift Alten wie Neuen Testamentes liegt es jedenfalls fern, den Glauben gegen die Werke auszuspielen; selbst

---

[467] Ebd. S. 403,20—24. [468] Ebd. S. 403,28 ff.
[469] Ebd. S. 403,24—27.

34*

der Kronzeuge der falschen Lehrer „Paulus hat solche werk des gesetzs gebotten, kurzumb sie seyn auch von notten, wie wol die gottlosen eytel sophistischen und den gedichten Paulum"[470] ins Feld führen. „Do kommen den unser freche bachanten und meynen, sie haben es troffen, wan sie nur das 4. capittel Rho. allegirn, wie Abraham umbsunst Gottes gnade uberkommen habe."[471] Und doch steht gerade in diesem Kapitel nach Müntzers Meinung zu lesen, „wie der mensche durch maniche stacheln seynes gewissens von Gott zu erklerung der gnaden, die schon vorhyn drynnen ym herzen wonet, getrieben wird"[472], d. h. wie Gesetz und Werk durch den Glauben keineswegs gegenstandslos geworden sind, im Gegenteil dem Glauben unentbehrlich sind, um sich zu bezeugen. Müntzer legt wie immer großen Wert darauf, in seiner Lehre mit dem Zeugnis der heiligen Schrift übereinzustimmen, und sucht bei dieser Kontroverse den Wittenbergern insbesondere ihre Berufung auf Paulus streitig zu machen und den Apostel für sich zu reklamieren: „Ich concordiere mit Paulo"![473] Freilich ist er sich dessen bewußt, daß er bei aller prinzipiellen Übereinstimmung mit Paulus die Akzente anders setzt: „So hoch als Paulus auf den glauben treybt ane vordinst der werk, also hoch treyb ich aufs werk Gottes zu leyden."[474] Er lehnt den Gedanken an eine Verdienstlichkeit der Werke ebenso entschieden ab wie der Apostel; es kommt auf den Glauben an, zu dem das Werk nicht als etwas eigenwertig Zusätzliches oder gar Überbietendes hinzutreten kann. Nur muß in gleicher Weise deutlich sein, daß die Geburt des Glaubens in uns und unsere ganze Existenz im Glauben darin ihr Wesen hat, daß wir an Gott und an uns leiden, solches Leiden eben Gottes Werk an uns ist und wir es in der Konfrontation mit seinem im Gesetz offenbaren Willen bejahen. Der rechte Glaube kann gar nicht anders als das Gesetz ernstnehmen, wenn anders er überhaupt Gottes Willen, damit Gott selbst ernstnehmen will. Lediglich die dem selbstischen Begehren nachgebende Leidensscheu des Menschen sucht nach einem bequemen Ausweg und wähnt ihn auch biblisch rechtfertigen zu können. „Darumb tichten sie Christum zu eynem erfuller des gesetzes, auf das sie durch angebung seynes creuzes das werk Gottes nicht durfen leyden. Darumb ist dieselbige faule wormfressige theologey den alten phantasten allenthalben zu vergleichen mit dem meyster yn der dornheck."[475] Nein, so lautet sein ceterum censeo: „Die gerechtigkeit Gottes mus unsern unglauben so lange erwurgen, bys das wyr erkennen, das aller lust sunde ist und wie wyr durch die luste zu verteydingen also hoch verstocket werden."[476] Das kann der Erwählte sich gar nicht oft und ernst genug sagen lassen; denn all sein Tun und Treiben birgt ja zu

[470] Ebd. S. 403,32 ff.   [471] Ebd. S. 403,37 ff.
[472] Ebd. S. 404,2 ff.   [473] Ebd. S. 404,6 f.
[474] Ebd. S. 404,5 f.   [475] Ebd. S. 404,10—13.   [476] Ebd. S. 404,14 ff.

jeder Stunde die unheimliche Gefahr der Selbsttäuschung, des Selbstbetruges, der Selbstüberlistung in sich, um doch irgendwie einmal „er selbst" sein zu können. Unter welchem Vorzeichen das aber auch geschehen mag, es ist der Versuch des Betruges, der Täuschung, der Überlistung Gottes, ist Sünde. „Do mus der mensche emsig seyn, das yhm die heymlichen luste, die mechtig hinderlistig seyn, zu verstehen gegeben werden. Wenn der mensche do keyn entsetzen hat, lest er sich die luste regiren, bebegen, thut yhn genug, dan ist yhm widder zu ratten nach zu helfen."[477]

Es wird aus dem Briefe einigermaßen einsichtig, wie Müntzer Glauben und Gesetz einander zugeordnet wissen will, und wenn hinter Meinhards Fragen wirklich Überlegungen standen, die irgendwie noch den Gedanken Luthers verhaftet waren, mußte ihm aus diesen Ausführungen deutlich werden, daß Allstedt doch sehr viel anderen Geistes war als Wittenberg. Für Müntzer lag das, was er in der „Auslegung" zu diesem Thema sagte, in den Grundzügen gewiß längst fest. Trotzdem scheint es, als habe Meinhard direkt oder indirekt an ein Problem gerührt, das für den Prediger seit der Mallerbacher Affäre an aktueller Bedeutung gewonnen hatte. In wechselseitiger Befruchtung von äußerer Aktion und geistlicher Besinnung erhielt die Frage nach der Geltung des Gesetzes eine erhöhte Relevanz und stärker als bisher schon wurde ihm die unbedingte Verpflichtung des Gläubigen zur Erfüllung des göttlichen Willens bewußt, die ihn dann in den letzten Monaten seiner Allstedter Zeit zum Handeln drängte und andere zum Handeln drängen ließ. In der ständigen Orientierung an seinem reformatorischen Gegenspieler kommt er nun, nachdem er die im Durchleiden der *passio amara* erfahrene, durch den göttlichen Geist gewirkte, fort und fort wirkende Unmittelbarkeit des Glaubens gegen den Wahn des „gedichteten Glaubens" gestellt hatte, in der Konsequenz von Theorie und Praxis zur betonten Hervorhebung einer weiteren, jedoch auch längst schon vorhandenen Divergenz: das *sola gratia* und *sola fide* Luthers reicht ihm nicht zu, mehr noch, ist eine Verkehrung des christlichen Glaubens, dessen integrierendes Element ja das Erleiden des Werkes Gottes in der Forderung der Gesetzeserfüllung ist. Der Erwählte wird in der Geburt des Glaubens seiner Zugehörigkeit zu Gott gewiß, wird durch das bei Gott und zu Gott Stehen zum Künder und Täter der göttlichen Gerechtigkeit derart, daß er nunmehr in solchem „Kontakt mit Gott" durch die Werke des Gesetzes Gottes gerechten Willen mit vollzieht und eben darin seinen gottesgewissen Glauben, sein Erwähltsein bekundet. Man darf den Glauben nicht gegen das Werk ausspielen wollen, darf nicht in falscher Spekulation auf Gottes frei gewährende Gnade wähnen, ignorieren zu können,

---

[477] Ebd. S. 404,16—20.

daß Gott den Menschen in sein Werk mit hineinziehen, ihn persönlich für die Verwirklichung seines Willens mit verantwortlich machen will.

Das prägt sich nicht zuletzt in der Opposition gegen Luther deutlich aus. Wie er dessen *sola fide* zu einer bloßen „Annahme" abwertet — in der schillernden Bedeutung, die das Wort für uns gewonnen hat —, so entsprechend das *sola gratia* zu einem bequemen „umbsunst", auf Grund dessen der Mensch aller ernsthaften Verpflichtung ledig zu sein, bzw. sich entledigen zu können wähnt. Er sah nicht, wie wenig seine Interpretation der Anschauung Luthers gerecht wurde; aber in dieser Simplifizierung erfaßte er mit instinktiver Sicherheit, was ihn von Luther schied: die durch das Christusgeschehen nicht aufgehobene oder relativierte Geltung des Gesetzes und die Forderung der Werke des göttlichen Gesetzes. Das bedeutete für ihn nicht im mindesten irgendwelche Konzessionen an den römischen Verdienstgedanken; das Meritorische hat in seinem Denken keinen Platz. Gottes absoluter Anspruch macht von vornherein jedwedes Anrecht des Menschen auf „Belohnung" unmöglich. In der radikalen Konzentration auf die Unbedingtheit des Gotteswillens ist jede Möglichkeit einer ichbezogenen Eigenständigkeit des Menschen de facto aufgehoben. Müntzer bejahte uneingeschränkt Luthers Opposition gegen die römische Werkgerechtigkeit; doch er widersprach der durch den römischen Mißbrauch provozierten These des Reformators, daß der gläubige Christ ohne des Gesetzes Werke das Heil erlange. Für ihn hat „die Erfüllung des Gesetzes" ja eine ganz andere Funktion, ist nicht irgendwie sichernde Ergänzung des Glaubens, sondern integrierendes Element der Teilhabe an Gottes Willen zur Verwirklichung der göttlichen Gerechtigkeit auf Erden. Müntzers antimeritorischer „Synergismus" ist auf das engste mit dem Gedanken der im Glauben sich vollziehenden Metamorphose des Ich verbunden, der eine klare Grenzziehung zwischen Werk Gottes und Werk des Menschen nicht mehr zuläßt, so wenig wie die zwischen Werk des Glaubens und Werk des Gesetzes — und der zu einem wesentlich veränderten Verständnis des lutherischen *simul justus et peccator* führt.

„Diese „Gesetzlichkeit" steht sichtlich bei Müntzer auch im Zusammenhange mit einem ausgeprägt seelsorgerlichen und praktisch-kirchlichen Interesse, das vornehmlich durch seine „eschatologische" Erwartung und die straffe Ausrichtung auf den Ernst des Gotteswillens bedingt erscheint, wie es durch den Charakter und das Temperament seiner Persönlichkeit zu so intensiver Wirkung gelangte. Aber innerhalb der bleibenden positiven Bezogenheit zwischen der *cura animarum* und der Forderung tatbereiter Verwirklichung des schlechthin gültigen Gotteswillens steht je länger desto weniger das persönliche Heilsverlangen und der individuelle Heilserwerb maßgeblich im Blickpunkt. Die Antwort auf die Frage „nach dem rechten Wege" versteht sich gewiß immer auch als Wegweisung zur eigenen Seligkeit; und doch werden die Elemente zur Pflege selbst eines sublimierten Seligkeitsegoismus zunehmend zurückgedrängt durch die Konzentration auf die eine Aufgabe, Gott vorbehaltlos zu Diensten zu stehen, wenn er nun seine Herrschaft auf Erden aufrichten will. Man kann allerdings nicht umhin zu fragen, ob Müntzers Mühen um die rechte geistliche Gestaltung des inneren wie äußeren Lebens der Christenheit namentlich seit der Mitte des Jahres 1524 mit dem Begriff „Seelsorge" wirklich noch sachgemäß gekennzeichnet wird. Die *cura animarum* nimmt immer härtere, fast möchte man sagen, despotische Züge an. Müntzer ist wie sein Gott fast nur noch fordernder Wille, ist als der Sprecher des fordernden Gottes nur mehr der Befehlsüberbringer und der für die Ausführung des Befehls sich verantwortlich Wissende, der ernste Mahner, der Zurechtweisende. Ob es den Einsatz für die Sache des Evangeliums im großen Spiele der politischen Machthaber gilt oder die tatbereite Bekenntnisfreude des einzelnen Gläubigen wider alles gottlose Treiben oder die unnachgiebige Zucht der privaten Lebensführung: Müntzer steht da mit erhobenem Zeigefinger, um ins Gewissen zu reden und das unumstößliche Gesetz einzuschärfen. Das konnte gelegentlich wohl auch einmal in etwas milderen Formen geschehen und hatte mitunter seine eigene Weise des Zuspruchs. Doch der Grundzug blieb ein herber Ernst, blieb die zurechtweisende Mahnung, wie etwa in dem Briefe an Johannes Lang in Erfurt, dessen Vermählung mit der schon älteren, aber reichen Witwe Mattern seinem Verständnis vom Wesen einer christlichen Ehe widersprach, so daß er Lang als „Brautlied" die Bußpredigt Nathans an David nach dessen Verbindung mit Bathseba submissa voce in Erinnerung brachte[478]. Dennoch gleitet er niemals auf das Niveau eines engstirnigen Moralpredigers ab. Ihn treibt eben doch eine echte Sorge um die Seelen; er möchte helfend zur Stelle sein, wo immer Gefahr droht, möchte den Irrenden und Bedrängten zur Seite stehen: „Per gloriam crucis Christi tuam dilectionem obtestor, ne fratris adhortationem abstergas. Affuissem tibi, nisi offitium vigilantis pastoris retraxisset euntem."[479]

Vigilans pastor, das ist wohl mit eine der treffendsten Selbstbezeichnungen, die Müntzer für sich in seiner Allstedter Wirksamkeit gefunden hat. Das band ihn an seine Gemeinde und ließ den Dienst an ihr sein vornehmstes Anliegen werden. Soweit wir wissen, hat er Allstedt in den 5/4 Jahren seiner Tätigkeit dort nicht zu größeren Reisen verlassen. Aber gerade in der Konzentration auf die lokale Gemeinde schuf er seiner Arbeit eine geistige wie räumliche Mitte. Im Allstedter Pfarramt fand er wie niemals zuvor in der täglichen Praxis die Gelegenheit zur Sammlung, zur Klärung, zur Vertiefung, und daraus wieder wuchsen ihm neue Energien für die ins Weite greifenden Pläne und Gedanken zu.

---

[478] Ebd. S. 406, Nr. 51.   [479] Ebd. S. 406,22—407,1.

VII. Die Zeit der großen Schriften

A) Die „Ausgedrückte Entblößung"

Den Abschluß von Müntzers Allstedter Zeit und zugleich den Übergang zu einem neuen Abschnitt seiner Wirksamkeit bildet das „Gezeugnus des erstenn Capitels des Euangelion Luce durch Thomam Munczer,
der ganczenn cristenheit furgetragen zurichtenn"[1], das in nicht unerheblich veränderter Gestalt später unter dem Titel „Außgetrückte emplössung des falschen glaubens, der ungetrewen welt durchs gezeügnus des
evangelions Luce vorgetragen, der elenden, erbermlichen christenheyt
zur innerung jres irsals"[2] im Druck erschien. Die Schrift ist in der
zweiten Hälfte des Juli entstanden, also in den beiden Wochen, in
denen Müntzer auf eine klare Entscheidung der sächsischen Fürsten
drängte und dieses Anliegen mit einem Appell an die ganze Christenheit verband, sich auf das Wesen des rechten Glaubens zu besinnen und
sich danach zu halten. Noch während der Ausarbeitung ist ihm Luthers
„Brief an die Fürsten zu Sachsen von dem aufrührischen Geist"[3] zur
Kenntnis gekommen, ohne daß sich, von einigen wenigen Ausnahmen
abgesehen, ausmachen läßt, wieweit Luthers erste öffentliche Stellungnahme gegen ihn den Tenor des „Gezeugnus" noch mit bestimmt hat.
Nichts nötigt jedenfalls zu der Annahme, daß erst Luthers Mahnung
an die Fürsten den Anstoß zu seiner Abhandlung gegeben habe, wird
sie doch in jenen Wochen als eine aus des Predigers eigener Initiative
erwachsene Aktion ohne weiteres verständlich. Trotzdem wäre es von
einiger Bedeutung zu wissen, wann er Luthers im Druck erschienenes
Schreiben gelesen hat; aber auch über die Zeit von dessen Abfassung
und Veröffentlichung durch den Druck fehlen uns die Angaben[4]. Noch
am 18. Juni hatte der Reformator an den Kurprinzen geschrieben:
„Meins Bedünkens halt ich, er sei noch nit flügg noch zeitig, möcht gerne,
daß er baß herausbrächte; er hat noch viel dahinten, ehe ich darzu tun
sollt."[5] Er nimmt also damals noch eine zuwartende Haltung ein und
hat nicht die Absicht, von sich aus gegen den „Satan von Allstedt" vorzugehen. Offensichtlich hat er, als er sich dann doch dazu entschloß,
auch noch keine Kenntnis von den Ausführungen der Fürstenpredigt,

---

[1] Franz, MG, S. 267 B—319 B. Vgl. die Vorbemerkungen von Franz, S. 265—266.
[2] Ebd. S. 267 A—319 A.   [3] WA XV, S. 210—221.
[4] Vgl. dazu die Literatur zu Luthers Brief in WA XV, S. 203 ff.
[5] WA Briefe III, S. 307,71—308,2.

deren Tendenzen er lediglich als mögliche Weiterung aus den Versuchen einer Rechtfertigung des Mallerbacher Kapellensturmes von sich aus folgert: „Ja wenn das recht were, das wyr Christen sollten kirchen brechen und so stürmen wie die Juden, So wollt auch hernach folgen, das wyr müsten leyblich tödten alle unchristen, gleych wie den Juden gepotten war, die Cananiter und Amoriter zu tödten, so hart, als die bilder zu brechen. Hie mit würde der Alstettisch geyst nichts mehr zuthun gewynnen denn blut vergissen, und wilche nicht seyne hymlische stym höreten, musten alle von yhm erwürget werden, das die ergernis nicht blieben ym volck Gottes, wilche viel grösser sind an den lebendigen unchristen denn an den hültzen und steynern bilde."[6] Er hat „disen brieff an E.F.G. alleyn aus der ursach geschrieben, das ich vernomen und auch aus yhrer schrifft verstanden habe, alls wollt der selb geyst die sache nicht ym wort lassen bleyben, sondern gedencke, sich mit der faust dreyn zu begeben, und wölle sich mit gewallt setzen widder die oberkeyt und stracks daher eyne leypliche auffruhr anrichten"[7]. Was ihn also aus seiner Zurückhaltung heraustreten läßt, ist nicht nur das „kirchen und klöster zubrechen und heyligen verbrennen"[8], das ihm schon am 18. Juni bekannt gewesen sein dürfte, sondern sind die im Zusammenhange damit in Allstedt entstandenen Unruhen, die sich bis zum gewalttätigen Widerstand gegen die Obrigkeit gesteigert hatten. Luther hatte davon gehört, kannte allem Anscheine nach auch die von Müntzer konzipierte Eingabe des Allstedter Rates vom 7. Juni, hat aber den letzten Anstoß zu seinem Briefe möglicherweise erst durch den Bericht des Schössers Zeiß erhalten, den dieser am 26. Juni über die Ereignisse um die Mitte des Monats an den Kurfürsten gegeben hatte. Eben die Allstedter Juni-Revolte dürfte Luther im Auge gehabt haben, als er am 4. Juli an Johann Brießmann schrieb: „Satan suscitauit nobis prophetas & sectas, qui eo tandem procedunt, vt armis & vi velint tentare suarum opinionum incrementum; cum his video nobis fore negocii deinceps."[9] Er sieht klarer als drei Wochen zuvor, daß da ein Unheil droht, das ihm noch allerhand zu schaffen machen wird. Da er aber mit keiner Silbe andeutet, daß er selber bereits etwas dagegen unternommen hat oder konkret plant, ist man versucht anzunehmen, daß er den Entschluß zu seiner Mahnung an die Fürsten erst nach der Bemerkung im Briefe an Brießmann gefaßt hat. Wieweit ihn dazu auch die Kunde von der Absicht der Weimarer Herren, sich eine Predigt Müntzers in Allstedt anzuhören, noch mit bewogen hat, muß dahingestellt bleiben; jedenfalls wird man auf Grund dieser Überlegungen den Termin der Abfassung kaum viel früher als Mitte Juli ansetzen können und schwerlich damit rechnen dürfen, daß Müntzer den gedruckten Text vor dem

---

[6] WA XV, S. 220,10—17.
[8] Ebd. S. 213,14 f.
[7] Ebd. S. 212,10—15.
[9] WA Briefe III, S. 315,12 ff.

24./25. Juli zu Gesicht bekam. Es wäre unter diesen Umständen nicht ausgeschlossen, daß bereits der „unterricht durch unsern schosser schriftlich gethan, wie man gotlicher weise zukunftigem aufrurh begegnen soll"[10], auch mit eine Reaktion auf Luthers Vorwürfe und eine Ergänzung zu der Thematik des „Gezeugnus" darstellt, das als bereits konzipierte grundsätzliche Auseinandersetzung mit den Wittenbergern über Fragen der Lehre in den wenigen Tagen bis zur Reise nach Weimar wohl keine größere Veränderung mehr erfuhr. Zur Lehre sich zu äußern, hatte Luther seinem Gegner ausdrücklich alle Freiheit gelassen, wenn er in dem Briefe an die sächsischen Fürsten erklärte: „E.F.G. soll nicht weren dem ampt des worts. Man lasse sie nur getrost und frisch predigen, was sie konnen, und widder wen sie wöllen. Denn, wie ich gesagt habe, Es müssen secten seyn, und das wort Gottes mus zu felde ligen und kempffen, daher auch die Euangelisten heyssen heerscharen, Psal. 67., und Christus eyn heerkönig ynn den Propheten. Ist yhr geyst recht, so wird er sich fur uns nicht furchten und wol bleyben. Ist unser recht, so wird er sich fur yhn auch nicht noch für yemand fürchten. Man lasse die geyster auff eynander platzen und treffen. Werden ettlich ynn des verfüret. Wolan, so gehets noch rechtem kriegs laufft. Wo eyn streyt und schlacht ist, da müssen ettlich fallen und wund werden. Wer aber redlich ficht, wird gekrönet werden."[11] Müntzer mag durch diese Erklärung seines Widersachers in seiner Erwartung, für das „Gezeugnus" die Druckgenehmigung zu erhalten, bestärkt worden sein. Sicherlich gab ihm Luthers offener Angriff einen neuen Impuls zu seinem Vorhaben verstärkter publizistischer Tätigkeit, um der Christenheit „in aller Welt" die Augen für die Täuschungsmanöver falscher Lehrer zu öffnen und sich selbst bei ihr Gehör für die rechte Lehre zu verschaffen. Nur zielt der Hinweis in der „Vorrede", daß „die schmachbucher [die arme elende cristenheit] zum teil schew und auch frech gemacht haben"[12], nicht in erster Linie auf den „Brief an die sächsischen Fürsten", vielmehr auf das Schrifttum lutherischer Provenienz überhaupt, das durch falsche Lehre zu einem falschen praktischen Verhalten verleite. Denn in der Ausbreitung der lutherischen Doktrin schlechthin, in ihrem bestimmenden Einfluß auf Glauben und Leben der Christen sieht Müntzer „das aufstehende ubel", dem man rechtzeitig durch die überzeugende Darlegung der christlichen Wahrheit begegnen muß. Das kann in vollgültiger Weise „zu dieser Zeit nit anderst eröffnet ... werden, dan mit ausslegung der heiligen schrieft in der lere des geists Cristi"[13], wobei die Auslegung natürlich an dem von ihm vertretenen Prinzip der „Ganzheitsinterpretation" auszurichten ist.

---

[10] Franz, MG, S. 431,33 ff.

[11] WA XV, S. 218,18—219,4.

[12] Franz, MG, S. 268,2 ff.

[13] Ebd. S. 268,8 ff.

So ist „durch treffenliche ursach" sein Einsatz gefordert, „das loch der mawern des vorhofes weiter ze machen, Ezech. 8"[14], d. h. das ganze abgöttische Treiben in der Kirche, die Verkehrtheit des alten auf „gewonheit und herkommen" sich berufenden wie des neuen buchstabischen Glaubens bloßzustellen; so will er „der cristenheit den glauben furhalten, wie ich darzu bewegt bin", jederzeit zu einem gütlichen Gespräch über „den eingerissen schaden" bereit, jedoch auf keinen Fall gewillt, „dem geist Cristi" das Geringste zu vergeben[15]. Wo er einzusetzen hat, ist ihm also keinen Augenblick zweifelhaft, und er wird nicht müde, das schon so oft Gesagte zu wiederholen: Die Christlichkeit der Christenheit gründet im rechten Verständnis des Glaubens, und allein von hier aus kann darum der heillosen Verwirrung in Kirche und Welt gesteuert werden, deren eigentliche Ursache eben die Pervertierung des christlichen Glaubens ist. Will man aber diesem Grundübel wirksam begegnen, muß man zuvor begriffen haben, daß nach dem Zeugnis des Lukas-Evangeliums „der heilig cristenglaub ein solch fromb [fremd!], seltzam ding ist, das es nit wunder were, das ein guthertziger mocht plut weinen, der die blintheit der christlichen gemeine recht beschawet"[16]. Es ist zwar viel vom Glauben die Rede; jedoch gerade das vorschnelle Reden davon, als sei er „so leichtlich zu uberkommen", „ja, ich will schlecht gleuben, Got wirts wol machen"[17], ist ein böser Trug, der darüber hinwegtäuscht, „wie der unglaub mit dem glauben gar ungehorten gezangk hat"[18]. „Wer do leichtlich gleubt, ist eins leichtfertigen hertzen."[19] Glauben fällt einem nicht so zu, kann nicht einfach an- und hingenommen werden. Der Zugang und Anfang ist sogar über die Maßen schwer; man muß — davon gibt es keine Ausnahme — erst durch den Zweifel des Unglaubens, durch das Entsetzen in der Furcht Gottes hindurchgegangen sein, muß vor dem „unmöglich" gestanden haben, das den Unglauben im Herzen des Menschen rücksichtslos aufdeckt. Wer diesen ersten Schritt nicht tun will, verfehlt von vornherein den zweiten. Das ist die notwendige Voraussetzung dafür, um, dem Verlorensein preisgegeben, im Abgrund der Seele der Kraft Gottes gewahr zu werden und in der „umbschetigung des heiligen geists"[20] zu einem erfahrenen, gewissen Glauben zu gelangen. Gott lehrt uns nur durch den heiligen Geist glauben. Was Glauben zum Glauben macht, ist seine Unmittelbarkeit zu Gott und sie wird allein durch die ausschließliche Urheberschaft Gottes gewährleistet, derzufolge jedwede natürlich-kreatürlichen Elemente als etwaige Vermittlungsinstanzen im Prozeß des Glaubens radikal auszuschalten sind. Das führt Müntzer in letzter Zuspitzung zu dem Satz:

---

[14] Ebd. S. 268,23—27.
[16] Ebd. S. 270,33—271,2.
[18] Ebd. S. 273,11 f.
[20] Ebd. S. 273,41—274,1.

[15] Ebd. S. 269,17—25.
[17] Ebd. S. 272,5 f.
[19] Ebd. S. 273,30 f.

„Wan einer nun die biblien sein leben lang wider gehort noch gesehen hette, könte er woll fur sich mit der lere des geistes einen rechten glauben haben, wie alle die gehapt, die ane bucher die schrieft beschrieben haben, und were auch vorsichert, das er solchen glauben vom unbetrieglichen Got geschepft und nit vom abkunderfeien des teufels oder eigner natur eingezogen hette."[21] „Sollen wir cristen nun zusammen eintrechtig einstimmen, ps. 67, mit allen ausserwelten under allen secten ader geschlechten allerlei gelaubens, wie uns dan der text acto. am 10. gezeugnus gibt, so mussen wir wissen, wie einem zu sinne ist, der mitten under den unglaubigen erzogen ist, der das rechte werck und lere Gottes ane alle bücher erfaren hat."[22]

Das Faktum des Glaubens „ohne Bücher", das durch die biblischen Schriftsteller selber ja belegt ist, macht evident, daß auch der heiligen Schrift keine exzeptionelle Bedeutung für die Genese des Glaubens zugesprochen werden darf, wie die Schriftgelehrten in ihrem Unverstand gestern und heute den Frommen einreden wollen: „Sie machen aus der schrift einen schantdeckel, welcher vorhindert die natur des glaubens vor der gantzen welt zu scheinen. Math. 5,10, Joan. 9. Der son Gottes hat gesagt: die schrift gibt gezeugnus. So sagen unser schriftgelerten: sie gibt den glauben."[23] Sie bezeugt das Zustandekommen und Vorhandensein des Glaubens in anderen Menschen vergangener Zeiten, bezeugt es einzigartig und eindrücklich uns zugute; doch sie bringt als dokumentarischer Bericht von Glaubenszeugen den Glauben selbst nicht hervor, kann und soll uns vielmehr als kompetentes Zeugnis des Glaubenswirkens als maßgebliche Kontrollinstanz zur Prüfung der „Geister" und der Echtheit unseres eigenen Glaubens dienen. Denn „darauff solt man die schrift nutzen, das man uber solch trefflich wergk (scil. daß ein „mitten under den unglaubigen erzogen[er]" Mensch zum christlichen Glauben gekommen ist!) ein urteil spreche und bewertte die geister, welche Got oder dem teufel zustendig sein"[24]. Vornehmlich aus diesem Grunde ist es nötig, seinen Glauben zu „berechnen mit aller ankunft fur den menschen, die auch einen bewerten, ungetichten glauben hetten, nach aller fodderung wie das golt in feuer bewertt"[25], „von der rechten bewegung des glaubens" aussagen zu können, um Geist an Geist zu prüfen, aus der Übereinstimmung die Identität des Geistes zu erkennen und so für sich und andere die untrügliche Gewißheit echter Glaubenserfahrung zu gewinnen. „Do kommen aber unser unerfarne, ungleubige schriftgelerten und geben solche leut dem teuffel, machen einen spottvogel aus dem geist Cristi, und gedencken und trachten tag und nacht, wie sie solche leut wollen umbbringen ingleicher mass,

---

[21] Ebd. S. 277,25—278,6.
[22] Ebd. S. 278,23—36.
[23] Ebd. S. 276,28—277,1.
[24] Ebd. S. 278,37—279,7.
[25] Ebd. S. 278,7—13.

wie do thaten die schrieftgelerten, ehr sie Criston ans creutz brachten. Sie sagten zu Cristo, er wer in der schrieft nit verheischen; und nun sagen sie deme gleich, ja noch vil verkarter, man sol im geist Cristi nit anfangen, sonder die schrieft sol den glauben geben, und die gotlosen wissen doch keine bewegung, warumb die schrieft anzunemen und zu verwerffen ist dan allein, das sie vom alten herkommen, also durch vil menschen anzunemen ist. Eine solche weiss hat auch der Turck und Jude..."[26] Der christliche Glaube ist etwas *toto coelo* anderes und — ist in seiner Andersartigkeit der Welt ein befremdlich Ding[27].

Geht man dem einmal ernstlich nach, wird man finden, daß der „cristenlich glaube einem fleischlichen menschen solch ein unmuglich ding ist, 1. Cho. 3, ja wol weiter hie im text, allen wolgeubten menschen wie Marie, Zacharie, Elisabet gewesen ist, das einem neuchtern, langweiligen, ernsten, bittern, wol versuchten menschen, der achtung drauff hat, die har aufm heupt mochten krachen"[28]. Der fleischliche Mensch bleibt dem natürlichen Denken verhaftet und scheitert an dem „unmöglich", das die Vernunft spricht; er begreift das Wort des Engels an Maria nicht, „bei Gott ist kein Ding unmöglich". Seiner „Natur" muß es unverständlich sein, „das wir fleischliche, irdische menschen sollen göter werden durch die menschwerdung Cristi und also mit ime Gottes schuler sein, von ime selber und durch seinen geist gelert und vergöttet werden, und gantz und gar in inen verwandelt, das sich das irdenisch leben schwengke in den himel, Philip. 3"[29]. Das ist für den Verstand der Welt Unsinn und Irrsinn, weil ihr diese ganz andere Weise der Existenz im Glauben unzugänglich bleibt, weil der Mensch in der Gebundenheit in seine fleischliche Existenz gar nicht zu erkennen vermag, was nur dem Glauben einsichtig ist. Man muß sich frei machen von aller Hörigkeit gegenüber der „Natur", um allein gott-hörig zu werden, will man anders „aus Glauben" leben. Das paßt „bruder senffteleuben und vater leisentredt"[30] freilich nicht; er möchte sich dem „entweder — oder" entziehen und lieber das „sowohl — als auch" praktizieren; „er meinet, er wolt gerne seine vorgenommene luste alle ins wergk furen, seinen pracht und reichtumber behalten, und gleichwol einen bewerten glauben haben"[31]. Doch einen Kompromiß gibt es hier nicht. Gemäß dem Worte Jesu „Ir kont nicht Got und den reichtumbern dienen"', muß man sich darüber klar sein, „wer dieselben obgemelten

---

[26] Ebd. S. 279,8—280,7.

[27] Hinrichs, L. u. M., S. 106 ff., verkennt das Anliegen Müntzers, wenn er dessen Gedanken mit Hilfe eines modernen politischer Ideologie entlehnten Vokabulars interpretieren zu können wähnt. So gewiß der Allstedter das Existenzrecht der gottlosen Obrigkeit wegen des Mißbrauchs ihrer Macht zur Unterdrückung des Glaubens bestreitet, so wenig geht es ihm hier um Klassenkampf und Demokratie.

[28] Franz, MG, S. 281,1—11.

[29] Ebd. S. 281,22—32.

[30] Ebd. S. 282,8 f.

[31] Ebd. S. 282,11—16.

ehr und reichtumber zu einem besitzer nimpt, der muss zuletzt ewig von Got lehr gelassen werden"[32]. Solche gott-losen Menschen haben naturgemäß etwas ganz anderes im Sinn als die Forderung und Förderung rechten Glaubens; im Gegenteil, weil dieser ihrem eitlen Streben nach Ehre, Reichtum und Macht zuwider ist, sind sie auch ihm zuwider und allen denen, die in solchem Glauben leben. Müntzer greift die Bitte des Psalmisten auf: „Sprich sie schuldig, Gott, daß sie fallen von ihrem Vornehmen. Stoße sie aus um ihrer großen Übertretungen willen, denn sie sind dir widerspenstig."[33] Aber die Bitte des Psalmisten wird bei ihm in der parallel gesehenen Situation seiner Gegenwart zu einer notwendigen Konsequenz göttlichen Handelns: „Ir hertz ist eitel, und daruber mussen die unglaubigen gewaltigen vom stul gestossen werden, das sie den heiligen, warhaftigen glauben in ine und in der gantzen welt vorhindern, so er wil mit allem seinem rechten ursprung aufgehen."[34] Das harte Widereinander von Unglauben und Glauben heute ist also nicht ein Ausdruck blinder Zufälligkeit, der gegenwärtige Triumpf des Unglaubens ist etwas anderes noch als die eigenmächtige Darstellung seiner sich durchsetzenden Kraft. Die hintergründige Parallele des Geschehens zur Zeit der Geburt Christi und in den Tagen der aufbrechenden Reformation weist auf tiefere Zusammenhänge hin.

Auch Luther hatte in seinem Brief an die sächsischen Fürsten mit dem Hinweis begonnen: „Das glück hat allwege das heylig Gottes wort, wenns auffgeht, das sich der Satan dawidder setzt mit aller seyner macht, Erstlich mit der faust und freveler gewallt. Wo das nicht helffen will, greifft ers mit falscher zungen, mit yrrigen geystern und lerern an, auff das, wo ers mit gewallt nicht kan dempffen, doch mit list und lügen unterdrücke. Also thet er ym anfang, da das Euangelion zum ersten ynn die wellt kam, greyff ers gewalltiglich an durch die Juden und Heyden, vergos viel bluts und macht die Christenheyt voll merterer. Da das nicht helffen wollt, warff er falsche propheten und yrrige geyster auff und macht die wellt voll ketzer und secten bys auff den Bapst, der es gar mit eyttel secten und ketzerey (alls dem letzten und mechtigsten Antichrist gepürt) zu poden gestossen hat. Also muß es itzt auch gehen, das man ja sehe, wie es das rechtschaffen wort Gottes sey, weyl es geht, wie es allzeyt gangen ist. Da greyfft es der Bapst, Keyser, Könige und Fürsten mit der faust an und wöllens mit gewallt dempffen, verdammen, verlestern und verfolgens unverhört und unerkand alls die unsynnigen ...; aber der ym hymel wonet, spottet yhr, und der herr lachet yhr. Denn wird er mit yhn reden ym zorn und sie schrecken ym grym. So wird es gewislich auch unseren tobenden Fürsten gehen, und sie wöllens auch so haben. Denn sie wöllen widder sehen noch hören,

---

[32] Ebd. S. 282,26—30.   [33] Psalm 5,11 nach der Lutherbibel.
[34] Franz, MG, S. 282,31—283,2.

Gott hat sie verblend und verstockt, das sie sollen anlauffen und zu scheyttern gehen."[35] Müntzer schreibt: „Darumb, do die gnad durch die geburt Joannis und durch die entpfengnus Cristi vorkundigt wart, regirt Herodes, auf das das allerbeste gut mit dem gegenteil des gotlosen wurde ercleret. Wie bei unsern zeiten nun Gott sein liecht in die welt geschickt hat, beweiset sich der gotlosen regiment mit allem seinem wuthen und tobenden sinnen wider Got und seinen Crist, ps. 2, das auch etzliche itzund recht anfangen, ir volck zu stocken und blochen, schinden, schaben, und bedrawen darzu die gantzen welt und peinigen die iren aufs scherpfste."[36] Dennoch steht es keineswegs in ihrem Belieben, ihren Machtgelüsten ad infinitum zu fröhnen; es ist bereits so weit, „das auch Got den jamer nit lenger will ansehen, und die tag mus er seinen auserwelten verkurtzen, Mat. 24. Sonst wurden die menschen durch kein recht betrachten die menschwerdung Cristi annemen, es wurden eitel heiden und teuffel drauss, vil erger secten dann vom anfang. Darumb sagt Paulus, das Got so gantz seinen geliepten getrew ist, 1. Cho. 10, das er inen nit mer auflegt, dan sie tragen mugen, wiewol die natur stets gedenckt, das ir zu vil aufgelegt wirdet. Der gutige vater thut nit ehr den staupbessem hinwegk, das kindt erkenne dan seine schuld, damit es solche bosse ubrigkeit verdient hat"[37].

Was hat dies alles mit Lukas 1 zu tun? Müntzer hebt selbst die beiden Punkte hervor, auf die es ihm ankommt: 1. „Siehe, vom Herode, zu welchs tagen Cristus und Johannes entpfangen sein"[38]; er sieht den dunklen Schatten des gewalttätigen Fürsten auf den Lebensweg Jesu und Johannes des Täufers fallen, von deren Empfängnis hier berichtet wird; 2. „und das dieser text sagt: die gewaltigen hat er vom stul gestossen"[39]. Beides verbindet er durch die Erläuterung des Zitates aus dem Lobgesang der Maria: „darumb das sie sich underwinden, den glauben zu regiren und meistern, und haben den christenglauben nit gelernt mit seiner ankunft: und wollen gleichwol alle leut verurteilen, und allein darumb die obersten sein, das man sie vor allen leuten förchte, anbethe, in eren halte; und wollen doch das evangelion aufs allerschentlichst verketzen."[40] Nicht die pragmatische Feststellung ist ihm darin wichtig, vielmehr das darin offenbare Geheimnis göttlichen Handelns in bezug auf die Obrigkeit: „Do wirt die natur der weltlichen obrigkeit ercleret, wie der heilige Samuel 1. reg. 8. mit dem durchleuchtigsten Hosea am 13. geweissagt: ‚Got hat die hern und fursten in seinem grim der Welt gegeben, und er will sie in der erbitterung wider wegk thun.'"[41] Die Obrigkeit ist demnach keineswegs „von Gottes Gnaden"

[35] WA XV, S. 210,8—211,4 passim.   [36] Franz, MG, S. 283,3—25.
[37] Ebd. S. 283,25—284,9.   [38] Ebd. S. 284,13 ff.
[39] Ebd. S. 284,16 ff.   [40] Ebd. S. 284,19—31.
[41] Ebd. S. 284,32—285,3.

zur rechten Ordnung der Welt vorbedacht; vielmehr ist sie durch die Art ihrer Entstehung nach Wesen und Funktion vorbelastet und gerichtet. Denn als das alte Israel von Samuel die Einsetzung eines Königs forderte, gab es durch sein Verlangen zu erkennen, daß es sein Leben nicht mehr allein an Gottes Willen orientieren wollte. Sein Wunsch war eine Absage an Gott, und Gott bestätigte diese Absage, wenn er zu Samuel sprach: „Gehorche der Stimme des Volkes in allem, was sie zu dir gesagt haben; denn sie haben nicht dich, sondern mich verworfen, daß ich nicht soll König über sie sein."[42] Daraus ergibt sich, daß die weltliche Obrigkeit dem gottentfremdeten Willen des Menschen und dessen Zulassung im göttlichen Zorn ihre Entstehung verdankt. Ihr Dasein ist die Deklaration des Abfalls der Menschen von Gott zur Kreatur, und „darumb das der mensch zu den creaturen gefallen, ists uber die masse pillich gewessen, das er die creatur auch mer dan Got muss furchten"[43]. Mit immanenter Folgerichtigkeit wirkt sich die gewollte Abhängigkeit von der kreatürlichen Gewalt als eine die Gottesfurcht hintansetzende Menschenfurcht aus. Die kreatürliche Furcht ist der eigentliche Lebensbereich des gottentfremdeten Menschen geworden, und eben das ist von ihrem Ursprung und Wesen her der ureigenste Funktionsbereich der weltlichen Obrigkeit, eben der Bereich, in dem „man die creatur Got vorsetzt". Das ist „das bosse werck", von dem Paulus in Römer 13 sagt, „das die fursten nit seint umb der forcht des guten wergks, sonder umb der forcht des bosen wergks"[44]. Die paulinische Formel erhält im Munde Müntzers geradezu den Charakter einer sehr pointierten Zweckbestimmung, deren negative Bewertung — gemessen etwa selbst an Luthers drastischen Äußerungen über die Fürsten als Henker und Büttel — um so stärker hervortritt, als die „Herren" im Zusammenhange des Textes als die dezidierten Funktionäre der kreatürlichen Furcht, damit insbesondere auch als das große Hemmnis reiner Gottesfurcht erscheinen mußten. Dahinter wird Müntzers Überzeugung erkennbar, daß die weltliche Obrigkeit weder ein unabwendbares Verhängnis noch im Sinne Luthers eine von Gott dem Menschen zugute gesetzte Ordnung darstellt. Der Grund dafür, daß sie ist und so ist, wie sie ist, ist doch allein die vom Menschen selbst verschuldete, aber in keiner Weise unabänderliche Tatsache, „das niemant Got allein mit rechter, ernster, reiner forcht wil fur augen haben, wie Christus Luce 12 mechtig hart befohlen hat, und Gott durch Mosen Deu. 6"[45]. Ist diese ihre Daseinsermöglichung aufgehoben, dann hat sie sozusagen auch keine Daseinsberechtigung mehr und wird sie Gott in seinem Grimm wieder wegnehmen. Darum muß in diesem zentralen Punkte redikaler Wandel geschaffen werden. Die völlige Abkehr von der Kreatur hin

---

[42] 1. Samuel 8,7.   [43] Franz, MG, S. 285,4—9.
[44] Ebd. S. 285,11—14.   [45] Ebd. S. 285,22—32.

zu Gott, das Auslöschen aller Menschenfurcht durch die reine Gottesfurcht ist die unabdingbare Voraussetzung, wenn Gott wieder aus seiner zornigen Zurückhaltung heraustreten, seine Barmherzigkeit zeigen, „unser unerkanntte finsternus ... erleuchten" und uns „von der handt aller, die uns hassen", erlösen soll; das Beispiel Davids[46] gibt uns den rechten Fingerzeig: „Wen der geist der forcht Gottes bei den ausserwelten recht versorget wirt, ps. 18, so mus die gantze welt einen rechtfertigen forchten."[47]

Müntzer denkt nicht entfernt an den Rückzug auf eine sich isolierende Innerlichkeit, nicht an einen geistig-geistlichen Prozeß inneren Sichdurchringens zu der in Gott gebundenen und von Gott zur Freiheit entbundenen Unabhängigkeit von allem Machtanspruch und aller Gewalttat eines Leib und Seele vergewaltigenden Regimes. Selbstredend gewinnt der in der reinen Furcht Gottes zur Erkenntnis der Wahrheit vorgedrungene Fromme die innere Überlegenheit über all das, was ihn im Banne der kreatürlichen Furcht in Angst und Not und unzählige Konflikte gestoßen hat; er sieht „die Welt" tatsächlich mit ganz anderen Augen an, hat den richtigen Blick für das wirkliche Verhältnis der Kräfte in ihr bekommen. Was der Vernunft unmöglich schien, erscheint dem Glauben durchaus als Gott möglich. Infolgedessen nötigt die neue Sicht der Dinge den Auserwählten, nun auch die Konsequenzen zu ziehen, Gottes anerkannten Willen unverzagt auszuführen, das scheinbar Widersinnige auf Gottes Gebot hin zu wagen. Die neue Sicht entlarvt damit das scheinheilige Kompromißlertum der Unversuchten, das mit seiner verführerischen These von der zulässigen Beschränkung auf das „Menschen-Mögliche" den Rechtfertigungsgrund für alles kreatürliche Denken erfunden hat, den Ernst des Gotteswillens zu mißachten. Der Glaube durchschaut das trügerische Spiel mit dem Wörtchen „unmöglich", das der Unglauben geschickt zu nutzen weiß, um sein gottwidriges Verhalten zu tarnen, seine Lässigkeit zu entschuldigen und in der gegenwärtigen Situation den ernsten Willen der auf eine wirkliche Reformation bedachten Menschen zu irritieren und zu lähmen. Er läßt sich auch nicht auf den „falschen, glosirten wegk" einer „tollen, unsinnigen, fantastischen welt"[48] locken, die das Regiment der „genadlosen, die keine forcht Gottes haben" und zu Unrecht „zur cristenheit aufgenommen"[49] wurden, über die Christenheit mit der Erklärung zu sanktionieren suchen: „Eya, man mag wol das evangelion predigen, Got allein forchten und auch die unvernunftigen regenten in eren halten und in allen sachen gehorsam sein."[50] Das ist die Kapitulation des Unglaubens vor dem „Unmöglichen", das Gott dem Glauben zumutet und der Glaube Gott zutraut.

[46] 1. Chr. 14,17.   [47] Franz, MG, S. 285,38—286,23 passim.
[48] Ebd. S. 288,13—16.   [49] Ebd. S. 287,12 f.   [50] Ebd. S. 288,17—25.

Wohl ist selbst bei den biblischen Vorbildern ein ungläubiges Befremden, sind Ausflüchte und Weigerungen die erste Reaktion auf solche „Zumutungen" Gottes; aber aus der echten Gottesfurcht erwächst dann mit dem unbedingten Zutrauen in sein Vermögen der tatbereite Gehorsam gegen seinen Willen. „O, allerliebsten bruder, wozu erinnert uns das evangelion anderst, dan das der glaube mit allem seinem ursprungk helt uns fur unmuglich dingk, welche die unversuchten, fleischlichen leute nimmermer meynen, das sie ins wergk kommen sollen?"[51] Welchen Grund hätte denn heute der Glaube, die Verwirklichung dessen, was Gott durch den Mund der Maria über den Sturz der Gewaltigen sagt, als eine Unmöglichkeit abzutun und resignierend beiseite zu stehen? „Ja, es dunckt vil unzeheliche leut mechtig grosse schwermerei sein, das ein solch spiel solt volfurt werden"[52]; „es dunckt die welt, ja auch die unversuchten schrieftgelerten, das allerunmuglichste dingk sei, das die nidrigen sollen erhoben und abgessundert werden von den bossen"[53]. Mit den letzten Worten deckt Müntzer das nach seiner Meinung treibende Motiv für den Widerstand auf, den man einer durchgreifenden Veränderung der Welt im Sinne von Luk. 1,52 heute entgegensetzt: man will nichts hören „von der abssonderung der gotlosen von den auserwelten"[54], die jetzt und hier erfolgen soll. Man weicht den konkreten Forderungen aus, verlegt das Geschehen, das bei Matth. 13, 47—50 angekündigt ist, in eine gar nicht absehbare Zukunft und macht daraus eine interessante Szene im Himmel: „Sie haben doselbst imaginirt, aus einem alten balcken visirt, die engel mit langen spiessen, die sollen absundern die guten von den bosen zum jungsten tag."[55] Das läßt sich nur als eine freche Verhöhnung des heiligen Geistes qualifizieren, die deutlich auch aus der unverschämten Behauptung spricht, „das Got seine urteil niemant offenbare"[56]. Damit wähnen sie, allen Ernstes bestreiten zu können, daß die von Gott zur Sonderung der Guten von den Bösen bestellten Engel schon da sind, nämlich in der Gestalt der „rechten boten Gottes", seiner „ernsten Knechte", die unter dem gegenwärtigen Geschlechte das Gericht Gottes auf Erden vollstrecken werden. Warum aber liegt „den guten frommen leuten" so viel an derartigen Ausflüchten und Verdrehungen? Nun, sie geben sich offensichtlich der allerdings irrigen Hoffnung hin, doch noch um eine klare Entscheidung herumzukommen und den daraus erwachsenden Unannehmlichkeiten entgehen zu können. Sie möchten mit allen, Bösen und Guten, gut Freund bleiben; „dan sie seint neutrales, das seint leute, die den zcoberbaum auf beiden schuldern tragen konnen"[57]. Sie bemäntelr

---

[51] Ebd. S. 288,6—13.
[52] Ebd. S. 289,2—7.
[53] Ebd. S. 289,19—24.
[54] Ebd. S. 289,27 ff.
[55] Ebd. S. 289,29—32.
[56] Ebd. S. 289,36 f.
[57] Ebd. S. 290,7—10.

ihre Feigheit vor den Menschen wie ihre Sorge um das eigene Wohlergehen durch das so fromm klingende Sprüchlein: „Es kann niemant
wissen, wer ausserwelt ader verdampt sei.“[58]

So sieht in Wirklichkeit der starke und gewisse Glaube aus, von dem
man soviel Wesens macht; ja, man muß ihn einmal in seiner ganzen
Nichtigkeit bloßstellen, um das Versagen und Sich-Versagen der in ihm
befangenen Christenheit zu begreifen. Da beruft man sich, um der
Forderung einer leidensbereiten Bewährung seines Christenstandes im
Tatbekenntnis zu entgehen, auf Paulus als Kronzeugen, der darauf
hingewiesen habe: „Der Herre weiss, wer ime zustendig ist“[59]. Aber
an dieser Stelle entlarvt sich die „stuckwerckische weiss“ der Schrift-
benutzung; denn der Apostel fährt in unmittelbarem Anschluß an diese
Worte fort: „Der den namen Gottes sucht, der weicht von der misse-
tath“[60]. Daß Müntzer das „discedat“ der Vulgata durch den Indikativ
wiedergibt, unterstreicht die Entschiedenheit der von ihm gemeinten
Aussage, daß es eben auf diesen ernsthaften Willen zur Bewährung des
Christseins ankommt. „Der auserwelte sei ein sunder, wie er wolle,
dannocht weist inen das gewissen von den ssunden, wan er seiner beweg-
nus in betrubniss warneme, ps. 39. Das thut aber der gewissen der
gotlossen nit, ps. 35, dixit iniustus. Er tracht stets auff unzucht, auf geitz
und hoffart, Es mag ime keine schalckheit zu vil werden. Auch kan er
der bossheit nimmermer feint werden, wiewol er auch mit Juda in der
marterwochen eine galgenrew hat. Er tracht aber im grundt seins hertzens nit anderst dan wie der reiche man, Lu. 12, von einem langen wollustigen leben, und er will immer einen guten mut haben. Er meint nit
anderst, dan das er darzu geschaffen sei.“[61] Der Auserwählte muß
aus seiner inneren Bindung heraus zu einer ganz anderen Verhaltensweise kommen als der Gottlose; daß er „Gott zuständig“ sei, bedeutet
nicht nur, daß Gott ihn zu den Seinen zählt, sondern ebenso, daß er
sich auf Gottes Seite gehörig weiß und daß der Ausgangs-, der Orien-
tierungs-, der Zielpunkt für ihn Gottes Willen ist. Der Gottlose kennt
eben diese Bindung nicht und lebt nur sich selbst. Das praktizierte
Wissen des Menschen darum, „darzu [er] geschaffen sei“, bestimmt die
Position diesseits oder jenseits der Trennungslinie zwischen Erwählten
und Gottlosen, ist Richtschnur für die Aussonderung der Guten von den
Bösen, die ja doch dann und dort sich vollzieht, wo das den Ungläubigen
noch unmöglich Erscheinende geschieht: daß die Gewaltigen vom Stuhl
gestoßen werden und ihr Regiment an die Gläubigen abtreten müssen.

Müntzer liegt es hier fern, den Erwählten zu einer heroischen Figur

---

[58] Ebd. S. 290,12 f.   [59] Ebd. S. 290,30 f.
[60] Ebd. S. 291,3 f. Die Vulgata hat: „... et discedat ab iniquitate omnis, qui
nominat nomen Domini“.
[61] Ebd. S. 291,4—27.

und zum Avantgardisten einer sozialen oder politischen Revolution zu machen. Die von ihm beispielhaft herausgestellten Vorbilder rechten Glaubens sind gerade keine solchen bravourösen Typen; sie haben lediglich im Gehorsam des Glaubens Gottes Willen getan und haben dadurch so stark in die Welt hinein gewirkt, daß sie „alle [ihre] sache ... nach der forcht Gottes" anrichteten, d. h. in ständigem Kontakt mit Gott ihr Tun und Lassen bedachten. So und nicht anders steht der Erwählte auch heute — das ist sein Kennzeichen — in einer unmittelbaren steten Verbindung mit Gott. So „mus man vornemen, wie das hertz der auserwelten wirt stets zu seinem ursprung bewegt durch die crafft des allerhochsten"[62] Der heilige Geist ist am Werke, wo die Erkenntnis der Sünde in die Gottesfurcht hineintreibt und die Gottesfurcht wieder die Sünde so radikal aufdeckt, daß „das hertze gar mörbe"[63] wird. Eben dann kommt Gott auf den Menschen zu und ist er ganz nahe bei ihm, „da kan Got das reuige und verdemutigte hertze nicht verachten, er muss es erhoren, darumb das solch gut reuchwerck daraus gemacht ist"[64]. Auch wenn es zunächst noch „manchem gotfurchtigen umb seins unverstands willen gantz tieff verborgen ist ... bis in die verstendige anfechtung"[65], ist dennoch Gott schon in ihm am Werke. Im Tempelgang des Zacharias sieht Müntzer die Situation des Glaubenswilligen zeichenhaft vorgebildet; Zacharias erklärt in seinem Lobgesang, „das wir Got ane forcht der menschen mogen dienen in heiligkeit und gerechtigkeit; das ist in einem unbetrieglichen, erfarnen glauben, der ime wolgefellet"[66]. Was das heißt, wird an seinem Verhalten beispielhaft deutlich: „Ein ider mensch sol in sich selber schlahen und eben merkken bei seiner bewegung, wie er selber ein heiliger tempel sei, 1. Cho. 3 und 6, Got zustendig von ewigkeit; das er nirgents anders zu geschaffen ist, dan das er den heiligen geist zum schulmeister des glaubens habe und aller seiner wirckung warneme."[67] Dann wird die ganze Misere der Christenheit offenbar: „das derselbige tempel uber die masse von den ungelerten pfaffen verwustet sei ... Das arme volgk ist in sich selber keinmal kommen. Es steht ein ider noch vor dem tempel heraussen und erwarttet, wan es doch wil gut werden."[68] Das Kirchenvolk trägt selber ein gerütteltes Maß Schuld an diesem Zustand. Es wähnt noch bis zur Stunde, sich auf die „feine[n] menner mit iren roten und braunen barethen" verlassen zu können; „die pfaffen wissen den glauben, darumb das sie vil schoner bucher gelesen haben"[69]. Es hat sich nicht um ein klares Urteil bemüht, „wie doch Cristus hoch befolen hat, die falschen vor den warhafftigen knechten Gots zu erkennen"[70]; es war

---

[62] Ebd. S. 291,29—32.
[63] Ebd. S. 292,3.
[64] Ebd. S. 292,5—8.
[65] Ebd. S. 292,10—15.
[66] Ebd. S. 292,27—32.
[67] Ebd. S. 292,33—293,4.
[68] Ebd. S. 293,6—16.
[69] Ebd. S. 293,20—25.
[70] Ebd. S. 293,30 ff.

mehr auf sein leibliches Wohl und Wehe bedacht. „Darumb harret ein
ider vorm tempel, kan in sein hertz nit komen vor grossem unglauben,
den er nit erkennen wil."[71] Der Pfaffe und Gelehrte hingegen ist,
weil ihn das Volk und er sich selbst nicht ernsthaft nach dem rechten
Glauben gefragt hat, „ein stummer götze" geworden; „er weiss von
Got vil weniger dan ein hackbloch"[72]. Die Erfahrung, die schon Jeremia
mit dem jüdischen Volke machen mußte, daß weder bei „den armen
pauern" noch bei den „grossen hansen" einer zu finden war, „der do
vleis furwendte, Gottes urteil und glauben zu erlangen"[73], bestätigt
sich heute genauso: „Sie wollen die kunst Gottes nit haben auf erden.
Darumb wie das volck ist, so ist auch der pfaff ... Ein blinder furt den
andern ... Es will sich in diesem urteil ein ider schon auffbutzen mit
eins andern unflat, und es ist doch aller menschen schuld, das die gantz
kirch einen stummen Gott anbett."[74] „Ein ider pauer wolt einen eigen
pfaffen haben, und das sie gute tag haben gehapt." Wo nunmehr die
Forderung nach rechten Predigern laut wird, verstummt freilich bei
Bauern und Pfaffen das Verlangen nach solchem Amt, „dan zu einem
rechten priesterthumb hilfft die welt gantz ungerne, dan ein solch recht
ampt schmeckt wie ein bittere gallen, dan man muss do die warheit
sagen"[75]. Ihr sucht sich jedermann zu entziehen, und es läßt sich über
das gegenwärtige Geschlecht nur das vernichtende Urteil fällen: „Wir
seint vil gröber nach dem adel unser selen dan die unvernunfftigen
thiere, hat doch schier keiner keinen verstandt anderst dann von wuche-
rei und tucken dieser welt."[76] Für Gottes Wort ist man taub, man vermag es gar nicht mehr in sich zu vernehmen. Man kann heute faktisch
„nit mer von Got handeln, dan das ein ider aus dem buch gestolen hat,
und wen uns dasselbige genommen wurde, wie es muglichen ist, so
mocht man dieser groben cristenheit gantz und gar nit helfen ... Noch
wils niemant zu hertzen nemen. Man meint, es sei zu vorschweigen"[77].
In denkbar schärfstem Kontrast stellt Müntzer so dem zu Anfang des
Abschnittes gezeichneten Bilde des Erwählten, der aus echter Glaubenserfahrung heraus in Heiligkeit und Gerechtigkeit ohne Menschenfurcht
Gott dient, die trostlose Wirklichkeit der geistverlassenen, innerlich toten, äußerlich entarteten Christenheit gegenüber. Er fällt dabei scheinbar
ab in die Schwarzweißmalerei der spätmittelalterlichen Bußprediger und
radikalen Reformer. Und doch wächst er in der scharfen Entgegensetzung von falscher und wahrer Christlichkeit, wie er sie darstellt, über
das Niveau eines traditionellen Bußpredigers hinaus.

Was diese Generation braucht, ist ein Prediger von der eindringlichen

---

[71] Ebd. S. 293,37—40.   [72] Ebd. S. 294,6 ff.
[73] Ebd. S. 294,15 ff.   [74] Ebd. S. 295,6—19.
[75] Ebd. S. 295,25—31.   [76] Ebd. S. 295,31—37.
[77] Ebd. S. 296,6—15.

Gewalt des Täufers Johannes, ist ein „gnadenreiche[r] prediger, welcher den glauben allenthalben erfaren hat, dan er mus wissen, wie einem ertzungleubigen zu sinne ist, und er mus der adfect ader begir mass an dem masse des glaubens wissen"[78]. Es „mus einer auffstehen, der die menschen weisse auff die offenbarung des gotlichen lemleins, im urteil des ewigen worts vom vater abgehen[d]"[79], d. h. der die Menschen darauf hinweist, was Gott in und mit der Passion Christi ihnen kundtun will: daß im Durchleiden der *passio amara* Gott sich selber zu erkennen gibt, der Mensch ihm unmittelbar begegnet, seines direkten Zuspruchs und Anspruchs inne wird. Der Hinweis auf die „offenbarung des gotlichen lemleins" meint eben diese Predigt von der fort und fort während Selbstmitteilung Gottes in dem durch die *passio amara* Gott hörig gewordenen Menschen. Zur Zeit des Johannes wußte man noch davon, daß Gott sich immer wieder in besonderer Weise den Menschen offenbare; „es war auf das mall das volck nit also hoch verstockt, wie itzo die cristenheit durch die bösswichtische pfaffen worden ist. Sie wil gantz und gar nit glauben, das ir Got seinen willen muge eröffnen"[80]. Dieser geistverlassenen Leidensscheu gilt es zu wehren, die mit der Ausflucht „got redt nit mer"[81] ihr falsches Genügen am Zeugnis der Schrift zu rechtfertigen sucht, obwohl doch „die gantze schrieft darauf klerlich und crefftiglich dringt, wie man allein mus und sol von Gothe gelert werden; sol anderst jemant mit den ewigen gotlichen gutern erfullet werden, wen er nach lenger zucht leer gemacht wirt durch sein leiden und creutz, auff das im sein mass des glaubens erfullet mag werden mit den hochsten schetzen, Colo. 2, Ephe. 4. Es mus ein ider auserwelter die kunst Gottes, den rechten, heiligen cristenglauben uberkomen aus dem mundt Gottes und damit erfult werden in die lenge, in die weit, hohe und tieffe, Ephe. 3"[82]. Allein in solcher Offenbarungsgläubigkeit liegt die Möglichkeit einer geistlichen Erhebung des Volkes beschlossen, die es aus seiner Lethargie und seiner blinden Vertrauensseligkeit auf „die grossen paussbacken" endlich herausführt, um nun selbst im unmittelbaren Hören des ihm im Herzen zugesprochenen Wortes Gottes auch Täter seines Willens zu werden. Als eine echte Möglichkeit dem ganzen Volke auch insofern angeboten, als hier kein Privileg des Standes oder des Berufes etwas gilt noch gar die vermessene Klugheit der „grosse[n] kopffe mit prechtigen titeln, wie itzundt die kirch der gotlosen hat"[83], sondern es jedermann gleichermaßen angeht und jeder einzelne zu selbstverantwortlicher Entscheidung gerufen ist. Ja, es ist gerade dem ersten Lukaskapitel zu entnehmen, daß die „cleinen" den „grossen" vor Gott eher etwas voraushaben; es sind da „gantz unangesehene

---

[78] Ebd. S. 296,32—297,2.
[79] Ebd. S. 291,8—12.
[80] Ebd. S. 297,20—27.
[81] Ebd. S. 297,35.
[82] Ebd. S. 298,4—27.
[83] Ebd. S. 299,23 ff.

menschen"[84] gewesen, denen Gott sich offenbart hat. Damit soll nun nicht etwa der Armut und Niedrigkeit wieder ein Privileg zuerkannt werden; doch schon die einfache Feststellung ist wichtig genug, daß die von der Welt „Verachteten" u. U. sogar sachgemäßer über den rechten Christenglauben zu urteilen vermögen bzw. ihn haben und bezeugen als hochangesehene Geister, die sich gar ein richterliches Urteil über ihn anmaßen, ohne überhaupt ein zureichendes Verständnis zu haben: „Was sollen die leut urteilen, die uns des glaubens ankunft verfluchen und durchachten auf das allervorschmehelichste? Dan sie haben ir leben zubracht mit fressen und sauffen von jugent auf und haben ir lebenlangk keinen pösen tag gehapt, wollen auch noch keinen haben, umb der warheit willen, und wollen sich gleich sere dem glauben vorzustehen vormessen."[85]

Angesichts der in der Christenheit bald einsetzenden und seitdem herrschenden Mißachtung der Predigt des Täufers, muß man sich fast fragen, ob und wieweit das lebendige Zeugnis eines neuen Johannes den Menschen von heute überhaupt noch beeindrucken kann. Es ist ein härterer Anstoß vonnöten: „So nun die heilige kirch durch die warheit sol vernewet werden, so mus ein gnadenreicher knecht Gottes herfur treten im geist Helie, Math. 17, und mus alle ding zum rechten schwanck brengen mit dem allerhochsten, ernsten eiffer."[86] Es hat den Anschein, als wolle Müntzer hier in eigener Auswertung von Matth. 17,13 das Bild des Buße predigenden Täufers mit dem des aufschreckend handelnden alttestamentlichen Propheten vereinen, der im Namen Gottes mit rigorosen Aktionen gegen den Unglauben angeht und das Volk so zur Anerkennung Gottes als des Herrn nötigt. „Dan [auch] die gegenwertige cristenheit muss umb irer lust willen gantz und gar hart gestrafft werden, auf das sie nach dem wegkthun aller uppickeit des glaubens ankunfft im hertzen gewhar werde."[87] In dem unter dem Druck harter Strafen beginnenden Prozeß der Loslösung aus dem jede andere Regung bisher erstickenden Umschlungensein von eigensüchtigen Begierden „wirt der ausserwelte gewhar, das Got gantz grosse, uberschwenckliche ding an im anhebt"[88]. Es erfaßt ihn zunächst ein Entsetzen „vor Gottes heiligen namen"; eine ihn zutiefst aufwühlende Friedlosigkeit erschüttert das ganze Sein des Menschen, bis er „im finsternus und schaden des tods" „den warhaftigen Got erkennet" und „das sein namen in himel von ewigkeit geschriben sei"[89]. Nur wird ihm nun der Widerstreit dieser Erkenntnis mit seinem Ungenügen um so stärker bewußt, er „vermergt je lenger je besser die last und stacheln des gewissens, psal. 31; do mus er sich zuletzt umbkeren von den creaturischen lusten zu Got; do

---

[84] Ebd. S. 299,16.
[86] Ebd. S. 300,14—23.
[88] Ebd. S. 301,5—8.

[85] Ebd. S. 299,30—300,8.
[87] Ebd. S. 300,24—30.
[89] Ebd. S. 301,8 ff.

bekennet er erst seinen unglauben und schreiet nach dem artzte, welcher es nimmermer lassen kan, einem solchen armgeistigen zu helffen. Do ist das recht reich der himel; do wirt der mensch den sunden hertzlich feindt und wirt seiner seligkeit versichert und sihet clerlich, das in Got durch seine unwandelbare lieb getrieben hat von dene sunden, vom unglauben. Jere. 31. Do hat der rechte glaub statt und erwechst mit allem seinem geistlichen wucher. Do erfindestu, lieber gesell, wie schwer deyn pfund ist"[90]. So konzediert Müntzer dem Christen zu keiner Zeit die beruhigte Atmosphäre wohltemperierter Stimmung und satter Zufriedenheit; christliches Leben bleibt von einer angespannten Unruhe erfüllt, im Mühen um den Glauben wie in seinem sicheren Besitz, der dem Erwählten erst recht zum Ansporn wird, mit seinem schweren Pfunde „geistlichen Wucher" zu treiben. Ungeachtet manchen terminologischen Gleichklangs und der formalen Nähe zu einem Methodismus der Seelenführung wird erkennbar, daß der Allstedter Prediger das „fromme Leben" in ganz anderer Weise auf aktive Bewährung ausrichten will als das in den mystischen Strömungen des ausgehenden Mittelalters der Fall war, die letztlich wohl in allen ihren Variationen der Entselbstung einem introvertierten Seligkeitsegoismus huldigten. Der in der rechten Gottesfurcht Ausgeglühte, zum reinen Gottesgehorsam Geläuterte ist in der Abkehr von allem Selbstischen auch frei von jeder Form meritorischen Denkens, wie er andererseits ebenso und fast noch mehr der Unverbindlichkeit des gedichteten Glaubens Feind ist, der nichts davon wissen will und es gar nicht begreifen kann, daß die im rechten Glauben erfahrene Zugehörigkeit zu Gott die offene Entscheidung zum Leben in seinem Dienst, zur tätigen Erfüllung seines Willens auf Erden in sich schließt. Zugehörigkeit zu Gott heißt ständige Hörigkeit auf Gott, die es notwendig macht, daß der Glaubende nicht im Stimmengewirr der tausend auf ihn eindringenden Interessen und „Ansprüche" die Stimme des heiligen Geistes in sich überhört. Das ist ja gerade so kennzeichnend für die Situation der Gottlosen, daß sie für nichts anderes mehr ein Ohr haben als für ihre „Lüste" „und wollen noch daruber ir boses leben entschuldigen mit blosen lamen fratzen, sagende: Ja, wir seint arme sunder; hat doch Cristus die sunder nit veracht, wie veracht uns dan dieser phariseischer geist"[91]? Müntzer kann sich in seiner Forderung der Abkehr von den Lüsten bis zu dem Satz versteigen: „Cristus ist darumb von einer jungfrauen durch den heiligen geist entpfangen, auf das wir den schaden der sunde mit aller seiner ankunft erkennen sollen ... das alle luste vorhinderung des heiligen geists sein ..."[92] Das hat nichts mit asketischen Anwandlungen zu tun, sondern soll die Überwindung des Kreatürlichen durch die voll-

---

[90] Ebd. S. 302,3—303,4.   [91] Ebd. S. 304,15—21.   [92] Ebd. S. 305,8—20.

kommene Gotthörigkeit in letzter Zuspitzung aufzeigen[93]. „Wan einer nun zu solcher mechtiger, ernster sache will sehen wie ein saltzig angesicht, und gleich sich stellen wie einer, der gespeit hette, und sagt ane underlass: gleube, glaube, das dir der rotz fur der nasen plostert, der ist den schweinen und nit den menschen zustendig."[94] Das leere Gerede vom Glauben, der gar keiner ist, bestätigt den Menschen nur in der Hingabe an seine kreatürlichen Lüste, um so mehr als die Prediger selber „seint thier des bauchs": „Sie predigen, was sie wollen ... sie nemen gerne rote gulden mit grosser andacht. Sie durffen kaum das hundertste teil, darumb hat ire lere keine craft ... Ire ler will gantz und gar nit ins werck dann zur freiheit des fleisches. Man horet sie woll, es bessert sich aber niemant."[95] Was heißt dann schon Reformation der Christenheit und der Kirche, wenn die neuen Prediger das Volk nicht in Wort und Tat zur Einkehr rufen, wie es der Täufer und Elia taten! „Johannes, der recht bezeugende engel Cristi, in einem idern prediger angezeigt, wart gelobt umb seiner nuchterkeit willen, nit des wercks, sondern des ernsts halben (!), der sich zu einer entfrembdung der luste erstreckt, do die creffte der selen entblöset werden, auf das der abgrundt der selen erscheine, do der heilige geist sein einreden thun muss."[96] Ebenso wie Johannes „mussen wir die prediger wissen, wer sie pflegt ausszusenden in die [erndte][97], zu welcher sie Got von anfang ires lebens geschlieffen hat wie eine treffenliche, scharffe sensen oder sicheln. Es kan ein ider dits ampt nit versorgen, wan er auch gleich alle bucher gelesen hette, er muss erst wissen die sicherheit seins glaubens, wie die gehapt haben, die die schrifft geschrieben"[98].

Daraus ergibt sich die absolute Unmöglichkeit, die „ertzheuchler" irgendwie noch in Schutz nehmen zu wollen, „die do gutiger dan Got sein wollen und verteidigen die gotlossen, verfluchten prediger. Sie sprechen: Ein pfaff sei gut ader bosse, so kan er dannoch Gots geheim handeln und sein wort predigen"[99]. Das steht in klarem Widerspruch zu Gottes wiederholten Erklärungen: „Wie er solte sagen: Wiltu meinen lieben gecreutzigten son der werlt umb des bauchs willen vorpredigen, und weist nit, wie man ime muss gleich werden?"[100] Es ist unabdingbar: Leben und Lehre sind in unlösbarer Einheit der wahre Ausdruck rechter Erkenntnis Gottes. Es „muss ein genadenreicher prediger aus der wustenei, das ist aus einem bewertten leben, in welchem er das creutz getragen, predigen und schreien in den wusten, elenden, irrenden hertzen der got-

[93] Vgl. zu Müntzers Eheverständnis S. 223 f.
[94] Franz, MG, S. 305,24—34.
[95] Ebd. S. 306,7—25.   [96] Ebd. S. 306,28—307,3.
[97] Vgl. ebd. S. 306 Anm. 251; im Text Schreibfehler: „erden" statt erndte!
[98] Ebd. S. 307,14—25.   [99] Ebd. S. 307,32—308,4.
[100] Ebd. S. 308,23—27.

forchtigen, die do itzt anfangen zu wachen nach der warheit. Ach, sie wolten gerne recht gleuben, wan sie nur recht mochten antreffen"[101]. Menschen sind schon da, die ein aufrichtiges Verlangen nach Gott in sich tragen, die sich „im wusten lande ane weg und wasser" mühen, und — auch Prediger gibt es bereits, die selber „aus der wustenei" kommen und in der Vollmacht des Geistes jenen Suchenden zu helfen vermögen. „Man mag sich pillich der rechten prediger frewen, das sie Got zu unser zeit auf die erden gegeben hat, auf das solch gezeugnus an tag komme."[102] Hier wächst keimhaft die wahre Kirche bereits heran: „Die hertzen werden erregt vom unglauben zum glauben durch das einmutige gezeugnus Cristi."[103] „Do findet der auserwelte freundt Gotes eine wunsame, uberschwengkliche freude, wan sein mitburger auch also zum glauben komen ist wie er."[104] Da geschieht wieder das, was in den Anfängen die Christen untereinander verband und immer konstitutiv ist für eine christliche Gemeinschaft: „Alle ausserwelten werden mussen berechnen, wie sie zum glauben komen seint. Das macht alsdan eine rechte, cristliche kirche, den gotlosen vor dem auserwelten zu erkennen."[105] Wenn Müntzer hier neben dem Zeugnis der Elisabeth oder Maria als vorbildliches Beispiel christlich-brüderlicher Zusammenarbeit ausdrücklich hervorhebt, „Paulus und Petrus besprachen sich; sie uberlegten das evangelion, das Paulus aus himlischer offenbarung hatte, und Petrus durch die offenbarung des vaters"[106], mag das im Blick auf Luther gesagt oder auch als Seitenhieb gegen ihn gedacht sein, weil Luther von diesem Geist und Wesen brüderlicher Gemeinschaft der Urchristenheit in seinem Verhalten gegen Müntzer jedenfalls nichts hatte verspüren lassen.

Das Handeln Gottes und das der Erwählten gehen unmerklich ineinander über; der Rückblick auf die Vorbildlichkeit der urchristlichen Glaubensgemeinschaft führt zum Ausblick auf die neue künftige Kirche, die aus dem jetzt schon anhebenden Erneuerungsprozeß erwachsen wird. „Die itzige kirch" — gemeint ist wohl auch die „Kirche der Wittenberger Reformation" — „ist gar ein alte profheusse dargegen, welche nach mit dem einbrunstigen eifer sol und mus angericht werden; wan nun das unkraut die wurffschauffel mus erdulden, do wirt sie iren rechten schwangk gewinnen; dan wirt das evangelion Math. 8 vil hoher ins wesen komen dan zur zeit der aposteln. Es werden von viel frombden landen und nacion manichfeltige ausserwelten uns faulen, nachlessigen cristen hoch uberlegen sein."[107] Der heute noch von den Respräsentanten der alten wie der neuen Kirche so selbstsicher erhobene Anspruch,

---

[101] Ebd. S. 308,31—309,9. [102] Ebd. S. 309,20—25.
[103] Ebd. S. 309,27—33. [104] Ebd. S. 309,39—310,5.
[105] Ebd. S. 310,17—23. [106] Ebd. S. 310,8—13.
[107] Ebd. S. 310,28—311,16.

als die legitimen Hüter des Glaubens zu entscheiden, wer zur Christenheit gehört und wer nicht, wird sich bald als eine Anmaßung herausstellen. „Ach, lieben hern, seit nit also kune mit euerm unerfarnen glauben, das ir alle leut (ane euch alleine) dem teufel gebt."[108] Die Geschichte des Volkes Gottes lehrt zur Genüge, daß eine echte Bereitschaft zum Glauben oft gerade bei denen vorhanden ist, die von den offiziellen Kirchenmännern so selbstverständlich als nicht dazugehörig angesehen werden, ja, daß Glaubenswille und -vermögen derer, die draußen stehen, gar manches Mal größer ist als das derer, die auf Grund irgendwelcher Privilegien in bevorzugtem Besitze des rechten Glaubens und seiner Heilsgüter zu sein wähnen. Was Paulus in Antiochia gepredigt hat (Apgsch. 13,48 ff.), gilt in entsprechender Weise noch heute; und genauso wie zur Zeit der Apostel wird nun die durch die rechten apostolischen Prediger zum wahren Glauben geführte neue Christenheit die Mangelhaftigkeit und Verkehrtheit alles bloß tradierten, privilegierten, protegierten Christentums hinter sich lassen, um das Evangelium endlich „ins Wesen kommen" zu lassen. „Es gebricht nur am rechten gezeugnus des glaubens, sonst wurden unzehelich vil heiden und Turgken cristen werden. Das kanstu wohl abnemen, wan ein Jude ader Turck under uns sein solt und solt durch diesen glauben, den wir noch zur zeit haben, gebessert werden, do solt er wol vil gewinss treiben, als vil ein muck auf irem schwantz ertragen kont. Dan es ist kein volck under der sunnen, das sein eigen gesetze also jemerlich vorketzert, verflucht und vorunehret wie die itzigen cristen."[109] Davon, daß der Glaube ihr Leben durchdringe, kann keine Rede sein; Gott steht faktisch so am Rande, daß man nach tausend anderen Sicherungen sucht, nur nicht sein Vertrauen auf Gott setzt; daß man sich sogar nicht scheut, dem Wink und Wunsche menschlicher Instanzen zu Gefallen Gottes Willen zu mißachten. „Darumb [sind] alle winckel vol wucherer und verreter..., psal. 54; und die der cristenheit solten am allerhochsten vor sein, beweissen am allerhochsten iren unglauben mit allen sachen und anschlegen, das sie sich forchten vor den thirannen, recht ze tun. Sie meinen, das sie werden vortriben, wann sie bei der warheit stunden. Die pfaffen freien reiche alte weiber umb gelds halben, dan sie haben sorg, sie mussen zuletzt nach brott gehen."[110] Die Anspielungen auf die sächsischen Fürsten und auf Joh. Lang in Erfurt[111] als typische Beispiele für die erwiesene Kraftlosigkeit des buchstabischen Glaubens brauchte nicht jeder als solche zu erkennen; jeder konnte jedoch die Kritik an dem Unvermögen der lutherischen Lehre begreifen, dem Menschen das wahre Wesen des christlichen Glaubens zu eröffnen. Die Christenheit ist freilich auf die bisherigen kirchlichen Doktrinen als ein ihr allein

---

[108] Ebd. S. 311,16—20.
[109] Ebd. S. 312,18—34.
[110] Ebd. S. 313,3—31.
[111] Vgl. S. 535.

vorbehaltenes Privileg so sehr eingeschworen, daß sie vorerst nur sehr schwer zu bewegen ist, sich eines Besseren belehren zu lassen. „Ich sag es euch, ir lieben bruder, es ist mir nit zu verschweigen, ich wolt ehr heiden, Turcken und Juden underrichten von der besizung Gottes uber uns und von unser uber die creaturen, dan uns cristen."[112] Die Schriftgelehrten tun das allerdings mit einer verächtlichen Handbewegung ab: „Der mensch schwermet"[113]. Doch sie sollten sich anhand der Schrift, zumal des Lukas-Evangeliums, ihrer Zunftgenossen zur Zeit Jesu erinnern, um nicht vorschnell abzuurteilen. Die waren damals auch der Meinung, „das Jesus von Nasaret keinerlei weiss kuntte Cristus sein, darumb das er in Galilea erzogen war. Sie hielten sich nach der schrieft ane den geist der schrieft, wie die gotlossen auf den heutigen tag pflegen"[114] Sie waren um Gründe gegen die Anerkennung der „verechtlichen person" des Zimmermannsohnes als des Christus nicht verlegen und ließen sich auch durch seine Predigt und seine Wundertaten nicht zum Glauben an ihn bewegen. Aber „were den schrieftgelerten die schrieft nit umbs bauchs willen liep gewesen"[114a], hätten sie aus der Schrift erkennen müssen, daß Christus so und nicht anders der Welt verheißen war: ein Mensch in Niedrigkeit und Verachtung, und „er wolte dannoch die grossen paussbacken, die wollustigen menschen zu viel underrichten und zu [viel] straffen, do er die weisheit seins himlischen vaters also clerlich predigte, das sie nit konten dowider sein, und that solche wunderwerck, die sie nit konden verwerffen"[115]. So und nicht anders tut Gott noch immer sein Werk in der Welt; und so wie die Schriftgelehrten jener Tage pflegen auch „die gotlosen auf den heutigen tag [zu tun], wan jemant ire larffen straft"[116]. Will man nicht endlich den ganzen Trug menschlicher Eigenliebe entsprungenen Wahns von sich weisen und sich der Wahrheit Gottes eröffnen? „O, wie oft hat sich das ewige wort geschwunden in die auserwelten menschen, zu unsern Nasaret in der cristenheit, das ist in die bluenden auserwelten, die do grunen in der weisheit des creutzs, und es hat sie ein ider wollustiger leisentredt vor toll und unsinnig gehalden. Ach, allerliebsten, da ist die weisheit des creutzs, mit welcher Got seine holtseligen grusset."[117]

Noch einmal konzentriert Müntzer zum Abschluß alles Interesses auf den für ihn entscheidenden Punkt christlicher Existenz: im Durchhalten des Kreuzes Gottes Willen zu tun. Das ist für den natürlichen Menschen das große Ärgernis und geht über sein Begreifen: unmöglich! Und doch wird uns an Maria beispielhaft vor Augen geführt, daß das Gottes Weg ist, auf dem er zu seinem Ziele kommen will.

---

[112] Franz, MG, S. 314,3—11.
[113] Ebd. S. 314,25 f.
[114] Ebd. S. 315,18—24.
[114a] Ebd. S. 316,4—6.
[115] Ebd. S. 316, 17—25.
[116] Ebd. S. 316,33—36.
[117] Ebd. S. 316,36—317,12.

„Die muter Gots ist unser mitgenossen. Wir erschrecken auch vorm grus
wie sie, wan uns Got mit der menschwerdung seines sons vorgoten wil,
das ist, wan er unsern glauben bewherett. Wir gedencken: Ei, was wil
draus werden? Maria ist nach menschlicher natur argkwenig gewesen
auf den engel, wie wir auf rechtschaffene prediger, die uns das creutz
und unmuglickeit des glauben vorhalden, do doch ist das rechte reich
Davidis, do Cristus am holtz regirett und wir mit ime gecreutzigt
seint."[118] Das ist die unumstößliche Wahrheit, die Heil und Leben
des Menschen in sich schließt. Das ist „die summa des ersten capitels von
der sterckung des geists im glauben ..., das der allerhochste Got, unser
lieber Her, wil uns den allerhochsten, rechten cristglauben durch das
mittel der menschwerdung Cristi geben, so wir im gleichformig in seinem
leiden und leben werden durch die umbschetigung des heiligen geists,
auf welchen die welt also spottisch ist"[119]. „Wer Got nit forchtet,
kann auch von tag zu tag nit vernewertt werden in der erkentnus
Gottes. Kan nit zunemen, vor der cristenheit seinen glauben zu berechnen. Darumb ist der glaub so seltzam, welchen Got in der anfechtung
geben und vermehren will. Das helff euch Jesus Cristus. Amen."[120]

Die kleine Schrift ist das Manifest eines gnadenreichen Predigers, der
im Geiste des Elia hervortritt, um den Kampf des Glaubens gegen den
Unglauben „zum rechten schwangk" zu bringen. Nur wenige Tage nach
seiner Predigt vor den Fürsten hat Müntzer sie in Angriff genommen,
gewiß gedacht als ein Appell an die ganze Christenheit, aber zugleich
als eine erneute eindringliche Mahnung an seine Landesherren, den
aktiven Einsatz zum Schutze des bedrohten Evangeliums zu wagen.
Er spürte augenscheinlich je länger desto mehr, daß sie einer offenen
Entscheidung in seinem Sinne auswichen, aus allzu menschlichen Bedenken und Rücksichten zurückschreckten und eine Realisierung seines
utopischen Vorhabens überhaupt für unmöglich hielten. Ihnen besonders,
auf die er in dieser Zeit trotz allem noch einige Hoffnung setzte, stellte
er darum vor Augen, daß der rechte Christenglaube wahrlich nicht leicht
zu gewinnen und zu bewähren ist, daß er aber in der Furcht Gottes,
umschattet von der Kraft des heiligen Geistes über alles Begreifen mächtig und unüberwindlich und ihm nichts unmöglich ist. Müntzer mußte
bei diesem Thema zwangsläufig gegen Luther polemisieren, der mit
seinem „gedichteten Glauben" gerade auch Menschen, die mit Ernst
Christen sein wollten, die Möglichkeit eines unangefochtenen, risikolosen
Lebens vorgaukelte. Die der Leidensscheu und dem Sich-ausleben-wollen
des kreatürlichen Menschen sich anpassende Nachgiebigkeit des Wittenbergers gegenüber den Gottlosen war in seinen Augen der stärkste
Hemmschuh für eine durchgreifende wirkliche Reformation, die in ihrem

---

[118] Ebd. S. 317,27—318,10.   [119] Ebd. S. 318,22—34.   [120] Ebd. S. 319,14—27.

Vollzuge die Entmachtung der Gottlosen und die Beseitigung des gottlosen Treibens bedeutete. Noch bevor er den „Brief an die Fürsten zu Sachsen" zu Gesicht bekommen hatte, war es ihm als eine vordringliche Aufgabe bewußt geworden, den starken Einfluß Luthers zu brechen, dessen alle reformatorische Tatkraft (in seinem Sinne) lähmende Wirkung er auch im Verhalten des Kurfürsten und Herzog Johanns feststellen zu können wähnte. Er mußte, ob er wollte oder nicht, „das loch weytter machen, auff das alle wellt sehen und greyffen müg, wer unser grosse hansen sind, die Got also lesterlich zum gemalten mendleyn gemacht haben"[121].

Was ihm jedoch bei dem Verhör in Weimar widerfuhr und vollends was ihm bei der Unterredung auf dem Allstedter Schloß eröffnet wurde, drohte sein Vorhaben zu vereiteln. Das Verbot der Druckerei hat ihn schwer getroffen wie sein wilder Zornesausbruch beweist: „Wan die fursten von Sachsen mir mein hende also pynden wollen vnd nicht gestaten mein notdurfft wider luthern ausszuschreiben, sso wil ich yn das ergeste thun, was ich kan ader magk."[122] Er war auf keinen Fall gewillt, sich mit dem Entscheid des Hofes abzufinden. Daß die Bemühungen um eine Lockerung des Verbots keine große Aussicht auf Erfolg hatten, mußte ihm bei ruhigerer Überlegung bald bewußt werden. Wahrscheinlich war sein eigener Brief an den Kurfürsten vom 3. August schon 24 Stunden später für ihn selbst durch den Plan überholt, die Schrift anderweitig zum Druck zu bringen, wie das Herzog Johann schon vermutet hatte[123]. Das war augenscheinlich der unmittelbare Anlaß, seiner „sach gelegenheyt halben ... uber land [zu] zyhen"[124], denn er konnte voraussehen, daß er mit einem solchen Akt der Widersetzlichkeit die ohnehin in Frage gestellte Möglichkeit einer weiteren Tätigkeit in Allstedt endgültig verscherzte.

Zu den wenigen Dingen, die er bei seiner Flucht bei sich hatte, gehörte darum das Manuskript der „Auslegung des evangelion Luce". Aber: war es die Fassung, die uns in der Kopie der sächsischen Kanzlei vorliegt, also von den Versehen der Schreiber abgesehen, dem am 1. August in der Weimarer Kanzlei von ihm abgegebenen Exemplar entsprach, oder war es bereits der Text der davon nicht unerheblich abweichenden Druckvorlage, der als „Außgetrückte emplössung des falschen glaubens" im Druck erschien? Es geht bei dieser Frage nicht bloß um die Klärung bibliographischer Daten müntzerischen Schrifttums, vielmehr um das zutreffende Verständnis der inneren Entwicklung Müntzers in den ereignisreichen Wochen nach der Fürstenpredigt. In der neueren Müntzer-

---

[121] Ebd. S. 267 A,8—13.
[122] Förstemann, Bauernkrieg, S. 187; vgl. oben S. 501.
[123] Ebd. S. 189; vgl. oben S. 497.   [124] Vgl. oben S. 508 f.

Literatur ist nämlich W. Metzgers These gern aufgegriffen worden, daß die in der Weimarer Kanzlei gefertigte Kopie des von Müntzer zur Zensur eingereichten Manuskripts, „nicht, wie bisher allgemein angenommen wurde, die der Urform nahestehende Abschrift dieser Urform, sondern . . . eine von Müntzer für den ganz bestimmten Zweck der Überweisung an Herzog Johann hergestellte Verkürzung des Originals"[125] sei. Ähnlich behauptet C. Hinrichs, daß das „‚Gezeugnis‘ nichts anderes ist als eine für die Zensur vorgenommene Bearbeitung der ‚Ausgedrückten Entblößung‘"[126] und daß „ein Vergleich (der „Ausgedrückten Entblößung") mit dem Zensurexemplar . . . dessen vollständige Abschwächung zu einem fast rein theologischen Traktat ohne revolutionäre Nutzanwendung"[127] ergibt. Diese Formulierung zeigt, welche Bedeutung einer Klärung der Frage nach dem zeitlichen wie sachlichen Verhältnis der beiden Fassungen zukommt.

Die Problematik wird gleichermaßen geklärt und erschwert durch die „Urgicht" von Hans Hut, in der sich die Aussage findet: „Der Müntzer sey, als er verjagt, ain nacht und ain tag bey ime in seinem haus zu Bibraw gewesen, hat aber nicht mit ihm zu handeln gehabt, dann das er im ain buechlein, das erst capitul uber Luce zu trucken geben hab, diweil er mit buechern umbgezogen."[128] Müntzer hat also Hut in Bibra aufgesucht, um durch seine Vermittlung die Schrift zum Druck zu bringen. Ob er dem viel im Lande herumkommenden Buchhändler schon gelegentlich begegnet war und sich seiner jetzt entsann oder sonstwie an ihn gewiesen wurde, ist nicht festzustellen. Immerhin dürfte er seine Arbeit, an der ihm soviel lag, nicht dem ersten besten in die Hände gegeben haben, und andererseits dürfte sein Name Hut nicht ganz unbekannt gewesen sein. Möglicherweise hatte dieser sogar mehr als ein geschäftliches Interesse an dem Auftrag, wenn er auch zwei Jahre später im peinlichen Verhör erklärte, nicht von seiner Sekte gewesen zu sein.

Gewichtiger ist die Frage, wann die Übergabe des Manuskriptes im Hause Huts erfolgt ist. Einen Anhalt bietet die Aussage in der Urgicht „als er verjagt"; freilich ist sie nicht so eindeutig, wie es zunächst scheint; denn sie läßt sich begrifflich ebensogut auf die Flucht aus Allstedt am 7. August wie auf die Vertreibung aus Mühlhausen am 27. September beziehen. Der spätere Termin wäre nicht undenkbar, wenn man von der Überlegung ausgeht, daß Müntzer, trotz aller drängenden Ungeduld, erst nach Wochen vergeblichen Suchens in Hut endlich einen Mann fand, der den Druck der nicht gerade harmlosen Schrift zu besorgen bereit war. Der Vertriebene hätte dann auf dem Wege von Mühlhausen nach Nürnberg um die Monatswende Hut in Bibra aufgesucht und ihm sein

[125] Metzger, Müntzeriana, S. 66.
[126] Hinrichs, L. u. M., S. 81.
[127] Ebd. S. 121.
[128] AGBM II, S. 897 Anm. 2.

Manuskript anvertraut. Freilich bedürfte dann die Angabe auf dem Titelblatt „Mühlhausen MDXXIIII", da er ja soeben von dort verjagt worden war, noch einer Erklärung, und das um so mehr, als die bald darauf in Nürnberg gedruckte „Hochverursachte Schutzrede" im Titel Mühlhausen nicht erwähnt und „Thomas Muntzer, Alstedter" als Autor angibt. Die angedeuteten Einwände sind nicht unbedingt stichhaltig, aber auch nicht zu ignorieren[129]. Weniger Schwierigkeiten ergeben sich, wenn man das „als er verjagt" auf die Flucht aus Allstedt bezieht. Müntzer hatte sich bei seinem Besuch in Bibra sehr wahrscheinlich als der abermals Verfolgte und Vertriebene vorgestellt[130]; das war Hut eindrücklich gewesen und noch nach zwei Jahren gegenwärtig geblieben: der Prediger war aus Allstedt „verjagt" worden, auch wenn sich ihm inzwischen die Möglichkeit aufgetan hatte — es waren erst zwei Wochen seitdem vergangen —, in Mühlhausen unterzukommen. Das Wort nötigt jedenfalls nicht zu der Folgerung, daß der Geflohene sich von Allstedt aus zunächst auf den Weg nach Bibra gemacht und dann erst nach Mühlhausen gewandt habe[131]; vielmehr war sein erstes Ziel doch wohl Mühlhausen, um von da aus nach einigen Tagen Hut aufzusuchen. Er hätte dann — und darum geht es — Zeit und Gelegenheit gehabt, das „Gezeugnus" zur „Ausgedrückten Entblößung" umzuarbeiten, denn die ihm nach dem 3. August in Allstedt noch verbliebene Zeit dürfte dazu schwerlich gereicht haben und auch in Mühlhausen konnte er sich kaum ungeteilt dieser Arbeit hingeben. Immerhin war sie nicht so zeitraubend und doch so wichtig, daß er sie neben der Erledigung anderer drängender Aufgaben nicht bis spätestens zum Ende der zweiten Dekade des August abgeschlossen haben konnte. Da die Übersiedlung seiner Familie ursprünglich am 27. August vorgesehen war[132], blieb ihm genügend Zeit, sein neues Manuskript zu Hut zu bringen, wo er sich nur „ein nacht und ein tag" aufhielt. Es ist demnach unter dem Aspekt zeitlicher Einordnung durchaus möglich, daß das am 1. August zur Zensur eingereichte Manuskript (B)[133] die ursprüngliche Fassung der Auslegung des ersten Kapitels des Lukasevangeliums ist, die Müntzer erst in Reaktion auf die ihm am 3. August auf dem Allstedter Schloß gemachten Eröffnungen umgearbeitet und von Mühlhausen aus Hans Hut überbracht hat.

In der neuen Fassung (A) ist der Umfang des Textes fast um die

---

[129] Vgl. im einzelnen Metzger, Müntzeriana, S. 71 ff.

[130] Man bedenke den Tenor der ersten Entwürfe seines Briefes an die Allstedter.

[131] So Metzger, Müntzeriana, S. 71.

[132] So Müntzer an Ambrosius Emmen (Franz, MG, S. 436,16 f.).

[133] Diese Signierung nach dem Parallelabdruck der Texte bei Franz, MG, S. 267 ff., ist hier beibehalten worden, obwohl sie auf die m. E. unzutreffende These Metzgers eingeht.

Hälfte gewachsen, wobei vornehmlich die Vorrede, der erste Abschnitt in seiner zweiten Hälfte und die Abschnitte 4—7 stärkere Eingriffe erfahren haben. Über die ganze Schrift hin machen die „plerophorischen Synonyme und Superlative"[134] einen hohen Prozentsatz der vorgenommenen Änderungen aus, auch kleinere Zusätze finden sich häufiger; aber so kennzeichnend all das, wenigstens teilweise, für eine gewandelte Sinnesart des Autors mit sein mag, bedeutsamer sind die längeren Einschübe und Umformulierungen, die in B allenfalls verdeckt und abgeschwächt angedeutet sind. Dagegen weist A gegenüber B keine ins Gewicht fallenden Auslassungen bzw. Verkürzungen auf. Allgemein ist festzustellen: Die Ausführungen in B sind nach Form und Inhalt wesentlich ruhiger und sachlicher gehalten als in A, und die auch in B nicht fehlenden Züge aggressiver Polemik treten in A stark hervor. Jedoch, welche Kriterien haben wir, um zu entscheiden, ob B eine mit Rücksicht auf die Zensur durch beträchtliche Streichungen den Tenor des Ganzen stark mildernde Überarbeitung des ursprünglichen Konzeptes A ist, das Müntzer dann nach dem 3. August im wesentlichen doch wieder als Vorlage für den Druck hervorholte; oder ob von einer kürzeren, gemäßigteren Fassung B als der originalen Konzeption auszugehen ist, die uns ohne einschneidende Korrekturen in der Kopie noch vorliegt und der Müntzer erst in der Erbitterung über den von Luther gerade wieder herausfordernd bekundeten, von den Fürsten praktizierten Versuch, ihn mundtot zu machen, die scharfe Form der „Ausgedrückten Entblößung des falschen Glaubens" gegeben hat? Die Antwort kann nur lauten: Objektive Daten, die ein absolut sicheres Urteil ermöglichen, gibt es nicht. Wir können lediglich Argumente anführen, die der einen oder der anderen Lösung des Prioritätsverhältnisses einen höheren Wahrscheinlichkeitsgrad geben. Metzgers apodiktische Behauptung, „die Textvergleichung ergibt mit Sicherheit"[135] die Abhängigkeit des kürzeren vom längeren Text, wird von ihm jedenfalls nicht nachgewiesen. Ist es nicht von vornherein fragwürdig, daß Müntzer sich innerhalb weniger Tage der Zensur wegen (!) zu einer so erheblichen Resektion seines ursprünglichen Manuskripts verstanden haben soll, wo es ihm doch in erster Linie mit darum ging, Luther in aller Öffentlichkeit bloßzustellen? Er hätte zudem den längeren Text schon zu einer Zeit geschrieben, da er noch nicht daran dachte, Allstedt zu verlassen und er ebensogut wie ein bis zwei Wochen später wußte, daß er zum Druck das Plazet der Landesherren einholen mußte. Man kann dem zur Erklärung kaum entgegenhalten, Luthers Brief an die sächsischen Fürsten habe Müntzer derart aufgebracht, daß der lange schon in ihm angestaute Groll gegen den Reformator in einer unmittelbaren Reaktion erst einmal ungehemmt aus ihm hervorgebrochen sei,

---

[134] Metzger, Müntzeriana, S. 66.   [135] Ebd. S. 66.

um bei ruhiger Überlegung der nach wie vor geharnischten Erwiderung eine weniger aggressive bzw. eine der Zensur nicht so anstößige Form zu geben. Hat Müntzer denn den ominösen Brief Luthers schon so zeitig in der Hand gehabt, daß er bis zu seiner Abreise nach Weimar sowohl die „Ausgedrückte Entblößung" wie den zensurgerechten „Auszug" in doppelter Ausfertigung zu Papier bringen konnte? Zudem ist B so wenig wie A nur als eine Replik auf den lutherischen Brief zu verstehen, auch wenn Müntzer ihn gelegentlich „zitiert"; sie erfolgte erst und ausdrücklich in der „Hochverursachten Schutzrede". Es gibt schlechterdings keinen einsichtigen Grund für die These, daß A vor B niedergeschrieben worden sei, während sich die schärfere Tonart von A gegenüber B ohne weiteres aus dem Gang der Ereignisse erklären läßt[136].

Das auffälligste Merkmal ist die überreizte Polemik gegen die „Schriftgelehrten", die sich natürlich besonders gegen Luther richtet und die bisher schon geübte Kritik an dessen „theologischer Falschmünzerei" noch weit übertrifft, weniger durch neue und bessere Argumente, als durch größeren Stimmaufwand. Ingrimmiger Zorn läßt ihn nun „seine Notdurft wider Luthern ausschreiben" und, wo immer er kann, das alte Konzept durch unbeherrschte Schmähungen ergänzen. Die theologischen Differenzen müssen dazu herhalten, die anderen Meinungen Luthers durch den Vorwurf mangelnden religiösen Ernstes, der Scheinheiligkeit, ja der moralischen Minderwertigkeit herabzusetzen. „Ich sage in vom glauben, den sie gestolen haben, so antworten sie mir mit sünden, sich zu entschuldigen, und mit irem scheyn des glaubens und der lieb, sich zu rechtfertigen, nachdem sie die heymsuchung Gottes verleügnen, dann sie wöllen nicht antziehen das heil der seligkeyt durch den mundt aller propheten von anbegin, derhalben werden sie leer gelassen on glauben und liebe, welicher sie sich doch auffs allertapfferst berümen, und haben nicht ein trümleyn darvon; nachdem sie also visierlich heücheln künnen, das eyn yeder zun heyligen schwür, sie weren frumme christen, und sind aller dück vol, die den glauben an allen orten zu poden stossen. Wie ists müglich, das der göttlichen glauben hab, der aller lügen vol ist, wie die schriftsteler die gantze welt vol machen, Jere 8."[137] „So anderst die christenheyt sol recht auffgericht werden, so muß man die wuchersüchtigen bößwichter wergthun und sie zu hundtknechten machen, da sie denn kaum zu dienen und sollen prelaten der christlichen kirchen seyn."[138] Sonderlich hält er dem „vergifftigen

---

[136] Manche Textstelle in A läßt sich auch einfach als Verdeutlichung von B verstehen (305,13—17; 306,28 f.) oder ist zwar für die Zensur völlig belanglos, aber als erklärender Zusatz sinnvoll (272,30—33; 279,2 ff.; 302,27; 306,4 ff.) oder ist gar nur als Verdeutschung fremdsprachlicher Begriffe gedacht (278,23 ff.; 280,18 ff.) und ähnliches mehr.

[137] Franz, MG, S. 304 A,21—305 A,7.   [138] Ebd. S. 296 A,21—27.

schwartzen kulckraben" sein „Verteufeln" der Geistgläubigen und all derer vor, die nichts von seinem buchstabigen Glauben halten: „Das verteufeln hebt sich nu auffs höchst an durch die wuchersüchtigen evangelisten, die iren namen also hoch auffwerffen. Sie meynen, es sey keyner ein christ, er müß iren buchstabischen glauben annemen."[139] Sein Zorn über Luther findet immerfort neuen Anlaß, sich über „den allertörlichsten glauben, der auff erden ist"[140], die „affenschmaltzische weyß"[141] der „hochfertigen bachanten"[142], „die gottlosen zärtling"[143], die „bößwichtischen ertzheüchler"[144] usf. herzumachen. Wo er einmal ein positiveres Urteil fällt, „man höret zu etlichen zeytten sie wol auff der rechten ban eynher tretten", schränkt er es gleich wieder ein: „es weret aber nit lang"; das Ganze wirkt nur als eine Verstärkung der Negation, sie „vergifften ... dem heyligen geyst die heyligen schrifft"[145]. Er hat die in B schon kaum noch vorhandene Hoffnung nunmehr endgültig aufgegeben, bei Luther auch nur das geringste Verständnis für seine Gedanken von der Geistgeburt des Glaubens in der *passio amara* zu finden, von der durch ihn gewirkten Unmittelbarkeit der Gotteserkenntnis und von der in der Gottzugehörigkeit begründeten Notwendigkeit selbstlosen Einsatzes zur Verwirklichung der Gottesherrschaft. Der Wittenberger Professor, das steht für ihn nun eisern fest, bringt es nicht über sich, sich aus der vielfältigen Verflochtenheit in die kreatürlichen Bindungen zu lösen, beansprucht jedoch trotzdem, im Vollbesitz der christlichen Wahrheit zu sein und Ketzerhüte verteilen zu können. Der Bruch mit Luther ist jetzt und hier definitiv vollzogen.

Im Vergleich zu Luther kommen die sächsischen Fürsten glimpflich davon; aber auch sie müssen sich eine Verschärfung der schon im Zensurexemplar ausgesprochenen Rüge gefallen lassen. Hatte ihnen Müntzer dort bereits Furcht „vor den thirannen"[146] vorgeworfen, weil „sie meinen, das sie werden vortriben, wann sie bei der warheit stunden"[147], setzt er jetzt noch hinzu: „die sie schlecht zum scheyn angenumen haben, dieweyl kein verfolgung auff sie gefallen. Wöllen auch die allerchristlichsten genennt seyn und gauckeln hin und her, die gotlosen, ire gesellen zu verteydigen, und sprechen auß dem bart, sie wöllen nit weren, wenn ire unterthanen von iren nachbauren umbs evangelion verfolget werden; sie wöllen nur schlecht diebhencker und gutte, prechtige büttel seyn"[148]. Sein grundsätzliches Urteil über die Fürsten bleibt daneben in der gleichen Schärfe bestehen wie im Zensurexemplar. Es wird lediglich noch

---

[139] Ebd. S. 311 A,21—27.   [140] Ebd. S. 277 A,3 f.

[141] Ebd. S. 280 A,5 f.   [142] Ebd. S. 277 A,6 f.

[143] Ebd. S. 279 A,39.   [144] Ebd. S. 307 A,31 f.

[145] Ebd. S. 306 A,19—24.

[146] Ebd. S. 313 B,10 f. In A steht statt „thirannen" „iren gesellen"!

[147] Ebd. S. 313 B,12 f.   [148] Ebd. S. 313 A,14—26.

deutlicher hervorgehoben einmal, daß infolge der mit dem Abfall von Gott eingerissenen Verwahrlosung das Regentenamt sich faktisch darin erschöpft, Furcht vor dem „bösen Werk" durch Bestrafung der Übeltäter zu erregen: „Darumb sind sie nicht anderst dann hencker und büttel; da ist ir gantzes hantwerck"[149]; zum andern, daß aber eben die Fürsten, auch sie ja ohne Bindung an Gott, das böse Werk treiben, bis dahin übertreiben, daß sie das Evangelium verfolgen und selbst darin Gehorsam für sich fordern. Denn was ist „anderst das bösse werck, dann das man die creatur Gott fürsetzt, mit achtparer forcht und wirdigkeyt"[150]? „Das ist der Fluch der bösen Tat, daß sie fortzeugend Böses muß gebären." Dieser Fluch kann allein durch die Rückkehr bzw. Heimkehr zum vollen Gottesgehorsam aufgehoben werden. Der schon in B ausgesprochene Protest gegen den „falschen, glosierten wegk", den „die gantze tolle, unsinnige, fantastische welt brengt herfur"[151], wird jetzt doppelt und dreifach unterstrichen: „Ey, man mag wol das evangelion predigen, Gott alleyn förchten und auch die unvernünfftigen regenten in ehren halten, wiewol sie wider alle billigkeyt streben und Gottes wort nit annemen. Ach, umb Gottes willen, man sol in allen sachen, den gutten junckern, gehorsam seyn. Ey wilkumen, du vertadiger der gottlosen..."[152] So nicht! Ein Fürst ist jedoch nicht als solcher schon von vornherein abzulehnen, obschon „gottlos" fast selbstverständlich als Epitheton zu Regenten in der müntzerischen Redeweise erscheint; allerdings muß er sich völlig anders gebärden, als es die Regenten gegenwärtig tun: „Die der christenheyt solten am allerhöchsten vorstehen, darumb sie auch fürsten heyssen"[153], müßten von der rechten Gottesfurcht erfüllt sein und die Christenheit zum wahren Gottesgehorsam anhalten, wie er es von den sächsischen Fürsten beispielgebend erhofft hatte. Da sie nun bewußt das Gegenteil tun und sich nicht im mindesten bereit zeigen, ihr gottwidriges Verhalten zu ändern, muß man ihnen die von ihnen mißbrauchte Gewalt nehmen. Das ging über die bisher erhobene Forderung hinaus, sie durch einen entschlossenen Widerstand zur Einkehr zu zwingen, war aber zunächst kaum mehr als eine zornige Bemerkung, mit der sich noch keine konkreten Vorstellungen verbanden, wie das zu verwirklichen sei.

Es war ein erster gleichsam noch abwägender Gedanke, wenn er den in B bereits erhobenen Ruf nach dem neuen Elia, der „alle ding in den rechten schwanck bringen" wird, erweitert: „Warlich, ir wirt vil müssen erweckt werden, auff das sie mit dem allerhöchsten eyfer durch brünstigen ernst die christenheyt fegen von den gotlosen regenten."[154] Nur darf man nicht übersehen, daß es nach Müntzers Meinung bei dem

---

[149] Ebd. S. 285 A,14—17.
[151] Ebd. S. 288 B,13—16.
[153] Ebd. S. 313 A,5 f.
[150] Ebd. S. 285 A,17—21.
[152] Ebd. S. 288 A,17—27.
[154] Ebd. S. 300 A,21—25.

Erneuerungsprozeß der Kirche allein mit der Beseitigung der Regenten nicht getan ist, sondern daß z u v o r das Volk zur Besinnung gebracht werden muß. Das war kaum eine Erinnerung daran, daß ehedem „das Volk" einen König hatte haben wollen, vielmehr eine heute sich aus seinem Unglauben ergebende Folgerung. Im unmittelbaren Anschluß an das letzte Zitat schreibt er jetzt: „Auch muß vorhin das volck [B: „die gegenwertige cristenheit"] gantz hart gestrafft werden umb der unördenlichen lüst wegen, die also üppig die zeyt verkurtzweylen, on alle eynbleybenden muth zur ernsten betrachtung des glaubens. Drumb wissen gar wenig menschen von der anfenglichen bewegung des geysts zu sagen"[155]. Es ist dem „Seelwärter" nicht entgangen, daß auch das Volk mehr darauf aus war, seinen unordentlichen Lüsten zu frönen, als sich einer ernsten Betrachtung des Glaubens hinzugeben. „Darumb hieß Johannes der tauffer das volck mit den schrifftgelerten [B: „die wollustigen menschen"] otterngezichte . . ., darumb das eytel vergifft drauß wirt, wenn man wollüstigen menschen vorpredigt; sie erlesen das allerergste vom besten, wie dann die yetzigen christen mit dem theüren glauben gethon haben."[156] In Anspielung auf die Anhänger Luthers verschärft er hier sein Urteil noch. Doch es gilt für ihn grundsätzlich: das Volk selbst ist nicht ohne Schuld an den herrschenden Zuständen und er sagt das unverblümt. Er billigt ihm als mildernden Umstand zu, daß ihm das Urteilsvermögen fehlte, um erkennen zu können, daß die alten und neuen Schriftgelehrten ihm aus eigennützigen Gründen einen falschen Glauben gepredigt haben, der sie in Unmündigkeit und Abhängigkeit hielt. In freier Wiedergabe von Jer. 5,1—4 schreibt er, den sozialen Akzent gegenüber B verstärkend: „Die armen e l e n d e n pauren wissen nichts darvon, nachdem sie sich auff die allervergifftigsten leüt verlassen haben . . . Ach Gott, die pauren sind arbeitselige [B: arme] leüt. Sie haben ir leben mit der g a n t z s a u r e n narung zubracht, auff das sie den e r t z g o t t l o s e n tyrannen den halß gefüllet haben. Was solte dann das arm, grob volck wissen?"[157] Der mildernde Umstand wird zur Entschuldigung: „Da werden denn die armen dürfftigen leüt [B: die ausserwelten] also hoch betrogen, das es kein zung genug erzelen mag. Mit allen worten und wercken machen sie es ya also, das der arm man nicht lesen lerne vorm bekümernuß der narung, und sie predigen unverschempt, der arm man soll sich von den tyrannen lassen schinden und schaben[158]. Wenn wil er denn lernen, die schrifft lesen? Ja, lieber Thoma, du schwermest, die schrifftgelerten sollen schöne bücher lesen, und der paur soll in zuhören, denn der glaub kumpt durchs gehöre. Ach ya, da haben sie eyn feynen griff funden; der wurde vil erger buben

---

[155] Ebd. S. 300 A,25—34.   [156] Ebd. S. 303 A,34—304,6.
[157] Ebd. S. 294 A,20—31. Hervorhebung vom Verfasser.
[158] Vgl. als Parallele dazu auch ebd. S. 303 A,20—26.

an die stat der pfaffen und münch setzen denn vom anbegynn der welt geschehen ist."[159] Die ganze Not liegt also in dem herrschenden System begründet und am stärksten ist davon das in Unmündigkeit gehaltene Volk betroffen. „Derhalben mustu, gemeyner man, selber gelert werden, auff das du nicht lenger verfüret werdest."[160] Dieser Satz steht programmatisch am Ende seiner Vorrede zur erweiterten Auslegung des 1. Lukaskapitels, die den Weg weisen will, wie der Mensch im rechten geistgewirkten Glauben frei wird von allen alten wie neuen Bindungen und jeder religiösen Bevormundung, wie Gott ihn das ihm jetzt unmöglich Erscheinende tun heißt und zu tun ihn willens macht: die Kirche von der Tyrannei der Gottlosen zu befreien.

Hat sich Müntzer nun mit der „Ausgedrückten Entblößung" stärker als politisch-sozialer Revolutionär profiliert? Zweifellos hätte die Schrift bei größerer Verbreitung neuen Zündstoff in die gärende Unruhe der Zeit getragen. Seine jetzt erhobene Forderung, die gottlosen Regenten zu beseitigen, war in der Tat „revolutionär" und ging über das den Weimarer Herzögen in der Fürstenpredigt gestellte Ansinnen hinaus, im Bunde mit dem Volke den Widerstand gegen das Evangelium zu brechen und die hartnäckigen Verfolger des Wortes Gottes zu entmachten. Deutlicher noch als bisher spricht er es aus, daß das Fürstenregiment im Zeichen des Abfalls von Gott entstanden ist, daß es von Anbeginn den Keim gottwidrigen Verhaltens in sich getragen hat und daß es schließlich seinen Herrschaftsanspruch so rücksichtslos durchsetzte, daß die Furcht vor den Regenten die Gottesfurcht im Volke verdrängte. Die Fürsten haben nicht nur eh und je selber Gottes Willen mißachtet und ihn in Eintracht mit Pfaffen und Schriftgelehrten dem Volke gegenüber verfälscht, sondern sie wollen jetzt auch den Durchbruch der Wahrheit mit allen Mitteln verhindern. Die Konsequenz, die Müntzer daraus zog, bedeutete natürlich eine umwälzende Veränderung der bestehenden politischen Ordnung. Diese hatte sich als solche durch ihre Repräsentanten als ein Instrument zur Verdrängung der Gottesfurcht durch kreatürliche Menschenfurcht erwiesen und sich zu einem Widerspiel der Gottesherrschaft aufgeworfen. Das machte sie in dieser ihrer jetzigen Gestalt als Ordnungsform der Christenheit unmöglich. Müntzer verwirft sie hier nicht um weltlicher Prinzipien willen, nicht um eine gerechtere Machtverteilung herbeizuführen oder den Willen des Volkes zu Gehör zu bringen. Er wendet sich nicht als Propagandist des Klassenkampfes gegen die Volksfeinde, sondern als Prophet im Geiste Eliä gegen die Gottesfeinde und Volksverführer.

Es könnte demgegenüber so erscheinen, als halte sich seine Kritik an den sozialen Mißständen in relativ engen Grenzen. Wenn er das Zitat

---

[159] Ebd. S. 275 A,23—276 A,6.　　　[160] Ebd. S. 270 A,21—24.

Jeremia 5,1—4 besonders auf die „armen, elenden Bauern" bezieht, war ihm das vielleicht durch seine Tätigkeit in Allstedt nahegelegt. Hier hatte er miterlebt, daß der von ihm unterstützte Versuch, sich der Leistung von Zins und Zehnten an das Naundorfer Kloster zu entledigen, um damit die Bedürftigen zu unterstützen, von oben her zurückgewiesen wurde — und er hatte sich dem gefügt. Bedenkt man überdies, daß die Misere des Bauernstandes schon seit geraumer Zeit Gegenstand publizistischer Erörterung war, in der z. T. sehr scharfe und eingehende Kritik an der rechtlichen, wirtschaftlichen und sozialen Benachteiligung der Bauern geübt wurde, muten seine diesbezüglichen Bemerkungen nicht als besonders aggressiv und progressiv an. Gewiß, auch er nimmt kein Blatt vor den Mund, um anzuprangern, daß die „arbetseligen leüt" ihr Leben mit der „gantz sauren narung" zubringen müssen, um „den ertzgottlosen tyrannen den halß" zu füllen. Aber wollte er damit im Grunde nicht etwas ganz anderes bloßstellen, nämlich die Tatsache, daß es den Bauern durch die ungebührlichen Auflagen unmöglich gemacht werde, sich mit der heiligen Schrift zu beschäftigen und sich im rechten Glauben festigen zu lassen? Allerdings! Jedoch nicht in der Meinung, ihnen durch fromme Betrachtungen über die Härte ihres Daseins hinwegzuhelfen oder gar, wie einige Prediger in frivoler Ironisierung seiner Lehre spotteten, sie darin die ihnen gemäße Form der *passio amara* im Durchgang zum Glauben erkennen zu lassen. Die soziale Reform ist für ihn der Neugestaltung der politischen Ordnung integriert; denn wenn das Volk in den Stand gesetzt wird, sich an Hand der Schrift ein selbständiges Urteil über die gegenwärtige Situation in Kirche und Welt zu bilden, dann wird das nach des Predigers Überzeugung eine gründliche Veränderung des gesamten gesellschaftlichen und politischen Status herbeiführen, für den allein die beiden von ihm schon in B als biblisch herausgestellten Grundsätze maßgeblich sein werden: erstens daß „die unglaubigen gewaltigen von stul gestossen werden"[161] müssen, bzw. „die gottlosen vom stul der urteyl zu stossen und die nidrigen, groben [zu] erheben" sind[162]; zweitens, daß eine „absünderung der gotlosen von den außerwelten"[163] erfolgen wird. Er lehnt die üblichen Versuche, dieses Geschehen mythologisch zu verbrämen und in eine unbestimmte Zukunft auf den Jüngsten Tag zu verlegen, ausdrücklich ab. Nein, das der kreatürlicher Vernunft so unmöglich Erscheinende wird von den Gläubigen jetzt und hier vollzogen werden und die große Wende in der Geschichte der Christenheit bedeuten.

Abschließend sei die Frage nach dem Verhältnis von B und A noch einmal kurz aufgegriffen. Es dürfte sich bestätigt haben, daß die Annah-

---

[161] Ebd. S. 282 B,32 ff.   [162] Ebd. S. 289 A,7 f.   [163] Ebd. S. 289 A,27 f.

me einer erweiternden Überarbeitung von B begründeter und sinnvoller ist als die These einer Reduktion von A. Die in der Erweiterung zutage tretenden Tendenzen lassen sich mühelos aus der Reaktion Müntzers auf die Geschehnisse in Weimar und Allstedt vom 1. bis 3. bzw. 8. August verständlich machen, während es zumindest an einzelnen Stellen schwer einzusehen ist, warum er sich bereits vor diesem Termin so ereifert haben soll. Erst durch das Verbot der Druckerei, mit dessen Aufhebung er trotz seinem Gesuch an den Kurfürsten schon unmittelbar danach nicht mehr rechnete, sah er sich mundtot gemacht, eben in dem Augenblick, wo Luther ihn so massiv öffentlich angegriffen hatte[164]. Dessen Einfluß sah er nun eindeutig auch in der Haltung der sächsischen Fürsten sich auswirken und erst jetzt, nachdem diese sich offenkundig gegen ihn entschieden hatten, hatte er (in seiner Sicht) Grund, diese angeblich „allerchristlichsten", die die Wahrheit „schlecht zum scheyn angenumen haben, dieweyl kein verfolgung auff sie gefallen"[165], als gottlos zu decouvrieren. Die Hoffnung auf Fürstenhilfe zur Durchführung der wahren Reformation ist zerronnen; die gelehrten evangelischen Prediger ziehen gegen ihn zu Felde. Aber zu ihm hält, so urteilt er trotz den bitteren Erfahrungen mit dem „Erzjudas Ischariothis Nicel Rugkert" und seinen Genossen, ein großer Teil des Volkes, den es zu erwecken gilt, daß er in der Schule des heiligen Geistes sich dazu richte, die Erneuerung der Christenheit ins Werk zu setzen. Müntzer ist im Begriff, allein mit der Hilfe des gläubigen Volkes Gott als den Herrn und seinen Willen als die alles bestimmende Norm wieder zur Anerkennung zu bringen. Das bekundet die in diesem Sinn zur „Ausgedrückten Entblößung" erweiterte Auslegung des 1. Kapitels des Lukasevangeliums.

B) In Mühlhausen und Nürnberg

Mühlhausen war von Allstedt aus, selbst unter den vielleicht erschwerten Bedingungen der Flucht, in zwei bis drei Tagen zu erreichen, so daß Müntzer schon am 10. August dort eingetroffen sein könnte. Die Annahme, daß er sich auf direktem Wege nach der freien Reichsstadt gewandt habe[1], würde an Wahrscheinlichkeit gewinnen, wenn sich als sicher

---

[164] Auch Bensing spricht sich (Bensing/Rüdiger S. 24 ff.), wie ich nachträglich feststellen konnte, für die Priorität von B vor A aus; zugleich hält auch er dafür, daß „die Erweiterung ... erst nach der faktischen Flucht Müntzers aus Allstedt ... fertiggestellt worden ist. Doch vgl. zur Kritik seiner Aufstellungen das Folgende.

[165] Ebd. S. 313 A,14 ff.

[1] Vgl. zur Diskussion darüber Bensing, M. u. Th., S. 63 f. Anm. 2 und 3. Die eigenen, hier vorgetragenen Vermutungen und Aufstellungen Bensings über Müntzers Fluchtweg (Nordhausen — Mühlhausen) und die Verbindung mit Hut (Mühlhausen — Bibra) erscheinen ausgeklügelt und sehr fragwürdig.

erweisen ließe, daß der „goltschmidt von northaussen", der mit ihm über die Mauer stieg, der selbst aus Mühlhausen stammende Mertin Rüdiger war, dessen Vater und Brüder jedenfalls in der Stadt lebten[2]. Es wäre dann sogar nicht auszuschließen, daß der Prediger den Hinweis auf Mühlhausen als Zufluchtsort von Rüdiger erhalten hat und sich auch seiner bzw. seiner Familie Hilfe bei der Suche nach einer geeigneten Wirkungsstätte bedienen konnte[3]. Anscheinend stießen seine ersten Bemühungen hier auf einigen Widerstand; denn der Ritter Georg von Ebeleben, der nicht weit von Mühlhausen entfernt saß, mochte schon richtig informiert sein, als er Herzog Johann in Eisenach berichtete: „Wiewol man Jme doselbst erstlich nit hett vergonnen wollen zupredigen, so solt es Jm doch darnach vorstatt, auch zu einem prediger aufgenommen sein worden."[4] Die Schwierigkeiten waren also nach wenigen Tagen bereits überwunden[5], so daß Müntzer in seinem Briefe an die Allstedter vom 15. August um die Nachsendung der „meßbucher und vesperbucher" bitten und die Aufnahme seiner Tätigkeit berichten konnte: „Ich wil mit allem vleis fodderlich darzu sein, dan das volk ist wilfertig solchs anzunemen."[6] Er spürte bald die durch die kirchlichen, sozialen und politischen Spannungen hervorgerufene Unruhe, die die Stadt, eine der bedeutendsten im mitteldeutschen Raume, wie so viele andere Städte damals auch erfüllte. Es war zwar mit der Einsetzung der „Achtmänner" und mit dem „Rezeß" vom 3. Juli 1523 eine Regelung erzielt worden, die den Forderungen der Zünfte einigermaßen entsprach, indem sie ihnen ein größeres Mitspracherecht in der Verwaltung und Regierung des Gemeinwesens auf Kosten des z. T. illegitim erweiterten Herrschaftsanspruches des Patriziates einräumte[7]; aber Unzufriedenheit und Mißtrauen gewannen immer wieder neue Nahrung, zumal die Vorstädte mit ihrer nichtprivilegierten Bevölkerung und die Bauern der 21 zu Mühlhausen gehörigen Dörfer überhaupt nicht berücksichtigt waren: „Der Rezeß [war] eine Angelegenheit der nicht ratsfähigen Handwerker."[8] Die auf die kirchlichen Verhältnisse bezüglichen Artikel bekunden, abgesehen von einem erheblichen wirtschaftlich-finanziellen Interesse an einer stärkeren Heranziehung der Kirche zu den Lasten der Stadt, die Tendenz, das Vordringen der Reformation zu begünstigen, zumindest es nicht zu hindern. Artikel 45: „Daß mit den deuczen phaffen so vil geredt, daß di pharkerchen und kapeln mit gutten

---

[2] AGBM II, S. 884.

[3] Die Rüdigers haben anscheinend schon früh in Beziehung zur Pfeiffergruppe gestanden; vgl. das Bekenntnis des Bastian Rüdiger, AGBM II, S. 878 f.

[4] Förstemann, Bauernkrieg, S. 199.

[5] Möglicherweise unter Rückgriff auf den „Rezeß" vom 3. 7. 1523, Art. 45.

[6] Franz, MG, S. 436,1 f.   [7] Vgl. Lösche, S. 135—162.

[8] Dreiheller, S. 34.

ewangelichsen predigern vorsorgt, di das vo[l]k cristlich underweissen; wo des nicht geschict, wolt di gmein mit zutun eins erbarn radts so bestellen, sal auch sust das ewangelio nimant gcwcigcrt zu predigen werde." Artikel 49: „Wiel gottesdinst unbezwungen sin sal, mit freier gutter vornuff gschen sal, ab imant in monche ader nonnencloster werren, di ettlich ires erbes halben ligende gutter ader farrende habe ennein bracht hetten und veleicht gern erraus werren, das man denselbigen di clöster offne und erraus gen lassen, auch die gutter, was ider einbracht habe, noch erkentnis eins erbarn radts erraus volge lasse, dormit gotts lob und erre gmerret werde."[9]

Die Anfänge der reformatorischen Bewegung in Mühlhausen waren dank dem Auftreten des dem Kloster entlaufenen Mönches Heinrich Pfeiffer[10], einem gebürtigen Mühlhäuser, seit Februar 1523 augenscheinlich weniger durch die Tendenz bestimmt, eine religiöse Erneuerung im Geiste der neu entdeckten Wahrheit des Evangeliums herbeizuführen, als durch eine demagogische Agitation gegen den Mißbrauch der Macht und des Einflusses der Kirche durch ihre offiziellen Repräsentanten, wobei nicht so sehr Papst, Bischöfe und Theologen Gegenstand der Kritik waren als die niederen Instanzen, die Priester und die Mönche, die das Volk als die „Nutznießer des Systems" tagtäglich vor Augen hatte. Pfeiffer mochte das „reine Wort Gottes lauter" zu verkünden wähnen und mit dieser Formel sein Wesen treiben; seine Hörer hörten vornehmlich das heraus, was sie hören wollten und wohl auch hören sollten: Fort mit diesen Pfaffen und Ordensleuten, die den Armen noch ärmer machen, die von der Arbeit des Handwerkers und des Bauern leben und die auch die Einkünfte der Begüterten schmälern. Die Übergriffe ließen nicht lange auf sich warten, zumal der Rat, der z. T. die antiklerikalen Demonstrationen nicht ungern sah, zu energischem Einschreiten nicht gewillt war oder nicht den Mut fand. Seine ausweichende Haltung hat mit dazu beigetragen, daß das durch die Predigt Pfeiffers und seines Genossen Matthäus Hisolidus erregte Aufbegehren der Besitz-, Macht- und Einflußlosen gegen die die Vorteile ihrer Privilegien ausnutzende Klerisei in abgewandelter Form auch im weltlichen Bereiche das längst vorhandene Verlangen belebte, Anteil an bisher versagten Rechten zu gewinnen. Unverkennbar steht die jetzt erhobene Forderung der Zünfte nach einem größeren Mitspracherecht in den Angelegenheiten der Stadt und ihrer Bürger mit Pfeiffers Wirksamkeit im Zusammenhang, auch wenn er an der Ausarbeitung des „Rezesses" gar nicht beteiligt, möglicherweise mit den darin getroffenen Vereinbarungen in

---

[9] AGBM II, S. 13 f.; vgl. dazu noch S. 17 f. die Bitte des Rates an den Landkomtur des Deutschen Ordens um einen Prediger.

[10] Zu Pfeiffer: Merx, M. u. Pf.; Jordan, Neuere Literatur; Brinkmann.

mancher Hinsicht gar nicht einverstanden war[11]. Man kann ihn jedenfalls schwerlich kurzweg als „Repräsentant[en] des Zunftbürgertums"[12] kennzeichnen wollen. Denn schließlich wurden er und ein anderer evangelischer Prediger am 24. August von dem nach der im „Rezeß" vorgesehenen Ordnung zusammengesetzten Rat mit Zustimmung der Gemeinde ausgewiesen, „nicht daß man dem Wort Gottes und der Predigt entgegen sei, sondern zu vermeiden großes Unglück und Gefahr"[13]. Noch im Dezember 1523 wurde er freilich dank einer „Fürschrift" Herzog Johanns[14] wieder in die Stadt eingelassen, nicht ohne daß mit ihm neue Unruhe einkehrte, wenngleich er sich allem Anscheine nach doch etwas mehr zurückhielt. Dafür traten neue evangelische Prädikanten auf, die das religiös-kirchliche Anliegen der Reformation in ihren Predigten stärker zur Geltung zu bringen suchten und z. B. das Abendmahl unter beiderlei Gestalt austeilten. Es kam, wie es scheint, jetzt erst auch zu turbulenten Störungen des katholischen Gottesdienstes und zu neuen Exzessen gegen altgläubige Priester und Ordensleute. Es handelte sich dabei nicht, soweit es sich erkennen läßt, um permanente Aktionen, vielmehr um gelegentliche, unvorhergesehene Gewaltakte, in denen eine recht komplexe Animosität sich in sinnloser Aggressivität Luft machte. Aber gerade darin offenbarte sich die tiefe Unzufriedenheit der unteren Bevölkerungsschichten mit den von ihnen als ungerecht empfundenen und nun eben als rechter Christlichkeit widersprechend angesehenen Zuständen.

Müntzers erstes Urteil über die Mühlhäuser klang hoffnungsvoll, und im Bewußtsein, hier eine fruchtbringende Arbeit leisten zu können, ging er mit Eifer ans Werk, das er mit der Einführung seiner deutschen Gottesdienstordnung kräftig zu fördern hoffte. Die ersten näheren Kontakte machten ihm dann freilich eindrücklich, daß sich die „Reformation" nur erst in sehr unvollkommener Weise darstellte und sich nach seinen Begriffen noch sehr in einem gehalt- und gestaltlosen Angehen gegen Mißbräuche römischen Kirchentums erschöpfte. Immerhin dürfte ihm die politisch-soziale Komponente der Mühlhäuser Bewegung nicht entgangen und von ihm sorgsam registriert worden sein. Vorerst war er jedoch noch sehr mit der Überarbeitung der „Auslegung des 1. Kapitels des Lukasevangeliums" beschäftigt[15], nach deren Abschluß er Hans Hut in Bibra aufsuchte[16], um mit ihm die Möglichkeit des Druckes zu besprechen und ihm das Manuskript auszuhändigen. Unterwegs, vielleicht auch im Gespräch mit Hut, hatte er Muße und Gelegenheit, die ersten Eindrücke von Mühlhausen zu verarbeiten, wobei gerade im Zu-

---

[11] Dreiheller, S. 36 f. [12] Bensing, Th. Müntzer, S. 65.
[13] Chronik Mühlhausen, S. 175; vgl. dazu AGBM II, S. 18 f.
[14] AGBM II, S. 19 Anm. 2; dazu Chronik Mühlhausen, S. 176.
[15] Vgl. oben S. 568. [16] Vgl. ebd. Anm. 1.

sammenhang mit der forcierten Tendenz der „Ausgedrückten Entblö-
ßung" der politisch-soziale Aspekt seine Überlegungen mit bestimmt
haben mag. Als er dann nach Mühlhausen zurückkehrte[17], lag dem
Rate Luthers Brief vom 21. August vor. Wahrscheinlich durch den
Weimarer Hofprediger Wolfgang Stein, der als „fürstlicher Gesandter"
Luther von Weimar aus nach Jena und Orlamünde begleitete, über das
Gerücht unterrichtet, daß Müntzer sich von Allstedt nach Mühlhausen
abgesetzt habe, beschwor Luther „von guten Freunden gebeten" den
Rat und die ganze Gemeinde, sich auf diesen gefährlichen Mann nicht
einzulassen: „... wöllet gar fleyssig euch fürsehen vor disem falschen
geyst und propheten, der in schaffs kleydern daher gehet und ist inwendig eyn reyssender wolff"[18].

Die Warnung kam zu spät; sie war jedoch eindringlich genug, den
Rat auf Mittel und Wege sinnen zu lassen, wie man den bereits in die
Stadt Eingelassenen und „zu einem prediger aufgenommen[en]" mit
einigem Fug und Recht wieder abschieben könnte. Man erhielt offenbar
erst durch Luther besorgniserregende Hinweise auf Müntzers Vergangenheit, mit der man sich anscheinend bis dahin nicht eingehender befaßt
hatte[19], und befolgte nun dessen Rat, nähere Erkundigungen über den
so stark Verdächtigten einzuziehen. Eine rechtliche Handhabe bot der
Artikel 48 des „Rezesses", „das man keinen zu bürger ader metwoner
in kerspel aufneme, er habe dan erstlich briff und segil bracht, wi und
wilcher mosse er von sinen hern ader junkern gescheiden ist. Diselbigen
soln durch di vertelsman und formunden ider verteljars auf dem ratt-
haus gemeiner stad zu nuz inbrengen"[20]. Zwar war es danach eigentlich
Sache des Zuziehenden, diesen Nachweis zu erbringen; aber um keine
Zeit zu verlieren und um sicher zu gehen, wendet sich der Rat selber
an den Hofprediger Stein in Weimar, „wie daß sich Thomas Münzer,
vor Zeiten Prediger zu Allstedt, in kurzen Tagen in die Stadt Mühlhausen begeben hätte und zu predigen unterstanden, und hange das
Volk sehr an ihm, bitten derhalben berichtet zu werden, ob er auch von
den Herren und Herzögen zu Sachsen mit Güte abgeschieden wäre"[21].
Das Antwortschreiben Steins ist nicht erhalten; doch liegt die Vermutung nahe, daß Müntzer in dem Brief an Ambrosius Emmen vom 3.
September 1524 darauf anspielt: „Wye wol herzog Hans aus Duringen
schön gescriben hat, von forcht und scheu wegen, dye ehr hat vor myr,

---

[17] Wohl etwa zwischen dem 20. und 25. 8.   [18] WA XV, S. 238,14—239,1.

[19] Müntzers Name war damals noch nicht so in aller Munde und die Allstedter
Ereignisse des Vormonats waren noch nicht so einsichtig, daß die Mühlhäuser Stadtväter mehr über ihn gewußt haben dürften, als daß er einer der lautstarken evangelischen Prediger war, an denen ihnen nichts gelegen war; sie gaben dann aber wohl
den nachhaltig geäußerten Wünschen aus der Bürgerschaft (Rüdiger?) nach und
nahmen ihn als Prediger auf.

[20] AGBM II, S. 14.   [21] Chronik Mühlhausen, S. 176.

nicht an dye gemeyne, auch nicht an den rath, sundern an eynen heuchler, ist solch unzymlich anmuten hochlich abgeschlagen und ganz und gar mit vorsmehung des obgenanten fursten vorworfen, und es sicht mich nit anderst an, dan dye sache muß aufgehen."[22] Ebenso ist die Bemerkung des damals schon in Mühlhausen wirkenden evangelischen Predigers Johannes Laue zu berücksichtigen, der am 4. September 1525 in seiner an Bürgermeister und Rat zu Mühlhausen gerichteten Bitte um ein Zeugnis seiner Unschuld diese daran erinnert, „es wissn auch die zwen rozmeister Wettig und Rodman wal, do di brief vom he[r]zogn Johanßn m.g.h. quamen, wi si mich uf Unser Liben Frawen kirchoff fragten, wi si doch des Munczers und Pfeiffers mochten loß werden, waß ich in [= ihnen] antwort"[23]. Daraus läßt sich m. E. folgender Sachverhalt erschließen: 1. Stein hat sich in Kenntnis des lutherschen Briefes nach Mühlhausen an Herzog Johann mit der Bitte um eine offizielle Antwort auf die ihm zugegangene „amtliche Nachfrage" des Rates gewandt. 2. Der Herzog hat dem in einem Schreiben an Stein entsprochen und in vorsichtiger Zurückhaltung wohl erklärt, daß es zwar theologische Differenzen zwischen dem Landesfürsten und dem Prediger gegeben habe, dieser aber, da er zum Nachgeben nicht bereit war, aus eigenem Entschluß Allstedt verlassen habe; er legte freilich den Mühlhäusern nahe, den sehr eigensinnigen Mann lieber nicht bei sich aufzunehmen, da zu befürchten sei, daß er Unruhe in die Stadt bringen werde. 3. Stein hat das Votum des Fürsten im Original (?) dem Rate von Mühlhausen übermittelt. 4. Das darin enthaltene „unzymlich anmuten", Müntzer nicht als Prediger anzunehmen, wurde vom Rate, praktisch wohl von den Zünften, „hochlich abgeschlagen" und zwar „ganz und gar mit vorsmehung des obgenannten fursten verworfen", denn dessen direkte Einmischung hatte man so nicht gewollt, als man bei Stein anfragte, waren doch die sächsischen Fürsten, Ernestiner wie Albertiner, zusammen mit dem Landgrafen von Hessen „Schutzherren" der Stadt, die man aber von jeder Einflußnahme auf das Geschehen in der Stadt möglichst ausgeschaltet wissen wollte; die Angst vor einer „angemaßten Kompetenz" auch nur eines der Schutzherren könnte eine nicht unwesentliche Rolle gespielt haben. 5. Der „heuchler" ist dann vermutlich Stein, der sich als scheinbar „unparteiischer Vermittler" zwischen dem Mühlhäuser Rat und Herzog Johann in diesem gegen Müntzer gerichteten Handel gebrauchen ließ[24]. 6. Das von Laue erwähnte Gespräch mit den beiden Bürgermeistern endlich dokumentiert

---

[22] Franz, MG, S. 436,25—437,3.   [23] AGBM II, S. 656.
[24] Hinrichs These (L. u. M., S. 141), „daß der Herzog an einen unbekannten Vertrauensmann in Mühlhausen den Vorschlag von Strauß hat gelangen lassen...", der Müntzer auf Veranlassung des Herzogs wieder schöngetan hat", beruht auf der Verkennung der Haltung des Herzogs.

die Tatsache, daß die Anfrage bei Stein nicht zu dem erhofften Ergebnis geführt hat, d. h. daß die Erklärung Herzog Johanns so unverbindlich und zurückhaltend war, daß man sie nicht gegen Müntzer ausspielen konnte. Man mußte sich also weiterhin Gedanken machen, wie man ihn los wurde. Müntzer jedoch konnte auf Grund dieser Schlappe seiner Widersacher wohl die Erwartung hegen, daß er seine Arbeit in Mühlhausen nunmehr erfolgreich entfalten könnte. Alle Interventionen gegen sein Bleiben waren gescheitert.

Daß er seine Stellung in der Stadt einigermaßen gesichert wähnte, bezeugt nicht zuletzt auch die Tatsache, daß er die „durch nachlessigkeit der unachtsamen" verzögerte Übersiedlung seiner Familie nach Mühlhausen jetzt energisch betrieb und seinen Famulus Emmen drängte, so schnell wie nur irgend möglich nachzukommen: „Ich begere deyner aufs allerlybste"[25]. Inzwischen hatte er allerdings von den Menschen in Mühlhausen den Eindruck gewonnen, daß sie nicht so leicht „mitgingen", wie er das in Allstedt erlebt hatte. „Dye leuthe zu Molhausen seynt langsam, wye dan allenthalben das volck ungemustert ist, nicht ane merktliche orsache von Gotte, auf das der natur witze dem evangelio denn wegk nicht vorhaue. Es dynet myr fodderlich am solchen orthe, dan da vil bescheydenheyt ist, seynt auch vil kramantzen."[26] Sie erfaßten offenbar nicht so recht, was er ihnen vom Erleiden der *passio amara,* von dem rechten geistgewirkten Glauben, der unmittelbaren Erkenntnis Gottes und seines Willens sagte. Sie hatten, zugespitzt formuliert, überhaupt keine sie besonders bewegenden religiösen Anliegen, geschweige daß sie auf bestimmte Doktrinen eingeschworen gewesen wären. Müntzer wertete das als eine Erleichterung seines Wirkens, die ihm nicht von ungefähr zufiel. Er brauchte hier nicht gegen verfestigte und hartnäckig verfochtene Positionen des alten wie des neuen Glaubens anzukämpfen. Er sah die Möglichkeit, dieses noch „ungemusterte volck" mit seinen Ideen zu erfüllen und zum Träger seiner Gedanken zu machen. In dem begrenzten Raume der relativ autonomen Reichsstadt, in der man ohnehin auf eine Veränderung der Ordnungsstruktur drängte, mochte sich verwirklichen lassen, was ihm vorschwebte: ein von „Auserwählten" dirigiertes Gemeinwesen, in dem der Wille zur Erneuerung der Christenheit einmal konkrete Gestalt annahm, wo gleichsam der Grundstein zum Bau der neuen Kirche gelegt wurde; „es sicht mich nit anderst an, dan dye sache muß aufgehen"! Man ist versucht, aus diesen Worten mehr herauszuhören als nur die Genugtuung darüber, daß das Bemühen bestimmter Kreise, ihn wieder abzuschieben, fehlgeschlagen war. Es ist ihm ein Zeichen, daß Gott seinem Knechte wider die Macht und Hinterlist der Gewaltigen beisteht, und so zugleich ein

---

[25] Franz, MG, S. 436,18.   [26] Ebd. S. 436,21—25.

Ansporn, in Mühlhausen den Willen der Gläubigen zum Widerstande gegen die Tyrannei der Gottlosen zu wecken und zu stärken. Er gab sich auch jetzt noch nicht damit ab, ein konkretes Reformprogramm zu entwickeln. Er sah als Prediger und Seelsorger[27] seine vordringliche Aufgabe darin, seinen Hörern in Herz und Hirn zu brennen, sich durch die reine Gottesfurcht freizumachen von aller Menschenfurcht, in rechtem Glauben dessen gewiß zu sein, daß bei Gott kein Ding unmöglich ist, und das Zeugnis der Schrift ernstzunehmen, daß „die gewaltigen, eygensinnigen, unglaubigen menschen vom stul gestossen werden"[28] und daß „die nydrigen sollen erhaben und abgesundert von den bösen werden"[29].

Mir will scheinen, als habe Müntzer erst nach den zwei bis drei Wochen, in denen er noch einige Tage abwesend war und dann sein Verbleiben in Mühlhausen wieder in Frage gestellt sah, eine schärfere Tonart angeschlagen. Er hatte schließlich im Umgang mit obrigkeitlichen Instanzen genügend Erfahrungen gesammelt, um nicht vor einer gesicherten Fundierung seiner Position den oppositionellen Kräften zusätzlich Material gegen ihn zu liefern und sich damit u. U. die Möglichkeit einer Wirksamkeit in der Stadt doch noch zu verscherzen. Wenn daher der Amtmann von Salza, Sittich von Berlepsch, am 26. September 1524, also einen Tag vor der Vertreibung Müntzers aus Mühlhausen, an Herzog Georg von Sachsen berichtet, „der thörige pfaff von Alstädt hat sie unterweiset, daß sie keiner Oberkeit gehorsam zu sein, Niemandem Zinsen noch Rente zu geben schuldig seien, und man solle alle geistlichen Stände verfolgen und austreiben"[30], so läßt sich daraus nicht schließen, „daß Müntzer gleich in den ersten Predigten an die gegenständlichen Interessen der Stadtbewohner anknüpfte"[31]. Nicht als hätte er anfangs seine Anschauung von der wahren Erneuerung der Christenheit „wie ein stummer Hund" verschwiegen; aber Müntzer wäre der letzte gewesen, der auf die „gegenständlichen Interessen" seiner Hörer eingegangen wäre, ohne sie zuvor ernsthaft auf die Fragwürdigkeit ihres Glaubens hingewiesen zu haben. Gerade in dieser Hinsicht stand es nach seinem ersten Eindruck bei den Mühlhäusern nicht zum besten und galt es von Grund auf Wandel zu schaffen. Natürlich setzte das auch eine wachsende Vertrautheit mit den äußeren Lebensumständen seiner Hörer voraus, mehr noch mit den Gedanken und Vorstellungen, die sie innerlich beschäftigten und in ihrer Haltung bestimmten. Müntzer suchte und fand gewiß bald Kontakt mit Menschen, die sich ihm in seelsorgerlichen Gesprächen öffneten, aber auch mit Menschen, die ihn

[27] Bensing, M. u. Th., S. 66, verkennt das in der ihm eigenen Betrachtungsweise vollkommen.
[28] Franz, MG, S. 282 A,33—35.
[29] Ebd. S. 289 A,22—24.
[30] Seidemann, Mühlhausen, S. 378.
[31] Bensing, M. u. Th., S. 66.

aus Überzeugung oder Berechnung als Anwalt der von ihnen verfolgten Pläne gewinnen wollten. Zu ihnen gehörte vornehmlich Heinrich Pfeiffer, bisher der entschiedenste Vertreter reformatorisch-reformerischer Ideen in Mühlhausen. Daß sich beide früher schon einmal begegnet wären[32], wird durch nichts nahegelegt; immerhin könnte Pfeiffer schon von Müntzer gehört oder eine seiner Schriften gelesen haben, obgleich das ihm gehörende, später konfiszierte „kischen vol bucher"[33] keine Müntzerschrift enthielt, auch nicht das „Deutsche Kirchenamt"[34]. Das Zusammentreffen der beiden Prädikanten in Mühlhausen wurde jedenfalls für das Geschick der freien Reichsstadt von entscheidungsschwerer Bedeutung und rückte sie für einen kurzen Augenblick in den Vordergrund des kirchenpolitisch-politischen Geschehens. Müntzer und Pfeiffer spielten sich bald gut aufeinander ein und fanden sich allem Anscheine nach besonders auch in der Hinwendung zu den wirtschaftlich, rechtlich und sozial Benachteiligten zusammen, zugleich offenbar in einer gewissen Distanz zu den übrigen evangelischen Predigern in der Stadt, die an den extravaganten theologischen Ideen des Allstedters zunehmend Anstoß nehmen mochten[35]. Müntzer wurde durch Pfeiffers Informationen tiefer in die Kenntnis und das Verständnis der Lage der „Armut" und des Kleinbürgertums eingeführt. Er lernte die konkreten Ursachen des religiösen und kirchlichen Notstandes begreifen und erhielt mehr noch aufschlußreiche Hinweise auf die gärende Unruhe und den Unmut über die Entwürdigung und die rechtlich-politische Entmündigung durch das auch mit dem „Rezeß" nicht wesentlich veränderte Regime des oligarchischen Magistrates. Pfeiffer hingegen wurde aus der Enge eines vornehmlich auf seine Vaterstadt begrenzten Interesses herausgeführt und bekommt den weiten Horizont stärker in den Blick, den Müntzer ihm aufzeigt: die in Mühlhausen nach Gottes Willen zu konstituierende Kirche der Erwählten soll den Grundstein der künftigen apostolisch-christlichen Kirche und die Keimzelle einer weltweiten Erneuerung der Christenheit bilden[36].

Die wechselseitige Beeinflussung beider Männer besagt freilich so wenig wie der Wille zu gemeinsamer Aktion, daß nicht jeder von ihnen

[32] So ohne nähere Begründung Bensing, Th. Müntzer, S. 64.

[33] AGBM II, S. 713 Anm. 1.

[34] Ein Exemplar befand sich jedoch „in domo Hans Schalben und Apel Schoels" (AGBM II, S. 713 Anm. 1).

[35] Chronik Mühlhausen, S. 181, berichtet im Anschluß an die Vertreibung Müntzers und Pfeiffers: „Unterdessen predigten in der Stadt etliche Mönche, welche aus den Klöstern gegangen und die Kappen hingelegt hatten, als Rottemeller, Koller und Herr Johann Lauw, der ein Deutschpriester gewesen war, die waren aber nicht so böse als Allstedter und Pfeiffer."

[36] Zur viel erörterten Frage des Verhältnisses von Müntzer und Pfeiffer vgl. Bensing, M. u. Th., S. 74 ff.

seine Eigenheit gewahrt habe. Müntzer hat in diesen Wochen schwerlich die Rolle des tonangebenden Akteurs gespielt, wenn er auch nicht nur im Schatten Pfeiffers gestanden hat. Er dürfte auf der Linie der in seiner „Ausgedrückten Entblößung" geäußerten Gedanken in die Mühlhäuser Situation gesprochen haben und hat vermutlich damit die Gemüter tiefer aufgewühlt als es Pfeiffer bisher gelungen war. Liest man die oben zitierten Sätze aus dem berlepschen Bericht über die „Unterweisung" Müntzers, so hat man eine von den geflüchteten altgläubigen Widersachern à la Pfeiffer frisierte einseitige Wiedergabe seiner Predigt vor sich: Entmachtung der gottlosen Obrigkeit, die ihre angemaßte Gewalt dazu mißbraucht, die evangelische Wahrheit zu unterdrücken, um ihren eigensüchtigen Gelüsten zu Lasten des Volkes zu frönen. Selbstverständlich fehlt in dem Schreiben des Salzaer Amtmanns dann jegliche Andeutung der von Müntzer auf keinen Fall unterlassenen Forderung des rechten Glaubens, für den es das von der menschlichen Vernunft eingewandte „unmöglich" nicht gibt. Gerade das aber war es, was seine Hörer aufhorchen ließ und bei denen, die sich von der Kirche wie der weltlichen Obrigkeit bedrückt oder zurückgesetzt fühlten, die Bereitschaft zum tätigen Widerstand stärkte, zumeist sicherlich in einem kurzschlüssigen, ja falschen Verständnis der Worte des Predigers, die sie ebenfalls in einem von Pfeiffer geprägten Vorverständnis aufnahmen. Zweifellos hat Müntzer jedoch das Seine dazu getan, die oppositionelle Stimmung zu steigern, wie es in manchen Besonderheiten der Unruhen vom 19. bis 26. September unübersehbar zutage trat. Diese Empörung war durch einen vom Bürgermeister Rodemann verursachten Zwischenfall ausgelöst worden. Rodemann hatte auf eine ihm bei einer Hochzeitsfeier zugefügte Beleidigung unmittelbar mit einer unzulässigen Inhaftierung des Beleidigers reagiert und war deswegen sofort in einem spektakulären Verfahren von den Achtmännern zur Rechenschaft gezogen worden (19. 9.)[37]. Er und sein ebenfalls herbeigenötigter Amtskollege Wettich mußten sich vor dem schnell einberufenen Rate verpflichten, „daß sie sich den andern Tag stellen wollten"; „aber des Morgens frühe zogen sie beide, Rodemann und Wettich, zum Thor hinaus gen Salza"[38]. Berlepsch bringt in einer Nachschrift zu seinem Berichte noch die Notiz, „... in bemeldter Aufruhr sind Münzer und Pfeifer samt ihrem Anhange fast über 200 stark vergangnen Montags [19. 9.] aus Mühlhausen gedrungen[39], haben ein roth Kreuz, auch ein

---

[37] Chronik Mühlhausen, S. 179 f.   [38] Ebd. S. 180.

[39] Bensing, M. u. Th., S. 67 f., versteht die Form „gedrungen" passivisch und folgert daraus „eine regelrechte Vertreibung" von „Müntzer, Pfeiffer und deren Anhang" aus der Innenstadt. Das zu erhärten oder auch nur wahrscheinlich zu machen, ist ihm ebensowenig gelungen wie seine These, „daß sich zur gleichen Zeit [des Auszuges] die revolutionären Kräfte mit dem ‚Ewigen Bunde Gottes' eine

577

bloßes Schwert vor ihnen zur Stadt austragen lassen[40], sind die Nacht eine halbe Meile Wegs von Mühlhausen bei einer Klause, genannt die Eiche, im Felde gelegen"[41]. Dieser Auszug ist also noch am Tage jenes Zwischenfalls erfolgt und trägt durch das Vorantragen von rotem Kreuz und bloßem Schwert sowie durch die Beteiligung der beiden Prädikanten sichtlich einen demonstrativen Charakter, der kaum einen Zweifel daran aufkommen lassen kann, daß der skandalöse Vorfall den Anlaß dazu gegeben hat. Bedenkt man das Geschehen der folgenden Tage, war es offenbar die Absicht der Initiatoren des Zuges, die Erledigung des „Falles Rodemann" nicht allein den jetzt amtierenden obrigkeitlichen Instanzen zur Entscheidung zu überlassen, sondern sich mit einer eigenen Stellungnahme zum Worte zu melden. Wir sind über die nächtliche Versammlung außerhalb der Stadt nicht informiert; sie führte jedoch mit hoher Wahrscheinlichkeit wohl zu dem Beschluß, den in aller Öffentlichkeit geübten Mißbrauch der Amtsgewalt durch den Bürgermeister zum Anlaß zu nehmen, auf eine Umgestaltung des Rates zu dringen und den neuen Rat zugleich für seine Amtsführung auf klare, dem Worte Gottes entnommene Richtlinien zu verpflichten. Müntzer wie Pfeiffer dürften sich maßgeblich an der „Debatte" beteiligt haben, in der möglicherweise schon die „nach Gottes Willen" nötigen Punkte herausgestellt wurden, auf die man selber Wert legte. — Hatte man dem auffälligen Zuge vielleicht schon beim Verlassen der Stadt Schwierigkeiten bereitet[42], so erst recht bei seiner Rückkehr am Dienstag morgen, als alles in gespannter Erwartung den Ereignissen des Tages entgegensah und von dem verdächtigen Haufen unter der Führung Müntzers und Pfeiffers nichts Gutes erwartete. „Doch so viel practicirt, daß sie die von Mühlhausen samt ihrem Anhange wiederum in die Stadt gelassen."[43]

Durch die Flucht der beiden Bürgermeister hatte sich die Unruhe gesteigert, zumal sich herausstellte, daß die Geflüchteten „der stadt secrett und ein ros und einen schlussel zu der stadtpforten an wissen des rates und der gemein mit sich genhomen"[44]. Die Bevölkerung war über das wortbrüchige und rechtswidrige Verhalten der beiden Stadthäupter aufgebracht; Gerüchte und Parolen erfüllten die Stadt, und

militärische Organisation schufen". Nichts legt den Schluß nahe, „daß die Schaffung des Bundes mit der Ausweisung Müntzers und Pfeiffers und dem Zug zur Eiche in direktem Zusammenhang stand". Zur Frage des Bundesschlusses am 19. 9. 1524 vgl. auch Lösche, S. 145 ff.

[40] Die Symbolik deutet hier wohl die Übernahme der Gerichtsbarkeit in höherem Auftrag an.

[41] Seidemann, Mühlhausen, S. 379.

[42] Das Wort „gedrungen" (aktivisch) könnte, muß aber nicht in diesem Sinne verstanden werden.

[43] Seidemann, Mühlhausen, S. 379.   [44] AGBM II, S. 70.

es kam zu Aufläufen. „Da liefen etliche vor das Rathhaus, etliche vor das Felchte Thor[45] mit gewappneter Hand, und währet bis an den dritten Tag, aber es war nichts ausgerichtet."[46] Weitere Ratsmitglieder setzten sich ab; die Initiative des Rates schien gelähmt. „Auf den Mittwoch [21.9.] ... waren die Bürger in ihren Vierteln und beratschlageten sich, wie sie es mit dem Rath machen wollten, aber sie werden nicht einig."[47] Dabei haben sehr wahrscheinlich auch die von Müntzer und Pfeiffer inspirierten Forderungen der Radikalen nach Bildung eines neuen Rates auf der Grundlage einer neuen Ratsordnung eine Rolle gespielt; aber der Ausgang der Beratungen läßt darauf schließen, daß sie auf erheblichen Widerstand stießen. Da schaltete sich Müntzer in einem „offenen Brief" höchst persönlich in die Debatte ein. Am Donnerstag (22.9.) wandte er sich als „eyn knecht Gottes an die kirche zu Molhausen"[48], um sie eindringlich zu mahnen, sich dem Auftrag dieser Stunde nicht zu entziehen. Er könne und dürfe als ihr Seelwärter jetzt nicht schweigen, will er nicht vor Gott und den Menschen schuldig werden. „Dan ich sehe und griff, das ir von der menschlichen furcht wegen nichts beschlissen kunt", und da ist er einfach verpflichtet, ihnen „zu rathen und auf das allerfleyssigst zu dienen"[49]. Er richtet seinen Appell nicht an „die Mühlhäuser" gemeinhin, sondern an „die kirche zu Molhausen", an die christliche Gemeinde also. Ganz im Sinne der „Ausgedrückten Entblößung" vollzieht er die Scheidung der „rechten Christen" von den „Gottlosen", die, wie die ergebnislosen Verhandlungen gezeigt haben, von einer grundlegenden Änderung der bisherigen Mißstände gar nichts wissen wollen, um eben denen, die in dem jüngsten Geschehen Gottes Anruf vernommen haben, um so stärker ihre Verpflichtung einzuschärfen, ohne Menschenfurcht eine neue, gerechte Ordnung in der Stadt aufzurichten und damit der Welt ein richtung-weisendes Beispiel zu geben. „Nochdem euch der almechtige Got also clerlich mit groben buchstaben vorgeschreben hat die gebrechen, mishandelung ubertretten und manigfeldiges vorfüren euer uberkeit"[50], muß gebührlicher Weise erst der Versuch eines friedlichen Übereinkommens unternommen werden. In einer vertraulichen Aussprache mit den Repräsentanten des alten Regimes ist ihnen in aller Offenheit ihr völliges Fehlverhalten nachzuweisen und sind sie brüderlich zum Rücktritt zu vermahnen, „das sey um zukunftiges ubels willen um Gottes willen solchs entsetzen geduldet wulten und euch allen zu fromen tragen"[51]. Freilich rechnete Müntzer offensichtlich kaum damit, daß sich die so

---

[45] Das Felchte-Tor, vor dem in nächster Nähe Pfeiffers Predigtstätte S. Nicolaus lag, war bzw. wurde eine Art Hauptquartier der Pfeiffer-Anhänger.

[46] Chronik Mühlhausen, S. 180.   [47] Ebd. S. 180.

[48] Franz, MG, S. 447 f.   [49] Ebd. S. 447,19 f.

[50] Ebd. S. 447,21—23.   [51] Ebd. S. 447,24—26.

Angesprochenen zum Nachgeben bereitfinden würden, sie vielmehr „mit hoffertigem gemuthe eygensuchtig seyn wollen iren vormeynten fromen und ere gemeynem nutz wollen vorsetzen und euch nicht reumen und dem wort und euer rechtfertigunge stadt geben"[52]. Das soll dann aber weder das Zeichen zur gewaltsamen Entsetzung des Rates sein noch Anlaß, seine brüskierende Weigerung stillschweigend hinzunehmen. Die ganze Welt soll dann zum Tribunal werden: „So wolt ir aus der pflicht gotliches wortes alle die mißhandelung, gebrechen, scheden und alle ire bosheit lassen in den druck gehn und clagen der ganzen welt ober solche widderspenstige kopfe und vorlegen und vorwerfen in ubel widder sey, domit ir sey uberweyßen kundet. An zwiffel, do werdet ihr hundert gebrechen euer uberkeyt vorhalten und entdegken, do man euch in den geringsten meytheln nicht thadeln wert adder lestern. Dan irer boßheit seyt ir aufs allerhochst gewahr worden, darum das sey das wort Gottes ketzerey schelten und gedenken, das nicht anzunemen und die diener des wortes aufs crutz opfern."[53] Der gewaltlose Protest der Vergewaltigten wird die ganze Christenheit aufhorchen lassen und der Mühlhäuser Kirche den Ruhm einbringen, daß sie sich im Gehorsam gegen Gott dem Frevel und einer gottlosen Obrigkeit nicht beugt. Da wird man sagen: „Sich die fromen leut haben alzuveil gedult gehabt. Sey haben sich gotlichs bevelichs gehalten, do mit die cristenheit von euch sagen wie von eynem auserwelten volke de[u]tro. am 4. cap.: ‚Sich, ditz ist eyn weysse volk, es ist eyn verstendig volk, es wert eyn groß volk daraus werden. Es ist eyn volk, das es mit Got wogen darf. Es wyl recht thun und den teufel mit allen anslegen, tucken und gesprenge disser welt nicht furchten.'"[54] Müntzer unterstreicht hier den von ihm bisher vertretenen Grundsatz entschieden passiven Widerstandes gegenüber einer gottlosen Obrigkeit noch durch den Gedanken, den Protest durch eine im Druck ausgehende Anklageschrift, „do ich getruelich zu helfen weyl"[55], aller Welt kundzutun. So wird nicht nur die in der Stadt noch vorhandene Opposition eingeschüchtert und „die abtronnige rott der gotlossen, die gewichen seynt, in keyner ander stadt mit eren bliben. Dan der gemeyn man (Got sey es gelobt) die warheit fast an allen ortern annympt", sondern die vorbildliche Bewährung der Mühlhäuser Christen in der Furcht Gottes wird auch ein Fanal der erwachenden Christenheit werden; „domit werdet ir sey also untuchtig machen, das sey euch keyn herlin kromen werden"[56].

Eine größere Wirkung seines Briefes, wie sie Müntzer sich erhofft haben mochte, blieb aus, wenn es auch an Zeichen positiver Reaktion unter seinen Anhängern nicht fehlte. Man wird es als ein solches an-

---

[52] Ebd. S. 447,27—448,2.
[53] Ebd. S. 448,3—11.
[54] Ebd. S. 448,13—19.
[55] Ebd. S. 448,20.
[56] Ebd. S. 448,21—25.

sehen dürfen, wenn die Vorstädte „von Sanct Nicolaus, Sanct Jorgen, Sanct Margarethen und di leinweber Sanct Jacoff und aus andern hantwerken"[57] das Ergebnis ihrer mancherlei Verhandlungen „vom regiment" in elf Artikeln zusammenfaßten und es „den Dorfschaften im Mühlhausischen Gerichte, auch dem gemeinen Pöbel zu Mühlhausen überschickt und vorgehalten"[58] haben. Die Anklänge an Müntzers Brief sind unschwer zu vernehmen, wenn man z. B. in Artikel 1 „ganz einen nauen rat setzen solle", der nur aus Gottesfürchtigen bestehen soll; „ursach, auf das nach gotlicher forcht gehandelt, das nicht mochte der alte haß cleben bleiben und der muttwille sich nicht weiter erstregke, darumb das der tetter und bewilliger gleicher straff wirdig sein" und „auf das es nicht ein kuche werde[59], die draußent seind und hinnen, darvon dan der gemeine ein schade entstehen mocht, den die do schuldig sein, ist schwer, sie zu richter haben"[60]. Noch schärfer formuliert Art. 9 die Ablehnung jeden Kompromisses. „Wo ditz alles nicht noch gots worte geordent worde, wollen wir vorgenanten mit inen keine bewilligung haben, ursach, auf das gotes gerechtigkeit und billigkeit vorgehe und alle falsche gewalt und eigennutz dahinten bleibe, wollen wir nicht bewilligen widder mit reten ader mit achtmann, widder mit hantwerk ader gemein, es sei denn, das si einen bessern nutz vorsetzen und gots gerechtigkeit und warheit gleichformiger sei dann unser."[61] Zu beachten ist vor allem in Artikel 8 die Aufnahme der Androhung einer öffentlichen, durch den Druck zu veröffentlichenden Anklageerhebung. „Wue sie nicht wolten dem gemeinen nutz zu gut sich weißen laßen, wollen wir irhe bosheit aufs papir sameln, was sie vor tugke vor 20 jarn her dem gemeinen nutz entkegen gehandelt und die stadt mit falscheit betrogen, in den trugk lassen gehen, das man sehe, was sie vor leute wern, ursach, das ein iderman sehe und hore, wie si mit uns gehandelt. So wird ein iderman sprechen, man habe ine vill zu viell zu gut gehalten und darzu vil zu lange geharret wie am Ps. 82, du solt ir angesicht mit schmecheit erfullen, so werden sie suchen her deinen namen. Deu. 6, Ruth 7 und Matt. 21 von den knechten, die den herren nicht wolten seine frucht geben, hat der herr die boswicht ubel umbbracht und seinen weingarten andern arbeitern bevolhen."[62] Stilistische wie sachliche

---

[57] AGBM II, S. 47.

[58] Seidemann, Mühlhausen, S. 379. Berlepsch schickte an Herzog Georg eine Abschrift der 11 Artikel, „die ich aus Heinrich Pfeiffers eigner Handschrift habe schreiben lassen". Die Frage erhebt sich, wieweit diese Artikel überhaupt von ihm formuliert wurden.

[59] Die Anm. 1 in AGBM II, S. 47, „kuche" „von Kauchen, sich kauern, sich ducken" ist abwegig. Es geht um die Verhinderung eines Ineinander von Erwählten und Gottlosen, die nach Müntzer (Ausgedrückte Entblößung) unbedingt verhindert werden muß: ein Kuchen.

[60] AGBM II, S. 47.   [61] Ebd. S. 48.   [62] Ebd. S. 48.

Gründe legen die Vermutung nahe, daß dieses Dokument vornehmlich unter Beihilfe Pfeiffers entstanden ist, der damit nicht eigentlich den Rat ansprechen wollte, mit der Vorlage eines kurzgefaßten Reformprogramms vielmehr beabsichtigte, in dieser auf eine Entscheidung drängenden Situation auch die bisher nur am Rande des Geschehens beteiligte Bauernschaft für die radikale Neugestaltung des Stadtregiments zu gewinnen und durch sie die Front der oppositionellen Kräfte zu verstärken. Selbst Artikel 11 und der „Beschluß"[63] ließen sich als ein beschwörender Appell an die noch abseits stehenden Bauern denken, der freilich auch den Rahmen eines primär dem Rate zugedachten Entwurfes zu einem Reformprogramm nicht sprengen würde[64].

Sehr konkret bezieht sich das „erbar hantwerk der leinweber" in seinen Bedenken auf Müntzers offenen Brief. Nach einer scharfen Kritik an dem unentschuldbaren, eidbrüchigen und verantwortungslosen Verhalten der beiden geflohenen Bürgermeister bringt es als erste Forderung vor, „das ein einiger neuer rat vorordent und bestetiget werde, welcher aus enphel gottes und noch der heilgen biblien der heilgen geschrifft und was wilkor, receß, keiserrecht[65] der biblien und heilgen geschrifft glichmessig ist, darnoch regirn geloben und schweren etc"[66]. Damit aber ein solcher neuer Rat wirklich von Grund auf neu gebildet werden kann, „bittet ein gantz erbar handwerk itzige vorordente ratsfrunde um gottes willen und des heilgen ewangelii, auch in betracht zu nemen aller aufrorischer hendel, geschen und nach mochtn, angezeigte puncte guttwillig zu erdulden und annemen, dach keinerlei maß adder weisse neimandes irtadelt vorzusagen ime adder seinen kinden, sondern allein gotliche warheit adder gerechtigkeit, darneben ein eintracket uberkommen und also in bruderlicher leibe leben mochten etc"[67]. Daran schließt sich unmittelbar der Text von Müntzers Brief mit der überleitenden

---

[63] Art. 11: „Über alles wollen wir nach gotes worten recht an alles wanken gehandelt haben, on allen verzogk, ursach, wo das nicht zugelassen wurde, gotes gebot hinaus zu furhen, so begern wir von euch zu wissen, was euch der frum got getan hat und sein einiger son Jhesus Cristus mitsampt dem heiligen geist, das ir ihn uber euern elenden madensagk nicht wolt regiren lassen, wuerin hat er euch gelogen oder betrogen, so er doch gerecht ist." „Beschluß. Es ist auch unser aller meinung und beschloß, alle unser werk und handel gegen gots gebot und gerechtigkeit soll gehalten werden, abs den leuten und got entkegen sei. Ist es den leuten lieb und got entkegen, ader got lieb, den leuten entkegen, so wollen wir under zweien eines erkießen: mir wollen villieber got zu freunde haben und die leut zu feinden, dann got zu feind und die leut zu freunden, dann es ist sorglich, in gotes hende zu fallen . . ." (ebd. S. 48 f.).

[64] Vgl. Bensing, M. u. Th., S. 72 Anm. 43.

[65] Also soll das geltende Recht nicht einfach abgeschafft sein, jedoch nur insoweit Geltung behalten, als es der Heiligen Schrift als der obersten Norm nicht widerspricht!

[66] AGBM II, S. 49.

[67] Ebd. S. 50. Es folgt dann der Text des Müntzerbriefes.

Formel an: „auch darneben zu frontlicher betracht zu nemen nachgetane schrifft an gemein cristlich kirchen Molhausen, wie folgent." Damit nicht genug fügt man ergänzend noch einen „Zeddel der leinweber" hinzu: „Auch sihet ein handwerk vor gut an, das man mochte clagezeddeln schriben und machen lassen an unser getruwen zugegebene beistende des heilgen reichs und andern bekanten stetten und anligende not, auf das do ein idermann disser schwerer tapfer sache einen guten verstand hette, darum der arm gemein haufe nicht vorursacht werd, werd..."[68] Offensichtlich haben wir es mit einer eigenständigen Eingabe der Leinweberzunft an den Rat zu tun, die bei aller Klarheit der gestellten Forderungen in einem überraschend gemäßigten Tone gehalten ist. Sie bleibt in der Schärfe des Ausdrucks jedenfalls hinter dem Tenor der Äußerungen Müntzers zurück, und selbst der Hinweis des „Zeddels" wirkt nach Inhalt und Form eher als eine Abschwächung denn als eine drohende Unterstreichung des müntzerischen Anratens, die gegen den Rat erhobenen Anklagen durch ein gedrucktes Manifest aller Welt kundzutun.

Wie man die beiden Schriftstücke auch im einzelnen bewerten mag, sie sind eindeutige Zustimmungserklärungen zu den von Müntzer (und Pfeiffer) propagierten Gedanken einer besseren Ordnung, von deren Durchführung man einen tiefgreifenden Wandel der kirchlichen wie der politischen Struktur des städtischen Gemeinwesens erwartete. Gottes Gebot und Gerechtigkeit nach Maßgabe der Heiligen Schrift, das war das mit Emphase vorgebrachte Leitwort, das als revolutionäre Parole der besitzlosen oder wenig begüterten, sozial, rechtlich und politisch zurückgesetzten Schichten seinen Eindruck auf die „bürgerlichen" Kreise nicht verfehlte, obwohl es praktisch noch kaum sehr viel mehr als ein allgemeines Wunschdenken zum Inhalt hatte. Lediglich die so überraschend entstandene Ratskrise nötigte die „Revolutionäre" mit der Forderung eines neuen Rates dazu, wenigstens einige Artikel zu formulieren, die für die Bildung und Amtsführung des neuen Rates bestimmend sein sollten. Damit aber forderte man alle dem widerstrebenden Gruppen zum Zusammenschluß und zur Abwehr heraus. Soweit die Überlieferung es erkennen läßt, wandten sich als erste die Bauern mit aller Entschiedenheit in offenem Protest gegen die radikalen Reformtendenzen. Berlepsch berichtet: „Die Bauern auf dem Lande aus den Mühlhausischen Dörfern sind vergangnen Sonnabend (24. 9.) bei der Brückmühle von Mühlhausen bei einander gewesen, haben sich vereinigt und der Gemeine zu Mühlhausen sagen lassen, ihr unchristliches Vornehmen sei ihnen nicht leidlich, wo es von ihnen nicht verändert würde, müßten und wollten sie um andre Herrschaft gedenken, denn ohne das müßten sie verderbt

---

[68] Ebd. S. 50. Hier bricht die Handschrift ab.

werden darunter."[69] Es dürfte als eine wütende Vergeltungsaktion für diese gründliche Abfuhr anzusehen sein, daß am „Montag hernach [26. 9.] zu sechs Uhren frühe"[70] das Dorf Bollstedt „an vier Enden mit Feuer angegangen"[71] wurde, nachdem die Bauern schon am Abend zuvor gewarnt worden waren. War die Brandstiftung auch schwerlich im Sinne der großen Mehrheit der „Aufständischen" und ihrer Führer, so wurde sie doch zu einem Alarmzeichen für die Obrigkeit der Stadt, zumal ihr bald neue Warnungen zugingen. Man richtete sich auf eine Abwehr weiterer Übergriffe ein, ließ alle Stadttore schließen und „ausrufen, wer bei den Herrn stehen wollte, sollte aufs Rathaus kommen". Dadurch fühlten sich wieder „die zu S. Nicolaus" bedroht, richteten „ein Crucifix auf, das man bei dem Begräbnis träget, trugen es in der Stadt herum, ließen rufen, wer bei dem Leiden und Wort Gottes stehen wollte, der sollte zu S. Nicolaus kommen". Die Tumultuanten besetzten sogar „das Felchte Thor mit gewappneter Hand", um es „mit Macht aufzuhalten"[72]. Als die treibende Kraft bei den Unruhen erscheint in dem Bericht der „Chronik" Pfeiffer, gegen den man, wohl schon als den für die elf Artikel und damit für die Aufwiegelung der Bauern Verantwortlichen, in der Stadt wie in den Dörfern ein Verbot erlassen hatte, ihn „nicht aufzunehmen oder zu hausen"[73]. Endlich entschloß sich der Rat zu energischem Vorgehen: er beorderte Verstärkung von den Dörfern in die Stadt, um den „aufrührerische[n] Haufen zu S. Nicolaus" mit ihrer Hilfe „hinweg zu schlagen"; er wählte an Stelle der geflüchteten zwei neue Ratsmeister, sicherlich mit in der Absicht, sein Nein zu der Forderung freiwilligen Rücktritts zu dokumentieren. Angesichts solchen entschlossenen Widerstandes sahen die Aufständischen augenscheinlich die Aussichtslosigkeit ihres Unternehmens ein und gaben auf, bevor es zu einem bewaffneten Zusammenstoß kam. Das Fazit der turbulenten Tage war, daß man am Dienstag (27. 9.) nach allgemeiner Gehorsamsleistung „in den Vierteln umgefraget, und ist beschlossen, daß Pfeiffer und Allstedter die Stadt räumen, sobald befohlen und angekündiget worden". Man begnügte sich mit der Ausweisung der beiden Rädelsführer, „und es ward ein Friede ausgerufen, daß niemand den andern mit Worten beleidigen sollte bei Leibstrafe"[74].

Nur sieben Wochen hat Müntzers Wirksamkeit in Mühlhausen gewährt. Ihr rasches Ende dürfte ihm selber unerwartet gekommen sein und ihn um so empfindlicher getroffen haben, als seine Familie eben erst nachgekommen war. Noch um die Mitte der Zeit hatte er sich der Hoffnung hingegeben, in der Stadt eine fruchtbare Tätigkeit entfalten zu können. Die von Pfeiffer geleistete Vorarbeit förderte in gewisser

[69] Seidemann, Mühlhausen, S. 378 f.
[71] Seidemann, Mühlhausen, S. 379.
[73] Ebd. S. 181.

[70] Chronik Mühlhausen, S. 180.
[72] Chronik Mühlhausen, S. 180.
[74] Ebd. S. 181.

Weise auch die Aufnahmebereitschaft für seine Verkündigung, so daß er unter dessen Anhängerschaft rasch an Einfluß gewann. Aber die „Regierungskrise" kam zu früh und zu überraschend, als daß er schon als der maßgebliche Akteur hätte hervortreten können. Nichtsdestoweniger war er höchst aktiv an dem durch sie ausgelösten Geschehen beteiligt. Die von der extremen Opposition aufgestellten Forderungen einer neuen Ordnung lassen nach ihrem Inhalt wie in der Begründung bis in die Formulierung hinein eindeutig seine intensive Mitarbeit erkennen und weisen sich in ihrer Grundkonzeption als sein geistiges Eigentum aus. Dagegen dürften die tumultuarischen Exzesse des 25. und 26. September in erster Linie auf Pfeiffers Initiative zurückzuführen sein und Müntzers Beteiligung sich mehr auf ein „Mitmachen" beschränkt haben. Bezieht man Johann Laues Äußerung, „das ich di zeit, so ich zu Mulhaußn geweßn, ins regiment nin nicht hab gegriffn, auch do Pfeiffer und Munczer vorm Feltator stunten"[75], auf diese Ereignisse, so ist Müntzer damals jedenfalls unter den Tumultuanten gewesen. Es wäre aber denkbar, daß er sich für den Abbruch dieser Abwehraktion eingesetzt hat, als sie sich als übereilt und aussichtslos herausstellte.

Bensing meint, „Müntzer konnte Mühlhausen mit dem Gefühl verlassen, daß die Schaffung einer breiten, von der Stadtarmut über das oppositionelle Bürgertum bis zu den Bauern reichenden Front möglich sein würde"[76]. Abgesehen noch von der ideologischen Verfremdung könnte man dieser Formulierung nur unter der Voraussetzung zustimmen, daß man Müntzers illusionistische Wertung seiner „Erfolge" in Rechnung stellt. Denn ohne ihn bewußter Selbsttäuschung verdächtigen zu wollen, wird man sagen dürfen, daß er — ungeachtet seines starken Sendungsbewußtseins — den positiven Widerhall seines Wirkens als ein Gegengewicht zu der beharrlichen Ablehnung durch seine Gegner brauchte und sich durch ihn mit gerechtfertigt sah. Nur entging er eben nicht der Gefahr, die bloße Übernahme seiner Terminologie schon als ein Eingehen auf die von ihm gemeinte Sache, die verbale Zustimmung zu seinen Gedanken als Überzeugungstreue, eine impulsive Aktion als Zeichen entschlossener Einsatzbereitschaft anzusehen. Auch aus der hinlänglich erfahrenen Enttäuschung lernte er nicht viel. Derart unkritisch konnte er wohl ohne Resignation von Mühlhausen in der Hoffnung geschieden sein, daß ein neuer Stützpunkt für die Erneuerung der Christenheit gewonnen sei, daß die von ihm hier gesäte Saat zur Ernte reifen werde. Mühlhausen hatte ihn zudem zum ersten Male erleben lassen, daß man in einem politischen Gemeinwesen ernstlich den Versuch gemacht hatte, eine allein an Gottes Wort ausgerichtete, für alle gültige Ordnung aufzurichten. Das war in der Tat ein wesentlicher Schritt

[75] AGBM II, S. 656.   [76] Bensing, M. u. Th., S. 73.

auch über Allstedt hinaus, selbst wenn er noch so tastend und unsicher gewesen war: das entscheidende „Ordnungsprinzip" war praktisch geltend gemacht worden, obschon es noch nicht mit Erfolg durchgeführt werden konnte.

Die Kennzeichnung der Septemberereignisse als eines sozial-revolutionären Geschehens erscheint vordergründig als durchaus sachgemäß und ist in der Darstellung der Vorgänge kaum zu vermeiden. Sie trifft jedoch nicht den Kern der von Müntzer gemeinten Sache, erschwert vielmehr ein richtiges Verständnis, zumal wenn man die Ideologie des Klassenkampfes noch in sie einträgt: „Es konstituierte sich eine selbständige plebejische Fraktion der Bewegung, in der verarmte Handwerker und Handwerksgesellen das Übergewicht besaßen. Die kleinbürgerliche Opposition wurde radikalisiert, die wohlhabenderen Bürger, unter ihnen die meisten Achtmänner, zogen sich momentan zurück."[77] Man muß gewiß damit rechnen, daß die von der extremen Opposition durchgehend gebrauchte religiöse Terminologie für manchen nicht den tiefen Gehalt hatte wie für Müntzer. Aber es wäre eine Verkennung der geistigen Situation und der Mentalität der in Mühlhausen Revoltierenden, wollte man sie ihre Ansprüche etwa auf ein allgemeines Natur- und Menschenrecht begründet sein und nur formal unter dem Begriff des Gotteswillens subsummieren lassen. „Gottes Willen erfüllen" hatte gerade auch für die kirchlichen Randsiedler, erst recht für die einfachen Frommen durch Müntzers Predigt einen weder von der alten Kirche noch von den anderen evangelischen Prädikanten so präzisierte Sinngebung erfahren, daß die von dem geisterfüllten Prediger als Gottes Gebot geforderte Einsatzbereitschaft zum Widerstand gegen die Tyrannei der Gottlosen vornehmlich bei den „Tyrannisierten" ein lebhaftes Echo fand. „Gott will es", das wirkte tiefer und kräftiger als jede naturrechtliche Parole; das wirkte um so aufrüttelnder, als Gott selber sich ja nach Müntzers Worten bereits anschickte, die oft angesagte Abrechnung mit den Gottlosen jetzt zu halten. Man begreift Müntzers Wirkung auf das Volk nicht, wenn man einerseits den „eschatologischen" Hintergrund seines Denkens und Redens nicht ständig im Blick behält und wenn man andererseits unberücksichtigt läßt, wie stark die damalige Christenheit von dem Gedanken endzeitlicher Erwartung bewegt bzw. für derartige Gedanken empfänglich war. Die angekündigte „Veränderung der Welt" ist mehr und etwas anderes noch als bloß eine „soziale Revolution"; sie weist auf eine das innere Wesen wie die äußere Lebensform der Menschen an Gottes Willen ausrichtende gerechte Gestaltung der christlichen Gemeinschaftsordnung hin. Denn die Tyrannei der Gottlosen, die jetzt noch im Schwange ist, erwächst aus ihrem Unglauben, der sie ungehemmt den Gelüsten ihres

---

[77] Ebd. S. 66.

triebhaften Ich fröhnen, Recht und Gerechtigkeit bedenkenlos mißachten und den neu ans Licht tretenden wahren Glauben als ihren schlimmsten Feind so grimmig verfolgen läßt. Gegen diese in sich geschlossene, verlorene Welt des Unglaubens und des Unheils erhebt sich nun der rechte Glaube, der in seiner unmittelbaren Gottverbundenheit allein auf die Verwirklichung des göttlichen Willens gerichtet ist, der ja eine gerechte Ordnung des Verhältnisses der Menschen untereinander notwendig in sich schließt. Für Müntzer fällt die Entscheidung im Kampfe zwischen Glauben und Unglauben und wird der Sieg des Glaubens „die Veränderung der Welt" herbeiführen. Darum ist jetzt und hier die Entmachtung der Gottlosen die Aufgabe der Erwählten, die Gott gleichsam in die Hände arbeiten müssen. Daß sie sich gegenwärtig fast nur in den Reihen der „Machtlosen" finden, noch in der Minderheit sind und einen schweren Stand haben, spricht nicht gegen sie. Für sie ist bei Gott kein Ding unmöglich und schon kann man sehen, daß „der gemeyn man ... die warheit fast an allen ortern annympt".

Müntzer und Pfeiffer haben sich nach ihrer Ausweisung aus Mühlhausen nach Nürnberg gewandt, möglicherweise in dem am Wege liegenden Bibra bei Hut vorgesprochen[78], haben sich aber unterwegs kaum länger aufgehalten, so daß sie gegen Ende der ersten Oktoberwoche ihr Ziel erreicht haben dürften. Es lag nicht in ihrer Absicht, hier als Prediger öffentlich aufzutreten, wenn sie auch damit rechnen konnten, aufmerksame Zuhörer zu finden. Müntzer zumindest hatte etwas anderes im Sinne, wie er selbst an Christoph Meinhard schreibt: „Viel vom N. volk rieten mir zu predigen, da antwort ich, ich were umb des willen nicht hinkommen, sondern mich durch den druck zu verantworten."[79] Er hatte nicht nur ein großes Interesse zu erfahren, wieweit die Drucklegung seiner „Ausgedrückten Entblößung" gediehen war; mehr noch drängte es ihn, Luther auf seinen Brief an die sächsischen Fürsten in einer gedruckten Schrift zu antworten. In Nürnberg hoffte er offenbar, mit Hilfe Huts oder anderer Gesinnungsfreunde einen Drucker zu finden, der auch einen riskanten Auftrag übernehmen würde. Denn was er gegen Luther vorzubringen gedachte, sollte eine grimmige Abrechnung mit seinem gefährlichsten Widersacher sein, die an rückhaltloser Schärfe nichts zu wünschen übrig ließ und den Heros der Lutheraner vor aller Welt bloßstellen sollte.

Seitdem er kurze Zeit vor dem Weimarer Verhör[80] Kenntnis von

---

[78] Es ist kaum anzunehmen, daß Hut zu dieser Zeit seinen Wohnsitz in Bibra schon aufgegeben hatte. In den Nürnberger Ratsbüchern wird er am 2. 11. 1524 noch „als ein frembder puchfürer, der sich von Mellerstat (Mellrichstadt) genennt" geführt (Jordan, Druckort, S. 55). Vgl. unten S. 591.
[79] Franz, MG, S. 450,15—17.   [80] Vgl. oben S. 536 ff.

dem aggressiven Schreiben Luthers erhalten hatte, war er entschlossen, es nicht unwidersprochen hinzunehmen. Am 3. August beschwor er den Kurfürsten, von dem definitiven Verbot der Druckerei in Allstedt überrascht, „ernstlich zu betrachten, was vor ein scherz doraus ergehn mochte, wo ich ym sein lestermaul vorgelten sollt, wilchs ich doch nit gesinnet, aber der ergernis halben viler frumen, die mein lehr aus frembden landen und steten gehort haben, ist solchs unvorantwort schwerlich nachzulassen"[81]. Daß er jedoch schon in Allstedt mit der Ausarbeitung einer Gegenschrift begonnen haben könnte, ist in diesen Tagen höchster Beanspruchung mehr als unwahrscheinlich[82]. Unwahrscheinlich ist es ebenso, daß er sich in Mühlhausen bis zur Ablieferung des Manuskriptes der „Ausgedrückten Entblößung" an Hut[83] intensiver auch noch mit der „Schutzrede" beschäftigt hätte. Erst nach seiner Rückkehr von Bibra ist er vielleicht an die Verwirklichung seines Vorhabens gegangen, zumal sich Luther in diesen Tagen durch eine neue Invektive gegen ihn in unliebsame Erinnerung brachte. Jedoch: die ihm in Mühlhausen in so verhältnismäßig kurzer Zeit zugewachsenen Sympathien lassen auf eine rege praktische Tätigkeit unter der „armen, elenden Christenheit" der Stadt schließen, so daß es fraglich erscheinen will, daß er, selbst vor dem 19. September genügend Gelegenheit zu konzentrierter Arbeit an seiner Rechtfertigungsschrift fand. Es ist so gut wie ausgeschlossen, „daß Müntzer die ‚Schutzrede' fertig nach Nürnberg brachte"[84]. Es spricht auch nichts für eine solche These[85], am wenigsten der Umstand, daß darin von den Mühlhäuser Vorgängen nichts verlautet. Das läßt sich m. E. ohne weiteres aus der strikt verfolgten Absicht begründen, speziell Luthers horrende Ausführungen in dem durch den Druck der Öffentlichkeit preisgegebenen Brief an die sächsischen Fürsten ebenso öffentlich im Einzelnachweis ad absurdum zu führen. Dieser Brief war für ihn ein so exemplarisches Zeugnis der Wesensart und des Verhaltens seines wütigen Gegners, daß er daran einsichtig machen wollte, wes Geistes Kind dieser Mann in Wahrheit war und was von seinem Schreiben zu halten sei. Müntzers Erklärung, er wolle sich in Nürnberg durch den Druck verantworten, bedeutet doch nicht, daß er nur die Drucklegung seiner Manuskripte organisieren, sondern daß er die ihm so unerwartet gebotene Möglichkeit nutzen will, endlich auf Luthers Angriff zu antworten, d. h. die „Schutzschrift" zu schreiben. Deren schrift-

---

[81] Franz, MG, S. 430,19—23.
[82] Das ist ohne nähere Begründung auch von der neueren Forschung fast durchgängig angenommen worden, auch von Bensing, Hinrichs und Franz.
[83] Vgl. S. 571.
[84] So Hinrichs, L. u. M., S. 186; ebenso Franz, MG, S. 321.
[85] Nach Hinrichs, L. u. M., S. 186 spricht zwar „manches dafür", aber es fehlen stichhaltige Argumente.

liche Fixierung ist also mit ziemlicher Sicherheit erst in Nürnberg erfolgt. Dafür spricht auch der einzige in ihr gegebene Anhalt für eine Datierung, nämlich Müntzers anzügliche Bemerkung: „Aber du wilt von den von Orlamünde haben einen grossen titel"[86], eine Anspielung auf eine Äußerung Luthers bei den Verhandlungen mit Rat und Gemeinde von Orlamünde am 24. August 1524[87]. Luther hatte den von Karlstädtischer Seite darüber verfaßten und veröffentlichten Bericht am 3. Oktober in Händen[88]. Man kann also mit einiger Berechtigung annehmen, daß dieser Bericht in den ersten Tagen von Müntzers Nürnberger Aufenthalt in der Stadt umlief, in der man Karlstadt große Sympathie entgegenbrachte und seine Schriften verbreitet wurden[89], und daß er auch Müntzer bald bekannt wurde[90].

Ein vordringliches Anliegen nach seiner Ankunft in Nürnberg war es für ihn sicherlich, etwas über das Geschick des Hans Hut vor acht Wochen übergebenen Manuskriptes in Erfahrung zu bringen. Vermutlich war es Hut, der sich wohl nur zeitweise in Nürnberg aufhalten konnte, nicht ganz leicht gefallen, für die keineswegs so harmlose Schrift einen Drucker zu finden; vielleicht war es eben erst gelungen, den Druck in die Wege zu leiten, und zwar in der Druckerei des Johann Hergot[91], eines den revolutionären Ideen der Zeit aufgeschlossenen Geistes[92], der sich damals in Nürnberg auch noch nicht hatte verpflichten lassen. War es dann ein für alle Fälle mit ihm abgekartetes Spiel, daß seine „4 Knecht" bei dem späteren Verhör erklärten, „das sy des Müntzers püchlein unbesichtligt und inabwesen irs maisters gedruckt haben"[93]? Hut selber mußte sich die Anklage gefallen lassen, daß er „ein püchlein, so durch Thoman Müntzer gemacht ist, alhie on wissen und unbesichtigt der Oberkeit in druck geben hat"[94]. Wenn es nicht ebenfalls eine der

---

[86] Franz, MG, S. 336,13 f.

[87] Acta Ienensia, WA XV, S. 345,11—13: „Ir habt mir einen feindeßbrief geschryben, ir gebet mir meinen titel nicht, den mir doch etliche fürsten und herrn, so meine feinde seindt, geben und nicht abbrechen ..."

[88] Ebd. S. 327.   [89] Vgl. Kolde, Denck, S. 16 ff.

[90] Es erübrigt sich Hinrichs Vermutung, daß Müntzer „aus dem Kreise seiner Freunde im Lager Karlstadts über den Inhalt der Veröffentlichungen und über die Vorgänge in Orlamünde schon vorher brieflich unterrichtet worden" sei. Es geht dann auch nicht „soviel aus dem Fingerzeig hervor, daß Müntzer noch im September 1524 an der Hochverursachten Schutzrede arbeitete" (L. u. M., S. 186).

[91] Den Nachweis hat Schottenloher (Buchdruckerkunst) erbracht; dazu ders., Beschl. Druckschr., S. 313 f.

[92] Zu Hergot vgl. Kirchhoff, Johann Herrgott, S. 15—55. Hergot wurde 1527 wegen des Druckes bzw. Vertriebs der kleinen Broschüre „Von der neuen Wandlung eines christlichen Lebens" hingerichtet, einem Schriftchen, in dem der unbekannte Verfasser den Umsturz der bestehenden Ordnung voraussah und die Aufrichtung einer sozialistisch-kommunistischen Gesellschaft forderte.

[93] Jordan, Druckort, S. 54.   [94] Ebd. S. 55.

nicht ungewöhnlichen Manipulationen war, auf das Titelblatt den Vermerk „Mühlhausen M.D. XXIII"[95] zu setzen, um die Herkunft des Druckes zu verschleiern, könnte man u. U. daran denken, daß zumindest der erste Bogen bereits ausgedruckt war, als Müntzer in Nürnberg auftauchte, eine Korrektur aus Zweckmäßigkeitsgründen aber unterblieb.

Müntzer hat jedenfalls, sicher mit großer Genugtuung, das Erscheinen der ihm so wesentlichen Schrift erlebt; nur konnte er sich dessen nicht lange freuen. Denn kaum war sie erschienen und waren die ersten Exemplare versandt, geriet sie schon in die Hände der Nürnberger Polizeiinstanzen, die rasch und entschieden zugriffen. Ein Ratserlaß vom 29. Oktober verfügte, „die newgemachten vnd hie gedruckten Thomans müntzers puchlein den prediger zu sannt Sebald besichtigen lassen vnd dann von im bericht nemen, was guts oder pös darinnen sey ... vnd den hergott puchtrucker lassen annemen". „Des hergots puchdruckerei lassen erniederlegen vnd sein knecht herauss vordern, derhalben zu red halten vnd ir antwurt herwieder pringen."[96] Am 31. Oktober wurde weiterhin verordnet: „Des hergots puchtrückers 4 Knecht auff ir bekandtnus, das sy des Müntzers püchlein vnbesichtigt vnd in abwesen irs meisters gedruckt haben, in pflicht nemen, das sy von stundan auff ein thurm gen vnd eins rats vernern bescheid erwarten wollen. — vnd die exemplar solchs püchleins von inen zu nemen, daneben beuelh thun, wan hergott herkompt, ine ze vordern vnd zu red ze halten, warumb er on ein pflicht hie druckt."[97] Das Titelblatt allein mochte dem Rate Grund genug gewesen sein, Verdacht zu schöpfen[98]. Der Argwohn wuchs natürlich, als man feststellte, daß gar keine Druckgenehmigung vorlag und Hergot „on ein pflicht hie druckt". Dementsprechend reagierte man prompt und scharf. Die Druckerei wurde geschlossen, die vier Druckergesellen wurden eingesperrt, die ganze Auflage, soweit sie noch da war, und das Manuskript beschlagnahmt, Hergot sollte bei seiner Rückkehr vorgeladen und zur Rechenschaft gezogen, über den Inhalt des Schriftchens ein Gutachten von dem Prediger an St. Sebald eingeholt werden. Dieses — leider noch nicht wieder aufgefundene — Gutachten kam, wie kaum anders zu erwarten war, zu dem Urteil, „das die darinnen beschriben ler etlicher massen irrig und uncristenlich, die mer zu aufrur dann cristenlicher und bruderlicher lieb diene"[99]. Infolgedessen blieb es bei der Konfiskation des Manuskriptes und der noch vorhandenen 400 Exemplare, „darmit nymand darausz verfurt werd"; nur die 100 Stück, die bereits nach Augsburg gegangen waren, entgingen dem Zugriff des Nürnberger Rates[100]. Trotzdem ist das Verfahren für die

[95] Vgl. Schottenloher, Beschl. Druckschr., S. 311, Bild 8.
[96] Kolde, Denck, S. 10 Anm. 1.   [97] Ebd. S. 10 Anm. 1.
[98] Vgl. den Text des Titels oben S. 536.
[99] Jordan, Druckort, S. 55.   [100] Ebd. S. 55.

Beteiligten noch relativ harmlos ausgelaufen, anscheinend, weil sich Schleupners Votum zwar gegen die Freigabe des Druckes aussprach und die Schrift als irrig und unchristlich beurteilte, sie aber nicht übermäßig hart zensierte. Die vier verhafteten Setzer wurden wieder auf freien Fuß gesetzt, nicht ohne sie eidlich zu verpflichten, „hin füro nichtzit mer on wissen und unbesichtigt der verordenten ains rats zudrucken oder auszgen zelassen"[101]. Ja, dem als Verleger fungierenden „frembden puchfürer, der sich von Mellerstat... genennt", wurde „in gestalt ains almusens sovil gelts geben, als ime die 400 puchlein vom drucker cost haben"[102]. Von irgendwelchen Strafmaßnahmen oder Fahndungsaktionen gegen den Verfasser wird nichts berichtet. Man ahnte offenbar gar nicht, daß dieser Mann sich in der Stadt befand.

Müntzer hielt sich in der Tat damals in Nürnberg bewußt zurück; er vermied es sorgsam, öffentlich irgendwie hervorzutreten, obgleich es ihn oft genug reizen mochte, mit zündender Beredsamkeit die Geister zu entflammen. An Meinhard schreibt er gegen Ende der Nürnberger Zeit: „Ich wolt wol ein fein spiel mit den von N. angericht haben, wenn ich lust hette aufrhur zu machen, wie mir die lügenhaftige welt schuld gibt. Aber ich wil alle meine widersacher wol mit worten so feig machen, das sie es nicht werden verleugnen."[103] Wie sehr solche Zurückhaltung angebracht war, zeigte das Geschick Pfeiffers, der durch seine öffentlichen Dispute die Aufmerksamkeit auf sich gelenkt hatte und unliebsam aufgefallen war, so daß ein Ratsverlaß vom 26. Oktober anordnete, „... zu erfahren, ob sich des falschen propheten Müntzer genannt junger ainer im teutschenhof enthält vnd was sein thun vnd ler sey, solches herwiderpringen"[104]. Das Ergebnis der Nachforschungen war ein Ratsverlaß vom 29. Oktober: „Maister hainrichen von Mühlhausen, des schwärmers Thoman müntzers discipel, dhweil er sich vnderstet mit disputationes anhang zu machen, von ratswegen beschicken vnd sagen, dasz ein rat vnd gemain allhie mit gutten predigern zur notdurfft versehen, darum ires fugs nicht sey noch gestatten werden, sein anwesen alhie zu haben, sondern sol sich furderlich von hynnen thun vnd sein gelt anderswo zeren. — dem andern seinem gesellen soll man sein bibel widergeben aber die auffgehobenen pucher behalten, bis die besichtigt werden."[105] Sollte zu den „auffgehobenen pucher[n]" auch Müntzers „Ausgedrückte Entblößung" gehört haben und die Nürnberger Polizei somit erst durch diese Aktion gegen Pfeiffer im „Deutschen Hof" darauf gestoßen sein? Sehr wahrscheinlich hat man jedoch bei dieser Gelegenheit

---

[101] Ebd. S. 55.   [102] Ebd. S. 55.
[103] Franz, MG, S. 450,12—15. Daran schließt sich die oben bereits zitierte Notiz an über die Aufforderung an Müntzer zu predigen.
[104] Kolde, Denck, S. 11 Anm. 1.   [105] Ebd. S. 12 Anm. 1.

die „zway geschriebene buchlin, von hainrichen Schwertfeger gemacht", gefunden, die dem Prediger an St. Lorenz, Osiander, „sambstag nechst verschienen" zur Begutachtung übersandt wurden[106]. Von den beiden Manuskripten könnte „das erste, darin er will anzeigen, wie die auffrur zu Mühlhausen sich erhebt hat", den Versuch darstellen, Müntzers Vorschlag an „die Kirche zu Mühlhausen" vom 22. September zu realisieren, das Unrecht der Mühlhäuser Obrigkeit „in druck ... vor alle welt kommen" zu lassen. Aber noch bevor das scharf ablehnende Gutachten Osianders über die beiden Niederschriften Pfeiffers vorlag[107], war über ihn schon auf Grund seiner agitatorischen Umtriebe entschieden worden. Er wurde kurzer Hand abgeschoben.

Die Geschehnisse um Pfeiffer und um seine eigene Schrift mußten Müntzer zu besonderer Vorsicht mahnen, wenn er allen Rückschlägen zum Trotz daran festhielt, seinen Protest gegen Luther durch den Druck vor aller Welt laut werden zu lassen. Er durfte solchen Protest gegen den Vorwurf, sein Sinnen und Trachten, seine ganze Lehre sei auf Aufruhr gerichtet, auch nicht durch eine bewußt inszenierte lokale Aktion von vornherein unglaubwürdig machen. Er erhielt in Nürnberg ja gerade wieder einen drastischen Anschauungsunterricht, wie sehr „das getichte annemen des evangelii"[108], die scheinbare Erneuerung des christlichen Glaubens durch Luther, wie sehr der übermächtige Einfluß dieses einen Luther aller von vielen ersehnten wirklichen Erneuerung der Christenheit als das große Hindernis entgegenstand. Obwohl er in Stunden hochgemuten Sturmes und Dranges vor sich sah, wie sich das Spiel in allen Landen machen wollte, gab er sich keiner Täuschung darüber hin, daß er bisher, auf den äußeren Erfolg seiner Arbeit gesehen, als der Unterlegene erscheinen mußte, als der mit seinem Werke überall zum Scheitern Verurteilte. Jedoch war das für ihn nicht schlechthin ein Negativum, vielmehr gehörte es geradezu zum Wesen der ihm aufgetragenen Sache: „Unser furgenomen sache ist dem schönen roten weizenkörnlein gleich worden, welchs die vernünftigen menschen pflegen zu lieben, wenn es in irer gewalt ist, aber wens in die erden geworfen, so scheinet es inen nicht anders, denn wie es nimermehr aufgehen würde."[109] „Ich weis, das im schosse mein name schmeckt, ehe er ehren gewinnet. Es sind aber gerstenstachel dran, das gerstenbrot mus gebro-

---

[106] Ebd. S. 28; ebenso Jordan, Pfeiffer, S. 112.

[107] Das Nürnberger Original des osiandrischen Gutachtens ist nicht datiert, das in der Gothaer Abschrift angegebene Datum vom 20. 10. sicher falsch. Der von Osiander als Tag des Empfangs der Unterlagen genannte „sambstag nechst verschinen" ist vermutlich der 29. 10., als die „Sache Pfeiffer" vor dem Rate anstand und, so wie Schleupner zum Gutachter für die Müntzerschrift, so Osiander zum Gutachter für die Pfeiffer-Manuskripte bestimmt wurde. Das Votum Osianders blieb für den Rat wichtig, auch wenn man bereits über die Ausweisung Pfeiffers entschieden hatte.

[108] Franz, MG, S. 450,21.   [109] Ebd. S. 449,3—7.

chen werden."[110] Daß er immer wieder weichen mußte, sein Ruf vor der Welt ruiniert, sein Name anrüchig geworden war, focht ihn nicht an. Er konnte als der Knecht Gottes gar nicht anders als mit noch größerem Einsatz den Feinden Gottes begegnen. „Hab ich vor ein mal gescholten mit büchsen, wil ich nu mit Got uber sie donnern im himel. Sie haben ir büberey lang gnug getrieben, Gott weiset klerlich, das sie sich nicht werden entschüldigen."[111] „Mein herz ist unerschrocken in Gott meinem heiland."[112] Man mag es offenlassen, ob die Ankündigung eines neuen machtvolleren Vorstoßes nur eine allgemeine Sentenz oder als ein versteckter Hinweis auf die „Schutzrede" zu werten ist. Der Titel dieser Schrift ist zwar in dem Schreiben an Meinhard nicht erwähnt, aber es war nicht ratsam, einem Briefe nach auswärts Mitteilungen anzuvertrauen, die, wie auch immer zur Kenntnis der Behörden gekommen, diesen Anhaltspunkte für Nachforschungen liefern konnten.

Als Müntzer an Meinhard schrieb, war das Manuskript seiner erbitterten Abrechnung mit Luther höchstwahrscheinlich bereits abgeschlossen und hatte vielleicht sogar schon einen Drucker gefunden. Die Ereignisse Ende Oktober hatten es sicherlich erschwert, in Nürnberg jemanden zu finden, der das weit schärfere Elaborat noch zu drucken willig war. Hergot kam nach dem Fiasko mit der „Ausgedrückten Entblößung" nicht mehr in Frage; wer aber wollte das Risiko auf sich nehmen, ein derartiges „Pamphlet" zu drucken? Dennoch fand sich unter denen, die mit ihrer Sympathie für die extremeren Geister der Reformation eine kritische Haltung gegenüber Luther verbanden, ein Mann, der das Wagnis übernahm: Hieronymus Hölzel. Wir kennen nur den unglücklichen Ausgang seines Unterfangens, der das Geschick von Müntzers neuer Broschüre abermals mit einer zunächst gar nicht ihm selbst geltenden Fahndungsaktion verbunden sein läßt. Der Rat war nämlich im Zuge der Abwehr Karlstädtischen Einflusses in Nürnberg davon unterrichtet worden, daß Karlstadts Abhandlung „Von dem widerchristlichen Mißbrauch des Herrn Brot und Kelch" in der Stadt verbreitet wurde und ordnete am 16. Dezember an, „des Karlstadts puchlin soll man alle lassen auffheben, darneben erfaren, ob dieselben hie und durch wen sy gedruckt seien"[113]. Man hatte sehr schnell Hölzel als den „Schuldigen" aufgespürt und schon am folgenden Tage hieß es in einem Ratsverlaß: „Jeronimus Hotzel anhalten, anzuzeigen wer im Karlstadts und Müntzers puchlin zu drücken bevolhen und verleg. und das er das exemplar herauff geb."[114] „Jeronimus Hotzel puchtrucker umb sein versprechen ins loch lassen furen, darneben den frembden landfarer auff den er sich zeucht beschicken und vernemen, von wannen im das exem-

[110] Ebd. S. 449,13 ff.
[112] Ebd. S. 450,1.
[114] Ebd. S. 17 Anm. 1.

[111] Ebd. S. 449,16—19.
[113] Kolde, Denck, S. 17 Anm. 1.

plar kommen, so er den holtzel hab zugestelt. — mer in höltzls haws das exemplar sampt dem obigen druck lassen auffheben. dem landfarer auff sein gegeben antwort mit ainer strefflichen red ondersagen, das er hinfüro nichtzit mer hie in druck geb, on wissen und erlaubnis eins rats."[115] Man war also offensichtlich erst bei der Suche nach Karlstadts Schriften in der Druckerei Hölzels auch auf Müntzers „Schutzrede" gestoßen und hatte sie gleich mit konfisziert, hatte auch „den frembden landfarer" als den Vermittler der Müntzerschrift verhört, ihn aber mit einem strengen Verweis entlassen, ohne jedoch gegen den Autor anscheinend weiter zu ermitteln. Es ist daheraus nicht mit Sicherheit zu schließen, daß Müntzer zu diesem Zeitpunkt die Stadt bereits verlassen hatte; immerhin legt sich die Annahme nahe, daß seine Abreise erfolgt ist, sobald er die Drucklegung seiner „Schutzrede" für gesichert hielt, also etwa zu Beginn der letzten Novemberdekade[116].

C) Die „Hochverursachte Schutzrede"

Die „Hochverursachte Schutzrede" stellt die schonungslose Abrechnung des verkannten, verspotteten, verleumdeten Propheten mit seinem schier übermächtigen Gegner dar, der als „des teüffels sicherlicher ertzkantzler"[1] durch irrige Lehren, Lügen und tückische Hinterlist die aufbrechende Erkenntnis der Wahrheit Christi zum Schaden der Christenheit niederhalten will und alles daran setzt, den vom Geiste Christi getriebenen Verkünder dieser Wahrheit zum Schweigen zu bringen. Die Schutzrede ist mehr als ein abweisender Protest, als eine rechtfertigende Verteidigung; sie ist ein konzentrierter und massiver Angriff gegen einen Feind, dessen Wesen und Wirken erst in einer tieferen Dimension offenkundig wird. Ganz bewußt führt Müntzer die Auseinandersetzung auf dem Hintergrunde von Joh. 8[2], und seine „Verteufelung" Luthers ist nicht nur die billige Rückgabe eines zuvor von Luther über ihn ausgesprochenen Urteils. Er sieht jetzt sein Verhältnis zu dem Reformator in der letzten Gegensätzlichkeit des von Gott- und vom Teufel-Seins;

---

[115] Ebd. S. 17 Anm. 1.

[116] Danach dürfte dann der Brief an Meinhard gegen Mitte November geschrieben sein. Das eventuelle Eintreffen der von Meinhard erbetenen finanziellen Unterstützung brauchte er nicht unbedingt in Nürnberg abzuwarten, sondern konnte er sich über eine Nürnberger Deckadresse an einen Mittelsmann weiterleiten lassen. — Gegen die Datierung von Baring, Denck und Müntzer, S. 154.

[1] Franz, MG, S. 338,13.

[2] Ebd. S. 341,3 f. Zutreffender als der Verweis auf Joh. 8,52 (ebd. S. 341 Anm. 393; ebenso Bensing / Rüdiger, S. 232 Anm. 592) wäre der Hinweis auf Joh. 8,42—45. Müntzer selbst hat „fast das gantz capitel zum gegenwertigen urteyl genutzt" (Franz, MG, S. 341,3 f.).

594

und in solcher Perspektive kann jedwede Gemeinsamkeit mit Luther folgerecht nur Abwendung von Christus bedeuten. Unter den gegebenen Umständen hieße schon das bloße Gewährenlassen unweigerlich auch gemeinsame Sache mit ihm machen. Das wird schärfer denn je über einzelne noch so gewichtige theologische Differenzen hinaus als der entscheidende, alles in sich schließende Grund der Unvereinbarkeit nun herausgestellt, und im Aufgebot wider den „Erzteufel" erscheinen selbst die gehässigen persönlichen Verunglimpfungen als Demaskierung und Bloßstellung des „Doktor Lügner" in einem eigenen Lichte. Denn es muß jedermann deutlich gemacht werden, wer dieser Luther in Wirklichkeit ist, der Christus auf seiner Seite zu haben so wortreich vorgibt und der dennoch gegen ihn steht; der das Evangelium wieder ans Licht gebracht zu haben sich rühmt und es dennoch wie kein anderer verfinstert; der die Christenheit den rechten Glauben zu lehren behauptet, in Wahrheit aber ein blinder Blindenleiter ist, der sie nur immer tiefer in den Irrtum hineinführt; kurzum: nicht Gottes Diener und Christi Jünger, sondern der Handlanger und Knecht des Satans.

Das Titelblatt der Schrift läßt freilich die ganze Hintergründigkeit der in ihr erhobenen Anklage kaum erahnen. Gewiß enthält der lange Titel bereits eine geballte Kritik an dem Reformator und eine bis dahin aus dem evangelischen Lager so noch nicht gehörte Abwertung seiner Person und seines Werkes: „Hoch verursachte Schutzrede // und antwwort / wider das Gaistloße Sanfft // lebende fleysch zu Wittenberg / welches // mit verkärter weyße / durch den // Diepstal der heiligen schrift // die erbermdliche Chri // stenheit / also gantz // jämerlichen // besudelt // hat."[3] Im Zusatz zum Namen des Verfassers kommt in den Anspielungen auf Elia sogar ein drohender Ton hinein, wenn darin ziemlich unverblümt zu verstehen gegeben wird, daß der jetzt noch verfolgte wahre Prophet Gottes bald aller Verkehrung des rechten Gottesdienstes „im Geist und Kraft Elias" den Garaus machen wird[4]: „Thomas Müntzer // Alstedter. / Auß der hölen Helie / welches ernst nie // mant verschonet. iii Regum. xviii. Mat- // thei. xvii. Luce. j. Apocali. Undecimo."

Das mit Psalm 119,134 eingeleitete Motto scheint sich vornehmlich auf die Abwehr der böswilligen Verleumdungen zu beschränken, denen gegenüber Müntzer nur das einzige Verlangen hat, in der Befolgung des göttlichen Auftrages die in Christus beschlossene Wahrheit zu verkünden, „ne techne malignantium amplius perseverent"[5]. Wer das Heftchen dann gelesen hatte, begriff wohl, wie pointiert schon die Aussagen des Titelblattes waren und in je verschiedener Weise den einen Grund-

---

[3] Ebd. S. 321.
[4] Vgl. die verschiedenen Hinweise auf Elia, besonders in der „Ausgedrückten Entblößung".
[5] Franz, MG, S. 322,9 f.

gedanken zum Inhalt hatten, daß Luther sich in seiner Verleumdungskampagne gegen Müntzer endgültig als ein Verleugner Christi offenbart
habe, den als solchen in seiner ganzen satanischen Bosheit zu entlarven
Müntzer der Christenheit vor Gott als wahrer Zeuge Christi schuldig
sei. Es ist falsch geurteilt, wenn man sagt, „die Wuth dieser Abwehr
beweist, wie sehr Luther den Nagel auf den Kopf getroffen hatte"[6].
Ein hohes Maß persönlicher Empfindlichkeit muß selbstverständlich bei
dem Allstedter in Rechnung gesetzt werden, und in der Sache hat ihn
natürlich des Wittenbergers ironische Spöttelei über seine Geistlehre in
Harnisch gebracht. Aber ist ihm über Luthers Brief an die Fürsten zu
Sachsen und dessen Wirkungen nicht tatsächlich der Gedanke gekommen,
daß der Satan hier seinen ärgsten Trick versucht und die Rollen gleichsam vertauscht, sich in seinem von Luther ausgesprochenen Verdikt über
ihn, Müntzer, selbst als Satan verwirft, um in Luthers Erfolgen über
ihn dann doch selbst zu triumphieren? Müntzer war, so will mir scheinen,
in der inneren Auseinandersetzung mit dem Briefe Luthers je länger
desto mehr zu dieser Überzeugung gekommen, die den längst vorhandenen Gegensatz zum unheilbaren Bruch vertiefte und ihn nötigte, die
letzten Konsequenzen zu ziehen. Die Vorstellung des Teufels ist bei
Müntzer nicht lediglich „etwas ihm in der Verteidigung Aufgezwunge-
nes". Sie ist nicht derart plastisch und lebendig wie bei Luther; jedoch
von einer „deutlichen Nichtachtung der Teufelsvorstellung gegenüber"[7]
zu reden, ist wenig angebracht. Sie bedeutet für Müntzer weit mehr als
nur den Rückgriff auf eine „in dem damaligen allgemeinen Denken"[8]
gängige Formel, und sie wurde ihm gerade in der Erkenntnis der in
und durch Luther sich auswirkenden christusfeindlichen Macht sachlich
relevant[9].

Schon die Anrede, die Müntzer wählt, soll bezeugen, daß er sich in
seiner Verantwortung und seinem Begehren an einen anderen Herren
gewiesen weiß als sein Gegner[10]. In wirkungsvollem Kontrast variiert
er Luthers Schema:

„Den durchleuchtigsten, *hoch*gebornen Fürsten
und Herrn, Herrn Friderich,
des Rö. Reichs Chürfürst,
und Johans, Hertzogen zu Sachsen,

---

[6] WA XV, S. 205. [7] Hinrichs, L. u. M., S. 169.
[8] Ebd. S. 168.
[9] Hinrichs hat ebd. S. 166—169 eine Anzahl von Stellen gesammelt, an denen
Müntzer vom Teufel bzw. Satan spricht.
[10] Er wollte aber auch nicht auf das rhetorische Fündlein der effektvollen Persiflage
verzichten, die freilich nur auf den voll wirken konnte, der den Text der Anrede
in Luthers Brief genau kannte.

Landgraflen ynn Düringen und Marggraffen zu Meyssen, meynen gnedigsten herrn."[11]

„Dem durchleüchtigsten, *erst*gebornen fürsten
und *allmechtigen* herren Jesu Christo,
dem gütigen könig aller könige,
dem tapfern hertzogen aller gelaubigen,
meinem gnädigsten herrn und getrewem beschirmer,
und seiner betrübten ainigen brawt, der armen christenhayt."[12]

Um den Kontrast zu verstärken, setzt er als Texteingang an Stelle von Luthers Gruß- und Segensformel „Gnad und frid ynn Christo Jesu unserm heyland"[13] unter Hinweis auf Philipper 2,9 ff. die Worte: „Aller preyß, name, eer und wirde, titel und alle herlichkeyt sey dir allain, du ewiger gottessone."[14] Noch vor einem Jahre hatte er in einem Briefe an Friedrich den Weisen die von Luther hier verwandte Anrede fast wörtlich selber unbedenklich gebraucht, sie dann allerdings in kritischer Reserve bereits in dem Protest- und Bittschreiben vom 3. August 1524 stark reduziert und erheblich modifiziert: „Dem thetigen vater und herren Fridrichen, churfursten des theuren lands zu Sachsen"[15].

Mag in der pointiert antithetischen Anschrift der Schutzrede auch der Groll gegen die sich ihm versagenden und Luther hörigen sächsischen Fürsten noch mitschwingen, mit ihr ist bereits in aller Schärfe das zentrale Thema der Schrift, die Anklage des Christusbekenners Müntzer gegen den Christusverleugner Luther angegeben. Schon seine „Anrede" wird so zum wegweisenden Zeichen seiner grundsätzlich anderen Orientierung und wird ganz allgemein für die Christenheit zur Mahnung, daß sie am Scheidewege steht. In Müntzers Urteil stellen sich die Dinge nach den Erfahrungen der letzten Monate wirklich so dar, daß Luther sich aus selbstgefälliger Eigenliebe unter dem täuschenden Scheine christlichen Verhaltens einer absoluten Herrschaft Christi hier auf Erden widersetzt und in einer nur zu folgerechten Interessengemeinschaft mit den ebenfalls nur auf ihr Wohlergehen bedachten Fürsten unter einer neuen Firmierung lediglich das alte christlich verbrämte Heidentum zu stützen unternimmt. Er greift Luther später in der Schrift selber noch einmal sehr viel kompakter wegen seiner Titulierung der Fürsten an: „Warumb haystu sye die durchleüchtigen fürsten? Ist doch der titel nit ir, ist er doch Christi, Hebre. 1, Johan. 1. und 8. c. Warumb hayst du sye hochgebornen? Ich meynte, du werest ein christ, so pistu ein

---

[11] WA XV, S. 210,3—6. Hervorhebungen vom Verfasser.
[12] Franz, MG, S. 322,11—14.   [13] WA XV, S. 210,7.
[14] Franz, MG, S. 322,15 f.   [15] Ebd. S. 430,1 f.

ertzhayd, machest Joves und Musas darauß."[16] Daraus spricht mehr als nur die persönliche Verärgerung darüber, daß der Wittenberger die sächsischen Fürsten gegen ihn auf seine Seite gebracht hat; dahinter steht die feste Meinung, daß es Luther eben nicht wie Müntzer um die strikte Indienstnahme der Fürsten für die Sache Gottes zu tun ist, sondern daß er es um seiner selbst willen („und wilt von deinen fürsten danck verdienen")[17] geradezu bis zur Vergötzung der Fürsten treibt, sich darin als ein „Erzheide" zu erkennen gibt, der Christus in allem hintansetzt, ihn faktisch in seiner Macht, seiner Ehre, seinem Anspruch nicht anerkennt. Trotz aller noch so laut proklamierten Christusgläubigkeit gehört er in Wahrheit gar nicht zu Christus, und ein eindeutiges Kriterium seines „anderen Geistes" ist es, daß er den fort und fort in den wahrhaft Gläubigen wirkenden heiligen Geist Christi als Satanswerk ausgibt, um dafür die Autorität des äußeren Bibelwortes aufzurichten. Das bringen in einer im Grunde ihn selbst bloßstellenden Weise gleich die Sätze zum Ausdruck, mit denen Luther seine Warnung vor Müntzer in dem Briefe an die Fürsten einleitet: „Das glück hat allwege das heylig Gottes wort, wenns auffgeht, das sich der Satan dawidder setzt mit aller seyner macht, Erstlich mit der faust und freveler gewallt. Wo das nicht helffen will, greyfft ers mit falscher zungen, mit yrrigen geystern und lerern an, auff das, wo ers mit gewallt nich kan dempffen, doch mit list und lügen unterdrücke!"[18] Dem stellt Müntzer, die inhaltliche Umkehrung des beibehaltenen äußeren Schemas von Luthers Briefeingang fortführend, als Eröffnung seiner Antwort einfach das ebenso demonstrative Bekenntnis zum „Geiste Christi" entgegen: „Nachdem dein heyliger geyst vor den gnadlossen lewen, den schrifftgelerten, allezeit sölich glück gehabt, das er müste der allererste teüffel sein, Joh. 8, wiewol du in one masse von anbegin hast, Johann. 3, und alle außerwölte haben in von deiner völle uberkommen, Joh. 1, und er in inen also wonet, 1. Corint. 3., und 6., 2. Corin. 1; Ephe. 1; Psalm 5. Du gibst in allen, die dir entgegen lauffen, nach der maß ires glaubens, Ephe. 4., Psalm 67. Und wer in nit hat, daß er seinem geyst unbetrieglich gezeügnuß gebe, der ist dir Christo nit zustendig, Rom. 8., daz unüberwintlich gezeügnüß hastu, Psalm 92."[19] Damit ist das Urteil über Luther gesprochen. Was wir einführend schon vorwegnahmen, bringt Müntzer nun als notwendige Folgerung aus dieser grundsätzlichen Erkenntnis: wer sich wie Luther aus Eigenliebe dem Leiden entzieht, kann nicht vom Geiste Christi erfüllt werden und keine Gemeinschaft mit Christus haben. Es ist gar nicht zu verwundern, „daß der allereergeytzigster schrifftgelerter, doctor lügner, ye lenger, ye weyter zum hochfertigen narren wirt und sich mit deiner heyligen schrifft, one alles absterben

---

[16] Ebd. S. 336,19—22.   [17] Ebd. S. 336,15 f.
[18] WA XV, S. 210,8—15.   [19] Franz, MG, S. 322,16—323,3.

seines namen und gemachs, bedeckt und auffs allerbetrieglichst behilfft und nichts weniger will mit dir auffs forderste zu schaffen haben"[20]. Es ist geradezu widersinnig: er tut so, als ob er Christi wahre Erkenntnis von ihm selbst überkommen habe und — „verachtet zu poden deinen richtigen geyst"[21]. Andererseits ist es nur folgerichtig, „daß er auß tobendem neyde und durch den allerverpittersten haß mich, dein erworben gelid in dir, one redliche, warhafftige ursach vor seinen hönischen, spöttischen, ertzgrymmigen mitgenossen zur lecherey macht und vor den ainfeltigen zur unerstatlichen ergernuß einen sathan oder teüffel schildt und mit seynem verkerten, lesterlichen urteyl schmehet und spottet"[22]. Für Müntzer bedeutet das um seiner selbst willen keine Anfechtung, hat doch Christus gesagt: „„Der schüler hat es nit pesser dann der maister'"[23]. Er hat als ein „unverdrossen landtßknecht" Christi nichts anderes als Schmähung und Verfolgung zu erwarten, „nachdem ich mich des schmeichelden schelmen zu Wittenberg geeüssert hab und deiner stymm gefolget, Johan. 10. Ja, es muß also hergen, wo man die sanfftlebenden gutdunckler im gedichten glauben und in iren phariseischen tücken nit wil lassen recht haben, iren namen und pracht zu nidergen"[24]. Müntzer verschweigt also nicht, daß er von Luther herkommt; doch seine Absage an ihn wirkt dadurch nur um so schärfer: er bricht mit Luther um der Gemeinschaft mit Christus willen. Das ist keine Entscheidung nur, die ihre Konsequenzen lediglich für sein religiöses Leben und sein theologisches Lehren hat; nein, sie geht in jeder Hinsicht an seine Existenz, bis dahin, daß sie ihn der Feindschaft aller die alleinige Herrschaft Christi in Frage stellenden Menschen und Mächte aussetzt, die Nachfolge in der Passion Christi in sich schließt, der ja den tödlichen Haß der Schriftgelehrten „mit irem buchstabischen trotz" auf sich zog wie nun der Schüler den des „doctor Ludibrii". „Sie zogen die gantze schrifft gegen dir auffs allerhöchst, daß du darumb soltest und müssest sterben, daß du dich frey bekennest einen son Gottes, vom ewigen vater geborn, wie wir deinen geyst."[25] „Sie hetten auch geschrayß und namens genug in aller welt, es war dannoch nit recht, das sye gegen dyr mit irem verstandt fürnamen und woltens mit der klaren schrifft wider dich beweysen."[26] Jene Widersacher Christi sind die geistesverwandten Prototypen Luthers, der mutatis mutandis „den geyst Gottes einen teuffel" nennt und heute Christi rechte Schüler verlästert und verfolgt.

Dieses vor aller Augen letzte Entscheidungen aufdeckende Widerspiel von Verfolgern und Verfolgten muß jedem Einsichtigen offenkundig

---

[20] Ebd. S. 323,4—8.
[22] Ebd. S. 323,12—17.
[24] Ebd. S. 323,23—28.
[26] Ebd. S. 323,31—324,2.

[21] Ebd. S. 323,11.
[23] Ebd. S. 323,20 f.
[25] Ebd. S. 324,3—6.

machen, wer hier in Wahrheit auf Christi Seite steht und Christus für sich hat. Denn Inbegriff der Christusexistenz und damit aller christlichen Existenz ist das Leiden in der Erfüllung des göttlichen Gesetzes, wobei eben Erfüllung des göttlichen Gesetzes toto coelo anders zu verstehen ist als es das formalistisch-buchstäbische Verständnis der Schriftgelehrten wahrhaben will, das in seiner Verstocktheit gar nicht zu erfassen vermag, in welchem wesentlichen funktionalen Zusammenhang Gesetzeserfüllung und Geistesempfang miteinander stehen. Das gilt für die jüdischen Schriftgelehrten ebenso wie für die gelehrten Theologen der Gegenwart, die nichts Besseres wissen noch wissen wollen als die Predigt eines formalen Glaubens: „gelaube, gelaube! und verleügen doch die ankunfft des glaubens, verspotten den geist Gotes und glauben gar uberall nichts, wie du sichst."[27] Die Schriftgelehrten sind damals wie heute auf Verdienen, Ruhm und Ehre aus, sie suchen sich der notvollen Unruhe und Traurigkeit des Herzens zu entziehen, „wöllen des heyligen geysts trost vernemen und sein ir leben langk durch traurigkeyt des hertzens auff iren grund nye kommen, wie sichs doch gebüret"[28], und kommen so zu einem völligen Mißverstehen, einer absurden Verkehrung des wahren Sachverhalts. Jene haben Christus verworfen, „darumb daß sy den richtigen geyst einen irrigen geyst und sathan schelten, mit dem deckel der heyligen schrifft, wie Christo widerfüre, do er durch sein unschuldt den willen seines vaters verkündigte"[29]! Entsprechend ergeht es jetzt Müntzer, wenn er den Gottlosen das Gesetz „recht erklert..., wie es im hertzen geschriben 2. Corint. 3., und wie man durch anweysung desselbigen achtung haben muß, zu betrachten die richtigen genge zum ursprung"[30]. Die Juden brachten Jesus auf Grund und mit Hilfe des falsch ausgelegten Alten Testaments zu Tode; Luther sucht nicht minder bedenkenlos Müntzers Lehre unter Berufung auf Paulus aller Welt anstößig zu machen, wobei er die paulinischen Gedanken „mit einem sölchen tölpischem verstandt" interpretiert, „daß es den kindern auch zum poppenspill wirdt"[31]. Dennoch „will er der allerklügste auff erden sein, daß er sich auch rümet, er hab keynen gleichen. Daruber nennet er alle armselige menschen die schwimmelgeyster und mag nit hören, so man das wort ‚geyst' redet oder liseth"[32]. Er kann, freilich nur durch Täuschungsmanöver, durch Trübung klarer Sachverhalte, durch Vermengung säuberlich auseinanderzuhaltender Elemente etwas zu erreichen versuchen: „„Man sol sich mit sölichen hohen dingen nit bekümmern, sonder eben machen den geringen.' Da schmecket im der prey, nit anderst, es grauset im vor der suppen zum frweessen. Er spricht, man sol ainfaltig glauben, und sicht

---

[27] Ebd. S. 325,9 ff. [28] Ebd. S. 324,27 ff.
[29] Ebd. S. 325,17—20. [30] Ebd. S. 325,24—27.
[31] Ebd. S. 325,28 f. [32] Ebd. S. 325,29—326,2.

nit, was darzu forderlich ist."[33] Salomo sagt „von einem söllichen menschen, daß er ein stocknarr ist"[34]. Nur, und das steht warnend, ja drohend hinter Müntzers Sätzen, diese Narrheit ist um ihrer verstockten Bosheit willen nicht zu entschuldigen, und sie ist wegen ihrer katastrophalen Auswirkungen auf die religiöse Einstellung und Haltung der Christenheit eine tödliche Gefahr. Denn sie stellt die absolute Geltung des Gotteswillens in Frage und hebt die Verpflichtung zu seiner Erfüllung praktisch auf.

Der Widerspruch gegen Luthers Rechtfertigungslehre meldet sich in diesen Sätzen deutlich zum Wort und tritt in den weiteren Ausführungen immer wieder in mannigfachen Variationen als die zentrale theologische Aussage Müntzers gegen Luther hervor, der in seinen Augen das göttliche Gesetz als eine durch den Glauben für das Christwerden und Christsein irrelevante Größe ausgibt. Ihm liegt alles daran, die bleibende Geltung der göttlichen Forderung der Gesetzeserfüllung im Prozeß der Geburt wie der ständigen Bewährung des Glaubens herauszustellen und gerade in dem Ernst des Bemühens, Gottes Willen im konkreten Handeln zu entsprechen, das entscheidende Kriterium vorhandenen echten Glaubens zu erweisen. Müntzer beruft sich für seine Lehre auf das lebendige Zeugnis Christi selber: „Christus fieng an von ursprung wie Moses und erklert das gesetz vom anfang piß zum ende."[35] Das heißt, Christi Leben und Lehren war in allem und jedem Darstellung des als unbedingt erfahrenen und radikal ernstgenommenen Gotteswillens. In ihm und durch ihn wurde in letzter Klarheit deutlich, daß und wie Gott sein Gebot als die schlechthin bestimmende Norm in dieser Welt verwirklicht wissen will. „Darumb sagte er: ‚Ich pin ein liecht der welt.' Sein predigen war also warhafftig und also gantz wol verfasset, daß er die menschlichen vernunfft auch in den gotloßen gefangen nam, wie der evangelist Mattheus beschreibt am 13. capitel."[36] Selbst dem vernünftigen Denken derer, die für Gottes Anspruch sonst kein Gehör hatten, war seine Rede einsichtig und eindruckvoll; einsichtig allerdings nicht in der Tiefe geistlicher Erkenntnis, sonst hätten sie nicht an der Niedrigkeit der Person und des Lebens Jesu Anstoß nehmen können[37].

---

[33] Ebd. S. 326,6—10. Vgl. dazu Hinrichs, Pol. Schr., S. 77. Anm. zu Zeile 104 ff.

[34] Franz, MG, S. 326,10 f.

[35] Ebd. S. 326,13 f.   [36] Ebd. S. 326,14—17.

[37] Hinrichs, L. u. M., S. 174, überschreitet die Grenzen sachlicher Interpretation, wenn er sagt: „Aus dem ‚angeborenen' Charakter, den Müntzer dem Gesetz gibt, und aus der Formulierung, daß Christi Predigt so wohl gefaßt war, daß er auch die menschliche Vernunft gefangen nahm, dürfen wir schließen, daß Müntzer das absolute Gottesgesetz der Bibel, ihre ethischen und sozialen Vorschriften, mit seiner Abwesenheit von Staat und Besitz, Justiz und Zwang in eins setzt; dadurch wird das Gotteswidrige dieser Verhältnisse zugleich zum Vernunft- und Naturwidrigen." Man vergleiche dazu die Feststellung bei Spillmann, S. 47: „,Vernunft' ist bei Müntzer die

So aber erklärten sie rundheraus: „er were eyn Samaritan und hette den teüffel."[38] In Wahrheit geben vielmehr sie damit das Gebaren des Teufels zu erkennen; denn dessen Art ist es, zu reden, was die Welt um ihrer ungestörten Ruhe und Bequemlichkeit willen gerne hören will. Und eben so reagierten sie trotz teilweise besserer Erkenntnis auf Jesu Predigt. „Alles, das sye tethen, richteten sye an, das sye der welt gefielen."[39] In gleicher Weise begegnet Luther dem Bemühen Müntzers, durch sachlichen Aufweis des geistlichen Zusammenhanges von Anbeginn der Schrift an Sinn und Bedeutung des mosaischen Gesetzes klar zu erfassen und „die erfüllung des geysts der forcht Gotes"[40] als dessen wesentliche, durch alle Aussagen der Bibel bestätigte, unaufhebbare Funktion verstehen zu lehren.

Wenn Müntzer den Gedanken, daß das Gesetz Erkenntnis der Sünde wirkt, so ausdrückt, daß es dem Menschen seinen Unglauben bewußt werden, ihn darüber erschrecken und Furcht vor Gott erfassen läßt, dann umschreibt er in seiner Weise den Tatbestand, daß der Mensch sein Verhältnis zu Gott als durch seinen Ungehorsam als gestört begreift und dieser Ungehorsam darin besteht, daß er sich eigenwillig seinem eigensüchtigen Begehren hingegeben hat, ohne auf Gottes Gebot zu achten. „Do ist der Herr ein frembder und seltzamer man in der mechtigen sintfluß, do sich der wilde wogk des mheres empöret."[41] In solchem Erleben der Gottesferne steht Müntzer formaliter noch relativ nahe bei Luther; er kann ihm jedoch „seine verkérte weyß, vom newen punde Gottes zu handeln, one erklerung götlicher gepot und ankunfft des glaubens, weliche erst nach der straff des heyligen geystes gar erkündiget wirdt"[42], nicht zugestehen. Das lutherische *sola gratia — sola fide* ist ein kapitaler Irrtum. Der Glaube kommt nicht von ungefähr ins Herz und ist keine sich frei darbietende, bloß hinzunehmende Gabe. Der Mensch muß erst, das ist Müntzers noch einmal rekapitulierte These, im Widerspruch des äußersten Unglaubens den Ernst des unumstößlichen Gotteswillens erfahren haben, der sein Selbst-Gelten-Wollen bis

allen Menschen angeborene Denkfähigkeit, das Vermögen des diskursiven Denkens, durch das der Mensch vom ‚unvernünftigen' Tier (295,33; 314,15) unterschieden ist. Die Vernunft ist auf die irdischen Erscheinungen und Zusammenhänge gerichtet, deren Erkenntnis sich dem Menschen durch Betätigung seiner intellektuellen Kräfte erschließt, deswegen wird sie auch ‚menschliche' (326,16) oder ‚natürliche' (303,31) im Gegensatz zur ‚auffgethanen' (492,9) Vernunft genannt, die sich der Offenbarung Gottes eröffnet hat und somit auch geistliche Dinge zu erkennen vermag (500,16 ff.). Und: „Das ‚liecht der natur' als Gegenspieler des ‚rechten liechtes' (z. B. 324,30), das auch ‚liecht der welt' (z. B. 326,14) genannt wird und die Offenbarung des Gott-Christus meint, ist durch Hochmut (235,26), anmaßende Leichtfertigkeit (250,29) und täuschende Vorspiegelung des echten Glaubens (236,14) gekennzeichnet" (S. 48 f.).

[38] Franz, MG, S. 326,20.
[39] Ebd. S. 326,23.
[40] Ebd. S. 327,3.
[41] Ebd. S. 115,14 f.
[42] Ebd. S. 327,4—7.

auf den Grund auslöscht, um nach der Erkenntnis des Gesetzes in der reinen Furcht Gottes durch den heiligen Geist zum Glauben gelangen zu können, der nunmehr die Erfüllung des göttlichen Gebotes als unabdingbare Aufgabe in sich trägt. „Also haben alle außerwelte vom anfangk iren unglauben erkennet durch ubung des gesetzes, Rom. 2. und 7."[43] Und zugespitzt akzentuiert er gegen Luther: „Ich setze Christum mit allen seinen gelidern zum erfüller des gesetzs, Psalm. 18, denn es muß der wille Gottes und sein werck zu podem durch betrachtung des gesetzes volfüret werden, Psalm. 1; Roma. 12."[44] Als den wahren Grund der Ablehnung seiner Lehre eine andere religiös-theologische Erkenntnis des Gegners anzuerkennen, ist er nicht bereit; er bleibt dabei, daß das treibende Motiv seiner Widersacher für ihren feindseligen Protest der Selbstbehauptungsdrang des auf sein persönliches Wohlergehen bedachten Menschen ist, der sich dem ihm keineswegs unbekannten Willen Gottes entziehen zu können wähnt.

In dem anschaulichen Bilde von den beiden Raben Noahs macht er die von ihm gesehene Differenz in der Grundhaltung beider Parteien dem Leser verständlich. Luther ist danach in dem „Kolkraben" symbolisiert, der ausflog, aber nicht zur Arche, dem Hause Gottes, zurückkehrte, weil er unterwegs Aas zu fressen fand, d. h. sich dem Wohlleben ergab. Müntzer hingegen ist die „ainfeltige taube", die ihre „federn geschwungen, durch sylber uberzogen, das syben mall gefegt, und am rucken lassen goldtfarb werden, Psalm. 67, und uberflogen und verhasset das aß, do er gerne auffsytzet"[45]. Das eben ist der Unterschied: Müntzer hat „dem tückischen kulckraben ... nichts anders gethan", als daß er geläutert und geisterfüllt im Gehorsam gegen den, der ihn aussandte, ohne sich durch irgendwelche Gelüste von seinem Auftrag abbringen zu lassen, ein getreuer Kundschafter blieb, der die Verbindung mit Gott aufrecht erhielt. Luther tat das genaue Gegenteil, wie er drastisch ausführt: „ich wils an die gantze welt lassen, daß er den gotloßen schelmen heüchelt, wie du sichst im büchlen wider mich, und wil sy kurtzumb verthädigen. Auß welichem dann klärlich erscheynet, daß der doctor lügner nit wonet im hauß Gottes, Psalm 14, darumb daß der gotloße durch inen nit verachtet, sonder vil gotforchtiger umb der gotloßen willen teüffel und auffrüirisch geyster gescholten werden. Dyß weyß der schwartze kulckrabe woll. Daß im das aß werde, hacket er den schweinen die augen auß dem haubt, die wollustigen leüth machet er plindt, darumb daß er so körre ist, auff daß er irer sat werde an eren und gut und sonderlich am allergrösten titel."[46] Luther mißachtet also Gottes Weisungen derart, daß er aus purem Eigennutz die Gottesfürchtigen um der Gunst der Gottlosen willen schmäht und drangsaliert.

---

[43] Ebd. S. 327,10 f.
[44] Ebd. S. 327,11—14.
[45] Ebd. S. 327,20 ff.
[46] Ebd. S. 327,23—328,6.

Wenn Müntzer den „ernst des gesetzs" predigt, „wie es von der straff wegen der geystloßen ubertreter (wiewol sye regenten sein) nit auffgehaben, sondern mit dem allerhöchsten ernst volzogen werden soll"[47], wendet jener sich gegen ihn und hält ihm „die güttigkeyt des son Gottes und seiner lieben frewndt"[48] vor, als wenn nicht bei Paulus und auch sonst in der Heiligen Schrift ganz eindeutig zu lesen stünde, daß das Gesetz „die uberfallen soll, dye wider die gesundten lere fechten und streben"[49]. Wie kommt der Doktor Lügner dazu, darüber einfach hinwegzugehen und die, die damit Ernst machen wollen, gar „teüffel und auffrüirische geyster" zu schelten? Müntzer verweist darauf, daß er in diesem Sinne über die bleibend verbindliche Geltung des Gesetzes offen vor den sächsischen Fürsten gepredigt habe, daß diese Predigt öffentlich im Druck erschienen sei, und das alles „one alle hynterlist, inen das schwert auß der schrifft gezaigt, daß sye es solten brauchen, auff das nit empörung erwüchse"[50]. Kann man legitimer und legaler handeln als es hier geschehen ist? „Gleichwol kommet vatter leisendritt, ach der körre geselle, und saget: ich wölle auffrur machen, wie er dann auß meinem sendebrieff an die perckgesellen erlesen. Eines saget er, und das allerbeschaydenste verschweyget er."[51] Bis zu dieser Stunde empfindet Müntzer den Vorwurf der Anstiftung zum Aufruhr als eine gehässige Verleumdung, die mit Entrüstung zurückzuweisen er sich durchaus berechtigt fühlt. Er sieht mit Erbitterung, daß sein redliches Bemühen, die zunächst verantwortlichen Amtsträger zu einer grundlegenden, Gottes Willen gemäßen Neuordnung der bestehenden Verhältnisse mit den ihnen legitimer Weise zur Verfügung stehenden Machtmitteln zu veranlassen, völlig verkannt und ihm statt dessen die Aufreizung des Volkes zu revolutionärem Umsturz vorgeworfen wird. Dabei wollte er durch sein Mahnen ja der drohenden Empörung gerade wehren, wollte er den Machthabern den Weg zeigen, durch eigene Initiative Gottes Willen in der Christenheit die ihm gebührende Anerkennung zu verschaffen, ehe es für sie zu spät sei. Das alles wahrlich nicht aus sich heraus, vielmehr allein im Namen und Auftrag, mit den eigenen Worten dessen, der in der Schrift oft genug bekundet hat, was er will, und daß er vor allem Recht und Gerechtigkeit fordert.

Das göttliche Gesetz spricht den Menschen in seiner Verantwortlichkeit für sich selbst als Individuum immer zugleich auch in seiner Verantwortung für die Gemeinschaft an, in die er als ihr Glied von Gott gestellt ist. Er soll nach seinen Gaben und seinem Vermögen dafür Sorge tragen, daß in dieser Gemeinschaft Gottes Willen in jeder Hinsicht verwirklicht wird sowie umgekehrt die Gemeinschaft gewiesen ist, über der Einhal-

---

[47] Ebd. S. 328,10—13.   [48] Ebd. S. 328,9 f.
[49] Ebd. S. 328,15 f.   [50] Ebd. S. 328,19 ff.
[51] Ebd. S. 328,24 ff.

tung der göttlichen Gebote durch jedes ihrer Glieder zu wachen. Dem-zufolge hat Müntzer ja eben die Fürsten auf ihre Pflicht als christliche Obrigkeit hingewiesen, um Schaden zu verhüten; so hat er ihnen ebenso klargemacht, „daß ein gantze gemayn gewalt des schwertz hab wie auch den schlüssel der auflösung" und „daß die fürsten keine herren, sonder diener des schwerts sein, sye sollens nicht machen, wie es yenen wol gefellet, Deutro. 17., sye sollen recht thun. Darumb muß auch auß altem gutem brauch das volck darneben sein, wenn einer recht verrichtet wirdt nach dem gesetz Gottes, Num. 15. Ey warumb? Ob die oberkait das urteyl wölte verkeren, Esaie 10., so söllen dye umbsteenden christen das verneynen und nit leyden, dann Got wil rechenschafft haben vom unschuldigen blut"[52]. In Wirklichkeit ist davon freilich nichts zu spüren; denn „dye grossen machens, wie sye wöllen", und tatsächlich ist es „der allergröst greüel auff erden, das nyemant der dürfftigen not sich wil annemen"[53]. Hier sieht sich aber Luther in keiner Weise genötigt zu remonstrieren; nur wenn man die Mächtigen wegen ihres gottlosen Regimentes zur Rechenschaft zieht, will sich „der arme schmeichler... mit Christo in getichter gütigkeit decken"[54]. Seine Inkonsequenz und Falschheit ist mit Händen zu greifen; denn einmal erklärt er „im buch von kauffßhandelung, daß die fürsten söllen getrost undter die diebe und rauber streichen"[55]; zum anderen „verschweigt er aber den ur-sprung aller dieberey". Ist es doch nicht zu leugnen, „die grundtsuppe des wuchers, der dieberey und rauberey sein unser herrn und fürsten, nemen alle creaturen zum aygenthumb. Die visch im wasser, die vögel im lufft, das gewechß auff erden muß alles ir sein, Esaie. 5. Darüber lassen sy dann Gottes gepot außgeen unter die armen und sprechen: Got hat gepoten, du solt nit stelen"[56]. Und wenn sich dann einer dieser drangsalierten armen Menschen „vergreifft am allergeringesten, so muß er hencken: Do saget denn der doctor lügner: Amen"[57]. Man müßte wahrlich schon völlig blind sein, um nicht zu sehen, wo die wahrhaft Schuldigen am Aufruhr zu suchen sind: „Die herren machen das selber, daß in der arme man feyndt wirdt. Dye ursach des auffrurß wöllen sye nit wegthun, wie kann es die lenge gut werden? So ich das sage, muß ich auffrürisch sein, wol hyn."[58]

Müntzer zeiht Luther eines ähnlich schamlos-hinterhältigen Verhaltens wie es die Juden Jesus gegenüber übten, als sie die Ehebrecherin zu ihm

---

[52] Ebd. S. 328,27—329,8.
[53] Ebd. S. 329,9 f. — Man wird diese allgemeinen Aussagen auf dem Hintergrund seiner Allstedter Erlebnisse (Mallerbach; Flüchtlingsfrage) zu sehen haben und von daher mit beurteilen müssen.
[54] Ebd. S. 329,12.
[55] Vgl. WA XV, S. 310 f.
[56] Franz, MG, S. 329,13—23.
[57] Ebd. S. 329,25 f.
[58] Ebd. S. 329,26—29.

brachten und ihn durch verfängliche Fragen in dem für sie nur durch ein entweder-oder lösbaren Konflikt zwischen Gesetz und barmherziger Liebe durch seine ihrer Meinung nach unvermeidbar einseitige Entscheidung bloßzustellen suchten. Christus aber hat eben nicht Gesetzesernst und erbarmende Liebe als einen ausschließenden Gegensatz verstehen gelehrt, sondern „im evangelio durch seine gütigkeyt des vaters ernst erklert"[59], hat gerade in der vollen Bejahung der Gültigkeit des Gesetzes die helfende Liebe Gottes offenbar gemacht, die in all seinem Tun am Werke ist. Durch „die pein des gesetzes" wird die Liebe Gottes nicht im mindesten in Frage gestellt, vielmehr erweist sie sich gerade im Erleiden des Gesetzes als eine erfahrene Wirklichkeit, weil in ihm der durch die begangene Sünde unterbrochene Kontakt mit Gott wiederhergestellt wird, es somit zum Heile des Menschen gereicht, so daß der „außerwelte nit begeret zu entfliehen"[60]. Das göttliche Gesetz erhebt wohl den Anspruch auf absolute Geltung, ist aber nicht Ausdruck tyrannischer Willkürgewalt Gottes; die Strafe bezeugt wohl den „ernst des vatters", nicht aber den blindwütigen Zorn eines Gewaltherrschers. Das will der kurzsichtige Verstand derer nur nicht begreifen, die dank ihrem eigensüchtigen Begehren nach Selbstherrlichkeit in „der verkerten forcht der menschen gegen Got" leben und daheraus „sich von der peyn wegen entsetzen und nit ansehen, wie sy Got durch drügnuß in seine ewigkeyt nach aller peyn füre"[61] Gott hat keinen unauslöschlichen Grimm gegen die Menschen, sondern der Mensch hat nur — wenn es ihm überhaupt ernstlich um Gott geht — eine falsche Furcht vor Gott[62], die ihn Sinn und Absicht des im Gesetz offenbaren göttlichen Heilswillens nicht erkennen läßt. Doch keiner kommt um das Gesetz herum; denn alle Menschen sind durch den Sündenfall zu Übeltätern geworden, „müssen durch das gesetz gerechtfertigt werden, wie Paulus saget, auff daß der ernst des vatters die gotlosen christen auß dem wege rawme, die der haylbaren lere Christi widerstreben, auff das die gerechten weil und raum haben mögen, Gottes willen zu lernen"[63]. Wer durch die Pein des göttlichen Gesetzes zur Erkenntnis der göttlichen Gnade gelangt ist und nun mit einer vom Heiligen Geist eröffneten Vernunft den Geist der Schrift und die heilsame Lehre Christi von Grund auf erfaßt, steht damit sogleich im Einsatz auf der Seite Gottes gegen die gottlosen Christen, die ihre Macht und ihren Einfluß nur zur Unterdrückung der Wahrheit mißbrauchen. Diese Widersacher Gottes müssen entmachtet werden, wenn anders sein Wille wahrhaft zur Geltung kommen soll; denn wollte man ihnen noch weiterhin das Recht zugestehen, „das ubel

---

[59] Ebd. S. 330,6.   [60] Ebd. S. 330,8 f.   [61] Ebd. S. 330,11 f.
[62] Die von Hinrichs, Pol. Schr., S. 82 Anm. 208, angegebenen Bibelzitate sind zu ändern in Jer. 10,24 und Ps. 6,2.
[63] Franz, MG, S. 330,15—18.

durchs gesetz zu straffen", würde es keinem Christen noch möglich sein, sein Denken und Tun auf Gottes Willen auszurichten. Denn dann maßt sich der Mächtige an, ohne geistgewirkte Erkenntnis nur nach seinem Gutdünken zu bestimmen, was Gottes Gebot sei, „und der unschuldige solte sich also lassen peynigen, darumb daß sich der gotloße tyranne behilfft wider den frummen, sagende: Ich muß dich martern, Christus hat auch geliten, du solt mir nit widerstreben ... Das wer ein groß verderbnuß"[64]. Angesichts solcher Verdrehungen, bei denen sich die gottlosen Verfolger der Gerechten gar noch als die besten Christen ausgeben, ist es von entscheidender Wichtigkeit klarzusehen, um größtes Unheil zu verhüten. „Der teüffel hat gar listige tück wider Christum und die seinen zu streben."[65] Bald versucht er es auf dem Wege schmeichelnder Güte, „wie der Luther mit den worten Christi die gotloßen verthätiget"[66]; bald auf dem Wege drohenden Ernstes, indem er um zeitlicher Güter willen eine verderbliche Gesetzesgerechtigkeit statuiert. Aber des Teufels Art verrät sich sogleich daran, daß der Güte der Ernst und dem Ernst die Güte mangelt und beider Absicht nicht auf Gottes Willen ausgerichtet ist. Er „machet den vatter mit seinem ernst des gesetzs zu schanden durch die gedult des sones, Johan. 15. und 16., und verachtet also den undterschayd des heyligen geysts"[67], der wohl Güte und Gesetzesstrenge zu scheiden weiß, sie jedoch nicht auseinanderreißt, vielmehr in ihrer klaren Besonderung aufeinander bezogen und miteinander wirksam sein läßt. Des Teufels Praktik geht sehr bewußt auf eine Verwirrung der Erkenntnis aus, so daß das Ergebnis schließlich ist, „das Christus allayn geduldig sey, auff daß die gotlosen christen ire brüder wol peynigten"[68]. Wenn nun Müntzer von Luther verteufelt wird, weil er diesen Sachverhalt einmal rücksichtslos aufdeckt, so kann er wieder nur darauf verweisen, daß es Christus ja nicht anders ergangen ist. „Christus wart für einen teüffel gescholten, do er dye juden auff die werck Abrahams weyssete"[69]; gemeint ist in diesem Zusammenhange wohl, daß Abraham die, aus deren Mund er Gottes Wahrheit hörte, nicht verfolgt hat. Christus aber sagte nichts als Gottes Wahrheit, als er die Juden „den allerpesten undterschayd zu straffen und zu vergeben" lehrte. „Zu straffen nach dem rechten ernst"[70], d. h. nicht nach dem Ansehen der Person, sondern nach dem Gesetz; und nicht nach dem Buchstaben, sondern „nach dem geyst des gesetzs" zu richten. „Also auch mit dem evangelio zu vergeben, mit dem geyst Christi", d. h. „zur foderung und keyner verhynderung des evangelii, 2. Corin. 3. und 13."[71]. Was anders hat denn seine Lehre zum Inhalt? Dennoch:

---

[64] Ebd. S. 330,20—24.
[66] Ebd. S. 331,1 f.
[68] Ebd. S. 331,13 f.
[70] Ebd. S. 331,16 ff.
[65] Ebd. S. 330,26—331,1.
[67] Ebd. S. 331,9—11.
[69] Ebd. S. 331,15 f.
[71] Ebd. S. 331,21 ff.

gerade deretwegen will ihn „der doctor lügner zum teüffel machen ...,
mit seinen schrifftgelerten, sagende: Hab ich nit recht geleret mit meinem
schreiben und tichten. Du aber hast keyn andere frucht dann auffrürisch
sein. Du pist ein sathan und dannocht ein schlechter sathan etc. Sich,
du pist ein Samaritan und hast den teüffel"[72].

Die Parallelisierung seines Geschickes mit dem Christi gibt dem Ankläger den Vorwurf mit verdoppelter Wucht zurück, die Dokumentation seiner Solidarität mit Christus verfolgt sichtlich den Zweck, Luther
bei den Lesern auf das schwerste zu kompromittieren. Mit propagandi-
stischem Pathos bekennt Müntzer sich „unwirdig sölliches kostparlichen
leydens, mit dyr zu tragen in gleicher sach", und bekundet er ungescheut
wie Jesus auch seinen Widerspruch gegen die Blasphemie der Gottlosen:
„wiewol des widersachers urteyl vil genaygter, verkerter richter hat.
Sage ich mit dir dem stoltzen, auffgeblaßen, tückischen tracken: Hörestu
es? Ich hab den teüffel nicht, ich suche durch meyn ampt den namen
Gottes zu verkündigen, trost den betrübten, verstockung und kranckheyt den gesunden, Esaie 6.; Mathei. 9., 13.; Luce 8 und 4."[73]. Nicht
als wären das darum nur pathetische Phrasen; gerade in der Gegensätzlichkeit zu seiner polemischen Karikatur Luthers formt sich ihm sein
eigenes Bild noch ausgeprägter als das eines wahrhaften, aufrechten
Gottesknechtes nach dem Beispiele Christi. Er will und muß ganz anders
sein als sein Widersacher, der dementsprechend die kennzeichnenden
Merkmale des gottlosen Gegenspielers tragen muß: „Und wenn ich
spreche, das ich das wolte lassen umbs pösen namens willen, der mir mit
lügen wirt auffgelegt, so wer ich dir, doctor lügner, gleich mit deinem
verkerten schmähen und schelten."[74]

Die aggressiv-polemische Tendenz wird aber derart vordergründig,
daß die Aussagen an letzter unmittelbar überzeugender Kraft einbüßen
und die ruhige Sicherheit inneren Überlegenseins trotz allen Beteuerungen nicht mehr spürbar ist. Es schwächt Müntzers Position, daß er nicht
mehr davon loskommt, sich immer wieder an seinem ihm dennoch übermächtigen Gegner zu messen, und daß er in dem uneingestandenen
Gefühl seiner Unterlegenheit ihn dadurch zu überwinden trachtet, daß
er ihn erniedrigt. Darin mit liegt es begründet, daß seine Schutzschrift
von nun an immer mehr in die Niederungen einer Schmähschrift ab-
gleitet. Luther erscheint — als das negative Gegenbild Müntzers —
lediglich noch als ein auf Macht und Einfluß bedachter Intrigant, dem
es gar nicht ernstlich um die Sache Gottes zu tun ist, der sich mit den
altgläubigen Bösewichtern nur herumgeschlagen hat, um sich an ihre

---

[72] Ebd. S. 331,24—28. Vgl. dazu Luther: „...Daraus E.F.G. und alle wellt spüren
und greyffen soll, das diser geyst gewiss eyn lügenhafftiger teuffel ist und dennoch
eyn schlechter teuffel" (WA XV, S. 215,13 ff.).
[73] Franz, MG, S. 332,1—7.   [74] Ebd. S. 332,7—10.

Stelle zu setzen und der nun, da er die offene Empörung als uner-
wünschtes Ergebnis seines Treibens heraufziehen sieht, einen „andern,
dem die welt vorhyn feyndt ist", mit dem Makel des Aufruhrs belasten
möchte, um sich „schöne [zu] brennen, wie der teüffel pflegt, daß ja
nyemandt deiner poßheyt offenlich innen werde"[75]. Doch der Satan
verrät sich durch sein Tun und Lassen wider seinen Willen dem, der
die Schrift recht zu deuten vermag und die stete Aktualität des sich
fortlaufend als gültig bestätigenden Urteils Jesu über seine Feinde begreift. Wer Augen hat zu sehen, schreibt Müntzer, kann die Parallele
gar nicht übersehen: dort die „eregeytzigsten schrifftgelerten", die mit
Besorgnis den wachsenden Zustrom der Menge zu Jesu beobachten, die
um ihren Einfluß auf das in Unruhe geratene Volk um ihrer Einkünfte
willen bangen und darum Jesus mit List und Gewalt für sie unschädlich
zu machen suchen, indem sie ihn der weltlichen Gewalt als Empörer
denunzieren; hier der neue „Cayphas, doctor lügner", der vorgeblich
aus „sorg für seine landtßleüte hart bey Alstedt" bei seinen Fürsten
gegen Müntzer intrigiert. Denn erstens steht fest, daß „das arme dürstige
volck begerte der warheit also fleyssig, daß auch alle strasse vol leüte
waren von allen orten, anzuhören, wie das ampt, die biblien zu singen
und zu predigen, zu Alstedt angerichtet wart"[76]; zweitens, daß Luther,
weil er mit „seyner teütschen meß" trotz eifrigsten Bemühens keinen
Erfolg hatte, aus Neid und Mißgunst den Druck von Müntzers „ampt"
bei den Fürsten zu hintertreiben suchte[77]; drittens, daß er, „do nun des
Wittenbergisch pabstes gepot nit geachtet wardt", den Zulauf des Volkes
nach Allstedt sonstwie unterbinden wollte. „Der gotlose hat einen spitz-
fündischen kopff, sölich dinge außzutrachten, Psalm. 35."[78] So hat er
ja auch „der layen haß wider die pfaffen" geschürt, um dadurch seiner
Lehre Auftrieb zu geben. Jedenfalls war nicht die christliche Liebe zum
Nächsten das Motiv seiner „anschleg", sonst „hette er sich yetz nit an
dye stat des pabsts gesetzt, und den fürsten würde er nit heücheln, wie
du klärlich sichst beschriben Psalm 9. Er hat denselbigen Psalm gar
hübsch von im selber und nit allain vom pabst verdolmetzt"[79], d. h.
sich darin selbst als Antichrist treffend charakterisiert. Ist dieser verloge-
ne Ränkeschmied wirklich so einfältig zu glauben, daß man es ihm noch
abnimmt, wenn er schreibt, „das predigen sol man mir nit weren oder
do solt ir darauff sehen, spricht er, daß der geyst zu Alstadt die fauste

---

[75] Ebd. S. 332,14 ff.   [76] Ebd. S. 333,3—6.
[77] Müntzer hat schon in der Vorrede zu seiner „Deutsch-Evangelischen Messe"
erklärt, „das mir etliche gelerten auß hessigem neide auffs höchst vorargen, und zu
vorhindern fleyß vorgewant haben..." (Franz, MG, S. 163,7 ff.); aber es bleibt
bisher unbeantwortbar, ob er schon damals Luther gemeint hat und worauf sich sein
Vorwurf stützt.
[78] Franz, MG, S. 333,12 f.
[79] Ebd. S. 333,14—18; vgl. Luthers Auslegung WA XXXI, 1, S. 514—537.

stille halte"[80]. Wahrlich, klug ausgedacht: „es wirdts die welt noch in zway oder drey jaren nit innewerden, welch einen mörderischen, hynderlistigen schaden er gethan hat."[81] Tatsächlich will er mit solchen Floskeln darüber hinwegtäuschen, „daß er ein verfolger der warheyt sey", und um den Trug vollkommen zu machen, behauptet er dreist, „daß seyn predigen darumb das rechte wort Gottes sey, daß es also groß verfolgung tregt". Voll spöttischer Ironie bemerkt Müntzer dazu: „Es nympt mich auch sere wunder, wie es der außgeschämbte münch tragen kann, daß er also greülich verfolgt wirdt, bey dem guten malmasier und bey den hurnköstlein." Kurzum, der Schriftgelehrten heuchlerisch-verlogene Art bleibt immer die gleiche: „,Umb deines gutten wercks willen wöllen wir dir nichts thun, aber umb der lesterung willen wöllen wir dich mit staynen zu todt werffen.' Also sprachen sye zu Christo wie dyser wider mich: Nit umbs predigens willen, sonder umbs auffrurs willen soll man dich vertreiben."[82]

Die notwendige Kritik an dem Unwesen Luthers darf, so fügt Müntzer hier ein, freilich keineswegs die reformatorische Bewegung als solche in ein falsches Licht rücken: „Es ist warlich nit ein schlechte sach, die yetzt zur zeit geet."[83] Allein man muß, sonderlich angesichts der falschen Künste der Schriftgelehrten, klar erkennen und fest im Auge behalten, worum es eigentlich geht. Es ist die allgemein herrschende, aber eine grundverkehrte Auffassung zu wähnen, „so ir den pfaffen nit mer gebet, es sey außgericht"[84]. Müntzer ist sich bewußt, wie oberflächlich, von Äußerlichkeiten bestimmt, auf persönlichen Vorteil gerichtet die Vorstellungen sind, die man sich bei den Anhängern der Reformation weithin von ihr macht. Das ist ja die große Versuchlichkeit, von Luther und seinen Genossen so schamlos ausgenutzt, das Christsein leichtzunehmen, es sich mit ihm bequem zu machen, ohne zu ahnen, „wie ir yetzt hundertmall, tausentmall erger daran seyt dann zuvor"[85]. Es besteht die große Gefahr, daß sich die Christenheit heute durch neue spitzfindige Lehren abermals beirren läßt, die ein mit menschlicher Klugheit ausgedachtes System eines wunschgemäß geordneten Gott-Mensch-Verhältnisses als das erkannte Geheimnis der göttlichen Weisheit ausgeben und darin zumal auch Christi Person und Werk einen dem menschlichen Begehren angepaßten Sinn einbilden wollen. „Ir habt aber dargegen den befehl Christi, Mathei 7., den betrachtet von hertzen, so wirdt euch kayner betriegen, er sage oder schreib, was er will."[86] Christi Weisung beherzigen heißt jedoch, sich nicht „durch der creaturen lüste" an das Vielerlei der Welt verlieren, sondern allein an Gott seine Lust haben.

[80] Franz, MG, S. 333,21 ff.   [81] Ebd. S. 333,24 ff.
[82] Ebd. S. 334,1—11.   [83] Ebd. S. 334,12 f.
[84] Ebd. S. 334,13 f.   [85] Ebd. S. 334,14 f.   [86] Ebd. S. 334,17 ff.

Nun führt Luther gegen Müntzer besonders ins Feld, daß seine Lehre allein aus sich heraus durch das Wort wirke, und sagt, er wolle alles dadurch, daß er den Dingen auf den Grund gehe, wohl an den Tag bringen. Wie steht es aber in Wirklichkeit mit seiner vielberufenen Parole, daß allein das Wort es machen solle, wie mit seiner Bereitschaft, auf dieser Basis die Auseinandersetzung mit ihm zu wagen? Offenbar ist ihm gar nicht so viel am Predigen als der vorgeblich einzig legitimen Möglichkeit gelegen, der Wahrheit Raum zu schaffen, daß sie sich aus sich selbst heraus gegenüber falscher Lehre durchsetze. „Denn es müssen secten sein"[87], steht in seinem Briefe an die Fürsten zu lesen. Ist das nicht nur eine faule Ausrede, um einen Vorwand zu haben, sich der von Müntzer wiederholt geforderten, von Luther gefürchteten freien Disputation zu entziehen? „Ich hab nit anderst gehofft, er würde mit dem worte handeln, mich vor der welt zu verhören, und sich auff den plan stellen, nicht anders denn vom wort handeln."[88] Stattdessen versteckt er sich hinter den Fürsten, und sein tolerant klingender Rat, man solle Müntzer das Predigen nicht wehren, ist ein abgekartetes Spiel, da er sich mit der Obrigkeit längst einig ist, den unbequemen Prediger sonstwie mundtot zu machen. Natürlich mußte man dem Verdacht begegnen, als wolle man „nun selber das evangelio verfolgen". So verfiel man auf den Trick, ihm zwar kein Predigtverbot aufzuerlegen, „aber die handt soll ich still halten, auch in truck zu schreiben"[89], und darunter verstand man dann auch, wie Müntzer halb im Spott, halb im Ernst interpretiert, daß er auch die Feder nicht in die Hand nehmen dürfe, um ja kein Wort wider Luther zu schreiben. Derart sind nun einmal die scheinheiligen Reden und hinterhältigen Praktiken dieser frommen Heuchler, die nur dann ihre Heimtücke nicht zeigen, wenn man glaubt, was sie wünschen. Die Juden hatten damals so wenig Skrupel wie heute der Wittenberger, hatten den gleichen grimmen Haß wie dieser und wollten sich auch „schöne brennen vor den leüten, wie yetz junckfraw Mertin thut. Ach, die keüsche Babilonische fraw, Apocal. 18". Darum redet er wohl viel davon, „er wils alles vons worts wegen handeln", läßt es aber bewußt nicht dahin kommen, sondern sucht Müntzer lediglich bei den Großen anzuschwärzen, „daß ja nyemandt meiner lere volge, dann sye ist auffrürisch"[90]. In der Abwehr solcher Rancune sieht sich der nach seiner Überzeugung böswillig Diskriminierte zu einer Art Klarstellung veranlaßt: „Wer hye ein rayn urtayl haben wil, der muß den auffrur nit lieben, auch muß er füglicher empörung nit feyndt sein; er muß ein gantz vernünfftiges mittel halten, sonst muß er meine lere anderst zu vil hassen oder zu hoch lieben nach seiner gelegenheyt,

---

[87] Ebd. S. 335,1.
[89] Ebd. S. 335,6 ff.

[88] Ebd. S. 335,2 ff.
[90] Ebd. S. 335,20—24.

des ich nymmermer begern wil."[91] Er will damit keine prinzipielle Erklärung zum Problem des Aufruhrs an sich geben, läßt sie freilich indirekt erkennbar werden, wenn er die beiden Extreme abweist, die ein zutreffendes Verständnis seiner Haltung und seiner Lehre von vornherein unmöglich machen. Wer am Aufruhr rein um der Revolte willen Gefallen hat und sich deswegen für Müntzer begeistern zu müssen glaubt, hat ihn völlig verkannt und seine Absicht, richtiger das ihm von Gott übertragene Amt und das ihm damit aufgetragene Werk überhaupt nicht begriffen. Und ebenso umgekehrt: wer jedwede Gewaltanwendung zur Beseitigung objektiv untragbarer Verhältnisse, jeden noch so berechtigten Widerstand gegen das Willkürregiment der Gottlosen als unzulässig verwirft, weiß nicht um die Unerbittlichkeit des Gehorsam fordernden Gotteswillens, der den Gotthörigen keine falsche Rücksichtnahme weder auf eigene noch anderer menschliche Interessen nehmen läßt. Es gibt eine „fügliche empörung" als ein „vernunfftiges mittel" zwischen den beiden Extremen, nicht weil es auf eine Bereitschaft zu zweifelhaften Kompromissen tendiert, sondern weil es Recht und Unrecht wohl zu unterscheiden vermag, um das Recht nicht durch das Unrecht vergewaltigen zu lassen.

Es wäre gut zu verstehen, wenn Müntzer gelegentlich das Empfinden gehabt hätte, mit seinen sich fast ausschließlich in polemischen Deklamationen erschöpfenden Ausführungen keine sonderlich fruchtbare Arbeit zu leisten; so etwa, wenn er hier die kurze Bemerkung einfließen läßt, daß er es an sich für förderlicher hielte, das arme Volk zu unterrichten als sich „mit dem lesterlichen münche"[92] herumzuschlagen. Jedoch, war das mehr als eine rhetorische Formel, dann war die Folge solcher flüchtigen Erwägung doch nur ein erbitterter Groll, der sich in neuen Schmähungen Luft machte. Luther wird nahezu zum Alleinschuldigen an der ganzen Misere Müntzers, zum apokalyptisch-überdimensionalen Widerpart aller wahren Gottesfreunde, dessen meisterhafte Kunst der Verstellung und Verleumdung die Christenheit blendet, daß sie die Wahrheit nicht mehr erkennt und der Lüge huldigt. Es kann an diesem Menschen nach Müntzers Vorstellung einfach nichts Wahres und Gutes sein; alles, was er sagt und tut, ist Lug und Trug. Müntzer überschlägt sich förmlich in der Verlästerung Luthers, so daß seine Abwehrschrift zum Ende hin den Charakter eines an Gehässigkeit kaum noch zu überbietenden Pamphletes annimmt. Luther hatte in dem Briefe an die Fürsten geschrieben: „Wie wol sie unsers siegs gebrauchen und geniessen, nemen weyber und lassen Bepstliche gesetz nach: das sie doch nicht erstritten haben, und hat yhr blut nicht drob ynn der fahr gestanden, Sondern ich habs must mit meynem leyb und leben, bisher dar gewagt, erlan-

---

[91] Ebd. S. 335,24—28.   [92] Ebd. S. 335,30.

gen."[93] Müntzer macht daraus: „Er will ein newer Christus sein, welcher mit seinem blut für die christenheyt vill guts erworben hatt"; und voll beißender Ironie fährt er fort: „und dennoch umb einer feynen sach willen, daz die pfaffen mögen weyber nemmen"[94]. Ein schwer überbietbarer Ausdruck feindseliger Schmähsucht aber ist vor allen der Vorwurf: „Sich, wie fein hastu die armen pfaffen in der erklärung kayserlichs ersten mandats auff die fleischpanck geopffert, do du sprichst: Es würde uber sye gen etc., auff das dein angefangne lere nit gerechtfertigt[95] solt sein. Dann mit heücheln wöllestu es gerne zulassen, daß sy ymmer hyngenommen würden."[96] Luther hat demnach nicht Leib und Leben für die andern gewagt, sondern andere für sich geopfert, um nicht selber zur Rechenschaft für seine Lehre gezogen zu werden. „So würdest du dann ymmer new merterer gemacht haben und hettest ein liedlein oder zway von inen gesungen, dann werstu allererst ein bestättigter seligmacher worden."[97] Bedenkenlos greift er dann den doch von ihm erst zur Kennzeichnung der angeblichen Selbsteinschätzung Luthers gewählten Begriff Seligmacher noch einmal auf, um Luthers selbstgefällige Ehrsucht am Gegenbeispiel Christi zu ironisieren: „Christus gibt den preyß seynem vatter, Johan. 8. und sagt: ‚So ich meine ere suche, so ist sye nichts.' Aber du wilt von den von Orlamünde haben einen grossen titel. Du nymbst und stilest (wie des kulckraben art ist) den namen gottessone und wilt von deinen fürsten danck verdienen."[98] Solcher freventlichen Überheblichkeit Gott gegenüber korrespondiert die servile Unterwürfigkeit gegenüber den Fürsten, die der „hochgelerte bube" in schamloser Mißachtung der Christus gebührenden Würde geradezu zu Göttern erheben möchte. Kurz, für sich und die Fürsten nimmt er die Ehren in Anspruch, die allein Gott und Christus vorbehalten sind. Das ist mehr als man ertragen kann; das läßt ihm sogar die Frage berechtigt erscheinen, ob dieser eingebildete Seligmacher nicht weit eher ein Heide als ein Christ ist. „Ey zu vil, zu vil" bricht Müntzer ab und spricht sich damit selbst ein Urteil. Doch er ist noch nicht am Ende!

Nun setzt er erst richtig mit der detaillierten Aufzählung „konkreter" Fakten ein, an denen er durch die Richtigstellung des von Luther im Interesse seiner eigenen Glorifizierung verfälschten Tatbestandes, durch die Aufdeckung der Hintergründe und der wahren Zusammenhänge der betrogenen Welt zeigen wird, was von dem Wittenberger, insbesondere von seinem abfälligen Urteil über Müntzer zu halten ist. Das in immer neuen Variationen abgehandelte Grundmotiv bleibt dabei, die heuchlerische Verlogenheit seines Widersachers in ihrer Verbunden-

---

[93] WA XV, S. 215,25—28.   [94] Franz, MG, S. 335,31 ff.
[95] Zur Rechenschaft gezogen. Vgl. WA XII, S. 65 ff.
[96] Franz, MG, S. 336,1—5.   [97] Ebd. S. 336,5—8.
[98] Ebd. S. 336,12—16.

heit mit dem unterwürfigen Werben um Fürstengunst an den Pranger zu stellen; ein schier unerschöpfliches Thema für den so bitter von seinen sächsischen Landesherren Enttäuschten, der überzeugt ist, auch diese Enttäuschung letztlich nur den Intrigen Luthers zu verdanken. „Schäme dich, du ertzbube", setzt er wieder ein, daß du dich bei „der irrenden welt" durch das heuchlerische Bemühen, ihren Irrtum auch noch zu rechtfertigen, beliebt machen willst. Es ist eine raffiniert ausgeklügelte Methode, die der listige Kopf geschickt zu handhaben weiß, um sich durch alle Schwierigkeiten hindurchzuwinden. „Die armen münch und pfaffen und kaufleüth können sich nit weren"; sie werden infolgedessen von ihm gescholten. „Aber die gotlosen regenten soll nyemandt richten, ob sye schon Christum mit füssen treten."[99] Der Bauern Groll aber gegen die Oberen vermeint er mit der unverbindlichen, vertröstenden Formel beschwichtigen zu können, daß „die fürsten werden durch das wort Gottes zu scheytern gen", und „werden von dem stul gestossen"[100]. Warum geht er nicht schärfer gegen das tyrannische Regiment der Fürsten an, das doch mehr als alles andere schärfsten Tadel verdient? Wenn er schon einmal etwas an ihnen aussetzt, hat er auch gleich den rechten Trost für sie, daß sie ihm nicht gram sind; „kanstu sy wol wider muts machen, du newer pabst, schenckest in klöster und kirchen, do sein sy mit dir zufryden"[101]. So servil er sich also gegen die Fürsten benimmt, so überheblich behandelt er Müntzer. Mit seinem großen Schlagwort ‚Glauben' spielt er sich als d e r Repräsentant der Reformation auf, dessen Einfluß in den sächsischen Landen die Freiheit evangelischer Predigt verbürge. Da es Müntzer jedoch schon in Allstedt gewagt hat, eben das lutherische Glaubensverständnis als einen verhängnisvollen Irrtum anzugreifen, stellt der Erzbube es nun so dar, als habe sich Müntzer seinen „Schirm und Schutz" zwar gerne gefallen lassen, ihn aber ausgenutzt, um sich gegen Luther zu wenden. Als hätte Müntzer sich ihm nicht umgekehrt gerade dadurch ausgeliefert, daß er in seiner Reichweite blieb („wie das schaff undterm wolff"[102]), ihm nicht gerade damit jede Möglichkeit zu einer offenen ehrlichen Auseinandersetzung gegeben, durch die manches Unheil in der Folgezeit hätte vermieden werden können. Ja, sehr bewußt und ohne Rücksicht auf eine mögliche Gefährdung hat er, Müntzer, sich dadurch seiner Feindschaft direkt ausgesetzt, daß er ihn damals zur Rede stellte, denn „darumb war ich in deinem fürstenthumb, daß du keyne entschuldigung haben soltest"[103]. Das ist entgegen Luthers Unterstellung der wahre Sachverhalt, und die geschwollene Rede von „unserm schyrm und schutz" ist nur interessant

---

[99] Ebd. S. 336,25—337,2.   [100] Ebd. S. 337,3 ff.
[101] Ebd. S. 337,8 ff.   [102] Ebd. S. 337,14.
[103] Ebd. S. 337,16 f. Das entspricht zweifellos nicht den Tatsachen und ist eine nachträgliche Selbsttäuschung Müntzers!

als ein beredter Ausdruck seiner Wichtigtuerei, als gehöre auch er zu den Fürsten. Im übrigen habe er, Müntzer, das ist ihm um der Klarstellung seines Verhältnisses zur Obrigkeit willen anzumerken wichtig, „seinen [des Fürsten!] schirm und schutz nit wöllen haben. Ich hab begert, das er sein aygen volck nit wolte schew machen". Er habe in der Mallerbacher Affäre lediglich davor gewarnt, „von des zigenstals wegen und der Marien bildtnuß" gegen die rechtschaffenen Christen gewaltsam vorzugehen und sich nicht darum zu kümmern, „daß die armen lewt tag und nacht musten in färlichkeyt sytzen umbs evangelions willen. Meynst du, daß ein gantz landt nit wayß, wie sye schirmen oder schützen? Genad Gott der christenheyt, hat sye nit in [= ihn] zum schutzer, der sye geschaffen hat? Psalm 110."[104].

Tiefer hat es Müntzer getroffen, daß Luther in seinem Briefe über ihn gehöhnt hatte, er „sey drey jar vertriben und herumher gelauffen", und „klag von vil leyden"[105]. Wie kann der Mann das höhnisch glossieren, dem nachzuweisen ist, daß er es in erster Linie mit gewesen ist, der in Wort und Schrift durch seine Schmähungen und Verleumdungen Müntzers Ruf zerstört und ihm allenthalben das Leben schwer gemacht hat! Will er etwa leugnen, daß er Mitwisser eines Mordanschlages auf Müntzer ist[106]? Oder weiß er nichts davon, „daß hertzog Jörge dem fürsten Friderichen soll ynß landt fallen und also den gemaynen fryd aufheben"[107]?

Es ist schwer zu begreifen, daß sich Müntzer zu derartigen Anschuldigungen hinreißen ließ; aber er war nur allzu schnell zu Verdächtigungen bereit, ohne ihre Berechtigung ernstlich zu überprüfen. Er witterte überall geheime Umtriebe, die gegen seine Person und sein Werk gerichtet seien. Das war für ihn das Satanische an Luther, daß er seine listige Verschlagenheit umd heimtückische Bosheit so geschickt unter der Maske des ehrenhaften Biedermannes zu verbergen weiß. Aber hier kommt es nach Müntzers Meinung einmal endlich an den Tag, daß sein Reden und Sich-Geben in krassem Widerspruche steht zu dem, was er im stillen wirklich betreibt. Ein Wolf im Schafspelz: „Du pist kein mörderischer oder auffrürischer geyst, aber du hetzest und treibest, wie ein helhundt."[108] Das hat er an Müntzer zur Genüge bewiesen und jetzt auf die Spitze getrieben. Denn erst verfolgt er ihn mit hetzerischen Denunziationen von Ort zu Ort, und wenn Müntzer, getreu dem Rate

[104] Ebd. S. 337,20—27.
[105] Ebd. S. 337,28 f.; vgl. dazu WA XV, S. 211,11—21.
[106] Vgl. oben S. 235.
[107] Franz, MG, S. 338,8 f. Es ist wohl an das in Allstedt umlaufende Gerücht gedacht, man wolle eine Festnahme der in den Julitagen 1524 von der katholischen Verfolgung nach Allstedt geflüchteten Evangelischen durch Herzog Georgs Organe unwidersprochen zulassen. Vgl. oben S. 478 ff.
[108] Ebd. S. 338,7 f.

Christi, „„so sye euch in einer stat verfolgen, fliehet in dye andern'", weiterzieht, erklärt „dyser pott, des teüffels sicherlicher ertzkantzler" noch: „So ich vertriben pin, sey ich ein teüffel"; er bringt es sogar fertig, das aus der Schrift zu begründen, natürlich nur dadurch, daß er den Sinn der Worte Christi „wider den heyligen geyst, den er bespottet"[109], völlig abwegig versteht und anwendet.

Was Luther in seinem Briefe über Müntzers Lehre vom inneren Wort zu wissen vorgibt und berichtet, ist „vil unnutz gespayß und spot"[110], so daß sich auf sein mokantes Geschwätz nur die eine Antwort geben läßt: „Was der almechtig Got mit mir machet oder redet, kann ich nit vill rümens von; dann allayn was ich durchs gezeügnuß Gottes dem volck auß der heyligen schrifft vorsage, und will, ob Got will, meinen dunckel nit predigen. Thu ichs aber, so wil ich mich von Got und durch seine lieben freünde gern lassen straffen und inen urpüttig sein, aber dem spotter pin ich gar nichts schuldig."[111] Auf des „gotloßen spotters unfladt" eingehen, hieße ja, sich mit dem Unreinen gemein machen. Freilich bringt es Müntzer doch nicht über sich, sich mit dieser allgemeinen Entgegnung zu begnügen und sucht den Spott des Spötters noch zu übertrumpfen. Es hätte Luther besser angestanden, gibt er ihm seine höhnenden Glossen zurück, er hätte als Kind des Harzes statt von einer himmlischen Stimme besser von einer „hymmelische[n] sackpfeyffen" geredet: „Do hette dyr dann der teüffel, dein engel, dein liedlein auffgepfiffen. Münich, wiltu tantzen, so hoffirn dir die gotloßen alle."[112] Er konstatiert den fundamentalen Gegensatz in ihrer Verkündigung angesichts der blasphemischen, verständnislosen und irritierenden Äußerungen Luthers noch einmal: Er selbst predigt „von götlichem worte mit seinen manchfeltigen schätzen"; daß dieses Wort „gar nahe bei dir, in deinem Munde und in deinem Herzen, daß du es tust" [Deut. 30, 14], daß man sich von ihm gänzlich überwinden lassen muß, um „in der lere des geysts" zu erkennen, daß die „barmhertzigkeyt und gerechtigkeyt Gotes" seine schenkende Gnade und sein forderndes Gesetz als ein untrennbares Ganzes immer zugleich in Kraft und Geltung stehen[113]. Luther dagegen leugnet das „rechte wort" und hält „der welt nur den schein für. Darumb machest du dich gröblich zu einem ertzteüffel, daß du auß dem text Esaie one allen verstandt Got machest zur ursach des pösens...", ist daz nit die allergrausamste straffe Gottes uber dich"[114]? Gott soll die Verantwortung für die Sünden des Menschen tragen und sich dann mit einem demütigen Bekenntnis des Menschen von seiner Sündhaftigkeit zufrieden geben. „Du... wilt es Got in pußem stossen, daß du ein armer sünder und ein gifftiges würmlein pist mit deiner

---

[109] Ebd. S. 338,11—16.   [110] Ebd. S. 338,17.
[111] Ebd. S. 338,19—24.   [112] Ebd. S. 339,1—4.
[113] Ebd. S. 339,5—10.   [114] Ebd. S. 339,11—14.

beschissen demüth."[115] Das ist nichts als die von Augustin inspirierte Konstruktion eines „fantastischen verstandt[es]", der auf die Leugnung der Willensfreiheit des Menschen abzielt, um ihm einzureden, daß er das göttliche Gesetz nicht erfüllen könne und brauche. Dagegen aber setzt Müntzer eben seine für ihn grundlegende Erkenntnis von dem unlöslichen Ineinander und Miteinander der Barmherzigkeit und der Gerechtigkeit Gottes.

Kennzeichnend für Luthers mangelndes Verständnis vom Wesen geistlicher Erkenntnis ist nach Müntzer schließlich noch dessen Vorwurf, „ich wöl es stracks mit gewalt ge[g]laubt haben und wöll nyemandt zu bedencken zeit geben". Was gibt es denn da noch zu „bedencken"? „Ich sage mit Christo, wer auß Got ist, der höret seine wort. Pist du auß Gott? Warumb hörestu es nit? Warumb verspottest du es, und richtest das, das du nit befunden hast? Wilt du nun erst darauff synnen, welches du andere menschen sollest leren?"[116] Das heißt doch nichts anderes, als daß Luther Gottes Wort erst dem Urteil seines Verstandes unterwerfen und dann nach seinem Verständnis weitergeben will! Aber: „Das wirt die arme christenheyt wol innen werden, wie richtig dein flaischlicher verstandt wider den unbetrieglichen geyst Gotes gehandelt hat. Laß dir Paulum das urteyl sagen; 2. Corin. 11."[117] Mit zynischen Vergleichen geißelt Müntzer des Wittenbergers Bemühen, den Anschein wahrhaft christlichen Verhaltens zu erwecken, in Wahrheit aber sich den jeweiligen Verhältnissen zu seinen Gunsten geschickt anzupassen. „Du hast allezeit mit ainfeltigkeyt (durch eine zwibbeln angezaigt, die newn hewt hat) gehandelt alles nach der fuchs art."[118] Nun, wo Luther die Wahrheit an den Tag kommen sieht, gebärdet er sich gar wie ein wütender Fuchs, der bei Tagesanbruch auch „hayßer" bellt, weil er sein lichtscheues Treiben aufgeben muß; nun will er „die klaynen und nit die grossen schelten"[119]. Aber durch die Parabel vom Fuchs und Wolf im Brunnen mag man sich sagen lassen, daß er im Grunde nur darauf bedacht ist, sich selbst auf Kosten der Fürsten in Sicherheit zu bringen. Jetzt sitzt er freilich — im Bilde einer anderen Fuchsfabel gesprochen — gefangen im Loch, und wenn es nun allmählich zu tagen beginnt, „so werden die klaynen hündlyn, Matthei 15.c zun füchssen ynß loch lauffen, do werden sye nit mer können den ein wenig forn yns maul peyssen. Der fryschhundt aber schüttelt dem fuchß das fell, er muß auß dem loch, er hat der hüner genug gefressen". Wer ist der „fryschhundt"? Müntzer selbst? Und ein letztes Bild von dem schließlich doch nur schmählich ausgenutzten, ach so schlauen Fuchs. „Sich, Merten, hast du dyßen pratten nicht gerochen vom fuchß, den man zu herren-

[115] Ebd. S. 339,14 ff. [116] Ebd. S. 339,20—25.
[117] Ebd. S. 339,26 ff. [118] Ebd. S. 339,28 ff.
[119] Ebd. S. 339,31 f.

hoff für einen haßen den unerfarnen wildchsützen gibt?" Der Betrüger wird selbst zum Betrogenen und „du Esaw hast es wol verdienet, das dich der Jacob vertrucke. Warumb hast du dein recht umb deiner suppen willen verkaufft"[120]? Noch einmal ein Hinweis auf seine einst so verheißungsvollen Anfänge in der Frühzeit der Reformation; aber um so härter das Verdikt über seinen Abfall, sein Versagen um äußeren Vorteils willen. Jakob hat ihn mit Recht verdrängt. Was Hesekiel und Micha aus Gottes Mund als vernichtendes Urteil über die falschen Propheten vernommen und aller Welt weitergesagt haben, gilt auch für Luther. Es steht fest, er hat „die christenheyt mit einem falschen gelauben verwerret"[121] und nun, wo er auf die schiefe Ebene geraten ist und des ihm nicht zusagenden Fortganges der Reformation nicht Herr zu werden weiß, sucht er sich bei den Fürsten anzubiedern und sich mit einem „grossen namen" in Pose zu setzen.

Jedoch, was hat es denn mit den mannhaften Glaubenszeugnissen dieses evangelischen Märtyrers wirklich auf sich? Er rühmt sich, daß er „zu Leiptzgk vor der aller ferlichisten gemayn gestanden"[122] sei. Das ist reichlich übertrieben: „Dir war also woll zu Leiptzgk, fürest du doch mit nägelenkrentzlen zum thor hynauß und trunckest des guten weyns zum Melchior Lother."[123] Müntzer war zwar bei der Leipziger Disputation eine Zeit lang zugegen, aber was er hier erzählt, ist kein Augenzeugenbericht, sondern phantasievolle Ausschmückung des Volkes, das aus dem Nelkensträußchen, das Luther einmal bei der Disputation mitbrachte, ein Nelkenkränzchen werden ließ und es ihm schließlich bei der Abfahrt von Leipzig noch aufsetzte[124]. „Das du aber zu Augspurg warest, mochte dyr zu keyner ferlichkeyt gelangen, dann Stupicianum oraculum stundt hart bey dir, er möchte dyr wol helffen."[125] Selbst daß Staupitz sich bald darauf von Luther distanzierte und der alten Kirche wieder zuwandte, wird als ein Negativum gegen den sich seines Bekennermutes rühmenden „Glaubenshelden" ausgemünzt, bis hin zu der Verdächtigung, Luther könne Staupitz darin folgen: „Der teüffel stet warlich nit in der warheyt, er kann seyner tück nit lassen."[126] Diesem vorgeblichen Heros des Glaubens macht es Sorge, daß seine Greuel schon prophezeit sind, und Müntzer glaubt sich dafür auf eine Äußerung Luthers selber berufen zu dürfen, die er in der Schrift von 1522 „Eyn trew vermanung Martini Luther tzu allen Christen, sich tzu vorhuten fur auffrur und emporung" gefunden hatte: „Der teuffel hat sich lange tzeyt fur dissen iaren gefurcht und den braten vonn ferne gerochen, hat auch viel prophetzeyen da wydder lassen außgehen, der

[120] Ebd. S. 340,9—16.   [121] Ebd. S. 340,17 f.
[122] Ebd. S. 340,21 f.   [123] Ebd. S. 340, 22 ff.
[124] Vgl. Böhmer, Luther.   [125] Franz, MG, S. 340,24 ff.
[126] Ebd. S. 340,28 f.; zu Staupitz vgl. Wolf, Sp. 342 f.

etliche auff mich deuten, das ich mich offt seyner grossen schalckeyt vorwunder. Er hett mich auch offt gar gerne todtet, itzt wolt er gerne, das ein leyplich auffruhr wurde, da mit disser geystlich auffruhr tzu schanden unnd vorhyndert wurde."[127] Deswegen sucht er ja auch die „neuen Propheten" durch sein Verteufeln in Mißkredit zu bringen, wie es ehedem die Juden mit Christus machten. Doch das hilft ihm nicht; Johannes und auch Paulus bezeugen es: „Ein rechter prediger muß ja ein prophet sein, wann es die welt noch also spöttisch dunckt, es muß dye gantz welt prophetisch sein, soll sye anders urteylen uber die falschen propheten."[128]

Luther ficht das nicht an; er kann sogar einmal äußern: „Die phrophetische Deutung (dieses Munchkalbs) will ich dem geyst lassen; denn ich kein prophet bin."[129] Müntzer ist diese Bemerkung nicht entgangen und sie gibt ihm nun willkommenen Anlaß zu der Frage, „wie wilt du die leüthe urtaylen, so du dich im münchkalbe des ambts eüßerst"[130]? Die Frage hat hier einen sehr aktuellen Bezug und meint, wieso maßt du dir dann trotzdem ein Urteil darüber an, ob einer den prophetischen Geist hat oder nicht, und rühmst du dich, daß du zu Wittenberg in deinem Kloster den Geist „auff die nasen geschlagen" hast? Er bezieht die Äußerung Luthers im Brief an die sächsischen Fürsten[131] auch auf sich selber und verwahrt sich mit aller Schärfe gegen die falsche Behauptung, „daß du sagest, wie du mich ynß maul geschlahen hast"; „du leügst in deinen halß spießtieff, pin ich doch in sechs oder syben jaren nit bey dir gewesen"[132]. Sein Protest richtet sich gegen die im Zusammenhange des Ganzen wohl mißdeutbare Aussage Luthers, der Geist, „der sich fur zweyen oder dreyen furchtet und eyn geferliche gemeyne nicht leyden kan", sei „eyn mal oder zwey fur myr zu Wittemberg ynn meynem kloster auff die nasen geschlagen"[133]. Diese Bemerkung bezog sich in ihrem zweiten Teil jedoch nicht auf Müntzer persönlich, sondern auf die Begegnung mit den von Luther als dessen Geistes-Verwandte angesehenen Zwickauer Propheten Stübner und Storch, die ihn in Wittenberg aufgesucht hatten, die er aber jetzt nicht besonders erwähnt. Erst Müntzer spricht hier von ihrem Besuch bei Luther und deutet damit zumindest auch die Möglichkeit an, daß eben sie als Träger desselben Geistes mit gemeint sein könnten. Das mindert im Prinzip nicht die Verwerflichkeit des spöttischen Redens vom Geist und daß er sich brüstet, den beiden eine gründliche Abfuhr erteilt zu haben; „du soltest die klaynen nit vorachten. Matthei 18"[134]. Nur ist es in

---

[127] WA VIII, S. 683,26—31. [128] Franz, MG, S. 341,5 ff.
[129] WA XI, S. 380,1 f.; „Deutung der zwo greulichen Figuren, Bapstesels zu Rom und Mönchkalbs zu Freiberg in Meissen funden" von 1523.
[130] Franz, MG, S. 341,7 f. [131] WA XV, S. 213 f.
[132] Franz, MG, S. 341,9 ff. [133] WA XV, S. 214,2—5.
[134] Franz, MG, S. 341,13 f.

der Polemik wirkungsvoller, Luther mit einem Schein des Rechtes der böswilligen Verleumdung zu bezichtigen. War das die Absicht?

Leipzig, Augsburg — Worms[135]: „Ich byn zu Worms fur dem Keyser und gantzen Reych gestanden, ob ich wol zuvor wuste, das myr das geleyd gebrochen war, und wilde seltzame tück und list auff mich gericht waren."[136] Müntzers Kommentar zu diesem Satze Luthers ist eine Gipfelleistung demagogischer Schmähsucht, auch wenn man berücksichtigt, daß er „bei seinen Behauptungen über Luthers Auftreten in Worms bewußt oder unbewußt auf das Bild zurückgreift, das sich die breite Öffentlichkeit in jenen Jahren bis 1524 aus gedruckten Schriften und allgemeiner Kunde über den Reichstag von 1521 und über Luthers Verhältnis zur deutschen Ritterschaft zu jener Zeit gebildet hatte"[137]. Die Quellen lassen gewiß eine von seiten der Ritterschaft stark propagierte, nicht immer gerade uneigennützige Interessengemeinschaft mit dem Reformator erkennen, auf die er in der kirchlich-religiösen Frontstellung gegen Rom in gewisser Weise eingegangen ist und die nicht ohne Einfluß auf das Geschehen um Luther auf dem Reichstag gewesen ist; aber es fehlen bisher überzeugende Belege dafür, daß Luther selbst im Vertrauen auf solche „Kampfgemeinschaft" vor Kaiser und Reich getreten sei, bzw. daß sich in der breiten Öffentlichkeit ein solches Urteil gebildet habe. Es blieb Müntzer vorbehalten, Luthers Auftreten in Worms in ein schiefes Licht zu rücken, sein eigenständiges Handeln mehr als nur in Frage zu stellen und zu behaupten, daß „der Teütsch adel" ihm zu diesem Auftritt verholfen, mehr noch, ihn geradezu genötigt habe, seine Rolle so zu spielen, wie er sie gespielt hat. Es ist gewiß nicht ganz abwegig, daß der Adel wähnte, „du würdest mit deinem predigen Beheymische geschenk geben, clöster und stifft, welche du ytzt den fürsten verheyssest. So du zu Worms hettest gewanckt, werest du ee erstochen vom adel worden, dann loß gegeben, weyß doch ein yeder. Du darffst warlich dir nit zuschreiben". Wenn also hier einer eine traurige Rolle gespielt hat, dann ist es Luther gewesen, der mit seiner Lehre den Gelüsten des Adels entgegenkam und ihm auch zur Durchsetzung seiner Wünsche dienen mußte, der mit den Interessen des Adels seine eigenen klug berechnend zu verbinden wußte und sich darum auch bereitwilligst in Dienst nehmen ließ, nicht ohne „wilder tück und lyste" zu gebrauchen, um jedes Risiko für sich auszuschließen: „Du liessest

---

[135] Auch vor dem Briefe an die sächsischen Fürsten hatte sich Luther schon einige Male auf diese drei Orte als markante Stätten seiner eine persönliche Gefährdung nicht scheuenden Zeugnisbereitschaft berufen. Vgl. Schwarz, S. 212 ff.

[136] WA XV, S. 214,21 ff.

[137] Schwarz, S. 215. — Die sehr sorgfältige Studie ist ein wertvoller Beitrag zur Erhellung der Atmosphäre um den Wormser Reichstag von 1521. Jedoch trifft es kaum zu, daß damit die Meinung der „breiten Öffentlichkeit in jenen Jahren bis 1524" wiedergegeben sei, der sich Müntzer nur angeschlossen habe.

dich durch deinen rath gefangennemen und stellest dich gar unleydlich. Wer sich auff deyne schalckheyt nit verstünde, schwür woll zun heyligen, du wärest ein frümmer Mertin." Während also das Verhalten Luthers in Worms durch den massiven Druck des Adels bestimmt wurde, geht der Plan der Sicherung des Geächteten durch den fingierten Überfall auf Luther selbst zurück. „Schlaff sanfft, liebes fleisch"[138] würde alles in allem Luthers Haltung in Worms treffender charakterisieren als sein prahlerisches „ich byn gestanden". Wie tief muß die grimme Erbitterung sich in Müntzers Seele eingefressen haben, daß er alles, was Luther tat oder unterließ, nur noch unter dem Aspekt religiösen Truges, scheinheiliger Verlogenheit, moralischer Verkommenheit zu sehen vermochte und derart absurde Phantastereien wie diese zu Papier brachte. Wie abgründig offenbart sich seine Feindseligkeit, wenn er dem Verhaßten unumwunden erklärt: „Ich rüche dich lieber gepraten in deinem trotz durch Gotes grymm im hafen oder topff peym fewr, Hierem. 1, dann in deinem aygen sötlein gekocht, solte dich der teüffel fressen, Ezechielis 23. Du pist ein eselisch fleisch, du würdest langsam gar werden und ein zächs gerichte werden deinen milchmeülern."[139] Ein bitter ernst gemeinter Spott, hinter dem der bohrende Ingrimm über seine Unterlegenheit spürbar wird, vielleicht auch doch so etwas wie Ressentiment darüber, daß er nicht so „gestanden" hat, weder in Zwickau, als zur gleichen Zeit Luther in Worms „stand", noch in Prag, noch in Nordhausen, noch in Allstedt — weil er eben keine einflußreichen Beschützer hatte.

Ungeachtet all dessen läßt sich jedoch nicht in Frage stellen, daß die Abwehr der Polemik Luthers für ihn eine sachliche Notwendigkeit und seine „Schutzrede" insbesondere durch Luthers Brief an die sächsischen Fürsten provoziert war. Darauf mußte er reagieren, und es will nicht recht glaubwürdig erscheinen[140], daß er ursprünglich „umb der unaußschlachlichen ergernuß des armen hauffens" große Streitigkeiten gern vermieden gesehen und diese harte Auseinandersetzung unterlassen hätte, „hette ... mich doctor lügner predigen lassen oder mich vorm volck uberwunden oder seyne fürsten, do ich zu Weymar vor inen war, lassen richten, do sy mich durch antragen desselben münichs fragten"[141]. Er führt also das Verhör zu Weimar auf Luthers Initiative zurück und ist der Meinung, daß das Urteil der Fürsten damals ohne die Einmischung Luthers anders ausgefallen wäre. So aber kam es schließlich dank dem Briefe des Wittenbergers darauf hinaus, daß sich Herzog Johann in dessen Sinne entschied: „Der fürst wolte den ernsten richter zum jüng-

---

[138] Franz, MG, S. 341,17—27.   [139] Ebd. S. 341,27—342,2.
[140] Vgl. die Ausführungen über die Entstehungsgeschichte der „Schutzrede".
[141] Franz, MG, S. 342,4—7.

sten tag die sach lassen hynaußfüren, er wolt den tyrannen nit weren, die umbs evangelions willen wolten in sein pfleg fallen."[142] Das war die Frucht der theologischen Belehrung durch Luther[143]! Es wäre gewiß gar nicht so übel, kommentiert er höhnisch, wenn man das zum Grundsatz der allgemeinen Justiz erheben würde; die Bauern würden sich schon gerne daran halten. „Es wäre feyn dingk, daß man es alles auffs jüngste urteyl zöge, so heten die pawern auch gute sach; wann sye solten recht thun, sprechen sye, ich spars für den richter."[144] Nur soll das nach lutherischer Lehre jetzt lediglich als eine Sonderregelung den Fürsten vorbehalten bleiben; für die Untertanen, bemerkt er zynisch, bleibt es bis zu dem großen Gericht dabei, daß die gottlose Obrigkeit die Strafgewalt nach ihrem Ermessen ausübt: „Aber die ruthe der gotloßen ist dozwischen das mittel."[145]

Zum anderen entpuppten sich die Allstedter Ratsherren als unzuverlässig und wollten mich „den höchsten feynden des evangelii uberanttworten"[146]. Müntzers Vorhaben noch bei seiner Rückkehr von Weimar, in Allstedt „das ernste wort Gottes" zu predigen, scheiterte an ihrem Verhalten. Er erfuhr auch hier statt Beistand nur bedrohlichen Widerstand, der seines Bleibens nicht länger sein ließ. Man wagte es in der damaligen Bedrängnis nicht, in gläubiger Zuversicht sein Vertrauen allein auf Gottes Hilfe zu setzen, wie es einst David gegen Goliath tat. „Ich wyschte meine schuch von irem staub, dann ich sach mit meinen sichtigen augen, das sy vil mer ire ayde und pflichte dann Gotes wort achteten. Sye namen für, zweyen herrn gegen einander zu dienen, so inen doch Got auffs aller scheinbarste beystund, der sye erlöset hat auß der gewalt des berens und lewens, hette sye auch erlößet von der handt Goliath, 1. Regum 17. Wiewol sich der Goliath auf seyn pantzer und schwert verließ, so wirts in der David wol lernen. Saul fyeng auch ettwas guts an, aber David nach langem umbtreiben must es volfüren."[147]

Die Gegenüberstellung Saul gegen David geht aus einem Vergleich Allstedter Ratsherren gegen sächsische Fürsten unvermerkt in eine Parallele zwischen Saul und David einerseits sowie Luther und Müntzer ande-

---

[142] Ebd. S. 342,9 ff.

[143] Müntzer bestätigt damit nachträglich noch einmal, daß bei dem Verhör in Weimar die Würfel bereits zu seinen Ungunsten gefallen waren. Die Bündnis- und Widerstandspredigt war ihm jedenfalls eindeutig untersagt. Vgl. dazu oben S. 498.

[144] Franz, MG, S. 342,13 ff. Ich habe die Interpunktion gegenüber Franz verändert, da ich die dort vorgenommene Interpunktierung als ein Mißverständnis bzw. eine Nachlässigkeit des Setzers ansehe. Vgl. Bensing / Rüdiger, S. 61.

[145] Ebd. S. 342,15 f.

[146] Ebd. S. 342,19. Mit den „höchsten feynden des evangelii" können hier nur die sächsischen Fürsten gemeint sein!

[147] Ebd. S. 342,20—343,1.

rerseits über, und wer hätte aus den Sätzen nicht den Vorwurf Müntzers gegen Luther herausgehört, daß niemand anders als der Wittenberger letztlich die Verantwortung für das Scheitern Müntzers in Allstedt trägt und daß Luther überhaupt in den Anfängen steckengeblieben sei. Aber Müntzer wird das von jenem im Stiche gelassene Werk zu seinem rechten Ende führen, er der neue David, „welicher eine figur deiner, o Christe, in deinen lieben frewnden, wellicke du fleyssig bewarest ewig"[148].

Die Welt weiß nun, wer den unglückseligen Zwiespalt heraufbeschworen hat; sie weiß nun, wer dieser Luther in Wirklichkeit ist, was ihn zu seinem Lügenfeldzuge gegen Müntzer treibt, worauf letztlich sein ganzes Dichten und Trachten gerichtet ist. Sie weiß nun, daß er in allem die Geschäfte des Satans besorgt, der das Ende der Herrschaft der Gottlosen kommen sieht und darum alles in Bewegung setzt, den Zusammenbruch seiner Macht zu verhindern oder doch hinauszuschieben. Die Welt sieht nun auch trotz aller Lüge und Verleumdung, wer Müntzer ist und in wessen Auftrag er handelt, daß er mit allem Ernste Gott hörig ist, er darum in Wahrheit auf der Seite Christi steht und Christus ihm zur Seite, darum die ihm aufgegebene, von ihm vertretene Sache als Gottes eigene Sache unzweifelhaft und wider allen Anschein jetzt das Feld behaupten wird. Der von Luther Verteufelte ist Christi Schüler und Gottes Knecht, der Verteufelnde aber trotz allem scheinheiligen Wesen und frommem Reden des Teufels sicherlicher Erzkanzler. Gott hat sein Urteil über ihn durch Hesekiels Mund schon längst gesprochen, und mit dem Pathos des in seinem Rechte bestätigten Eiferers setzt Müntzer es als sein Schlußwort und als göttliches Siegel gleichsam unter seine Schrift: „Vulpis, fecisti merere mendaciter cor iusti, quem dominus non contristavit. Confortastique manus impiorum tuorum, ne revertantur a via sua mala, ob id peribis et populus dei liberabitur a tyrannide tua. Tu videbis deum esse dominum. Ezechielis 13. capitulo. Das ist vertolmätzt: O doctor lügner, du tückischer fuchs. Du hast durch deine lügen das hertz des gerechten traurig gemacht, den Gott nit betrübt hatt, darmit du gestercket hast dye gewalt der gotloßen pößwichtter, auff daß sy ye auff irem alten wege bleyben. Darumb wirt dirs geen wie eynem gefangen fuchs, das volck wirt frey werden und Got will allayn der herr daruber sein."[149] Schon die lateinische Version ist eine freie, seinen Zwecken gemäße Umformung des Vulgatatextes von Hesekiel 13,21—23; erst recht steht in der „Verdolmetschung" eben das, was Müntzer als fulminanten Abschluß seiner „Schutzrede" braucht: das volltönende Anathema über Luther mit der Ankündigung seines schmählichen Endes und die Verheißung der Freiheit des Volkes, des *populus dei*, unter der alleinigen Herrschaft Gottes.

---

[148] Ebd. S. 343,1 f.　　　　　　[149] Ebd. S. 343,5—14.

Die ganze Schrift ist ein leidenschaftliches Aufbegehren gegen die ihm durch Luther widerfahrene Vergewaltigung. Neue theologische Elemente, die bei dieser endgültigen Abrechnung eine Fortbildung oder Veränderung seiner Position erkennen ließen, finden sich darin nicht. Nur läßt sich nicht übersehen, daß er sich vornehmlich im ersten Teile besonders gegen die bei Luther um des *sola fide* willen so auf die Spitze getriebene Abwertung der „Werke des Gesetzes" ereifert. Gipfelten seine Ausführungen in der „Ausgedrückten Entblößung" in dem Satze, daß für den wahrhaft Glaubenden bei Gott kein Ding unmöglich sei, demzufolge für den Auserwählten keinerlei Grund zu mutloser Resignation im Blick auf das ihm aufgetragene Werk bestehen könne und dürfe, so will er nunmehr den damit freigesetzten Willen zu gotthöriger Aktion dadurch noch zu tatkräftiger Entfaltung reizen, daß er „die Werke des Gesetzes" als ein unabdingbares Zeugnis rechten Glaubens herausstellt. Ohne in meritorisches Denken abzugleiten, sieht er in Luthers einseitigem *sola fide* die akute Gefahr einer verhängnisvollen Lähmung christlicher Einsatzbereitschaft durch falsche Parolen, auf die der natürliche Mensch in seiner Leidensscheu und seinem Selbsterhaltungstrieb nur zu gern eingeht. Darum vor allem mit ist er genötigt, an der mit seinen theologischen Ausflüchten wurzelhaft zusammenhängenden persönlichen Haltung und antimüntzerischen Polemik des Wittenbergers offenbar zu machen, wie sehr durch diesen Mann und seine Machenschaften die konsequente Reformation aufgehalten, ja sabotiert wird. Dennoch war es Müntzer jetzt letztlich weniger um eine detaillierte Darstellung der prinzipiellen, spezifisch theologischen Kontroverse zu tun als um die Dokumentation, daß er wegen seines Zeugnisses für die christliche Wahrheit als der getreue Knecht Gottes in der Nachfolge Christi von der vereinten Macht der Gottlosen und ihrer Verteidiger dank Luthers Initiative und maßgeblichen Beteiligung durch Lüge und Gewalt verfolgt würde. Es war in seinem Sinne in der Tat eine „Hochverursachte Schutzrede": ein scharfer Protest gegen die ihm laufend angetane Unbill, gegen die seine Arbeit boykottierende, ihn selber an Leib und Leben gefährdende Verunglimpfung; eine rücksichtslose Aufklärung über die „wahren" Motive und Tendenzen der gegnerischen Campagne, die in der Bloßstellung des charakterlosen Wittenbergers gipfelte; es wurde ein höchst demagogischer Angriff auf die durch hinterhältige Täuschungsmanöver, verschlagenes Paktieren mit der Obrigkeit und prahlerische Selbstüberhebung raffiniert erschlichene Vormachtstellung Luthers. Die ihn als Werkzeug satanischer Bosheit disqualifizierende Verteufelung gibt er in letzter Zuspitzung zurück, macht an seiner und Luthers Haltung den unüberbrückbaren Gegensatz zwischen Christuszugehörigkeit und Satansgemeinschaft jedermann einsichtig und stellt damit jeden Leser zugleich vor die Entscheidungsfrage. Als „die rechte Entscheidung"

624

aber kann nach der typisierenden Gegenüberstellung Luther — Müntzer nur die gelten, die zugunsten einer vorbehaltlosen Hingabe an Gottes Willen mit dem tatbereiten Entschluß zu seiner entschiedenen Verwirklichung gefällt wird, die also zugunsten Müntzers fallen muß. Daran soll nach dieser Demaskierung Luthers kein Zweifel mehr möglich sein, daß dessen theologische Spekulationen lediglich darauf abgestellt sind, sich der unbedingten Forderung des göttlichen Willens zu entziehen: allein um sein selbstherrliches Ich doch noch irgendwie behaupten zu können, konstruiert er seine Rechtfertigungslehre und lehnt er Müntzers Geisteslehre ebenso ab wie dessen Verständnis der bleibenden Geltung des Gesetzes. Nur um vor der Welt etwas zu gelten, macht er bedenkenlos gemeinsame Sache mit der ebenso wie er auf Macht und Geltung bedachten Obrigkeit, auch wenn sie gegen das Evangelium und seine Bekenner wütet; nur um seine Favoritenstellung durch die wachsende Erkenntnis der Wahrheit nicht zu gefährden, führt er seinen gehässigen Verleumdungsfeldzug gegen Müntzer, den er auf jede Weise zu diffamieren sucht, während er sich selbst als einen neuen Heiligen der gegenwärtigen Christenheit anpreist. Daß bei dieser Generalabrechnung mit Luther Worte scharfer Kritik und harten Tadels auch gegen die Obrigkeit fielen, war schon dadurch nahegelegt, daß gerade sie sich ja dieses Mannes als eines willfährigen Anwaltes ihrer Machenschaften bediente und ihn besonders protegierte. Freilich sind es im Rahmen des Ganzen immer nur zwischenhinein ausgeteilte Seitenhiebe und die kaum vermeidbaren Ausfälle gehen anscheinend nicht über das hinaus, was Müntzer zuletzt schon in der „Ausgedrückten Entblößung" zu diesem Thema geschrieben hatte. Immerhin formuliert und unterstreicht er gegenüber Luthers These, daß das Wort allein es ausrichten solle, nun ganz unverhohlen seine Überzeugung von dem prinzipiellen Rechte einer „füglichen empörung", unter der er allerdings etwas anderes verstanden wissen will als eine aus kreatürlichmenschlichem Begehren entstandene, eigennützige Rebellion. Die Tragweite einer solchen Erklärung ist in einer erregten Zeit nicht zu unterschätzen; ebensowenig darf man jedoch Müntzer „revolutionärer" interpretieren, als er sich selbst verstand. Seine wahrlich eindeutige Verwahrung gegen den Vorwurf, er predige den Aufruhr, ist doch nicht einfach als gegenstandslos abzutun. Gewiß, er hatte ein feines Sensorium für das von manchem noch nicht so deutlich wahrgenommene oder doch nicht ernstgenommene unterirdische Grollen; er wußte um das sich zunehmend ausbreitende Aufbegehren des Volkes gegen das unleidliche Regiment der Mächtigen. Aber er hat darin im eigenen Miterleben viel mehr die Erregung der nun auch um ihres Glaubens willen Unterdrückten und Verfolgten spüren und erkennen zu müssen vermeint und für ihn stand fest, daß das Verlangen der von den herrschenden Zuständen am schwersten betroffenen Glaubenswilligen nach einem durchgreifenden Wandel der Verhältnisse im

625

Einklang mit dem Willen Gottes war. Gott fordert ja von der Christenheit den Erweis ihrer Christlichkeit durch die Erneuerung der apostolischen Kirche, für die Recht und Gerechtigkeit im Zusammenleben ihrer Glieder unabdingbar sind. Darum kann eine ernsthaft am göttlichen Willen orientierte Umgestaltung der irdischen Ordnungsstruktur kein verbotenes Handeln sein, selbst wenn sie gegen den Widerstand einer sich in ihrem ungerechten Regiment versteifenden Obrigkeit erfolgen müßte. Es kommt in der gegenwärtigen Situation darauf an, den notwendigen Schritt in der rechten Weise zu tun. „In der gegenwärtigen Situation" bedeutet aber einmal, daß die Ungeduld des durch die Gottlosen in seinem Glauben behinderten Volkes nicht mehr lange zu zügeln ist; es bedeutet zum anderen, daß Gottes Langmut am Ende ist und er jetzt wahr machen will, was er den tyrannischen Regenten schon längst und immer wieder angedroht hat. Der Übermut der gottlosen Bösewichte, zu denen nicht zuletzt auch der tückische Fuchs Luther zu zählen ist, wird nicht mehr lange währen, „das volck wirdt frey werden und Got will allayn der herr daruber sein".

VIII. Im Übergang zum Aufruhr

A) In Südwestdeutschland

Müntzer ist es gelungen, sich mehrere Wochen lang in Nürnberg aufzuhalten, ohne als gefährlicher Schwärmer oder aufrührerischer Geist behelligt zu werden, ein in jeder Hinsicht erstaunliches Faktum. Die Stadt war gerade auch 1524 von einer gärenden Unruhe erfüllt; die religiösen Gegensätze steigerten sich und radikale Tendenzen machten sich zunehmend bemerkbar; ebenso kam es im sozialen wie im politischen Bereich wiederholt zu Kundgebungen der Unzufriedenheit. Der Rat versuchte bald durch Nachgiebigkeit, bald durch festes Zugreifen der Situation Herr zu bleiben, nicht zuletzt durch eine Kontrolle der fremden wie einheimischen Buchführer und der auswärtigen Prediger, die durch Flugschriften und Reden die ohnehin erregten Gemüter noch mehr irritierten[1]. Müntzer muß sich unter diesen Umständen eine für ihn ungewöhnliche Zurückhaltung auferlegt haben, und fast scheint es, als habe er nicht nur jedes öffentliche Auftreten vermieden, sondern sich überhaupt nur einem kleineren Kreise als „der Allstedter" zu erkennen gegeben[2]. Die wohl etwas aufgetragene Bemerkung auf dem „Zeddel" an Christoph Meinhard, „viel vom N. volk rieten mir zu predigen"[3], braucht deshalb nicht unglaubwürdig zu sein; nur besagt sie nicht, daß die „vielen" wußten, wen sie eigentlich vor sich hatten, noch daß er sich in aller Öffentlichkeit zu aufreizenden Reden habe hinreißen lassen. Dennoch mochte mancher im Gespräch mit ihm aus seinen Worten die Forderung einer konsequenten, wahren Reformation heraushören und ihm nahelegen, so wie etwa der „Bauer von Vöhrd", vor allem Volke zu predigen[4]. Vermutlich waren es nur einige wenige, die von seinem Aufenthalt in der Stadt und von seinem besonderen Vorhaben hier eine nähere Kenntnis hatten, und sie mußten die Verschwiegenheit wahren, um ihn nicht zu gefährden, bot doch Luthers inzwischen bekanntgewordener Brief gegen ihn dem Rate eine bequeme Handhabe zur Ausweisung. Wir wissen freilich nicht, mit wem alles er in diesen Wochen

---

[1] Vgl. dazu Kolde, Denck.

[2] Es erscheint bei dem Verhalten des Nürnberger Rates in den Jahren 1523/24 kaum vorstellbar, daß er von einem Aufenthalt Müntzers in der Stadt Kenntnis gehabt und dessen Anwesenheit geduldet haben sollte; denn hier war sein Name im Oktober/November 1524 zweifellos schon bekannt und „berüchtigt".

[3] Vgl. oben S. 591.   [4] Vgl. Kolde, Denck.

40*

in nähere Beziehung getreten ist. Es liegt jedoch nahe anzunehmen, daß Hans Hut die ersten Kontakte mit Nürnberger Bürgern hergestellt hat, von denen er wußte, daß sie der offiziellen reformatorischen Bewegung gegenüber manche Bedenken hatten, und von denen er erwarten mochte, daß sie dem „Allstedtischen Geiste" einiges Verständnis entgegenbringen würden[5]. Er war ja nicht nur ein buchhändlerischer Kolporteur müntzerischer Schriften, sondern er war selbst unter den Einfluß der Gedanken des Predigers geraten, wenn er sich auch eine gewisse Selbständigkeit ihm gegenüber bewahrte[6]. Hut hatte Zugang zu den Freunden und Verehrern Karlstadts, der damals in Nürnberg so großes Ansehen genoß, daß sich der Rat zum Verbot des Druckes und des Vertriebes seiner Schriften genötigt sah. Er stand sodann in Verbindung mit dem jungen Hans Denck: „Bey dem Dencken sei er zu Nurmberg ... gewesen, sich mit im bespracht, auch Dennckh in zu Nurmberg zu gast gehabt."[7] Sollte ihm nicht daran gelegen haben, eine persönliche Bekanntschaft dieses Mannes mit Müntzer zu vermitteln[8]? Denck war im Herbst 1523 auf Empfehlung Ökolampads vom Nürnberger Rat aus Basel zur Leitung der Sebaldusschule berufen worden und hatte hier das Treiben im Rahmen wie am Rande der reformatorischen Bewegung mit Aufmerksamkeit verfolgt. Von Erasmus und Ökolampad nachhaltig beeinflußt, wurde er in seinem undogmatischen Denken und seiner mystisch-spiritualistisch orientierten Geistigkeit in Nürnberg besonders von den offiziell diskriminierten „Außenseitern" angezogen[9]. Die nachweisbaren Einwirkungen Müntzers auf seine theologische Ideenwelt wird man nach Lage der Dinge nicht allein auf die Kenntnis müntzerischen Schrifttums, sondern gleichermaßen auf einen persönlichen Gedankenaustausch zurückführen dürfen. In ihm sah sich Müntzer dann einem Partner gegenüber, der nicht aus dem lutherischen Lager kam und doch bei aller Aufgeschlossenheit für die müntzerischen Ideen mit Fragen und Bedenken nicht zurückhielt, namentlich auf die dem Allstedter so wesentliche These vom Kampf gegen die Gottlosen einzugehen nicht bereit war[10]. Kam Müntzer durch ihn vielleicht auch in Berührung mit den „drei gottlosen Malern" und ihrem Anhang? Wurde er durch sie bereits mit den Konsequenzen eines sich überschlagenden religiösen Subjektivismus konfrontiert, der schließlich vor den Ansprüchen der

---

[5] Baring, Denck und Müntzer, S. 151 ff.   [6] Vgl. Seebaß, Hans Hut.

[7] Zit. b. Baring, Denck und Müntzer, S. 150 Anm. 34.

[8] Baring (ebd. S. 154) geht wohl zu weit mit seiner Annahme, „daß dieser selbst [Müntzer] bei Denck, dem Freunde seines Gastgebers in Bibra, ungefähr 4 Wochen weilte".

[9] Über die frühe geistig-religiöse Entwicklung Dencks herrscht in der Literatur über ihn noch einige Unklarheit, die nähere konkrete Angaben vorerst kaum zuläßt. Vgl. bei Vittali und bei Hege.

[10] Das aller Wahrscheinlichkeit nach von Anfang an.

natürlichen Vernunft kapitulierte[11]? Fraglos hätte er sich eindeutig gegen einen solchen Extremismus gewandt und es entschieden abgelehnt, mit seiner Lehre für derartige Auswüchse verantwortlich gemacht zu werden. Mit vollem Recht! Aber wahrscheinlich hatte er Nürnberg schon verlassen, als die „drei gottlosen Maler" ihre Vorstellungen kolportierten, ohne daß damit ausgeschlossen sein soll, daß die Lektüre der Schriften Müntzers und Karlstadts ihnen den Anlaß zu ihren kritischen Überlegungen und radikalen Folgerungen gegeben hat[12]. Wir kommen freilich mit alledem über Vermutungen nicht hinaus: wir wissen über Müntzers tatsächlichen Umgang in Nürnberg so gut wie nichts. Er taucht für uns gleichsam als ein Namenloser unter, einzig darauf bedacht, seine „Hochverursachte Schutzrede" gegen Luther durch den Druck in alle Welt ausgehen zu lassen und durch sie seinen ärgsten Feind und gefährlichsten Gegner entscheidend zu treffen. Was er dazu hatte tun können, war in der zweiten Novemberdekade abgeschlossen. Länger noch in der Stadt zu verweilen, hatte er keinen Grund. Nunmehr etwa mit der offenen Verkündigung seiner Lehre hervorzutreten, war unter den gegebenen Umständen von vornherein ein hoffnungsloses Unternehmen; sich weiterhin noch der Gefahr einer Entdeckung auszusetzen, hatte keinen Sinn. Wollte er sich nach einer neuen Wirkungsstätte umsehen, war jeder Tag vor dem Einbruch des Winters kostbar, zumal wenn er sich mit dem Gedanken trug, den Südwesten des Reiches aufzusuchen.

Trifft die These von einem persönlichen Kontakt mit Denck zu, könnte dieser Müntzer zu der Reise angeregt bzw. ihn in seinem aus eigenem Ermessen gefaßten Entschluß bestärkt haben und ihm mit seinem Rate behilflich gewesen sein. Um die Mitte der dritten Novemberdekade dürfte er Nürnberg verlassen haben, befriedigt darüber, daß seine Antwort auf Luthers Schandbrief bald im Druck erscheinen würde, und in der Erwartung, dort unten eine größere Aufnahmebereitschaft für seine Ideen zu finden. Schwerlich beabsichtigte er eine „revolutionäre Agitationsreise", um die unruhig gewordene Bauernschaft zu mobilisieren, wenn ihm auch die spannungsgeladene Situation im oberdeutschen Raume nicht unbekannt geblieben sein und das Gerücht darüber ihn vielleicht mit angezogen haben dürfte. Aber: ging es ihm umgekehrt lediglich um eine allgemeine Information über die nach dem Hörensagen beweglicheren und bewegteren oberdeutschen kirchlichen Verhält-

---

[11] Vgl. Kolde, Denck; ebenso Kolde, Prozeß Denck. Erst Anfang Januar 1525 schritt der Rat gegen die „drei gottlosen Maler" ein und am 14. 1. wurden sie über ihre Äußerungen „wegen der weltlichen oberkait" verhört. Veyt Wirsperger erklärte: „Es geen auch dise zween brueder mit des montzers vnd Karolstads büchlin vmb" (Kolde, Prozeß Denck, S. 246).

[12] Vgl. Kolde, Prozeß Denck, S. 229.

nisse, oder suchte der wieder und wieder Vertriebene hier zugleich die Möglichkeit längeren Bleibens und freieren Wirkens zu erkunden, wo die reformatorische Bewegung dem Anscheine nach freizügiger und in seinem Sinne konsequenter fortschritt als unter der Obödienz Wittenbergs? Daß sich auch der im September aus Kursachsen ausgewiesene Karlstadt dorthin gewandt hatte, mochte seinen Entschluß mit bestimmt haben. Dagegen ist es mehr als fraglich, ob der am 5. September an Müntzer in Allstedt gerichtete Brief Konrad Grebels und seiner Genossen[13] in diesem Zusammenhange mit zu berücksichtigen ist. Es kann als nahezu sicher gelten, daß dieses Schreiben seinen Adressaten nie erreicht hat[14]. Grebel hatte nach eigener Angabe „sunst kein copy behalten"[15]; und doch liegt das Manuskript in Grebels Handschrift noch heute bei der Briefsammlung von dessen Schwager Vadian in St. Gallen, so daß wir in dem St. Galler Papier das Original vor uns haben dürften. Es ist also entweder gar nicht abgegangen oder wurde von dem Boten, der „wider zu unß kummen"[16] soll, als unbestellbar zurückgegeben, war doch Müntzer schon zur Zeit der Abfassung des Briefes gar nicht mehr in Allstedt. Wir hören auch nichts davon, daß Müntzer mit Grebel oder sonst einem der anderen Unterzeichner des Schreibens in Verbindung getreten wäre[17].

Das bedeutsamste Zeugnis für Müntzers süddeutschen Aufenthalt sind seine eigenen Aussagen im „Bekenntnis": „Im Clegkaw und Hegaw bey Basell habe er etliche artikel, wye man herschen soll aus dem ewangelio angeben, daraus furder andere artikel gemacht; hetten ine gerne zu sich genomen, habe in aber des gedankt. Dye entporunge habe er des orts nit gemacht, sondern seyn bereit uffgestanden gewest. Ecolampadius und Hugowaldus haben in des orts geweyset zum volk zu predigen; do er dan geprediget, das doselbest unglaubige regenten, were auch unglaubig volk, das doselbest eyn rechtfertigunge gescheen mußt. Dye brive, so ime dyeselben geschriben, hat seyn weyp in eynem sagke zu Molhawsen."[18] Zu diesem Selbstzeugnis treten die Angaben des zeitgenössischen Chronisten Heinrich Bullinger, der in seiner 1560 veröffentlichten Schrift „Der Widertöufferen Ursprung, Fürgang, Secten, Wäsen ..." Müntzers Erscheinen mit der täuferischen Bewegung und den sozialen Unruhen im deutsch-schweizerischen Grenzgebiet in ursächlichen Zusammenhang bringt. Müntzer wurde, so heißt es in seinem Bericht, „... von Altstetten vertriben / zoch deßhalb heruf vff Nürenberg / vnnd in das Oberland / kam der selben reiß heruf durch Basel / biß in das Kläckgöuw / gen Griessen / da er sich etlich wuchen enthielt /

---

[13] Franz, MG, S. 437—447.
[14] Vgl. auch Krajewski, Felix Mantz, S. 54.
[15] Franz, MG, S. 447,8. [16] Ebd. S. 444,28.
[17] Trotz Bullinger, unten S. 631. [18] Franz, MG, S. 544,11—19.

doch mithinzu an die anstossenden ort / vnd in die Landtgraffschafft Stülingen ouch handlet / vnnd sinen gifftigen samen / der bald hienachuolgender pürischer vfrur in die vnrüwigen vfrürigen hertzen pflantzet. Domals spreytet er ouch vß die leer von dem Widertouff / von dem wort Gottes / wie ichs hieuor kurtz erzelt hab. Vnd als er glych wol hieoben in diser gägne nit mee was / sunder sich widerum herab in Thüringen gethon, vnd zu Mülhusen wonet / schreib er doch brieff sinen vertruwten häruf / mit denen er ymmerdar vnrüwige lüt anzundt vnd hatzt wider jre herren vnd oberen. Vnd nit vnlang vor dem vfbruch der pürischen vfrur / der in der Landtgraffschafft vnnd darumb sich erhub / schickt er einen botten heruf mit brieffen / vnnd ouch mit zädlen / in welche er hatt lassen verzeichnen die kreiß vnd grösse der kuglen deß geschützes / das zu Mülhusen zu der vfrur schon gegossen was: starckt damit vnnd trost die vnrüwigen. Dann als er by acht wuchen zu Griessen gewesen was, vnnd komlicher ouch fruchtbarer sinem fürnemmen zesin vermeint / sich widerumb in Saxen hinab zu lassen / darzu hieoben / vß vrsachen / sines gefallens keinen platz fand, zoch er widerumm hinab in Thüringen / vnnd thet sich in die statt Mülhusen."[19] In seiner „Reformationsgeschichte" weiß Bullinger sogar zu berichten: „Von Zürych aber herab kamend zu Müntzern, Conradt Grebel, Felix Mantz vnd andere unruwige köpff, die hernach Zürych große unruw machtend, vnd den Widertouff samt andern vffrürischen articklen vnderstundent offentlich zu schirmen, vnd in die wällt zu bringen."[20] Ein wenig später erklärt er: „Da aber hievor in diser history gemeldet, wie sich Müntzer hie uffhin in dise Landtsart gethan, und da zu imm Grebel, Mantz und andere unruwige geister kummen, und den widertouff uff dem Müntzer gezogen habend. Den habend sy ouch Zürych angehept zu tryben und leeren."[21]

Besondere Bedeutung kommt schließlich auch den Erklärungen Ökolampads zu, in denen er sich über Müntzers Besuch bei ihm äußert und in zwei Briefen an den Nürnberger Humanisten Willibald Pirkheimer vom 21. September 1525 und vom Februar 1527 gegen dessen Verdächtigungen zur Wehr setzt. „Höre, wie sich die Sache mit Müntzer verhält! Ein Vertriebener war hierher gekommen und hatte mir einen Besuch gemacht; ich hatte ihn nie von Angesicht gesehen, den Namen verstand ich kaum, den er mir auch beim ersten Zusammentreffen nicht preisgegeben hat. Wie unterhielten uns daher nur ganz kurz ein wenig; denn er vertraute sich mir auch nicht an. Nichtsdestoweniger bedachte ich, selbst ein Vertriebener, bei mir, was wir nach dem Gebot des Herrn Fremdlingen und Vertriebenen schuldig sind und lud ihn zu mir zum Essen ein; er sagte zu und erschien mit

[19] Bullinger, Wiedertäufer, S. 2 f.
[20] Bullinger, Reformationsgesch., S. 224.   [21] Ebd. S. 237.

Hugwald. Dann erst nannte er seinen Namen und den Anlaß seiner Reise. Was sollte ich tun? Ich sprach dem Manne Mut zu, alles geduldig zu tragen; wir unterhielten uns ausgiebig über das Thema „Kreuz", und er legte ihm soviel Gewicht bei, daß ich keinen schlechten Eindruck von ihm hatte. Als er vom Essen fortging, äußerte ich [den Wunsch], am folgenden Tage noch weiter über sein Büchlein miteinander zu reden, zu dem ich mich damals weder positiv noch negativ aussprach. Ich bat ihn auch, nicht ohne Abschied von mir von hier fortzuziehen. Aber ich habe ihn nach dieser Unterredung nicht mehr gesehen. Ich bin mir auch nicht sicher, ob ich ihm geschrieben habe. Wenn ich ihm geschrieben habe, war es nichts Bedenkliches. Das weiß ich, daß ich zu Hugwald gesagt habe, er möchte ihm brieflich einen Gruß von mir ausrichten . . ."[22] Im Februar 1527 schreibt er Pirkheimer zu dem gleichen Thema: „. . . Es ist über zwei Jahre her, als Müntzer hierher kam, von einem bäurischen Alten begleitet, dessen Namen ich bis zur Stunde nicht kenne. Er besuchte mich, gebe ich zu, richtete mir Grüße aus und bat um die Gelegenheit zu einem Gespräch; da ich wirklich keine Zeit hatte, forderte ich den Unbekannten auf, zum Essen wiederzukommen, denn ich hatte Mitleid mit dem Vertriebenenschicksal des unbekannten Mannes. Bin ich deshalb etwa Mitwisser der müntzerischen Verschwörung, weil ich einen unbekannten Vertriebenen an meinen Tisch lud? Hast du dich nie in Fremdlingen und Hilfsbedürftigen getäuscht? Bei der Mahlzeit ist aber, soviel ich mich erinnere, nichts anderes erörtert worden als das: Als er seinen Namen noch nicht preisgegeben hatte, ermahnten wir uns zuerst gegenseitig, Christi Kreuz zu erdulden. Und was hat es mit Aufruhr zu tun, über des Herrn Kreuz Betrachtungen anzustellen? Hätte er dann doch nur frei von der Leber geredet, vielleicht hätte er

---

[22] Akten Ökolampad I. S. 390: „De Müntzero, ut res se habeant, audi! Venerat huc exul et me salutarat, cuius ego faciem nunquam videram, nomen vix tenebam, quod primo congressu non prodidit. Conferebamus igitur pauca quedam, plane nullius momenti; neque enim ille se mihi credebat. Nihilo minus quid peregrinis et exulib[us] debeamus ex praecepto Domini, mecum recogitans, etiam ipse exul, rogabam, ut mecum coenam sumeret; qui annuit et cum Hugualdo venit. Tunc tandem edidit nomen et causam itineris. Quid facerem? Solabar hominem, ut patienter ferret omnia, et de materia crucis colloquuti sumus multa, atque adeo illam commendabat vir, ut non male de eo sentirem. Abeunti a coena dicebam, die sequenti de libello eius plura nos colloquuturos, quem tunc nec probabam nec improbabam. Precabar quoque, ne insalutato me hinc discederet. At post colloquium illud non fuit a me visus. Neque mihi constat, num illi scripserim. Quodsi scripsi, nihil periculi fuit. Hoc scio, quod Hugualdo dixi, salutem illi per litteras ex me diceret. Et o utinam vota mea audisset Deus! Salvus ille fuisset cum multis. Nihil tale spirat genius meus, quale ab hoc attentatum, neque conscius sum. Itaque res salvae sunt, ubi conscientia innocens. Hugualdus interim plane alius homo factus est, rebaptizatus, ut aiunt; unde cum eo iam male convenit mihi. Ita hinc et inde exercemur. At est fortassis ille dies magnus Domini."

sich und viele andere gerettet? Als ich endlich seinen Namen herausbekam, brachte ich vor, wie sehr ich den Zwiespalt zwischen ihm und Luther bedauerte. Alsbald erklärte er, daß er viel Schändliches von Luther erlitten habe; doch reizte mich seine Beschwerde nur noch mehr, Luther zu loben, als ich dessen Geistesschärfe und unermüdlichen Eifer anerkannte; ich konnte jedoch den unerbittlichen Zorn und den keineswegs theologischen Hochmut mitsamt den anderen Überheblichkeiten, die jener vorbrachte — obgleich ich sie nicht glaubte —, nicht billigen, eben das, was er vielleicht unter der Folter gestanden hat. Habe ich mich etwa darin hassenswert gemacht, daß ich über Luther als Menschen geurteilt habe, dessen Fehler ich nicht billigen würde, so wie ich die meinen nicht billigen kann? Gleichwohl habe ich mein Mißfallen an dem Zwiespalt so zu verstehen gegeben, daß dem Gaste die Tischgemeinschaft ziemlich widerwärtig wurde. Wir wandten uns infolgedessen anderen Dingen zu, und ich fragte, wie er in seiner Gemeinde bei der Verwaltung der Sacramente verfahre. Soweit ich noch behalten habe, kam das Gespräch erst auf die Taufe. Er berichtete, daß er die Kinder taufe, aber in ein oder zwei Monaten auf einmal und das in Anwesenheit einer größeren Gemeinde, um das Geheimnis der Taufe dem Volke stärker ans Herz zu legen. Ich mißbilligte das nicht, weil er kein Gesetz daraus machte noch der christlichen Freiheit Eintrag tat. Auch die Frage des Abendmahls kam zur Sprache; er brachte dazu nichts Sicheres vor, obschon er nicht dinglich massiv darüber dachte. Schließlich kam unser Gespräch auf das Thema Obrigkeit und Herrschaft Christi; ich bin sicher, daß ich bei dieser Unterhaltung nichts gegen die Obrigkeit gesagt habe, die nach meiner Erkenntnis durch göttliche Ordnung zur Zügelung der Bösen gegeben und in Geltung zu erhalten ist. Er brummelte dann, die Obrigkeit könne vom Volke sowohl an ihre Pflicht gemahnt als auch wieder zur Ordnung zurückgebracht werden. Ich antwortete ihm: Es ist Sache des Herrn, Herrschaftsgewalt zu übertragen; in dem, was nicht gegen Gott ist, kommt es den Untertanen zu, zu gehorchen, es sei denn, daß bei ihnen das Recht liegt, den Herrscher zu erwählen und in Schranken zu halten; sofern ihnen aber ein solches Recht zusteht, haben sie selbst darauf zu sehen, daß sie es prüfen. Dieser Antwort schien er ganz und gar nicht beizupflichten. Doch was hat das harmlose Gespräch mit dem Aufruhr zu tun? Es könnte sein, daß er sich unter der Folter dieser Reden erinnert hat. Aber wenn er meine Worte recht wiedergegeben hat, haben sie seiner Sache nicht gedient. Denn ich habe ihm besorgt ans Herz gelegt, daß es unsere Aufgabe sei, das Evangelium Christi und alle Gerechtigkeit zu verkünden; die Könige sollen ohne uns ihre Reiche regieren. Nach beendeter Mahlzeit dankte er mir, ich aber forderte ihn auf, nicht ohne Abschied von mir zu nehmen von hier fortzugehen; doch er kam nicht noch einmal wieder, so sympathisch war ich ihm. Seitdem habe ich überhaupt nichts mehr mit ihm zu tun gehabt..."[23]

Danach steht zunächst die Begegnung Müntzers mit Ökolampad in Basel eindeutig fest, und wenn Hans Denck ihn beraten haben sollte, wäre es in Übereinstimmung mit der von Bullinger angegebenen Reiseroute einigermaßen wahrscheinlich, daß Basel sein erstes Ziel gewesen ist, wo ihm von Denck vielleicht durch Adressen und Empfehlungen der Weg geebnet wurde. Frühestens gegen Ende der ersten Dezemberdekade dürfte er hier angekommen sein, und er hat seinen Besuch bei Ökolampad wohl nicht allzu lange hinausgezögert. Bei ihrer ersten

---

[23] Ebd. II, S. 21 f.: „Caeterum quia urges, audi iterum, quod antea etiam tibi indicavi, et vide, quam deceat te in vulgum tam maligne invidiosum verbum seminare: Ultra biennium est, quando huc venit Munzerus, vetulo quodam rustico comitatus, cuius nomen adhuc ignoro; invisit me, fateor, salutavit et colloquii copiam petiit; verum quia non vacabat, iussi incognitum redire ad coenam; miserebat enim me exilii hominis ignoti. Nunquid propterea Munzeranae coniurationis conscius ero, quia ignotum exulem, quem ego bonum virum putabam, ad mensam meam admisi? Nunquam tu in hospitibus et pauperibus falsus es? In coena autem quantum memor sum, non sunt alia tractata quam haec: Exhortabamur primum nos mutuum ad tolerantiam crucis Christi, quum nondum edixisset nomen suum. Et quid ad seditionem pertinet de cruce Domini commentari? Utinam ex animo tunc loquutus esset, fortassis et se et multos alios servasset. Tandem expiscatus nomen eius indicavi, quam dolerem de suo Lutherique dissidio. Mox ille se indigna multa a Luthero passum dicebat; querimonia tamen sua ad laudandum Lutherum magis extimulabat, cuius quum probarem ingenii acrimoniam et infatigabilem zelum, inexorabilem tamen iram et fastum minime theologicum cum superbis aliis moribus, quos ille narrabat, quamvis non crederem, probare tamen non poteram, id quod fortasse in tormentis confessus est. Et in hoc me exosum fecit, quia de Luthero ut homine sensi, cuius vitia non probarem, sicut nec mea probare possum? Ita tamen ostendi mihi displicere dissidium, ut convivium hospiti fieret fastidiosius. Convertimus ergo nos ad alia, rogabamque ego, quem morem in administrandis sacramentis servaret in ecclesia sua. Et quantum teneo, prior sermo erat de baptismo. Referebat autem, quod puellos baptizaret, sed uno vel duobus mensibus semel, idque praesente frequentiore ecclesia, quo baptismi mysterium populo magis commendaret. Neque improbabam hoc, eo quod legem non ferebat neque libertati Christianae praeiudicabat. Quaesitum est autem et de eucharistia, de qua ille nihil certi proferebat, tametsi non crasse sentiret. Demum de magistratu loqui coepimus et de regno Christi, in quo colloquio certus sum me nihil dixisse contra magistratum, quem divina ordinatione ad coërcendos malos datum et observandum cognovi. Submussitabat tunc, et a plebe officii sui magistratum admoneri et in ordinem redigi posse. Cui respondi: Domini est transferre regna; in his, quae contra Deum non sunt, subditorum est obedire, nisi ius eligendi et retinendi principem apud illos sit; quod autem ius illud apud illos sit, viderint ipsi, ut probent. Videbatur et huic responso non prorsum subscribere. Sed quid ad seditionem innocens hoc colloquium? Fieri potest, quod et horum sermonum in tormentis meminerit. At si verba mea fideliter dixit, causae ipsius non profuerunt. Anxie enim illi commendavi, nostrum esse praedicare evangelium Christi et omnem iustitiam; reges sine nobis sua regna gubernent. Facta coena gratias habuit mihi; iussi autem, ne insalutato me hinc abiret, sed ad me non rediit, tam gratus eram illi. Ex eo tempore nihil omnino mihi commercii cum illo."

Fühlungnahme übten beide Männer offenkundig noch eine starke gegenseitige Zurückhaltung, weniger wegen der Anwesenheit des unbekannten bäurischen Alten, der Müntzer zu Ökolampad geführt haben dürfte, als in der verständlichen Reserve erstmaliger Begegnung unter etwas absonderlichen Umständen. Der Fremde richtete Grüße aus, aber Ökolampad wußte nicht recht, wen er da vor sich hatte. Immerhin erfuhr er aus dem sonst nicht sehr inhaltsreichen kurzen Gespräch, daß sein Besucher ein Vertriebener war und eine Unterredung mit ihm wünschte. So lud er den unbekannten Flüchtling zum Mittagessen ein, der die Einladung annahm und in der Begleitung Hugwalds auch erschien. Nun erst nannte Müntzer seinen Namen und den Anlaß seiner Reise, woraus sich von selbst ein Gespräch über das Erleiden des Kreuzes als Wesensmerkmal christlichen Lebens entwickelte. Man kam sich über diesem Thema einander näher und Ökolampad gewann aus den Äußerungen seines Gegenüber einen guten Eindruck von ihm: „Utinam ex animo tunc loquutus esset, fortassis et se et multos alios servasset". Als man jedoch auf die Auseinandersetzung mit Luther zu sprechen kam, nahm die Unterhaltung eine wenig erfreuliche Wendung. Denn Müntzer beklagte sich über die empörende Behandlung, die jener ihm hatte widerfahren lassen, und als Ökolampad sich für den Wittenberger einsetzte, seine Geistesschärfe und seinen unermüdlichen Eifer hervorhob, hielt ihm Müntzer dessen unerbittliche Heftigkeit, den einem Theologen am wenigsten geziemenden hochmütigen Stolz und andere üble Eigenschaften entgegen. Ökolampad hörte sich das ungläubig an, ließ aber seinen Zweifel aus Höflichkeit nicht laut werden und konnte natürlich die von Müntzer an seinem Widersacher gerügten Fehler als solche nicht billigen. Trotzdem brachte er sein Mißfallen an dem Zwiespalt der beiden unumwunden zum Ausdruck, so daß die Tischgesellschaft für den Gast schon reichlich peinlich wurde und man sich einem anderen Thema zuwandte.

Man unterhielt sich nunmehr über die Praxis der Sakramentsverwaltung und Ökolampad hörte nicht minder aufmerksam als Hugwald zu, was Müntzer über die von ihm geübte Form der Taufhandlung berichtete, stand doch für sie die Tauffrage eben damals mit im Vordergrunde des theologisch-kirchlichen Interesses. Müntzer übte die Kindertaufe, wie Ökolampad ausdrücklich hervorhebt; doch vollzog er die Handlung nur ein- oder zweimal im Monat, und zwar in Gegenwart einer größeren Gemeinde, um das *mysterium baptismatis* dem Volke vertrauter zu machen. Man hatte dagegen nichts einzuwenden, weil er kein Gesetz daraus machte und der christlichen Freiheit keinen Eintrag tat. Ob und wieweit dabei die ganze Problematik der Kindertaufe zur Sprache kam, ist allerdings dem Schreiben nicht zu entnehmen; eine schärfere Debatte scheint sich darüber nicht entsponnen zu haben. Ebensowenig über das

Abendmahl, das anschließend Gegenstand des Gespräches war und wo Ökolampad offenbar eine klarere Anschauung Müntzers noch vermißte, obwohl er mit Befriedigung konstatierte, daß Müntzer keinen massiven Vorstellungen huldigte.

Endlich schnitt man auch die Frage Obrigkeit und *regnum Christi* noch an. Wer sie aufwarf, geht aus dem Bericht nicht hervor, in dem Ökolampad vor allem an der Feststellung gelegen war, daß er selber sehr bestimmt und völlig eindeutig im Sinne der zwinglischen Lehre die Auffassung vertreten habe, die Obrigkeit sei durch göttliche Anordnung gegeben, um die Bösen in Schranken zu halten, und müsse geachtet werden. Die kurze Kontroverse über die von Müntzer vorgebrachte Behauptung eines Einspruchs- und aktiven Widerstandsrechtes des Volkes führte offensichtlich zu keiner Annäherung der unterschiedlichen Standpunkte; sie macht jedoch deutlich, daß das müntzerische Verständnis von „füglicher empörung" seinem Gesprächspartner höchst bedenklich erschien und ihn beunruhigte.

Nach dem Essen habe der Gast sich bei ihm bedankt und Ökolampad ihn geheißen, Basel nicht zu verlassen, ohne sich von ihm verabschiedet zu haben. Nach den Angaben des Briefes vom 21. September 1525 vereinbarte man sogar eine Zusammenkunft für den folgenden Tag, um sich über Müntzers Büchlein weiter zu unterhalten, über das sich Ökolampad damals eines Urteils vorerst noch enthielt. „Sed ad me non rediit, tam gratus eram illi". Seitdem habe er keine Verbindung mehr mit ihm gehabt, seines Wissens auch kaum schriftlich mehr mit ihm verkehrt, wohl aber Hugwald gebeten, Grüße an ihn auszurichten, wenn er ihm schriebe.

Man darf bei der Auswertung der Äußerungen des Baseler Reformators natürlich nicht außer acht lassen, daß er das erste Mal fast zehn Monate, das zweite Mal in detaillierter Form sogar zweieinviertel Jahre später erst über seine Begegnung mit Müntzer berichtete. Da mochte sich in der Erinnerung manches verschoben haben oder verblaßt sein. Manches mochte auch bewußt oder unbewußt anders akzentuiert werden in dem Bemühen, sich gegen die Verdächtigung zu schützen, mit dem nunmehr vor aller Welt als Aufrührer gebrandmarkten Rottengeist in engerer Verbindung gestanden zu haben, gar sein Geistesverwandter gewesen zu sein, zumal Müntzer selbst ihn mit der Preisgabe seines Namens belastet hatte. Es wäre durchaus verständlich, wenn Ökolampad die Gesprächssituation verharmlost, Müntzers Haltung wie auch seine eigene Reaktion unverfänglicher geschildert hätte als es vielleicht der Wirklichkeit entsprach. Dennoch dürfte die Darstellung in den wesentlichen Zügen glaubwürdig sein.

Das heißt erstens, daß Ökolampad keinen negativen Eindruck von seinem Besucher gewonnen hatte und trotz den Bedenken, die diese oder jene These Müntzers in ihm weckte, keinen ernsthaften Grund sah, schlecht über ihn zu denken (ut non male de eo sentirem).

Zweitens darf man schließen, daß Müntzer nicht die Absicht hatte, sich länger in Basel aufzuhalten, sondern bald weiterziehen wollte. Denn gleich bei der Verabschiedung nach dem längeren Zusammentreffen bat ihn Ökolampad, „ne insalutato me hinc abiret", schloß also aus der Unterhaltung offenbar auf eine baldige Weiterreise seines Gastes. Man mag bei Tisch auch über die Lage des Flüchtigen gesprochen, seine Pläne mit erwogen und ihn beraten haben. Eben da haben ihn wohl „Ecolampadius und Hugowaldus... geweyset zum volk zu predigen" und mit konkreten Hinweisen geholfen.

Drittens standen Müntzers persönliches Geschick und theologische Ansichten wohl im Mittelpunkt des Gespräches, das trotz vorsichtiger Zurückhaltung auf beiden Seiten keineswegs zu voller Übereinstimmung in allen Punkten führte und bei der Diskussion über die Obrigkeitsfrage anscheinend abgebrochen wurde (de magistratu loqui coepimus!). Darauf könnte auch Ökolampads Anregung deuten, das Kolloquium am folgenden Tage fortzusetzen (abeunti a coena dicebam, die sequenti de libello eius plura nos colloquuturos), obgleich dieser Vorschlag sich nur schwer mit der gleichzeitigen Aufforderung vereinen läßt, sich vor seiner Abreise aus Basel doch persönlich zu verabschieden. Bei dem erwähnten *libellus* dürfte es sich vermutlich um die „Ausgedrückte Entblößung" gehandelt haben, in der sich Müntzer zuletzt über Wesen und Funktion der Obrigkeit ausgelassen hatte.

Viertens kann man den beiden Berichten entnehmen, daß Müntzer sich sorgfältig hütete, sich allzu sehr zu exponieren. Er hat gewiß seine Klagen über Luther als den für seine Vertreibung letztlich Verantwortlichen vorgebracht, hat auch den grundsätzlichen theologischen Dissensus nicht verschwiegen und seine eigene Ansicht zu den angeschnittenen Themen mehr oder minder nachdrücklich vertreten. Aber er hat offensichtlich sein Temperament gezügelt, seinen Radikalismus und Extremismus nicht so hervorgekehrt, seinen Widerspruch gedämpft und in honorige Formen gekleidet. Wie er anfangs seinen Namen nicht preisgab, so blieb weiterhin mancher Gedanke unausgesprochen, und man kann den Eindruck haben, daß er nur soweit aus sich herausging, als er es für angebracht hielt, um die Geisteshaltung seines Gesprächspartners näher kennenzulernen.

Fünftens ist hervorzuheben, daß Ökolampad sicherlich das Richtige trifft, wenn er aus dem Verhalten seines Gastes folgerte, daß dieser mit dem Ergebnis seines Besuches nicht sonderlich zufrieden war. Ihm hatte sichtlich schon das positive Votum Ökolampads über Luther mißfallen und seine Verstimmung wuchs, als dieser nach den deutlich genug erhobenen Anklagen gegen des Wittenbergers anmaßende Überheblichkeit trotzdem noch seine Mißbilligung des Zerwürfnisses zwischen beiden aussprach, von der auch Müntzer sich betroffen fühlen mußte. Nicht minder nahm er an der von Ökolampad so selbstverständlich als unantastbar hingestellten Obrigkeitslehre Anstoß, die sich für ihn im Kern nicht wesentlich von der Luthers unterschied. Der Baseler Professor mochte sich ihm in mancher Hinsicht aufgeschlossener und verständnisbereiter als erwartet gezeigt haben, aber alles in allem bedeutete das Gespräch für ihn augenscheinlich eine Enttäuschung, von dessen Fortführung er sich wenig oder nichts versprach. Er legte keinen Wert auf einen weiteren Besuch bei dem gelehrten Mann; jedenfalls trifft es kaum zu, wenn man aus den Briefen schließen will, daß er „wiederholt bei Oekolampad ein- und ausging"[24].

Einen engeren Kontakt scheint Müntzer mit Hugwald gefunden zu haben, der an jenem Gespräch teilgenommen, sich seiner in den Baseler Tagen vielleicht etwas angenommen hatte, auch brieflich mit ihm noch in Verbindung blieb und Ökolampads Grüße übermittelte. Es ließe sich gut vorstellen, daß der junge thurgauische Humanist eine größere Bereitschaft zeigte, auf die Ideen Müntzers einzugehen. Sein lebhafter Geist stand damals allem Neuen aufnahmewillig gegenüber und machte ihn zu einem der begeistertsten Anhänger Luthers in Basel[25]. Mit Luther setzte für ihn die große Wende ein, die Rückkehr der Christenheit zu Christus und seiner Gerechtigkeit, und in eigenwilliger Verknüpfung kirchen- und gesellschaftskritischer Reflektionen mit der prophetischen Schau des zukunftsträchtigen Geschehens der Reformation gestaltete sein vorgreifender Eifer das utopische Bild einer vollkommenen christlichen Gesellschaft, das den Einfluß moderner Schwärmerei für den ideal geschauten Bauernstand nicht verleugnen konnte. 1525 geriet er in den Sog des Täufertums, wohl nicht allein in bewußter Stellungnahme zu dem speziellen Problem der Taufe, sondern von ihm allgemeiner als Parteinahme für ein entschiedenes Christentum verstanden bzw. für ein ernsthaftes Bemühen um die wirkliche Verchristlichung der Welt, wie er es in den täuferischen Kreisen zu erkennen meinte. Er fühlt sich demnach bei bleibender Wertschätzung des „apostolischen Mannes" nicht unbedingt an jede Lehraussage Luthers gebunden, und es ist zu fragen, ob und wieweit es Müntzer im Anschluß an das Gespräch bei Ökolampad in eingehenderer Erörterung der dort nicht ausdiskutierten Probleme gelungen ist, auf ihn in seinem Sinne einzuwirken. Hugwald selbst hüllt sich über sein Verhältnis zu Müntzer in Schweigen. Als er 15 Jahre nach der Begegnung mit ihm seine Chronik „De Germanorum prima origine,

---

[24] Baring, Denck und Müntzer, S. 154 f.
[25] Eine zureichende Biographie H. Hugwalds fehlt leider noch. Angaben zur älteren Literatur über ihn und sein Schrifttum siehe bei Wernle. S. 265 f. Zur Frühzeit Hugwalds vgl. Kreis, Leben Hugwalds.

moribus..." schreibt[26], erwähnt er in den allerdings recht knappen Ausführungen über den Bauernkrieg Müntzers Auftreten in Oberdeutschland mit keinem Wort, obgleich er ihm für dessen Anfänge die maßgebliche Rolle zuweist: „Anno hoc [1525] incepit Thoma Muntzero autore seditio illa rusticorum in Thuringia primum, nam Muntzerus falsus propheta persuaserat multis sinplicibus nimium credulis adesse fatale tempus quoque omnes impii essent interficiendi seque ad hoc a domino vocatum... foreque omnia, sublatis impiis, beata, omnesque sanctos futuros dominum in omnibus regnaturum, onmes in summa felicitate vixuros, neminem plus alio habiturum...."[27] Spiegelt sich darin die Erinnerung wieder, daß der *falsus propheta* einst auch ihn als einen der Leichtgläubigen mit solchen ihm selbst in jener Zeit nicht fremden schwärmerischen Ideen für sich gewonnen hatte? Er hatte zwar keinen Grund, etwa durch einen Widerspruch gegen Müntzers Aussagen im „Bekenntnis" inzwischen vergessene Dinge wieder ins Gedächtnis zu rufen und sich Verdächtigungen auszusetzen, aber die Verketzerung schließt ebensowenig aus, daß er ihn damals mit ganz anderen Augen gesehen und ihm weitergeholfen hat. Wenn er ihn „des orts geweyset zum volk zu predigen", geschah es schwerlich nur, um den armen Flüchtling zu unterstützen, sondern dann lag ihm wohl daran, die geistige Potenz, die zielbewußte religiöse Entschiedenheit und die drängende Aktivität, von der er im persönlichen Umgang etwas gespürt haben mochte, im Dienste der reformatorischen Sache zu rechtem Einsatz zu bringen.

Man war in Basel über die allgemeine politische und speziell kirchenpolitische Situation im süddeutschen Raume am oberen Rhein und am Bodensee zweifelsohne gut informiert[28]. Man kannte hier Waldshuts schwierige Position im Kampfe mit den gegnerischen Mächten, die mit der Unterwerfung der der Reformation zugefallenen Stadt einen Unruheherd erster Ordnung, einen Kristallisationspunkt und ein Ausstrahlungszentrum all der Auflösungstendenzen beseitigen zu können wähnten, die zumal seit der Mitte des Jahres 1524 dort unten in die Erscheinung getreten waren. Gerade in den beiden letzten Monaten hatte der Baseler Rat, wenngleich vorsichtig, so doch unmißverständlich sein Interesse für das reformatorische Anliegen der Waldshuter zu erkennen gegeben. Man war genau im Bilde über die Vorgänge bei den Stühlinger Bauern, im Klettgau, Hegau usf., wußte von der Bitte der Klettgauer an den Züricher Rat, sie gegen das mit Repressalien drohende Verlangen der Stühlinger zu schützen, sich am Aufstande zu beteiligen, wußte na-

---

[26] Dazu Stern, Bauernkrieg, S. 193 f.   [27] Ebd. S. 193.
[28] Ich verweise etwa auf Basels Beteiligung an den Verhandlungen zu Rheinfelden vom 31. 10.—5. 11. 1524. Vgl. dazu Elben, S. 86; Bergsten, S. 195 ff. Dazu die Aktensammlungen und·Darstellungen des Bauernkrieges.

türlich auch von der Antwort Zürichs, das für die Hilfe die Annahme der Züricher Religionsmandate erwartete und auf die volle Bereitschaft stieß, dem wahren Worte Gottes anhängen zu wollen. Ob nun Hugwald den Landfremden in die Zusammenhänge des allerjüngsten Geschehens näher eingeführt und ihn besonders darauf hingewiesen hat, welche Gelegenheit sich hier einem evangelischen Prediger zum Einsatz seiner Arbeit bot, oder ob Müntzer noch aus anderen Quellen in der Stadt Nachrichten darüber zuflossen: was er vernahm, war für ihn sicherlich Anreiz genug, sich in dem von gärender Unruhe erfüllten Gebiete nach Möglichkeiten reformatorischen Wirkens in seinem Sinne umzutun, ohne daß der Gedanke an einen dauernden Aufenthalt für ihn im Augenblick eine maßgebliche Rolle gespielt zu haben braucht. So erscheint die Mitteilung Bullingers, daß Müntzer sich von Basel nach Grießen gewandt habe, durchaus glaubwürdig.

Heinold Fast, der der Frage nach den Quellen der Detail-Kenntnisse Bullingers von der Beteiligung Müntzers an der süddeutschen Bauernbewegung besonders nachgegangen ist, rechnet hier wohl zu Recht „mit einer uns unbekannten Quelle..., der er seine Nachrichten entnehmen konnte". „Solche Einzelheiten pflegt Bullinger sich nicht aus den Fingern zu saugen", und es „spricht alle Wahrscheinlichkeit dagegen, daß es mündliche Überlieferung war, die sich bis 1560 und später durchgesetzt hätte"[29]. Allerdings hält Fast im Bezug auf die Angaben über Grießen die Möglichkeit einer freien Kombination verschiedener Nachrichten mit der Grundthese von der Urheberschaft Müntzers an den Bauernunruhen nicht für ganz ausgeschlossen; aber es besteht schließlich keinerlei Anlaß, es als bloße Konstruktion anzusehen, daß Müntzer zunächst ein Unterkommen in Grießen gesucht und gefunden hat, um von dort aus, als seinem Standquartier gleichsam, seine Fahrten in die benachbarten Ortschaften, in den Klettgau und den Hegau zu unternehmen. Dagegen entspricht es nachweislich nicht den Tatsachen, wenn er in dem gleichen Bericht zum Urheber des Bauernaufstandes gestempelt wird: „ac venenatum suum semen seditionis rusticorum, quae brevi post secuta est, animis factiosis inserebat"[30]. Er selbst hat es bei seinem Verhör nachdrücklich bestritten: „Dye entporunge habe er des orts nit gemacht, sondern seyn bereit uffgestanden gewest."[31] Auch die Klettgauer, die sich Anfang Oktober noch dagegen gewehrt hatten, von den Stühlingern in den Aufstand hineingezogen zu werden, und erklärt hatten, keinen Anlaß zur Klage über ihren Herrn, den Grafen von Sulz, zu haben[32], waren am Ende des Monats ebenfalls in den allgemeinen Sog der um sich greifenden Auflehnung geraten und hatten am 28. Oktober 1524 alle nicht durch

---

[29] Fast, S. 103.

[30] Vgl. oben S. 631.

[31] Vgl. oben S. 630.

[32] Schiff, Müntzer u. Bauernbew., S. 70; Bauernkrieg, gleichz. Urk., S. 115—117.

„brieff, sigel und lut" beglaubigten Leistungen gekündigt[33]. Da Müntzer frühestens um die Mitte des Dezember im Raume Grießen erschien, kam er also bereits in ein unruhig gewordenes Gebiet, freilich zu einer Zeit, da sich die Lage nach außen hin auf Grund der mehr oder minder ernst gemeinten Verhandlungsbemühungen gerade ein wenig zu entschärfen schien.

Nur konnte von einer wirklichen Beruhigung keine Rede sein[34], da das gegenseitige Mißtrauen, der immerfort wach gehaltene Zweifel an der Ehrlichkeit des Partners, die Ungewißheit über seine wahren Absichten, eine Atmosphäre schufen, in der sich die oppositionelle Stimmung immer weiter ausbreiten und vertiefen mußte und das Hinauszögern einer halbwegs befriedigenden Antwort dazu angetan war, die Aufständischen zu entschiedenerem Vorgehen zu reizen. Noch hielten sich die Forderungen der Bauern zumeist in Grenzen, innerhalb derer es bei redlichem Willen zur Verständigung wohl zu angemessenen Vereinbarungen hätte kommen können. Der Protest gegen die willkürlichen Steigerungen der Lasten und Dienste erstrebte anfänglich vor allem die eindeutige Fixierung des rechtlichen Status, der auf der Grundlage alten verbrieften Rechtes, das nur gelegentlich auch als revisionsbedürftig erachtet wurde, festgestellt und als unverletzlich anerkannt werden sollte, um so der zunehmenden Entrechtung, damit zugleich der wirtschaftlichen Existenzgefährdung und fortschreitenden sozialen Unterdrückung zu wehren. Die Demonstrationen aber zur Proklamation eben dieser Forderungen und zur Unterstützung des Protestes waren im großen und ganzen noch maßvoll. Bei aller Entschlossenheit, den Kampf gegen jede Form unrechtmäßiger Fron aufzunehmen und ihn bis zur rechtlich gesicherten Gewährleistung zumutbarer Arbeits- und Lebensbedingungen durchzuführen, scheute man vor offener Gewaltanwendung noch zurück und enthielt sich auch angesichts einer Zusage gerichtlicher Klärung der strittigen Punkte des Versuches, durch massiven Druck die rechtliche Entscheidung zu beeinflussen. Es lag jedoch in der Natur der Dinge, daß das Beispiel der Stühlinger Schule machte, als ihr Aufbegehren nicht sofort mit drakonischen Gegenmaßnahmen beantwortet wurde, daß man in benachbarten Gauen und Landschaften sich ebenfalls mit ähnlichen Beschwerden und Ansprüchen meldete und sich, wenn schon nicht zu gemeinsamem Vorgehen, so doch zu gleichem Handeln entschloß. Geheimes Werben und offene Propaganda sorgten dafür, daß die Unruhen immer weitere Kreise erfaßten. Über den Austausch von Informationen hinaus kam es zu mancherlei Verständigung; und es wäre wahrlich seltsam gewesen, wenn nicht bald radikalere Stimmen laut geworden wä-

[33] Schiff, Müntzer u. Bauernbew., S. 71 Anm. 2; Eidgen. Absch., S. 527.
[34] Die knappe Situationsskizze lehnt sich an die Darstellung von Franz (Bauernkrieg) an, nicht ohne auf die Quellen selbst zurückzugehen.

641

ren, die sowohl extreme Forderungen an die Herren gestellt wie härtere Methoden gegen sie angewandt wissen wollten, schließlich sogar jedermann in Stadt und Land sofort zu einer klaren Entscheidung, d. h. praktisch zur Unterstützung der Aufständischen zu nötigen gedachten. Die 16 Artikel z. B., die die Bregtaler am 18. November dem Rat der Stadt Villingen vorlegten[35], bezeugen es mit ihrer Grundsätzlichkeit und Bedingungslosigkeit, daß es noch vor dem Erscheinen Müntzers im Aufstandsgebiet solche radikalen Elemente gab, die in ihrer Propaganda weiter gesteckte Ziele verfolgten und auf eine rücksichtslose Praktik aus waren, die aber im allgemeinen noch wenig Anklang und kaum Anhang gefunden zu haben scheint.

Der Ruf nach dem „verbrieften Rechte" verdeckte gewiß weithin auch sonst noch ein größeres Begehren, das Verlangen nach einer besseren Ordnung überhaupt. Dennoch bleibt es eine erstaunliche Tatsache, daß man geraume Zeit in maßvoller Bescheidung so große Erwartungen von der Restitution des alten Rechtszustandes hegte. Es bedeutete unter diesen Umständen den Anfang einer ernsthaften Zuspitzung der Krise, als man dem redlichen Willen zu einer objektiven Handhabung des Rechtes durch die dafür verantwortlichen Instanzen zu mißtrauen begann und der Verdacht parteiischer Entscheidung der Schiedsgerichte die Ausgleichsverhandlungen erschwerte. Man bestand auf der Sicherstellung einer objektiven Kontrolle der Dokumente und verlangte ein maßgebliches Mitspracherecht bei der Klärung strittiger Fragen wie bei der Urteilsfindung. Allerdings stand auch hinter diesem Verlangen mehr noch als lediglich der Zweifel an der Objektivität der alten Rechtsinstanzen. Denn mit immanenter Konsequenz wurden ja die Bauern, nachdem sie einmal zu klarerem Bewußtsein ihrer Lage gekommen und sich gegen unrechtmäßige Forderungen ihrer Herrschaft zu wehren entschlossen waren, Schritt um Schritt in ihren Überlegungen weitergeführt. Der offenkundige Tatbestand willkürlicher Handhabung und eigenmächtiger Änderung der bisher als legitim hingenommenen Rechtsgrundlagen durch die geistlichen wie weltlichen Herren mußte sie eines Tages, zumindest mancherorts, nach dem Rechtstitel der herrschaftlichen Forderungen überhaupt fragen lassen. Und aus der Frage nach dem geschichtlichen Recht ihrer Ansprüche erwuchs schließlich die prinzipielle Frage nach der bleibenden Gültigkeit der herrschenden Rechtsordnung schlechthin, bis sich aus dem skeptischen Fragen bewußte Kritik entwickelte und sie sich endlich zur Forderung einer nach gerechten Prinzipien gestalteten Ordnung der Verhältnisse verdichtete. Mit dem Willen zur Selbstbehauptung steigerte sich das Selbstbewußtsein, und die Verzögerungstaktik der Herren trieb die ebenso selbstbewußter wie mißtrauischer werdenden

---

[35] Franz, Quellen BK, S. 96 f., dazu S. 91 ff. der Bericht des Heinrich Hug.

Bauern förmlich zu immer neuen, immer weiter greifenden Erwägungen, so daß man je länger desto weniger sich noch mit einer formaljuristischen Entscheidung nach den Satzungen des alten Rechtes abzufinden gesonnen war. Mehr und mehr fanden die mancherlei Geister jetzt Gehör, die, sei es in Aufnahme erneuerter alter Gedanken, sei es unter dem Einfluß neuer Ideen, über eine bloße Teilrevision des Bestehenden hinaus die ganze Struktur des gesellschaftlichen Lebens in allen seinen Beziehungen von Grund auf gewandelt wissen wollten. Die revolutionären Elemente eines extremen Reformwillens kamen freilich im Aufbegehren der Bauern im letzten Drittel des Jahres 1524 nur vereinzelt und lokal sehr begrenzt zu Geltung, und die im Ganzen doch mangelhafte Kommunikation der einzelnen Gruppen erschwerte vorerst eine Klärung der Motive und Tendenzen, die zu einheitlicher Willensbildung und deren Bekundung in programmatischen Deklarationen hätte führen können. Immerhin kann nicht übersehen werden, daß ungeachtet aller vorherrschenden Orientierung am „alten Recht" auch andersartige Vorstellungen auftauchten, deren Verbreitung unter den Aufständischen den Charakter der Erhebung in bedeutsamer Weise verändern mußte. Insbesondere ist zu bedenken, daß die in den Bewegungen des „Bundschuh" erhobene Forderung nach dem „göttlichen Recht" jetzt auch wieder laut wird, die die mehr oder minder kasuistische Orientierung am alten Herkommen ergänzte und vertiefte durch das Begehren einer prinzipiellen Veränderung der bestehenden Zustände nach den Normen der „göttlichen Gerechtigkeit"[36]. Die Parole von der durch Christus erwirkten gottgewollten Freiheit des Menschen fand abermals ein Echo, obschon vorerst selten nur als zentrale Losung formuliert und von den Bauern selbst erst relativ spät auch als ein reformatorisches Anliegen ausgegeben.

In welcher Weise das Geschehen der Reformation auf die südwestdeutschen Bauernunruhen eingewirkt und welche Rolle im besonderen Thomas Müntzer dabei gespielt hat, ist eine noch immer recht unterschiedlich beantwortete Frage geblieben. Bereits von der zeitgenössischen Polemik wird noch vor dem Ausbruch des eigentlichen „Bauernkrieges" der Ursprung der Empörung mit dem Vordringen der „lutherischen Sekte" in einen ursächlichen Zusammenhang gebracht. Die mit den Vorgängen befaßten Regierungsstellen handeln augenscheinlich von Anbeginn in der Überzeugung, daß hier die politischen und sozialen Unruhen

---

[36] „Das Schlagwort von der Göttlichen Gerechtigkeit war nicht katholischen Ursprungs. Es war von Wikliff zu den Hussiten gelangt und war von dem unbekannten Verfasser der ‚Reformation des Kaisers Siegmund' wieder aufgenommen worden. Auf diesem Wege hatte es Joß Fritz erreicht. Jetzt wurde dies Wort die Brücke zu der großen Geistesströmung, die sich so unmittelbar wie keine andere Bewegung vorher oder nachher an den gemeinen Mann wandte, zur Reformation" (Franz, Bauernkrieg, S. 86).

mit den religiös-kirchlichen in eins zusammenfließen und die Gegenaktion gegen beide gerichtet sein muß. Es läßt sich nun gewiß nicht in Abrede stellen, daß die Reformation die am Ausgang des Mittelalters zumal in den niederen Volksschichten um sich greifende allgemeine Erregung erneut geschürt, der ins Wanken geratenen Autorität obrigkeitlicher Instanzen einen weiteren Stoß versetzt und der Kritik des gemeinen Mannes am herrschenden Ordnungssystem Auftrieb gegeben hat, so daß es hin und her im Lande zu Ausschreitungen Unzufriedener kam mit dem Ziele, sich größere Freiheiten und Rechte auch auf wirtschaftlichem, sozialem und politischem Gebiete zu erkämpfen. Der südwestdeutsche Raum war davon nicht ausgenommen und geriet hier mehr, dort weniger ebenfalls in gärende Unruhe, zumal die in der angrenzenden Schweiz so offen zutage tretenden sozial-politischen Auswirkungen der Reformation aufhorchen lassen mußten. Jedoch bedeutet dieses Einbezogensein in eine allgemeine Atmosphäre politisch-sozialen Aufbegehrens keineswegs, daß der Anlaß zur Erhebung allenthalben gleich gewesen sein müßte. Gerade in dem „Wetterwinkel" des Reiches mit seiner Anfälligkeit für Unternehmungen revoltierender Selbsthilfe ist der Aufstand nicht erst durch eine engere Berührung mit der reformatorischen Gedankenwelt selbst ausgelöst worden. Tatsächlich bieten die Quellen keinen Anhalt für die These, daß der Ursprung der Empörung in der Reformation liege. In den Erklärungen der Schwarzwaldbauern etwa wird man eher Reminiszenzen an das Programm des Bundschuh vermuten dürfen; und wo ihre Forderungen darüber hinausgehen und unter dem Einfluß der religiösen Neuerung vorgebracht zu sein scheinen, handelt es sich um Ansprüche, die zuvor schon anderswo verschiedentlich in ähnlicher Form gestellt waren und von ihnen nur aufgenommen wurden, ohne daß sie darum selbst auch mit der „Ketzerei" in näherem Kontakt gestanden hätten. Klar liegen die Dinge etwa bei den Stühlingern. Sie „berufen sich weder auf die Bibel noch auf das Göttliche Recht. Sie stellen keinerlei Forderungen, die das geistliche Gebiet betreffen"[37]. Nichts deutet darauf hin, daß sie in irgendeiner Weise durch die Reformation zur Erhebung mit veranlaßt worden seien, geschweige denn, daß sie sich von ihr Argumente zur Begründung und Rechtfertigung ihrer Beschwerden hätten geben lassen. Und man kann auch keine Rückschlüsse daraus ziehen wollen, daß gerade die Stühlinger die Fühlung mit Waldshut aufnahmen, wo seit dem Winter 1523/24 durch Hubmaiers Wirken die Reformation zum Durchbruch gekommen war und das kirchliche wie das politische Leben bestimmte; daß ihre bewaffneten Haufen schon Ende Juli in der Stadt erscheinen, die wegen ihres Pfarrers und ihres evangelischen Glaubens von der vorderösterreichischen

---

[37] Franz, Bauernkrieg, S. 101.

Regierung hart bedrängt wurde; daß sie wenig später abermals kamen, um mit den Bürgern ein Bündnis zu gegenseitigem Schutz und Schirm zu schließen. Das Schutz- und Trutzbündnis der beiden unbotmäßigen Partner kam zustande, obwohl sie sich aus durchaus unterschiedlichen Gründen erhoben hatten, und sie wurden Bundesgenossen lediglich durch den gemeinsamen Abwehrwillen gegenüber dem einen Gegner, der beider Freiheit und Eigenrecht bedrohte. Allerdings wußten die Bauern wohl, daß die Stadt wegen ihres Anschlusses an die Reformation in ihrer Freiheit bedroht wurde; sie sahen also in dem Abfall zum neuen Glauben keinen Grund, sich zu distanzieren, und dürften sich auch darüber im klaren gewesen sein, daß sie mit ihrer Hilfestellung der Ketzerei Vorschub leisteten. Das braucht zunächst nicht mehr als eine gewisse Indifferenz gegenüber der religiös-kirchlichen Kontroverse zu bedeuten. Doch selbst wenn man im wirtschaftlich-sozialen Existenzkampf etwaige religiöse Bedenken zurückstellte, lag bei solch enger Berührung die Möglichkeit eines wenn auch noch so peripheren Eingehens auf ketzerische Gedanken nahe, zumal wenn sie sich zur Rechtfertigung der Forderungen an die Herren verwenden ließen. Es mag so über der Bundesgenossenschaft mit den Waldshutern zu einer stärkeren Infektion durch reformatorisches bzw. pseudoreformatorisches Ideengut gekommen, zumindest eine gewisse Sympathie für den von den gleichen altgläubigen österreichischen Widersachern verfolgten Glauben entstanden sein. Nur blieben derartigen Einwirkungen offenbar noch recht enge Grenzen gesetzt. Das Kampfbündnis lockerte sich trotz Waldshuts zunehmend bedrohlicher werdenden Situation, als die Verhandlungen der Stühlinger mit ihrem Herrn einen günstigeren Verlauf zu nehmen schienen und die Lage der Bauern sich scheinbar besserte.

Eine aufschlußreiche Parallele dazu ist das Verhalten der radikaleren Schwarzwaldbauern, die Ende September der Stadt zu dienen schworen, sich aber dann durch den österreichischen Regierungskommissar zur Umkehr bewegen ließen. Gewiß dürfen derartige Vorkommnisse in den damaligen Zeitläuften nicht überbewertet werden und zu übertriebenen Schlußfolgerungen verleiten; aber sie mahnen, bei der Einschätzung der konkreten Auswirkungen der Reformation auf die Anfänge der südwestdeutschen Bauernunruhen Zurückhaltung zu üben, jedenfalls ein Solidaritätsgefühl auf Grund gemeinsamen Eintretens für die Sache der Reformation als höchst fragwürdig anzusehen. Trotzdem wird man mit einigem Recht generell sagen können, daß Waldshut zwar als Vorort und Stützpunkt der Reformation zur Entstehung des Aufstandes in den benachbarten Landschaften kaum etwas beigetragen hat, daß es aber als politisches und kirchliches Widerstandszentrum gegen das altgläubige österreichische Regime für die weitere Entwicklung der Empörung seit ungefähr August 1524 nicht ohne Bedeutung gewesen ist. Wieweit Hubmaier daran persönlich Anteil gehabt hat, ob „warlich, so man die Sach recht bedenkt ... derselbig Doctor Baltaser ain Anfenger und Ufweger gewest des ganzen beurischen Kriegs"[38], wird in einem anderen Zusammenhange noch zu erörtern sein. Hier wird man nur zu berücksichtigen haben, daß er am 29. August nach Schaffhausen auswich, um erst am 27. Oktober wieder nach Waldshut zurückzukehren.

Eben in dieser Zeit begann sich Zürich sehr bewußt und aktiv in das Geschehen im Süden des Reiches zugunsten der reformatorischen Bewegung einzuschalten[39]. In Sonderheit setzte es sich für Waldshut ein, dessen kirchliche Neuordnung und religiöse Ausrichtung damals noch weitgehend im Geiste Zwinglis und des Züricher Reformwerkes erfolgte. Als die Österreicher ernstlich begannen, kriegerische Aktionen gegen die unbotmäßige Stadt einzuleiten, bot es sich Mitte September als Vermittler an; und als Waldshut, das durch seine beharrliche Weigerung sich zu unterwerfen die akute Kriegsgefahr heraufbeschworen hatte, sich mit der Bitte um militärische Hilfe an Zürich wandte, rückte Anfang Oktober eine Schar Züricher Freiwilliger in die gefährdete Stadt ein. Sie kamen, anders als die Bauern, um den bedrängten Glaubensgenossen beizustehen, und Zürich wie Waldshut ließen keinen Zweifel an ihrer Überzeugung, daß sie den entscheidenden Grund für die feindseligen Maßnahmen der österreichischen Regierungsstellen in deren Absicht sahen, die reformatorische Bewegung mit allen Mitteln zu unterdrücken. Der „Züricher Zuzug" führte alsbald zu erheblichen politischen Verwicklungen und nötigte Zürich zu einem gewagten diplomatischen Doppelspiel, da es auch auf seine Stellung innerhalb der Eidgenossenschaft und seine vertraglichen Bindungen gegenüber Österreich Rücksicht zu nehmen hatte. Aber es hat das Risiko auf sich genommen und in geschickter Taktik die gesamtpolitische Lage, d. h. die außen- wie innenpolitischen Schwierigkeiten Österreichs, auszunutzen verstanden, um Waldshut in einer äußerst kritischen Lage die wertvollsten Dienste zu leisten, bis in den Februar 1525 hinein, wo dann Waldshuts Hinneigung zum Täufertum die freundschaftlichen Gefühle merklich abkühlen ließ. Es hat den Anschein, als sei es ein nicht unwichtiger Teil der Hilfestellung Zürichs für Waldshut gewesen, daß es auch sonst bei den mancherlei innenpolitischen Schwierigkeiten, die damals der Landesgewalt dort unten zu schaffen machten, seine Hand mehr oder minder mit im Spiele hatte. Der Aufstand im Hegau läßt freilich keine direkte den Aufruhr begünstigende Einmischung von der Schweiz her erkennen. Hier waren die Bauern bis in den September hinein verhältnismäßig ruhig geblieben und erst auf der Hilzinger Kirchweih taten sie sich am 2. Oktober zusammen, um ebenfalls ihre Beschwerden demonstrativ vorzubringen und

---

[38] Franz, Quellen BK, S. 86. Aus der Chronik des Andreas Lettsch.
[39] Vgl. dazu Bergsten, S. 157—165; 192—198.

ihnen durch einen organisatorischen Zusammenschluß Nachdruck zu verleihen. Sie haben sich offenbar dem drängenden Werben der Stühlinger bereitwilliger geöffnet, als es die Klettgauer zunächst taten, haben sich zur Hauptsache auch im Rahmen der Stühlinger Forderungen gehalten, sich im Gesamttenor ihres Verlangens auch nicht sonderlich davon unterschieden, also kein ernsthafteres reformatorisches Anliegen dabei vertreten. Sie haben sich von einem ähnlichen Vorgehen eben ähnliche Vorteile erhofft, wie sie in den Septemberverhandlungen für die Stühlinger immerhin greifbar zu werden schienen. „Nicht mehr unmittelbare Unzufriedenheit gab den Anstoß, sondern das Beispiel der Nachbarn und die Ränke des Herzogs."[40] Wieweit die Gutgläubigkeit der Bauern Ulrich von Württemberg gegenüber ging, wenn er sich der Unterstützung der Aufständischen zur Rückgewinnung seines Landes zu bedienen suchte, ist schwerlich abzuschätzen; zweifellos aber haben seine Umtriebe ihre psychologische Wirkung auf die Mentalität der Bauern gehabt, und er hat in dieser Krisenzeit nicht ohne Erfolg als Unruhestifter gewirkt. Hat er dabei auch mit den Herren vom Züricher Rat konspiriert, und haben diese ihn ihr stilles Einverständnis mit seinen Machenschaften gegen die Vormachtstellung Österreichs als des Trägers der katholischen Reaktion wissen lassen? Wie sehr der Stadt an einer Stärkung der reformatorischen Front im angrenzenden Reichsgebiet gelegen war, geht nicht zuletzt daraus hervor, wie sie den Klettgau in ihr politisches Spiel zu bringen wußte. Schon zu den Bemühungen im September, als Vermittler zu Gunsten Waldshuts zu fungieren, sah man sich angeblich durch die Befürchtung veranlaßt, die Klettgauer Bauern, die in Zürichs Burgrecht standen, könnten durch ein kriegerisches Unternehmen gegen Waldshut in Mitleidenschaft gezogen werden. Und als dieselben Bauern sich Anfang Oktober auf Grund des Burgrechtes an den Züricher Rat wandten mit der Bitte, sie gegen die Pressionen der Stühlinger in Schutz zu nehmen, willfahrte der Rat zwar ihrem Ersuchen, „fragte aber zuvor die Gesandten der Landschaft, ob sie Zwinglis Züricher Predigtmandaten und dem rechten wahren Gotteswort anhängen wollten"[41]. Die Frage war nicht im Sinne einer Vorbedingung gestellt und die so Angesprochenen handelten nicht unter dem Zwange ihrer etwas prekären Lage, wenn sie auf das Ansinnen eingingen. Jedoch die Initiative zum Anschluß an die Reformation lag nicht bei ihnen; dieser war für sie augenscheinlich auch kein herzbewegendes Anliegen und zunächst kaum sehr viel mehr als eine Bekräftigung ihres Treueverhältnisses zu Zürich im dankbaren Bewußtsein, an der Stadt einen starken Rückhalt zu haben. Dennoch hatte dieser Schritt weittragende Folgen und leitete vermutlich den Frontwechsel der Klettgauer ein. Denn die engere „glau-

---

[40] Ulrich von Württemberg! Franz, Bauernkrieg, S. 107.
[41] Ebd. S. 109.

bensmäßige" Verbindung mit Zürich, das man gerade auf dieser Basis eben in jenen Tagen den Widerstand des reformatorischen Waldshut tatkräftig unterstützen sah, erhöhte das Gefühl der Sicherheit und ließ das Risiko geringer erscheinen, wenn man sich wie schon die Hegauer ebenfalls den Empörern anschloß, um zumindest auch eine Überprüfung ihrer Verpflichtungen gegen ihren Herrn zu erreichen. So könnte das seltsame Faktum einigermaßen verständlich werden, daß die Klettgauer, die sich soeben noch dagegen wehrten, in den Aufstand hineingezogen zu werden, weil sie keinen Grund zur Klage über ihren Herrn hätten, vierzehn Tage später bereits dem Grafen von Sulz alle Frondienste aufkündeten, für die er keine Briefe und Kundschaften besäße. Man wird dem Urteil von Franz beipflichten müssen: „Daß sie sich erst in Zürich erkundigten, ob sie zu solchem Vorgehen berechtigt wären, zeigt, wie wenig bodenständig die Bewegung war. Selbst hier in Zürichs unmittelbarem Einflußgebiet, in der engsten Nachbarschaft von Waldshut, hatte augenscheinlich die Reformation noch so wenig Fuß gefaßt, daß den Bauern der Gedanke, ihre Forderungen aus dem Evangelium zu begründen, durchaus fern lag. Ihre Artikel beriefen sich zwar am Anfang und Ende auf das göttliche Recht, aber die Forderungen selbst entstammten allein dem alten Recht."[42]

Die hier angedeuteten Auswirkungen der religionspolitischen Diplomatie Zürichs bestätigen somit in modifizierter Weise einerseits, daß die Reformation bei der Entstehung der Bauernunruhen gegen Ende der zweiten Hälfte des Jahres 1524 keine ganz nebensächliche Rolle gespielt hat; andererseits wird aus den Vorgängen im Klettgau in ebenso anschaulicher Weise ersichtlich, daß die eigentliche Begründung und Rechtfertigung der Empörung noch in einem vorgeschrittenen Stadium nicht aus einem näheren gedanklichen oder gar geistlichen Beziehungsverhältnis zur reformatorischen Bewegung erwachsen ist. Die willkürliche Überhöhung des ursprünglichen Status der Verpflichtungen und die Demonstrationen dagegen durch die Berufung auf das alte Recht bilden in allen Landschaften den Ansatzpunkt für die bäuerlichen Revolten. Nur vereinzelt gingen, etwa im Schwarzwald, die Forderungen darüber hinaus, und erst der im November/Dezember vernehmlicher werdende Ruf nach dem göttlichen Recht führte zu einer allgemeinen und tieferen Begründung, die aber nach ihrem Gehalt vorerst auch nur einen Rückgriff auf älteres Gedankengut des Bundschuhs darstellte und vor dem großen Sturm propagandistisch noch nicht allzu wirksam war.

Als Müntzer Mitte Dezember im Klettgau erschien, verhielt sich die Bauernschaft zumindest nach außen hin relativ ruhig. Es war für ihn nach den in Basel bereits erhaltenen Informationen wohl nicht sonderlich

---

[42] Ebd. S. 109.

schwer, sich mit dem akuten Problem an Ort und Stelle einigermaßen vertraut zu machen, zumal man annehmen darf, daß Ökolampad und Hugwald, die ihm ja eine Predigttätigkeit in dieser Gegend angeraten hatten[43], ihn auf Waldshut als einen Brennpunkt des religiös-kirchlichen wie des politischen Geschehens aufmerksam gemacht hatten und er sich dort auch des näheren über die augenblickliche Situation unterrichten ließ[44]. Als er seine Arbeit aufnahm, war er also wahrscheinlich hinreichend über den Stand der Reformation in der Stadt selbst, über die ihr aus der Reaktion der katholischen Gegenspieler erwachsene ständige Bedrängnis wie über die von Zürich und anderen Städten in mehr oder minder vorsichtiger Taktik gewährte Unterstützung orientiert, ebenso über die Haltung der Bauern im Klettgau und Hegau, über Ursache und Anlaß ihrer Erhebung, die Klagen und Forderungen gegen ihre „Herrschaften", schließlich über ihre Haltung zur Reformation. Freilich, mehr als eine allgemeine Einführung konnten alle diese Informationen nicht bieten, Müntzer mußte letztlich in der unmittelbaren Begegnung mit den Bauern selber den rechten Ansatz für seine Verkündigung finden. Behaftet man ihn bei seinen eigenen Worten, ist es ihm auch gelungen, durch sein Wirken Gehör und Zustimmung bei seinen Hörern zu gewinnen; denn sie „hetten ine gerne zu sich genommen"[45]. Das läßt sich — formal — mit Bullingers Angabe über seinen Weg „durch Basel / biß in das Kläckgöuw / gen Griessen / da er sich etlich wuchen enthielt"[46] unschwer in Einklang bringen.

Die Klettgauer Bauern hatten schon im Oktober 1524 Zürich gegenüber ihre Bereitschaft ausgesprochen, Zwinglis Predigtmandat zu akzeptieren[47] und im Januar 1525 die von Zürich auf Grund einer Beschwerde des Patronatsherrn beanstandete „Verzögerung" der Entrichtung des Zehnten an das Kloster St. Blasien damit erklärt, daß dessen Abt die ihm mehrfach vorgetragene Bitte um einen Prediger, der ihnen das reine Wort Gottes recht verkündigte, stets abschlägig beschieden habe[48]. Da Zürich es ablehnte, ihr Anliegen zu unterstützen, hatten sie sich, nach der Vertreibung des katholischen Pfarrers, eigenmächtig Johannes Reb-

---

[43] Die Formulierung im „Bekenntnis", „Ecolampadius und Hugowaldus haben in des orts geweyset zum volk zu predigen", läßt daran keinen Zweifel.

[44] Über persönliche Beziehungen zwischen Müntzer und Hubmaier gibt es bisher keine Belege; „Müntzers Name kommt in Hubmaiers Schriften nirgends vor" (Bergsten, S. 201). Daß sie sich begegnet sind, wird man mit hoher Wahrscheinlichkeit annehmen dürfen. Denn es ist kaum vorstellbar, daß Müntzer sich mit dem in seiner unmittelbaren Nähe verweilenden Waldshuter Reformator nicht in Verbindung gesetzt haben sollte. Wieweit dieser sich allerdings dem müntzerischen Einfluß öffnete, muß dahingestellt bleiben. „Es ist jedoch möglich, daß Hubmaier mit durch Müntzer angeregt worden war, als er vom Januar 1525 an die Sache der Bauern aktiv unterstützte" (Bergsten. S. 203).

[45] Franz, MG, S. 544,13.

[46] Bullinger, Wiedertäufer, S. 2—3; vgl. oben S. 630 f.   [47] Vgl. oben S. 647.

mann aus Waldshut geholt[49], der im Zusammenhang der Strafaktion nach der Niederlage der Bauern bei Grießen Anfang November 1525 als evangelischer Prediger in Grießen erwähnt wird[50]. Diese Daten sind gewiß kein zureichender Beleg dafür, daß Müntzer Grießen als Operationsbasis gewählt und man sich gerade ihn dort als evangelischen Prediger gewünscht habe; doch gewinnt es immerhin einige Wahrscheinlichkeit, daß man ihn in Waldshut auf Grießen als ein geeignetes Arbeitsfeld hinwies, und er dort mit Freuden aufgenommen wurde und man ihn gerne als Pfarrer behalten hätte. Denn der bei der Strafaktion ebenso wie der Grießener Bauernführer Claus Wagner geblendete Pfarrer Rebmann wurde „nachmals ein predicant zu Lufingen by Embrach"[51], also im Züricher Gebiet. Von ihm könnte der zeitgenössische Chronist Johannes Stumpf manches über das Geschehen in Waldshut-Grießen 1524/25, auch über Müntzers dortigen Aufenthalt erfahren haben[52], was er aus Opportunitätsgründen nicht in seine zur Veröffentlichung bestimmte Chronik aufnahm[53], was aber möglicherweise durch ihn seinem Mitarbeiter an dem Werke, Bullinger, zur Kenntnis kam[54]. Das würde man vielleicht auch für die Fortsetzung der eben zitierten Angabe Bullingers über Müntzers oberdeutsche Reise zu bedenken haben: „Doch mithinzu an die anstossenden ort vnd in die Landtgraffschafft Stülingen ouch handlet."[55] Darin käme dann klarer als in dem Protokoll über Müntzers Verhör zum Ausdruck, daß er — von Grießen als seinem Standort aus — durch die Ortschaften des Klettgau gezogen ist und die Bauern selber aufgesucht hat, um sie zur rechten Erkenntnis des Gotteswortes zu bringen und dadurch zu der Einsicht, daß Grund und Ursache ihrer Not der Unglaube ist, der Unglaube der Regenten wie des Volkes,

---

[48] Bauernkrieg, gleichz. Urk. II, S. 6.

[49] Wann Rebmann nach Waldshut gekommen ist, läßt sich nicht ermitteln. Offenbar erst nach dem Schreiben der Grießener Gemeinde vom 31. 1. 1525, also nach Müntzers Fortgang.

[50] Schweizerchronik, S. 272,22—28: „Es wurdend ettlich gefangen gon Küßßenberg gefürt, darunder ouch der pfarer von Grießßen, her Hans Rebman genand, eyner waß, den doch die puren in alle not bracht hattend; dan er inen in solchen fürnemmen keynen bstand geben hatt. Diewyl er aber ouch evangelisch und hievor by doctor Baltaßarn Hubmeyern zu Waldshut (dem der adel besonder feynd was) helffer geweßen und ietz da betretten ward, mußt er mit den schuldigen lyden..." — Dazu: Küssenb. Chronik, S. 426.

[51] Schweizerchronik, S. 273,12.

[52] Zu beachten ist der biographische Hinweis des Herausgebers der Stumpfschen Chronik: „Für seine historiographische Tätigkeit von entscheidender Bedeutung wurde aber die Verbindung mit dem Chronisten Heinrich Brennwald, dem letzten Probst von Embrach und Sohn des Bürgermeisters Felix Brennwald. 1529 heiratete er dessen Tochter Regula" (S. X). Ferner sind die Angaben über die von Brennwald erfahrenen Anregungen zu bedenken (S. XII ff.).

[53] Schweizerchronik, Einleitung, S. XXIV ff.

[54] Ebd. S. XVI ff.   [55] Bullinger, Wiedertäufer, S. 3.

und daß beide dafür zur Rechenschaft gezogen werden müssen, wenn anders die notwendige Verbindung für die Gestaltung einer Gottes Willen gemäßen christlichen Lebensgemeinschaft geschaffen werden soll. Er hat auf seinen Fahrten durch das Land wohl das zumeist noch diffuse Verlangen nach einer auf Recht und Gerechtigkeit sicher gegründeten Ordnung durch Predigten und in Gesprächen auf ein zielstrebiges Wollen auszurichten sich bemüht und schließlich als Anweisung gleichsam für das konkrete Handeln „etliche artigkel, wye man herschen soll aus dem ewangelio angeben"[56].

Man hat viel Fleiß darauf verwendet, diese Artikel ausfindig zu machen oder doch, da die Suche nach der originalen Fassung Müntzers ergebnislos blieb, wenigstens in anderen Dokumenten der aufständischen Bauernschaft Oberdeutschlands signifikante Elemente einer müntzerischen Konzeption aufzuspüren, nicht zuletzt durch den im „Bekenntnis" gegebenen Hinweis veranlaßt, daß „daraus furder andere artigkel gemacht"[57]. Es erscheint wenig sinnvoll, diesem Satze durch die Interpretation „daraus [er] furder andere artigkel gemacht" die Aussage abgewinnen zu wollen, Müntzer habe selber seinen ursprünglichen Entwurf umgearbeitet und den Bauern in einer veränderten Gestalt nochmals vorgelegt[58]. Vielmehr bekennt er sich im Verhör ausdrücklich zu den von ihm aufgestellten Leitsätzen, wie er sie dem Evangelium entnommen habe, fühlt sich jedoch nicht ohne weiteres für das verantwortlich, was dann von anderen daraus gemacht worden ist. Das Protokoll vermerkt nicht, ob oder wie er sich näher darüber ausgelassen hat; aber seine darin festgehaltene Unterscheidung der eigenen von den „anderen Artikeln" legt die Vermutung nahe, daß er dem neuen Elaborat nicht vorbehaltlos zugestimmt hat. Andererseits hat seine Vorlage offenbar nicht allenthalben volles Einverständnis gefunden, und man hat sie, vielleicht sogar nicht unerheblich, verändert, so daß jeder Kombinationsversuch auf der bisherigen Quellengrundlage ein gewagtes Unterfangen bleibt.

Die Untersuchungen haben sich aus chronologischen wie sachlichen Erwägungen vornehmlich auf die programmatischen Schriften konzentriert, die der von Müntzer angegebenen Thematik in etwa entsprechen könnten, die zudem dadurch die besondere Aufmerksamkeit auf sich lenken, daß der ehemalige Freund und Studiengenosse Hubmaiers, Johann Fabri[59], sie unter den in dem eroberten Waldshut hinterlassenen Manuskripten entdeckte und nach Hubmaiers Hinrichtung 1528 als Belastungsmaterial gegen ihn auszugsweise veröffentlichte[60]. Er wollte

---

[56] Franz, MG, S. 544,11 ff.   [57] Vgl. oben S. 630.
[58] Smirin, S. 390 läßt die Frage offen: „Aber es steht nicht fest, welche Artikel gemeint sind."
[59] Zu Fabri vgl. Helbling, S. 856.
[60] Ursach warumb der Widertauffer Patron und erster˙Anfenger Doctor Balthasar

damit die maßgebliche Beteiligung des Waldshuter Predigers an den Bauernunruhen beweisen und so das über den Ketzer und Aufrührer gefällte Todesurteil mit rechtfertigen[61]. Es handelt sich erstens um die „12 Artikel", zweitens den „Artikelbrief" und drittens den sogenannten „Verfassungsentwurf". Johannes Fabri berichtet, „das hinder doctor Balthasarn, als die stat Waltzhut erobret, in libellweiß gefunden seind die anschleg vnd fürnemen der paurn, derselbigen articel acht bletter hand, so doctor Balthasar mia aagner hand geschriben, die vbrigen sind durch andere geschriben, doch durch in gebessert"[62]. Für ihn ist der Waldshuter Pfarrer nicht nur durch den Besitz dieser Schriften der allgemeinen Konspiration mit den Aufrührern überführt, sondern er ist durch die handschriftlichen Aufzeichnungen als der Verfasser bzw. Redaktor der programmatischen Erklärungen der aufständischen Bauern und als aktiver Propagandist und Interpret ihrer revolutionären Ideen erwiesen. Um einen begründeten Nachweis für die behauptete Beteiligung Hubmaiers an dem Zustandekommen der bei ihm aufgefundenen Manifeste bemüht er sich allerdings nicht weiter, obwohl er gerade daraus folgert, daß „daher auch billichen er nach dem L u t h e r die schüldt hat, das laider ob hundert tausend pawren erschlagen vnd vil hundert tausend Witwen vnd waysen gemachet worden seynd"[63]. So wertvoll darum Fabris Angaben über die bei Hubmaier gefundenen Manuskripte sind, über die Frage der Verfasserschaft geben sie keine befriedigende Auskunft; denn der Hinweis, daß einige Blätter von „doctor Balthasar mit aigner hand geschriben" seien, besagt allein nicht viel, da es sich um bloße Abschriften durch Hubmaier handeln kann; auch sonst sind seine Ausführungen zu diesem Thema nicht so eindeutig, daß man sie ihm unbedenklich abnehmen dürfte. Nichtsdestoweniger hat man seither in der Forschung Hubmaier bald für dieses, bald für jenes der erwähnten Dokumente als Verfasser in Anspruch genommen, mancher Historiker sich auch nicht auf die Zuweisung nur einer dieser Programmschriften an ihn beschränkt[64]. Doch hat in jüngster Zeit Bergsten hier sehr zur Zurückhaltung gemahnt, wenn er nach eingehender Prüfung zu dem Ergebnis kommt, „daß man nicht beweisen kann, daß Hubmaier irgendeines der drei ... Dokumente der süddeutschen Bauernbewegung verfaßt hat"[65].

Huebmayr zu Wien auff den zehenten Martis Anno 1528 verbrennet sey. Abgedr. bei Loserth, S. 210 ff. Teilweise in modernisierter Sprache abgedruckt bei Franz, Quellen BK, S. 231 ff.

[61] Vgl. Bergsten, S. 282 f.   [62] Loserth, S. 212.

[63] Ebd. S. 213.

[64] Es erübrigt sich hier den Gang der Debatte im Einzelaufweis der vorgetragenen Auffassungen zu wiederholen. Ich verweise auf die eingehende Darstellung bei Smirin, Kap. VI und Bergsten, S. 282—301.

[65] Bergsten, S. 301.

Vorsichtige Zurückhaltung ist ebenso den verschiedenen Thesen gegenüber angebracht, die man über Müntzers direkten wie indirekten Anteil an der gedanklichen Konzeption oder an bestimmten Formulierungen der drei *libelli* vorgetragen hat. Zwar ist er selten als der Verfasser einer dieser Schriften angesehen worden; um so mehr aber glaubte man ihn als den Inspirator der radikalen Programmatik annehmen zu müssen und nachweisen zu können. Nun wissen wir nicht nur, daß er in der Tat programmatische Artikel fixiert hat, sondern auch, daß er darin den Klettgauern eine tiefgreifende Veränderung ihrer gesellschaftlichen Ordnung als fundamentale Aufgabe und als Ziel ihres Aufstandes in den Grundzügen aufzeigen wollte. Insofern stellt sich die Frage bei Müntzer doch etwas anders als bei Hubmaier und kann nicht übergangen werden. Darin besteht heute freilich Übereinstimmung, daß der „Allstedter" an dem Zustandekommen der bedeutendsten Programmschrift der Bauern, den „12 Artikeln", nicht beteiligt gewesen ist. Die Debatte über deren Verfasser darf nach dem von G. Franz aus der „jahrelangen leidenschaftlichen Auseinandersetzung" gezogenen Fazit als so gut wie abgeschlossen gelten: „Die 12 Artikel sind zwischen dem 28. Februar und dem 3. März aufgrund der Baltringer Beschwerden von Sebastian Lotzer als Feldschreiber der Baltringer Bauern gleichzeitig mit den Memminger Artikeln redigiert worden. Schappeler hat die Bibelstellen zu den letzten sieben Artikeln und der Einleitung hinzugefügt."[66] Müntzer hat weder unmittelbar in irgendeinem Stadium der Entstehung darauf eingewirkt, noch kann auch nur von einer mittelbaren Beeinflussung ihres Inhaltes und der sie bestimmenden Mentalität durch ihn die Rede sein. Er hat sie vielmehr erst im Zuge ihrer allgemeinen Verbreitung kennengelernt, möglicherweise dank irgendwelcher Verbindung mit den Klettgauern relativ früh, doch wohl ohne nähere Information über ihren Ursprung. Wenn er sie in seinem „Bekenntnis" als „dye zwolf artigkel der Schwarzwelder baurn"[67] bezeichnet, so hält er sich lediglich an die im Thüringer Raume dafür übliche Bezeichnung[68]. Er weiß und spricht es aus, daß auch andere Artikel bei den Aufständischen hier im Umlauf waren, und auf diese dürften sich die „bruedern" berufen haben, als sie „Apels von Ebeleben haus . . . geplundert und zerbrochen"[69], da ja die „12 Artikel" eine solche Gewalttat nicht rechtfertigten. Die leicht mißverständliche Formulierung im Protokoll wird man dem Protokollanten zuschreiben müssen, eher jedenfalls als einer ausweichenden Erklärung Müntzers[70].

Offener ist die Diskussion über den „Verfassungsentwurf" (VE) und den „Artikelbrief" (AB) geblieben. Fabris Behauptung einer verant-

---

[66] Franz, Zwölf Artikel, S. 209.
[68] Franz, Zwölf Artikel, S. 196 f.
[70] So auch Franz, Zwölf Artikel, S. 197.

[67] Franz, MG, S. 546,20.
[69] Franz, MG, S. 546,17 f.

wortlichen Beteiligung Hubmaiers an der Abfassung bzw. der Redaktion und Propagierung beider Elaborate wird weithin akzeptiert, jedoch zumeist mit gewissen Vorbehalten und unter Verzicht auf eine eingehendere Argumentation. Die Ergebnisse der älteren Forschung sind nicht so eindeutig, noch so einsichtig, daß nicht Smirins Konstruktionen[71] wie Bergstens Bedenken begründeten Anlaß zu einer erneuten Untersuchung beider Objekte böten. Das gilt gerade auch im Hinblick auf die Frage, ob und wieweit Müntzer als ihr Autor oder Inspirator anzusehen ist.

Im Unterschied zu den im Druck vorliegenden „12 Artikeln" und dem wenigstens in verschiedenen Fassungen überlieferten AB ist uns der zuerst von Stern so bezeichnete VE[72] nur durch die kurze Inhaltsangabe Fabris bekannt geworden. Fabri stellt ihn an den Anfang seiner Veröffentlichung der bei Hubmaier gefundenen „anschleg vnd fürnemen der paurn" und läßt durch die Art seiner Darstellung die Vermutung zu, daß seine Vorlage zu den Dokumenten gehörte, die „durch andere geschriben, doch durch in gebessert" wurden. Denn im direkten Anschluß an sein Referat, das er im Übergang von dem einführenden Satz über den Fund mit der Formel „vnd leret darin" einleitet, geht er zu einem Bericht über den AB mit den Worten über: „Darnach volget durch doctor Balthsars handgeschrift, wie man ...". Der somit erst zu diesem „Libell" ausdrücklich gegebene Hinweis, daß er in Hubmaiers Handschrift vorliege, ist nach dem Einführungssatz doch nur dann sinnvoll, wenn das zuvor erwähnte Schriftstück von anderer Hand geschrieben war. Fabri läßt demnach die Frage nach dessen Verfasser offen. Die Übergangsformel „vnd leret darin" widerspricht dem nicht, da sie sich offenkundig zunächst rückwärts auf „die anschleg vnd fürnemen der paurn" bezieht und nur besagen soll, für welch gefährliche Lehre Hubmaier sich eingesetzt hat. Daß Fabri in dem VE eine in sich geschlossene Ausarbeitung vorgelegen hat, kann kaum ernstlich in Zweifel gezogen werden. Leider läßt sich aber nichts darüber ausmachen, ob Hubmaier die Dokumente in der zeitlichen Folge ihrer Entstehung geordnet und sie dergestalt zu einem besonderen *libellus*[73] zusammengeheftet, noch ob Fabri sich in seinem Referat an diese Reihenfolge gehalten hat. Es bleibt daher eine reine Vermutung, daß das von ihm zuerst vorgeführte Programm auch das am frühesten entstandene ist. Seinen Inhalt gibt er folgendermaßen wieder: „Vnd leret darin, wie daz volck ainer jeden Landschaft zusamen khomen, vnd ainen bundt machen sollent. Es sey auch die zeit schon khomen, daß Got der welltlichen heren schinden, schaben, stöcken, blöcken, zwingen, tringen vnd andere Tyraney, nit mer leiden wöl,

---

[71] Vgl. S. 656. [72] Stern, 12 Artikel, S. 67.
[73] Das „in libellweiß gefunden" kann sowohl die einzelnen Manuskripte als gesonderte libelli bezeichnen wie auch deren Vereinigung zu einem libellus.

sy thuend mit den armen leüten, wie Herodes mit den vnschuldigen kinder, also habe der mörderisch, lotheringisch hertzog zu Ellsaß, Zabern, vnd anderstwo seiner fürstlichen durchleüchtigkait erste prob gethon. Damit sollichs abgestelt, mueß man zesamen komen vnd ordnung machen nach dem wort gottes, darauf sol die gmaind der obrigkait zum ersten, zum andern vnd drittenmal schraiben, das sy in die brüderschafft vnd verainigung khömet, vnnd wo sy nit khömet, alß dan sey ainer landschafft zugelassen, der obrigkait das schwert zu nemen vnnd ainem annderen zu geben, vnd so, das ain Landschafft nit thu, so verwilige sy in den obern laster, vnd leret also wie man künig, fürsten, hertzogen vnd· Landsherrn setzen solle. Nämlich, so das volckh bey ainandern sey, das sy zusamen gelobent, das wort gottes zu halten, vnnd vnnder zwelffen, so man von den pauren fürschlecht, solle ainer erwelt werden, vnd sol daran der Adel nit angesehen werden, vnd so derselbig nachuolgends auch vngeschickht würde, vnd von ainer lanndschafft zum dritten mal gestraffet, mag derselbig auch abgesetzt werden, vnd sollent die landschafft hin zu ainanndern verbinden, jr leib, eer, gut, vnd plut zusamen zu streckhen vnd vergiessen.

Wo aber die abgesetzten herrn sich rechen woltent, leret er im fierten Capitl, sol sy erkhennen der new herr in weltlichen bann, vnd wo der bann nit helffen würde, alß dann sol der new Lanndßherr seinen Lannd auf bieten, oder kriegßleüt auf der Landschafft costen annemen, vnd den widerspennigen haimsuchen, darmit die plutdürstigen Tyrannen abgetilget würdent."[74]

Die Einteilung der Schrift in vier „Capitl" tritt noch einigermaßen deutlich hervor. Zunächst wird, wohl als Begründung, Rechtfertigung und Mahnung zugleich vor Augen gestellt, daß nunmehr der Zeitpunkt gekommen ist, da Gott die Tyrannei der weltlichen Herren nicht mehr dulden will und das Volk selbst anstelle des Willkürregiments der bisherigen Obrigkeit eine „ordnung ... nach dem wort gottes" aufrichten soll. Dem folgt im nächsten Abschnitt die Angabe der ersten konstruktiven Schritte: das Volk soll landschaftsweise zusammenkommen, einen festen Bund schließen und dann eine Gottes Wort gemäße Ordnung vereinbaren, die für jedermann in der Landschaft verbindlich sein soll. Die jetzige Obrigkeit ist anscheinend an diesem das neue Gemeinwesen begründenden Akt nicht beteiligt. Doch soll sie danach zur Eingliederung in die beschlossene „brüderschafft vnd verainigung" aufgefordert werden. Weigert sie sich aber trotz dreimaliger Aufforderung, sich wie alle anderen einzuordnen, hat die „landschafft" ein Recht, sie ihres Amtes zu entheben und es einem anderen zu übertragen, ja, sie ist dazu verpflichtet, will sie sich nicht des Einverständnisses mit dem Treiben dieser

---

[74] Loserth, S. 212 f.

Herren schuldig machen. Der dritte Absatz regelt sodann den *modus procedendi* bei der Einsetzung und der allenfalls notwendigen Absetzung: Verpflichtung des versammelten Volkes auf Gottes Wort; Zwölfervorschlag durch die Bauern; Wahl ohne Rücksicht auf den Stand des Kandidaten; bei erwiesener Untauglichkeit des Erwählten nach dreimaliger fruchtloser Zurechtweisung Möglichkeit der Absetzung; Gelöbnis zur einsatzbereiten Durchführung des Absetzungsbeschlusses. Endlich werden „im fierten Capitl" als Maßnahmen gegen „die abgesetzten herrn", die „sich rechen woltent", die Erklärung des weltlichen Bannes durch den neuen Landesherren und notfalls Einsatz von Gewalt gegen die Widerspenstigen vorgesehen, „darmit die plutdürstigen Tyrannen abgetilgt würdent".

Man wird zum Verständnis des Charakters der hier vorgeschlagenen Neuordnung nicht außer acht lassen dürfen, daß Fabris Darstellung darauf abzielte, Hubmaier als einen Hauptschuldigen am Bauernaufruhr zu qualifizieren und dementsprechend ihn besonders belastende Elemente hervorzuheben, so daß man über Inhalt und Tendenz der Reformschrift durch ihn schwerlich ganz sachgemäß unterrichtet wird. Trotzdem läßt sein kurzes Referat m. E. die Intentionen der skizzierten Schrift hinreichend erkennen, die in der Forschung allerdings noch eine recht unterschiedliche Bewertung erfährt. Smirin urteilt, „daß der . . . ,Verfassungsentwurf' nicht der Feder eines Menschen mit den großen Plänen eines Revolutionärs und sozialen Umgestalters entstammt"[75]. Er sieht darin im Vergleich mit dem „Artikelbrief" ein durch die Orientierung an vornehmlich landschaftlichen Interessen beengtes Unternehmen, das nur gegen „das politische Joch", und zwar nur das der weltlichen Herren gerichtet ist, ohne „von der erbärmlichen sozialen Lage der Volksmassen"[76] Notiz zu nehmen. Kein Wort, so betont er, „von dem vollständigen politischen und sozialen Umsturz, von der vollständigen Veränderung der sozialen und politischen Struktur"[77]. „Hier handelt es sich nur um die Kontrolle des bestehenden politischen Systems durch die Gemeinde."[78] Und nicht die „Masse der Unterdrückten und Armen" liegt im Blickfeld des Entwurfes; vielmehr ist er „ein speziell für Bauern verfaßtes Dokument"[79].

Auch Bergsten kennzeichnet die Arbeit als „einen Plan für eine lokale gesellschaftliche Neuordnung zugunsten der Bauern"[80]. Aber gegen Smirin vertritt er die Meinung, daß in ihr „genauso radikale Eingriffe in das damalige gesellschaftliche Leben empfohlen wurden wie im Artikelbrief"[81]. Nach G. Franz „geht Hubmayer" — als der angenommene

---

[75] Smirin, S. 407.   [76] Ebd. S. 405.   [77] Ebd. S. 406.
[78] Ebd. S. 406. Im Original hervorgehoben.
[79] Ebd. S. 406 f.   [80] Bergsten, S. 296.
[81] Ebd. S. 296 Anm. 95.

Verfasser — „von der Grundlage des Artikelbriefes aus"[82], um sich jedoch in einer gewissen Übereinstimmung mit den Anschauungen Zwinglis, „deutlich ... gegen den Radikalismus eines Thomas Müntzer, der die Obrigkeiten überhaupt vertilgen wollte"[83], abzugrenzen.

Diese Voten, denen im Prinzip gleichartige Beurteilungen in der älteren Literatur entsprechen, stellen mit gewissen Nuancierungen fest, daß der VE nicht von dem Radikalismus eines extrem revolutionären Umsturzgedankens beherrscht ist, und zwar ungeachtet dessen, daß man andererseits ebenso konstatieren zu können glaubt, daß sein Autor davon überzeugt ist, daß eine gründliche Umgestaltung der politisch-gesellschaftlichen Verhältnisse unausweichlich geworden ist, vornehmlich mit aus der Erkenntnis heraus, daß Gott den Mißbrauch obrigkeitlicher Gewalt durch die derzeitigen Machthaber nicht länger dulden will. Die destruktiven Züge stürmischer Beseitigung des bisherigen Regimes treten demnach gegenüber der Bekundung eines ernsthaften Ordnungswillens nicht so provozierend hervor, obschon an der Entschiedenheit der Forderungen so wenig ein Zweifel gelassen wird wie an der ernsthaften Absicht ihrer konsequenten Verwirklichung, die notfalls auch mit Gewalt erzwungen werden soll.

Dieser Sachverhalt läßt die von Smirin im Vergleich von VE und AB zu einem maßgeblichen Kriterium gemachte Unterscheidung zwischen politischer und sozialer Orientierung höchst fragwürdig erscheinen, derzufolge „der Hubmaiersche ‚Entwurf' ... nicht im geringsten über das rein politische Gebiet"[84] hinausgeht. Man kann bei einer sachlichen Beurteilung nicht übersehen, daß der VE von dem Protest gegen „der weltlichen heren schinden, schaben, stöcken, blöcken, zwingen, tringen vnd andere Tyraney" ausgeht und der konkrete Zweck des Zusammenkommens des Volkes einer Landschaft das „ordnung machen nach dem wort gottes" ist; der Sinnzusammenhang der beiden ersten Abschnitte ist doch gerade der, daß durch die neue Struktur der Obrigkeit die herrschende soziale Ungerechtigkeit beseitigt und eine gerechte Gesellschaftsordnung durch das Volk selbst geschaffen, überwacht und garantiert werden soll. Es ist abwegig, den — insofern wenig glücklich so genannten — VE als nur gegen das politische Joch gerichtet anzusehen[85]. Wenn sein Verfasser nach dem Referat Fabris besonderes Gewicht auf eine einschneidende Veränderung der Herrschafts- und Machtverhältnisse legt, dann auf Grund seiner Überzeugung, daß der eigentliche

---

[82] Franz, Bauernkrieg, S. 136.
[83] Ebd. S. 137.   [84] Smirin, S. 405.
[85] Der zwischen dem 2. und 3. Abschnitt des VE stehende Satz, „vnd leret also wie man künig, fürsten, hertzogen vnd Landsherrn setzen solle", gehört eindeutig nicht zur Inhaltsangabe, sondern ist eine ironische Bemerkung Fabris, die leicht irritieren kann.

Hemmschuh wahrer Reform die jetzigen Gewalthaber sind, die sich einer Ordnung nach dem Worte Gottes mit allen ihnen zu Gebote stehenden Mitteln widersetzen. Ohne die Beseitigung dieses Hemmnisses ist eine gerechte Ordnung schlechterdings nicht zu verwirklichen. Demgemäß ist im Gesamtaufriß seines Programms ein grundlegender Wandel der sozialen Verhältnisse auf das engste mit der völligen Veränderung der politischen Struktur verbunden und umgekehrt, ist also die „ordnung nach dem wort gottes" ein politisch-soziales Ganzes, für dessen Integrität nunmehr das Volk die alleinige Verantwortung übernehmen soll. Es ist infolgedessen auch nicht angängig, die Kontrollfunktion des Volkes in der Weise Smirins als eine Minderung seiner Verantwortlichkeit und Macht abzuwerten. Die Übertragung der Exekutive an eine von ihm eingesetzte und jederzeit von ihm absetzbare Obrigkeit beeinträchtigt nicht seine genuine Vollmacht und Verantwortung, sondern ist die ebenso notwendige wie zweckmäßige Form praktikabler Wahrung seiner uneingeschränkten Befugnis auch im sozialen Bereich. Eben die Möglichkeit, die so gewonnene Macht und übernommene Verantwortung auch wirklich wahrnehmen zu können, wäre schließlich als ein wohlüberlegter Grund denkbar, in dem Anfangsstadium der neuen Entwicklung nach dem Prinzip der landschaftlichen Ordnung zu verfahren. Man muß dieses System jedenfalls keineswegs als „durch die Interessen eines Schweizer Kantons oder eines noch kleineren Gebiets"[86] eingeengt verstehen, kann es vielmehr als durchaus planvolles Bemühen um eine Realisierung der dem Volke zuerkannten Rechte und Pflichten ansehen, die in einem überschaubaren Bereiche natürlich eher eine konkrete Gestalt gewinnen kann. Nicht ein an kühnen politischen Theorien sich berauschender Enthusiasmus, noch die Frage einer räumlich wie geistig gebundenen Interessenpolitik wäre dann diesem Entwurf eigentümlich. Sein Merkmal ist der Wille zur Schaffung einer neuen politisch-sozialen Ordnung, die das Volk nach der Norm des göttlichen Wortes selbst gestaltet und in seiner unmittelbaren Verantwortung trägt, die sich eben darum vorerst in den Grenzen hält, die ihm eine konkrete und direkte verantwortliche Machtausübung auch möglich machen. Sie kann und soll zugleich zum beispielhaften Vorbild werden, das zum Nacheifern reizt und den großen Umschwung heraufführen hilft.

Man kann sich bei den Ausführungen Smirins des Eindrucks nicht erwehren, daß ihm aus ideologischen Gründen daran gelegen ist, den VE als ein Werk Hubmaiers zu erweisen und ihn damit als ein Dokument der „bürgerlichen Reformation" zu klassifizieren, das zwar gelegentlich den „Einfluß Münzers auf den einstigen Zwinglianer Hubmaier zeigt"[87], nach seiner ganzen Konzeption jedoch nicht den wesentlich

---

[86] Smirin, S. 406.   [87] Ebd. S. 404.

anderen Geist der konsequenten „Volksreformation" des Allstedters atmet, wie er seiner Meinung nach dem AB eignen soll. Es ist methodisch bedenklich, dem Vergleiche beider Schriftstücke nicht den gleichen Bericht zugrunde zu legen, sondern für den AB noch eine ausführlichere Quelle heranzuziehen, welche die gewünschte differenzierende Charakteristik zu einem guten Teile erst ermöglicht[88]; tritt doch z. B. die von Smirin so stark betonte soziale Komponente bei Fabri im VE de facto stärker hervor als im AB. Gewiß ist die unterschiedliche Kennzeichnung beider Schriftstücke in der Darstellung Fabris nicht zu ignorieren. Es trifft zweifellos zu, daß das „Bauerndokument" nur eine räumlich begrenzte Aktion im Blick zu haben, zudem besonders an der politischen Neuordnung interessiert zu sein scheint. Weist das zuletzt genannte Moment jedoch dann nicht geradezu auf die von Müntzer angegebene Zweckbestimmung der von ihm verfaßten Artikel hin „wye man herschen soll"? Stoßen wir vielleicht nicht gerade im VE auf die ursprüngliche müntzerische Konzeption oder sogar unmittelbar auf eine, obschon den Inhalt tendenziös auswertende, Wiedergabe des originalen Konzeptes seiner Artikel?

Dagegen spricht allerdings die in Fabris Referat enthaltene Erwähnung des erst am 16. Mai 1525 erfolgten Gemetzels von Zabern: „also habe der mörderisch, lotheringisch hertzog zu Ellsaß, Zabern, vnd anderstwo seiner fürstlichen durchleüchtigkait erste prob gethon". Nur muß man ernsthaft bezweifeln, daß der Hinweis auf diese späte Parallele zum bethlehemitischen Kindermord auf den Verfasser des Entwurfes zurückgeht. Man ist sonst zu einem so späten zeitlichen Ansatz der Vorlage genötigt, daß diese nur als ein gedämpftes Echo, wenn nicht als eine absichtliche Abschwächung der radikalen Haltung des AB's angesehen werden kann, was aber die Anführung eben der blutigen Gewalttat einigermaßen unverständlich macht. Dazu kommt, daß das wohl dem stilistischen Duktus geschickt angepaßte „Exempel" der sachlich knappen Darstellungsweise des Entwurfes, soweit sie aus dem Referat Fabris noch erkennbar wird, doch nicht recht zu entsprechen scheint. Wir haben also mit aller Wahrscheinlichkeit einen späteren Zusatz vor uns. Daß Fabri selber ihn mit hohnvoller Ironie eingefügt habe, ist weniger wahrscheinlich, obschon nicht völlig ausgeschlossen[89], als daß er einen späteren Randvermerk (von Hubmaiers Hand?) einfach zum Text gezogen hat, von seinem Standpunkt aus schließlich mit einer ge-

---

[88] Vgl. ebd. S. 405 ff. Die kurze Inhaltsangabe des VE bei Fabri mit dem vollen Text des AB!

[89] Es ist ohne beweisende Kraft, aber vielleicht doch der Beachtung wert, daß auch die in Anm. 85 als ironischer Zusatz Fabris bezeichnete Bemerkung „wie man künig, fürsten ... setzen solle" durch ein sonst in seinem Referat nicht wiederkehrendes „also" eingeleitet wird.

wissen Berechtigung, da derartige „Besserungen" durch Hubmaier an den Artikeln, „die . . . durch andere geschrieben", ja dessen Einverständnis mit deren Inhalt bekundeten. Billig man diesem Deutungsversuch einige Wahrscheinlichkeit zu, so läßt sich der zeitliche Ansatz des VE's von dem Datum der Schlacht bei Zabern lösen, so daß der Annahme seiner Entstehung während Müntzers Aufenthalt im Südwesten des Reiches nichts mehr entgegensteht. Ob der erste Teil des Fabrischen Referates nun Müntzers Artikel, „wye man herschen soll", zum Gegenstand hat, bleibt noch näher zu untersuchen. Daß eine Abschrift seines Konzeptes u. U. durch Müntzer selbst in Hubmaiers Besitz geraten sein könnte, ist durchaus möglich, auch wenn man Bergstens Ansicht beipflichtet, „daß man in Hubmaiers authentischen Schriften keine Beeinflussung durch Müntzers politische Ideen feststellen kann und daß Hubmaier kein Aufrührer im Sinne Müntzers war"[90].

Es ist in der einschlägigen Literatur fast schon feste Gewohnheit geworden, einerseits von einem gewissen Einfluß der Ideen Müntzers auf den Autor des VE's zu sprechen, ohne sich eingehender um einen näheren Nachweis zu bemühen, andererseits zu erklären, daß diese Schrift doch nicht den revolutionären Geist Müntzers atme, allenfalls als ein matter Nachhall nur seiner radikalen Propaganda gelten könne. Läßt sich bei näherer Untersuchung sowohl der Begrifflichkeit (im weiten Sinne) wie des Gedankenganges nicht doch eine klarere Einsicht in den Sachverhalt gewinnen?

Schon der erste Satz ist der Beachtung wert: er lehrt, „wie daz volck ainer jeden Landschaft zusamen khomen, vnd ainen bundt machen sollent". ‚Einen Bund machen' ist der von Müntzer gebrauchte Terminus für das Organisationsprinzip des Widerstandes gegen die gottlose Obrigkeit, wobei es für diesen Bund kennzeichnend ist, daß er nicht einen umfassenden Verband darstellt[91], sondern sich in lokalen Zusammenschlüssen manifestiert, so, wie auch hier das Volk einer jeden Landschaft zusammenkommen soll. Wohl ist nachher auch im VE, wie etwa im AB, von der „Bruderschaft und Vereinigung" die Rede, der beizutreten die Obrigkeit nach der Konstituierung des Bundes aufgefordert werden soll; aber das programmatisch am Anfang stehende „ainen bundt machen" findet sich in den gleichzeitigen Bauerndokumenten sonst nicht.

Fabri referiert weiter: „Es sey auch die zeit schon khomen, das Got der welltlichen heren schinden, schaben, stöcken, blöcken, zwingen, tringen vnd andere Tyraney, nit mer leiden wöl, sy thuend mit den armen leüten, wie Herodes mit den vnschuldigen kinder." Müntzer schreibt in der „Ausgedrückten Entblößung": „. . . das auch yetzt etlich erst recht anfangen, ir volk zu stöcken, plöcken, schinden und schaben und be-

---

[90] Bergsten, S. 297.   [91] Vgl. S. 486 f.

drawen darzu die gantzen christenheyt und peynigen und tödten schmalich die iren und frembden auffs allerscherpffst, das auch Got nach dem ringen der außerwelten den yammer nit lenger wirt künnen und mügen ansehen"[92]. „Da wirdt die recht arte Herodis, des weltlichen regiments [B = die natur der weltlichen obrigkeit] erklert."[93] Die beiden Formulierungen stimmen fast wörtlich überein, wobei selbst die Beschränkung auf die Frontstellung gegen die weltlichen Herren (weltliches Regiment, weltliche Obrigkeit) beibehalten ist[94]. Wichtig ist, daß die „eschatologische" Sicht des Geschehens, wie sie Müntzer eigen ist[95], in dem Entwurf unverkennbar ist: Gott selbst will nun eingreifen, seine Geduld ist erschöpft, und er will dem Wirken der Tyrannen ein Ende setzen. Er will als der alleinige Herr anerkannt sein und seinen Willen als die alles bestimmende Norm jetzt unmittelbar durch die Gläubigen verwirklicht sehen. Fabri verschweigt allerdings — wohl bewußt[96] — die religiöse Argumentation des „Gott will", so daß es als eine vordergründige Rechtfertigung und Tarnung menschlichen Aufbegehrens gegen die herrschende Obrigkeit und die bestehende Ordnung erscheint. In solches Zwielicht gerät dann auch der Satz, man müsse „zesamen komen vnd ordnung machen nach dem wort gottes". Diese Formel ist im Südwesten m. W. erst mit dem Auftreten Müntzers anzutreffen, taucht aber bereits in den Septemberunruhen in den Mühlhäuser Artikeln auf: „Wo ditz alles nicht noch gots worte geordent worde...."; „uber alles wollen wir nach gotes worten recht an alles wanken gehandelt haben...."[97].

Auf die Angaben des VE's über Absetzung und Einsetzung der Obrigkeit geht Fabri aus durchsichtigen Gründen ausführlicher ein. Auch hier sind terminologische Anklänge an Müntzers Schrifttum zu registrieren; vor allem läßt sich aber ein sachlicher Bezug nachweisen, wenn man eine durch die vorgefundenen Verhältnisse bedingte Veränderung im Vorgehen des Predigers sinngemäß berücksichtigt. Denn es war etwas anderes, wenn er, wie in Allstedt, mächtige Landesfürsten, die sich der Reformation gegenüber aufgeschlossen zeigten, mit in das große Spiel zu bringen hoffte, als wenn er, wie im Südwesten des Reiches, gegen den politischen und religiösen Widerstand kleinerer Herren angehen mußte. Das bedeutete nicht den Verzicht auf „große Pläne", wohl aber eine andere Taktik zur Erreichung des Zieles, eben die der „lokalen

---

[92] Franz, MG, S. 283 A,19—28.   [93] Ebd. S. 284 A,32 ff. (B, 33 f.).
[94] Nach Smirin, S. 405, spricht das gegen Müntzer als Verfasser des VE's.
[95] Vgl. Franz, MG, S. 343,13 f.: „... das volck wirdt frey werden und Got will allayn der herr daruber sein" (Schlußsatz der „Schutzrede"!).
[96] Fabri vermeidet es offenkundig, alles das zu erwähnen, was ihm als reformatorisch orientierte religiöse Einwände der Bauern weiterzugeben bedenklich erscheint. Vgl. die Bemerkung: „Es habent auch dieselbigen artikl (des AB's) souil vnchristenlichen absetz vnd mütryen, das ich kains wegs dieselbigen aufschreiben darff noch wil, damit nit ergernüß darauß eruolge."   [97] AGBM II, S. 48 Art. 9 u. 11.

Bundesschlüsse", sind doch die Artikel, „wye man herschen soll", nicht als Separatum nur für den Klettgau, vielmehr für „daz volck ainer jeden Landschaft" gedacht. Damit wandeln sich die Stützpunkte des passiven Widerstandes gegen die Tyrannei der Gottlosen[98] zu Basen vollzogener Neugestaltung: das Volk einer Landschaft gibt sich als eine selbständig handelnde Größe in eigener Vollmacht eine Gottes Willen gemäße Ordnung; „darauf" erst fordert die Gemeinde die Obrigkeit schriftlich zur Annahme der getroffenen Entscheidung auf. Nicht das Modell der Fürstenpredigt, eher der in Mühlhausen unternommene, aber mißglückte Versuch liegt hier zugrunde. Trotzdem sind, obschon in modifizierter Form, wesentliche Elemente des in der Fürstenpredigt angegebenen Vorgehens beibehalten. Sollen dort „unser thewren veter, die fursten..., die Christum mit uns bekennen", ihren Standesgenossen vor ihrer Entfernung aus ihren obrigkeitlichen Ämtern, erst noch „den feinden vortragen"[99], so soll hier die an dem Zustandekommen der Ordnung nicht beteiligte Obrigkeit dreimal aufgefordert werden, „das sy in die brüderschafft vnd verainigung khömet". Geht sie darauf nicht ein, kann die Landschaft mit Fug und Recht „der obrigkait das schwert ... nemen vnnd ainem anndneren... geben"[100]; ja, sie muß, wie oben erwähnt, es tun, will sie sich nicht der Einwilligung „in den obern laster" schuldig machen. Die Parallele dazu steht im 1. Mühlhauser Artikel: „Das man ganz einen nauen rat setzen solle, ursach, auf das nach gotlicher forcht gehandelt, das nicht mochte der alte haß cleben bleiben und der muttwille sich nicht weiter erstregke, darumb das der tetter [= Täter] und bewilliger gleicher straff wirdig sein... auf das es nicht ein kuche werde, die draußent seind und hinnen, darvon dan der gemeine ein schade entstehen mocht, den[n] die so schuldig sein, ist schwer, sie zu richter haben."[101]

Für den Wahlvorgang läßt sich in den erhaltenen Schriften Müntzers keine Entsprechung nachweisen. Immerhin ist die nach Fabris Formulierung nicht ausgeschlossene Möglichkeit, daß die alte Obrigkeit im Amte bleiben kann, sofern sie sich zu der neuen Ordnung bekennt und der Bruderschaft beitritt, auch im Kontext der eben zitierten Stelle aus der Fürstenpredigt angedeutet[102]. Sie läßt es wohl auch zu, den Passus

---

[98] Vgl. oben S. 486 f.   [99] Franz, MG, S. 261,17—21.

[100] Smirins Zitat (S. 404) ist irreführend; danach wird „mit den Worten Münzers [aus der Fürstenpredigt] gesagt, das Volk solle ‚den gottlosen Tyrannen das Schwert nehmen und einem anderen übergeben'". Das Zitat aus der Fürstenpredigt reicht nur bis „nehmen", der zweite Teil ist dem VE entnommen!

[101] AGBM II, S. 47 Art. 1. Dem Sinne nach ist auch Müntzers Brief an die Kirche zu Mühlhausen zu vergleichen (Franz, MG, S. 448,13—19).

[102] Franz, MG, S. 261,23: „Aber ich bitt vor sie mit dem frumen Daniel, wo sie Gottis offenbarung nicht widder sein." Daniel 2 geht es allerdings um die Aufhebung eines Tötungsbefehls.

„vnd sol daran der Adel nit angesehen werden" so zu interpretieren, daß grundsätzlich auch ein Adeliger wählbar ist[103]. Entscheidend ist jedoch, daß die Gemeinde für alle diese Akte in jeder Hinsicht als die zuständige Instanz erachtet wird und daß dieser Gedanke bereits in der „Hochverursachten Schutzrede" in der Erklärung, „daß ein gantze gemayn gewalt des schwertz hab wie auch den schlüssel der auflösung"[104] vorgebildet ist. Die in der Schutzrede[105] und ebenso noch in dem Gespräch mit Ökolampad mehr als eine Kontrollfunktion nur anmutende Befugnis wird im VE zu einer allein an Gottes Willen gebundenen Vollmacht der Gemeinde, der auch die von ihr gewählte Obrigkeit unter-, nicht gegenübersteht.

Endlich findet sich das im „fierten Capitl" behandelte Vorgehen gegen die „widerspennigen" und „abgesetzten herrn" mutatis mutandis bereits in der „Fürstenpredigt" vorgezeichnet: „Wo sie aber das widderspiel treiben, das man sie erwürge on alle gnade ..."[106]; „dann ein gottloser mensch hat kein recht zcu leben, wo er die frumen vorhindert"[107] und die „gottlosen haben kein recht zcu leben, allein was yhn die außerwelten wollen günnen"[108].

Der Nachweis terminologischer wie sachlicher Korrespondenz zwischen dem VE und Müntzers Schrifttum ist zwar noch kein exakter Beweis dafür, daß wir ein Referat über die müntzerischen Artikel „wie man herrschen soll" vor uns haben, macht es aber m. E. im höchsten Grade wahrscheinlich; daß man diese Möglichkeit bisher kaum in Betracht gezogen und nicht näher untersucht hat, liegt vornehmlich an der zum Dogma gewordenen These von dem revolutionären politisch-sozialen Radikalismus Müntzers, den er bereits in Allstedt vertreten und als das bestimmende Element seines Wirkens mit nach dem Süden gebracht haben soll. Man läßt dabei außer acht, daß Müntzer sich noch in der „Schutzrede", also kurz vor seiner Reise von Nürnberg nach Basel, energisch dagegen verwahrt hat, seine Lehre sei „auffrürisch", und ausdrücklich erklärte, „wer hye [hier] ein rayn urtayl haben wil, der muß den auffrur nit lieben, auch muß er füglicher empörung nit feyndt sein; er muß ein gantz vernünfftiges mittel halten, sonst muß er meine lere anderst zu vil hassen oder zu hoch lieben nach seiner gelegenheyt, des ich nymmermer begern wil"[109]. Der Eiferer um Gottes Sache mag in

---

[103] Diese Deutung legt sich m. E. näher als die gegenteilige, daß ein Mann des Adels nicht in Frage kommt.

[104] Franz, MG, S. 328,27 ff.

[105] Ebd. S. 329,4 ff.: „Darumb muß auch auß altem gutem brauch das volck darneben sein, wenn einer recht verrichtet wirdt nach dem gesetz Gottes, Num. 15. Ey warumb? Ob die oberkait das urteyl wölte verkeren, Esaie 10, so söllen dye umbsteenden christen das verneynen und nit leyden ..."

[106] Ebd. S. 261,24 f.   [107] Ebd. S. 259,14 f.

[108] Ebd. S. 262,32 f.   [109] Ebd. S. 335,24—28.

der Abwehr des lutherischen Vorwurfes sein Verhalten in eigener Weise gewertet, dementsprechend dann auch die Bewegung der süddeutschen Bauern beurteilt und durch seine Artikel zielstrebig auszurichten versucht haben. Es gibt jedoch keinen stichhaltigen Grund für die Annahme, daß er darin einen mit rücksichtsloser Gewaltsamkeit durchzusetzenden politisch-sozialen Extremismus entwickelt habe. Eher darf man auf Grund der „Schutzrede" annehmen, daß sein Vorschlag sich noch in dem nun vielleicht etwas weiter gesteckten Rahmen „füglicher empörung" hielt, wobei „empörung" die sich über die herrschenden Ordnungsformen hinwegsetzende, sie souverän außer Kraft setzende Aufrichtung eines neuen Ordnungsgefüges bedeutet, „füglich" die an Gottes Willen orientierte Ausrichtung auf das gemeinsame Wohl aller, die guten Willens sind, daß alles „redlicher weyse geschee". Es ist einsichtig, wie sehr der VE als ein durchaus „revolutionäres" Programm ohne extremen Radikalismus solchen Intentionen entsprechen würde. Die nur langsam sich vollziehende Korrektur der Vorstellung, daß Müntzer als provokatorischer Agitator durch den Klettgau und den Hegau umhergezogen sei, um die schwelende Glut grollenden Unwillens zu schüren und sie zum lohenden Brande gewalttätigen Aufruhrs zu entfachen, müßte allmählich das wohl stärkste Hemmnis beseitigen, unvoreingenommen die Möglichkeit zu prüfen, daß der Fabrischen Skizze des VE's die müntzerischen Artikel zugrunde liegen.

Andererseits bleibt ebenso zu fragen, ob nicht doch auch gewichtige Bedenken dagegen sprechen, frühere Äußerungen Müntzers so weitgehend mit den Ausführungen Fabris zu parallelisieren, wie es oben geschehen ist. Geht es dem Allstedter Pfarrer in seiner „Fürstenpredigt" nicht um etwas ganz anderes als dem Verfasser des VE's? Dort ist das zentrale Anliegen die konsequente Durchführung der wahren Reformation mit dem Ziele endlicher Verwirklichung der Gottesherrschaft durch die tatbereite Bewährung rechten Glaubens im bedingungslosen Einsatz gegen die Widersacher des Evangeliums. Der Unterdrückung der Gottesfreunde durch die Willkür der gottlosen Tyrannen soll ein Ende gesetzt werden, und in erster Linie sind die Christum bekennenden Fürsten als „das mittel [der] Kraft Gottes" berufen, im Verein mit dem Volke notfalls mit Gewalt die Tyrannei der Gottlosen zu brechen, damit die Gläubigen frei dem Evangelium leben können. Hier ist zwar ebenfalls ein „Gott will jetzt..." vorangestellt und soll als Norm des Handelns „das Wort Gottes" gelten; doch das Anliegen ist anscheinend eine Reform, die eine politisch-soziale Neuordnung bezweckt und die durchzuführen Aufgabe des „Volkes einer Landschaft" ist[110]. Wir haben auf die Fragwürdigkeit solchen Verständnisses schon hingewiesen und

---

[110] Smirin, S. 405 f.

den tendenziösen Charakter des Referates von Fabri wie seiner Interpreten zu bedenken gegeben. Aber man kann es, eben im Blick auf die angeführten Parallelen nicht einfach bei der These unkorrekter Wiedergabe durch Fabri sein Bewenden haben lassen; vielmehr ist es unerläßlich, auch der Frage nachzugehen, ob und wieweit der — etwa im Vergleich zur Fürstenpredigt — offenkundig andere Charakter des VE's auf einen Wandel der müntzerischen Anschauung zurückgehen könnte, der zugleich auch die Kontinuität verständlich macht.

Die Antwort liegt in unserer Darstellung seines Denkens und Handelns von der Fürstenpredigt bis zum Aufenthalt im Klettgau schon beschlossen und braucht jetzt nur in einem kurzen Abriß wiederholt zu werden. Die Fürstenpredigt war der durch die Allstedter Unruhen und deren Ursache herausgeforderte Appell an die sächsischen Fürsten, sich im Bunde mit dem glaubenswilligen zum Widerstand entschlossenen Volke gegen die Unterdrückung des Evangeliums durch die gottlosen Regenten bis zu deren völligen Entmachtung, notfalls bis zur Vernichtung der Widerspenstigen unnachgiebig einzusetzen. Den tieferen Grund für das Versagen der „thewren veter", das die Hoffnung auf ihre ebenso entschlossene Führung im Kampfe gegen die Feinde Gottes zunichte machte, erkannte er in ihrem falschen lutherischen Glaubensverständnis. Für die drängende Durchführung der wahren Reformation, wie er sie verstand, sah er sich nun allein auf die Hilfe des Volkes verwiesen, von dem er eine wirkliche Bereitschaft zum tätigen Einsatz für den Sieg des Evangeliums erwartete.

Aber war das Volk in seiner jetzigen Verfassung überhaupt dazu imstande?

Der „arme gemein Mann" war, durch die Pfaffen und Herren um den rechten Glauben betrogen, in einen Zustand der Unmündigkeit versetzt worden, der sein ganzes Dasein bestimmte, das geistliche Elend ebenso wie die soziale Misere und die politische Ohnmacht. Schuld daran war, das hatte er den Fürsten schon auf dem Allstedter Schloß gepredigt und wurde ihm nach dem Weimarer Fiasko mit zunehmender Klarheit bewußt, die nur auf ihren Eigennutz bedachte Selbstherrlichkeit der Obrigkeit. Damit erfaßte er zugleich immer schärfer den hintergründigen Sachverhalt: diese Obrigkeit war die verdiente Strafe für die willentliche Abkehr des Volkes von Gott, den es nicht mehr als seinen alleinigen Herrn haben wollte. Es hatte nach eigenen Königen verlangt, und Gott hatte sie ihm in seinem Grimm gegeben. Es hatte also selbst durch seinen Abfall von Gott sein Geschick heraufbeschworen, ohne daß dadurch die tyrannische Obrigkeit entlastet und ihr gottloses Gebaren entschuldigt wäre, zumal sie nicht die geringste Bereitschaft zeigte, ihr gottloses Wesen zu ändern. Um so verheißungsvoller erschien es Müntzer, daß das „arme, elende, blinde"[111], „durch die hochfertigen bachanten"[112] verführte Volk nach dem Worte Gottes dürstete, und er sah seine Aufgabe, „mit guter lere das arme volck"[113] zu sättigen, nunmehr vornehmlich mit in der Verkündigung, daß der rechte Glaube die Gewißheit in sich trage, daß bei Gott kein Ding unmöglich und er, wie Maria bezeugt, willens und mächtig sei, die Gewaltigen vom Stuhl zu stoßen und die Niedrigen zu erheben. Die Wiedererkennung Gottes als des alleinigen Herrn ist die Voraussetzung und Ermöglichung zugleich, der Tyrannei der gottlosen Obrigkeit ledig zu werden und eine Ordnung nach Gottes Willen aufzurichten; damit ist grundsätzlich der einzige für den Christen gangbare Weg, aus dem Dilemma herauszufinden, aufgezeigt und durch die Rückkehr zum rechten Gottesgehorsam eine alles umfassende gerechte Neuordnung gewährleistet, die der Christenheit wieder zur wahren Christlichkeit verhilft, ohne daß ein detailliertes Reformprogramm jetzt aufgestellt würde. Entscheidend ist das unbedingte Ernstnehmen des alleinigen Herrschaftsanspruches Gottes und die radikale Absage an die gottlose Obrigkeit. Wie kann das je Aufruhr sein?

Das ist eben die „fügliche Empörung", die sich mit Fug und Recht erhebt. Dem entspricht Müntzers Haltung in den Mühlhäuser Unruhen, in denen erstmals diese fügliche Empörung praktiziert wurde. Die 11 Artikel vom 20. September 1524 wie die Bedenken des Handwerks der Leinweber und nicht zuletzt Müntzers Brief an die Kirche zu Mühlhausen vom 22. September[114] bekunden mit aller wünschenswerten Deutlichkeit, daß die Lösung der Obrigkeitsfrage in dem vorgetragenen Sinne als die vorrangige Aufgabe von ihm angesehen wurde, der alle anderen Probleme ungeachtet ihrer gesellschaftspolitischen Relevanz nachgeordnet sind, da deren Regelung sich aus der religiösen Entscheidung für Gott als den alleinigen Herrn von selbst ergibt. In die gleiche Richtung weist das Gespräch mit Ökolampad, dessen Versuch, die von Müntzer ihm gegenüber geäußerte Meinung über das Verhältnis von gotthörigem Volk und gottloser Obrigkeit zu verharmlosen, nicht verdecken kann, was sein Gast mit dem Satze sagen wollte, „et a plebe officii sui magistratum admoneri et in ordinem redigi posse". Denn wenn sich Ökolampad, wie er an Pirkheimer schreibt, mit dem offensichtlich anderen Verständnis dessen, „quae contra deum ... sunt" nicht einverstanden erklärte und den „subditi" das „regna transferre" nicht zubilligte, „nisi ius eligendi et retinendi principem apud illos sit"[115], hatte Müntzer die Möglichkeit eines vom gläubigen Volke vorgenommenen Wechsels der obrigkeitlichen Gewalt zumindest angedeutet. Der

---

[111] Franz, MG, S. 163,12.   [112] Ebd. S. 277,5.
[113] Ebd. S. 335,29.   [114] Vgl. oben S. 579 f.
[115] Vgl. oben S. 634 Anm. 23.

VE schließt sich, soweit Fabris Text ein Urteil zuläßt, unmittelbar hier an. Er kann mit gutem Grunde als das Endglied der geschlossenen Kette von Belegen für die kontinuierliche Fortbildung der von Müntzer vertretenen Anschauung über das darin behandelte Thema angesehen werden. Damit erhöht sich die Wahrscheinlichkeit der These, daß dem von Fabri skizzierten VE die Artikel Müntzers, „wie man herrschen soll", zugrunde lagen, wobei noch einmal besonders auch auf die Parallele „Mühlhausen" hingewiesen sei.

Wieder erlebte er es, daß das Volk ihm zufiel, das ihn möglicherweise auch anregte, vor seinem Fortgang Leitsätze zu formulieren, wie man eine neue Ordnung zu verwirklichen habe. Als die Klettgauer Bauern am 29. Januar 1525 zur Unterstützung der von den katholischen Mächten bedrohten Stadt in Waldshut einzogen, mögen sie die müntzerischen Artikel mitgebracht haben und mögen diese so auch in Hubmaiers Hände geraten sein, der damals für die wirtschaftlichen und sozialen Forderungen der Bauern größeres Verständnis zeigte als das um Beistand gebetene Zürich. Allerdings stimmte er in der Obrigkeitsfrage mit Müntzer nicht überein[116], ohne daß daraus gefolgert werden könnte, daß es möglicherweise seiner Einflußnahme zuzuschreiben sei, daß die Artikel niemals praktiziert wurden. Wir hören von ihrem Geschick nichts weiter und erfahren nur von Müntzer selber, daß „daraus furder andere artigkel gemacht"[117] worden sind. Ob das noch während seines Aufenthaltes im Klettgau geschah oder ob es ihm erst später zur Kenntnis kam, geht aus dem Protokoll seines Verhörs nicht hervor.

Man ist auch diesen „anderen Artikeln" nicht weiter nachgegangen, da man von dem Inhalt des müntzerischen Konzeptes keine nähere Kenntnis zu haben meinte. Doch geschah es in gewisser Weise indirekt insofern, als man müntzerischen Einfluß auf den VE wie den AB feststellte, Smirin darüber hinaus einen prinzipiellen Unterschied zwischen beiden Dokumenten hervorhob[118], wobei er „sehr gewichtige Beweisgründe dafür" zu haben wähnte, „daß der ‚Artikelbrief' der Feder Münzers entstammt oder zumindest, daß dem ‚Artikelbrief' die prinziellen sozial-politischen Ansichten Müntzers zugrunde liegen"[119].

Der „Artikelbrief" ist das explosivste Dokument der süddeutschen Erhebung, in dem das radikale Programm einer neuen Gesellschaftsordnung vorgetragen wird, das mit ebenso radikalen Maßnahmen durchgesetzt werden soll. Im scharfen Protest gegen die „große[n] Beschwärden, so wider Gott und alle Gerechtigkait dem armen gemeinen Man in Stetten und uf dem Land, von Gaistlichen und Weltlichen, Herren und Oberkaiten ufgelegt worden, welche sie doch selbs mit dem wenigsten

---

[116] Vgl. Bergsten, S. 228 f.
[117] Franz, MG, S. 544,12 f.
[118] Smirin, S. 405 f.
[119] Ebd. S. 392.

Finger nit angeriert haben"[120], wird die alleinige Geltung des Grundsatzes von „gemainer cristenlicher Nutz"[121] proklamiert, der durch die Aufhebung jeglicher Privilegien auf dem Wege der völligen Gleichstellung aller und ihrer „cristenliche[n] Verainigung und Bruderschaft"[122] sofort ohne jede Rüchsichtnahme zu verwirklichen ist. Die religiöse Einkleidung ist dabei wohl zu beachten. Sie tritt schon im Anschreiben in der Ermahnung zutage, „ob ihr auch helfen wollt zu dem göttlichen Recht und dem heiligen Evangelium unseres Herrn Jesu Christi und euch verbrüdern mit der christlichen Bruderschaft laut des Artikelbriefes"[123]. Sie wird im Artikelbrief selbst betont aufgenommen durch die „brüderliche Ersuchung, Ir wöllen Euch mit uns in dise cristenliche Verainigung und Bruderschaft gutwilliglich einlaussen und früntlichs Willens begeben, damit gemainer cristenlicher Nutz und brüderliche Lieb widerumb ufgericht, erpuwen und gemert werde. Wo Ir das tund, beschicht daran der Will Gotts in Erfüllung sins Gepots von brüderlicher Liebhabung"[124]. Es ist die erklärte Absicht und das Vorhaben „diser cristenlichen Verainigung, mit der Hilf Gottes sich ledig zu machen"[125]. Das soll zwar „als vil es möglich on alle Schwertschlag und Blutvergießung"[126] geschehen; aber der in den „biligenden Artikeln" für die „Widerwartigen und Spennigen"[127] angedrohte „weltlich Bann"[128] wie der „von Stund an" schon ausgesprochene Bann über die „Schlösser, Clöster und Pfaffenstifte"[129] läßt an der Rigorosität der brüderlichen Ermahnung keinen Zweifel.

Smirin hat zweifellos recht, wenn er die soziale Intention des Artikelbriefes hervorhebt, die Realisierung eines sozialen Programms als dessen eigentliches Anliegen ansieht und die „Christliche Vereinigung" nicht nur als „Kampfbund für vergängliche Ziele, sondern [als] eine Organisation" kennzeichnet, „die berufen ist, ständig der neuen sozialen Gerechtigkeit zum Siege zu verhelfen"[130]. Jedoch, die Denkweise und die Sprache des Artikelbriefes sind nicht die Müntzers. So eindringlich Müntzer immer wieder auf die durch den Mutwillen der Fürsten und Herren verursachte Bedrängnis und Überforderung des Volkes hinweist, so gewiß für ihn die bevorstehende Veränderung der Welt die Aufrichtung der sozialen Gerechtigkeit in sich schließt und sie bis zur völligen, endgültigen Entmachtung der Gottlosen den tätigen Einsatz der Gläubigen notwendig macht, so unabdingbar geht für ihn das „Gott will"

[120] Franz, Quellen BK, S. 235,10—13.
[121] Ebd. S. 235,25.   [122] Ebd. S. 235,23 f.
[123] Franz, Bauernkr. in zeitgen. Zeugn., S. 68.
[124] Franz, Quellen BK, S. 235,22—27.
[125] Ebd. S. 235,17 f.   [126] Ebd. S. 235,18 f.
[127] Ebd. S. 236,9 f.   [128] Ebd. S. 235,36.
[129] Ebd. S. 236,11 f.   [130] Smirin, S. 386.

allen anderen Erwägungen voraus. Gott will die Tyrannei der Herren nicht länger leiden; „das volck wirdt frey werden und Got will allayn der herr daruber sein"[131]. Das klingt entfernt wohl auch im Artikel- brief in den Worten an „wo Ir das tund, beschicht daran der Will Gotts in Erfüllung sins Gepots von brüderlichen Liebhabung" oder in der Erklärung „mit der Hilf Gottes sich ledig zu machen". Nur ist der Akzent merklich verschoben, der ganze Tenor ein anderer, die religiöse Begründung nahezu zu einer Rechtfertigung oder einem Berechtigungs- nachweis geworden. Stattdessen tritt die unerträgliche Belastung des ausgebeuteten Menschen als Motivation notwendiger Selbsthilfe in den Vordergrund, unter Berufung auf den nicht weniger als viermal be- schworenen „gemeinen christlichen Nutzen" und auf das „göttliche Ge- bot der Nächstenliebe", Begriffe, die bei Müntzer nicht oder kaum begegnen[132]. Es ist einfach nicht Müntzers Stil, wenn der Artikelbrief mit dem (teilweise schon zitierten) Satze beginnt: „Dwil bishar große Beschwärden, so wider Got und alle Gerechtigkait dem armen gemeinen Man in Stetten und uf dem Land, von Gaistlichen und Weltlichen, Her- ren und Oberkaiten ufgelegt worden, welche sie doch selbs mit dem wenigsten Finger nit angeriert haben, ervolgt, daß man sölch Burden und Beschwärden lenger nit tragen noch gedulden mag, es wölle dann der gemain arm Man sich und sine Kindskind ganz und gar an Bettelstab schiken und richten."[133]

Dennoch ist die Frage nicht zu umgehen, ob nicht trotz den aufgezeig- ten Differenzen ein Zusammenhang zwischen VE und AB besteht, der es denkbar macht, daß im AB die veränderten Artikel Müntzers vor- liegen: hier wie dort anstelle der bei der Haltung der privilegierten Stände doch keinen Erfolg versprechenden Vermittlungs- und Verhand- lungstaktik die Aufforderung an das Volk, durch eigenständiges Han- deln die Ordnung des Gemeinwesens auf der Basis gleicher Rechte und Pflichten aller durchzuführen; erst das brüderliche Ersuchen, sich in die „cristenliche Verainigung und Bruderschaft gutwilliglich ein[zu]laussen und früntlichs Willens [zu] begeben", dann im Falle der Weigerung die Androhung des „weltlichen Banns" und schließlich bei aktivem Wider- stand auch die Anwendung von Gewalt. Die weitgehende Gleichförmig-

---

[131] Franz, MG, S. 343,13 f. Das steht freilich so auch nicht in Fabris Referat über den VE. Daß Fabri die religiöse Begründung bewußt streicht bzw. verkürzt, geht aus einem Vergleich seines Referates über den AB mit dem uns erhaltenen Wortlaut klar hervor.

[132] So kommt der Begriff „Nächstenliebe" in den großen (nicht liturgischen) Schriften lediglich in der „Ausgedrückten Entblößung" einmal vor (Franz, MG, S. A 288,31—35 und Parallele) und dort in der abweisenden Form: „Oho, wie kündig weyß sich da die kluge vernunfft, welche sich mit der lieb des nechsten in ihrer heücheley pflegt zu putzen und auffs visierlichest zu schmücken."

[133] Franz, Quellen BK, S. 235,9—16.

keit im Aufbau beider Dokumente läßt zugleich den radikalen Charakter des AB's deutlich hervortreten, der als Ausdruck verschärfter Agitation die hochgradige Erregung widerspiegeln dürfte, die zum Frühjahr hin die Bauern erfaßte. Hinzu kommt, daß der AB nicht den Entwurf einer Wegweisung zum praktischen Handeln nur darstellt wie der VE, vielmehr das Formular eines Ultimatums ist, das, wie die erhaltenen Dokumente ausweisen[134], den jeweiligen Adressaten von den Führern eines Haufens direkt zugestellt wurde. Die hinter dem sozialrevolutionären Pathos zurücktretende, abgeflachte religiöse Argumentation legt es zudem nahe, den Verfasser weniger unter Theologen zu suchen als an einen wortgewandten, einflußreichen Bauernführer, etwa an einen Mann wie Hans Müller aus Bulgenbach zu denken[135]. Er spielte im ganzen südwestdeutschen Aufstandsgebiet eine maßgebliche Rolle, hat sich auch im Klettgau wie in Waldshut aufgehalten und in enger Fühlungnahme mit den Bauern hier gestanden, so daß es zwar nicht nachzuweisen, doch auch nicht a priori auszuschließen ist, daß er von Müntzers Artikeln Kenntnis erhielt. Auf dieser Grundlage könnte er — oder sonst ein entschiedener Geist unter den Aufständischen —, die Vorlage an radikaler Schärfe überbietend, den AB verfaßt haben, der von der unleidlichen Bedrückung der Bauern ausgehend die am Prinzip des gemeinen Nutzens ausgerichtete soziale Reform proklamiert und im sogenannten „Schlösserartikel" mit sofortiger Wirkung ihre totale Durchführung verkündet: „Nachdem uns aber aller Verraut, Zwangknus und Verderpnus us Schlössern, Clostern und Pfaffenstiften ervolgt und erwachsen, söllen die von Stund an in den Bann verkündt sein."[136] Wie es auch in VE vorgesehen ist, erfolgt die Beschlußfassung über die neue Ordnung ohne jede Beteiligung der bisherigen Machthaber, die jede bevorzugte Stellung verlieren sollen[137]. „Wo aber der Adel, Münch oder Pfaffen söllicher Schlösser, Clöster oder Stiftungen willigklich abston wöllten und sich in gemaine Hüser wie ander frembd Lüt begeben und in dise cristenliche Verainigung ingon wöllten, so söllen sie mit irer Hab und Gut früntlich und tugentlich angenomen werden. Und darnach alles das, so inen von göttlichem Rechten gepürt und zugehört, getrüwlich und erberlich volgen laussen on all Intrag."[138]

Schon Fabri empfand augenscheinlich im Vergleich zu dem VE den extremen Radikalismus des AB's: „Es habent auch dieselbigen artigkl, souil vnchristlichen absetz vnd mütryen, das ich kains wegs dieselbigen aufschreiben darff noch wil, damit nit ergernüß darauß eruolge."[139]

[134] Hugs Chronik, S. 116—119.   [135] Bussiere I, S. 133.

[136] Franz, Quellen BK, S. 236,11—14.

[137] Das ist im AB nicht besonders angemerkt, versteht sich aber aus dem ganzen Text von selbst.

[138] Franz, Quellen BK, S. 236,14—20.   [139] Loserth, S. 213.

Gerade diese Wendung ins Extreme möchte Smirin unmittelbar auf Müntzer zurückführen und er sieht in dem „Schlösserartikel" ein gewichtiges Argument für seine These[140]. Es scheint mir freilich nicht zulässig, sich dafür auf einen Beleg aus späterer Zeit zu stützen, und das um so weniger, als Smirin bei seiner Berufung auf Müntzers eigenes „Bekenntnis" ignoriert, daß der von ihm zitierte Passus sich nur in dem von Wolfgang Stöckel in Leipzig besorgten Druck findet[141], der „eine spätere Bearbeitung" bietet, „die kürzt ... und mitunter Zusätze von zweifelhafter Richtigkeit macht"[142]. Sicherlich hat Müntzer vornehmlich den Adel für die Notlage des Volkes verantwortlich gemacht und die von der Herrenschicht willkürlich gehandhabte, unrechtmäßig ausgenutzte Gewalt als das große Übel angesehen, aus dem Ärgernis, Unfrieden, Aufruhr erwächst, erwachsen muß; doch ist es nicht das gleiche, was er zuletzt noch vor der Reise nach dem Südwesten gesagt hat[143] und was im „Schlösserartikel" zum Ausdruck gebracht wird.

Es ist mit diesen Ausführungen nicht schon der Beweis erbracht, daß im AB die veränderten Artikel Müntzers, „wye man herschen soll", vorliegen. Immerhin ist ein enger Zusammenhang mit dem VE nicht zu verkennen, der sich nicht aus einer gleichgerichteten Tendenz des revolutionären Wollens der Bauernschaft erklären läßt, noch weniger das zufällige Ergebnis unabhängig voneinander konzipierter Entwürfe eines neue Wege weisenden, entschiedenen Reformprogramms sein dürfte. Die kaum anfechtbare Feststellung eines Abhängigkeitsverhältnisses läßt die nicht unbegründete Vermutung zu, daß der Verfasser des AB's Kenntnis von dem Inhalt des VE's gehabt hat und sich durch ihn zu seiner Arbeit hat anregen lassen, ihn jedoch in eigener Weise verändert und radikalisiert hat. Da der VE mit größter Wahrscheinlichkeit mit Müntzers Artikel „wye man herschen soll" identisch ist, kann der AB nicht sein Werk sein. Auch Hubmaier dürfte wegen des Charakters der religiösen Argumentation und der von Bergsten geäußerten Bedenken[144] kaum als Verfasser in Frage kommen. Damit wäre dann zugleich als terminus post quem für seine Entstehung die mutmaßlich gegen Ende Januar 1525 erfolgte Niederschrift des VE's gegeben, so daß der AB etwa im März oder April, d. h. in zeitlicher Nähe zu dem sich im Früh-

---

[140] Smirin, S. 392.   [141] Franz, MG, S. 544 Anm. 21.

[142] Ebd. S. 543. — Noch weniger stichhaltig ist die Behauptung, „daß das soziale Argument im Briefe der Klettgauer vom 23. Januar direkt aus diesem [scil. dem Artikelbrief] genommen ist". Die von Smirin, S. 423, angeführte Stelle legt eher das umgekehrte Abhängigkeitsverhältnis nahe. Es geht allem Anschein nach für ihn darum, nicht gegen die von Engels aufgestellte These zu verstoßen (vgl. S. 390).

[143] Franz, MG, S. 329,26 ff.: „Die herren machen das selber, daß in der arme man feyndt wirdt. Dye ursach des auffrurß wöllen sye nit wegthun, wie kann es die lenge gut werden? So ich das sage, muß ich auffrürisch sein, wol hyn."

[144] Bergsten, S. 295 ff.

jahr 1525 aufs neue erhebenden Aufstand der Schwarzwaldbauern angesetzt werden könnte[145].

Über den Entstehungsort läßt sich bei dem bisherigen Quellenstand keine auch nur einigermaßen zuverlässige Angabe machen. Zwar vermerkt Fabri zu der bei Hubmaier gefundenen und von diesem gefertigten Abschrift „vnd ist das Datum zu Waltzhut"[146], aber daraus ist nicht unbedingt zu schließen, daß es sich bei seiner Vorlage um das originale Konzept gehandelt habe. Der AB wurde seiner Zweckbestimmung gemäß sicherlich mehrfach abgeschrieben, so daß ein Exemplar wohl auch von Waldshut aus datiert werden konnte, weil es von hier ausgehen sollte.

Dieser Versuch einer Rekonstruktion der Wirksamkeit Müntzers im Südwesten des Reiches und ihrer unmittelbaren wie mittelbaren Auswirkungen ist nicht anders als die bisherige Forschung über den erörterten Fragenkomplex in hohem Maße auf Kombinationen angewiesen. Doch fügen sich die Ergebnisse der Einzeluntersuchungen zwanglos einem geschlossenen Ganzen, das die Korrekturen der älteren wie neueren Theorien als sinnvoll, vor allem die vorgetragene These der inhaltlichen Identität des VE's mit den müntzerischen Artikeln als berechtigt erscheinen läßt. So fragmentarisch Fabris Information ist, Müntzers Unterscheidung zwischen Aufruhr und füglicher Empörung wird im Vergleich mit dem AB besonders deutlich, obschon unverkennbar ist, daß der Allstedter Prediger hier einen Schritt weiter, noch über Mühlhausen hinausgeht. Er führt die Bauern nicht nur zu einem tieferen Verständnis ihres Rechtes zur Auflehnung, wenn er ihnen predigt, daß Gott selbst der Tyrannei jetzt ein Ende machen will und daß er, wenn sie sich ohne alle Menschenfurcht im gläubigen Gehorsam zu ihm als ihrem alleinigen Herrn bekennen, das unmöglich Scheinende Wirklichkeit werden läßt: die Entmachtung der gottlosen Tyrannen und die Aufrichtung der Herrschaft des glaubenswilligen Volkes. Solche Auflehnung mit Gott im Bunde zur Vollstreckung seines Willens ist fügliche Empörung. Sie aber ist ihrem Wesen nach anderen Normen unterworfen als der Aufruhr, und so sah er sich angesichts der schwankenden, bis zum Widerspruch verworrenen Vorstellungen der Bauern über Ziel und Weg ihres Aufstandes auch veranlaßt, Richtlinien „aus dem evangelio" aufzustellen, „wye man herschen" und „ordnung machen [soll] nach dem worte gottes". Es war sein erstes — und einziges? — konkrete Pläne entwickelndes Reformprogramm, ein bezeichnendes Dokument müntzerischen Geistes.

---

[145] Vgl. zu den verschiedenen Theorien über Verfasser und Entstehungszeit des AB's Bergsten, S. 285 f., besonders Anm. 49—52.
[146] Loserth, S. 213.

Es wäre ebenso abwegig, wollte man daraus eine Gleichgültigkeit Müntzers gegenüber den spezifisch sozialen Problemen seiner Zeit ablesen, wie wenn man darin nur einen sozialen Revolutionär vernehmen zu können wähnt. Er hatte in den Wochen seines Aufenthaltes unter den Klettgauer Bauern abermals Willkür und Unrecht eigennütziger Herren miterlebt und sich darüber ereifert. Aber er laborierte nicht an den Symptomen herum und sah auch hier wie schon zuvor die Wurzel allen Übels in der selbstverschuldeten Depravation der Gesellschaftsordnung, die wieder ihren einzigen und wahren Grund in der Abkehr der Menschen von Gott als ihrem alleinigen Herren hatte. Darum blieb auch hier das eindringliche Thema seiner Predigt, „das doselbest ungläubige regenten, were auch ungläubigk volk, das doselbest eyn rechtfertigunge gescheen mußt"[147]. Die Bauern hatten sich willig gezeigt als die „armen, einfältigen, hungrigen und durstigen nach dem Gottswort, daß wir mit demselben gespieset werden"[148]; sie „hetten ine gerne zu sich genommen"[149] und sich damit, so sah es Müntzer, für Gott als ihren alleinigen Herrn entschieden. Die Herren jedoch beharrten in ihrer gottlosen Tyrannei und Selbstherrlichkeit, so daß sie ihr angemaßtes Recht auf obrigkeitliche Gewalt verwirkt hatten. Die Entscheidung für oder gegen Gott war gefallen, und das war der eigentliche Grund und Anlaß für Müntzer, dem glaubenswilligen Volke mit seinen Artikeln den Weg zu weisen, wie man ein christliches Regiment bestellen und gewährleisten könne. Der wagende Schritt zur fundamentalen Umgestaltung der Christenheit war getan. Nicht aus eigenem Ermessen und revolutionärem Wollen. In diesen Wochen war es ihm zur Gewißheit geworden, daß die Zeit gekommen sei, da Gott dem Volke die Macht überantworten wolle, damit es Seinen Willen in der Christenheit zu Tat und Wesen bringe. In seinem Illusionismus sah er in dem Aufbruch einer ganzen Landschaft zur Verwirklichung der göttlichen Gerechtigkeit unter den Menschen den tatsächlichen Beginn des erwarteten großen Umschwunges.

Lag in diesem die Wirklichkeit überspielenden, eine sehnlich erhoffte Zukunft als sich schon erfüllend vorwegnehmenden Gedanken auch der Grund für seine Rückkehr in den Thüringer Raum? Er hätte ja die Möglichkeit gehabt, dort unten zu bleiben. Er hat „in aber des gedankt", obgleich ihn doch hätte locken können, an der Verwirklichung der neuen Ordnung, wie er sie in seinen Artikeln vorgeschlagen hatte, tätigen Anteil zu nehmen. Hatte er Nachrichten aus Mühlhausen erhalten, daß dort die Bewegung wieder in Fluß gekommen war? Sah er sich gerufen, die vor vier Monaten unterbrochene Arbeit wieder aufzunehmen, um die Reichsstadt zum Zentrum einer das ganze Land erfassenden Empörung zu machen ähnlich der, wie er sie im Südwesten sich aus-

---

[147] Franz, MG, S. 544,16—18.
[148] Bauernkrieg, gleichz. Urk. II, S. 6.   [149] Franz, MG, S. 544,13.

breiten sah? In einem Bruchstück mit weiteren Aussagen Müntzers im Verhör heißt es: „Hat mit den paurn im Clegkawe und Hegaw zu Basel geredt, ob sie ime wolten zuziehen nach Molhausen und dise lande. Haben sie gesagt, wo man sie versolde, wolten sie ziehen."[150] Daß eine solche Absprache erfolgt ist, scheint auch der Bericht des Amtmannes von Langensalza, Sittich von Berlepsch, an Herzog Georg (nach dem 17. März) zu bestätigen: „Lassen sich auch offentlich horen, sy wissen über 5 oder 600 man, die zu inen fallen und ir anhang seyn wollen; sie hetten auch von Schwartzwaldischen baurn vorstant, das sie auch ire cristlichen bruder und anhang seyn wollten."[151] Müntzer blieb jedenfalls noch im schriftlichen Kontakt mit ihnen, wie er selbst bezeugt: „Dye brive, so ime dyeselben geschriben, hat seyn weyp in eynem sagke zu Molhawsen"[152]; eine Aussage, die auch in Bullingers Mitteilung einen Wahrheitskern anzunehmen zuläßt: „Schickt er einen botten herauf mit brieffen / vnnd ouch mit zädlen / in welche er hatt lassen verzeichnen die kreyß vnd grösse der kuglen deß geschützes / das zu Mühlhusen zu der vfrur schon gegossen was ..."[153]

Was er gewollt und wie er es gewollt hat, fand allerdings nicht den von ihm wohl erwarteten Widerhall. Seine Idee der gottgewollten Machtübernahme durch das Volk zur Ausübung eines wahrhaft christlichen Regiments hat das revolutionäre Denken der Klettgauer Bauern damals nicht zu einer entsprechenden Aktion bewogen. Der Brief der „Unterthanen im Kleggaw" vom 23. Januar 1525 wie das Antwortschreiben von „Vogt, Geschworenen und Gemeind des Dorffs zu Grießen" vom 31. Januar[154] an die Stadt Zürich zeigen keinerlei Spuren solchen Denkens. Selbst wenn Müntzer erst in den allerletzten Tagen seines Aufenthaltes die Artikel fixiert haben sollte, möchte man doch eine andere Tonart darin erwarten. — Die weitere Entwicklung nahm dann in den nächsten Wochen einen anderen Verlauf; sie verlor, gemessen an Müntzers Wollen, an religiöser Tiefe und Ernsthaftigkeit, orientierte sich dafür um so stärker an der Idee des „gemeinen Nutzens" unter der Parole, daß damit „der Wille Gotts in Erfüllung sins gepots von brüderlicher Liebhabung" geschehe, und machte aus Müntzers „füglicher empörung" politisch-sozialreformerischen Radikalismus. Müntzer wurde gleichsam „überholt"ᵕund blieb Freund und Feind nicht als der Mann im Gedächtnis, der ihnen Mut und ein gutes Gewissen zur füglichen Empörung wider die gottlosen Tyrannen gemacht hatte. Es ist

---

150 Franz, MG, S. 549,19 ff.   151 Geß II, S. 82,14—17.
152 Franz, MG, S. 544,18 f.
153 Bullinger, Wiedertäufer, S. 3. Unzutreffend ist allerdings Bullingers zeitlicher Ansatz: „Vnd nit vnlang vor dem vfbruch der pürischen vfrur / der in der Landtgraffschafft vnnd darumb sich erhub ..."
154 Bauernkrieg, gleichz. Urk. II, S. 5 f.

schon oft darauf verwiesen worden, daß sein Name in den hierfür als urkundliche Belege in Frage kommenden Akten gar nicht erwähnt wird, ein keineswegs leichthin zu ignorierender Sachverhalt, wenn man behauptet, daß des Allstedters Agitation wesentlich zur Radikalisierung des südwestdeutschen Bauernaufstandes beigetragen habe.

B) Zweiter Aufenthalt in Mühlhausen

Da es Müntzer vermutlich drängte, so schnell wie möglich nach Mühlhausen zu kommen, dürfte er den kürzesten Weg nach dem Norden gewählt haben. Daß er sich „kurze Zeit in Schweinfurt auf[hielt], wo er gemeinsam mit Andreas Karlstadt und einem Bauern aus Nürnberg predigte" und „am 30. Januar 1525 bereits weitergezogen"[1] war, trifft nicht zu. Dagegen ist die Nachricht von einem unfreiwilligen Aufenthalt in Fulda nicht leicht abzutun. Der Schösser Hans Zeiß berichtet nämlich am 22. Februar an Spalatin: „Und fug euch wissen, das Thomas Müntzer zu Fulda gewest, doselbst im torm etliche zeit gelegen, und der abt hat zu Arnstedt uf des von Schwartzburgks wirtschaft gesagt, het er gewost, das es Thomas Müntzer gewest, er wolt in nit ledig geben haben. Und das gerücht gehet, er sei widr zu Molhaußen."[2] Der nächste Weg führte in der Tat über Fulda, und eine vorübergehende Festnahme ließe

[1] Bensing, Th. Müntzer, S. 73. Die These stützt sich auf einen Passus „aus dem Konzepte eines ... Schreibens des Grafen Wilhelm von Henneberg an den Rat zu Schweinfurt vom 30. Januar 1525". Sein Wortlaut: „Uns hat nicht alleine itzo durch euere geschickten sundern auch hiebevor von andern angelanget, wie sich etliche als nemlich Doctor Gerhart von Collen, so zu Gene vertriebn und mit Doctor Endres genant Karlstat gein Sweinfurt kommen ist, auch dergenig, der sich ein pauer nennet, und zu merklichen aufruren predigens unterstehen, noch bei euch enthalten sollen, des wir uns uber vorig unser schreiben, euch des Carstats und Muntzers halben getan, nicht genug verwunden mogen, irenthalb, euch und die euern zu ferlikeit..." (AGBM I,1, S. 173 Anm. 2). Deutlich ist hier zwischen zwei Schreiben unterschieden, wobei das spätere vom 30. 1. 1525 nichts von einem Auftreten Müntzers mit Karlstadt verlauten läßt, das frühere, ohne nähere Zeitangabe, aber nur als eine Warnung vor Müntzer und Karlstadt zu verstehen ist, wie sie ähnlich auch im November 1524 der Nürnberger Rat ausgesandt hatte.

[2] AGBM II, S. 66. — Schon Falckenheiner, S. 6, bezweifelte allerdings diese Nachricht. Bensing, M. u. Th., S. 94 Anm. 8, erneuert den Zweifel unter Berufung auf die Angabe von Einicke II, S. 4, daß die Vermählung des Grafen Heinrich XXXII. von Schwarzburg mit Gräfin Katharina von Henneberg bereits am Montag nach Martini (21. 11.) 1524 in Schleusingen erfolgte. Einicke fährt jedoch fort: „... und am Sonntag nach Ehrhardi (9. Jan.) 1525 führte er seine Gemahlin nach Arnstadt heim". Die von Zeiß erwähnte Äußerung des Abtes könnte also sehr wohl bei einer Feier gefallen sein, die aus Anlaß dieses Ereignisses noch in Verbindung mit der Hochzeit etwa Mitte Februar 1525 in Arnstadt stattfand. Die Bedeutungsweite des Begriffes „wirtschaft" läßt eine solche Erklärung ohne weiteres zu (Grimm, Wörterbuch XIV 2, Sp. 661 ff.).

sich leicht aus einer unvorsichtigen Stellungnahme zu den Unruhen erklären, die kurz zuvor (am 5. 2. 1525) in der Stadt wegen des evangelischen Predigers entstanden waren. Die Fuldaer Obrigkeit war durch die „grosse entporung hi zu Fulda des bredigers halben"[3] reichlich nervös geworden, so daß die verdächtige Äußerung eines Fremden wohl zu seiner Verhaftung führen mochte. Müntzer hatte sich jedoch nicht zu erkennen gegeben und wurde nach kurzer Zeit wieder freigelassen. Der Abt erfuhr zu spät, wer ihm da durch die Finger gegangen war. Der Zwischenfall dürfte sich um die Mitte des Monats ereignet haben; bis zum 22. Februar hatte Zeiß nur gerüchtweise von Müntzers Rückkehr nach Mühlhausen gehört, aber am 5. März setzte er in einer Nachschrift zu dem bis dahin nicht abgeschickten Briefe (!) hinzu: „Auch ist mir gesagt fur ein wahrheit, das Thomas Muntzer, der wider gin Molhaußen komen, wil prediger sein und dringt sich in, das er statschreiber und im rat mit sein will. Das tut der teufel alles darumb, das er zu einer emporung helfen will."[4] Es war Wahrheit. Müntzer war wieder in der Stadt, die er wohl um den 20. Februar nach fünfmonatiger Abwesenheit wieder betrat.

Die Situation in Mühlhausen hatte sich inzwischen sehr gewandelt. Daß sich Ende September des vergangenen Jahres die gemäßigten Kräfte durchgesetzt hatten, war nur ein vorübergehender Erfolg gewesen. Als Pfeiffer am 13. Dezember zurückkehrte[5], fielen ihm nicht nur die alten Anhänger sofort zu, sondern schlossen sich ihm auch die Bauern an und stieß er innerhalb der Bürgerschaft auf größere Sympathien als zuvor. Zeiß schrieb bereits am 22. Februar an Spalatin: „Er omnes hat dem rat das regiment genomen, der darf nichts wider iren willen straffen, regiren, schreiben noch handeln."[6] Nach seinem Bericht hatte Pfeiffer „sich in der von Molhaußen dorfere beworben und beclagt, wie er gewaltig vertrieben allein umb der warheit und umb des willen, das er sie frei vom rat und obrigkeit und von aller beschwerung habe predigen und machen wollen etc. Und dieselbe bauren mit iren geweren versamlet und gen Molhausen in die vorstadt gezogen, do aufgedreten und mit gewalt gepredigt"[7]. Vergebens bot der Rat die Bürgerschaft auf, die Rückkehr des ausgewiesenen Prädikanten zu verhindern. Er fand bei ihr nicht mehr genügend Rückhalt und sah sich bald schon gezwungen, den Versuch entschiedenen Widerstandes aufzugeben. Auch die Achtmänner standen auf Pfeiffers Seite, „ließen ... je vor das Thor ein eigen Schloß machen, daß es der Rath nicht alleine schließen konnte"[8] und forderten in den Weihnachtsfeiertagen mit der Gemeinde vom Rate, „ir wilkoer ader stadtrecht ... irn predigern" vorzulegen. „Dieselbige

[3] AGBM I 1, S. 58 Anm. 2.
[5] Chronik Mühlhausen, S. 181.
[7] Ebd. S. 66.

[4] AGBM II, S. 67.
[6] AGBM II, S. 66.
[8] Chronik Mühlhausen, S. 182.

haben alle artikel darine, welche sich mit der biblien und ewangelio irer meynunge nit vorgleychen, abgetan und ordnunge, wie man forter in peynlichen und bürglichen sachen richten oder handeln soll, stellen sollen."[9] Der Rat hat sich „müßen zwingen laßen, nichts zu tun noch zu schaffen on der gemein wißen und willen. Domit ist in ir schwert genomen und gehet seltzam zue"[10].

Offensichtlich im unmittelbaren Zusammenhange mit diesen Vorgängen kam es gleich nach Weihnachten zu einem Bilder-, Kirchen- und Klostersturm, der das alte Kirchenwesen in der Stadt gänzlich zum Erliegen brachte[11]. Die öffentliche Ausübung des katholischen Gottesdienstes war faktisch unmöglich gemacht, die Klöster wurden aufgehoben, Kirchenschändung galt nicht mehr als strafbare Handlung usw. Der Protest gegen „papistisches Unwesen" mag dabei nicht ganz gefehlt haben[12], so wenig wie die Zerstörungswut und Beutelust eines allgegenwärtigen Pöbels. Jedoch, die nicht zu leugnenden Ausschreitungen dürfen nicht darüber hinwegtäuschen, daß hinter dem Gewährenlassen der tagelangen turbulenten Aktion die Absicht stand, die Machtposition der alten Kirche als einer starken Stütze des früheren Regimes zu beseitigen[13]. Es ist immerhin seltsam, daß die evangelischen Prediger „als Rottemeller, Koller und Herr Johann Lauw", denen die Chronik nach den Septemberunruhen noch bescheinigte, daß sie „nicht so böse [waren] als Allstedter und Pfeiffer"[14], nunmehr mit Pfeiffer zusammenarbeiten. Man wird überhaupt fragen müssen, wie es in so kurzer Zeit seit Pfeiffers Rückkehr zur Usurpation der Macht durch ihn hat kommen können, daß die Bauern auf seiner Seite standen, die Achtmänner mit ihm gemeinsame Sache machten und ein wohl nicht geringer Teil der mittleren Bürgerschaft zu ihm hielt. Das wird allein als Nach- oder Auswirkung seiner und Müntzers Tätigkeit im Spätsommer nicht recht verständlich; vielmehr wird man aus dem Bericht von Zeiß herauslesen dürfen, daß Pfeiffer nach seiner Ausweisung aus Nürnberg alsbald wieder in die Nähe von Mühlhausen zurückkehrte, in wochenlanger geheimer Agitation die Bauern gegen den Rat aufwiegelte und auch mit vertrauten Männern in der Stadt konspirierte. Es war zwar eine in den späteren Verhören oft gestellte Frage, wer ihn wieder nach Mühlhausen hereinge-

---

[9] Gess II, S. 6,34—7,2.   [10] AGBM II, S. 66.

[11] Chronik Mühlhausen, S. 183 f.

[12] Man hatte es dieses Mal anscheinend besonders auch auf die Altäre abgesehen. Man riß die alten Altäre ab und hat „einen Altar vor den Chor gesetzet" (Chronik Mühlhausen, S. 183 f.). Damit wurde der alte Altardienst unterbunden und zugleich das neue Verständnis des Altarsakraments im Sinne Müntzers dokumentiert, der ja in Allstedt auch „in der pfarrkirchen den altar also gesetzt, das er hinder dem altar stehen und das angesicht zu dem volk hat keren mussen" (Sehling I 1, S. 508).

[13] Chronik Mühlhausen, S. 181.

[14] Vgl. dazu die Klage des Mühlhäuser Dominikanerkonvents bei Gess II, S. 2 f.

bracht habe, aber ein auch nur einigermaßen klares Bild ist aus den Angaben der Verhörten — das ist vielleicht gerade kennzeichnend — nicht zu gewinnen[15]. Alles in allem deutet vieles daraufhin, daß wir es bei dem Geschehen im Dezember und Januar nicht mit einer spontan ausbrechenden wilden Revolte zu tun haben, sondern mit einem geplanten Unternehmen, das sich vorerst darauf konzentrierte, die Machtbefugnis des Rates zu beschränken und das altgläubige Kirchentum aus der Stadt zu verdrängen. Nur die kostbaren kultischen Geräte und Kleinodien rettete man von Amtes wegen vor dem Zugriff der Massen[16], wobei es lediglich um die Sicherstellung wirtschaftlicher Werte gegangen sein dürfte. Bensing macht m. E. mit Recht darauf aufmerksam, daß — in seiner Terminologie gesprochen — „die Führung der Bewegung von der plebejisch-kleinbürgerlichen Fraktion auf die besitzbürgerlichen Elemente übergegangen [war]. Diese lenkten den plebejischen Flügel vor allem gegen die geistliche Herrschaft und den geistlichen Besitz in der Stadt, während sie die politischen Entscheidungen selbst fällten"[17].

Die Reaktionen auf das durch Pfeiffers Rückkehr ausgelöste Geschehen ließen nicht lange auf sich warten. So versuchten Mitglieder „des alten Raths, ohne Vorwissen der Viertels-Herren" durch den geflohenen Altbürgermeister Berlet Probst als persönlichen Abgesandten den kaiserlichen Stadthalter im Reiche, Erzherzog Ferdinand, zum Einschreiten zu veranlassen[18]. Am 5. Januar 1525 beklagte sich der Konvent der aus Mühlhausen vertriebenen Dominikaner bei Herzog Georg von Sachsen über die ihm zugefügte Unbill[19]; am 11. Januar legte der fürstliche Ordensprovinzial beim Reichskammergericht zu Eßlingen eine entsprechende Beschwerde ein und bat um die Ernennung Herzog Georgs und des Landgrafen Philipp von Hessen zu kaiserlichen Kommissaren mit dem Auftrag, die Restitution von Besitz und Rechten des Ordens in der Reichsstadt herbeizuführen[20]. Auch die beiden im September geflüchteten Bürgermeister Rodemann und Wettich sahen eine günstige Gelegenheit, ihre Klagen erneut vorzubringen und erreichten tatsächlich, daß es zu einer Verhandlung mit dem angeklagten Rate vor fürstlichen Delegierten kommen sollte[21]. Noch ehe das Reichsregiment mit den neuen Unruhen befaßt wurde, ergriff Herzog Georg schon die Initiative und suchte den Landgrafen Philipp, seinen Schwiegersohn, und die Ernestiner

---

[15] Dazu Brinkmann, S. 101—106.   [16] Chronik Mühlhausen, S. 183.
[17] Bensing, M. u. Th., S. 77. Bensing geht allerdings zu weit, wenn er meint, „die Dezemberbewegung war demnach zwiespältig" (S. 77), und daraus für die Folgeentwicklung Konsequenzen zieht.
[18] Chronik Mühlhausen, S. 183. Probst erreichte Ferdinand jedoch nicht und kam nach etlichen Wochen unverrichteter Dinge wieder zurück. Es handelte sich hier sehr wahrscheinlich um eine Aktion der geflüchteten Ratsherren.
[19] Gess II, S. 2 f.   [20] AGBM II, S. 62.
[21] Seidemann, Mühlhausen, S. 386.

als die Mühlhausen „mit Schutz verwandten" Fürsten zu gemeinsamen
Schritten gegen die „Aufrührer" zu bewegen. Bei den Vorbesprechungen
mit den Räten Georgs am 6. Februar in Naumburg ließen freilich die
kurfürstlichen Abgesandten ihre Zurückhaltung gegenüber den Absichten
Herzog Georgs deutlich erkennen und machten aus ihren Bedenken kein
Hehl: „Dan Mulhausen, wie sie wusten, were an mittel ein reichstatt,
und u.g.u.g.h. hetten nicht vill mehr potmessigkeit daran den allein den
schuz, welcher schuz sich schwerlich unsers achtuns dohin erstregken wolt,
das man sie selbst beschweren, auch mit inen schaffen und zu gebiten
haben solt, die doch ir cf.u.f.g., so inen etwas beschwerlichs wider die
billigkeit von imandes begegent, schutzen und hanthaben solden, welchs
unsers achtens woll zu bedenken sein solt, damit zu aufrur nicht ursach
gegeben."[22] Kursachsen nahm infolgedessen auch nicht an der auf den
13. Februar angesetzten Verhandlung in Treffurt teil, in der zunächst
die Klage der beiden Bürgermeister anstand. Als der nach heftiger
Auseinandersetzung zwischen den beiden Parteien zugunsten der Kläger
gefällte Entscheid von den Vertretern Mühlhausens abgelehnt wurde,
wurden diese angewiesen, den Fürsten baldigst eine schriftliche Stellungnahme des Rates einzureichen. Dann hatten sich die Mühlhäuser aber
noch anzuhören, was ihnen die Räte Herzog Georgs gemäß der ihnen
erteilten Instruktion vorzuhalten hatten, nämlich „daß sie allerwärts
um Aufruhrs willen vertriebene Prediger bei sich litten, ihre Klöster
diesen Winter zerstört, die göttlichen Aemter der Ceremonien und Anderes abgeworfen hätten. Auch können die Unsern bei ihnen Recht und
Hilfe wider die Ihren um Schuld und Anderes gar nicht bekommen;
sie sollen sich also noch eines Besseren bedenken"[23]. Die Antwort der
Beschuldigten wird uns noch zu beschäftigen haben; hier ist nur kurz
auf die Haltung der beteiligten Fürsten einzugehen. In der angeführten
Instruktion heißt es weiter: „Und werden die Räthe aus der von Mühlhausen Antwort wohl vermerken, was sie zu thun gesinnt und wem sie
diese Sache am meisten Schuld geben; das sollen sie uns wiederum anzeigen und gegen des Landgrafen Räthe insgeheim sich weiter vernehmen
lassen: weil sich aus diesem der von Mühlhausen Beginnen nichts Anderes zu vermuthen, denn daß es dem umliegenden Landvolke, auch
Städten, Ursache geben würde, ein Aufstehen zu machen wider alle Obrigkeit, auch daß sich vielleicht, so man in Zeiten nicht davor trachtete,
ein Pöbel und Menge Volks möchte zusammenschlagen und da zu Mühlhausen ihren Aufenthalt haben und viel Leute zu sich ziehen, die da
wenig Gutes würden stiften ..., so achten wir es für gut und bequem,
daß wir ihnen sämtlich den Schutz aufschrieben und ein Jeder seinem
Landvolke verböte, nach Mühlhausen zu gehen, noch etwas mit ihnen

---

[22] AGBM II, S. 64. Der Bericht der herzoglichen Räte bei Gess II, S. 30 f.
[23] Seidemann, Mühlhausen, S. 387.

zu schaffen zu haben, und ob das nicht wollte helfen, so müßte man eine Anzahl Reiter halten, die da täglich auf die Straße Achtung hätten und davor wären, daß ihnen nichts würde zugetragen, sie auch nicht könnten heraus kommen, weder handeln noch wandeln, und so man diejenigen, die dieser Empörung Stifter und Anreizer wären, anträfe, daß man sie gefangen nähme und ernstlich rechtfertigen ließe, damit sie also wieder zu dem Wesen und Gehorsam, darin sie zuvor gewesen, gebracht möchten werden." Bereits am 31. Januar hatte Herzog Georg die Prälaten, Grafen und Ritter seines Landes verpflichtet, dafür zu sorgen, „1. daß nicht unter dem Scheine des Evangeliums, wie jetzt durch die ungeschickten Prediger und ausgelaufenen Mönche beschieht, Frevel, Ungehorsam und anderes Gift gesucht werde; 2. zu verhüten, daß die Kirchengezierden, Bilder und Anderes nicht unziemlich gehandelt oder in der Kirche einige Unschicklichkeiten gebraucht werden; 3. auch daß Niemand, er sei geistlich oder weltlich, wie denn jetzt an vielen Enden durch böse Buben beschieht, gestürmt oder beschwert werden soll, und in alle Wege darob zu sein, daß der Obrigkeit Gehorsam geleistet werde"[24].

Angesichts des offenbaren Ineinander von Reformation und Revolte war es also Georgs Bestreben, mit der Sicherung der in ihrer bisherigen Form und Funktion bedrohten Obrigkeitsordnung die völlige Restitution des alten Kirchenwesens zu verbinden, mit der kirchlich-religiösen Erneuerungsbewegung zugleich den politisch-sozialen Aufruhr zu unterdrücken. Weder die ernestinischen Fürsten noch Philipp von Hessen vermochten ihm in dieser Zielsetzung zu folgen. Schon seine eigenen Stände hatten bei der Bestätigung der ihnen am 31. Januar vorgelegten Artikel den Wunsch ausgesprochen, „die Fürsten von Sachsen sollten sich beiderseits über die lautre Lehre des Evangeliums vertragen; im Rathe zu Mühlhausen liege das große Gift, schaffte man dort nicht einen neuen Rath, so vermöchten sie nichts zu thun, auch sollten etliche Räthe Georgs die Klagen der Unterthanen, so sich der Zinsen oder Frohnen halben unbilliger Beschwerung beklagen, hören und Ordnung schaffen"[25]. Die kursächsischen Räte hatten am 6. Februar in Naumburg ihre Ablehnung der unverkennbar antireformatorischen Absichten des Albertiners bekundet: „Dieweil wir vormergt, das sich der alde ratt zu Mulhausen an herzog Jorgen geschlagen, die auch villeicht dem ewangelio entgegen gewest, doher sich villeicht die aufruer an meisten wider sie vorursacht mocht haben"[26], haben wir uns nicht weiter mit ihnen eingelassen. Philipp von Hessen hingegen ging auf dieses Problem im Augenblick gar nicht ein; er sah es als vordringliche Aufgabe an, Mühlhausen durch tatkräftiges Handeln so schnell wie möglich und so

---

[24] Ebd. S. 390.   [25] Ebd. S. 390.   [26] AGBM II, S. 65.

gründlich wie nötig zur Räson zu bringen, um ein Umsichgreifen des revolutionären Treibens zu unterbinden. Darum akzeptierte er den Vorschlag seines Schwiegervaters, der Stadt den Schutz aufzuschreiben und gewaltsame Gegenmaßnahmen zu treffen, die den Unruheherd isolieren, Handel und Wandel der Stadt bedrängen und möglichst zur Festnahme der „Stifter und Anreizer dieser Empörung" führen sollten.

Die Vermutung erscheint nun vollauf berechtigt, daß die Kunde von den Ereignissen in Mühlhausen Müntzer bewogen hat, so schnell wie möglich zurückzukehren. Mit großer Befriedigung mußte er die unverkennbaren Fortschritte zur Kenntnis nehmen, die die reformatorische Bewegung hier gemacht hatte. „Das wort gots ist nu gotlop bey euch lauter und clar an tag kommen, also das ir die apgotterey der bildern und altare aus den kirchen bracht."[27] Die Stadt war „evangelisch" geworden; die wenigen überzeugten Anhänger des alten Glaubens waren ohne Einfluß auf das öffentliche Leben. Für Müntzer persönlich kam der Umschwung auch darin sinnenfällig zum Ausdruck, daß man ihn „vor Fastnacht ungefähr"[28], also etwa eine Woche nach seinem Wiedereinzug in die Stadt, „zu einem Pfarrherrn ... zu Unser Lieben Frauen" berief. „Da zog er auf die Pfarre, und mußten die Deutschen Herren weichen."[29] Die Chronik bemerkt zwar, „der Rath und die Gemeine wußten hiervon nichts, denn die zu S. Nicolaus, Peter und Jürgen machten den Münzer zum Pfarrherrn"[30]; aber man wird dieser Notiz einige Skepsis entgegenbringen müssen. Sicherlich trifft es zu, wenn sie auf die besonderen Sympathien gerade der Vorstädter für den Zurückgekehrten hinweist und deren Initiativen bei seiner Berufung in das Pfarramt hervorhebt; doch bestand das Nichtwissen von Rat und Gemeinde wohl mehr darin, daß diese sich stillschweigend damit abfanden, auch wenn gewiß nicht alle — vornehmlich im Rat und zumal im Blick auf die soeben in Treffurt ausgesprochenen Verwarnungen — einverstanden gewesen sein mögen.

Müntzer war an diesem Amte zweifellos sehr viel gelegen, bot es ihm doch in besonderer Weise die Möglichkeit, durch seine Predigten und seine deutschen Gottesdienstordnungen dem ihm zuströmenden Volke seine Gedanken von der wahren Reformation nahezubringen, es zum Verständnis des gegenwärtigen Geschehens aus dem Evangelium anzuleiten und ihm vorzuhalten, was einer gläubigen Gemeinde jetzt zu tun gebühre. Es war dem „Botenläufer Gottes" im Anbruch der großen Wende mehr denn je ein dringliches Anliegen, seinen Hörern den unüberwindlichen Christenglauben zu predigen, der in der Kraft des Gei-

---

[27] So haben nach Sittich von Berlepsch der Allstedter und Pfeiffer „uf den predigestuln zum volk gesagt" (Gess II, S. 79,23 ff.).
[28] 28. 2. 1525. [29] Chronik Mühlhausen, S. 184.
[30] Ebd. S. 184.

stes die rechte Erkenntnis des Gotteswillens und die Gewißheit des göttlichen Beistandes im Vollbringen seines Werkes schenkt. Es war wahrlich kein neues Thema, das Müntzer jetzt vortrug; aber wohl nie zuvor hatte es ihn so getrieben, davon zu sprechen wie jetzt, wo es darauf ankam, in der Stunde der nahen Entscheidung die Auserwählten ganz und gar mit dem Ernste des Gotteswillens zu erfüllen und sie zu entschlossenem Einsatz gegen die Tyrannei der Gottlosen zu bewegen. Dabei spürte er bald, wie schwer es der Bürgerschaft immer noch fiel, sowohl sich in der Auseinandersetzung mit den ungläubigen Machthabern zu einer kompromißlosen Kampfansage durchzuringen als auch in der persönlichen Lebensführung die Ernsthaftigkeit des neuen Glaubens in praktischer Bewährung unter Beweis zu stellen. Gewiß, an der Haltung der zu den Verhandlungen nach Treffurt entsandten Vertreter der Stadt wie an der im Schreiben des Rates vom 5. März an Herzog Georg und Landgraf Philipp ausgesprochenen strikten Ablehnung des fürstlichen Ansinnens, die beiden geflüchteten Bürgermeister aufzunehmen und wieder in ihre Ämter einzusetzen, hatte er wohl nichts auszusetzen. Es mochte auch seinen Beifall finden, daß man in der Ausfertigung an Herzog Georg dessen Anklagen „als solten E.F.G. undertan bei uns und gemeiner stadt widder gleich noch recht bekommen mogen" mit der gegenteiligen Feststellung abwies, „das die gutter auf dem lande und in unser stadt, die wir als ein mitgelidt des heiligen reichs besitzen, von jhorn zu jhorn on unser wissen und vorwilligunge, auch widder unser stattutten ader wilkoer und sonderlichen von den geistlichen beschwert worden sein mit mangerlei beschwerung als decimation und andere zinsen, darum wir allenthalben begert, die ankunft solicher decimation adder zinse uns anzuzeigen..."[31]. Der Tenor des ganzen Schreibens war maßvoll und sachlich, weder unterwürfig noch herausfordernd, und machte dennoch deutlich, daß man in Mühlhausen zum Nachgeben nicht bereit war.

Trotzdem scheint Müntzer die noch sehr im Rahmen des herrschenden Ordnungsschemas betriebene Politik des Rates und die sich damit zufriedengebende Mentalität der Bürgerschaft — gemessen an dem Aufbegehren der süddeutschen Bauern gegen die Willkür der Herren — sehr bald als eine Enttäuschung seiner hochgespannten Erwartungen empfunden zu haben. Die Mühlhäuser konnten nach kurzer Zeit schon feststellen, daß er entschiedener als zuvor auf die konsequente Durchführung einer allgemeinen Reformation in Kirche und Welt drängte und die Zeit nunmehr für gekommen erachtete, den rechten Christenglauben durch die Tat zu bewähren. Es genügte ihm nicht, daß das Wort Gottes lauter und klar an den Tag gekommen und die Abgötterei der Bilder

---

[31] AGBM II, S. 71.

und Altäre aus den Kirchen gebracht worden war; „wollt ir nu selig werden, so musten ir auch die apgote in heusern und kasten, sonderlich das schone zynen geschirre von den wenden, cleynot, silberwerk und bargelt aus den kasten auch wegtun. Dan dieweyl ir das lieben, wyrdet der geyst gots nit bei euch wonen"[32]. Es ging bei dieser Forderung weder um ein „kommunistisches Ideal" der Güterverteilung noch etwa um die Opferbereitschaft zur Finanzierung der Rüstung für die Erhebung; in sinngemäßer Parallele zu dem voraufgehenden Satze verlangte sie vielmehr mit der radikalen Abkehr von aller inneren Verhaftung an äußerem Besitz die reine, lautere, ungeteilte Hingabe allein an Gott. Das Herz als der Tempel Gottes muß frei sein von jeder falschen Bindung, von allem Eingenommensein durch trügerische Idole, um ganz vom „geyst gots" erfüllt werden zu können, der mit der rechten Erkenntnis die tatbereite Entschlossenheit zur Erfüllung des göttlichen Willens gibt: die Seligkeit ist mit Halbheiten nicht zu gewinnen[33]. Müntzer ließ je länger desto weniger einen Zweifel daran, worin in dieser „gefährlichen Zeit" die Bewährung der Gotthörigkeit bestehen müsse, der sich die Mühlhäuser Bürger offenbar noch entziehen zu können wähnten: die Zumutung der Fürsten, die Übergriffe des Amtmannes von Salza, das Verhalten der vertriebenen Ordensleute[34] forderten die Auserwählten zum Schutze des Evangeliums im Kampfe gegen den Übermut der Gottlosen heraus. Denn auch ohne genauere Einsicht in die von den Gegnern entfaltete Aktivität war unschwer zu erkennen, daß der grimmige Widersacher des neuen Glaubens, Herzog Georg, das Kesseltreiben gegen die Stadt inszenierte und was er letztlich zu erreichen trachtete. Es ist nicht von der Hand zu weisen, daß „etliche lose burßen" sich durch Müntzers — und Pfeiffers — Agitation aufgefordert sahen, daß sie „denjenigen, so itzt aldahe irs bosen handels nit anhengig haben seyn wollen, ausweychen mußen, ire behausunge stormen, weybe und kynder vortreyben solten"[35]. Entlud sich darin lediglich der aufgestaute Zorn radikaler Elemente über die Geflüchteten und deren Machenschaften, der sich ja schon früher bedrohlich geäußert hatte, oder handelte es sich im Ansatz bereits um die Ausführung eines revolutionären Programmpunktes, der den Ausschluß der „Widerspennigen" aus der „cristenlichen Verainigung" vorsah[36]? Noch hat freilich „der rat darvor gewerht und,

---

[32] Gess II, S. 79,24—80,4; Schreiben Sittichs von Berlepsch an Herzog Georg vom 17. 3. 1525.

[33] Schon der Salzaer Amtmann bzw. seine Gewährsleute haben offenbar den Sinn der aus dem Zusammenhang gerissenen Predigtäußerung Müntzers mißverstanden bzw. bewußt entstellt (vgl. Gess II, S. 80,31 ff.) und damit bis heute Erfolg gehabt.

[34] Der am 18. Februar 1525 an Bürgermeister und Rat zu Mühlhausen ergangene Befehl des Reichsregiments zur Restitution des Predigerordens (AGBM II, S. 65 f.) sprach deutlich genug.   [35] Gess II, S. 80,5—7.

[36] Vgl. Müntzers Artikel für den Hegau und Klettgau oben S. 655 (VE).

damit zu vorzihen, fleyßig gebeten"[37]. Dagegen hielt er es angesichts der feindseligen Absichten der Fürsten selber wohl für angebracht, am 9. März eine allgemeine Musterung der Wehrfähigen abzuhalten. Sittich von Berlepsch schreibt allerdings die Initiative dazu wieder den beiden Predigern zu: „Dannoch haben dye prediger nit underlaßen, dester forderlicher ufrur zu erwegken, folgende meynunge der gemeyne vorgehalten: es geschege iczt durch etliche fursten ufgebot; deshalben not, das sye sich auch in rustunge stelten."[38] Müntzer hat dabei die Gelegenheit zu einer Ansprache vor der versammelten Mannschaft genutzt. „Als nu das spil seyn ende gehabt, hat der achtmanne eyner, genant Hans Schmidt, eyn loser vetter, vom pferde sitzen und dem Alstetter das pferd tun mußen. Der ist underm haufen in ring geruckt und gepredigt, under anderm gesagt: ir Cristlichen bruder, es ist die warheyt des ewangelium an tag komen, uns allen zu großer seligkeyt; aber eyns muß ich euch nicht bergen, got spricht im ewangelio, gebt dem keyser, das im gehort, und got, das got gehort, demnach gebt denjenigen, den ir schuldig seyt, und vortragt euch zymlich mit monchen und pfaffen, vor die des kaisers regiment iczt geschriben hat."[39] Der Gewährsmann Berlepschs hat offensichtlich nur halb verstanden und das wenige, mit fragwürdigen Erklärungen drapiert, entstellt. Der befremdliche Satz war sicherlich nichts anderes als Müntzers höhnende und provozierende Wiedergabe einer ihm von seinen Gegnern gemachten Vorhaltung, daß seine aufrührerische Predigt dem Evangelium widerspreche[40]. Er wollte damit bewußt den Widerspruch gegen jedes Versöhnlertum wecken, das in der Stadt noch nicht verstummt war. Denn nur dazu paßt die weitere Aussage: „lieben Cristlichen brüder, das wort gots muß anfechtung leiden. Ir wissen und befinden, das ich von wegen des wort gotes, das ich euch vorkundigt, vil widerwertigkeyt erlangt, das auch der keyser und vil fursten das gern wider von euch nhemen wolten; es ist inen aber unmoglich, sy werden noch selbst in korzer zeyt von irn eygen leuten vortriben."[41] Nur dazu paßt auch die Aufforderung: „Welcher nu under euch beym wort gots bleyben, sterben und des eynen eyd schweren will, der richte mit myr eynen finger auf; welche das nit tun wollen, treten aus uf eynen sondern haufen."[42]

Folgt man dem Berichte weiter, erlitt Müntzer jetzt eine empfindliche Schlappe. „Da hat der heuptmann ... gesagt: lieben burger, ich glaub, es sey keyn man so unverstendig, das er nit beym wort gots bleybe,

---

[37] Gess II, S. 80,7 f.   [38] Ebd. S. 80,8—11.   [39] Ebd. S. 80,23—31.

[40] Berlepsch hat das anscheinend erkannt und auf seine Weise interpretiert. „Es soll aber seyn ernstliche meynunge nit gewest seyn, alleyne gesucht, als wol zu glauben, eine zwitracht zu machen, in hoffnunge, samt seym anhange die aptgote in heusern und kasten zu suchen" (Gess II, S. 80,31 ff.).

[41] Gess II, S. 80,36—81,2.   [42] Ebd. S. 81,10—14.

deshalb ist, eyde zu schweren, nit not. Daruf der Alstetter solt gesagt, es sey not und gebure sich; daruf der heuptmann auch gesagt: lieben burger, habt ir nit algereyde eyde gnug geschworen, so schwer eyn ider nach eynen korp voll und heng sy an hals. Sagende, es geburt sich in kyrchen und nit im felde zu predigen. Darauf hat die gemeyne desmals nit schweren wollen. Sind also mit unlust wider in die stadt gezogen."[43] Abgesehen von den ornamentalen Details liegt der Darstellung sehr wahrscheinlich eine tatsächliche Begebenheit zugrunde: der erfolgreich erhobene Einspruch des militärischen Befehlshabers gegen den von dem Prediger überraschend gemachten Versuch eidlicher Verpflichtung der Versammelten. Müntzer sah in dieser Musterung gleichsam den Auftakt zum Kampfe gegen die Widersacher des Evangeliums, ihm ging es bei der Eidesforderung um die öffentlich-feierliche Bekundung voller Einsatzbereitschaft für die Sache Gottes[44]. Für den Hauptmann handelte es sich lediglich um einen aus militärischen Gründen und zu militärischen Zwecken angesetzten Appell, bei dem ihm religiöse Sonderaktionen bzw. müntzerische Eskapaden unangebracht erschienen, zumal durch die Form der Einmischung des Allstedters die Gefahr der Auslösung von Zwieträchtigkeiten innerhalb der Mannschaft heraufbeschworen wurde.

War diese Kontroverse nur ein peinlicher Zwischenfall, den man nicht dramatisieren sollte, oder kam ihm doch tiefere Bedeutung zu? Das heißt, war der Einspruch des Hauptmanns Ausdruck einer grundsätzlichen Opposition gegen die militante Agitation des Predigers, der um so mehr darüber verärgert sein mußte, als auch „die gemeyne" sich gegen ihn entschied? Müntzer konnte sich jedenfalls nicht verhehlen, daß er in bestimmten Kreisen noch immer auf erheblichen Widerstand stieß, und es war verständlich, wenn er darauf aus war, einen stärkeren unmittelbaren Einfluß auf den Rat zu erhalten. Zeiß wußte schon am 5. März zu berichten, er „wil prediger sein und dringt sich in, das er statschreiber und im rat mit sein will"[45]. Auch die Chronik vermerkt etwa zehn Tage später das Begehren der „beiden Praedicanten, Münzer und Pfeiffer, daß sie mit im Rathe sitzen wollten"[46], und Sittich von Berlepsch schreibt kurz nach dem 17. März: „Es ist die sage, der Alsteter soll stadtschreyber und der Pfeiffer kemererschreyber seyn."[47] War das nur ein wildes Gerücht, das seine ehrgeizigen, machthungrigen Aspirationen

---

[43] Gess II, S. 81,6—14. Die Chronik berichtet von diesem Vorfall nichts.

[44] Typisch wieder die Erklärung des Gewährsmannes: „Und wirdet gesagt, Alstetters und Pfeyffers meynung sey gewest, wan der gemeyn man het sollen schweren, so hetten sich etlich vil burger, die irer meynung gar nit anhengik, das zu tun, gewidert, dan wollten sy samt irm anhang dieselbigen irs gefallens tribuliert haben. Und sind also derjenigen, so ausgewichen, weyb und kynder desmals fridlich gelassen worden" (Gess II, S. 81,14—19).

[45] AGBM II, S. 67. [46] Chronik Mühlhausen, S. 185.

[47] Gess II, S. 82,12 f.

anprangern sollte, oder war es eine Variation seines früher erhobenen Anspruches, als ein neuer Daniel der Obrigkeit kraft des in ihm wohnenden göttlichen Geistes den rechten Weg zur Entmachtung der Gottesfeinde zu weisen? Der Vorfall bei der Musterung könnte durchaus den länger schon erwogenen Entschluß in ihm ausgelöst haben, im Bunde mit Pfeiffer mit seinem Ansinnen vor Rat und Gemeine zu treten und zugleich noch „viel andere ungereimte Dinge" vorzubringen, „darum der Rath fast drei ganze Tage mit ihnen in [der] Allerheiligen Kirche gehandelt"[48]. Kann man den Angaben der Chronik Glauben schenken, so müssen es trotz oder gerade wegen der abwertenden Floskel sehr gewichtige Dinge gewesen sein, auf deren Erörterung man soviel Zeit verwandte und die der Rat schließlich „nicht hat willigen können noch wollen"[49]. Daß die beiden Prediger die Ablehnung ihrer Anliegen mit dem Begehren beantworten, „ein ander Regiment zu wählen"[50], läßt darauf schließen, daß sie mit einer Deputation erschienen waren, als deren Wortführer sie wahrscheinlich fungierten. Darauf weist indirekt auch der anschließende Bericht über die Einberufung einer Versammlung „alle[r] Bürger neben dem Rath" auf den 16. März in der Marienkirche hin: „Da ist Pfeiffer auf den Predigtstuhl getreten und [hat] gesagt: ‚Es hat der alte Rath bewilliget, man soll einen neuen Rath wählen'; darauf ein Bürger, Conradus Peter, den Bürgermeister Henrich Baumgarten auf die Achsel geschlagen und gesagt: ‚Was saget ihr dazu?' Als hat der Bürgermeister wider Pfeiffern gesaget: ‚Herr, der Rat hat es nicht gewilligt, sondern wir haben gesagt, da es eine Gemeine ihr also haben wollte, müßten wir es geschehen lassen.'"[51] Die von den beiden Predigern bei den Verhandlungen in der Allerheiligen-Kirche vorgebrachten „ungereimten Dinge" waren demnach sehr wohl überlegte Forderungen, die, wie bald offenkundig werden sollte, eine einschneidende Veränderung der Struktur des Rates und damit einen Kurswechsel der inneren wie äußeren Politik der Stadt zum Ziele hatten, wobei es weniger darum ging, Müntzer und Pfeiffer Sitz und Stimme im Rate zu geben, als ihre Ideen in die Tat umzusetzen.

Der bestehende Rat war zwar nicht bereit, auf die ihm nahegelegten Reformwünsche einzugehen; er sah aber angesichts der Unnachgiebigkeit der Petenten und ihres starken Rückhaltes in der Bevölkerung keine Möglichkeit, sich der Forderung einer Neuwahl zu widersetzen. Er ließ es wohl oder übel auf eine Machtprobe bei der Wahl ankommen, wollte er nicht von vornherein einen offenen Aufruhr heraufbeschwören. Nach der einleitenden Erklärung Pfeiffers „hat man einen jeden Bürger insonderheit gefraget, ob er es mit dem alten Rathe und seinen Sachen halten wollte, oder ob er einen neuen haben wollte. Als haben viel

[48] Chronik Mühlhausen, S. 185.
[49] Ebd. S. 185.   [50] Ebd. S. 185.   [51] Ebd. S. 185.

Bürger und das größte Theil aus Unwissenheit und Bedrohung den neuen Rath gewilliget, etliche aber haben bei dem alten Rathe bleiben wollen"[52]. Es ist den Revoltierenden offenbar nicht schwer gefallen, das Wahlergebnis zu manipulieren, nachdem sie schon zuvor die einen eingeschüchtert, die anderen für sich gewonnen hatten. Doch ob der in der Chronik erhobene Vorwurf der direkten Wahlfälschung berechtigt ist, muß zumindest dahingestellt bleiben[53]. Als Ergebnis der Wahl verkündete Pfeiffer von der Kanzel herab, daß sich die weit überwiegende Mehrheit für einen neuen Rat entschieden habe; freilich war es unter den gegebenen Umständen immer noch eine beachtliche Minorität, die den alten Rat behalten wollte[54]. Tags darauf, am 11. März, „frühe sind sie aufs Rathaus gegangen, daselbst haben sie den alten Rath seiner Aemter entsetzet, die ein jeder hat müssen den Predigern und den acht Mann übergeben, und haben einen neuen Rath dermaßen erwählet, daß er ewig sein und heißen und stets für und für regieren sollte, und keiner, er stürbe denn, daraus gelassen werden"[55]. Man griff also bei seiner Konstituierung auf die elf Artikel vom September des Vorjahres zurück, wobei es freilich im Text der Chronik offenbleibt, was außer dem hier angeführten dritten Artikel sonst noch aus dem damaligen Programm übernommen wurde. Der neu gewählte „Ewige Rat" war keineswegs ein Gremium von lauter „Revolutionären". Einige seiner 16 Mitglieder[56] waren gewiß überzeugte Anhänger der beiden Prediger, andere kaum mehr als Sympathisanten oder auch nur Mitläufer, deren fachkundiger Mitarbeit man sich aber gerne bediente[57]. Daß „derer ein Theil undanks gewählet und dazu gedrungen worden sind"[58], braucht jedoch nicht nur ein nachträglicher Entschuldigungsversuch zu sein[59]. Faktisch war der neue Rat „das Instrument der ökonomisch stärksten

---

[52] Ebd. S. 185.

[53] Ebd. S. 186: „... viel Namen wurden verzeichnet, als hätten sie den ewigen Rath gewählet, die es nicht gethan hatten."

[54] Ebd. S. 185: „Man saget, derer, so den neuen Rath gewilliget, sollen 11 Schock, und derer, so den alten, 3 Schock und 24 gewesen sein."

[55] Ebd. S. 185 f.

[56] Vgl. Lösche, S. 157: „Hinsichtlich seiner politischen Zusammensetzung scheint man dabei so verfahren zu sein, daß je vier Mitglieder aus dem alten Rat ... und dem Achtmännerkollegium ... genommen wurden, während die übrigen Ratsmitglieder zu gleichen Teilen von den vier Stadtvierteln gestellt wurden."

[57] Vgl. Lösche, S. 156—159, der in instruktiver Weise auch über die sozialen und wirtschaftlichen Verhältnisse der neuen Ratsherren berichtet. Aufschlußreich ist der Unterschied der Vermögenslage, der von 351 bis 3 Geschoßmerk reicht.

[58] Chronik Mühlhausen, S. 186.

[59] Nach den Feststellungen von Lösche (S. 159) wurden nach der Katastrophe drei Ratsmitglieder hingerichtet, zwei sind geflohen, von denen sich einer später mit dem Rate verglich; die übrigen waren in der Stadt geblieben und wurden verhaftet, aber bald wieder entlassen, nachdem man ihnen, mit Ausnahme von dreien, eine empfindliche Strafbuße auferlegt hatte.

Kreise des Kleinbürgertums"[60], die auf der Basis einer „demokratischen" Ordnung gewillt waren, nach den Richtlinien der elf Artikel (und nach Gottes Wort) die rechtliche und soziale Lage der politisch noch kaum zum Zuge gekommenen Bevölkerungsschichten der Stadt zu verbessern. Sie waren ebenso gewillt, zur Wahrung ihrer demokratischen und religiösen Freiheit die Einmischungsversuche von außen her energischer als ihre Vorgänger abzuwehren, ohne daß sie aber die immer offener hervortretende Tendenz, auch über den Bereich der Stadt hinaus für die Errungenschaften des neuen Geistes zu wirken, sonderlich unterstützten. Unbeirrt durch die Einschüchterungsversuche des Reichsregiments und Herzog Georgs setzte man auch auf kirchlichem Gebiete die Erneuerung dadurch fort, daß nunmehr, vermutlich doch auf Betreiben der Prediger und nach Müntzers Gottesdienstordnungen, „deutsche Messe in beiden Kirchen gehalten"[61] wurde.

Kaum vier Wochen nach Müntzers Rückkehr hatte somit der alte Rat einem neuen „demokratischen" Kollegium weichen müssen, ohne daß es zu einer nennenswerten Gegendemonstration durch die Anhänger des alten Regimes in der Stadt selbst gekommen wäre. Der in seinem Amte belassene Stadtsyndikus Dr. Johann von Othera kommentierte das Geschehen in müntzerischer Diktion mit den Worten: „Er hat die Gewaltigen vom Stuhl gestoßen und die Niedrigen erhöhet; welch ein wunderbarer Gott ist das!"[62] Er bestätigte damit indirekt einmal, daß der Umschwung vornehmlich mit auf Müntzers Initiative und unter seiner maßgeblichen Beteiligung erfolgt war; zum andern, daß man sich der veränderten politisch-sozialen Struktur der neuen Ordnung durchaus bewußt war. Sittich von Berlepsch formulierte es auf seine Weise, wenn er abfällig äußerte, die neuen Ratsmitglieder seien „mererteyl lauter arme und grundeebenteurer. Darbey abzunhemen, was guts regiments dabey seyn kann"[63]. Die Quellen über die von den neuen Männern durchgeführten oder geplanten Maßnahmen zur Aufrichtung einer gerechten Ordnung des Gemeinwesens fließen zu spärlich, als daß man sich ein zureichendes Bild vom Wandel der Verhältnisse in der Stadt machen könnte. Von praktisch-sozialen Reformen findet sich kaum eine Andeutung[64]; man kann fast den Eindruck haben, als habe der Übergang aus der Opposition in die Regierungsverantwortung selbst dem „linken Flügel" Zurückhaltung auferlegt. Es läßt sich allerdings nicht übersehen, daß von wilden Ausschreitungen jetzt keine Rede mehr ist, vielmehr der Rat selbst diese und jene Aktion gegen den Besitz der Kirche unter-

---

[60] Lösche, S. 154.

[61] Chronik Mühlhausen, S. 186.

[62] Ebd. S. 186.

[63] Gess II, S. 82,1 f.

[64] Selbst Bensing, M. u. Th., S. 79 f., fällt es schwer, konkrete Daten ausfindig zu machen. Freilich war der Zeitraum zu kurz und die Umstände wenig günstig, um durchgreifende Maßnahmen in Angriff zu nehmen.

nahm. So wurden „Montags nach Laetare [27. 3.] dieselbe ganze Woche
... in dem Barfüßer Kloster die Meßgewande, Sammet, Perlen und
anderes verkauft"[65] oder gegen Anfang April (haben sie) „dem comtur
zu Neylstedt seyn eygen schaf aus der tryft zu Pfaffenrode genommen
und sich daraus, auch aus der lenderey desselbigen hofs fast bey
15 oder 16 huf lands geteylt, als ob es der feynde gewest"[66]. Was
den Rat dazu veranlaßt hat, ist nicht recht ersichtlich. Es war ihm wohl
nicht so sehr darum zu tun, „damit sy geld bekomen mochten"[67],
als um das geflissentliche Geltendmachen ihres Verfügungsrechtes über
früher kirchliches Besitztum. Das könnte auch der Grund für das angebliche Vorhaben sein, einige Gebäude in der Stadt zu veräußern[68], um
den Erlös zum Nutzen des Gemeinwesens zu verwenden[69].

Es deutet alles darauf hin, daß man frei von klassenkämpferischen
Tendenzen einen gemäßigten Kurs zu steuern suchte, der im Rahmen
des irgend Möglichen eine geschlossene Gemeinschaft der Bürger anstreb-
te, deren einende Mitte das Bekenntnis zur Reformation im Verständnis
Müntzers sein sollte. Es lag dementsprechend ganz auf der Linie der von
dem Prediger in seinen Klettgauer Artikeln vertretenen Gedanken, wenn
man nach der Machtübernahme die aus Mühlhausen geflüchteten Bürger
aufforderte, „wo ir unser gehorsamer burger sein wolt, das ir bei euern
gehorsam in acht tagen noch uberantwortunge diesses briefes euch widderumb in euer behausunge begebet und, wie ein ander burger bober
und under euch tot, gehorsamlichen haltet. Wo ir aber in solcher zeit
seumig wurdet, wissen wir euch nicht anderst dan als ein ungehorsam
burger zu halten, auch hinfurder euer burgerlichen freiheit zu gebrauchen in keinen weyk gestatten"[70]. Völlige Einordnung, d. h. volle Anerkennung der neuen politischen, sozialen und kirchlichen Verhältnisse
in der Stadt waren also die mit Bedacht gestellten Bedingungen für eine
Wiederaufnahme. Solcher Abschirmung gegen ein Eindringen obstruie-
render Elemente entsprach das ergänzende Gebot des Rates an die

---

[65] Chronik Mühlhausen, S. 186.

[66] Gess II, S. 107,6—9; dazu auch AGBM II, S. 886.

[67] Ebd. S. 108,21.

[68] Ebd. S. 109 Anm.: „(Folgends woln sy verkaufen:) Wer die moln uf dem
entenphel, das creuzhaus (ist das h. creuz kyrchen) und das lehmhaus, hinder s.
Blasius kyrchen gelegen, kaufen will, der soll sich bey eynen erbarn rat fynden mit
breytem gelde. Item das gemeyn fraunhaus ist ym zu s. Niclaws verkauft."

[69] Mit Kirchengut ging man überhaupt recht großzügig um und hatte auch jetzt
nichts dagegen, wenn Mühlhäuser Bürger auf dem Markte auswärts geraubtes Kirchen-
gerät offen zum Kauf anboten. Die Chronik berichtet (S. 187): „In dieser Woche
[kurz vor dem Auszug Müntzers] sind zwei von der Struth, Hans Hesse und Michael
N., samt andern mehr zu Mühlhausen auf den Markt gekommen, [haben] zwei Faß
voll Geräthe und fünf Glocken daselbst verkauft, und als sie des Kaufgeldes streitig
werden, wird ein großer Tumult darüber." Vgl. dazu auch AGBM II, S. 925 f.

[70] AGBM II, S. 83 f. Schreiben Ottheras vom 11. 4. 1525.

Bürgerschaft: „unser borgir ader inwoner und den abgewichen verwant ader befreünd, so auf irem ausbleyben vorharren, mit inen nicht gemeynschaft, zu handeln, noch zu wandeln, keyne weyse haben sollen; es weren dan sachen ernhaftiger not, die sie eynem rat eroffen sollen, daran gelegen wer, darzu sollen sy von eym erbarn rat erleubnis biten und erlangen. Wer sich hierinnen anders vormerken ließe, den soll man ernstlichen strafen. Sich darnach wißen zu halten. Welcher burger oder inwoner, er sey geystlich oder weltlich, auch sich in diser voranderung von Molhawßenn on erleubnis eyns erbarn rats mit andern leuten vorheerten, begeben ader entwenten, solten hinforter nicht zu burgerlicher freyheyt zugelaßen werden. Und welcher borgir sich wider zu uns gekert hat, und doch das seyne noch darußen ist, sol dasselb er hat laßen wegfurhen in 8 tagen in stellig hieher brengen bey ernstlicher straf eyns erbarn rats."[71] Diese Maßnahmen konnten weitgehend auf das Verständnis derer rechnen, denen an der Sicherung der jüngsten Errungenschaften lag bis hin zu denen, die der ständigen Unruhen einfach überdrüssig waren, die die Geflüchteten bereiteten.

Müntzer, der das Vorgehen des Rates mit inspiriert haben dürfte, gab sich freilich mit dem Erreichten nicht zufrieden. Er hatte nicht die Ruhe und Sicherheit Mühlhausens im Blick; ihm ging es um die Erhebung der ganzen thüringisch-sächsischen Landschaft, und die Stabilisierung des jetzigen Regimes in der Stadt war ihm nur ein erster notwendiger Schritt zum allgemeinen Aufstand gegen die Tyrannei der Gottlosen. Das hatte mancher Bürger zunächst noch nicht recht begriffen oder doch nicht so ernst genommen und als überstiegenes Gerede des eifernden Predigers abgetan. Die drohende Gefahr einer gewaltsamen Einmischung Herzog Georgs und des hessischen Landgrafen mochte vielen noch einzelne Aktionen wie die Musterung am 9. März[72], die Beschaffung von Spießen[73], die Herstellung von Geschützen[74], das Reden von dem „Zuzug"[75] als vorsorgliche Maßnahmen zur Abwehr von Feindseligkeiten der „Schutzherrn" erscheinen lassen, bis jeder Zweifel an der Ernsthaftigkeit des müntzerischen Vorhabens durch die Ereignisse selber beseitigt wurde. In seinem Sammelbericht vom 17. April wußte Sittich von Berlepsch seinem Herrn zu melden: „Der Alstetter hat eyn weyß fenleyn von etlichen und 30 eln zendels machen unde darane eynen regenbogen mit den worten verbum domini maneat in etternum und

---

[71] Gess II, S. 108 Anm. 1.   [72] Vgl. oben S. 684 f.

[73] Gess II, S. 107,1 ff.: „Am palmabend [April 8] haben die von Molhawßen eyn wagen voll lange spies in ir stadt führen laßen, die sy eym burger von Ißnacht abkauft..."

[74] Chronik Mühlhausen, S. 187: „Münzer ließ Geschütze gießen im Barfüßer Kloster."

[75] Davon ist in den Quellen mehrfach die Rede.

eyn reym, laudende, dis ist das zeychen des ewigen bund gotes, alle, die bey dem bünde stehen wollen, sollen darundertreten, malen laßen. Dasselb fenlen hat er in u.l.fr. kyrchen bey dem predigstuel gestegkt, laßet sich vornhemen, er wolle dasselbig fenlein zu felde bringen und zuforderst beym fenlein seyn, auch 2000 fremdes volks understehen hineynzubrengen."[76] Jetzt kam es also anscheinend zur Konstituierung des „Ewigen bundes" in Mühlhausen[77] und wurde das „weiß fenleyn" mit dem Regenbogen zum Symbol des verschworenen Bündnisses mit Gott zum Untergang der Gottesfeinde. Als aufgerichtetes Zeichen stellte er es in seiner Kirche „bey dem predigstuel" auf, von dem herab er unangefochten verkündete, daß er es „zu felde bringen und zuforderst beym fenlein seyn" wolle. Das war ein in seiner Aussage den Zeitgenossen durchaus verständlicher symbolischer Akt offener Kampfansage.

Man geht kaum fehl in der Annahme, daß die sich häufenden Nachrichten von der immer stärker anschwellenden Erregung im Lande Müntzer mit vorwärtsgetrieben haben. Die Welle der Aufstände von Südwesten und Süden kam im April rasch näher. In der Kar- und der Osterwoche hatte sie sich von Fulda ostwärts bis nach Schwarzburg hin, nach Norden bis in den Eisenacher Raum vorgeschoben, ohne auf ernstlichen Widerstand zu stoßen. Es war trotz mancherlei Verbindungen untereinander keine einheitliche Bewegung; ein Haufen erhob sich neben oder nach dem anderen, manche vereinigten sich zu gemeinsamem Zuge von Bauern und Bürgern, gingen wieder auseinander und lösten sich z. T. wieder auf. Auch nördlich der Linie Eisenach-Erfurt nahmen die Bauern eine drohende Haltung an[78]. Was etwa die Männer von Niederorla den Knechten Sittichs von Berlepsch erklärt hatten, war gewiß in vielfacher Abwandlung zum Teil von ihm selbst stammender Aussagen bereits wieder an Müntzers Ohr gedrungen: „Sye hetten got geschworn, dem und keym andern wern sy, gehorsam zu seyn, schuldig; man solt auch gemach tun, man wurde korzlich 20 000 mann, die dem evangelio anhiengen, bey eynander fynden, wurden pfaffen und edele

---

[76] Gess II, S. 109,6—13.

[77] Gegen die auch von Bensing vertretene Ansetzung Lösches (S. 145 ff.) auf den 19. 9. 1524.

[78] Vgl. neben der kurz zusammenfassenden Darstellung von Franz, Bauernkrieg, S. 258—266, die ausführliche Erörterung von Bensing, M. u. Th., der die These zu belegen sucht: „Die Zentren waren weder spontan entstanden, noch besaß der Zusammenhang zwischen ihnen zufälligen Charakter. Sie erklären sich vor allem aus dem zielgerichteten Wirken Thomas Müntzers und seiner engsten Anhänger" (S. 86). Die von ihm (in Bensing, Th. Müntzer, S. 78 f.) sehr zugespitzt formulierte Behauptung einer geradezu strategischen Planung des Thüringer Aufstandes durch Müntzer und seine Freunde ist hier zwar gemildert, überzeugt jedoch nicht, wenngleich sich in den Ausführungen manche aufschlußreiche Hinweise auf die agitatorische Vorbereitung und Auslösung der Aufstände durch „Müntzerianer" finden.

vortreyben."[79] Ebenso wußte er wohl davon, daß „sich die bürger und baurn hirumblang algereyde mit der Schwartzwelder und Frengkischen baurn gedrugkten artikeln [tragen]; laßen sich frey vornhemen, es soll und muß denselbigen gelebt werden. Und ir eyns teyls haben algereyde irer obirkeyt desgleychen angemut"[80]. Echte und falsche Gerüchte liefen in Mühlhausen um, kolportiert von den mancherlei Fremden, die in der Stadt Zuflucht suchten oder den vielberufenen Prediger hören wollten oder gar, wie anscheinend „der monch von Dreffert", mit ihm konspirierten[81]. Müntzer erlebte mit wacher Bewußtheit die spannungsgeladene Atmosphäre der in seiner unmittelbaren Nähe aufbrechenden Empörung und konnte in ihr mit Recht auch eine Frucht seiner eigenen Predigt sehen. Den Anstoß zur offenen Auflehnung in der weiteren Nachbarschaft gab zwar eindeutig die Aufstandsbewegung der süddeutschen Bauern; aber je weiter sie in den thüringisch-sächsischen Raum übergriff, desto öfter stieß sie auf einen von Müntzer und seinen Anhängern agitatorisch vorbereiteten Boden. Der in Mühlhausen herbeigeführte Umsturz hatte bereits die Wirkung einer alarmierenden Ankündigung des nahenden Sturmes, die von den aufsässigen Untertanen ebenso erwartungsvoll gehört wurde wie sie an den fürstlichen Höfen und an den Herrschaftssitzen eine nervöse Betriebsamkeit auslöste.

Zumal in den bedrohten Landen Herzog Georgs von Sachsen wurden Grafen, Ritter und Prälaten, Amtleute und Vögte an ihre Treue und Dienstpflicht gemahnt, wurde ihnen größte Achtsamkeit auf „Aufrührer" und „Agenten" eingeschärft und die Ermahnung der Untersassen an ihre Eide und Pflichten verlangt. Das Echo klang bedenklich genug. Prälaten und Ritter im „Thamsbrugischen kreys" bekundeten am 10. April in einem Schreiben an ihren Landesherrn zwar ihren persönlichen Gehorsam und ihre Bereitschaft, den Untertanen befehlsgemäß „etliche Artikel" vorzuhalten, gaben aber zu bedenken, daß sie dadurch „wenig frucht erhalden werden; dann es ist der kegenteil so ganz groß bey inen eingerissen, das, wan wir inen die ader dergleichen vorhalten, das sie lauter des gespot und gelechter doraus treyben, und suchen alle bey den von Mulhausen ires ungeschigkten furnehmens rughalt". Sie hielten es „hoch von noten, das E.F.G. dise sache, nachdem sie nicht wenig, sonder die ganze ubirkeit, regirunge, auch leib und leben belanget, bey E.F.G. bewegen...“; und zwar bald, „dann wir sehen und befinden den handel dises orts so tif eingerissen und ungeschigkt, das zu besorgen,

---

[79] Gess II, S. 106,13—16. [80] Ebd. S. 106,19—107,1.

[81] Ebd. S. 114,5—13: „Uf hude data ist der monch von Dreffort gannen zu Molsen nach nuwen mern und uf nest sonobent wird wyder noch Dreffert gehen. Und die von Dreffert haben im zugeseit etliche, sie woln seiner nicht entpern und gedenken, in zu behalden an der ganerben wyssen und willn, auch des pferners" (Schreiben des Amtmannes zu Treffurt an Sittich von Berlepsch vom 22. 4. 1525).

wu lenger wir vorzogen, das es sich dermaßen einlassen werde, das ime
dornach von E.F.G. gleich so wenig, als von uns, schwerlich moge wider-
standen werden"[82]. Ebenso warnte Sittich von Berlepsch wiederholt
gerade vor der von Mühlhausen drohenden Gefahr: „So nit in zeyt
iren uncristlichen vornhemen widerstand geschicht, ist vorwar zu besorgen, das alles volk diser umbligenden kegnet vorm Doringer walde,
Heynich, Heylitte und vorm Hartze sich zusamenslahen und iren mutwillen nachfolgen; denn es leßet sych fast desgleychen ane."[83] Am 22.
April wies er besorgt auf eine „vorsamlunge uf 10 meyle alhye bey
E.F.G. stadt Saltza" hin: „. . . ist zu achten, das dye von Molhausen
und andere anhenge vorstentnis mit inen haben; deshalb zu forchten,
das der Alstetter mit seynem fenleyn, das er aufgerycht, und sye zusam-
menzyhen werden. Wan das geschehe, worde der gemeine man in dyeser
umblygenden landart samtlich mit inen aufstehen und wyrde dan demselben haufen sunder gotliche hilfe swerlichen wyderstand zu tun seyn,
aldeweyl mit dem eynsehen so lange vorzogen, daß sichs in vylen fur-
stentumpmen, landen und den stetten ingelassen. Dan es muß ye ursache
haben, das sych das gemeyne volk nicht mehr, wye zuvor geschehn,
will weysen lassen, sunder stehen ganz uf der meynunge, nach irem
selbst wyllen zu leben . . ."[84] Trotzdem kam erst Mitte April eine Übereinkunft zwischen den fürstlichen Schutzherren zustande, den Mühlhäuser Rat auf den 23. Mai zu einer Verhandlung nach Sondershausen zu
laden, in der seine Bevollmächtigten sich vor den fürstlichen Räten verantworten sollten[85]. Da war die Schlacht bei Frankenhausen bereits
acht Tage zuvor geschlagen und wurde zwei Tage später Mühlhausen
von den Siegern eingenommen.

Nur relativ wenige konkrete Hinweise geben uns darüber Auskunft,
wie Müntzer und Pfeiffer im Laufe des April eine aktive Beteiligung
Mühlhausens an den Operationen der Aufständischen vorbereitet und
ins Werk gesetzt haben. Nächst dem bedeutungsvollen Akt der Aufrichtung des Fähnleins in der Marienkirche als dem Zeichen der Entscheidung
für den Eintritt in die Phase kriegerischer Auseinandersetzung kam es
beiden Männern allem Anscheine nach vornehmlich darauf an, die Menschen, die sich aus der Stadt und von auswärts unter ihrer Kanzel einfanden, mit den Ideen der gottgewollten Veränderung der noch bestehenden Verhältnisse ganz und gar zu erfüllen und für die Ausführung
des Gotteswillens einsatzbereit zu machen. Die militärische Rüstung hielt
sich jedenfalls, soweit man aus den spärlichen Mitteilungen Schlüsse
ziehen darf, in recht engen Grenzen, und von einer strategischen Planung

---

[82] Gess II, S. 102 Anm.
[83] Ebd. S. 107,11—15; Schreiben vom 17. 4. 1525.
[84] Ebd. S. 115,1—11.
[85] Ebd. S. 111 Anm. 1; AGBM II, S. 94 f.

des Thüringer Aufstandes kann keine Rede sein, weder durch eine Mühlhäuser Zentrale noch durch einen besonderen Müntzerkreis. Aber die in Mühlhausen betriebene und von dort ausgehende allgemeine Agitation kann wohl in ihrer Tiefen- wie Breitenwirkung schwerlich gering eingeschätzt werden. Die Berichte des Amtmanns von Salza lassen erkennen, wie man die Haltung des Müntzer-Pfeiffer-Anhanges und sein Gewähren-Lassen durch den Rat zunehmend ernster beurteilte und einen Anschluß an bereits umherziehende Haufen mit allen unabsehbaren Folgen kurz nach Ostern fast täglich befürchtete. Gewiß zeugen die Verlautbarungen Berlepschs von einer starken Animosität gegen Mühlhausen; doch hatte er als unmittelbarer Nachbar und ziemlich gut, obschon oft einseitig informierter Beobachter, einen Einblick in die Zustände in der Stadt wie in deren wachsende Anziehungskraft auf unruhige Geister von nah und fern. Um so auffälliger ist es, daß sich weder bei ihm noch in der „Chronik" noch sonstwo in den Quellen aus den Tagen seit der Konstituierung des Ewigen Rates bis zum ersten Auszuge eine Äußerung darüber findet, daß in Mühlhausen ein Widerspruch gegen Müntzer laut geworden wäre. Geradezu als eine Sensation vermerkte man in der Chronik das Auftreten eines Bauern aus Riethnorthausen, der am 24. April „in Unser Liebenfrauen Kirche vor allem Volk mit Münzern und Pfeiffern zu disputiren kommen über die Frage von dem Cornelio in actis, ob ein jeglich Mensch damals den heiligen Geist empfangen und ob auch jetzo ein jeder den heiligen Geist habe oder nicht; und diese disputation hat gewährt von elfen bis zu drei Uhren. Einer hat es gelacht und des Bauern gespottet, der andere hat es mit ihm gehalten, aber letztlich haben sie ihn zur Kirche hinausbringen müssen, sonst wäre er nicht lebendig von dem Haufen gekommen"[86]. Allerdings unternahm ein Fremder diesen Versuch, Müntzers Geistlehre anzugreifen und sich gegen die beiden Prediger zu stellen; doch wagte ein Teil der in der Kirche Anwesenden, es mit ihm zu halten, und der Disput dauerte schließlich ganze vier Stunden. Dann offenbarte freilich der Ausgang

---

[86] Chronik, S. 186. — Einen Parallelbericht bieten AGBM II, S. 98. Der Herausgeber merkt dazu an: „Die Größe der Siegelschnitte läßt auf eine Zugehörigkeit zu dem Briefe Sittichs von Berlepsch vom 24. April 1525 schließen." Der Bericht lautet: „Es hat ein glaubhaftiger borger von Molhusen gesagt, das ein bauer von Wittenbergk gein Molhausen kommen, der will den Alstetter, wis der bauer gnant, straffen, also seiner meinunge mit der schrift obirwinden. So er das nicht tun worde, sollt man ime sein leben mit dem schwerte, oder wi man wolle, nemen, aber dem Alstetter solle man seins willens nichts darkegen tun, ab er denn gleich obirwunden hette. Und wollen vill, man solle den baur zulassen, mit dem Alstetter zu disputiren. So sagen etzliche, man soll es nicht tun, es mocht der baur durch den Lutter dohin gericht sein. Aber man vorsicht sich, das disse sache gestern zu Molhausen in Unsern Lieben Frauen kirchen vorgenommen sein." Das in unserem Zusammenhange wichtige Moment bleibt in modifizierter Form erwähnt: „Und wollen vill, man solle den baur zulassen, mit dem Alstetter zu disputiren."

dieser kleinen Episode, wie hoffnungslos, ja gefährlich der Versuch einer Opposition war. Müntzers auch von Pfeiffer noch vertretene Anschauungen galten apodiktisch; Notfalls sorgte sein Anhang, unter Umständen sehr handgreiflich, für einen rigorosen Schluß der Debatte. Darf man aus dem vereinzelten Falle auch nicht ohne weiteres allgemeine Schlüsse ziehen und Thesen folgern, scheint er doch in etwa zu bestätigen, daß Rat und Gemeinde nicht geschlossen und vorbehaltlos hinter den beiden Prädikanten standen, aber der radikalen Minderheit kampflos das Feld überließen, deren Fanatismus mit den von Müntzer an die Hand gegebenen Parolen schlechthin Gültigkeit, das heißt jeden Widerspruch ausschließende Anerkennung beanspruchte. Es war den Predigern gelungen, bei dieser gewiß nicht unansehnlichen Minorität die vorbehaltlose Zustimmung zu ihren Ideen bis zu einem militanten Aktionswillen zu steigern, wobei es ihr vornehmstes Anliegen mit blieb, die religiöse Begründung auch der Forderung einer politisch-gesellschaftlichen Neuordnung hervorzuheben. Die „Reformation" der Christenheit, die Erneuerung wahrer Christlichkeit blieb in allem das zentrale Thema, das Müntzer in immer neuer Weise der Gemeinde eindringlich zu machen suchte. Die Befreiung der Christen aus falschen äußeren wie inneren Bindungen der alten wie der neuen Kirche und die Hinführung zu einer dem Evangelium gemäßen geisterfüllten Glaubenshaltung und Lebensgestaltung sah er als den ihm aufgetragenen Dienst an, der ihn gerade in der Unrast dieser Tage und Wochen offensichtlich seine seelsorgerliche Verantwortung besonders ernstnehmen ließ.

In der Karwoche soll er gepredigt haben: „sy [= Müntzer und Pfeiffer] wollten nuhinfür keynem das sacrament mher under der gestalt des brots[87] geben, dan es were darinne nicht got, wie bisanher dem volk vorgesagt worden; dan es solt eyn ider, der des sacraments begerte, zum altar gehen, got beychten und des sacraments im herzen begern zu entphahen, were gnug"[88]. Es ist zu fragen, wieweit Müntzers Worte von den Hörern richtig aufgenommen und wiedergegeben bzw. durch die Weitergabe über Kerstan vom Hayn und schließlich Sittich von Berlepsch entstellt worden sind. Immerhin legt es Ökolampads Urteil, „de eucharistia . . . non crasse sentiret"[89], nahe, daß er in der Abwehr des hergebrachten realistischen Verständnisses der Abendmahlselemente tatsächlich erklärt hat, „es were darinne nicht got". Daß er auch eine Reform des Ritus in der berichteten Weise angekündigt habe, liegt zumindest im Bereiche des Möglichen, sei es, daß er dadurch nur jeden Anreiz beseitigen wollte, an den aus der alten Kirche übernommenen Vorstellungen festzuhalten, sei es, daß er, vielleicht unter dem Einfluß

---

[87] Daß nur vom Brot gesprochen wird, ist möglicherweise auf den katholischen Berichterstatter zurückzuführen.
[88] Gess II, S. 109,15—19.   [89] Vgl. oben S. 634 Anm. 23.

spiritualistischer Ideen[90], wirklich eine Umgestaltung des „Meßformulars" im Geiste einer konsequenten Reformation beabsichtigte, deren Durchführung lediglich infolge des Aufstandes unterblieb. Der Gedanke ist als solcher mit der Konzeption der müntzerischen Geistlehre durchaus vereinbar; er stellt im Prinzip kaum mehr als eine eigenwillige Variante der Mahnung dar, daß es mit der Beseitigung der „apgotterey der bildern und altare aus den kirchen" allein nicht getan sei, sondern „auch die apgote in heusern und kasten . . ." weggetan werden müßten; „dan dieweyl ir das lieben, wyrdet der geyst gots nit bei euch wonen"[91]. Müntzers Anliegen ist dabei nicht eine spiritualistische Verinnerlichung mit dem Ziele, eine esoterische Gemeinschaft von Gottesfreunden heranzubilden, vielmehr eine vom Geist „besessene", durchwirkte und geleitete Christenheit zu erwecken, die in der Unmittelbarkeit reiner Gotthörigkeit die Erneuerung der Welt herbeiführen wird, weil sie in ihrer Uneigennützigkeit in den Stand gesetzt ist, das Zusammenleben aller nach Gottes Wort gerecht zu gestalten, ohne Unterdrückung und Benachteiligung der Schwachen, aber auch ohne schematische Einebnung aller Unterschiede innerhalb der menschlichen Gemeinschaft. Die innere Zurüstung der Gläubigen, die Vertiefung und Stärkung der rechten Christlichkeit der Erwählten bleibt die wesentliche Aufgabe des Predigers in der Vorbereitung der immer näher rückenden gewaltsamen Auseinandersetzung, die für ihn angesichts des beharrlichen Widerstandes der Gottlosen unausweichlich geworden war. „Es ist nit mugelich, weyl sie leben, das ir der menschlichen forcht soltet lehr werden. Mann kan euch von Gotte nit sagen, dieweyl sie uber euch regiren."[92]

In Mühlhausen konnte er es. War das der Grund, weshalb er sich erst verhältnismäßig spät dem offenen Aufruhr anschloß, in dem er vorlängst doch durch eine symbolisch-demonstrative Kampfansage in vorderster Front stehen zu wollen erklärt hatte[93]? Oder stieß sein Bemühen, die Stadt zu einer aktiven Beteiligung an der Erhebung zu bewegen, auf den Widerstand des Rates und der Bürgerschaft? Es ist schwerlich berechtigt, ihm persönlich ängstliches Zaudern oder zaghaftes

---

[90] Eine engere Berührung Müntzers mit Denck um diese Zeit in Mühlhausen ist nicht auszuschließen. Denck war am 21. Januar 1525 aus Nürnberg ausgewiesen worden. Am 22. April schreibt Ökolampad an Pirkheimer: „Denckius ante mensem scripsit, designatum sibi docendi munus in Mühlhausen Tyringorum" (Akten Oekolampad I, S. 365). Ob er das Lehramt dort auch angetreten hat, steht allerdings nicht fest. Baring verweist (Denck u. Müntzer, S. 178 f.) auf die Aussage Heinrich Pfeiffers in seinem „Bekenntnis": „. . .er hab mit dem schulmaister wollen kegin Basel zihen" (AGBM II ,S. 383) und meint, „Dieser ‚Schulmeister' ist kein anderer als der als Rektor ihm von seiner Anwesenheit in Nürnberg Herbst 1524 bekannte Hans Denck." Zu Dencks Abendmahlslehre s. sein Bekenntnis „vom abentmal Christi" (Kolde, Prozeß Denck, S. 235 ff.).

[91] Vgl. oben S. 683.   [92] Franz, MG, S. 455,16 ff.

[93] Vgl. oben S. 690 f.

Abwarten vorzuwerfen. Er hatte jedoch offensichtlich in Mühlhausen nicht soviel Einfluß auf die Entscheidungen der neuen Obrigkeit, daß diese sich auf sein Betreiben leichthin bereit gefunden hätte, das ohnehin gespannte Verhältnis zu den Schutzherren der Stadt abermals zu belasten. Die Vorgänge am 26. und 27. April lassen in der Tat vermuten, daß die beiden Prediger und ihre Gefolgschaft eigenmächtig die erste ihnen günstig erscheinende Gelegenheit wahrnahmen, sich am Aufruhr zu beteiligen und dann auch den Rat nötigten, ihnen Unterstützung zu gewähren.

IX. Im Aufstand

A) Die ersten Aktionen

1. Der Zug nach Langensalza

„Mittwochen nach Quasimodogeniti [26. April] zogen Münzer und Pfeiffer aus Mühlhausen mit 400 Mann allerlei Volk ungefähr, mit einem weißen Fähnlein, darin ein Regenbogen stund, sagten, sie wollten mustern. Als ihnen aber angezeigt, wie zu Salza ein Auflauf sein sollte, zogen sie nach Salza und erboten sich, den christlichen Brüdern zu Hülfe zu kommen."[1] Hinter der Musterung stand von vornherein die Absicht, den Aufstand der „christlichen Brüder" in Salza zu unterstützen; denn die Unruhen dort hatten bereits „am dinstage ... mittages" begonnen und die Aufständischen hatten im Laufe des Nachmittags den Rat zu Verhandlungen genötigt, die sich aber schwieriger anließen als man erwartet hatte und bis zum Abend noch zu keinem befriedigenden Ergebnis geführt hatten[2]. Bastian Rüdiger, ein Teilnehmer des Zuges, erklärte bei seinem Verhör auf die Frage, „wer sie vor Salza hat heissen zihe": „Es sint brief von der gemein von Salza in der nacht alhier in stat Mulhausen komen. Darauf sein sie alsbalt den morgen vor Salza gezogen, und or furnemen ist gewest, das sie der gemein darselb wullen zu hulfe komen, dweil sie nicht mit dem raite einig gewest. Darzu wullen sie die Mulschen burger gefangen hab und inen allen die kopfe abgeschlagen hab."[3] Demnach hat also die Nachricht vom Ausbruch der Empörung in Salza das Unternehmen der Mühlhäuser ausgelöst[4], das wohl auf die Initiative von Müntzer und Pfeiffer zustande kam und dessen Durchführung in Pfeiffers Hand gelegen zu haben scheint[5]. Mit

---

[1] Chronik Mühlhausen, S. 187.

[2] Gess II, S. 256 ff. Bericht des Salzaer Rats an Herzog Georg, vor dem 1. 6. 1525.

[3] AGBM II, S. 879. Verhör vom 19. 3. 1527.

[4] Vgl. auch u. a. das Schreiben der „Gemeinde zu Mühlhausen an die Gemeinde von Langensalza. Auf dem Felde vor Ebeleben" vom 30. 4. 1525: „Nachdem ir durch eur verursachunge uns erregt, mußt ir euch nit also kindisch stellen" und mit dem gefangenen Amtmann Sittich von Berlepsch so glimpflich umgehen (Franz, MG, S. 458,16 f.).

[5] Er hat möglicherweise als „der bruder von Molhausen" auch den „zettel" geschrieben, auf dem der Mühlhäuser Haufen unmittelbar vor seiner Ankunft vor Salza den „christlichen Brüdern" dort seine Hilfe anbot (vgl. unten). Pfeiffer war den Salzaer Rädelsführern wohl bekannt; man hatte ihn schon 1523 als Prediger nach Salza holen wollen (AGBM II, S. 652). Dagegen erklärte Melchior Weigand:

ihm traten jedenfalls die Salzaer Unterhändler als dem Wortführer des Haufens in Verbindung. Wir sind über den Verlauf der Revolte gut unterrichtet und hören, daß es am 26. April „bis nach mittage umb vesperzeit" zu recht stürmischen Auseinandersetzungen der Aufständischen mit dem Rate kam. Da „ist ein gerucht worden, es solte ein großer haufe krichsvolke von Molhausen sich alher keren, von dem ein zettel an die gemeyne alhie zu Saltza gestelt"[6]. Er enthielt das Hilfsangebot an die Revoltierenden, geriet aber zuerst in die Hände des Rates, der „mit der gemeyne vorordenten in eyle dem widergeschrieben"[7]: „Lieber bruder. Wir haben euer schreyben und erbietten vorstanden, bedangken uns ewers erbiettens freundtlich, wollen, ab Got will, unser sachen under uns zu gutem fride wirgken. Damit seyt auch Got bevollen. Dat[um] am 26. tag apprilis anno 1525. Dy cristliche gmeyne zu Salcza."[8] Dietrich Gans erinnert später Sittich von Berlepsch auch daran, daß „drei rete... mir befolhen [haben], an den molhausischen zu vorhorn, warumb si darkomen adir was kegen uns ir meinung were. Dorauff Pfeyffer antwort gegeben und darnach villerlei angesonen... sunderlich aber, ... die von Molhaußen entwichen und die barfußermonche begert haben zu toten"[9]. Er rühmt sich, daß er damals „solch ire muttunge zum besten abgeret und hochsten vleis angekart [habe], das si von danen gezogen"[10]. Die Mühlhäuser ließen sich tatsächlich zum Abzug bewegen. „Die von Salza dankten ihnen, verehreten sie mit zwei Faß Bier, das tranken sie auf dem Riethe zu Gottern und blieben die Nacht zu Höngeda."[11]

Mehr als eine Art moralischer Unterstützung der „christlichen Brüder" hatte man nicht erreicht[12], allenfalls auf das Verlangen der Auslieferung der „Mulschen burger" oder eines scharfen Vorgehens gegen den Amtmann[13] irgendwelche unverbindliche Erklärungen erhalten. Aber trotz dem matten Ausgange des Unternehmens, das die Erwartungen der Beteiligten vermutlich enttäuscht hat, kommt ihm als dem Mühlhausens Beteiligung an den gewaltsamen Operationen des Thüringer Aufstandes auslösenden Akte einige Bedeutung zu. Allerdings ist die Situation in

---

„Weiß von Muntzer nichts, habe inen sein leben lang niehe gesehen, auch nicht gekannt und keinen anschlagk mit ime gemacht" (AGBM II, S. 922).

[6] Gess II, S. 260,6 ff. Bericht des Salzaer Rates.

[7] Ebd. 260,13 f. Bericht des Salzaer Rates.

[8] Franz, MG, S. 453,27—32.

[9] AGBM II, S. 884 f.; Schreiben an Sittich von Berlepsch vom 20. 7. 1527.

[10] Ebd. S. 885.   [11] Chronik Mühlhausen, S. 187.

[12] Noch am Abend des 26. April gaben die Aufständischen ihren Forderungen durch den Hinweis Nachdruck, daß „der haufe von Molhausen ... nach im felde were" (Gess II, S. 261,46).

[13] Während von den geflohenen Mühlhäuser Bürgern in den nächsten Tagen kaum noch die Rede ist, tritt das Interesse am Salzaer Amtmann um so stärker hervor.

der Reichsstadt und Müntzers Verhalten am 26. und 27. April schwer zu durchschauen. Der als einer der Initiatoren der Salzaer Unruhen angesehene Melchior Weigand hat in seinem Bekenntnis gesagt, nachdem „mancherlei gebot und vorpet ausgangen, das man nicht zu den martinischen predigten gehen solde, und nachdem auch viel wort vom amptmann gesaget, das er und der rat befehell hetten, die martinischn uf 8 wagen zu laden und m.g.h. herzogen Georgen zuzuschicken"[14], sei der direkte Anlaß zur Abwehr solcher Drohungen die folgende Mitteilung von zwei bzw. vier Mitbürgern gewesen: „Weistu auch, was verhanden ist? Wir besorgen uns der wegkfurunge und haben diesse nacht in unsern heussern nicht gelegen und versehen sich, der amptman und rat weren dieselbige nacht beieinander uffem rathause gewest."[15]

Die Annahme legt sich nahe, daß eine eben diesen Aussagen entsprechende Nachricht auch in der „bothschaft von Saltza"[16] enthalten war, die Müntzer in seinem Brief an die Allstedter erwähnt: „Sich, da ich die wort schreyb, quame mir bothschaft von Saltza, wie das volk den amptman herzog Georgen vom sloß lange weyl umb des willen, das er drey hab heymlich wollen umb bringen."[17] Er erhielt sie demnach erst, als er schon seinen flammenden Appell an die Allstedter Bundgenossen niederschrieb, in der allgemeinen Erhebung nicht länger tatenlos und unschlüssig abseits zu stehen. Was hat ihn jetzt zu diesem so ungestüm zum Aufbruch drängenden Schreiben bewogen, wo doch die Mühlhäuser Mannschaft selber auch noch nichts unternommen hatte? Man könnte vermuten, es sei ihm zu Ohren gekommen[18], daß in Allstedt nicht mehr viel von der früheren kämpferischen Entschlossenheit zu spüren sei und man das gläubige Vertrauen auf Gottes Beistand verloren habe. „Wye lange slafft yr, wie lang seyt yr Gott seins willens nit gestendigk, darumb das er euch nach eurem ansehen vorlassen hat?"[19] Haben sie noch immer nicht begriffen, was er ihnen wieder und wieder gepredigt hat, daß Gott sich dem Erwählten nur im Leiden offenbaren will, sie nur im Durchstehen des Leidens zur Erkenntnis seines Willens kommen und seiner Hilfe gewiß werden können? „Das sag ich euch,

---

[14] AGBM II, S. 920 f.; Verhör vom 15. 10. 1529. Vgl. auch die Aussage von Hans Kronen vom September 1525 (AGBM II, S. 651).

[15] AGBM II, S. 921.

[16] Dietrich Gans, der, „wie (Weigand) sich vermut", mit der oben zitierten Erklärung zu ihm kam, sagt selbst, „das ich der schrift halber, so kegen Molhaußen geschehen, sall in vordacht sein"; er streitet das freilich ab (AGBM II, S. 413).

[17] Franz, MG, S. 455,3—5.

[18] Etwa durch den Bauern aus dem nahe bei Allstedt gelegenen Riethnorthausen, der ihn keine 48 Stunden zuvor zur Disputation herausgefordert hatte? Allerdings wird „die Heimat des Bauern ... von den einzelnen Chroniken verschieden angegeben" (Merx, M. u. Pf., S. 112 Anm. 1).

[19] Franz, MG, S. 454,1—3.

wolt ir nit umb Gottes willen leyden, so must ir des teufels merterer sein."[20] Müntzer befürchtet offenbar, daß die Allstedter sich von dem neuen lutherischen Prediger[21] haben betören lassen und Bedenken tragen, sich gegen die Obrigkeit zu empören. „Huett euch, seyt nit also vorzagt, nachlessig, schmeychelt nit lenger den vorkarten fantasten, den gottloßen boßwichtern, fanget an und streytet den streyth des Herren! Es ist hoch zeyth, haltet eure bruder alle darzu, das sie gottlichs gezeugnus nicht vorspotten, sunst mussen sie alle vorterben."[22] Es ist wirklich eine entscheidungsvolle Zeit und alle Zeichen stehen auf Sturm. „Das ganze deutsche, franzosisch und welsch land ist wag, der meyster will spiel machen, die bößwichter mussen dran."[23] Der Aufstand breitet sich aus, die Massen sind in Bewegung. „Allein ist das meyn sorg, das dye nerrischen menschen sich vorwilligen in einen falschen vortrag, darumb das sie den schaden nach nit erkennen."[24] Müntzer weiß um die irritierende Möglichkeit solchen verhängnisvollen Kurzschlusses, der den Erfolg der Erhebung schlechthin in Frage stellen muß. Es darf aber um der Sache willen kein ängstliches Zagen und keinerlei Kompromißbereitschaft geben. „Wan euer nuhr drey ist, die in Gott gelassen allein seynen nahmen und ehre suchen, werdet ir hundert tausent nit furchten. Nuhn dran, dran, dran, es ist zeyt, die boßwichter seint frey vorzagt wie die hund. Regt dye bruder an, das sie zur fried kommen und ir bewegung gezeugnus holen. Es ist uber dye mas hoch hoch von noethen. Dran, dran, dran! Last euch nicht erbarmen, ap euch der Esaw guthe wort furslecht genesis 33. Sehet nit an den jhammer der gottloßen. Sie werden euch also freuntlich bitten, greynen, flehen wie dye kinder. Lasset euch nit erbarmen, wie Gott durch Moßen bevolen hat, deutro. 7, und uns hat er auch offenbart dasselb. Reget an in dorfern und stedten und sonderlich die bergkgesellen mit ander guther bursse, welche guth darzu wird sein. Wir mussen nit lenger slaffen."[25] Die religiöse Begründung und Tendenz seiner Mahnungen ist nicht zu übersehen. Wenn die Gläubigen „in Gott gelassen allein seynen nahmen und ehre suchen", werden sie im Kampfe gegen die „Bösewichter" trotz aller zahlenmäßigen Unterlegenheit unüberwindlich sein; er macht seine Feinde schon jetzt „vorzagt wie die hund". Gott selbst fordert von seinen Erwählten die erbarmungslose Entmachtung der Gottlosen. Dieser Aufstand ist eben nicht als ein Akt menschlicher Eigenmächtigkeit und Eigenwilligkeit zu begreifen, er ist die praktische Bewährung der Dienstwilligkeit des

---

[20] Ebd. S. 454,6—8.

[21] Der Nachfolger Müntzers in Allstedt war Jodocus Kern, über dessen erfolgreiche Arbeit in Allstedt sich Luther erfreut ausspricht (WA Briefe III, S. 470,8 f.).

[22] Franz, MG, S. 454,8—12.   [23] Ebd. S. 454,12 ff.

[24] Ebd. S. 454,16 ff.   [25] Ebd. S. 454,19—455,2.

Gläubigen für Gott, die jetzt den vollen Einsatz fordert. „Nuhn dran, dran, dran!"

Soweit war Müntzer gekommen, als er die Nachricht von der Empörung in Salza erhielt. Sind die aufpeitschenden Sätze wirklich nur Ausdruck einer unwilligen Reaktion auf eine mutmaßliche Resignation ehedem überzeugter Anhänger, oder hat der Kampfaufruf in diesem Augenblick nicht doch einen tieferen, positiven Grund, d. h. gründet er nicht vielmehr in der Hochstimmung Müntzers, die ihn über den möglicherweise gerade gefaßten Entschluß erfüllte, selbst mit dem Mühlhäuser Fähnlein, wie er es vor Wochen schon angekündigt hatte, zu Felde zu ziehen[26]? Die Stunde war gekommen, wo er selbst die Aufständischen gegen die Klöster und Schlösser, die Hochburgen der Widersacher Gottes führen wollte. Da eben sollte sein mahnender Ruf alle Bundgenossen, die noch tatenlos beiseite standen, aus ihrer Lethargie aufrütteln, vornehmlich die verschworenen Freunde in Allstedt, die Berggesellen im Mansfeldischen, alle Gotthörigen in der ganzen Landschaft, wo der „Bund" seinen Anfang genommen hatte und wo sich zu seinem Befremden bisher kaum etwas regte. Schwerlich stand dahinter eine planende Strategie; ihn trieb einzig der Wille, alle die Kräfte zu mobilisieren, die ihm gerade in seinem alten Wirkungsbereich so zahlreich zugefallen waren und — wo noch immer sein Erzfeind von damals, Graf Ernst von Mansfeld, ungestraft sein strafwürdiges Unwesen trieb.

In einer durch die „bothschaft von Salza" sichtlich gesteigerten Erregung bringt Müntzer seinen Brief zum Abschluß. Er weist jetzt auch auf die Erhebung der „pauern vom Eysfelde" hin, als Mahnung, wie nahe die Welle des Aufstandes bereits herangekommen ist. Wahrlich, „es ist des wesens viel euch zum ebenbilde [Vorbild]. Ir must dran, dran, es ist zeyt"[27]. Er spricht die Häupter des Allstedter Bundes namentlich an: „. . . gehet forne an den tanz! Lasset diesen brief den bergkgesellen werden"[28]. Wäre nur der erwartete Drucker schon da, er wollte wohl „den bruedern underricht gnug geben, das ihnen das herz viel grosser solt werden dann alle slosser und rustung der gottloßen bößwichter auf erden"[29]. Der Drucker kommt zwar „in kurzen tagen"; aber die Sache duldet jetzt keinen Aufschub mehr. „Dran, dran, dyeweyl das feuer hayß ist. Lasset euer schwerth nit kalt werden, lasset nit vorlehmen. Schmidet pinkepanke auf den anbossen Nymroths werfet ihne den thorm zu bodem! Es ist nit mugelich, weyl sie leben, das ir der menschlichen forcht soltet lehr werden. Mann kan euch von Gotte nit sagen, dieweyl sie uber euch regiren. Dran, dran, weyl ir tag habt, Gott gehet euch vor, volget, volget!"[30] Gedanken und Bilder biblischer Apokalyp-

---

[26] Vgl. oben S. 690 f.
[28] Ebd. S. 455,8 f.
[30] Ebd. S. 455,14—19.

[27] Franz, MG, S. 455,7.
[29] Ebd. S. 455,11 ff.

tik sind ihm bestätigendes Zeugnis seiner Deutung des gegenwärtigen Geschehens, wobei er sich in bedrängter Hast mit der bloßen Angabe einiger Bibelstellen begnügt[31], „welche schriefft alle Ro. 13 ercleret"[32], ohne einen Text zu zitieren oder zu kommentieren. Seine Freunde werden erkennen, worum es geht: „das tut in der Erkenntnis der gegenwärtigen Zeit, daß die Stunde nun da ist, aus dem Schlafe zu erwachen: denn die Errettung ist uns [heute] näher als [damals] da wir gläubig wurden"[33]. Nur den Schluß seines Briefes entnimmt er fast wörtlich 2. Chronik 20,15—18: „Darumb last euch nit abschrecken. Gott ist mit euch... Dits sagt Gott: ‚Ir solt euch nit forchten. Ir solt diese grosse menge nit scheuen, es ist nit euer, sondern des herrn streyt. Ir seyt nit dye da streiten, stellet euch vor mennlich. Ir werdet sehen dye hulfe des herren uber euch. ‚Da Josaphat diese wort horette, da fiel er nyder.' Also thuet auch und durch Gott, der euch sterke ane forcht der menschen im rechten glauben, amen."[34] Müntzer tat den letzten Schritt, den er als „eyn knecht Gottes wider dye gottloßen"[35] noch tun mußte: das „fenlein zu felde bringen und zuforderst beym fenlein seyn"[36]. Um die Zeit der „Musterung" dürfte der Brief, an dessen umgehender Beförderung seinem Verfasser sicherlich sehr viel gelegen war, bereits nach Allstedt unterwegs gewesen sein.

Müntzer hat sich dann nach dem Bericht der Chronik an dem Zuge nach Salza beteiligt[37]. Daß sich sonst in den Quellen kein direkter Hinweis auf seine Teilnahme findet, spricht nicht von vornherein dagegen, ebensowenig das am gleichen Tage noch inszenierte und wahrscheinlich von ihm geleitete Unternehmen gegen Volkenrode. Es deutet nichts darauf hin, daß es sich hierbei um eine zielbewußte Parallelaktion gehandelt habe, so daß Müntzer, „während das Mühlhäuser Aufgebot vor Salza lagerte, ... mit einem Bauernhaufen zum Kloster Volkenrode"[38] zog. Der Überfall auf das Kloster findet eine einfache Erklärung in der Enttäuschung vieler, daß man ohne „greifbares Ergebnis" von Sal-

---

[31] „Matt. 24, Ezch. 34, Danielis 74 [richtig 7], Esdre 16 [richtig 10], Apoca. 6 (ebd. S. 455,20; dazu Anm. 20).
[32] Franz, MG, S. 455,21.   [33] Röm 13,11.
[34] Franz, MG, S. 455,22—456,5.
[35] Ebd. S. 456,7; so die Unterschrift des Briefes.
[36] Vgl. oben S. 690.
[37] Seidemann, Langensalza, S. 523, bezweifelt anscheinend die Richtigkeit der Angaben in der Chronik von dem „Salzaischen Bier" bis zum Lager in Görmar am Donnerstagabend, „so wie darüber, daß Münzer mit in diesem Haufen vor Salza gewesen sei", sagt allerdings nur, daß darüber die von ihm „benutzten Berichte" schweigen. Bensing, M. u. Th., S. 110, ist der Meinung, daß Müntzer nicht mit vor Salza gezogen sei, weil es ihm wichtiger erschienen sei, den Brief an die Allstedter zu schreiben. Später (S. 112) läßt Bensing ihn dann doch noch am Mittwoch „mit einem Bauernhaufen zum Kloster Volkenrode" ziehen.
[38] Bensing, M. u. Th., S. 112.

za wieder abgezogen war. Zumal unter den Bauern, die sich aus der Umgebung dem durchziehenden Haufen angeschlossen hatten[39], erwuchs auf dem Rückmarsch aus der Unzufriedenheit das Begehren, doch noch ihren Tatendurst und ihre Beutelust befriedigen zu können. Da gab den passenden Hinweis vielleicht ein Mann aus Körner[40], der noch nach neun Jahren bekannte, er habe „dem abt [zu Volkenrode] die furfurrische monsterichs lere selber wullen behendigen"[41]. Müntzer, der selber unwillig darüber sein mochte, daß man sich so leicht von Salza hatte abweisen lassen, stimmte dem Vorhaben zu, das die vor Salza verspielte Chance noch einmal bot, bei dem ersten Auszug des Mühlhäuser Haufens durch ein Strafgericht den Gottlosen außerhalb der eigenen Stadt den ernsthaften Willen zu demonstrieren, den offenen Aufruhr im Lande durch aktive Unterstützung voranzutreiben. Von Gottern oder Höngeda aus machte er sich mit einer ansehnlichen Schar „von den von Mulhusen und irem anhange"[42] auf den Weg zu dem neuen Ziele, das man „zu fruher tagzeyt zwuschen funfen und sessen"[43] erreichte. Das Kloster wurde geplündert und verwüstet: „zum ersten das munster ... unchristlichen angegriffen, zerbrochen und zerschlagen, alle fenster des munsters kruzgange und sunst allenthalb des closters ausgestoßen ..., die zyerung der kirchen ... roublicher wys entweret ... dy library ... ganzlich vorterbet, alle behausung des closters elent zerbrochen, wyn, korn, bier, gersten, hafern und fleysch ... vorhert und hynwegefurt ... zynnen und eeren gefeß samt allem hausrat nach Molhusen gefurt, ein große anzal des vihes ... hinweggetriben, das dorf Korner und Meler, auch alle vorwerk des closters ingenomen ..."[44]

Am gleichen Morgen (27. April) hatte der Rat das Gros des Mühlhäuser Aufgebotes, das die Nacht über in Höngeda geblieben war, aufgefordert, nach Mühlhausen zurückzukehren und damit einen Meinungsstreit im Haufen ausgelöst[45]. Wahrscheinlich eine Minorität entschied sich jetzt, trotzdem noch nach Volkenrode zu ziehen; die meisten, wohl vornehmlich die Mühlhäuser, kehrten mit Pfeiffer nach der Stadt zurück bzw. nach Görmar, wo sie „ein Lager auf S. Nicolaus Kirchhof gemacht und blieben die Nacht allda"[46]. Auf Grund der inzwischen erhaltenen

---

[39] Das klingt mannigfach in den Berichten und den unterschiedlichen Angaben über die Stärke des Aufgebotes in Mühlhausen und dann in Salza durch.

[40] In unmittelbarer Nähe südöstlich von Volkenrode (Gess II, S. 179).

[41] AGBM II, S. 932; Bekenntnis des Hans Manstedt.

[42] Gess II, S. 178,22.   [43] Ebd. S. 178,21.   [44] Ebd. S. 178,29—179,7.

[45] Nach den Angaben von Bensing, M. u. Th., S. 112 Anm. 113. Eine wiederholte Bitte an das Stadtarchiv Mühlhausen um eine Kopie der von Bensing angegebenen Akten blieb ohne jede Antwort.

[46] Chronik Mühlhausen, S. 187. Es könnte sich hier um die zu dem Zuge gestoßenen Bauern und Fremden handeln, die nicht mit nach Volkenrode gezogen waren und Gefahr liefen, nicht in die Stadt eingelassen zu werden.

Informationen hatte sich der Rat auch veranlaßt gesehen, den Mühlhäusern in der nach Volkenrode gezogenen Schar durch den eigens dorthin entsandten Achtmann Heinrich Ludwig zu untersagen, sich an einem Klostersturm außerhalb der Stadt zu beteiligen und den Raub nach Mühlhausen zu bringen[47]. Das Verbot kam zu spät, um die Plünderung zu verhüten oder ihr Einhalt zu tun, wenn das überhaupt noch im Bereiche des Möglichen lag. Müntzer selbst war zu vorsichtiger Zurückhaltung und nachsichtigem Erbarmen zweifellos nicht mehr bereit; ihn beherrschte ganz und gar das „dran, dran, dran". So schrieb er noch von Volkenrode aus an die Bauern von Merxleben, „sy solten dem adel all ir schlosser und heuser zubrechen und nichts stehen lassen" und „sy solten uff den amptmann zu dem tyrannen den bluthund gut acht geben, das er nit von Saltza ewegk kome, man solt inen tot schlagen, dann es word nit gut werden, wan er aus Salza koeme"[48].

Über die Gründe, die den Ewigen Rat bewogen haben könnten, die beiden Prediger mit ihren Haufen an weiteren Unternehmungen zu hindern oder sie doch unter seine Kontrolle zu bringen, sind nur Vermutungen möglich. Wahrscheinlich war er darauf bedacht, daß Mühlhausen nicht als eine treibende und tragende Kraft in der immer weiter um sich greifenden Aufstandsbewegung durch Gewaltaktionen außerhalb der Stadt noch stärker hervortreten sollte. Doch stand dahinter m. E. weniger die Befürchtung, daß „die Bauernbewegung . . . zu einer Gefahr auch für die grundbesitzenden Bürger Mühlhausens werden"[49] könnte als das Bedenken, den durch die Vorgänge in der Stadt ohnehin schon gereizten Schutzherren neuen, noch stärkeren Anlaß zu feindseligen Maßnahmen zu geben[50]. Man wollte die eigenen Errungenschaften nicht aufs Spiel setzen und offenbarte damit, daß auch der neu gewählte Rat — jedenfalls in seiner Mehrheit — dem revolutionären Engagement aus lokal-kommunalpolitischen Erwägungen Grenzen setzte. Aber er hatte den jüngst erst recht entfachten ungestümen Drang der von dem

[47] Siehe Anm. 45.
[48] Franz, MG, S. 457,13—17; Aussage des Tolde Bote aus Merxleben vom 1. 9. 1525. Vgl. dazu die Aussage des Cuntz Rudolff vom 28. 7. 1525, Franz, MG, S. 456, 13—20 (vollständigere Wiedergabe der beiden Bekenntnisse AGBM II, Nr. 1850 und 1787). Die Formulierung der Frage im Protokoll des Verhörs, „wan [wen] die gemeynde geyn Volkolderode zum molhausischen haufen geschikt", dürfte rein aus zeitlichen Gründen schwerlich als Beleg dafür gelten können, daß die Aufrührer in Merxleben bereits von den Vorgängen in Volkenrode etwas wußten. Sie schickten ihren Boten vielmehr zum Mühlhäuser Haufen, als sie von dessen Erscheinen vor Salza hörten; die Mühlhäuser waren aber bereits wieder auf dem Rückmarsch, so daß der Bote ihnen nacheilte und zu der Gruppe stieß, die nach Volkenrode zog.
[49] Bensing, M. u. Th., S. 112 f.
[50] Bensing bezweifelt allerdings mit Recht die Angabe Stephans, „daß die Bürger es abgelehnt hätten, ‚gegen die benachbarten, der neuen Lehre zugetanenen Fürsten' zu ziehen".

Gedanken des allgemeinen Umsturzes besessenen Geister ebenso unterschätzt wie die Entschlossenheit der ideologischen Führer, den Kampf gegen die Gottlosen nun auch mit Feuer und Schwert ins offene Land zu tragen. Weder Pfeiffer noch Müntzer waren gesonnen, sich von dem einmal gefaßten Entschluß abbringen zu lassen, und es gelang ihnen, ihren Willen durchzusetzen, wobei unter Umständen der Hinweis auf die Stimmung der am Zuge nach Salza beteiligten Mühlhäuser Bürger wie auch die der in Görmar lagernden Bauern psychologisch nicht ihr schwächstes Argument gewesen sein könnte. Welche Gründe hätten die Herren des neuen Rates gegen eine Beteiligung Mühlhausens an der Zerstörung der Klöster und Schlösser überhaupt vorbringen können, die ihnen nicht durch den Hinweis auf den „ernsten Willen Gottes" aus der Hand geschlagen worden wären? Es kann als ihnen deutlich gemachte und von ihnen eingesehene Konsequenz des Geschehens am 16. und 17. März dann nicht überraschen, daß das am Morgen des 27. April vom Ewigen Rat erlassene Gebot und Verbot von ihm am Abend schon als gegenstandslos angesehen wurde, d. h. er den beiden Predigern und ihrem Anhang den Weg frei gab, das Mühlhäuser Fähnlein gegen die „Gottlosen" ins Feld zu führen. Darauf bezieht sich die Aussage Michael Kochs „von dem andern auszuge das haben der ewige rat und die achtmenner alle woll mit gewust und vorwilliget, das habe er auch fur sich mit gewilligt"[51]. Der Rat bemühte sich nun sogar, von den Achtmann unterstützt, um die Verpflegung, Unterkunft und Absicherung des Lagers in Görmar; er war auch auf dem Zuge nach Ebeleben und weiter auf das Eichsfeld vertreten[52]. Am Freitag [28. April] zog „der merentheil ... des Rathes, vnnd burger vnd burgers sön, mit gentzenn hauffen, auß der statt Mulhaussen mit der statt geschutz vnd vffgeregtem fenlin" nach Görmar, wo sie „ir getzelle offgeschlagen" haben[53].

Doch bevor die in Mühlhausen gleichsam offiziell aufgebotene Mannschaft in Görmar eintraf, um sich am nächsten Tage zu einem größeren Zuge in Marsch zu setzen, scheint in der Frühe schon ein mehr oder minder irregulärer Haufen nach Schlotheim aufgebrochen zu sein, um hier die tags zuvor in Volkenrode durchgeführte Plünderung fortzusetzen. Dieser Zug, nicht etwa der nach Salza, ist gemeint, wenn Michael Koch unmittelbar vor dem eben zitierten Satz erklärt, „das niemands von dem ersten auszoge gewust habe dan alleine, das di gemeinen loßen buben und burßen vor den toren von inen selbst zusammen gelaufen sein und die trummeln geschlagen und hinaus getzogen mit herrescraft"[54]. Davon

---

[51] AGBM II, S. 936. [52] AGBM II, Nr. 1867; 2089 u. a.
[53] Zit. b. Bensing, M. u. Th., S. 113. Vgl. dazu die Quellenhinweise bei Bensing. Siehe Anm. 45.
[54] AGBM II, S. 936.

berichtet auch die Chronik: „Freitages früh zogen sie gen Schlotheim, da lief viel Bubenvolks zu, da stürmten sie das Jungfrauen Kloster, darnach des Junkern Haus, da war die Frau im Kindbette, die schütteten sie aus den Tüchern, nahmen alle Kleinodien und, was ihnen diente, und zogen fort gegen Volkenroda, thäten auch also und führten den Raub gen Görmar."[55] „Bei diesem Haufen und Zuge sind wenig Bürger und kein Ratsherr von Mühlhausen gewesen, allein einer, Jobst Homberg genannt, der zuvor des Raths Ausreiter gewesen, hat auf einem Motzen vor dem Haufen her geritten und sich einen Hauptmann schelten lassen. Das andere ist allerlei zusammengelaufen Volk gewesen, welches dem Pfeiffer und Müntzer gefolget und auch zum großen Theil in der Stadt bei ihnen gewesen."[56] Der Zusatz unterstreicht den auch von Koch hervorgehobenen „nichtoffiziellen" Charakter dieses Haufens und besagt lediglich, daß er sich vornehmlich aus Anhängern Pfeiffers und Müntzers zusammengesetzt haben soll, nicht aber unbedingt, daß die beiden Prediger mit nach Schlotheim gezogen seien. Müntzer tritt vielmehr erst hervor, als der Zug seinen „Raub gen Görmar" gebracht hatte und bald darauf „die Eichsfelder sehr stark, auch mit acht oder neun Wagen gekommen, darauf gewesen Speck, Glocken, Heurath und Geschmeide, und haben angezeigt, daß sie solches auf [dem] Eichsfelde aus den Klöstern genommen. Des hat sie der Müntzer empfangen und als christliche Brüder gelobt und zu seinen Brüdern angenommen, und ist er so bald auf ein Pferd gesessen und [hat] im Felde ein Predigt gethan und nach der Predigt den Raub gleich unter die Mühlhäusischen und Eichsfeldischen Buben ausgeteilet"[57].

Die Situation könnte fast seltsam erscheinen: Müntzer begrüßt und lobt die Eichsfelder Klosterräuber als christliche Brüder, hält im Lager eine Predigt und verteilt anschließend den Raub! Sind ihm nach Volkenrode auch jetzt noch keinerlei Bedenken gekommen, ob es diesen marodierenden Scharen denn auch nur am Rande um die Verwirklichung des von ihm gepredigten Gotteswillens zu tun war? Gewiß, es war in seinem Sinne, daß man ohne Skrupel die Stätten des Götzendienstes verwüstete und die „Baalsdiener" verjagte; sie trugen ja die Schuld an der Irreführung des Volkes und an seiner Abkehr vom rechten Gottesglauben. Es war nach seiner Überzeugung gerechtfertigt, daß man die festen Häuser der gottlosen Tyrannen zerstörte und ihnen die Macht nahm. Aber: wieweit war das für ihn nach wie vor zentrale Anliegen wirklich auch ein bestimmendes Motiv für die Aufständischen? Er hatte diese Menschen aus den gewohnten Bindungen einer überkommenen Kirchlichkeit und einer selbstverständlich hingenommenen Christlichkeit

---

[55] Chronik Mühlhausen, S. 187. Die Erwähnung von Volkenrode dürfte hier unzutreffend sein.
[56] Ebd. S. 187 f.   [57] Ebd. S. 187.

gelöst; sie redeten nun wohl mit müntzerischem Akzent von Gott als ihrem alleinigen Herrn, von der Beseitigung der Herrschaft der Gottlosen, vom Ende allen gottlosen Wesens und dem Beginn einer wahrhaft christlichen Brüderlichkeit. Waren jedoch alle diese für Müntzer so bedeutungsvollen Worte in ihrem Munde nicht ihres eigentlichen Inhalts entleert, zu gängigen Parolen und bloßen Schlagwörtern abgesunken, die als Vorwand und Rechtfertigung für eine blindwütige Beutegier und Zerstörungslust dienen mußten? Offensichtlich hat Müntzer in der hochgestimmten Erwartung dieser Tage und Wochen die Reinheit und Stärke der religiösen Beweggründe bei den Aufständischen überschätzt; doch würde man den Charakter insbesondere der von ihm unmittelbar inspirierten Bewegung verzeichnen, wollte man bestreiten, daß nicht wenige ihrer Träger von einer Art „religiöser Begeisterung" erfaßt waren und ihnen ihr Handeln vor Gott und der Welt als gerechtfertigt erschien, von Gott ihnen geheißen war. Natürlich verbanden sich damit mancherlei andere Beweggründe und Interessen, vom Eifer für eine Neugestaltung der Gesellschaftsordnung bis zum „eigennutz und mutwillen", bis hin zum Haß gegen alles, was Rang, Rechte und Reichtum besaß. Alles das erzeugte im Endeffekt ein im einzelnen kaum zu differenzierendes Pathos feindseliger Aggressivität gegen die „Gottlosen", den Inbegriff alles Hassenswerten. Müntzer sah darin in diesem Augenblicke des kämpferischen Aufbruchs nur den tatbereiten Einsatzwillen des Volkes, dem wahren Worte Gottes gegen alle Verkehrung und Unterdrückung durch geistliche wie weltliche Mächte im gesamten Bereiche des persönlichen wie des gemeinschaftlichen Lebens unbedingt Geltung zu verschaffen; und das bedeutete jetzt eben, den hartnäckigen Widerstand durch rücksichtslose Gewaltanwendung zu brechen. Er selbst forderte ja den erbarmungslosen Kampf, und manches Wort von ihm war gewiß dazu angetan, auch triebhafte Leidenschaften zu entfesseln. Wir kennen aus diesen letzten Wochen bis zur Katastrophe von Frankenhausen derartige Äußerungen von ihm, jedoch keine einzige, aus der auch nur in Andeutungen zu schließen wäre, daß abwegige Motive und ein eigensüchtiges Verhalten am Aufstand beteiligter Bauern Bedenken in ihm erregt hätten, es sei denn, „das dye nerrischen menschen sich vorwilligen in einen falschen vortrag, darumb das sie den schaden nach nit erkennen"[58]. Nein, Müntzer hatte keine Bedenken und die Situation im Lager von Görmar war für ihn in keiner Weise seltsam. Er bejahte die Aktion gegen Klöster und Schlösser voll und ganz; die plündernden Bauern waren für ihn keine Marodeure, sondern wirklich christliche Brüder, die dem götzendienerischen Unwesen der Ordensleute ein Ende machten. Das hat er in seiner Predigt vermutlich gelobt, und er hat sie darin ermahnt, den Streit des Herrn mutig fortzusetzen.

[58] Franz, MG, S. 454,17 f.

2. Auf dem Eichsfeld

„Sonnabends früh [29. April] sind Pfeiffer und Münzer mit ihrem Volk, auch der Eichsfeldische Haufe, der mit einem gelben und grünen Fähnlein zu ihnen auf dem Rieth zu Goermar gekommen, nach Ebeleben gezogen, haben daselbst das Schloß geplündert, zerrissen, zerschlagen, was sie konnten, den Wein ausgesoffen, das Korn auf dem Felde aus den Gruben gelangt, die Teiche gefischt, auch zu Sustra die Nonnen gestürmet, geplündert, item das Schloß Almenhausen und andere, schickten den Raub gen Mühlhausen in die nieder Pfarre, viel Wagen voll große Haufen."[59] Noch vor dem Abmarsch aus Görmar war ein Brief aus Frankenhausen mit der dringenden Bitte eingetroffen, 200 Knechte zu Hilfe zu schicken. Sicher im Einverständnis mit Pfeiffer und der Führungsspitze antwortete Müntzer umgehend: „Sagen wyr euch nit alleine solchen kleynen haufen euch zuzuschicken, sundern vil mehr alle alle, so vil unser, wollen zu euch kommen zu eynem durchzog uberall thun und ym itzigen wege uns zu euch vorfugen wyllens seyn."[60] Selbst wenn man ursprünglich daran gedacht haben sollte, durch das Eichsfeld zu ziehen[61], gab es offenbar keinen zwingenden Grund, an diesem Plane festzuhalten, als der Hilferuf aus Frankenhausen kam. Um so mehr entsprach es Müntzers Wünschen, daß sich der gesamte Haufen nach Nordosten in Bewegung setzte, also in Richtung auf seinen früheren Wirkungsbereich, wo zugleich nahe bei Frankenhausen in Heldrungen der ihm persönlich verhaßte Graf Ernst von Mansfeld saß. Es war ein beachtliches Aufgebot, das sich in seinem Kern aus dem Mühlhäuser Kontingent und dem Eichsfeldischen Haufen rekrutierte und aus den thüringisch-sächsischen Landen wie von Hessen her laufend weiteren Zuzug erhielt. Die Mühlhäuser bildeten zahlenmäßig wohl nicht die stärkste Gruppe; dennoch fiel ihnen als den Initiatoren des Unternehmens eine besondere Stellung zu, die sie im Führungsgremium in Ordnungs- und Einsatzfragen und ähnlichem unbeanstandet wahrnahmen, ohne gegen den Grundsatz der christlichen Brüderlichkeit zu verstoßen und dadurch Unwillen zu erregen. Die laufenden Angelegenheiten der Planung und Durchführung der Operation wurden wohl von Müntzer und Pfeiffer mit den Hauptleuten bzw. den Wortführern der einzelnen Teilhaufen besprochen, und zu wichtigen Entscheidungen wurde auch die im Ring versammelte Gemeine beteiligt. Stärker als sonstwo in den Bauernhaufen spielten hier jedenfalls die beiden Prädikanten,

---

[59] Chronik Mühlhausen, S. 188.   [60] Franz, MG, S. 457,21—23.
[61] Bensing, M. u. Th., S. 114, erklärt: „Als sich am 28. April der Gesamthaufen bei Görmar herausbildete, dominierte die Zielsetzung Pfeiffers. Die Richtung des Zuges zeigte eindeutig nach Norden." Das wird durch seine „Belege" (S. 114 f.) allerdings nicht erhärtet.

eben Müntzer und Pfeiffer, in der inneren wie äußeren Führung eine maßgebliche Rolle, ohne jedoch eine fest umrissene „Kommandogewalt" zu haben; sie nahmen ihre Sonderstellung ebenso selbstverständlich wahr, wie sie ihnen vom Haufen zugestanden wurde, zumal neben ihnen durch Fähigkeit und Leistung hervortretende Gestalten nicht erkennbar sind[62].

Die Kunde von der Bildung des neuen durch Mühlhausens Initiative entstandenen Haufens hatte sich rasch verbreitet. In Ebeleben suchten infolgedessen weitere Trupps von Aufständischen Anschluß zu gewinnen, wobei sich vornehmlich der Anteil der Thüringer verstärkt haben dürfte[63]. Hier erschienen auch der Graf Günther von Schwarzburg und Graf Ernst von Hohnstein „und doselbst sich dem Montzer och mit pflichten vorwandt gemacht", wie Herzog Georg ihnen vorwirft[64]. Andererseits blieben die Hilfe und Beistand Suchenden nicht aus, wie etwa die Abgesandten der Aufständischen in Nordhausen. Sie hatten schon einen Brief „an die ufruhrer zu Mulhusen [gelangen lassen], daß sie solten nach Northusen kommen und ein neu, aber ewig regiment machen solten"[65]. Nun kamen sie „nacher Ebeleben geritten zu den mulhausern und versamlung geritten, in einem creis zwischen Ebeleben und Billeuben sie gebeten, daß sie nach Northausen komen und aldar ein christliche ordnung machten, teutsche messe und vesper sungen etc."[66]. Sie wurden jedoch vertröstet; jedenfalls erklärte ihnen der als Sachwalter ihres Begehrens angesprochene Hauptmann Pfanschmidt[67], „alschire sie es geschicken konten, wolten sie komen und den briff und artikel mitbringen"[68]. Größeren Erfolg hatte die flehentliche Bitte der Eichsfelder Bauern um Schutz vor den Vergeltungsmaßnahmen ihrer Obrigkeit. Die Chronik berichtet: „Als nun der Haufe von Ebeleben wieder [hat] auf sein wollen, haben sie Gemeine gehalten, und hat Müntzer im Ringe angezeigt, daß sie nach Heldrungen ins Mansfeldische Land ziehen wollten. Da sind etliche Eichsfelder, Hans Gehausen, Hans Stein, Hans Kirchworbis und andere mehr hervorgetreten und [haben] um Gottes Willen gebeten, man wollte mit ihnen aufs Eichsfeld ziehen und sie zuvor von der bösen Obrigkeit erretten, denn die Edelleute wären schon in Dingelstedt gefallen und wollten alle armen Leute ermorden, wie sie ihnen allbereit viel zu Leide gethan hätten, darum wollte man ihnen zu Hülfe kommen und sie rächen, denn ehe man wieder von Heldrungen

---

[62] Vgl. das Verzeichnis von Bauernführern, die an der Beschädigung auf dem Eichsfeld beteiligt waren: AGBM II, S. 533 f.

[63] Vgl. das Verzeichnis der Dörfer, die sich an der Beschädigung auf dem Eichsfeld beteiligt haben: AGBM II, S. 530 ff.

[64] Gess II, S. 335,2 f.; ihre Verteidigung S. 337.

[65] AGBM II, S. 558 Anm.   [66] Ebd. S. 559 Anm.

[67] Zu K. Pfannschmidt vgl. Bensing, M. u. Th., S.257.

[68] AGBM II, S. 558.

käme, wären sie alle verloren, damit sie Münzern und Pfeiffern beweget, daß sie die Spitze gewandt nach dem Eichsfelde."[69]

Zu diesem Geschehen liegen mehrere Aussagen, z. T. von Augen- und Ohrenzeugen vor, die allerdings in manchen Einzelheiten kein sicheres Bild von seinem tatsächlichen Ablauf vermitteln. Eindeutig dürfte feststehen, daß Müntzer, als der Haufe sich anschickte weiterzuziehen, Heldrungen als Ziel angab und daß ein Teil des Zuges bereits in nordöstlicher Richtung nach Schernberg auf dem Marsche war, als berittene Boten vom Eichsfelde eintrafen, welche die Prädikanten und „Oberen" schriftlich und mündlich beschworen, „um Gottes willen auf das Eichsfeld zu ziehen, sie zu erretten, denn die Edelleute nähmen alle das Ihre"[70]. Als recht wahrscheinlich darf angenommen werden, daß zunächst Bedenken geltend gemacht wurden, dem vorgebrachten Verlangen zu willfahren und die Marschroute zu ändern. Dafür spricht weniger, daß die Bittsteller sogar einen Kniefall getan haben sollen[71], als die Erklärung der Oberen, „was sie auf dem Eichsfelde suchen sollten, sie hätten nicht Geschütz, daß sie vor derselben [Edelleute] Schlössern bestehen möchten"[72]. Zu bedenken ist ferner, daß allem Anscheine nach auch Kompromißvorschläge gemacht worden sind. So sagt Claus Rautenzweig bei seinem Verhör: „Die handlung im ringe und gemein ist gewest, das man wolt nach Frangkenhawßen zihen und hinfurt fur Heldrungen. Der ander teil solt aufm Eysfeldt bleiben und den edelleuten widderstand tun, das man sie puchen und vortreiben solt."[73] Zum anderen könnte die Formulierung der Chronik „ehe man wieder von Heldrungen käme, wären sie alle verloren" vermuten lassen, daß man jetzt erst weiterzuziehen wünschte, aber zusagte, nach Erledigung der Heldrunger Aktion auf das Eichsfeld zu kommen. Daß die Entscheidung des Haufens dann doch zugunsten der Eichsfelder fiel, war fraglos der Haltung Pfeiffers zuzuschreiben. Er reagierte auf alle Versuche, die Eichsfelder ähnlich zu vertrösten wie die Nordhäuser sofort eindeutig mit der Mahnung, „es tauge nicht, daß man sie verderben ließe"[74], und wies den oben zitierten Einwand der Oberen (und Müntzers?) mit den großsprecherischen Worten zurück, abgesehen vom Rustenberg „wollte er die anderen Schlösser alle mit weichen Käsen umschießen"[75]. Ein anderer Zeuge berichtet: „Pfeifer hätte den ganzen Haufen zusammenberufen, Gemeine gehalten und öffentlich geredet: Ihr lieben christlichen Brüder, es sind da Leute vom Eichsfeld kommen, zeigen an, daß man ihnen um Gottes willen zu Hilfe komme, dieweil je billig, daß ein Bruder dem andern helfen soll und nicht verlassen. Da sprach der ganze Haufe,

[69] Chronik Mühlhausen, S. 188.
[70] Jordan, Eichsfeld, S. 45 f.
[71] Dazu die Zeugenaussagen ebd. S. 45.
[72] Ebd. S. 48.
[73] AGBM II, S. 453.
[74] Jordan, Eichsfeld, S. 47.
[75] Ebd. S. 48. Dazu die Anm. 154 S. 118 bei Bensing, M. u. Th.

ja, es wäre billig, daß ein christlicher Bruder dem andern zu Hilfe käme, und wären also aufs Eichsfeld gezogen."[76] Glaubwürdig ist auch die Aussage, „Pfeifer habe im Haufen ausgerufen, sie hätten Willen, vor Heldrungen zu ziehen, aber dieweil die vom Eichsfelde also bedrängt, sollte man ihnen zu Hilfe kommen."[77] Das könnte sozusagen die Umkehrung des oben vermuteten Kompromißvorschlages gewesen sein.

Was aber hat Pfeiffer veranlaßt, sich ebenso energisch wie einseitig für die Marschänderung in Richtung auf das Eichsfeld einzusetzen? War er allen Ernstes so stark von der den Bauern dort unmittelbar drohenden Gefahr überzeugt, daß er die den Frankenhäusern bereits gegebene Zusage mit gutem Gewissen glaubte hintansetzen zu dürfen? Gewiß, wenn wir auch sonst von Strafzügen des Adels hier vor dem 2. Mai nichts wissen, so wären sie als Reaktion auf die bereits erfolgten Plünderungen ohne weiteres denkbar. Der Erkundungsauftrag an Hans Pfeil[78] zeigt zumindest, daß die auf den Rustenberg geflüchteten Herren die Bewegung des bis Ebeleben gelangten Zuges aufmerksam verfolgten, schwerlich nur in verschreckter Angst weitere Ausschreitungen befürchtend, sondern willens, den Aufrührern den Geschmack am Plündern möglichst zu vergällen.

Das eifrige Bemühen Pfeiffers, die von Müntzer gerade an den Haufen gerichtete Aufforderung zum Weitermarsch „nach Heldrungen ins Mansfeldische Land" wieder rückgängig zu machen und den Zug auf das Eichsfeld zu dirigieren, hat jüngst den Verdacht gestärkt[79], er habe die Absicht Müntzers, der wiederum durch organisierte Intervention in Nordhausen und Frankenhausen Pfeiffers ursprünglichen Plan, auf das Eichsfeld zu ziehen, umfunktioniert haben soll, durchkreuzen wollen, um doch noch das von ihm angestrebte Ziel zu erreichen. Es ist wohl verlockend, durch eine freie Kombination ausgewählter Interpretationsmöglichkeiten ein Planspiel gegenseitiger Überlistungsversuche zweier Rivalen zu entwerfen, bei dem Pfeiffer zumindest stärker belastet wird[80]. Aber selbst im Blick auf die wenige Tage später zwischen den beiden Predigern hervorgetretenen Mißhelligkeiten läßt sich jener Verdacht bei unvoreingenommener Auswertung der bisherigen Quellen für das Geschehen der letzten Aprilwoche nicht erhärten. Der Zug auf das Eichsfeld war keine „ausgemachte Absicht" und eingeplante Aktion Pfeiffers und seiner Anhänger, so daß man sich nur zum Schein auf die

---

[76] Ebd. S. 48. [77] Ebd. S. 48.

[78] Ebd. S. 47: „... gesagt, die Edelleute vom Rustenberg hätten ihn dahin geschickt, zu sehen, wo dieser Haufen hinaus wollte".

[79] Bensing, M. u. Th., S. 115—118.

[80] Bensing liefert hier wieder ein kennzeichnendes Beispiel für seine Methode, das von ihm gewünschte Ergebnis in den Quellen wiederzufinden. Es kann auf die Fragwürdigkeit seiner Interpretation und Konstruktion hier nicht eingegangen werden.

Parole Frankenhausen bzw. Heldrungen eingelassen hätte und das Auftreten der berittenen Boten in Ebeleben bloß als ein vorgetäuschtes Manöver inszeniert worden wäre. Deren flehentliche Bitte um Beistand war echt, ihre Befürchtung ernster Repressalien durch die aufgebrachten Junker nur zu verständlich. Vielen Eichsfeldern im Haufen kam die Schreckensnachricht offenbar unerwartet, da sie bei ihren Plünderungs-zügen auf keine sonderliche Abwehr gestoßen waren, darum um so mehr den Worten der Prädikanten von den bereits verzagten Bösewich-tern Glauben geschenkt haben mochten und auf eine so schnelle Ver-geltungsaktion des Adels nicht gefaßt waren. Dementsprechend war die in Ebeleben getroffene Entscheidung situationsgerecht, wenngleich es befremden muß, daß man sich an die den christlichen Brüdern in Fran-kenhausen gegebene Zusage so wenig gebunden fühlte. Die unerwartete akute Bedrohung der „armen Leute" auf dem Eichsfelde war ein durch-aus ehrlicher und ernstgenommener Grund, den Marsch nach Osten ab-zubrechen und erst ihnen zu Hilfe zu eilen, zumal man sich jetzt noch in unmittelbarer Nähe der Gefährdeten befand. Das schließt nicht aus, daß ein beträchtlicher Teil des Haufens nicht durch solche selbstlosen Erwartungen bestimmt wurde, Pfeiffers Erklärung zuzustimmen, so we-nig der Argwohn unbegründet ist, daß diesem selbst der Notruf nicht ungelegen kam, da ihm das Eichsfeld in jeder Beziehung „näher lag" als das Mansfelder Land.

Über Müntzers Stellungnahme zu dem gefaßten Entschluß verlautet so gut wie nichts; mehr als einen schwachen Versuch, die Änderung des Marschzieles zu verhindern, dürfte er angesichts der eindeutigen Willens-erklärung der überwiegenden Mehrheit kaum gemacht haben. Er konnte sich vielleicht selber der Einsicht in den unvorhergesehenen Notstand nicht verschließen, der es auch sinnvoll erscheinen ließ, das gesamte Aufgebot auf dem Eichsfeld einzusetzen, um den übermütigen Junkern zu demonstrieren, daß ihr Widerstand gegen das Aufbegehren des Vol-kes ein hoffnungsloses Unterfangen sei. Damit mochte er zugleich hoffen, sowohl die Willigkeit des Haufens zu dem anschließenden Zug ins Mansfeldische zu gewinnen als auch für die kommende Operation die rückwärtigen Verbindungen nach Mühlhausen gegen Störungen vom Eichsfelde her abzusichern. Ein Gefühl der Enttäuschung blieb freilich wohl zurück, und möglicherweise regte sich in ihm ein leichter Unwille über Pfeiffer, der die Entscheidung für das Eichsfeld im Ringe durch seine Haltung zu einem wesentlichen Teile mit herbeigeführt hatte.

Die Verstimmung hat den Eifer Müntzers nicht beeinträchtigt, un-entwegt auf die Verwirklichung des großen Zieles der Erhebung hinzu-arbeiten. Das hieß nunmehr eben, auf dem Eichsfelde die Veränderung ins Werk zu setzen, die mit der Entmachtung der tyrannischen Obrigkeit und mit der Beseitigung der kirchlichen Institutionen anheben mußte,

713

die für die religiöse Irreführung wie die wirtschaftliche Ausbeutung des Volkes unmittelbare Verantwortung trugen. Darin stimmten die beiden Prädikanten im wesentlichen überein, obgleich sich das Schwergewicht ihrer Arbeit „im Felde" etwas anders verteilen mochte als in Mühlhausen und sich dabei der Unterschied ihres theologischen Denkens schärfer profilieren mochte. Pfeiffer kannte auf Grund seines früheren Aufenthaltes Land und Leute hier besser als Müntzer, hatte auch weiterhin engere Beziehungen zu ihnen unterhalten und gewann durch den starken Zuzug gerade aus der Bevölkerung des Eichsfeldes an Gewicht und Bedeutung im Haufen. Noch die zwei Jahrzehnte später gemachten Zeugenaussagen im Rechtsstreit zwischen Mühlhausen und dem Mainzer Kurfürsten über die Entschädigungsansprüche für die durch Plünderung und Zerstörung erlittenen Verluste scheinen ihn etwas stärker in den Vordergrund zu rücken, ohne daß ihm eine Vorrangstellung damit zugewiesen wurde. Immerhin könnte es sein, daß er dank seiner besseren Ortskenntnisse vornehmlich der Planung und Organisation des Zuges seine Aufmerksamkeit zuwandte; denkbar wäre auch, daß er sich an einzelnen Unternehmen aktiv beteiligte[81]; nicht zuletzt wird man annehmen dürfen, daß er sich die Propagierung sozialrevolutionärer Ideen besonders angelegen sein ließ. Gerade darin gab er dann wie schon in Mühlhausen einen gewissen Realismus zu erkennen, der ihn durch die Bescheidung auf etwas menschlichem Wollen wohl Erreichbares, durch die beharrliche Verfolgung eines konkreten Zieles und durch den Nachweis wirklich schon erreichten Erfolges vielen Aufständischen überzeugender und glaubwürdiger machte als ihnen Müntzer mit seinen schwärmerisch anmutenden Ideen erschien. Das Ergebnis seiner wirklichkeitsnäheren Weise propagandistischen Redens ist stimmungsmäßig gleichsam in den Worten schon vorweggenommen, mit denen die nach Ebeleben geschickten Boten den bei Orla sie zurückerwartenden Eichsfelder Haufen ihren Erfolg verkündeten: „Freut euch, wir haben den Haufen zu Ebeleben angesprochen, die wollen kommen und uns frei machen."[82]

Müntzer blieb in erster Linie der große Rufer im Streite für die alleinige Herrschaft Gottes, deren uneingeschränkte Anerkennung als die unabdingbare Voraussetzung für die rechte Ordnung der menschlichen Verhältnisse zu gelten habe. Diesen Sachverhalt, der die Priorität der „Sache Gottes" eindeutig festlegte, dem Bewußtsein der Aufständischen fest einzuprägen, war sein vornehmstes Anliegen. Wenn er daher auch

---

[81] Ein Zeuge erzählt: „Da man mit dem Haufen bei Beuren gekommen, hätte der Pfeifer, der auf einem kleinen Pferdlein (gesessen) voller Schellen gehangen, mit der Hand gedeutet auf Scharfenstein und gesagt: ‚Seht ihr dort das Dinglein?' Scharfenberg meinend, und schwieg damit. ‚Neher' denn 1/2 Stunde hätte das Schloß in alle Höhe gebrannt..." (Jordan, Eichsfeld, S. 63).

[82] Jordan, Eichsfeld, S. 53.

jetzt noch angesichts der Plünderungen und Zerstörungen nicht abließ, die Scharen anzuspornen, daß sie den gottwidrigen Gewalten ohne Erbarmen Besitz und Macht nehmen sollten, dann war das bei ihm primär nicht Ausdruck des Drängens auf eine Bereinigung sozialen Unrechtes nur im Interesse des Menschen. Ihm ging es zuerst um Gott, um den Einsatz des Gläubigen für Gott, wenn er mit dem eifernden Zorne und der Härte eines alttestamentlichen Propheten als der Knecht Gottes den Befehl seines Herrn weitergab: hinweg mit den Gottlosen! Das Thema der Fürstenpredigt ist im Grunde das der Bauernpredigt geblieben, auch wenn oder gerade weil die Bauern anders als die Fürsten den Kampf gegen die Gottlosen aufgenommen haben. Dieser Kampf muß jetzt kompromißlos durchgehalten und sein Endziel darf nicht aus dem Auge gelassen werden; denn „mann kan euch von Gotte nit sagen, dieweyl sie uber euch regiren"[83]. Müntzer hat als der ernste Prediger zu den Bauern jetzt sicherlich mit nicht geringerer Leidenschaft gesprochen als damals zu den Fürsten und ihnen in dieser Situation vor Augen geführt, was das „ihnen frei von Gott sagen können" von Gott her für sie und die ganze Christenheit bedeutet. Hier kam dann auch die „Sache des Menschen" unter der alleinigen Herrschaft Gottes im Vollzuge der Veränderung der Welt durch die Auserwählten nach dem Worte Gottes zur Sprache. Er war dabei nicht nur, wie Zeiß am 5. Mai an Christoph Meinhart schrieb, „ein prediger der von Molhausen"[84], sondern aller, die er nur erreichen konnte. Es ist kennzeichnend für ihn: „Als der aufrührerische Haufe sich vor Heiligenstadt gelegt, sei Allstedter an einem Morgen[85] auf das Rathaus vor den Rat gekommen und habe begehrt, ihm zu vergönnen, das Wort Gottes zu predigen, darauf habe ihm der Rat sagen lassen, sie erlaubten es nicht, so verböten sie es ihm auch nicht. Darauf ist er, Allstedter, aufgestanden und hat in Unser Frauen Kirche einmal geprediget."[86]

Leider bleibt für uns fast gänzlich im Dunkel, wieweit die Teilnehmer an dem Zuge durch das Eichsfeld das zentrale Anliegen Müntzers in sich aufgenommen und sich zu eigen gemacht haben. Plünderungsberichte, Schadenersatzforderungen und Verhörprotokolle machen einen hohen Prozentsatz unserer Quellen aus, und es gibt kaum zeitgenössische, über die Vorgänge näher informierende Aufzeichnungen, die ein Bemühen

---

[83] Franz, MG, S. 455,17 f.   [84] AGBM II, S. 203.

[85] In einem Zeugenbericht heißt es: „Als der aufrührische Haufe vor Heiligenstadt gekommen, sei Pfeifer samt dem Hauptmann Jost Hamwurg (Homberg) des Nachts zwischen 10 und 11 Uhr eingelassen, desgleichen sei der Allstedter des Morgens an einem Mittwoch nach Walpurgis (3. Mai) auch eingekommen..." Jordan, Eichsfeld, S. 65. Andere Berichte wollen von einem gleichzeitigen Einlaß Pfeiffers und Müntzers wissen.

[86] Jordan, Eichsfeld, S. 65 f. — Müntzers Predigt in Heiligenstadt ist mehrfach bezeugt!

erkennen lassen, nicht bloß das gängige Urteil der herrschenden Gesellschaftsschicht über die Motive der Aufrührer zu wiederholen. Selbst ein Mann wie der Allstedter Schösser Zeiß, der doch die Auswirkungen der Agitation Müntzers auf seine Gefolgsleute geraume Zeit aus nächster Nähe, ja an sich selbst erlebt hatte, vermag zu dem, was er jetzt in seiner Nachbarschaft beobachtete, nur zu bemerken: „... kan nit befinden, daß es aus gotlicher liebe oder mit guter ordenung, allein aus gewalt, aufrur, rottung und eigennutz und mutwillen gescheen"[87]; dabei sind nach seiner Ansicht diese Rotten „viel redlicher dan Muntzers hauf, sie sein nit so blutgirig als Muntzer"[88]. Es ist verständlich, daß das Verhalten der Aufständischen solche Urteile herausgefordert hat, deren Berechtigung sich weithin gar nicht bezweifeln läßt. Es trifft auch zu, daß bei Müntzers und Pfeiffers Zug durch das Eichsfeld die von den Einheimischen selbst zuvor schon durchgeführten Plünderungen durch die Zerstörung und Brandschatzung von Gebäuden noch überboten wurden. Das von Müntzer grundsätzlich ausgesprochene „nichts stehen lassen" war Anstoß genug zu solchem Treiben und rechtfertigte es sogar als „lobenswert". Nur scheint es mir nicht zulässig, den Bauern pauschal nur unterwertige Beweggründe — „eigennutz und mutwillen" — zu unterstellen. Mögen sie die Hintergründigkeit der religiösen Ideenwelt des Predigers kaum recht erfaßt haben, der Gedanke der im rechten Verständnis des Evangeliums begründeten Notwendigkeit einer konsequenten Reformation der Kirche und der Christenheit überzeugte sie. Das erregende Pathos seiner Verkündigung von der nahen Veränderung der Welt, die Gott selbst jetzt den in der christlichen Bruderschaft Verbundenen anbefohlen habe, riß sie mit fort, Gottes Willen gegen die selbstherrlichen Ansprüche der Gottlosen zu vollstrecken. Freiheit und Brüderlichkeit aller wahrhaften Christen wurde zum Leitbild einer Ideologie, in der alte und neue Sehnsüchte nach einer gerechten Gesellschaftsordnung jetzt nach Erfüllung drängten. Müntzers — und ebenso Pfeiffers — sonst so eindrücklicher Ruf dürfte auch jetzt nicht ohne Widerhall geblieben sein, und durch ihre persönliche mittelbare wie unmittelbare Einwirkung dürfte das religiöse Moment als ein bestimmender Faktor im Bewußtsein vieler möglicherweise stärker zur Geltung gekommen sein, als es im allgemeinen in den Bauernunruhen der Fall gewesen sein mag. „Gewalt, Aufruhr, Rotterei" im Namen Gottes setzen andere Maßstäbe des Verhaltens, wie ihnen Müntzer vornehmlich unter Berufung auf das Zeugnis des Alten Testamentes gepredigt hatte, allerdings in unüberbietbarer, völlig eindeutiger Betonung des „im Namen Gottes".

Diese besonderen Maßstäbe werden dann nicht nur im Radikalismus

---

[87] AGBM II. S. 228.   [88] Ebd. S. 230.

des Vorgehens gegen die „Feinde Gottes" erkennbar, sondern umgekehrt ebenfalls da, wo man sich zu gewissen Konzessionen bereitfand. Kennzeichnenderweise geschah das letztere grundsätzlich nicht den Klöstern gegenüber, die gemeinhin — natürlich auch als die leichter einnehmbaren Plätze — die ersten Opfer der Unruhen wurden. Aber man behandelte doch die Vertreter des Adels, die sich zur „Bruderschaft" bereitfanden, zumeist sehr viel milder als deren renitente Standesgenossen, zumal wenn diese bisher schon das Evangelium verfolgt hatten. Selbstredend mußten jene sich den Bedingungen der Aufständischen unterwerfen, die die Anerkennung ihrer revolutionären Grundsätze und die Beteiligung an ihren Unternehmungen forderten, jedoch kamen sie als anerkannte Brüder wesentlich glimpflicher davon und genossen in ihrem neuen Status den Schutz der Aufrührer. Müntzer selber hat dieses Verfahren bestätigt und praktiziert, in Ebeleben an Günther von Schwarzburg und Ernst von Hohnstein[89], zur gleichen Zeit, da er von den Salzaern verlangte, sie sollten Sittich von Berlepsch, „durch unser bit peynigen oder uffs wenigst, sust wurdet ir wyder die warnunge Gottis im schooß ein slangen erwermen und aus dem wolfe ein schaff machen"[90]; abermals dann am Ende des Eichsfelder Zuges von Duderstadt aus in einem dafür aufschlußreichen Briefe: „Dem jüngeren Günther, vorsteher christlicher gemeinde im Schwartzburger lande, unserm lieben bruder im herrn. Die ewige bestendige gunst Gottes sey mit euch, allerliebster bruder. Euer schreiben haben unsere brüder vernommen und eure brudere Curth von Tutcheroda, Heinrich Hack, Christoff von Aldendorff und Balthasar von Bendeleben angenommen in unsern bund, denselben christliche freyheit zugesaget, sie nicht zu bescheidigen oder unziemlich beschweren, daß ich ihnen sicherheit durch meine handschrift zugesaget, alleine daß sichs in der warheit befinde, daß sie die gerechtigkeit Gottes nicht verhindert und die prediger mit[91] verfolget. Wo sie aber das gethan hetten, mochten sie sich erbieten billig, daß sie willige nahrung[92] geben der gemeine im wandeln und also gedemütiget christliche einigkeit nicht weiter zu verhindern unterstehen. Das hab ich eurer liebe nicht verberget in diesem jetzigen schreiben, damit der erkentnis gottliches willens hochlich befohlen."[93]

Zur sachlichen Wertung des Geistes und des Verhaltens der das Eichsfeld heimsuchenden Scharen ist ein ergänzender Hinweis noch angebracht, der andeutend wenigstens ihre Einstellung zu denen betrifft, die sich von einer aktiven Beteiligung am Aufruhr fernzuhalten suchten und die zahlenmäßig auch unter den Bauern stärker vertreten waren

---

[89] Vgl. oben S. 710. [90] Franz, MG, S. 458,18—20.
[91] Ebd. S. 459 Anm. 2: „zu verbessern in *nit*".
[92] Ebd. S. 459 Anm. 3: „wahrscheinlich zu verbessern *karung*, Schadenersatz".
[93] Ebd. S. 459,1—15.

als sich aus den übertriebenen Angaben über die Größe der Haufen schließen läßt. Es gab unter den Aufrührern ohne Zweifel radikale Elemente, die auch die Unwilligen zum Anschluß drängten und massive Drohungen als die wirksamsten Argumente nutzten[94]. Wie es scheint, ist das bei dem Zuge von Görmar über Ebeleben durch das Eichsfeld kaum der Fall gewesen bzw. nicht erkennbar hervorgetreten. In einer Zeugenaussage, die vermutlich auf das am 29. April anlaufende Unternehmen zu beziehen ist, heißt es allerdings, „es hätte aber der Allstedter in alle Dörfer daselbst herum geschrieben, daß ein jedes Dorf seine Anzahl gerüsteter schicke bei Kopfabhauen; also wären 15 Mann zu Orsla (Nieder-Orschel) zum Haufen zu ziehen gewählt, deren er einer gewesen und also ausgezogen; wären noch 15 aus Orsla willig mitgezogen. Also hätten andere Dörfer auf dem Eichsfelde auch getan"[95]. Darin könnte alles stimmen — bis auf das „bei Kopfabhauen", das in einem solchen „Rundschreiben" selbst einem ekstatischen Müntzer nicht zuzutrauen ist, weit eher die Erfindung eines Mannes sein dürfte, der sein Mitmachen durch die alle Zeit beliebte Ausrede zu entschuldigen suchte, daß er nur notgedrungen dabei gewesen sei. Gegenüber den Nachrichten von einer durch Drohungen erpreßten Teilnahme am Aufruhr ist jedenfalls Zurückhaltung geboten. Leider sind wir über den Gang und das Ergebnis der Verhandlungen Pfeiffers und Müntzers mit Heiligenstadt und Duderstadt zu wenig unterrichtet, um überhaupt Stellung nehmen zu können[96]. Wenn nicht alles täuscht, ist man in beiden Städten zu einer gütlichen Vereinbarung gekommen, die wenigstens für Heiligenstadt günstiger ausfiel als die Vorverhandlungen erwarten ließen[97]. Auch das wäre dann u. U. als ein Beispiel gemäßigten Verhaltens gegenüber bisher ablehnend neutralen Partnern zu werten.

3. Rückkehr nach Mühlhausen

Nachdem mit dem Zuge von Heiligenstadt nach Duderstadt am 4. Mai die Nordgrenze des Eichsfeldes erreicht war, begann am folgenden Tage der Rückmarsch; kurz hinter Worbis löste sich dann der große Haufen auf und das Unternehmen Eichsfeld war nach einwöchiger Dauer beendet. „Bei einer Hecke stehend hielt Münzer eine Ansprache, ‚valedizierte' (verabschiedete) und ‚erlaubte menniglich so ihnen zugelaufen und also mit den gemeinen Leuten wieder in Mühlhausen gezogen'."[98] So berich-

---

[94] Derartige Drohungen gegen die abseits Stehenden hören wir schon bei den Unruhen in Allstedt.
[95] Jordan, Eichsfeld, S. 50 f.   [96] Vgl. ebd. S. 69 ff.   [97] Ebd. S. 53 ff.
[98] Zit. b. Knieb, Eichsfeld, S. 98. Dort Quellenangabe: „Die Protokolle der kurmainzischen Zeugen — Aussagen vom Jahre 1543." Damals im Staatsarchiv zu Wetzlar, 2 Bde. mit der Bez. Preußen M 78/231. Heute im Staatsarchiv Magdeburg. Die Bitte um Kopien einiger Akten wurde vom Staatsarchiv Magdeburg abgelehnt.

tet der Pfarrer Abel Vogelweid von Breitenworbis. „Hans Stollberger aus Gernrode sagt als Augen- und Ohrenzeuge aus, Pfeifer und Münzer hätten ausgerufen: ‚Sie wollten wieder nach Mühlhausen ziehen, sich mit denjenigen, so sie hin und wiederumb gekriegt, zu Geschütz besser geschickt machen und alsdann auf Frankenhausen zu ziehen.'"[99] In der Mühlhäuser Chronik schließlich heißt es: „Dienstages nach Misericordias Domini[100] sprach Münzer [zu dem Haufen], ihm wäre im Traum angezeigt, er sollte nach Aufgang der Sonne ziehen, darum sprach er: Wer nicht gerne will, der mag heim ziehen. Da verliefen [sich] etliche Hessen und Eichsfelder, er aber mit den anderen zog wieder gen Mühlhausen, und ruheten allda einen Tag."[101]

Die Berichte lauten recht unterschiedlich, widersprechen sich jedoch nicht. Man beabsichtigte danach nicht mehr, wenn das je der Fall gewesen sein sollte, sich mit dem ganzen Haufen vom Eichsfeld direkt in das Mansfelder Land zu wenden. Die beiden Prädikanten gaben wohl bekannt, daß das in Ebeleben unterbrochene Vorhaben, Frankenhausen zu Hilfe zu kommen, nunmehr durchgeführt werden sollte, stellten aber die Teilnahme daran ausdrücklich frei. Wer dazu bereit war, sollte mit nach Mühlhausen ziehen, wo man sich neu formieren und die Kampfkraft durch Geschütze erhöhen wollte; wer nicht, mochte wieder nach Hause gehen. Das war im Vergleich mit der Situation in Ebeleben immerhin eine erheblich veränderte Ausgangsposition für das Frankenhäuser Unternehmen. War die Kampfstimmung im Haufen bereits so weit abgesunken oder reichte die „christliche Verpflichtung", „daß ein Bruder dem andern helfen soll und nicht verlassen", zumal bei den Eichsfeldern nur bis an die Grenzen ihrer engeren Heimat, oder war die Führung zu der Einsicht gekommen, daß für den Marsch auf Heldrungen eine bessere militärische, besonders artilleristische Rüstung erforderlich sei, wenn man mit seiner Vorbereitung sozusagen ganz neu einsetzte? Die Frage muß offenbleiben; fest steht nur, daß neben einer Anzahl Hessen vor allem Eichsfelder die Gelegenheit wahrnehmen, in ihre Dörfer zurückzukehren, nicht wenige von ihnen vermutlich in banger Erwartung dessen, was nun folgen würde. Erklärte doch Hans Heige aus Beuren seinen Landsleuten damals: „Wie ich die Predigt verstanden, wurt es Henkens gelten. Darumb ist mein Rat, heimzugehen und bei den Junkern Gnade zu erlangen."[102] Über die Stärke des nun nach Mühlhausen ziehenden Resthaufens verlautet selbst andeutungsweise nichts. Daß auch Pfeiffer den Zug nach Frankenhausen mit ausgerufen habe, braucht im Blick auf seine spätere Absage nicht notwendig bezweifelt zu werden, rückt dann freilich sein Verhalten in ein

---

[99] Ebd. S. 98.
[101] Chronik Mühlhausen, S. 189.

[100] 2. Mai.
[102] Zit. b. Knieb, Eichsfeld, S. 98.

um so trüberes Licht. Wenig vertrauenswürdig erscheint dagegen der Bericht der Chronik: ihre Zeitangaben sind nachweislich falsch; die Traumgeschichte erweckt als Beschwörung des deus ex machina stark den Eindruck einer nachträglichen Erfindung, obgleich sie an sich nicht unglaubhaft ist und ein Zeugnis dafür sein könnte, wie sehr der Gedanke des Zuges nach dem Osten[103] Müntzer bedrängte. Doch dazu paßt dann bei der müntzerischen Mentalität das resignierte „wer nicht gerne will, der mag heim ziehen" in keiner Weise. Er mochte am Ende dieser Expedition deren in Ebeleben so betonte Dringlichkeit nicht mehr einsehen und den Zeitverlust beklagen; seine Entschlossenheit blieb ungebrochen.

Spätestens am Sonntag Jubilate, dem 7. Mai, war Müntzer wieder in Mühlhausen; denn von diesem Tage datiert sein bereits in der Stadt geschriebener Brief „an die christlichen Brüder von Schmalkalden". Am 10. Mai hat er noch von Ammern aus ein Schreiben an die „Versammlung zu Ehrich" gerichtet; er muß dann aber wohl noch am gleichen Tage zu dem neuen Zuge aufgebrochen sein, da seine Briefe an die Mansfelder Grafen am 12. Mai bereits von Frankenhausen ausgehen. Die drei bis vier Tage, die sich Müntzer in Mühlhausen aufhielt, waren für ihn alles andere als Tage der Entspannung und Ruhe. Die Vorbereitung des neuen Unternehmens nahm ihn vermutlich ebenso in Anspruch, wie ihn der Fortgang des Geschehens in der Nähe und der Ferne lebhaft beschäftigen mußte. Er hörte nicht nur die optimistisch gestimmten Nachrichten, wie die Erhebung der Bauern immer weiter um sich griff, wie allenthalben im Thüringer Land und über seine Grenzen hinaus das Volk eine neue Ordnung nach Gottes Wort verlangte und den alten Gewalten Abbruch tat; er erfuhr zugleich von den Schwierigkeiten, Hemmnissen, Widerständen, die sich der Bewegung entgegenstellten. Die Bitten um Hilfe und Unterstützung mehrten sich; Klagen über harte Gegenmaßnahmen der Herren wie über befremdliches Verhalten der „christlichen Brüder" drangen zu ihm; Angst und Verzagtheit dämpften Mut und Entschlossenheit und ließen z. T. die von ihm so befürchtete verhängnisvolle Möglichkeit schmählicher Kompromißbereitschaft zu einer akuten Gefahr werden. Was aber eine bedachtsamere Natur nachdenklich gemacht haben würde, forderte Müntzers unnachgiebige Entschiedenheit in der Durchführung des gottgewollten Umbruches heraus und entfachte die Leidenschaft des Gottesknechtes[104] zu neuer Glut. Der Eifer um Gottes Sache, die Überzeugtheit, Gott will es,

---

[103] Die ihm in den Mund gelegte Formel „nach Aufgang der Sonne ziehen" ist zumindest stark symbolverdächtig.

[104] Kennzeichnend sind auch in diesen Tagen wieder die Unterschriften seiner Briefe: knecht Gottis, knecht der gemeine Gottes, Thomas Muntzer mit dem schwerthe Gydeonis.

die Gewißheit der Hilfe Gottes machten ihn immun gegen alle Zweifel am Gelingen des Werkes und verkehrten sich in seinem religiösen Illusionismus in eine trügerische Sicherheit, die die realen Gegebenheiten, auch wo sie als bittere Wirklichkeit erfahren wurden, als ohnmächtige, im Grunde bereits entmachtete Größen gering achten zu können wähnte. Er ging gewiß nicht in Permanenz mit unentwegter Zuversicht durch die Tage; er kannte die niederdrückende Macht menschlicher Schwachheit; er wußte um die unheimliche Anfechtung des Verzagens; aber das gehörte zum Wesen der *passio amara*, und das durch nichts auszulöschende Wissen um seine „Dienstverpflichtung" gegenüber Gott riß ihn aus allen Untiefen bald wieder heraus. Mußte sich Müntzer zudem nicht dadurch in seiner Sicht der Dinge bestätigt finden, daß man bei dem Zuge durch das Eichsfeld, der doch nur auf Grund der beschwörenden Bitten um Errettung aus harter Bedrängnis und unmittelbarer Gefährdung an Gut und Leben erfolgt war, auf keinen ernsthaften Widerstand gestoßen war und der Adel sich verzagt „verkrochen" hatte?

Zugleich hob es sein Selbstbewußtsein, daß man sich um Unterstützung an ihn wandte, ihn damit als den führenden Mann respektierte, der auch in Mühlhausen maßgeblichen Einfluß besitze. So schrieben die Bauern aus der Pflege Sangerhausen am 6. Mai „dem wyrdighen in Gott unserm vatter und getrawen hern Er Thomas Muentzer"[105], klagten ihm die Drangsale[106], die sie wegen ihres Bekenntnisses zu „Gott und dem helgen evangelium" zu erleiden hatten und „bytten euch umb Gottes wullet ansehen, das wyr in groessem beschwernyß hy mussen lange verharren, angesehen unser arme wybe und kynder, de im felde mussen lyghen und im holz dagk und nacht dorch grosse furcht der oberkeyt"[107]. „De ganze phleghe von Sangerhusen bytten, das man sy uff das kurtzt, so es fugk mucht haben, sy helfen zu entledigen von den von Sangerhusen von wegen irer ungestummickheyt."[108] Auch die „christliche Gemeinde und Versammlung zu Frankenhausen" wandte sich einen Tag später erneut an „die christlichen Brüder zu Mühlhausen"[109], berief sich ausdrücklich auf Müntzers „schreiben und trostlich zusogen" und bat „nachmals, ir wollet sollicher zusage indechtig und eurn freundlichen und schriftlich gelobde mit all eurm vormogen, geschoes und volks gegen uns mit ungespartem vleis eilentz und ufs forderlichste vornemen lassen. Wo aber nicht, so wirt des cristlichen gebluetes ein mergliches teil mit grossem ergernes und des heiligen ewangelii nachteil bei uns vorschuttet

---

[105] Franz, MG, S. 459,18 f.　　　　　　[106] Vgl. dazu Gess II, S. 164—174.

[107] Franz, MG, S. 460,14—17.

[108] Ebd. S. 460,23 ff. Dieser Satz steht in einer Nachschrift, die von anderer Hand geschrieben ist als der eigentliche Brief. Vgl. Bensing, M. u. Th., S. 171.

[109] AGBM II, S. 235 f.; also nicht an Müntzer persönlich, sondern gemäß der Unterschrift des Schreibens vom 29. 4. an die „gemayne". Vgl. oben S. 709.

werden, das wir doch an gotlicher und euer hulfe nach nie uns understanden hetten. Bit wir nachmals, euer christlich und bruderlich hertz gegen uns zu erzeigen und uns ufs lengste in zweien tagen mit allem eurm vormogen zu hulfe kommen, darmite das unschuldige cristliche blut vor dem teufelischen wolfesrachen erretten"[110]. Das Schreiben dürfte ebenso wie der Brief der Sangerhäuser eine unmittelbare Reaktion auf die Auflösung des Haufens nach der Beendigung der Eichsfelder Expedition sein, deren Teilnehmer aus dem Süd- und Ostharz direkt nach Frankenhausen gezogen waren und dort berichtet hatten. Der Vorwurf, trotz der volltönenden Zusage in einer wirklich gefährlichen Situation doch im Stich gelassen worden zu sein, ist ebensowenig zu überhören wie die Mahnung, nun nicht noch weitere Zeit zu verlieren, wenn die Hilfe überhaupt noch rechtzeitig kommen soll. Man setzte geradezu einen Termin: spätestens in zwei Tagen!

Die Beistandsgesuche kamen nicht nur aus dem Osten. Die Schmalkaldener, die zur Abwehr des Vormarsches Philipps von Hessen nach Thüringen hinein von Meiningen nach Norden gezogen waren und am 6./7. sich „zu Yßenach im lager"[111] einfanden, gingen ihn ebenfalls um Unterstützung an. Umgehend läßt er sie „wissen, das wir mit allem vormogen und kreften euch zu hulfe und schirme kommen wollen"[112]. Allerdings schränkt er die Zusage etwas ein: „Alleine das ir eine kurze zeyt gedult traget mit unsern bruedern, dye zu mustern wir uber die massen zu schaffen haben, dann es viel ein grober volk ist, wann eyn yeder außtrachten kann."[113] Trotz dieser Kautel fragt man sich, was das für ein Mann war, der in dem Augenblick, wo er alle verfügbaren Kräfte nach Frankenhausen zu führen gedachte, versprach, daß „der ganze haufe von der keyent [Gegend] auch rauffer in euer leger kommen"[114] werde. Als ob der Zug nach Frankenhausen, der seltsamerweise als eine dem „bruder Ernst von Honsteyn, [und] Gunther von Swartzburgk" zugedachte Hilfeleistung[115] umschrieben wird, eine schnell zu erledigende Angelegenheit gewesen und es den Aufständischen im Eisenacher Lager nicht auf jeden Tag angekommen wäre! Es gehört wahrlich viel Phantasie dazu, Müntzer die Qualifikation eines militärischen Führers zuzusprechen. Er hatte weder einen Überblick über die tatsächliche Lage noch war er imstande, überlegte und durchdachte Entscheidungen zu treffen. War es dann bewußte Täuschung oder ein Rückzug auf Aushalteparolen, was uns in diesem Briefe entgegentritt? Beides trifft kaum das Richtige. Es ist derselbe und immer wieder gleiche Müntzer, der in seiner Einbildungskraft dem Geschehen vorgreift, der bereits im Vollzuge des Kommenden lebt, für den in der ungeduldigen

---

[110] AGBM II, 235 f.   [111] Franz, MG, S. 461,1.   [112] Ebd. S. 461,3 f.
[113] Ebd. S. 461,9—11..   [114] Ebd. S. 461,7.
[115] Davon ist jedenfalls in den Quellen sonst nirgendwo die Rede.

Vorwegnahme des Erstrebten das Ziel als schon erreicht, das zeitliche Nacheinander gleichsam aufgehoben ist. Diese These deckt sich gewiß nicht immer mit dem Tatbestand; es bleibt bei Gestalten wie Müntzer ein schlechthin unberechenbares Moment. Jedenfalls ist aber m. E. der Vorwurf bewußter Irreführung oder unehrlicher Vertröstung fehl am Platze. Es ist ihm absoluter Ernst, wenn er sein Schreiben beschließt: „Darumb ists auch etwas schwaches, das ir euch also sere forchtet, und ir mugets dach wol an der wanth greyfen, wye euch Gott beystehet. Habt den aller besten muth und singet mit uns ‚Ich wil mich vor hundert tausent nit forchten, wiewol sie mich mit yhn umblagert haben.‘ Gott gebe euch den gayst der sterke, das wirdt er nymmermehr underlassen durch Jhesum Christum, der euch aller liebesten beware alle, amen".[116]

Zu der in den Hilferufen sich bekundenden Not äußerer Bedrängnis, die Müntzer nicht anders als einen die Widerstandskraft bedrohlich lähmenden Mangel an „gayst der sterke" bewerten konnte, traten bedenkliche Erscheinungen innerhalb der brüderlichen Gemeinschaft, denen rechtzeitig und entschieden gewehrt werden mußte, sollte nicht der erfolgreiche Fortgang der Erhebung durch unverantwortliche Machenschaften ernstlich beeinträchtigt werden. Leider sind in den beiden Fällen, in denen Müntzer sich zu einer scharfen Stellungnahme herausgefordert sah, die konkreten Anlässe nicht offen beim Namen genannt, so daß wir bei dem Versuch einer Klärung des Sachverhaltes letztlich auf Vermutungen angewiesen bleiben, die nur einen mehr oder minder hohen Wahrscheinlichkeitsgrad beanspruchen können. Immerhin wird auch aus diesen kurzen Schriftsätzen ersichtlich, was alles in diesen wenigen Tagen an unerfreulichen Dingen auf Müntzer zukam. Es handelt sich um zwei in keinem Zusammenhange untereinander stehende Vorfälle, die in der Situation des Anfanges und des Aufbruches Müntzer Anlaß boten, um des Ganzen willen auf Wachsamkeit und verantwortliches Handeln zu dringen.

Am 8. Mai schreibt er an den Rat von Mühlhausen: „Der sathan hat uber dye masse vil zuthun; ehr wolte gerne den gemeynen nutz vorhynderen und thut das durch sein eygnen gefheß, und es wehr sere von nothen, das solche aufrurysche leuthe erst ym heutigen cirkell vorgenommen und hoch bedrawet, das sye euch raths herrn und gemeiner stad schaden nicht vorwyrken. Wu sye aber das nit werden lassen, das sye vom haufen ordenlich gestrafft sollen werden. Habt eynen guten muth. Wan der Judas an den tag kumpt, ist ehr schon beschlossen. Wyr bitten, so es muglich ist, ehe wyr weg zyhn, das solchs myt ganzer gemein ernsthlich muß geredt werden."[117] Handelte es sich hier um die Aktion einer Gruppe Mühlhäuser Bürger, deretwegen diese zunächst

---

[116] Franz, MG, S. 461,18—23.   [117] Ebd. S. 462,2—10.

vom Rate als der zuständigen Instanz in seiner „heutigen" Sitzung verwarnt und, falls das nichts fruchtete, vom Haufen gestraft werden sollten[118]? Dabei ging es, wenigstens primär, nicht um eine persönliche Angelegenheit Müntzers[119], vielmehr galt es nach dessen Meinung, „euch raths herrn und gemeiner stad schaden" zu verhüten. Doch auch der Haufe wahrte ein berechtigtes Interesse, wenn er dafür sorgte, daß den „aufruryschen leuthen" das Handwerk gelegt wurde. Müntzer selber vertrat gleichsam die Sache des „gemeinen Nutzens", den der Satan, der jetzt „uber dye masse vil zuthun" hat, zu verhindern sucht. Der Vorfall war zudem wichtig genug, daß möglichst noch vor dem Zug nach Frankenhausen mit der ganzen Gemeinde ernstlich darüber geredet wurde. Dieser dezidierte Antrag steht möglicherweise in einem engeren Zusammenhange mit einem Passus in dem tags zuvor an die Schmalkaldener gerichteten Schreiben über das unausdenkbar „grobe volk", über die „bruedern, dye zu mustern wir uber die massen zu schaffen haben". Dort hatte er zu diesem Thema noch ausgeführt: „Ir aber seyt in vielen sachen euers beswerens innen worden, unsern aber vormogen wir nit mit allem gemuet dasselbig zu erkennen geben, alleyn wie sie Gott mit gewalt treybt, mussen wir mit yhnen handeln. Ich wolt sonderlich von Gott begeren, umbzugehen und euch zu rathen und helfen und desselbigen mit beswerung viel lieber pflegen dan mit unwitzigen zu volzyhen vorneuen, yedach wil Gott dye nerrischen dinge erwelen und dye clugen vorwerfen."[120] Es war demnach, so wird man schließen dürfen, gleich nach der Rückkehr vom Eichsfeld über der Ankündigung des neuen Zuges nach Frankenhausen zu einer Protestaktion bzw. einer mehr oder minder offenen Propaganda gegen ein Engagement der Stadt an einem derartigen Unternehmen gekommen. Müntzer war der Meinung, man wiegele die Bevölkerung mit unsinnigen Argumenten auf,

[118] Daraus ließe sich u. U. entnehmen, daß die Beschuldigten zum Mühlhäuser Kontingent des Zuges vom 29. 4. bis 6. 5. gehörten.

[119] Bensing geht in seiner ganz andersartigen Auslegung davon aus, daß der zugrunde liegende Sachverhalt eine Meuterei der vom Eichsfeld zurückkehrenden Bauern gewesen sei, die sich um den ihnen zugesagten Anteil der Beute betrogen sahen. Er beruft sich auf ein Schreiben des Erfurter Humanisten Eobanus Hessus an seinen Freund Georg Sturz, in dem es heißt: „Thomas Müntzer hat sich mit seinen Anhängern nach Mühlhausen begeben, nachdem er eine gewaltige Summe Geldes (man spricht von an die 8000 Gulden) zusammengeraubt hat; er betrügt alle seine bäuerlichen Mitstreiter mit der Hoffnung auf Beute, die sie verlangen; ihrer 6000 haben die Stadt besetzt und fordern stürmisch nicht so sehr das Geld zur Verteilung als vielmehr die Anstifter der Lüge zur Bestrafung" (M. u. Th., S. 185). Der Vorfall, der doch wohl größeres Aufsehen erregt haben würde und von den Gegnern mit Wollust ausgebeutet worden sein dürfte, ist sonst nirgendwo erwähnt. Das spricht gegen seine Verwendung zur Erklärung der Eingabe Müntzers vom 8. Mai, obwohl er an sich gut in die Situation passen würde.

[120] Franz, MG, S. 461,11—17.

deren Erfinder und Propagandisten von Gott mit Blindheit geschlagen waren und jedes Gespür dafür vermissen ließen, worum es jetzt ging. Es waren Leute, die nicht, wie er den Schmalkaldenern erklärte, „in vielen sachen euers beswerens innen worden", und die einem mit ihrer engstirnigen Verständnislosigkeit jede Lust nehmen konnten, sich noch weiter mit ihnen abzugeben. Die hier spürbare Resignation ist freilich am nächsten Tage überwunden und die Klage über menschlich-kurzsichtige Eigenbrödelei ist zur Kampfansage an die hintergründig als wirksam erkannte Macht satanischer Bosheit geworden. Es klingt wie ein Nachhall der Erinnerung an Luthers Brief an die Fürsten zu Sachsen, wenn Müntzer jetzt seinen Brief an den Rat der Stadt mit den Worten beginnt: „Der sathan hat uber dye masse vil zuthun; ehr wolte gerne den gemeynen nutz vorhynderen und thut das durch sein eygnen gefheß." Nur sind jetzt die Rollen anders besetzt! „Habt eynen guten muth. Wan der Judas an den tag kumpt, ist ehr schon beschlossen." Müntzer demaskiert jetzt den Satan, als dessen „eygnen gefheß" er niemand anders ansehen dürfte als Pfeiffer. Aber er nennt den Namen nicht, den alle doch bereits kennen.

Am gleichen Tage antwortete Müntzer auf eine anscheinend sehr konkrete Frage aus Sondershausen, bei der es um die Behandlung eines „öffentlichen Ehebrechers" ging. „Got der almechtig hat das orteil geben ym heyligen Josua an 7 capitel, do der Achior wart myt steynen totgeworfen, drumb das ehr getummel im volk Gottis anrichtete. Yhr sollet den buben richten, nach dem ehr auch ander leute wil strafen und ist selbern ein offentlicher ebrecher. Wyr haben solchen eygensüchtigen bößewichtern keynen befehl geben. Drumb thut, was recht ist, und tragt keynen scheuen. Yhr müsset auf seyn, wan wyr hyn nidern zyhn. Wyr müssen das nest der adeler, wie Abdias sagt, angryffen. Drumb seyt keck! lasset euch eur herz nit entsinken! Yhr sollet zum wenigsten nit sparen, solche bosewichter ganz ernst in dye vorhaft annemen. Verschonet yhrer nicht, es ist von noten, das Deutschland nit also lesterlich zur mordgrube werde."[121] Der Text gibt deutlich an, wo das eigentliche Problem der Frage liegt: der inkriminierte Mann — er war Ehebrecher — gehörte dem Bunde an und drängte beim Ausbruch des Aufstandes in der Stadt unter Berufung auf Müntzers Geheiß auf harte Bestrafung der „Übeltäter", die sinngemäß auf der Seite der „Gottlosen" zu suchen sind. Kann und darf aber ein Glied des göttlichen Bundes, das sich selbst ein strafwürdiges Vergehen hat zu Schulden kommen lassen und dadurch schweres Ärgernis in der christlichen Gemeinde erregt, derart wider Gottes Willen handeln und zugleich gegen andere Übertreter des göttlichen Gebotes zu Gericht sitzen wollen, ohne

---

[121] Ebd. S. 462,14—463,4.

daß der Bund Schaden erleidet? Bensing weist auf die Gestalt des Peter Wilde hin, der in der Tat hier gemeint sein könnte. Noch Ende 1535 befürchtete dieser, daß er wegen seines Ehezwistes von seinen Widersachern verunglimpft werden könnte[122], und der Rat zu Frankenhausen wußte im Oktober 1529 zu berichten, Wilde habe mit seinem Anhang „zu Sundershausen im anfang des vorgangnen aufrurs zu schme und hön dem wolgepornen u.g.h. graff Heinrichen zeligen und lobelicher gedechtnus und s. g. gemahel die burger do erwegkt, wilche s. g. wolten zum schloß eraus henken"[123]. Bensing verfehlt allerdings den Sinn der an Müntzer gestellten Frage und seiner Antwort, wenn er Wilde schon in den Anfängen des Sondershäuser Aufstandes „gegen die Aufständischen aufgetreten" sein lassen will und erklärt, „der Ehebruch kam also lediglich erschwerend zum größeren Verbrechen, zum Aufruhr wider den Bund Gottes, hinzu"[124]. Gerade darum geht es ja, wie aus dem Beispiel des Achan unmißverständlich deutlich wird, daß durch den Ehebruch (Wildes) als eines zum Bundesvolk Gehörigen der Bund mit Gott gebrochen ist. Der Ehebrecher hat durch seine Tat sein eigenes Gelüsten befriedigen wollen und sich über die für den Bund konstitutiven Bedingungen Gottes hinweggesetzt. „Drumb thut, was recht ist, und tragt keynen scheuen." Es ist die notwendige Voraussetzung für den bevorstehenden Kampf: Ihr müßt erst mit Gott ins reine gekommen sein, wenn anders ihr mit seiner Hilfe rechnen wollt. Auf jeden Fall sind „solche bößewichter" in den Reihen der Bundgenossen unschädlich zu machen, damit nicht, wie damals durch Achan, die sieghafte Kraft des Gottesvolkes gelähmt und der Erfolg der Erhebung vertan werde. „Verschonet yhrer nicht, es ist von noten, das Deutschland nit also lesterlich zur mordgrube werde". Sowohl die in diesem Briefe gestellte Frage wie die darauf gegebene Antwort sind eindrucksvolle Zeugnisse des Geistes, der unter den Aufständischen lebendig war. Auch wenn der Aufruhr um Gottes Willen seine eigenen Gesetze hatte, er wollte und sollte nicht außerhalb der Ordnung Gottes stehen. Das macht eben eine Interpretation wie die oben zitierte von vornherein unmöglich, derzufolge „der Ehebruch ... lediglich erschwerend zum größeren Verbrechen, zum Aufruhr wider den Bund Gottes, hinzu [kam]".

Zwei Tage nach dem Hilferuf der Schmalkaldener erreichte Müntzer aus deren Lager bei Eisenach die alarmierende Nachricht von einem feindseligen Verhalten der Stadt gegen die Bauern und veranlaßte ihn, sich sofort in einem im Ton relativ ruhig gehaltenen, aber in der Sache recht deutlich werdenden Schreiben an die „lieben brueder[n] der ganzen gemeyne zu Eyßenach" zu wenden[125]. Es ging dieses Mal nicht um

---

[122] AGBM II, S. 932.
[124] Bensing, M. u. Th., S. 187 f.
[123] Ebd. S. 919.
[125] Franz, MG, S. 463 f.

Schwierigkeiten, die sich im eigenen Lager erhoben, nicht um den Widerstand der Altgläubigen und ihrer weltlichen Schutzherren; vielmehr sah Müntzer in Eisenach wohl mit einer gewissen Berechtigung den Geist Luthers sich auswirken bzw. den des Predigers Jakob Strauß, dessen Vermittlungstendenzen seiner Meinung nach die völlige Verkennung der wahren Lage bezeugten[126]. Nichts war in seinen Augen jetzt verhängnisvoller als Vermittlung; denn das hieß für ihn, Gott selbst in dem Augenblicke in den Arm fallen wollen, da dieser sich aufmachte, der Tyrannen mutwilliges Treiben zu beenden. Darum setzt er an Hand biblischer Aussagen mit einer Anleitung zum rechten Verständnis des gegenwärtigen Geschehens ein: Gott treibt die Menschen heute mit Macht zur rechten Erkenntnis seiner Wahrheit, und diese jetzt schon von vielen gewonnene Erkenntnis erweist sich „mit dem aller ernsten eifer uber dye tyrannen", d. h. darin, daß gemäß Daniel 7,27 „die gewalt... dem gemeinen volk"[127] gegeben wird und „das reych dieser welt... Christo zustendigk sein"[128] soll. Damit ist Sinn und Ziel der Erhebung wie ihre Rechtfertigung dargetan, ist erwiesen, daß die „gottlosen Tyrannen" eben nicht mit Worten, wie ihre Verteidiger fälschlich erklären, „sunder mit der tath zuschanden werden"[129]. Es ist nunmehr „am hellen tag, das Gott die seinen also freundlich lest dye widersacher peynigen allein am guthe, durch welchs sie das reich und gerechtigkeit Gottes haben vom anfang vorhindert, wie Christus selbern Mat. am 6. [V. 24] durch grundtlich urteyl beweyset"[130]. Peinigen allein am Gute — sagt der „blutrünstige" Müntzer mitten im Aufruhr! — und er meinte das ernst, verstand es von Matthäus 6,24 her als helfende Nötigung zur Überwindung der gottentfremdenden Hörigkeit gegenüber dem „Mammon", die in der geschichtlichen Entwicklung des Christentums zur Depravation der Christenheit geführt hat. Wohlgemerkt, nicht allein dadurch, daß die Habenden über der sie beherrschenden Lust am Haben und Noch-Mehr-Haben-Wollen Gottes ganz vergaßen, sondern in höherem Maße noch dadurch, daß sie zur Befriedigung ihrer unersättlichen, selbstsüchtigen Gier Hab und Gut, Kraft und Zeit des gemeinen Mannes bis zur Erschöpfung ausbeuteten: „Wie ist es umer mehr muglich, das der gemeine mann solte bey solchen sorgen der zeitlichen guether halben das reine wort Gottes mit gutem herzen mugen empfangen?"[131] Wie schon in der „Ausgedrückten Entblößung"[132] dient ihm das Gleichnis vom Sämann als Beleg seiner inzwischen noch vertieften Einsicht in die Gefährdung des Menschen durch die innere wie äußere Abhängigkeit von seinen sozialen wie wirtschaftlichen Verhältnissen.

---

[126] Vgl. Rogge, bes. S. 90—95.
[127] Vulgata: „populo sanctorum Altissimi".
[128] Franz, MG, S. 463,9—13.
[129] Ebd. S. 463,15 f.
[130] Ebd. S. 463,16—19.
[131] Ebd. S. 463,19—22.
[132] Ebd. S. 276.

Nachdem er so den Eisenachern eine Lektion über das rechte Verständnis des Aufstandes erteilt hat, hält er ihnen ihr schändliches Verhalten gegenüber den christlichen Brüdern vor: ihr solltet „unser mitgesellen nit also untreulich beraubt haben, yren geldkasten und heuptmann ihnen entwant. Es hatt der guthe einfaltige haufe sich auf euere prechtige larve vorlassen, nachdem ir solch geschrey von der gerechtigkeit des glaubens ane underlaß gemacht habt. Warlich diese that an unsern brudern volzogen beweyset eure hinderlist. So ir nuhe dieselbigen erkennen wollet, bitten wir euch freuntlich, solchen schaden wider zu erstatten"[133]. Müntzer erklärt sich ausdrücklich mit den Verratenen solidarisch, „ir schad ist unser aller schad, wie ir frumm unser aller forderunge ist"[134]; darum die Warnung, „vorachtet nit die geringen (wie ir pflegt), dann der Herre nympt auf dye schwachen, die gewaltigen von stule zu stossen, die nerrischen leuthe, auf das er die ungetreuen, vorretherischen schrieftgelerten zuschaden mache"[135]. Tatsächlich stecken also nach seiner Meinung die Eisenacher Prediger hinter diesen Machenschaften, zumindest ist es der von ihnen geprägte Geist, der dazu geführt hat. Das sollte die ganze Gemeinde nun wohl bedenken, denn „durch die falschen diener des worths" ist „das falsche liecht" ... zum vorterbnus der welt ane aufhoren" geworden, „ins gemeine volk lesterlich gerathen, dardurch dann der gegensatz also groß worden, das das recht liechte mus finsternus sein, und dye finsternus der aigennutzigen soll das liecht sein"[136]. Die Mahnung verdichtet sich zur Warnung: „Sollen wir unsern bruder den houptman und ire guether mit der gewalt langen, solt ir wol innen werden, ab der Herre auch nach lebet."[137] Die Unterschrift lautet: „Thomas Muntzer mit dem schwerthe Gydeonis"[138] Doch am 11. Mai war bereits Philipp von Hesen in Eisenach und gab es keinen Schmalkaldener Haufen mehr.

Alle diese Schreiben bekunden das hohe Bewußtsein der Verantwortung und des persönlichen Gefordertseins, das den „Knecht der Gemeinde Gottes" seine Aufgabe in dem Gesamtgeschehen der allgemeinen Erhebung wahrnehmen hieß. Sie bieten kaum neue Gedanken und Erkenntnisse des Theologen, illustrieren aber in lebendiger Weise, wie er nun in die Rolle des Führers an der Spitze aufständischer Bauernhaufen hineinwächst.

Noch bleiben ergänzend zwei Briefe an ihn zu erwähnen, die ihn nicht mehr in Mühlhausen erreicht haben. In dem einen teilt ihm „dye cristliche vorsamlunge und gemeyne Gots zu Erich"[139] mit, „das wir

---

[133] Ebd. S. 463,23—464,3.
[134] Ebd. S. 464,3 f.; „forderunge" = Förderung.
[135] Ebd. S. 464,4—7.
[136] Ebd. S. 464,10—14. [137] Ebd. S. 464,7—9.
[138] Ebd. S. 464,17. [139] Ebd. S. 465,30.

dye gutter der kirchen, so vile wir der haben konnen geratten, ahn dye rechten lebendigen armen heyligen nach notturft gleich eyme als dem andern in dye gemeyne usgeteylt und unsers vormogen, so viele Godt vorligen, eyn cristliche ordenunge, das wort Gots und abentmal Christi bye uns lassen zu halden"[140], geschaffen haben. Weiter berichtet sie über Verhandlungen mit benachbarten Adeligen „der schefferey halben"[141], beschwert sich über mangelnde Hilfsbereitschaft umliegender Dorfschaften, die „das geholze uff der Haylitten weygern, nit nach unser merklichen notturft, dyewyl uns sunderlich unser fleck dye helffte brandschadens halben vortorben"[142] und bittet ihn „als unsern cristlichen beschirmer und bruder, wullet mit innen cristliche insehen thun, uns dasselbige nicht zu weigern"[143]. Zum Schluß beantworten sie die Aufforderung zur Beteiligung am Zuge nach Frankenhausen: „Wye uns E. bruderlich liebe witter bitlich anzeigen, euch unser geschütz und etzwelliche volgk gen Franckenhusen zu schigken, wehren wir willig, aber wir haben nest vorgangen montags [8. Mai] eyn anzal volgks den von Franckenhusen nach unser gelegenheit zugeschigkt, so haben wir nichts von geschutz adder harnusch ... wuhe es aber witter dye nott erfordert, wullen wir als christliche bruder dem evangelio und gerechtigkeit mit libe guth als cristen leuthe volgen."[144] Die Ehricher antworteten demnach auf zwei Schreiben Müntzers, von denen das eine, am 10. Mai von Ammern aus geschrieben, die Bitte um Zuzug nach Frankenhausen enthielt[145], das andere möglicherweise schon vor dem 26. April abgefaßt wurde und einer Bitte der Gemeinde um einen Rat für die sinnvolle Verwendung des Kirchengutes und für die Gestaltung einer evangelischen Gottesdienstordnung entsprach. Es ist allerdings nicht recht durchsichtig, was die Gemeinde wirklich zu ihrem Brief bewogen hat. War es das Bedürfnis, Müntzer wissen zu lassen, daß sie sich bemühe, ihr Leben (nach seinen Hinweisen?) dem Evangelium gemäß zu ordnen? Oder wollte man mit dieser an den Anfang gestellten Erklärung lediglich einen guten Eindruck auf ihn machen, um seine Unterstützung für die Durchsetzung der anschließend vorgebrachten Wünsche zu gewinnen? Die angehängte Entschuldigung wegen der Fehlanzeige auf seine Bitte um Zuzug stärkt solchen Verdacht nicht minder als die Versicherung, notfalls doch noch „als christliche bruder dem evangelio und gerechtigkeit mit libe guth als cristen leuthe volgen" zu wollen. Man hat um so mehr Grund zum Argwohn, als in einem zur gleichen

---

[140] Ebd. S. 464,24—28. [141] Ebd. S. 465,3.
[142] Ebd. S. 465,14 ff. [143] Ebd. S. 465,16 ff.
[144] Ebd. S. 465,19—26.

[145] Der Brief stimmte im Wortlaut mit dem Mühlhäuser Konzept des Ausschreibens vom 9. Mai (AGBM II, S. 254) augenscheinlich nicht überein und könnte wirklich ein persönliches Schreiben gewesen sein.

Zeit von derselben Hand geschriebenen Briefe Hans Burmann aus Ehrich[146] sich an Müntzer als „den christlichen beschirmer gotlichs worts"[147] und „eyn beschirmer und rechtfertiger aller missehandelunge"[148] mit dem Verlangen wendet, ihm in einem privaten Streit um Ländereien zu seinem Rechte zu verhelfen. Darin zeigt sich gewiß, welche Erwartungen man in den Prediger als den Schützer des Rechtes und Anwalt der Bedrängten setzte, aber zugleich doch wohl auch, daß mancher, ob ein Kollektiv oder ein Einzelner, durch Anpassung die Gunst der neuen Machthaber zu gewinnen trachtete, um mit ihrer Unterstützung die Erfüllung als berechtigt angesehener Ansprüche zu erreichen.

Müntzers Unrast wuchs mit jedem Tage, der ihn von Frankenhausen noch fernhielt. Es ging ihm wahrlich nicht allein darum, ein gegebenes Versprechen zu erfüllen; er hatte doch wohl ernsthafte Sorge zu spät zu kommen, um eine Niederwerfung oder Selbstauflösung des dort versammelten Haufens noch verhindern zu können. Denn das würde sich auf die Erhebung dort in weitem Umkreis verhängnisvoll auswirken und den ihm seit seinem Aufruf an die Allstedter vorschwebenden Plan zunichte machen, den Aufstand in seinem ehemaligen Wirkungsbereich voranzutreiben und darüber hinaus in das Mansfelder Land hinein auszuweiten. Der Gedanke, dabei auch mit Ernst von Mansfeld abrechnen zu können, lag ihm gewiß nicht fern, schloß sein Plan doch notwendig die Aufgabe in sich, „das nest der adeler", die Heldrunger Burg, anzugreifen, d. h. den Mann unschädlich zu machen, der ihm seit seiner persönlichen Kontroverse als Repräsentant der gottlosen Tyrannen vor Augen stand und verhaßt war, der als ein grimmiger Verfolger des Gottesvolkes auch jetzt den Aufstand zu unterdrücken mit allen Mitteln versuchen würde. Pfeiffers Erklärung in seiner „Urgicht" belegt eindeutig, daß der Graf schon bei der ersten Planung des Zuges nach dem Osten eine gewichtige Rolle gespielt hatte: „Graf Ernsten zu Mansfeld hetten sie wollen demutigen und zu gutlichem vortrage brengen. Wo er sich nit het wollen geben, wolten sie ine bestritten haben."[149] Jetzt war der „teufelische wolfesrachen" erst recht in seiner Gefährlichkeit offenbar geworden, die Lage bei Frankenhausen für „das unschuldige cristliche blut" unvergleichlich bedrohlicher als sie je auf dem Eichsfelde gewesen war. Wie konnte man in Mühlhausen die Augen davor verschließen?

Wir haben Müntzers Briefe an die Schmalkaldener bereits die tiefe Enttäuschung über die mangelnde Hilfsbereitschaft und die unfaßbare

---

[146] Franz, MG, Nr. 86, S. 466.
[147] Ebd. S. 466,1.   [148] Ebd. S. 466,4 f.
[149] AGBM II, S. 383 — das gilt grundsätzlich auch für den Fall, daß die Frage im Verhör speziell darauf ausging zu erfahren, was man mit dem Grafen vorgehabt hätte.

Verständnislosigkeit für die Bedrängnis der verzweifelt auf die versprochene Hilfe wartenden Brüder entnehmen können. Es schien fast so, als ginge er bei soviel menschlichem Versagen und unbrüderlichem Verhalten sogar mit dem Gedanken um, die Mühlhäuser sich selbst zu überlassen und woanders seine Arbeit fortzusetzen. Doch dann wandte er sich entschlossen gegen die Quertreibereien, zumal es keine Zeit mehr zu verlieren galt. Er suchte sich genauer über die Machenschaften zu informieren, bis er kaum noch einen Zweifel daran hegte, daß Pfeiffer seine Hand in diesem satanischen Spiele hatte, dessen treuloses Verhalten nur dem schändlichsten Verrat, dem des Judas zu vergleichen war. Diese Erkenntnis, daß hier der Teufel selber den Fortgang der Sache Gottes zu hintertreiben suchte, half ihm aus der Resignation heraus: war der Satan erst einmal als der hintergründige Widersacher erkannt und in seinem menschlichen Werkzeug bloßgestellt, so war er auch bereits mattgesetzt. Die Situation war nun für ihn klar: gegen den Satan tritt Gott selbst ein, und die von Gottes Geist Erfüllten werden die Gefäße des Teufels zur Rechenschaft ziehen.

Der Rat mußte in seiner Sitzung am 8. Mai eine Entscheidung treffen, zumal wenn ihm Müntzer auch das Schreiben der Bauern aus der Pflege Sangerhausen vom 6. Mai wie das der Frankenhäuser vom 7. Mai irgendwie zur Kenntnis gebracht hatte. Die Notlage der Bittsteller war so wenig zu übersehen, wie sich eine moralische Verpflichtung Mühlhausens zur Einlösung des gegebenen Hilfeversprechens leugnen ließ. Aber die Meinungen über die Form wie das Ausmaß der Unterstützung waren augenscheinlich in dem verantwortlichen Gremium geteilt, und die schon vor zehn Tagen deutlich gewordene Reserve der Mehrheit des Rates gegenüber einer aktiven Beteiligung am Aufruhr[150] machte sich jetzt in verstärktem Maße geltend. Wenn man die „Ratschläge des Dr. Johann von Otthera"[151] hier einordnen darf, wollte der Stadtsyndikus für den Fall einer Bereitschaft zum Zuge nach Frankenhausen von vornherein auf einige ihm notwendig erscheinende Vorsichtsmaßnahmen aufmerksam machen, und zwar gab er erstens zu bedenken, „das mahn die stadtbotten, die diener, torschliesser unser stadt zu vorwaren guttig erleubnis geben [solle], ader wir musten ander gesinde aufnehmen aus gezwu[n]gener nottorft, die stadt zu bestellen". Das war kaum etwas anderes als eine geschickt getarnte Mahnung, die Frage der Sicherung der Stadt nicht aus dem Auge zu verlieren, deren grundsätzliche Erörterung durch die grotesken Beispiele geradezu provoziert werden sollte. „Item zu gedenken, dieweil im feltleger beide aus den furstentomen Sachsen, Hessen und Mentz in christlicher liebe vorsamlet, so nuhn ymandts, wes standes die weren, zu ohn [= ihnen] kommen, sie weren

---

[150] Vgl. oben S. 704 f.   [151] AGBM II, S. 249.

edel ader unedel, die angeloben solten, das dieselbigen den houptlauten semptlich gelobten und nicht allein den hoptleuten dern von Molhausen, derglichen wan ausschriben auch gescheen solte, domit die gleichmessigkait gehalten wurde." Es kam Otthera hier vermutlich nicht so sehr auf die „Gleichmäßigkeit" der Rechte an, als darauf, Mühlhausens maßgebliche Rolle bei Entscheidungen des Haufens herunterzuspielen, die man unter Umständen der Stadt einmal zur Last legen könnte. — „Item das aus dem leger geschriben werde an die von Heylgenstadt und Düderstadt und sie erinnern, ab der amptman des Eychsfeldes etwas sich sterken wulde, ohm nicht beizustehen ader ohme helfen. Wu sie das ton worden, wolte das her und feltlager solchs an innen haben." Man sollte also auf die Sicherung des Unternehmens bedacht sein und die beiden Städte vor einer Unterstützung feindseliger Aktionen vom Eichsfelde her warnen; doch riet Otthera wieder, nicht die Stadt mit solcher „Erinnerung" zu belasten, sondern sie vom „leger" ausgehen zu lassen. Verstehe ich die hinter diesen Ratschlägen stehende Tendenz richtig, so war Otthera darauf bedacht, daß angesichts der unverkenbaren Zwangslage der sofortige Zug Müntzers nach Frankenhausen in keiner Weise behindert, vielmehr durchaus gefördert werden sollte, jedoch die Verantwortlichkeit der Stadt an diesem Unternehmen derart einzuschränken sei, daß ihr daraus keine Nachteile entstehen könnten. Darauf läuft jedenfalls dann sein „Entwurf... für einen Antrag von Rat, Achtmann und Ausschuß an die Viertel zu Mühlhausen"[152] hinaus: erstens, „das ein itzliche person in sonderheit gefragt werde, was ehr ton wolde in diessen grossen notten bei dem evangelio und gemeiner stadt, und dieweil die fursten den haufen zu Franckenhausen uberzihen wollen und in rat befunden, dieselbigen zu sterken und ohn zu hulfe zu kommen, das ein yder darbei leib und gut setzen wolle und ein yder itzund spreche, was ehr ton ader lassen wolde, und hindennach schwigen". Das bedeutete den erklärten Verzicht der Stadt, ein offizielles Kontingent zum Zuge nach Frankenhausen zu detachieren, stellte aber jedem Bürger die Teilnahme frei, legte sie den „revolutionären" Geistern sogar indirekt nahe. Es waren immerhin Formulierungen, die eine positive Neutralität des Rates gegenüber Müntzers Vorhaben zu bezeugen schienen. Freilich stand da abschließend noch der Satz, daß nach der selbstverantwortlichen Entscheidung jedes einzelnen die weitere Diskussion über das Für und Wider des Zuges unterbleiben und der Burgfrieden in der Stadt wiederhergestellt sein sollte. Das hieß praktisch doch, daß die von Müntzer angeklagten „aufruryschen leuthe" nicht weiter zur Rechenschaft gezogen wurden und so der Judas ungestraft blieb! Es war schwerlich ein Ausgleich, daß ein zweiter Absatz des Otthera-Entwurfes vorsah, „das man

---

[152] Ebd. S. 249 f.

die christlichen bruder umb uns ligende beschribe, was sie bei dem wort gottes und gemeiner stadt ton wollen und das sie aus einem ydern flecke und dorfe etliche zu voorden, den haufen zu sterken und ohme zu hulfe zu kommen, auch ein itzlich dorf ader flecke die oren, so sie ausschicken, mit solde ader probanden vorsorgen. Dan es hat ein yder abzunehmen, wan der haufe zu Franckenhausen niddergelegt, weren wir alle bereit auch vorlorn, das sie darumb den nachfolgenden schaden wol betrachten wollen etc.". Ein derartiges Ausschreiben ist wohl noch am 9. Mai „eilent" an verschiedene Adressaten in der unmittelbaren Nähe Mühlhausens wirklich ausgegangen[153], dem Anscheine nach von einem Manne aufgesetzt, der zu den Anhängern Müntzers gehörte und selbst willens war, sich am Zuge nach Frankenhausen zu beteiligen. Oder — war es doch nur ein intrigantes Elaborat zur Irreführung Müntzers? Es erscheint recht fraglich, ob sich Müntzer, dem jeder Tag jetzt kostbar war, viel von dem Erfolg dieser Werbung versprechen mochte, den abzuwarten seinen Aufbruch nur verzögern mußte. Der Appell war zudem nicht gerade begeisternd, im Gegenteil eher geeignet, die Bereitschaft mitzuziehen zu dämpfen: man mußte darauf gefaßt sein, als untauglich sofort wieder nach Hause geschickt zu werden; man sollte sich mit Kost oder Geld versehen, da man wegen der erfolgten Plünderungen mit Versorgungsschwierigkeiten zu rechnen habe; man sollte allerhand Schanzzeug und Gerät mitbringen . . . und das ganze Unternehmen sollte nicht länger dauern als drei bis vier Tage?

B) Frankenhausen

1. Der Frankenhäuser Haufen

Ende April hatte Frankenhausen darum gebeten, „zwey hundert knechte" zu schicken, und Müntzer hatte freudig erregt über die Nachricht von der Erhebung der Stadt in der Hochstimmung des Mühlhäuser Aufbruches zurückgeschrieben, „nit alleine solchen kleynen haufen euch zuzuschicken, sundern vil mehr alle alle, so vil unser, wollen zu euch kommen zu eynem durchzog uberall thun und ym itzygen wege uns zu euch vorfugen wyllens syen"[1]. Knapp zwei Wochen später waren aus der Bitte um eine Unterstützung des eben begonnenen Aufstandes dringende Hilferufe zur Rettung aus notvoller Bedrängnis geworden, und nun erst war Müntzer endlich mit einer zahlenmäßig nicht sonderlich beeindruckenden Schar auf dem Marsche „gen Heldrungen". Die Mühlhäuser „Bürger wollten nicht mit, außer etlichen", die „Mittwoch früh"[2]

---

[153] Ebd. S. 254.
[1] Vgl. oben S. 709.   [2] Chronik Mühlhausen, S. 189.

(10. 5.) mit den von der Stadt geliehenen „acht karn buchsen"[3] zur Musterung nach Ammern ausrückten, wo sie vielleicht zu denen stießen, die sich nach der Auflösung des großen Haufens auf dem Eichsfelde zum Zuge nach Osten bereit gefunden hatten und am 6. Mai mit nach Mühlhausen gezogen waren bzw. zu denen, die der Aufforderung des Ausschreibens der Gemeinde vom 9. Mai Folge leisteten. Angesichts des unerwartet kleinen Haufens schrieb Müntzer wohl selbst noch einige Städte und Ortschaften an, „geschüz und etzwelliche volgk gen Franckenhusen zu schigken"[4], wollte jedoch nicht noch länger auf Zuzug warten. Spätestens am 11. Mai setzte sich der Trupp am frühen Morgen von Ammern aus in Bewegung und erreichte, vermutlich über Schernberg[5] und Sondershausen[6], gegen Freitagmittag Frankenhausen, unterwegs durch mancherlei Zulauf sicherlich noch verstärkt[7].

In der Stadt hatten am 29./30. April die revolutionären Elemente unterstützt von aufständischen Bauern den Umsturz mit Gewaltaktionen gegen das Nonnenkloster St. Georg, das Schloß und das Rathaus eingeleitet[8]. Die alsdann proklamierten 14 Artikel[9] gingen im Prinzip über die auch in anderen derartigen Städteartikeln aufgestellten Forderungen nicht hinaus, wenn sie nach dem obligaten ersten Programmpunkt, dem Recht auf Ein- und Absetzung evangelischer Pfarrer, die völlige selbständige Verwaltung des Gemeinwesens durch die Gemeinde selbst unter Aufhebung aller Privilegien irgendwelcher Obrigkeiten verlangten, so daß die wirtschaftliche, rechtliche und politische Eigenständigkeit und Verfügungsberechtigung nach Maßgabe des gemeinen Nutzens gewährleistet sei. Auf dieser Basis begann man mit der Neuordnung der innerstädtischen Verhältnisse, die aber in der Turbulenz der wenigen zur Verfügung stehenden Tage, die freilich auch jede oppositionelle Reaktion schon im Keime ersticken mußte, über Ansätze kaum hinausgekommen sein dürfte. Sie mußte durch die vordringlichen Aufgaben beeinträchtigt werden, die der Stadt durch die geglückte Revolte unversehens als einem Vorort der Aufstandsbewegung in diesem von gärender Unruhe erfüllten Raum zugefallen war, der vornehmlich die Schwarzburgische Unterherrschaft und die angrenzenden Grafschaften Stolberg und Mansfeld sowie die benachbarten ernestinischen und albertinischen Ämter umfaßte. Zeiß berichtete am 1. Mai an den Kurfürsten Friedrich: „E. Cf. G. gib ich unterdenig zu erkennen, das sich die sachen numals umb Alstedt gants aufrurisch und entporlich anlassen, und es ghet schnell

---

[3] Franz, MG, S. 549,10.   [4] Ebd. S. 465,19 f.
[5] AGBM II, S. 513 Anm. 2.   [6] Vgl. Franz, MG, S. 462,19 f.
[7] AGBM I 2, S. 481. Danach sollen z. B. von dem Schmalkaldener Haufen „alle zu dem groißen hoifen gein Molhußen gezogen" sein.
[8] Vgl. hierzu und zu dem folgenden Jordan, Frankenhausen.
[9] AGBM II. S. 168 f.

zue, und das gemein volk ist alles zum aufstehen wider die herschaft und zum sturmen der closter geneigt. Den umbligenden clostern allenthalben ist ir schutz von der herschaft aufgesagt. Do ist ein auslaufen, do sturmt man. Und die von Franckenhaußn und Sondershaußn sein gestern alle auf wider iren hern, haben die closter gesturmbt, die zol und beschwerung selber abgelegt. Die von Molhaußen sein stark auf, zihen wider den adl aufs Eyßfelt, und alle baur aufm Eysfeldt haben iren junghern abgesagt. Sein die edlleut geflogen, ligen uf Rostenberg. Sie haben ern Apeln von Ebleben sein haus auch eingenommen. Die von Saltza, das herzog Georgen ist, die sein auch aufgestanden, haben den ambtmann im slos belagert der meinung, in villeicht umbzubringen. In der Gulden Aw nauf bis gein Northaußen, das der graffen Stolberg und Schwartzpurg ist, ist solicher lerm auch. Sie storme die closter, machens alles nach irem gefallen. Solichs alles bin ich warhaftig bericht.

Es sein gestern die von Alstedt bei der nacht wol die helft wegglaufen, machen sich zu solichem haufen. Ich besorg auch, das dergleichen unlust im ambt nit nachpleiben werde. Das volk ist alles zu aufrur bereit, sonderlich gegen dem closter Nawendorff und dem monchhoff Pfeffel. Do ist kein weren, wans angehet ... Doctor Luther ist im mansfeltischen lande, aber er kan solicher aufrur und des zulaufens aus dem mansfeldischen lande nit weren. So leufts von Sangerhausen und aus herzog Georgen land heufet zue. Was daraus werden will, das weiß got."[10] Hier wird Frankenhausen noch lediglich als einer der mancherlei Unruheherde erwähnt. Es verlautet nichts darüber, daß es etwa durch eine lebhafte revolutionäre Agitation nach außen hin hervorgetreten sei oder durch Beistandsersuchen wie das nach Mühlhausen auf sich aufmerksam gemacht habe. Aber es lenkte als ein ansehnlicher Platz durch seine erfolgreiche Erhebung, die schnell in aller Munde war, die Blicke auf sich, gab der allgemeinen Unruhe weiteren Auftrieb und zog die Aufständischen ringsum mit magischer Gewalt an, zumal seit Müntzers Parole „nach Heldrungen" bekannt wurde. In kürzester Frist wurde die Stadt zu einem Sammelpunkt der Insurgenten und kam es im thüringisch-sächsischen Bereich zu der letzten großen Zusammenrottung von Bauern, die eine grundlegende Veränderung der Macht- und Besitzverhältnisse herbeizuführen gewillt waren. Die Demonstration kämpferischer Entschlossenheit der Gläubigen sollte, so hatte es sich Müntzer vorgestellt, und so ließ es sich an, in einem „Durchzug" allen Widerstand brechen und gemäß dem Willen Gottes im Vollzuge der Entmachtung der Träger und Nutznießer des bisherigen Systems die Voraussetzung für einen Wandel der gesellschaftlichen Verhältnisse nach dem Worte Gottes schaffen.

---

[10] Ebd. S. 162 f.

Mit dem Zusammenströmen der Tausende sahen sich jedoch die Häupter des Stadtaufstandes bei dem Ausbleiben Müntzers unerwartet einer Aufgabe gegenüber, die sie selbst sich gar nicht gestellt hatten und der sie einfach nicht gewachsen waren, so wenig wie sonst einer der Anführer der sich täglich neu einfindenden Rotten und Fähnlein. Man hat zwar alsbald „... prediger geordent, hauptleute und andere, auch zwelf man gewelet von der gemeine"[11] und „uf den mitwoch haben sie gemeine gehalten und noch 12 zu den vorigen zwolfen gekorn"; jedoch damals bereits „habe Ventura, der oberste heuptman, gesagt, das tun were ime zu vhil, er muste einen gesellen haben. Habe er Jost Wynter zu einem heuptman uber das rote fenlein gekorn"[12], der trotz seinem Widerstreben das Amt übernehmen mußte. Wenn Zeiß am 5. Mai schreibt, „sie geprauchen im haufen keins vom adel oder von fursten, sondern eitel schlecht paurs oder purgers sone zum gewalt"[13], so machte man im Frankenhäuser Lager zumindest in den ersten Tagen auch Ausnahmen; der Edelmann Hans Hake wurde zum Beispiel von den Bauern genötigt, ihr Hauptmann zu sein[14]. Eine der ersten Maßnahmen des Führungsgremiums war die am 4. Mai durchgeführte Musterung[15] des 5000 Mann starken Haufens, deren eigentlicher „Zweck" nach Bensing gewesen sein soll, „solche Kräfte..., die schon 1524 zum engsten Müntzerkreis gehörten: Allstedter und Sangerhäuser"[16], auf Abruf zu beurlauben und sie damit als potentielle Gegner einer „gemäßigten" Politik vorerst einmal auszuschalten. Das läßt sich jedoch nur mit Hilfe einer artistischen Interpretation in die Quellen hineinlesen, um ein neues Intrigenspiel gegen Müntzer bzw. „die revolutionären Kräfte" entlarven zu können[17]. Tatsächlich war eine Musterung der in

---

[11] Ebd. S. 844.   [12] Ebd. S. 845.

[13] Ebd. S. 203.

[14] Ebd. S. 844 f.; dazu ausführlicher Gess II, S. 170 Anm. 2.

[15] Ebd. S. 202.

[16] Bensing, M. u. Th., S. 165; zu „Sangerhausen" vgl. auch S. 170 f.

[17] Bensing beruft sich auf das Schreiben des Allstedter Schössers vom 5. 5., wonach „...gestern etliche dorfschaft aus diesem ampt (d. h. Allstedt — M.B.) der gestalt widerkomen, das in bis auf wider erforderung erleubt ist, heimzuziehen. Dann der hauf und des zulaufens ist so vil, das man sie nit alle annemen kan". „Alle, die in der Sangerhauser pflege sein, die sein wider aus dem feld vor Sangerhausen heim gezogen... pleiben sie still sitzen bis zur [er]forderung des haufens..." (Bensing, M. u. Th., S. 165; AGBM II, S. 203 f.). Die Passage über die Sangerhäuser sei um der Klarheit willen unvollständig zitiert. Nach dem ersten Satz des zweiten Zitates „Alle — gezogen" schreibt Zeiß: „Da hat der amptman schwern mussen, bei in zu stehen. Und er hat so pald an hertzog Gorgen geschrieben, wolle er der artikel eingehen und zusagen nachzulassen, so pleiben sie still sitzen bis zur forderung des haufens, wue nit, so werden sie mit macht stracks auf sein zum haufen, sopald die antwort kombt, die heut komen solle." — Dazu ist zu bemerken:

1) Daß die „etliche dorfschaft aus diesem ampt" aus dem Frankenhäuser Lager zurückgekommen sind, geht weder aus dem Text noch dem Konzept hervor. Nimmt

wenigen Tagen bereits zusammengelaufenen Massen ganz abgesehen von militärischen Erfordernissen schon aus Gründen der äußeren Ordnung und einer zureichenden Versorgung nicht länger aufzuschieben. Ebensowenig ist „dem Brief des Schössers Hans Zeiß vom 5. Mai zu entnehmen", daß „im Lager gegen Müntzer Stimmung gemacht und andererseits den Müntzer nahestehenden Kräften vorgeworfen wurde, die Ausbreitung aufrührerischer Ideen begünstigt zu haben: Wenn Müntzer ‚nit gesehen hett, das die sach durch ander leut gereit zugericht, so hett er woll geschwigen etc.‘"[18] Es grenzt schon an Rabulistik — sit venia verbo —, diesen Text so sinnentstellend zu deuten, in dem Zeiß gegen Ende eines Informationsberichtes über die obrigkeitsfeindlichen Ideen und Praktiken der Aufständischen einem ihm verwandten Anhänger Müntzers noch einige Nachrichten über den ihnen beiden nicht gleichgültigen Mann[19] mitteilt. Das „im Lager" ist frei erfunden und aus der Kritik an Müntzer wird ein Vorwurf gegen Müntzers Gefolgsleute[20]!

Es sei anschließend noch auf die beiden weiteren Beispiele problematischer Quellenanalyse eingegangen, die die Erörterung des gleichen Grundthemas betreffen. Der sächsische Kurfürst hatte seinen Allstedter Amtmann auf dessen Bericht hin über den Aufstand[21] am 4. Mai ange-

---

man den von Bensing fortgelassenen Satz dieser Notiz hinzu, „weil sie aber n a h e g e s e s s e n, da ir lager s e i n w i r d e t, sollen sie da [= zu Hause] warten", ist es bei der größeren Nähe Sangerhausens als Frankenhausens zum Allstedter Amt sogar wahrscheinlicher, daß die Beurlaubten aus dem Haufen vor Sangerhausen kommen, zumal Zeiß in einer Nachschrift (!) zu seinem bereits abgeschlossenen Briefe in den oben zitierten Sätzen über den neuesten Stand dort berichtet.

2) Bensings Aneinanderreihung der Zitate legt zumindest das Mißverständnis nahe, daß die Beurlaubung der Sangerhäuser mit der Frankenhäuser Musterung im Zusammenhang stehe, was eindeutig nicht der Fall ist. Nach der Version im Briefe der „Bauern aus der Pflege Sangerhausen an Müntzer" vom 6. 5. (!) hat das „lantfolk myt sampt der statt Sangerhwsen dem ratth und dem heuptman [Amtmann Melchior von Kutzleben] eyn gottlychen bunt in der lebe Gottes Gott und dem helgen evangelium geholtt [= gehuldigt] ... Daruber etlyche von uns anheyme gegangen myt gunst und laube, auch ettlych entwychen von uns ane gunst und wyssen etc." (Franz, MG, S. 460,1—7). Die Initiative zur „Heimkehr" lag hier also in jedem Fall bei den „Heimkehrern".

[18] Bensing, M. u. Th., S. 165.

[19] Zum Thema „Zeiß und Müntzer" vgl. oben S. 520 f. u. ö.

[20] Die entsprechenden Angaben zu Müntzer lauten vollständig: „Es ist auch nicht, das Muntzer ein rottmeister sei ader solichen haufen furen sole, wie man sagt. Er ist nichts anders dann ein prediger der von Molhausen. So sein sonst im haufen auch vil prediger, die das ewangeli noch Luthers auslegung predigen. Sie achten Muntzers nit sonderlich, wiewol er sich selber ins spil mit seim Schreiben hieherre gibt.
Ir eins teils meinen, wue er nit gesehen hett, das die sach durch ander leut gereit zugericht, so hett er woll geschwigen etc." (AGBM II, S. 203).

[21] Vgl. oben S. 735.

wiesen, „ob im ambt wider uns und di unsern etwas mutwilligs walts zu understehen ereugen wolde, so wollest dich zuvor mit fursichtigkeit ... in zeit zu denselben fugen, sie cristlich, gutlich und fruntlich anreden und an inen horen, was ire beschwerungen und gebrechen weren, dann ir weret der hoffnung und zuversicht, in sol darinnen sovil billich gnedige enderung begegnen, das auch, ab got wil, erfolgen soll"[22]. Zeiß betraute mit dieser Mission seinen Bruder, dessen Bericht über sein Gespräch in Frankenhausen am 6. Mai lautete:

1. seine Vorhaltungen: „Gunstige freunde und heubtleut. Es hat mich der schosser von Alstedt, mein bruder, abgefertigt, an euch ein mundlich gewerb zu tun, und ist dis: Es komen die amptssassen und beclagen sich dieser beschwerung, so die nachpauern, an das ampt stossent, von euch gefordert, so enpieten sie alweg zuruck den amptsassen, wue sie innen nicht nachvolgen, wen sie wider zuruck und anheim komen, so wollen si sie alle todtschlahen, welchs dan den schosser beschwerdt und mich solichs bei euch mundlich zu erforschen, obs euer bevehl sei, abgefertigt. Dieweil euch auch ungezweifelt wol bewust, das m.g.h. der churfurst etc. das ewangelion hat offentlich lassen in alle seinem churfurstentumb und furstentumb predigen und sunderlich in disem ambt, das auch diejehnigen, die sunsten von iren hern vorjagt, des ewangelions halben sich offentlich do enthalten, und der schosser, wie offentlich, dasselbig auch geschutzt nach seim vormogen, ist er sampt den amptsassen noch erpotig, das lauter ewangelion, wue das angefochten, sein leib und leben daran zu strecken, wie denn einem christen geburt. Derhalben er diese forderung von den euern an die amptsassen unbillig acht und bit euer gutliche antwort. Als seind sie ein gesprech gangen und widerkommen und gesagt."[23]

2. Die Antwort. „Liber Zeyß, wir haben euer antragen ... vormarkt ... Und sagen, das uns gar nicht bewust, das die, so zu uns zihen, soliche bedrauung hinder in lassen. Dan die vorsamlung und christliche bruderschaft ist nicht dermaß angefangen und bei einander, das sie jmandt wolt zum ewangelion ader christlichen glauben zwingen ader tringen, sundern allein diejhenigen, so dawider toben und dasselbig nicht frei wollen lassen predigen und treiben, desgleichen auch die freiheit, so das ewangelion ausweist, nicht leiden wollen, straffen, so vil uns got gnadt vorleihet. Wir wissen auch woll, das u.g.h. der churfurst das ewangelion vor allen fursten und hern angenohmen und in seinem furstentumb on scheu predigen lassen. Derhalben wir nicht bedacht, s.cf.g., desgleichen s.cf.g. ampt einicherlei schaden zuzufugen, und so uns auch diejhenigen angezeigt under uns wurden, die soliche bedroung hinder innen lissen, die solten ungestrafft nicht bleiben, und so s.cf.g.

22 AGBM II, S. 191.   23 Ebd. S. 214.

ampt nott anlangt, wollen wir mit all unserm vormogen leibs und guts bei innen zusetzen, als balt wir darumb angesucht werden, uf das christliche lieb und bruderliche eingkeit mog erhalten werden . . .

Das hab ich mich gegen innen freuntlich bedankt und sie got bevohlen etc . . .[24]

Der zeißsche Erfolgsbericht läßt erkennen, daß beide Parteien auf ein wohltemperiertes Gesprächsklima bedacht waren. Der Allstedter Amtmann hatte sich eine nicht gerade brisante Eröffnungsfrage ausgedacht, mit deren befriedigender Beantwortung er von vornherein mit großer Wahrscheinlichkeit rechnen, die aber in jedem Falle dazu überleiten konnte, das bewußte und jedermann bekannte Eintreten seines Landesherrn wie seiner selbst für das Evangelium und dessen Bekenner herauszustreichen. Die Frankenhäuser Sprecher hielten sich ganz im Rahmen der von Zeiß vorgegebenen Thematik, gaben die erwarteten Erklärungen ab, ja, mehr als das: sie versprachen die Bestrafung der namhaft gemachten Unruhestifter und notfalls auf Ansuchen Schutz gegen Gewaltsamkeiten, ohne ihrerseits Wünsche zu äußern oder gar Forderungen zu stellen. Man kann den Eindruck haben, daß sie — was bei der lavierenden Haltung des Schössers keineswegs unwahrscheinlich ist — so etwas wie eine Sympathieerklärung erhalten haben, die sie mit der Zusicherung eines gewissen Schutzes gegen ohnehin nicht gern gesehene Ausschreitungen randalierender Elemente honorierten, wie man sie ähnlich auch den beitrittswilligen Adeligen gewährte. Das war allerdings kein Gebaren nach dem Herzen der extremen Radikalisten; aber bedeutete es darum schon den vorzeitigen Verzicht auf eine Verwirklichung des revolutionären Programms, der den Vorwurf einer heimlichen „Kapitulationspolitik" rechtfertigte, „die uns besonders deutlich in Gesprächen entgegentritt, die — fernab von der Volksversammlung — im Rathaus oder im kleinen Kreis der Hauptleute und Prediger geführt wurden"[25]? Es dürfte sogar sehr fraglich sein, ob Müntzer selber in diesem Falle eine wesentlich andere Antwort gegeben hätte. Denn der sächsische Kurfürst war für ihn noch immer ein anderer Gesprächspartner als etwa Georg von Sachsen und der Amtmann von Allstedt ein anderer als der von Sangerhausen oder gar Graf Ernst von Mansfeld. Selbst seine Sorge vor einer vertrauensseligen Nachgiebigkeit und Kompromißbereitschaft ließ ihm noch einen, obschon recht kleinen Raum der freien Entscheidung. Eine von Müntzer unbedingt abgelehnte Kompromißbereitschaft ist jedoch der Erklärung der Hauptleute nicht zu entnehmen. Wenn Zeiß aus dem Ergebnis des Gespräches schließen zu kön-

---

[24] Ebd. S. 214 f.; dazu auch ebd. S. 229, Erklärung des Schossers selber dazu . . . „das ich itzt dester frolicher bin. Hoff, sie werden solichem nachkomen."
[25] Bensing, M. u. Th., S. 165 f.

nen wähnte, daß ein „gutlich mit in [ihnen] handeln"[26] sonst drohende Gefahren abwenden könnte, besagt das noch nichts über die grundsätzliche Einstellung der frankenhäuser Gesprächspartner. Noch weniger läßt sich die ja nicht von ihnen nachgesuchte Unterredung als „aktive Propagierung gemäßigter Grundsätze"[27] bezeichnen, die darüber hinaus den Charakter einer bewußten subversiven Tätigkeit gegen „die Müntzerpartei" haben soll. Endlich ist auch die Behauptung nicht zu belegen, „den Hauptleuten in Frankenhausen sei es zuwider, ‚das die lose rott solch sturmen mit den clostern anfahen und iren eigen nutz suchen und nemen. Denselben wirds uf ir zukunft ubel gehen'"[28]. Zeiß, den Bensing hier zitiert, gibt nur allgemein ein Gerede wieder („hore ich sagen"[29]), erwähnt aber die Hauptleute von Frankenhausen dabei nicht. Der Satz steht vielmehr unvermittelt am Ende einer Aufzählung gemäßigter wie radikaler Maßnahmen, die von den Aufständischen gegen die Fürsten und Edelleute angewandt bzw. gefordert wurden. Der von Bensing aufgebaute „gemäßigte Flügel im Frankenhäuser Lager" erweist sich mit seinen hintergründigen Tendenzen und Müntzers Aktion sabotierenden Machenschaften bei näherem Zusehen als eine Fehlkonstruktion, die zwar sehr zielstrebig montiert, aber nicht tragfähig ist. Wir brauchen uns in unserer Darstellung weiterhin nicht mehr so eingehend mit ihr zu befassen[30].

Man wird von der Annahme ausgehen dürfen, daß in dem neu sich bildenden Frankenhäuser Haufen zunächst die Tendenz zur entschiedenen Durchsetzung der revolutionären Forderungen gegen die Repräsentanten von Macht und Besitz den Einfluß gemäßigter Gruppen überwog, die in der Zielsetzung wie in ihren Vorstellungen von der zweckdienlichsten Methode des Vorgehens ruhigerer Überlegungen Raum gaben, ohne damit auf Gewaltmaßnahmen verzichten zu wollen. Das besagt jedoch nicht, daß man sich bei wichtigen, die Gesamtheit angehenden Entscheidungen trotz differierenden Meinungen nicht auch zu einer gemeinsamen Willensbekundung hätte zusammenfinden können, wie das möglicherweise gleich in den ersten Tagen schon der Fall war, als der junge Graf Günther von Schwarzburg am 2. bzw. 3. Mai im Lager erschien und man ihm die eidliche Anerkennung der ihm vorgelegten Forderungen abverlangte[31]. Man forderte von ihm „zum ersten, das ir das gotliche

---

[26] AGBM II, S. 229; Schreiben an Kurfürst Friedrich.
[27] Bensing, M. u. Th., S. 165.   [28] Ebd. S. 165.   [29] AGBM II, S. 203.
[30] Es handelt sich um den Versuch einer neuen Konzeption der letzten Phase des Thüringer Aufstandes. Er ist als ideologische Manipulation historischen Geschehens der Beachtung wert, entspricht aber nicht den Anforderungen einer historisch-kritischen Untersuchung. Der Nachweis einer modernen Legendenbildung muß einer eingehenderen Darstellung, die den Rahmen dieser Arbeit sprengen würde, vorbehalten bleiben.
[31] Bei den Vergleichsverhandlungen zwischen Herzog Georg und den Grafen

wort wolt lassen lauter predigen ane vorhinderunge. Zum andern, das ir wollet lassen frey sein, was Christus hat frey gemacht, holz, wasser, weyde, wiltbane . . . Zum dritten, das ir die oberigen schlosser wolt verstörn, dovon meniglich mocht beschediget werden; und was daruf von vitaligen befunden, dem ganzen haufen zum besten wolt lassen. Zum vierten, das ir euern großen titel wolt erniedern und gott allein die ehre geben. Dargegen wollen wir ime eigen und geben alle geistliche guter in seiner herschaft, usgeschlossen was do von profande befunden, daß das dem gemein man mocht zusthn, sich davon zu enthalten. Und ab ir von euer herschaft etwas vorpfandt, solt ir auch wieder haben, wollen wir euch uberantworten"[32]. Nach Franz waren „die ersten beiden [Punkte] aus den Zwölf Artikeln übernommen"[33]. Er bezeichnet das Ganze dann als „das Programm Thomas Müntzers, nicht das der Frankenhäuser Bürger"[34]. Die knappe Formulierung verdeckt freilich leicht den Sachverhalt. Denn der erste Artikel mit dem unterstrichenen „ane vorhinderunge" war dem Frankenhäuser Haufen sehr viel stärker als durch die schwäbischen Artikel durch die Agitation Müntzers bewußt gemacht worden, für den gerade dieses Thema seit dem Herbst 1523 ein zentrales Anliegen geworden war, das er seitdem in Wort und Schrift unermüdlich vorbrachte. Der zweite Artikel hingegen ist für ihn kein Programmpunkt im eigentlichen Sinn gewesen. Er mag diesen Forderungen zugestimmt haben; nur traten sie in seiner Sicht hinter dem ihm von Gott gestellten Auftrag zurück, der Unterdrückung des reinen Wortes Gottes ein Ende zu machen. Hier dürfte sich in der Tat ein Einfluß der zwölf Artikel besonders geltend machen[35]. Der dritte Artikel könnte durch Pfeiffers Agitation angeregt sein. Müntzer erklärt in seinem „Bekenntnis": „Er Heynrich Pfeyffer hat angeben, das gnug sey in eyner yeden pflege eyn schloß, die andern solt man zustoren."[36] Er selbst hatte sich am 27. April noch radikaler geäußert und den Merxlebener Bauern geschrieben, „sy solten dem adel all ir schlosser und

Bodo von Stollberg, Heinrich von Schwarzburg und Ernst von Hohnstein wegen des Verhaltens der Grafen im Aufruhr klagt Herzog Georg Heinrich von Schwarzburg an, er habe „seyn soen graf Gunthern zum haufen keyn Franckenhawsen lassen reyten, der sich mit pflichten zu yhne vorbunden; dorbey nicht gelassen, ist forder noch Ebeleben gezogen und doselbst sich dem Montzer och mit pflichten vorwandt gemacht . . ." (Gess II, S. 334,34—335,3). Günther von Schwarzburg hat zwar zu seiner Verteidigung „angezaiget, seynem vatern sey botschaft kommen, das Montzer mit dem haufen vor Ebeleben gelegen", erwähnt aber nichts von einer Begegnung mit Müntzer in Ebeleben und danach von seinem Zug nach Frankenhausen (ebd. S. 337, 3—5).

[32] Gess II, S. 336 Anm. 1.   [33] Franz, Bauernkrieg, S. 266.
[34] Ebd. S. 266.
[35] Von hier aus erschließt sich auch das rechte Verständnis des „omnia sunt communia" des sogenannten Bekenntnisses (Franz, MG, S. 548,15).
[36] Franz, MG, S. 547,9 f.

heuser zubrechen und nichts stehen lassen"[37]. Doch könnte er sich auch Pfeiffers Parole dann zu eigen gemacht und selbst ausgegeben haben. Der vierte Artikel verrät wieder eindeutig Müntzers geistige Urheberschaft. Schon in der „Hochverursachten Schutzrede" hatte er geschrieben, daß „aller preyß, name, eer und wirde, titel und alle herlichkeyt" allein dem ewigen Gottessohne gebühre[38]; kein Mensch hat sich irgendwelche Herren-schaft anzumaßen und darf durch seinen Anspruch auf Gehorsam und Ehrfurcht andere Menschen in den Konflikt eines zwiefachen Abhängigkeitsverhältnisses bringen. Es geht ihm also nicht um das Prinzip „demokratischer" Gleichheit unter den Menschen, sondern einzig darum, daß Gottes Anspruch an den Menschen durch nichts beeinträchtigt werden darf. Ist das sichergestellt, sind Unterschiede im Besitz wie in der Ausübung brüderlich-regimentlicher Funktion durchaus möglich. Das besagt noch der letzte Satz, der dem Grafen, entgegen einem primitiven Verteilerkommunismus und einem egalisierenden Bruderschaftsschematismus, Zugeständnisse in der Wahrung seines Besitzstandes wie in der Wahrnehmung der Leitung seines „Herrschaftsbereiches" macht.

Aus der kurzen Analyse ergibt sich, daß in der Vier-Punkte-Erklärung nach Ursprung und Ausrichtung nicht völlig konforme Bestrebungen einen relativ gleichgewichtigen Ausdruck gefunden haben, der im wesentlichen das Gepräge müntzerischen Geistes trug, ohne die Entschiedenheit der Forderungen an die Regenten radikal zu überspitzen oder versöhnlerisch abzuschwächen[39].

Es war für die Anfangsphase des Frankenhäuser Haufens nicht unwichtig, daß man sich noch im Stadium des Entstehens durch das Erscheinen des Schwarzburger Grafen schon veranlaßt sah, seine Vorstellungen von den Bedingungen zu artikulieren, die man einem sich gutwillig fügenden Regenten stellen sollte, der sich auch nicht als gottloser Tyrann einstufen ließ[40]. Man kam zudem mit der Unterwerfung Gün-

---

[37] Vgl. oben S. 705.　　　　　　　[38] Franz, MG, S. 322,15 f.; vgl. oben S. 596 ff.

[39] Ich halte die Meinung von Franz (Bauernkrieg, S. 266) für abwegig, wenn er sagt: „Durch die Zusicherung der geistlichen Güter wollte Müntzer noch einmal versuchen, die weltlichen Fürsten für seine Heilslehre zu gewinnen." Das ist m. E. durchaus „unmüntzerisch" gedacht.

[40] Man vergleiche damit, was Zeiß bis zum 5. 5. über die Behandlung der Fürsten gehört hatte: „Und es hat dise gelegenheit in irem tun, das kein furst, graff, edelman oder andere anseheliche leut, die im gewalt uf erden gesessen, vor in pleiben sollen, mussen alle herunter. Nemlich mit solcher bescheidenheit bitten sie iz der zeit umb gnad. So tun sie dieselb, doch nit anders, er muß zu fuß zu in dretten und sich gleich dem geringsten lassen demutigen, uf gleicher erden stehen, kein furst mere so heissen und der gnaden warten. Ist der dann bescheidenlich und fredlich vormals angesehen, das er nit gerne wider das ewangeli gehandelt, so wollen sie in zimlicher weis wider aufwerfen in ein regiment, daran zu pleiben, so lang er wol regirt, im auch, wann er furst ist, uber 8 pferd nit bestelln, eim graffen 4 pferd, eim edelman 2 pferd."

thers von Schwarzburg, der die des Grafen Boto von Stollberg unter
Annahme derselben Artikel unmittelbar folgen sollte, zu einem raschen
Erfolg, der namentlich dem vornehmlichsten Zuzugsgebiet des Haufens
zugute kam, nicht zuletzt der Stadt Frankenhausen. Ihre Wortführer
mögen an dem Zustandekommen der vier Artikel maßgeblich mit beteiligt gewesen sein und deren Annahme durch den Schwarzburger
Grafen hat wohl ihnen insbesondere etwas Auftrieb gegeben, denn es
hat den Anschein, als hätten sie zuvor wenig Initiative entwickelt, die
Scharen der Aufständischen ideenmäßig oder durch aktiven Einsatz zu
mobilisieren. Der Grund war neben der Inanspruchnahme durch die aus
dem örtlichen Umsturz erwachsenen Aufgaben Ratlosigkeit gegenüber
der sich bei der Stadt ständig vermehrenden Ansammlung von aufständischen Bauern, mit der das auf die Frankenhäuser Bedürfnisse ab-
gestellte Hilfeersuchen (200 Knechte!) nicht gerechnet hatte, und der
Mangel an Entschlußkraft, den lokalen Erfolg zu einem regional umfassenden Unternehmen auszuweiten. Diese Möglichkeit, so will es scheinen, kam ihnen erst in den Blick, als die Enttäuschung über das Ausbleiben der Mühlhäuser durch das Erscheinen des Grafen Günther bzw.
durch dessen Bereitschaft zur eidlichen Anerkennung der ihm vorgelegten
Artikel aufgewogen war, denn nunmehr war eine Gefährdung der revolutionären Errungenschaften der Stadt durch das Eingreifen der landesherrlichen Gewalt nicht mehr zu befürchten.

Zur gleichen Zeit rührte sich allerdings auch der Graf Ernst von
Mansfeld, der am 30. April nach vierzehntägiger Abwesenheit durch
die Alarmnachrichten von den in Salza, Mühlhausen und Eisenach aus-
gebrochenen Unruhen aufgeschreckt, nach Heldrungen zurückgekehrt
war und, vor den ihm selbst drohenden Gefahren gewarnt, seine Burg
unverzüglich in Verteidigungszustand versetzte[41]. Bereits am 2. Mai
schrieb er nach Frankenhausen: „Lieben besondern, uns kumt vor, wye
sich eyn loser haufe bey euch zu Frangkenhausen vorsameln soll, vyl-
leicht der meynung, uns zu uberzihen. Woe sichs dermaß hilde und
gedechten, etwas tetlichs gegen uns ader dye unsern furzunemen, ist

Item were in zu sterk des wort gots uf ir oder irer rotmeister erforderung nit
zu hulf komen und zu fuß in ir ordenung dretten wol, der ist ir gar nit sicher mit
dem uberfall. Sie nemen nimant nichts. kan auch nimant nichts allein, die sich nit
wollen reformieren lassen.

Und mir wird gesagt, daß denjhennigen, die wider das wort gots gestrebt, leut
derhalb richten lassen, den wirt weder an leib oder gut gar kein gnade begegen,
sondern er muß herunter etc. Kein fursten anders, dann wie ob stett, wollen sie
pleiben lassen, allein den churfursten, wue er anders die beschwerung selber abtun
will und in die artikel verwilligen. Wue nit, so ist er gleich den andern. Kein
edelman sol mere sein. Soll einer als der ander sein. Ir heuser sollen umbgestossen
werden. Dritt er zu in ein wie ir einer, wollen sie in gern als ein pruder haben"
(AGBM II, S. 202 f.).

[41] Gess II, S. 221,13—28.

unser beger, ir wollet uns dasselbig anzeygen, domit wir uns gegen sye ires mutwyllegen vornemens ufzuhalten haben. In dem tut ir uns gefallen."[42] Das Schreiben geriet offensichtlich in die falschen Hände, denn tags darauf antwortete die „Christliche vorsamlung, gemeyn zu Frangkenhausen": „Wolgeborner und edler grafe [sic!]. Euer schreyben haben wir, dye Christliche vorsammlung itzt zu Frangkenhausen, erbrochen, geben doruf euch zu erkennen, das wir itzt keyn rat haben, so ist unser Christliche vorsamlung nicht alle beyenander. Was ir aber bey unsern obersten Christlichen brudern und hauptleuten und ganzer Christlicher gemeyn erlangen wirt, lassen wirs auch bey. Das wir euch zu antwort unvorhalten."[43] Es ist eine bloße Empfangsbestätigung, die eine kompetente Antwort erst in Aussicht stellt. Ist daraus zu schließen, daß es ein offizielles Führungsgremium des gesamten Haufens noch gar nicht gab, dann könnte die Anfrage des Mansfelders u. U. mit ein Anstoß gewesen sein, den Haufen zu formieren und am 4. Mai Musterung zu halten[44]. Am gleichen Tage noch wurde, höchstwahrscheinlich auf Weisung aus Heldrungen, das Dorf Ringleben angezündet und durch diesen Übergriff als die erste kriegerische Operation des Frankenhäuser Haufens am 5. Mai der Zug nach Artern ausgelöst. Es war ein Vergeltungsschlag gegen Ernst von Mansfeld, zu dessen Amtsbereich Artern gehörte, nicht allein, um ihn materiell zu schädigen und den von ihm in Ringleben angerichteten Schaden durch reichen Beutegewinn zu kompensieren, als vielmehr, um den gottlosen Tyrannen zu strafen, der für sein unchristliches Wüten zur Rechenschaft gezogen werden sollte. Auf dem Hintergrund des soeben erlebten Verhaltens des Schwarzburger Grafen mußte die Haltung des Mansfelders um so stärker als eine Herausforderung empfunden werden, die es verständlich macht, daß die bisher in Tatenlosigkeit verharrenden Scharen endlich in Bewegung gerieten, und es ist ein Gradmesser für die leidenschaftliche Erregtheit, daß man bei der Aktion auch drei Abgesandte des Grafen Ernst, die vor Artern erschienen, wider Treu und Glauben gefangen nahm, um sie an Stelle ihres Herrn für die in Artern erfolgte Hinrichtung eines „Bruders" mit dem Tode büßen zu lassen: „... wurumb er hat unsern brueder richte und den kopf uf eine stange stecke lassen. Wuld got, wir hetten ihn hir, ihm solt ebendasselbig widderfharen"[45]. Der Graf reagierte mit aller Schärfe; er protestierte umgehend schriftlich gegen den Überfall, forderte die sofortige Freilassung der Gefangenen und kündigte an, „das wir eueres mutwillens mit hulf des almechtigen wollen vortragk haben, auch unser leib und gut sampt andern unsern herrn und freunden, so wir bei uns haben, heint alhie einkomen und furder zu

---

[42] Ebd. S. 223 Anm. 1.
[44] Vgl. oben S. 736.

[43] Ebd. S. 223 Anm. 1.
[45] AGBM II, S. 895.

uns komen werden, die uns trostliche hulf zugesagt, doran hangen"[46]. Die Adressaten zeigten sich durch den „schmebrif" nicht beeindruckt. Sie wiesen am 6. Mai den Vorwurf, „ane einiche vorwarung"[46a] in seine Herrschaft eingefallen zu sein, zurück, da er „zu vilmaln" schon wegen seines unchristlichen Tuns „beclagt" sei. Er möge in dem, was ihm jetzt geschehen sei, „eyne kleyne straf von got" erkennen; „wye aber euer gewaldig unchristlich vornemen Christliche gemeyn beschwerunge hat, mogt ir wol abnemen, konnen oder mogen euch vor merklicher Christlicher ernsten straf nicht zu schreyben. Dye ganze Christlich versamlunge werden sich auch euch und mit euren herrn und freunden drauen nit verjagen. Ist auch ane not, wider unchristliche gotlose tyrannen zu handeln, sunderlich vorwarung zu tun. Dan got hat solichen unchristlichen tyrannen, wan er sye wil strafen ader strafen lassen, keyn zil ader maß gesatzt. Dorumb konnen wir euch nicht trosten. Wollen ab got wil, allen ungleubigen tyrannen mit dem wort und der hulf gottes wol vorkomen. Das wir euch one lange disputation nit bergen wollen. Dornach habt euch zu achten"[47]. Man antwortete also sehr selbstsicher und überzeugt, die den Tyrannen für ihr unchristliches Tun von Gott angedrohte Strafe an ihnen jetzt vollziehen zu sollen, nichts anderes als das in seinem Namen getan zu haben und sich davon auch weiterhin nicht abbringen zu lassen. Müntzers Geist, zumindest Müntzers Formeln bestimmten den Tenor des Schreibens. Das „ab got vil" war keine Einschränkung der Zuversicht auf die „hulf gottes".

Vielleicht nur wenige Stunden nach der Abfassung des Schreibens trafen die ersten Bauern aus der Pflege Sangerhausen im Lager ein, die vor der „ungestummickheyt" ihrer Verfolger geflohen waren[48]. Sie berichteten nicht nur, wie sie am gleichen Tage noch auch Müntzer mit der Bitte um Hilfe vortrugen, von den üblen Erfahrungen mit ihrem Amtmann und von den erlittenen Drangsalen; sie brachten auch die Kunde von der neuesten Gewalttat mit, „we das etlych folk aus dem Mansfeltzen lande hat wullen an hyr weychen durch furcht der tyrannen und synt uff dem weghe erstochen worden, das Gott woll muecht erbarmen"[49]. Eine neue Welle der Erregung erfaßte den Haufen, und in Parallele zu dem Arterner Unternehmen war der Zug am 7. Mai nach Brücken und Wallhausen[50], also in die unmittelbare Nähe Sangerhausens augenscheinlich als eine Demonstration gegen den dortigen Amt-

---

[46] Ebd. S. 202.   [46a] Ebd. S. 202.

[47] Gess II, S. 189 Anm. 1.

[48] „Es haben sich aber dieselbigen baur als gestern ... zu dem haufen, itzt zu Franckenhausen liegende, begeben und sich mit sonderlichen darzu getanen eyden mit ihnen vorpflichtet...“; Melchior von Kutzleben am 7.5.1525 an Herzog Georg (ebd. S. 197,21—24).

[49] Franz, MG, S. 460,18—21.   [50] AGBM II, S. 843.

mann Melchior von Kutzleben gedacht. Am nächsten Tage (8. Mai) marschierte eine größere Abteilung des Lagers in südöstlicher Richtung nach Beichlingen, um eine Belieferung der Heldrunger Burg mit Proviant zu unterbinden[51]. Es waren gewiß keine großen wagemutigen Operationen; aber sie nahmen das Gefühl tatenlosen Umherliegens und stärkten das Selbstbewußtsein des Haufens; sie belebten draußen die hoffnungsvollen Erwartungen derer, die sich dem Druck ihrer Herren nicht entziehen konnten, ließen die Zahl der Stützen und Mitläufer des alten Regimes zusammenschrumpfen und riefen bei den unmittelbar bedrohten Herren besorgte Unruhe und Unsicherheit hervor. Die aufgeregte Korrespondenz des albertinischen Adels und der Amtleute, namentlich Ernsts von Mansfeld und Melchiors von Kutzleben untereinander und mit Herzog Georg ist erfüllt von Hinweisen auf ihre äußerst bedrängte Lage und von dringenden Rufen nach ungesäumter Hilfe. Die Nachrichten überstürzten sich, Parolen aller Art laufen um und hinter allem steht die Angst vor einer Aktion des Frankenhäuser Haufens. Seine bloße Existenz band allenthalben Kräfte, wurde fraglos von manchen auch nur genutzt, sich der Pflicht zur Hilfeleistung für die wirklich gefährdeten Standesgenossen um der eigenen Sicherheit willen zu entziehen. Selbst ein Mann wie Melchior von Kutzleben ist nicht ganz frei von dem Verdacht, seine akute Bedrohung durch die Frankenhäuser übertrieben zu haben, um den Herzog dazu zu bringen, die wiederholt in Aussicht gestellte Hilfe endlich zu schicken.

Herzog Georg war aus religiösen, kirchenpolitischen und politischen Gründen wohl eisern gewillt, den Aufstand mit Gewalt zu unterdrücken. Er unterschätzte jedoch die Anfang Mai tatsächlich bestehende Gefahr und brauchte geraume Zeit, bis er selber mit seinen Truppen eingreifen konnte und am 11. Mai endlich so weit war, aus Leipzig aufzubrechen. Bis dahin täuschte er zunächst eine noch gar nicht vorhandene Stärke vor und ließ entsprechende Gerüchte in Umlauf setzen, die entmutigend auf die Unentschlossenen wirken und die Unruhe dämpfen sollten. Durch eine angebliche Verhandlungsbereitschaft suchte er die Bauern zu hintergehen; an den Amtmann zu Sangerhausen schrieb er am 5. Mai: „Wu aber dy pauer nach darauf ligen, das du und dy stadt eczliche artikel sullest annhemen, wil uns gefallen, das du dich mit denselbigen in handelung begebst, dy sache aufzeugst, so vil dyr ummer muglich, und uns dy artikel aufs eylend zuschickts, anstand mit ihn machts, wy das zu erdenken, auf das du dich und gemeyne stadt ein kleyne zeit

---

[51] Gess II, S. 209,25—29: „Nachdem myr er Hans v. Werttern auf meyn ansuchen und E.F.G. zu gefallen etzlichen hafern und getreidich seyn leuten herzufuren geboten, haben dye vorsamlung zu Frangkenhaussen inen, sulchs zu tun, verboten und haben als heynt kegen dem abent 1500 geruster mann nach Beychlingen geschigkt" (Ernst von Mansfeld am 8. 5. an Herzog Georg). Vgl. dazu auch ebd. S. 214,13—15.

muchts erhalten und unser zukunft erwarten."[52] Zudem verwarnte er mehrfach seine Untertanen, die „alleyn durch des bösen geysts eyngebung und böser vorfurischen menschen anleytung auch aufgestanden und ungehorsam worden"[53]; „... welche under solchen haufen und rotten sich yhrer wehre emploessen und in straf und erkenntnis begeben wollen, denselbigen sal gnade und gutigkeyt erzeygt werden, welche aber yhrer geselschaft anhangen und des ernsts erwarten wollen, den sal mit gotlicher hulf troestlicher widerstand geschehen"[54]. Solche offiziellen Bekundungen dürften in dem so unerwartet ins Zentrum gerückten Aufstandsgebiete kaum viel gefruchtet haben. Der Adel und die Amtsträger blieben bis zur Schlacht bei Frankenhausen auf sich selbst gestellt und die stärkste Potenz ihres Widerstandes war Ernst von Mansfeld, dessen entschlossene Kampfbereitschaft wie seine feste Burg ihren Willen zum Durchhalten ebenso stützten wie sie den Frankenhäuser Haufen in seiner Bewegungsfreiheit beeinträchtigten.

Wie sehr insbesondere der alte Gegner Müntzers dem Frankenhäuser Haufen zu schaffen machte, geht deutlich aus dem Schreiben nach Mühlhausen vom 7. Mai hervor[55]. Den unmittelbaren Anlaß zu diesem Brief gab wohl die Nachricht von der Auflösung des Mühlhäuser Haufens bei Worbis; dazu kam nun der Bericht der Sangerhäuser Flüchtlinge und durch sie oder auch auf anderen Wegen noch das von Herzog Georg bzw. auf seine Veranlassung hin ausgestreute Gerücht von seinem unmittelbar bevorstehenden persönlichen Eingreifen. Man erkannte mehr und mehr, worauf man sich eingelassen hatte, und daß man beim Übergang auf den albertinisch-mansfeldischen Machtbereich mit einer scharfen Gegenwehr zu rechnen hatte, wie man sie bei den bisherigen kleineren Umzügen so nicht erfahren hatte. Man gab keineswegs von heute auf morgen entmutigt auf; immerhin ließ man nach der Kenntnis von dem Überfall von Osterhausen größere Vorsicht walten und setzte zu dem Störunternehmen nach Beichlingen anderthalbtausend Mann in Marsch[56], unterließ fortan überhaupt größere Aktionen und wartete auf den Mühlhäuser Zuzug, der „ufs lengste in zweien tagen mit allem eurm vormogen zu hulfe kommen" sollte. Man erklärte den „christlichen

---

[52] Ebd. S. 170,15—20. — Ähnlich heißt es in der Instruktion (vom 7.5.?) für seine zur Naumburger Verhandlung der fürstlichen Räte bestimmten Gesandten: „Sollten etliche [der fürstlichen Räte] furs beste ansehen, das man die bauern nit schlahen, sundern sich mit ynen in handlung begeben solt, ist uns nit wider, sich mit ynen in handlung eynzulassen, auf das sie in ein anstand gebracht, damit wir uns indes so viel stadtlicher rusten und den sachen mit guter fursichtikeit nachtrachten mochten. Das man aber mit den bauern eyniche artikel yrs furschlags ader scheydung annehmen und sich also in vortrak begeben solt, ist unsers teyls ... in keyne wek leydelich" (ebd. S. 195,3—12).

[53] Ebd. S. 210,25 ff.
[54] Ebd. S. 211,7—11.
[55] Vgl. oben S. 721 f.
[56] Vgl. Anm. 51.

brüder" unumwunden, daß „wir ufs hoechste beschwert mit der sterke
und gewalt des reisigen gezeuges und anderer krigischen sachen, so der
tyrann zu Heldrungen sampt herzog Joergen und andren uns arme
cristen sampt gotlicher warheit zu vertilgen geweltiglichen bisher understanden und noch, dem wir zum gegenteil nicht widderstand vormittels
gotlicher und euer beistand und hulfe zu tuen vormogen"[57]. Gegen diese
beiden Männer kommen sie ohne erhebliche Verstärkung an Menschen
und Kriegsmaterial nicht an[58], sind sie unbedingt auf die schnelle Unterstützung, „geschoes und volks" der Mühlhäuser angewiesen, die dazu,
wie man ihnen unverhohlen zu verstehen gibt, moralisch geradezu verpflichtet sind. Denn: bleiben sie fort, tragen sie die Verantwortung für
ein dann möglicherweise entstehendes Blutbad „mit grossem ergernes
und des heiligen ewangelii nachteil ... das wir doch an gotlicher und
euer hulfe nach nie uns understanden hetten"[59]. Die Mühlhäuser haben
also die Frankenhäuser in diese schwierige Situation gebracht, sie haben
mit ihrer volltönenden Erklärung vom 29. April — „sagen wyr euch
nit alleine solchen kleynen haufen euch zuzuschicken, sundern vil mehr
alle alle, so vil unser, wollen zu euch kommen zu eynem durchzog
uberall thun"[60] — und dann mit der von Müntzer ausgegebenen Parole
„gen Heldrungen" die Entstehung des Frankenhäuser Haufens recht
eigentlich verursacht und den Gedanken, „zu eynem durchzog uberall"
aufgebracht; sie sind dann aber ausgeblieben, haben den wartenden
Haufen im Stich gelassen und damit nun die Gefahr eines blutigen
Fiaskos heraufbeschworen. Es wäre übertrieben, wollte man darin den
Ausdruck lähmender Angst des Ausgeliefertseins erkennen; doch ist unverkennbar, daß man sich dem Gegner nicht mehr recht gewachsen fühlte
und die Gefahr spürte, aus der Rolle des Angreifers in die des sich
wehrenden Verteidigers gedrängt zu werden. Der Brief vom 7. Mai
ist nicht das Dokument einer raffinierten Manipulation der „gemäßigten
Führer" (Bensing), sondern schlicht und einfach ein Beleg dafür, daß
die Frankenhäuser Führer durch die ihnen jetzt zufallende Aufgabe
erst recht überfordert waren, daß ihnen der „enthusiastische Geist" bzw.
der Wagemut und die Entschlußkraft zum Handeln fehlten. Sie gaben
bewußt einen so drastischen Lagebericht, um die Mühlhäuser zur unver-
züglichen Einlösung ihres Versprechens zu nötigen und ihnen auch die
Verantwortung für das zu überlassen, was sie mit den von ihnen ausge-

---

[57] AGBM II, S. 235.
[58] Ebd. S. 235: „Auch haben wir an euch antragen lassen, wie und wes vormogens
wir mit unserm haufen sein, auch das wir zum widderteil nicht genug sein, sunder euer
hulfe und beistand von euch ufs vleissichgste [!] bisher und nach begern." Dieser
Wortlaut könnte darauf schließen lassen, das man jüngst auch schon durch mündlich
überbrachte Botschaften Hilfe angefordert hatte.
[59] Ebd. S. 235.   [60] Franz, MG, S. 457,21—24.

gebenen Losungen angerichtet hatten. Müntzers Name wurde in dem Schreiben nicht genannt, aber der Vorwurf galt auch ihm!

Die sich je länger desto mehr zu Ungunsten der Aufständischen verändernde Situation blieb den Massen natürlich nicht verborgen und dämpfte die vorübergehend auflebende zuversichtlich-tatenfrohe Stimmung im Haufen bald wieder, der erwartungsvoll, aber vielleicht schon nicht ohne leichte Skepsis der Ankunft Müntzers und der Mühlhäuser entgegensah. Für eine besondere Initiative der „revolutionären Kräfte" haben wir keinerlei Belege[61], noch auch dafür, daß sie von „den gemäßigten und falschen Predigern" ausgeschaltet wurden, so daß „es hinter dem Rücken der Isurgenten zum Briefwechsel mit den ernestinischen Fürsten und schließlich zur Anbahnung von Verhandlungen mit Albrecht von Mansfeld kommen konnte"[62]. Müntzer hatte allerdings nachdrücklich davor gewarnt, sich auf Verhandlungen mit den Fürsten einzulassen und seine radikalen Anhänger werden jegliche Kontaktaufnahme strikt abgelehnt haben. Jedoch konnte der allenfalls zu erwartende Einspruch einer Minderheit kein Grund zu Geheimniskrämerei sein, wenn man auf die Intervention des sächsischen Kurfürsten zugunsten der bei Artern Gefangenen antwortete, daß man durch ihre Bestrafung den Grafen Ernst von Mansfeld für sein unchristliches Wüten strafen wolle und noch kein Urteil gefällt habe[63] und zugleich die Gelegenheit benutzte, den Fürsten zu bitten, ihnen „gegen dem berurten grafen Ernsten hulf und beistand [zu] laisten"[64]. Höchst anstößig im Sinne Müntzers war es dagegen, daß man auf das Angebot Albrechts von Mansfeld zu einer Unterredung einging. Nur war man jetzt, am 11. Mai[65], offenkundig nicht mehr gewillt, sich überstiegenen Forderungen des Allstedters zu fügen. Die Frist, die man ihm „ufs lengst" gesetzt hatte, war bereits um zwei Tage überschritten und noch immer war von ihm nichts zu sehen und zu hören. Die Stimmung im Lager sank vermutlich von Tag zu Tag, und es bestand kein Anlaß, ohne das Einverständnis des Haufens einen Schritt zu tun, der ihm doch nicht verborgen bleiben konnte. Es war der Höhepunkt des Versagens der Führung, die in der kritischen Situation nicht imstande war, den Kampfeswillen der Aufständischen zu festigen; sie glaubte wahrscheinlich selbst nicht mehr an den Erfolg einer kriegerischen Auseinandersetzung und nahm das Anerbieten des Grafen an, obwohl sie seinem Briefe entnehmen mußte, daß sie keinen leichten Gang tun würde. Gewiß, Albrecht war kein Gegner des Evan-

---

[61] Die Aktionen vom 5.5. bis 8.5. besonders ihnen zuzuschreiben, liegt keine Veranlassung vor.

[62] Bensing, M. u. Th., S. 172.   [63] AGBM II, S. 278.   [64] Ebd. S. 278.

[65] Bensing, M. u. Th., S. 193, schreibt fälschlich „noch am gleichen Tage, dem 10. Mai 1525".

geliums; er hatte von sich aus zu einem Gespräch eingeladen und der Hoffnung Ausdruck gegeben, „got wurde durch sein gotliche genade der obrigkeit erkenntnis geben, wes die beschwerlichs furgenomen, darvon auch abzustehen. Demnach so zu verhuetung des merglichen schadens, vorderb und blutvergiessens etwas kont oder mocht furgenommen werden, zuvorkommung des solt an mir, wie ich mich dan aus cristenlicher pflicht schuldig erkenne, dergleichen auch sondern zweifel an andern mer vleis nicht gespart werden"[66]. Aber — dieser Mann stand, das wußte man wohl, auf der Seite Luthers, der, wie man ebenfalls wußte, Müntzers scharfer Widerpart war und in den ersten Maitagen noch im Mansfeldischen wider den Geist des Aufruhrs gepredigt hatte. Derselbe Mann hatte am 5. Mai „etliche" von dem klosterstürmenden „berggesellig volk" „zu Osterhaußen im dorf androffen, mit etlichen reutern und fußknechten zu in eingefallen, bei 20 erstochen und verwundt etc."[67]. Schließlich und vor allem hatte er in seinem Schreiben vom 10. Mai gut lutherisch „alle rottung und aufrur" wieder die von Gott verordnete Obrigkeit als ein Widerstreben gegen Gottes Ordnung, also als absolut unchristlich verworfen. Zwar hatte er wohl begriffen, „als soltet ir etliche beschwerde kegen eur obrigkeit tragen und kegen derselbigen in furnehmen sein", und eben darüber wollte er mit ihnen reden „aus betracht, das solchs zu eurem aller vorterben gereichet, dasselbige, dardurch ir des erschrockenlichen blutvorgiessens, so unzweiflich uber diejenigen, so der ordenunge gottes widerstreben, ergehen wirdet, entladen und solch unwiderbringlichen vorderbs eurer sele, ere, leibs und guts, weib und kinder mochtet verschoent bleiben, welchs ich auch aus cristlichen gemut vast gern fordern wolte, gern furkomen sehen"[68]. Vorbedingung blieb für ihn dabei jedoch ausdrücklich, daß sie „das euch wider die obrigkeit zu streben und aufzuleihnen nicht geburt, zu gemut ziehen"[69]. Trotzdem ging man auf das auf den 10. Mai datierte Schreiben am folgenden Tage bereits ein, nannte Albrecht „Edler graf und herr", bedankte sich „christlicher versammlung und treulichs erbieten, so ihr gegen uns getan, wiewol in solchem übersenden den armen leuten zu Odersleuben und Pfiffel das ihre entfremdet etc."[70], und schlug für den nächsten Tag eine Zusammenkunft in Martinsried, etwa in der Mitte zwischen Frankenhausen und Mansfeld, vor.

Den Brief Albrechts „ein Mischung von Demogogie und Drohung"[71] zu nennen, ist sachlich in keiner Weise gerechtfertigt. Er war offen und eindeutig, kein Täuschungsmanöver im Sinne der von Herzog Georg empfohlenen Verhandlungstaktik, sondern ein ehrlich gemeintes Ange-

---

[66] AGBM II. S. 258.
[67] Ebd. S. 230; Zeiß an Kurfürst Friedrich am 7. 5. 1525.
[68] Ebd. S. 258.   [69] Ebd. S. 258.
[70] Ebd. S. 941.   [71] Bensing, M. u. Th., S. 173.

bot, sich persönlich für die Abstellung berechtigter Beschwerden bei der Obrigkeit einsetzen zu wollen. Unmißverständlich war aber auch von vornherein als unerläßliche Vorbedingung die erklärte Anerkennung der Obrigkeit als Gottesordnung gefordert und gleich zu Anfang des Briefes die lutherische Obrigkeitslehre als die dem göttlichen Worte entsprechende ausdrücklich herausgestellt worden. Die warnende Mahnung, sich nicht eines „erschrocklichen blutvergiessens" schuldig zu machen, war nach seiner Kenntnis des nahe bevorstehenden Angriffes der Fürsten aufrichtig gemeint und keine bloß einschüchternde Drohung, wie sich bald genug erwies. Das Angebot seiner Vermittlung und Fürsprache war nicht bloß ins Blaue hinein gemacht; der Graf hatte berechtigten Grund zu der Annahme, bei seinen Bemühungen auf kursächsischer Seite Verständnis und Unterstützung zu finden. Nicht zuletzt hatte er das Interesse der evangelischen Sache überhaupt im Auge, der durch die Unterdrückung des Aufstandes eine schwere Beeinträchtigung drohte; er kannte die schroffe Einstellung Herzog Georgs in der kirchlichen Frage und seine Ansicht über den Zusammenhang des Aufruhrs mit der Reformation nur zu gut, um nicht nach seinem Vermögen vorzubeugen. Man konnte sich im Frankenhäuser Lager wahrlich nicht im unklaren darüber sein, was man im Grunde schon eingestand, wenn man auf das Erbieten des Grafen einging. Und man war es auch nicht! Die kritische Zuspitzung der Situation des Haufens war nicht mehr zu ignorieren; sie forderte geradezu die Frage heraus, ob es unter den nunmehr gegebenen Umständen nicht geraten sei, sich mit der obrigkeitlichen Gewalt der Fürsten und Herren abzufinden, wenn man erreichen konnte, daß ihrer Willkür Grenzen gesetzt und den eigenen Beschwerden Rechnung getragen würde. Das Schlagwort von der „christlichen Freiheit", dem man dank der suggestiven Wirkung einer überreizten Massenpsychose mit hochgespannten Erwartungen weithin erlegen war, begann seine faszinierende Kraft zu verlieren, als man sich dem drohenden Angriff eines erbitterten Gegners ausgesetzt sah, dem man militärisch nicht gewachsen war. Mit der Ernüchterung gewann die Einsicht an Boden, daß man mit der radikalen Übersteigerung der Freiheitsparole den Bogen überspannt hatte, wenn man die völlige Auflösung des bestehenden Ordnungsgefüges zugunsten einer recht nebulosen Bruderschaft „nach dem Worte Gottes" erzwingen wollte. Man hatte sich mehr oder minder unbedenklich hinreißen lassen, mitzumachen; aber die Mehrheit auch der aufständischen Bauern dürfte innerlich noch zu sehr dem Obrigkeitssystem verhaftet gewesen sein, als daß dessen totale Beseitigung für sie eine unaufgebbare Forderung gewesen wäre. Sie begehrten gewiß ausnahmslos eine ernsthafte Korrektur der unleidlich gewordenen Mißstände, größere Freiheiten, mehr Rechte und Gerechtigkeit, entschiedene Minderung der Belastungen usf.; die Aufhebung jeglicher „Herrschaft" jedoch war für die meisten wahrscheinlich eine Forderung, die bislang gar nicht ernsthaft in ihrem Blickfeld gelegen hatte, der sie sich im Stadium des kaum behinderten „Durchzugs" nicht ausdrücklich widersetzten, auf deren Durchsetzung sie aber keinen so sonderlichen Wert legten, wenn sich durch ihre Preisgabe die Abstellung der übrigen Gravamina erreichen ließ. Man mochte sich unter den Anhängern Müntzers aus dessen Allstedter Zeit auch erinnern, daß er damals nicht so allgemein wie jetzt gegen die Fürstenherrschaft als solche gepredigt hatte, sondern gegen die gottlosen Tyrannen, die die Verkündigung der evangelischen Wahrheit zu unterdrücken suchten und die Gläubigen verfolgten[72]. Damals hatte er doch sogar sagen können, die gläubigen Regenten sollten sich mit dem Volke gegen die Gottlosen zusammenschließen und die Führung übernehmen. War denn heute auf einmal kein Unterschied mehr zu machen zwischen Männern wie dem sächsischen Kurfürsten und Albrecht von Mansfeld auf der einen, Herzog Georg und Ernst von Mansfeld auf der anderen Seite? Warum sollte man sich mit Albrecht nicht in Verbindung setzen, wenn dieser selbst dazu einlud? Was immer aber zu diesem Entschluß mit beigetragen haben mag, wir haben keinen Grund anzunehmen, daß die Stimmung im Lager von Frankenhausen um den 10. Mai zuversichtlicher und aktionsfreudiger gewesen wäre als die des Eichsfelder Haufens am 5. Mai und daß die kämpferischen Parolen des Allstedters die Mentalität der Aufständischen noch so maßgeblich bestimmt hätten. Wie man auf dem Eichsfelde auseinanderlief, so war man hier zu Verhandlungen bereit in der vagen Hoffnung, wenigstens einige befriedigende Zugeständnisse zu erreichen. Doch dazu kam es nicht mehr, weil Graf Albrecht den Termin für die Zusammenkunft um zwei Tage auf den 14. Mai verschob[73]. Da hatte aber Müntzers Ankunft am Mittag des 12. Mai bereits eine völlig neue Situation geschaffen, war es schon zu dem ersten kriegerischen Zusammenstoß mit den fürstlichen Truppen gekommen.

Über die Aufnahme des nun seit zwei Wochen schon in Frankenhausen Erwarteten fehlt uns jegliche Nachricht. Sicherlich hat sein Erscheinen den unentwegten Anhängern neuen Auftrieb gegeben und auch sonst bei manchem mutlos Gewordenen wieder größere Zuversicht geweckt. Doch ist ein nicht geringer Prozentsatz ihm zunächst wohl nur mit zwiespältigen Gefühlen begegnet. Andererseits dürfte Müntzer seinen Unmut kaum unterdrückt haben, als er den ersten Lageberichten entnehmen mußte, daß von einem entschlossenen Kampfwillen des Haufens nicht sehr viel mehr zu spüren war, man sich vielmehr auf Verhandlungen eingelassen und für das „treuliche erbieten" des Grafen Albrecht

---

[72] Vgl. oben S. 455. [73] Falckenheiner, S. 50.

sogar noch „bedankt" hatte. Ohne einen Augenblick zu zögern, riß er die Führung an sich. Von Unterhandlungen war keine Rede mehr und noch am gleichen Tage erhielt nicht nur Graf Albrecht eine eindeutige Absage auf sein Erbieten, sondern auch Graf Ernst in Heldrungen eine geharnischte Aufforderung, sich zu demütigen und von seinem tyrannischen Wüten abzulassen. In beiden Schreiben wurde als der die Position der Aufständischen bestimmende Grundsatz die müntzerische These unmißverständlich fixiert: Das Volk stellt in seiner Übereinstimmung mit Gottes Willen die Bedingungen künftiger Ordnung, denen sich die Regenten zu unterwerfen haben, wollen sie anders mit Glimpf davonkommen, nicht umgekehrt, wie Müntzer insbesondere gegenüber den Ausführungen Albrechts hervorhebt.

Der Brief an Albrecht war zwar nicht in dem schneidend scharfen Ton gehalten wie der an Ernst von Mansfeld, war aber in der Sache ebenso unnachgiebig. Schon das ungewöhnliche Grußwort „Forcht und zittern sey eym yedern, der ubel thut, Ro. 2"[74], zeigte an, daß Müntzer nicht bereit war, Albrechts Vermittlungsangebot als einen Akt guten Willens zu werten. Wohl unterstellt er ihm nicht böswillige Absicht: „Das du die epistel Pauli also ubel misbrauchst, erbarmt mich"[75]; doch bleibt es für ihn unentschuldbar, daß Albrecht mit seinem abwegigen Gerede über den von der Schrift geforderten Gehorsam gegenüber der von Gott verordneten Obrigkeit das unverständige Volk zu beirren versucht habe. „Du wilt die bößwichtischen oberkeit dardurch bestettigen yn aller masse, wie der babst Petrum und Paulum zu stockmeystern gemacht."[76] Es lag ein grimmiger Spott in dem Vorwurf, daß der „evangelische" Graf mit der Heiligen Schrift nicht anders umgehe als der Papst und sie ebenso geflissentlich mißbrauche, wenn er seine angemaßte Gewalt als eine göttliche Ordnung ausgab, um unter solchem Titel sein unchristliches Wesen zu treiben. Als ob Gott sich der Obrigkeit gegenüber selber die Hände gebunden habe, daß sie tun und lassen könne, was sie wolle. „Meynstu, das Gott der herr seyn unverstendlich volk nicht erregen konne, die tyrannen abzusetzen yn seynem grym, Osee am 13. und 8? Hat nicht die mutter Christi aus dem heyligen geyst gered von dyr und deynes gleichen weyssagende Luce 1: ‚Die gewaltigen hat er vom stuel gestossen und die niddrigen (die du verachst) erhaben?'"[77] Müntzer weiß, daß Albrecht nur die Lehren Luthers wiedergegeben hat, der kurz zuvor durch das Mansfelder Land gezogen war. Schimpfend macht er seinem Ärger darüber in abfälligen Bemerkungen Luft: „Hastu yn deyner lutherischen grutz und yn deyner Wittember-

---

[74] Franz, MG, S. 469,8.
[76] Ebd. S. 469,9—11.
[75] Ebd. S. 469,8 f.
[77] Ebd. S. 469,11—16.

gischen suppen nicht mügen finden, was Ezechiel an seynem 37. capitel[78] weyssagt? Auch hastu yn deynem Martinischen baurendreck nicht mugen schmecken, wie der selbige prophet weyter sagt am 39. underschied, wie Gott alle vogel des hymels fordert, das sie sollen fressen das fleysch der fursten und die unvernunftige thier sollen saufen das blut der grossen hansen, wie yn der heymlichen offenbarunge am 18. und 19. beschrieben?"[79] Solchen Aussagen der Schrift gegenüber ist doch Luthers Reden von der gottgewollten Obrigkeit einfach absurd, ist es geradezu Blasphemie, die Fürsten, selbst wenn sie Böses tun, noch als Gottes bevorzugte Schützlinge auszugeben. „Meynstu, das Gotte nicht mehr an seynem volk denn an euch tyrannen gelegen?"[80] Müntzer gibt den gegen die Bauern erhobenen Vorwurf der Unchristlichkeit zurück: „Du wilt unter dem namen Christi eyn heyde seyn und dich mit Paulo zudecken."[81] Die Formulierung läßt bei aller sachlichen Schärfe offen, ob Albrecht eines bewußt trügerischen Verhaltens bezichtigt oder als ein selbst — von Luther — betrogener Betrüger angesehen wird und ermöglicht so den Versuch, mit dem nunmehr eines besseren Belehrten auf Grund seiner neuen Einsichten doch noch übereinzukommen, daß er auf dem bisher von ihm eingeschlagenen Wege nicht weiterkommen wird, d. h. sein Verhandlungsvorschlag in jeder Beziehung undiskutabel ist. Aber: „Wiltu erkennen, Danielis 7, wie Gott die gewalt der gemeyne gegeben hat und fur uns erscheynen und deynen glauben berechen, wollen wyr dyr das gerne gestendig seyn und fur eynen gemeynen bruder haben. Wo aber nicht, werden wyr uns an deyne lame, schale fratzen nichts keren und widder dich fechten, wie widder eynen erz feynd des christenglaubens, da wisse dich nach zu halten."[82] Obschon das Schreiben unverkennbar die Absicht erkennen läßt, auf den Adressaten persönlich einzuwirken, dürfte Müntzer nicht im Ernst damit gerechnet haben, daß Albrecht sich auf sein Ansinnen einlassen würde. Vielmehr kam es ihm offensichtlich darauf an, in der klaren Absage an das Erbieten des Grafen dessen lutherische Obrigkeitslehre einer scharfen, biblisch begründeten Kritik zu unterziehen. Der scheinbar rein persönliche Brief war in Wahrheit ein „offener Brief", der vornehmlich mit an die Aufständischen, zumal im Frankenhäuser Lager gerichtet war und hier auch nicht unbekannt blieb. Es war Müntzer nicht entgangen, daß die Argumentation des Grafen ihren Eindruck auf die Bauern nicht verfehlt hatte, und so waren jetzt seine Fragen an ihn zugleich an die Wankelmütigen im Haufen gestellt. Sie hatten sich in ihrer Kleinmütigkeit nicht vor Augen gehalten, daß sie die Schrift für

---

[78] Sollte es statt 37. nicht 34. heißen?
[79] Franz, MG, S. 469,16—470,4.
[81] Ebd. S. 470,5 f.

[80] Ebd. S. 470,4 f.
[82] Ebd. S. 470,7—13.

sich und Gott auf ihrer Seite hatten. Sie waren drauf und dran gewesen, in ihrem Unglauben den unbestimmten Versprechungen eines kleinen Potentaten mehr zu vertrauen als der festen Zusage Gottes. Der Ruf an sie zur Einkehr und Umkehr, zur Zuversicht und zu entschlossenem Handeln war unüberhörbar und wurde von den Massen gehört. Hinter allem stand dazu das bekräftigende Siegel der Unterschrift: „Thomas Muntzer mit dem schwert Gedeonis."[83] Das Schreiben gab sich gleichsam nicht als ein Privatbrief des Predigers; es war ein Mahnruf Gottes, im prophetischen Auftrag durch den Mund Müntzers verkündet. Gott selber meldete sich hier zu Worte. Wie er in der Notzeit selbstverschuldeter Bedrängnis der Kinder Israels den Gideon berief und ihn mit einem kleinen Häuflein Auserwählter die Übermacht der gottlosen Feinde überwinden ließ, so tut er auch noch heute. Müntzer hält das Schwert Gideons in der Hand!

Das Schreiben an Ernst von Mansfeld ist nach Form und Inhalt wesentlich radikaler gehalten; es gibt keinerlei Bereitschaft zu einer Versöhnung zu erkennen und gehört zu den maßlosesten Äußerungen, die Müntzer je zu Papier gebracht hat. Es ist eine erbitterte Anklage gegen den Grafen als die Verkörperung gottloser Tyrannei und spricht zugleich schon das feststehende erbarmungslose Urteil über ihn als einen notorischen Gottes- und Menschenfeind aus. Der Haufen ist hier nicht bloß als ungenannter Adressat mit einbezogen, sondern als Mit-Absender vorgestellt, eines Sinnes mit dem Prediger, der im Namen und Auftrag aller schreibt. Der Empfänger hat schwerlich sofort den strengen Ernst und den hintergründigen Sinn der seltsamen Grußformel ganz erfaßt: „Die gestrackt kraft, feste forcht Gottis und der bestendige grund seines gerechten willens sey mit dir, bruder Ernst."[84] Doch mußte ihm der frühere Zusammenstoß mit dem Verfasser des Briefes alsbald wieder voll gegenwärtig werden, als er weiter las: „Ich, Thomas Muntzer, etwann pfarher zu Alstet, vormane dich zum ubirflussigen anregen, das du umb des lebendigen Gottes nahmen willen deynes tirannischen wutens wollest mussick sein und nicht lenger den grym Gottis uber dich erbittern."[85] Er verstand, was es heißen sollte, daß Müntzer sich ihm als Pfarrer von Allstedt in Erinnerung brachte, als der, der ihn schon einmal wegen seines harten Vorgehens gegen die Besucher evangelischer Gottesdienste vermahnt und gewarnt hatte. Nun war eingetreten, was der Prediger damals vorausgesagt hatte; das um seines Glaubens willen unterdrückte und gemaßregelte Volk hatte sich gegen die Obrigkeit erhoben, um sich selbst Recht zu schaffen, geführt von eben dem Mann, der ihn jetzt zum zweiten Male zur Rechenschaft zog und nunmehr

---

[83] Ebd. S. 470,15.   [84] Ebd. S. 467,15 f.   [85] Ebd. S. 467,16—19.

endgültig zur Aufgabe seines Widerstandes gegen das Evangelium aufforderte. „Ich, Thomas Muntzer…", das war jetzt in Frankenhausen so wenig wie damals in Allstedt ein eigensinniger, vermessener Prediger mit irren Phantasien im Kopf. Er wußte sich vielmehr als der von Gott Erwählte und Berufene, im Auftrage seines Herrn Redende und Handelnde, der unwiderruflich ein letztes Mal forderte, Gottes willen geständig zu sein. „Du hast die christen angefangen zu martern, du hast den heiligen christen glauben eyn buberey geschulten, du hast die christen undirstanden zu vertilgen. Sag an, du elender dorfiger madensack, wer hat dich zu einem fursten des volks gemacht, welichs Got mit seinem theuren bloet erworben hat?"[86] Mit rücksichtsloser Härte werden dem gottlosen Wüterich die schwersten Anklagen ins Gesicht geschleudert und wird ihm jegliches Recht bestritten, sich als christliche Obrigkeit über Christen aufzuspielen. Ist er denn überhaupt ein Christ zu nennen? „Du must und solt beweysen, ob du ein christen bist, du solt und must deynen glauben berechen, wie 1. Pe. 3[87] bevolen. Du solt in warhaftiger warheit gut sicher geleit haben, deinen glauben an den tack zu bringen, das hat dir ein ganz gemein im ringe zugesagt, und solt dich auch entschuldigen deyner uffenbarlichen tyranney, auch ansagen, wer dich doch also torstlich gemacht, das du allen christen zu nachteil unterm christlichen namen wilt ein solicher heydenischer boswicht sein."[88] Müntzer dürfte nicht damit gerechnet haben, daß der Graf sich den Bauern im Lager stellen würde. Trotzdem gefiel er sich mit diesen Sätzen nicht einfach in der Phraseologie einer pathetischen Rhetorik. Es ging ihm um die Darstellung der Macht des Volkes, das jeden, der Unrecht tut, zur Rechtfertigung vor sein Forum zu ziehen Recht und Gewalt hat, so auch den „bruder Ernst", der sich wie jeder Übeltäter vor der christlichen Gemeinde verantworten soll, wenn er sich nicht durch sein Ausbleiben das schärfste Urteil selber sprechen will. Was im Falle seiner Weigerung geschehen würde, wurde ihm schon jetzt vorausgesagt: „Wirdestu aussen bleyben und dich aufgelegter sache nicht entledigen, so wil ichs ausschreyen vor aller welt, das alle bruder yr blut getrost sollen wagen wie etwann widder den Turken. Das soltu verfolgit und ausgereutet werden, dann es wirt ein yder vill empsiger sein, die do an dir ablas verdienen, dann vorzeyten der babist gegeben. Wir wissen nichts anders an dir zu bekomen."[89] Seine Vernichtung wird ein gottseliges Werk sein. Wie nahe kam Müntzer mit seinen Worten hier den etwa zur gleichen Zeit im Druck ausgehenden Äußerungen Luthers in der Schrift „Wider die räuberischen und mörderischen Rotten der Bauern": „Drumb sol hie zuschmeyssen, wurgen und stechen heymlich odder

[86] Ebd. S. 467,19—468,3.
[87] 1.Petr 3,15.
[88] Franz, MG, S. 468,4—10.
[89] Ebd. S. 468,10—16.

offentlich, wer da kan, und gedencken, das nicht gifftigers, schedlichers, teuffelischers seyn kan, denn ein auffrurischer mensch."[90] „Sölch wunderliche zeytten sind itzt, das eyn Furst den hymel mit blutvergissen verdienen kan, bas denn andere mit beten."[91] „Drumb, lieben herren, loset hie, rettet hie, helfft hie, ... Steche, schlahe, wurge hie, wer da kan, bleybstu druber tod, wol dyr, seliglichern tod kanstu nymer mehr vberkomen. Denn du stirbst ynn gehorsam göttlichs worts und befehls ..."[92] Von beiden werden Himmel und Hölle zur Niederwerfung des sich gegen Gottes Gebot auflehnenden, keiner Belehrung und Mahnung zugänglichen Gegners aufgeboten. — Müntzer fährt fort — und man wird weiter auf Luthers „buchlin, widder die auffrurischen bawrn ausgangen"[93] mit hinhören müsseṅ —: „Es will keyne scham in dich, Got hat dich verstockt wie den könig Pharaonem, auch wie die konige, weliche Got wollt vertilgen, Josue 5. und am 11. Sey es Got ummer geclagit, das die welt deine grobe, puffel wutende tyranney nicht ehe erkant, wie hastu doch solichen merklichen unerstatlichen schaden than, wie mack man sich anderst dann Gott selbern ubir dich erbarmen? Kurz umb, du bist durch Gottes kreftige gewalt der verterbunge ubirantwort. Wirstu dich nicht demutigen fur den cleynen, so wird dir ein ewige schande fur der ganzen christenheit auf den hals fallen und wirst des teufels marterer werden."[94] Der Prediger greift wie schon des öfteren auf die Verstockungstheorie zurück, nicht so sehr, um die aller menschlichen Vernunft unverständliche Halsstarrigkeit des Grafen zu erklären, als in der Absicht hervorzuheben, daß offenkundig Gott selbst das Verderben des Frevlers will. Die Welt hat das bisher nicht erkannt, sonst hätte man ihm längst schon das Handwerk gelegt. Aber Ernst soll sich nun nicht der Illusion hingeben, daß er der Strafe entgehen kann, und soll diese Vermahnung als die letzte ihm gebotene Möglichkeit wahrnehmen, von seiner Tyrannei abzulassen, um nicht in Zeit und Ewigkeit verdammt zu werden. Schon jetzt ist ihm freilich seine völlige Entmachtung und die Verwüstung seiner Burg sicher. „Das du auch wissest, das wyrs gestrackten bevell haben, sage ich: Der ewigke lebendige Got hatz geheissen, dich von dem stull mit gewalt uns gegeben zu stossen; dann du bist der christenheit nichts nutze, du bist ein schadlicher staubbessem der freunde Gottis. Got hat von dir und von deines gleichen gesaget, Ezechielis am 34. und am 39., Danielis 7. Michee 3. Abdias der prophet sagit dein nest muß zerrischen und zerschmettert werden."[95] Ich, wir, Gott — das ist ein einziges Subjekt im Reden und Handeln gegen den „heydenischen boswicht" geworden, das ihn vor das

---

[90] WA XVIII, S. 358,14 ff. [91] Ebd. S. 361,4 ff.
[92] Ebd. S. 361,24—27. [93] Ebd. S. 384,5 f.
[94] Franz, MG, S. 468,16—24. [95] Ebd. S. 468,25—31.

Entweder-Oder stellt, jetzt, sofort: „Wir wollen dein antwort nach heynet haben adir dich im namen Gottis der scharen heimsuchen, da wieß dich nach zu richten. Wyr werden unverzucklich thun, was uns Got bevolen hat, thu auch dein bestes. Ich fahr daher."[96] Das Schreiben trägt die gleiche Unterschrift wie das an den Grafen Albrecht: „Thomas Muntzer mit dem schwert Gedeonis."[97]

Man kann nicht umhin zu fragen, warum Müntzer diesen Brief, kaum daß er in Frankenhausen angekommen war, geschrieben hat, auf den er keine Antwort erwarten konnte und vermutlich auch gar nicht erwartet hat. Zu dem Schreiben Albrechts sofort Stellung zu nehmen, legte die veränderte Haltung gegenüber dessen Erbieten und die Terminfrage nahe. Doch wir kennen keinen besonderen Vorfall und Müntzer selber deutet keinen an, der ihn veranlaßt haben könnte, sich gleichzeitig in so radikaler Form gegen Ernst von Mansfeld zu wenden und ihm ein noch auf den gleichen Tag befristetes Ultimatum zu stellen. Es wäre denkbar, daß er sich schon auf dem Marsche Gedanken darüber gemacht hat, wie er dem alten Gegner entgegentreten sollte, bzw. daß er sich mit der Absicht einer sofortigen militärischen Operation gegen Heldrungen trug. So war er bei seiner Ankunft bereits entschlossen, ihn zunächst zur bedingungslosen Kapitulation aufzufordern, und er setzte diesen Entschluß erst recht unverzüglich in die Tat um, als er den Berichten und Erklärungen im Lager entnehmen mußte, daß nicht zuletzt das feste Schloß Heldrungen und die Furcht vor militärischen Unternehmungen des unberechenbaren Feindes wesentlich dazu beitrugen, im Haufen das Gefühl ständigen gefährlichen Bedrohtseins auszulösen und die Kampfmoral der Bauern zu untergraben. Er spürte sowohl die Furcht der Aufständischen vor diesem Mann wie ihren Haß gegen ihn, und beides steigerte seine eigene Erbitterung über den verstockten gottlosen Frevler bis zum Äußersten, so daß er nicht an sich halten konnte, ihn sogleich in ultimativer Form vor dem ganzen Haufen zur Rechenschaft zu ziehen, im Namen der Gemeine, im Auftrage Gottes, der das Urteil über ihn längst gesprochen und dem Volke die Vollstreckung befohlen hatte. „Das du auch wissest, das wyrs gestrackten bevell haben ..."! Das war zugleich auch denen gesagt, die sich durch den „elenden, dorftigen madensack" hatten mutlos und verzagt machen lassen.

Zusammenfassend läßt sich zu den beiden Briefen sagen: So sehr sie sich in ihrem Duktus wie in ihrem Tenor voneinander unterscheiden, so offenkundig geht es dem Absender in beiden Dokumenten grundsätzlich darum, die unanfechtbare Gültigkeit der von ihm verkündeten Botschaft, daß Gott jetzt die Gewaltigen vom Stuhl stoßen und die Macht den Geringen geben wird, mit allen sich praktisch daraus ergebenden

---

[96] Ebd. S. 469,1—4.   [97] Ebd. S. 469,6.

Folgerungen zur Anerkennung zu bringen. Beiden Grafen gegenüber wird das mit gleicher Unbedingtheit ausgesprochen. Von dem vermittlungsbereiten Albrecht wird die Zustimmung freilich im Rahmen einer von diesem selbst herausgeforderten biblisch-theologischen Kritik der lutherischen Obrigkeitslehre verlangt und ihm wird im Falle einer Abkehr von seinem Irrtum und der Bereitschaft zum Bekenntnis seines Glaubens vor der Gemeine die Aufnahme in die christliche Bruderschaft zugesagt. Dagegen wird dem unnachgiebig das Evangelium und seine Bekenner wütig verfolgenden Grafen in Heldrungen sein Sündenregister zornig vorgehalten und ihm ein kurzfristiges Ultimatum gestellt, sich vor der ganzen Gemeine seiner „uffenbarlichen tyranney" zu entschuldigen und sich bedingungslos zu unterwerfen, wenn er wenigstens das nackte Leben retten will. Zugleich sind beide Briefe unausgesprochen an die Adresse des Haufens gerichtet, der aus reiner Menschenfurcht sich dem „gestrackten bevell" Gottes zu entziehen sucht und, statt in gläubiger Zuversicht auf Gottes Hilfe den entscheidenden Kampf gegen die Fürsten zu wagen, sich auf trügerische Kompromisse mit ihnen einzulassen bereit zeigt. Vielleicht lag ihm sogar mehr daran, durch diese demonstrative Bekundung des offenbaren Gotteswillens und der absoluten Gewißheit göttlichen Beistandes im gläubigen Vollzug seines Auftrages die verzagten Aufständischen zu ermutigen und mit sich zu reißen, als die Grafen in ihrer Selbstsicherheit zu erschüttern und zur Aufgabe ihres doch vergeblichen Widerstandes zu bringen.

Müntzers selbstbewußtes und entschlossenes Auftreten verfehlte seinen Eindruck im Lager gewiß nicht, aber trotzdem dürfte es auch seiner Überzeugungskraft nicht gelungen sein, im Handumdrehen einen völligen Wandel in der Stimmung des Haufens herbeizuführen. Immerhin gewannen durch ihn seine entschiedenen Parteigänger wahrscheinlich die Oberhand und sie festigten ihrerseits wieder seine Position, so daß er, ohne eine offizielle Führungsfunktion zu haben, doch bestimmenden Einfluß ausüben konnte. Sein vornehmstes Anliegen blieb es natürlich, in den Aufständischen den Geist der reinen Furcht Gottes und des unüberwindlichen Glaubens zu wecken, um ihre Kampf- und Einsatzbereitschaft zu stärken. Es gelang ihm wohl auch zunehmend, durch seine ganz und gar von Siegeszuversicht erfüllten Ansprachen, der Müdigkeit und dem Verzagen entgegenzuwirken, zumindest zu erreichen, daß es sich nicht mehr laut zu äußern wagte. Noch einmal tritt uns in diesen Tagen entgegen, wie ein unmittelbares Mit- und Nacherleben des biblischen Geschehens ihm als ein ewiges Zeugnis der unveränderlichen Wirksamkeit des göttlichen Geistes zur verheißungsvollen Bekundung göttlichen Beistandes in der gleichen Situation der Erwählten heute wird und er selbst, der berufene Gottesknecht, sich, wie früher als der neue Daniel, Elias und Johannes, jetzt als der neue Gideon dem gläubigen Volke stärker als nur symbolhaft zu erkennen gibt. Man kann seine Auslassungen nicht ärger mißverstehen, als wenn man sie als die Propaganda eines revolutionären Agitators ansieht, der das Volk mit Durchhalteparolen betören will. Auch wenn man ein demagogisch-agitatorisches Element in seinen Äußerungen nicht leugnen kann, ist und bleibt er doch der „ernste Prediger", der allein den Anspruch und Zuspruch Gottes zu verkünden, voll überzeugt ist. Die „Predigt" im spezifischen Sinne des Wortes ist die seinem Berufungsverständnis gemäße Ausdrucksform für das, was er als Gottes Wahrheit und Willen der Welt zu sagen sich verpflichtet weiß, durch das diese Welt in allen ihren Bezügen im Namen und Auftrag Gottes angesprochen wird. In seinen an Freunde wie Gegner gerichteten Appellen hielt er sich bevorzugt an das im Alten Testament ihm gegebene Schema, daß die Feinde Gottes in Angst und Schrecken versetzt und trotz ihrer bedrohlichen Übermacht durch die kleine Schar der von Gott erwählten Frommen auf wunderbare Weise überwältigt werden. Das war das Leitbild, das seinen Blick unbeirrbar auf den menschlicher Einsicht noch verborgenen guten Ausgang des Geschehens gerichtet sein ließ. Freilich, so entscheidend für ihn der feste Glaube an Gottes Zusage war, so selbstverständlich verband sich ihm damit die Erkenntnis, daß Gott nur durch sein Volk handeln will, das sich im Einsatz für Gottes Werk zu bewähren hat. Gott erspart ihm den Kampf als Bewährungsprobe nicht, vielmehr muß es das von Gott bereits gefällte Urteil erst noch vollstrecken, auch gegen einen noch so starken Widerstand bzw. Widerstandsversuch der Verurteilten. Müntzer rechnet durchaus mit der Gegenwehr als einem realen Faktor und will den Kampf keineswegs um seinen Ernst gebracht sehen. Er verliert für den Gläubigen zwar den Charakter eines Wagnisses der Sache, aber er verliert für ihn nichts von dem Ernst wagenden Einsatzes seiner selbst.

Es ist nicht auszumachen, ob und wie lange Müntzer in den ersten 24 Stunden nach seiner Ankunft in Frankenhausen noch mit dem Gedanken umgegangen ist, den Haufen alsbald zu einem offensiven Vorgehen in Bewegung zu setzen, Heldrungen zu erobern[98] und dann den ehedem angekündigten „durchzog uberall [zu] thun"[99]. Wenn er am 13. Mai „Unßern hertzlieben brudern der gantzen gemein czu Erfordt"[100] schrieb, „... machet euch myt vnß an den reygen, den wollen wyr gar eben treten"[101], und sie aufforderte, „helffet vnß myt allem,

---

[98] Davon spricht er noch in seiner Rede am Morgen der Schlacht von Frankenhausen (AGBM II, S. 378).
[99] Vgl. oben S. 733.   [100] Franz, MG, S. 471,1.   [101] Ebd. S. 471,25 f.

das yhr vormuget, myt volck, geschutz, auf das wyr erfhullen, was Got selbern befhollen hat Ezekielis am 34. ca, do ehr sagt: ,Ich wyl euch erlosen von denen, dye euch myt tyranney gepitten . . .'"[102], kann das ebenso gut besagen, daß er zu diesem Zeitpunkt bereits einem nahe bevorstehenden Angriffe der Fürsten entgegensieht, den es zunächst abzuwehren gilt. Die Mahnung, sich nicht länger aufhalten zu lassen, „gemeiner christenheyt czu helffen wydder dye gotloßen boßewychtischen tyrannen myt vnß zustreyten"[103], mag ihm durch Informationen nahegelegt worden sein, die er durch den im Lager von Frankenhausen gefangengehaltenen Hans Hut[104] über die Erfurter Verhältnisse bekommen hatte. Danach hatte der Rat der Stadt die ihm von „unsern burgern und landvolk"[105] eingereichten Reformartikel am 9. Mai vorläufig bewilligt und sie Luther und Melanchthon zur Begutachtung übersandt. Durch Hut hatte Müntzer möglicher Weise auch von der in dem Ratsbescheid den Petenten auferlegten Verpflichtungen erfahren, „Sie sollen sich auch widder die churfursten und fürsten von Sachsen, unser und gemeiner stadt Erffurt schutz und schirmherrn, lehnherrn, noch sonst wieder jemands zu einiger hülfe oder beistand ohne unser wißen und willen nicht gebrauchen laßen, sondern gantz friedlich und still sitzen und ihrer nahrung gewarten"[106]. Es wird so verständlich, daß er hoffte, die Hilfe der Erfurter zu gewinnen, und doch Sorge hatte, daß lutherische Einflußnahme jede Unterstützung noch inhibieren könnte: „. . . tragen des zu euch fryschen muth, yhr werdet nicht darhynden bleyben, es wehr dan, das euch dye Lutheryschen breyfresser myt yhrer beschmyrten barmhertzygkeyt weych gemacht hetten, wye wyr des guten gewissen tragen. Paulus saget von den wollustigen menschen, das sye sich czu vnßern czeyten decken myt der allerbesten gestalt der gute adder des gotsaligen wandels vnd streben myt handt vnd munde wydder dye kraft Gottis, dye eyn yder vorsichtygen augen greyffen mag. Ist der halben vnßer vleisige bitt an euch, yhr wollet solchen tellerleckern nit lengher glauben geben"[107]. Eindringlich weist er sie auf Gottes Befehl mit fast denselben Belegstellen wie in den Mansfelder Briefen hin und faßt er die Aussagen der Schrift kurz zusammen: „Es beczeugen fast alle ortheyl in der schrifft, das dye creaturn mussen frey werden, sol sunst das reyne wort Gottis auffgehn."[108]

---

[102] Ebd. S. 471,15—17.   [103] Ebd. S. 471,13 f.

[104] Huts Bekenntnis: „Er sei von Wittenberg gen Eirtfurt gezogen, und als er daselbs hinkommen, were gleich die aufrur mit den pauren gewesen, deßhalben mit seinen buechern gen Franckenhawsen, daselbs der hauf gelegen, gezogen, vermaint, gelt aus seinen buechern zu losen. Aber er were gefangen, im seine buecher genommen und nachmalen durch den Myntzer wider ledig worden" (AGBM II, S. 897).

[105] Ebd. S. 261.   [106] Ebd. S. 252.

[107] Franz, MG, S. 471,3—12.   [108] Ebd. S. 471,22—24.

Zugleich mit Müntzers Brief ging ein von Symon Hoffmann[109] unterzeichnetes Schreiben „von den brudern und gemein zu Frangkenhausen"[110] an dieselbe Adresse, in dem mit starker Anlehnung an die müntzerische Terminologie den Empfängern eingangs bewußt gemacht wurde, „mit was gewalt und ungerechtigkeit di ganze welt ersossen [!] und vorfuret durch die tyrannei der grausame, wutige tyranne und regenten"[111]. Aber nun ist die große Wende nahe, „... diweil gott sein wort, urteil und gerechtigkeit erwegket, solchen uncristlichen gewalt durch sein grim zu vorstoren, denn solche eigene angenommene gewalt hat keine werhunge und bestand, wi ir itzund vornemet, das sich di gottlosen vor einem blat forchten, das von dem baum fellet. Aber der gerecht forcht sich nit vor hundert tausent"[112]. Das klang anders als der am Sonntag zuvor nach Mühlhausen gerichtete Hilferuf; man gab sich unter Müntzers Augen sichtlich einige Grade mutiger als man wohl war und kleidete demgemäß auch die Bitte um Unterstützung in die Form zuversichtlicher Erwartung der brüderlichen Hilfsbereitschaft:„... vorhoffen wir uns zu euch als zu unsern mitbruder und libhabern der warheit und gerechtigkeit, wollet in der not bei uns tun, als wir bei euch selbest tun wolten, und uns bei gottlicher warheit und gerechtigkeit helfen enthalten, damit di oberhand, fursten, graven, edel und unedel uns vorgleicht mochten werden. Derhalben weß wir uns zu euch sollen mit beistand, manschaft, geschucze [getrosten], wollet ir·uns bruderlich unterichten und zu vorsten geben, vordinen mir umb euch mit leib und gut"[113]. Es war ein überlegtes, klar formuliertes Schreiben, das Sinn und Ziel des Aufstandes im Verständnis Müntzers sachlich erfaßte, die der Christenheit von Gott jetzt gewiesene Aufgabe bündig aufzeigte, um zur Mithilfe bei ihrer Bewältigung zu mahnen, ohne durch Angstgeschrei und beschwörendes Rufen zur Hilfe zu drängen.

Demgegenüber will das an demselben Tage durchgeführte Gerichtsverfahren gegen Matern von Gehofen, Georg Buchner und den Priester Hartenstein[114] als ein schwer verständlicher Exzeß erscheinen. Über die Vorgänge sind knappe Angaben erst einer fast zweieinhalb Jahre später abgefaßten Eingabe des Rates von Frankenhausen zu entnehmen, in der dieser die Verantwortung für das Geschehen von der Stadt abzuwälzen und die eigentliche Schuld „loßen gesellen" aus Artern zuzuschieben suchte. Darin heißt es: „Wan auf die zeit, do Thomas Monczer erher zu Franckenhaußen kommen und als derselbige gemeine vorm tore ufm platze gehalten, sind die gedachten gefangenen in den rink gebracht und vorgestalt. Hat Monczer in kegenwertigkeit des ganzen

---

[109] Vgl. Bensing, M. u. Th., S. 254.
[111] Ebd. S. 281.
[113] Ebd. S. 281.
[110] AGBM II, S. 281.
[112] Ebd. S. 281.
[114] Vgl. oben S. 744.

haufens ezlicher tausent man offentlich ausgeruffen, wer dieselbigen hette zu beschuldigen." Zwei Männer aus Reinsdorf und aus Artern traten vor und erhoben peinliche Anklage. „Indeme sind wir von Franckenhaußen zu Monczer gegangen, ohn gebetten, die gefangen nicht zu richten lassen, sonder angesehen gelegenheit der sache und der vorschrift u.g.u.g.h. des churfursten sie zu genießen lassen. Es seind aber die peinigliche clage gedachter kleger so grausam geschwinde und groß gewest, das sie dodurch peiniglich mit dem schwert gerichtet worden seind."[115] Über die Motive und den unmittelbaren Anlaß schweigt man sich aus, während „die armen Leute zu Artern" in ihrer Verteidigungsschrift den augenscheinlich haltlosen Verdacht äußern, „das die von Franckenhausen die nauen halsgericht, der sich, wie angezeigt, [...] graff Gunther von Schwartzburgk etc. in ohrem ringe hatt vorzeiche und auflaße musse[116], mit denselbigen gefangnen haben bestettige wullen, damit sie das in ubunge und uf elder tage zu erweisen hetten etc."[116]. Möglicherweise hat das auf den 13. Mai datierte Schreiben der Räte zu Weimar an die Versammlung zu Frankenhausen[117] den äußeren Anstoß gegeben, insofern als es die Gefangenen gerade in dem Moment wieder ins Blickfeld der Aufrührer brachte, da die scharfe Erklärung Müntzers gegen Ernst von Mansfeld die feindselige Stimmung gegen den Heldrunger verschärft hatte und der Graf der ultimativen Forderung, „nach heynet" im Lager zu erscheinen und sich „aufgelegter sache" zu entledigen, nicht nachgekommen war. Nunmehr brachten radikale Elemente statt seiner eben seine Diener vor das Tribunal des Volkes, um den vor acht Tagen schon vor den Toren Arterns vergeblich unternommenen Versuch, die Gefangenen für ihren Herrn büßen zu lassen, mit besserem Erfolge zu wiederholen. Müntzer ist zumindest mit der Verhandlung gegen die drei Männer einverstanden gewesen, ließ das Verfahren im Ringe anlaufen und vor der ganzen Versammlung durch die vorgetretenen Ankläger „peinliche clage" gegen sie erheben. Jetzt spätestens war ersichtlich, worauf die in einer gleichermaßen von Haß und Furcht erfüllten Atmosphäre verlaufende Aktion abzielte, und Müntzer wurde von einigen Teilnehmern der Versammlung „gebetten, die gefangen nicht zu richten lassen", sondern die Angelegenheit der Entscheidung des Kurfürsten anheimzustellen. Vergebens. Nach den An-

---

[115] AGBM II, S. 888.

[116] Ebd. S. 896. Die von Bensing, M. u. Th., S. 191, geäußerte Vermutung, daß die jetzt angewandte Halsgerichtsordnung „von Günther von Schwarzburg entworfen" worden sei, ist durch nichts nahegelegt. Er hatte, wie der Text klar sagt, auf seine Befugnisse als Gerichtsherr verzichten müssen, so daß nun die Frage der Gerichtshoheit im peinlichen Verfahren akut wurde. Nach der Meinung Arterns versuchte damals Frankenhausen, sie sich bei dieser Gelegenheit anzueignen.

[117] Vgl. AGBM II, S. 278.

gaben der Frankenhäuser scheint es so, daß ihre Intervention zugunsten der Beschuldigten dank dem überhasteten Urteilsspruche zu spät kam. Müntzer hat jedenfalls nichts unternommen, das Bluturteil zu verhindern; er hat ihm zugestimmt, hat es verkündet und schließlich seine sofortige Vollstreckung zugelassen.

Nach seiner Gefangennahme hat er in zwei Erklärungen auf Befragen selber zu seinem Verhalten Stellung genommen. Am 26. Mai schrieb der mansfeldische Rat Johann Rühl an Luther, man habe Müntzer nach der Entdeckung zu Herzog Georg gebracht, der ihn gefragt habe, „was uhrsache ihn bewegt, daß er die viere am vergangenen sonnabende hatte köpfen laßen... Hat er gesagt: Lieber bruder, ich sage E. L., daß ich solches nicht getan, sondern das göttliche recht"[118]. In seinem „Bekenntnis" hat er am nächsten Tage „peynlich bekant": „Habe das urtel uber Matern von Gehofen und dye andern graven Ernsts dyner gesprochen aus dem munde der gemeyne und habe dareyn gewilliget und habe das aus forcht gethan."[119] Die Antwort an Herzog Georg bekundete eine noch ungebrochene Haltung in der sicheren Überzeugtheit des Gottesknechtes, daß es hier gar nicht um das aus eigener Initiative hervorgehende und im eigenen Urteilsvermögen begründete Handeln eines menschlichen Subjektes gegangen ist, sondern um ein von Gott aufgetragenes, von den Gotthörigen nicht nach eigener Vernunft einzuschränkendes oder gar zu verweigerndes Vollziehen-müssen des göttlichen Rechts. Dieses göttliche Recht hat sich im Spruche der Gemeine bekundet; er, der Gottesknecht, ist gleichsam nur das Sprachrohr, das Gottes Urteil lautbar werden läßt. Die kurze von Rühl mitgeteilte Formel kann durchaus so von Müntzer gesagt worden sein; sie gibt sachlich wohl das wieder, was er hat sagen wollen. Damit ist allerdings seine Aussage im peinlichen Verhör des folgenden Tages nach dem Wortlaut des Protokolls nicht in Übereinstimmung zu bringen. Doch bedarf es m. E. nur einer kleinen, begründeten Korrektur des Textes, um der von Anfang an so gern mißdeuteten Antwort einen müntzerischen Sinn zu geben. Man kann einmal davon ausgehen, daß die bei der ersten Begegnung von Herzog Georg an Müntzer gestellte Frage jetzt etwas anders formuliert war, um zu erfahren, in welcher Weise der Prediger persönlich an dem Frevel verantwortlich beteiligt war, sodann, daß der Protokollant nur das ihm richtig Erscheinende festgehalten hat, ohne dem spezifisch müntzerischen Vokabular gerecht zu werden[120]. Wichtig aber war ihm bzw. denen, die die Endredaktion des „Bekenntnisses" vornahmen: „Habe das urtel gesprochen... dareyn gewilliget... aus forcht." Von dem „nicht ich — sondern das göttliche Recht" tags zuvor läßt die

---

[118] AGBM II, S. 379. [119] Franz, MG, S. 547,11—13.
[120] Zur Beurteilung des „Bekenntnisses" vgl. unten S. 797 f.

764

Niederschrift nichts mehr erkennen, sie bietet lediglich eine Erklärung, die wohl schon der Protokollant als einen Versuch des Beschuldigten verstanden hat, seinen Anteil an dem Bluturteil zu verharmlosen. Solches Mißverständnis führte folgerecht zu der abschließenden Angabe, ... und habe das aus forcht gethan". Ich möchte annnehmen, daß Müntzer hier „Furcht Gottes" gesagt hat und auch zuvor schon eine Wendung gebraucht hatte, die den eigentlichen Sinn des „aus dem munde der gemeyne" zu erkennen gab, nämlich, daß die Gemeine nicht als eine von menschlichen Erwägungen, Interessen und Leidenschaften bestimmte Volksversammlung aus sich selbst heraus geurteilt hat, vielmehr als eine Gemeinde von Gotthörigen — nicht anders als er selber — in der Erkenntnis des Geistes Sprecher und Amtswalter des göttlichen Rechtes gewesen ist. Solche Argumentation konnte man jedenfalls nicht publizieren, und so brachte man die Aussage Müntzers unbeabsichtigt oder bewußt völlig um ihren ursprünglichen Sinn, zumal sie in der nun vorliegenden Fassung noch besser die erwünschten Dienste leisten konnte.

Die Möglichkeit, daß der Protokollant das „Geständnis" doch zutreffend wiedergegeben hat, ist freilich nicht mit absoluter Sicherheit auszuschließen, da es im „peinlichen" Verhör abgelegt wurde und unter den unmenschlichen Qualen der Tortur auch das Unvorstellbare und Widersinnigste „gestanden" wird. Dann sind jedoch diesem ganzen Passus gegenüber Bedenken angebracht und gibt der Text allein keinen zureichenden Grund zu dem schon damals gegen Müntzer erhobenen Vorwurf, aus Furcht vor der Gemeinde gehandelt zu haben. Es mag sein, daß er in der kritischen Situation des 13. Mai — angesichts etwa der Intervention einiger Frankenhäuser — die Wirkung seines Verhaltens auf den Haufen mit im Blick hatte; aber dann nicht, um trotz besserer Einsicht aus Menschenfurcht vor ihm zurückzuweichen, sondern im Gegenteil um die noch recht labile Menge zu einer entschiedenen Haltung zu bewegen, d. h. ihr durch den Akt harter Unnachgiebigkeit gegen die Diener des Tyrannen den unnachgiebigen Willen Gottes zur Bestrafung und Beseitigung der gewalttätigen, gottlosen Regenten und ihrer Helfershelfer zu bekunden. Nicht als sei ihm das Bluturteil nur Mittel zum Zweck gewesen; es war eine im geistgewirkten Handeln des gotthörigen Volkes sich vollziehende Manifestation des göttlichen Rechtes. Gott selbst forderte und sprach hier sein Recht als Hinweis gleichsam auf das bevorstehende Strafgericht, welches das von ihm mit der Durchführung beauftragte Volk an den gottlosen Tyrannen vollziehen soll. Müntzer war, daran ist kein Zweifel, an dem, was am 13. Mai „vorm tore ufm platze" vor sich ging, in voller Bewußtheit seines Tuns aktiv beteiligt und mitverantwortlich, aber eben nicht als Funktionär einer „Volksjustiz", sondern als Vollstrecker des Gottesgerichtes.

Er glich sich in einer unheimlichen Steigerung seines Sendungsbewußtseins völlig der Gestalt eines alttestamentlichen Propheten an, der Gottes Richterspruch ausführte. Die Arterner trafen schon etwas Richtiges, wenn sie erklärten: „Wue auch derselbig [Müntzer] drauße gelassen, weren Matern von Gehoffen, George Buchener und herr Steffan Harttestein nit gericht."[121]

Die Justiz aus göttlichem Recht, vollzogen durch die christliche Gemeinde, hat ihren Eindruck gewiß nicht verfehlt; nur dürfte das „Exempel" eher der Einschüchterung der Unzufriedenen und Mißmutigen gedient haben, als daß es Müntzer gelungen wäre, die Bereitschaft und Entschlossenheit des Haufens zu stärken. Die Nachrichten, die am gleichen Tage von draußen kamen, waren zudem nicht dazu angetan, die Stimmung der Massen günstig zu beeinflussen. „Dy erwelten dyner der christlichen ghemeyn zu Walckenrede" ließen Müntzer wissen, daß sie seiner Aufforderung zum Zuzug nach Frankenhausen[122] nicht sofort folgen könnten: „... also ilende kunne my nycht zu samende kommen ... Unser hauf ist von eyn ander unde unser crystlychen ghemeyn vorweßer unde dyner syn also auf dysen sontag Cantate zu samende komen, den my dan also den bryff werden zu handen stellen"[123]. Sie wollten dann wieder von sich hören lassen[124]. Aus Erfurt kamen die beiden von Müntzer und Symon Hoffmann dorthin gerichteten Briefe zurück mit der Erklärung eines der beiden Überbringer: „Nachdem ir mich sambt Hansen Hensen mit zweien briffen an die gemeine zu Erffort abgefertigt, gebe ich euch freuntlicher meinunge zu erkennen, das solche brife, diewil sie nicht an den rat mit halten, nimand von uns wil annehmen. Derhalbin mein bitte, wollet solche brife verandern und uns bei keginwertigen schiken ..."[125] Zugleich teilte er mit: „Wir seint glaubhaftig bericht, das der langgrafe von Hessen mit etlichen hundert pferden gestern freitagis zu Saltza inkommen und der gemeine die schlussel zu den toren genommen und etliche gefenglich bestrikt. Auch hat eher etliche zu Isenach lassen kopfen, den von Schmalkallen etlich geschutz genomen. Ich bin auch weiter bericht, das herzog Jorge gestern freitagis zu Butstet gelegen und sich mit einen zuge sambt dem langkgrefen und weitere anhange vor Molhusen zu legern. Dorumb mogt ir euer tun in guter achtunge tragen."[126] Wichtig war die in einer Nachschrift noch gebrachte Korrektur, „das der herzoge solt wider zuruke

---

[121] AGBM II, S. 894.

[122] Sie dürfte nicht erst nach seiner Ankunft in Frankenhausen, sondern schon von Mühlhausen aus bzw. erst auf dem Marsche erfolgt sein.

[123] Franz, MG, S. 470,21—25.

[124] Man setzte sich dann doch wohl noch in Bewegung, erreichte aber Frankenhausen nicht mehr rechtzeitig.

[125] AGBM II, S. 282.   [126] Ebd. S. 282.

zihen. Mogt ir auch wol kuntschaft ufleihen"[127]; also war eine Vereinigung mit dem Landgrafen vor Mühlhausen nicht mehr beabsichtigt?
Die eine oder andere mehr oder minder zuverlässige Information über
das Herannahen der Fürsten mag hinzugekommen sein, so daß sich
immer deutlicher abzeichnete, daß erstens Frankenhausen das Ziel der
gegnerischen Operationen war und zweitens der hier lagernde Haufen
schwerlich noch einen rechtzeitigen Zuzug aufständischer Hilfsscharen
von irgendwoher zu erwarten hatte, also auf sich selbst gestellt blieb.
Noch übersahen die Führer die Situation nicht klar genug, um bereits
feste Entschlüsse fassen zu können, fraglos eine zusätzliche Belastung
der Massen, die zumeist mit einem ernsthaften kriegerischen Zusammenstoß kaum gerechnet, ja tags zuvor sich noch weithin der Hoffnung
einer friedlichen Vereinbarung hingegeben haben mochten. Sie schwand
endgültig, als das Lager am Abend oder in der Nacht zum Sonntag in
Alarmbereitschaft gesetzt wurde.

2. Die Schlacht bei Frankenhausen

Am Sonntag (14. Mai) kam es zur ersten Feindberührung. Philipp
von Hessen war mit Herzog Heinrich von Braunschweig „uf samstag
[13. Mai] gegen obent zu Saltz usgezogen, dieselbe nacht und tag biß
umb den mittog gereist und den nehesten noch Franckenhaußen zu,
do wir 6 meil hien gehapt"[128]. Ein Spähtrupp, „etlich schutzen ungeverlich umb dreißig pferde", war zur Erkundung vorausgeschickt, der
„uf sontag Cantate ganz fruhe fur Franckenhußen gehalten"[129]. Er
hatte sich offenbar zu weit vorgewagt, geriet in ein „scharmutzel" mit
den Bauern, die „mit zweien fenlein" gegen sie ausgerückt waren, konnte
sich aber ohne nennenswerte Verluste auf beiden Seiten wieder von ihnen
lösen[130]. Der „uf 150 oder 200 pferde" verstärkte Erkundungstrupp
hielt sich jetzt in Sichtweite und beobachtete im offenen Gelände nur,
was auf der Seite der Aufständischen geschah: „Haben sie sich über
6000 stark herruß ins felt an der stat getan, iere wagenburg gemacht
und schlangen und sunst geschutz bei ienen gehapt, nach den unsern
geschoßen, do sie auch etlichen pfertschaden, aber nichts sonderlichs
genommen."[131] Zu ernsthaften Kampfhandlungen ist es an diesem Tage
nicht mehr gekommen. Philipp von Solms berichtet weiter: „Do wir
ober mit dem geschutz und rechten zeug kemen, haben wir uns nicht
sehen laßen wollen und in rait funden, das wir die ganzen nacht und

---

[127] Ebd. S. 282.   [128] Ebd. S. 308. Bericht Philipps von Solms.
[129] Ebd. S. 308.
[130] Vgl. dazu den Bericht von Hermann Gyßen an seinen Vater (ebd. S. 310).
[131] Ebd. S. 308.

tag gezogen und pferde und kriegsvolk ganz mude gewest und das schutzenfenlein biß gegen obent gegen ienen holten laßen und wir unser lager ein halbe meil davon geschlagen."[132] Dem widerspricht allerdings der Brief Melchiors von Kutzleben an Herzog Georg vom 14. Mai: „Es haben meine g.h. von Braunschwigk und lantgraff von Hessen in dieser stund als umb 10 schlege zwene vom adel zu mir geschigkt und anzaigen lassen, das ir f.g. heut umb acht schlege die stadt Franckenhau-ßen mit 800 geruster pferde und 3000 fueßvolks berant und gedenken sich davor zu lagern, darauf von mir begert, E.F.G. solchs in der eile zu verbottschaffen, als ich hirmit tu, gantz undertanig bittende, E.F.G. wollen hochgedachten m.g.h. in harter eile vor Franckenhaußen zuziehen, darmit die loßen buben, so darinne erhalten, nicht von abhanden komen mochten."[133] Es ist die einzige Quelle, die von einem „Großangriff" am Sonntagmorgen etwas wissen will und dazu herhalten muß, von einer „unangenehmen Schlappe"[134] der Fürsten und einem „Erfolg der Aufständischen"[135] zu reden. Ich halte jedoch die Angaben des unmittelbar beteiligten Grafen von Solms, der „von allen Berichterstattern zuerst vor Frankenhausen gewesen zu sein [scheint]"[136], für glaubwürdiger als die Wiedergabe der „Anzeige" der beiden Fürsten durch den Sangerhäuser Amtmann. Dieser hat die Dinge augenscheinlich durcheinander gebracht, hat aus dem „Scharmützel" das „mit 800 geruster pferde und 3000 fußvolks berant" gemacht, was tatsächlich nichts anderes war als eine Benachrichtigung Herzog Georgs erstens über die Stärke der anrückenden hessisch-braunschweigischen Streitmacht und zweitens über die Absicht des Landgrafen, sofort gegen Frankenhausen vorzugehen und „sich davor zu lagern". Aus dem Solmschen Bericht geht m. E. eindeutig hervor, daß und warum man dann doch davon abkam, möglicherweise durch die Meldungen des Erkundungstrupps über die Stärke und Bestückung des Frankenhäuser Haufens dazu veranlaßt. Man legte sogar Wert darauf, die eigene Stärke den Bauern nicht vorzeitig zu verraten, sicherte sich durch „das schutzenfenlein biß gegen obent" vor Überraschungen und nahm dann, nachdem das Lager bezogen war, auch das „Fenlein" noch zurück.

Es bestand also in der Stadt kein Grund, einen Sieg zu feiern und sich optimistischen Erwartungen hinzugeben. Wohl mochte man erleichtert sein, daß ein starker Angriff, mit dem man am Morgen gerechnet hatte, nicht erfolgt war; sicherlich traf für manche anfänglich zu, was Philipp von Solms vermutete: „Haben sich die pauern, das unser nicht

---

[132] Ebd. S. 308.
[133] Ebd. S. 284.
[134] Baerwald, S. 51.
[135] Bensing, M. u. Th., S. 219.
[136] Ebd. S. 217 Anm. 14. Bensing fährt fort: „Sein Bericht über die Ereignisse am 14. Mai ... besitzt deshalb den größten Quellenwert"!

meher geweßen und gegen uns zu siegen vermut."[137] Müntzers Predigt
tat das Ihre, die Hoffnungen zu beleben. Hans Hut hat die Predigt,
die er an diesem „sontag, als am montag die pauern geschlagen worden
wern", von ihm gehört hatte, nicht vergessen und hat in seinem Bekenntnis Ende November 1527 als ihren Inhalt angegeben: „Got der
allmechtig wolte jetzo die welt reinigen und hette der oberkait den
gewalt genomen und den den undertannen geben. Da wurden si schwach
werden, wie si dann schwach wern, und si, die oberkaiten, wurden bitten,
aber si solten inen kainen gelauben geben, dann si wurden inen kain
glauben halten, und got were mit inen, dann die pauren hetten an
ainem jeden fenlin ain regenbogen gemalt gefuert. Hette der Mintzer
gesagt, das were der bund gottes. Und als der Myntzer den pauren
obgemelter massen drei tag nachainander gepredigt, were allwegen ain
regenbogen am himel umb die sonen gesehen worden. Denselben regenbogen der Myntzer den pauren gezaigt und si getrost und gesagt, si
sehen jetzo den regenpogen, den bund und das zaichen, das es got mit
inen haben wolt. Si solten nur hertzlich streiten und keck sein. Und er,
Hut, hab den regenbogen auch gesehen."[138] Es war ein erneuter kräftiger Appell an seine Hörer, ihre Zuversicht allein und unbeirrt auf
Gottes Beistand zu setzen, der jetzt die Welt reinigen wolle und der
Obrigkeit die Gewalt schon genommen hat. So sicher ist er sich des
göttlichen Eingreifens, daß er erneut davor warnt, der Obrigkeit mehr
zu vertrauen als Ihm und ihr nachzugeben, wenn sie jetzt, von Gott
geschlagen, kommt, unter trügerischen Versprechungen um Frieden zu
bitten. Das ist jetzt die eigentliche, die wirkliche Gefahr, gar nicht so
sehr der Kampf! Geschickt nutzte er die „göttliche Bestätigung und
Bekräftigung" seiner Worte aus, daß zur gleichen Zeit „allwegen ain
regenbogen am himel umb die sonen gesehen worden"[139], um diese
Erscheinung am Himmel mit dem Regenbogen im Fähnlein der Bauern
in einen bedeutungsvollen Zusammenhang zu bringen: Es war „das

---

[137] AGBM II, S. 308.   [138] Ebd. S. 897.

[139] Nach den Angaben von Wattenberg handelt es sich zwar nicht um einen
„Regenbogen", wohl aber um eine der gar nicht so seltenen „Erscheinungsformen
aus der atmosphärischen Optik, die als Halo bezeichnet werden, in alten Schriften
aber vielfach als ‚Regenbogen' beschrieben sind" (S. 3). Daß dieselbe Erscheinung
am 15. Mai auch bei Würzburg beobachtet wurde (nach Fries I, S. 239 f.), ist durchaus
möglich, da „Halo-Erscheinungen häufig über weite Gebiete hinweg am gleichen
Tage sichtbar [sind], was nicht immer zu besagen braucht, daß dies auch für dieselbe
Stunde zutreffend wäre" (S. 17). Schließlich „sind Halo-Erscheinungen häufiger mit
großer Eindruckskraft mehrere Tage hintereinander gesehen worden" (S. 18), so daß
kein Anlaß vorliegt, das von Hut angegebene Datum für die von ihm gehörte
Predigt („am sontag, als am montag die pauern geschlagen worden wern") im Sinne
Bensings (M. u. Th., S. 225) zu korrigieren.

49 Elliger, Müntzer

zaichen, das es got mit inen haben wolt"[140]. Es wäre nicht verwunderlich, wenn es nach der ersten „erfolgreichen Abwehr" des Gegners und auf Grund des wunderbaren Himmelszeichens Müntzers Beredtsamkeit an diesem Tage gelungen wäre, die Bauern mit mehr Zuversicht zu erfüllen oder wenigstens die Hoffnung auf einen guten Ausgang des Zuges zu beleben. Doch: wie lange? Man hatte kaum unterlassen, noch am Nachmittag das hessisch-braunschweigische Lager zwischen Rottleben und Bendeleben zu rekognoszieren, und ebenso bis zum Abend wahrscheinlich erfahren, daß auf der anderen Seite Herzog Georg mit seinem verbündeten Zuzug im Laufe des Tages in Heldrungen eingetroffen war. Man hatte es also doch mit einem stärkeren Gegner zu tun, als man am Morgen angenommen hatte? Es konnte gar nicht ausbleiben, daß mancher Müntzers Reden jetzt anders aufnahm als noch vor ein bis zwei Wochen, da Grafen und Herren sich widerstandslos den Forderungen der Aufständischen gefügt hatten. War es nicht doch eine kurzschlüssige Fehlentscheidung gewesen, das Verhandlungsangebot Albrechts von Mansfeld so brüsk abzulehnen? Die Quellen lassen über die Stimmung im Haufen am Abend vor der Schlacht nichts verlauten; oder sollten derartige und noch härtere Fragen so gänzlich unterblieben sein, auch wenn sie nicht laut gestellt werden konnten — durften?

Am Montag „haben sich die paurn jensit die stat uf die ander seiten uf einen hohen berg nahe an die stat fruhe fur tage in iere ordnong geton, ein wagenburg umb sich gemacht, iere gut geschutz bei sich gehapt"[141]. Die Stellung auf dem Hausberg bot ihren Verteidigern zunächst manche Vorteile. Sie konnten von dort aus nach drei Seiten hin das offene Tal einsehen und die Bewegung des Gegners beobachten; sie erschwerten ihm zudem den Einsatz seiner überlegenen Artillerie und seiner starken Reiterei. Die Fürsten hatten, wie es scheint, nicht damit gerechnet, daß die Bauern das Schwergewicht ihrer Abwehr aus der Stadt auf den Berg verlegen könnten, fanden sich jedoch schnell in die neue Situation und richteten ihren Angriffsplan darauf ein. Dadurch schob sich der Beginn der Kampfhandlungen freilich etwas hinaus. Zunächst, so setzt Philipp von Solms seinen Kampfbericht fort, „seint wir uf die ander seiten ins frei felt gezogen. Haben sie zum ersten uber die statt here vasten zu uns geschoßen, aber nichts troffen. Do haben wir biß umb zwolf horen gehalten, auch biß unser geschutz und gereitschaft komen, wie wir sie angriffen sollen, rait gehapt. Dan sie ein vast guten furteil ingehapt und darnach im rat funden, das wir den nehesten zu beden seiten umb die stat here zu ienen gezogen, unser geschutz mit gutem rait den berg hienauf bracht..."[142]. Die Vereinigung der von

[140] AGBM II, S. 897.   [141] Ebd. S. 309.
[142] Ebd. S. 309. Die von Bensing, M. u. Th., S. 218 entworfenen Schlachtenskizzen

Westen und Südosten heranziehenden feindlichen Truppen vollzog sich buchstäblich unter den Augen der Aufrührer, die also das gesamte Aufgebot der Fürsten vor sich sahen und verfolgen konnten, wie sich der Ring um sie schloß. Jetzt begriffen auch viele, die sich bisher gegen Vereinbarungen mit den Fürsten ausgesprochen hatten, den Ernst der Situation und suchten der drohenden Gefahr eines Blutbades noch zu begegnen. Es klingt nicht unglaubwürdig, was „zweene berggesellen...", die im lager gewest", nach ihrer Freilassung dem mansfeldischen Kanzler Rühl erzählt haben: „Als die herren, erstlich herzog Heinrich von Braunschweig und der landgraff auf der seiten nach Mühlhausen war fürkommen, habe er [Müntzer] das volk ermahnet, fest zu stehen. Da kahmen ihnen die von Mühlhausen zu hulfe, dergleichen auf der andern, da kahmen die von Nordhausen. Ist im lager immer umher geritten, hefftig geschrieen, sie sollen gedenken an die kraft gottes, das wären die, die ihnen zu hülfe kähmen, sollen sich die kraft gottes bewegen laßen, und hievor alle wege getröst. Wenn sie vor Heldrungen kähmen, würde kein stein auf dem andern bleiben, würden alle, die darinnen wären, auch die steine vor ihnen weichen...".[143] Die von Müntzer hier vielleicht für einen kurzen Augenblick erweckte Hoffnung wandelte sich schnell in eine um so größere Enttäuschung, als sich die „Hilfe" als das feindliche Heer entpuppte. Wagte sich nunmehr doch angesichts des Aufmarsches der gegnerischen Streitkräfte das Verlangen nach einer „Friedensaktion" hervor, dem dann auch im Ringe entsprochen wurde[144]?

Bensing stellt die These auf, der erste gleichsam offizielle Schritt zu Verhandlungen zwischen den beiden gegnerischen Lagern sei durch Phi-

---

erscheinen mir zutreffend und geben ein klares Bild der Situation, abgesehen vielleicht von dem Weg, den er die Artillerie nehmen läßt.

[143] Ebd. S. 378; Johann Rühl im Brief an Luther vom 26. 5. 1525 (WA Briefe II, S. 510,24—33).

[144] Peter Wilde will freilich schon am Sonntagabend Müntzer zu einer Bittschrift an die Fürsten aufgefordert haben. Er schreibt am 13. 12. 1534 an Graf Heinrich zu Schwarzburg: „... uf den sontag vor der slacht uf den abent, do der lantgraffen zu Hessen in Bendeleben gezogen, do die aufrorischen heubtleude das meren teil hinwegkgezogen, do bin ich in der stoben gewesen und Muntzern gebeten, er wolt ein vorscrift an den lantgraffen zu Hessen vor die armen lute zu Frankenhaussen scriben, das sie sollicher sache das merenteil unschuldig. Aber Muntzer wolt solliches nit tuen" (AGBM II, S. 933). Bensing schenkt, wie es scheint, dieser Bemerkung bei aller vorsichtigen Zurückhaltung doch wohl mehr Glauben, als sie verdient; m. E. besagt die Äußerung, „do die aufrorischen heubtleude das meren teil hinwegkgezogen" auch nicht, „daß diese Hauptleute ihre Stellung im Haufen verlassen hätten" (Bensing, M. u. Th., S. 221); vielmehr will Wilde im Zusammenhange der „Siegelaffäre" darauf verweisen, daß er allein mit Müntzer „in der stoben" war, als er Müntzer die Bitte vortrug und dann bei dieser Gelegenheit, als die andern nicht mehr zugegen waren, auch „das segl uf deme tische [nam] und sagte, ich wolte es uf den morgen den rade zu beworen obberantworten".

lipp von Hessen erfolgt[145]. Er beruft sich auf die Darstellung, die Wigand Lauze von den Vorgängen vor der Schlacht gegeben hat: „Es schickte auch des [Sonntags-!] abends noch der Landgraue etliche an die Bawren, vnd ließ Inen ansagen. Da [= wo, wenn] sie sich auff gnad vnd vngnad ergeben, vnd die haupt leuthe vberliffern wolten, wolte er verschaffen helffen bei Iren Oberherren das Inen gnade widerfharen solte."[146] Doch soll nun nicht der Landgraf der eigentliche Initiator dieser Aktion gewesen sein. „Der Wortlaut des Schreibens weist eindeutig aus, daß auf ein Gesuch aus dem Lager geantwortet wurde, das aber unmöglich von den revolutionären Kräften ausgegangen sein kann. Möglich ist allerdings eine heimliche Kontaktaufnahme durch gemäßigte Kräfte im [= wie?] Winter, Hake und Wilde. Sie hatten den zeitweiligen Optimismus der Aufständischen nicht geteilt."[147] Die Möglichkeit, „daß sie am Abend des 14. Mai eigenmächtig Verhandlungen mit dem Landgrafen aufgenommen haben"[148], ist grundsätzlich gewiß nicht von der Hand zu weisen, aber sie bleibt eine reine Vermutung und kann sich jedenfalls nicht auf die Angaben Lauzes stützen, dessen Darstellung des Verhandlungsablaufes offensichtlich falsch ist[149]. Er ist bemüht, den Großmut Philipps hervorzuheben, der von sich aus als erster den Versuch macht, durch ein Friedensangebot an den Haufen ein großes Blutvergießen zu verhindern und, als dieser sich auf die gestellten Bedingungen nicht einläßt, mit den anderen Fürsten zusammen das Angebot sogar noch einmal wiederholt, das die Bauern dieses Mal mit der Ermordung des Überbringers beantwortet haben sollen, „welches den Adel fast vbel verdrossen, das dornach bej Inen kein gnad mehr zuspuren gewesen"[150]. Bensing ignoriert das apologetische Bemühen Lauzes, um einen weiteren Beleg für die verräterischen Umtriebe der „gemäßigten Kräfte" zu gewinnen, und überspielt auf diese Weise den am Morgen des Schlachttages immer stärker unter den Bauern um sich greifenden Unmut über das Vorhaben der radikalen Kräfte, sich gegen die Fürsten zur Wehr zu setzen. Die von ihm aufgestellte These ist jedoch unhaltbar. Die

---

[145] Bensing, M. u. Th., S. 221. [146] Lauze, S. 99.
[147] Bensing, M. u. Th., S. 221. [148] Ebd. S. 221.

[149] Vgl. im folgenden den Gang der „Verhandlungen", dessen Anfang durch den Brief Philipps an den Erzbischof von Trier m. E. hinreichend gesichert ist. Es ist nicht einzusehen, warum der Landgraf den von Lauze berichteten ersten Schritt zu einem „friedlichen Abkommen" mit den Bauern verschwiegen haben sollte. Lauze hat augenscheinlich die Reihenfolge der beiden ersten Schreiben vertauscht und den Text gekürzt, so daß erstens der Antwortcharakter des am Montagmorgen geschriebenen Briefes Philipps nicht mehr zu erkennen, zweitens von „Blutvergießen" in dem Schreiben der Bauern gar nicht, vielmehr erstmals in dem zweiten Schreiben von fürstlicher Seite die Rede ist, drittens der Name Müntzers überhaupt nicht erwähnt wird.

[150] Lauze, S. 99 f.

Verhandlungen liefen nicht so an, daß eine Verschwörergruppe heimlich mit dem Landgrafen in Verbindung trat und ihn zu einem „Friedensangebot" am Sonntagabend veranlaßte, auf das dann, nachdem „desselbigen brieffs einhalt fur der offentlichen gemeine gelesen", vom Haufen eine „antwort gegeben worden"[151]. Vielmehr ist eben „diese antwort" in Wahrheit der erste Schritt zu den „Verhandlungen" gewesen, den die Aufrührer von sich aus getan und durch den sie das Ultimatum der Fürsten erst herausgefordert haben.

Es läßt sich kaum ernsthaft in Zweifel ziehen, daß Müntzer die deprimierende Wirkung nicht gleichgültig hinnahm, die der Anblick der aufmarschierenden feindlichen Truppenmassen am Montagfrüh auf den Haufen ausübte. Das Verlangen nach dem Bemühen um eine friedliche Lösung, bevor es zu einem blutigen Zusammenstoß kam, war unüberhörbar geworden; aber wie konnte der Prediger ihm entsprechen, ohne sich und seiner Sache etwas zu vergeben? Müntzer sah eine Möglichkeit nur in einem demonstrativen Akt, den er selbst als eine letzte im Namen und Auftrage Gottes gestellte Aufforderung an die Fürsten verstand, sich dem göttlichen Willen endlich zu beugen, und der zugleich doch dem Begehren der glaubensschwachen Bauern Rechnung trug, auf einen friedlichen Ausgang ihres Unternehmens bei den Fürsten hinzuwirken. Das war in seinen Augen kein trügerisches Manöver nur, sondern eine durchaus ernstgemeinte Aktion, zu der er sich in dem gerade in diesen Tagen so stark betonten Glauben, daß bei Gott kein Ding unmöglich sei, ehrlich bereit finden konnte. Aus dieser Haltung heraus will die kurze bündige Erklärung nach ihrem ganzen Tenor begriffen werden, die am frühen Morgen des 15. Mai aus dem Lager der Aufständischen an die Fürsten geschickt wurde: „Wir bekennen Jesum Christum. Wir sind nicht hie, yemant was zu thon, Joannis am andern, sondern von wegen götlicher gerechtikeit zu erhalten. Wir sind ouch nit hie von wegen blut vergiessung. Wolt ir das ouch thon, so wöllen wir euch nichtzit thon. Darnach hab sich ein yeder zu halten."[151a] Man muß 1. Johannes 2 vom ersten bis zum letzten Verse lesen und Müntzer dabei als Dolmetsch mithören, um den Appell recht zu verstehen. Sehr bewußt steht das gewichtige „wir bekennen Jesum Christum" am Eingang. Das ist das Fundament, auf dem die Bauern stehen, die Norm, die ihr Verhalten bestimmt, der Grund, der sie zum Handeln treibt, gerade hier und heute („Kinder, es ist die letzte Stunde", V. 18)! Sie sind nicht Menschen zuliebe oder zuleide in Bewegung, „sondern von wegen götlicher gerechtikeit zu erhalten". Das heißt, sie sind ausgezogen, um der Gottes Willen und Gebot entsprechenden Gerechtigkeit hier unter den Menschen Geltung zu verschaffen und bleibende Gültigkeit zu sichern,

[151] Ebd. S. 99.   [151a] Franz, MG, S. 472,7—11.

aber nicht um blutige Gewalt zu üben. Unausgesprochen steht hinter jedem der Sätze ein anklagendes „Und ihr?", als dessen Sinn der Vorwurf unchristlichen Verhaltens dem biblischen Texte unschwer zu entnehmen war. Der Schlußsatz, „darnach hab sich ein yeder zu halten", besagte also: wollt ihr Christen sein, dann bekennt euch zu der göttlichen Gerechtigkeit, für die wir uns um unseres Bekenntnisses zu Christus willen einsetzen und laßt es nicht zu einem Blutvergießen kommen. Kein Wort von Verhandlungen, kein Gedanken an eine Kapitulation, nur die Erklärung eines Gewaltverzichtes, wenn sich die andere Seite zu dem gleichen christlichen Verhalten schlechthin bereit findet. Niemand anders als Müntzer hat das Schreiben formuliert[152]; es ist unwesentlich, ob es allein seiner Initiative entsprang, oder ob er dem Drängen nach einer „Friedensaktion" nachgekommen ist. In beiden Fällen kam für ihn nur eine letzte, im Ausdruck nicht so provozierende Mahnung an die Fürsten zur Einkehr und Umkehr in Betracht. Er zeigte seinerseits keine Bereitschaft zu irgendwelchem Entgegenkommen in der Sache, und somit war klar, was nach seiner Meinung nunmehr zu geschehen habe, nämlich, daß die Fürsten die ihnen nahegelegte Konsequenz zogen und das Feld räumten.

Philipp von Hessen hat die Intention des Schreibens richtig erfaßt, wenn er als dessen Inhalt angab, „wie sie Christum erkannten, wie [= wenn] wir den auch erkennen, und uns irem vornemen gemeß halten, wulten sie uns nichts tun"[153]. Hatte er schon in der Besetzung des Berges als Bekundung „der halssterigen meinonge und vorhabens, sich gegen uns in die gegenwehr zu setzen"[154], reinen Wahnwitz gesehen, so war das Ansinnen der Empörer, auf ihre Ideen einzugehen und klein beizugeben, für ihn erst recht unsinnig und gar nicht diskutabel. Andererseits gab es ihm vielleicht zu denken, daß die Bauern, „da sie nu die fendlein zu roß und fueß sahen"[155], doch noch den Versuch einer, wenngleich absurden Fühlungnahme machten. Man war auf seiten der Fürsten wohl nicht in Unkenntnis darüber, daß im Frankenhäuser Haufen trotz Müntzers Agitation der Unmut über die sture Weiterführung des aussichtslosen Unternehmens weiter schwelte. Was war dann von dem Schreiben zu halten? Die Fürsten beantworteten das darin vorgebrachte Ansinnen mit der Gegenforderung bedingungsloser Kapitulation, stellten aber zunächst gegenüber Müntzers erstem Satze den Sachverhalt von ihrem Standpunkte aus richtig: „Den brudern von Frankenhausen zu handen. Dieweyl ir euch aus angenomner untugent und vorfurischen

---

[152] Lauze, S. 99 gibt an, daß „diese antwort ... Johannes Deberant gestellet" und „ein kursseners knecht getragen" habe. Der Name ist uns sonst unbekannt; Deberant kann aber allenfalls nur der Schreiber gewesen sein.

[153] AGBM II, S. 305. Brief vom 16. 5. an den Erzbischof von Trier.

[154] Ebd. S. 305.   [155] Ebd. S. 305.

lere euers felschers des ewangelions vilfaltig wider unsern erlößer Jesum Christum mit mord, brand und manicherley mißbietung Gotes und sonderlich dem heiligen hochwirdigen sacrament und ander lesterung erzeyget, darumb sint wir, als die jhenen, denen von Got das schwert bevolhen, hie versamelt, euch darumb als die lesterer Gotes zu straffen."[156] Bensing nennt diesen Passus eine „langatmige Begründung ihres Feldzugs" und meint, sie „scheint in der Absicht gegeben worden zu sein, den Haufen zu spalten, die schwankenden Kräfte von Müntzer zu trennen"[157]. So zutreffend diese Vermutung sein dürfte, so läppisch ist die Kennzeichnung des Satzinhaltes als Begründung ihres Feldzuges. Es war, wie schon gesagt, die absichtsvolle Entgegnung auf Müntzers Eingangssatz, die mit verständlichen Aussagen und nüchternen Urteilen diejenigen ansprechen wollte, die nicht dank der Hand in Hand gehenden terminologischen und ideologischen Verkrampfung unansprechbar geworden waren: was da die Bauern als Bekenntnis zu Jesus Christus ausgaben, war in Wahrheit eine Verleugnung Christi; sie hielten sich nicht an das Evangelium, sondern folgten in ihrem gotteslästerlichen Reden und Handeln der verführerischen Lehre eines Fälschers des Evangeliums usf. Noch ohne den Namen zu nennen, wird Müntzer hier als der große Verführer und als der eigentlich Schuldige bezeichnet. Nur entschuldigt das die Verführten nicht; denn sie sind ebenfalls straffällig geworden und müssen daher als Gotteslästerer von der Obrigkeit, der von Gott das Schwert befohlen ist, zur Rechenschaft gezogen werden. Der Satz war betont hart, ein scharfer Schreckschuß; ihr seid schuldig und darum strafwürdig! Dann wurde freilich der großen Mehrheit die Aussicht eröffnet, ohne strenge Bestrafung davonzukommen: „Aber nichts des weniger aus christlicher lieb und sonderlich, das wir dafuer halten, das manich arm man bößlich darzu verfurt, so haben wir bey uns beschlossen: Wue ir uns den falschen propheten Thomas Montzer sampt seynem anhange lebendig heraus antwortet, und ir euch in unser gnad und ungnad ergebet, so wollen wir euch dermassen annhemen und uns dermassen gegen euch erzeygen, das ir dannocht nach gelegenheit der sachen unser gnad befinden sollet."[158] Der Vorschlag war klug berechnet und geschickt formuliert. Erstens zeigte er Bereitschaft zum Entgegenkommen und stellte großmütige Milde in Aussicht; er berücksichtigte als Milderungsgrund die Leichtgläubigkeit der Bauern wie den auf manchen ausgeübten Druck zum Mitmachen. Zweitens waren die Kapitulationsbedingungen zwar hart, erschienen jedoch den Fürsten unerläßlich, um dem Aufruhr endgültig ein Ende zu bereiten. Drittens wahrte man uneingeschränkt den obrigkeitlichen Standpunkt, berührte

---

[156] Franz, MG, S. 472,12—18.   [157] Bensing, M. u. Th., S. 225.
[158] Franz, MG, S. 472,18—473,5.

die brennenden Probleme, um die es den Bauern im Aufstand gegangen war, überhaupt nicht und verhieß den Kapitulanten in völliger Unverbindlichkeit lediglich, daß sie „nach gelegenheit der sachen" Gnade finden würden. Man ließ schließlich dem Haufen keine Zeit zu langen Überlegungen: „Begern des euer eylent antwort."[159]

Nach den Angaben eines Augenzeugen wurde das Schreiben der Fürsten vor den Bauern verlesen[160], vermutlich in einer Versammlung im Ringe, deren Teilnehmerzahl naturgemäß begrenzt war. Folgt man dem „Glaubwürdigen Unterricht", ist Müntzer nach der Verlesung vorgetreten und hat gefragt, „ob sie das thon / vn ine ubergeben wolten"? „Haben sie all geschrien Nein / nein / Wir wöllen dot vn lebend / bei einand bleiben."[161] Ich sehe keinen stichhaltigen Grund für den hyperkritischen Zweifel an einer Treuekundgebung für den Prediger, mag sie auch in der Kanzlei Herzog Georgs etwas zurechtgestutzt sein, um die „Besessenheit" der Aufrührer hervorzuheben und damit das spätere harte Vorgehen gegen sie als berechtigt erscheinen zu lassen[162]. Man kann fragen, ob Müntzer selbst sie herausgefordert hat und wieweit sie nur das Votum seiner sich lautstark durchsetzenden radikalen Parteigänger, zumal seines ebenfalls von der Auslieferung bedrohten Anhanges darstellt. An der Ablehnung einer Auslieferung Müntzers im Ringe kann kein Zweifel sein. Wie es scheint, hat einer der Adligen aus der Begleitung Wolfs von Stolberg, der sich ja beim Haufen befand, nämlich Kaspar von Rüxleben, den Fürsten das Nein übermittelt[163]. War das jedoch alles, was man zur Antwort gab? Rüxleben brachte nach den Angaben des „Glaubwürdigen Unterrichts" eine Erwiderung der Fürsten ins Bauernlager mit zurück, nämlich erstens „daz sie inen gern gnad erzeigen wolten"[164], aber zweitens darauf bestanden, „anderst nit dann laut des obgemelten ires brieffs / vn daz sie inen Thomas müntzer vor allendingen lebendig über antworten solten"[165]. Daraus könnte man schließen, daß der Emissär des Haufens noch gewisse Vollmachten hatte zu sondieren, ob nicht doch auch ohne eine Auslieferung Müntzers ein gangbarer Weg gefunden werden könnte, eine blutige Auseinandersetzung zu vermeiden. Das wäre allerdings ein erster ernsthafter Schritt zur offiziellen Verhandlungsbereitschaft gewesen, der aber nur im Einverständnis mit Müntzer oder hinter seinem Rücken hätte erfolgen können. Die Fürsten ließen sich jedoch nicht erweichen und blieben bei ihrer ersten schriftlich gegebenen Erklärung. Sie rechneten wahrschein-

---

[159] Ebd: S. 473,5.   [160] Lauze, S. 99.

[161] Glaubwürdiger Unterricht, S. B II.

[162] Zum Quellenwert des „Glaubwürdigen Unterrichts" vgl. Steinmetz, S. 89—95.

[163] Glaubwürdiger Unterricht, S. B II.

[164] Ebd. S. B II.   [165] Ebd. S. B II.

lich nunmehr kaum noch mit einer Kapitulation der Bauern und setzten nach weiterer Beratung ihre militärischen Operationen fort, und zwar „dieweil man mit dem reisigen zeüg nit an sie kumen möcht / erstlich mit dem geschütz uß irem lager treiben / vnd darnach zu roß vnd zu fuße an greiffen wolt"[166].

Im Lager der Aufrührer war man um eine Hoffnung ärmer geworden, und die nachlassende Bereitschaft, sich dem Gegner zum Kampfe zu stellen, wurde einer neuen Belastungsprobe ausgesetzt. Müntzer ist die Unruhe nicht entgangen; er hat ihr erneut entgegenzuwirken versucht, nicht etwa in dem Bewußtsein, daß er die Schuld an diesem Dilemma trage oder weil er um sein Leben gebangt hätte; derartige Anwandlungen sind ihm wohl am wenigsten in diesem Augenblick gekommen. Er war bis in den letzten Winkel seines Herzens hinein von der Gewißheit des göttlichen Beistandes erfüllt und von dem Siege der Erwählten über die Widersacher felsenfest überzeugt. Er konnte gar nicht anders handeln als es dem Gottesknecht aufgegeben war; er wurde vom Geiste getrieben zu predigen, vielleicht nur ein- oder zweimal in längeren Reden im Ringe, zumeist in kurzen Ansprachen vor größeren Ansammlungen oder kleinen Gruppen, wo immer er Gelegenheit dazu fand[167]. Unermüdlich beschwor er in diesen Stunden in enthusiastischer Steigerung seiner Rede den Geist der Stärke und der Kraft Gottes, riß er seine überzeugten Anhänger mit sich fort, beeindruckte er die von Furcht und Hoffnung hin- und hergerissenen, schwankenden Bauern. Der Hinweis auf das Zeichen des „Regenbogens", das auch am Montag wieder am Himmel zu sehen war[168], fehlte sicherlich nicht. Jetzt mag er auch, den Sieg schon vorwegnehmend, mit deutlichem Bezug auf den von Gott seinem Volke vor Jericho geleisteten Beistand die bevorstehende Eroberung und Zerstörung Heldrungens angekündigt haben. Selbst in der vielkolportierten Erzählung, daß er gesagt habe, „er wolt alle pfeil vnd geschoß des widerteils in sein ermel vff fahen / vnd den vienden wider zu rück in ir gezelt treiben"[169], steckt wohl ein Wahrheitskern; denn auch die beiden Berggesellen berichteten Rühl: „Als aber der erste schuß angangen, der ist zu kurtz gewesen, hat er geschrieen: ich habe euch vor gesagt, kein geschüz würde euch schaden."[170] Was er aber

---

[166] Ebd. S. B II.

[167] Nach Johannes Rühl berichteten ihm die Berggesellen: „Ist im lager immer umher geritten, hefftig geschrichen, sie sollen gedenken an die kraft gottes..." (AGBM II, S. 378).

[168] Vgl. Huts Erklärung, „...als der Myntzer den pauren obgemelter massen drei tag nachainander gepredigt, were allwegen ain regenbogen am himel umb die sonen gesehen worden" (AGBM II, S. 897). Dazu Wattenberg, S. 18 ff.

[169] Glaubwürdiger Unterricht. S. B II

[170] AGBM II. S 378. — In dieser allgemeineren Wendung könnte eine ältere Fassung der Verheißung göttlichen Schutzes vor dem „geschütz" erkennbar werden,

auch im einzelnen gesagt haben mag, er bewegte sich mit seinen Deklarationen auf einer Ebene, auf der er von kritischen Einwänden überhaupt nicht erreichbar war. Nur wenige seiner Hörer konnten wohl ihren aufkeimenden Zweifel und ihr Mißtrauen ihm gegenüber ungebrochen aufrecht erhalten. Dieser Mann zweifelte weder an Gottes Willen, jetzt endlich die Welt zum Besseren zu verändern, noch an seinem Vermögen dazu. Bei Gott ist kein Ding unmöglich, ob es gleich aller menschlichen Vernunft widerspricht. Das hat er vor Zeiten an seinem Volke genugsam erwiesen, nicht zuletzt durch sein Eingreifen in den normalen Ablauf natürlicher Vorgänge; das kann und wird er ebenso heute und morgen für seine Erwählten tun, wenn er es für notwendig hält. Müntzer fragt nicht nach Zeichen und Wunder, um zu glauben; er ist im Glauben gewiß, daß Gott Wunder tut. Er fordert keinen Mirakelglauben im Stile der damals die frommen Gemüter faszinierenden, kirchlich sanktionierten Frömmigkeitspflege. Gott bestätigt vielmehr in seinem rational nicht zu begreifenden Tun von sich selbst aus seinen Anspruch, seinen Willen und sein Vermögen, der alleinige, absolute Herr zu sein. Wer im ganzen Haufen wollte schon solchem eindringlichen Appell an den „unüberwindlichen Christenglauben" widersprechen?

Sofern sich die Bauern tiefere Gedanken über den Sinn und Zweck ihres Unternehmens machten, stimmten sie den reformatorisch-reformerischen Ideen Müntzers zu. Eine in sachlichen grundsätzlichen Erwägungen gründende Opposition gab es nicht, und die trotz allen Kirchenschändungen und sakrilegischen Freveln dem wunderhaft Übersinnlichen offene religiöse Mentalität war auch der Gestalt dieses Predigers gegenüber zumindest nicht ganz frei von einer gewissen Befangenheit. Was im Munde eines „gewöhnlichen Menschen" vielleicht nur als phantastische Übertreibung gegolten hätte oder nicht ganz ernst genommen worden wäre, erhielt in der Rede des vom Geiste Gottes erfüllten Mannes eine bezwingende Kraft. Der Dämonie seines „begeisteten Wortes" konnte sich schwer entziehen, wer sich erst einmal von der sehnenden Erwartung eines nach Gottes Willen geordneten, Freiheit und Gerechtigkeit des Menschen verbürgenden christlichen Gemeinwesens hatte erfüllen lassen. Und dennoch: zu der gleichen Zeit, da Müntzer so siegessicher zum Durchhalten rief, konnte man die Bewegungen der gegnerischen Truppen verfolgen und sah man sie ihre Geschütze in Stellung bringen. Der Angriff der Fürsten konnte nicht lange mehr auf sich warten lassen. Es war nicht so, wie Müntzer es wiederholt vorausgesagt hatte, daß sie mutlos und verzagt sein und um Frieden betteln würden. Noch waren sie es, die unnachgiebig harte Bedingungen stellten und —

---

die dann höhnischer Spott erst zu der gängigen Version von Müntzer als „Kugelfang" pervertiert hat.

allein an der Person des Predigers sollte es womöglich scheitern, daß ein großes Blutvergießen vermieden wurde? Die Angst um Leib und Leben, der allzu menschliche Selbsterhaltungstrieb wehrte sich gegen diese Entscheidung. Aber wer wagte es, sich Mangel an „wahrem Glauben" und „rechter Gottesfurcht" vorwerfen zu lassen, wer als Verräter der Sache Gottes und seines Volkes gebrandmarkt zu werden? Wer wagte sich, insbesondere nach jener Treuekundgebung, an Müntzer selbst heran? Auf diesem Hintergrunde ist es seltsam genug, daß noch von einer dritten Gesandtschaft der Bauern berichtet wird, und zwar eben in Verbindung mit der Tatsache, daß sie sich von allen Seiten eingeschlossen sahen und den Angriff erwarteten. „Da seint graff wolff von Stolberg sampt etlichen Edeln von den bawern / zu den fürsten kumen" und haben erklärt, „daz die bauern den müntzer in keiner weg übergeben wolten / er würd dan zu vorn überwunden"[171]. Einzig der „Glaubwürdige Unterricht" bietet diese näheren Angaben, ist aber wohl gerade dadurch glaubwürdig, daß er die Bauern einen ganz neuen Vorschlag unterbreiten läßt: eine Disputation mit Müntzer soll die Entscheidung herbeiführen. Es war m. E. ein Erbieten des Predigers selber, der sich herausgefordert sah, in letzter Stunde, bevor es noch zu einem Blutvergießen gekommen war, die Fürsten durch Gottes Wort zu überwinden, sie ihres unchristlichen Wesens und Vorhabens zu überführen und sie zu warnen, durch ihre Verstocktheit Gottes Zorn über sich heraufzubeschwören. Er war überzeugt, aus einer Disputation als Sieger hervorzugehen, allerdings vorausgesetzt, daß er, wie er es schon in der Auseinandersetzung mit Luther ständig gefordert hatte, seine Anhänger als kompetente und „stimmberechtigte" Teilnehmer mitbringen konnte. Darauf dürfte jedenfalls die Antwort der Fürsten deuten, „daz sie sich in kein disputation m i t i n e n o d e r m ü n t z e r begeben wolten"[172]. Es handelte sich bei der Mission des Stollberger Grafen nicht um ein mehr oder minder aufgabebereites „gnad begeren"[173], vielmehr um einen letzten Vorstoß, den Fürsten im mündlichen Austausch der beiderseitigen Argumente die von den Bauern vertretene Sache unwiderlegbar als im Einklang mit Gottes Willen stehend zu erweisen. Müntzer stand unerschüttert zu seinem Auftrag und blieb unnachgiebig. Die durch Hans von Werther[174] überbrachte Ablehnung auch dieses Ansinnens durch die Fürsten — Wolf von Stolberg wurde von Herzog Georg „gefendlich angenohmen"[175] und kehrte nicht zu den Bauern zurück — bedeutete das Ende der „Verhandlungen".

---

[171] Glaubwürdiger Unterricht, S. B II.　　　[172] Ebd. S. B II.

[173] So formuliert Wolf von Schönburg (AGBM II, S. 319); „zu gnaden nemen" schreibt Bleichenrod (ebd. S. 397).

[174] Zu „Hans von Werther" siehe Steinmetz, S. 93 Anm. 12.

[175] AGBM II, S. 319.

Bald darauf eröffneten die Geschütze der Angreifer das Feuer auf die Wagenburg. Alle Berichte von der „Schlacht"[176] stimmen darin überein, daß gleich die ersten Treffer eine heillose Verwirrung anrichteten. Ob Müntzer noch Gelegenheit fand, die ersten zu kurz liegenden Schüsse als Zeichen des göttlichen Beistandes „auszuschreien", mag dahingestellt bleiben[177]. Er hat der ausbrechenden Panik nicht Einhalt zu gebieten vermocht; ohne ernsthaften Widerstand zu leisten[178], suchten die Bauern ihr Heil in der Flucht, wurden aber in einem mörderischen Gemetzel zu Tausenden niedergemacht: haben unser Geschütz „in sie gheen laßen und den nehesten mit dem reisigen zeug und fueßvolk in sie gesetzt. Do haben sie kein stant mehr gestanden, sondern gelaufen und der stat begert. Haben wir gefolgt und den merer teil zwischen dem berge und stat erstochen, aber etlich viel seint hienein komen. Haben wir zu stond den storm an der statt auch angelaufen, dieselbe auch also in der ile erobert und alles, was ergriffen, erstochen"[179].

Als Grund für den völligen militärischen und moralischen Zusammenbruch des Haufens gaben die Besiegten alsbald den „hinterhältigen Verrat der Fürsten" an. Schon vier Tage später wußten die Mühlhäuser den fränkischen Bauern davon zu berichten: „In dem ist der landgrave von Hessen und seine mithelfer uber sie gezogen mit mechtigem volk und die armen bruder mit ainem vertragbrief beschickt, uf gestracke stunde, sobalt allen gepotten, das ain ieder sein gewere niderlegen solte zum zaichen, solchen fride und vertrag anzunemen, und sobalt in gutem fridglauben und stilstand erschossen, erstochen und ganz iemerlichen ermordet und verretterlich verkurzt..."[180] Zwei Tage später heißt es noch deutlicher: „...daselbst vom landgraven von Hessen und seinen mithelfern uberzogen, darnach ain brief fridens und sicherung an haufen abgefertigt, den krig damit unternomen[181] und ain stilstand furgewant. Uf das hat er ainen ieden sein gewöhr haisen von sich legen zum zaichen des fridens, welchs dan geschehen. Uber das in guttem fride und tagen stilstand, gutten glauben und versicherung, er die antwort der bruder erlesen, erschossen, uberrant und erstochen und gottesjemerlich getöttet..."[182] Die Rede von einem förmlich angetragenen und vereinbarten Waffenstillstand mit Ablegen der Waffen „zum zaichen des fridens, welchs dan geschehen", ist offenkundig frei erfunden, um dem Landgrafen einen Bruch der vereinbarten Waffenruhe vorzuwerfen und mit dem heimtückischen

---

[176] Man müßte freilich richtiger mit Schillers Worten sagen: „Ein Schlachten wars, nicht eine Schlacht zu nennen."

[177] Eine „Ansprache" ist undenkbar; allenfalls ein Zuruf, wie ihn die beiden Berggesellen berichten.

[178] Davon berichtet z. B. die Mühlhäuser Chronik, S. 191.

[179] AGBM II, S. 309 (Bericht Philipps von Solms).

[180] Ebd. S. 335.   [181] = unterbrochen.   [182] AGBM II, S. 344 f.

„Überfall" das Versagen des allzu vertrauensseligen Frankenhäuser Haufens zu erklären. Ideologische Parteilichkeit möchte sie freilich bis zum heutigen Tage nicht historisch-kritischer Einsicht opfern und zieht zur Bestätigung der von den Aufrührern gegebenen Erklärung auch den Brief Bleichenrods heran, der (nach dem 29. 5. 1525) an seinen Bruder schrieb: „Uf montag darnach haben die fursten uf nechste zu den purn gezogen. Da das die purn haben gesehen, haben sie grave Wolffen mit etlichen vom adel zu den fursten geschickt, daß sies wollen zu gnaden nemen. Da die fursten haben gesehen, daß grave Wolff us dem huffen komen ist, haben sie von stunden an ir geschutz lassen ind purn gon und haben sie uf der stund geschlagen."[183] Es handelt sich, wie der Schreiber, ein Stolberger Diener, selbst bemerkt, um eine recht summarische Information, „wie es hie mit den purn zugee"[184], die vornehmlich das Geschick der Stolberger Grafen berücksichtigt. So beschränken sich seine Angaben über die Schlacht bei Frankenhausen zur Hauptsache auf den jungen Grafen Wolf, d. h. auf die Mitteilung, daß die Fürsten das Feuer erst eröffnet hätten, als sie sahen, daß er mit seinen adligen Begleitern in Sicherheit war. Da Bleichenrod vorher berichtet hatte, daß die Bauern den Grafen beim Herannahen der Fürsten nicht haben „wollen zu inen lassen und muessen bi in bliben"[185], kam es ihm als treuem Stolberger Diener auf die Übermittlung der Nachrichten an, daß der junge Herr dank der Betrauung mit der Gesandtschaft doch noch im letzten Augenblick davongekommen sei. Er erzählt, was er von anderen gehört hat und deutet es in seiner Weise so, als habe die Feststellung, daß Graf Wolf mit etlichen vom Adel nicht mehr in der Gewalt der Bauern sei, die Fürsten dazu veranlaßt, nun unverzüglich ihren Angriff zu beginnen. Ganz ähnlich klingt die Anklage des Schwärmers in Agricolas „Nützlichem Dialogus": „Nu wolan ist das auch erlich von den Fursten vnd Herren / das sie vns drey stunde zu bedencken frist gaben / vnd doch nicht ein virteil stunde glawben hiellten, Sonder also baldt sie den Grafen von Stolberg mit etlichen vom Adell von vns zu sich brachten / do liessen sie das geschütz ynn vns gehen / vnd griffen vns also baldt an."[186] Hier wie dort ist der erklärte Grund für die Eröffnung des Kampfes derselbe, nur betont der Schwärmer geflissentlich den Vertragsbruch der Fürsten und „präzisiert" er im Zusammenhange damit das „von stunden an"[187] Bleichenrods. Die Rücksicht auf die im Bauernhaufen weilenden Adeligen hat jedoch die Entscheidung der Fürsten wohl am wenigsten beeinflußt; vielmehr haben sie anscheinend

---

[183] Ebd. S. 397.
[185] Ebd. S. 397.
[184] Ebd. S. 396.
[186] Dialogus, S. A III.
[187] Die Formel „von stunden an" bietet keine exakte Zeitangabe, ist jedoch durch „alsbald" sinngemäß wiedergegeben.

warten müssen, bis die Truppen, insbesondere die Geschütze die ihnen zugewiesenen Angriffspositionen eingenommen hatten, und das mag etwa um die Zeit erfolgt sein, als die Delegation mit Wolf von Stolberg in ihrem Lager eintraf. Über die Ablehnung des von ihm überbrachten neuen Vorschlages einer Disputation war man sich vermutlich sehr rasch einig, setzte die Bauern umgehend durch Hans von Werther davon in Kenntnis, wartete dessen Rückkehr noch ab und, nicht gewillt, sich noch länger hinhalten zu lassen, ließ man nun alsbald die Geschütze sprechen. Die Zeitspanne zwischen der förmlichen Absage und der Feuereröffnung ist nicht sonderlich groß anzusetzen, so daß man sich im Frankenhäuser Haufen auf dem Berge möglicherweise noch nicht allenthalben der bedrohlichen Situation bewußt geworden war, die durch den negativen Ausgang der letzten Aktion in verstärktem Maße wieder gegeben war. Man konnte aber nicht im Ernste erwarten, daß der Gegner Stunde um Stunde vergehen ließ, bis sich die Bauern zur Annahme der ihnen gestellten Bedingungen bereit finden würden. Die Fürsten hatten frühmorgens „eylent antwort" begehrt; daß sie dann mündlich noch eine befristete Waffenruhe angeboten hätten, die das „eylent" auf mehrere Stunden ausdehnte, ist von vornherein mehr als nur unwahrscheinlich. Inzwischen war es über dem dreimaligen Hin und Her fast Mittag geworden[188]; die Kapitulation der Bauern stand nicht zu erwarten; eine Entscheidung durch die Waffen war nach menschlichem Ermessen unvermeidlich geworden, und es war nicht abzusehen, wie lange sich der Kampf hinziehen würde; denn mit einem so überraschend schnellen Zusammenbruch der Bauern dürften die Sieger kaum gerechnet haben. Die Legende von Verrat, Vertragsbruch und Überfall der Fürsten sollte endlich als ein verstaubtes Requisit überholter Polemik abgetan sein und nicht mehr oder minder modifiziert und modernisiert aus ideologischen Gründen künstlich am Leben erhalten werden. Die Verantwortung der Bauernführer, auch und besonders Müntzers, für das tragische Fiasko des Thüringer Haufens bei Frankenhausen kann dagegen nicht bagatellisiert werden. Es ist keineswegs „unwesentlich", ob vor Frankenhausen ein regelrechter Waffenstillstand geschlossen worden ist, mit Niederlegung der Waffen und fester Zusicherung von Waffenruhe, wie es die Hilferufe der Mühlhäuser an die fränkischen Bauern und der „Nützliche Dialogus" behaupten[189]. Aber es ist — venia sit verbo — eine phraseologische Neuformung der Legende zu erklären: „Entscheidend ist vielmehr, daß die Fürsten die Gutgläubigkeit der Massen und ein

---

[188] Die Angabe Philipps von Solms, „do haben wir biß umb zwolf horen gehalten" (AGBM II, S. 309), ist zuverlässiger als die des Ritters Gevert von Jagow, „umb zehn hora vormittag" (AGBM II, S. 293). So auch Bensing, M. u. Th., S. 222 Anm. 36.
[189] Bensing, M. u. Th., S. 227.

auch jetzt noch nicht völlig verlorenes Vertrauen in die Gerechtigkeit der Fürsten nutzten, um im Augenblick der größten Schwäche des Haufens mit dem Überfall zu beginnen."[190] Als ob die tatsächlich völlig unbegründete Annahme[191], daß die Predigt Müntzers „am Fuße des Berges, in unmittelbarer Nähe des Angertores, gehalten worden ist"[192], mit all den daraus gezogenen Konsequenzen[193] zu Recht bestünde und mehr wäre als eine bloße Fiktion, um den „Augenblick der größten Schwäche des Haufens" für den „Überfall" parat zu haben.

Es ist über die Kritik an den verkrampften Bemühungen um eine Retusche des Bildes vom Beginn der „Schlacht" bei Frankenhausen hinaus hier noch einmal zusammenfassend und grundsätzlich die Fragwürdigkeit des Versuches herauszustellen, in der Endphase des Thüringer Aufstandes einen besonders revolutionären Kampfeswillen der Bauern demonstrieren zu wollen. Der neue Thüringer Haufen bildete sich zwar noch im Zuge der vorwärtsdrängenden Bewegung und wurde zum Sammelbecken der aus dem Raume zwischen dem Harz und dem Thüringer Wald „gen Heldrungen" ziehenden, in ihrem Tatendrange noch nicht gestillten aufrührerischen Geister; doch im Effekt kam es doch nur zu einer Stauung der Massen, die als ein Gefahrenherd erster Ordnung die beschleunigte Mobilisierung der gegnerischen Kräfte bewirkten, selber aber nahezu tatenlos verharrten, auf Müntzer warteten, durch kleinere Kommandounternehmungen nicht zufriedengestellt, z.T. sogar auf Zeit beurlaubt wurden. Die mangelhafte innere Führung, die es an einer Belebung und Festigung revolutionären Geistes offenbar fehlen ließ, wie die Rat- und Tatenlosigkeit der militärischen Befehlshaber, die der Aufgabe eines sinnvollen Einsatzes des Haufens nicht gewachsen waren, ließen im Lager Enttäuschung und Unmut aufkommen, was wiederum die Anfälligkeit begünstigte, sich von den umlaufenden Gerüchten eines drohenden Angriffes der Fürsten beeindrucken zu lassen. Innerhalb von zehn Tagen war der anfängliche Sturm und Drang soweit der Ernüchterung gewichen, daß man, vielleicht über den Protest einer Minderheit hinweg, bereit war, auf das Verhandlungsangebot Albrechts von Mansfeld einzugehen. Diese Entwicklung wird in der marxistischen Forschung heute wieder mit besonderem Engagement als das Ergebnis der Machenschaften einer „gemäßigten Partei" dargestellt, die ihr an-

---

[190] Ebd. S. 227.

[191] „Wir möchten annehmen . . ." (ebd. S. 225).

[192] Ebd. S. 225 f.

[193] Ebd. S. 226: „Diese Konzentration der Kräfte und die mit ihr verbundene, teilweise Entblößung der Wagenburg ist wiederum nur verständlich, wenn die Aufständischen mit Waffenruhe rechnen konnten, unabhängig davon, ob ihnen ein Waffenstillstand offiziell zugestanden worden ist oder nicht. Wenn es richtig ist, daß die Aufstellung des fürstlichen Geschützes erst unmittelbar vor dem Überfall erfolgte, wären Vereinbarungen über Waffenruhe durchaus motiviert."

fänglich zugefallene Machtposition in der Führung auszunutzen, um durch eine konsequente subversive Tätigkeit die revolutionären Kräfte möglichst auszuschalten und den Einfluß Müntzers und seiner Ideen zurückzudrängen. In zielstrebiger Ausdeutung der Quellen wird durch eine nicht selten gewagte Kombination verstreuter Nachrichten, durch eine fragwürdige Interpretation von Berichten und durch kühne Konstruktion von Zusammenhängen ein Bild von Personen und Vorgängen entworfen, das die verräterischen Umtriebe gegen die Sache der Bauern aufdecken soll[194]. Das Nebeneinander unterschiedlicher Interessen wird als ein absichtsvolles Bemühen der „Gemäßigten" gezeichnet, das Vorhaben der radikalen Revolutionäre um jeden Preis zu sabotieren, das Auftreten zwielichtiger oder als solcher vorgestellter Gestalten wird zur gelenkten Aktion intriganter Agenten usf. Über der pronunzierten Darstellung einer antimüntzerischen Obstruktion kommt dann kaum in den Blick, daß die bei Frankenhausen zusammenströmenden Scharen gar nicht in dem Maße von dem revolutionären Geiste müntzerischer Prägung durchdrungen waren, daß sie auf der kompromißlosen Durchsetzung ihrer Forderungen mit allem Nachdruck bestanden hätten und auch zum kämpferischen Einsatz bereit gewesen wären. Es ist abwegig, die Theorie von Engels am Beispiel des Thüringer Haufens verifizieren zu wollen, um sein Geschick zu erklären. Ein überzeugtes revolutionäres Wollen war bei der großen Mehrheit offenbar kaum vorhanden, zu schweigen von denen, die ganz andere Motive zum Mitmachen bewogen hatten. Dieser Mangel an wahrhaft revolutionärem Bewußtsein, der aufkommende Zweifel an dem vollgültigen Recht der eigenen Sache und das allmähliche Schwinden der festen Zuversicht auf einen guten Ausgang des Unternehmens, nicht ein hinterhältiges Spiel einer ihre besonderen Interessen verfolgenden Opposition haben, abgesehen von der Unzureichendheit der den unvorhergesehenen Anforderungen nicht gewachsenen Führung, eine unverkennbar kritische Situation im Lager der Aufrührer heraufbeschworen. Es war nunmehr zu spät, um noch einen tiefer greifenden Wandel der inneren Haltung des Haufens herbeiführen zu können, zumal es sich psychologisch nachteilig auswirken mußte, daß die Möglichkeit offensiver Bewegung der Massen nicht mehr gegeben war und man sich in die Defensive gedrängt sah. Müntzer hat bei seinem Eintreffen wohl die allgemeine Stimmung im Lager etwas gehoben und dann bis zum Tage der Schlacht durch die bannende Macht

---

[194] Ich habe gelegentlich auf diese Tendenz aufmerksam gemacht. Es wäre der Klärung des Sachverhalts bzw. einer sachlichen Darstellung sehr dienlich, etwa die Beiträge von Manfred Bensing daraufhin einer eingehenden Prüfung zu unterziehen, da sich gerade in ihnen exakte Untersuchung, weiterführende Erkenntnis und tendenziöse Darstellung in einer dem mit den Einzelheiten weniger vertrauten Leser schwer erkennbaren Mischung von Dichtung und Wahrheit darbieten.

seines prophetischen Geistes wie durch die bezwingende Kraft seiner überzeugten Rede die labilen Elemente sich an seiner Gewißheit immer wieder aufrichten lassen. Es läßt sich jedoch nicht bezweifeln, daß die Zahl der Mutlosen und Unmutigen mit der ernüchternden Einsicht in die hoffnungslose Lage zunahm, d. h. die Zahl derer, die für Müntzers Durchhalteparolen nur noch taube Ohren hatten. Selbst die Schar der bislang unentwegt zu ihm haltenden Anhänger schmolz vermutlich zusammen, so daß sie schließlich im wesentlichen nur noch diejenigen umfaßte, die sich durch das Auslieferungsbegehren der Fürsten unmittelbar bedroht sahen und die am Morgen der Schlacht ihre Treue zu ihm so lebhaft bekundet hatten. Man muß zumindest die Frage stellen, wieweit diese zahlenmäßig keineswegs stärkste Gruppe der Radikalen durch ihr Verhalten in besonderer Weise mit für die Katastrophe verantwortlich zu machen ist. Sie ist, wie es scheinen will, erst seit der Ankunft Müntzers und mit der Unterstützung durch den Mühlhäuser Zuzug stärker im Lager hervorgetreten und hat mit dem Blutgericht am Sonnabend gleichsam — den Intentionen ihres Meisters gemäß — die Herrschaft eines härteren, entschiedeneren Geistes angekündigt. Wahrscheinlich ist es zu einem guten Teile der Erfolg ihrer Abwehr „defaitistischer Umtriebe" gewesen, daß sich die Verzagtheit und der Unmut über das Wagnis eines Widerstandes und sinnlosen Blutvergießens nicht laut hervorwagte. Sie haben sich jedenfalls mit der Parole vom „Endsieg" auf den Lippen bis zuletzt an der Macht gehalten, bis sie in dem völligen Zusammenbruch mit untergegangen sind. Steht damit am Ende des räumlich wie zeitlich eng begrenzten Frankenhäuser Unternehmens nicht geradezu die Tyrannei einer extremen Gruppe von Fanatikern, die sich in Glaubenswahn, in ideologischer Verblendung oder auch in purer Verzweiflung „dot vn lebend" zur treuen Gefolgschaft Müntzers verschworen hatten und in ihrem bedenkenlosen Starrsinn Tausende der ihren Parolen anfänglich mehr oder minder gutgläubig Folgenden, nun aber nur gegen ihren Willen zum Bleiben Gezwungenen ins Verderben rissen? Man kann die Fürsten von ihrer Verantwortung für das blutige Gemetzel unter den flüchtenden Bauern nicht ganz freisprechen[195]. Doch ist es schlechthin grotesk, ihnen die Schuld an dem katastrophalen Zusammenbruch aufbürden zu wollen, indem man sich bemüht, die durchsichtigen Vorwürfe der Mühlhäuser vom Bruch eines vertraglichen Waffenstillstandes und von einem hinterhältigen Überfall der Sieger als zutreffend hinzustellen. Darin findet dann die These von der zersetzen-

---

[195] Man wird immerhin in Rechnung stellen müssen, daß die unerwartet sofort einsetzende chaotische Flucht der Bauern den fürstlichen Truppen hinreichend Gelegenheit ließ, sich auszutoben, bevor noch die Führung das Ausmaß der Katastrophe überhaupt erkennen und übersehen und eingreifen konnte. Sie bleibt verantwortlich für jede Verzögerung des Befehls zur Einstellung des mörderischen Gemetzels.

den Tätigkeit der „Diversanten" ihre sinngemäße Ergänzung, durch die das offenbare Verschulden der Wortführer der radikalen Partei verdeckt werden soll. Aber man kann nicht ernstlich in Abrede stellen wollen, daß die revolutionäre Ideologie hier dank ihren fanatischen Verfechtern einen wahrhaft blutigen Tribut gefordert hat, der es wenig angemessen erscheinen läßt, in dem Geschehen bei Frankenhausen ein Zeugnis von der Größe der revolutionären Bewegung zu sehen.

X. Verhör und Hinrichtung

Auch Müntzer war die Flucht in die Stadt gelungen, aber der Versuch, sich der Gefangenschaft zu entziehen, schlug fehl. Johannes Rühl berichtet darüber am 26. Mai an Luther: „Münzer hat sich verborgen, ist nahe am tore in ein haus komen, hat den rogk von sich getan gehabt, sich in ein bett gelegt. In das haus solle ohngefährlich ein edelmann, ein sachse, Otto von Noppe[1], kommen sein, herberge darinnen genommen, ungefährlich habe sein knecht einer auf den boden gangen, den im bette gesehen, seinen junkern geruffen und herzugangen. Was ligt alda, wer bistu? Hat er gesagt: Ei, ich bin ein krank arm mann. Da hat er seinen wezschkir funden (wie der leute art ist zu suchen), darinnen den brief, so graff Albrecht ins lager geschrieben, funden, gesagt: Wo kommt dir der brief her, du solst wohl der pfaffe sein. Erstlich geleugnet, hernach bekant und ihn also mitgenommen, herzog Georgen zubracht. Da hat man ihn auf eine bank gesetzt, ist der herzog neben ihm geseßen und mit ihm gesprachet, gefragt, was uhrsache ihn bewegt, daß er die viere am vergangenen sonnabende hatte köpfen laßen ... Hat er gesagt: Lieber bruder, ich sage E.L., daß ich solches nicht getan, sondern das göttliche recht. Hat herzog Heinrich von Braunschweig angefangen: Höre, bistu auch furstengenoße? Vorwar, hat er gesagt: du bis ein schöner fürstengenoß, hast dein regiment wohl angehoben. Wie kommestu darauf, daß ein fürst nicht mehr denn 8 pferde, ein graff 4 pferde haben sollen? Was nun allenthalben alda mit ihm gehandelt, weiß ich eigentlich nicht zu schreiben. Ich höre aber, daß sich der landgraff des evangelions nicht geschämet, sich mit Münzern in einen heftigen Streit damit begeben. Münzer hat das alte testament gebraucht, der landgraff aber sich des neuen gehalten, sein neues testament auch bei sich gehabt und daraus die sprüche wieder Münzern gelesen."[2]

Es war für die Fürsten die Krönung ihres Sieges, daß ihnen Müntzer lebend in die Hände gefallen, damit der gefährlichste Geist des thüringischen Aufruhrs unschädlich gemacht war. Denn es stand trotz der Schockwirkung des heutigen Blutbades zu befürchten, daß die Glut noch hin und her im Lande weiter schwelen würde, und Müntzer wäre wohl der Mann gewesen, der sie wieder zum Auflodern hätte bringen

---

[1] Otto von Eppe; vgl. AGBM I 2, S. 661: „100fl. Otte von Eppe geschenkt, das der den Muntzer gefangen hot zu Franckenhausen."

[2] AGBM II. S. 378 f.

können. Oder hatte das Versagen der Bauern sein Denken in andere Bahnen gelenkt? War es nur das natürliche Verlangen zu überleben gewesen, das ihn fliehen, sich verstecken, sich verleugnen ließ? Was ging in ihm vor, als er das Geschehen des Tages überdachte? Warum hatte Gott nicht den Bauern beigestanden, sondern den Fürsten den Sieg gegeben? Glaubte er trotz allem noch an eine mögliche Fortsetzung des Kampfes, der schließlich doch zur Entmachtung der gottlosen Tyrannen führen würde? Wir haben über Müntzers erste Reaktion auf die ihm in ihrem ganzen Ausmaß vermutlich noch gar nicht voll bewußte Katastrophe keinerlei Nachricht. Sicherlich aber war er sich bei seiner Gefangennahme darüber klar, daß er sein Leben verwirkt hatte, und er wußte, daß er keine Gnade zu erwarten habe, als er vor die Fürsten geführt wurde. Was sich gleich nach seiner Entdeckung bei der ersten Begegnung mit den Siegern abgespielt hat, ist leider nur sehr bruchstückhaft, vornehmlich in dem oben zitierten Briefe Rühls übermittelt. Rühl erklärt selber, „was nun allenthalben alda mit ihm gehandelt, weiß ich eigentlich nicht zu schreiben". Er kündigt zwar an, daß er „allenthalben den grund alles gesprächs erfahren"[3] wolle; aber weitere Berichte dazu von ihm fehlen und auf die Angaben der „Histori" ist wenig Verlaß. Eindeutig scheint mir, daß es sich jetzt noch nicht um ein „Verhör" im eigentlichen Sinne gehandelt hat, sondern daß die Fürsten gelegentlich der Vorführung des Gefangenen lediglich auch einige Fragen stellten, deren Beantwortung durch Müntzer es unbeabsichtigt sogar zu einem kleinen Disput kommen ließ. Die hohen Herren gaben sich, erleichtert durch den so schnell und fast kampflos errungenen Sieg, herablassend nachsichtig, ließen den „falschen Propheten" auf eine Bank setzen; Herzog Georg setzte sich neben ihn, sprach mit ihm und fragte nach dem Grunde für das am Sonnabend (13. 5.) vollzogene Bluturteil. Heinrich von Braunschweig ärgerte sich offenbar über den bruderschaftlichen Jargon gegenüber dem sächsischen Herzog und reagierte mit ironischen Bemerkungen über Müntzers „regiment" und seine Vorschläge für eine praktische Neuordnung der gesellschaftlichen Verhältnisse. Der junge Landgraf schließlich ging auf die Frage nach der Berechtigung des Aufruhrs näher ein und ereiferte sich gegen Müntzer, der das Recht dazu aus dem Alten Testament zu begründen suchte, mit neutestamentlichen Bibelstellen: „Vnnd beweret yhm aus der schrifft / das man die oberkeit eeren solt / das Got auffrur verbotten hett / das sunderlich den Christen nicht geburt sich zu rechnen / ob schon yhn vnrecht geschehe."[4] Müntzer gab sich jedoch nicht überwunden und blieb dabei, „er het recht gethon / das er furgehabt het die Fursten zu straffen / die weil sie dem Euangelio wider weren"[5]. Er zeigte sich also ungebrochen und trat

---

[3] AGBM II, S. 379.   [4] Histori, S. CC II R.   [5] Ebd. S. CC II R.

selbstbewußt auf, überzeugt „nichts ungebührliches gehandelt"[6] zu haben. Es war nur ein kurzes Intermezzo. Daß er dabei schon gefoltert worden sein soll, dürfte Legende sein[7]. Noch am gleichen Tage aber wurde er nach Heldrungen auf das feste Schloß Ernsts von Mansfeld gebracht[8] und dort in sicherem Gewahrsam gehalten.

Drei Tage nach seinem hochfahrenden Ultimatum an den Grafen war er selber in dessen Burg der Unterworfene und dem Verderben preisgegeben. Schärfer konnte ihm der Widerspruch zwischen dem, was er im Namen und Auftrag Gottes als dessen unausbleibliches, in Kürze sich durch ihn als den neuen Gideon vollziehendes Strafgericht angekündigt hatte, und dem, was eben dieser Gott jetzt zugelassen und getan hatte, kaum bewußt gemacht werden. Wie sollte er das verstehen, gerade er, der sich der rechten Erkenntnis des göttlichen Wollens gewiß zu sein so sicher gewesen war? Der Gedanke an einen Willkürakt Gottes kam ihm wohl ebensowenig in den Sinn wie die Vorstellung vom Walten eines blinden Verhängnisses. Gott war hier am Werke und sein Fragen richtete sich nicht in dumpfen Groll gegen ihn. Aber war ihm Gott in den „bulgen" des Leides wieder zu einem „seltsamen" Gott geworden? Hatte der Landgraf in ihm nach dem großen Fiasko nun doch Zweifel geweckt, ob sein Reden und Handeln wirklich im rechten Hören auf Gottes Wort gegründet war? Oder hatte er schon bald eine Antwort parat, die alles Fragen für ihn gegenstandslos machte, ihn sich mit dem Ausgang des Geschehens nicht bloß abfinden ließ, sondern Gott in seinem Tun gerechtfertigt, sich selber als seinen Botenläufer „entschuldigt" sah? Es geht dabei nicht, so naheliegend das auch erscheinen muß, um psychologisierende Reflektionen über die mutmaßliche Verhaltensweise eines gescheiterten Revolutionärs kurz vor seiner Hinrichtung, vielmehr um den Versuch einer Antwort auf die Frage nach seinem Verständnis der Katastrophe, die ihm um so mehr zu denken geben mochte, je deutlicher ihm ihr erschreckendes Ausmaß und ihre Tragweite zum Bewußtsein kam.

Gleich am folgenden Tag wurde Müntzer in Heldrungen einem inqui-

---

[6] Chronik Mühlhausen, S. 192.

[7] Die Histori (S. CC II R) berichtet: „Es begab sich auch da / das man ym die thaumenstock enger zuschraubet / da schrey er / Hertzog Georg sagt aber drauff / Thoma dis thut dir wee / aber es hat den armen leuten weer gethon hewte das man sie erstochen hat / die due ynn solch elend bracht hast / Antwort Thomas als ein besesner mensch / lachent / Sie habens nit anders wollen haben / Aus solchen freulen worten yederman spuren mocht das der Teuffel den menschen gar vnsinnig gemacht hatte das er so gar kein erbarmen vber das elendt der erschlagnen leut hat." Die Tendenz dieser Erzählung liegt m. E. auf der Hand.

[8] So Gevert von Jagow und Philipp Meißenbach an Markgraf Joachim d. J. von Brandenburg am 15. 5. (AGBM II, S. 293).

sitorischen Verhör unterzogen, das erst „in der gute"[9], dann unter Anwendung der Folter („peynlich bekant")[10] durchgeführt wurde. Will man dem Verfasser des „Nutzlichen Dialogus" Glauben schenken, waren außer dem Henker und dem Schreiber nur Herzog Georg und der Graf Ernst von Mansfeld zugegen, haben also die beiden schärfsten altgläubigen Gegner Müntzers allein „mit yhm ym abwesen der andern herschafft gehandellt / durch welchs auch der Müntzer verursacht das Sacrame[n]t vntter einerlei gestalt bewilliget zuempfahen / denn es hat ym der orth nicht anders gedeien mugen"[11]. Von einem Sakramentsempfang „vntter einerlei gestalt", auf dessen Erwähnung es Agricola gerade ankam, ist freilich im „Bekenntnis" keine Rede[12], und das könnte immerhin Zweifel an dem betonten Hinweis berechtigt erscheinen lassen, daß nur die zwei katholischen Fürsten das Verhör geführt hätten. Aber, selbst wenn die Behauptung ihres Alleinganges zutreffen sollte, bleibt doch völlig offen, ob die Vernehmung einen sehr viel anderen Verlauf genommen hätte und auf uns wesentlicher erscheinende Fragen eingegangen wäre, wenn „mehr Fursten vnd sonderlich der Landtgraff von Hessen, welcher doch der schrifft gegrundet ist, auch dazu gefordert weren"[13]. Das Ergebnisprotokoll liegt uns handschriftlich in zwei „in allem Wesentlichen genau überein"[14]-stimmenden Exemplaren vor, deren Text die Reinschrift der redigierten Niederschrift darstellen dürfte und schon Ende Mai oder Anfang Juni in einer überarbeiteten Fassung durch den Druck verbreitet wurde[15]. Es erscheint im großen und ganzen als ein Dokument, das dem Inhalt und Wortlaut der Antworten Müntzers auf die gestellten Fragen im allgemeinen wohl nahekommt. Man wird dennoch fragen müssen, einmal, ob der Protokollant in seinen Aufzeichnungen wirklich den Sinn der müntzerischen Aussagen jeweils zutreffend erfaßt hat[16], sodann wieweit im Konzept der Reinschrift die originale Niederschrift gekürzt und „korrigiert" worden sein könnte. Denn was auch immer im Verhör gefragt und geantwortet worden ist, was man davon zur Veröffentlichung bestimmte, durfte den Interessen der Sieger nicht zuwiderlaufen und mußte den Verhörten als einen ketzerischen Aufrührer an den Pranger stellen. Diente das Verhör vornehmlich der Aufdeckung der Hintergründe, Motive und Ziele, der lokalen wie personellen Anfänge und Ausweitung des Aufruhrs, so trug das veröffentlichte „Bekenntnis" bereits in der Reinschrift-Vorlage den Charakter einer wohlüberlegten Tendenzschrift

---

[9] Franz, MG, S. 544,4—547,2.   [10] Ebd. S. 547,5—549,12.

[11] Dialogus, S. A II.

[12] Vermutlich ist von Agricola die Situation des Verhörs mit der des „Widerrufs" am folgenden Tage vermengt worden.

[13] Dialogus, S. A II.   [14] Franz, MG, S. 543.

[15] Vgl. Franz, MG, S. 543.   [16] Vgl. z. B. oben S. 797 f.

Das „Bekenntnis" beginnt mit zwei Aussagen, die als blasphemische Entwürdigung des Altarsakramentes Müntzer der Christenheit als einen verruchten Ketzer und gotteslästerlichen Frevler vorstellen sollen. Sie geben seine Meinung zutreffend wieder: „1. Er wil nit, das man das heylige hochwirdige sacrament eusserlich anbeten soll anders dan im geyste, sondern es stehe in eynes jedern willkore."[17] Eben das hatte er in der Konsequenz seiner Kritik an aller Veräußerlichung des religiösen Lebens in den letzten Mühlhäuser Predigten seinen Hörern noch vorgetragen[18]. „2. Sagt, das er das sacrament den kranken gereycht und selber mit gnossen nach mittage, wan er gessen hat, auch in der nacht nach eynes yedern gelegenheyt; habe weyn und brot genomen und dasselbige consecrirt."[19] Das hatte er schon in Halle als Prädikant an St. Georgen in Glaucha zu praktizieren begonnen, und längst hatte er bei den sakrilegischen Verstößen gegen die Vorschriften des kirchlich-kultischen Rituals keine Skrupel mehr. Die Inquisitoren wußten nur zu gut, wie tief gerade die Mißachtung des Altarsakramentes das fromme Empfinden der Christenheit verletzen und heftigen Abscheu gegen den Gotteslästerer erregen würde. Gewiß war es für sie selbst der Inbegriff satanischer Besessenheit, eben darum aber auch der eklatante Nachweis gottloser Verruchtheit des Aufrührers in der Öffentlichkeit. Wer die Autorität der Kirche in heiligen Dingen und damit die Grundfesten ihrer Ordnung derart mißachtet, der scheut sich erst recht nicht, das weltliche Regiment und das Gefüge der menschlichen Gesellschaft überhaupt zu zerstören. Das wurde hier jedermann zu Beginn der Lektüre der kleinen Schrift eindringlich vorgehalten, ohne daß damit gesagt sein müßte, daß mit den beiden ersten Punkten, die ihrem Inhalte nach offensichtlich aus dem Rahmen des Ganzen etwas herausfallen, auch das Verhör eröffnet worden wäre. Das eigentliche Interesse galt jedenfalls der genaueren Kenntnis der politischen Intentionen der Aufrührer, der Aufdeckung der Verschwörungsherde und der namentlichen Feststellung der Rädelsführer bzw. der Beteiligung verdächtiger Personen, wobei allerdings ein im voraus geplanter oder gar schon festgelegter Ablauf des Verhörs nicht recht zu erkennen ist.

Es lag nahe, daß man sich um einer möglichst realistischen Beurteilung der nunmehr geschaffenen Situation willen zunächst darüber zu informieren suchte, wieweit man etwa noch mit Verbindungen Müntzers zu anderen noch im Aufstand befindlichen Gruppen und Bereichen rechnen müsse, durch die der soeben errungene Erfolg unter Umständen wieder gefährdet werden könnte. Man wußte ja von seinem Aufenthalte in dem aufständischen Süddeutschland und auch von seiner Ankündigung eines

---

[17] Franz, MG, S. 544,4 ff.   [18] Vgl. oben S. 695 f.
[19] Franz, MG, S. 544,7—10.

Zuzugs süddeutscher Bauern. Was war davon zu halten? Wieweit war Müntzer als Initiator und Agitator an der Empörung dort unten beteiligt, welche Kontakte hatte er noch mit den süddeutschen Revolutionären (3)[20], stand der angekündigte Zuzug noch ernstlich zu erwarten[21]? Man wurde in dieser Hinsicht beruhigt und gab sich auch zufrieden mit dem, was der Gefangene über seine Tätigkeit im Klettgau und Hegau berichtete. Dort war er anscheinend nicht so radikal hervorgetreten und hatte mit seinen Artikeln auch keinen sonderlichen Anklang gefunden[22]. Vielleicht wiederholte man jedoch in diesem Zusammenhange die Frage vom Vortage, „Wie kommestu darauf, daß ein fürst nicht mehr denn 8 pferde, ein graff 4 pferde haben sollen?" (5)[23]. — Man ging dann ausführlicher auf sein aufwieglerisches Treiben im thüringisch-sächsischen Raume ein (6—10) und fragte ihn nach den Anfängen des Allstedter Bundes, wollte dabei wissen, ob „der schosser auch dor inne" gewesen ist und gegen wen sich das Verbündnis gerichtet habe. Müntzer hielt mit der Antwort nicht zurück, er bejahte zwar die Zugehörigkeit des Amtmannes, setzte jedoch hinzu, „wyewol er sich erstlich beschwert dorzu gemacht", und erklärte offen, der Bund sei „widder dye, so das ewangelium verfolget, gewest" (6)[24]. Ähnlich reagierte er, als die Inquisitoren den Kreis weiterzogen und sich nach seinem Verhältnis zu mehr oder minder zwielichtigen Gestalten außerhalb Allstedts erkundigten, so zu dem Sangerhäuser Prediger Thile Banse (7)[25] oder zu Dr. Strauß im Weimar (8)[26]. Die Art der Erwähnung Mühlhausens in der Aussage über Strauß könnte nebenher die vorgreifende Frage ausgelöst haben, wie er eigentlich in diese Stadt hereingekommen sei, eine Frage, die in den späteren Verhören Mühlhäuser Bürger des öfteren auftaucht (10)[27]. Natürlich wollte Ernst von Mansfeld gerne wissen, wodurch er sich insbesondere in der Allstedter Zeit die erbitterte Feindschaft Müntzers zugezogen hatte, und er erhielt auch eine eindeutige Antwort: „Ursache das er m.g.h. den landesfursten und graven Ernsten zu Mansfeldt beschedigt und geschulden, sey dorumb gescheen, dan sich dye underthan beclagt, das in das wort gottes nit geprediget were auch verpoten und hett nit wollen nachgelassen werden dorzu zu gehen. Habe er ine [ihnen] befholen, solichs eynem yedern seynem obern anzuzeygen. Woe dasselbige alsdan nit geprediget, das sye alsdan zu ime kommen solten.

---

[20] Ebd. S. 544,11—19.   [21] Ebd. S. 549,19 ff.
[22] Vgl. dazu oben S. 651 f.
[23] AGBM II, S. 379; Franz, MG, S. 545,1 f. — Franz fügt hier noch unter 4. die über die Handschriften hinaus in dem Leipziger Druck von Wolfgang Stöckel angeführte Aussage ein: „[4. Sagt, das die schlösser ganz beschwerlich sind und uberladen mit dinste und ander beschwerung gegen die unterthanen]."
[24] Franz, MG, S. 545,3—8.
[25] Ebd. S. 545,9—12. Vgl. dazu oben S. 470 f.
[26] Ebd. S. 545,13—21. Vgl. dazu oben S. 498 ff.   [27] Ebd. S. 546,9 f.

Wolt er in [ihnen] das selber predigen, und solten sich dorinne nymands vorhindern lassen" (9)[28]. Wichtig erschien zudem noch immer die Klärung von Müntzers Anteil an dem Mallerbacher Kapellensturm, über den die Inquisitoren allerdings ebensowenig etwas Neues erfuhren (11)[29], wie sie den Prediger bei einer unmittelbaren Schuld an der Verwüstung des Ebelebener Schlosses behaften konnten: „Er Apels von Ebeleben haus ist von bruedern zu Molhawsen geplundert und zerbrochen, das es eyn beschwerlichs haus ist aus etlichen artigkeln, so dye brueder bewogen, dye ime nit wislich seyn" (12)[30]. Dabei kam — wohl nicht so beiläufig, wie es erscheinen mag, da Mühlhausen das nächste Ziel der Sieger war — das Verhalten dieser Stadt gegenüber dem Allstedter Bund in den Blick: „Der rat zu Molhawsen hat in dye verbuntnis nit willigen wollen, sondern haben den pund dem gemeynen man nachgelassen" (13)[31]. Undurchsichtig bleibt dagegen der Hintergrund der vorletzten Antwort Müntzers im gütlichen Verhör: „Claus Storgke und Marx Stobener von Zwigke seyn bey Luder gewest in eynem stubeleyn zu Wittenbergk, des orts er auch gewest. Habe sich der Luder widder sye vornemen lassen, das er den Alstetischen geyst uber dye schnausse gehauen; sey nit personlich uff das mahel dorbey gewest" (14)[32]. Ging es hier um Luthers oder Müntzers Verbindung mit den Zwickauer Propheten oder welche Frage stand sonst hinter dieser Aussage. Die letzte Frage und Antwort endlich über den Siechenprediger Gangolf („hat eyn fenlyn angenommen, seyn dye von Heringen und Greussen under gewest" [15][33]) dürfte wohl durch die kürzlich erfolgte Einlieferung Gangolfs als Gefangener in Heldungen veranlaßt worden sein.

Da wir zumeist nur sehr ungefähr und allgemein von den Antworten in der Reinschrift des Protokolls auf die Fragen zurückschließen können, läßt sich nicht exakt feststellen, wieweit Müntzer immer sachentsprechend darauf eingegangen ist. Augenscheinlich bohrte man nicht sehr tief und ließ sich im Grunde nur bestätigen oder ergänzend berichten, was man bereits wußte, sowohl über äußere Fakten wie über Motive und Tendenzen. Der Gefangene hat, so möchte man schließen, seine Aussagen ruhig und freimütig gemacht; die Szenerie war ernüchternd genug, emotionale Deklamationen zu unterbinden. Müntzer konnte sich nicht verhehlen, daß er lediglich als ein ketzerischer Aufrührer Rede und Antwort stehen sollte, dessen ernsthaftes evangelisches Anliegen und wahrhaft christlicher Gehorsam gegenüber Gottes Willen so, wie er beides verstand, für seine Inquisitoren nur die satanische Maskierung seines frevelhaften Beginnens bedeutete. Trotzdem, oder gerade deshalb

---

[28] Ebd. S. 546,1—8. Vgl. dazu oben S. 385 ff.
[29] Ebd. S. 546,11—16. Vgl. dazu oben S. 417 ff.
[30] Ebd. S. 546,17—20.   [31] Ebd. S. 546,21 f.
[32] Ebd. S. 546,23—547,2.   [33] Ebd. S. 547,3 f.

hat er nicht unterlassen zu betonen, daß es ihm, wo immer er aufgetreten war, um die rechte Verkündigung des reinen Wortes Gottes gegangen sei, daß sich seine Auflehnung und Empörung gegen alle die gerichtet habe, die das Evangelium verfolgten. Er hat es gerade den katholischen Fürsten in aller Offenheit gesagt, daß er sich gegen sie eben wegen ihrer Unterdrückung der freien Predigt des Gotteswortes gewandt habe. In diesem Verhör gab es für ihn gar nichts zu verbergen oder geheimzuhalten, er konnte unbedenklich Namen nennen, Beziehungen und Verbindungen preisgeben, die ja längst schon bekannt waren, wie die Fragen nach ihnen erkennen ließen[34]. Es war in der Tat bis auf den Aufenthalt im Klettgau und Hegau nicht viel Neues bei dieser Vernehmung herausgekommen. Hatte man von der Verhandlung „in der gute" mehr erwartet, daß man noch ein peinliches Verhör für erforderlich hielt?

Anfänglich scheint es sich unter der Folter[35] um eine bloße Fortsetzung bzw. Ergänzung früher bereits gestellter Fragen gehandelt zu haben. Nimmt man das „Bruchstück mit weiteren Aussagen Müntzers" (1—4)[36] hinzu, kam man zunächst noch einmal auf Zwickau zurück, seinen Aufenthalt und seine Aufnahme sowie seine Anhängerschaft dort. „Zu Zwickaw haben ine erwelt beyde pfarren zu S. Katerine und unser lieben frau zu einem prediger. Bin auch ein jar do gewest, do mein gezeugnis hoch angenommen" (1)[37]. „Heynrich und Hans Gebhart zu Zcwigka in der hundesgasse sambt irem anhange seyn wolle weber und haben sich in seyn verbuntnus geben" (1)[38]. Zum Thema Mühlhausen wollte man noch Näheres über Pfeiffer wissen: „Her Heinrich Pfeyffer ist zu erst zu felde gezogen den zu Saltza zu gut" (2)[39]; „Her Heinrich Pfeyffer hab den ersten auffrur zu Molhausen angefangen; hab bey 1 1/2 jaren gepredigt" (3)[40]. „Er Heynrich Pfeyffer hat angeben, das gnug sey in eyner yeden pflege eyn schloß, die andern solt man zustoren" (2)[41]. Vornehmlich ging es aber wohl darum zu erfahren, was ihn selbst wieder in die Stadt gezogen habe und wer ihm hier hauptsächlich geholfen habe. „Habe seyn zuflucht und verlassen uff Molhaw-

---

[34] Man wird allerdings bedenken müssen, daß Herzog Georg und auch wohl Ernst von Mansfeld über die Allstedter Vorkommnisse, den Allstedter Bund, überhaupt die Begebenheiten im ernestinischen Bereich, die im Fragenkatalog von Heldrungen einen relativ breiten Raum einnahmen, nicht so eingehend informiert gewesen sein dürften. Spricht das vielleicht doch dafür, daß nur Herzog Georg und Graf Ernst von Mansfeld das Verhör durchgeführt haben?

[35] Möglicherweise ereignete sich jetzt die in der „Histori" berichtete Szene; vgl. Anm. 7. Das „hewte" dürfte ebenso fragwürdig sein wie die angebliche Reaktion Müntzers auf die Erklärung Herzog Georgs.

[36] Franz, MG, S. 549,13—21. — Wie und wo diese Aussagen einzuordnen sind, bleibt allerdings ungewiß.

[37] Ebd. S. 549,13 ff. [38] Ebd. S. 547,6 ff.
[39] Ebd. S. 549,16. [40] Ebd. S. 549,17 f.
[41] Ebd. S. 547,9 f.

sen gehapt, das es ime aldo wolgefallen und eyn feste stadt. Seyne principal doselbst seyn gewest Hans Kule bey allen heyligen und dye zwene oben, der korsner und weynborner bey S. Blasius" (4)[42]. Auch die Frage nach der Verurteilung Materns von Gehofen (3) war bereits gestellt worden, und es war von vornherein zu erwarten gewesen, daß man sich mit der am Vortage erhaltenen Antwort nicht zufrieden geben würde[43].

Es zeigte sich jedoch, daß man jetzt, statt sich, wie man argwöhnte, mit „faulen Ausreden" und Verschleierungsversuchen abspeisen zu lassen, mit rigoroser Härte das Geständnis der infernalischen Bosheit eines allgemeinen mit verbrecherischer Gewaltsamkeit durchgeführten Umsturzversuches von dem Initiator und Haupt der Empörung zu erzwingen suchte. Was hatte er z. B. Ernst von Mansfeld zugedacht? Alle Welt sollte es noch einmal aus seinem Munde vernehmen: „Bekent, woe er das schloß zu Heldrungen erobert, wye er furgehapt sambt seynem anhange, das er graven Ernst seyn haupt wolle abgeschlagen haben, das er dan oftmals also von sich geredt" (5)[44]. Was war das Ziel des Aufstandes? „Dye entporunge habe er dorumb gemacht, das dye christenheyt solt alle gleych werden und das dye fursten und herrn, dye dem ewangelio nit wolten beystehen, solten vortriben und totgeschlagen werden" (6)[45]. Man wird fragen müssen, wieweit Müntzer hier von den Inquisitoren genötigt wurde, sich zu früheren Äußerungen bzw. ihm von Freund und Feind in den Mund gelegten Parolen zu bekennen, die von dem Schreiber jetzt oder später in diesem einen Satze zusammengefaßt wurden. Man mußte darüber hinaus dartun, daß diese Ideen nicht erst in der Leidenschaft der letzten Tage und Wochen entstanden, sondern von ihm schon zur Grundlage des Allstedter Bundes gemacht worden waren: „Ist ir artigkel gewest und habens uff dye wege richten wollen: Omnia sunt communia, und sollten eynem idern nach seyner notdorft ausgeteylt werden nach gelegenheyt. Welcher furst, graff oder herre das nit hette thun wollen und des erstlich erinnert, den solt man dye koppe abschlahen ader hengen" (8)[46]. Darin war der radikale Ton sogar noch um einige Grade verschärft; von einem Für und Wider des Evangelium war keine Rede mehr, aus der Gleichheitsformel war eine kommunistische Besitzverteilungsparole geworden, aus der Vereinigung zur Ausmerzung der Widersacher des Evangeliums eine organisierte Sippschaft zum Kopfabschlagen und Aufhängen. In der Konsequenz solcher durch das Verhör „bestätigten" Vorstellungen vom Charakter des Allstedter Bundes lag ein erneutes Bemühen um die namentliche Feststellung der „Prinzipal[e] des bundes zu Alstedt" selber (7)[47]

---

[42] Ebd. S. 547,14—17.
[44] Franz, MG, S. 548,1 ff.
[46] Ebd. S. 548,14—18.

[43] Vgl. oben S. 787.
[45] Ebd. S. 548,4 ff.
[47] Ebd. S. 548,7—13.

und einiger auswärtiger Mitglieder sowie die Fahndung nach dem „register, do dye verbuntnus eyngeschriben" (9)[48]. Wohl nur zufällig aber führte dann vielleicht eine ganz unbestimmt gehaltene Frage nach früheren Verbündnissen noch zu dem „Bekenntnis" einer Verschwörung in seiner Jugendzeit: „Zu Aschersleben und Halla do habe er in der jugent, als er collabrator gewest, auch eyn verbuntnus gemacht. Dar inne seyn Peter Blinde zu Aschersleben, Peter Engel eyn kirchner zu Halla, Hans Buttener und Cuntz Sander doselbest am Steyn thore. Ist widder bischoven Ernsten hochloblicher gedechtnus gewest" (10)[49]. Das durfte in der Veröffentlichung als ein kennzeichnender Hinweis auf den frühen Beginn der Verschwörerlaufbahn Müntzers natürlich nicht fehlen, so wenig wie eine abschließende Erklärung über seine territorialpolitischen Herrschaftspläne: „Woe es ime recht gangen nach seynem synne und wye er furgehapt sey das seyn meynunge gewest, es habens auch gemeynigklichen alle von der gemeyne seynes bundes gwust, das er wolle das land uff 10 meyl weges umb Molhawsen eyngenomen haben und das land zu Hessen und mit den fursten und herrn verfaren, wye oben angezeygt. Dorumb haben sye alle der mere teyl gut gewissen [wissen] gehapt" (11)[50]. Es ist nicht undenkbar, daß der Gefolterte sich zu einer solchen Äußerung hat nötigen lassen und sich tatsächlich mit derartigen Gedanken getragen hatte; sie entsprachen in etwa dem Prinzip der eigenständigen „Landschaften" in seinen Schwarzwälder Artikeln. Fraglich bleibt dagegen, daß „es ... gemeynigklichen alle von der gemeyne seynes bundes gwust" haben sollen; zumal die Wiederholung, daß „sye alle der mere teyl gut gewissen gehapt", könnte den Verdacht nahelegen, daß es Herzog Georg dabei weniger um einen Anklagepunkt gegen Müntzer gegangen ist, als um Belastungsmaterial gegen die Mühlhäuser, die durch diese Aussagen der Mitwisserschaft an solchem Vorhaben beschuldigt werden. Dazu würde schließlich der letzte Punkt des Protokolls — erweitert um die Beschuldigung des Stollberger Grafen — gut passen: „Dye von Molhausen haben ime acht karn buchsen gelihen. Eyn halbe schlange hat der von Stolbergk den von Frangkenhausen gelihen" (12)[51].

Für Herzog Georg erbrachte insbesondere das peinliche Verhör den Nachweis, daß Müntzers Sinnen und Trachten von Anbeginn auf Verschwörung und Empörung gegen die bestehende Ordnung gerichtet war. Er brauchte diese Bestätigung nicht zur Begründung oder Rechtfertigung des Todesurteils, das auf Grund der führenden Teilnahme an dem jüngsten Aufruhr bereits feststand. Er konnte und wollte sich aber mit einer kurzen Erklärung, wie sie zehn Tage später Heinrich

[48] Ebd. S. 548,19—27.
[49] Ebd. S. 548,28—549,3. Vgl. oben S. 29 f.
[50] Ebd. S. 549,4—9.   [51] Ebd. S. 549,10 ff.

Pfeiffer in seiner Urgicht abgab, nicht zufriedengeben: Man hab gesehen, was er geubt, darumb darf es keins leukens."[52] Ihm kam es darauf an, durch das Geständnis eines maßgeblichen Vertreters der neuen revolutionären Ideen bekunden zu lassen, wie weitschichtig und untergründig die gegenwärtige Ordnung in ihren Fundamenten bereits bedroht und erschüttert war. Freilich konnte er den für ihn konstitutiven Zusammenhang zwischen Revolution und Reformation in der — einen modernen Schauprozeß ersetzenden — Veröffentlichung des „Bekenntnisses" nicht so eindeutig hervorheben, wie er es wohl gewünscht hätte, noch gar offen seine Absicht darin zu erkennen geben, mit dem Aufruhr zugleich die Reformation zu unterdrücken. Er mußte auf seinen Schwiegersohn, Philipp von Hessen, und auf seinen ernestinischen Vetter Rücksicht nehmen, die gerade auf Grund ihres evangelischen Bekenntnisses auch in der Frage des Aufruhrs gegen Müntzer Stellung bezogen und sich entschieden dagegen verwahrten, daß man sein umstürzlerisches Denken und Handeln als das folgerechte Ergebnis reformatorischer Glaubenshaltung hinzustellen suchte. Immerhin war die in der scheinbar „wortgetreuen" Formulierung wesentlicher Aussagen verborgene Tendenz zu einem vorgefaßten Verständnis bzw. einer absichtsvollen Interpretation schwerlich zu übersehen. Luther empfand richtig, daß hier etwas nicht in Ordnung war: „Man hat dem Thomas Münzer nicht recht interrogatoria geben"[53], und Melanchthon deutet wesentlichere Anliegen der Wittenberger Theologen in der „Histori" zumindest an: „. . . ist er nicht gefragt worden / von seinen Reuelationibus / oder was yhn bewegt hette solchen lermen anzufahen / Es ist auch vnweißlich gehandelt / dweyl er sich gotlicher offenbarung gerumpt hat / das man nicht hatt gefragt / ob er solches erdicht hab / oder ob der Teuffel yn mit gesichten verfurt hab / solches wer nutzlich zu wissen."[54]

Über Müntzers Haltung im peinlichen Verhör ist es kaum möglich, auf Grund des „Bekenntnisses" urteilen zu wollen. Wir kennen das Ausmaß der Tortur nicht, der er unterworfen wurde, und können nur vermuten, sofern das „Protokoll" den Gang der Verhandlung widerspiegelt, daß die Folter gerade bei den Aussagen über Grund und Absicht seines Vorhabens verstärkt wurde. Wir wissen nicht, wieweit bei den für die Inquisitoren besonders wichtigen Punkten (3, 5, 6, 8, 10) die Antworten durch die Fragestellung schon eingeengt oder vorgegeben waren. Als ziemlich sicher muß dagegen angenommen werden, daß man dem Ketzer keine Gelegenheit bot, auch nur anzudeuten, daß er im Namen und Auftrage Gottes gehandelt habe und es ihm allein darum gegangen sei, Gottes Willen und absoluten Herrschaftsanspruch in der Christenheit

[52] AGBM II, S. 383.   [53] WA Briefe III, S. 515,28.
[54] Histori, S. CC III.

zur Anerkennung zu bringen. Er konnte gewiß die harten Drohungen gegen die gottlosen Tyrannen so wenig in Abrede stellen wie die wiederholte Aufforderung an die Gottesfürchtigen, die Bösewichter zu entmachten; aber sie wurden doch um ihren wahren Sinn gebracht, wenn man bei ihrer Wiedergabe die dem alttestamentlichen Beispiele prophetischer Schelt- und Drohrede nachgebildete Redeweise so gänzlich außer acht ließ, wie es im „Bekenntnis" geschah. Es ist letztlich auch ohne Belang, ob Müntzer unter dem unausweichlichen Zwange der Fragestellung seine Antworten selbst wörtlich so formuliert bzw. ihm vorgehaltene Formulierungen irgendwie bestätigt hat, oder ob der Schreiber das „Geständnis" jeweils in dem jetzt vorliegenden Wortlaut zusammenfaßte: das Ergebnis des peinlichen Verhörs waren Antworten, die der Meinung der Inquisitoren über die Zielsetzung des müntzerischen Vorhabens entsprachen und dieses Vorhaben als eine fortlaufende Kette von ihm persönlich als einem Aufrührer und Mordpropheten in ketzerischer Besessenheit ausgedachter und versuchter Umsturzaktionen verstanden. Keinesfalls ist das „Bekenntnis" als das Eingeständnis einer verbrecherischen Schuld im Sinne seiner Ankläger und Richter noch unbedenklich als absolut zuverlässige Geschichtsquelle anzusehen.

Müntzer hat schwerlich erfahren, was der Schreiber als seine Aussagen zu Papier gebracht hatte. Das Verhör selber rief ihm jedoch in der Nachbesinnung noch einmal manche Begebenheit im Ablauf des Kampfes gegen die Tyrannis der Gottlosen ins Gedächtnis und trug wohl mit dazu bei, ihn ein abgeklärteres Verständnis des katastrophalen Endes der Erhebung gewinnen zu lassen. Sein bohrendes Fragen nach dem „Warum" ließ ihm früher vielleicht schon gelegentlich gehegte, aber zurückgedrängte Besorgnis jetzt stärker als berechtigt erscheinen und führte ihn zu einer tieferen Erkenntnis der wahren Ursache des Zusammenbruches, die er nicht für sich behalten durfte. Er mußte sie als der „Botenläufer Gottes" eben denen noch zur Kenntnis bringen, die es in erster Linie mit anging und die er vor einem weiteren schuldhaften Verhalten und seinen bitteren Folgen bewahren sollte. Am Mittwoch (17. 5.) diktierte er in freiem Entschluß Christoph Laue seinen letzten Brief, der wohl das stärkste Zeugnis seines „unüberwindlichen Christenglaubens" darstellt.

„Heyl und seligkeyt durch angst, todt und helle zuvorn, lieben bruder"[55], so hebt er an. Das Grußwort ist der Widerschein der von ihm in den beiden letzten Tagen durchlittenen Passion. Er hat die *passio amara* in der ganzen Härte erfahren, in der vom Selbstbewußtsein, von dem Selbst-etwas-darstellen-wollen des Menschen nichts mehr übrig bleibt. Er hat Angst gehabt, wie sie nur ein Mensch vor einem unab-

---

[55] Franz, MG, S. 473,6.

wendbar bitteren Geschick haben kann. Er hat das Grauen des Todes geschmeckt, des Todes Leibes und der Seele, in der Verzweiflung des Ausgeliefertseins und der Hoffnungslosigkeit. Er hat in der Hölle gelebt, der Hölle der Gottesferne und der Gottverlassenheit — bis der Herr sich ihm „in der mechtigen sintfluß, do sich der wilde wogk des mehres empöret"[56], als sein Herr zu erkennen gab, ihm nun nahe ist und durch Angst, Tod und Hölle hindurch Heil und Seligkeit schenkt. Er sieht in dem, was ihm widerfahren ist und noch widerfahren wird, Gottes Willen wirksam. „Nachdem es Got also wolgefelt, das ich von hinnen scheyden werde in warhaftiger erkenthnis gottlichs namens und erstattung etzlicher mißbreuch vom volk angenomen, mich nicht recht vorstanden, alleyne angesehen eygen nutz, der zum undergang gottlicher warheyt gelanget, bin ichs auch herzlich zufriden, das es Got also vorfuget hat, mit allen seynen volzogen werken, welche mussen nach dem eusserlichen ansehen nit, sondern in warheyt geurteylt werden, Johan. am sibenden."[57] Der Satz wird nur recht verständlich, wenn man dahinter noch das große fragende W a r u m wahrnimmt, das durch das Geschehen um ihn und mit ihm in Müntzer wachgerufen worden war. Der Übergang von der festen Überzeugung, Gott ist mit uns, zu der eindeutigen Feststellung, Gott war gegen uns, war zu jäh, als daß er nicht so hätte fragen, Gott hätte zur Rede stellen müssen. Über solchem Warum war Gott ihm ins Dunkel entglitten, „ain frembder und seltzamer man"[58] geworden. Nun er Gott wiedererkannt hat, erkennt er ihn auch als den, der im Recht ist. Denn das Volk, so sieht er es jetzt, hat nicht den Herrn und dessen Recht, sondern sich selbst und seinen Eigennutz gesucht. Gott aber hat auch ihn dahingegeben, und der von Ihm dem Tode Überantwortete hat ihn eben darin als seinen Herrn erkannt und dadurch anerkannt, daß er seine Gottesknechtschaft vollendet, indem er für die Mißbräuche des Volkes sühnt. Bis zu solchem Grade der Angleichung an das Leben und Geschick Jesu Christi steigert sich Müntzers „Christusförmig-werden", daß er seinen Tod als eine „erstattung" versteht, als eine Art Kompensation für das schuldhafte Verhalten des Volkes, das, statt sich selbstlos für die Erfüllung des göttlichen Willens einzusetzen, wie es zu tun vorgab, nur auf seinen eigenen Vorteil bedacht war. Er erhebt keine laute Anklage, findet sogar eine eher ihn selbst belastende Entschuldigung für das Volk: „ . . .mich nicht recht vorstanden"! Doch Gott hat das Urteil gesprochen, und so durfte er dem Volke nicht verschweigen, daß es·sein Unglück selbst verschuldet hat. Gott war im Recht, und niemand sollte mit ihm rechten wollen. Man kann Gottes Tun nicht nach menschlichen Maßstäben von äußeren Daten ablesen wollen, sondern es muß „in warheyt geurteylt", d. h.

---

[56] Ebd. S. 115,14 f.   [57] Ebd. S. 473,7—13.   [58] Ebd. S. 115,14.

799

in der rechten Erkenntnis des göttlichen Willens begriffen werden. Verstehe ich es recht, so will Müntzer damit sagen — und noch deutlicher durfte er in diesem Briefe nicht werden —, daß Gottes Strafgericht über die Bauern bei Frankenhausen keineswegs besagt, daß Er auf der Seite der Fürsten steht und ihre Herrschaft für alle Zeit unangetastet wissen will. Sie sind und bleiben ihm unleidlich, wenn sie sich nicht von Grund auf ändern und wirklich ihn allein als den Herrn anerkennen. Nur hat das „Volk" jetzt gezeigt, daß es auch ihm in Wirklichkeit so wenig wie den Fürsten um Gottes Herrschaft in der Welt zu tun und es nicht weniger als jene auf seinen Eigennutz bedacht ist. Er selbst fügt sich willig in Gottes Wissen um den wahren Sachverhalt und die von ihm daraus gezogenen Konsequenzen: „... bin ichs auch herzlich zufriden, das es Got also vorfuget hatt, mit allen seynen volzogen werken". Die Mühlhäuser verweist er auf Johannes 7,24: „Richtet nicht nach dem Ansehen, sondern richtet ein rechtes Gericht." Das bedeutet keine resignierende Ergebung in ein unverstandenes Geschick, sondern das Eingehen auf Gottes unerwartete, aber unanfechtbare und — in ihrer Absicht ernstlich zu bedenkende Entscheidung. Auch sein schmähliches Sterben gehört mit dahinein: „Dorumb solt ir euch meynes todes nit ergern, welcher zur forderung [Förderung] den guthen und unvorstendigen gescheen ist."[59] Er bezieht sich ganz und gar in das Strafverhängnis der Aufständischen mit ein, ohne sich damit als schuldig im Sinne der von den Fürsten gegen ihn erhobenen Anklage zu bekennen; er distanziert sich nicht als „Mißverstandener" von den „Schuldiggewordenen", sondern steht in voller Solidarität mit ihnen, dennoch im Wissen um seine Gottesknechtschaft als ein Besonderer, dessen schmachvoller Tod auch in besonderer Weise den Guten wie den Unverständigen zur rechten Einsicht verhelfen soll. Man darf ihn nicht zu dem Erzbösewicht machen, zu dem ihn die Gottesfeinde stempeln, die nun unter Umständen an seinem Weibe noch Vergeltung üben wollen. „Derhalben ist meyn freuntlich bitt an euch, ir wollet meynem weybe dye guther, so ich gehapht, volgen lassen als bucher und kleyder, was dasselbig ist und sye nichts umb Gottes willen lassen entgelden."[60]

Würde man in Mühlhausen, das für ihn noch immer das Zentrum des Thüringer Aufstandes und jetzt in besonderer Weise durch die Fürsten bedroht war, von sich aus die richtigen Konsequenzen ziehen? Er mußte das nach seinen eigenen Erfahrungen zumal im Blick auf Heinrich Pfeiffer und dessen Anhängerschaft mehr als sonstwo bezweifeln. Er würde darum tatsächlich vor Gott und der Welt schuldig werden, würde er jetzt schweigen. Deshalb schrieb er: „Lieben bruder, es ist euch hoch von nothen, das ir solche schlappen auch nicht empfanget wye dye von

---

[59] Ebd. S. 473,13 ff.   [60] Ebd. S. 473,15—18.

Frangkenhausen, denn solichs ist ane zweyfel entsprossen, das eyn yder seyn eygen nutz mehr gesucht dan dye rechtfertigung der christenheyt. Darumb haltet guten underscheydt und nempt euer sachen eben wahr, das ir nit weyter vorursacht eueren schaden. Das schreybe ich euch zuguth von der Frangkenheusischen sachen, welche mit grossem bludtvorgissen volzogen ist, als nemlich uber vier thausent. Kometh vor mit der klaren bestendigen gottlichen gerechtigkeyt, das euch solchs nit wyderfare."[61] Man möchte fast annehmen, daß die Formulierung der Begründung für die „schlappen" von Frankenhausen, „das eyn yder seyn eygen nutz mehr gesucht dan dye rechtfertigung der christenheyt", insbesondere mit auf Pfeiffer gemünzt war, der die Hilfe für Frankenhausen durch den Zug auf das Eichsfeld erst verzögert und dann doch nicht unterstützt hatte[62]. Vor seinen Parolen will vielleicht auch die Wendung warnen, „Kometh vor mit der klaren bestendigen göttlichen gerechtigkeit", d. h. denkt stets und zuerst an die Gerechtigkeit Gottes, die sich durch keine noch so geschickt getarnten Vorspiegelungen gotthörigen Verhaltens irritieren läßt, durch die man gerade in Mühlhausen in Wahrheit recht eigennützige Interessen zu verdecken sucht. Diese Mahnung ist ihm so wichtig, daß er sie durch die Erinnerung an seine früher oft wiederholten Warnungen und Hinweise noch unterstreichen zu müssen glaubt: „Ich habe euch oftmals gewarnet, das dye straffe Gottes nit vormiden kann werden, durch dye oberkeyt vorgenomen, es sey dan, das man erkenne den schaden. Welcher alzeyt erkennet den schaden[63] meyden kan."[64] Mit dem „schaden" meint Müntzer den Abfall des Menschen vor Gott als seinem alleinigen Herrn, wofür ihn dieser durch die Zulassung und das Gewährenlassen der selbstgewollten Obrigkeit bestraft hat und straft. Wer das einmal begriffen hat und sich zu Herzen nimmt, kann diese Strafe Gottes vermeiden, wenn er Gott in seinem Tun und Denken ernstlich als seinen alleinigen Herren anerkennt und damit den Schaden bereinigt. Seine Umkehr und Hinkehr zu Gott bekundet sich grundsätzlich darin, daß er mit jedermann freundlich ist, und dazu gehört dann auch, daß er die Obrigkeit nicht durch seinen Eigennutz erbittert[65]. Denn jeglicher Eigennutz bedeutet als Hinkehr zu sich selbst immer eine Abkehr von Gott, Mißachtung seiner absoluten Herrschaft.

---

[61] Ebd. S. 473,18—26.   [62] Vgl. oben S. 723 f.

[63] Der Text des letzten Satzes ist hier nicht in Ordnung. Hinter „schaden" sind wahrscheinlich die Worte ‚dye straffe' ausgefallen. Ein Komma wäre dann nicht hinter „erkennet" zu setzen (so noch Bensing/Rüdiger, S. 265), sondern hinter „schaden". Also: „Welcher alzeyt erkennet den schaden, dye straffe meyden kan."

[64] Franz, MG, S. 474,1—3.

[65] „Dorumb haltet euch freuntlich mit eynem yderman und erbittert dye oberheit nit mehr, wye vhil durch eygen nutz gethan haben". (Franz, MG, S. 474,3—5.)

Müntzer hatte so seine Brüder selber noch seine Erkenntnis der wahren Ursache der Katastrophe wissen lassen und sich der ihn bedrängenden Verpflichtung entledigt, sie zu warnen, Gottes offenbares Strafurteil durch eine vom Eigennutz diktierte Fortsetzung des Aufstandes zu ignorieren. „Dormit der gnade Christi und seynem geyst befholen. Mit dysser handschrift durch Christoff Lawen befhel ich meynen geyst in dye hand Gottes und wunsche euch den segen des vatern und des sohns und des heyligen geysts. Helft yhe rathen mit vleyß meynem weybe und zum letzten fliget das blutvorgissen, dorvor ich euch itzt treulich warnen wyl."[66] Ganz zum Schluß bricht auf einmal ein sonst so verborgen gehaltenes menschliches Mitempfinden bei ihm durch, im Gedenken an das Schicksal seiner Frau und in der Besorgnis eines neuen Blutvergießens, das auch Unschuldige mit in das Verderben ziehen muß. „Dan ich weyß, das euer der mehrer theyl in Molhausen dysser uffrurischen und eygennutzigen emporung nihe anhengig gewest, sondern das allewege gerne gewerth und vorkomen. Dormit ir dyeselbigen unschuldigen nicht auch in beschwerung, als etzlichen zu Frangkenhaußen gescheen, komen dorfet, so wolt euch yhe der vorsammlung und emporung nhun nit anhengig machen und umb gnade bey den fursten, dye ich vorhoff ir des furstlichen gemuths finden werdet, euch gnade zu erzeygen, ansuchen. Das wil ich itzt in meynem abschied, dormit ich dye burde und last von meyner sele abwende, vormeldt haben, keyner emporung weyter stadt geben, dormit des unschuldigen bluts nit weyter vorgossen werde."[67] Ist es derselbe Müntzer, der vor wenigen Tagen noch jegliches Einvernehmen mit den Fürsten verurteilte und der jetzt „umb gnade bey den fursten ... ansuchen" heißt?

Man kann die äußeren Bedingungen, unter denen das Schreiben entstanden ist, nicht außer acht lassen: nach einer ebenso unerwarteten wie entscheidungsschweren Niederlage gefangen, seinen grimmigsten Feinden ausgeliefert, gefoltert und in seiner Aussagefreiheit beschränkt, den gewaltsamen Tod sicher vor Augen und damit jeder Hoffnung beraubt, noch einmal das Geschehen aktiv eingreifen zu können, wandte sich der „verstorer der unglaubigen"[68], der „knecht Gottes wider dye gottloßen"[69] in neu gewonnener Erkenntnis an die noch kampfbereiten Brüder in dem nunmehr von den Siegern bedrohten Zentrum des Aufstandes mit einer letzten Mahnung. Der kritische Punkt in den Überlegungen Müntzers mußte sein ausgeprägtes Selbstverständnis als des von Gott in besonderer Weise in seinen Dienst genommenen Knechtes sein, der sich in absoluter Hörigkeit für die volle Verwirklichung des Gotteswillens in der Christenheit einzusetzen hatte. In der Wahrnehmung dieses Auftrages hatte er sich von der Konzentration seines Wirkens auf

[66] Franz, MG, S. 474,5—10.   [67] Ebd. S. 474,10—21.
[68] Ebd. S. 394,36.   [69] Ebd. S. 456,7.

die religiös-kirchliche Erneuerung des evangelischen Glaubens und des gottesdienstlichen Lebens der Gemeinde bis hin zur Propagierung und Durchführung des offenen Aufruhrs gegen die gottlosen Tyrannen mit dem Ziele einer grundlegenden Veränderung des individuellen wie gesellschaftlichen Lebens der Christenheit schlechthin in leidenschaftlicher Hingabe bewährt und — Gott hatte ihn in entscheidender Stunde im Stich gelassen, ihn seinen, Gottes, Feinden in die Hände gegeben, seinem Wirken ein abruptes, schmachvolles Ende bereitet. Es war für ihn eine starke Anfechtung; aber nach dem bitteren Erleben von „Angst, Tod und Hölle" ist er seines Gottes und seiner Gottesknechtschaft so sicher wie je zuvor, versteht er seine Passion als eine Stufe zur Christusförmigkeit, seinen Tod als den Guten wie den Unverständigen zugute geschehen. Müntzer bestätigt so im Angesicht des Todes seine völlige Gebundenheit an Gott und macht bis in seine letzten Stunden hinein offenbar, was ihn in Wahrheit zu seinem radikalen Einsatz getrieben hat. Von daher läßt sich auch ein sinnvoller Zugang zu dem von ihm gegen die geschlagenen Aufständischen erhobenen Vorwurf des Eigennutzes und zu der damit verbundenen Warnung vor einer Fortsetzung des Aufruhrs finden, ohne ihn dem Verdacht der billigen Ausrede auszusetzen.

Man mag zunächst von der auf einmal so sicher vorgetragenen Erklärung befremdet sein und darin einen recht fragwürdigen Versuch sehen wollen, sich der eigenen Verantwortung zu entziehen, insbesondere der naheliegenden Anklage, durch sein uneinsichtig-hartnäckiges Verhalten am 15. Mai wesentlich mit verschuldet zu haben, daß es zu dem Blutbad überhaupt kommen konnte. Aber: Müntzer hat sich schon zuvor in den mannigfachen Schlappen, die er bisher hatte hinnehmen müssen, noch niemals zu einem schuldhaften Verhalten bekannt, sondern es stets nur anderen vorgeworfen. Gewiß nicht ohne ein erhebliches Maß an rechthaberischem Eigensinn, jedoch je länger desto mehr in einem sich steigernden Sendungsbewußtsein als Gottes Knecht, der sich in völliger Entselbstung nur als Funktionär seines Herrn verstand. Das hatte sein Auftreten in Frankenhausen in letzter Zuspitzung gezeigt, sogar noch bei der ersten Begegnung als Gefangener mit den siegreichen Fürsten. Im Kerker von Heldrungen scheint ihn dann — vielleicht zum ersten und einzigen Male — die Frage nach dem Warum ernsthaft umgetrieben zu haben. Er wich nicht ins Periphere aus: Gott ist hier mit im Spiele. Er ist ihm zwar in einem Augenblick verzweifelter Verlorenheit „ein fremder und seltsamer Mann" geworden, gab sich ihm jedoch wieder als sein Herr zu erkennen, der seinen Anspruch auf Anerkennung als der alleinige Herr nach wie vor aufrecht erhielt. Müntzer weiß, „Gott [hat es] also vorfuget" und Er bestätigt ihm die gehorsame Erfüllung des ihm als seinem Knechte gewordenen Auftrages, daß Er ihn zum krönenden Abschluß seiner Sendung nunmehr in den gewaltsamen Tod

803

zur „Förderung der Guten und der Unverständigen" dahingibt. Mit diesem Verständnis seines Todes als des hier nicht schuldig gewordenen Knechtes läßt er erkennen, daß Gott sich in Frankenhausen nicht für die Fürsten entschieden hat, weil sie „im Rechte" gewesen wären; vielmehr ist damit klar, daß Gott den Aufständischen seine Hilfe versagt hat, weil sie sich in Wahrheit nicht, wie sie vorgaben, um Gottes, sondern um ihres Vorteils willen, aus Eigennutz erhoben hatten, ohne an Gott als ihren Herrn zu denken. Wie nahe kommt Müntzer damit dem Urteile Luthers über den Aufruhr der Bauern und ihren Mißbrauch des Evangeliums! Müntzers Erklärung ist dabei kaum ein kurzfristiger und kurzschlüssiger Deutungsversuch; in ihm waren wahrscheinlich schon früher, zumal in den letzten Tagen, über die wahren Beweggründe eines großen Teiles der Aufständischen manche Bedenken wachgerufen worden, die er, nachdem Gott selbst sein Urteil gesprochen hatte, als berechtigt einzugestehen sich nunmehr genötigt sah. Mit der vagen Entschuldigung des Fehlverhaltens der „Schuldigen", „mich nicht recht vorstanden", bekennt er sich in gewisser Weise, bewußt oder unbewußt, zu einer indirekten Mitverantwortlichkeit, und um nicht in der Folge solchen von ihm noch mitzuverantwortenden „Mißverstehens" noch an einem weiteren Blutvergießen nun, nachdem er den Sachverhalt klar erkannt hat, tatsächlich mitschuldig zu werden, mahnt er die Mühlhäuser so eindringlich, den Aufstand zu beenden.

Was ist schließlich dem Schreiben für Müntzers Stellung zur Obrigkeit nach der Niederlage zu entnehmen? An zwei Stellen gibt er den Mühlhäusern konkrete Anweisungen, wie sie sich jetzt den Fürsten gegenüber verhalten sollen: 1. „. . . erbittert dye oberkeyt nit mehr"[70]; 2. „. . .wolt euch yhe der vorsammlung und emporung nhun nit anhengig machen und umb gnade bey den fursten . . . ansuchen"[71]. Also Unterwerfung und Bitte um Gnade. Heißt das nicht doch Revision seines bisherigen Urteils, zumal sich in dem ganzen Briefe kein abfälliges oder kritisches Wort über die Regenten findet? Wir haben in der voraufgehenden Interpretation schon versucht, die beiden zitierten Stellen aus der Situation und der besonderen Absicht des Autors heraus zu verstehen, und festgestellt, daß er ganz bewußt lediglich auf das Verhalten der Aufständischen eingehen und ihnen ihr Verhalten als Grund und Ursache der Katastrophe einsichtig machen wollte, damit sie die Konsequenzen daraus ziehen sollten. Gerade das, worum es ihm in der Erhebung zuerst und zuletzt eigentlich gegangen war, hatte das Volk nicht begriffen. Es hatte in der ihm von Gott geschenkten Stunde der Bewährung echter Gotthörigkeit ebenso versagt wie all die anderen Menschen und Mäch-

---

[70] Ebd. S. 474,4 f.
[71] Ebd. S. 474,15—18.

te auch, auf deren tätige Hilfe er zuvor einmal gerechnet hatte, aus demselben Grunde versagt wie all die anderen auch: aus „eygen nutz, der zum undergang gottlicher warheyt gelanget". Müntzer distanziert sich bewußt von allem gottfremden Geist eines von Menschen um ihrer selbst willen unternommenen Aufruhrs und übt damit eine ernste Kritik an den Motiven und dem Verhalten der Bauern im Aufstand, die ernsteste Kritik, die Müntzer überhaupt aussprechen konnte. Jedoch bedeutet sie auf der anderen Seite in keiner Weise eine Rechtfertigung der Obrigkeit, und die Schuld der Bauern hebt die Schuld der Fürsten nicht auf, geschweige denn, daß die Sieger den Ausgang des Kampfes als ein Gottesurteil für sich buchen und als Bestätigung ihres vermeintlichen Rechts ansehen durften. Der einzige, der hier im Rechte bleibt, ist Gott. Das ist Müntzers feste Gewißheit und Trost. Grundsätzlich hält er an seiner These der erlaubten und notwendigen Empörung gegen das tyrannische Regiment einer gottlosen Obrigkeit fest, unter der entscheidenden Voraussetzung, daß es den Empörern ernsthaft um das Allein-Herr-sein Gottes und die Durchführung seines Willens zu tun ist. Hat er das aber auch nach den jetzt gemachten Erfahrungen noch immer eher für möglich gehalten als einen Sinneswandel der Fürsten und Herren? Soviel jedenfalls dürfte aus dieser seiner letzten Stellungnahme hervorgehen, daß der „Revolutionär" im Namen und Auftrage Gottes weder ein „Bauernführer" noch ein „sozialer Agitator" war, daß es ihm primär nicht auf Menschenrechte und sozialen Fortschritt ankam, sondern auf Gottes Gesetz und eine im Glauben und Leben gotthörige, geistesmächtige Christenheit, die dann, im Gehorsam gegen Gott, auch den Dingen dieser Welt die rechte Gestalt und Ordnung einfach geben muß.

Nicht unerwähnt darf eine in zwei Abschriften vorliegende Erklärung bleiben, die Müntzer am gleichen Mittwoch noch (17. 5.) nach dem Diktat des Briefes an die Mühlhäuser abgegeben haben soll, die also gleichsam sein „letztes Wort" darstellen würde, bevor er zur Hinrichtung von Heldrungen nach Mühlhausen überführt wurde. Danach hat er vor sechs Grafen und Herren „ungenotiget und wolbedacht bey seynem eygen guten gewissen, horen lassen und gebeten, inen [= ihn] derselben zu erinnern, ab sye ime villeycht entpfallen mochten, domit er sye idermennigklichen vor seynem ende furzutragen und durch seyn selbest mund anzusagen habe.

Erstlich, das er von der oberkeyt, wye man der gehorsam seyn und schuldige pflicht thun solt, das gegenteyl und gar zu mylde gepredigt habe, daraus erfolgt, das inen dye zuhorer und undertenigkeyt auch zu mylde vernomen, und er mit inen [= ihnen] in soliche frevele mutwillige entporunge, aufrur und ungehorsam sich begeben, mit bit: durch Gottes willen sich doran nicht zu ergern, besonder derselbigen oberkeyt, wye sye von Got verordent und eyngesetzt, gehorsamlich zu geleben und ime das zu vorgeben.

Zum andern, wye er manicherley opinion, wane und irsal vom hochwiridigen sacrament des heyligen fronleychnams Christi, auch widder ordnunge gemeyner christlichen kirchen uffrurich und verfurisch gepredigt, wil er, wye dyselbe heylige christliche kirche in alwege gehalden hat und itzo heldet, auch eyntrechtigk und friedlich alles halden und in dem allem alls eyn whar eyngeleybt und widderumb versohnet gliedmaß derselben vorsterben, umb Gottes willen bittende, solichs vor Got und der welt ime zu bezeugen, Got vor inen [= ihn] zu bitten und ime bruederlich zu vorzeyhen.

Endlich thut er bitten, das man seynen sendebriff letztlich geschriben den von Molhawsen zu schigken und synem weybe und kynde alle seyne habe wolle volgen lassen."[72]

Ein solches Papier scheint zumindest einem kleineren Kreise bald bekannt geworden zu sein, denn am 21. Mai berichtet Johann Rühl an Luther: „Nun ihm aber das spiel gefehlet, hat sich gemeldter Thomas Münzer und der satan in ihm in seinem gefängnüß, ohne zweifel den gottlosen tyrannen damit zu heucheln, alle seine irtümer zu wiederruffen, sich mit dem sacrament einer gestalt zu berichten [= versehen] laßen und den glauben, den die kirche izt und zuvor gehalten, bekant und sich also ganz papistisch in seinem ende erzeiget, wie ihr aus inliegender schrift vernehmen werdet."[73] Ob es sich freilich bei „inliegender schrift" um unser Papier, um eine Abschrift, einen Auszug oder eine bloße Inhaltsangabe gehandelt hat, ist nicht auszumachen, allenfalls nur zu vermuten; Luther geht in seiner Antwort vom 23. Mai nicht näher auf Rühls Mitteilungen über Müntzer ein und erwähnt die „schrift" nicht. Auch Herzog Georg verwertet das Dokument offenbar nicht weiter[74], das doch viel überzeugender als der mit dem Bekenntnis zusammen gedruckte Brief an die Mühlhäuser den „Widerruf" des Aufrührers und Ketzers aller Welt dargetan hätte. Die Frage stellt sich unausweichlich, wie dieses Schriftstück entstanden und ob es als eine echte Aussage Müntzers anzusehen ist; denn als solches gibt es doch mancherlei Rätsel auf.

1. Unter den Zeugen befinden sich zwar keine repräsentativen Vertreter der evangelischen Seite, immerhin aber zwei Sympathisanten der reformatorischen Bewegung[75], die an der zwar relativ vorsichtigen, aber nichtsdestoweniger eindeutigen Formulierung des zweiten Artikels (über Abendmahl und Rückkehr zur katholischen Kirche) hätten Anstoß

---

[72] Ebd. S. 550,1—30. [73] AGBM II, S. 343.
[74] Doch vgl. unten S. 819 f.
[75] Philipp von Solms und Gebhard von Mansfeld. Letzterer von Bensing mit Albrecht von Mansfeld vertauscht. Bensing, M. u. Th., S. 231 Anm. 88.

nehmen müssen. Daß sie es nicht taten, könnte gegen eine Fälschung oder abgenötigte Erklärung sprechen. Daß der Wortlaut beider Artikel nicht von Müntzer stammt, steht freilich außer Zweifel.

2. Die Vorbemerkung hebt das „ungenotiget und wolbedacht bey seynem eygen guten gewissen" recht auffällig hervor und steigert Müntzers Verlangen nach einem öffentlichen Widerruf bis zu der Bitte, ihn an die „Artikel" zu erinnern, wenn sie ihm möglicherweise entfallen sollten. Das klingt fast so, als ginge es ihm jetzt gar nicht schon um den Vollzug des Widerrufes, sondern um die vor einigen in Heldrungen anwesenden Adligen als Zeugen getätigte Niederschrift eines Konzeptes, das ihm kurz vor der Exekution vorzuhalten sei, damit er es, in diesem Augenblick „vielleicht" weich geworden, „durch seyn selbest mund anzusagen habe".

3. Die eigentlichen Bedenken erheben sich gegen den Inhalt der beiden Artikel, die den oft genug erhobenen Beschwerden Herzog Georgs genau entsprechen, nämlich seinem Vorwurf des Aufruhrs gegen die Obrigkeit, in dem der Landgraf von Hessen mit seinem Schwiegervater zum Teil übereinstimmte, und seinem scharfen Protest gegen die Zerstörung der alten Kirche. Der im Vorspann als anwesend genannte Christoph Laue dürfte den kurz zuvor von ihm geschriebenen Brief Müntzers an die Mühlhäuser bekanntgegeben haben, auf den der erste Artikel offensichtlich zurückgreift. Dieser modifiziert zunächst in schärferer Tonart und natürlich mit veränderter Tendenz die im Briefe enthaltene Äußerung „mich nicht recht vorstanden"; denn sie kehrt nunmehr wieder in der Aussage, „das er von der oberkeyt ... gar zu mylde geprediget" und „das inen [ihn] dye zuhorer und undertenigkeyt auch zu mylde vernomen". Das wurde zudem zu einem Schuldbekenntnis Müntzers umfunktioniert und mündet entgegen der im Briefe eingenommenen Haltung in die neue Version, „und er mit inen in soliche frevele mutwillige entporunge, aufrur und ungehorsam sich begeben". Der Abschluß ändert das „solt ir euch meynes todes nit ergern" großzügig um in „sich doran nit zu ergern"; das heißt jetzt dann: an seiner Anstiftung zu freventlicher und mutwilliger Empörung, und es endet folgerichtig in der völligen Verkehrung des Sinnes der müntzerischen Mahnung, die Obrigkeit nicht durch Eigennutz zu erbittern, in der Aufforderung, „besonder derselbigen oberkeyt, wye sye von Got verordent und eyngesetzt, gehorsamlich zu geleben und ime das zu vorgeben".

4. Für den zweiten Artikel gab es keine derartige Vorlage. Als Ausgangspunkt dienten anscheinend die beiden ersten Aussagen Müntzers im Verhör über sein Verständnis und seine Praktizierung des Abendmahls, zusammengefaßt in der Formulierung, „wye er manicherley opinion, wane und irsal vom hochwiridigen sacrament des heyligen fronleychnams Christi ..." sich habe zuschulden kommen lassen. Doch

weitet man dieses „Eingeständnis" zu der allgemeinen Selbstanklage aus, daß er überhaupt „widder ordnunge. gemeyner christlichen kirchen uffrurich und verfurisch gepredigt" habe. Ihr entspricht die feierliche Bekundung seines Willens, sich wieder ganz und gar in die geheiligte, altüberkommene Ordnung der Kirche einzufügen und „alls eyn whar eyngeleybt und widderumb versohnet gliedmaß derselben" zu sterben. Die Frontstellung gegen die Reformation schlechthin ist unverkennbar, und unter diesem Vorzeichen soll man „vor Gott und der welt ime... bezeugen", daß er in den Schoß der katholischen Kirche zurückgekehrt sei.

5. Zuletzt greift man mit der Bitte, seinen Brief an die Mühlhäuser weiterzuleiten, sein darin schon enthaltenes, nur durch einen kleinen Zusatz erweitertes Ansuchen noch wieder auf, daß man „synem weybe und kynde alle seyne habe wolle volgen lassen".

Die Analyse beider zeitlich so dicht beieinander liegenden Schriftstücke liefert gewiß keinen exakten Beweis dafür, daß der „Widerruf" ein von altgläubiger Seite in Heldrungen ausgedachtes und gefertigtes Machwerk ist, macht es jedoch m. E. auf Grund des formalen Zusammenhangs wie der inhaltlichen Unvereinbarkeit mit dem Brief an die Mühlhäuser in hohem Grade wahrscheinlich[76]. Das Elaborat ist, soweit sich bisher übersehen läßt, selbst im katholischen Lager weithin unbekannt geblieben, es sei denn, man hält es für möglich, daß es seine Spuren in dem Briefe Herzog Georgs nach Leipzig in den Bemerkungen über Müntzers Ende hinterlassen hat[77]. Auch keiner der sich mit Müntzer befassenden Autoren des 16. Jahrhunderts erwähnt es; erst J. K. Seidemann bringt es in seiner 1842 erschienenen Müntzerbiographie durch den Druck zur Kenntnis[78].

Müntzer hat noch eine reichliche Woche im Verließ der Heldrunger Burg zubringen müssen; die Fürsten wollten erst auch Mühlhausen in die Knie zwingen und dann in der unterworfenen Stadt seine Hinrichtung vollziehen, um zeichenhaft zu demonstrieren, daß das Zentrum des Thüringer Aufstandes und sein geistiges Haupt zu Fall gebracht worden seien. Das eine wäre ohne das andere sowohl in den Augen Herzog Georgs wie des Landgrafen nur ein halber Erfolg gewesen. Darum betrieben sie mit Eifer nach der Vernichtung des Bauernhaufens die Fortsetzung des Feldzuges gegen die feste Stadt. Gleich am Tage

---

[76] Steinmetz, S. 97, spricht von „einem fragwürdigen und schwer durchschaubaren, aber doch kaum gefälschten Schriftstück"; nach Bensing, M. u. Th., S. 231, „behält die Auffassung Berechtigung, daß Müntzer der Widerruf diktiert oder daß er ohne sein Wissen konzipiert worden ist".

[77] Vgl. unten S. 811.

[78] Seidemann, Thomas Müntzer, S. 147 (Beilage 41).

nach der Schlacht wandten sie sich an Kurfürst Johann und erklärten sich einer Meinung mit ihm, „das di von Molhausen dieser ketzerischer ufrur mererteils anfang und furer seien". Da sie „ob solichem bosen handel nit kleine beschwerung haben, in willen, als christliche fursten, die solichem bosen handel zu widersteen, sovil an ine ist, schuldig sein", gedenken sie dagegen anzugehen, „dabei wir auch E. L. und ir krigsvolk gern haben wolten"[79]. Wenn er sich selbst wegen der Unruhe in seinen Landen für unabkömmlich halte, wäre es ihnen doch sehr erwünscht, daß er seinen „son herzog Hans Fridrichen ... mit etlichen reisigen, sovil auch E. L. gelibt, und einem fusvolk, sovil E. L. des furhanden hat, und guten starken geschutz, pulver und kogeln in guter anzal uf nehst montag vor Molhausen geschikt hetten, und ob E. L. mer volks wartende weren, dasselb hernach komen lassen, das wir, wil got, auch ankomen und di dinge also furzunemen understeen wollen"[80]. Zum Überfluß legten sie zu Johanns beliebiger Verwendung, „einen offen brief an di versamelten bauren"[81] bei, in dem sie die Aufrührer zum Gehorsam auffordern und sie wissen lassen, daß sie, die unterzeichneten Fürsten, dem Kurfürsten ihre volle Unterstützung zur Wiederherstellung von Ruhe und Ordnung zusichern[82]. Der Sieg bei Frankenhausen bedeutete also für sie noch nicht die definitive Niederwerfung des Aufstandes; erst mußte Mühlhausen, der eigentliche Unruheherd im thüringisch-sächsischen Raume unter sichere Kontrolle gebracht werden und das so schnell wie möglich, um den errungenen Erfolg nicht wieder aufs Spiel zu setzen. Aber dazu hielt man die militärische Hilfe Kursachsens für unbedingt erforderlich, ein Zeichen, wie hoch man das militärische und moralische Potential der Stadt und seiner Bürgerschaft einschätzte.

Auf die Zusage seiner persönlichen Teilnahme hin[83] mahnte man Johann am 19. Mai erneut zur Eile: „... sind in willen, mit gots hilf in diser stund hie aufzebrechen und morgen zu Schlatheim leger zu schlagen, daselbst wir E. L. zu verwarten freuntlich bittend, E. L. wollen mit den iren uf nehst montag oder ufs lengst dinstag zeitlich an dem ort oder nahe daherumb bei uns gewislich erscheinen, dan die ding nit lang harre erleiden mogen."[84] Als er jedoch am Montag (oder Dienstag?) im Lager von Schlotheim eintraf, war zur Besorgnis vor einer kriegerischen Machtprobe schon gar kein ernsthafter Grund mehr gegeben. Anfänglich hatten wohl militante Anhänger der Pfeifferschen Ideen bei dem Herannahen der fürstlichen Truppen noch an einen Widerstand gedacht, „stürmte man heftig in der Stadt Mühlhausen, hütete am Thore, wachte auf den Thürmen"[85] und unternahmen sie sogar

---

[79] AGBM II, S. 302.
[80] Ebd. S. 302 f.
[81] Ebd. S. 303.
[82] Das Schreiben selber ebd. S. 303 f.
[83] Ebd. S. 323.
[84] Ebd. S. 332.
[85] Chronik Mühlhausen, S. 193.

eine Strafexpedition gegen Hans von Berlepsch, der dabei selber als Gefangener eingebracht wurde[86]. Am 19. und 21. Mai richteten die „bruder von Mulhausen, rate und ganze gemaind, zusampt aller christlichen bruderschaft, bei uns im läger in got ainmutig versamlet"[87] schriftliche Hilfegesuche „an den christlichen haufen im land zu Franken". Zur gleichen Zeit liefen aber bereits Bemühungen des Rates und der Achtmänner bei dem Kürfürsten, den Städten Erfurt, Nordhausen und Nürnberg, sich bei Herzog Georg und Landgraf Philipp dafür zu verwenden, „uns zu gnediger verhor und antwort komen zu lassen"[88]; diese beiden wurden zudem am 21. Mai noch unmittelbar angegangen, eine Gesandtschaft der Stadt anzuhören, „so das wir mit etlichen man und pferden zu und abe bis wider in unser gewarsam von E.F.G. mochten mit furstlichem geleyte vorsorget werden an gelegende stede"[89]. Die offiziellen Instanzen setzten sich, gestützt auf den Willen des Großteils der Bürgerschaft gegenüber der Widerstandsgruppe durch[90] und nach der am 22. Mai an alle drei Schutzfürsten[91] wiederholten Bitte um Gehör erhielten sie am gleichen Tage die Aufforderung, „mogt darauf die euern in voller macht der andern morgen dinstag umb zwelf hor in die Hergotsmul[92] schicken, darzu wir euch uf 20 person und so vil pferd in craft diß brives von euer gewarsam bis wider darin unser sicherung frei und ungeverlich gleit hirmit zuschriben"[93]. Das Ergebnis der Unterhandlung war, wie vorauszusehen, negativ; wir haben nichts weiter erreicht, erklärte der Stadtsyndikus Johann von Otthera[94] nach der Rückkehr der Gesandtschaft, „dan das wir vns in gnade vnd vngnade begeben sollen", und stellte es jedem, „wer ehs (hierauf bey vns) nit wagen wil"[95], anheim, sich davonzumachen. Auch Pfeiffer machte

---

[86] AGBM II, S. 338.   [87] AGBM II, S. 344. Vgl. oben S. 780.

[88] AGBM II, S. 327; Schreiben an Kurfürst Johann vom 18. 5.

[89] Gess II, S. 237,5 ff.

[90] Auf die hintergründigen Motive und Aktionen der einzelnen Gruppen und Personen im Ringen um das Schicksal Mühlhausens braucht hier nicht näher eingegangen zu werden, weder auf die divergierenden macht- und kirchenpolitischen Intentionen der Fürsten bei der Planung, Vorbereitung und Durchführung vom Beschluß des Angriffes auf die Stadt bis zur Inkraftsetzung des Sühnebriefes am 29. 5., noch auf den Anteil und die Taktik der unterschiedlichen Kräfte in der Bürgerschaft bei dem Versuche, in diesen Tagen soweit als nur möglich Einfluß auf die Geschicke der Stadt zu gewinnen.

[91] Sie hatten am 19. 5. der Stadt den Schutz aufgeschrieben. AGBM II, S. 332 f.

[92] Hergottsmühle bei Schlotheim.

[93] AGBM II, S. 350.

[94] Die Rolle, die Otthera in Mühlhausen gespielt hat, wird sehr unterschiedlich beurteilt, ohne daß bisher eine überzeugende Darstellung seines „undurchsichtigen Verhaltens" gegeben worden wäre. Zuletzt hat Fritz Dreiheller „das Bild des Dr. jur. utr. Johann von Otthera zurechtzurücken" (so im Vorwort seiner Monographie) versucht.

[95] Jordan, Otthera, S. 147 f.

sich in der Nacht „mit seinem anhang bis in die 300 stark us der stat"[96], wurde aber mit einer größeren Gruppe von Flüchtigen in der Nähe von Eisenach durch fürstliche Reiter gestellt und „ins her nach bey molhaussen bracht"[97], „dem Muntzer, so itzo auch alhie im leger verwart wirdet, mit seinem anhang geselschaft zu leisten und sampt andern in guter anzal umb die ungepurlich handlung gepurliche belonung und straff zu empfahen"[98].

Als an der Kapitulation Mühlhausens nicht mehr zu zweifeln war, hatte Herzog Georg sofort die Überführung Müntzers von Heldrungen in das Lager von Schlotheim angeordnet: „Unser beger ist an euch, ir wellet uns den gefangen Thomas Muntzer aufs allerfurderlichst wolverwahrt mit zuordnung etlicher reuter in unser feldleger schicken und damit nit seumen."[99] Das war vermutlich umgehend am Mittwoch (24. 5.) geschehen und Müntzer dann am Himmelfahrtstage mit der Verlegung des Lagers „uf ein virteil meil von Molhausen"[100] „bei Görmar in den Gihren"[101] zwei Wochen nach seinem Zuge „gen Heldrungen" an seinen Ausgangspunkt zurückgekehrt. Man wartete nur noch die Einlieferung Pfeiffers ab, um mit der Vollstreckung des Todesurteils an den beiden Hauptschuldigen unter den Mauern ihrer entmachteten und gedemütigten Hochburg den Geist des Aufruhrs und der Empörung im Lande so nachdrücklich wie möglich zu dämpfen. Herzog Georg schrieb darüber in der ersten Hälfte des Juni an Bürgermeister und Rat von Nürnberg in der Antwort auf deren Bitte vom 29. Mai[102] um ein gnädiges Verfahren gegen das von Müntzer verführte Mühlhausen: von den bei Eisenach mit Pfeiffer gefangenen Flüchtigen seien „och ob funfczig mit dem swert gricht, welchs der monczer ein sundere fraud entpfangen, mit den worten, es sey gut, das der pfeiffer gfangen, do mit dy bosheit zcu sturt werd; es hat och der almechtig got sein gnade vorlien, das der montczer sein irthum bkant und fast raw entpfangen, das her ein sulch blut vorgissen gstifft vnd sunderlich das her vom ghorssam der kristlichen kirchen gfaln; hat sich lossen absolfirn vnd alleyn der eynikeit kristlicher kirchen begert vnd dor vmb och das heylig hochwirdig sacrament in eyner gstalt des brots entpfangen; vnd ist dem pfeiffer, der nicht in solcher andacht gewest, vnd im vff sonabent nach assenscionis domini dy haupt abghauen, vnd seint dornoch vff pfele sampt den heubtern gsttossen vor molhaussen ins felt gstegkt"[103] Die Mitteilung, daß Müntzer seine Befriedigung über Pfeiffers Gefan-

---

[96] AGBM II, S. 366; Wolf von Schönburg an Kardinal Albrecht vom 24. 5. 1525.
[97] Gess II, S. 298,33 f.
[98] AGBM II, S. 380; Wolf von Schönburg an Kardinal Albrecht am 26. 5. 1525.
[99] Ebd. S. 362.   [100] Ebd. S. 366.
[101] Chronik Mühlhausen, S. 193.   [102] Gess II, S. 253 f.
[103] Ebd. S. 298,34—299,8.

gennahme geäußert habe, damit die Bosheit zerstört werde, bestätigt die Vermutung, daß er in seinem letzten Briefe die Mühlhäuser gerade auch vor Pfeiffers Agitation habe warnen wollen. Seine Äußerung war nicht so sehr der Ausdruck hämischer Schadenfreude, wie man Georgs Worten vielleicht entnehmen könnte, als vielmehr des beruhigten Wissens, daß dieser Mann keinen Schaden mehr durch sein eigennütziges Wollen und Handeln anrichten würde.

Was ist jedoch von des Herzogs Angaben über Müntzers Eingeständnis seines Irrtums und seiner reumütigen Rückkehr zur „katholischen Kirche" zu halten? Georg bietet in dem eigenhändigen Konzept des Briefes den ausführlichsten Bericht über den Abendmahlsempfang Müntzers nach katholischem Ritus, und zwar in einer formgerechten Aufzählung der für den Empfänger wesentlichen Elemente einer kirchlich korrekten Teilnahme an der Kommunion: nach dem Bekenntnis seines „Irrtums" und der rechten Reue über das von ihm verschuldete Blutvergießen, sonderlich aber über seinen Abfall vom Gehorsam der christlichen Kirche hat er sich absolvieren lassen, um die Wiederaufnahme in die „einige christliche Kirche" gebeten und daraufhin das Abendmahl „in eyner gstalt des brots" empfangen. Diese Erklärung des Fürsten bringt seine Meinung zum Ausdruck, daß Müntzer die Um- und Rückkehr zur katholischen Kirche tatsächlich vollzogen habe. Wir werden darauf noch zurückkommen müssen. Ihr entspricht in gekürzter Fassung der Bericht im „Glaubwürdigen Unterricht": „... der dan alle sachen bekant / gros rew vnd leid über sein sünd gehabt / gebeycht / vnd das heilig Sacrament vnder eyner gestalt nach Christlicher ordnung empfangen vnd darnach ... mit dem schwert gerichtet worden"[104]. Zu beachten ist, daß dieser Text sich unmittelbar an die Darstellung der Schlacht von Frankenhausen und an den Hinweis anschließt, daß „Tomas Müntzer wunderbarlich an eim bett zu Frankenhausen gefunden vnd den Fürsten überantwort worden". „Der dan alle sachen bekant" bezieht sich als Variante zu „sein irthum bekant" offenbar auf das hier sonst nicht erwähnte „Bekenntnus"; die zweigliedrige Reueformel des Briefes wird in „sein sünd" zusammengefaßt, und es wird statt von der erfolgten Absolution von der abgelegten Beichte gesprochen. Auffällig kann erscheinen, daß der Passus von dem Begehren „alleyn der eynikeit kristlicher kirchen" nicht übernommen wird, und von daher mag auch das knappe „sein sünd" anstelle der detaillierten Angaben zu denken geben. Handelt es sich nur um straffende Kürzungen, vorausgesetzt, daß der Verfasser des „Glaubwürdigen Unterrichts" überhaupt auf den Brief des Herzogs zurückgreift? Oder war er — immer unter dieser Voraussetzung — darauf bedacht, die in der brieflichen Äußerung gegenüber

---

[104] Glaubwürdiger Unterricht, S. B II R.

812

dem Nürnberger Rat allzu deutlich spürbare antireformatorische Animosität — mit Georgs Einverständnis? — in dem zur Veröffentlichung bestimmten „Tatsachenbericht" aus taktisch-politischen Gründen zu mildern und sich für den Nachweis der „Konversion" mit dem Hinweis zu begnügen, daß Müntzer „das heilig Sacrament vnder eyner gestalt nach Christlicher ordnung empfangen" habe? Auch das wäre nur eine Wiederholung der Angaben des Fürsten, aber keine Bestätigung ihrer sachlichen Richtigkeit.

Zweifelsfrei steht hingegen fest, daß das Gerücht von Müntzers Widerruf und Rückkehr zum alten Glauben, manifestiert durch die *communio sub una,* bereits seit dem 17./18. Mai unter den bei Heldrungen — Frankenhausen versammelten Herren und ihrem Gefolge umlief. Agricolas Bemerkungen im „Dialogus", Müntzer sei durch die peinliche Befragung „ym abwesen der andern [evangelischen] herschafft ... verursacht das Sacramet vntter einerlei gestalt bewilliget zuempfahen", trägt freilich zur Ermittlung der Fakten nichts bei; er bestätigt allenfalls in sehr dubioser Form, daß das Gerücht, das fragliche Geschehen habe sich schon gleich zu Anfang seiner Kerkerschaft vollzogen, nicht verstummen wollte und Glauben fand. Unmißverständlich bezeugte jedoch schon Johann Rühl in seiner Mitteilung an Luther vom 21. Mai, daß es im zeitlich engen Anschluß an das Verhör aufgekommen ist. Um so seltsamer mag es dann erscheinen, daß in dem von Seidemann als „Bitte Müntzers an seine Richter" bezeichneten Schriftstück, das zwar Ort und Datum[104a] angibt, aber keine Unterschrift trägt, wohl ein sehr überlegter „Widerruf" formuliert wird, aber von einem Sakramentsempfang *sub una* ausdrücklich mit keiner Silbe die Rede ist und selbst die Bitte darum nur „im Prinzip" daraus entnommen werden könnte. Dabei hätte ein kurzer Hinweis auf die bereits praktizierte Kommunion für jedermann sein Eingeständnis bekräftigt, „wye er manicherley opinion, wane und irsal vom hochwiridigen sacrament des heyligen fronleychnams Christi, ... uffrurich und verfurisch geprediget". Vielleicht darf man auch nicht ganz übersehen, daß die im „Glaubwürdigen Unterricht" nicht wiederkehrenden Aussagen im Briefe Herzog Georgs „vom ghorssam der kristlichen kirchen gfaln" und „der eynikeit kristlicher kirchen begert" sinngemäß im zweiten Artikel des sogenannten „Widerrufes" unverkennbar enthalten sind. Verstärkt sich damit nicht der schon angedeutete Verdacht, daß der oder die Verfasser dem Briefe Müntzers an die Mühlhäuser entnehmen zu können wähnten, Müntzers Widerstandskraft sei bereits gebrochen und er sei bei geflissentlicher Nachhilfe auch zu einem förmlichen Widerrufe zu bringen? Man ließ in dem den „öffentlichen Widerruf" („domit er sye idermenniglichen

---

[104a] „Gescheen zu Heldrungen mitwochs nach Cantate [17. 5.] 1525."

vor seynem ende furzutragen und durch seyn selbest mund anzusagen habe") vorbereitenden Papier eben nur die Kommunion noch beiseite, die aber als Müntzer nahezulegende Konsequenz offenbar jetzt schon im Gespräch war, und schließlich im Schreiben Georgs dank einer ihm übermittelten „Information", als tatsächlich vollzogen ausgegeben wurde. — Eine reichlich gewagte Konstruktion, nur um Müntzers Standhaftigkeit entgegen einem quellenmäßigen Befund zu retten?

Schwerwiegende Bedenken gegen die Angaben von zeitgenössisch-altgläubiger Seite ergeben sich notwendig aus der Feststellung, daß diese in ihrem Kern durch die Mitteilungen aus dem reformatorischen Lager tatsächlich in Frage gestellt sind, obwohl man hier keinen Anlaß hatte, einen Widerruf Müntzers und seine Rückkehr zur katholischen Kirche zu verschweigen. Das ließ sich ja in der Polemik gegen ihn sogar gut auswerten, wie es zuerst Johann Rühl und späterhin Agricola auch taten. Rühl schrieb, daß „Thomas Münzer und der satan in ihm in seinem gefängnüß" so gehandelt hätten, „ohne zweifel den gottlosen tyrannen damit zu heucheln"[105]; und Agricola läßt seinen Bauern auf die diesbezügliche Erklärung des Schwärmers erwidern: „Lieber do sechst du sein bestendigkeit / vnd spurest seinen glawben / vnd wie yn sein teuffelischer geist seins gefallens betrogen hat ... denn es ist ynn ym kein fundament des glawbens gewesen / wie denn auch leider ynn euch schwermer allen ist."[106] Melanchthon bringt eine ganz andere Geschichte zum Ende Müntzers vor. Am 7. Juni teilte er Joachim Camerarius mit: „Thuringorum tumultus oppressus est. De Moncero sumptum supplicium in castris, qui in corona, cum precaretur sibi ignosci, flens dixit, fateri se, quod maiora iusto suscepisset. Et sese aliquoties multitudinem arma induentem voluisse ab incepto revocare, quod cum non posset obtinere, invitum se perrexisse, et vulgi voluntati obsecutum esse."[107] Er sagt nicht, wem er diese Nachricht verdankt, die ihm allem Anscheine nach ebenso wie die davor angeführte Meldung über den günstigen Stand der Dinge in Franken „vor kurzem aus dem Lager von Mühlhausen" zugegangen ist. Hat er selbst ihr erst den abwertenden Charakter gegeben oder ist das unter Tränen abgelegte Geständnis, zu Großes gewollt zu haben, ihm schon in dieser wehleidigen Formulierung übermittelt worden zusamt der faulen Entschuldigung, daß er das Ganze von Anfang an gar nicht gewollt und es nur dem Verlangen der zu den Waffen greifenden Masse nachgebend weitergeführt habe? Der Tendenz zu

---

[105] AGBM II, S. 343.   [106] Dialogus, S. A II.
[107] C. R., Melanchthon I, Sp. 747. „Der Thüringer Aufruhr ist niedergeschlagen. Müntzer im Lager hingerichtet worden; er hat im Ring, als er bat, ihm zu verzeihen, weinend erklärt, er gestehe, allzu Großes unternommen zu haben. Er habe mehrmals die Menge, als sie zu den Waffen griff, von dem Beginnen abbringen wollen; (aber) als er sich nicht durchsetzen konnte, habe er wider seinen Willen mitgemacht und sich dem Verlangen des Volkes gefügt."

einer Verkehrung müntzerischer Aussagen sind wir bereits im Protokoll des peinlichen Verhörs begegnet. Auch Melanchthon nahm, was er über Müntzer hörte, weitgehend so auf und gab es so wieder, wie es seiner Vorstellung von dessen Gesinnung und Haltung entsprach; er hatte also zumindest keine Bedenken, die Nachrichten aus dem fürstlichen Lager in dieser Version weiterzugeben. Das könnte auch gegenüber seiner Mitteilung von Müntzers Ende in der „Histori" mißtrauisch machen: „Er ist aber seer kleinmutig gewest ynn der selben letsten not / vnd also mit sich selbst verirret / das er den glawben nicht allein hat kunden betten / sundern hat yhm Hertzog Henrich von Brunschwyg vorgebet / Er hat auch offenlich bekant / er hab vnrecht gethon / vnd doch ym ring die Fursten vormant / sie wolten den armen leuten nicht also hart sein / so durfften sie solcher far nicht furter warten / vnd sagt / sie solten Libros Regum lesen / Nach sollicher red ist er gekopfft worden . . ."[108] Legt man auf die Reihenfolge der drei Akte vor der Exekution keinen besonderen Wert, gibt es jedoch keinen stichhaltigen Grund, die Richtigkeit dieser Angaben zu bezweifeln. Daß es „in der letzten Not" einen Augenblick über seine Kräfte ging, das Glaubensbekenntnis frei und ohne Anstoß zu sprechen, ist freilich nach den körperlichen und seelischen Torturen der letzten zwölf Tage nicht so leichthin als Kleinmütigkeit zu bezeichnen; man wird auch fragen müssen, in welchem Sinne es zutrifft, daß Müntzer öffentlich bekant hat, er habe Unrecht getan. Endlich mag die Vermahnung im Ringe für Müntzer einen ganz anderen Sinn noch gehabt haben als für Melanchthon, aber sie ist, zumal in Verbindung mit dem Hinweis auf Libros Regum, als sein letztes Wort an die Fürsten sehr wohl glaubhaft, um so mehr, als er den Mühlhäusern bereits nahegelegt hatte, „umb gnade bey den fursten, dye ich vorhoff ir des furstlichen gemuths finden werdet, euch gnade zu erzeygen, an[zu]suchen". All dieser Einschränkungen ungeachtet gehört der zitierte Abschnitt der „Histori" mit zu denen, die man von dem allzu pauschalen Urteil ausnehmen muß, daß dieser gewiß nicht rühmenswerten Arbeit Melanchthons keinerlei Quellenwert für die Müntzerforschung zukomme[108a].

Einen besonderen Beitrag zur Klärung des Geschehens in den letzten Stunden Müntzers liefern noch zwei Auslassungen des hessischen Landgrafen, obgleich sie erst aus den Jahren 1528 und 1529 stammen. In der Korrespondenz mit seinem Schwiegervater, in der Philipps positive Haltung zur Reformation eine bedeutsame Rolle spielt, findet sich ein Brief

---

[108] Histori, S. CC III.

[108a] Es ist nicht recht einsichtig, warum Bensing (M. u. Th., S. 246 Anm. 184) „Müntzers Mahnung an die Fürsten" nach Gottfried Arnolds „Unparteiischer Kirchen- und Ketzerhistorie" zitiert und nicht nach dessen Vorlage, eben Melanchthons „Histori".

des jungen Fürsten an Herzog Georg, in dem er am 10. Juli 1528 schreibt: „Das aber e l vnd die andern nicht gewust haben, das der Churfl vnd ich der luterischn sach anhengig, das dunckt mich frembde zuhoren sein, nach dem doch e l wol weis was ich vor einen prediger vor Mulhausen mit gehabt E L auch wol weis Do E lieb zum Muntzer anhub Las dir leit sein das dw deinen orden vorlassen hast vnd das dw die kappen ausgezogen hast, vnd ein weib genommen, Do sagt ich im offentlich Muntzer, las dir das nicht leit sein Sonder las dir das leyt sein das dw die aufrurischen leut gemacht hast vnnd trawe dennost goth er ist gnedig vnd Barmhertzig er hat seinen shon vor dich In den Todt geben — Aus disen vnd auch aus den reden die Hertzog Hans Fridrich vnd ich mit. e. l. vor Mulhausen Im tzeldt hatten, hette Ja e l wol vorstehn konnen, das wir dem Euangelio das man doch itzt Luthers sect heyst, anhangen."[109] Philipp empfindet es also seltsam, daß sein Schwiegervater im Lager vor Mühlhausen noch nicht gemerkt haben will, daß er ebenso wie die ernestinischen Fürsten „der luterischn sach anhengig" gewesen sei. Er hätte z. B. doch gewußt, was er „vor einen prediger vor Mulhausen mit gehabt" und ruft ihm unter anderem die Episode ins Gedächtnis zurück, wo er „offentlich" dem Ansinnen Georgs an Müntzer, den Bruch seines Mönchsgelübdes und seine Heirat zu bereuen, widersprochen habe und in den Allstedter gedrungen sei, sich vielmehr die Verleitung so vieler Menschen zum Aufruhr „leit sein" zu lassen und auf Gottes gnädiges Erbarmen zu vertrauen. Philipp unterstreicht das „Do sagt ich im offentlich". Ob er nun „offen, unverhohlen" oder „öffentlich" sagen wollte, er hat jedenfalls sein Eingreifen als ein klares Bekenntnis zur lutherischen Lehre noch gut im Gedächtnis behalten.

Herzog Georg hat die ihm von dem Landgrafen in den Mund gelegte Äußerung in seinem Antwortschreiben in Abrede gestellt. Nach Auslassungen über seine gelegentlich der Dessauer Beratungen im Juni 1525 noch vertretene Meinung über Philipps Haltung in der kirchlichen Frage fährt er fort: „Ich hab wol gesehen das E l einen außgelouffen Monch zum prediger gehabt, das mir seltzam zuerfarn gnug gewest, Dieweil der lutter die zceit noch wie Ich bericht die kapp nicht hatt abgelegt Aber ye zcum wenigsten das weyb noch nicht genomen hat, Ich hab auch von meinem Jungen vettern Hertzog Hanns friderich vil vorgebener [= unnützer] wort gehört, die Ich wolt, das sie nicht geschehn Das aber ich die wort wie E l schreibt wider Montzer geredt haben soll wirt sich dermassen nicht finden, denn Ich hab wol gewust, das Montzer kein Monch gewest Ich weyß wol wie Ich mit Ime geredt hab vnd mit andern was aber E l geredt der wort sein vil gewest der bin Ich nicht

[109] Seidemann, Dessauer Bündnis, S. 643.

aller eindengk."[110] Der Herzog erinnert sich demnach, daß das Ärgernis, daß ein ausgelaufener Mönch evangelischer Prediger geworden war und geheiratet hatte, ihn damals aus einem konkreten Anlaß beschäftigt hat, gerade auch, weil zu der Zeit nicht einmal „der lutter ... die kapp ... hatt abgelegt ... zcum wenigsten das weyb noch nicht genomen hat". Er bringt es jedoch mit dem von Philipp gerade erwähnten evangelischen Prediger seines Schwiegersohnes in Verbindung und bestreitet die ihm vorgehaltene Äußerung, denn er „hab wol gewust, das Montzer kein Monch gewest". Zwar schreibt er drei Jahre zuvor an die Nürnberger, „das dye von molhaussen ... durch dy nawen leren der jenen, so von dem ghorssam der kristlichen kirchen gfellen, als außgloffene monch vnd meyneydige prister, der heinrich schwertfeger ader pfeiffer gnant vnd thomas montczer, die zcwen vornemlichsten gwest, vorfurt..."[111]; nur ist diese Formulierung so eindeutig nicht, daß man sie als im Widerspruch zu der Erklärung von 1528 stehend ansehen müßte. Die dem Schwiegersohn erteilte recht unwirsche Abfuhr, „was aber E l geredt der wort sein vil gewest der bin Ich nicht aller eindengk", spricht freilich nicht gerade für den Herzog, zumal er sonst so genau zu wissen behauptet, „wie Ich mit Ime [Müntzer] geredt hab vnd mit andern"; was er zu ihm gesagt hat, gibt er nicht preis! Besorgte er etwa, mit dem Eingeständnis dieser Worte auch die Erzählung von Müntzers Rückkehr in den Schoß der alten Kirche unglaubwürdig zu machen? Wer von den beiden gab den Sachverhalt richtig wieder? Unwidersprochen bleibt hier nur, daß beide Fürsten Müntzer im Lager vor Mühlhausen noch einmal angesprochen haben.

Um so gewichtiger und zugleich umfassender ist die Darstellung, die Philipp als Augen- und Ohrenzeuge gelegentlich des Marburger Religionsgesprächs bei einer Unterhaltung an der Abendtafel vom 29. 9. 1529 gegeben hat, wo er im Gespräch auch auf den Bauernkrieg und Thomas Müntzer einging. Der Straßburger Prediger Caspar Hedio hat sich in seinem Itinerarium Marpurgense die Notiz gemacht: „De negotio Rusticorum clementer locutus est; doluit illi, innocentes occisos, ipse multos liberavit a morte. De Müntzero egregium testimonium. Inquit etenim se percupere finem vitae talem; nam totus ingemuerit propter peccata sua ad Deum. Testimonium Domini a Prunschwig citat, non recantasse Muntzerum nisi quod agnovit errata et petiit a Deo misericordiam."[112] Es war gewiß ein etwas selbstgefälliges Geplauder des jungen Fürsten, das seinen Großmut und seine Weitherzigkeit ins rechte Licht rücken sollte; doch scheint es so, als habe die Haltung Müntzers nach der Katastrophe bis zum Tode auf den damals Zwanzigjährigen einen starken Eindruck gemacht, die ihn in die auf reformatorischer wie

---

[110] Ebd. S. 643 f.   [111] Gess II, S. 297,25—29.   [112] Erichson, S. 418.

altgläubiger Seite üblich gewordene Verteufelung und Schmähung dieses Mannes nicht einstimmen ließ, so erbittert er den „Aufrührer" bekämpft hatte. Er hat ihm ein „ungewöhnliches Zeugnis" (egregium testimonium) ausgestellt. Solch ein Lebensende wünsche er sich auch einmal; Müntzer habe sich ganz zerknirscht wegen seiner Sünden Gott ergeben. Darüber hinaus hat sich Philipp sehr bestimmt gegen die unzutreffenden Berichte von einem Widerruf Müntzers gewandt und unter ausdrücklicher Berufung auf eine Aussage des katholischen Herzogs Heinrich von Braunschweig darauf hingewiesen, daß Müntzer nicht widerrufen habe; er habe lediglich Irrtümer zugegeben und habe Gott um Barmherzigkeit gebeten. Der Landgraf unterscheidet sichtlich bewußter, als es sich in allen übrigen Berichten zu erkennen gibt, zwischen *peccata* und *errata*, und er scheint am ehesten etwas davon begriffen zu haben, worum es Müntzer in seinem Briefe an die Mühlhäuser gegangen ist.

Überdenkt man die Gesamtheit der hier angeführten wichtigsten Zeugnisse, die aus einem mehr oder minder engeren Miterleben eine das Wissen, Wünschen und Werten seiner Gegner widerspiegelnde Stellungnahme zum Ende Müntzers darbieten, deutet manches darauf hin, daß sein Brief an die Mühlhäuser nicht unerheblich zu dem zwiespältigen Bilde beigetragen hat, das wir in den Quellen über die letzten Tage und Stunden seines Lebens vorfinden. Er hatte darin die Katastrophe von Frankenhausen als das gerechte Urteil Gottes anerkannt und eingestanden, sich in der Meinung geirrt zu haben, daß es den Aufständischen wirklich uneigennützig allein um die Verwirklichung von Gottes Herr-Sein und seines Willens gegangen sei, hatte auch zugegeben, daß er selbst wohl nicht eindeutig genug gepredigt habe, daß eben dieses „allein für Gott" die unabdingbare Voraussetzung einer berechtigten Erhebung sei. Aus solchem Fehlverhalten des Volkes wie seiner selbst zog er die notwendigen Konsequenzen: das Volk hat durch seinen, von ihm als dem Botenläufer Gottes nicht rechtzeitig erkannten oder doch unbeanstandet gelassenen Eigennutz die ihm von Gott gebotene Chance zu einer grundlegenden Veränderung der Welt verscherzt; eine Fortführung des Aufstandes kann jetzt, da Gott seinen Beistand versagt hat, nur noch zu unverantwortlichem Blutvergießen führen; darum: erbittert die Obrigkeit nicht mehr und sucht bei den Fürsten Gnade zu finden. Jedoch die Sieger konnten oder wollten nicht verstehen, daß Müntzer gar nicht von „seinem" Vorhaben sprach, daß er nur im Auftrage Gottes gehandelt hatte, der mit einem Ihm hörigen Volke der Tyrannei der Gottlosen ein Ende hatte machen wollen. Um Gottes Vorhaben war es ihm gegangen, der als Sein Knecht für Ihn sich eingesetzt und, wie er wähnte, ein Seinem Willen geständiges Volk gefunden hatte, mit dem er Sein Werk zu vollführen hatte. Aber Gott sah tiefer als er, sah, daß die Menschen noch immer nicht zur Einsicht gekommen waren, daß es ihnen in ihrem Aufstand nur vorgeblich um Seine Herrschaft und in Wahrheit lediglich um ihr Herr-Sein-Wollen gegangen war und überließ sie ihrem eigennützigen Beginnen. Diesen hintergründigen Zusammenhang erfaßten die Fürsten nicht; sie fanden sich durch das Schreiben erst recht in ihrer Auffassung bestätigt, daß der Aufruhr eine sehr vordergründige Aktion des machtlüsternen Geltungswillens und der anmaßenden Überheblichkeit eines ketzerischen Ungeistes sei, der nach dem Scheitern seines frevelhaften Vorhabens nun seine Verirrung eingestand, seine Schuld bekannte und die von ihm Verführten aufforderte, sich wieder der alten weltlichen wie kirchlichen Ordnung zu fügen. Es war in ihrer Sicht die folgerichtige Ergänzung des Verhörs, und dementsprechend wurde es ohne Wissen Müntzers von einem anonymen altgläubigen geistlichen oder weltlichen Höfling in der Formulierung eines Widerrufes ausgewertet, der in seinen zwei Artikeln ihre Erwartungen zum Ausdruck brachte: unter Verurteilung seiner aufrührerischen Predigt Anerkennung der von Gott verordneten und eingesetzten Obrigkeit und unter Verwerfung seiner schweren Verstöße gegen die kirchliche Lehre und Ordnung Bekundung ernsten Willens zur Rückkehr in den Gehorsam der heiligen christlichen Kirche. Daß das „Dokument" aller Wahrscheinlichkeit nach vorerst ‚vertraulich' behandelt werden sollte, begünstigte nur, absichtlich oder unabsichtlich, alsbald die Festlegung der Legende von der bereits vollzogenen Rückkehr zum alten Glauben, die kaum wirksamer verbreitet werden konnte als durch das schwer kontrollierbare Geraune, er habe „sich mit dem sacrament einer gestalt zu berichten laßen" (Rühl). Dann wäre es gut denkbar, daß dieses Gerücht auch Herzog Georg noch vor seinem Aufbruch von Frankenhausen oder schon bald in Schlotheim zur Kenntnis gekommen ist und zwar in einer Form, die es ihm glaubhaft erscheinen ließ. Dazu würde auch der früher gegebene Hinweis auf eine gewisse Affinität seiner brieflichen Äußerung zu den Heldrunger Schriftstücken durchaus passen. Der Aufriß und der Wortlaut des Briefes nach Nürnberg zwingen jedenfalls nicht dazu, seine Mitteilung so zu verstehen, als habe der von ihm so betont hervorgehobene Akt erst im Lager von Mühlhausen stattgefunden. Die Konversion wie die Hinrichtung des aus Luthers kirchlicher Revolte hervorgegangenen ketzerischen Aufrührers waren für ihn derart signifikante Fakten, daß er mit dem Hinweis darauf voller Genugtuung seinen kurzen Überblick über den Thüringer Aufstand abschloß. Er hatte keinen Grund, nicht zu glauben, was man ihm über Müntzers „Widerruf" in welcher Form auch immer zugetragen hatte; vielleicht auch, weil er es nur zu gern glaubte.

Es bleibt freilich ein problematischer Versuch, den Widerspruch zwischen Herzog Georg und Philipp von Hessen einigermaßen verständlich machen zu wollen. Denn andererseits ist das gut bezeugte *egregium testimonium* des Landgrafen, er wünsche sich auch solch ein (frommes) Lebensende ebenso unvorstellbar wie die strikte Verneinung eines Widerrufes, wenn er von der *confessio, absolutio* und *communio sub una* Müntzers vor vier Jahren schon etwas gewußt hätte. Er war über die altgläubigen Bemühungen um eine „Bekehrung" Müntzers anscheinend nur unzureichend informiert oder hatte sich schon zwischen dem 17. und 27. Mai durch Heinrich von Braunschweig bestätigen lassen, daß die über Müntzers Rückkehr zur alten Kirche kolportierten Gerüchte unzutreffend seien. Zu einer persönlichen Begegnung ist es nach dem 15. 5. wohl erst wieder im Lager von Mühlhausen gekommen, als der Gefangene auf dem Wege zur Richtstätte war und sich „im Ring" noch die von Philipp 1528 erwähnte Szene abspielte. Der junge Fürst hatte sie als ein „öffentliches" protestantisches Auftreten gegen den „Bekehrungsversuch" seines Schwiegervaters gut in der Erinnerung behalten; sein Anliegen damals entsprach sinngemäß seinem Bemühen, im Disput mit Müntzer in Frankenhausen, ihn von dem biblischen Verbot des Aufruhrs gegen die rechtmäßige Obrigkeit zu überzeugen. Sein Mahnen rührte an den Kern der Gedanken und Überlegungen, die dem Gescheiterten in den letzten Tagen durch den Kopf gegangen sein werden, die ihn aber, vielleicht erneut „durch Angst, Tod und Hölle" hindurch, letztlich in der sicheren Überzeugung festigten, als Gottes Knecht in seinem Namen und Auftrag gehandelt zu haben. Er brauchte das, was ihm seine weltlichen Richter als Schuld zur Last legten, vor seinem Herrn nicht als Schuld zu bekennen und hat es wohl nicht getan. Wie hätte es sonst der Landgraf unterlassen, sich eines „Erfolges seiner Mahnung" zu rühmen! Müntzer hat in tiefer Reue seine Sünden vor Gott bekannt und ihn um Barmherzigkeit gebeten. Er hat auch, im Ring klarer vielleicht als im Briefe an die Mühlhäuser, den großen Irrtum eingestanden, dem er sich über die uneigennützige Bereitschaft der Aufständischen zur Erfüllung des göttlichen Willens hingegeben hatte. Doch es geschah dann eben schwerlich in dem Sinne, in dem Melanchthon die Nachricht aus dem Mühlhäuser Lager an Camerarius weitergab, Müntzer habe bekannt, zu Großes unternommen zu haben, eine Nachricht, die freilich mitsamt den Zusätzen auch schon in dieser Version nach Wittenberg gelangt sein könnte. Je dürftiger die Auskünfte waren, die man an Ort und Stelle zu erhaschen suchte, desto größer war die Neigung, das Gehörte nach eigenem Gutdünken bewußt oder unbewußt wieder- und weiterzugeben. Denn es dürften nur wenige gewesen sein, die Ohrenzeugen dessen waren, was dem zum Tode Geführten noch zu sagen zugestanden oder was er zu sagen willens war. Unter solchem Vorbehalt darf auch der — selbst Melanchthon überraschenden[113] — Mahnung

---

[113] Vgl. oben S. 815: „Er hat auch offenlich bekant / er hab unrecht gethon / v n d d o c h ym ring die Fursten vormant..."

an die Fürsten ein historischer Kern zuerkannt werden. Durch die *passio amara* im Bekenntnis des Glaubens „Gotte geständig" weist der seinem Herrn gehörige Knecht von sich weg auf dessen Willen gegenüber der Welt. Melanchthon mag den ihm zugegangenen Bericht über Müntzers Vermahnung im Sinne des lutherischen Appells an die Obrigkeit zur Milde gegenüber den besiegten Bauern verstanden haben; doch geht auch aus seiner Formulierung meines Erachtens noch hervor, daß Müntzer seine Bitte, die Fürsten „wolten den armen leuten nicht also hart sein" nicht nur auf die Teilnehmer an dem jetzigen Aufstand bezogen wissen will, vielmehr den Herren grundsätzlich nahelegt, sich anders als bisher gegen ihre Untertanen zu verhalten, um diese nicht aufs neue durch eine tyrannische Herrschaft zu provozieren. Die Aufforderung, „sie solten Libros Regum lesen", konnte ihnen aus Müntzers Munde nicht mehr mißverständlich sein: Gott läßt sich nicht spotten und wird dem gottlosen Treiben, das seinen Willen mißachtet, ein Ende machen. Er will keine Welt der Ungerechtigkeit und tyrannischen Willkür, menschlicher Selbstherrlichkeit und des Eigennutzes auf alle Zeit dulden. Gottes Willen ist unwandelbar und er will eine ihn als den alleinigen Herren anerkennende Welt. Die Fürsten waren noch ein letztes Mal von ihm gewarnt und sollten nicht wähnen, daß Gott durch sein Nein zu dem eigennützigen Verhalten der Bauern ein Ja zu ihrem gottwidrigen Regiment gesagt habe. Müntzer ist jetzt frei von Pathos und Depression, er will weder viele Worte machen noch schweigen. Durch sein eigenes Scheitern tiefer noch zur Erkenntnis der Beständigkeit des göttlichen Willens und seiner Gerechtigkeit geführt, warnt er vor Illusionen: Lest libros Regum! War dieses Wort nur erfunden, so war es doch gut erfunden.

Es war der Sonnabend nach Himmelfahrt (27. Mai), als Müntzer und Pfeiffer im Lager der Fürsten mit dem Schwerte hingerichtet wurden; ihre Leiber und Köpfe wurden aufgespießt und „vor molhaussen ins felt gstegkt"[114]; „Münzer setzten sie an den reissenden Berg, Pfeiffer aber an die Wegscheide bei der Schadeberger Warte, als man nach Bollstedt gehet"[115]. Die Berichte von dem starken Wassertrinken des Allstedters kurz vor der Hinrichtung[116] gehören ebenso in den Bereich der Legende wie die von Luther 1531 bei Tisch erzählte Geschichte[117]

---

[114] Vgl. oben S. 811.   [115] Chronik Mühlhausen, S. 198.

[116] „Muntzerus alligatus currui decollabatur. Cum unus ex aulicis nostri principis Saxoniae propius ad eum accessisset, qui ipsi notus erat, petivit, ut sibi adferret potum, quo allato in tanto dolore et metu mortis duodecim cantharos aquae exhausivit" (zit. b. Jordan, Ende Müntzers, S. 23).

[117] WA TR I, S. 38,6—9: „Mulhusii, ubi caput Muncerii est impositum palo, aiunt tam tritam semitam esse ex frequenti civium et aliorum improborum visitatione, ut quasi publica via videatur; nisi obstaret magistratus, putant futurum, ut pro sancto eum colant."

von dem ausgetretenen Pfad zu der Stelle, wo man Müntzers Haupt zur Warnung auf eine Stange gesteckt hatte.

Abkürzungen

ADB	Allgemeine Deutsche Biographie
ARG	Archiv für Reformationsgeschichte
BSKG	Beiträge zur Sächsischen Kirchengeschichte
FdG	Forschungen zur deutschen Geschichte
Franz. Stud.	Franziskanische Studien
Harz-Z	Zeitschrift des Harzvereins für Geschichte und Altertumskunde, fortgesetzt als Harz-Zeitschrift für den Harzverein
JfR	Jahrbuch für Religionsgeschichte
KA	Kirchenrechtliche Abhandlungen
K-R	Kämmerei-Rechnung
MAZ	Mitteilungen des Altertumsvereins für Zwickau und Umgegend
MGBl	Mühlhäuser Geschichtsblätter — Zeitschrift des Altertumsvereins für Mühlhausen in Thüringen und Umgebung
MVAG	Mitteilungen des Vereins für Anhaltische Geschichte und Altertumskunde
NMhaF	Neue Mitteilungen aus dem Gebiet historisch-antiquarischer Forschungen
PS	Annalen von Peter Schumann
QFR	Quellen und Forschungen zur Reformationsgeschichte
RA	Ratsarchiv
RE	Realenzyklopädie für protestantische Theologie und Kirche. 3. Aufl. 24 Bde. Hrsg. v. Albert Hauck. Leipzig 1896 ff.
RGG	Die Religion in Geschichte und Gegenwart. 3. Aufl. Hrsg. v. Kurt Galling. Tübingen 1957 ff.
RP	Ratsprotokoll
SAB	Sitzungsberichte der Preußischen Akademie der Wissenschaften, Philosophisch-historische Klasse
ThSZ	Thüringisch-sächsische Zeitschrift für Geschichte und Kunst
TThZ	Trierer Theologische Zeitschrift
WZUL	Wissenschaftliche Zeitschrift der Karl-Marx-Universität Leipzig, Gesellschafts- und Sprachwissenschaftliche Reihe
ZfG	Zeitschrift für Geschichtswissenschaft
ZfhTh	Zeitschrift für die historische Theologie
ZKG	Zeitschrift für Kirchengeschichte
ZVKPS	Zeitschrift des Vereins für Kirchengeschichte der Provinz Sachsen
ZVThGA	Zeitschrift des Vereins für Thüringische Geschichte und Altertumskunde

Quellen- und Literaturverzeichnis

(mit Kurztiteln)

AGBM | Akten zur Geschichte des Bauernkrieges in Mitteldeutschland. Bd. I,1 hrsg. v. Otto Merx. Leipzig 1923. Neudruck Aalen 1964. Bd. I,2 hrsg. v. Günther Franz. Leipzig 1934. Neudruck Aalen 1964. Bd. II, hrsg. v. W. P. Fuchs. Jena 1942. Neudruck Aalen 1964.

Agricola | Agricola, Johann: Auslegung des XIX. Psalm. Coeli enarrant durch Thomas Müntzer ... Auslegung des selben Psalms, ... wie yhn S. Pauel auslegt ... Wittenberg 1525.

Akten Oekolampad | Briefe und Akten zum Leben Oekolampads. Bearb. v. Ernst Staehelin. In: QFR, Bd. 10; 19. 2 Bde. Leipzig 1927; 1934. Neudruck New York/London 1971.

Althaus | Althaus, Paul: Die Theologie Martin Luthers. 2. Aufl. Gütersloh 1963.

Annales Gernrodenses | Annales Gernrodenses. Hrsg. v. Andreas Popperod. In: Accensiones Historiae Anhaltinae, hrsg. v. J. Ch. Beckmann, S. 27—82. Zerbst 1716.

Baerwald | Baerwald, Robert: Die Schlacht bei Frankenhausen 1525. 2. Aufl. Mühlhausen 1925.

Barge, Karlstadt | Barge, Hermann: Andreas Bodenstein von Karlstadt. 2 Bde. Leipzig 1905.

Baring, Denck und Müntzer | Baring, Georg: Hans Denck und Thomas Müntzer in Nürnberg 1524. ARG 50 (1959), S. 145—199.

Bauernkrieg, gleichz. Urk. | Der deutsche Bauernkrieg. Gleichzeitige Urkunden. Hrsg. v. Heinrich Schreiber. Urkundenbuch der Stadt Freiburg, NF I—III. Freiburg i. B. 1863—1866.

Baumann, Akten | Akten zur Geschichte des Deutschen Bauernkrieges aus Oberschwaben. Hrsg. v. Franz Ludwig Baumann. Freiburg 1877.

Bender, Grebel | Bender, Harold S.: Conrad Grebel, c. 1498—1526. The Founder Of The Swiss Brethren. Goshen, Indiana 1950.

Bensing, Christl. Verbündnis | Bensing, Manfred: Idee und Praxis des „Christlichen Verbündnisses" bei Thomas Müntzer. WZUL 14 (1965), S. 459—471.

Bensing, M. u. Th. | Ders.: Thomas Müntzer und der Thüringer Aufstand 1525. In: Leipziger Übersetzungen und Abhandlungen zum Mittelalter, Reihe B, Bd. 3. Berlin (-Ost) 1966.

Bensing, Müntzers Frühzeit | Ders.: Thomas Müntzers Frühzeit. ZfG 14 (1966), S. 423—430.

Bensing, Nordhausen Harz-Z | Ders.: Thomas Müntzers Aufenthalt in Nordhausen 1522 — Zwischenspiel oder Zeit der Entscheidung. Harz-Z 19/20 (1967/68), S. 36—62.

Bensing, Nordhausen ZfG | Ders.: Thomas Müntzer und Nordhausen (Harz) 1522. Eine Studie über Müntzers Leben und Wirken zwischen Prag und Allstedt. ZfG 10 (1962), S. 1095—1123.

Bensing, Th. Müntzer	Bensing, Manfred: Thomas Müntzer. Leipzig 1965.
Bensing/Rüdiger	Thomas Müntzer — Politische Schriften, Manifeste, Briefe (1524/25). Hrsg. v. Manfred Bensing und Bernd Rüdiger. 2. Aufl. Leipzig 1973.
Bensing/Trillitzsch	Ders./Trillitzsch, W.: Bernhard Dappens „Articuli... contra Lutheranos". Zur Auseinandersetzung der Jüterboger Franziskaner mit Thomas Müntzer und Franz Günther 1519. JfR 2 (1967), S. 113—147.
Bergsten	Bergsten, Torsten: Balthasar Hubmaier. Seine Stellung zu Reformation und Täufertum 1521—1528. Kassel 1961.
Bloch	· Bloch, Ernst: Thomas Müntzer als Theologe der Revolution. Verbesserter Neudruck Frankfurt a. M. 1960.
Blume	Blume, Friedrich: Evangelische Kirchenmusik. In: Handbuch der Musikwissenschaft, hrsg. von Ernst Bücken. Potsdam 1931.
Böhmer, Ges. Aufs.	Boehmer, Heinrich: Gesammelte Aufsätze. Mit einem Geleitwort von Rudolf Böhmer. Gotha 1927.
Boehmer, Luther	Ders.: Der junge Luther. Hrsg. v. Heinrich Bornkamm. 5. Aufl. Stuttgart 1962.
Böhmer, Müntzer und Deutschl.	Ders.: Thomas Müntzer und das jüngste Deutschland. In: Ges. Aufs., S. 187—222.
Böhmer, Progr.	Ders.: Studien zu Thomas Müntzer. Universitäts-Programm. Zur Feier des Reformationsfestes und des Übergangs des Rektorats auf Hans Held. Leipzig 1922.
Böhmer/Kirn	Thomas Müntzers Briefwechsel. Hrsg. v. Heinrich Böhmer und Paul Kirn. Leipzig 1931.
Borcherdt/Merz, LW	Martin Luther. Ausgewählte Werke. Hrsg. v. H. H. Borcherdt und G. Merz. Bd. 1 ff. 2. Aufl. München 1938 ff.
Brandt, Th. Müntzer	Brandt, Otto H.: Thomas Müntzer — Sein Leben und seine Schriften. Jena 1933.
Braunschweigische Schulordnungen	Braunschweigische Schulordnungen von den ältesten Zeiten bis zum Jahre 1828. Hrsg. von Friedrich Kodewey. In: Monumenta Germaniae Paedagogica, Bd. 8. Bd. 1, Berlin 1886.
Briefwechsel J. Jonas	Der Briefwechsel des Justus Jonas. Ges. u. bearb. von Gustav Kawerau. Hrsg. v. d. Historischen Commission der Provinz Sachsen. 2 Bde. Halle 1884—1885.
Brinkmann	Brinkmann, Ernst: Heinrich Pfeiffers doppelte Vertreibung und Heimkehr, MGBL, H. 16/17 (1917), S. 93 ff.
Bruchmüller	Bruchmüller, Wilhelm: Der Leipziger Student 1409—1901. In: Aus Natur und Geisteswelt, Bd. 273. Leipzig 1909.
Buchwald, Lehre Egrans	Buchwald, Georg: Die Lehre des Johann Sylvius Wildnauer Egranus in ihrer Beziehung zur Reformation. BSKG, H. 4 (1888), S. 163—202.
Bullinger, Reformationsgesch.	Bullinger, Heinrich: Reformationsgeschichte. Hrsg. v. J. J. Hottinger u. H. H. Vögeli. Bd. I, Frauenfeld 1838.
Bullinger, Wiedertäufer	Ders.: Der Widertoeufferen Ursprung, Fürgang, Secten, Waesen... Zürich 1560.
Bussierre	Bussierre, M. de: Histoire de la guerre des paysans. 2 Bde. Paris 1852.
Chronik Mühlhausen	Chronik der Stadt Mühlhausen in Thüringen. Hrsg. v. Reinhard Jordan. Bd. 1, Mühlhausen 1900.
Clemen	Clemen, Otto: Beiträge zur Reformationsgeschichte. Aus Büchern

825

	und Handschriften der Zwickauer Ratsschulbibliothek, H. 1—3. Berlin 1900—1903.
Clemen, Egran I bzw. II	Ders.: Johannes Sylvius Egranus. MAZ, H. 6 (1899), S. 1—39; H. 7 (1902), S. 1—32.
Clemen, LW	Luthers Werke in Auswahl. Hrsg. v. Otto Clemen. 8 Bde. 6. Aufl. Berlin 1966.
Clemen, Prager Manif.	Clemen, Otto: Das Prager Manifest Thomas Müntzers. ARG 30 (1933), S. 73—81.
C. R., Melanchthon	Corpus Reformatorum. Philippi Melanthonis Opera. Hrsg. v. C. G. Bretschneider. Bd. I, Halle 1834. Neudruck New York 1963.
Corpus Schwenckf.	Corpus Schwenckfeldianorum. Published under the auspices of the Schwenckfelder Church Pennsylvania. Bd. 1 ff. Leipzig 1907 ff.
Dappen/Wallenborn	Dappen, Bernhard: Articuli per fratres minores de observantia propositi reverendissimo domino episcopo Brandenburgensi contra Lutheranos. Abgedruckt bei Wallenborn, S. 152—159. Abgedruckt mit deutscher Übersetzung bei Bensing/Trillitzsch, S. 133—147.
Delius	Delius, Walter: Die Reformationsgeschichte der Stadt Halle a. S. In: Beiträge zur Kirchengeschichte Deutschlands, Bd. 1. Berlin 1953.
Delius, Jonas	Ders.: Justus Jonas, 1495—1555. Berlin (-Ost) 1952.
Dialogus	Ein nutzlicher Dialogus odder gesprechbuchlein zwischen einem Müntzerischen Schwermer vnd einem Euangelischen frumen Bawern / Die straff der auffrurischen Schwermer / zu Franckenhausen geschlagen / belangende. Wittenberg 1525. Neu abgedruckt bei Klaus Kaczerowsky (Hrsg.): Flugschriften des Bauernkriegs. In: Texte deutscher Literatur, Bd. 33. Reinbek 1970.
Dreiheller	Dreiheller, Fritz: Johann von Otthera. Der Retter der thüringischen Stadt Mühlhausen im Bauernkriege. Lebensbeschreibung. o. O. o. J. (1969).
Egrans Predigten	Ungedruckte Predigten des Johann Sylvius Egranus. Hrsg. v. Georg Buchwald. In: Quellen und Darstellungen aus der Geschichte des Reformationsjahrhunderts, Bd. 18. Leipzig 1911.
Eidgen. Absch.	Die Eidgenössischen Abschiede aus dem Zeitraume von 1521 bis 1528. Bearb. v. Johannes Strickler. In: Amtliche Sammlung der älteren Eidgenössischen Abschiede, Bd. 4, Abtl. 1a. Brugg 1873.
Einicke	Einicke, Guido: Zwanzig Jahre Schwarzburgische Reformationsgeschichte, 1521—1541. 2 Bde. Nordhausen 1904—1909.
Eisenhofer	Eisenhofer, Ludwig: Handbuch der katholischen Liturgik. 2 Bde. Freiburg 1932—1933.
Elben	Elben, A.: Vorderösterreich und seine Schutzgebiete im Jahre 1524. Ein Beitrag zur Geschichte des Bauernkriegs. Diss. Straßburg. Stuttgart 1889.
Elliger, Psalm 93	Elliger, Walter: Müntzers Übersetzung des 93. Psalms im „Deutsch kirchen ampt". In: Solange es „heute" heißt — Festgabe für Rudolf Hermann zum 70. Geburtstag. Berlin 1957, S. 56—63.
Enders	Dr. Martin Luthers Briefwechsel. Bearb. und erl. v. Ernst Ludwig Enders. Bd. 4, Stuttgart 1891.

Erichson	Erichson, A.: Strassburger Beiträge zur Geschichte des Marburger Religionsgesprächs. ZKG 4 (1881), S. 414—436.
Ernest. Landtagsakten	Ernestinische Landtagsakten. Bd. 1: Die Landtage von 1487—1532. Hrsg. v. der thüringischen historischen Kommission. Bearb. v. C. A. H. Burkhardt. In: Thüringische Geschichtsquellen, NF Bd. V. Jena 1902.
Ewige Rat	Der Ewige Rat zu Mühlhausen, 17. März—28. Mai 1525. Zeugnisse seiner Tätigkeit aus den Amtsbüchern. Eingel. und hrsg. v. Gerhard Günther. Bd. 1: Kämmereirechnung; Bd. 2: Gerichtsbuch. In: Veröffentlichungen des Mühlhäuser Stadtarchivs, NF 3;4. Mühlhausen 1962.
Falckenheiner	Falckenheiner, Wilhelm: Philipp der Großmütige im Bauernkriege. Marburg 1887.
Fast	Fast, Heinold: Heinrich Bullinger und die Täufer. Ein Beitrag zur Historiographie und Theologie im 16. Jahrhundert. In: Schriftenreihe des Mennonitischen Geschichtsvereins, Nr. 7. Weierhof 1959.
Festschr. Univ. Leipzig	Festschrift zur Feier des 500jährigen Bestehens der Universität Leipzig (1409—1909). Hrsg. v. Rektor und Senat. 3 Bde. Leipzig 1909.
Feustking	Feustking, Johann H.: Leben des ersten verehlichten Predigers Bartholomäi Bernhardi von Feldkirchen. Wittenberg 1705.
Förstemann	Neues Urkundenbuch zur Geschichte der evangelischen Kirchen-Reformation. Hrsg. v. Carl Eduard Förstemann. Bd. I, Hamburg 1842.
Förstemann, Bauernkrieg	Zur Geschichte des Bauernkrieges im Thüringischen und Mansfeldischen. (Abdruck von Briefen aus dem Ernestinischen Gesamtarchiv zu Weimar). Hrsg. v. E. Förstemann. NMhaF 12 (1868), S. 150—244.
Franke	Franke: Elisabeth von Weida und Wildenfels, Äbtissin des freien weltlichen Stiftes Gernrode 1504—1532. MVAG 8 (1900), S. 313 —335.
A. Franz, Messe	Franz, Adolph: Die Messe im deutschen Mittelalter. Beiträge zur Geschichte der Liturgie und des religiösen Volkslebens. Freiburg 1902.
Franz Bauernkrieg	Franz, Günther: Der deutsche Bauernkrieg. 7. Aufl. Darmstadt 1965.
Franz, Bauernkr. in zeitgen. Zeugn.	Der deutsche Bauernkrieg 1525. Hrsg. in zeitgenössischen Zeugnissen von Günther Franz. Berlin 1926.
Franz, Bibliographie	Franz, Günther: Bibliographie der Schriften Thomas Müntzers. ZVThGA NF 34 (1940), S. 161—173.
Franz, MG	Thomas Müntzer — Schriften und Briefe. Kritische Gesamtausgabe. Hrsg. v. Günther Franz. In: Quellen und Forschungen zur Reformationsgeschichte, Bd. 33. Gütersloh 1968.
Franz, Quellen BK	Quellen zur Geschichte des Bauernkrieges. Hrsg. v. Günther Franz. In: Ausgewählte Quellen zur deutschen Geschichte der Neuzeit (Freiherr vom Stein-Gedächtnisausgabe), Bd. II. München 1963.
Franz, Zwölf Artikel	Franz, Günther: Die Entstehung der „Zwölf Artikel" der deutschen Bauernschaft. ARG 36 (1939), S. 193—213.
Friedländer	Ältere Universitätsmatrikel — I. Universität Frankfurt a. O.

	Hrsg. v. Ernst Friedländer. Bd. 1 (1506—1648). In: Publicationen aus den K. Preußischen Staatsarchiven, Bd. 32. Leipzig 1887.
Fries	Fries, Lorenz: Die Geschichte des Bauernkrieges in Ostfranken. Hrsg. v. August Schaeffler und Theodor Henner. 2 Bde. Würzburg 1876—1883.
Fröhlich	Fröhlich, Anne-Rose: Die Einführung der Reformation in Zwikkau. MAZ 12 (1919), S. 1—74.
Frühbürgerl. Rev.	Die frühbürgerliche Revolution in Deutschland. Tagung der Sektion Mediävistik der Deutschen Historiker-Gesellschaft v. 21.—23. 1. 1960 in Wernigerode. Hrsg. v. E. Werner u. M. Steinmetz. Bd. 2, Berlin (-Ost) 1961.
Gallerie d. Proph.	Gallerie der neuen Propheten, apokalyptischen Träumer, Geisterseher und Revolutionsprediger. Leipzig 1799.
Gebhardt	Gebhardt, Friedrich: Die musikalischen Grundlagen zu Luthers Deutscher Messe. Luther-Jahrbuch 10 (1928), S. 56—169.
Gerber	Gerber, Rudolf: Das Passionsrezitativ bei Heinrich Schütz und seine stilgeschichtlichen Grundlagen. Gütersloh 1929.
Gess	Akten und Briefe zur Kirchenpolitik Herzog Georgs von Sachsen. Hrsg. v. Felician Gess. Aus den Schriften der Königlich Sächsischen Kommission für Geschichte. 2 Bde. Leipzig/Berlin 1905—1917.
Geyersberg	Geyersberg, Lukas: Wie man den Wiedertäufern auf die Irrtümer antworten soll. Marburg 1562.
Glaubwürdiger Unterricht	Ein glaubwirdige vnd warhafftige vnderricht Wie die Düringschen buwern von Frankenhausen / vmb ir mißhandlung gestrafft / vnd bei de stett Mülhusen vnnd Frankenhusen erobert worden. 1525. o. O. 1525. Teilweise neu gedruckt in: Peter Haarers Beschreibung des Bauernkriegs 1525. Nebst einem Anhang: Zeitgenössisches über die Schlacht bei Frankenhausen. Hrsg. v. Gustav Droysen. Materialien zur neueren Geschichte, H. 3. Halle 1881.
Goebke, Neue Forsch.	Goebke, Hermann: Neue Forschungen über Thomas Müntzer bis zum Jahre 1520. Seine Abstammung und die Wurzeln seiner religiösen, politischen und sozialen Ziele. Harz-Z 9 (1957), S. 1—30.
Goebke, Th. Müntzer	Ders.: Thomas Müntzer — familiengeschichtlich und zeitgeschichtlich gesehen. In: Frühbürgerl. Rev. S. 91—100.
Goertz	Ders.: Innere und äußere Ordnung in der Theologie Thomas Müntzers. In: Studies in the History of Christian Thought, Bd. II. Leiden 1967.
Goertz, Mystiker	Goertz, Hans-Jürgen: Der Mystiker mit dem Hammer. Die theologische Begründung der Revolution bei Thomas Müntzer. Kerygma und Dogma 20 (1974), S. 23—53.
Grimm, Wörterbuch	Deutsches Wörterbuch. Von Jacob und Wilhelm Grimm. Bd. 1 ff. Leipzig 1854 ff.
Gritsch	Gritsch, Eric W.: Reformer Without A Church. The Life and Thought of Thomas Muentzer 1488(?) — 1525. Philadelphia 1967.
Gröpler	Gröpler: Verzeichnis derjenigen Bücher... MVAG 3 (1883), S. 772—776.
Hartung, Amt Allstedt	Hartung, E.: Die äußere Geschichte des Amtes Allstedt 1496—1575. Jena 1931.

Hege	Hege, Albrecht: Hans Denck (1495—1527). Ev.-theol. Diss. (masch.) Tübingen 1942.
Helbling	Helbling, L.: Artikel: Fabri, Johannes. RGG, Bd. II, Sp. 856.
Hermann	Hermann, Rudolf: Thomas Münzers deutsch-evangelische Messe verglichen mit Luthers drei liturgischen Schriften 1523—1526. ZVKPS 9 (1912), S. 57—92.
Hertzsch, Karlstadt	Karlstadts Schriften aus den Jahren 1523—25. 2 Bde. Hrsg. v. Erich Hertzsch. Halle 1956—1957.
Herzog	Herzog, Emil: Chronik der Kreisstadt Zwickau. Zwickau 1839.
Heydenreich	Heydenreich, Eduard: Aus der Geschichte der Reichsstadt Mühlhausen in Thüringen. Halle 1900.
Hinrichs, L. u. M.	Hinrichs, Carl: Luther und Müntzer. Ihre Auseinandersetzung über Obrigkeit und Widerstandsrecht. In: Arbeiten zur Kirchengeschichte, Bd. 29. 2. Aufl. Berlin 1962.
Hinrichs, Pol. Schr.	Thomas Müntzer — Politische Schriften. Mit Kommentar hrsg. v. Carl Hinrichs. In: Hallische Monographien, Nr. 17. Halle 1950.
Histori	Die Histori Thome Muntzers / des anfengers der Döringischen vffrur / seer nutzlich zulesen. Hagenau 1525.
Höss	Höss, Irmgard: Georg Spalatin 1484—1545. Ein Leben in der Zeit des Humanismus und der Reformation. Weimar 1956.
Honemeyer	Honemeyer, Karl: Müntzers Berufung nach Allstedt. Harz-Z 16 (1964), S. 103—111.
Honemeyer, Allstedter Gottesdienst	Ders.: Thomas Müntzers Allstedter Gottesdienst als Symbol und Bestandteil der Volksreformation. WZUL 14 (1965), S. 473—477.
Horn	Horn, E.: Artikel: Universitäten. RE, Bd. 20, Sp. 266—282.
Hugs Chronik	Heinrich Hugs Villinger Chronik von 1495 bis 1533. Hrsg. v. Christian Roder. In: Bibliothek des Literarischen Vereins in Stuttgart, Bd. 164. Tübingen 1883.
Husa	Husa, Václav: Tomáš Müntzer a Čechy. Rozpracy Československé Akademie Věd. Ročnik 67 (1957), S. 1—102.
Iserloh	Iserloh, Erwin: Zur Gestalt und Biographie Thomas Müntzers. TThZ 71 (1962), S. 248—253.
Jacobs	Jacobs, Eduard: Das Stolbergische Ratsjahrbuch. Harz-Z 17 (1884), S. 146—215.
Jammers	Jammers, E.: Th. Müntzers deutsche evangelische Messen. ARG 31 (1934), S. 121—128.
Jordan, Druckort	Jordan, Reinhold (!): Der Druckort von Münzers Schrift „Außgetrückte emplössung" etc. ThSZ 9 (1919), S. 53—57.
Jordan, Eichsfeld	Jordan, Reinhard: Pfeifers und Münzers Zug in das Eichsfeld und die Verwüstung der Klöster und Schlösser. ZVThGA NF 14 (1904), S. 36—96.
Jordan Ende Müntzers	Ders.: Das Ende Thomas Müntzers. In: Zur Geschichte der Stadt Mühlhausen i. Thür., H. 9. Mühlhausen 1911.
Jordan, Frankenhausen	Ders.: Zur Schlacht bei Frankenhausen. In: Zur Geschichte der Stadt Mühlhausen i. Thür., H. 4. Mühlhausen 1904.
Jordan, Neuere Literatur	Ders.: Neuere Literatur über Pfeiffer und Müntzer. ZVKPS 4 (1907), S. 146 ff.
Jordan, Otthera	Ders.: Dr. Johann von Otthera, Syndikus und Schultheiß der Stadt Mühlhausen in Thüringen. ZVThGA 13 (1903), S. 145 ff.

Jordan, Pfeiffer	Ders.: Heinrich Pfeiffer in Nürnberg. MGBl 6 (1905/06), S. 111—116.
Kappen, Nachlese	Kappen, M. Johann Erhard: Kleine Nachlese ... zur Erläuterung der Reformationsgeschichte nützlicher Urkunden. 4 Bde. Leipzig 1727—1733.
Kawerau	Kawerau, Gustav: Artikel: Spangenberg, Vater und Sohn, evangelische Theologen. RE XVIII, S. 563—572.
Kawerau, Agricola	Ders.: Johann Agricola von Eisleben. Berlin 1881.
King	King, A. Hyatt: Four hundred years of music printing. London 1964.
Kirchhoff, Johann Herrgott	Kirchhoff, Albrecht: Johann Herrgott, Buchführer von Nürnberg und sein tragisches Ende 1527. Archiv für Geschichte des deutschen Buchhandels 1 (1878), S. 15—55.
Kirchl. Handl.	Kirchliches Handlexikon. Hrsg. v. Michael Buchberger. 2 Bde. München 1907—1912.
Kirchner, Diss.	Kirchner, Hubert: Johannes Sylvius Egranus. Diss. (masch.) Berlin 1961.
Kirchner, Egran	Ders.: Johannes Sylvius Egranus. Ein Beitrag zum Verhältnis von Reformation und Humanismus. In: Aufsätze und Vorträge zur Theologie und Religionswissenschaft, H. 21. Berlin 1961.
Kirchner, Müntzeriana	Ders.: Neue Müntzeriana. ZKG 72 (1961), S. 113—116.
Kirn, Fr. d. Weise	Kirn, Paul: Friedrich der Weise und die Kirche. Seine Kirchenpolitik vor und nach Luthers Hervortreten im Jahre 1517. Dargestellt nach den Akten im thüringischen Staatsarchiv zu Weimar. In: Beiträge zur Kulturgeschichte des Mittelalters und der Renaissance, Bd. 30. Leipzig/Berlin 1926.
Kleinschmidt	Kleinschmidt, Karl: Thomas Müntzer. Die Seele des deutschen Bauernkrieges von 1525. Berlin (-Ost) 1952.
Knieb	Knieb, Philipp: Geschichte der Reformation und Gegenreformation auf dem Eichsfelde. 2. Aufl. Heiligenstadt 1909.
Knieb, Eichsfeld	Ders.: Der Bauernkrieg auf dem Eichsfelde (1525). Unser Eichsfeld 7 (1912), S. 65—105.
Kobuch	Kobuch, Manfred: Thomas Müntzers Weggang aus Allstedt. Zum Datierungsproblem eines Müntzerbriefes. ZfG 8 (1960), S. 1632—1636.
Kolde, Denck	Kolde, Theodor: Hans Denck und die gottlosen Maler von Nürnberg. In: Beiträge zur bayerischen Kirchengeschichte 8 (1901), S. 1—32; 49—72.
Kolde, Prozeß Denck	Ders.: Zum Prozess des Johann Denk und der ,drei gottlosen Maler' von Nürnberg. In: Reuter-Festschr. S. 228—250.
Krajewski, Felix Mantz	Krajewski, Ekkehard: Leben und Sterben des Zürcher Täuferführers Felix Mantz. 2. Aufl. Kassel 1958.
Kreis, Leben Hugwalds	Kreis, J. G.: Das Leben und die Schicksale des Thurgauers Ulrich Hugwald, gen. Mutius. Thurgauische Beiträge zur vaterländischen Geschichte, H. 41/42, Frauenfeld 1901/02, S. 140—169.
Kreysig	Beiträge zur Historie derer Chur- und Fürstlichen Sächsischen Lande. Ges. von M. G. Christoph Kreysig. Teil II, Altenburg 1755.
Küssenb. Chronik	Heinrich Küssenbergs Chronik der Reformation in der Grafschaft Baden, im Klettgau und auf dem Schwarzwalde. In: Ar-

chiv für die schweizerische Reformationsgeschichte, Bd. 3. Solothurn 1876.

Lau, Räte   Lau, Franz: Artikel: Evangelische Räte. RGG, Bd II, Sp. 785 —788.

Lauze   Lauze, Wiegand: Hessische Chronik. Teil II: Leben und Taten Philippi Magnanimi. Hrsg. v. Bernhardi und Schubart. In: Zweites Supplement der Zeitschrift des Vereins für hessische Geschichte und Landeskunde. Bd. 1, Kassel 1841.

Lexer   Lexer, Matthias: Mittelhochdeutsches Handwörterbuch. Bd. 1; 2. Leipzig 1872; 1876.

Lichtdrucke   Thomas Müntzers Briefwechsel. Lichtdruck Nr. 1—73 nach Originalen aus dem Sächsischen Landeshauptarchiv Dresden. Bearb. v. H. Müller. Leipzig o. J. (1949).

Lösche   Lösche, Dietrich: Achtmänner, Ewiger Bund Gottes und Ewiger Rat. Zur Geschichte der revolutionären Bewegung in Mühlhausen i. Th. 1523—1525. In: Jahrbuch für Wirtschaftsgeschichte I. Berlin 1960.

Lohmann   Lohmann, Annemarie: Zur geistigen Entwicklung Thomas Müntzers. Beiträge zur Kulturgeschichte des Mittelalters und der Renaissance, Bd. 47. Leipzig/Berlin 1931.

Lohse   Lohse, Bernhard: Auf dem Wege zu einem neuen Müntzer-Bild. Luther 41 (1970), S. 120—132.

Loserth   Loserth, Johann: Doctor Balthasar Hubmaier und die Anfänge der Wiedertaufe in Mähren. Brünn 1893.

Luther, Deutsche Messe   Martin Luther: Deutsche Messe 1526. Mit einem Geleitwort hrsg. von Johannes Wolf. Kassel o. J.

Lutherdrucke   Dommer, Arrey von: Lutherdrucke auf der Hamburger Staatsbibliothek 1516—1523. Leipzig 1888.

Manlius   Manlius, Johannes: Locorum communium collectanea. Basel 1563.

Maron   Maron, Gottfried: Thomas Müntzer als Theologe des Gerichts. ZKG 83 (1972), S. 195—225.

Matrikel Leipzig   Die Matrikel der Universität Leipzig. Hrsg. v. Georg Erler. In: Codex Diplomaticus Saxoniae Regiae, Bd. 16. 3 Bde. Leipzig 1895—1902.

Mehl   Mehl, Oskar Johann: Thomas Müntzers Deutsche Messen und Kirchenämter mit Singnoten und liturgischen Abhandlungen. Grimmen 1937.

Mehl, Müntzer   Ders.: Thomas Müntzer als Bibelübersetzer. Diss. theol. (masch.) Jena 1942.

Mentz, Fr. d. Großm.   Mentz, Georg: Johann Friedrich der Großmütige. 2 Bde. In: Beiträge zur neueren Geschichte Thüringens, Bd. I. Jena 1903— 1908.

Merx, M. u. Pf.   Merx, Otto: Thomas Müntzer und Heinrich Pfeiffer 1523—1525. Ein Beitrag zur Geschichte des Bauernkrieges in Thüringen. Teil I: Thomas Müntzer und Heinrich Pfeiffer bis zum Ausbruch des Bauernkrieges. Diss. phil. Göttingen 1889.

Metzger, Müntzeriana   Metzger, Wolfgang: Müntzeriana. ThSZ 16 (1927), S. 59—78.

Meusel-Festschr.   Beiträge zum neuen Geschichtsbild. Zum 60. Geburtstag von Alfred Meusel. Hrsg. v. Fritz Klein und Joachim Streisand. Berlin (-Ost) 1956.

Molnár Molnár, Amedeo: Thomas Müntzer und Böhmen. Communio Viatorum. Theological Quaterly 1958, H. 4, S. 242—245.

Müller,
Wittenberg Müller, Nikolaus: Die Wittenberger Bewegung 1521 und 1522. Die Vorgänge in und um Wittenberg während Luthers Wartburgaufenthalt. Briefe, Akten u. dgl. und Personalien. 2. Aufl. Leipzig 1911.

Mutius Mutius, Huldreich: De Germanorum Prima Origine, Moribus, Institutis, Legibus ... Basel 1539.

Nebe Nebe, A.: Geschichte des Schlosses und der Stadt Allstedt. Harz-Z 20 (1887), S. 18—95.

Nipperdey Nipperdey, Thomas: Theologie und Revolution bei Thomas Müntzer. ARG 54 (1963), S. 145—179. Mit einem Nachtrag neu abgedruckt in: Wirkungen der deutschen Reformation bis 1555, hrsg. v. W. Hubatsch, Darmstadt 1967, S. 236 ff.

Palacky Palacky, Franz: Geschichte von Böhmen. Größtenteils nach Urkunden und Handschriften. Bd. 1 ff. Prag 1864 ff.

Puetzfeld Puetzfeld, Carl: Deutsche Rechtssymbolik. Berlin 1936.

Quellen Bauernkr.
Oberschw. Quellen zur Geschichte des Bauernkrieges in Oberschwaben. Hrsg. v. F. L. Baumann. Tübingen 1876.

Regius Regius, Urbanus: Wider den newen irrsal Doctor Andres von Carlstadt des Sacraments halb warnung. o. O. o. J. (1524).

Reichardt Reichardt, Rudolf: Die Reformation in der Grafschaft Hohenstein. In: Volksschriften des Vereins für Kirchengeschichte in der Provinz Sachsen, H. 2. Magdeburg 1912.

Reichstagsakten,
J. R. Deutsche Reichstagsakten. Jüngere Reihe, Bd. 3, bearb. v. Adolf Wrede. 2. Aufl. (photom. Nachdr.) Göttingen 1963.

Reuter-Festschr. Kirchengeschichtliche Studien. Hermann Reuter zum 70. Geburtstag gewidmet. Leipzig 1888.

Rogge Rogge, Joachim: Der Beitrag des Predigers Jakob Strauß zur frühen Reformationsgeschichte. In: Theologische Arbeiten, Bd. 6. Berlin 1957.

Roth Roth, Friedrich: Augsburgs Reformationsgeschichte 1517—1530. Gekrönte Preisschrift. 2. Aufl. München 1901.

Sachsse Sachsse, Carl: Balthasar Hubmaier als Theologe. In: Neue Studien zur Geschichte der Theologie und Kirche, Bd. 20. Berlin 1914.

Schäfer, Kano-
nissenstifter Schäfer, K. Heinrich: Die Kanonissenstifter im deutschen Mittelalter. Ihre Entwicklung und innere Einrichtung im Zusammenhang mit dem altchristlichen Sanktimonialentum. In: KA, H. 43/44. Stuttgart 1907.

Schäfer,
Pfarrkirche Ders.: Pfarrkirche und Stifte im deutschen Mittelalter. Eine kirchenrechtsgeschichtliche Untersuchung. In: KA, H. 3. Stuttgart 1903.

Scheel, Luther Scheel, Otto: Martin Luther. Vom Katholizismus zur Reformation. 2 Bde. 3. Aufl. Tübingen 1921—1930.

Schiff Schiff, Otto: Thomas Müntzer als Prediger in Halle. ARG 23 (1926), S. 287—293.

Schiff, Müntzer
u. Bauernbew. Ders.: Thomas Müntzer und die Bauernbewegung am Oberrhein. HZ 110 (1913), S. 67—90.

Schöttgen/Kreysig Diplomatische und curiöse Nachlese der Historie von Obersachsen und angrenzenden Ländern. Hrsg. v. Chr. Schöttgen und G. Chr. Kreysig. Teil 1—10, Dresden/Leipzig 1730—1733.

Schottenloher, Beschl. Druckschr.	Schottenloher, Karl: Beschlagnahmte Druckschriften aus der Frühzeit der Reformation. Zeitschrift für Bücherfreunde NF VIII,2 (1917), S. 305—321.
Schottenloher, Bibliographie	Ders./Thürauf, Ulrich: Bibliographie zur deutschen Geschichte im Zeitalter der Glaubensspaltung 1517—1585. 7 Bde. 2. Aufl. Stuttgart 1956—1966.
Schottenloher, Buchdruckerkunst	Ders.: Die Entwicklung der Buchdruckerkunst in Franken bis 1530. In: Neujahrsblätter V. Würzburg 1910.
Schottenloher, Gutenberg-Festschr.	Ders.: Die Eule im Buchschmuck des 16. Jahrhunderts. In: Gutenberg-Festschrift zur Feier des 25jährigen Bestehens des Gutenberg-Museums in Mainz, hrsg. v. Aloys Ruppel. Verlag der Gutenberg-Gesellschaft in Mainz, 1925, S. 92—102.
Schulz	Schulz, Karl: Thomas Müntzers liturgische Bestrebungen. ZKG NF 10 (1928), S. 369—401.
Schulze/Vorbrodt	Schulze, Hans K./Vorbrodt, Günther, W.: Das Stift Gernrode. In: Mitteldeutsche Forschungen, Bd. 38. Köln/Graz 1965.
Schwarz	Schwarz, Reinhard: Luthers Erscheinen auf dem Wormser Reichstag in der Sicht Thomas Müntzers. In: Der Reichstag zu Worms von 1521. Reichspolitik und Luthersache. Worms 1971.
Schweizerchronik	Johannes Stumpfs Schweizer- und Reformationschronik. I. Teil. Hrsg. v. E. Gagliardi, H. Müller, F. Büsser. In: Quellen zur Schweizer Geschichte, NF I. Abtl., Bd. 5. Basel 1952.
Seebaß, Hans Hut	Seebaß, Gottfried: Müntzers Erbe. Werk, Leben und Theologie des Hans Hut. Theologische Habilitationsschrift Erlangen. Erlangen 1972.
Seeberg, Dogmengeschichte	Seeberg, Reinhold: Lehrbuch der Dogmengeschichte. Bd. III; IV,1. 3. Aufl. Leipzig 1913; 1917.
Sehling	Die evangelischen Kirchenordnungen des XVI. Jahrhunderts. Hrsg. v. Emil Sehling. 5 Bde. Leipzig 1902 ff.
Seidemann, Dessauer Bündnis	Seidemann, Johann Karl: Das Dessauer Bündniß vom 26. Juni 1525. ZfhTh NF 11 (1847), S. 638—655.
Seidemann, Langensalza	Ders.: Beiträge zur Geschichte des Bauernkrieges in Thüringen (Forts. zu FdG, Bd. XI.) — Die Unruhen zu Langensalza. In: FdG, Bd. XIV, S. 511—548, Göttingen 1874.
Seidemann, Mühlhausen	Ders.: Beiträge zur Geschichte des Bauernkriegs in Thüringen — Die Unruhen zu Mühlhausen. In: FdG, Bd. XI, S. 375—399, Göttingen 1871.
Seidemann, Th. Müntzer	Ders.: Thomas Münzer — Eine Biographie. Nach den im Königlich Sächsischen Hauptstaatsarchiv zu Dresden vorh. Quellen bearbeitet. Dresden/Leipzig 1842.
Smend	Smend, Julius: Die evangelischen deutschen Messen bis zu Luthers deutscher Messe. Göttingen 1896.
Smirin	Smirin, M. M.: Die Volksreformation des Thomas Müntzer und der große Bauernkrieg. 2. Aufl. Berlin (Ost) 1956.
Spangenberg, Wider die bösen Sieben	Spangenberg, Cyriacus: Wider die bösen Sieben ins Teufels Karnöffelspiel. Jena 1562.
Spillmann	Spillmann, Hans Otto: Untersuchungen zum Wortschatz in Thomas Müntzers Deutschen Schriften. In: Quellen und Forschungen zur Sprach- und Kulturgeschichte der germanischen Völker, NF 41. Berlin/New York 1971.
Stayer	Stayer, James: Anabaptists and the sword. 2. Aufl. Lawrence (USA) 1973.

833

Steinmetz	Steinmetz, Max: Das Müntzerbild von Martin Luther bis Friedrich Engels. In: Leipziger Übersetzungen und Abhandlungen zum Mittelalter, Reihe B, Bd. IV. Berlin (-Ost) 1971.
Steinmetz, Müntzer-Legende	Ders.: Zur Entstehung der Müntzer-Legende. In: Meusel-Festschrift, S. 35—70.
Stern, Bauernkrieg	Stern, Alfred: Über zeitgenössische gedruckte Quellen und Darstellungen der Geschichte des großen deutschen Bauernkrieges. SAB 1929, S. 184—198.
Stern, 12 Artikel	Ders.: Über die 12 Artikel der Bauern und einige andere Aktenstücke aus der Bewegung von 1525. Leipzig 1868.
Tentzel/Cyprian	Wilhelm Ernst Tentzels historischer Bericht vom Anfang und ersten Fortgang der Reformation Lutheri. Hrsg. v. D. Ernst Salomon Cyprian. 2 Bde. Leipzig 1718.
Trübners Wörterbuch	Trübners Deutsches Wörterbuch. 8 Bde. Begr. v. Alfred Götze, fortg. v. W. Mikla. Berlin 1939—1957.
Tschackert	Tschackert, Paul: Johann Spangenberg. ADB, Bd. 35, S. 43—46.
Uhlhorn	Uhlhorn, Gerhard: Urbanus Rhegius. Leben und ausgewählte Schriften. Elberfeld 1861.
Vittali	Vittali, Otto Erich: Die Theologie des Wiedertäufers Hans Denck. Diss. phil. Freiburg i. B. Offenburg 1932.
WA	Martin Luthers Werke. Kritische Gesamtausgabe Bd. 1 ff. Weimar 1883 ff.
Wackernagel	Das deutsche Kirchenlied von der ältesten Zeit bis zu Anfang des XVII. Jahrhunderts. Hrsg. v. Philipp Wackernagel. 5 Bde. Leipzig 1864—1877. Neudruck Hildesheim 1964.
Wähler	Wähler, Martin: Die Einführung der Reformation in Orlamünde. Erfurt 1918.
Wagner	Wagner, Peter: Einführung in die gregorianischen Melodien. 3 Bde. Leipzig 1911.
Walch, LW	D. Martin Luthers... Sämtliche Schriften. Hrsg. v. Johann Georg Walch. Bd. XVI. Halle 1745.
Wallenborn	Wallenborn, P. Jakobus: Luther und die Franziskaner in Jüterbog. Franz. Stud. 17 (1930), S. 140—159.
Wappler	Wappler, Paul: Thomas Müntzer in Zwickau und die „Zwickauer Propheten". In: Schriften des Vereins für Reformationsgeschichte, Nr. 182. Neu hrsg. v. H. Bornkamm. Gütersloh 1966.
Wattenberg	Wattenberg, Diedrich: Der Regenbogen von Frankenhausen am 15. Mai 1525 im Lichte anderer Himmelserscheinungen. In: Archenhold-Sternwarte Berlin-Treptow, Vorträge und Schriften Nr. 24. Berlin-Treptow 1965.
Weilner	Weilner, Ignaz: Johannes Taulers Bekehrungsweg. Die Erfahrungsgrundlagen seiner Mystik. In: Studien zur Geschichte der katholischen Moraltheologie, Bd. 10. Regensburg 1961.
Weller, Repertorium typographicum	Weller, Emil: Repertorium typographicum. Die deutsche Literatur im ersten Viertel des 16. Jahrhunderts. Nördlingen 1864.
Wernle	Wernle, Paul: Das Verhältnis der schweizerischen zur deutschen Reformation. Basler Zeitschrift für Geschichte und Altertumskunde 17 (1918), S. 227—315.
Wolf	Wolf, Ernst: Artikel: Staupitz, Johannes von. RGG, Bd. VI, Sp. 342—343.
Wolfgramm	Wolfgramm, Eberhard: Der Prager Anschlag des Thomas Münt-

zer in der Handschrift der Leipziger Universitätsbibliothek. WZUL 6 (1956/7), S. 295—308.

Zahn	Zahn, Johannes: Die Melodien der deutschen evangelischen Kirchenlieder. Gütersloh 1889.
Zarncke, Statutenbücher	Die Statutenbücher der Universität Leipzig aus den ersten 150 Jahren ihres Bestehens. Hrsg. v. Friedrich Zarncke. Leipzig 1861.
Zeitfuchs	Zeitfuchs, M. J. A.: Stolbergische Kirchen- und Stadthistorie. Frankfurt/Leipzig 1717.
Zimmermann	Zimmermann, Joachim: Thomas Müntzer. Ein deutsches Schicksal. Berlin 1925.
Zumkeller	Zumkeller, Adolar: Thomas Müntzer — Augustiner? Augustiniana 9 (1959), S. 380—385.

53*

Personen- und Ortsregister

Alle Namen wurden beim ersten Vorkommen angegeben, später nur noch, wenn sie für den Zusammenhang von Bedeutung sind. Die Anmerkungen wurden nicht berücksichtigt.

Agricola, Johann 53, 108 f., 129 f., 528 f., 814
Albrecht von Brandenburg, Kardinal 242
Aldendorff, Christoph von 717
Allendorf [Sooden-Allendorf] 236
Allstedt 15, 250 f.
Altenburg 368
Ammern 720
Amsdorff 125
Appenrad, Andreas 20, 25
Aristoteles 24, 33
Arnstadt 675
Aschersleben 10, 26
Augsburg 230
Augustinus 34

Banse, Thilo 470
Banß, Anna 10
—, Jakob 10
Basel 68, 639 f.
Bauer von Wöhrd 305
Baumgarten, Henrich 686
Behr, Peter 436
Beichlingen 746
Bendeleben 770
—, Balthasar von 717
Berlepsch, Hans von 810
—, Sittich von 575, 684
Bernhard, Bartholomäus 50
Bernhard von Clairvaux 163
Bertigkau, Henning von 12
Beuditz 69
Bibra 559
Billeben 710
Bleichenrod 781
Blinde, Peter 26
Bodung, Heinrich 421
Bonaventura 58
Bosse, Hans 507
Brambach 427
Braunschweig 12, 27, 50

Breitenworbis 719
Breslau 98
Brück, Georg 443
Brücken 745
Buchner, Georg 762
Bünau, Heinrich von 76
Bugenhagen, Johann 229
Bulgenbach 670
Bullinger, Heinrich 630 f., 640
Burmann, Hans 730
Buschmann, Johann 236
Buttener, Hans 26

Caphan, Johann 113
Capito, Wolfgang 125
Chemnitz 165
Claus (Diener Pelts) 43
Cyriacus (Stiftsheiliger) 41

Dappen, Bernhard 49 f.
Demut, Nikolaus 244
Denck, Hans 628, 696
Dingelstedt 710
Döring, Christian 50
Drechsel 214
Duderstadt 717

Ebeleben 706, 709
—, Apel von 653
—, Georg von 569
Eck, Johann 55, 65
Egran 68, 103, 104 f., 127 f., 366
Ehrich 720, 728 f.
Eilenburg 305
Einsiedeln, Hugold von 124
Eisenach 499, 726 f.
Elsterberg 12
Emmen, Ambrosius 15
Engel, Peter 26
Eppe, Otto von 787
Erasmus von Rotterdam 160, 168

Erfurt 18, 20, 215 f., 761
Ernst von Sachsen, Erzbischof von
  Magdeburg 26
Esche, Johann 246
Eusebius von Cäsarea 68

Faber Stapulensis 150
Fabri, Johann 651 f.
Fleischer, Simon 241
Frankenhausen 709, 734 f.
Frankfurt a. d. Oder 20, 32
Freystadt, Hans von der 176
Friedrich der Weise, Kurfürst von Sachsen
  74, 387 f., 393, 513 f.
Frose 39
Fulda 675 f.

Gangolf (Siechenprediger) 793
Gans, Dietrich 699
—, Michael 182
Gebhart, Hans 794
—, Heinrich 794
Gehausen, Hans 710
Gehofen, Matern von 762
Georg, Herzog von Sachsen 516, 678 f.,
  746 f., 788, 811, 816
Gernrode 40
Gersen, Ottilie von 375
Glatz, Kaspar 66
Glauchau 791
Glitsch, Konrad 66
Glov, Achatius 68
Görmar 704
Goltschmedt, Hans 11
Gortler, Georg 244
Gottern 699
Grebel, Konrad 244, 415, 630
Grefendorf, Hans von 443
Grießen 640
Gropper 49
Große, Donat 98, 118
Günther, Franz 49, 53, 110, 216
Güttel, Kaspar 75

Hack, Heinrich 717
Haferitz, Simon 250, 385 f., 425 f., 514
Hainleite 237
Hake, Hans 736
Halberstadt 10
Hall (Tirol) 230
Halle 26, 242 f.
Hartenstein, Steffan 762

Hausmann, Nikolaus 118, 183
Hayn, Kerstan vom 695
Hedio, Caspar 817
Hegau 630, 640 f.
Heige, Hans 719
Heiligenstadt 237, 715
Heinrich (Pfarrverweser in Zwickau) 99
Heinrich, Herzog von Braunschweig 767,
  788
Heldrungen 709
Hensen, Hans 766
Hergot, Johann 589
Hieronymus 68, 260
Hisoldius, Matthäus 570
Hodějewský, Jan 184
Hölzel, Hieronymus 593
Höngeda 699
Hofer, Nikolaus 111
Hoffmann, Symon 762
Hohnstein, Ernst von 710
Homberg, Jobst 707
Hubmaier, Balthasar 644, 652
Hugwald, Ulrich 630, 638 f.
Hujuff, Hans 244
Hus, Johann 186
Hut, Hans 559, 761, 769

Innozenz VIII. 28
Irenaeus 154
Iringk, Johann 236

Jena 182
Jeori 525
Joachimsthal 131
Johann, Herzog von Sachsen 98, 423, 573
Johann Friedrich, Kurprinz von Sachsen
  423, 441 f.
Jonas, Justus 217
Jovius, Paul 242
Jüterbog 49

Karlstadt 66, 239 f., 242 f., 367 f., 468 f.
Karlwitz, Georg von 516
Kemberg 51
Kirchworbis, Hans 710
Klapst 179
Klettgau 630, 640 f., 647 f.
Knaut, Ziliax 429
Koch, Michael 706
Königslutter 47
Körner 704
Kolben, Peter 111

838

Koler, Johann 237, 677
Konstanz 68
Kristainus 51
Kule, Hans 795
Kutzleben, Melchior von 474

Lang, Johann 215, 535
Laue, Christoph 798
—, Johannes 573, 677
Lauze, Wigand 16, 772 f.
Leipzig 11, 20, 21 f.
Lindener, Christopherus 99
Lochau 111
Löbe, Hans 178 f.
Löhner, Wolfgang 114, 118, 119
Lombardus, Petrus 38
Lotter, Melchior 618
Lotzer, Sebastian 653
Ludwig, Heinrich 705
Luther 11, 24, 36, 48, 52 f., 61, 63 f., 68,
    76, 79, 83 f., 93, 106 f., 113, 140, 142,
    159, 168, 220, 222 f., 258, 320 f., 323 f.,
    361 f., 379 f., 402, 412 f., 441 f., 496,
    531 f., 536 f., 561 f., 572, 596 f., 753 f.,

Mallerbach 418 f.
Manlius, A. J. 16
Mansfeld 750
—, Albrecht von 749 f., 753 f.
—, Ernst von 16, 383, 519, 743 f., 755 f.
Mantz, Felix 631
Martinsried 750
Mattern (Witwe) 535
Meinhard, Christoph 529
Meiningen 722
Melanchthon 53, 124 f., 221, 797, 814 f.
Merxleben 705
Michel (Gastwirt in Zwickau) 245
Möller, Hans 244
Mohr, Engelhard 243
Montzer, Matthias 11
Mühlhausen 15, 568 f., 676 f., 720
Müller, Hans 670
Mülphordt, Hieronymus 109
Münte(r), Karle 10
Munthe (Priester) 10

Naumburg 98
Nebukadnezar 448 f.
Neustadt a. d. Orla 115
Nicolaus von Lyra 154
Niederorla 691

Nitzsch, Conrat 100
Nordhausen 216 f., 710
Nürnberg 403, 587

Odersleuben [Udersleben] 750
Ökolampad, Johann 628, 631 f.
Oppermann, Henning 17
Origenes 376
Orlamünde 66, 469
Orsla [Nieder-Orschel] 718
Osiander, Andreas 592
Osterhausen 747
Otthera, Johann von 688, 731 f.

Pelt, Hans 11, 44
Peter, Conradus 686
Pfannschmidt, Klaus 710
Pfeiffer, Heinrich 570 f., 576 f., 591, 676 f.,
    711 f., 725, 794, 801, 821
Pfeil, Hans 712
Philipp, Landgraf von Hessen 16, 767,
    788, 815 f.
Pirkheimer, Willibald 631
Postevník, Matěj 181
Prag 37, 184 f.
Přemyšlenský, Jan Myška 213
Prettin 124
Probst, Berlet 678

Quedlinburg 10

Rautenzweig, Claus 436
Rebmann (Pfarrer) 650
Reichart, Hans 430, 507
Reinsdorf 763
Reynhart, Moritz 12
Rhegius, Urbanus 230
Riethnorthausen 694
Rimer, Paul 245
Ringleben 744
Rodemann, Sebastian 573, 577
Rottemeller, Johann 677
Rottleben 770
Rückert, Nickel 432, 507
Rüdiger, Bastian 698
—, Mertin 569
Rühl, Johann 764, 787, 806, 814
Rüxleben, Kaspar von 776

Saaz 181
Salza [Langensalza] 575, 698 f.
Sander, Cuntz 26

839

Sangerhausen 470, 721
Schappeler, Christoph 653
Schechner, Georg 228
Schernberg 711
Schleinitz, Heinrich von 516
Schleupner 591
Schlotheim 706
Schmalkalden 720
Schmidberg, Heinrich 98
Schmidt, Hans 684
Schmon 427
Schmücke 237
Schneeberg 467
Schönwerda 478
Scholastika 41
Schulz, Hieronymus, Bischof von Bran-
    denburg 48
Schumann, Peter 78
Schwarzburg, Günther von 710, 717,
    740 f.
Schweinfurt 675
Schwenckfeld, Kaspar von 228
Seligmann, Martin 423
Selmenitz, Felicitas 242 f.
Senff, Jorg 430
Seuse, Heinrich 70
Šišmánec, V. 185
Solms, Philipp von 767
Sommerschuh, Hans 177 f.
Sondershausen 693, 725
Spalatin, Georg 102, 403 f.
Spangenberg, Cyriacus 219
—, Johann 18, 219
Staupitz, Johann 618
Stein, Hans 710
—, Wolfgang 237, 572
Stöckel, Wolfgang 671
Stolberg 9, 32
—, Boto von 743
—, Wolf von 776, 779
Stollberger, Hans 719
Storch, Nikolaus 122 f., 364
Strauß, Jakob 237, 498, 727
Stübner, Markus 182, 364
Stühlingen 639 f., 647 f.
Stuler [Stella], Erasmus 102
Stumpf, Johannes 650
Süße, Lorenz 217
Sustra [Sußra] 709

Tauler, Johann 66 f., 71 f.
Tetzel, Johann 47
Thams, Caspar 114
Thomas von Aquin 33
Tiburtius von Weißenfels 82 f.
Treffurt 679
Tutcheroda, Kurt von 717

Ulrich, Herzog von Württemberg 647
Ulscenius, Felix 125
Ursula (Nonne) 70

Vadian 630
Ventura (Hauptmann) 736
Vogelweid, Abel 719
Volkenroda 703
Volmar, Matthaeus 39
Wagner, Claus 650
Waldshut 639 f., 646 f.
Walkenried 766
Wallhausen 745
Weida, Elisabeth von 40
—, Johannes von 72
Weigand, Melchior 700
Weimar 237, 423 f.
Weißenbach, Wolf von 100, 175
Werther, Hans von 779
Wettich 573
Widemar, Nikolaus 305
Wilde, Peter 726 f.
Wimpina, Konrad 32
Winter, Jost 736
Wittenberg 20, 61
Witthovet, Ludolf 39
Witzleben, Friedrich von 478
Wlásenic, Niklas von 123
Wörlitz 243
Worbis 718
Worms 620 f.

Zabern 655, 659 f.
Zeiß, Hans 249, 381, 427, 437 f., 493,
    519 f., 734 f.
Zeitz 98
Zeyner, Wolfgang 114
Zimmermann, Benedict 23
Zürich 631, 639 f., 646 f.
Zwickau 23, 74 f.
Zwingli 646

Sachregister

Abendmahl 138 f., 244 f., 315 ff., 633,
  695 f., 790 f., 812 f.
Abgötterei 417 f., 428, 682 f.
Ablaß 47 ff.
Absonderung der Gottlosen 457 f., 546 f.
Apostolische Kirche [renovata ecclesia,
  Erneuerung der Christenheit] 191 f.,
  202, 246 f., 460 f., 462
Armut 87 f.
Artikelbrief 667 ff.
Aufruhr 370 ff., 432 f., 470 f., 476 f.,
  528 f., 604, 611 f., 625 f.
Auserwählte [electi] 224 f., 233 f., 530 f.,
  547 f.

Baccalaureatsexamen 33
Baccalaureus biblicus 37 f.
Behandlung des Adels 663, 717, 740 ff.
Bluturteil 762 ff.
Bund [Verbündnis, Bund mit Gott] 29 ff.,
  430 f., 435 f., 467 ff., 485 ff., 495 f.,
  655, 660, 725 f., 769

Christus-Thesen (propositiones) 134 f.
Collaborator 26 f.
Consilia und praecepta 88 ff.
Cyriacus-Officien 41 ff.

Druckverbot 463 ff., 501 ff.

Eheverständnis 376 f., 725 f.
Eigennutz 799 f.
Enderwartung (vgl. apostolische Kirche)
  211 f., 529 f.
Erbangelegenheit 12 ff.
Ewiger Bund 691
Ewiger Rat 686 ff.
Exemplum Christi 142 f.

Furcht Gottes (vgl Glaube; Kreatürlichkeit) 156 f., 447, 471, 474, 544 ff.

Geburtsjahr 17
Geburtsort 17
Gefangennahme 787 f.

Geisttheologie 122 ff., 163 f., 189 ff.,
  194 f., 228
Gesetz 115 ff., 155 f., 531 ff., 601 ff., 606 f.
Gewaltanwendung 441, 458 f., 496, 537,
  701, 727
Glaube 35 f., 42 f., 61 f., 90 ff., 136 ff.,
  196 f., 208 f., 225, 397 ff., 406 ff., 504,
  524 ff., 539 ff., 600 ff.
Gnädiger Gott 412 ff.
Göttliches Recht 764 f.

Heiligung [sanctificatio] 223 f.
Heirat 374 ff.

Illusionismus 703, 722, 723, 771, 777 f.
Imitatio 84 f., 137 f.
Immatrikulation Frankfurt 32
– Leipzig 16

Kanzelpolemik gegen Ernst von Mansfeld
  383
– gegen Franziskaner 56 ff., 78 f.
– in Zwickau 111 f., 115, 120
Kirchenkritik 44 ff., 58 ff., 69 f., 78 ff.,
  186 f., 189 f., 192 f., 417 f., 548 f.
Kirchen- und Klostersturm 418 ff., 677,
  689, 704
Kreatürlichkeit 196 f., 223 f., 450, 553 f.,
  565, 683

Leidenstheologie 83 f., 127, 136 ff., 141 ff.,
  196, 362, 370 f., 399 ff., 408 ff., 493,
  525 f., 550, 798 f.
Leipziger Disputation 67 f., 618

Magisterexamen 36 f.
Mandata hominum 85 ff.
Marxistisches Müntzerverständnis 207 f.,
  217 f., 712 f., 736 f., 740, 782 f.
Mystik 66 f., 70 f., 198

Obrigkeit 226 f., 385 ff., 424 f., 428 f.,
  438, 444, 453 ff., 479 f., 488 f., 506 f.,
  543 f., 605, 633, 655 f., 661 f., 665 f.,
  727, 750, 753 ff., 762, 788, 804 f.

Offenbarungen 361 ff., 447 ff.
Ordo deo et creaturis congenitus 197 f.

Prädestination 90 f.
Prager Manifest 188 ff.
–, Entstehungsgeschichte 205 f.
Priesterehe 222 f.
Priesterweihe 28
Probst 40 f.

Ratio hominis 160 f.
Reformation und Revolution 373 f.,
      676 ff., 707 f., 714 ff., 734 f., 805, 818 f.
Religionsgespräch 499 f., 504 ff., 518

Schriftverständnis 147 ff., 189 ff., 194 f.,
      200 f., 389 ff., 451 f.
Schulbesuch 18 f.
Schwarzwälder Bauernaufstand 639 ff.
Schwarzwälder Bauernaufstand und
      Reformation 643 ff.
Seelsorge [cura animarum] 252, 370 f.,
      524 ff.
Selbstgefälligkeit 95, 234 f.
Sonores positiones 81 ff.
Sozialkritik 171 ff., 203 f., 374, 428, 490,
      550 f., 565 f., 575, 605, 660 f., 673,
      727, 795, 800 f.
Stellung zu Luther 52 f., 61, 63 ff., 93 f.,
      168, 184, 201 f., 221 ff., 320 f., 361 ff.,
      402 f., 414 f., 446, 456, 503, 533 f.,
      562 f., 594 ff., 624 f., 753 f.
Storchianismus 121 ff.
Sünde 136 ff., 144 ff.

Taufe 139, 322 ff., 396 f., 633

Universitätsstudium Leipzig 20 ff.
– Frankfurt 32 ff.

Verdeutschung [Verdolmetschung] 257 ff.,
      290 f.
Verfassungsentwurf 654 ff.
Verhandlungsbereitschaft 749 f., 771 ff.
Verratshypothese 780 ff.

Widerruf 805 ff.
Widerstand, aktiver – passiver 386, 392,
      419 ff., 431 ff., 468 ff., 511
Wormser Reichstag 620 f.

Zwickauer Propheten 220 f.
Zwölf Artikel 653

Kleine Vandenhoeck-Reihe

1408   Thomas Nipperdey

Reformation, Revolution, Utopie

Studien zum 16. Jahrhundert.

Etwa 136 Seiten

Thema der vier Studien ist der epochale Charakter von Reformation und Humanismus. Unter wechselnden Gesichtspunkten geht es um die Frage nach dem Beginn einer neuen Zeit und der Bedeutung dieses Beginns für die gesamte Neuzeit. Im Mittelpunkt stehen zwei für die Zeit zentrale Begriffe: Revolution und Utopie. Die Analysen zeichnet aus, daß sie weder traditionell geistesgeschichtlich noch ausschließlich sozialgeschichtlich verfahren, vielmehr darauf abzielen, Sozialgeschichte und Geschichte des Denkens zu verbinden.

Inhalt: Die Reformation als Problem der marxistischen Geschichtswissenschaft / Theologie und Revolution bei Thomas Müntzer / Bauernkrieg / Die Utopie des Thomas Morus und der Beginn der Neuzeit.

1409   Walter Elliger

Müntzer

Etwa 120 Seiten

Diese problemorientierte Darstellung Thomas Müntzers informiert trotz ihrer Kürze fundiert über die Motive und Ziele des "Außenseiters der Reformation". Sie zeigt die eigenwillige theologische Entwicklung eines selbständigen Geistes, der die von Gott geforderte Erneuerung der Kirche durch eine im wahren Glauben veränderte Christenheit betreibt, den Konflikt mit den politischen Gewalten nicht scheut und schließlich zu einer führenden Gestalt in der Erhebung der mitteldeutschen Bauernschaft wird. Die marxistische Interpretation Müntzers als eines politisch-sozialen Revolutionärs wird von den Quellen her in Frage gestellt.

Vandenhoeck & Ruprecht

Göttingen und Zürich

Kirchengeschichte

Umstrittenes Täufertum 1525–1975
Neue Forschungen
Herausgegeben von Hans-Jürgen Goertz.
Etwa 228 Seiten, kart.

Ein Querschnitt durch die internationale Täuferforschung.

AUS DEM INHALT:

Abraham Friesen
Entwicklung und Stand der Täuferforschung

James M. Stayer
Umstrittene Anfänge
Was haben die Täufer von 1525 wirklich gewollt?

Martin Haas
Täufertum als Minderheit
Entstehung, sozialer Stellenwert, Formen der Abgrenzung.

Heinold Fast
Reformation durch Provokation
Predigtstörungen der Zürcher Reformation.

Christoph Windhorst
Das Abendmahl im frühen Täufertum
zwischen Tradition und Reformation

Gottfried Seebaß
Die Lehre von der Taufe bei Thomas Müntzer und Hans Hut

Klaus Deppermann
Melchior Hoffmanns Weg von Luther zu den Täufern

A. F. Mellink
Das niederländische und westfälische Täufertum in heutiger Sicht

Irvin Horst
Das englische Täufertum und seine Bedeutung
für Nonkonformismus und Revolution in England

John H. Yoder
Der Gedanke der Restitution in Erneuerungsbewegungen

Hans-Jürgen Goertz
Nationale Erhebung und religiöser Niedergang
Mißglückte Aneignung des täuferischen Leitbildes im Dritten Reich.

Walter Klaasen
Zur Rezeption täuferischer Ideen in der Gegenwart

Vandenhoeck & Ruprecht
Göttingen und Zürich

Elliger, Walter, 1903-
    Thomas Müntzer : Leben und Werk / Walter
Elliger. -- 3rd edition. -- Göttingen :
Vandenhoeck & Ruprecht, 1976.

    viii, 842 p. ; 24 cm.
    Bibliography: p. 824-835.
    Includes indexes.

1. Munzer, Thomas, 1490 (ca.)-1525.